# Events: 90's Japanese subjects

# 90年代日本的课题

日本综合研究开发机构 编

彭晋璋 审校 纪延 译

经济管理出版社
ECONOMY & MANAGEMENT PUBLISHING HOUSE

**图书在版编目（CIP）数据**

事典：90年代日本的课题/日本综合研究开发机构编. —北京：经济管理出版社，2011.7

ISBN 978-7-5096-1545-4

Ⅰ. ①事… Ⅱ. ①日… Ⅲ. ①方针政策—研究报告 Ⅳ. ①D731.322

中国版本图书馆CIP数据核字（2011）第150821号

出版发行：经济管理出版社
北京市海淀区北蜂窝8号中雅大厦11层
电话：(010)51915602 邮编：100038

印刷：三河市文阁印刷厂 经销：新华书店

责任编辑：陈 力 李晓宪
责任印制：杨国强
责任校对：蒋 方

880mm×1230mm/16 39印张 1155千字
1989年4月第1版 2011年9月第2次印刷

定价：128.00元

书号：ISBN 978-7-5096-1545-4

# 代　序

《事典·90年代日本的课题》是日本综合研究开发机构主持编著的一部大型政策研究论著。书中所收集的25篇研究报告的研究人员，多为日本有代表性的专家、学者，人数达200余人。作者们从日本面临的国内外新形势的挑战，提出了90年代日本可能出现的新课题，在充分论证的基础上，提出了解决这些课题的政策建议和主张。我国和日本的国情、经济发展阶段等虽有很大不同，但书中提到的许多课题，在不久的将来我们也可能会遇到。从这个意义上讲，书中提供的大量信息、新鲜观点和政策主张，对我国广大从事政策研究、理论研究和做实际工作的人员来说，还是有重要的参考价值的。阅读本书，不仅可以加深我们对日本的了解，而且可以启发我们对解决面临的若干重大问题的思路。

本书的中文版得以在我国出版发行，是中日两国的编者、译者和出版者共同努力的结果，尤其是日本综合研究开发机构和三省堂的朋友们，不仅赞同在我国出版本书，而且提供了出版资助，对此，谨表示衷心的谢意。

国务院经济技术社会发展研究中心总干事　马　洪

1988年9月于北京

# 译者的话

20 世纪 90 年代，会历史地总结本世纪，也将现实地为即将到来的 21 世纪铺设最后一块基石。放眼这一世纪交替时期中国的国际环境，我们应特别瞩目于与中国的过去、现在和将来有着特殊重要关系的近邻国家——日本。

长期以来，无论是从事对日研究的专家学者，还是参与制定对日政策方针的政府职能部门的各级干部，乃至关心和愿意了解日本问题的各界人士，无不期冀能有一部全面、客观和深入地阐述日本的现实情况和发展趋向的参考书问世。怀着相同的愿望，中国社会科学院日本研究所翻译组谨将《事典·90 年代日本的课题》一书献给读者。

本书译校者名单如下：第 1 章（郭福敏译，韩铁英校）、第 2 章（陈俊英译，韩铁英校）、第 3 章（姜焕柱译，韩铁英校）、第 4 章（米建国译，韩铁英校）、第 5 章（张锁柱译，韩铁英校）、第 6 章（蒋立峰译，黄晓勇校）、第 7 章（叶东亚、蒋蔚欣译，纪廷许校）、第 8 章（叶东亚、蒋蔚欣译，蒋立峰校）、第 9 章（倪心一译，崔勇列校）、第 10 章（陈劭平译，纪廷许校）、第 11 章（王丹丹译，黄晓勇校）、第 12 章（余晓华译，纪廷许校）、第 13 章（郝玉珍译，倪心一校）、第 14 章（吕文忠译，王丹丹校）、第 15 章（倪心一译，崔勇列校）、第 16 章（黄晓勇译，蒋立峰校）、第 17 章（黄晓勇译，纪廷许校）、第 18 章（诸葛蔚东译，倪心一校）、第 19 章（朱明、张丹译，高增杰校）、第 20 章（王乐平译，高增杰校）、第 21 章（范作申译，陈晖校）、第 22 章（陈选译，黄晓勇校）、第 23 章（陈晖译，王丹丹校）、第 24 章（王乐平译，范作申校）、第 25 章（王伟译，陈晖校）。

在本书的翻译过程中，得到了河北大学日本研究所的协助；刘丕坤、周蕴石、周初、余晓华、叶东亚、崔勇列等几位先生参加了部分总校工作；余晓华、叶东亚先生做了大量文字整理和事务性工作，谨在此一并致谢。

由于水平有限，译校中难免有误，恳请读者给予指正。

**中国社会科学院日本研究所《事典·90 年代日本的课题》译校组**

1989 年 3 月

# 致中国读者

在贵国学者等有关人士的协助下，综合研究开发机构（NIRA）的研究成果——《90年代日本的课题》，被译成中文出版了。我们一直希望把这个研究报告推荐给世界各国的学者，因而能以中文介绍给中国的读者们，我感到由衷的高兴。

这项研究，从1985年开始，花了三年时间，是在200多位研究人员的合作下完成的。本书汇集了全部研究成果。本书并不要求提出统一的结论，而是由第一线的研究人员就每个课题提出各自的见解。

本书如能对关心日本的中国朋友的研究活动有所帮助，则不胜荣幸。

最后，谨对承担翻译工作的彭晋璋先生等中国朋友们致以谢意。

综合研究开发机构理事长　下河边淳

1988年9月于东京

# 90年代课题研究项目

**“研究计划委员会”**

委员长　岸田纯之助　　日本综合研究所会长、综合研究开发机构客座研究员
委　员　中川幸次　　野村综合研究所常务社长
委　员　牧野升　　三菱综合研究所常务会长
委　员　木田宏　　独协学园理事长、前日本学术振兴会理事长
委　员　武者小路公秀　　联合国大学副校长
委　员　下河边淳　　综合研究开发机构理事长
委　员　藏挂直忠　　综合研究开发机构理事
委　员　绪方贞子　　上智大学教授、综合研究开发机构理事
委　员　矢野畅　　京都大学教授、综合研究开发机构理事
委　员　福士昌寿　　关东学园大学教授、综合研究开发机构客座研究员

**研究负责人**

绪　论　90年代日本的课题　　岸田纯之助等
第1章　多种文明时代　　梅棹忠夫等
第2章　多极化世界的内部结构　　武者小路公秀等
第3章　世界的人口、粮食、资源、环境　　埃米莉等
第4章　国际组织与日本的新对策　　垣花秀武等
第5章　国际社会中的日本经济　　武田清等
第6章　产业与社会的新领域　　牧野升等
第7章　新的经济合作方案　　松本洋等
第8章　走向亚洲太平洋时代　　矢野畅等
第9章　对和平与安全保障的贡献　　岸田纯之助等
第10章　日本人的国际化　　栗田靖之等
第11章　促进国际化　　加藤幹雄等
第12章　民间国际交流及社会赞助活动的作用　　山本正等
第13章　科学技术研究开发的前景　　广田宪一郎等
第14章　能源的软结构化　　大岛惠一等
第15章　长期执政的得失分析　　田中丰藏等
第16章　企业的未来面貌　　藏挂直忠等
第17章　软件化经济与企业内社会　　日下公人等
第18章　网络化的进展和城市社会　　四柳修等
第19章　妇女和新的生活形象　　缝田晔子等
第20章　日本人的生活质量　　安永武巳等

# 目　录

# 前　言

国际社会的相互依存关系日益密切。发达国家迎来了堪称第三次产业革命的新技术革新时期。但是，与此同时，也不能不感到面临着许多困难的问题。

发达工业国家占20%的世界人口，却支配着占80%的世界经济。在发展中国家，存在高达1万亿美元的累积债务，且尚未看到解决的前景。世界各国的军费支出也达到1万亿美元，这和维持国际性安全保障到底是什么关系呢？两个超级大国对军事力量的庞大投资，阻碍了其国内经济的发展，至少这个印象是强烈的。

无论是自由主义经济圈，还是社会主义经济圈，都面临着调整“计划与自由”、市场原理与国家干预问题。在现实的经济运营层次上，诸如财政赤字对策、税制改革，虽然许多国家感到烦恼，但又无法采取适当的解决办法。在令人向往的民主主义社会，议会和政府的政策制定、执行能力也下降了，这类由自身产生的弊病日益明显。重新使民主主义恢复活力，成为发达国家的重要课题。而当今世界上仍有许多国家处在独裁政权、军事政权的统治之下。

此外，虽然在世界的一部分地区建立了饱食文化，但在不少地区仍存在严重饥饿状态。援助和经济合作体制也无法解决这个问题。国际机构等组织虽提出了目标，但也不能发挥作用。在这种状况下，企业的活动和相互联系已经超越了国家的范围。所谓多国籍化、超国籍化，即超越国境的相互渗透，正在向现存国际、国内秩序提出挑战。

世界各国将如何解决这些课题呢？日本作为世界主要国家的一员，将如何发挥自身的能力呢？

如果把目光转向我们身边的经济社会，就会注意到信息化的发展速度远远超过70年代的预料。由于这个时期电子技术的急剧进步，国民生活、企业及产业活动、信息流通、金融制度等的形态发生了很大变化，教育、劳动等生活内容也发生了变化。

富裕程度急剧提高，由此而实现的长寿化不断发展，对现在的各种制度进行广泛改革已势在必行。在短时期形成人口如此众多、平均寿命达80岁的社会，是史无前例的。研究的范围不能仅仅停留在延缓老化、维持健康及其他对策上，还应扩大到家族形态、妇女生活方式、终生学习制度等。

因此，今后日本面临的课题很多。而且每一个都与其他各种问题有复杂的关系。研究解决问题的方法也必须是“全方位”的。

本书提出的许多题目，是为了综合地把握和分析上述日本的各种课题而选定的。

大约在10年前（1975~1978年），综合研究开发机构（NIRA）曾实施过与本次相似的项目。其成果作为《事典·日本的课题》发表，有幸获得好评。但是，数据和内容的记述已陈旧了，读者要求修订。更重要的是，最近日本在国际社会的作用发生了很大变化。必须从多方面探讨日本的“国际化”问题。因此，为了在以往研究的基础上，重新以新的观点研究“90年代日本的课题”，并从1985年夏开始实施这个综合研究项目。

这个项目的研究是从确定题目开始的，然后分别委托认为最合适的脑库或专家小组进行研究。参加的研究人员总数超过200人。如果包括承担民意测验等间接提供协助的人数，可能会达到四位数。这次研究活动还有国外的研究人员参加。这是因为，现在已不是只由日本人考虑日本将来的时代。

各研究小组就各个主题提出了有个性的结论或建议。谨对各位的钻研表示敬意。

综合研究开发机构（NIRA）自成立以来已度过 13 年，积累了许多研究成果。对这些成果当然要充分利用。在此对以往参加 NIRA 的研究活动的有关人员深表谢意。

我们确信并期待本书会在知识界、负责制定政策的人员、企业家以及关心日本的将来的人们中获得众多读者，将此作为有用的资料而长久地加以利用。

**综合研究开发机构理事长　下河边淳**

**编辑负责人　岸田纯之助**

1987 年 11 月

# 绪论　90 年代日本的课题

岸田纯之助　下河边淳
福士昌寿　大内浩

社会变化经常加快其速度，增加其广度。在此过程中，能够提出具有现实有效性预测的时间跨度在 10 年左右。当我们完成关于今后日本面临的课题的综合报告之际，将其标题拟为“90 年代日本的课题”，就是基于这样的判断。

我们从许多课题群中，选出 25 个对 90 年代的日本非常重要的主题。研究小组关于各个主题的报告，如第 1 章之后所见。

作为绪论，我们描绘了这些课题群的略图，即课题地图。各个课题成为复杂交错的“问题群”，这里阐述的是有关概要。

## 一、后霸权世界

作为略图的着眼点之一，提出了“美国主宰下的和平的动摇”。这也意味着，以军事的两极结构，即“美苏主宰下的和平”来把握世界将越来越不妥当。有必要采取与长期由美国统治下的秩序，即阶层结构相异的世界体系的方法论。也可以将其称为多元文明的时代。多种文明并存的时代已经出现。

从 70 年代后半期开始，世界经历了动摇国际秩序基础的结构变化。国际货币体制向浮动汇率体制过渡，石油输出国组织的沉浮，发展中国家的累积债务问题，苏联经济的停滞，美国的债务国化，中国正式加入国际社会，新兴工业国家或地区（NICS）的登场，日本在国际经济中地位提高，等等，相继发生了种种使人感到秩序变化的迹象。

用所谓现代文明的逻辑看世界，从 19 世纪到 20 世纪前半期，实现了产业革命的西欧各国，成为所谓现代这一时代概念的典范，西方文明作为唯一的现代文明而覆盖世界。在现代化的名义下，工业化有了发展，这往往被视为与西方化是同一含义。然而，进入 20 世纪后半期后，所谓现代化等于西方化的逻辑，渐渐行不通了。

从 19 世纪到 20 世纪，好像是单一文明统治的历史，实际上是从统一到分离的力学发挥了作用。20 世纪初，作为现代文明具有代表性制度的国家，在地球上只有 47 个，现在已经超过 160 个。

而且，作为现代国家理念的“国民国家”，也开始发生动摇。第三世界的多数国家，并没有印证从多民族对立到融合，由国民形成国家的统一原理。意识形态和宗教作为统一原理的力量也削弱了。

这样，美苏两个超级大国对两极世界的统治力急速衰弱，多极化不断发展，同时，为了正确把握世界体系，有必要认真观察多极化世界的内部结构。这也是今天否定以核武器为中心的军事力量的原因。

90 年代，已不能用所谓东西关系、南北关系的单纯模式来把握，将会产生更复杂的结构。部族、民族社会同一性的主张和对立，宗教性秩序统治的对立，或国际恐怖主义，动摇了以国家为基础的体系。另一方面，非政府组织（NGO）的活动，开始致力于难民、饥饿和人权问题。可以说，这种“外国的挑战”，开始要求改变国家和国际体系的内容。

不仅在国家和集团的层次上出现了新的极，而且也产生了跨国性主体势力的极和新运动势力的极。

而且，这些极互相竞争的“场”是多层次的。在这里，军事、政治、社会、文化的各种势力，复杂地交错在一起。

大的潮流是从垂直秩序向水平秩序的过渡。多极化世界中多元文明的可能性，是人们正在探索的领域。

面对国际秩序的变化和以构成秩序的国家为首的主体的质变，现有的联合国等国际组织出现了某种程度的功能不健全。国际组织，本来是以有解决问题能力的独立国家群为前提而建立的。在成立之初，并没预料到有150个以上能力相差悬殊的国家参加。而且，任何组织，一旦巨大化就会变得复杂，从而带来效率下降、内部调整不彻底等各种弊端。

这实际上和美国主宰下的和平的衰退同出一辙。向两国间外交的回归和地区主义的抬头，其后果是很明显的。同时还带来了国际组织的财政危机。为适应多元文明、多极化国际秩序的状况，是重新探索国际组织的应有形式的时候了。

在这种状况下，90年代的日本，作为无核大国，期待在维持与恢复和平秩序、形成有关人权和人道问题的秩序、创立国际经济体制方面，尽到应负的责任和发挥应有的作用。国际组织和日本的新对策，就是基于形成全球性秩序而致力于东亚、太平洋地区的安定。这是日本的课题。

产生“后霸权世界”的背景是，经济发展有必要把地球大小的局限考虑在内。人类的活动能力，扩大到可以与地球相匹敌的程度，其结果，已不允许大国不顾资源的有限性，而追求大国本国利益的发展。

世界的人口、粮食、资源、环境的发展和利用，都必须考虑到地球是有限的宇宙飞船这一点。

罗马俱乐部所警告的资源的物理局限，由于技术的进步和经济原则的作用逐步被克服，已不是目前的危机。但是，如何实现在质的方面更安定、持续的发展，如何完善“国际的公共手段”，以及各发达国家选择合作体制的应有方式等，是90年代的重要课题，这并没有变化。

## 二、作为主要国家的一员

与上述后霸权世界密切相关，作为第二个着眼点可以列举出：日本国际地位提高，其结果是扩大了日本在国际社会中的责任，因此要求完善国内体制和转换素质。

首先，第一个课题，是如何把握国际社会中的日本经济的方向盘。

世界经济面临发展中国家的累积债务问题和美国的债务国化两个危机。对这两个债务问题的控制一旦失败，不知在90年代的什么时候，不难突然爆发世界经济危机，我们就站在这关键的十字路口。现在不存在一国即能解决这些问题的超级大国。但是，从规模上说美国依然是具有世界最大经济力量的国家。不管怎么说，靠美国自身重建经济是最重要的前提。但是，解决世界经济危机不能依赖一个国家的力量。发达国家必须努力合作改善这种状态。

如今，在发达国家中增强了解决问题能力的国家是日本。作为主要国家中的一员，考验日本力量的正是90年代。对日本提出的紧急课题是，解决经常收支的大幅度顺差，即消除对外不平衡，为达此目的就要求扩大内需和转变结构。还要求东京国际金融市场更加充实、日元的国际化等，同时通过提供国际公共手段发挥对国际社会的积极管理作用。

那么，期待日本的是，与其说为了日本，不如说为了世界，培育新体系的结构，而且，具有可能性的地区是亚太地区。

亚太地区以前也进行过这样的努力，即探索将着眼点置于经济潜力上的合作格局，并且巩固了摆脱殖民地的独立。像新兴工业国家和地区的兴起所代表的那样，在经济上取得了相当的成果。但是，不得不承认，如果把眼光转向政治体制，仍有许多不安定因素。

在这一地区，随着第二次世界大战的结束，一方面出现了社会主义国家联合建立的国际体系，另一方面出现了由美国建立的两国间安全保障体制形式的国际体系。这种现象现在仍在继续。而且，还由于各国的人口、经济力量、民族、宗教等各不相同，因而没有建立起和平的结构。

现在所要求的，不是具有原有战略意图的国际体系，而是探索利用多样性的松散联合，以及和平而开放的相互依存格局。如果成功，21 世纪的世界重心，肯定会向亚洲太平洋的时代过渡。

因此，作为日本的重要课题而明确提出的，是对和平与安全保障的贡献。

代替主要依赖军事力量均衡的“小和平”，日本今后尤其必须努力谋求重视非军事力量手段的“大和平”。不同于主要核大国建立起来的以军事力量为中心的安全保障政策，追求堪称无核安全保障体系即综合安全保障构想的成熟化，正是日本所负担的使命。由于亚洲还未形成和平的固定模式，因而或许是可能的。作为无核的西方发达国家，日本的创造性器量将受到考验。

以经济合作的形式为世界和平做贡献，也是重要的对策之一。日本已成为与美国齐肩的援助大国。但是，充实与援助资金多少相适应的内容是不可缺少的。从经济发展援助中心主义进一步扩展幅度，开放市场、提供市场、促进投资、促进技术转移、加强和扩大民间合作、扩大多国方式的合作、改变日本方面的产业结构等，必须以综合经济合作为目标。在此，日本作为“地球共同体”的一员，如同在世界上被赞赏的那样，打算提出新经济合作的建议。其方向是，真正与发展中国家的自立、自助相联系的经济合作。

因此，对作为世界主要国家的日本的期待是很大的。应该充分倾听所谓日本贡献少的批评。

另外，对国际社会的要求，也必须改变那种由国家承担一切责任的想法。在相互依存关系的深化中，为调整国家间的利害，基于民间组织信赖关系的网络起作用的事例，在欧美各国比比皆是。对基金会和研究机构等非政府组织作用的理解，在日本不能说是充分的。建立政府与民间外交的综合体系是必要的。

90 年代日本承担国际作用和责任的领域和课题，是广泛的。但是，归根到底，促进国际化和日本人的国际化，对解决这样的课题是不可缺少的前提。但是，“国内的国际化”所遗留下的课题不少。例如，关于国内接受外国人和异国文化，现在仍未消除排外的一面。接受难民、对留学生的态度、大学的国际化、外国人参与企业社会等，仍有未解决的课题。

## 三、第三次产业革命

第一次产业革命的中心概念是物质，第二次产业革命的中心概念是能量，第三次产业革命的中心概念是信息。现在，先进社会进入了第三次产业革命时期。

电子计算机性能迅速提高，半导体、微电子技术的发展、光技术的进步等，使与信息相关联领域的技术迅速提高。

世界上的一切事物，都是由物质、能源和信息组成的。今天是人类掌握了所有要素技术的技术创新时期，是新材料、新能源的开发更加迅速的时期。就能源而言，分散型电源或热与电的结合标志着能量的软结构化进步了。今天也是能把各领域各种技术巧妙地结合起来，开拓多种技术新领域的时代。机械电子学、光电子学领域的迅速发展，也可以说证实了这一事实。

各工业国都知道尖端技术的开发是与重新搞活经济相联系的，都同样寄予了强烈的关心，都把开展科学技术的研究开发作为重要的课题。但在日本，为满足充实基础研究的要求，完善体制是当务之急。事实上，似乎连企业都痛感有必要急速增加基础研究的比重。

如上所述，在第三次产业革命中，新领域的拓展比以前更为广泛。其中从市场规模以及对产业社会的影响看，生物工程最引人注目。如果说集所有要素技术之大成，就会产生生命技术。在日本进一步追求的目标是，有更广泛意义的人体新领域，甚至有可能使生命科学大放异彩。

新领域不仅限于尖端技术领域。人口的高龄化、女性进入社会、自由时间的增加和自己主张的确立等，也有创造出新市场的可能性。

技术的进步和新市场的开拓，当然会改变企业的形态和产业结构。拥有信息越多的人越富有，容纳信息越多的东西越有价值。即使功能相同，因设计好坏而价值相异，即硬件不如软件价值大。软件化经济和企业内社会，已经呈现出了这种态势。在走向软件化尖端的企业，就业和待遇已不是所谓终身雇佣和年功序列的传统模式。实力主义被采用，日本式雇佣惯例渐渐崩溃。

日本企业的未来形象，必然是接受来自这种经济软件化的挑战而被迫改变的。但并不止于此。面向90年代，企业的国际事业发展更快了。财务、组织、人才等，“国际化”在所有方面都在发展，也有的向超国籍企业转变。

新产业革命的展开，也向市民生活提出了各种各样的课题。在高度信息社会，出现了很多新媒介。如计算机通信网那样，新型媒介被提供给市民。越过空间和时间，且能与许多对象通信联络的计算机通信，蕴藏着种种可能性。但这同时也向社会提出了新问题，这也可以称为信息化社会的环境问题。像工业化社会的发展带来了自然环境的污染和破坏问题一样，将成为扰乱人类生活的社会环境的主要原因。

例如，关于完善与保护个人秘密、信息公开等与信息化社会发展相适应的制度等课题非常之多。信息化社会和市民的主题，是在90年代也会不断发生失误的领域。

作为新技术革新期中另一个不能漏掉的现象，是尖端技术的进步对国际关系所带来的影响。赤道上空的同步卫星轨道与各国卫星技术发展的关系，海洋开发技术和新国际海洋法、南极条约和南极开发等科学技术的发展，给国际社会带来新影响。关于这些在第三次产业革命发展过程中所出现的各种现象，从国际政治的角度，也必须予以重视。

## 四、在长寿社会中

不久前，日本人的平均寿命还是50岁。而由于生活水平的提高和社会保障制度的完善，保健、医疗的发达，如今已延长到了80岁。高龄者的生活方式和支撑它的社会制度，对这种迅速的变化并不能完全适应。遗憾的是，日本实现了世界最高水平的“长寿”，对这种可喜的富足，许多人未必能有效利用。

如果夸张一点儿来说，长寿社会中的老化和健康是迄今人类史上尚未涉足的主题。这么多的高龄人口，平均寿命达到80岁的社会，是史无前例的。老化的预防、自我管理、近邻社会的互助、高龄者就业、维持健康、在可能的范围内与健康的正常人一起生活，要求采取种种措施。

这个长寿社会的成立，暗示了对家族和家庭问题必须有新的观念。

日本的家族和家庭，以子女数量减少为背景，其作用和功能发生了变化。并且，不想结婚的人和希望男女关系自由的人增加，离婚和分居增加，伴随老龄化单身者增加，出现了按传统观念和制度无法制约的阶层。家族也多样化了。

这样的现象，给培养孩子和夫妻责任以及传统和财产的继承等以很大影响。围绕女性的经济环境和社会环境的变化，也对90年代的日本提出了重要的课题。

以“国际妇女年”、“联合国妇女的十年”为契机，连日本也成立了雇佣机会均等法。关于其效果，还有不同评价。但是，很多日本女性，已经在以问题意识来考虑自己的生活方式。

不仅劳动场合，在地区的活动和政治的场合，或教育、文化生活场合，就是在家庭也要继续关注女性和新生活形象的方式。

在人的一生，创造能不断自发学习的社会结构，是长寿社会不可缺少的。终生学习，可以说是为向自立挑战提供机会的制度。我们居住在不把学习作为青年学生时代的行为而终结的社会。以关于作为市民的地区社会教养、作为有职业者的职业教养、作为世界公民的国际教养，以及作为国民或作为家庭成员，还有个人的人性教养等，终生学习的结构，必须能适应广泛学习的需要。这是与保持健康和经济、职业的自立，以及通过自愿学习的地区活力等相联系的。新的通信能力、家庭教育能力的再生、生活方式的学习、人类的课题的学习等，也应该包含于终生学习的计划之中。

## 五、社会的成熟和富裕程度

至此所叙述的种种变化给日本社会的影响可以用这样的话来表达，富裕程度增大中的成熟化的发展。

这对日本的政治结构具有怎样的反作用呢？粗略看的话，不能否定这样的印象：市民对政治的关心，变得容易变化且不稳定。所谓传统的农民和城市居民的区别变得不明确了，同时，庞大的“中流意识层”的出现，使把握民意变得困难了。他们随着不同时候的争论重点，或改变投票行动，或转而弃权。这是生活的安定化所带来的不可避免的事实和现象。

自由民主党，作为“总接受器（诉诸所有阶层）”政党，维持着长期政权。但是，其长期统治所产生的现象，是世袭议员和宗派议员的明显增加。这从继承的评价立场看，可以说对确保政党的安定性有一定作用，但不能否认的是会带来对既得权力的执著，政策的僵化等不利的一面。90 年代如何实现政策所要求的先见性、指导性、实行力呢？在此，对长期政权的得失分析是必要的。

与政治场合人们的思考方式不明确一样，就是关于生活性质的把握方式，价值判断的尺度也在不断变化。而且并不是一种尺度，而是分别使用不同的尺度。90 年代日本人生活的性质，用一句话来说，可以看做谋求“自我中心的自我充实”。舒适指向、志愿淳朴、高质量指向之外，多面手、单独生活、现实主义等，也成为富裕社会的关键字眼。

无论什么社会，青年是灵活的。灵活地顺应社会发展。青年人在生活中巧妙地抓住了新技术的出现。在此，出现了青年文化的新的可能性。

青年人的思考方式和行动，作为面向 90 年代的日本社会的先行想象，是应该注意的。但是，与这样的青年们的文化创造正相反，另一方面，发生了学校社会的荒废和大学度假村化。现在的学校社会，希望顺从单一成绩评价的学生，毋宁说使青年失去了可能性，或产生堕落。

在成熟化和富裕之中，作为人们生活场所的城市，变得怎样了呢？不管是大城市、中小城市或地方城市，日本 70%以上的人在城市中生活，即以城市的分工和协作关系为基础而生活着。以前城市作为“生产场所”的意识很强，所以作为生活场所的建设很落后。成熟了的富裕社会的城市居民们，对“我们的城市”表示关心，要求完善为了生活的社会基础设施。

面向 21 世纪的城市，由交通和信息，通信网高度地联结起来。在网络化的进展和城市社会中，时间和距离的关系，已不是大问题。连农村和城市、车间和家庭、昼和夜等，以前认为是对立的区分，也许将被克服。这样的大城市，希望是各种价值可以共存并结成纽带的社会。

## 六、追求开放的国家利益

日本已经是国民生产总值占世界十分之一以上的国家，高度加工的日本产品被世界所广泛使用。作为资本输出国的地位也建立起来，在技术方面，也向具有最尖端能力的国家发展。

最近与外国的摩擦，在这样的日本发展过程中产生了。然而，因为急剧的内外变化和复杂的相互依存，对此颇难处理。90 年代，是必须学习摩擦和友好共存方法的时代。

对在本报告书提示的诸课题，所谓共同而必要的态度，可以用开明私利来表示。无论个人还是国家，都追求各自的利益。只是，从短期利益向长期利益，从狭窄地限于自身的利益向扩大范围的共同利益，把所谋求的利益在时间、空间上扩展开来，可以说是基本的课题。

日本的课题，应与解决世界问题的努力相吻合。各个问题的解决，作为和具有解决问题能力的同胞们的共同事业而进行下去。

我们痛感90年代日本的课题，其中心是重新探索实现“开放的国家利益”。

# 第 1 章　多种文明时代

**研究成员**

国立民族学博物馆馆长　　　**梅棹忠夫**
和歌山大学教授　　　　　　**角山荣**
京都大学教授　　　　　　　**米山俊直**
国立民族学博物馆教授　　　**石毛直道**
国立民族学博物馆副教授　　**栗田靖之**
国立民族学博物馆副教授　　**端信行**
国立民族学博物馆副教授　　**松原正毅**
国立民族学博物馆副教授　　**守屋毅**
（本报告由**梅棹忠夫**监修，**端信行**负责执笔）

**秘书处**

（财[①]）千里文化财团
**宇治日出二郎**
**铃村广子**

## 第一节　20 世纪在文明史上的意义

**多种文明的含义**

在展望 20 世纪后半期到 21 世纪初的世界时，要把它看做是多种文明的时代，这是一个极为重要的观点。所谓多种文明，就是复数文明（civilizations）。因此，多种文明的时代也可以称为复数文明的时代，或者也可以叫做文明多样化的时代。

认为当今世界正在迎来多种文明时代，这就自然而然地会把以前的时代理解为单一文明的时代。那么，单一文明是指什么呢？

19 世纪到 20 世纪前半期，可以说是近代文明理论推动世界的时代。完成了产业革命的西欧各国，很快就成了近代这一时代概念的“样板”，西方文明作为唯一的近代文明普及于全世界。在近代化这一名义之下，工业化得到了发展，作为经济制度的资本主义经济得以确立。以这种近代文明为背景，欧洲列强成功地使亚洲、非洲的许多国家沦为殖民地。在这个意义上，20 世纪前半期，特别是第二次世界大战结束以前，整个世界可以说基本上是由西欧创立的近代文明支配着。

---

① 指财团法人，下同。——译者注

**近代化与西方化**

这种近代文明是由两大理论体系构成的：一个是近代化理论，另一个是西方化理论。这两种理论往往被理解为同义语。例如，在日本明治以来的近代化思潮中，西方化理论一直在起作用，这是不可否认的。又如，第二次世界大战后，在过去曾是欧洲殖民地的亚洲、非洲地区诞生了许多独立国家。这些国家的目标是近代化，而近代化这一概念却往往被人们理解为西方化。

然而，进入20世纪后半期，仅仅以近代化、西方化为旗帜的近代文明理论，已不再能说明世界了。在近代化的名义下，工业化和城市化有了进展，同时也出现了环境污染和公害等新问题。近代国家性质的统一越加强，国家内部多数人压迫少数人的现象就越明显。而且，与近代化同时出现的西方化，常常同民族文化的价值观发生对立。因此，有不少国家未能像当初预想的那样实现近代化。

于是，人们开始产生疑问：是否只有近代化才是社会发展的方向？同时人们还发现：特别是从民族文化的价值观来看，实现西方化是相当困难的。因此，认为近代文明将普及于全世界的观点已不能成立了。

**作为物质文明的近代文明**

第二次世界大战后，文明的复数化有了显著的进展。可以说，已经产生出了今天这样的多种文明的时代。

第二次世界大战后，曾在近代世界居唯一支配地位的近代文明，很快失去了支持。其背景在于，作为现代文明成果的科学技术所创造出的物质文明已经普及于整个世界，这是不可忽视的。工业产品自不待言，交通、通信、印刷、电力、城市乃至居住环境，许多物质文明的产物已遍及全世界。在还没有充分实现近代化的国家，尽管还得从国外引进许多物质文明的产物，但不管怎么说，这些物质文明已遍及世界每个角落，这在今天已是不能否认的事实。其结果，世界各地的生活方式中出现了明显的划一性。外出坐汽车和飞机，用电话进行交流，阅读报纸和杂志，收看电视等，这些都已成为当今世界大多数人的生活方式。

从这种意义上说，作为物质文明的近代文明已经完全普及于整个世界。而且，这一事实还告诉我们，物质文明是可以超越民族、地区和政治制度的樊篱进行传播和引进的。乍一看，这种现象似乎是近代化和西方化的结果或成果。然而果真如此吗？

物质文明之所以被世界上任何地区、任何民族都能接受，是由于人们有一个共同的愿望，即提高生活水平，也可以说是追求更美好的生活。饮井水胜过河水，饮自来水又胜过井水。这样，在引进物质文明的过程中，总有提高生活水平这一愿望在起作用。从篝火到煤油灯，从煤油灯到电灯，从马车到汽车的进步，也是由于这个缘故。

我们在弄清多种文明时代的结构之前，首先要探讨一下什么是近代文明。而论述什么是近代文明，也就是论述近代文明的意义发生很大变化的20世纪这一时代。也就是说，如果对近代文明和20世纪进行了充分的探讨，多种文明时代的结构也就自然清楚了。

## 第二节　近代文明的本质

### 一、近代文明与近代化

**物质文明的普遍性**

经过产业革命，在欧洲建立起来的近代文明的显著特征之一就是物质文明。这种近代文明一方面创造了以能源革命为基础的生产组织，另一方面又从全世界集中了原材料。正是这样形成的近代文明，孕育了现代的生活方式。

从衣食住等生活基础条件到交通、通信、工业生产，乃至现代国家和公共教育等多种制度都是近代文明所创造的。科学与技术的融合，也是在近代文明形成过程中开始实现的。也就是说，我们在现代世界中的基本生活方式都是这种近代文明的产物。

因此，产生把近代文明与现代科学技术所带来的巨大的物质文明等同起来的看法，也是理所当然的，绝不是不可思议的。因为欧洲创立的这种近代文明所带来的新的生活方式（人们把它称为近代生活方式）已传播到世界各地，并已为人们所接受。今天，它已在世界各地固定下来，说它已普及到地球各个角落也不过分。

人们现在已经开始根据这一事实，来论述近代文明的普遍性了。必须指出的是，具有这种普遍性的只是近代文明中的物质文明这一侧面。今天，在发展中国家的城市里，即使是热带非洲小国家的城市，也修建了国际机场，还有国际性的饭店、会议厅等，人们在通信、电力、就餐等方面都很方便。若不问这些物质文明来到这些地方的经过，那么，好像不论到哪儿巧克力就是巧克力，汽车就是汽车，人人都能享受其便利似的。从产生这种便利的意义上说，近代文明并不是欧洲一个地区的地区性文明，而是与世界各种文明具有共性的文明。

**什么叫近代化**

如前所述，近代生活方式所代表的物质文明，之所以能被世界各国人们所接受，只能说是因为这种近代生活方式符合人们的愿望。不论什么样的文明都是如此，电灯总比煤油灯好，有汽车比没有好。在近代生活方式中所看到的物质丰富、优裕的生活，都是人类共同期望的。

于是，在非西方世界出现了新的问题，即能否在自己的国家亲手创造出这种近代生活方式？如果只是照搬西方的物质文明的话，就会出现经济上控制与被控制的关系。即使不受直接的控制，也不能逃脱经济方面的负担。因此，在本国亲手创立这种近代生活方式所代表的物质文明，便成为一个课题。这是迈向近代化的出发点。于是，人们便将近代化看做是亲手创造这种方便的近代生活方式的过程。

一般认为，要实现近代化，首先要振兴工业。要振兴工业，就必须学习生产组织和生产技术，筹措资本，开展职工教育。而要进行这些活动，归根到底还是以学习西方的方法为好。在这个意义上，一般认为，近代化就是学习西方的方法，并使它扎下根来。近代化等同于西方化的看法，已广泛地被接受了。于是，产生近代文明的欧洲便被视为追求近代化的社会的榜样，而且欧洲各国也承认这一点。

**第三世界的近代化**

经过第一次世界大战和第二次世界大战，欧洲统治下的亚非各国相继独立。其中有许多国家至今仍属于发展中国家，尚未实现近代化。例如，60年代独立的一些非洲国家，都模仿发达国家，追求工业化。其中，有些国家为实现工业化而采取了社会主义政策。但是，在20多年后的今天来看，它们几乎都没有取得显著的成就。即使是拥有地下资源的一些国家，其工业化能达到生产消费资料程度的例子也是不多见的。其中有的国家为了推行工业化政策而导致了农村的疲敝，经济本身也陷入困境。可以说，在非洲，作为近代化标志的工业化几乎都没有成功。

在亚洲和拉丁美洲，也基本上是这种情况。近几年，亚洲的韩国、中国台湾地区和香港地区以及新加坡的经济发展很快，甚至出现了“中等发达国家和地区”（“新兴工业国家和地区”）这样的词。但是，仍不能因这几个国家和地区的经济有了发展，就可以说亚洲各国都正在实现近代化。从现状来看，这些国家和地区的发展只能算是例外情况。

这样看来，近代化第一标志的工业化在第三世界并未实现，而且从今后的前景来看也不容乐观。然而，作为一个国家，总是希望在本国生产工业品，靠自己的力量实现近代生活方式。无可否认，这些国家的目标，现在仍然是近代化、工业化。这就是近代文明所带来的现实课题之一。

**第三世界的城市化**

第三世界的人口从农村涌向城市的现象十分显著。这导致一些城市的人口过度集中，使几百万人口在极为贫乏的生活条件下集中。如加尔各答、内罗毕、金沙萨、拉各斯、墨西哥城、利马等均属此类。

第三世界的城市化，提出了与发达国家的城市化不同的问题。发达国家的城市化，是产业革命以后工业集中的产物。而第三世界的城市化则是在工业化没有取得理想发展的情况下开始的。它不是由于工业集中而吸引了人口，而是由于只有在城市才得以实现的近代生活方式的魅力所造成的。人们不过是从生活不方便的农村集中到了便利的城市而已。因此，城市并未随之产生积累资本和吸收就业的机能，只能急剧地向贫民窟化的方向发展。

第三世界也并不是没有民族资本，但是这些资本多是用于商业投资，或是向外国投资，而没有用在本国产业的发展上。因此，依靠民间经济力量建立产业基础的工作进展相当缓慢。而且，这些国家的工业化，似乎靠国家之手才得以进行。然而，在信息化和国际化不断发展的今天，还看不到第三世界有靠工业化起飞的苗头。

## 二、西方化理论的崩溃

**近代化与西方化理论**

如前所述，近代化往往被视为西方化。因此，认为要实现近代化，就要学习西方的文化艺术，从科学技术到生活方式都要学。事实上，生活方式方面的西方化，已在世界范围内广泛地进行着。

然而，当今的世界已开始出现了使人不能把近代化与西方化等同看待的现象。首先可以指出的是前面谈到的第三世界的现状。今天，西方文化在第三世界的普及，同欧洲没有任何区别，物质文明在第三世界已充分普及。可是，这些对该国经济和社会的近代化又有多大程度的促进作用呢？在享受物质文明恩惠与实现近代化之间，正开始出现明显的脱节。从19世纪到20世纪前半期，还没有出现这种脱节。因为当时许多第三世界国家还是欧洲的殖民地。它们一致认为近代化就是西方化，就是引进其技术和制度，并且为进行教育而教授宗主国的语言。在此过程中，基督教也起了一定作用。宗教、语言、技术、制度，都照搬了西方。它们认为，不这样做就不能算近代化，也不可能实现近代生活。

从19世纪到20世纪前半期，在欧洲以外的世界，实现了近代化的，可以说只有日本。大家知道，连日本当时也认为，不实现西方化就谈不到近代化，因而热心地引进西方的文化和制度。

**日本的近代化**

那么，是不是可以说日本近代化的成功是西方化的结果呢？关于日本的近代化，过去曾经有过种种议论，这是众所周知的事实。现在的目的不是在这里回顾这些议论，总结日本近代化的过程，而只是要明确以下两个事实。

第一，日本的近代化是否已取得成功。近代的日本是一直作为近代国家发展过来的，这似乎是难以否定的历史事实。19世纪末，日本的工业化出现了迅速增长的征兆。其后经过明治和大正时期，直至第二次世界大战后的所谓经济高速增长时期，日本的工业化达到了世界最高水平。以这样的工业实力为背景，日本现在稳稳保持着经济大国的地位。把这样一个日本摆在整个现代世界当中来看，可以说它近代化的成功是不可否认的。日本已完成了近代化。

第二，日本的近代化是非西方世界中唯一取得成功的事例。从创造近代文明的欧洲产生了一些派生体，美国、加拿大属于这种派生体。此外，第二次世界大战后，澳大利亚、巴西、南非等也正在形成近代文明的派生体。这些都可以看做是欧洲社会的延伸（具体说来，是从移民和建立殖民地开始逐步形成的）。严格说来，它们也是属于西方世界的国家。

由此可见，从19世纪到20世纪，在非西方世界走着近代国家道路的只有日本一个国家。必须承认这个事实：日本是在非西方世界唯一实现了近代化的国家。

**近代文明中的西方理论**

不言而喻，近代文明产生于欧洲社会，因此它是建筑在欧洲理论之上的。近代文明与西方理论是一种表与里的关系。因此，近代文明经常表现为西方文明，一谈到西方文明，就会想到近代文明。人们对两者的理解已到了互相混淆的程度。

那么，究竟什么是近代文明中的西方理论呢？一般认为，近代文明的中心理论，是资本主义和合理主义，合理主义或称效率主义。回顾一下日本的近代史，可以说资本主义在日本已发展到相当程度，而且也是十分讲求合理主义的社会。自镰仓幕府时期以来，以“武”为专业的人们掌管着国家。“武”的理论是十分合目的的、合理主义的。的确，资本主义、合理主义是近代文明和近代化的特征，是论述近代文明时的一个重要的着眼点。但是，如果看一下日本这个例子，就很难说这些都是西方文明的特征。

在论述近代文明的时候，同古典文明相比较，自由主义思想占很重要的地位。这里仅从国际贸易的角度来考察一下什么是自由主义。100 年前，英国的市场逐渐被后起的德国所渗透。这是由于德国政府凭借领事外交权进行了市场调查，而贸易公司又根据政府的情报扩大了出口。这在英国议会上曾作为一个问题提出过，但是，英国坚持了国家不应该干预经济活动的自由主义原则。结果，英国的国际贸易越来越衰退。虽说是自由主义，有时是为了民间经济活动，也有时是为了帝国主义的利益而被提倡的。实际上，19 世纪英国的自由主义之所以能有效地发挥作用，就是靠炮舰外交来支持的。美国虽被称为自由主义的大本营，但就贸易而言，自 19 世纪以来，一直采取了以门罗主义为代表的保护主义。

**西方化就是物质文明**

创造近代文明的近代化的理论，包括了资本主义、合理主义、自由主义以及民主主义等。人们一直认为这些都是西方的理论，但是，日本社会从很早以前起（至少从近代开始）就有了这些思想。因此，虽然从幕府末期到明治时期同西方文明发生了全面接触，但在思想上并未发生太大的矛盾。当时的日本，人们也许曾倾心于西方的文物，但对那些支持近代物质文明的西方理论，并未出现多大的混乱。

关于近代化，曾有过将物质文明与接受支持物质文明的西方理论相混同的议论。今天，有必要将它们明确区分开来。如前所述，近代的物质文明已普及到世界各个角落。基于这一事实，从物质文明的角度来看，西方化已有了广泛深入的进展。然而，近代化却是一个社会和国家的内在素质（亦即近代性）的问题。必须认识到，所谓实现近代化，实际上就是说这个社会和国家已具有了近代性，亦即已经具有了合理判断的训练和有效运行的训练。由此可见，近代化绝不是同全面意义上的西方化相联系的。事实上，一些研究成果表明，在日本的近代化过程中，吸收西方的科学技术是通过日本式的方法实现的，战后经济高速增长也完全是通过日本式的传统方法实现的。这证明，日本的近代化是在日本的价值体系范围内实现的。

使人们感到近代化是通过西方化来实现的，实际上只是物质文明这一个方面，绝不是全盘吸收了西方的理论。在这一意义上，今天也有必要对近代文明即是西方文明的观点严肃地重新加以考虑。

**日本在文明史上的意义**

基于上述的意义可以认为，正是日本首先使在 19 世纪到 20 世纪期间代表着近代文明的、以西方为中心的文明世界开始走向崩溃。其开端就是 1904 年的日俄战争。处于欧洲文明圈之外的日本，战胜了作为欧洲文明圈一员的俄国。这一事件发生在 20 世纪初。它所造成的冲击很大，对其波及效果今天仍有必要重新加以认识。日俄战争表明，对于当时称霸世界的西方各国势力，非西方文明圈内的国家也具有反抗的可能。日本使以英国为代表的不列颠帝国的统治体系遭到崩溃。日俄战争的结果，爆发了中国的辛亥革命以及俄国的十月革命等。在半个世纪以后的 20 世纪后半期，还影响到欧洲各国连做梦都没想到的亚洲和非洲各国的独立。

第二次世界大战后，作为欧洲文明派生体的美国，仍极力要使整个世界与西方文明同质化和统一化。美国曾评价说，只有日本一个亚洲国家的近代化是与西方文明吻合的。其实，日本以独特的方式在工业和技术方面显示出了自己的力量，使美国称霸世界的体系遭到崩溃。日本在20世纪的崛起，是迄今以西方为中心的历史所不曾有过的现象，它开始有力地改变着历史的潮流。

**从西方化向多种文明过渡**

由此可见，20世纪是近代化等于西方化这一理论走向崩溃的过程。产业革命以后，在近代文明的名义下，西方文明侵蚀了世界各地的各种各样的地区文明，以至于用西方文明统一世界成了一种理想。

的确，世界许多地区文明都被近代生活方式的文物所吸引，并且竞相吸收。于是，还出现了这样一种错误的认识：只要吸收西方的文化艺术，西方化就会有所进展。西方化进展了，社会的近代化就能实现。

但是，西方化仿佛只是在物质文明方面取得了进展。日本的近代化是迄今亚洲、非洲唯一的例子，它从根本上证明：近代化与西方化完全是两回事。

直到20世纪前半期，在人们中间还普遍存在着近代文明等于西方文明这种认识。但是，到了20世纪后半期，非西方地区文明已对这种认识产生了怀疑。今天，亚洲、非洲许多国家在尚未实现近代化的条件下进入了现代。在那里，西方化已不是唯一的样板了。在现代，的确有一种在性质上与所谓近代化有所不同的现代化现象在发展，而且在尚未工业化的情况下，城市化就已在发展。而且，由于交通通信的发达，只在信息化、国际化方面取得了明显的进展。这种情形超越了一元化的价值观，产生了多种文明的时代。以上情况可简单地用图1-1来表示。

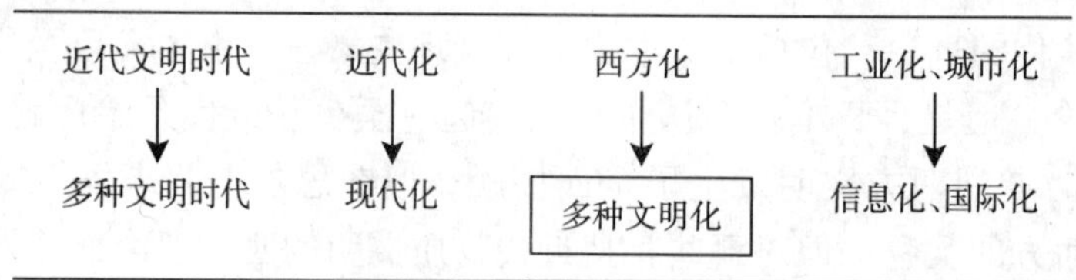


**图1-1 从西方化向多种文明过渡**

## 第三节 多种文明时代的原理

### 一、生活方式的同质化与民族文化的异质化

**物质文明的普遍性**

在近代文明这一概念中，物质文明的意义占有重要地位。在这个意义上，所谓近代化，显然就是以实现近代生活方式为目标的。而且，从这种观点来看，当今世界的同一化已取得明显进展。当前，在现代城市、交通、通信、经济活动、国家管理等各个领域，具有国际共同性的东西，多得简直令人吃惊。

不管是哪个国家的国民和民族，都会认为电灯要比蜡烛和煤油灯好，有汽车要比没有好。城市都希望有上下水道、柏油马路和高楼大厦。事实上，这些正在全世界普及着。从这个意义上说，整个世界正在实现同质化。有人把这看做是近代化或是西方化，然而并非如此。关于这一点，前一节已作了论述。但无论怎么说，物质文明带来的同质化是势不可挡的。可以说在物质生活这个方面，整个世界的同质化正在取得进展。

**民族的同一性**

谈到文明的复数化，也许人们会认为是出现了不同性质的文明，或者是文明的多样化有了进展。但事实并非如此。所谓异质性，就是在现代生活的同质性加强的情况下，反而更加强调各个民族文化的异质性，对作为民族同一性的文化重新认识并加以强调。具体地说，它就是各个民族的语言、历史及其艺术。

今天，整个世界都在发生着这样一种现象：各个民族都在开展着可称之为文艺复兴的运动。他们企图从口头传说中寻找民族固有的历史，复兴民族的传统艺术和技术。

这一运动的背景中存在着追求民族自身同一性意图。而且，这基本上是近代生活方式的同质性正在加强的反映。这就是说，要使阿拉伯更加阿拉伯化，使非洲更加非洲化。例如，最近，非洲的津巴布韦作为一个国家独立了。所谓津巴布韦，过去曾经是非洲繁荣的古王国的名字。它与现在的津巴布韦几乎没有文化传统上的联系，但这是对过去重新认识的一个表现。同样，在 1960 年前后独立的加纳、马里、贝宁（独立当时称达荷美）等国的名字，也是袭用了过去非洲繁荣的古王国的名字。这也同样表明，西方文明就是一切的观点在崩溃。现在，不仅非洲，全世界都在重新认识自己文化的历史。

**对江户文化的重新评价**

日本也同样出现了这一动向。最近，在日本，对江户时代重新认识的研究很盛行。这是什么原因呢？

在日本社会中，由于受西方文明的影响，日本人的生活方式明显西方化。明治时期引进西方文化时，日常生活仍是日本式的。西餐只出现在公共场合，洋房也是公共建筑（如政府机关、学校等），西服也只在官场穿用。这种昂贵的、带官场气味的洋化开始侵入个人生活，实际上是战后 50 年代中期以后的事。因为日本完成了重化工业化，实现了经济高速增长后，西洋的东西可以轻而易举地买到手了。

西服的普及，则是战后女服装裁剪师有了很大发展以后的事。但是，日本人穿西服的时候同西方人穿西服的时候是否一样，仍是值得怀疑的。例如，日本人在衬衫里面还穿着针织的衬衣，或穿着衬衣外出。在饮食方面，虽然也叫西餐，但却将其纳入日本人的饮食习惯中，从吃法到风度都显著地向日本方式发生了转化。这恰似日语中掺杂着外来语的片假名一样。的确，片假名用来表示外来语，但已将其纳入了日语体系中，即使它脱离了本来的意思，日本人也能根据自己的感觉加以理解。这样看来，日本也许吸收了许多西方文明，但却不能以此就说日本已经西方化了。

这样一来，人们自然要问，日本式的传统是从哪儿来的呢？自明治以来，日本人一直注意吸收西方的文化。当把西方文化大致吸收进来之后，又发现日本式的传统依然存在。如果上溯到明治前的江户时代，就能看到这种传统。今天对江户文化的重新评价，实际上是实现了近代生活方式的结果。

## 二、统一和分离的力学

**分离的力学**

纵观单一文明统治下的 19 世纪到 20 世纪的历史，实际上反倒可以看做是从统一向分离发展的力学的原理在发挥着作用。以近代文明中具有代表性的制度——国家为例，20 世纪初，全世界只有 47 个国家，现在已达到了 159 个（1987 年联合国成员国）。也就是说，仅就国家形态而言，可以说文明的力学正从统一向分离的方向发展。

今天，即使在统一国家的内部，力学的分离原理也在少数民族问题以及其他运动中越来越明显地表现出来，分离的趋势在短期内恐怕不会减弱。

当然，国家的大量出现，只能说是国家统一的尝试在大量地进行。从这个意义上，也有必要充分考虑力学的统一原理这个侧面。

今天，一般所说的国家也是近代文明创造的具有代表性的制度。因此，现代化的一个方面就是形成近代国家。在 20 世纪里，国家的数量增加了 4 倍，被称为近代国家的也只有这些。而在这些国家中，又有多少是严格意义上的近代国家呢？这是一个很大疑问。例如，近代国家的概念之一就是国民国家，即国民建立国家。第三世界的各国中，国民形成得以顺利进行的国家又有几个呢？有许多国家竟连国民文化都培育不起来。而且，这种国家的统一，现在越来越困难了。这是因为在国家统一（即国民形成）确立之前，力学的分离原理已开始起作用。民族独立和民族战争同前述的民族同一性交织在一起，将会越来越混乱。

**亚洲**

先概述一下亚洲现状。在1986年的伊斯坦布尔爆炸事件中，犹太人受了伤。以色列进攻黎巴嫩以作为对其的报复行动。现在看来，尽管受伤的是犹太人，但他们毕竟是土耳其的国民，事件又发生在土耳其境内，以色列对此进行报复是没有道理的。然而这里民族的理论要优先于国家的理论。一般认为，以色列的建国本来就存在矛盾。凭着2000多年前曾在这里住过的说法来建国，就好像十字军一样。很难看到以色列同其他伊斯兰教国家之间的争端得到解决的希望。

印度也存在很多问题。锡克教徒早在19世纪就有了独立的趋向。锡克教徒是经济上富裕的民族，他们想独立，但他们却没有作为一个独立国家生存下去的信心。斯里兰卡的泰米尔人也有独立的趋向。但是先到这里定居的泰米尔人和后来的泰米尔人之间也存在着纠纷。由此看来，将多民族的印度作为国家加以统一的理由是不充分的。而且，如果硬要寻找什么理由的话，也只有现在属于印度版图的地区过去曾经是英国殖民地这唯一的一条而已。

谈到多民族国家，印度尼西亚也没有作为国家而统一的理由。它也只有在一个时期里曾经是荷兰的殖民地这一条理由。菲律宾摩洛族的叛乱，也具有民族的和宗教的背景。在亚洲，以印度支那半岛为中心，表现在民族问题上的力学分离原理还会起作用。

**非洲**

非洲怎么样呢？20世纪初，非洲的独立国家只有利比里亚、埃塞俄比亚两个。其他大部分国家是在第二次世界大战后独立的。现在，有51个国家。非洲的这些国家虽然不会再继续分裂，但纠纷仍在继续。乍得同利比亚之间的纷争与民族和宗教问题有关。过去，他们都曾是法国的殖民地，都讲法语，但却进行着战争。法国人介入了乍得。看来，原殖民地宗主国的势力仍然存在。有许多国家，不仅要求宗主国提供援助，还要求日本、联邦德国以及美国的援助。还有许多国家在走社会主义道路。若把整个非洲的形势加以归纳的话，只能按撒哈拉以北和以南来划分。北非可以归纳为“奥斯曼帝国”，现在称为阿拉伯地区。但是，却没有归纳整个非洲的理论。不过，依靠数量上的优势，非洲统一组织在联合国的发言权正在增加。

**民族与国家**

即使是少数民族也对其民族的同一性极为重视的现代，之所以不断出现民族问题，可能是由于民族理论与国家理论没有得到很好的整理的缘故。例如边界问题等。第一次世界大战后以至第二次世界大战后，亚洲和非洲有许多国家独立了，其边界的划分仍然是按照当时欧洲的统治理论继承下来的，对其内部结构几乎未加考虑。现在的民族问题就是那时遗留下来的。在这个意义上，如果要想根本解决边界问题，只能按照新的理论进行改组或者重新划分。

如果从国家和文明这一观点出发给20世纪下定义的话，可以说这个世纪确实是国家的时代，近代化的期望被寄托在国家身上。今后，如果分离原理的作用超过统一的作用，很可能会出现民族和国家的重新改组，国家的数量将会增多。

到那时，联合国将具有什么样的机能呢？不论富国还是穷国，发达国家还是发展中国家，债权国还是债务国，构成联合国的各个成员国是否都能一律平等地拥有一票表决权？这种平等的权力是否能得到保护？国家具有的统一性是否还能维护民族的尊严？

以上论述了今后基本上是分离原理起作用。民族和国家将成为面向21世纪文明的基本课题。

## 三、统一原理的变化

**国家或爱国心**

在分离原理的作用呈增强倾向的背后，相反也出现了统一原理不断减弱的现象。国家本身虽是依据统一原理，但在发达国家，这一理论越来越无力了。企业的国际的活动就是其中一例。企业要向税制有利的国家、劳动力廉价的国家发展。例如，美国的 IBM 公司在全世界都有子公司。美国对其本国的产业空洞化等毫不介意，哪里能赚钱就到哪里去。日本也正在出现同样的现象。

重商主义时代的英国，“为了英国”曾是一个冠冕堂皇的理由。由于英国的文明曾被认为是当时最优秀的文明，所以英国人也具有一种为了全世界和人类而移植英国文明的义务感。但是，到了 19 世纪末，“为了英国”的思想越来越淡薄了。

在 20 世纪前半期的日本，“为了国家”也成为一种重要的道德规范，国家发挥了作为统一原理的较大机能。

现在，把国家和爱国心视为发扬国威的工具的典型例子是奥林匹克运动。人类将爱国心寄托于体育运动的情况将持续到何时呢？

有这样一种说法：“在国家的一生中，爱国心为了国家的形成只能起一次作用。”也许英国和日本这一时代已经过去，现在亚洲和非洲各国正处于这一时期。

**意识形态**

曾经有过意识形态作为统一原理发挥作用的时代。例如，“自由、平等、博爱”就是法国革命的意识形态。但现在已略有褪色。例如对黑人的歧视，一般来说，英国比较严重，法国则好些。这基本上是“自由、平等、博爱”这一观念所带来的结果。法国也给外国人以选举权。在这个意义上，法国是国际化程度最高的国家。但也因此出现了来自旧殖民地的移民人口膨胀的问题。既然崇奉“自由、平等、博爱”的意识形态，也就只好实行，结果却因意识形态使国家走向衰落。而且，这一事实还使法国革命的精神大为褪色。此外，还有纳粹德国、日本和意大利的法西斯也都是集聚于一种意识形态下的运动，但后来被盟军粉碎了。

期待自由主义封锁住社会主义，并把世界统一为自由主义世界，这也是一种错觉。共产主义虽然被一点点地修正，但依然存在，而且即使在社会主义意识形态作为统一原理的国家，也不能违背追求更美好的生活这一世界同质化的潮流，不得不部分地引进了自由经济的体制。另一方面，国际共产主义也似乎成了梦想。也就是说，到了 20 世纪后半期，多数意识形态都没能成为强有力的统一原理，这一点已十分清楚。可以说，作为统一原理的意识形态已寿终正寝了。

**宗教**

宗教原理又怎么样呢？它也有了褪色之感。伊斯兰教中的原教旨主义，作为统一原理能维持到何时呢？在这些伊斯兰国家，民法和教育等全都被涂上了伊斯兰教的色彩。

伊斯兰国家除了伊斯兰教这一宗教原理之外，没有其他限制人们行为的规范。离开了作为约束人们的交往方式、家庭经营方法、女性的衣着方式、就餐方式等生活细节的规范原理的伊斯兰法，很难想象伦理道德能够独立存在。生活的各个方面都被限制在这样一个庞大的体系中，因此，即使因酗酒这样一件区区小事也会使宗教原理的一隅遭到破坏，从而导致整个体系的崩溃。

伊斯兰主义在制约人类社会方面是成功的。如果全世界都奉行伊斯兰主义的话，和平是不成问题的。但现实并非如此。各种各样的文明，都在相互抵触，相互影响。原教旨主义也许是作为挽救社会危机的最后堡垒，不得已而进行的运动。然而，它也有这样的危险，一旦某个角落坍塌就会导致全面崩溃。其他宗教再没有像伊斯兰教那样严格地制约人们生活的了。显然，宗教作为一种统一原理也正在削弱。

**军事力量与技术力量**

当代世界，使用核武器和投放原子弹事实上已成为不可能的事情。在这种形势下，可以说军事力量也不能成为统一原理了。那么，星球大战计划将会怎样呢？它如果能付诸实施，也许确实会形成依靠军事力量的唯一的统一原理。因此，苏联猛烈反对之。苏联无论在经济力量上还是在技术力量上都不能与之抗衡。

美国希望日本给星球大战计划的开发以技术合作。现在，在所有方面，美国的技术力量相对落后了。技术怎么也形不成统一原理。技术，如物质文明一节中所述，本是普遍传播的东西。

第一次世界大战后，德国企图依仗技术力量称霸世界，但是失败了。第二次世界大战后，德国的技术力量扩散到全世界，对美国、苏联和欧洲的宇宙开发做出了贡献。日本技术水平高，并活用于人民生活，产生了经济效益。现在，技术与经济的关系，已是密不可分。经济援助的同时，还需要技术援助。企业转移同时也是技术原封不动的转移。技术在不断扩散，所以仅靠技术是不能形成进行统一的力量的。

综上所述，在现代世界的各个方面统一原理都在减弱。这作为文明的力学，成为促进从统一向分离方向发展的背景。

## 四、多种文明时代的诸原理

**多种文明时代的背景**

归纳迄今为止的各种观点，可指出以下几点产生各种文明时代的背景：

(1) 生活方式的同质化。

(2) 民族文化的异质化。

(3) 分离原理强于统一原理。

(4) 统一原理的变化。

物质文明所带来的现代生活方式的同质化将不断地进展。同质化这一原理的支柱是现代生活方式，即追求更美好的生活。而且，可以说，交通通信的发达而带来的国际化、信息化，已冲破了地区文明的障碍。

于是，也许也有这样的看法：这种生活方式的同质化不就是统一化吗？以前，强大的宗教、意识形态，也曾超越了民族、国家的界限并实现了统一。殖民地也是统一原理的一个表现。然而，由于世界上民族主义的高涨，政治性的分化有了很大进展。这时，文化的异质化也作为一种手段被使用。即生活在无限地同质化，而文化、政治却在发生着分离。同质、异质的原理与统一分离的原理处于不同的范畴。若把两者混淆起来，多种文明时代的原理就会模糊不清。而且，从20世纪后半期到21世纪，物质文明的同质化和文化、政治的分离主义将会更占优势，将会创造出一个“多种文明的时代”。

**多种文明时代的结构**

综上所述，可以看出，近代文明所带来的物质文明，促进了世界各地人们生活的同质化。其背景是各个国家强调固有的民族文化，强调民族文化的差异性，这一趋势越来越明显。另一方面，虽然也出现过企图利用国家、宗教、意识形态、军事力量、技术力量等统一原理来统一国家或世界的文明趋势，但在今天，这些统一原理的力量均已减弱，而文明中的分离原理作用开始加强。可以说，今天的世界正大步地朝着多种文明的时代迈进。

这种多种文明的时代具有什么样的结构呢？下面就来加以阐明。如背景部分所述，多种文明时代的形成有以下四种：①生活方式的同质化。②民族文化的异质化。③统一（主义）化。④分离（主义）化。可以说这四种力学原理正推动着多种文明的时代。而且，当今的世界形势，也正是因这四种力学原理的相互作用而发生着变化。

例如，生活方式同质化有明显进展并在探索统一化方向的是西欧各国。同样，生活方式的同质化有明显进展，但却面向着分离的方向发展的是南非和澳大利亚。此外，虽然显示出民族文化的异质化方向，但却保持统一的有苏联、中国、伊斯兰教国家。把这些观点加以模式化，便得出图 1–2。

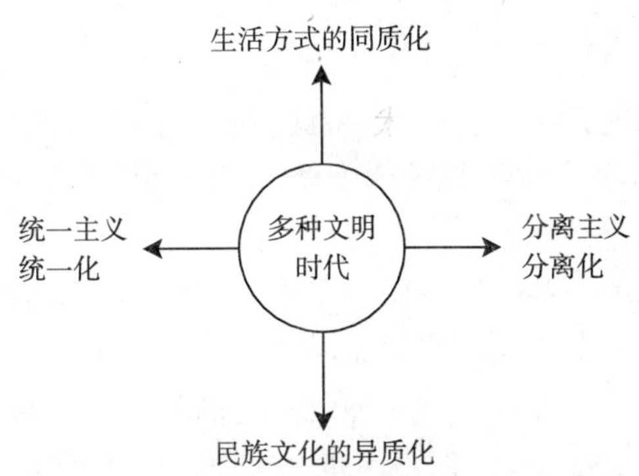


**图 1–2　多种文明时代的结构生活方式的同质化**

# 第四节　多种文明时代的动向

## 一、国际形势的发展趋势

**近代主义的淡薄**

从 19 世纪到 20 世纪前半期，近代文明的浪潮席卷了整个世界。特别是物质文明向人们展示了近代的生活模式，并超越国家和民族的界限，为人们普遍接受。以物质文明为标志的近代文明，可以说是带有普遍性的。作为社会发展模式的近代化扩展到世界各地的时候，物质文明与近代化以及产生近代文明的西方理论都被看做是同一件事情。即认为，通过物质文明的普及，西方文明的一元统一理论会在世界范围内得以实现。

然而，今天当我们回顾 20 世纪的时候，却发现物质文明的普及虽有了很大进展，但是，按照西方文明进行一元化统一的观点却出现了很大的倒退。物质文明以及近代思想越是广为传播，统一的理论反而越削弱。

在上一节，我们已经用现代化生活的同质化，民族文化的异质化、统一（主义）化、分离（主义）化等概念，阐明了这一动向的原理。其结果，在现代出现了西方文明主义的明显倒退。与此相反，古典的地区文明正在改换形式呈现复活的倾向。在这一节里，将着重论述现代世界出现的这一动向。

**圈的衰退**

作为西方文明主义倒退的例子，近代主义时代形成的几个具有某机能的圈的结构正在崩溃，其意义也在丧失。所谓圈，是指受某种机能所支配的区域，如德语圈、法语圈、共产圈等。

世界上的国家并不是分散孤立地存在的，而是按照文化上的共同因素利害关系上的因素等，几个国家联合起来形成一个“圈”。例如使用共同语言的语言圈，使用共同货币的货币圈，因信仰同一个宗教而联系在一起的宗教圈，以及最近按意识形态而形成的自由圈和共产圈等。而且，这些因素的复合体又构成了“集团”。从集团中被排除的国家，为形成自己的“集团”，就要向既成的集团进行挑战。而且，为了使自己的集团的形成合法化，反过来又在文化上设立另外的“圈”。这些具有各种机能的圈合成起来，便具有了政治意义。然而，今天这些圈的状况如何呢？下面我们以语言圈、货币圈、意识形态圈为例加以考察。

**语言圈**

在殖民地时代，发达国家在各自的统辖地区强制推行自己的语言，结果形成了英语圈、西班牙语圈、法语圈等。这些殖民地国家独立后，同旧宗主国在文化和经济上的交流，比起同其他国家的交流，确实依然频繁和深入。但是，不能说它们在政治上也追随旧宗主国。实际上，它们跨出过去的自我封闭的语言圈，克服移植文化的异质性，为寻求新兴国家之间的共同利益而进行联合。在这种情况的背后，世界各国一直在进行多种国家语言的教育。

在印度支那三国，以及非洲的一些法属殖民地国家，由于只用法语同世界交往产生不便，因此英语教育得到大力开展。相反，在一些曾以英语为通用语的国家，以坦桑尼亚、肯尼亚为中心形成了斯瓦希利语圈。同时也有像印度、斯里兰卡那样使用多种语言的例子。其结果，过去的语言圈迅速地失去了封闭性，不再是自由交流的障碍。又如，联邦德国和民主德国、韩国和朝鲜等，因政治原因被分割成两个国家后，由于发展过程的差异以及由此而产生的思维方式的不同，所以尽管都使用同一种语言，然而已感觉不到语言所带来的相互协同的意识了。这样，语言所具有的约束力也不像过去所能想象的那样强了。因此，语言圈这个观念将相对地失去它的重要性并丧失意义。

**货币圈**

第二次世界大战后，充分发挥绝对优势的生产力，并取得绝对优越地位的美元，由于国际货币基金体制的确立，占据了国际货币的地位，并把美元圈扩展到整个世界。不仅是对美贸易，同第三国间的贸易结算，也都以美元计价。但是，最近随着美国的黄金拥有量锐减，国内的社会动荡以及对外政策的失信，使美元的威力开始下降。取而代之的是德国马克、日元等货币开始升值。现在用日元结算的虽然只有巴西等少数几个国家，但将来会越来越多。而且，在这一动向中，还可以看到在同以往的殖民地国家之间起过重要作用的英镑圈、法郎圈等，也正在迅速地失去其意义。

但是，尽管日元和联邦德国马克是硬通货币，然而认为日元也许会像过去美元那样扩展成日元圈的想法，恐怕是错误的。最近，石油输出国组织对石油的支付货币，不只要求美元，还要求日元、英镑、联邦德国马克等各国货币。其原因就在于，预料到国际汇率将会变动，企图分散只持有一国货币的危险。在某货币圈里，只有该货币无条件通用的时代似乎已经过去了。现在，苏联、东欧的卢布圈也逐渐变得松散了。一个社会稳定并在国际上具有实力的国家，其货币总能应付各种力量在国际市场上通用。因此，今后某种货币建立自己封闭的货币圈，并在世界上自行其是的情况将会越来越少。

**意识形态圈**

所谓意识形态圈，是指“自由世界圈”，“共产圈”等。世界政治处于美苏两极，其他各国则坚信，只有加入这两个圈的其中一个才能生存。自由圈尽管被批判为新殖民主义仍通过经济援助扩大自己的势力范围。共产圈则通过民族解放运动和意识形态来扩大自己的势力范围。但是，靠援助把一个国拉入自己的圈内的做法已经越来越困难了。也就是说，接受援助的一方，不管意识形态的差异，在无休止地要求援助。而对于援助的一方来说，则有些担心“援助造成贫穷”。在意识形态上歧视特定国家的做法，反而会减少外交上的任意选择余地。结果，对变化中的世界，就会无法灵活采取对策。对把民主主义和言论自由奉为金科玉律的资本主义世界来说，以意识形态划分世界是没有任何意义的。的确，还有表示两极结构存在的例子，如美苏会谈。但是，这种结构今后只会削弱，不会增强。世界越来越趋向多极化、多面化，世界形势已不能以意识形态而论了。

**极结构的形成**

用“集团”、“阵营”、“圈”这些区域性结构，已不能用来考察当今的世界了，并要求与多种文明时代相适应的新结构。这里我们建议用“极”的概念代替“圈”的概念。

现代意义上的多种文明，与其说是区域性的“圈”，倒不如说是通过具体的城市而体现的。城市就像文明的磁场，因而将其视为“极”。

“极”这个概念，在某种意义上说，是与国家处于不同层次的概念，应该说它是文化、政治、经济等各种活动的集结点，但本质仍然是政治。因为其政治的手段即是军事、经济和文化。今后的国家不再具有以往国家具有的绝对主权，主权将是非常有限的。因为在国家群之间，有必要通过协定来相互限制主权。因此，今后将会布满无数国际间协定，国际形势也会比现在更为复杂。单独指向特定国家（群）的外交已行不通了。国际外交势必会变得八面玲珑，而且非这样不可。如果即便如此国家间还继续发生纠纷的话，那么还将会发生改组并产生新的国家。在这样的形势下，当世界各国希望在相互尊重主权的同时实现各国的要求，维护各自的利益的时候，“极”就会以全世界“关心的热点”形式从这一运动中浮现出来。人口、资源、信息就是构成这个“极”的三要素。

## 二、七极世界的构图

**人口**

探讨现代的多种文明动向时，不可轻视人口所具有的意义。例如人口不多的小国，即使做不合乎国际规范和非人道的事情，也往往不会引起人们的重视。过去的罗得西亚就是一个例子。如果拥有众多人口的国家实行了这种歧视性的政治，就会成为重大的国际问题。观察一下近些年南非的例子，便能很好地理解这一道理。

如果像非洲大陆和南美洲大陆那样，整个大陆的人口尽管很多，但却很分散，因而形不成具有人口压力的极的力量。如前所述，由于力学分离原理的作用，世界各国有趋向分散的倾向。在这一趋势中，一定的人口就会形成一大类型，如果经济力量、政治力量以及社会意识等随之而集中，就可以以其人口为背景具有形成“极”的力量。例如，美国的州的权力今后将逐渐加强，整个美国犹如许多小国家的集合体。在国际上，这些州将在联邦组织的名义下，以“美联邦”的形式出现。大国苏联就是一个实行了联邦化并取得成功的例子。

另外，印度次大陆的庞大人口需要无限的援助。从人类的未来考虑，这是个不容忽视的严重问题。南美大陆、南部非洲等，也正在成为这种需要无限援助的一个“极”。被统一起来的人口的力量，其本身就是文化。文化作为“极”的一个重要因素，它既是传统的，又是保守的，是难以驾驭的，也是从外界难以掌握的。

比如，对宗教人口应如何看待呢？在印度有4亿人口是印度教徒。虽然印度教不会统治全世界，但对于发达国家来说，有许多地方是难以理解的。从这一意义来说，对印度教的世界也是不能轻视的。相反，通过这件事，印度反而具备了形成“极”的资格。伊斯兰教世界也同样如此。虽然宗教的统一原理在衰退，但作为人口问题的宗教大集团仍是不能无视的。

**资源**

“极”的第二个要素是资源。

按照资本主义经济发展起来的工业发达国家，为获得资源向世界的资源生产国进行了扩张。它们不仅从全世界掠夺能源资源和矿物资源，而且还掠夺了人的资源。这些资源使工业社会不断发展，其结果带来了社会高级化，而社会的高级化又需要更多的资源。这就是殖民主义的经济。

今天，在资源当中，石油作为能源和原料，具有最重要的地位。尤其是石油作为能源比其他能源价格低廉，因此其需求量还会大大增加。然而，地球上的资源分布十分不均匀，石油生产国和消费国被明显分开。虽然是石油消费国，但在某种程度上已达到自给的大概有苏联、美国和中国。石油输出国可以说几乎全是发展中国家。然而，这些过去曾经是发达国家殖民地的产油国现在都相继独立，拥有了主权。它们作为与消费国完全平等的国家，主张维护自己的利益。现在的国际形势，再靠武力来确保石油的做法已行不通了。发达国家只能把产油国称为“发展中国家”，通过向它们提供经济援助来确保石油的购买权，除此之外别无他途。另一方面，石油生产国还成立了“石油输出国组织”（OPEC），在保护资源的名义下，限制石油输出，进行价格管理，在国际社会中建立与发达国家对等的关系。

不仅石油资源如此，木材、粮食等方面，生产国与消费国之间的差别也变得更加明显。以前，生产国最大的外交问题是如何将剩余产品卖给外国。但现在，消费国中基于“用完就扔”的思想而造成的浪费，使生产国的出口顺利增长。同时，由于生产国本身的人口增加和消费水平的提高，也有必要确保本国的资源消费量。澳大利亚、巴西、加拿大等铁矿石生产国，甚至考虑要以保护本国环境为理由，成立针对消费国的联合组织以限制出口。

靠无限使用、大量消费资源而实现经济高速增长的发达国家，开始感到地球上的资源是有限的，把这些资源弄到手要付出很高的代价，保证资源的稳定供应和节约资源取代了以往的历史性权威、军事外交和意识形态外交，并成为当前外交的重要课题。日本和苏联进行合作，这在冷战时代是不可想象的。日苏合作开发西伯利亚油田计划的具体实施，正是反映了现在的国际形势。本来，西伯利亚油田的产油量似乎并不为人们所期待。但是，日本为了避免过分依赖中东和非洲石油的危险，显然需要进行多边的资源外交。

虽然发达国家靠经济力量和军事力量已不能左右资源生产国了，但是忽视经济力量和军事力量也不能搞到资源。因而，不能左右又不可忽视的资源生产国也拥有作为“极”的力量。

**信息**

下面列举一些信息发挥重要作用的事件。若在电视时代以前，“水门事件”也许就不会成为事件。通过电视向全世界传播新闻，才开始成为事件。另一方面，正是在美国的民主主义秩序下才成为事件。在非民主主义的国家，信息则是毫无价值的。在这个意义上，可以说“水门事件”是现代的事件。

菲律宾马科斯政权的崩溃，科·阿基诺政权的诞生过程中，广播、电视的报道具有重大的意义。这不仅是指新闻媒介拥有力量，而且是通过让世界逐一了解菲律宾的形势，形成了超越国界、超越民族的舆论，这给当时的菲律宾国内的形势带来了很大影响。

报道西非由于气候异常所造成的饥饿和牲畜大量死亡的消息，引起了全世界的关注，各国都伸出了援助之手。的确，西非现在遇到了严重的干旱，但是饥饿的原因在于，近代国家迅速形成过程中所产生的统治阶层与传统的农牧民之间的社会性紧张关系。贫困的农村，人们长期以来的不满情绪，使当局向外界传递了这一信息，从而创造了接受联合国粮农组织援助的条件。这种看法似乎是正确的。

由此可见，信息通过使用和接收，不仅具有左右一国政权的力量，而且具有牵制整个世界的力量。

现在，世界的经济与信息已结下密不可分的联系。当今世界由于通信手段的发达，信息得以广泛、迅速、大量地传播。可以说，信息所具有的力量已不可轻视。

信息往往会渲染、歪曲事情的真相。从第一次信息产生第二次信息，再从第二次信息产生第三次信息。而且信息量越大，可信性就越低。

因此，不管内容如何，信息的力量作为国际关系的一个因素，所起的作用之大，可以与政治因素和经济因素相匹敌。

而且，信息成为政治和外交的武器，这种信息在世界的“极”中产生，并急速地向全世界传播。

**七极的世界**

从人口、资源、信息的观点来观察“极”的力量，可以认为现在世界至少由七极所构成。这一形态还将持续到 21 世纪前半期。所谓七极，以城市来说，有华盛顿、莫斯科、东京、布鲁塞尔、北京、开罗、新德里（如后面所述，东京作为“极”还有一些问题）。

这里列举了作为多种文明时代“极”的七个城市。通常谈到“极”，一般是指美苏两极或是日、美、欧三极，以及美、苏、日、欧洲共同体加上中国五极等。这里的极是按照强国或大国的形象而形成的概念。但是，如前所述，今后的世界，大国靠其军事力量和经济力量统治一定地区和范围的现象，无论如何也不会存在了。

因此，这里以七个城市代表作为文明时代中人们“关心焦点”的“极”。

**七极的形成**

下面概观一下从近代到现代七极的形成过程。

16 世纪初，欧洲尚未发展之前，世界以东欧、伊斯兰国家、中国、印度这四极为中心。西欧与东欧和伊斯兰国家有关系，日本与中国和印度有关系（见图 1–3）。

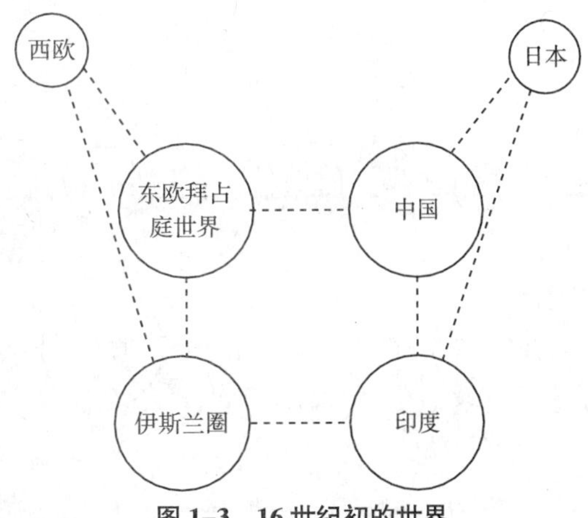


**图 1–3 16 世纪初的世界**

从专制主义国家到大航海时代，再到产业革命取得一个又一个发展的欧洲文明，把它的一个分支伸向了美洲大陆，使华盛顿成为新的一“极”。而且，它还在向西发展，不久的将来，旧金山也可能成为新的一极。经过 20 世纪前半期，两次世界大战的动乱年代，促进了新大陆“极”的形成。今后，同样的力量将作为其反作用，把曾经分离、对峙的欧洲各国统一到欧洲共同体（极为布鲁塞尔）之中。

另外，在远东的东端，来自中国大陆、东南亚、太平洋等的一些文明潮流，正在酿成一种具有近代性的文明。到 20 世纪后半期，它迅速集聚，逐渐形成东京这一“极”。

这样，从现代世界的七极来看，从 19 世纪到 20 世纪前半期，标榜近代文明的西方文明统一世界的时代已经结束。重新开始提倡古典的地区文明，其中再加上近代型文明之“极”的布鲁塞尔、华盛顿、东京，便形成一种构图。

也就是说，若从文明史的角度来看，这七极是三极加四极。即北京、开罗、新德里、莫斯科这四极为古典的大陆文明，布鲁塞尔、东京、华盛顿这三极为新兴的海洋文明。如果只就经济问题而论，开罗、新德里的再现，虽说是最近的事，但是在文明史上，它们是很早以前就存在的，是不可忽视的一极（见图 1–4）。

以上七极若连上非洲、东南亚、大洋洲、南美洲，其关系见图 1–5。

若从地理位置来看这七极，可以说莫斯科、北京、开罗、新德里这四极是古典的大陆文明（classical continental quartet），布鲁塞尔、东京、华盛顿这三极是北极圈海洋文明（transpolar tripod），非洲、东南亚、大洋洲、南美洲是环赤道的多种文明（transequatorial encircle）。面向 21 世纪，世界要解决各种问题，但北极圈海洋文明之极会进一步发展。

**东京极的人口**

图 1–6 表示世界七极的人口。如图所示，最近加入作为七极成员之一的东京；人口是那样的少，在七极中也是最少的。

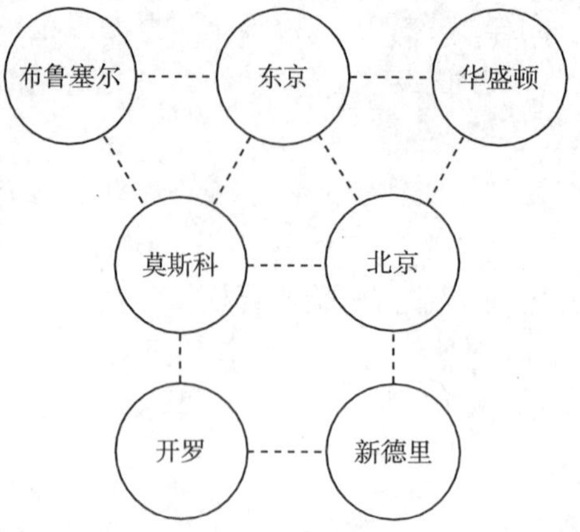


图 1–4　现代的世界

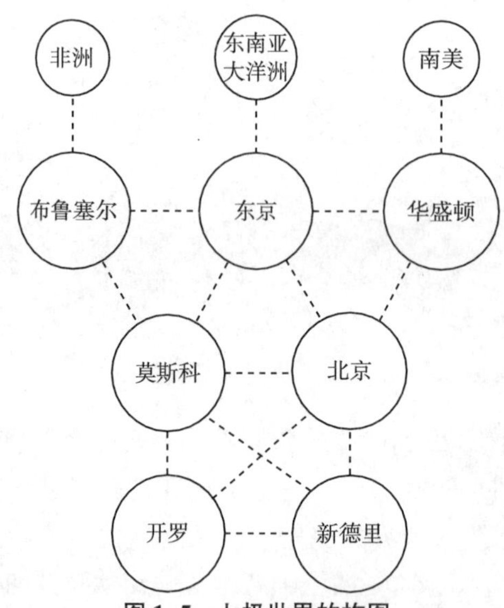


图 1–5　七极世界的构图

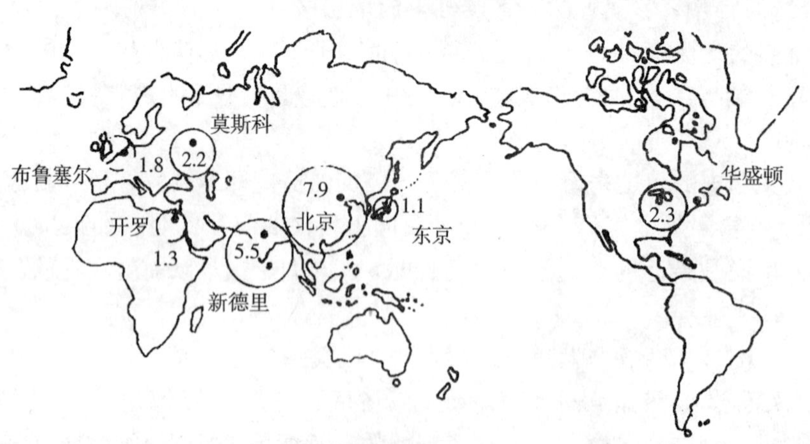


图 1–6　七极的人口

从图 1–6 看，在国际舞台上，要成为一个极，至少需要有两亿人口。现在的日本在经济方面确已达到了形成“极”所需的水平，但人口的力量却不足。今天，日本靠建立殖民地来增加人口的做法已绝对不可能了。即使把同日本关系密切的韩国和属于中国的台湾、香港考虑在内，也还不足两亿人口。至少要到和东南亚、尤其是和印度尼西亚、澳大利亚等结成紧密关系的时候，东京才能真正作为一个“极”

而独立存在。

也就是说，如果不仅在经济上而且在技术、学术等文化方面结成广域共同体，两亿以上人口才会产生出一股合力，才可能在东亚形成一个“极”，这个“极”是否是东京且另当别论。如后面所述，日本今后必须朝着信息产业一大集聚地的方向发展。此后，东京作为上述地区的信息集中地和发生地，其地位将更加重要。

仅从经济力量来判断“日本已成为发达国家中的三极之一”。并认为这种结构今后也会继续下去的看法是错误的。日本人被称为经济动物，但日本决不能用这个称呼来束缚自己。不论国内还是国际，形势在不断变化着。

## 第五节　松散的联合

### 一、各种形式的国家联合

**区域联合**

如前所述，在分离原理起作用的情况下，现代世界中出现了许多的国家联合和某种形式的统一。尽管这些联合和统一的成立情况和历史各有不同，但是，探讨欧洲共同体、英联邦、石油输出国组织等各种联合的现实意义是十分重要的。

在现代为数众多的统一和联合当中，引人注目的是按照区域原理进行的联合，亦称为地区统一的联合，且为数较多。这是怎么回事呢？

分化的意向今后还会不断加强。尤其是宗教、民族、政治、经济等因素错综复杂的局部争端，今后也许会频繁地发生。如陷入困境的北爱尔兰争端、两伊战争、阿以战争等举不胜举。本来，如按照 20 世纪前半期理论来推论，两伊战争早就应当根据超级大国的统一理论而得到解决了。然而，现在却做不到这一点。尽管当事国也希望早日停火，可是谁也不肯为其从中说和。被称为超级大国的国家，也不愿意卷入这个趋向分化的复杂的世界中去。

虽说如此，今后这种分化趋势不断发展，从而会出现一个无秩序的世界吗？不论整个人类还是各个国家，都在某种限度内希望统一。局部战争虽说是以分裂为目的，但也总是希望有某种形式的统一。即使国家之间乃至统一国家的内部，也出现了分化的趋向，但并不是所有一切都处于分裂状态，另一方面，在某种原理的作用下，仍会出现松散的联合。

在这种松散的联合中，区域联合颇引人注目。在强有力的统一原理减弱的情况下，也许可以认为地区的连带关系已开始具有一种力量。可以说这一现象也是多种文明时代中的一种倾向。

**欧洲共同体**

欧洲共同体是这种地区联合的典型。它始于 1952 年成立的欧洲煤炭钢铁共同体（ECSC），1958 年成立了欧洲经济共同体（EEC）和欧洲原子能共同体（EURATOM），1968 年英国加入以后，统一为欧洲共同体。与此同时，开始具有政治共同体的力量。

欧洲本来就是最先迎来国家时代的地区。19 世纪到 20 世纪，诞生了许多民族国家。然而，虽说是民族国家，但是欧洲的许多民族在文化、宗教、思想、历史等方面都有某种共同的基础。因此，可以把欧洲各国并列地考虑。在这个意义上，可以把欧洲共同体看成是各自拥有主权的国家的联合体。

在欧洲共同体内，还有由欧洲共同体成员国的选民直接选出的议员所组成的欧洲议会，并期待它采取超国家的活动。欧洲共同体是承认各成员国的主权，为谋求共同的利益而采取行动的地区组织。在其他地区，还有北欧理事会（NC）、拉丁美洲的安第斯条约组织（ALADI）、东南亚国家联盟（ASEAN）、非洲统一组织（OAU）等。当然，由于各地区的历史、文化、政治基础不同，其联合的程度和内容也有很大差异。

另外，与欧洲共同体相对应，为抗衡西欧方面的马歇尔计划，1949年东欧成立了经济互助委员会（COMECON）。它以调整苏联同东欧各国之间的经济政策，扩大这一区域内的贸易为目的，成为社会主义国家之间地区联合的典型。

**英联邦**

英联邦由英国以及过去英帝国的所属国组成。可以说，它是一种以旧殖民体系为母体的国家联合，与欧洲共同体那样的地区联合有性质的不同。从加拿大、澳大利亚到肯尼亚、巴巴多斯等亚洲、非洲、加勒比海地区的世界各地49个国家都是英联邦的成员，总人口达世界人口的四分之一。如今，这些国家都以英国国王为国家的象征，但同英国的关系是平等的。不论内政还是外交，都不存在从属关系。的确，由于英镑疲软、英国加入欧洲共同体、南北问题等，英国中心主义已变得非常淡薄，只是靠两年一度的英联邦首脑会议维持着松散的联合。

另外，在非洲各国出现脱离西欧的趋势中，具有独立影响力的法国，提倡以旧法属殖民地国家为中心，召开法国、非洲首脑会议，设立非洲联合基金等，探索同非洲各国建立新的关系。这也是旧殖民体制松散改组的一例。

**发展中国家的联合**

在非洲、亚洲、拉丁美洲，出现了许多发展中国家之间的联合。在非洲，以整体性的非洲统一组织（OAU）为母体，形成了阿拉伯联盟，马格里布常设咨询委员会（CPCM）、西非经济共同体、南部非洲关税同盟（SACU）等各种各样的地区联合。

在亚洲有南亚地区合作联盟（SAARC）、东南亚国家联盟（ASEAN）。拉丁美洲有中美洲组织（ALADZ）、加勒比共同体（CARICOM）、拉丁美洲统一联盟（ALADI）等。可以说，这些组织都是为了加强薄弱的经济基础而形成的国家联合。从经济实力的结构来看，只能说这些组织是分别从西欧、日本和美国获得援助和经济合作的共同窗口组织。

**联邦国家**

考察国家联合和区域联合的现状时，还必须指出另一类很不像国家的国家。例如，美利坚合众国，作为国家好像是一个整体，但实际上却是各个州的联合。例如，从日本等国家来看，把美国的每个州都当做一个国家也并不奇怪。也就是说，换一种看法，所谓合众国，也就是一种国家联合的形态。类似的典型还有苏联和中国。众所周知，苏联是由15个加盟共和国组成的联邦国家，约有120个民族居住在苏联境内。除了按人数占统治地位的民族俄罗斯人、白俄罗斯人和乌克兰人以外，其他几乎都是少数民族，它们分别构成联邦共和国和自治州等。

中国也是有56个少数民族的多民族国家。中国划定的29个1级行政区中，有5个是自治区。以下的行政区中，有31个自治州、75个自治县、3个自治旗。

苏联和中国之所以由其历史和人口规模等构成文明的“极”，其中一个原因就是由于国家形态的特异性。也就是说，它们本身已经是国家联合了。

现代世界中的联邦国家，都构成多种文明时代的“极”，这也许可以说它体现了国家联合所具有的部分现代意义。

## 二、作为统一原理的经济

**债务国的剧增**

形成上述种种的地区联合的原因，说到底就是政治和经济。

政治主要是以安全保障作为其联合的原理。如前所述，作为统一原理，军事力量的影响力可以说归根结底正在减弱。虽说作为国家联合，还会存在某些机能，但是，今后军事力量作为统一原理将不可能全面发挥作用了。

这样，统一原理就只剩下经济了。与政治相反，当今的国际经济关系在逐年加强。说当今世界笼罩着几层经济关系网都不过分。世界金融市场和商品市场稍有风吹草动，都会给全世界人们的日常生活带来很大的影响。

在这样的形势下，继 1981 年波兰、1982 年墨西哥的债务危机之后，相继出现的发展中国家的债务危机，可以说是关系到今后国际经济乃至国际政治前途的重大事件。

所谓债务，是指输入资本额超过输出资本额的状态。简单地说就是借债。所谓债务国就是借债国、资本输入国。

现在许多发展中国家都背上了无法偿还债务的包袱，而且连利息也无力支付。而债权国为了获得利息，还要再投资。这就使债务国的累积赤字像滚雪球一样不断增加，根本没有解决的希望。然而，这些发展中国家又是发达国家的重要市场，可以说有它们的存在，才使发达国家的资本主义得以成立。总之，国际社会中的经济作用越来越重要。

**发展中的金融经济**

上述形势，正不断地引起国际性的金融恐慌。

现代的市场经济至多不过是在 200 年以前形成的。现在，市场经济已成为经济的主流，并成为一把万能钥匙。而且，现代经济已涉足一般认为不能纳入市场经济的领域。这些领域就是土地、劳动力和货币。土地本来是自然产品，不是为出售而生产的，而且土地也不像其他产品那样可以制造。要制造土地，就会破坏自然环境。另一方面，劳动力即人类本身。在市场经济中，劳动力被当做商品，从而使人类的价值观发生了很大变化。最后是货币。货币本来并不是作为商品而是作为商品交换的手段而制造的。尽管如此，现代还是把它当做商品看待了。

现代，以发达国家为中心，金融经济取得了异常迅速的发展。本来，通过原料、资本和劳动力生产出商品，再把它卖掉即可获得利润。然而，在今天信息化、国际化不断发展的情况下，金融行为已变得十分纯化，已变成不需要借助商品这个媒介的经济活动了。

发展中国家现代化即工业化的经济发展战略尚未充分形成，便被卷入了当今国际性的金融经济之中了。在那里，为实现工业化而进行的投资、贷款都以债务的形式制约着发展中国家。

**债权国日本**

由于经济高速增长之后出现的日元不断升值，对日本经济的评价相对提高了。例如，由于日元升值、美元贬值，在美国拥有资金的日本企业虽然蒙受了损失，但日本人的工资却都相对提高了。以现在日本一个国立大学教授的工资为例，如折合成土耳其货币，相当于一百万里拉，比该国总统的工资还高。

在这种经济价值相对提高的情况下，日本现在成了世界最大的债权国。日本正在向全世界放款。在此之前，英国和美国都曾是债权国，但现在美国已沦为债务国。美国向墨西哥及其他国家提供了巨额投资、贷款，但是，可以说已经没有偿还的希望了。现在，整个世界都是赤字国家，只有日本是黑字国家。

第一次世界大战后的美国，也曾经有过同样的情况。在此之前，英国一直是世界上最有钱的国家。但它在第一次世界大战中已出现经济衰退，开始向美国借款。第一次世界大战后，英、法、意等国都想向德国索取赔款，但德国无力偿还。美国给德国贷款，德国用这笔贷款支付了部分赔款才算了事。当时的美国，使用豪华汽车、洗衣机、半导体、电冰箱、电烤箱、电熨斗等，以家庭电器化创造了一种新的生活方式，充分显示出了有钱人的气派。这种经济繁荣集中体现在股票上，股票价格空前高涨。然而，当美国对其他国家的萧条、赤字感到不可思议的时候，1929 年 10 月出现了纽约股票暴跌，此后全世界进入萧条，并导致了第二次世界大战。因此，必须认识到，日本现在处在非常危险的境地。

**国家与经济**

有一种资本外逃的说法。1982 年墨西哥发生债务危机时，其资本大规模逃向美国，成为严重的问题。此后，中南美洲各国的资本外逃继续发生，导致了这些国家的国际收支进一步恶化。即，一旦债务问题严峻，对政府的信赖就会降低，资本就会外流，这使国际收支进一步恶化，经济形势也不断恶化，完全是一种恶性循环。

也有与此相反的现象。比如，企业把总公司转移到税低的国家，或是把船籍入在税低的国家。为了获得廉价的劳动力，企业还不断地向海外发展。企业的理论正迅速超越国界。

这种现象也许是资本和企业的理论正在脱离国家理论的一种表现。资本和企业的国际化在显著进展，出现了许多跨国公司。这种情况表明企业的跨国化已走在国家联合的前面了。由此可见，经济作为国家间统一与联合的原理，在当前形势下也许能起一定作用。也就是说，从现在到 21 世纪，对国家间的统一和联合最有影响的因素，恐怕就是经济了。

追求这一目标的原动力，恐怕就是地球上所有的人们对更美好生活的现代生活方式的共同愿望。在这一愿望面前，任何意识形态，任何军事力量都失去了效力。

## 三、新经济理论

**古典经济理论的破产**

现在，国际经济网已遍布全球。高度紧张保持着它的平衡。可以预想，经济网只要有一处遭到破坏，就会带来大面积的破坏。石油冲击、债务危机、股票暴跌、世界各地的争端和政治动乱等，危机四伏。使这种高度紧张勉强得以维持的是发达国家对发展中国家的投资和贷款援助。如果发达国家撒手不管，将会成何种状况呢？对这种情况是不能撒手不管的。即使债务不能偿还，还必须继续投资和贷款。否则的话，世界就会陷入混乱。

现在的经济学理论，是以 18 世纪到 19 世纪的英国情况为前提，作为一国经济学建立起来的，亚当·斯密的《国富论》就是这样。而且，人们一直是基于人类是一种不会采取有损经济行为的动物的观点，以能够进行大量生产和大量消费为前提来认识和发展经济学的。

然而，今天把一国经济置于复杂的国际关系中考察，人们不得不怀疑一国经济的观点能奏效到何种程度。今天，已不能只考虑一国的富有，还必须考虑到全世界所有国家的富裕（至少是经济稳定不被破坏）。过去的一国经济的观点已行不通了。

**发达国家经济的变化**

前面已经谈到，在发达国家，金融经济已变得越来越重要。这主要是国际化、信息化所促成的。与此同时，发达国家的经济本身也在发生变化。

例如，以往的经济学，可以说是基于生产方面的理论，而对消费方面的考察则很欠缺。经济本来应是关系到人类一生怎样幸福地度过，包括其全部的生活内容。因此，必须把它作为生活的总体来对待。

最近，法国阿纳尔学派的布尔德尔等人创立了一种不是以生产的历史为中心，而是以经济生活为中心的新历史学。基于这一观点，价值观趋向多样化，其意义是深刻的。现在已经不是大量生产、大量消费的时代，人们已开始追求个性化的内容。

在企业组织中，也不能像过去那样规定企业与职工之间的关系了。企业为了强调自身的存在，要提倡企业的同一性，而职工则想采用个性的行为原理。国民对国家的态度也是如此，如著名运动员脱离国家早已是众所周知的事实。可以说，已经开始出现国民脱离国家的趋向。古典经济理论也走向破产。

**新经济原理**

人类都希望过更美好的生活。许多理论都不主张一部分人过富裕生活而另一部分人受苦。于是出现了富国要援助穷国的说法。财富的再分配是一种当然的权力，人们广泛享有致富的资格。

经济如作为国家间统一和联合的原理发挥作用的话，必然会同时出现经济统治。援助一方、富裕的一方无论怎么说，都会拥有经济实力这一权力。今后必须努力回避这一点。当经济成为联结各国的统一原理时，必须是不带有支配性的经济。具体地说，就是要妥善处理海外援助、海外经济合作的方式和内容的问题。此外，还有不要求偿还的海外无偿援助。它究竟有多大效果令人怀疑。

尽管如此，发达国家对发展中国家仍继续提供援助。经常被列举的理由是它们在期待着发展中国家的市场。但是，今天“已经不能停止援助”恐怕这是真正的原因。也就是说，经济援助、经济合作已深深地渗透到国家关系之中了，以致以占有市场的古典经济理论已不能做出解释了。

富国援助穷国，正在成为世界舆论，成为国际伦理。如“赈济经济学”、“援赠经济学”的出现。发达国家的海外援助，经济合作预算，每年都有明显增长。这也可以说是不与利润直接相关的“交往经济学”；还有不进行经济活动的经济学，即经济封锁，可以称之为“恐怖经济学”。这些正是肯内斯·鲍洛丁所说的“爱与恐怖经济学”。

如同债务危机所象征的那样，重新考虑以必须偿还投资贷款的本息为原则的市场经济观念的时候已经到来。这也许也是根据“赈济经济学”而发布国际性债务豁免令的时代。要想打开现在这种局面，方法之一是搞一场极端的通货膨胀。因为这样做可使债务的面值等于零。也许还有宣告破产、勾销债务的。这可以称之为现代的债务豁免令。

总之，必须考虑为了人类生存的经济原理，而不是以往的经济观点。其中还必须论述何为日本的课题。

## 第六节　多种文明时代与日本的课题

### 一、日本文明史的意义

**多种文明时代的发端**

上面，我们将物质文明基础上的现代生活方式的同一化和与其同时发展文化、政治的分离趋势作为多种文明时代的一种原理。近代生活方式同一化原理，是指对更美好的近代化生活的追求，这种追求将超越民族和国家的界限而无限地发展下去。那么，文化和政治的分离趋势是什么意思呢？它是对西方文明的一元统一理论和现代化等于西方化理论的一种摆脱。

19 世纪到 20 世纪前半期，近代化即是西方化的理论，像暴风雨一样席卷了整个世界。非西方世界的历史，就是探索实现这一理论的道路的历史。其中，日本是非西方世界中唯一声称在 20 世纪初就实现了近代化的国家。即使在 20 世纪后半期的今天，在非西方世界中，名副其实地实现了近代化的，可以说也只有日本一个国家。

不过，对于上述事实成为创立多种文明时代的开端这一点长期没有得到人们的理解。因为，即使在日本，不西方化就不能实现近代化的看法，曾占过统治地位。

然而，今天人们已越来越清楚地认识到西方化与近代化是两回事。如一些国家虽然吸收了物质文明，实现了近代生活，确立了以欧洲语言为基础的教育制度，但近代化却迟迟得不到进展。日本在使用日语的日本式习惯做法中实现了近代化一事清楚表明，近代化与西方化是不同范畴的两回事。这同时也意味着现代化等于西方化这一理论的破产，从此开始多种文明的趋势。

**作为第七极的日本**

在多种文明的时代，世界很可能主要以七个极为文明的中心。作为古典的大陆型文明的极，有莫斯科、北京、新德里和开罗，作为海洋型发达工业文明的极，有布鲁塞尔、华盛顿和东京。

东京正在发挥着一个极的机能。这意味着 20 世纪后半期，日本文明在多种文明时代中已崭露头角。

东京作为第七极而出现，充其量是最近十几年的事。但是，如前所述，虽然东京这一极在世界的经济方面一直占有重要的地位，但在人口规模等因素上还缺少惊人的力量。例如，布鲁塞尔这一极有欧洲共同体为其母体。也就是说，布鲁塞尔这一极有欧洲共同体这一国家联合为其力量。

亚洲也许会出现欧洲共同体那样的联合体。日本正在努力实现与周围国家的联合，如同近些年来经济取得了显著增长的中国台湾、韩国等都建立起密切关系。但是应该注意到，亚洲国家之间的联合与欧洲共同体有结构上的差异。无论怎么说，欧洲各国在历史上、思想上都有许多共同点，文化也是相同的。因此，欧洲国家之间的联合，是一种相互平等的关系。而亚洲各国的结构则是多层次的，是多种不同性质的文明混杂在一起的。经济结构也是以日本为中心的多层结构。不加入这种多层关系的体系中，似乎就无法生存下去。虽说现在日本处于昌盛时期，但却不能想象日本能统治整个亚洲。因为现在已经不是用一元化的原理可以把许多国家统为一体的时代了。

目前可以考虑的是建立一个松散的国家联合。因此，倒有必要把同南半球各国的联合都考虑在内。

**西太平洋国家之间的松散联合**

例如澳大利亚。近些年澳大利亚在探索独自发展的道路的倾向值得注意。像人们所看到的那样，澳大利亚在资源这一点上，具备了作为一个极的条件。它在英联邦中虽说是一个强国，但出于地理位置的考虑，也在企图走自己独自发展的道路。今后，它同日本的关系可能会不断加深。

印度尼西亚也是如此。这个国家有石油、木材等丰富的资源，人口规模也大，具备了将来成为极的条件。

依靠先进的工业技术和生产体制把经济实力提高到现在程度的日本，可以考虑建立包括从邻近亚洲国家到澳大利亚一带的广阔区域的松散联合。如在太平洋西岸，可以发展与南北一带各国之间的联合关系。如果没有这些联合关系，作为七极之一的东京极的将来便不会有多大希望。

## 二、日本的课题

**对现状的认识**

现在，日本的经济增长和国际收支盈余在世界各国当中是最突出的。因而，对日本经济的评价也就相对大为提高。这已象征性地体现在日元的不断升值之中。

世界上好像有过财富向一国集中的时期。一个世纪以前的英国正是这样。1860 年前后的英国，集中了世界的财富，那是在维多利亚王朝后期的 30 年间。这个时期的英国国民，全都持有外国债券，成了食利者。英国通过产业革命，把生产的商品推销到全世界，靠贸易积攒了财富，终于成为世界第一债权国。而且，当时的英国还对伦敦等城市进行建设投资，创造了宛如田园城市一样的新的生活空间。实现了 19 世纪末最近代化的生活方式。形成了近代文明的一个典型。即使说现在的英国仍然靠当时的遗产生活着也并不过分。

进入 20 世纪后，尤其是第一次世界大战后，美国似乎也同英国一样集中了当时全世界的财富。以这些财富为背景，创造了被称为美国文明的生活方式。当然，可以把美国文明视为欧洲文明的延伸，但其风格完全不同。美国实现的是以生产力为基础的富裕生活。也就是说，通过使用汽车、电力清扫机、电冰箱、洗衣机等减轻家务劳动，豪华的公寓、金门桥以及帝国大厦等，都以世界第一为目标。由此可以说，美国式的生活方式，成为高度大众化消费社会的先驱。在欧洲只有贵族和资本家才能享受的奢侈生活，在美国每个普通国民也能享受。在这一点上可以说，美国的生活方式带来了划时代的生活革命。

日本现在被称为世界上最有钱的国家。日元还将继续提高其自身的评价，这就必然会造成财富集中的状态。日本大概也会处于过去英国和美国那样的境况吧。那样的机会，在各国漫长的历史中似乎只有一次。现在日本就遇上了这一机会。如何利用好这一机会，将是决定日本今后命运的大事。

**日本模式**

与英国等国相比，现在的日本是得益于规模比较小的文明。19 世纪的英国，将自由主义、资本主义、殖民主义这三种主义体系化，建立了自己的文明。这是一种需要扩张领土的文明。第二次世界大战以后，英国的殖民地虽然独立了，但与英国的关系至今还以种种形式残存着。这对于现在的英国来说，是一个很大的包袱。

在这一点上，日本由于第二次世界大战的失败，卸下了包袱。可以说，只有日本这个国家才使小巧舒适、又富有效率的文明成熟起来。这种小巧舒适又富有效率的日本文明，仿佛创造出了亚洲人可以效仿的生活方式。日本等亚洲各国都是人多住房狭小的国家。这可以说是亚洲共有的条件。在小小的房间中，摆满电视机、电冰箱、收录机、吸尘器等方便的家用电器。现在整个亚洲都在渗透着这种生活方式。连日本的电影、歌曲、方便面都遍及亚洲各国。是好是坏暂且不论，至少可以说日本式的生活方式正在成为亚洲的模式。而且，不久还将出现适应信息化时代的具备家用计算机、文字处理机、传真机、现金自动支付机等信息机器的新生活环境。尤其是日本的技术，具有变重厚长大为轻薄短小的特点。能源消费也在逐渐减少。这并不是“趋向压缩”，但日本这种向小型发展的模式，将会成为亚洲国家新生活方式的样板。

**新经济理论的建立**

前面已经指出，现在，无论是从国际经济着眼，还是从发达国家经济的消费动向来看，以往的古典经济学的观点已不适用了。

今天的经济高速增长社会，是靠消费大量的能源实现的。本来产业革命使地球的能源转变为机械能，把个体生产者的手工操作改变为使用生产线的大量生产。但这是以廉价能源为前提的。它构成了大量生产、大量消费理论的基础。

确实能源曾是廉价的，这种廉价是工业发展的基础条件之一。但是，能源资源也是有限的。

现在，全世界都处于资源不足和保护资源的时代。对能源的浪费使用，助长了能源资源拥有国环境的破坏，引起大气污染等公害。而且大量生产、大量消费这一体系所造成的物质浪费，引起了资源枯竭和废物处理困难等种种问题。

能源涨价，原料资源供应紧张，迄今的工业体系的基础自然要发生变化。因此需要进行技术革新，实现尽量不使用能源及原材料的工程。鉴于当前能源和原料都在涨价，可以说重新计算成本，重新编制工业生产者价格的时代已经到来。

资源问题严重地制约着当今国际政治和国际经济关系。其中发展中国家的债务危机已到了持续爆发的地步。

因此必须提出新的经济理论观点。离开了经济，就谈不上现代的文明，这是确定无疑的事实。但是，今后将会脱离建立在生产资料和消费资料之上的经济，而去建立包含并非是效率和利润，甚至看起来似乎是浪费的经济。

**提倡密集型工业**

可以说，农业中的粗放型农业，就相当于产业革命以来浪费多、效率差的工业工程。日本自 1955 年以后，通过进行新设备投资，生产效率大大超过了英国等。尽管如此，工业本身所具有的粗放型的浪费体制并没改变。

今后的工业，在充分满足消费者欲望的同时，还必须谋求能源、资源的有效利用和密集化。日本能否动员起它所具有的一切知识和技术，建立起节省能源和资源的密集型工业，这是今后最大的课题。如同对粗放型农业实行密集型农业一样，粗放型工业也要成为密集型工业。相信此举将会同日本的未来乃至人类的未来联系在一起。日本将来既不是生产国家，也不是消费国家，而将成为为世界各国探索新生活方式的实验国家。而且，通过这一实验获得的大量优质信息，将会赋予日本成为“极”的资格。

**有多民族国家之路吗**

战后日本用机械化解决了劳动力不足的问题，结果在技术发达国家中名列前茅。今后外国劳动力的引进，将会成为一个重要的课题。

今后，日本继续实行国际化，输入外国劳动力，将会出现什么样的情况呢？东南亚各国能够向日本输出的是有限的。日本虽有接受十万留学生的计划，但如果这些留学生希望留在日本工作的话，日本将如何处置呢？现在，在接收外国移民方面，美国是最自由的。欧洲接收了大量的殖民地移民，让他们从事肮脏的工作。然而，这正好成为欧洲衰落的一个重要原因。

日本是被称为单一民族的国家，以社会经济高效率为标志的日本现代文明，可以说其基础之一就在于民族的同一性。今后在国际化的进展中，如何接收其他民族，必将成为对日本文明的一个重大考验。

**以信息联结世界**

今后什么东西能使世界出现戏剧性的变化呢？是科学技术的新发展，一是宇宙开发，一是生命科学。从全世界的重大研究项目看，有美国的星球大战计划、欧洲的尤里卡计划和日本的人体开发科学计划。美国的星球大战计划也在要求日本参加。据说是有的部分仅靠美国的科学家不能完成。如光通信技术等宇宙卫星间的通信技术，这种技术日本最先进。在信息技术方面，苏联和欧洲都明显地落后。日本在信息技术、新材料开发、生物技术方面都很先进。高度利用这些技术的是人体开发计划。即对脑生理和精神构造的剖析。

从应用这些科学技术的工业来看，就日本的情况而言，确立以出口密集型工业技术信息为主的“信息出口型经济”要比出售作为商品的产品更理想。比如，生产试验品，而不在国内投产。这样，日本靠进出口商品联结世界的纽带就会削弱，在物质世界中也许会陷入某种锁国状态，这也是不得已的。因为日本将不靠商品联结世界，而要靠信息联结世界。在信息大量发生的时代，需要有信息处理技术。而且，这一技术本身也是一种信息。今后日本将会靠生产信息、出售信息在国际社会中生存。

# 第2章　多极化世界的内部结构

**研究成员**

联合国大学副校长　　**武者小路公秀**

日本大学教授　　**浦野起央**

筑波大学副教授　　**进藤荣一**

早稻田大学教授　　**西川润**

贸易进修中心副教授　　**胜俣诚**

国际基督教大学讲师　　**宫永国子**

**秘书处**

（财）日本国际交流中心

**高久裕**

## 第一节　多极化的结构性变化

### 一、各个领域的极

80年代以后的国际秩序，与美苏体制（在美苏两极军事均衡下维持的国际秩序）有很大的区别，美苏对其他国家的影响力相对降低了。70年代后半期以来，欧佩克的浮沉、新兴工业国的出现、中等发达国家的债务累积、最贫穷国家的穷困等，南方各国的情况变得复杂起来。另一方面，出现了苏联经济形势不稳定、中国正式参加国际社会、日本在国际经济中的地位提高等情况。

因此，随着从两极化世界向多极化世界的转变，要求我们对担负着新的使命的美、苏、中、日、欧等国的前景做出展望，并对90年代新的多极化世界的内部结构、国际秩序的变化和多民族国家的统一等一系列问题进行更加精密的分析。

这个新的多极化世界，在国际体系的各个领域和各个地区都有不同的极。因此，我们一方面要对军事、政治、经济、科学技术、文化等各个领域进行多层分析，同时还要根据下述观点进行分析，即：具有极和外围地区体系，作为多层次和多极的辅助体系，具有特有的动态和规律。因此，我们的分析课题是：包括北美和拉美在内的西半球，包括苏联、东欧和亚洲社会主义国家在内的欧亚，西欧和非洲的欧非，日、中、美、苏交叉的亚太，与阿拉伯和以色列的争端有关的西亚、北非，以印度为中心的南亚等各个区域的多极化的发展。

本章的内容就是探讨这个新的多极化世界的现状及其前景。

### 二、新的研究和展望的必要性

多极化世界的现状和发展趋势，用现有的理论是无法阐明的。以威斯特发里亚和约[①]为开端的由各个国家构成的国际社会虽然已经形成并维持下来，但在威斯特发里亚和约体制下成熟起来的均势理论和来源于这种均势理论指导的经济秩序中的对本国利益的追求，已经使国际秩序难以维持下去了。

弄清楚了多层、多极和地区主义结构的发展，才有可能综合地把握 90 年代的新多极化世界，才能描述出多极化世界的图景。总之，这个新的多极化世界与六七十年代所追求的那个多极化世界是不同的。因此，必须研究这个多层次的、新的“多极化”世界，在其内部结构多层化和整个世界已经重新组合（不再是单一的地球共同体）的情况下如何发挥新的机能的问题。作为这种情况下的外交选择，推行新的多极化世界下的新的多方位、等距离外交将是必不可少的。而且，这种选择和追求，不能用现有的概念来理解，而只有用上述分析及其“观念更新”才能在新的“多极化”世界选择和推行新的“多方位、等距离外交”。

## 第二节　军事力量的结构变化与两极世界的崩溃

第二次世界大战以后的国际社会，长期以来形成了美苏两个超级大国体系。60 年代以后，这种局势发展成了几个大国共存的多极世界。两极体系崩溃，形成多极化的原因，首先让我们从军事方面着手进行探讨。通过这种分析，将会找出已出现的比较复杂的多极国际体系结构及其发展趋势的新线索。

### 一、军事力量的结构变化及其经济根源

**军事力量的结构变化**

国际体系多极化的形成，关键在于军事力量的结构发生了变化。

过去，军事力量是以人力和枪炮为主轴而构成，其资本技术密集的程度是十分有限的。但是，第二次世界大战以后，军事力量由于“工业化”的完成，其结果变成了资本技术密集型。如果我们先说结论，即随着维持军事力量的经济费用的上升，军事大国必然同时是经济大国。

军事力量中技术密集程度的提高，表明了投入兵器开发的科学研究费用（R&D）的迅速增加。而军事力量中资本密集程度的提高，则表明握有核武器的超级大国军事开支巨额化。

这是由于用于军事力量的成本显著提高造成的。一旦使用核武器，其破坏性之大远远超出合理性的政策手段的范围。使用核武器，肯定会导致极残酷的非人道的结果。从这种意义上说，还应当看到，使用核武器在道义上也要花极大的代价。总之，尽管超级大国拥有庞大的核军事力量，但若把使用核武器作为一种手段来施加影响（限制核武器这种涉及问题较多的领域暂且不谈），实际上是不可能的。

**军事力量与经济**

由于军事力量已变成了资本技术密集型，因此，双极体系中的两个超级大国必然使自己的国家经济承受巨大的军事负担，将大部分科学研究开发费用于军品。这样做的结果，必然会使两个超级大国在资

---

① 1648 年签订的威斯特发里亚和约是欧洲国际性代表大会历史的开端，从而也是国际社会形成的开端，它确定了欧洲大陆各国的国界。威斯特发里亚和约体制的主导思想有二，一是天然疆界论，二是均势论。

本与技术方面衰退下来。也就是说，在两个超级大国长达 40 年之久的激烈扩军竞赛中，军事力量的质的变化和军品型经济相互发生作用，使本国民用产品丧失了国际竞争能力，国家的经济实力大大降低。

基于同样的理由，日本和联邦德国等西方发达国家由于相对地缩小了军事开支和军品研究开发费，都恢复了经济实力。日本和西欧在经济上急起直追美国，是形成多极化局势的主要原因。

## 二、军事力量成本的矛盾和超级大国"意识形态的终结"

**军事力量的成本**

因为军事力量本身的另一职能已发生了变化，所以超级大国的经济衰退必然会引起超级大国实力的衰退。

在核时代，军事力量的性质已经与克劳塞维茨所下的定义不同，若仍把它作为"用另一手段进行的政治"，已极其困难。

**超级大国"意识形态的终结"**

不过，还应当注意到，以超级大国力量削弱为标志，核军事力量很难作为政治力量发挥作用，这也是形成国际体系多极化的原因之一。

与超级大国实力的削弱相关联，最引人注目的是其意识形态力量的完结。

双极体系中两极军事力量尤其是经济力量的衰退，使其丧失了超级大国作为发展样板的意义。这种发展过程，还促进了思想与价值观的多样化以及两个超级大国内部矛盾的表面化。

在越南战争中，美国付出了庞大的军费开支，人员死伤惨重，虽然持续了 20 多年，最后却以失败告终。这种国际体验使美国受到沉重打击，说明它那曾在国际社会与国内社会中占统治地位的意识形态——美国自由主义的正当性和普遍性在国内外都受到了削弱。

这种情况也同样发生在与美国对立的另一个极——苏联。

苏联的"统治意识形态"——社会主义意识形态的衰落，早在 50 年代批评斯大林时代就已表现出来。当时，由于东欧各国自下而上地反对苏联的以东欧圈为中心的统治，从而促进了这种倾向。东欧各国的叛乱与美国的反对自由主义运动一样，揭露了苏联社会主义的非普遍性和虚伪性。与美国一样，经济的停滞不前和向军品型经济发展，加速了苏联意识形态的终结。

## 三、低级的军事冲突与多极化

**低级军事力量的形成**

首先应当指出，在 60 年代和 70 年代，不仅两个超级大国，与其有关的各国也都以一般的形式由极一级的军事力量向低级军事力量发展，重心发生转移。因此，世界的军事均衡已经崩溃。

但是，在军事级别上保存军队的正当理由依然如故。美其名曰：为了自卫（报复、紧急防卫、制裁）。在外交谈判中，也以紧急防卫为理由，强调军事因素。相反，如果发生了战争，军队在完成复仇这一使命时遭到失败，那么，按照上述理由，制裁这一使命就有可能完全落空。尽管如此，基于自卫的需要，常规武器水平的军备仍在增强，发生冲突的可能性也在增加，进而发生边境战争。随着国家军事能力的加强，把战争引到侵略者的国土上还提出了证实这种行动是正当的理论。不言而喻，这就是在仍然赞赏战争在外交上的价值。然而，这类"战争"并非严格意义上的战争，仅仅是叛乱，或一般性的骚扰。然而，尽管是这些类型的战争，军队也有所介入，军队的存在也被认为是必要的。

**游击战型纠纷**

当然，制造这种低级的军事冲突或骚扰活动，不需要高级军事技术，只要有相互冲突的武装市民就可以了。这类战争是游击式的，是一种市民暴动，只要有隐蔽的安全地带就能保证战争继续进行。这种暴动被当做是市民达到要求的一种正当途径。这种非正常斗争的手段，一是核武器失去作用的产物；二是市民参与政治和参与政治的愿望无法通过传统的制度得到解决的结果。特别是民族社会—国家—世界这一格局的动荡，使市民和国家争取达到目的的手段也纵横交错在各个层次之中。例如，低级战争的发生就是一个很好的例子。过去本来是按国家内部纠纷处理的事件，现在则往往也要把他国领袖卷进来，造成了国际性的恐怖活动。这种活动虽然是少数民族争取自决的一种方法（分离主义运动），但它又被作为一种外交手段使用。从这种意义上说，过去的手段范畴已经崩溃，而且不再局限于国家的范畴（流亡分子制造的暗杀事件、叛乱分子的入侵事件等）。由此看来，这是一个新的特点。

上述政治活动能否发展为大规模的战争，完全取决于当事国政府处理的方法是否得当。以前，处于大国对立之焦点的欧洲，作为一个地区来看，是最安定的。相比之下，在残留着权力支配空白的亚洲，却发生了残酷的朝鲜战争和越南战争。位于其周围的中东也很不安定，经常处于新的矛盾状态之中。

**国际恐怖主义**

在此，还应当特别指出国际恐怖主义活动问题。政治恐怖活动，1961 年为 28 件，1966 年为 36 件，1969 年又增加到 58 件，目前仍在继续增加（1985 年为 407 件）。发生政治恐怖活动的地区，60 年代前半期是欧洲、拉丁美洲、亚洲和非洲，这些地区发生的次数大致相同。到了 60 年代后半期，恐怖活动大部分都集中到前两个地区，即集中出现在发达地区（1985 年，北美和西欧的比率占总数的一半）。搞恐怖活动的主要是秘密集团。在欧洲，以捞取资财为目的者较多，而在亚洲和非洲，三分之二以上是以袭击首脑人物为目的的。亚非地区恐怖活动的特点是，一半以上的恐怖行动都得到了国外的支持。一般认为，跨国性恐怖活动，反映了亚非地区反对帝国主义的意识形态。因为他们认为国内矛盾是中心国家对周边国家进行国际统治造成的。

今日，看来这一现实日趋严峻，正如上面提到的是向外围国家进行挑战。这种动向与国际纷争向第三世界扩展的现象是如出一辙的。低级军事纠纷的跨国籍化，是立足于全球性价值再分配的认识和行动的。这些纠纷应被看做是对在国际统一化的幌子下剥夺价值的抵抗。可见，双极体系的一揽子交易和关系外交这种大国主义的解决方式已经过时。基于这一现实，我们给这种局面下个定义叫做“国际性内战”。它表明了安全保障—生产、流通—价值、文化各领域的秩序，在相对化的状态下，向新秩序转变的一种过渡局面。

上面以军事力量为中心，探讨了从双极体系的崩溃并向多极化发展的过程。下面让我们从更多的侧面研究一下多极化带来的多元化、多层次化问题。

## 第三节　世界上多极化的发展

### 一、战后国际社会的变化

**一元化世界向多元化世界发展**

第二次世界大战后的国际政治经济，在结构上是以美、苏两极的东西关系为中心，世界已进入西欧中心主义的最后阶段。当时，知识都聚集在美国，整个世界都在向一元化的同质社会发展。但是，从 60 年代开始发生的结构变化，却使这种社会以各种形式向多极化方向发展。

到 50 年代末为止，以美、苏两极为中心的战后冷战结构，使各国在意识形态、军事和政治经济体制等方面都纳入了这两个集团的体制之中。在这种状态下，唯独选择了独立道路而不从属于任何一方的"不结盟"国家在向多极化发展。尽管也有例外，但在当时那种严密的两极冷战结构下，原已潜在性地存在着的南北问题，因东西方的援助竞争而明显地暴露出来。进入 60 年代以后，南方各国开始通过成立自己的组织提出自己的要求，这就进一步证实了南北问题的存在。

**60 年代——同质化社会发生变化**

南北问题的出现，使以西欧式现代化为样板建立同质化社会的矛盾表面化。在 60 年代的结构向着松散的两极化体制转变的过程中，出现了以下四种倾向：

(1) 东西关系。过去支撑东西关系的同盟体制，由于核武器的出现，降低了同盟的绝对观念，使同盟关系发生了质的变化。

(2) 南北问题。发达国家和新独立的后进国家的经济差距不断扩大。在自由贸易体制结构的影响下，产生了发达国家之间的对称的水平结构，与南北之间的非对称的垂直结构，即从属关系并存的局面，成了人们注目的焦点。

(3) 非对称社会的挑战。处于非对称关系中的南方各国，为了摆脱从属关系、争取自立，结成了不结盟运动，并且成立了 77 国集团，从南方国家的立场出发，解决南北问题。

(4) 非对称问题成为斗争的焦点。在越南战争、阿尔及利亚战争以及巴勒斯坦解放斗争中，南方国家认识到自己所处的非对称地位，明确了斗争重点。1971 年孟加拉国的独立，也是自 1968 年以来围绕东、西巴基斯坦不平等问题进行争取权利的斗争的结果。非对称性也成了国内政治斗争的焦点。美国的黑人运动，1969 年马来西亚华人和马来人围绕统一问题发生的种族暴动，都是民族社会中非对称性矛盾激化的表现。

**70 年代——中心的多样化结构**

70 年代，在上述种种矛盾之下，自由贸易体制下的各个领域相互依存得到了发展。结果过去的一元化世界变成了多元化世界，其主要特点如下：

(1) 东西关系发生变化。在东西方各个联盟体制内部都重新进行了调整。东方世界内部出现了中苏对立等现象，苏联、东欧和中国之间发生了矛盾。西方世界内部，法国为追求核权力而从 NATO 阵营中独立出来。另外，美国由于越南战争的重大负担，经济停滞不前，而在自由贸易体制下经济得到恢复的日本和 EC 各国，已经开始向在政治经济上称霸的美国进行挑战。

(2) 南北关系发生变化。日本和 EC 各国经济的巨大发展，是以石油为能源基础的。面对北方的经济发展，南方各国以产油国的资源民族主义进行挑战。于是，发生了石油危机，使北方各国的经济发展受到冲击。在经济发达国家的体制内部，国家之间在资源政策上产生了对立，并导致危机状态。这些危机的影响还波及了南方无资源国家，从而产生了所谓最贫穷的第四世界。石油危机以后，南方一些后进国家迎头追赶发达国家，被称为 NICS（新兴工业国家）。可见，世界经济中的南、北方都在一定程度上出现了微小的分裂。在相互依存的世界中，南北问题也多样化了。

(3) 地区大国出现。与霸权大国类似，区域性大国也在所在地区确立了它的统治地位。例如，印度吞并了锡金，以色列吞并了约旦河西岸和加沙地带，南非的班图斯坦政策和将其卫星国家（斯威士兰、莱索托）纳入南非经济（从"卫星国家"向"联合国家"发展）等。

不可忽视的是，东亚日本的地区大国化和拉美巴西的地区大国化（拉普拉塔流域设想）等，是用与上述事例不同的形式形成了某种垂直分工结构。

(4) 准主体和联合主体的出现。石油危机以后，支撑国际经济体制的是跨国企业的活动。在国际政治中，市民运动和非政府组织之间的合作引人注目，同时，地方政府国际交流也频繁起来。因而，再也不能忽视国家以外的国际主体了。PLO（巴勒斯坦解放组织）和 SWAPO（西南非洲人民组织）在国际舞台上的活动，1972 年澳大利亚土著民族主张自己的国家自行部族政治并挂旗的土著民族大使馆事件，都引起了极大的关注。

综上所述，国际社会呈现出比60年代的多极化更加复杂的局势。这是因为，包括经济问题和文化对立在内的各种斗争的焦点都带有政治色彩，从而产生了各种各样的国家以及其他主体的合纵连横。

**80年代——外围国家的出现**

70年代以后的相互依存关系在全球范围内普遍发展的过程中，多极化使国际社会的结构发生了一些变化，使其日趋复杂起来。到了80年代，这种动向越来越明显。

（一）核心与外围结构的变化

核心的发展是以外围的从属化为支柱的。所谓从属论的研究，早已证明了这一点。在多层次矛盾的发展过程中，出现了以下现象：

（1）北南关系。欧非共同体的形成，核心向外围结构渗透（例如，巴黎—达喀尔—地方体系化），周边国家开发缓慢，甚至出现了饥饿。这就是所谓的中心国家管理社会化。南方各国反对这种从属化，谋求自立，朝鲜提出主体思想就是一例，埃塞俄比亚革命和马达加斯加革命也是反对受中心国家控制和要求自立的征兆。

（2）东南关系。苏联出兵阿富汗也是核心向外围结构渗透的一个例子，由于当地人民的反对，发生了阿富汗内战。

（3）东南南关系。越南入侵柬埔寨，控制老挝，目的在于推行其印度支那联邦设想。这也是越南想在印度支那获得中心统治地位。它在苏联支持下采取的这一行动，遭到了东盟各国和中国的反对。

（4）北南南关系。为了反对南非作为中心国家在南部非洲进行统治，前线各国成立了南部非洲开发合作会议（SADCC）。而在另一方面，美国也为了控制资源而插足南非（所谓建设性参与）。

这些现象都表明了中心—周边结构的形成，而周边国家则正在对此进行挑战。此外，同类现象还出现在国家内部中央向地方渗透和地方与之对抗的关系上。例如，苏丹的南部问题、乌干达的部族对立、法国的布列塔尼自立运动等。这些也都表明了由中心推行的管理社会化和对这种管理的反抗。

在相互依存的国际关系中，还出现了核心—外围—边缘这种新关系。因此，出现了海湾国家招收移民劳工，土耳其进入欧共体经济圈，工人向西非的尼日利亚流动，北非的劳动力到利比亚当临时工等现象。这可以说是取代了过去那种本国向殖民地移民劳工结构的新特点。

（二）体系的层次变化和相对化

过去的国际体系，是在民族社会—国家—地区—世界三重结构下，维持体系的机能是在其活动的层次上而得到保证的。然而，从黎巴嫩和塞浦路斯内战可以看出，部族团体的出现及其跨国化，超出了国家的范围，使各层次分别发挥各自机能的结构彻底瓦解。这就是所谓的“部族政治化”。民族社会层次的部族团体在国家层次（例如，巴解组织在联合国的代表权）或国际层次（例如，巴解组织的国际恐怖活动）都在发挥作用。因此，在国家层次上向国际体系进行的挑战就表现为：

（1）民族社会国际化的结果，横向矛盾（水平的社会矛盾）取代了纵向矛盾（垂直的国家矛盾）。于是，由于其内部存在着不同于国家层次的民族社会之间的联系，因此，又形成了新活动的生活空间。黎巴嫩内战就是一个典型事例。它形成了阿拉伯世界中的阿拉伯—国家—部族团体的一元化，并随之产生了混乱。解放运动等部族政治集团的跨国合作和反核斗争那样的市民运动的跨国协作也反映了这一点。

（2）国家疆域（对内和对外）的脆弱和国家不能提供保障的结果，一方面，国家可能会被迫使用强制性权力；另一方面，尽管国家仍然是人民的最终保护者，但由于部族团体的活动，国家已经不能像过去那样保障人民的安全、福利和生活，因而就出现了矛盾。现在，已经出现了向国外求援，或者通过改变国家的疆界来实现保障的动向。例如，在塞浦路斯内战中土耳其系成立的北塞浦路斯共和国就是如此。

（3）内政问题国际化。内政与外交已紧密结合起来。一方面人民已开始超越国家界限在世界范围内为人权、难民、饥饿问题展开斗争。另一方面在通信网络覆盖整个世界的情况下，又发生了国际性（跨国性）内战，出现超越传统领土范围的国际恐怖活动。

（4）在经济、社会、宗教（当地居民的价值体系）方面提出的不同主张取代了国家意识形态，人们已开始重新认识国家意识形态的正当化问题。当地居民常常发起社会运动。具有国家教条主义意识形态特点的中国、苏联、东欧等国的僵化的意识形态也出现了多样化的苗头，同时，这些国家也开始引进经济主义。

以上情况说明两点：一是原来集中于国家层次的国际体系的多元化；二是国家的作用在国际体系中的相对化。

（三）层次发生变化

过去的国际体系，形成了政治—经济—文化的层次秩序，各层次都发生了变化：一方面，根据一定的价值观产生了共同意识（正统性），这种意识的发展使价值标准相对化并受到威胁（发达国家和发展中国家在和平、安全、人权等问题上价值标准的抗衡）；中心国家称霸结构下的管理能力低下（向共同领导的七国首脑会议体制发展）、国家的管理能力衰退、游击战频繁发生或由群众暴动引起革命（菲律宾革命等）；以伊朗革命所代表的传统意识形态的挑战（针对基督教文明秩序建立了伊斯兰教文明秩序）。另一方面，跨国企业通过技术革新来统治世界，中心国家推行世界管理社会化，加速了各层次的变化，其层次变化的方向是随着政治——安全保障需要而产生的自上而下的等级制度——垂直秩序向基于文化与价值共存思想的自下而上的水平秩序的方向转变。各层次的具体变化如下：

在政治层次上，在核威慑机制陷入困境的情况下，安全保障能力下降，同时，政治的重心从经济战争中的高级政治向实务政治转移，并从政策上加强了两者的战术联系。在经济层次上，推进国际协调，重新探讨有组织地进行交易的统治方式。另外，创建捐赠体系（单方的援助），重新探索国际共同体下的经济合作哲学。为此，就要建立一个旨在实现外围国家自立化的共同体，使其发挥一种新的支配机能。例如，有关 BHN（人的基本需求）的研究，就是从这一展望出发的。在文化层次上，探讨价值的多样化的新秩序及如何向新信息秩序过渡是其重要课题。从国内地区与地区之间的交流发展到世界上各个地区之间的交流，其交流范围（人和物的交流）正在发生变化。可以预计，新文化将取代过去的西欧化、美国化。处于下层社会的世界宗教者会议等运动，都是为了争取价值的共存为课题的。

## 二、"外围国家的挑战"使国家体系发生变化
### ——面向 90 年代

**外围国家内部的矛盾**

80 年代出现的矛盾，可以归结为对以前的国家体系的反抗，主要存在着以下三个问题。

边境是向核心—外围关系发展的焦点，其边境性特别是其外围矛盾的反抗十分明显。乍得内战的原因十分复杂，既包括有当地的因素，又有与西欧世界统治相联结的基督教秩序的因素以及与它相对立的伊斯兰教秩序的因素。伊斯兰教秩序反对基督教秩序的方式，在伊朗伊斯兰革命中已得到检验。斯里兰卡反对中心统治（僧伽罗人统治）的泰米尔叛乱、菲律宾摩洛伊斯兰教徒（地方）反对天主教统治（中央）的斗争，也都是由于价值秩序的对立和混乱引起的。此外，西班牙巴斯克和加泰罗尼亚的抗议活动、北爱尔兰的宗教斗争也是如此。上述动态表明，必须重新研究以前按照基督教秩序即西欧现代化方式建立的一元国家体系本身的问题。

**中心国家的社会管理化**

在实行中心管理化的同时，外围国家的矛盾表现为反对中心国家的统治而产生的国际恐怖事件。另外，中心管理范围之内的国际协作，与外围国家中出现的难民和饥饿问题也发生了矛盾。这已导致了 NGO（非政府组织）的对等参与，从根本上展望外围国家实现自立的前景。

在尼加拉瓜，国家与跨国公司联合建立的旧式跨国公司支配体制已进退维谷，由于国家崩溃和跨国公司衰败这可以说是中心国家的社会管理化与外围国家之间的矛盾的爆发。在资源国家主义衰退的过程中，跨国公司的社会管理化的方向上也出现了类似的现象。

卡扎菲的对美斗争战略，是向以美国为中心的世界管理的挑战。苏联中亚伊斯兰教徒也提出了自己的要求，表现出外围地区反对中心地区推行俄罗斯化社会管理的矛盾。

**外围地区协同作战**

各国市民运动的跨国性合作，在南南、北南、北北、东东、东西和东南各地区无处不有，并且通过NGO（中心的外围、阶层）争取人权、反对核武器（核战争等）、摆脱饥饿。这些做法都已成为自下而上地变革国家体系的强大动力。

上述自下而上的变动，可叫做“来自外围的挑战”，这种挑战证明了同以一元化的西方化为准则的“普遍性”（现代化）相对立的“特殊性”（土著化）的存在，后者已经开始进行挑战，并且要求实现普遍化。还应当指出，随着国际纠纷的地区化，大国在全世界解决和调解矛盾的威力下降。例如，对利比亚等外围地区反对中心统治的斗争、黎巴嫩内战、两伊战争等。

来自外围的挑战促进了世界的多极化，然而外围国家要求重建国际秩序的主张未必能够实现。不过在这种压力下，核心国家也在寻求新的统治方式，并已出现了一些新的动向。

## 三、新社会体制探索

**外围国家的挑战与社会体制**

在展望今后的国际社会时，应当看到在向多元化社会过渡的过程中，通过外围地区的挑战促进了秩序的转变。今后建立的社会体制，将会是对现存秩序的再确认。

外围国家谋求自立的尝试，例如南太平洋讨论会、海湾合作评议会活动等。此外，南亚各国将实行集体性自力更生（成立南亚地区协作机构，SAAR），印度是具有双重结构矛盾的国家，它作为地区大国是核心—外围结构的中心，但在超级大国面前又是非中心国家。从印度中心化摆脱出来，并从外围化走向自立的动向，可以看到南亚各国间集体性的自力更生的前景。南非的种族隔离体制也具有双重矛盾，它最终也会解体。拉美拉普拉塔流域的协作，也属于地区的协作开发，并非要建立地区中心。

**地方势力抬头**

新秩序的发展趋势将打通具有国家体系中心色彩的各主体之间的联系。反对国家对地方的统治就开始表现出来。它体现为民族社会内部存在的种族斗争，说明国民国家的实质性统一化（国民忠诚和行政中央集权化）已开始遭到反对。地方主义开始出现，掀起了搞活地方的运动。这些活动，取代了以生产方式问题为中心的传统性变革运动（国际工人运动等），通过以价值问题为前提的环境运动、反核运动等，与中央政府、中心地区的划一的管理化展开斗争，争取地方和外围地区的自立。正如从法国的布列塔尼运动和马达加斯加的福科诺洛纳建设所看到的那样，这些运动都反对中心地区管理社会，争取以当地的空间为杠杆，建立新的生活空间。这些运动也可以看做是一种反体系运动，它主要是外围国家、弱国、外围地区或个人、集团对各国之间存在的垂直统治结构和双重性统一化的反抗。这种形式替代了过去的国家主义运动，具有对抗文化（对照文化）的能量和特点。另外，这种运动还作为跨国性市民运动，对国家的中心管理化产生了影响，大赦国际等民族社会内部或民族社会之间的跨国性活动，促进了国家之间关系的变革。

**联合主义**

这些反体系运动，表明了国内的地方主义、国家之间的区域主义和跨国性全球主义势力的兴起。同时也使人看到真正建立在相互主义基础上的联合主义及其国家体制将要出现的前景。关于“多中心联合体”的特点，早在 1863 年现代国家形成时期，普劳顿（Proudhon）在论述联合主义时就曾经阐述过，现引用如下：

“政治性中心到处可见，而谁也未曾见过依据中心描绘出的圆周。各个集团、各种人群、各种族和各种语言，在当地都起支配作用，各都市是为邻近地方提供保障而又对依其放射所形成的圆进行统治，统一性作为一种权力，只是一种各主权集团之间的相互约束而已。”

这里所谓各主体、个人、种族集团、国家和地区，都拥有按照自己的需要和行动准则采取行动的活动空间。它们都是根据一定的约束成立的，层次很多，独立性强，而且带有流动性。它们并不把权力作用当做绝对标准，而是把公正的原理作为唯一的行动方针，从价值多样化的角度出发开展活动。因此，各国家之间和各层次之间的对立和矛盾才能在联合体中消除。这就是统治体制多层次化中的多极化，多种相互依存关系中的多层次化。这种民族社会—国家—地区—世界的多层次联合结构表明，存在哲学提倡的“没有革命的革命”、多种价值将相互协调与共存、将向无模式的多层次社会过渡，或者出现多极联合结构的政治结构，甚至会出现不把国家作为唯一主体的民族社会政治、国家政治和跨国政治三者相互作用的多层次的国家政治体系（个人—近邻—都市—国家—地区—全球之间的关联政治）。

下面，让我们从上述观点出发，探讨一下各地区新体制的形成问题。

## 第四节　多极化和现代世界秩序的变化

### 一、由垂直秩序向水平秩序发展

**现代的世界秩序**

在探讨今天的多极化现象之际，首先需要考虑 20 世纪国际社会所覆盖着的现代世界秩序的特征是什么。形成这一秩序的特征有以下三点原因：①国民国家的形成，带来了民族主义和对外扩张。②确立了经济大国起支配作用的国际分工体制，即垂直分工（工业产品对一次产品）体制，垂直统治体制又在工业化的中心国家和可大量提供能源原料的外围国家之间形成了一种世界主义。③上述体制带来的自由平等主义。

**现代秩序的变化**

60 年代以后，世界秩序发生了很大变化。①由于许多新国家的出现，民族主义不再是西欧的垄断物，已经扩散到第三世界。②南方各国的人口迅速增加，经济结构发生变化已成必然趋势，极大地动摇了原有的垂直分工体制。③价值观多样化了，一元化的权威失掉了它的正当性。

第三世界对现代世界秩序的挑战，可以按时代分成几种类型。50 年代，以亚、非会议为代表，“民族复权型”是主流。60 年代，出现了以联合国贸易开发会议（UNCTAD）为代表的“团体交涉型”。它是民族主义与国际社会的民主化相结合的产物，后来，这种主张又发展成建立新国际经济秩序的思想。在这一时期，以在古巴召开的三大陆会议为象征，发生了从人民主权的立场出发重新修改曾创造了现代世界的民族主义的“革命型”运动。这些现象都是促使西欧世界苦心经营的垂直秩序向水平秩序转变的动向。80 年代，开始正式研究确立新水平秩序的内容。所谓垂直秩序（体制），是指在国际国内自上而下地人为地建立的一种特定的经济分工体制，在这种体制下形成了西欧式的统治和被统治的关系。所谓水平秩序（体制），是指在国际国内建立平等互利的分工体制，在这种体制下，建立尊重参加者自主性的社会关系。

| | | 垂直体制 | 水平体制 |
|---|---|---|---|
| 新国际经济秩序 | 国内 | | 0 |
| | 国际 | | 0 |
| 第三世界 | 国内 | 0 | |
| | 国际 | | 0 |
| 西欧 | 国内 | | 0 |
| | 国际 | 0 | |

**图 2–1　国际经济秩序类型**

如图 2–1 所示，西欧秩序在国际上是垂直体制，在国内是水平体制。第三世界恰恰相反，虽然要求在国际上实行水平体制，在国内却把实行垂直体制作为自身力量的源泉。新国际经济秩序则把在国际国内都建立水平体制作为自己要解决的课题。

## 二、资源、科学技术、工业化

**资源、能源**

西欧世界建立垂直体制的支柱是国际分工以及第三世界按指标供给能源的任务。但是，第三世界各国已经开始认识到初级产品经济的脆弱性，而开始走上了工业化道路。这是初级产品价格变动、交易条件恶化以及人口的增长使本国就业需求大大增加的必然结果。第三世界希望通过确立自己的资源主权和促进利用国内资源和能源，推动本国工业化的发展。为了掌握资源主权和稳定初级产品的价格，还成立了资源卡特尔等组织。这一系列措施称为 NIEO 型发展路线。这些动向促进了世界体系的多极化。

**科学技术**

多极化的发展，促进了科学技术的大发展。产业革命时期的技术革命，以蒸汽机、铁路、电力为代表，推动了民族主义的形成和对外扩张。20 世纪最后四分之一期间的技术革命，其特点是发展了原子能、电子、生物化学。这些宏观或微观的科学技术，适用于超越国境的世界规模的商业活动。旧秩序的解体是随着民族主义影响的扩大和各经济领域相互依赖关系的发展实现的。相互依存关系的发展，使信息通信飞速发展起来，人造卫星、光缆、电子计算机等使信息通信传递瞬时化，缩短了时间，大大扩大了人的活动空间。因此，人们在闭塞的狭小空间形成的价值观也发生了很大的变化。

在不断进行技术革新的经济社会，通货膨胀已是司空见惯的现象。大型研究开发项目需要巨额投资，人们不断追求新的消费对象。工业文明的城市费用日趋上升。提供原料者为了避免交易条件恶化，也不断提高原材料的价格。为了工业化搞工业化，扩大了地球的熵，这使费用进一步增加。相互依赖和多极化的世界，同时也是人们易受外因促进发展的世界。

第三世界国家也迅速走上了工业化道路。第三世界的工业产值，1970 年仅占世界工业产值的 10%，而 1985 年则提高到 16%，预计 2000 年将达到 30%。工业化是一条脱贫的自由之路，同时它也与非自由之路相毗邻。

这种工业化，在很大程度上是由跨国企业完成的。1985 年，跨国企业的对外投资额为 6000 亿美元，生产总值为 1.2 万亿美元，大约相当于世界生产总值的 10%。

**跨国企业**

跨国企业对旧国民国家秩序的解体和新秩序的形成起了很大作用。

第一，跨国企业的经营战略虽是水平地展开生产活动，但它却产生了总部—地区总部—当地工厂这种核心国家与外围国家之间的新阶层。

第二，研究和技术开发等知识密集部门、尖端产业部门保留在中心国家，而劳动密集产业、破坏环境的产业和资源开发产业等分派给了外围国家，从而又形成了新的国际分工体制。

第三，跨国企业是当地的一流企业，同时也是欧洲美元金融市场和美国金融市场使用资金的主要对象，它们并未在外围国家积极进行资本积累，而是完全相反。

今天的多极化时代，并未单纯采用水平体制这种形式，在其内部将重新形成新的垂直秩序。其表现形式是：①以集团方式保障发达国家在世界政治经济中的决定权（例如，七国首脑会议、IMF、世界银行、开发援助委员会等）。②地区主义的形成（欧共体国际协定、日本倡导的环太平洋经济圈等）。③由重视民间活力控制政府职能的新自由主义者进行的新的强者统治。

## 三、国内秩序的变动

**旧秩序中的周边世界**

下面探讨一下旧秩序中的外围国家向现代秩序转变的国内因素。在旧秩序的世界里，现代化和工业化的发展，使国内社会出现了大量的中产阶层。而在殖民地秩序下，社会的基本阶层主要是统治阶级和农民大众。

中产阶层的特点是：①他们是民族主义和国民统一等意识形态及其运动的实践者。②他们憧憬西方现代生活方式，是消费文明的仿效者。③他们是技术转让的接受者，对于与发达国家之间的差别非常敏感。④他们在行政机构和产业里比较有组织性，容易接受经济计划之类的思想。中产阶层队伍的扩大，使原来支撑垂直秩序的权威主义阶层秩序发生了深刻变化。国内还出现了自主思考的运动，从而奠定了发展的基础。

**外围社会的变化**

外围社会正从农业（村）社会迅速发展为工业和第三产业社会。从产业结构到就业人口的变化都证实了这一点。

今天，第三世界出现了大量人口从农村流向国内外城市的浪潮。因此，第三世界的主要城市出现了贫民窟人口急增、都市荒废等危机现象。由于海外劳动力的流入，发达国家的城市也出现了少数民族聚集区和人权摩擦等问题。

不过，人口的流动主要是年轻人的流动，其中一部分人还要返回农村。这样，使得在垂直秩序下闭塞的农村社会也对外开放了。现在，农村已经开始冲破传统，积极地对外部世界和全球动向做出反应。

人口的流动使城市的价值观和生活方式也对农村产生影响，高消费文明逐步笼罩整个世界。

**对新民族国家体制的探索**

在国内社会变化的基础上，第三世界正在摸索建立新型民族国家体制。实行西欧型议会民主制的国家极少。

一种国家形态是，军方或与军方合作的寡头统治阶级实施强权政治，重新建立权威主义国家。军方即使不出头露面，事实上也常常是强权政治的后台。这种权威主义国家，从表面看似乎是在推行水平秩序，但由于不能产生相应的经济效益，很容易成为建立新的垂直体制的工具。

另一种极端的国家形态是，否定现代价值观，企图按照基于传统的价值观的复古的意识形态来探索建立更平等的强国。在伊斯兰世界影响不断扩大的原教旨主义，就是这种意识形态。表面看来，它像是复古主义，其实并非如此。它是面对现代消费文明的发展而强调精神文明优先的思想。所以，它是个将对多极化世界的发展产生影响的运动。

从现实来看，第三世界的国家形态，介于权威主义和平等主义之间，但正逐渐倾向于前者。有趣的是，各个地区又表现出若干不同的特征。例如，在马科斯（权威主义）之后，菲律宾各派阶层实行了联合（民族权力）；拉丁美洲的军方政权由于债务和社会问题激化而一齐衰落，建立了折中型文官政权；

在非洲，军方政权和文官政权都很容易转化为神圣型的政权；等等。

国内秩序的这些变化本是由世界秩序的变化引起的，它与国内秩序、地区秩序、世界秩序的各种变化都有着密切的关系。

## 四、国内秩序、地区秩序和世界秩序

**国内秩序变化的影响**

国内秩序的变化，对地区和世界秩序也产生很大影响。

国内秩序的变化，直接影响地区秩序。拉美各国的工业化，导致成立“拉美自由贸易联合”（LAFTA）等，地区经济综合机构就是一例。第三世界大多数地区合作机构的成立，都是国内秩序的变化起了重要作用。

国内秩序的变化，对世界秩序也有影响。如前所述，第三世界的工业化和意识的变化，产生了建立新型国际经济秩序（NIEO）的要求。

**地区秩序变动的影响**

地区秩序的变动，对国内秩序和世界秩序的影响也不可忽视。

地区秩序的变动对国内秩序的影响，东南亚国家联盟（ASEAN）就是一例。ASEAN自1967年成立后，虽然处于休眠状态。自从印度支那各国共产化以后，以1976年为转机，迅速开展经济合作。该联盟的目的是通过政治和经济的协作实现国内秩序的“强韧性”（resiliency），防止共产化。这些国家是这样解释的，也是这样做的。关于地区秩序对世界秩序的影响，欧洲共同体（EC）和环太平洋合作设想，就是很好的事例。它们都是使世界秩序从自由、无差别主义，向地区主义的方向转变的重要因素。

**世界秩序变动的影响**

最后谈谈世界秩序的变动对国内秩序和地区秩序的影响。

70年代值得大书特书的是，在提出NIEO以取代旧国际秩序的同时，还为女性解放、高龄者和残疾人设置了国际年，制定了行动计划，使国际人权宪章逐步得到落实，加速了世界人权秩序的形成。世界人权秩序的形成，也对国内秩序产生影响，许多国家制定了妇女行动计划、雇用平等法等。这表明了一种反馈过程：工业发达国家的妇女解放和第三世界国家重视人权的动向影响了世界秩序，世界秩序又反过来影响了各国秩序。可见，世界秩序和各国国内秩序的发展是相互依赖、相互追随的。

世界秩序对地区秩序产生影响的例子还有前面提到的南太平洋讨论会（SPF）制定的南太平洋无核区条约（1985年）、南亚国家成立的南亚地区合作联盟（SAARC，1985年）等。

**新阶层秩序**

今天的多极化，使世界上的相互依赖关系更加密切，依赖的形式也多样化了。相互依赖关系，表面上看是水平秩序的继续，而实际上其内部由于跨国企业的发展、南方国家的分化、技术革新带来的就业问题等，已经形成了新的阶层秩序。21世纪的世界秩序采取何种形式将取决于新阶层秩序的进展如何以及各个主体在国际国内的动向。

多极化的发展，产生了民族主义、中产阶层的兴起、群众运动、地区机构、新国际秩序、人权秩序等多样的事物以及相应的表现形态。这些现象及形态的出现又促进了多极化的发展。世界秩序中的这些动向，充分表明了当今世界价值观的多样化。只有价值观的变化，才导致了思想和运动的多样化，使现代世界出现多极化、多元化。

60年代以后，使现代世界迅速发生变化的多极化现象，从根本上动摇了西方世界通过现代化建立的垂直体制。但是，多极化也未必就是现代化体制的代替形式。可以说，在现代化发展过程中潜在的新阶层秩序在表面上正在逐步形成水平体制。这种新水平体制的形成，需要比垂直体制还要多得多的主体参加，参加者的价值观更是多种多样。在 90 年代的多极化形势下，世界秩序最终将由各主体之间的相互作用和人们价值观的变化来决定。

## 第五节　多极化世界的危机在地区的表现
## ——以非洲为例

### 一、国家危机的内部结构

**集中反映世界危机的非洲**

进入 80 年代以后，多极化世界的各个地区都出现了具有不同特点的危机，最严重的是非洲。该地区的危机主要有两种，第一种是国家正统性危机。有近 60 个国家至今尚未建成国民国家，经常发生政变、内战和边界纠纷，只能靠强化强权政治来应付局面。第二种是社会再生产危机。它与第一种危机有直接联系。进入 80 年代以后，世界萧条仍未见好转，初级产品市场持续不振，再加上气候不好，因此，60 年代以来国家主导型开发政策的失败都集中爆发出来，在许多地区出现了不同程度的饥饿等社会再生产的危机。

**脆弱的外围地区**

如上所述，非洲在世界体系中成了最脆弱的外围地区。该地区为防止这些危机不至于转化为地区全面性的经济和政治的崩溃，主要是依靠欧、美、日的经济援助和欧美、东欧对某些国家的军事援助。从这种意义上说，80 年代的非洲尚极为欠缺形成广泛而强有力的"极"的机会，地区性的变化，目前还不会对世界体系产生多大影响。

在这种危机情况下，非洲的多极化，集中体现在南非的发展上。由于南非共和国具有非洲最强的工业能力和丰富的战略性矿物资源，又位于印度洋和大西洋沿岸这一重要地势与位置，因而成了本地区唯一的地区大国。但该国发展成地区霸权主义的基础，是通过种族隔离这种特殊的暴力手段进行的，妨碍了多数民族的和解，引起了南部非洲各国和国际社会的强烈反对。因此，南非共和国也正处于国家正统性危机之中。

**大陆分割的后遗症**

19 世纪末，欧洲列强不顾非洲各民族在各地区即将建立民族国家的趋势，完全根据列强的利害分割了大陆。经过一个世纪的今天，60 年代初期获得独立并承认原有国境的许多非洲国家，都正在面临一场国家正统性危机。当时，非洲统一机构曾主张非洲民族加强团结，解决西欧殖民地统治遗留下来的分割问题，并在世界体系中建立新的实力对比结构。但是，由于继承独立的大部分非洲人领导阶层眼光狭窄，不得不妥协至今。因此，到了 80 年代，非洲仍有近 60 个国家经常发生边界纠纷（西撒哈拉与摩洛哥之间、利比亚与乍得之间、埃塞俄比亚与索马里之间等）、内战或准备发动内战（乍得、尼日利亚、喀麦隆、乌干达、埃塞俄比亚、扎伊尔、安哥拉、莫桑比克等）。

**政治不稳定**

历史原因造成的国境纠纷和发动内战的强大潜在力与经济恶化相互作用的结果，明显地降低了通常国家应当发挥的作用。

为了维持不稳定的边境和国内治安，需要大大增加军事预算，因而不得不压缩本来就贫乏的国家财政控制用于开发政策上的资源分配。由于存在上述不稳定因素，国家的征税职能麻痹乃至低下，不能保障居民的安全和福利，因而长期处于无法确立自己的正当地位的状态。

由于国家行政领域的不安定和管理不完善，不得不对国内居民分别采取不同政策，使国民的整体观念迟迟不能形成，至今仍顽固地残留着通过地缘、血缘关系解决国内问题的渠道。

上述现象并不仅限于前面已提到的几个国家，在出现经济萧条的其他非洲国家也不同程度地存在着。

**经济障碍**

在经济方面，由于中央政府对其领土的统治还有许多缺陷或尚不充分，因此边境地带的走私和偷越国境现象十分严重，这使国家开发政策的一环——培养国内产业的价格体系，根本没有产生明显效果，反倒促使商业部门臃肿，产业部门停滞不前。在实行外汇管制的许多非洲国家里，到处都存在着不符合法定汇率的黑市交易，从而也妨碍了开发政策的有效实施。

上述现象，对政治也产生了影响。许多非洲国家获得独立已经历了四分之一世纪，但尚未把居住在其领域内的居民纳入其行政控制之下，未能使他们成为本国公民，这是致使并非建立在统一意志基础上的国家权力（军人政变）得以出现并进一步强化（权威主义）的根源。

## 二、生存危机的内部结构

**社会再生产的危机**

80 年代，与国家正统性的危机相关联，社会再生产的危机也有发展。

非洲国内生产总值的年均增长率，1971 年到 1975 年为 4.4%，1976 年到 1980 年降低到 2.6%，进入 80 年代以后的 4 年间，竟然降到了-0.9%。另一方面，人口的平均增长率是，1970 年到 1975 年为 2.7%，1975 年到 1980 年增长到 3%，1980 年到 1985 年仍为 3%，丝毫没有得到控制的迹象。与此同时，粮食生产下降，非洲人均粮食生产增长率 70 年代曾下降到-1.3%，而从 1980 年到 1984 年又恶化到-1.9%。

粮食生产恶化的极端现象，是饥荒的发生，从生理学角度来看，已经发生影响地区居民生活再生产的严重危机。从历史上来看，出现广泛的饥饿现象绝非今天才有，过去也曾多次发生过。在 80 年代，以埃塞俄比亚和南部非洲的灾情最为严重。

今天的非洲发生生存危机，其根本原因是其开发政策的失败。非洲国家自独立以来，从未根本解决占人口总数 80%以上的农村问题。

所以，需要探讨导致危机的开发政策失败的原因。社会再生产的危机，使自然特别是森林、土壤资源迅速枯竭，破坏了生态平衡，出现了沙漠化等问题。

## 三、从属于中心的机制

**对外部世界的从属**

国家正统性危机和社会再生产的危机，已成为许多非洲国家从属于外部世界，特别是从属于核心国家的根源。在 80 年代里，将品种极其有限的初级产品向世界市场出口的经济结构，没有发生根本变化，并且由于初级产品大大受到气候和发达国家经济动向的左右，再也不能为生产者或国家提供稳定的收入。作为战略资源，估计需求量很大的石油、铀和铜等矿物资源，由于工业发达国家的萧条和技术的进步等原因，当前也处于不景气状态。初级产品不景气造成的出口收入减少，对经济和政治也产生了影响，使其不得不进一步从属于外部世界。

**经济上的从属**

在经济方面，由于外汇收入减少，外债有了很大增加。1983 年，仅撒哈拉以南非洲的对外公共债务，就高达 556 亿美元，占国民生产总值的 32%，远远超过了拉美国家的 20%。

**政治上的从属**

在政治方面，由于国家财政基础薄弱，使其正统性危机表面化，为了确保国内治安，而让外国军队留驻和介入的现象在 80 年代仍然继续存在。

由于非洲大陆还只是一个外围地区中的更弱的外围地区，因此，该地区现在还不能成为与世界体系中的列强进行斗争的场所。

## 四、南部非洲的地区霸权主义

**地区霸权主义**

在多少带有生产力水平低下和国内统治能力薄弱为特点的非洲大陆，南非共和国（以下略称为南非）是唯一拥有具有压倒优势的经济能力和军事能力的国家，它也大大超过了工业化程度较高的埃及和阿尔及利亚。许多非洲国家每人年均收入约为 500 美元，而南非却高达 2300 美元。另外，由于南非具有极其现代化的军备，因此该国已成为南部非洲地区的霸权主义大国。

**种族隔离**

但是，南非的地区霸权主义是以种族隔离的种族差别政策为基础的。该国国内不仅存在着仅占 15%的白人统治阶级和占 75%的非洲人（包括混血人和印度人）之间的紧张关系，而且，如果没有这种紧张关系，就不能进行社会再生产。形成了一种特殊的国内统治机制。从经济观点来看，这种体制的特点是通过非洲人的劳动制度进行空间和时间的管理。

**南部非洲的不稳定性**

无视非洲人民民族性的南非体制，加剧了与外围国家之间的政治分歧。南非当局只有迫使周边各国的经济从属于它并用增加军事威胁的办法破坏这些国家政权的稳定，才能维持比勒陀尼亚控制下的和平，这就是南非地区霸权主义赖以维持的基础。

## 五、克服危机的条件

**变化的可能性**

在今天的多极化世界上，非洲是最不安定的地区。非洲在世界体系中的地位是极有限的，是流动性的。可是比较一下 50 年代和今天的非洲，肯定会发现一些根本性变化。探讨一下 90 年代里怎样使这些变化为非洲的经济发展发挥作用，将会为我们提供一些解决上述危机的线索。

首先是人口增加特别是城市人口大量增加。从 1950 年到 1980 年 30 年间，非洲人口增加 3 倍，城市人口增加 5 倍。当然与生产力的发展并非同步增加的城市人口，在短期内由于社会服务不发达，出现贫民窟现象，以致成为整个社会的负担。但是如果人口的增加与经济的发展相配合，那么，它也会与非洲的天然资源一样，转化为非洲繁荣和自立的积极因素。

**三种方案**

关于未来的发展趋势，目前还没有统一的看法。下面让我们提出三个中长期设想，探讨一下解决非洲危机的方案。

第一个设想是，通过进一步加强对中心的从属，恢复和提高非洲的生产力。开发的目标是，由中心投入大量资金、人才和技术，建立满足于中心地区需求的输出中心型经济。但是，这种外向型经济的前提条件——削减公共部门和自由化，将由哪些非洲人承担是不明确的。

第二个是自立化设想。这个设想反对通过实行第一种设想强化非洲经济和社会买办化，主张限制与中心保持联系的经济纽带，争取自力发展。这种设想是以从根本上改变非洲国家的社会结构现状为前提，在一次产品的长期萧条中，它作为代替第一个设想的方案，具有不可忽视的影响力。但是，它将需要花费多大的社会代价是值得研究的关键问题。

第三个是阶段性自立设想。通过中心和周边的多方合作关系，调整前两种方案。该设想的最大特点是，把消灭非洲面临的生存危机作为合作开发的首要任务，在非洲人的参加下，解决粮食生产、保健、基础教育等基本问题。这种方案不一定反对与中心合作或保持经济联系，但另一方面，当基本需求得到满足之后，作为第二种设想提出的目标——使非洲能够在世界体系中建立相对独立的实力对比结构。这个第三种设想是希望尽可能地控制社会费用于最小限度，最大限度地满足非洲人民的基本利益。从要求建立更加公正的国际秩序的观点来看，这是合情合理的。然而，在双极化世界，未必能从正面去争取实现。80 年代以后，世界上出现了多极化，初级产品的萧条，直接冲击非洲大陆。在这种情况下，上述南非方多方合作努力解决危机的第三种设想，是最有可能达到目的的方案。

## 第六节　新多元文明的可能性

### 一、多元化世界

人类通过各种各样的文化谱写了自己的历史篇章。文化的多样性，是人类在地球上生存的特征。这里所以再次论述文化多样化，是因为在 70 年代以后的世界多极化形势下，文化多样化又有了新的特殊含义。70 年代是这样一个划时代的时期：西方各国本身已对从 16 世纪延续下来的以西洋为中心的一元论的经济中心主义提出了异议，而这种影响日益明显。进入 80 年代以后，非西方世界的多种文化群，由单纯的传统文化迅速发展为抵抗一元化压力的具有主体性的不同集团的新格局。现在，世界正在向 90 年代包括多元化在内的新多极化方向发展。如上所述，所谓多元化，是指通过经济、军事和文化各领域的独特发展过程，在各领域内部出现不同形式的多极化，以及随着这种多极化而产生的各领域之间的分歧。不言而喻，文化的多样化，绝不是取消以跨国企业和援助为中心的一元化势力的影响。尽管如此，在新多极化形势下，在 80 年代的世界上，人们在逐渐认清文化会对经济和政治产生的多种影响力。下面，我们就基于这一观点探讨一下多极化世界产生新多元文明的可能性。

### 二、文化的多样化

**一元化文化论**

60 年代以前，把质的差异转变为量的差异的经济原理，也统治了文化。军事和政治从属于经济，文化则是从属于经济、政治和军事。文化上质的差异变成了高级文化对低级文化或中心文化对周边文化这样一种一元的不平等性。总而言之，所谓低级文化、周边文化，即指人民的经济生活和文化水平低的状况，基本意思是指效率极低的劳动市场。为了提高人民的生活和文化水平，只有吸收发达国家的西方文明，加以同化。为此，就需要放弃自己的传统文化。所以，到 60 年代为止，一般认为现代化就是从特殊的个别传统文化向普遍的西方文明发展。

**传统文化的主张**

到了 80 年代，一个逐渐明确起来的事实是，传统文化又开始受到重视，现代化的含义有了变化。即使在西洋文明占绝对优势的时代，传统文化也曾以千年王国运动和民族主义的形式表现出来。80 年代的特点是，不论在西方还是非西方，70年代发生的潜在变化，都以人们看得十分清楚的形式表现出来。首先，亚洲出现了独特的技术文化。1968年，日本的GNP名列资本主义世界的第二位。70年代，日本所取得的明显成功，进入80年代NICS和ASEAN的急起直追，使日本的成功具有了普遍意义。

**技术文化的创立**

众所周知，亚洲创立的技术文化，并不像过去那样实行欧美型经营和劳动管理，而是通过积极依靠本国的独立文化提高劳动效率。这样，就需要把西方文明与传统文化积极地结合起来，使其产生最佳效果。后发优势的理论已成为一般常识，但它不能直接说明非西方世界在文化上的多样性的主张。这种理论认为亚洲的工业化是照搬西方文明的产物，这说明对现实还没有真正了解。从文化角度上看，以日本为例，技术文化的建立，主要是企业的大胆尝试和1968年以后迅速流行起来的"感情的日本人论"起了先导作用。由此不难看出，日本技术文化的特点是，应用先行于理论，技术先行于科学。这一特点，在亚洲的其他技术文化上也有所体现。可以说，技术文化形成的基础，是对西方合理主义进行积极的"折中的"思考，重视实际印象而不拘泥于概念。如果把亚洲技术文化单纯地说成是与西方个人主义相对应的亚洲集体主义，那么，就会流于过低估价刚刚兴起的能力主义的作用。

**日本成功的影响**

日本和亚洲四小龙以自己的文化为杠杆创建了独特的技术文化，成功地加入了发达国家的行列。这个事实有很大的刺激作用。它说明可以积极有效地把传统文化这一个别的、地方性强的质的活动与经济活动这种量的普遍的流动性强的活动结合起来。从而，还会提高人们对文化和特殊性的认识，并给非西方世界带来了新的看法，即文化不一定总是从属于经济的。既然文化不只是经济的附属品，那么，文化就有可能在与经济对立和对抗中存在下去。无论是暴力的还是非暴力的，世界上的原教旨主义和信仰复兴运动尚能保持着它的意义，理由就在于此。尽管传统文化的大部分能够作为技术文化保留下来，但其本质如果在合理化过程中变得单纯化，并改变了性质，那么，传统也就会彻底消失。对此持不同观点的原教旨主义者和信仰复兴运动之所以拥有超过作为地方宗教集团应有的政治力量，关键就在于它能较好地处理传统与合理化的关系。

**文化优先的观点**

从上述观点来看，70年代到80年代与日本和亚洲四小龙相平行出现的一系列引人注目的动向，也是值得重视的。伊朗的宗教革命意味着以宗教为中心的文化价值来否定资本主义的经济效率。在那里，完全把经济置之度外，将宗教置于中心地位，企图从文化（宗教）中获得军事力量。这种尝试，还包含着经济和文化不仅可以分离，而且超越这种认识的思想，即认为文化优先于经济。70年代开始引人注目的各种宗教运动——以原教旨主义、民族主义为代表的各种新宗教活动，80年代以来更加活跃。尽管这些宗教运动除伊朗外都不具备与国家抗争的能力，但却都扮演着从文化的角度反对国家主导型现代化的角色。

伊朗与亚洲四小龙和日本的动向形成了鲜明对比，它否定通过现代化加强经济实力，然后再从外围（第三世界）向中心（西欧及与西欧相等的经济实力的世界渗入），而是积极主张建立独特的文化，自己做出了留在外围的选择。这种观点与外围国家因现代化失败而不得不留在外围的消极选择是完全不同的。但是，伊朗虽在选择留在外围这一点上与日本截然不同，但在紧迫的国际形势下创建了传统的具有个性的文化这一点上倒与日本相似。这说明80年代文化的多样化，并不是独立文化拼凑起来的大杂烩。

## 三、反主流文化和边缘文化集团

**与一元化相对立的主张**

与前述非西方社会的文化主张相呼应，西方社会内部也产生了反对资本主义文化的主张，掀起了反主流文化的运动。以美国西海岸为中心的反主流文化运动，70 年代中期登峰造极并趋于消失，但后来又以各种形式诸如宗教运动和保护环境运动的形式发展起来。日本对这两种运动的了解虽不够充分，但可以肯定，冰山藏在水面下的部分都比露在水面上的部分大得多。两者都主张通过文化活动，解决货币经济产生的人情味淡薄问题，从这一点来看，两者都属于反主流文化。两者的主要区别是，宗教运动是以实现完全的自我为目标，而环境保护运动则主张从社会的角度调和自然与人的关系。

**无资本文化**

通过上述两种运动，人们对过去认为必然要消失的传统的自给自足小集团有了新的认识。例如，北美的爱斯基摩人和印第安人、澳大利亚的土著居民、南太平洋各岛的人、传统的非洲人等。这些集团被认为是资本主义经济的外围的外围，从经济上来看，是最落后的“未开化”部分。

上述集团的地理位置十分分散。未开化的非资本主义社会，一个共同的特点是，一般在传统上都是不以资本积累为目标的消费性的自给自足的社会。“未开化”的自给自足社会没有资本积累并不是因为贫穷，而只不过没有进行资本积累。在这种经济形态下，社会组织和人际关系并不依存于资本积累。避免资本积累的典型事例很多，基本上都表现为把消费控制在生活最低需要或在一定周期集中消费掉积蓄的财富。总之，消费方式决定集团内的社会地位和能力，这与资本积累通过雇佣劳动力形成统治和被统治关系的模式是没有关系的。

**政府对策**

政府对这些“未开化”集团的对策，毫无例外地都是通过教育实现同化。为使其从传统的封闭社会过渡到开放的现代社会，首先是让其地区的成员掌握语言，使其加入货币经济行列，强迫猎人走出森林成为定居的农民，牧民成为工资劳动者。时间上的落差，用福利和援助的手段来填补。由于教育、福利和援助等同化政策和政府的经济开发必然会导致对自然的破坏，传统的自给集团已不能保持传统的生活方式了。然而，他们也没有完全放弃传统，他们的传统与资本主义货币经济之间差距甚大，很难作为技术文化保留下来。不管怎样，即使在他们还固守着传统不放的情况下，也不意味着他们仍然处于过去那种在封闭的共同体中的自然生活，而带有在货币经济中反对资本主义或反对政府政策的特点。

**反对派集团和无资本文化的吻合**

上述集团与西方宗教性新自然主义者和环境保护运动的一致之处正是在这一点上。世界的最尖端发现了最末端，并在文化上结合起来。在恢复人性这一课题下，必须重新研究环境、自然、社会、人际关系、人的生理和社会化、正常与异常等各种文化活动的意义。发达国家发现，今天在发达国家作为研究对象的问题，在“未开化社会”早已产生。为此，在反主流文化的初期阶段，往往把无资本文化理想化了，而今天把它作为一种模式进行学习，表明对它将有更现实、更深刻的理解。

**个人和集团的主体性**

这种模式提出的问题之一是个人和集团的结合。无资本文化的个人和集团的结合，惊人地表现出从“集团主义”（澳大利亚的土著居民）到“个人主义”（爱斯基摩人）的多种方式，超越了我们以西方为基础设想的西方的个人主义与非西方的集团主义相对应的构图。当发达国家将这些集团的生活方式作为人类的体验或实验来认识的时候，它就在世界上有了新文化的意义。例如，从这种角度考虑现代化时，我们想象中的集团主义就带有现代化过程中的一元化特点，即使以亚洲和伊斯兰国家为例，也可以发现它们的现代都市比传统的农村更带有这种特点。这就是客观地研究西方、技术文化和无资本文化之后得出的观点。在专家治国论者的一种自我否定——能力主义中，也可能潜藏着这种思想。可见，一元化经济可以允许世界文化的多样性，两者之间的矛盾将作为一种力量发挥作用。这个问题与下一节论述的现代知识社会的改组有直接关联。

## 四、现代知识社会的重新组成

**知识商品的两面性**

80 年代另一个不可忽视的动向是知识社会重新组成。新的知识社会需要同时具备两种因素：第一个是知识的量的和质的积累；第二个是促进知识流通的传播媒介。由谁掌握何种知识，本来是传统的统治原理，并不存在资本主义与非资本主义的区别。然而在现代知识社会里，知识可以作为商品交易的对象进行买卖。在个别文化中创造和积累的知识，被信息化、综合化，打破个别文化之间的界限，促进各种文化的相互交流。甚至连文化的主体性也能实行商品化。在知识社会刚刚到来时，曾强调过流通问题，这颇有些一元论的味道。但进入 80 年代以后，知识积累需要在保存和变革传统文化所包括的所有知识的基础上再加以创新，这一点又逐渐明确起来。知识有它自己的个性和特殊性这一点也得到了肯定。于是所有各层次的文化活动便都有了意义，这与单纯进行货币流通和积累相比，要复杂得多。因为复杂的人事、文化、社会等各种因素都会参与多极化多层次化世界的活动中来。现代知识社会可能为西方与非西方的各种文化集团进行新的尝试提供价值保障。

**知识大众化**

从另一个角度来看，上述问题也就是知识的大众化。以前仅在有限的日常生活知识和人际关系习惯中生活的人们，今天已开始掌握不同文化的知识。当然，接受各种信息的方法还要受到日常生活方式的限制。不过，这起码可以提高大众对文化多样化的认识和接受能力，还可以导致新多极化形势下人际关系网的多样化，并且可能产生与过去只会单纯区分敌我两方的标准完全不同的选择标准。人与人、集团与集团的结合，以及个人选择参加集团的标准也多样化了，这就是包括各种宗教团体、环境保护运动在内的文化团体展开活动和进一步发展的基础。

**对人才开发的再认识**

在知识社会里，知识的积累和流通同样重要。换言之，在各种文化之间需要知识的流通，而且应该使这种知识在多种多样的个别文化中得到发展。所以，经济开发=社会开发=文化开发这种传统的开发理论已经过时，需要更新观念，即要充分认识到：人才开发即经济开发，而社会开发则只是为人才开发与经济开发积极创造条件。可见，这完全是以人为中心的“人本主义”。但是，在多极化形势下，重要的是应该推进包括日本这种特殊的纵型社会在内的多种类型、各色人等的共存和竞争。应当看到，在这样的竞争中，特别是创造性人才也是当积累和流通的矛盾、个别化和一元化的矛盾在一定时期里又在特定的个人之中能够得到克服的时候才会产生。创造性人才是现代知识社会不可缺少的，与其说在排除异端的纵型集团内部，还不如说在它的外部也许会发现这样的场所。这是多极化世界中人才开发的大问题。

## 五、现代多元化文明的可能性

**新的主体与传统文化**

上述所有现象可归结为一个问题，这就是以跨国企业和援助为中心的一元化势力与过去延续下来的传统文化之间的纠纷和矛盾。从文化的角度来看就是现代化和传统、西方化和民族主义、普遍文明和个别文化的对立。文化终究是人求得生存的一种方式，即使在一元化压力下，也不能像技术和信息那样，简单地随意地进行更换。60 年代西方的普遍文明和非西方的个别文化的对立，是以个别文化衰退，或者说是以被普遍文明所吸收的形式告终的。但传统文化能够在 70 年代新的多极化形势下复苏和在 80 年代兴起，就是在这个对立的根子上产生出来的复杂的状况中在各种层次上表现出来的各种文化尝试。

**现代文明的先驱**

换言之，这些尝试，是各种文化集团在摸索新的主体。从意识上来看，尽管都是以传统否定现代化、否定西方化、固守特殊文化等方式进行的，但实际上这些尝试与一元化的流动性有密切的关联，在某种意义上也可以说是它起到了保证作用。能够保证新多样化发展者将会成为现代文明的先驱。

为此，文化领域的首要任务是，在各种文化中分清哪些是固有的，哪些带有普遍性。不管做出多大努力，最终仍然会存在不能普遍化的固有性。西方是用具体和抽象的形式来划分的。西方懂得，抽象只有在理论上具有普遍意义时才有力量。西方还在一定程度上懂得，抽象和具体不单纯是两端的对立，抽象的普遍性还是具体的多样化的保证。这只是一个事例，可能还有其他事例。

总之，多极化世界的新多样化，既然不是杂乱无章的，那么就有必要积极地研究自己的文化在世界坐标上的位置。为此，不能简单地去罗列各种文化或进行比较，首先需要有灵活和开拓性的思考方法。非教条主义的、灵活的、辩证的思考方法可以算是其中的一种吧。目前，人们都在整体和部分的关系上探求固有的传统文化和创新的文化相互应有的位置并积极发挥作用的观点。

# 第七节　观念的更新

## ——多极化外交五原则

### 一、多极化世界的内部结构

**新多极化的意义**

以上从几个方面探讨了80年代到90年代新的“多极化”世界的内部结构。

上述探讨说明，新多极化是与各种形式的多元化、多层次化有密切关系的现象。因而对于这个比60年代的多极化复杂得多的新多极化绝不可简单地认为就是双极体系演变来的。

60年代出现的多极化，是以双极体系中东西集团内部的分裂（中苏矛盾、法国退出大西洋联盟等）的形式表现出来的。进入70年代以后，也曾有一段时间把古典式大国协调典型的一种回归（例如基辛格设想）当做多极化的方向。

现在不得不承认，除了集团这个“极”以外，在国家以外的各主体之间也存在着“极”。所以，我们有必要根据世界现状，重新解释多极化的概念，研究新“多极化”的性质。

**“极”和“场”**

在探讨80年代的多极化的时候，我们应当给“极”下一个本来意义上的定义，并将它看做是在国际这个“场”中通过相互作用形成的各种力量（或具有力量的各个主体）。这样，我们就会理解，在双极体系时代，只有两个超级大国的力量起作用，而在多极化时代，多种力量在国际“场”中产生复杂的紧张关系。特别是60年代的多极化，是由于出现了许多持有这些力量的主要国家和主要地区而形成的。80年代的新多极化，不仅在国家和集团这一层次里出现了新的“极”，还产生了跨国性主体力量的“极”和国内新运动等力量的“极”。这些“极”，不仅在国际体系的中心、准外围，甚至就在外围地区也在以国际性的力量关系发生影响作用，这种势头正在向前发展，这一点是不可忽视的。而且这些“极”所争夺的“场”是多层次的，军事、政治、社会、文化各领域的力量在那里错综复杂地交织在一起。

## 二、对新国际体系的了解

要想充分地认识到国际体系就是“极”所争夺的“场”，需要在如下三个方面做出重要的观念更新。

第一，已经不能再以国际关系的动向是由超级大国乃至发达大国决定的这一观念为前提，只从大国着眼来理解国际关系了。今后，不仅要注意小“极”，还要观察“场”的动向。

第二，必须充分认识到使用“东西两大阵营”和“南北对垒”这种明确地划分世界的概念来分析国际体系形势的危险性。今后分析形势，应认真研究各个主体之间的力量对比关系。

第三，既要从全球的角度了解国际体系，同时也要充分地重视各种“极”和“层”的特殊性。特别是应当正确认识文化与政治、经济同样具有重要的作用。

**新多极化以后**

为适应新多极化形势，除了进行上述“观念更新”外，还需要有处理新国际关系的风度。下面，根据日本的情况提出五项新原则，以便开展与新多极化时代相适应的和平共处外交。

（1）多元主义。其根本原则是，超越地区集团界限，在各个国际主体之间不因体制等不同而互相敌视，实行和平共处。这是与新多极化形势下的多元化、多层次化局面相适应的。这种多元主义如果不包含在国内社会开展的民际外交，国内主体就会不适应作为国际上的“极”的新多极化结构。

（2）人类主义原则。鉴于“极”总是与“场”相对应，而“场”则是包含着世界体系中外围地区的人们的生活环境在内的社会现实。因此，和平共处应当包含重视人力开发、改善外围地区人们的生活条件，从而保证人民生活水平的提高。这并不仅是伦理上的要求。从过去未受到文明世界恩惠的广大阶层即贫困层的力量增大这一现实来看，工业发达国家对它们如果视而不见将成为影响世界体系发展的极不稳定的因素。

（3）向公平秩序发展的原则。第三世界各个地区，都迫切希望垂直分工变成水平分工，这种要求正在改变着地区秩序的结构。和平共处是尊重多样化的，但多样化决不应产生于贫富差别。所以，需要促进在地区上也争取建立“水平秩序”的活动。

（4）多边外交带来和平转变的原则。应当强化联合国组织和地区组织，并以它们为据点，建立与通过和平转变产生的多极化世界相适应的秩序。在真正实行相互主义原则的联合主义基础之上，联合国和地区组织应把国家之间的外交和民间的外交有机地结合起来，建立更平等的秩序，并且根据人类主义原则，为外围地区的发展做出贡献。

（5）建立多极文明的原则。多元的多层次的新多极化体系把政治、经济、社会各领域的特殊性和普遍性结合起来是十分重要的。为此，有必要创造一种多极文明。特别是在以西欧为中心的文明所支撑的国际关系衰退时，更需研究取而代之的多极化所依据的多极文明。只有基于各个文化集团主体性的人力开发，才能保证这种文明的多元性；只有努力建立多元的普遍的文明，才能为保障新和平共处的正当性打下基础。

以上探讨的是适应新多极化的新设想和在新国际关系中的外交原则方面的建议。

# 第3章　世界的人口、粮食、资源、环境

**研究成员**

| | |
|---|---|
| 日内瓦大学教授 | 埃米莉·方坦勒 |
| 加各利雅利大学教授 | 马丁·勒·卡斯科 |
| 帕特尔研究所研究员 | 奥托·希罗尼米 |
| 联合国开发计划署咨询机关 | 雅克·罗耶 |

**秘书处**

FDA组

## 第一节　世界性课题的再认识

### 一、成立罗马俱乐部的背景

罗马俱乐部召开第一次会议的1968年，正是世界经济高歌猛进，飞速发展的年代。第二次世界大战后的复兴为世界经济一体化打下了基础。在得到制度保证的稳定的经济结构中，贸易和交流的自由化发展了。由于布雷顿森林协定和各种国际组织（联合国专门组织、关税和贸易总协定、国际货币基金组织、经济合作与发展组织、北大西洋公约组织）等相继创立并不断完善而使国际体制不断地得到发展。这一发展形成了在新的政治结构中进行地区合作和积极的经济结合的条件。这种新政治结构，如果没有货币的稳定、对宏观经济的需求管理和紧张关系（冷战、殖民地的解放）是不可能存在的。

世界经济的不断发展是由于积蓄了许多革新技术和人们对利用这些革新技术开发的新产品的需求较大。生产率的提高，降低了几乎所有工业制品的相对价格。生活方式的变化因其具有示范效果而波及所有已开放的世界市场。

但是，1968年也是法国发生5月骚乱的年头。欧洲民众突然醒悟到自己已经达到某种饱和的极点，消费者对于无休止的变化已感倦怠。美国的青年人向现存的秩序挑战。社会价值体系发生了变化。就连经济增长的价值也被重新加以推敲。

经济增长经常内含着变化。经过20年的高速增长，产生了新的问题。有的学者甚至认为工业技术的发展赶不上经济增长所需要的变化速度。他们对增长的进展怀着一种恐惧感，甚至开始预感到黑暗的来临。这种感情通过J. 费雷斯特、D. 美杜莎的“增长的极限”这一概念表现出来。

## 二、增长的极限

罗马俱乐部的第一个报告——《增长的极限》，反复强调马尔萨斯的预言："从长远的角度看，依靠地球的资源是难以维持人口的增长的。地球的资源本来是有限的。如果迄今的倾向再继续发展下去，一定会发生空前规模的危机。"在罗马俱乐部后来提出的报告书中，这种想法进一步得到发展，并使之具体化到地区一级，如出自佩斯特尔和梅塞斯基，赫雷拉和安盖恩、布兰德之手的文件就认为，下次危机会由于北方富国和南方穷国之间原有的不平衡，而进一步扩大。罗马俱乐部当时明确提出北方各国要控制经济增长，保护资源，南方国家要控制人口的增加，并且有必要实行北富南移。

在这之后，美国环境协会和国务院合编了一部书——《2000 年的世界，致总统的报告，面向 21 世纪》（全书分三卷）（Washington 1980），书中预测，从 1900 年至 2000 年，世界人均粮食产量增长不到 15%，粮食的实际价格倍增。这个报告引起了议论，并唤起了人们对长期性问题进行探讨的兴趣。其中具有代表性的论者是 L. 西蒙和 H. 卡恩，著有《充满资源的地球》（Basil Blackwell，New York 1974）。此书写道："如今日之趋势继续下去的话，尽管世界人口增多但密度却会缩小、污染减少、生态平衡，比起现今我们所生存的这个世界更能应付资源供给的中断。"

罗马俱乐部的建议得到强有力的支持，也受到发达工业国政界的关注。

## 三、70 年代的危机

60 年代末期，经济增长濒临某种极限。正如未来论者经常谈到的那样，经济增长的可靠性，是根据长期展望是否与可以预见的短期动向相符来加以判断的。

随着美元与黄金兑换的停止，世界通货制度进入新的不稳定时期。汇率出现了大的变动，倒退到实行只重视本国利益的政策的时代。以布雷顿森林协定支撑的国际性的稳定体制崩溃了，多数国家走上了极端的本国中心主义道路。同时，随着多数工业国价值体系之间的矛盾增大，陷于社会性的深刻尖锐的矛盾之中。许多企业家对未来失去了信心。

在高速增长时期，能源、原材料价格出现了实质性的下降，但是到了实行人为的供给政策时代，却引起了价格的暴涨。

世界，尤其是工业国突然进入了停滞（或低速增长）、通货不稳（高通货膨胀率、汇率大幅度变化）、投资减少和失业增加的新时期。

弄清这种危机是结构性的并需要采取与以往完全不同的措施这一点，花费了相当长的时间。到 1976 年，在经济合作与发展组织的麦克拉卡恩报告书中才提出："滞胀是需求管理上的错误的积聚造成的，可以期望马上得到恢复。"在 1979 年问世的《未来国际关系》一书中，第一次出现"只靠金融政策是不可能恢复发展"的说法。

但是，在需要做短期调整的时候，依然大多采用传统型的政策，特别是金融紧缩型政策。与减少失业相比，在谋求降低通货膨胀率上付出了相当的努力。80 年代初期的第二次石油危机以后，这个政策得到进一步加强。而所谓的"积极调整政策"（未来国际关系报告书之主要建议），在许多国家却并没有被采用。只有日本例外，日本从 70 年代后期就已经开始着手产业结构的调整了。

## 四、现状

到 80 年代的后半期，对世界性课题进行重新探讨，就出现如下有趣的事实。

(1) 对人口增加的预测做了若干下位修正，人口爆炸问题看来好像稍微平息了。按1970年罗马俱乐部的预测，2000年的世界总人口为70亿人，可是最近联合国预测是61亿人。

已故联合国人口活动基金领导人索拉斯（R. M. Salas）博士在《关于人口考察》中说人口问题现在有如下两种局面：

第一，多数发展中国家劳动人口规模急剧增大。1975~2000年，世界劳动总人口从11亿增加到19亿人。在增加部分中，有7亿人必须在发展中国家就业。

第二，人口老龄化的问题（及相关的安全、健康、福利服务的问题）。

索拉斯博士指出，与人口增加相关的城市化问题是严峻的。据预测，到2000年为止，人口达500万人以上的大城市将发展到29个（其中19个在发展中国家）。

联合国最近的人口预测（《世界人口预测1985》）指出："在高峰时，世界人口每年增加2%强。"高低两种假设状态下的人口增加预测率，2000年分别是1.7%和1.3%，2025年分别是1.3%和0.6%。

(2) 由于经济增长率的缓慢，无论资源需求的增长，还是对环境的压力都减少了。原材料和能源不足的问题消除了，其实际价格再度开始下降。

最能表示需求供给平衡的是实际价格。70年代初期达到顶峰之后，农作物、原材料和能源（80年代以后）价格出现了长期低落的趋势（见图3-1）。

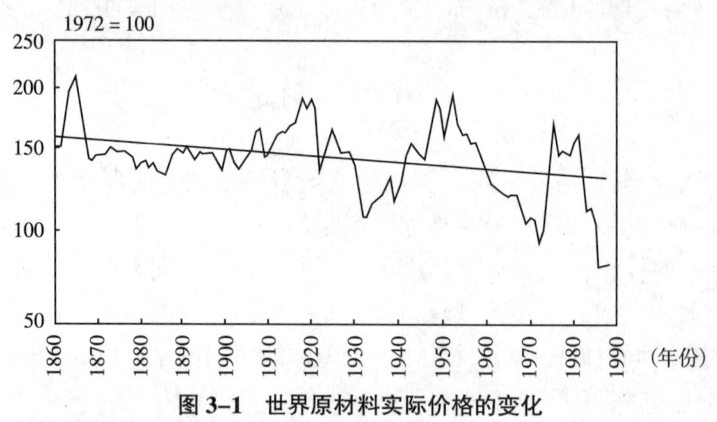


**图3-1 世界原材料实际价格的变化**

此外，除中非各国外，世界人均农作物的收获正在增加（见表3-1）。

**表3-1 人均农作物生产（1967~1981年的变化）**

单位：%

| | 粮食 | 豆类 | 薯类 | 蔬菜 |
|---|---|---|---|---|
| 全世界 | +48 | +77 | +14 | +12 |
| 亚洲发展中国家 | +46 | +43 | +69 | +23 |
| 非洲发展中国家 | –15 | –23 | +12 | +7 |
| 拉丁美洲 | +53 | +203 | –13 | +3 |
| 西欧 | +183 | +313 | +27 | +92 |
| 北美 | +181 | +281 | +122 | +163 |
| 大洋洲 | +269 | +700 | +58 | +55 |
| 共产圈 | +65 | +50 | +3 | — |

联合国农业机构、国际应用系统分析学会、联合国人口活动基金会的报告《发展中国家的潜在人口扶养能力》（Roma 1984）中的结论是，只要稍微改善农耕方式，就能够扶养相当于现在的一倍的人口。处在临界的几个国家，仅依靠本国的生产尚不能解决粮食不足，但是靠使用"中间"技术，其数量可以大大减少。就同一问题，世界银行的《贫困和饥饿——确保发展中国家粮食问题和选择道路》

(Washington 1986) 一书的 13 页说道："从 70 年代粮食的供给和价格来看，当时已有足够供养世界全部人口的粮食。""技术进步减少了世界农业生产、特别是大宗粮食输出国的农业生产成本，提高了质量。"根据大致的预测，世界的粮食生产会以充分的增长速度，保障供给由人口和收入的增加所诱发的有效需求。能使生产增加的因素，是资源的有效利用和技术进步，而不是耕作面积的增加。

H. 莫尔在《原料，能源和西方的安全保障》(MacMillan 国际战略研究所，London 1985) 一书中也对 70 年代中期争论不休的卡特尔行为之成功表示极大怀疑。

(3) 以信息、通信、生物工程学为中心的技术开发，出现了新的规模。根据舒马彼得的考察，这种新的规模促进了多方面的技术革新，给一些使用非再造性资源不多的产业领域带来持续性的增长。

(4) 社会矛盾减少，处于失业威胁之下的人们，都积极地参与发展经济。

(5) 不稳定的世界经济体制，造成发展中国家的债台高筑，使工业国出现了贸易保护主义浪潮。工业国家越来越感到从制度上保障稳定的国际关系是必要的。

作为此动向的丰富例证之一，可以参考德国前首相施密特寄给凯尔巴财团的稿件（日本经济新闻及其他几家报纸于 1983 年 2 月登载）——《悔恨》。施密特指出："现在国际通货制度徒有其名"，"开放的、多边的世界贸易体制逐渐解体，管理经济登场，阻碍经济增长和就业"，"保护主义绞杀世界经济"，"政府不能对原材料价格暴跌视而不见"，"协调没有比今天显得更为必要了"。

## 五、原因之所在和政策

如将 60 年代末期掌握的状况和 70 年代以后的预测相比较，就会晓得世界并没有按新马尔萨斯论者所说的指数程序发展。增长看起来似乎是个无休止的过程，但它本身却从一开始就制造了实质性的制约要素。

就系统分析模型而言，许多学者认为增长具有"物理的"限度，但他们却没有考虑经济学者所熟知的下面的两大调整机制。

(1) 反映供求关系的价格机制。

(2) 技术进步及其对生产产生的影响。

《增长的极限》的批判者说："这两个机制显然没有受到应有的重视。"其实，罗马俱乐部的著书人并非没有注意到这个方法论上的界限。当然，他们明确地谈到了作为可调整要素的价格机制和新技术的问题。但是，他们如果把这两点作为论述主题的话，那么他们的论述的分量就要大大地减低了。罗马俱乐部认为，把应该考虑的调节机制交给市场价格和人类创造性这只"看不见的手"，就是放弃了以合理的政策来建设光明的未来的社会正义。

过去 15 年的经验已经证明：作为解决世界性课题的马尔萨斯局面的手段，这只"看不见的手"要比有意图的政策手段，尤其是比国际协调行动更为有效。

**市场调节机制**

市场原理可以用两个简单的经济方程式表示：一是价格弹性，价格上涨时生产者增加生产，消费者减少需求；二是收入弹性作用，需求随着收入的变化而变化。

工业国经济在进入 70 年代前呈现出繁荣的时候，许多基础原材料和能源制品价格暴涨，价格弹性作用在削减需求上做出了很大贡献。消费者只能购买代用品或者抑制自己的购买愿望。虽然花费了一些时间，但最终价格还是制止了需求的增大，市场的不振导致价格暴跌。现在，由于价格还维持在原有水平上，供给大于需求，很难设想会存在原材料和能源不足这一类问题。

世界性原料需求急剧下降的原因，并不全在于价格先行暴涨。很多情况下是由于世界规模的经济增长缓慢，因而收入弹性效果发挥了作用。

经济增长停滞的原因，如已简单分析过的那样，主要是通货不稳、通货膨胀、社会矛盾、投资减少等。过度紧缩经济政策，很可能也是重要因素之一。许多的经济学家认为这一现象是与舒马彼得的长周期下降局面相适应的，单独或联合发挥作用的机制是其动因（消费市场的饱和、新技术、新制品的开发速度放慢，资本的生产率下降，新技术收益性下降）。当景气下降的原因是结构性的因素时，很难使经济回到正常的增长轨道。并且工业国的经济与工业国以外的经济都在逐年失去活力。显然，价格机制及收入机制都在削弱人类自古以来开发世界非再造性资源的压力。《增长的界限》描绘的危机线突然往前跳跃了数十年，甚至有些有识之士认为这个问题已没有什么现实意义了。

**新技术**

对于增长界限危机论的第二个疑问，来自于新技术。尽管出色的新技术于60年代后半期已经可以使用了，但是很多有识之士却没有注意到这个事实，他们只认为使用战前那种简单技术的时代已经过去了。

最近的技术发展证明这些认识是错误的。新的技术体系规范已由微电子学、电子计算机、电气通信、信息处理技术等合成发展起来。同时，对新材料、生物工程学、新能源资源等的研究和开发，将不断地创造出更多的科技成果。

做长周期预测的学者认为，如果是在新技术体系规范能够允许的制度结构之中进行开发的话，将来世界经济可能再次恢复增长的速度，而且可能是人们所期望的对非再造性资源依赖性较小的“资源节约型的”经济增长。“信息革命”把15年前尚不能预测的新的乐观论之波送进世界经济。

**各项政策**

人口政策：市场机制和技术机制抑制了走向地球的物理极限指数的倾向，但这只不过显示了马尔萨斯方程式的一个侧面，另一个侧面是人口问题。

人口的增减基本上是由文化因素和社会因素决定的，但是经济的因素也起很大的作用。各种人口预测表明，世界人口增长的下降趋势，从短期来看，主要因素是经济形势恶化的工业国出现了出生率下降。但是，人口问题是一个政府政策能够极大地发挥作用的问题。像中国那样存在着人口问题的国家，在通过计划生育控制人口增加方面，这15年来无疑是取得了很大的成果的。

农业政策：新马尔萨斯论者预言，1980年会出现粮食危机和饥饿。然而，即使从直到今天都未能达到饱和状态的非洲大陆的情况来看，也证明这个主张是错误的。世界的粮食生产比人口增加的速度快，粮食问题似已缩小为分配问题了。使农作物增产变为可能的是出人意料的技术进步的结果。当然也是推动生产力提高，改良品种，开展“绿色革命”的世界各国，特别是发展中国家的农业政策的成果。

资源节约政策：世界各国特别是工业国，遇到了1973年石油危机和各种原料涨价的威胁。工业国的对策是首先在短期内采取防卫手段（战略储备），长期的对策则是大力促进研究开发及向替代性能源资源直接投资（例如原子能发电），从而谋求向替代性能源转换。

这些政策虽然由前面所述的市场机制作用加以补充完备，但是这些手段往往具有对将来经济增长起制约作用的“半非可逆性”。即：如果某种经济体制因政府的介入而使能源和原料的使用减少了，那么，即使经济条件（原料等价格）得到恢复，也不可能回升到以前的状态。

资源节约政策在多数工业国的效果是缓慢的，而且没有显示出多大的作为。但是，它制造了一个与资源浪费型的经济相悖的经济结构，这一点是确定无疑的。

环境政策：由污染和生态系统破坏而造成的环境压力也由于经济活动的停滞而在减轻。但是这种限制作用和减少效果比其他的临界问题，更需要有国家一级的，甚至是国际性的干预才能得以保障。

近年来看到一种进步现象，即在许多国家设立了专门处理环境问题的部、厅级机关。还出现了像地中海的“蓝色方案”那样的在国际上引人注目的工程项目。这些政策在美国及日本早已获得了成功。但另一方面，在经济活动正在走下坡路的欧洲，用在环境保护上的政府开支近年来却大大减少。

# 第二节　90 年代的主要课题

在 60 年代，世界的人口、粮食、资源已经与紧迫、危机、物理性极限这样一些本应将来出现的世界性课题紧密相连。

但是，在今天无论就哪一个问题来看都可以认为这些课题的性质已发生了变化。人类正在掌握对付这些问题的能力。人类对自己的掌握控制经济动向和自然的技术能力和解决问题判断能力已有了自信。然而，新的问题也发生了。首先是世界水平的社会性费用问题。所谓粮食和人口的分布不平衡会带来什么后果？如何避免 21 世纪在局部地区可能发生的饥饿？各地区的人口增加会出现什么样的变化？在资源和能源的消耗或向替代物转换的发展过程中，对福利会有什么样的损失？如何创造一个“比自然更自然的”人口环境呢？

一般认为，进入 21 世纪后，世界性课题将由量的制约向新的质的制约转化。

对于所谓世界的极限这个长期性的问题的回答，大部分可以由世界经济增长率急剧下降的现象中引证出来。由于世界经济发展速度放慢，工业国的失业率已达到警戒线水平，即使在发展中国家也出现了使本来就不充分的就业水平进一步降低的现象。世界性课题即使被集中到分配问题上来也还存在问题。在世界经济发展减速的状况下，如何能纠正世界上收入的不平衡？在就连最富裕的国家也处在国内问题尖锐化的时候，有可能以提携的精神更正国际收入不平衡吗？经济增长低下本身必然要产生利己主义的、国家利益至上的动向。

如此分析，90 年代的世界性课题主要有如下几个：

（1）增长问题：在粮食、资源、环境不存在长期性问题的情况下，世界的经济增长是否有希望？

（2）开发问题：对于世界特定地区或特定的社会集团中存在的贫困问题，用世界提携这种启蒙式的指导观念是否可以找到解决办法？

## 一、增长问题

**对经济增长的必要性的再认识**

在人们的印象中，对 60 年代的经济增长的批评似乎集中在增长本身。但是，如对此深入加以分析，就可以明白，这些批评实际上是集中在当时的增长过程中的某些特定方面的，其中可以指出如下几点：

（1）非再造性资源（急速增长的制造业消费的原料、能源）的浪费。

（2）环境的迅速破坏，给生物界带来严重污染的技术的肆无忌惮的开发。

（3）经济增长导致社会矛盾激化，特别是在社会成员间，因价值体系不同而产生的对立增加。

明确地分析了增长过程中的 eMATEC 项目。向“世界的领导人”31 人做了详细的有关世界性课题的调查，并分析了结果。结果表明：工业国中的问题主要集中在城市居住形态（人口集中于城市满足不了个人及公共的需求；土地利用不充分的状态；对个人安全考虑不够；犯罪增加；社会上的差别）、环境保护（水资源的不可恢复的污染，大气污染，土壤的决定性的污染）和天然资源的消耗（矿物、能源资源的浪费）等方面。

90 年代的主要课题是找出消除以前的增长模式中存在的缺点的新的增长模式。如有可能的话，必须在解决这些问题过程中找到走向增长所需要的材料。

对工业国来说，旧的增长模式和新的增长模式之间的差异，大体可以归纳为几点如表 3–2 所示。

**表 3–2　旧增长模式与新增长模式的差别**

| 旧的模式 | 新的模式 |
|---|---|
| 工业制品的相对价格下降 | 服务的相对价格下降 |
| 物质性的生产物（物质资料） | 知识：信息 |
| 天然资源的采掘 | 再利用 |
| 非再生性能源 | 可再生性能源 |
| 污染 | 环境保护 |

新的模式要重新调整时间利用的分配，以便腾出更多时间参加非正式活动，创造一个可以增加参与公共活动的机会的体制，使劳务的供应更加富有弹性。这些都是新技术（微电子学、电子计算机、电子通信）不断发展的“信息社会”的特征。

然而，不要认为工业国所希望的新增长过程，只不过是长周期分析家们所希望的新的增长局面。内含长期增长的自动机制是不存在的，因为这是要把长期增长和各种条件相组合作为基本的必要条件的。例如，作为心理条件，是制造商对未来有信心；作为技术条件，是具有使单纯的发明发展成技术革新的能力；作为制度条件，是具有使国际经济关系发挥机能的手段等。

一般认为目前工业国的增长，主要取决于如下条件：

(a) 在经济政策领域里，重新考虑将以非增长性稳定的基本观念为目标的货币主义作为指导思想的可能性。将凯恩斯主义作为会使金融体系陷入不稳定的学说加以排除。所谓伴随着增长的稳定，在现阶段已给许多先进工业国的政府带来内在的对立，因为它意味着金融紧缩政策和扩张性的财政政策的矛盾，要求人们必须切实加以解决。

(b) 政府要促进经济增长，特别是在教育制度、技术研发、基础研究领域里，要明确重点，采用积极的结构调整政策。许多国家在长期的经济衰退中，延缓了社会基础设施的建设，生产者和消费者能够利用的社会基础设施减少了。

(c) 通过协商，在世界各国一致同意的基础上，建立一个稳固的国际货币制度，争取汇率基本固定。创造一个利率政策和贸易政策相适应的体系。

制度结构阻碍了以微电子学、电子计算机、电子通信技术为先导的技术革命浪潮的发展。能够促其发展的唯一办法是在经济合作与发展组织各国之间就这些问题进行坦率地讨论，并就增长问题达成协议。

当然，许多国家内部都存在着妨碍新的增长过程的问题。现举其中几例如下：

第一，出生率低下造成的人口高龄化问题。从目前的制度来看，高龄化把非就业人口的经济负担加在了就业人口的肩上，这因而需要实行大规模的收入再分配政策（社会保障）。

第二，贫困阶层（少数民族、落后地区）的存在也妨碍了通常的经济增长成果的分配，因此必须加强收入再分配政策，从而限制经济的增长。

第三，一般都存在着公共部门的过多干预，而这将导致形成过度福利国家。这就迫使人们对国家机能及公共的经济活动与民间经济的关系问题进行再探讨。

但是，这些问题所以被发现，主要是因为经济增长力减弱了。如果增长力得以回升的话，这些问题在民主的和市场的机制中会自行消失。我们主张：阻碍经济增长的基本原因在于工业国的宏观经济结构政策及其国际协调性的欠缺。只有大幅度修正政策，才能形成世界水平的新的增长模式。另外，只有在这个新的政策结构之中，才能使所有的工业国的企业家恢复对国际分工的稳定性和国际协调的连续性的信赖，并向作为“技术革命”的积极成果的新产品、新技术的开发进行投资。

**把提高质量作为目标**

到 90 年代，工业国家的一般民众和政策对提高质量的要求和可能性将越发关注。出于对罗马俱乐部的做法的反思和由于受到二次石油危机冲击，经济合作与发展组织的各会员国对这个问题的关心一时变得淡薄了。但是，经济学者、政策制定者的不失偏颇的见解则认为，今后十年内，经济活动及经济增长的质量问题将会更加受到关注。

在提高质量期间，最发达工业国应将致力解决以下中心课题：

首先，在数量提高和质量提高之间，并没有本质的矛盾，数量提高是质量提高的前提条件。换句话说，质量的提高是取得高速发展的高机能的经济社会的本质特征。

其次，高质量作为实现了高技术、高消费经济的国家表明竞争力强弱的要素的性质，今后还将进一步加强。

在保守的瑞士，政府的新政策就是基于提高质量这一考虑而制定的，这一事实便是一个象征。

在思考提高质量问题时，应该首先想到使之具体化的主要内容是什么。

合理利用不足资源是质量提高的唯一而且是最重要的具体化措施，是在整个经济活动中最有效地利用不足资源。避免浪费的能力是提高质量的前提条件。在资源的最合理利用中所说的“资源”，当然也意味着人力资源。长期的结构性失业或雇用不稳定，同提高质量的观念无法并存。像日本和瑞士这样具有完全不同的经济形态的国家，从 70 年代初就显现了突出的经济适应力，而且被普遍认为今后也会顺利发展，这确实是令人吃惊的事情。日本、瑞士都是资源贫乏（包括土地）的国家，在一段时间内曾为劳动力不足大伤脑筋。但是就在这时两国的经济已经转化为专门生产高附加价值产品的生产形式了。

公共财富的合理利用：环境保护的议论多数是集中在空气、水、土地、森林、生活环境的安静问题上。有时也涉及如法律和公共秩序这一类的公共财产（以前多被称为无偿财富）的管理问题。这些公共财富的正确管理，对提高质量来说是必不可少的条件。公共财富的正确管理，当然不能让民间企业承担。但是，即使由政府承担，如果其政策得不到人们的广泛支持，也难以实施适当的管理。为了做到公共财富的正确管理，无论是在成本上，还是在营业收入上，都必须把公共财产纳入经济核算之中。不可作为“无偿财产”处理。即使在资源贫乏的小国家也应多考虑公共财富的管理问题。就连前面提到的日本和瑞士也不例外。

世代间的经济利害调整是质量提高的又一个特征。这意味着要避免公共财富的浪费（也是出于保护环境的需要），合理使用不足资源和经济生产结构的整备（包括适当的教育和劳动力的培养）等。基本的想法是现今的一代不能浪费，为了将来，不要着手开发应该保存的资源。质量提高和数量增加的关系，经常表现在为更新和维护国民资产（即国家财富）而大力投资这一命题上。然而这些投资在经济停滞时期，比在繁荣期就更加难以容忍了。

均衡和质量提高：质量的提高与均衡的概念，与社会的经济性和非经济性的目标的某种调和都是有关系的。片面强调质量或片面强调数量的做法，在今后是越发困难了，所以大国有主动承担实现这种调和的义务。

## 二、开发的问题

增长的问题主要是工业国的问题。经济合作与发展组织的会员国以外的国家在世界经济和世界贸易中所占地位较低，并且由于那些国家对经济合作与发展组织各国有着较强的周期性的依赖性，因而难以独自探索增长的道路。虽说先进工业国的经济增长是促进其他各国开发的必要条件，但却很难说是充分条件。

发展中国家的问题是世界经济能否正常发挥机能的核心问题，这一点没有变化。人口压力、粮食不足、饥饿问题虽然现在只存在于少数地区，可是贫困的程度在那些国家的大部分地区现在还是很严重的。从种种预想来看，估计今后贫困将会更加厉害。

从经济观点观察开发问题，有如下四点：

(1) 尊重各国固有的文化和非物质性的要求，同时满足它们的物质性要求，并帮助它们找出有助于各国国内所得公平分配的发展途径。新兴工业国在工业化发展过程方面提供了成功的方法。根据发展特征可以把这些国家分为两类：第一类主要是亚洲地区各国，其特点是国内市场和国外市场同步增长。这些国家的收入分配比较均衡，甚至某些方面还有所改善。其战略要点在于优厚地保护国内市场，将进口替代政策与活跃地开拓国外市场结合在一起。第二类的特点是以出口主导型的增长为目标。这种发展会造成国内市场增长的停滞、所得分配不平均和社会矛盾激化。

（2）70 年代的经验告诉我们，发展中国家增加对北美、日本及欧洲的出口是有限度的，而且这种途径很难适用于印度、中国这样具有潜在的巨大供给力的多数发展中国家。但是，这种议论并不是批判出口主导型经济增长，而是指出了南南贸易中增加出口的必要性。这也是以国内市场的成长为必要条件的。在 60 年代或 70 年代曾取得成功的亚洲新兴工业国的保护政策必须加以变更，即要接受来自工业国及发展中国家的进口。

（3）以初级产品的价格稳定为前提来保证出口收入的稳定，是许多国家（只有一种初级产品是主要出口产品）特别关心的问题。为了解决这个问题，曾以国际协定的方式做过种种尝试，但是大部分归于失败。将来，这个问题依然会是南北问题中的一个问题。

（4）要通过谈判解决现在的债务累积问题，更重要的是要解决发展过程中有关长期性资金筹措问题。发展中国家要加快经济增长就需要高水平的投资，但是低收入国家的国内储蓄的水平不能满足这样的投资，将来还会一直需要外国资本源源流入。

各国、各地区存在的问题，当然是形形色色的。有的国家资源丰富，有的国家资源贫乏，有的国家人口稠密，有的国家人口稀少，有的国家能够解决粮食问题，有的国家陷于饥饿。就连水和能源在一些国家也显得不足。但是，事实上所有的国家都存在着贫与富、传统经济与新型经济、农村与城市这样一些双重结构。如以传统文化和新技术的统一为模型考虑增长问题的话，这种双重结构就很难适应，将造成开发的重大障碍。在这里还想举初期的日本或几个亚洲的新兴工业国使用过的解决方法为例，即主要采用互为补充的承包方式将生产率高的部门和生产率低的部门结合起来的办法，这是一条走向成功和进步的路，缓和了由双重结构造成的断裂局面。

近年来，工业国往往将开发政策作为援助重点。物质援助确实提高了卫生水准，对于解决某种特定的危机（饥饿）也发挥了作用。但是光靠援助还是不够的。南北之间的国际分工问题和进出口收支的稳定问题的交涉，还不能说已经取得成功。联合国，特别是其专门机构和联合国贸易和发展会议，联合国工业发展组织，联合国开发计划署、关税及贸易总协定等组织虽说能起些作用，但与存在的问题相比，其能力显然是不够的。

一般认为，开发问题是长期的问题，可能要延续到 21 世纪。但是，至少在 90 年代，必须找出一个能够防止先行进入信息化社会的少数先进工业国与广大发展中国家之间的收入差距扩大化的良策来（见表 3–3）。

**表 3–3　各地区 GDP（国内生产总值）增长率及人均 GDP 增长率（1960~1984）**

（1）GDP 增长率

单位：年平均%

| 地区 | 1960~1969 年 | 1970~1974 年 | 1975~1979 年 | 1980~1984 年 |
|---|---|---|---|---|
| 发达地区 | | | | |
| 北美 | 4.8 | 4.1 | 4.7 | 2.2 |
| 西欧 | 4.6 | 4.1 | 3.2 | 1.0 |
| 日本 | 10.2 | 5.4 | 5.1 | 3.7 |
| 其他 | 5.7 | 5.0 | 2.2 | 1.9 |
| 发达地区平均 | 5.2 | 4.3 | 4.0 | 1.9 |

续表

| 地区 | 1960~1969 年 | 1970~1974 年 | 1975~1979 年 | 1980~1984 年 |
|---|---|---|---|---|
| 发展中地区 | | | | |
| 中南美 | 5.2 | 6.6 | 5.0 | –0.4 |
| 撒哈拉以南非洲 | 4.3 | 5.9 | 2.7 | –1.1 |
| 北非 | 5.7 | 5.4 | 9.1 | 1.7 |
| 西亚 | 7.7 | 10.6 | 5.4 | –1.9 |
| 南亚 | 3.7 | 1.5 | 4.0 | 4.6 |
| 东亚 | 6.6 | 8.8 | 8.9 | 5.4 |
| 发展中地区平均 | 5.5 | 6.8 | 5.6 | 0.8 |
| 中国 | 5.1 | 4.7 | 6.7 | 6.9 |
| 欧洲共产圈 | 6.6 | 6.4 | 4.5 | 3.4 |
| 世界平均 | 5.3 | 4.9 | 4.4 | 1.9 |

（2）人均 GDP 增长率

| 地区 | 1960~1969 年 | 1970~1974 年 | 1975~1979 年 | 1980~1984 年 |
|---|---|---|---|---|
| 发展中地区 | | | | |
| 中南美 | 2.4 | 3.9 | 2.5 | –2.7 |
| 撒哈拉以南非洲 | 1.6 | 2.9 | –0.4 | –4.1 |
| 北非 | 3.1 | 2.9 | 6.1 | –1.0 |
| 西亚 | 4.6 | 7.3 | 2.4 | –4.7 |
| 南亚 | 1.3 | –0.9 | 1.7 | 2.4 |
| 东亚 | 4.0 | 6.2 | 6.6 | 3.3 |

资料来源：联合国贸易和发展会议《贸易开发年报》，1986 年版。

## 第三节　欧洲和世界性课题

### 一、欧洲和发展问题

欧洲是产业革命（它创造了参加经济合作与发展组织的各发达工业国的基本模式）和资本主义民主统治制度的发祥地。到 20 世纪后半期，这个地区的领导地位，明显地移到美国，反殖民统治的运动使欧洲国家的列强地位几乎丧失殆尽。鉴于历史的教训，欧洲采取建立统一机构的方式来对付两次发动世界战争的狂热的国家主义。统一欧洲的努力收到了显著的效果，长达 40 年的和平和合作使欧洲人确信：欧洲不会再次成为战祸的策源地了。

与此同时进行的欧洲经济统一，在 50 年代和 60 年代成为扩大世界经济的最大的推动力。取得这一无与伦比的成长的主要原因显然是贸易。从 1965 年至 1973 年较长增长期的最后几年的情况来看，经济合作与发展组织各国的生产的年增长率为 5.1%，而贸易的年增长率为 9.0%。就欧洲的贸易来讲，欧洲内部之间的贸易以及欧洲与第三国的贸易，均构成了其发展过程中的最大因素。

取得上述发展的另一个原因，显然是有赖于当时那种趋向于自由贸易和经济稳定的国际经济体制（布雷顿森林体制）。

1970 年到 1980 年间，当自由贸易的势头减弱和通货价值以及资源价格的变动开始动摇国际体制的时候，欧洲受到的打击是很沉重的，一直凌驾于美国之上的经济增长率，从此急剧下降，成为经济合作与发展组织中增长率最低的国家。在经济发展时期已经被人们遗忘了的失业问题，又重新浮现出来。由于欧洲的工业国家容纳了几百万移民（主要来自发展缓慢的地中海沿岸国家），使得失业问题变得比任何摩擦都更加尖锐，达到了无法忍受的地步。福利国家的各种制度曾给社会带来安定，也医治了战争的创伤。但是在新的价值体系不断地引起社会矛盾的情况下，这种制度给社会带来了僵化。

随着经济危机的发生，欧洲开始衰退了。由发展的进化的地区跌入僵化状态，由世界贸易的领袖地位被挤到以日本和美国为中心的新的国际经济体系的“边缘地带”。

现在，欧洲的结构问题表现在许多方面。

（1）人口结构：人口的高龄化和出生率下降齐头并进。

（2）技术革新：缺乏新项目和主导权。技术革新进程缓慢，竞争力下降。生产结构的变化（由基础产业向新的高精尖制造业、服务业领域的转化）迟钝。

（3）社会的僵化：教育和培训机构不能为新技术提供它所需求的那种专门的和技术性的软性服务，劳动法规往往成为劳动力流通的障碍。

面对这种危机，作为制度，欧洲共同体做了一些改革，采取刺激的手段以求新的发展。欧洲货币制度，共同技术开发（ESPRIF、RACE）等就是在这种时候应运而生的。在多数情况下，这些决策使欧洲接近了人们长期以来所期待的欧洲统一的目标。

在政治制度方面，欧洲共同体在整个 60 年代获得了欧洲的生产者和消费者两方面的强有力的支持。生产者希望欧洲共同体在削减贸易壁垒方面有所作为，以便能够采用适应规模经济发展所需要的技术。消费者则希望能从邻国买到更便宜的东西。

但是到了 70 年代，无论是生产者还是消费者，对欧洲共同体的关心都淡薄了。生产者已经完全得到他们所期望的东西，反而担心最终会在本国已有的官僚机构之上又设置了一层新的官僚机构。就消费者而言，他们已能很容易地买到所需产品，眼下所考虑的只是如何进一步改善与自身有着密切关系的服务状况和提高自己的生活水平。

为应付这个危机，欧洲共同体采取了恢复稳定（欧洲货币制度）和推进欧洲企业之间的协作项目等措施，以求增加生产者的利益。实际上，生产者也确实在有力地推进新的跨国机构和规划（比如：新设了社会基础设施开发机构和各种欧洲社会基础设施开发项目等）。与此同时，消费者方面也增加了对严重的失业问题的关心，他们开始意识到欧洲统一对解决这个带有长期性的问题是必要的。意识上的这个变革的最终成果，也许会与强化全欧洲的制度联系在一起。

这一因素，可能在探讨有关欧洲的结构的答案上，在创造新的成长过程上成为决定性的因素。但就目前而言，经济发展的前景并不明朗。这主要是因为联邦德国、法国、英国等国家的政府采取保守政策的缘故。尽管物价上涨得到了卓有成效的控制，但是这三个国家的政府不愿采取刺激经济的金融、财政政策。严格控制资金供应和缩小财政赤字仍然是其政策中的第一目标。而采取与此完全相反做法的国家只有意大利一国。该国对物价上涨并未采取特别的限制性的金融政策（但认为调整工资和成本是必要的），只靠巨额财政赤字（国民总产值的 12%）就使物价受到了控制。进入 80 年代后，意大利竟创造了欧洲最高的经济增长率，在向传统的制造业引进新技术上也显示了相当的适应性，成为这方面的典型。

到 90 年代，欧洲还想维持控制增长的政策是很难办到的。

在目前情况下，人们对增长理论的必要性已不再怀疑，欧洲具备了增长所必需的所有前提条件和期待增长的强大压力。进入 90 年代，欧洲通过扩大本地区的市场（到 1992 年将完成各国的经济法规的简化和缓和限制规定的工作，在关税壁垒撤除后，也将继续削减影响财产、服务和生产要素在区域内流通的障碍）和迎来所期望的世界贸易的复苏，可能会再次成为增长地区。在人口、粮食、资源、环境等世界性课题方面，人们普遍认为人口稠密以及资源贫乏的欧洲将会成为实现“提高质量”方面的代表者。

在世界贸易方面，欧洲在很大程度上还将依赖于美国、日本的经济发展和它们的贸易政策（是趋于保护主义还是开放市场）以及与欧洲有着传统而密切的通商关系的第三世界的发展。

对欧洲未来的发展来说，发展中国家的未来和世界性课题的开发，都是不可缺少的要素。

## 二、欧洲和开发问题

第二次世界大战结束时，欧洲仍然是一个巨大的殖民帝国，特别是在非洲拥有很大的势力。50 年代和 60 年代的高速增长期，也是摆脱殖民统治运动蓬勃发展的时期和在欧洲境内创立协作机构的时期。

反殖民地运动自然会带来许多紧张因素，但是欧洲共同体这一新的概念，却起到了理想的缓冲剂的作用。在最初签订的罗马条约中，欧洲共同体就被赋予了实行接近旧殖民地国家所必需的制度和财政上的职能。

不久，形势就迫使欧洲共同体必须做出战略上的选择。面对所有的发展中国家，是采取“世界性”的政策？还是采取“区域性”的政策？对此必须做出抉择。结果，一个介于两者之间的妥协方案，便构成了现今的政策，即将发展中国家划成三个区域来加以区别对待。

（1）地中海沿岸的发展中国家（包括以欧洲、阿拉伯对话的形式保持联系的其他阿拉伯国家）。

（2）非洲、加勒比、太平洋地区（称为 ACP 各国）的 65 个国家集团。

（3）包括拉丁美洲、亚洲新兴工业国（NICS）在内的剩余的 147 个发展中国家。

随着西班牙、葡萄牙这些老牌欧洲殖民帝国的加入，欧洲共同体的三个国家区域的划分界限就更加明确了。但是在与这三个国家集团的关系上，其政策当然是变化的（特别是就西班牙、葡萄牙与拉丁美洲的特殊关系而言，即使不同意把拉丁美洲列入第二即 ACP 集团之内，但将来多少总会得到一些不同的待遇的）。

欧洲经济共同体的这个政策的最成功之处，是与 ACP 各国进行定期磋商的政策。这一做法得到被援助国家的高度评价。同地中海沿岸国家的关系，对欧洲的未来至关重要，这是设在布鲁塞尔的欧洲共同体委员会的经济课题之一。

## 三、非洲的各种问题

如上所述，欧洲共同体对发展中国家的政策的核心是非洲。北非处于地中海政策圈内，撒哈拉以南的非洲则在洛美协定圈内。

非洲，特别是撒哈拉以南的非洲地区面临着严重的经济问题。

**撒哈拉以南非洲的人口和粮食**

即使马尔萨斯关于人口增加与粮食生产的关系的理论在世界范围内已经不符合现今的形势，但就撒哈拉以南的非洲状况来看，这个理论也仍然是适用的。这个地区的出生率与其他地区不同，仍不显衰退的趋势。60 年代的人口增长率是 2.5%，70 年代是 2.7%，东非的某些国家的人口增长率超过 4%，出现了爆炸性增长趋势。以前本是人口比较稀少的地方，现在却迅速地变成了人口过密地带。

1900 年人口仅 1 亿多一点的撒哈拉以南的非洲，到 1960 年已达到两亿。到 1975 年人口又翻了一番。到 2000 年预计人口将达到 6 亿。其生活条件是十分严峻的，平均寿命 50 岁，为世界最低水平。据联合国儿童基金会的调查，截止到 1980 年，已有 30%的儿童营养不良。以后这种状况更趋严重，估计幼儿死亡率已增加到 25%。据联合国粮食及农业组织的调查统计，受饥饿威胁的非洲人口达 2.5 亿。其他发展中国家的国民平均收入都在上升，可是撒哈拉以南的非洲，1985 年的平均收入几乎同 1960 年一样。在独立后的一段时间里，其发展曾是很顺利的，但近年来却趋于下降。与其他发展中国家相比，国内生产总值的实质增长率的差距在1960年时为–1%，而到了70年代是–2%，到1984年则达–4%。

发展缓慢的原因，可以从下列三点找到答案。即：农业生产水平下降；低效率的公共事业部门的迅速扩大；过度分裂，国家规模过小。

独立后，事实上所有的非洲发展中国家都把工业化和官僚化作为未来发展的基础，却没有把重心放在农业上。大多数国家都出现了人口密集于城市的现象（撒哈拉以南的非洲城市的人口集中程度为世界第一）。农产品的收购价格依然极为低廉，不能刺激农业生产积极性。当70年代发生的世界性经济危机抑制了工业发展的时候，非洲却背着大城市的包袱。庞大的行政机构缺乏为维持城市创造必需的附加价值的能力，在依然靠陈旧技术进行生产的地方则无力补偿增大了的粮食需求。

为了对付饥饿，从工业国家得到了一些粮食援助（多数都用在了城市近郊），结果却刺激了人们对小麦、大米以及乳制品的新的需求，加重了不满情绪和依赖心理。

专家们一致认为，撒哈拉以南各国生产粮食的可能性是很大的，完全能够生产充分供应当地所需的粮食。但是，现实的状态是，由于收入水平低，无法引进新技术，靠原有技术增产的数量达不到有效利用土地的目的，农业部门因而陷入了恶性循环状态。作为必要的经济政策，首先必须改变经济发展的战略重点，改变价格体系，大力促进国民所得由城市转向地方的再分配。否则，粮食不足问题将会越发严重。

为了打破困境，非洲国家也采取了一些措施。多数国家领导人一致同意旨在于建设自给自足的非洲的蒙罗维亚战略和1980年5月由非洲统一组织制定的拉各斯行动计划。其战略目标是要发起一次农业革命，主张实行有利于农民的价格政策，在农村开展以普及新技术为主的综合开发，扩大耕地面积，实现作物多样化。但是摆脱现今的困境，绝非一蹴而就之事，它将经过一个长期而艰难的过程。

使事态变得更为复杂的是，新政策的各项内容，只停留在理想主义阶段，缺乏现实性。在如何同饥饿做斗争这个生命攸关的问题上，事实上并没有制定任何有关合作的具体政策。

**非洲的资源和环境**

中东地区的资源状况是人所共知的。而北非地中海地区也拥有大量的能源资源，撒哈拉以南的非洲则埋藏着丰富的石油和其他矿藏。这两个地区矿藏资源都颇为丰富。1962年，联合国通过了承认国家对于矿藏拥有永久主权的决议。自此以后，发展中国家纷纷将外资系统的矿业公司收归国有。在这个领域里，对外国资本采取了排斥的态度。其结果，造成了非洲地区探矿资金不足，探明的储量也相应减少。石油输出国组织的卡特尔机构曾向非洲产油国提供巨额投资，提供了增加出口收入的机会，但对整体开发的影响不大。特别是撒哈拉以南地区。以新几内亚为例，虽然它拿到了巨额的石油收入，但与人们期待的相反，并未能创造一个对整个国土产生波及效果的“开发极”。

总之，资源利用的情况和农业一样，尽管存在着可利用的潜在可能性，但矿业的开发并未能在拯救撒哈拉以南地区的危机上做出应有的贡献。

同样，整个非洲的发展落后状态也加速了对环境的破坏。土质劣化、沙漠化、滥伐森林等现象（估计破坏率每年为0.6%）在非洲迅速蔓延，其速度之快无与伦比。城市成了肆无忌惮的污染源，工业的发展引起严重的公害。要是在欧洲，这种生产是绝对不会被允许下去的。

拉各斯行动计划所显示的自立战略，虽然目的是要促进矿物资源以及能源的有效利用和高度保护环境，但是其从根本上要改变开发进程的方法是很难实行的。

## 四、欧洲和第三世界的各种问题

在对第三世界的政策上，欧洲采取了将地中海地区、非洲地区和其他地区区别对待的办法，是有充足理由的。因此，不可能设想今后会有大的变动。但如对世界性课题重新进行探讨，在优先顺序和具体手段上也许会有若干变动。

应列为探讨对象的主要是人口、粮食、农业、矿物资源和环境等问题。

**新出现的人口问题**

当欧洲各国的人口趋于静止或减少的时候，北非国家和撒哈拉以南的非洲国家被快速的人口增长所困扰。这一事实造成了人口流往欧洲的巨大压力，也是欧洲的排外性的种族思想高涨起来的原因。由北非向欧洲各国的非法移民使事情变得更加复杂了。

自动化虽然已有很大发展，但对单纯劳动力的需求依然很大，而且这类工作大多又脏又累，工资也低。各方面预测表明，今后在相当长的一段时间内，对这类单纯劳动力的需求相当大。欧洲采取对移民部分开放的方法来解决国内劳动力市场的不均衡问题。但是，目前尚未从制度上根本解决这个问题。

关于这个问题，J. Lesourne 在他的《移民问题》（1986 年 12 月）一书中概述了移民的发展史，并设想了两种发展趋势。

（1）低峰状态：移民的增加率低。在欧洲共同体新增加的人口中，来自地中海地区、非洲地区的移民停留在 2500 万人左右（到 2025 年，欧洲人口的 1/10 是来自这些地区）。

（2）高峰状态：移民的增加率高。移民数字达 6500 万人（到 2025 年，欧洲人口的 1/5 出生于地中海或其他的非洲国家）。

J. Lesourne 就移民的状况、冲突的原因、多样化的选择道路等问题进行探讨，提醒欧洲应该采取积极的态度来对待这个问题。即，要有一个积极的人口政策，以促使欧洲本身的出生率上升，还要向送出移民的国家提供开发援助，控制移民大量入境。同时还应保持文化的多样性（教育、研修、文化活动、保障未入国籍移民的权利等），以减少和消除摩擦。

**粮食与饥饿**

尽管欧洲并不是满足非洲粮食需求的最大卖主，但撒哈拉以南国家的粮食问题的微妙状况已在迫使欧洲重新认识自己所采取的政策，解决农业开发计划所需资金显然是极为重要的。

**能源与原材料**

因欧洲和非洲之间存在着石油、原材料的供求关系而加深相互依赖关系的做法是危险的。关于这一点，以往的市场价格大幅度变动所引起的后果足以说明问题。对于双方来说，稳定市场价格，完成向非洲国家的勘探、开发、就地加工等项目方面的技术转让，具有重要的战略意义。

稳定价格，换句话说，使初级产品和石油的价格缓慢上升，这一目标不是单靠欧洲和非洲两个地区的努力所能实现的，必须经国际性的合作、协商才能办到。但即使是在世界性的谈判当中，两者之间总归是有着共同的利害关系的。南北问题，往往使两方处于尖锐的对立状态，但是在这种场合对于双方来说也正是通过互相协助为彼此双方带来好处的时候。特别是石油方面，如果欧洲、阿拉伯之间能达成一项包括保证使价格稳定在一定水平的协议的话，那么双方的合作将使这个协议有效地发挥作用。

非洲向欧洲提供必要的能源和原材料，同时欧洲向非洲提供为实现其长期的自立战略目标所必需的技术和资金的援助——签订这一新型的长期协定是必要的。非洲（包括北非的产油国在内）的危机，使这一动向变得更加紧迫和必要了。但是，只要欧洲的经济处于停滞状态，那么欧洲就会被本身的问题捆住手脚，无法施展作为。所以说，世界经济的持续发展是长期发展欧洲与非洲关系的前提条件。

# 第四节　世界的发展前景

## 一、经济停滞的原因

从 50 年代到 60 年代，经济合作与发展组织中的发达工业国出现了未曾有过的高速经济增长。但是，从 70 年代的情况来看，这些国家发生了根本性的变化。经济发展缓慢，与此同时，无论是世界贸易，还是经济合作与发展组织内部各国之间的贸易，甚至连迄今已有相当进展的国际经济一体化的动向都陷入了停滞状态。

由于未来前景不明朗，民间投资也随之减少了，失业率上升到警戒线水平。通货膨胀用传统的手法几乎无法控制，整个世界都被卷进了保护主义浪潮之中。

石油输出国组织 1973 年采取的新行动确实构成了 70 年代经济合作与发展组织各国发生重大变化的一个原因。1974 年，经济合作与发展组织各国采取的调整政策，使得 1975 年的工业生产空前下降，左右了民间投资家的态度。但是把经济发展速度缓慢的原因全归罪于石油价格上涨，则未免将现实过于简单化了。工业国家特别是欧洲国家的危机，与其社会结构有着极深的关系。经济学家们逐渐意识到，石油输出国组织的行动只不过是加速了始于 60 年代末期的这个变化的过程而已。这个变化过程有下列特征：

（1）最终需求结构逐渐向服务业转变。工业产品中有的产品已近于市场饱和状态，但消费者的可支配收入趋向用于个人服务方面。从质、量两个方面要求提供丰富的公共服务的政治压力也加强了。

（2）资本投资效率降低。最终需求结构的变化，增加了单位产出所需资本支出较多的服务业需求。即资本投资效率降低了。

（3）收入再分配的压力增大。在经济发展缓慢的同时，提高总收入中的劳动分配率的压力和各行业间的劳动者对劳动收入进行再分配的要求都增强了。

此外，还要考虑到世界性经济环境的变化所造成的巨大冲击这一因素。其中主要有：

（1）国际货币制度不稳定。浮动汇率制存在着强烈的投机性。汇率浮动的弹性使各国可以充分发挥金融政策的独立性，但却抹杀了在固定汇率制下所发展起来的国际经济合作的成果。

（2）发达国家中失业增加。新的国际分工体制在 70 年代越发重要起来。它促进了发展中国家工业的迅速发展。对于发达工业国家来说，世界的生产力的发展，自然要求产业进行大幅度的重新组合，要求新的更为省力的技术，需要进行高水平的投资。但是，由于投入产出的系数降低，产业的重新组合只能导致大量增加失业。

在经济发展缓慢、失业严重、社会紧张加剧、通货膨胀亢进、货币不稳定的状况下，寄希望于 80 年代的经济发展的人们均认为必须推进发达工业国家的社会和经济的结构变化。

到 1980 年，新的现象（发展中国家的债务积累，石油价格和货币价值的激烈变动）开始显露出来。至于如何摆脱这个危机，专家们各持己见，莫衷一是。

## 二、对世界发展前景的说明

如从短期的观点选择政策的话，将来仍基本上是 80 年代初期所出现的状况的延续。为找到这种状况的替代物，有必要对带有长期性的倾向，即世界的稳定、停滞和民族主义的发展过程进行分析。

相反，如从长期的观点选择政策的话，那么就会走上一条由新技术促成的不同道路。为此，有必要对其替代物，即发展与合作的情况加以分析。

稳定、停滞、民族主义的局面：作为现在的趋势的延续，这个局面下的稳定，主要适用于抑制通货膨胀和抑制发展中国家债务积累的扩大，而对汇率和初级产品价格的稳定不会有什么成效。汇率和初级产品价格将会不断地发生变动，幅度之大将超过现今水平。发展中国家将接受国际货币基金组织的紧缩政策，恢复对外的平衡，工业国家也会继续坚持紧缩色彩浓厚的金融财政政策，以便控制通货膨胀。

对于这种局面，世界银行所做的模拟试验结果如表 3–4 所示。

**表 3–4　人均国内生产总值的增长（1960~1965 年）**

| | 1960~1973 年 | 1973~1979 年 | 1980~1985 年 | 1985~1995 年 |
|---|---|---|---|---|
| 发展中国家 | 3.7 | 2.0 | 0.7 | 2.7 |
| 工业发达国家 | 3.9 | 2.1 | 1.5 | 2.0 |

一般地说，这个模拟结果反映了这样一种看法，即世界经济的增长率到 1985 年已降到谷底，其后可望缓慢回升。

但是，有足够的理由可以认为这个预测结果是过于乐观了。

（1）自 1960 年以来，发展中国家的人均增长率比工业发达国家还低。

只要限制借贷外债，就难以使人相信能够改变这种倾向（见表 3–5）。

**表 3–5　累积债务问题（根据联合国贸易和发展会议预测）**

单位：年率%

| | 1985 年 | 1990 年 | 1995 年 |
|---|---|---|---|
| | | 拉丁美洲 | |
| GDP 增长率 | <----------3.5---------- | ----><---- | ----------4.0----------> |
| 债务/GDP | 40.6 | 37.5 | 31.6 |
| 付息/出口 | 11.2 | 9.5 | 7.0 |
| | | 非洲 | |
| GDP 增长率 | <----------2.7---------- | ----><---- | ----------3.1----------> |
| 债务/GDP | 74.4 | 112.4 | 139.3 |
| 付息/出口 | 14.6 | 23.5 | 30.5 |
| | | 亚洲 | |
| GDP 增长率 | <----------4.3---------- | ----><---- | ----------4.4----------> |
| 债务/GDP | 28.6 | 19.3 | 13.6 |
| 付息/出口 | 5.2 | 3.2 | 1.3 |

注：主要债务国（1987 年 100 亿美元以上的国家）：①拉丁美洲：阿根廷、巴西（1000 亿美元）、墨西哥（1000 亿美元）、哥伦比亚。②非洲：埃及、摩洛哥（上表的数字不包括阿尔及利亚、尼日利亚两大债务国）。③亚洲：印度、印度尼西亚、韩国、马来西亚、巴基斯坦、菲律宾、泰国（上表的数字不包括主要产油国，伊拉克是产油国，也是巨额债务国）。

上表没有的主要债务国有希腊、以色列、葡萄牙、越南、南斯拉夫。

（2）在外汇行情继续变动的形势下，发达工业国家很可能采取保护政策。

（3）如果石油及其他原材料的勘探没有什么新的重大发现，即使世界经济增长的速度缓慢，石油和初级产品的价格也会发生较大的变动。在这个局面下，经济矛盾增大、经济低速增长长期化和以保护主义为主体的民族主义的抬头等都是不可避免的。世界银行做出的低峰状态预测也不能说明世界经济为什么会缓慢地发展这个问题。80 年代前半期出现的那种程度的增长大概就是这种倾向的上限了。

增长和合作的局面：这个局面大大修正了第一种局面所具有的基本倾向。南北间的对立和北部各国之间的对立将被合作关系所代替。

在这个局面下，稳定将具有另一种不同层次的意义，即它不是只指一个国家内部货币稳定，而是一个包括通过协商共同限制汇率变动幅度的国际通货稳定的概念。

这个局面寄希望于人们能通过协商共同建立一些国际机构，推动以直接投资为主的资金流动，以便稳定石油和初级产品的价格，保障初级产品出口国的出口收入，从而使南北之间能建立起新的关系。

北方各国的经济，在新技术和其波及效果的刺激下将会继续向前发展，不断推出新产品和新技术。

在这个局面下，可望取得多高的增长率呢？这一点通过对第一个局面的考察可以推测出来。

作为整体的经济增长率，如果工业国采取紧缩金融政策的话，将有0.5%的负效果，石油和初级产品价格的不稳定将使世界经济的增长率下降大约1.0%。这两个推断，是按互相依赖的ENI（国家氢化合物公司）、阿拉伯石油输出国组织模型继续计算得出的，两者结果极其近似。另外，南北两方的发展还有相互促进的作用，这是人所共知的。这一点也已由世界银行的SIM—LINK用另外的标准做了验证。这样一来便可以推定，在第二种局面下，人均国内国民生产总值的增长率，发展中国家和工业国家合计值为2.5%~3.0%。

现在，第一种局面（倾向性局面）尽管是对自己长期否定的结果，但仍得到美国的支持。其理由是再明白不过了：在这种局面下，美国收益最大。在三大经济圈（美国、日本、欧洲）中，在资本和能源上能够自立的只有美国。它的强大不会受到汇率变动和世界性需求增加的威胁。它在战略部门和军事力量方面的强大，就更不用说了。而日本和欧洲却在很大程度上为世界经济动向所左右。在这种情况下，美国越来越强烈地感到世界经济的发展将取决于欧洲以及日本能够发挥多大作用。

战后的历史表明，国际关系的稳定是经济增长的不可缺少的条件。但是，如果稳定只是一个为了恢复均衡的短期政策的话，那么它就不是一个充分条件。如果稳定物价政策，还是像现已司空见惯的国家利益至上的做法的话，其效果就会受到限制。即它对于防止将来的景气后退也许会有效，但是，即便新技术具有促进长期性增长的可能性，但却无法防止连续性的停滞。

恢复世界经济，需要就长期性的稳定、增长和收入再分配等问题在世界体系内部达成一致。通过国际协商制定出有关稳定汇率和决定石油及其他初级产品价格的政策，将作为初级生产要素的资本、劳动力、技术等较容易地向新的增长中心移动。所有这些都是举行新的建设性的南北对话和经济合作与发展组织主要国家之间每年举行首脑会议时形成统一意志的先决性的必要条件。在这方面能够率先发挥作用的只有日本和欧洲。

世界的发展前景和人口、粮食、资源、环境、停滞、民族主义局面是现在倾向的继续。如上所述，这些倾向，具有延缓地球极限到来的效果，在经济低速增长的情况下，可以缓和对资源和环境的压力；人口增加率的降低，可以解除马尔萨斯式的威胁。但是，解决有关人口、粮食、资源、环境等问题的这一策略，显然是不会被国际社会接受的。

而合作与发展的局面则通过增加生产和增加雇用，提供了替代性的解决途径。在这个局面下，新技术可以开发出较少使用非再生性资源的产品，开辟节约资源新途径、加强保护自然环境，为建设一个“比自然更自然的自然”创造条件。发展中国家将通过发展农业技术和有效地普及节育的人口政策找到自己实现经济发展的道路。

普及新技术的作用，可以回避常常与高速增长为伴的“局限性”，对第二个局面的最终成功来说，可谓是关键性的问题。

# 第五节　日本与世界性课题

近年来，美国的对外经济政策是，要求世界各国使经济发展规模与自己的实力相适应，自己管理对外债务并尽可能做到自立。这就是在上节中所说的使世界沿着稳定的方向发展的动向。美国已将对外援助的重点从开发援助转向军事援助。作为解决美国的贸易赤字的手段之一，它还要求其他工业发达国家振兴内部需求。在某种意义上，美国在要求欧洲和日本与其分担世界领袖的责任，似乎期望从盟国那里获得新的主导权，采取了一种自我中心的态度。

## 一、作为稳定和发展的推动力的日本

对于世界货币体制来说，美元在国际交易中占据的地位是非常重要的。尽管日元和欧洲各种货币的重要性增大了，却没有动摇美元的地位。但是，在浮动汇率制的情况下，美元的兑换率如果主要是为美国的利益（美国货币当局或美国市场的民间营业者）所左右的话，那么世界主要货币就无法发挥人们期待的那种在国际交易中的稳定作用。最近出现的事态（对美元有意识地高估或低估）就清楚地表明，它会给世界经济带来动荡。

在这种情况下，为求得世界性的货币稳定，欧洲和日本对本国货币采取联合汇兑政策，共同与美国交涉并要求其介入美元市场是十分必要的。由于美国错误地认为，对美国来说，汇兑市场变动的消极效果小（在美国的国内、国外），美元汇率的大幅度变动可以有利于解决国内问题，因此，很明显，欧洲和日本必须争取主要在这个领域里达成一项国际性的协议。

对日本来说，成为稳定国际货币体制的推动力就意味着，要在权衡世界各方面利益（如发展中国家的资金需求、美国以及欧洲的竞争力）的基础上确定汇率的基准，各工业国在制定为实现这一目标所采取的经济政策上同时也必须进行观念更新。

过去40年的国际经济关系史已经明确地告诉人们，对国际体制来说，国家利益发生冲突（这在70年代初期是很常见的）比在自由贸易制度体制（50年代以及60年代的布雷顿森林协定）下的谈判更具非生产性。日本应该同欧洲共同体一道，成为推动各工业国之间、工业国与其他各国之间进行制度性合作的积极力量。

关税及贸易总协定和联合国贸易发展会议等机构也许会在扩大谈判对象（如抑制贸易发展的法律障碍问题、出现在服务业中的新的交易的形式）问题上起指导性的作用。形势的发展也可能要求设立新的国际机构来解决一些特殊的交易问题（如技术规格等）。日本作为新的世界贸易大国，应该成为创立这一类机构的推进者，并应成为率先降低保护国内产业水平的范例。

## 二、作为知识社会的推动力的日本

在世界经济领域里，日本之所以实力大增，原因之一是在与知识社会的形成（微电子设备、计算机、电气通信及其应用）有关的领域里，取得了技术领先地位。日本是大量出口这类产品的国家。其价格在相对地降低，需求量不断增大。通过这些产品的出口，日本使世界的消费者尝到了新技术的甜头。

通过出口产品转移先进技术，对于密切国际关系有很大意义。但如把日本作为居领先地位的经济大国来考虑的话，那么，它在这方面是做得很不够的。正像美国在“二战”时、“二战”后所示范的那样，作为世界经济领袖，在广义上的技术创造和普及（包括社会习惯、经营技术、基础科学、应用科学、生产技术）上，必须持积极的态度。作为技术领袖，人们希望日本不仅在合理应用技术上发挥作用，还要在国际分工体制下，为加强其特化程度发挥作用。人们还希望日本在资本和人的资源的转移问题上同在技术转移上一样发挥积极的作用。

为在世界范围内开发知识社会的潜在利益，要求日本对外开放的呼声越来越强烈。在转移知识技术的战略中，可采用多种富有魅力的手段。

（1）越来越重要的一个手段就是教育体系对外开放，接纳外国留学生。由于存在着语言障碍和文化障碍，这项工程自然是很困难的，但并非不可能。增加来日留学生（工业国家和发展中国家双方）的奖学金、搞文化交流项目、向海外派遣大学教授等，都是行之有效的方法。一般地说，其实质就是大学的国际开放。

（2）有必要鼓励用知识社会特有的技术将日本的知识普及到海外。如将日本研制的用于教育研修的硬件配上多语言的软件，那么在通过教育研修普及知识的工作中日本是可以大有作为的。专家系统、计算机援助教育（CAE）的潜在可能性之大令人难以置信，可以说这是日本在世界范围内普及新技术的最简便的方法。

（3）新技术创造过程本身也可以成为日本国际化的焦点。对日本的智囊团开展国际活动给予赞助，在国内组成有外国学者参加的混合研究小组等都是使日本国际化的有效做法。在世界性技术开发项目中，日本将作为主要成员参与其中，很可能会减弱对美国的研究机构的那种传统性的依赖。

（4）日本能否出现决定性的进步和新的技术突破，显然取决于日趋强大的大企业对于技术持有的意识。搞合办事业，积极参与国外的国家项目的开发，利用教育进修条件搞人才投资等都是必要的，但仅做到这些是不够的。只有将技术革新向全世界推广的战略，才能进一步加强日本的经济大国地位。

## 三、作为开发合作的推动力的日本

地理划分：作为经济大国的日本，它所关心的第三个领域，显然与如何协助南北之间进行开发这个经济问题有关。在这方面，常听到这样一种说法：在经济合作与发展组织中，美、欧、日三个区域，应该在发展中国家中分别具有自己的分担区。也就是说，中南美由美国负责，非洲与阿拉伯国家则由欧洲承担，亚洲的发展中国家最好就近靠向日本。从历史和地理的角度来看，这种安排也许是很自然的。但是，从长远观点看，则应避免做严密的划分。美、欧、日都必须超越“自然”圈来制定自己的世界政策。就日本来说，人们期待它对美洲、非洲的发展中国家都能起到重要的作用。在这种场合，应在资源贫乏的领域里避免那种无益的竞争，争取得到美国以及欧洲的协助。

机构利用：国际机构对开发工作进行协调是最理想的。

自国际经济的制度化的进程陷于停滞的70年代起至80年代止，人们对于国际机构的热情已经大大地减退了。欧洲本身就相当于一个国际机构，为完善这个机构花费了大量的精力和时间。正因为如此，日本应该成为已有的国际机构（主要是联合国专门机关）的积极支持者。通过国际机构进行开发援助，直接效果可能不明显，但由于发展中国家的自主开发意识比较强，因而这种办法作为开发合作的“中立性”手段可以收到明显的效果。

在处理发展中国家的问题时，日本在国际机构中应有更大的发言权。对发展中国家的具体发展项目，在全面衡量对方国家的具体情况的基础上，应予积极的支持和援助。通过说服欧洲和美国与日本共同参加建设工程，可以缓和发展中国家的财政危机。为了有效地解决世界问题，这些国际机构有必要采取政治的和经济的手段。但是唯有领导世界经济的国家才具有这种能力。从种种方面考虑，日本应该首先担当起这个责任。

但是开发未必只能由官方（国家或是国际机构）来搞。在这方面，以民间企业和非政府组织为首的各种经济团体已在进行活动。

在民间企业中，日本的大企业已经在自然资源开发等领域里同发展中国家进行着积极有效的合作。日本作为负有指导责任的经济大国，最重要的是应该避免重蹈美国及欧洲的跨国公司的覆辙，坚持日本式的跨国籍公司的行动方针。即更多地满足发展中国家在技术转让、理论技术骨干的教育培训、环境保护、金融自立和资本本地化等方面的要求。

非营利性组织的援助颇受发展中国家，特别是落后发展中国家欢迎。这一事实也表明了日本在这个领域采取的政策措施是很有必要的。

成为问题的课题：

为提高开发的效率，负责制定开发政策者必须懂得开发的优先性。关于这个问题，可以分四个领域来考虑。

（1）粮食和人口。

（2）能源和矿物资源。

（3）环境保护。

（4）社会基础设施的完备。

粮食和人口：在控制人口、使传统的文化同现代的生产技术协调共存方面，日本为现代化社会树立了一个很好的榜样。这一经验对多数发展中国家都有很大的意义。其精神实质可以通过日本的非营利性组织开展的活动加以推广和普及（如组成与美国的和平队相似的青年海外合作队，把青年大学毕业生派到发展中国家的边远地区去。这既可以使他们将所学的最新技术知识传授出去，又可以使他们获得在国外工作的经验）。

能源和矿物资源：这是一个关系到日本生死存亡的大事。希望日本在政策上能对此做出更大贡献。所谓政策，是指制度性的东西。例如，有关稳定石油和矿物资源价格的国际协定等。此外，在探矿、开发、就地加工等一系列直接性的生产活动上，都应该采取政策性的措施。从长远的观点来看，石油和其他一些矿物资源的勘探活动的减少，将会损害世界的稳定。而在生产国与消费国之间常常处于利害相悖关系的今天，只有通过合作才能够克服这一困难。石油是这个合作战略中的重要因素。作为这个合作战略中的一环，欧洲和阿拉伯国家之间的对话，迄今尚未形成一个有效的格局。在这个领域里，日本同欧洲的长期利害几乎是一致的。所以日本如果能采取积极协商的态度，比如在向石油生产国进行直接投资上显示出积极的态度的话，那么将会有助于促进相互合作关系。

环境保护：因为日本人口密度高，所以保护环境是一个极为重要的问题。正因为如此，日本在防止公害的技术开发上取得了显著的成绩。很多发展中国家由于国内人口过度的移动和城市化的发展而出现了严重的城市公害问题。在这种情况下，日本的经验对于它们来讲不啻是一个难得的启发。公害问题，一般地讲，是人类的经营活动对自然环境的压力过大造成的。

社会基础设施的完备：期待日本能发挥积极作用的第四个领域，是很多发展中国家急需但又因财政原因而无法使之完善的社会基础设施的建设项目。以中岛正树为代表的世界社会基础设施工程基金（GIF）所考虑的项目，许多发展中国家眼下急需解决运输、通信问题的项目以及集团性的基本建设（住宅、卫生、教育）等小型项目，都是非常紧迫的问题。在积累债务问题妨碍着发展中国家的基本建设投资的今天，通过与欧美进行政策协调来促进上述建设项目的资金筹措和实施，将会大大改善南北关系。

除了作为世界经济大国应该发挥的上述作用外，日本还应在自己比较突出的领域，建设一些以普及新技术为目的的新的社会基础设施，使自己的开发政策具有特色。在这方面，如果在发展中国家能建起日本型的技术城市网，将日本的大学、研究所、信息数据库、高级咨询服务中心（包括会计监察事务所、市场调查公司、工程技术咨询、调查研究中心、维护保养中心等服务部门）移植进去，使其遍地开花，那么对于即将迎来制造业时代的到来的这些发展中国家来说，无疑是一笔极宝贵的资产。如果能实行这样的政策，那么在日本同发展中国家之间，既会有临时性的人才交流，也会有经常性的人才交流。

来自经济发展阶段不同的国家的人混杂在一起，其效果就不单是“生产要素”的移动了，它无疑会使发达国家的技术转移到后进国家。

发展中国家的科研机构（特别是大学）不能充分发挥作用是导致技术落后的原因。在这方面，日本的富于创造的想象力无疑会大受欢迎。

## 第六节　欧、美、日的作用

以上就 90 年代的世界课题所进行的研究，其论点扼要归纳起来有下面几点：

（1）世界发展的“极限”的概念必须予以修正。世界性问题的多数都是可以解决的。

（2）解决这些问题的前提是经济增长。离开增长这个前提制定的解决办法是难以被社会接受的。世界在探索新的发展模式，同时在技术上也具备了可能性。新的以质量为核心的发展模式，不应该大量使用能源和非再生性资源，而且应该把环境保护问题放在首位。

（3）开发问题离解决还相距甚远。“自立”虽是一个有效的概念，但单凭这一条还不够。世界性体系会使开发变得容易一些。它可以通过阶段性控制人口的增加和农业技术的改良等手段较为容易地实现开发。

（4）世界经济不能光依赖美国的领导，日本和欧洲在确保国际经济体系稳定方面应当担负全球性的责任。

（5）欧洲在冲破国与国的界限实现一体化的动向中增强了实力，因而乐观地看待 90 年代是不无道理的。

（6）日本有必要树立与自己的经济力量相吻合的世界观。在世界性课题上与欧洲、美国等相互合作是符合日本长期利益的。

为使新秩序较为容易地建立起来，对欧、美、日所应承担的责任问题，试做若干提示如下：

（1）通过三者的合作，就被称之为国际性炎症的发展中国家的债务积累问题拿出解决办法。无论债务国或债权国对目前这种状况负有何种责任，这都是一个需要紧急解决的问题。千百万人无辜受苦的这种混乱状态，完全是受资本作用的结果。因此，必须把它当做政治问题来对待。

（2）将国际货币基金组织、世界银行和关税及贸易总协定的统治原理——多边主义的放大版作为制度原则。最近关税及贸易总协定所采取的行动和日本为扶持贫困国家向世界银行和其姊妹机构捐款等，都是正确的。下一个阶段的协调行动将由五个发达国家，或许是七个、十个国家联合做准备。这些都是联合国以外的机构，也可以解释为是新的多边主义放大版的尝试。

（3）改组联合国。但是这必须得到社会主义国家的同意，因而是相当困难的。但从最近的发展趋势来看，出现了一些可喜的兆头。

以上三点是有关国际机构的问题。所谈的是应付第二次世界大战后美国经济力量占绝对统治地位时形成的力量均衡格局的结构性变化的必要性问题。在日、美、欧三者之中，日美、美欧、日欧这三组关系的未来形态日趋微妙，在采取上述行动之前，有必要仔细观察事态的发展，以便做出准确的判断。

（4）美国的优势地位丧失，构成日美经济势力圈的双胞胎的位置换位。这一估计被当成了既成事实——说明了以太平洋为中心的世界的勃兴。在储蓄、投资和技术协作方面最充分地表明了各自国内的补充关系。但是，迄今为止，像日本和北美这样具有文化渊源相隔甚远的经济体系的国家却能和平地融合到一起的例子即便有也是极为少见的。惧怕日美两国共同统治体制的欧洲人，可以说是陷入一种无边的恐惧感之中了。

（5）欧洲也许会搞联邦制。这样一来就会加强对世界问题的发言权。欧洲的货币制度，以及最近对美苏裁军问题的一致表态，都是以说明欧洲已朝着这个方向迈步了。但人们对此评价并不很高。历史的隔阂仍然很严重，所以在以联邦制形式统一的道路上，在一段时间内还会有许多需要克服的障碍。

（6）有必要考虑技术的性质问题。考虑到欧、美、日三者的种种组合关系，特别是跨国公司的复杂网络，在技术上不大可能形成由欧、美、日中的一方进行长期垄断的局面。现在已经成为流行语的"欧洲短期货币市场"，虽说它是有根据的，在理论上也可成立，但却不能说它预言了日美两国间技术上的差距的永久化。

展望到 2000 年为止的未来的世界道路，可以说世界的力量均衡的生成是一个痛苦的连续出现失误的过程。欧、美、日三方中的两方联合的可能性也是有的，但是这种联合不可能稳定地维持下去。因为同第三方的政治上的联合以及技术的飞跃这两个因素总是会作用于这种联合。

结论：

（1）欧、美、日三方中的任何一方都不可能与世界的历史和政治无缘。重要的是必须对在新的世界体系中出现的多边关系的重要性和以积极的态度制定与社会主义国家或第三世界国家之间的双边关系政策的必要性要有充分的认识。欧洲共同体经过一次又一次地延长《洛美协定》，积累了相当多的经验。日本也应该建立一个与自己现在或未来的世界中的地位相称的合作圈。

（2）欧、美、日三方中的任何一方都不存在着使多种多样的技术发展到可控制范围以外的余地。这里的问题是，尽管技术竞争越来越激烈，但这毕竟是在新的社会限制结构下进行技术革新，而不是产业的革新。举例来说，信息方面的新技术，对于国家、地方自治团体以及与其有关的各团体之间存在着的微妙的实力对比关系，不可能不产生影响。欧、美、日三者的主要问题是在这种关系中加强社会的主体性，而不是削弱它。

（3）最后需要指出的是，在三者之间，没有协调就不会有未来。这意味着，必须加强比起日美关系来要显得薄弱得多的日欧之间的关系。

# 第4章　国际组织与日本的新对策

**研究成员**

上智大学教授　　垣花秀武

上智大学教授、综合研究开发机构理事　　绪方贞子

早稻田大学教授　　西川润

国际基督教大学教授　　横田洋三

东北大学教授　　山本草二

一桥大学副教授　　大芝亮

上智大学副教授　　纳家政嗣

上智大学助教　　船尾章子

**秘书处**

（财）国际合作推进协会

## 第一节　80年代的国际组织与日本

### 一、国际组织的现状

**面临转折的国际组织**

目前，国际组织本身及其所处的政治环境，都面临着变动期。首先，国际组织本身最大的变化是已拥有众多而复杂的会员国。本来，国际组织的组织范围，是以具有解决问题能力的自立国家群为前提的，成立之初并没有想到会有能力相差悬殊的150多个国家参加。至今还有些会员国不能在国际组织所在地派常驻代表，通过及时与本国政府保持联系来参加会议。总之，由于会员国的迅速增多，国际组织都变得非常庞大，而且组织复杂化，还导致了效率低和内部协商不彻底等诸多弊端，已经到了必须采取措施来弥补现实与成立当初的前提和组织结构之间的差距的时候了。

其次，国际组织所处的政治环境也发生了变化。特别值得忧虑的是，会员国尤其是发达国家对国际组织产生了不信任感，脱离国际组织和背离全球主义的现象日益加剧。代之而来的是双边外交的恢复和地区主义的抬头。美英两国退出联合国教科文组织的事件，就是这种趋势的证明。尤其是美国脱离国际组织的一系列现象，表明了问题的严重性。除了基本上符合美苏利益的国际原子能机构以外，美国对一般国际组织的态度是非常苛刻的。美国对以一国一票制为基础的国际组织的表决制度日益不满。特别是里根上台以后，对于像联合国开发计划署（UNDP）这样的资金供给组织，严格限制了美国的出资，对

国际组织的事业活动的内容也提出了详细的要求。而且，掌握预算权的美国国会，也削减了通过国际组织进行的援助，还通过立法决定不再向联合国支付一部分分担的经费。

不能把这些事情看成是里根政权下的暂时现象。根源在于民主、共和两党都有强烈的纳税人意识，因而对以联合国为中心的国际组织的财政怀有强烈的不信任感和不满。而且，这种情绪还正在广泛地渗透到美国国民当中。但这绝不是说美国要与所有的国际组织脱离关系。莫如说，美国的基本意图是，在必要时不惜使用强硬手段迫使国际组织的活动符合美国的利益，成为对美国有用的工具。

有人认为，产生这种倾向的背景，基本上在于国际政治结构的变化。这就是说，美国已不能继续维持以政经分离和多边主义为原则的国际秩序，美国核霸权的衰退表现为最大的财政供应国美国脱离国际组织，结果导致了许多国际组织的深刻的财政危机。据说，在 1986 年底，联合国拥有的现金额只相当于翌年一、二月份的职员工资，濒于破产的边缘。这种状况与美国经济不景气造成的美元贬值的影响搅在一起，使困难加倍增大。不过，虽然美国不像原来那样持善意态度，可是如果没有美国的支持，就谈不上国际组织的正常活动。所以，只有加强包括美国在内的各国的协调，为改革国际组织采取果断措施，才能打破困难局面。

**不可替代的作用**

由此可见，国际组织本身和会员国方面的变化，给国际组织带来了各种各样的问题。问题的原因因国际组织的活动领域不同而异，不能一概而论。例如，联合国安全保障机能的危机，大多源于联合国安全理事会的制度方面的问题；经济社会部门的危机，则往往起因于超越组织、财政能力而过分扩大事业活动范围。另一方面，也有诸如世界银行、国际货币基金组织和国际原子能机构等并不存在组织性、财政性问题而能顺利开展活动的国际组织。

人们总是喜欢夸大报道和议论危机状况，但是决不能说国际组织已经失去了存在的意义。国际组织仍然具有不可替代的重要作用，尤其是在国际社会中发生新问题时，国际组织作为广泛地向全世界提出问题并迅速采取措施的机构，具有巨大的作用。在灾害救援、难民援助、环境问题等方面，国际组织便发挥着这样的机能。例如，1970 年，联合国召开的关于人权、人口、环境和妇女等问题的世界会议，对日本社会也产生了很大的影响。最近联合国大会在 1979 年通过的废除男女不平等公约，对日本颁布男女就业机会平等法产生了很大影响。此外，世界卫生组织为消灭天花而采取的世界范围的措施取得了显著成果，也是一个例子。

同时，对于会员国来说，也不能忘记通过国际组织开展外交活动有着如下的优点。一般地讲，国际组织是在处理国际社会问题上制定规范的常设机构。①国际组织外交不同于两国间外交，没有军事最低限度可以论，使国际局势紧张或加剧争端的只是极端的例外。②因为国际组织外交，对特定国家的影响力很小，所以，在政治或军事的意义上，不大容易带有直接的支配—从属关系，而且，也很难把这样的势力关系固定下来。③在国际组织中，由于其表决制度或其他的决策方式，比两国间外交更能缩小国力上的差距，使小国或最穷国也能获得发言的机会。因此，国际组织的决定和活动，也就比较容易反映出弱小国家的利益，特别是对于没有足够力量广泛开展双边外交的小国来说，国际组织是不可替代的外交舞台。总之，国际组织外交具备有利于在大范围内调整利害关系的优点。

为了发挥国际组织的这些优点，在今天，正确认识国际组织的急剧变革和所面临的政治环境的变动，制定国际组织能够适应新形势的对策，是紧迫的任务。因此，日本作为一个会员国，必须发挥强有力的主动性，做出创造性的贡献。

作为研讨日本具体对策的前提，下面概述一下战后各时期日本在国际组织中的位置。

## 二、日本国际组织外交的沿革

**过去的政策**

对于国际组织，日本的外交政策大多是被动的，囿于各个时期的国际组织状况，往往表现出办事随大流的倾向。对于根据宪法放弃战争的日本来说，作为补充军备上空白的理想的安全保障手段，在一个时期内曾寄希望于联合国的集体安全保障体制。在加入联合国的初期，外务省曾对联合国总部投入了大量的人才，提出了日本外交政策三大支柱之一的联合国中心主义。然而，在以第二次世界大战中的同盟国为基础建立的联合国中，日本却被视为旧敌对国，在东西对立的狭缝中间徘徊，长时期被阻于联合国之外，不仅如此，即使到日本成为会员国后，也仍然长期处于不能发挥影响力的状态，因而，对联合国外交的热情也在冷战的形势下冷却下来。于是，日本外交的重点便集中在日美安全保障、冲绳问题、日中条约、日苏关系和一系列战后处理问题上。这些都是两国间外交的课题，而且是以大国或以近邻各国为中心开展的。

当时，日本的国际组织外交，可以说一贯依附于最大的盟国美国，无论是从政策上，还是从投票或提案上看，在50年代和60年代，日本或是和美国唱同一个调子，或是明显地充当美国的代言人。在此期间，日本最为关心的是国际组织的选举，特别是联合国安全保障理事会非常任理事国的选举，好像这就是日本的目的。尽管日本也曾有过在国际组织中提高自己地位的目的，但对于究竟应该如何开展外交来提高日本的地位，则没有深入研讨。

进入70年代以后，战后处理方面的重要问题基本上得到解决，在亚洲的战后处理和经济援助也都告一段落，因此，到70年代后半期，为了在日本确立和平利用原子能的体制，积极参加了国际原子能机构的活动。这是因为日本痛感到了有在国际组织中对多边外交付出真正努力的必要，同时也具有进行这种努力的余力。

在70年代，出于加强资源外交的需要，在中东、非洲等地区也广泛地开展了双边外交，并通过国际组织保持着与非洲、大洋洲和加勒比海诸发展中国家的外交，其中，关于对小国或最穷国的外交，有关外交人员也普遍认为与其进行个别的接触，莫如通过国际组织进行效果更好些。这样，到80年代，国际组织逐渐开始成为日本的外交支柱之一。

**日本在国际组织中的作用增大**

进入80年代，在日本的外交政策中，国际组织的地位发生了变化，与日本所表现出来的积极性成正比，日本在国际组织中的作用也扩大了。引人注目的是，日本对国际组织在财政上的贡献增大了。80年代初，日本对联合国系统内的各种国际组织的分担金或出资额，在所有会员国中，几乎都是处于第2位或第3位，其后便成为定局（见表4–1）。在这一时期，总的来讲，其他发达国家的经济状况不断恶化，于是这些国家对联合国的热情也相对降低了。不过，日本作为高额出资国，始终如一地做出了财政上的贡献，但是，在这中间，也有一些是没有充分研讨提供资金的意义，只是为了应酬而出钱的。

**表4–1　日本在联合国及联合国主要专业组织中的预算情况一览表**

<table>
<tr><td rowspan="3">组织名称</td><td colspan="3">1984~1985年度</td><td colspan="3">1986~1987年度</td><td colspan="6">日本的分担金</td></tr>
<tr><td rowspan="2">总额（千美元）<br>* 补正后数字</td><td colspan="2">比上期增长率</td><td rowspan="2">总额（千美元）<br>* 补正后数字</td><td colspan="2">比上年度增长率</td><td colspan="3">1986年</td><td colspan="3">1987年</td></tr>
<tr><td>名义（%）</td><td>实际（%）</td><td>名义（%）</td><td>实际（%）</td><td>数额（千美元）</td><td>分担率（%）</td><td>位次</td><td>数额（千美元）</td><td>分担率（%）</td><td>位次</td></tr>
<tr><td>UN</td><td>1611551*[1]</td><td>9.4*</td><td>1.5**</td><td>1771801*</td><td>6.2</td><td>—</td><td>75927</td><td>10.84</td><td>2[2]</td><td>78540</td><td>10.84</td><td>2[2]</td></tr>
<tr><td>ILO</td><td>254744</td><td>5.1</td><td>1.9</td><td>279822*</td><td>9.8</td><td>—</td><td>12948</td><td>10.23</td><td>3</td><td>13746</td><td>10.86</td><td>2</td></tr>
</table>

续表

| 组织名称 | 1984~1985 年度 | | | 1986~1987 年度 | | | 日本的分担金 | | | | | |
|---|---|---|---|---|---|---|---|---|---|---|---|---|
| | 总额（千美元）* 补正后数字 | 比上期增长率 | | 总额（千美元）* 补正后数字 | 比上年度增长率 | | 1986 年 | | | 1987 年 | | |
| | | 名义（%） | 实际（%） | | 名义（%） | 实际（%） | 数额（千美元） | 分担率（%） | 位次 | 数额（千美元） | 分担率（%） | 位次 |
| FAO | 421140 | 14.9 | 0.5 | 437000 | 3.8 | 1.1 | 24671 | 12.46 | 2 | 24671 | 12.46 | 2 |
| WHO | 520100 | 10.9 | -0.3 | 543300 | 4.5 | 0 | 24896 | 10.13 | 3 | 26141 | 10.64 | 2 |
| UNESCO | 374410 | -13.1 | 4.5 | 398468 | 6.4 | 0.1 | 19545 | 10.71 | 1③ | 19545 | 10.71 | 1③ |
| ICAO | （1984~1986）85576 | 26.4 | -0.5 | （1987~1989）96622 | 12.9 | — | 2717 | 9.02 | 3 | 2694 | 9.57 | 2 |
| UPU | （1986）24743（千瑞士法郎） | 7.8 | — | （1987）24762（千瑞士法郎） | 0.1 | — | 1092（千瑞士法郎） | 5.1⑥ | 与其他六国并列第 1 位 | 1149（千瑞士法郎） | 5.1⑥ | 与其他六国并列第 1 位 |
| ITU | （1986）101429（千瑞士法郎） | 5.3 | — | （1987）107098（千瑞士法郎） | 5.6 | — | 6966（千瑞士法郎） | 6.9 | 与其他五国并列第 1 位 | 6954（千瑞士法郎） | 6.5 | 与其他五国并列第 1 位 |
| WMO | （1980~1983）74400 | 58.0 | — | （1984~1987）77516 | 4.2 | 0 | 852.1 | 5.4 | 4 | 1490.3 | 6.4 | 4 |
| IMO | 20786* | 13.7* | — | 24583 | 18.3 | — | 1154.3 | 9.7 | 2 | 1187.1 | 9.7 | 2 |
| WIPO | 85827*（千瑞士法郎） | 20.9* | — | 97796（千瑞士法郎） | 13.9 | 3.4 | 1110 | 4.9 | 4 | 1147 | 4.9 | 4 |
| UNIDO④ | | | | 112707 | — | — | 6069 | 10.77 | 2 | 6069 | 10.77 | 2 |
| IAEA | （1986）98680 | 3.7 | 0.1 | （1987）103899 | 5.3 | 1.8 | 1609（千美元）136904（千澳大利亚先令）⑤ | 10.573 | 3 | 2310（千美元）133691（千澳大利亚先令）⑤ | 11.105 | 3 |

注：①预算支出总额。

②仅是苏联主体，(10.2%)，若加上乌克兰（1.25%）和白俄罗斯（0.34%），则共计 11.79%。

③位于第 2 位的苏联，如果加上乌克兰（1.26%）和白俄罗斯（0.34%），则整个苏联为 11.8%，居日本之上。

④1986 年从联合国中独立出来。苏联主体（10.13%）加乌克兰（1.27%）加白俄罗斯（0.34%），则共计 11.74%。

⑤从 1986 年起两种货币通用。

⑥日本的分担单位数÷总分担单位数=50÷979=0.051。

UN：联合国；ILO：国际劳动组织；FAO：世界粮食农业组织；WHO：世界卫生组织；UNESCO：联合国教育科学文化组织；ICAO：国际民间航空组织；UPU：万国邮政联盟；ITU：国际电信联盟；WMO：世界气象组织；IMO：国际海事组织；WIPO：世界知识产权组织；UNIDO：联合国工业发展组织；IAEA：国际原子能组织。——译者注

从 1982 年开始，联合国系统中的日本人职员显著地增加了（见表 4-2）。由于财政因素的制约，国际公务员的总数并没有很大增加，因而日本在提供人才方面的变化是很引人注目的。而且，居于上层职位的日本人职员的数目也明显增多起来（见表 4-3）。虽然日本在国际组织中还没拥有与会费分担比率相称的本国职员，代表过少的状况现在仍然继续存在。但是，国际组织中的日本人职员无论是质还是量的方面，无疑都得到充实。当然，这与分担金、出资额的显著增加有着密切的关系。

这样一来，日本就具备了可以不依附于美国而能够独自开展国际组织外交的环境与条件。日本在国际组织中的作用持续扩大。另一方面，美国却在逐渐脱离国际组织。当然在今天仍不能忽视在许多国际组织中是最大资金供应国的美国的作用。不过，在这种环境下，日本不得不进行独自外交的阶段已经来临了。

在如此紧迫的状况下，从 80 年代初期开始，日本在联合国的一系列决策中发挥了主导作用。不可否认，在 70 年代，日本曾为通过中东和平决议而开展了一些扎扎实实的活动，为设立联合国大学也做出了显著的贡献。但是日本真正地在决策上发挥主导作用和每年都能提出议案，却是从进入 80 年代以

**表 4–2　在联合国总部工作的日本人职员数的变化**

| 年　份 | 日本人职员数① | 希望达到的范围② | 备　考 |
|---|---|---|---|
| 1974 | 74 | 108~151 | 6 月 30 日 |
| 1975 | 65 | 107~150 | 6 月 30 日 |
| 1976 | 70 | 117~150 | 6 月 30 日 |
| 1977 | 69 | 136~184 | 6 月 30 日 |
| 1978 | 74 | 136~183 | 6 月 30 日 |
| 1979 | 73 | 135~182 | 6 月 30 日 |
| 1980 | 80 | 148~201 | 6 月 30 日 |
| 1981 | 80 | 163~220 | 6 月 30 日 |
| 1982 | 101 | 161~217 | 6 月 30 日 |
| 1983 | 106 | 173~234 | 6 月 30 日 |
| 1984 | 113 | 172~233 | 6 月 30 日 |
| 1985 | 121 | 171~232 | 6 月 30 日 |
| 1986 | 101③ | 161~217 | 6 月 30 日 |

注：①此表统计系说明“必须充分考虑在尽可能广的地理范围内录用职员的重要性”（宪章第 10 条第 3 款）的地理分配原则以及在上层职位上工作的日本人职员数。

②“希望达到的范围”是根据联合国总部录用职员的原则，以各国会费分担率、成员资格和人口为基础计算出来的各国的职员数。

③1986 年日本人职员数的减少，主要是由于 1986 年 1 月 1 日联合国工业发展组织（1985 年 12 月 31 日的日本人职员数 15 名）改为专门机构和受到联合国对竞争考试日本人合格者的录用进行冻结的影响。

**表 4–3　在联合国的日本人干部职员数的变化**

每年的 6 月 30 日

| 年　份 | USG | ASG | D–2 | D–1 | 总　计 |
|---|---|---|---|---|---|
| 1975 | 0 | 1 | 1 | 1 | 3 |
| 1976 | 0 | 1 | 1 | 1 | 3 |
| 1977 | 0 | 1 | 1 | 1 | 3 |
| 1978 | 1 | 0 | 1 | 3 | 5 |
| 1979 | 1 | 0 | 1 | 2 | 4 |
| 1980 | 1 | 0 | 1 | 4 | 6 |
| 1981 | 1 | 0 | 0 | 6 | 7 |
| 1982 | 1 | 0 | 2 | 5 | 8 |
| 1983 | 1 | 0 | 3 | 8 | 12 |
| 1984 | 1 | 1 | 3 | 10 | 15 |
| 1985 | 1 | 2 | 3 | 12 | 18 |
| 1986 | 1 | 2 | 3 | 10 | 16 |

注：USG：联合国副秘书长；ASG：联合国助理秘书长；D：联合国的部、司、局长级干部。——译者注

后开始的。首先，在 1982 年召开的第 37 届联合国大会上，提出了强化联合国维护和平职能的提案，起草了关于防止国际纷争的大会宣言草案。宣言草案虽然未被采纳，日本却担当了宣言稿的汇总工作。在 1984 年召开的第 39 届联合国大会上通过的关于非洲经济危机形势的宣言，也是日本首先提出议案的。当时日本代表团受非洲诸国的委托，为起草宣言稿承担了协调各国意见的任务。1985 年，为强化联合国的行政和财政职能，根据日本的提案组织召开了政府专家会议（也称贤人会议），会议报告引起了各个方面的反响。进入 80 年代，日本在国际组织外交中，终于开始发挥了从未有过的积极性。

无论是在国内还是在国际，日本在国际组织中发挥影响力的条件已逐渐完善起来。那么应该利用这些条件做些什么，则成为新的课题。围绕这个课题，必须解决好如下两大问题：①调整国内的态度，改变长期被动姿态下形成的对策迟缓的局面，制定出国际组织外交的构想。②从主体角度研究确认将来相

互依存日益增强的领域，在这些领域里，考虑什么样的国际组织，以什么形式开展活动才能充满活力？日本采取什么样的行动才最有效果？为此，在当前急切的任务是，从以下三点出发，制定日本的外交政策构想（vison）：①要切实把握住面临危机和变动时期的整个国际组织的现状和未来。②对国际组织的一切活动，与其平分秋色地参与，不如根据日本的地位和特点，选出能够切实做出贡献的重点领域和主要课题。③明确日本将要发挥独自的创造性的指导方针。

在国际社会相互依存的发展过程中，与其相适应的多边外交场所日益显得重要了。无疑，在开展多边外交中国际组织占有重要的一角。但是，许多国际组织适应相互依存不断深化的行政能力却在被削弱。因而，从会员国方面来说，也必须积极地采取行动，以谋求增强国际组织的活力。

## 第二节　国际组织活动的发展类型

### 一、国际组织活动的分类
——重点课题的变迁

对各种各样的国际组织进行明确地分类是困难的。一般根据加入国家的范围，可分为普遍性的组织和区域性的组织；按活动的领域和任务，又可以分为政治性组织、经济性组织、社会文化性组织等。这多是按静态进行分类的。在这里，拟依据国际组织现实活动的变迁，从动态角度进行分类。

纵观历史，国际组织最古典的活动是为会员国提供交换意见和讨论的场所（forum），在那里对国际性的政策进行调整，制定先行指标的基准，即建立与维护国际秩序。一些历史较长的国际组织，如国际电信联盟（ITU）、万国邮政联盟（UPU）、国际劳动组织（ILO）等，就是因此而诞生的。第二次世界大战以后，随着新兴的独立国家陆续加入国际组织，国家之间政治的或经济的利害关系错综复杂地交织在一起，国际秩序的建立与维护日益困难。尽管如此，许多国际组织还是找到了打开停滞局面的途径。在事业活动中，国际组织本身成为行动的主体，并得到会员国在资金、提供具体的资材与劳务（goods and services）上的合作。事业活动的最典型的对象是发展中国家，主要目的是推动发展中国家的经济社会的发展。冷战的缓和以及来自发展中国家的要求，促使国际组织的重点课题从60年代末期开始向事业活动方面转移。一般说来，在国际组织的全部活动中，事业活动所占的比重是逐渐增大的。可是，这样做的结果，产生了总部工作量的增加和组织臃肿的弊端。

随着科学技术的发展，原子能等事业活动与政治秩序密切结合在一起的领域，以及南极、宇宙空间、深海底层等新的领域的问题，已摆在人类的面前。在这些领域，国际组织除了为规范各国的行动而建立国际秩序外，有时还要为了确保国际秩序的实施而进行监督，或对新领域的活动进行经营与管理。在这种情况下，国际秩序的形成和事业活动不可分割地结合在一起。这种混合型活动虽然现在还处于发展阶段，但却显示出与以往不同的新活动方式，可望今后会有较大发展。

总而言之，目前，国际组织的活动大体上有三种类型：①建立国际秩序。②以事业活动为主。当然，负责建立秩序的国际组织与负责事业活动的国际组织是不能完全区分开的。今日的国际组织，大半都以某种形式，兼顾两方面的活动，在其内部都设有负责建立秩序的部门和负责开展事业活动的部门。但是，有的组织建立秩序的工作量较大，有些组织事业活动的比重比较大，还有一部分国际组织，两者不可分割地结合在一起。③从事混合型的活动。

根据这些活动类型，国际组织的实际工作成绩和职能部门的存在方式也有相当大的差别，至少，建立秩序部门和事业活动部门有明显的不同。第一，在国际组织的实际工作成绩这一点上，通常是事业活动部门比建立秩序的有关会议或调查部门能更有效地发挥其职能，也易于取得具体的成果。第二，有关职能部门的职责范围，两者也不同。一般说来，事业活动方面的职能部门的作用比建立秩序部门的要大一些。

尽管存在着这么多差别，人们在批评以联合国为中心的国际组织的非效率性和主张强化其行政、财政职能的时候，却往往把国际组织的活动不加区别地混同起来。这样的批评，有时是因为只考虑国际组织在建立秩序方面的作用，却没有考虑到国际组织在事业活动方面所发挥的作用。而且，在预算膨胀方面，看来也是以建立秩序为中心进行议论的。这样无视两者的活动差别，反而根据对一方面活动的评价来批评所有的国际组织，显然是歪曲了事实。

即使是在日本国内，因为长期以来人们的视线一般多集中于围绕建立秩序的会议外交上，所以也就容易引起这种混同倾向。因此，有必要广泛地敦请人们注意两者的差异，特别是职能部门任务上的不同。为了清除国际组织目前存在的病灶，实现健全而有效率的运营，应当在避免混淆而正确地认识国际组织各种活动现状的基础上对症下药，采取适当的对策。

## 二、国际秩序的建立与维护

调整各国的政策和制定国际基准的目的，在于抑制各国任意追求本国的利益，在国际组织中通过会议外交，相互协调利害关系，适应需要，有节制地、和睦地谋求体制的改革。其中包括通过国际组织解决纷争，维护和平，制定保障人权和人道方面的基准，建立世界经济体系，调整就业和教育方面的社会政策和文化政策等。过去，在日本国内，虽然对国际秩序应有的状态比较理解，但对其调整过程中的政治实况的理解，应当说是非常肤浅的。因此，这里有必要提出今后国际社会中的重要课题，也可以说是国际组织参与程度较深的领域，即维护和平、人权、人道问题和经济体制等问题。现对在这些领域里建立国际秩序的现实状况加以归纳。

**恢复与维护和平秩序**

预防纷争及和平解决问题，正是创设联合国的目的之一。但是，作为联合国宪章第七章中心内容的集体安全保障体制，现在已几乎是名存实亡了。这个安全保障体制在解决大国之间纷争中的无力状态也是显而易见的。可以说，在核大国经济拮据的状况下，美苏之间的武装冲突已难成为现实。所以，在大国不直接充当纷争当事者的情况下，联合国倒很有可能在解决周围地区的局部纷争中发挥更大的作用。当然，迄今为止，联合国在直接阻止或解决纷争方面，还没有取得多大的成果。但是，请不要忘记，联合国在防止纷争方面的作用，在本质上就不具有可望取得明显成绩或戏剧性效果的性质。

可是，联合国作为以回避纷争为基本前提的疏通意见的场所，作为延缓决定性冲突的发生，促使当事者改变意志而进行缓冲与调停的场所，它是具备着其他机构所没有的优势的。即使无力解决纷争，在防止因纷争而发生惨祸，或将危害限制在最小限度，这方面的活动，离开联合国也是不可想象的。援助难民活动就是一个典型的事例。除此之外，为消除战争造成的灾难所进行的援助，像联合国难民事务高级专员办事处（UNHCR）、联合国近东巴勒斯坦难民救济与工程处（UNRWA）、联合国儿童基金会（UNICEF）等，为避免悲剧事件的发生而做出的实际成绩，都是举世公认的，其存在是不可替代的。这些组织的活动重点不是建立秩序，而是事业活动。联合国为处理局部地区的纷争，以维护和平活动取代宪章第七章规定的强制行动而拟定和实施了，也具有类似的性质。但是，维护和平活动的宗旨是防止纷争的扩大与稳定混乱局势，恢复和平秩序，而不是提供防务，在这一点上，与为开发援助所进行的事业活动相比，也稍有不同。不管怎么说，联合国在这些实际活动中，千方百计地为弥补宪章中的安全保障体制与国际政治现实之间的差距，为维护和平秩序，做出了不懈的努力，对这些实际工作成绩也应该给予高度评价。

除了和平解决纷争以外，联合国为维持和平而开展的另一项活动是裁军。为此，从 1960 年至 70 年代后半期，位于联合国之外的日内瓦裁军委员会，曾多次为缔结有关裁军问题的多国间协议做出了贡献。1978 年以来，召开了两次联合国裁军大会，在强化裁军规范方面获得了实际成果，其中强化裁军研究体制，充实联合国裁军研究和开展世界裁军宣传等活动都有很大进展。除此之外，在核扩散问题上 IAEA 的作用，在南极、天体、深海底层等非居住领域的非军事化方面，联合国的中心作用也是不容忽视的。

**关于建立人权、人道方面的秩序**

有关人权、人道问题的研究及国际秩序的建立，虽然联合国发挥着核心作用，但在专门的组织机构中，也各自处理所辖领域内的人权事项。因此，关于这个问题，国际组织的活动是比较复杂的。联合国于 1948 年通过了世界人权宣言，在整个人权方面首先奠定了没有约束力的国际基准。60 年代以后，又制定了带有法律性质的两个国际人权条约，即废除人种差别条约和废除男女不平等条约。近几年，以联合国人权委员会为中心，为确保尊重人权，广泛开展了监督会员国的国内措施、指出存在的问题、唤起社会舆论等活动。对于个别的人权问题，在教育方面由联合国教科文组织，在劳动方面由国际劳动组织，分别制定了有关的条约和劝告等国际基准；对保护人权的研究，也倾注了一定的心血。并且，对侵犯人权的南非种族隔离问题这个特殊事件，则作为超出南非国内事务的重要国际事项，在联合国内设立了反种族隔离特别委员会及其辅助机构。

人权、人道方面是日本开展活动最迟的领域，所以至少为追回起步晚造成的差距，也应付出更大的努力。有关建立人权方面的国际基准，预计今后将获得更大的进展，虽然这关系到国家主权并容易导致国际关系紧张，但是联合国监督履行国际基准的范围必将逐渐扩大与深入。因为人权、人道问题与各国的国民关系密切，即使是对于个人，也具有最强有力的且又直接的感人力量。所以，这是一个不可忽视的重要领域。

**建立世界经济体系**

国际组织大多都负有发展世界经济的任务。这些国际组织，有的同关税及贸易总协定（CATT）或联合国贸易与发展会议一样，以讨论和建立国际经济秩序为中心；也有的同国际货币基金组织（IMF）一样，在建立国际秩序的同时，通过运营一定的资金流动来谋求维护秩序。所以，两者的活动内容有较大区别。至于以建立什么样的国际经济秩序为目标，在历史上曾有过两大流派。

首先，在第二次世界大战以后，以自由、平等为基本原则，为了谋求世界经济的发展，建立了以 IMF、CATT 为核心的布雷顿森林体制。该体制虽几经动摇，却根据传统的自由主义理论，基本维持了世界经济的大格局。但是，于 50 年代和 60 年代陆续独立的发展中国家，由于在 IMF、CATT 中得不到充分的发言权，因而寄希望于联合国。结果，自 60 年代以来，在联合国中经济问题占据了重要地位，特别重视通过推动发展中国家的经济社会发展来消除南北经济发展中的差距。因为传统的国际经济秩序不能很好地解决这个问题，所以发展中国家对传统的国际经济秩序提出了异议，要求建立国际经济新秩序，联合国贸易与发展会议和联合国大会成为其主要的活动舞台。与大陆架、排他经济水域和深海底层等有关的第三次联合国海洋法会议，也带有类似的性质。

这样一来，联合国以改造传统的国际经济秩序为目标，在激烈辩论的基础上，于 1974 年提出了有关国际经济新秩序（NIEO）的构想和原则。在 NIEO 宣言发表 13 年以后的今天，对其有不同的评价。一种看法是，由于提出了 NIEO 问题，达到了一定的目的。另一种看法是，由于联合国没有实施 NIEO 的能力，所以，NIEO 不能对世界经济的发展产生足够的影响，在实施过程中陷入了僵局。还有一种观点认为，在 NIEO 问题上的南北对立，已成为导致发达国家脱离国际组织，向双边外交回归和地区主义抬头的间接原因。

附带说明，国际组织在社会经济发展方面的四大任务是：①提供为建立国际经济秩序进行讨论、交涉的场所。②作为世界经济的卫士，提出世界经济的发展方针。其中，提出建立国际经济新秩序就是有代表性的例子。③制定发展战略。在这方面，世界银行和IMF的任务较大。国际组织适合制定全球性的经济发展战略或对整个世界经济的未来进行预测，里昂惕夫报告和联合国粮食农业组织（FAO）的“21世纪的农业”等便是一个好的例子。④开展提供资金援助、技术援助的事业活动。如上所述，仅仅筹划建立国际秩序，并不能对世界经济产生现实的影响，所以，从60年代后半期到70年代，许多国际组织重视了对发展中国家的直接援助。至于建立国际经济新秩序的尝试，在某种意义上可以说是起到了宣告国际组织开展事业活动的前奏曲的作用。此外，在此期间还诞生了各种形式的区域合作组织。

**世界秩序的建立与区域秩序**

根据联合国宪章第八章“区域性协议”的规定，许可建立与国际性和平和安全有关的区域秩序。实际上，基于历史上的、地理上的或文化上的同一性所形成的国际组织，与全球性的国际组织互相配合，互相补充，已程度不同地发展起来了。作为多国的区域合作组织，有欧洲共同体（EC）、与EC缔结《洛美协定》的ACP（亚洲、加勒比海、大洋洲）各国、伊斯兰会议组织、南太平洋论坛（SPF）等；作为政治合作组织，有美洲国家组织（OAS）、非洲统一组织（OAU）和阿拉伯联盟等；作为经济合作组织，有拉丁美洲统一组织（ALADI）、东南亚国家联盟（ASEAN）、南亚地区合作联盟（SAARC）等，这是众所周知的。除此之外，美洲、非洲、亚洲等政府间开发银行，与世界银行集团协调，也在金融上资助区域发展。

联合国在其经济社会理事会下设立了亚洲及太平洋经济与社会委员会（ESCAP）、非洲经济委员会（ECA）、欧洲经济委员会（ECE）、拉丁美洲经济委员会（ECLA）和西亚经济委员会（ECWA）五个区域经济委员会，以便不断同各区域的政府间经济组织取得联系，共同促进各区域的经济社会发展。区域经济委员会在情报交流、完善统计、制定经济社会发展战略和区域合作事业计划等方面大显身手。其中ECLA提出的普雷维什理论，已成为南北问题的理论支柱；ESCAP作为亚洲开发银行等各种区域合作组织的大本营，也是人所共知的。

近几年发展中国家对国际组织开展专业性和具体性的事业活动的要求较为强烈。正因为如此，有必要在区域经济委员会中加强与区域性政府间组织的协商对话，研究制定综合性的区域发展战略。这是因为，发达国家经济国际化和发展中国家经济的发展，均导致了相互依存关系的加深，所以在进行全球性政府间对话的同时，区域性的政府间对话的必要性也增大了。

目前，在开始形成区域秩序的过程中，联合国系统中的各个机构，特别是区域委员会能在多大程度上做出主导性的贡献，实际上取决于联合国系统改革的基本设想，即“协调”和“分权”能否得到贯彻。

## 三、事业活动

国际组织在为社会经济的发展而开展的活动中，事业活动是规模最大且又是最重要的活动。国际组织的事业活动，大的方面可分为无偿援助和通过世界银行等国际金融组织进行的有偿援助。其中，无偿援助又可细分为福利性的人道援助和技术援助。

譬如：从1985年的联合国援助资金来看，在福利性的人道援助方面，UNHCR为4.2亿美元，UNICEF为2.8亿美元，UNRWA为1.2亿美元（1984年的数字）。进行无偿技术援助的核心组织是UNDP，其资金已增加到6.4亿美元。1986年世界银行（国际复兴与开发银行IBRD、国际开发协会IDA）的援助资金，让渡性的有3.2亿美元，非让渡性的有82.6亿美元（以上全部是实际数额）。这些资金，除IBRD外，大多是由会员国自愿出资供给的，这个领域的资金增长量也是联合国系统中最大的。现就其各自的特征归纳、分析如下。

**无偿援助——福利性的人道援助和技术援助**

福利性的人道援助如果没有以提高儿童福利水平为目的的UNICEF，以难民的救济和保护为目的的UNHCR、UNRWA等联合国的组织，是根本不可能取得今天的成绩的。这类事业活动已得到了人们的普遍赞许，UNHCR还被授予了诺贝尔和平奖。而且，WHO对发展中国家的医疗援助，也具有浓厚的福利色彩。这些组织的事业活动，过去一直是以对症疗法式的福利救济为主的，后来逐渐表现出与技术援助并行的倾向。因为人们已认识到，从长期的观点看，通过救济促进经济技术的开发是可取的。

承担技术援助资金供应的是联合国开发计划署（UNDP），各种专业组织也可以从UNDP或会员国获得资金，在各自的专业领域实施自己的事业活动。其中，为促进发展中国家的工业化而创设的联合国工业发展组织（UNIDO），就以技术援助作为其主要任务之一。

在联合国系统的无偿援助中，有如下三大特征：①不仅援助内容多种多样，而且援助的对象或资材的筹措，也是通过多种途径进行的，尤其是技术援助中这种倾向特别明显。②以最穷国为对象的援助比重较大，UNDP特别重视这一点。③小规模的援助较多，基本是采取赠与的形式。

另外，从提供资金方面来看，两国间援助比通过国际组织进行的多边援助更有效率。因为，两国间的援助，经常能够按对方的要求进行，受援国对援助的反应也较好。所以作为外交手段，两国间的援助可以获得迅速而直接的效果，而且从提出援助的要求到实现援助的现实过程来看，也是两国间的援助进行起来比较顺利。由国际组织进行的小规模援助，手续繁琐，实施麻烦，而且全面协调和有关事项的准备也难以考虑周密，存在着一些不利因素。因此，有必要研究清楚多边援助的长处，抑制其短处，选出通过国际组织进行援助比较有效的项目，针对受援方的实际情况，有效地利用国际组织。

**有偿资金援助**

在参与资金援助的国际金融组织中，作为联合国的专业机构，有世界银行（IBRD、IDA）、国际货币基金组织（IMF）、国际农业发展基金（IFAD）等；作为区域性的组织，有亚洲开发银行，非洲开发银行和美洲开发银行等。国际金融组织与其他国际组织的区别，就在于它们是由多国出资而建立起来的带有公司性质的组织。例如，世界银行等组织就采取了股份制度，还有可能分到红利，而且，在决策方面，按出资额的多少实行“加重表决”制度。一般说来，理事会的权限比由全部会员国参加的大会组织的权限要大。但是，既然是由国家出资的金融组织，其目的就不是追求利润，而在于实现公共利益。而且这些国际金融组织在原则上是以援助对象项目的经济性、合理性和效率性为标准进行援助，是以政经分离为原则的。

在国际金融组织的活动中，世界银行的活动最为重要。但是进入80年代以来，世界银行的贷款政策发生了较大的变化。①对于仅靠各个项目贷款不能完全满足的部分，开始强调利用中、长期计划贷款即结构调整贷款。结构调整贷款是为了优化发展中国家的经济结构而设立的，与解决债务累积问题有关，所以对其效果寄予厚望。②在会员国增加出资额日益困难的情况下，为解决资金不足的问题，重视了与会员国的援助机构和民间银行的合作，进行协调贷款。③为使援助项目获得成功，提高受援国的行政能力和管理能力是极为重要的，因而开始积极地实施制度开发。

上述贷款政策发生变化的结果，表现出了世界银行深入参与借款国的国内政策的倾向，使贯彻政经分离的原则日渐困难起来了。因此，在这方面也曾遭到借款国的拒绝。而且，对于世界银行照顾到发展中国家、特别是最穷国的实际情况的贷款政策，美国也怀有不满，尤其是其议会中的保守派，日益强烈地批判世界银行背离了美国的利益。

尽管如此，国际金融组织的许多长处依然存在，这是不言而喻的。①这些组织对于营利性的金融机构不愿贷出的款项，也以公共性的观点给予贷款，算是一线希望。特别是世界银行，它与联合国相比，不仅资金雄厚，影响力也不相上下。②正像协调贷款及准备创设的多国间投资保证组织（MIGA）所显示的作用那样，与国际金融组织共同采取行动，给了投资国方面以保证和安全感，大大地促进了发达国家的资本流向发展中国家。③国际金融组织作为资金运用者占有重要的地位，资金可以用政府订货的形式向出资国还流。会员国在提供资金的同时，也得到了利益，这是各国在处理与国际金融组织的关系时不可忽视的重要的一点。与此相反，国际金融组织的活动如果停滞不前，也将对担保其负债的巨额出资国产生影响，所以，出资国必须经常洞察同国际金融组织的关系，研讨其全部经营活动。而且因为按现行规定，出资国在国际金融组织中可以获得与出资额大体相称的发言权，所以，如果是前几位的出资国，对国际金融组织的健全运营所负的责任也相应增大。

在国际货币基金组织和世界银行成立之际，因苏联和东欧各国表示不参加，所以，不能说是名副其实的普遍性的国际金融组织。但是近几年，苏联、东欧各国对国际经济组织的态度也在不断地发生变化。例如，罗马尼亚在 70 年代加入了世界银行；匈牙利在 1982 年先后加入了 IMF 和世界银行；波兰也在最近加入了 IMF 和世界银行；苏联也于 1986 年申请参加乌拉圭回合的同时，还报道了正在研讨参加 IMF 和世界银行的消息。与其说这些国家积极地参加国际经济组织，莫如说其基本意图是为了从中捞取好处。今后，随着苏联国内体制的改革，要求参加国际经济组织的欲望会进一步增强。

## 四、新领域的管理

由于高度尖端技术的应用，新的领域或资源的利用已成为可能。但对此应该遵循什么样的原则，无论是国内或国际，在许多方面仍尚不清楚。在这种形势下，国际组织与其等待像国际惯例法那样自然而然地形成规范，不如相对圆满地建立系统的国际秩序更合适。况且，在这些方面，国际组织为确保遵循自己建立国际秩序，既需要进行检证、查验，又要参与新领域或资源利用方面的经营与管理等多种事务。在这些领域中的活动，一般具有国际公共性，且需要大量的资本和高度的技术，发生事故的危险性也比较大，因此，由单个国家或民间合作开发是难以办到的。在这类国际组织的活动中，像在和平利用原子能等方面已经有了取得相当成绩的实例，在利用尖端资源方面也正在进行框架的设计。

**和平利用原子能**

防止原子能设施、核物质以及和平利用原子能的有关技术向军事方面转移，这是国际原子能组织（IAEA）的重要任务之一。为此，对于会员国中的非核武器国家，IAEA 根据与其缔结的协定，对原子能设施实施检查等保障措施；对于拥有核武器的国家，当该国提出申请时，也对和平利用原子能的设施进行核查。在 IAEA 的业务中，应发展中国家的要求而进行技术援助的比重与年俱增；在亚洲、太平洋地区，根据区域合作协定（RCA），也正在实施各种建设项目。所以随着原子能开发的进展和原子能设施的普及，保障措施的重要性将日益增大。

在 IAEA 中，虽然已经制定了确保原子能安全利用和防止放射性污染的国际标准，但以切尔诺贝利核电站发生事故为契机，为防备这类事故的再度发生，又准备建立国际合作体制的条约。在有关事故的早期通报或相互援助的条约中，为处理原子能设施发生的事故，不得不赋予 IAEA 这个国际组织以重要的使命。在这种国家自己不能单独处理的非常事态和紧急事态的情况下，人们寄很大希望于具备高度专业技术和广泛的情报收集能力的 IAEA。可以预计，IAEA 作为一个国际组织，其作用将不断增大。

**尖端资源利用**

一般认为，今日的国际关系带有资源指向性，国际性的资源利用，又具有超国家性，往往不是国家而是国际组织和非政府组织对此寄予广泛的关注。不过，当考虑国际组织的理想状态时，作为一种具体的制度如何实现是个重要问题。

有关资源开发与利用方面的国际组织的机能和性质，与通常的国际组织有相当大的差异。由于尖端技术的应用而产生可能性的这种倾向，在海洋资源、宇宙资源、通信信息资源等新领域的资源利用方面非常显著。资源利用方面的国际组织主要有三种类型：①由国际组织来制定国际标准，在其实施或监督方面，会员国在各自管辖权所能达到的范围内独立负责。②在国家的管辖权达不到的区域里，由国际组织设定标准，协调会员国之间的活动。在那里，几个国家共同利用资源共同承担确保利用的责任。③国际组织直接参与资源开发。这时，作为必不可少的三个最起码的条件是，充足的创业资本；保证与投资相称的发言权；具备足以完全排除已有的国内业务的有说服力的国际公共性。

基于以上的几种类型，拟归纳一下各种资源开发的现状。

首先，关于海洋资源，联合国海洋法公约拟定了三种不同的国际秩序：一是沿岸国的排他性管辖权所涉及的范围，无论是领海，还是大陆架或排他性的经济水域，都大为扩大了，但在那里的资源开发的国际标准却更加严格了。其开发类型，属于上述①。二是在公海的上层水域，维持传统的国际秩序，其利用，特别是水产资源的开发，依据上述②的类型进行。三是深海底层水域及其资源，被认为是人类的共同遗产，由新创设的国际海底组织管理，并且，按规定由该组织的某一企业直接进行开发。开发的类型虽然近似于上述③，但因为采用了给民间企业的活动留有余地的开发方式，所以对其将来的发展还要拭目以待。

其次是宇宙资源。关于利用宇宙空间，联合国制定了一系列的国际秩序，其秩序整体相当于上述②的类型。唯有天体资源的开发，基于人类共同遗产的原则，正在准备拟定将来的管理方式，类似于上述类型③。在现阶段应该注意的是通信信息资源。在这个领域，通信用的频率，在传统上是由国际电信联盟（ITU）管理，各会员国协调利用。过去，ITU 的任务，只不过是频率的登记和事后的协调而已。近几年，通信和广播卫星使用的赤道上空的静止轨道已被认为是有限的天然资源，因而采用了根据事前的分配计划，采取在会员国家之间进行分配的方式，所以，通过 ITU 进行的管理虽然比以前更主动了，但其利用类型却仍停留在上述类型②的水平上。国际通信卫星组织（INTERSAT）、国际海事卫星组织（INMARSAT）和国际卫星通信网（苏联和东欧国家的卫星通信网——译者）一类的组织，通过共同出资发射人造卫星，用卫星提供商业性的通信服务。这种活动虽然属于上述③的类型，但在强调资本结合方面和重视利润方面，是和国际海底组织不同的。从某种意义上可以说，只是个“合作社”的国际版。另外，关于信息的国际流通（TDF），经济合作与发展组织（OECD）正准备将其作为国际服务贸易的一个环节加以管理。1982 年，联合国大会通过决议，限制使用广播卫星向国外播出节目等，这些则多属于上述①的类型。

资源的开发与利用问题，牵涉的部门较多，直接涉及国内行政部门的权限，来自国内实业界的关注与抵触也非常强烈。这一点正是资源开发方面的国际组织与其他的国际组织存在差别的重要原因之一。

## 第三节　问题与展望

### ——对日本新的国际组织外交的具体政策建议

以上研究表明，国际组织在建立秩序、事业活动和新领域管理的各种类型中的活动互相存在着差异。对此既不能片面地理解，也不能用固定的观点对所有的国际组织一概而论。因此，日本在决定今后对国际组织的政策时，要明确把握各个国际组织活动的特点和存在的问题。作为一个会员国，在提高处理国际组织问题能力的同时，必须选择与本身素质相称的贡献方法和活动领域。

### 一、不同活动类型的配合

**关于建立国际秩序**

国际组织中的会议外交繁杂、僵化，因此建立国际秩序的工作并未取得有效的进展。其原因之一，就在于联合国等国际组织的大会实行的一国一票制的原则，是以创设时的会员国数（约 50 个国家）为前提规定的，因为当时并没有预料到今天会员国会超过 150 个，所以，决策过程复杂化，而不适合于现实情况。

另一个原因，还在于国际组织的职能部门为建立秩序而进行会议准备和调查的机能低下，特别是联合国在经济和社会方面的调查机能存在着严重的问题，这就是分工非常细，而且重复的又很多，调查的结果装在联合国的抽屉里，至于能否真正地对联合国外部产生影响，往往是值得怀疑的。发生如此浪费现象的部分原因，恐怕是外界不能进行有效的监督造成的。因此，经常地系统地对调查的内容和方法进行研究、评价和整理，提高职能部门处理问题的能力，并且维持在高水平上，乃是当务之急。

再者，从中、长期的观点看，为提高职能部门的行政能力，有必要重新研究探讨国际公务员制度。国际公务员分为终身职员和任期制职员。终身职员在国际金融组织等事业活动比重较大的国际组织中居多数，因为精通业务，适于做决定事业活动实质方向的工作。但如果保证他们享有终身职业的身份，虽然有利于确保优秀的人才，也有招致业务的陈腐化和士气低落的危险。因为国际组织的职能部门，实际上是一个官僚制机构，所以也就必然存在着形式主义、组织臃肿化等官僚制的弊端。而且在由各种不同国籍的职员组成的集体中，由于缺乏共同的文化基础，远离各自的祖国，应尽忠诚的对象也模糊不清，所以，这样的集体便容易成为过度的形式主义或保身主义的温床。另一方面，任期制职员多的组织，是WHO 和 IAEA 等进行高度专业化业务的国际组织。尤其是这些组织中的研究部门，由于研究人员不能总停留在一个岗位，任期满了就要替换，这样才能维持高水平的研究。特别是在调查、研究部门没有设置终身职的必要，况且，新的人才也有利于增强组织的活力。因此，为了维持能够实现组织目的的行政能力、为了把官僚制度的危害控制在最小的限度，应考虑决定任期制职员与终身职员的适当比例，选择能与各个组织的活动和任务相适应的制度。

因为建立秩序的直接当事者，不是职能部门，而是会员国，所以基本上应由会员国负责。因此，会员国第一应该考虑的是国际组织建立秩序的活动对象过于广泛。于是，随之出现了协定、行动规范、典型规则、劝告、宣言等具有不同约束力的各种国际标准。在这些国际标准中，即使每一个都有其存在的意义，也不可能全部深入参与。所以，对于日本来说，今后有必要按照国际社会的需要，发挥日本的特点，选择日本能够做出特殊贡献的领域，决定开展活动的优先顺序。

在这里，应该首先指出的是在和平和裁军方面建立秩序的重要性。日本在和平宪法之下，以设定防卫费上限、禁止向海外派兵和无核三原则等抑制性的政策为基本国策，比较成功地树立了和平国家的形象。以这个形象为基础，将来日本如果能够为了世界和平而对具体问题积极发言，同时将其与人道援助、调停区域性的纷争和维护和平等实际活动结合起来，就能够从仅仅高唱和平的国家转向实践和平的国家。

在这方面，通过修改联合国宪章等办法使日本成为安全保障理事会常任理事国已成为经常性的话题。日本作为 1987~1988 年度的非常任理事国，已进入了第六次任期，在当选者中是任期最多的国家。这一事实可以说是日本已被当做准常任理事国的反映。不过，重要的不是获得安全保障理事会的理事国地位这件事本身，而是如果成为理事国后将提出什么样的开展工作的政策设想。此外，在裁军和军备管理方面，从现在开始就应该在联合国和国内加强裁军问题的研究，与大学和研究机构合作，完善国际协作网；研究建立监督裁军和核查的国际体制。把研讨裁军和军备管理提到联合国安全保障理事会的议事日程，或准备召开由五个有核国家参加的会议，这在目前也许会被认为是不现实的想法，但作为长期的课题，无论如何也是必须促进的。这样做，至少比任凭美苏之间进行讨价还价更有可能使美苏间的军备竞赛刹车，可能由此使联合国产生活力。中国加入 IAEA 后出现的秘书长有意召开五大国非正式聚会的动向，是可以做参考的。

日本为了对国际和平做出贡献，不能回避参加联合国的维护和平活动的问题。在日本国内，至今对维护和平活动的特点和实际情况还不很理解，将维护和平活动混同于使用军事力量，结果把日本参加维护和平活动同向海外派遣自卫队联系起来，因而往往会遭到反对。然而，实际上维护和平活动并不是以交战为目的的军事活动，其参加形式也不限于派遣军队。目前的现状是，由于北欧各国、加拿大、尼泊尔和斐济等国的合作，优秀的兵员已经能够得到可靠的保证，日本没有再派遣兵员的必要。

参加维护和平活动的方法，有派遣医生、护士等医务人员，有包括运输和物资补给在内的兵站工作、通信服务和提供资金与器材等多种形式，最好是由各国根据本国情况决定以适当的方式参加。即使从历史上看，维护和平活动所以能够确立为一种制度，也是因为在联合国的推动下，各国能够按自己的情况，自由地实施独自对策的缘故。

因此，希望日本根据国内法律的特点，充分利用自己善于发挥作用的领域，创造性地做出自己的贡献。联合国曾要求日本在运输和通信方面予以合作，但因日本行动迟缓等原因而没有实现。因此，日本要想在维护和平活动中与联合国搞好合作，就必须事先做好随时能够满足紧急需要的准备，如确保资材供应所需的财源、登记可以派遣的各种团体和专家，以及组建合作班等。同时，应该将维护和平活动的合作作为与联合国合作的一环，明确它的地位；为加深社会舆论和理解，也有必要迅速采取组织上的措施。

除和平与裁军问题之外，在建立经济社会开发方面的国际秩序上，日本也应该发挥积极的作用。①在开发援助方面，应当提出符合发展中国家实际情况的开发战略。②在科学技术方面，国际组织制定的技术转让标准已引起了发展中国家的关注。在双边援助中，日本在技术转让方面的消极态度曾受到批评。通过推进技术转让，定能为确保和提高发展中国家人民的生活水平做出贡献。③在社会发展方面，应该制定有关适当分配收入的国际基准，对人口等社会问题进行研讨。关于人口问题，因为日本具有介于欧美和发展中国家之间的特点，所以，能够提出针对双方特点的人口规划。鉴于这个问题涉及粮食、资源利用和就业等许多方面，最好能在国际组织中制定出全球性的对策。过去在人口问题上曾以家庭计划为重点，今后不仅在量的方面，在高龄者问题与人口结构有关的质的方面也应采取措施。

此外，日本还可以考虑对区域秩序的发展做出贡献。今天，国际组织不仅有全球性的，区域性组织也有了很大发展。日本尤其应以亚洲太平洋为中心，支持进行各种形式的区域合作尝试，促进 ESCAP 等联合国组织的分权化，同时也能够促进在全球性和区域性两个层次上建立新秩序。

**关于事业活动**

国际组织的事业活动，一般要经历下述过程：首先，通过发展中国家和职能部门的协商，确认援助的必要性并拟定计划。其次，该计划经过由政府代表组成的管理理事会承认后付诸实施。在事业完成后，对其成果做出评价。在事业活动中，会员国的任务是，通过管理理事会决定援助计划综合框架的事业活动方针，依据客观的评价来检查、监督职能部门的实际活动。职能部门在事业活动方针的指导下，推进事业活动。管理理事会根据其成员的投票结果，决定进行何种事业活动，基本上不进行详细的技术监督。总的来讲，职能部门是事业活动的实际业务承担者，在事业经营上赋有较大的权限，积累了相当的经验，取得了相当的成绩。

关于国际组织在事业活动中存在的问题，可以分为属于援助准备阶段的问题和援助结果评价阶段的问题两部分。

第一，在援助准备阶段，发掘和准备项目时如何认识援助的必要性已引起了人们的关注。这是因为，发展中国家并没有足够的能力确定什么项目对于本国的发展是必要的，因此，即使是按照发展中国家的要求进行援助，也未必能满足受援国的需要。为了提高援助的质量，确定受援方面的切实需要并选择最有效的援助方式是必不可少的。因此，国际组织往往一边和发展中国家协商，一边进行援助项目的发掘与准备。最近，开始强调以接受援助的发展中国家的人才培养和制度开发为目的进行技术援助的重要性。世界银行等组织也认为，使发展中国家具备确认自己有何需要的能力是重要的。加拿大为培育发展中国家的研究与开发能力而提高这些方面的基础能力，正在加强研究援助。因此，把这样的意见和想法广泛应用于国际援助中不仅是可能的，而且是必要的。日本在双边援助中也曾积累了丰富的经验和人才，希望将其灵活地运用于多边援助项目的发掘和准备阶段。

第二，援助评价也是一个大问题。在国际组织的援助活动中，为了减少浪费，必须经常地检查资金是否得到了正确而有效的使用，建立适当的评价制度无疑是必要的。最近，特别是在发达国家中，日益增强了对这个问题的关注。在国际组织方面，也出现了增设负责评价工作的部门等积极动向。援助评价制度中包括有关财务管理方面的会计监查和有关援助内容的评价，也可以区分为从国际组织本身的立场出发进行的援助评价和会员国从出资者的立场出发所进行的援助评价。

首先，在财务管理方面，各国际组织均设立了监查制度。监查分为内部监查和外部监查两种。通过参与监查，可以得到有关该组织活动的详细信息，也有能够掌握其内部活动的优点。外部监查人员一般由会员国派遣，具有比内部监查人员更大的影响力。虽然，几乎还找不到日本参加外部监查的事例，但是，将来有必要大量参加。除了国际组织的监查制度以外，也有像美国的GAO（美国总审计署）那样的会员国从各自的立场出发进行以监查为中心的审核的事例。

其次，再看一看援助活动内容的评价制度。仅仅通过会计监查并不能核实援助的有效性，因此许多国际组织设立了由事业活动的承担者进行的自我评价制度。在世界银行等组织中还同时设立了外部经营顾问评价制度。作为评价的对象，有各个项目的成果和计划实现程度的评价、中期计划的检查和评价、长期援助的效果评价三个方面。国际组织的自我评价制度多以项目评价为中心。对计划的评价，有的像IAEA那样由专门设立的科学咨询委员会定期进行；有的像世界银行那样视需要不定期进行。所以，因国际组织的不同，评价制度的内容也各异。不过，对效果的评价，至今似乎还没有国际组织系统地进行。

如上所述，除了国际组织本身进行评价外，从对国际组织的活动进行综合监督的观点来看，会员国也可以以出资者的身份进行评价。在日本，虽然曾实施了有关双边援助效果的评价，但对通过国际组织进行援助的效果，还没有进行过系统的评价。不仅是日本，其他发达国家也大多存在类似的状况。对于今后日本政府是否应以会员国的资格，评价国际组织的援助活动，仍是赞否两论，但两论共同认为，没有必要像美国的GAO那样进行会计监查。下面，首先论述日本独自评价国际组织援助的好处。①虽然在日本外务省内部至今还没有储存有关国际组织援助实际情况的足够情报，但如果独自实施援助活动的评价，就能够掌握当地的情况。这样，在日本代表团参加管理理事会时，就能够提出有实质内容的提案。②可以将这种评价的结果应用于对国际组织外交的决策过程中去。如果不受官厅管辖的约束，进行综合性评价和制定政策，即使官厅负责人每两三年发生一次变动，也能够维持政策的一贯性和整体性。而且会员国还可以综合地观察多数国际组织的援助。例如：能够发现WHO和联合国人口活动基金（UNEPA），或者是粮农组织（FAO）、世界粮食计划（WFP）、国际农业发展基金（IFAD）等任务相似的国际组织在活动上的重复现象，况且，能够协调这些活动的只有会员国。因为对多个国际组织活动的协调，巨额出资国共同行动才最有效。所以，日本也应建议与其他主要国家交换各自的评价数据并进行联台调查，率先纠正重复现象。③如果持续实施评价，就可以发现：随着时光的流逝和国际环境的变化，某些国际组织已达到预期目的，或对环境已不能充分适应。这时，就可以去发掘国际社会的新需要，或者是主动地使该国际组织顺应时代的变化，或者是断然采取清理业务等对策。

另一方面，日本独自评价国际组织的援助，也有以下难处：①如果巨额出资国分别进行评价，会增加相应的国际组织的负担，很有可能带来使效率更加低下的后果。②在日本国内，没有对援助资金的使用途径必须进行评价的必然性和压力。不必要地介入国际组织的活动，反而会招致反对，因而产生逆效果。

如果日本对国际组织活动的内容实施评价，为了不招致逆效果，必须缜密考虑评价的方式、参与评价的组织的权限和结构等。首先，在开始之际，为了不与国际组织自身的评价发生争执与重复，要开发有会员国家自己特色的、有效的评价基准和技法。过去，对援助发展中国家的成果，往往专门以判断效率性的基准，只有在效率方面完全没有进展时，才认为是发展中国家的问题。因此不应仅从经济的、财政的观点考虑，最好把社会的影响、对人才的培养效果、对政治稳定的贡献等也列入评价基准，从长期的观点进行评价。在日本国内，因为对有关国际组织援助的实际状况的认识还很肤浅，所以，也期待通过这样的评价，加深对国际组织援助工作实情的了解。另外，迄今之所以由会员国进行评价的还很少，从国际组织方面来说也有从外部难以进行监查的缘故。

第一，国内官僚机构时常受到议会或有广泛影响的大众传播媒介的监督，虽然也接触社会舆论，可是，国际官僚机构几乎没有日常的监督人员，在这一点上，国际官僚机构与国内官僚机构大不相同。

第二，由于国际组织的所在地偏于集中在某一地区，其活动又大多脱离于一般人之外，缺乏打动社会舆论的魅力。其结果，引不起区域社会的人民或新闻报道机关的关注，使对国际组织的一般认识也带有千篇一律的倾向。

第三，外部的监查受到资料上的制约。联合国的资料虽然比较公开，但世界银行等国际组织的非公开资料却很多，成为了解其内部状况的障碍。以上这些问题，现在已有了改善的苗头。譬如，UNICEF 和 UNHCR 等为了顺利地在发展中国家开展活动，强化了地区办事处的权限，推进了区域分权化。这样一来，增强了国内各阶层对国际组织的关注，在正式的评价制度之外，又促进了人民对国际组织活动的评价。本来，在国际组织中的会员国已超过 150 个的情况下，用中央集权式的方法进行统制是很不合理的。日本也必须率先促使国际组织向世界各地的地区办事处下放权限，使国际组织与区域社会密切结合起来。

国际组织的事业活动，将来也基本上是扩大的趋势。只要这些事业活动是用会员国自愿出资的经费维持的，在采用“加重表决制”的国际组织中自不待言，即使是在没有采用加重表决制的国际组织中，发言权与出资率也会有某种程度的一致性，出资国将拥有与出资率相称的影响力。而且，自愿出资的金额为景气变动所左右，只要日本经济不出现衰退，日本在事业活动中的作用将会进一步增大。当日本以巨额出资国的资格而增加发言权时，更有必要抛开本国的狭隘利益，以洞察整个世界形势的广阔视野，向国际社会提出援助政策和方针。既对国际组织的活动做出适当的评价，本身也将对此发挥出应有的作用。

为了切实配合国际组织的事业活动，最后想要强调的是，在日本国内，也有必要培养援助活动的专家，充实、强化国内基础。专家的培养必须从两个方面进行：一是加强与双边援助专家的合作和积极促进参与多边援助；二是使接触国际组织的有关人员具备在援助中能够发挥作用的专业能力。

**关于新领域的管理**

在新领域的管理方面，国际组织建立的秩序和直接的活动以何种程度密切结合在一起？国际组织有多大的权限？这两点均因其目的和对象的不同而存在着相当大的差异。不过，它们都是以通过在国际范围内限制国家的行动来实现国际公共利益为目的的。可以说，在这方面，国际组织既扮演着原来的角色，同时，也预示着国际组织的新方向。因为在新领域中的活动，都要求具有高度的技术力量和巨大资本，所以，日本的态度也就会对整个动向产生很大影响。但是在这方面统一日本的政策是极其困难的。之所以这样说，是因为有关这些领域的活动，国内不仅有许多省厅参与，而且学术团体和民间企业也很关心。况且，各种利害关系在众多国家参加的国际组织中变得更加错综复杂，所以，协调政策需要花费相当多的精力。因此，必须首先充分掌握国内的实际情况，弄清利害关系。

在这里特别需要严密注意的是，现在进行成立准备工作的国际海底组织的发展动向。关于海底资源的开发，美、英、联邦德国已明确表示不参加联合国海洋法公约。这些国家打算根据国内的法律进行矿区分配，同时，通过互相缔结协定来调整矿区的重复占有，试图在海洋法公约范围之外进行资源开发。因此，这些发达国家的开发和国际海底组织监督下的下属事业体的企业进行的开发，一定会引发竞争。海洋法公约的缔约国按照联合国分担费用的比率分担事业活动所需要的资本，而且用相同的比率承担债务保证。因为在公约范围内剩下的主要工业发达国家只有日本、法国和苏联，所以，日本在分担费用和债务保证方面不得不承受过重的负担。如果日本不肯负担，其业务将会缩小。在这种意义上，日本掌握着决定的一票。

最近，各方面的关心集中于南极，是因为都想开发南极的矿物资源。南极条约到 1991 年将失去效力。尔后，还会有某些国际组织参与南极的利用，但是，这会遭到要求对南极拥有领土权的国家的抵抗。最后将以什么形式获得解决？这正是议论的焦点。

特别是在南极条约中，严格规定着签约国有和平利用、科学上国际合作和保全南极环境的义务，南极条约协议会议对维护这个基本原则负有共同的责任。另外，因为南极矿物资源的调查、勘探和开采，是与南极大陆和南极沿海海底密切相关的活动，当建立其管理体制的时候，现处于冻结状态的领土权纷争将再度燃起，发展中国家也会趁此机会，主张将其和深海底层同归国际海底组织管辖。因为日本在南极条约协议会议中和美、苏同是否定领土权的有力成员，所以，应按照上述的共同责任制定资源开发的规范和基准，同时，在资源的开发和利益分配方面，应以准许一切国家参加的方式建立起国际组织在资源管理方面发挥作用的新模式。实际上，因为南极自然条件恶劣，比深海底层开发需要更高的技术，具有潜在开发能力的只有日本、美国、联邦德国和苏联。因此在南极的管理体制中，日本也许和在深海底层的场合一样，一方面承受较大的经济负担，另一方面也有可能做出相当大的贡献。兴办这种需要高度技术和大量资本的事业的先决条件，是谋求多国参加，以确保技术和资本。因此，必须慎重考虑建立一个能以对于广大国家来说是具有说服力的某种形态进行经营的体制。

关于新领域的管理，从全球性观点看，往往会倾向于由国际组织直接开发资源。然而，这种开发方式可能仅适用于深海底层或天体等极有限的领域，而且考虑将来的经济效益，需要修改规则的地方也不少。新领域的资源开发与分配，一方面能对提高人民的生活水平，纠正国家间经济发展的不平衡做出贡献；另一方面，与各国的产业结构、经济体制、社会体制和文化体制也有着密切的联系。因此，其管理方式以至实现方法，必须给各国留有回旋的余地。

日本应充分利用作为工业发达国家的知识与经验，为制定开发资源的行动标准、效果评价等国际性的基准和规则发挥主导作用；同时，在确保财源、技术转让和对发展中国家的工业化提供合作与援助等方面必须大力加强，而这些正是国际组织存在的理由。只有通过支持各国的共同出资和分担事业运营的责任，建立注重实际工作效益的国际组织，在新领域的管理中，才能够实现国际合作的利益。

最后，对于和平国家日本来说，必须注意到新领域的管理与裁军和安全保障也有密切的联系。至于对国际组织在新领域里的活动，日本今后采取什么样的对策，必须着眼于经济、技术、裁军和安全保障四大方面做出决策。过去，在日本国内，以这种观点进行的研究是不够的，今后如果充实从事这些研究的组织，使其对新领域进行研究，那么，在建立有关裁军和安全保障的秩序方面，日本就能够做出有意义的发言。

## 二、日本的问题与改善对策

### 日本的基本态度

（1）日本应和哪些集团共同行动。迄今日本在考虑和国际组织的关系时，往往表现出利益本位主义的倾向。在经济上、政治上对国际组织已具有给予较大影响力的今天，只顾及眼前利益的行动，不但与日本在国际组织中的地位不相称，而且也有损于日本在国际社会中的形象。因此，在今后必须舍弃计较本国自身的得失和效率优先的想法，既要站在其他会员国的立场，又要从多方面把握国际组织，在照顾到广大会员国的利益的基础上开展外交。其中，首先必须考虑的是，在国际组织中应该和什么样的国家集团共同行动？在国际组织统一意见的过程中应该如何有效地发挥作用？在国际组织的决策过程中，可以看到有率先对某个问题提出议案并加以推进的国家，也有对其表示反对的国家，除此之外，还有协调两种意见充当中间人的国家。

现在，回过头来看一看决策形式的变迁。在 50 年代和 60 年代，东西对立对国际组织的决策有很大的影响。在 70 年代，南北对立的因素则很引人注目。在此期间，许多会员国都归属某一个集团，根据集团间的因果报应和谈判交涉做出决定。进入 80 年代，南北对立略趋缓和，在避开尖锐的对立、重视实质性利益的同时，在利害一致的国家中间，开始出现重叠的小范围的合作关系的动向。日本在东西对立中站在了西方，在南北对立中以发达国家一员的身份行事，在区域上则属于亚洲集团。可是，无论是在西方发达国家中，还是在亚洲地区，却都没有发挥领导作用。在发展中国家占半数以上的亚洲，印度虽然自诩是领导者，但也有人认为今后的领导者将是中国。由于存在着这种状况，所以，在过去国际组织的选举或其他场合，日本归属在哪个母体上态度不鲜明，因而很难巩固得到支持的基础。从巩固选举地盘的观点出发，今后应重视亚洲和太平洋地区，积极地代表亚太地区的利益才是上策。然而，事实上支持日本的国家却是跨地区分布的，其中当然有西欧，东欧或非洲也有一部分。现在发展中国家继续多元化，77 国集团（G77）也出现了分裂的苗头。在把握这种状况的基础上，要妥善地处理细微的合作关系，发挥出领导作用，同时，为了使国际组织成为对广大国家有价值的机构，需要有高度的外交手腕，然而这却是今后更为重要的课题。

在国际组织中，日本应实行不偏向某一地区的普遍主义，这对于促进全体会员国形成统一意见的任务是极为必要的。虽然日本是发达国家中的一员，但其现代化过程毕竟与西欧各国不同，在这方面，颇具有发展中国家先行者的性质。而且，在社会、文化方面，与亚洲、非洲各国的共同点也很多。所以，日本潜在地具有一种特长：能够理解发达国家和发展中国家双方的立场，既可作为双方的中间人、又能促进双方的合作。

美苏或发展中国家中的一部分大国，即使不参加国际组织，在外交上也没有什么障碍。而对于大多数发展中国家来说，国际组织在它们有限的少数外交渠道中，占有特别重要的地位。国际组织是发展中国家超越与发达国家之间存在的差别，能够与发达国家进行对话或提出意见的唯一场所。国际组织的事业活动也是在这种对话的基础上开展的。对于发展中国家来说，可以说国际组织是必不可少的。实际上，这些国家极其重视联合国，把有经验的外交部长或在外交上最有威望的人物派往联合国。日本如要重视同亚洲、非洲诸国或其他小国的关系并与其构筑长期友好关系，国际组织则是能和这些国家密切接触的极珍贵的外交舞台。应该充分认识到，在这里培植的信赖关系，是可以补充与完善两国间外交的实际成绩的。

（2）经济上贡献的基本方针。重视与发展中国家的关系，需要特别注意到经济问题。迄今为止，对如何建立国际经济秩序和进行开发援助，日本还没有向国际社会提出明确的方针。今后，作为一个经济大国，不只是进行恩惠性的援助，还有必要在态度上明确：把日本在现存国际经济秩序中取得的经济发展成果通过国际组织还原给国际社会。现在，日本的贸易盈余，虽然也有日本企业努力经营的因素，但也受惠于初级产品价格的低廉和日本产品在国际市场上的统治地位。然而，这也可能会使其他国家受到预想不到的损失，使它们本应得到的利益递减。况且，日本成为世界上最大的债权国以后，得到了利息等非劳动收入。但是，这些利益却仅由日本国内的消费者享受，还没有还原给国际社会。对此，使用个别的对症疗法是有局限性的，如果不提出一些系统的政策，将来会招来很大的逆效果。曾几何时，在石油价格暴涨之际，OPEC 诸国曾采取主动，创设了向发展中国家提供援助的组织——国际农业发展基金（IFAD），开创了把利益还流给国际社会的先例。日本除设立特别基金外，作为可以采取的紧急对策，可以考虑以债权国的身份提高经济援助中赠款的比例。

**参与国际组织的形态**

现在，不只是会员国多元化了，在国家之外，以个人身份被录用的国际公务员，或与国际组织有直接合作关系的民间团体等与国际组织有关的行为主体（actors）也多元化了。仅用以国家为中心的观点，已不能处理与国际组织的关系。为加深对国际组织活动的实质性参与，积极地利用这些行为主体是极为重要的。

（1）NGO[①] 的扶植。现在，与国际组织有关的民间团体（NGO），从营利企业、民间财团、研究机构到社会事业自愿服务者团体，类型繁多，形态多样。至于哪些类型的 NGO 与国际组织的关系特别密

① 也称非政府组织——译者注。

切，则因国际组织而异。在一些特定领域，拥有专业情报或行动手段的 NGO，在国际组织力所不及的地方，可以起到补充、完善国际组织活动的作用。况且，因为 NGO 不受特定国家法令的约束，自由限度大，所以增加了向国际组织反映各国人民呼声的渠道，在促进国际组织的变革方面，能发挥其特有的作用。北欧等国已经在开发援助中积极地利用了 NGO。将来希望日本的 NGO 不仅深入参与日本的双边援助，而且也深入参与国际组织的开发援助。

不过，日本的许多 NGO 还很难说目前已经充分具备了真正深入参与国际组织开发援助的能力。政府不应只是利用 NGO，而应该迅速地研究怎样扶植 NGO。在美国有许多政府利用开发援助资金培育 NGO 的例子。在日本，由于法律上的原因，使用政府开发援助资金（ODA）扶植 NGO 则要想点窍门。但是，希望能够完善训练体制，提高 NGO 作为援助承担者的业务水平。在日本国内，关于通过国际组织进行援助的优点和有用性，基本上还未得到国民的理解与同意，因此，不可忘记，扶植 NGO 有促进对这方面理解的效果。

（2）充实日本人职员。为了把握国际组织各项活动的实际状况，也为了在国际组织的决策中反映出日本的见解，日本人职员的存在有很大的意义。关于日本人国际公务员的问题，因为在国际组织的职能部门中长期存在着代表过少的状况，所以，动不动就有强调增加日本人职员数量的倾向，但这个问题不一定仅从数量上得到解决。现在在日本人职员方面所存在的问题，可以分为现职职员的问题和培养将来的日本人职员的问题。

首先，说一说现职职员。因为，从行政官厅中借调者或日本政府派遣的职员与经过一般招募以个人身份被录用的职员，分别存在不同性质的问题。日本政府向国际组织派遣职员，大多带有训练行政部门的国际关系要员或确保在国际组织中的地位等目的，一般有从日本本身利益的观点出发选人的倾向，对被派遣者作为国际公务员应具有的适应性或专业能力，并未充分斟酌。而且，由于派出单位的需要，当其对国际组织中的职务谙练之际，被召回国的例子也很多，所以，在国际组织里难以做出有价值的实际成绩。其结果，对日本人职员的评价不会很高，实际上，国际组织也缺乏增加日本人职员的积极动机。另一方面，经过一般招募被录用的职员，在适应能力、专业性和任期方面虽然没有问题，但是，比起有派出国政府支持的职员，实质地位较低，存在着不能开展与其热情相称的活动的问题。如果不是以不屈不挠的精神解决这些问题，不仅单纯增加日本人职员的意义不大，而且也有碍于国际组织的有效运营。

为提高日本人职员的质量，对日本政府来说，以下两点是重要的：①增派可任职能部门高级职务的日本人。为此，除努力发掘人才之外，政府的支持也是必要的。这时，最好积极地利用经一般招募以个人身份被录用的现职日本人职员。②从日本派遣职员时，要选拔符合国际组织要求，能对组织运营做出贡献的人才。在选拔中必须纠正以国内需要为中心的选人方法，发掘具备国际组织所需要的素质和专业能力的日本人。

其次，希望考虑培养面向国际的公务员的人才，这是今后的一个大课题。在此之前，日本没有培养出能够适应在国际组织之类的外交场所进行多边外交的人才，因而基础比较薄弱。而且由于国内工资水平的提高，有才能的人也丧失了到国外去工作的积极性。因此，为了确保人才，有必要建立训练国际公务员的设施与制度，培养新的人才。希望考虑制订长期的培养计划，从高中生或大学生阶段，就开始在知识和专业经验方面进行教育训练。就要求国际公务员所具备的适应性来说，国际组织总部与世界各地的地区办事处有相当大的差异，因此随着国际组织事业活动的扩充和地区分权的进展，对所需要的地区办事处工作人员，应该从海外青年合作队有经验的人员中或国际合作事业团（JICA）的专家中，选拔适任者进行训练，并有效地加以使用，有必要按照不同的目的建立详细的培养计划。

**国内体制**

（1）制度上的弊端。行政机构是日本国内与国际组织的接触点，但在其应接能力上存在着下述问题：①对各个国际组织，在日本国内分由不同的官厅应接，甚至有对于一个国际组织的出资金由几个官厅管理的情况。而且因为官厅之间的意见协商不一定顺利，所以不能简单地掌握在财政上对国际组织贡献的全部情况。况且对多个官厅参与一个国际组织，相互协调也明显不够。②在日本的财政制度中，出资金额的计算，往往是在上年度出资金的基础上再决定增加多少，存在着不能按照国际组织的需要变更出资数额的问题。这种单年度预算制度，是通过国际组织对发展中国家进行中、长期计划援助的障碍。③在日本的行政机构中，人事变动频繁，还有许多从其他官厅或民间企业调来的工作人员。因此，会议外交姑且不论，在国际组织的事业活动中，工作人员往往对业务还没有来得及充分地深入了解，就被更换了。

为了增加对国际组织的贡献，必须下劲解决上述问题。①在国内加强省厅之间的合作，建立和完善在国际组织的工作现场能实际发挥作用的机动性政策。②从中、长期的观点出发，配合进行国际组织的活动。③确立能够提出中、长期设想的体制也是今后的课题。此外，在会议外交方面，希望事前做好省厅之间的协调，确定政策界限，在一定的范围内对执行训令给予伸缩的余地；增强代表的权限，使其具有灵活性。另外，如果实施援助，必须注意与日本国际协力事业团（JICA）或海外经济合作基金（OECF）等组织中的专家们密切联系，采取有现实意义的详细对策。

（2）推动国内舆论。在日本的政治习惯中，对国际组织的关心与理解历来淡薄。而且，在近几年的政治风云中，好像把同国际组织的合作彻底忘记了，所以，人们担心美国脱离国际组织也会给日本政治带来影响。因此，如果想确保日本对国际组织长期做出贡献，增强国民的关心和获得广泛的舆论支持，已成为日益重要的课题。

在日本，以联合国为首的国际组织一般都有着良好的形象。但是，这种形象却往往是片面的或僵化的偶像，而且仅仅是理念上的。例如，大众宣传工具对决议等的宣传报道，也只是表面上所表现出来的理念，而对国际组织的现实活动，往往是蜻蜓点水只触及极少的一点点。

这种国际组织观固定下来的一个原因，是因为日本政府或民间团体总是把联合国当做一个改造社会的招牌而加以利用，也就是说，在企图进行国内变革时，为了应对国内的抵抗而抬出外国的高标准利用联合国的好形象。在前几年制定男女雇佣均等法的时候，就可以看到这样的事例。因此，在国民中也渗透着一种联合国是高尚的空想主义者集会的看法。在联合国裁军大会上，从日本送去了大量的签名，这或许也能从一个侧面反映出对联合国的这种看法。因为有这样的认识，所以不但难以分清国际组织存在的问题和产生解决问题的主体意识，而且也有碍于了解国际组织的实情。

作为改变这种状态的一个方法，就是在中小学校的教学过程中增加对国际组织活动的学习，拓展了解国际组织的机能与活动的天地，使国际组织的活动成为与日本人切身相关的问题。在这个意义上，开发教育等活动应该是今后格外重视的方面。而且面向一般公众的宣传，也要搞得生动活泼，不只是简单地展示每个国际组织的表面现象，而是要使一个既有长处也有短处的具体国际组织形象深入而广泛地刻入日本人的心中。在同样的意义上，也希望有国际组织实际工作经验的人和外交官员，通过出版或报道，积极地公开国际组织的内情。

需要了解国际组织实际状况的并不限于一般的国民。当国内决定对国际组织的政策时，有关省厅之间的合作之所以不一定进行得顺利，官厅之间争夺地盘固然是一个因素，但行政部门内部不能充分了解国际组织外交的优点，也可以说是原因之一。特别是对通过国际组织进行援助的意义认识非常肤浅，多倾向于采用双边的援助。在这一点上，为了彻底了解国际组织援助的特点和优点，有关官厅、专门负责援助的组织，也包括民间团体，有必要采取系统的组织措施。

在动员社会舆论与实现社会舆论的要求上，能发挥很大作用的是 NGO。鉴于 NGO 的数量在急剧增加，因此，对其加以扶植和利用，既能增加国际组织与国民的接触点，又有缩短两者距离的作用。但是在日本，由于存在活动资金在税制方面不享受优待、公益法人的认可标准又制定得很严等一些制度上的障碍，NGO 不经扶植很难发展起来。今后，特别是在事业活动中，估计国际组织要加深与 NGO 的联系，因此，希望迅速解决上述存在的问题，加强对 NGO 的扶植。

## 三、设想

国际组织的任务和开展国际组织外交的目的，随着历史的发展发生了很大变化。第二次世界大战刚结束时，以联合国为首的所有国际组织，均以某种形式来防止战争的重演作为第一位的重要任务。所以国际组织的组织机构，也是以对付国际纷争为前提而设立的。不使第二次世界大战的悲剧重演，成为人类共同的既崇高又难以实现的理想。

后来，鉴于像世界大战那样的大国间的武力冲突受到抑制，武力争端开始发生了实质性的变化。除两伊战争之类的事件以外，古典式战争的影子消失了。但在某种意义上，具有瓜分殖民地后遗症性质的局部纷争或武力冲突事件，却有增加的趋势。围绕着通商、资源、人口流动等各式各样的问题上，虽然还不至于形成发生武力冲突程度的敌对关系，但是，根深蒂固的国际纷争却在蔓延。在今天的相互依存日益增强的国际社会中，如何巧妙地控制这种经常性的摩擦，在不断改善现状的同时求得生存发展，已成为重大的课题。昔日的那种防止战争的理想，虽然是崇高的，但未必切合实际，因此，必须有更为实际的实践性的和平理想。只有实现这种理想，才能最后消除武力冲突。

日本要想最大限度地发挥其特有的丰富资源——经济力量和技术力量，以国际组织为媒介实现上述意义上的理想，应该怎样做才好呢？如前所述，在国际组织的援助等方面，也要能够重视其成果和质量，无原则地提供经济力量和技术力量已不能说是好办法了。特别值得注意的是，过分依赖经济方面的贡献，反而是不利的。今后，日本要明确所重视的方向，按照这个方向决定经济上贡献的优先顺序，把经济上的贡献和政策水平上的贡献结合起来。这样看来，日本今后应该选择的方向有三个：①重视国际组织的创立宗旨。②进一步补充、加强、支持国际组织已做出实际成绩的领域。③努力开拓能够打破国际组织现状的新活动领域。究竟应该选择哪一个方向，取决于优先开展哪些外交课题和优先选择什么样的外交目标。按照各个方向，试拟出了以下三个设想。

设想（1）：

如果抑制住发达国家脱离国际组织的趋势，恢复会员国对国际组织的广泛支持，在确保国际组织成为名副其实处理全球性问题的机构的同时，优先巩固国际组织的财政基础，就有希望大幅度修改国际组织的活动范围，按各个组织设立条约中的方针，只保留必不可少的活动，精简组织机构。其中重要的一点，就是恢复巨额出资国、特别是美国对国际组织的信赖。

目前，在美国，“小政府”的思潮占据了优势，因此对通过进一步给会员国增加负担来扩大国际组织的做法很反感。在这个意义上，如果回到国际组织创立的宗旨上来，联合国就应该以其本来的使命——安全保障机能为重点，关于经济与社会问题，则仅履行协调的职能，而将其他事务委托给各专业组织。从同一思想出发，也可以对专业组织进行改革。专业组织是按创设时的时代要求而诞生的，其后，因为一成不变地存续下来，所以，在今天也有通过统一整顿进行精简的必要。毋庸置疑，这是需要慎重研讨的。例如：UPU 和 ITU，国际民间航空组织（ICAO）和国际海事组织（IMO），不是有可能实行一体化吗？虽然法律地位不同，UNESCO、联合国大学（UNU）和联合国训练研究所（UNITAR），从内容上看也有合并的可能。

如果以此为方向，日本在推进国际组织的行政改革和精简的同时，即使是通过双边外交方式，也要把努力阻止美国脱离国际组织作为一个任务。

实际上，在联合国已经出现了增强秘书长权限的动向，这可能是为了适应联合国将要恢复为以安全保障职能为中心的组织的潮流。然而，不管如何从制度上增强秘书长的权限，也不能保证像哈马舍尔德那样能发挥强有力领导作用的秘书长上台。现在和建立国际组织机构的当时时代相比，国际形势已发生了很大变化。因此，国际组织再回到设立之初的基点上来是有困难的。

设想（2）：

如果重视国际组织的实际工作成绩，优先考虑国际组织活动受益者的需要和福利的话，那么，今后国际组织就应以确实取得了实际成绩的事业活动为重点，支持那些离开国际组织就不能继续存在的活动。尤其是在难民援助和对饥饿实施紧急救援之类的人道援助方面，国际组织发挥着极为有效的作用。今后，只要这种活动的必要性没有降低，那么，国际组织开展事业活动的意义就只会提高而不会降低。另外，对最穷国的技术援助和经济援助，也同样具有强烈的福利色彩，希望能进一步加以促进。

然而，因为国际组织实施援助活动需要会员国出资，而会员国的出资额又往往要受世界经济形势的影响，所以，总的来说，国际组织的财政基础是不稳固的。因此，日本最好明确宣布积极且长期地参与国际组织援助活动的方针，这对于国际组织根据财源预测制定长期计划将发挥很大的作用。在这种情况下，日本有必要完成填补美国对国际组织出资额减少的任务。况且，为了和民间金融机构协调贷款，实现国际组织的事业活动经费来源的多元化，日本政府和企业应该大显身手。此外，培养援助专家和扶植NGO，也应是重要的任务。

设想（3）：

在现实中，无论是联合国的安全保障职能，还是国际组织的事业活动，都存在着不能适应国际社会变化的状况。因此，随着国际社会的变化，国际组织的作用在今后有可能进一步扩大。如果以有效地发挥日本长处的活动领域作为开拓的重点，那就是科学技术，尤其是与高技术的利用有关的领域（硬件和软件两方面），希望很好地把与此有关的国际组织重视起来。这是因为，高技术无论是在开发方面，还是在应用方面，超越国界的合作是经常进行的，由此就产生了单个国家不能单独监督、单独扶植的新课题。

科学技术本来是属于个人的，可以超越国界而流动。另一方面，如果想到它的影响力之大，则实行某种形式的公共管理也是应当的。基于这种原因，由国际组织进行管理的可能性很大。但这将给主权国家增加制约和负担，因此，有关科学技术的利用，必须建立各国都能够赞同的规章制度，或者是限定与此有关的国际组织的活动范围。但是，在研讨科学技术的使用时，如果无视国家之间的技术差别而举行有许多国家参加讨论的大会方式，很难得出有价值的结论。所以，莫如按对象或目的，组织机动灵活的小型集团，在那里进行反复研讨为好。

这虽然比在现实存在的领域去完成职责更困难些，但是，由于日本不仅有雄厚的资金，而且在科学技术领域还可以提供丰富的经验、人才和技术情报等，因此日本在这个领域具有能够做出较大贡献的能力。目前，与高技术关系密切的组织有国际电信联盟、世界知识产权组织、国际原子能组织和预定创建的国际海底组织等。除这些组织之外，在其他国际组织管辖的领域中，今后也将会有与高技术密切相关的问题频频出现（如裁军和军备管理，关税与贸易总协定中的不公正贸易管制等）。

*　　　　*　　　　*

以上三个设想，并非是相互对立的，其中哪一个都不会以纯粹的形式独立实现。随着各时期的国际环境或日本的外交政策的变化，这些设想有时候或许能同时进行，其他设想也有可能大展宏图。当然，这都要取决于国际社会的发展趋势和能在多大程度上得到会员国的广泛支持。归根结底，这些设想能得到多大程度的重视，日本不应限于对国际组织外交的范围内，还要兼顾到双边外交和国内政策的整体性，并且在意识到日本在国际社会中的责任的基础上做出决定。

# 第5章　国际社会中的日本经济

**研究成员**

| | |
|---|---|
| 野村综合研究所常务董事、东京研究本部长兼政策研究部长 | 武田清 |
| 野村综合研究所前政策研究部长 | 名尾嘉朗 |
| 野村综合研究所前政策研究部经济社会研究室长 | 古川哲夫 |
| 野村综合研究所伦敦分所长 | 玉尾丰光 |
| 野村综合研究所经济调查部长 | 奥村洋彦 |
| 野村综合研究所投资调查部第三企业调查室长 | 木野比佐司 |
| 野村综合研究所投资调查部第二企业调查室长 | 杉山裕 |
| 野村综合研究所投资调查部主任研究员 | 大村和夫 |
| 野村综合研究所社会系统研究部副部长 | 村上辉康 |
| 野村综合研究所经营计划研究部副部长 | 高桥修 |
| 野村综合研究所经济调查部主任研究员 | 高原宣昭 |
| 野村综合研究所东京研究本部 | 天野妙子 |

（原野村综合研究所副所长、现野村投资顾问公司总经理**上条俊昭**作为本课题最初的主持人对研究予以了指导，并参加了执笔。）

**秘书处**

野村综合研究所

## 第一节　处于历史岔路口的世界经济

### 一、战后世界经济的长期波动

**从“没有通货膨胀的增长”到“通货膨胀的局面”**

只要回顾第二次世界大战后世界经济的变化，就可以看出某种长期波动。

从第二次世界大战结束到60年代，世界经济是“没有通货膨胀的增长时期”。60年代的石油价格变化不大，其他的一次产品的价格也很稳定。1961~1970年，经济合作开发组织的国内生产总值中，物价变动修正因素的上升率平均每年为 3.5%。而且，经济发展速度快，经济合作开发组织的实际经济增长率平均每年为 4.9%。

一跨入 70 年代，世界经济就迅速转入通货膨胀局面。石油危机的发生是最有代表性的事件。经过两次石油危机以后，每桶原油价格（以沙特阿拉伯产的原油为基准）由 1970 年的 1.3 美元急速上涨到 80 年代初期的 34 美元。除燃料外的一次产品价格也急速上升，1971~1980 年的年均上升率达 13.3%。在同一期间，经济合作开发组织的国内生产总值物价变动修正因素的上升率平均每年高达 8.8%。而且，经济发展速度缓慢，1971~1980 年的经济合作开发组织的经济实际年均增长率下降到 3.2%。70 年代末，发达国家所关心的重点已转移到抑制通货膨胀。到 80 年代初，通货的供给量受到抑制，导致利率的急速上升。其结果，通货膨胀趋于收缩。尤其是，除石油外的一次产品价格 1980 年上涨到顶峰后，1982 年急剧下跌了 20%以上。由于两伊战争等原因，石油价格到 1981 年仍在继续上升，年末达到顶峰。经济合作开发组织的国内生产总值物价变动修正因素的上升率，1980 年也达到顶峰，为 16.4%，而后明显下降，1981 年为 14.1%，1982 年为 7.2%，1983 年为 5.2%，1984 年为 4.9%，1985 年为 4.7%。

**30 年代经济萧条的重现**

通货膨胀的这种收缩，虽然表明抑制通货膨胀对策的成功，但另一方面，它也带来了很大的牺牲。第一是失业率的上升。70 年代被视为历史性波动的通货膨胀时期，同时也是出现了前所未有的经济萧条时产生物价上涨即“滞胀”现象的时期。在滞胀时期，经济合作开发组织的失业率整个 70 年代趋于上升，到 1980 年达 6.1%。进入 80 年代又进一步上升，到 1985 年高达 8.9%。尤其是，欧洲的失业率上升更为明显，欧洲共同体的失业率 1980 年为 5.5%，到 1985 年上升为 11.6%。第二是经济增长率更加缓慢。1981~1985 年，经济合作开发组织的实际年均经济增长率下降为 2.3%。

80 年代前半期的世界经济是经济停滞加强的时期，以便摆脱通货膨胀的局面。但是，从 1985 年到 1986 年，世界经济也产生了所谓总调整的现象，这就是原油价格暴跌、利率下降和大幅度调整汇率等。

1985 年末，市场的原油价格每桶近 30 美元，到 1986 年夏，下降到 10 美元以下，其后到年末回升到 18 美元左右。与 1985 年末比较，下跌 40%。利率也迅速下降，在日本迎来了刷新战后世界最低纪录的“低利率时代”。而且，以 1985 年 9 月召开的发达国家的财政部长和中央银行行长会议（G5）为转机，出现了大幅度的美元贬值和日元及欧洲通货的升值。G5 会议之前 1 美元兑换 242 日元的汇率，到 1986 年 8 月就大幅度升到 1 美元兑换近 150 日元。

这是历史上在“通货膨胀局面”和停滞相继发生时期经常出现的现象，不少有识之士指出它与 30 年代的经济萧条尤其相似。

## 二、两个债务问题

**发展中国家的累积债务危机**

通货膨胀给世界经济笼罩上各种阴影。抑制通货膨胀的紧缩政策导致失业率上升和经济增长缓慢就是其中的例子。另外，产生了国际间债务明显增大的严重问题。

在 70 年代通货膨胀局面下，发展中国家依靠对外借债来解决经常收支的赤字问题，持续采取了扩大财政支出的政策。通过两次石油危机，石油输出国组织的大量剩余资金通过发达国家的金融机构贷给发展中国家。越是被认为将来有希望实现工业化的国家，就越积极进行借入和贷出。

其结果，除石油输出国组织中资金有剩余的国家以外，输入资本的发展中国家的对外债务持续猛增，并且由于 70 年代末开始的利率上升导致了应付利息的迅速增加。由于进入 80 年代后的一次产品价格的下跌和发达国家的经济衰退带来的贸易收支恶化，这种趋势将进一步加强。输入资本的发展中国家的对外债务总额，由 1978 年的 3941 亿美元膨胀到 1982 年的 7516 亿美元，年息和还债基金总额的比率由19%上升到23.6%。中南美对外债务膨胀得尤其显著，其年息和还债基金总额的比率高达49.6%。在这种情况下，1982年，墨西哥对外债务的偿还已陷入困境，发展中国家的对外债务危机已表面化。

当处于对外债务危机时，以国际货币基金的附带条件为中心，以当事国采取紧缩政策为条件，通过重新制订计划的方式来处理。其结果，1983年以后虽然由于利率的下降使累积债务国的经常收支趋于改善，但是，债务总额仍在缓慢地继续增加，给未来的世界经济投下了阴影。

**美国的债务国化**

发展中国家的债务危机表面化以后，在世界经济中又产生了一个债务问题，这就是美国的债务国化。第一次世界大战后，美国取代了英国，成为世界最大的资本输出国，一直以世界最大的债权国自居。美国的对外纯资产1981年末为1407亿美元，居世界之首。可是，自1982年以后，美国经常收支转为赤字，1982年的赤字为91亿美元，1983年为466亿美元，1984年为1065亿美元，1985年高达1177亿美元。由于赤字的急速扩大，到1985年末，对外纯资产为负1074亿美元，从而转为债务国。

美国的债务国化不单是由债权国转为债务国，严重的问题在于债务总额在急速增加，在不久的将来，还可能像滚雪球似地继续增加下去。

美国是基准通货国，不存在为偿还债务而产生流动性的困难。这件事本身就是使美国成为债务国的一大理由。但不可能无限地继续增加对外债务。在海外的资金剩余国不愿对美投资时，或在美国感到不能承受支付债务的负担时，美国不可能增加对外债务。而且，如果美国的对外债务增加到出现上述情况的程度，它就比发展中国家的债务危机更有可能成为世界恐慌的导火索。

## 三、概要分析美国经济发展的趋势

**经常收支赤字扩大的原因**

从第二次世界大战结束到60年代，美国的经常收支一直持续保持稳定的顺差。到了70年代，开始出现赤字。但是，连续出现大幅度赤字则是在1983年以后。

1983年以后经常收支赤字急速扩大的第一个理由是内需急速上升。1983~1985年三年间的内需增长率实际年均达5.6%。与1971~1982年的2.1%相比，上升幅度比较大。当然，如果供给能力有与此相应的增加就不算问题。但是，由于美国连续出现产业空心化倾向，供给能力弱，所以内需增长率大大超过供给能力的增长率。第二个理由是美元升值。美元实际汇率如以1980年为100%，1983年达133.2%，是1970年以来最高的，而在1985年上升到150.2%。由于美元这样升值削弱了美国产品的出口竞争力，同时促使了内需中进口产品的增加，从而加速了经常收支赤字的扩大。另外，作为第三和第四个理由可以指出，对外债务危机带来对中南美收支的恶化，以及伴随亚洲新兴工业国的工业化的发展而带来的与这些地区的贸易赤字的扩大（见图5-1）。

**关键在于抑制国内吸收**

关于美国经常收支赤字扩大的原因之一的美元升值，1985年9月召开五国财长会议以后，实现了大幅度的调整。美元实际汇率1986年10月下降为117.2%，是1981年以来的最低水平。尽管如此，美国经常收支的改善仍不顺利。

其理由可以举出几个，如在美国与亚洲新兴工业国家和地区的经常收支中，美国方面的赤字虽在扩大但并没有进行汇兑调整，以及抑制国内消费。但从根本上说，只靠美元贬值来大幅度缩小经常收支赤字是困难的。美元贬值可以促使美国人的需求由外国制产品转为美国产品。虽然在这个意义上具有增加收入和储蓄、缩小经常收支赤字的效果，但是，如果国内投资（包括财政赤字）超过储蓄的话，经常收支赤字仍会持续增加。因而抑制国内消费和国内投资（包括财政赤字）即国内吸收，对缩小经常收支是不可缺少的。如上所述，只要考虑到1983~1985年的内需扩大速度明显超过历史水平和供给能力的情

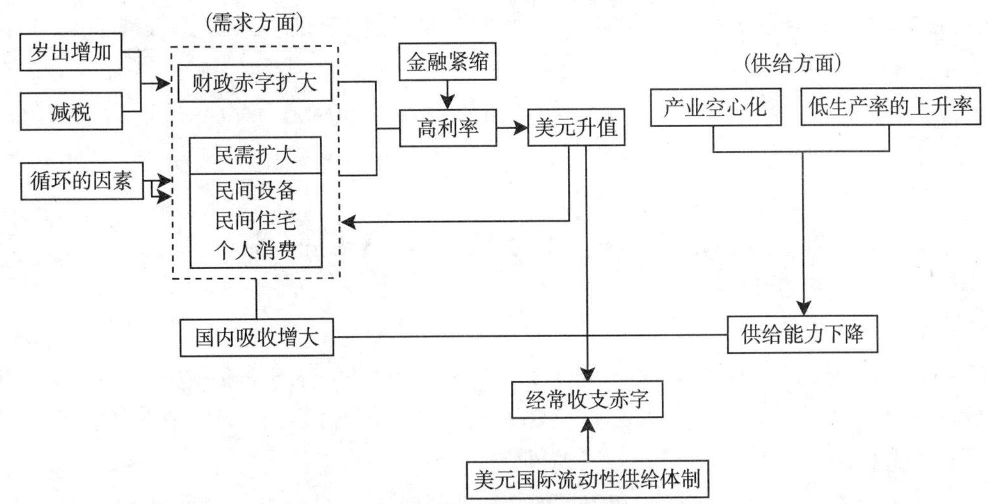


**图 5–1　美国经济经常赤字扩大的过程**

况，这一点可以说是能否使美国经常收支赤字缩小的关键。如果美国抑制国内吸收失败和连续出现经常收支的大幅度赤字，对外纯债务在不久的将来就会突破 5000 亿美元，到 90 年代就会轻而易举地达到 1 万亿美元。到那时，美国的信誉将会下降，减少对美投资，或撤回原有投资的情况也将会发生。美国的利率实际水平已大大上升，美国经济将会陷入严重不振。而且美国也许进行严格的贸易限制。可以说这方面大有可能成为世界恐慌的导火线。

## 四、发达国家的经济增长率应当存在差距

**对日本和西欧的增长所抱的期望**

即使美国成功地抑制了国内吸收，并且把对外债务抑制到陷入危机状况的水平以下，不用说美国本身，就是对整个世界经济来说，这也并不意味着就是美好的前景。对美国自身来说，当前必须意识到将会出现严峻的状况。即为了抑制国内吸收，就需要下决心缩小财政赤字、抑制个人消费等。而这样做就会使美国经济的实际增长率大大下降。

美国经济实际增长率的下降，当然会对西欧和日本等国家的增长率产生某种程度的影响。然而，如果西欧和日本的增长率下降幅度完全和美国一样，美国就不可能实现经常收支赤字的缩小。而且它还会使发展中国家受到严重的影响。因此重要的是，一方面要降低美国的增长率；另一方面，还要考虑西欧和日本如何维持高增长率。

西欧经济由于实际工资的增长缓慢和尖端技术部门的落后，70 年代以后，增长率一直比美国低。可是在 1985 年中期，西欧各国的经常收支均是顺差，从对外债权和债务的状况看，也有不少国家的对外纯资产上升到相当水平。因此，西欧的经济增长可能比美国快，这对世界经济的发展也是有利的。

到 90 年代，西欧的大多数国家的总人口几乎不会增加或是减少，对内需缺乏刺激力。因而从这点可以说需要日本尽量实现高速的增长。也就是说，到 90 年代，为了缩小美国经常赤字和使世界经济持续发展，发达国家间的经济增长率应当存在差距，即美国最低，日本最高，西欧在其中间。

**或许为长期停滞的局面**

由于美国的增长率下降，日本和西欧即使提高增长率，整个发达国家的经济增长率也不得不处于低水平上。从 80 年代到 90 年代中期，经济合作与发展组织的实际经济增长率有可能要比 1981~1985 年的 2.3%下降一些。这就表明，为了纠正在 70 年代的通货膨胀局面下产生的弊病，这个时期是世界经济要克制欲望和忍耐的时期。从战后的长周期波动的角度来看，正像篠原三代平教授所指出的那样，60 年

代以前是“没有通货膨胀的经济增长”时期，70 年代到 80 年代初是“通货膨胀局面”，目前这个时期正处于“调整通货膨胀后遗症的时期”。

从第二次世界大战后到 90 年代中期约 50 年间可以适用于 50~60 年为一周期的景气循环的长期波动。即把战后到 70 年代视为景气循环的上升期，把 80 年代到 90 年代中期视为景气循环的下降期。

## 五、长期难以解决的发展中国家债务问题

**持续不振的初级产品价格**

1985~1986 年，原油价格大幅度下降。除石油外的一次产品价格则早在 1980~1982 年就出现了大幅度的下降，而后虽略有回升，可是到 1986 年依然呈下降趋势。在以美国为中心的发达国家经济继续低速增长的情况下，这种趋势今后还将持续一段时间。

然而，人们认为，到 90 年代，石油与其他一次产品价格所处的状况多少有些差异。

只要石油价格依然停留在低水平上，新油田的开发就可能减少，石油生产能力就会下降。而且将会产生从使用替代能源改为使用石油的情况。因而在至少到 90 年代中期的这一时段里，原油价格的上涨有可能超过一般物价上涨率。另一方面，对生产国来说，除石油外的初级产品价格所处的环境是严峻的。除石油外的初级产品需求与发达国家的生产水平密切相关。到 90 年代中期，发达国家经济增长率的停滞意味着需求也将出现不振。产业的轻薄短小化倾向更将对此火上浇油。到 90 年代中期，一次产品价格很可能继续不振，生产国的交易条件将会恶化。

由于一次产品价格的这种不振使输入资本的发展中国家解决本国累积的债务问题，从双重意义上来说变得更困难了。一是因贸易收支恶化而难以获得偿还本息的资金，二是由于人均收入水平难以提高，因而难以继续采取压低收入水平的紧缩政策。

1982 年的危机以后，累积债务国采取了紧缩政策以改善经常收支，发达国家金融机构也大幅度削减新的放款，不过这些努力已接近极限。为此，贝克提出了新的设想：为了使发展中国家能够采取某种程度扩大生产的政策，发达国家要共同合作重新提供资金。初级产品价格的不振使上述要求更加强烈了。必须意识到，今后发展中国家的累积债务问题将继续处于严峻的状况。

**新兴工业国将成为日本的竞争对手**

总的来说，发展中国家将普遍处于不振之中，而新兴工业国却是唯一的例外。韩国等亚洲新兴工业国和巴西等国家成功地推进了工业化，在初级产品价格不振的情况下，实现了以工业为中心的持续高速增长。亚洲新兴工业国的增长更是惊人，1971~1985 年的实际经济增长率达 7.2~9.0%，居世界之冠。而且，五国财长会议以后，日元和西欧通货与美元的汇率持续上升，亚洲新兴工业国的竞争力进一步增强，经济实力继续急剧增大。

由于受美国经济增长率下降的影响和本国货币升值，很难说新兴工业国将来依然能够保持现在的繁荣。可是，由于其技术水平正在迅速赶上或接近发达国家，而又具有工资依然比发达国家低这种决定性的优点，今后很可能会使工业能力进一步提高。在工业制品的供给方面，新兴工业国将作为与日本相匹敌的强有力的竞争对手，提高其在世界经济中的地位。

与新兴工业国一样，中国工业能力的增长也很值得注意。中国的工业虽然在技术上还比发达国家和新兴工业国低，但是今后通过引进外国的先进技术，很可能会迅速提高。

# 第二节　日本经济中有关宏观经济的条件

## 一、内需增长的萎缩

**内需增长率的下降**

回顾战后日本经济，其增长模式曾经几度变换。在各个时期，扩大出口常常是重要的课题。但是，主导经济增长的也未必是外需。在经济高速增长时期，内需的扩大带动了增长，外需的增长贡献率并不大。例如，就日本经济从国际收支制约中解放出来的 1965~1970 年 5 年间来看，实际经济增长率年均高达 10.8%，而内需的增长率却超过了它，为 11.2%，外需的增长贡献率为–1.1%。70 年代前半期是日本经济由高速增长转入中速增长的调整时期，经过第一次石油危机到 70 年代后半期，带动经济增长的仍然也是内需，1976~1980 年 5 年间的实际经济增长率年均为 4.9%，而内需增长率年均为 4.1%，外需的增长贡献率仅为 0.7%。而到 80 年代则有很大变化，1981~1985 年 5 年间的实际经济增长率为 3.9%，内需增长率降低到 2.9%，外需的增长贡献率却上升到 1.1%。

**内需停滞的原因**

高速增长时期实际超过 10%的内需增长率在 80 年代前半期却下降到 2%左右，其原因是什么呢？关于这一点，有的学者指出了人口增加率下降、人口向城市集中和核心家庭化后退等社会结构方面的原因。毫无疑问，这些因素作为一种潮流正在逐渐发展着，但大的转折点却是石油危机。

石油价格的大幅度上涨导致大量的收入由石油进口国的日本向产油国转移。因而，日本的家庭可支配收入下降，企业收益也开始恶化，内需的增长当然要下降。

那么，与第一次石油危机后相比，在第二次石油危机后，内需增长率如何又进一步下降了呢？这一点只要看一下各个时期内需的各个构成项目的增长情况，就会一目了然。

从 1976~1980 年 5 年间和 1981~1985 年 5 年间的实际年均增长率看，个人消费由 4.1%下降到 2.9%，停留在与内需的年均增长率大体持平的水平上；而民间设备投资的增长率则由 5.5%提高到 7.0%。与此相反，公共固定资本形成由 4.6%转为负增长，即为–2.1%，民间住宅投资由–0.6%降至–1.4%，减少的程度更大。第一次石油危机后，针对可支配收入的增长缓慢造成的内需增长率的下降，财政对此进行了干预；而第二次石油危机后，财政没有进行干预，因而可以说财政拖了经济增长的后腿，同时房地产业不景气也加速了经济增长率的下降。

## 二、对外不平衡的急速扩大

**经常收支顺差的扩大**

80 年代前半期内需的停滞和依赖外需型增长，使日本经常收支不平衡明显扩大。第二次石油危机时经常收支曾转为赤字，到 1981 年很快又转为顺差，1985 年顺差增加到 429 亿美元，其重要原因是美国经常收支赤字的扩大。为了调整这种对外不平衡，1985 年 9 月召开了五国财长会议（G5），尔后实现了大幅度的美元贬值和日元升值。可是，1986 年，日本经常收支顺差又进一步扩大到 860 亿美元。因而，调整对外不平衡已成为紧急的课题。

1986 年经常收支顺差进一步扩大是由原油价格的下跌和日元升值的“J 形曲线效果”引起的。原油进口价格（通价），每桶由 1985 年的 28 美元下降到 1986 年的 16.4 美元，下降幅度达 41.4%。因此，1986 年的原油进口金额减少大约 150 亿美元。1986 年，由于日元升值，以美元结算的出口价格上升 20.5%，但由于出口数量仅减少 1.2%，以美元结算的出口金额则由“J 形曲线效果”而大幅度增长了 19.1%。

今后，随着时间的推移，“J 形曲线效果”也将由顺差扩大局面向顺差缩小局面转变。可是它能否以及时解决问题的速度来进展是很值得怀疑的。

**对外纯资产的累增**

日本经常收支顺差问题的关键在于顺差幅度明显过大。1985 年的顺差额成为历史最高额，已经超过第二次石油危机后的沙特阿拉伯，而 1986 年又大幅度地超过了 1985 年的顺差额，大大刷新了历史记录。1986 年的顺差额超过了国民生产总值的 5%。这已超过了 19 世纪的英国和第二次世界大战后的美国最盛时期的水平。一国的经常收支顺差这样明显地扩大，同时也是扩大了其他国家的经常收支赤字。当前，除了赤字集中于美国并使美国成为债务国以外，输入资本的发展中国家也苦于受到国际收支的制约。

一方面，美国在债务国化；另一方面，日本随着经常收支顺差的急剧扩大而迅速走上债权大国的道路。1985 年末，日本的对外纯资产为 1298 亿美元，超过英国和沙特阿拉伯，成为世界最大的纯资产国。1986 年末，对外纯资产超过 2000 亿美元，又成为世界最大的债权国。

今后，日本的经常收支顺差只要不以相当的速度缩小，对外纯资产将会逐年大幅度膨胀。这与美国对外债务累增的方向虽然相反，但是，问题的严重性并不亚于美国。因而，首要的问题是使在日本累积的资本顺利地还流到世界上需要提供资本的地区。

## 三、日本经济的发展趋势

**缩小顺差的目的不明确**

对日本来说，紧急的课题是调整对外不平衡。从各个方面已提出了实现这一目标的设想和对策，但很难说取得了明显的效果。

到目前为止，实施的最具体的措施是日元升值。日元升值今后也许能缩小经常收支顺差。可是，如果只靠日元升值，在顺差缩小的速度不充分时，就有陷入日元无限制加速升值过程中的危险。

另一方面，不要忘记只靠日元升值来调整对外不平衡，还会孕育着扩大国内不平衡的危险。虽然日元升值确实具有改善交易条件这种扩大内需的因素，但是在经常收支顺差明显缩小的时期，反倒会减少来自海外的实际收入和压迫内需。即可以说，没有同时实行扩大内需政策的日元升值，即使能够成功地缩小经常收支顺差，也很可能会出现增加失业等国内不平衡的结果。

**世界恐慌的导火索**

经常收支顺差缩小缓慢和对外纯资产急速增加这种状况，对外会引起外国强烈反对日本的风波，对内会招致景气停滞和失业增加等后果。不仅如此，这种状况还可以使美国的对外债务继续增加，从侧面促使世界经济走向恐慌。因为，不管原因在哪方面，到 90 年代前半期，世界上最突出的债权国和债务国是日本和美国，日本对外纯资产的急速扩大与美国对外纯债务的急速扩大有着密切的关系。

从中期看，在调整对外不平衡方面如果除日元升值以外没有采取其他有效的具体手段，就意味着助长世界恐慌的因素。而且当世界恐慌成为现实的时候，与世界经济密切相关并已成为世界最大的债权国的日本所受的损害会比其他任何发达国家都大。

## 四、日本经济增长的可能性

**依然不低的潜在增长率**

预计日本经济在 80 年代仍能维持比欧美高的潜在增长率。因此在内需不振的情况下，日本以外需为主导型的实际增长率仍一直保持在近 4%的水平上。日本这种潜在增长率到 90 年代究竟将如何变化呢?

由于出生率下降，日本的人口增长率已大大下降，但是仍比西欧高。尤其是在劳动力人口方面，增长率到 2000 年估计将达 0.8%的程度。

从宏观上看，劳动生产率的增长将依赖于劳动的资本装备率和技术进步率的提高，而这些又都与民间设备投资的动向密切相关。

民间设备投资为对经济增长的期待等整个经济的动向所左右。因而，今后从 80 年代后半期到整个 90 年代，日本经济的变化有许多种可能性。那时潜在增长率本身也会变动。正如后面所阐述的那样，在通过政策努力保持内需主导型增长的情况下，民间设备投资的增长与过去相比将不会大幅度地下降。的确，在迄今一直面向国内的民间设备投资中，改为向海外直接投资转移者今后会以相当的速度增加。不过，它们的生产率都是相对较低的。因而，这种转移将成为提高平均劳动生产率的主要因素。而且，日本的研究开发投资正在急剧增加，今后也会日益扩大。这将成为提高技术进步率和劳动生产率的主要因素。从这一点来考虑，今后一直到 90 年代，日本的潜在增长率不会比过去大幅度降低，实现近 4%的实际增长率也是可能的（见表 5–1）。

**表 5–1　对 2000 年前的潜在增长率的预测**

（增长率和增长率贡献度）

单位：%

| | | 1975~1985 年 | 1985~2000 年 |
|---|---|---|---|
| 资本 | 资本积累 | 1.9 | 1.7 |
| | 开工率 | 0.0 | 0.0 |
| 劳动 | 劳动力人口 | 0.8 | 0.6 |
| | 劳动时间 | 0.1 | 0.0 |
| 技术 | 技术进步率 | 1.7 | 1.7 |
| 潜在增长率 | | 4.5 | 4.0 |

**内需增长的可能性**

近 4%的潜在增长率是不会与过去的外需依赖型增长并存的。必须降低对外需的依赖程度，通过扩大内需来实现。下面拟对内需增长的可能性加以考察。

民间设备投资在 80 年代前半期维持了较高的增长。今后增长的可能性仍比较大。这是因为信息化和国际化等社会变化将会带来新的投资需求，预计用于技术革新的投资也将会日益增加。

80 年代前半期缩小的社会基础设施和住宅投资，是潜在需求增长可能性最大的领域。随着国民生活水平的提高，人们对安全可靠的社会基础设施积累和优良住宅的欲望将会增强。

在个人消费方面，人口停滞等消极因素比西欧少。虽然目前日本的消费水平比欧美低，但如果今后国民生活意识发生变化和完善扩大消费的条件，消费的增长率依然可以提高。如此看来，今后内需增长的可能性决不会小。通过政策方面的努力，就有可能在降低外需依赖程度的同时实现内需主导型的增长（见表 5–2）。

**表 5–2　预测到 2000 年的增长类型**

单位：%

| | 1975~1985 年 | 1985~2000 年 |
|---|---|---|
| 国内需求 | 3.50 | 4.06 |
| 民间需求 | 3.74 | 4.21 |
| 公共需求 | 2.42 | 3.27 |
| 海外需求 | 0.90 | –0.40 |
| 实际国民生产总值 | 4.40 | 3.70 |

## 五、从质的方面提高国民生活

**高龄化社会的课题**

日本面临的紧急课题是迅速调整对外不平衡，但是还有不亚于它的国内课题。其一是，要从质的方面提高国民生活水平和创造经济活力，以便适应将要到来的高龄化社会。

如按 1 美元兑换 150 日元的水平计算，日本人均收入水平已经略微超过美国，走在世界的前列。今后，如果世界经济低速地持续增长，并且日本的经济增长又超过这一速度，那么，毫无疑问，人均收入一定会大大超过美国。无论从名义上还是从实际水平来看，均将在世界上独占鳌头。只要分配公平，这就意味着国民生活在收入水平的量的方面是世界最高的。但仅此一点还不能说国民已真正富裕起来了。

有关人士从各个方面早就指出，与收入的量相比，日本在积累方面是落后的。在社会基础设施投资和住宅投资方面达到与国民的不断提高的需求相吻合的程度之前，很难说国民生活已实现了真正的富裕。而且，在走向高龄化社会的今天，为了使国民能安心生活，充实养老金等社会福利是必不可少的。但是，提高社会福利必然要增加纳税和社会保障负担。国民负担率以这样的方式上升是西欧前所未有的，它将使经济失去活力。怎样使发展社会福利与保持经济活力并行不悖，已成为日本目前重要的课题。

**期望增加闲暇时间**

从质上提高国民生活并不单纯是收入的量和资本积累的充裕。从劳动的约束中解放出来和增加闲暇时间也是提高质的重要条件。为了增加闲暇时间要积极运用潜在增长率。

日本的实际年劳动时间 1985 年为 2110 小时，大约比美国多 10%，比联邦德国多 30%。日本上下班所用的时间越长，受劳动约束的时间与劳动时间之差就越大，用于丰富业余生活尤其是休息、趣味、体育和自我启发等方面的自由选择时间就会相应减少。虽然日本的收入水平可与美国并肩媲美，超过联邦德国，但很难说生活的质量一定优于欧美。为了缩短劳动时间，就要挖掘相应的源泉。如果单是缩短了劳动时间，生产以及收入就会减少，生活的质量也就不能提高。通过资本积累和技术进步来提高劳动生产率，才有可能既缩短劳动时间又不会降低收入水平。在这个意义上，应当以尽量提高潜在增长率为目标，一方面将其一部分用于提高收入，另一方面将剩下部分用于缩短劳动时间。

一般认为，从 80 年代后半期开始到整个 90 年代，日本经济有可能达到平均将近 4%的增长。同时，缩短 0.2%~0.3%的劳动时间并用于增加闲暇时间，也是很重要的。

# 第三节　急速变化的产业结构

## 一、容易产生顺差的产业结构及其变化

**产业结构的长期变动**

从半宏观的角度考察 80 年代前半期日本经常收支顺差急速扩大的背景，可以找出结构性的原因。即日本产业正处于长期发展阶段，处于经常收支最容易出现顺差的时期。

就业人口从第一产业向第二产业和第三产业转移，而且，根据由第二产业向第三产业转移的克拉克法则，80 年代前半期的日本产业结构处于第二产业开始向第三产业转移的阶段，可以说正值制造业的最盛时期。

技术和经营资源的结合决定产业发展阶段的性质。如果像图 5-2 那样设定从①到④四个阶段，那么可以推定，日本处于在高技术资本密集型产业中具有比较优势的③阶段。这个领域所占有的世界市场最大，而且其市场还在急速扩大。这个领域比较强的国家，其经常收支顺差就容易扩大。

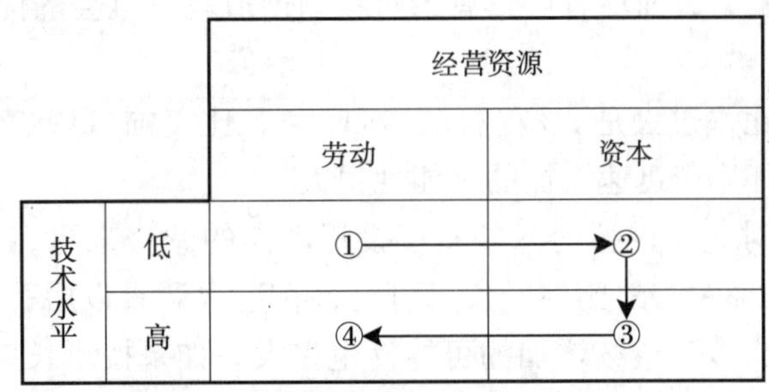


**图 5-2　经营资源集约程度和技术水平**

如果根据国家经济能力和企业竞争力把产业的发展设定为图 5-3 那样的①至④四个阶段，那么，可以推定日本无论国家和企业都处于经济力很强的阶段③。这个阶段的特征是，由于企业是以本国国内为生产基地进行活动，所以企业竞争力的加强与国家的经常收支顺差有直接关系。

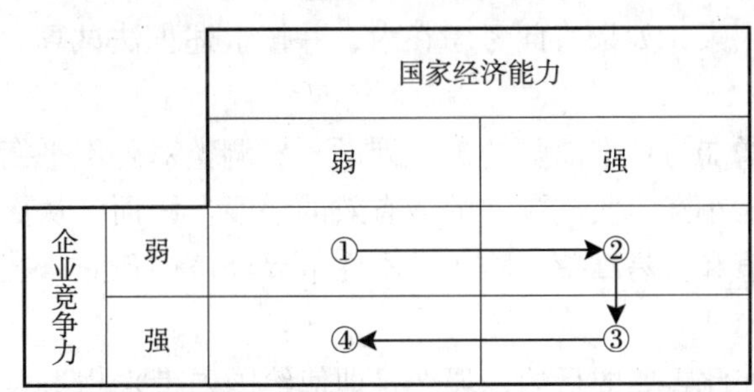


**图 5-3　国家经济能力与企业竞争力的关系**

处于产业发展阶段最盛时期的国家，长期持续出现经常收支顺差是不足为奇的。19 世纪的英国和第二次世界大战后的美国都是如此。如果没有石油危机，估计日本也早就迎来了这个时期。石油危机一方面以暂时的经常收支赤字掩盖了持续顺差体质的特征，而另一方面于 80 年代前半期引起了内需紧缩而加速扩大经常收支顺差这种混乱局面。

**日元升值下的产业结构**

日本的产业结构将急剧地发生变化。

日元升值以后，除部分高技术商品外，日本的出口竞争普遍陷入困境，钢铁、造船、纤维等出口的不振尤其明显。由于新兴工业国已成为强有力的竞争对手，除尖端技术产品外，这些产业的竞争力本来就已开始下降了，日元升值进一步削弱了它们的竞争力。这样的商品在电器、一般机械和精密机械等行业中也不算少。日元升值在进口方面也促进了产业结构的变化。这次日元升值引起制造业产品进口的急剧增加。尤其是纤维、钢铁和机械（特别是汽车和电子部件等）的进口增加很多。除了原来进口量很少的汽车外，这种进口增加对国内产业的影响很大。

因日元升值而失去竞争力的产业，正在急剧向海外转移生产基地，为确保海外销售而实行当地生产化并向日本逆进口。这些动向正在急剧改变日本的产业结构。

## 二、海外直接投资的急剧增加及其影响

**急剧增加的海外直接投资**

到海外寻找市场并靠海外销售获得许多利润的不只是日本企业。可是，日本企业一直只靠出口这个手段向世界市场提供商品。与此相反，欧美的国际企业一直靠增加海外生产来取代出口。

日本企业和欧美企业具有的共同点是，都想支配海外市场。在出口和海外生产方面，前者以产生经常收支顺差来增强国家经济实力，而后者虽具有给对象国创造就业机会的优点，但却没有增强本国的经济实力。这两者的差距很大。

日本制造业的海外生产比率过去是 2%左右（1983 年），比美国（1982 年为 20%强）低得多。然而以日元升值为转机，今后海外生产迅速增加的可能性很大。

从通产省 1985 年 10 月对企业进行的海外直接投资动向的调查来看，制造业的海外直接投资累积额，2000 年以前将以年均 12%左右的比率增长。可是，在这次调查以后，日元已大幅度升值，海外直接投资已有更大幅度的增长，今后继续增加的可能性也很大。如果按增长率比上述调查高 5%即 17%计算，制造业的海外生产比率到 2000 年约达 10%。到 90 年代日本也就真正迎来了海外生产的时期。

**海外生产扩大的影响**

海外生产的扩大对经济带来种种影响。

通过海外生产代替出口，增加逆进口，将成为国内生产减少的重要原因。国内生产的减少是使国内就业机会减少、增加失业的重要原因。但是，并不是所有海外生产都与国内生产的减少有关系。因为还有日本向海外子公司出口等因素，如果将此考虑在内，并按上述方法试算，国内生产的减少预计将停留在 7.5%左右。

然而，出口减少和进口增加与日本面临的最大课题——调整对外不平衡的目的是一致的。尤其是从中、长期来看，这可以说是缩小经常收支顺差的最有效的手段。因而，从更广阔的视野看，海外生产的扩大，可以避免日元过度升值和贸易摩擦，防止日本在世界经济中孤立，在这个意义上说，对日本本身也是个理想的方向。

既然发展海外生产具有如此重要的目的，那么，即使给国内带来相当大的痛苦，也只好忍受。

## 三、技术革新和创造新产业

**技术革新的领域日益宽广**

直接投资和随之带来的海外生产化可能造成过去欧美各国曾出现的产业空心化和国内经济的疲敝。

为了在扩大海外生产的同时避免出现产业空心化，推进有活力的经济增长，必须发展新的增长产业以取代改为海外生产的产业，这种新的增长产业只有依靠技术革新才能出现。

从 80 年代后半期到整个 90 年代，技术革新领域可望有扎实的扩展。已经产生巨大效益的电子技术的应用范围今后将会更加广泛，在 90 年代，新材料和生物工程等可望在 21 世纪大展宏图的领域也会进行技术革新。

日本企业肩负的使命是必须在这种新领域不断进行技术革新和培育新的增长产业。企业本身对此最了解，因而正在大力增加研究开发投资。因此，日本今后即使推进当地生产化，也不会因产业空心化而丧失企业的活力，新的增长产业将不断涌现，填补海外生产化造成的空白。

**新的增长产业领域**

从 80 年代后半期到整个 90 年代，最有发展前途的增长产业是信息通信领域。尤其引人注目的是，硬件的技术革新创造出了软件的新增长产业，而软件产业又扩大了硬件的市场，从而实现软件与硬件相互促进的经济增长。

在信息通信领域中，随着信息通信机器等硬件方面的电话机、计算机及其关联装置、集成电路和通信工业等技术革新的发展，将会培育出软件方面的信息通信、公共电视天线、软件开发和提供信息等新的增长产业（见图 5–4）。

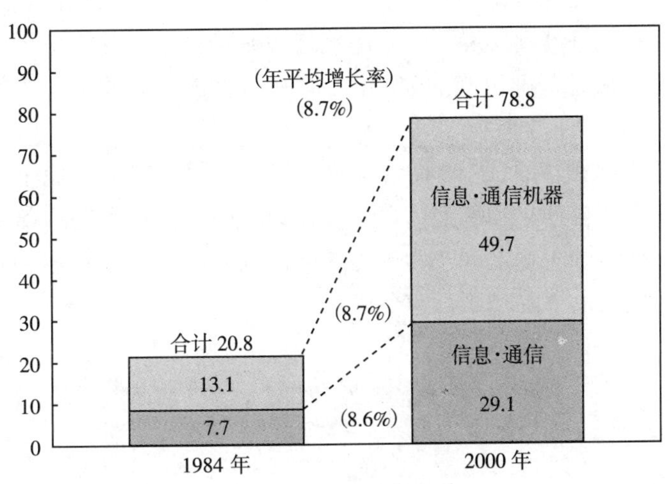


**图 5–4　信息通信产业的发展**

注：①信息通信：包括国内和国际电话、信息、通信、情报处理等。②信息通信机器：包括电话机、计算机有关装置、集成电路和通信工业等。

从另一个角度展望今后的产业时，反映需求结构的软件化和服务化，在广义上也可以说服务产业将要成为强大的增长产业。其中有可能产生各种各样的新型服务产业。例如可望在 90 年代取得发展的服务产业有家庭自动化和家庭信息化等领域。它们是以信息通信领域的硬件和软件两方面的技术革新为背景的。可以说技术革新是创造边缘增长产业的典型模式。

在 90 年代，以正式开展技术革新的新材料和生物工程领域为中心，有可能通过新技术的实用化在各个领域创造出各种增长产业。

## 四、90 年代产业结构的变化

**人力资本密集型产业结构**

战后，日本的产业结构改革的目标是，建立、完善电力、运输和金融等“基础产业”，在此基础上推进重化学工业化，构筑不劣于发达国家的产业结构。这些目标出乎意料地获得了成功，使日本几乎所有制造业都形成了具有出口竞争能力的特异的非特化型产业结构。但是，这种做法显然扩大了对外不平衡，近几年来已被迫对其进行了调整。

日元升值和海外生产化发展，已使过去的非特化产业结构发生了很大变化。今后，从 80 年代后半期到整个 90 年代，海外生产化将使现有产业的地位相对下降、取而代之的新增长产业相应扩大，日本的产业结构很可能要发生大的变化。

因海外生产化而地位相对下降的产业的特征是图 5-2 中（经营资源集约程度和技术水平）的③型，即资本密集型（中）高技术产业较多。而今后作为增长产业将不断扩大的是图 5-2 中的④型，即属于劳动密集型（超）高技术产业。③型的技术主要体现在资本上，而④型技术主要体现在劳动上。一般把具有这种高度技术和知识的劳动称为人力资本。就是说，90 年代的日本产业结构所具有的特征是人力资本密集型产业结构。

以资本密集型高级技术型产业为中心，几乎所有制造业都具有出口竞争力的这种非特化型产业结构，是与国际经济社会缺乏协调的。相反，集中力量发展人力资本密集型产业，而将其他许多产业海外生产化、进口产业化的产业结构则是国际补充型产业结构。其方向是令人看好的。

**信息化和服务化的进展**

如果对制造业以外的产业也包括在内的整个经济结构的变化趋势加以探讨，就可以看出左右它的强大浪潮，现在已有相当进展并将继续发展下去。潮流之一是产业电子化（电子工程技术波及整个产业）。同时，与其并进的浪潮有“信息基础设施的完善”，还有与上述二者并驾齐驱的一股大潮是需求结构的软件化和服务化。

根据上述情况可以想象出 90 年代的产业结构的概貌：①服务产业的比重增大。这种服务产业的特征是提供前述信息通信、家庭自动化和家庭信息化等比以往更高级的服务。②在制造业方面，信息通信机器占有很大的比重，新材料和生物工程产业等作为新的增长产业将会崭露头角。由于当地生产化和进口的增大，原材料型产业比重的下降是不可避免的。

## 五、对大量失业时代的担心

**供求失调造成失业增加**

日元升值和海外生产化引起的产业结构变化，将带来失业增加的痛苦。

据说，1985 年 9 月 G5 会议以后的日元急剧升值，将使被迫缩小国内生产规模和实行合理化的有色金属、钢铁和造船等产业大幅度地缩小现在的就业人员规模。在推行海外生产化和企图建立企业内国际分工体制的汽车和零部件、产业用电子和生活用电子等产业方面，预计在 90 年代也将会出现现职从业人员的大量过剩。根据前述对海外直接投资的预测，因日元升值和当地生产化使国内生产下降而产生的过剩工人到 90 年代后半期将超过 100 万人。

在产业结构的变化过程中，一方面有地位相对下降的产业，另一方面也有新增长产业的出现和其国内生产的扩大，后者当然可以创造出新的就业机会。在 90 年代，如上所述，这种领域就是信息通信和服务等产业。

即使由新增长产业创造的就业机会在数量上与上述过剩的劳动力相等，从工作内容来说，也不能把全部的劳动力完全吸收到新的工作岗位上。劳动力的需求和供给很可能有相当大的差距。

**高失业时代会到来吗**

从 80 年代后半期到 90 年代，失业的增加并不只是日元升值和海外生产化而产生的失调。劳动人口的高龄化和女性加入劳动市场者的增加也很可能会带来失业的大量增加。

虽然 60 岁至 64 岁阶层的男性的失业率较高，但是今后这个阶层的劳动人口将会飞跃地增加。在这种情况下，高龄者的就业更加困难，失业率将会上升。

女性加入劳动市场者近年来逐步增加，但是其临界失业率却较高，预计今后女性因操持家务和育儿时间的减少而进入劳动力市场的比率将会上升，这种情况将使女性的失业者增加。

从 80 年代后半期到整个 90 年代，作为左右失业问题的重要条件有宏观供求失调的问题。在潜在增长率近 4%的情况下，如果实际增长率仅为 3%，那么就会由于供求失调的扩大而增加失业。为了避免出现这种情况，就需要缩短劳动时间。也就是说，以缩短劳动时间的形式利用潜在增长率将成为重要的失业对策。在 90 年代中期，如果总实际劳动时间成功地达到现在美国的水平，由供求失调造成的失业当然就会缩小。这可以说是有效的分配。但是，由于前面所指出的种种原因，日本的失业率继续上升的可能性也很大。在 90 年代，即使达不到现在的欧美水平，失业对策也将成为日本经济政策中最优先的课题。

## 第四节　国际金融交易的现状与展望

### 一、国际“货币”时代的到来

**迅速扩大的国际金融交易**

近年来，国际金融交易在急速地增长。例如，国际决算银行（BIS）编制的数据库资金筹措总额 1973 年末为 3452 亿美元，到 1985 年末增加到 20300 亿美元，为 1973 年的 5.9 倍（年增长率为 15.9%）。如果将这种增长与美国的国内信用市场债务比较，1973 年相当于美国的 17.4%，1985 年上升为 28.6%，这就表明国际金融交易一直在以超过国内金融交易的速度增长。

如果把国际金融交易分为资金的放款人和借款人，从银行信用的余额来看，发达国家和石油输出国为放款人，以中南美为中心的发展中国家成为借款人。但如只从最近时期来说，放款人和借款人则均为发达国家。发达国家之间的资金流量很大。

在债券方面，筹措资金的主体绝大多数是发达国家。如果把债券分为外债和欧洲债的话，这种趋势在欧洲债市场上尤其显著，其结果，外债和欧洲债的比率 70 年代曾大体各占 50%，到 80 年代，欧洲债已占 70%之多。国际债券的买主多半是发达国家，这样在以债券筹措资金方面，最近发达国家之间的资金流量也在增加。

**对实体经济的影响力增大**

金融交易的国际化迅速发展的结果，导致世界经济的实体方面与金融方面的相互关系达到极为密切的程度。不言而喻，实体方面和金融方面以前就通过贸易金融等而有某种关联。可是，最近在金融市场的国际一体化的发展过程中，与贸易交易没有直接关系的金融交易，通过汇率和利率的变动，对实体经济带来很大的影响。

特别重要的是金融与实物的这种相互关系并不只在流通方面上产生，在资本积累方面也会产生。例如在流通方面，资金从海外流入美国越多，美国越容易采取依赖对外借入的政策（如赤字财政政策）。在资本积累方面，只要美国的对外债务总额迅速增加，海外投资家为了避免有价证券的风险，就会要求美元贬值，提高利率。其结果，在美国有可能产生通货膨胀和经济衰退等影响。

## 二、国际金融交易扩大的背景

**国家间的资金不平衡日趋严重**

从 70 年代后半期到 80 年代前半期，国际金融交易以超过国内金融交易的速度扩大。这是为什么呢？

一般地说，金融交易活跃的重要原因在于经济主体间资金严重不平衡。在进行国际金融交易时，扩大交易的第一个原因是国家间的资金不平衡，即储蓄和投资的不平衡扩大。事实上，在石油危机导致产油国和非产油国之间经常收支不平衡扩大时，就出现了欧洲美元市场扩大等国际金融交易十分活跃的现象。在美国投资过剩的 1984 年至 1986 年期间，日美间出现了同样的趋势。至于这种国家间资金的不平衡会引起哪种类型的国际金融交易，在很大程度上是由资金剩余国和资金不足国是何种国家所决定的。以资金不足的国家为例，信用度低的国家依赖银行的程度高，信用度高的国家则对资本市场和金融市场的依赖程度高。作为前者的例子有非产油国的发展中国家，作为后者的例子是最近的美国。作为第二个原因可以举出经常收支变动剧烈这一点。这是因为在经常收支变动大时对外金融资产和对外金融负债均有增大的趋势。

计算 1963~1972 年和 1973~1985 年经常收支与名义国民生产总值的比率的标准偏差，如表 5-3 所示，后一个时期的偏差较高。国际金融交易迅速增长也是后一个时期，这就表明经常收支变化幅度的扩大是其原因之一。可是，经常收支变化幅度的增大，除石油危机这样的实物原因外，估计还有从固定汇率制向浮动汇率制转变的原因。因为改为浮动汇率制以后，用国内经济政策消除国际收支不平衡的效果已下降。表 5-3 的两个时期也是固定汇率制和浮动汇率制的时期，从表中也可以证明这一点。

**表 5-3　经常收支与国民生产总值的比率的标准偏差**

单位：%

| | 1963~1972 年 | 1973~1985 年 |
|---|---|---|
| 日　本 | 1.09 | 1.33 |
| 美　国 | 0.44 | 1.17 |
| 英　国 | 1.02 | 1.60 |
| 联邦德国 | 1.02 | 1.21 |
| 法　国 | 0.52 | 1.01 |
| 意大利 | 1.39 | 2.05 |
| 加拿大 | 1.02 | 1.17 |

**制度的变革**

国际金融交易扩大的第三个原因是缓和限制。自由化活跃了筹措国际资金的交易，明显的例证是对有关国内经济主体在海外筹措资金的限制的缓和，以及对有关海外经济主体在国内筹措资金的限制的缓和。作为前者的例子，是缓和了对日本企业从海外筹款和在海外发行公司债的限制等，作为后者的例子，缓和了对有关非居住者在外债市场上发行日元债券的限制。

同样，在有价证券投资方面，对外金融资产投资的自由化也促进了投资的活跃，这一点在 1980 年以后出现的日本机关投资家的动向中表现得非常明显。

第四个原因是金融革新的进展。最重要的情况是通过通信和计算机革命大大降低了国际金融交易的成本。这个影响不仅波及担当资金中介的金融机关，也波及了企业等非金融机关。其次是产生了促进国际金融交易的新的金融服务。例如在筹措资金方面，通过外汇交换买卖和利率交换买卖的采用，使不同的通货和海外金融市场变得更容易利用了。在有的证券投资方面，伴随金融市场的发展和短期金融资产种类的丰富，国际性的有价证券投资也活跃起来。

## 三、国际金融交易的展望和发展中国家的债务问题

**金融革新的推进**

在促进国际金融交易扩大的各种因素中，缓和限制和金融革新今后仍会取得扎实的进展。

在缓和限制方面，主要发达国家已大力推进了自由化，但日本和一部分西欧国家还有促进的余地。以韩国和中国台湾为代表的部分国家和地区今后也将正式迎来自由化。毫无疑问，这种金融自由化和缓和限制今后将使国际金融交易更加活跃。

在金融革新方面，估计今后将会更迅速地取得进展。通信和计算机技术的发展，进一步降低了国际金融交易的成本，同时外汇和利率的互惠信贷以及各种援助信贷在国际上也将得到充实。而且，还将通过扶植与加强金融市场和海外市场确立 24 小时连续运转的金融交易体制。

**发展中国家存在的债务问题**

国家间的资金不平衡是使国际金融交易扩大的根本原因，也是国际金融交易中存在的重要问题，因而不能让其过度发展，否则将使国际金融体系走向崩溃。

如第一节所述，今后国家间的“资金不平衡的激化”问题有两个，即发达国家与发展中国家间的不平衡（发展中国家债务问题）和发达国家之间的债务问题。其中关于后者要在下一节论述，在此想探讨发展中国家的债务问题。

以中南美为中心的输入资本的发展中国家一直以国际金融市场为主筹措资金，依赖民间商业银行提供贷款。但是，自从债务危机表面化以后，发达国家的银行只要预测到发展中国家的经济活力不能好转，就不会积极贷出；另一方面，发展中国家如果不能筹措资金，经济活力未能得到改善，处于一种互相矛盾的状况之中。

可是，发展中国家的紧缩政策已达到极限，不管怎样，今后无疑正是需要新通货的时候，因此必须想出使发达国家向发展中国家的资金循环顺利进行的对策。在这一方面，国际上一般认为改革的基本方向可归纳为以下三点：①为民间金融机关向发展中国家贷款提供保证和创设保险信贷。②国际公共机构增加向发展中国家提供贷款。③改革资金供应形态，如将发展中国家的债务转换为股票等。

这些建议虽然都不容易实现，但是为了解决发展中国家债务问题，使国际金融交易获得顺利的发展，希望尽早使这些建议付诸实施。

## 四、对国际通货制度改革的探讨

**对美投资的界限**

美国的债务问题是左右 90 年代世界经济动向的大问题。在此，拟从国际金融交易的观点重新探讨这个问题。

正如已经叙述的那样，美国的对外纯债务当前不可避免地急剧增加，过几年将会达到近 5000 亿美元，如任其发展下去，很可能会像滚雪球似的增加。然而，伴随对外债务的累增，非居住者拥有美元资产的情况可能会急速发生变化。

非居住者持有美元资产的动机在于美元的价值和利息有魅力，在于以作为国际货币的美元计价的资产有魅力。随着美国的对外债务总额的增加，非居住者感到风险增大，为了使有价证券中的美元资产增加，就要求美元贬值和提高利率。如果对外债务余额越增加，其要求就越强烈，有价证券中的美元资产不仅不能增加，而且有时减少的压力还会增强。

要求美元贬值和利率上升的程度是与作为国际货币的美元的性质有关系。在美元是唯一的国际货币时，由于国际货币有魅力，这种要求的程度就会相对缩小，如果有美元以外的国际货币存在，要求的程度就会增强。美国的对外债务越大，美元以外的通货成为国际货币的可能性就会越强，美国的对外债务危机就会因此加速。表 5-4 是对在能够避免这种债务危机情况下的日美之间资金不平衡状况的展望。在流通方面，即使不平衡缩小，在资本积累方面，不平衡的扩大也是不可避免的。

**表 5-4　日美间资金不平衡的状况**

单位：%

| | 日本 | | | 美国 | | |
|---|---|---|---|---|---|---|
| | 1977 年度 | 1985 年度 | 1995 年度 | 1977 年度 | 1985 年度 | 1995 年度 |
| 对外纯资产名义 GNP | 3.0 | 8.9 | 13.6 | 3.7 | −2.7 | −7.7 |
| | 1978~1985 年度 | 1986~1995 年度 | 1985~1987 年度 | 1978~1985 年度 | 1986~1995 年度 | 1985~1987 年度 |
| 经常收支状况名义 GNP | 1.3 | 1.4 | 3.5 | −1.1 | −0.8 | -3.1 |

**国际通货制度变革的可能性**

美国的对外债务累积问题，今后很可能与国际通货制度的改革有很大关系。其理由是：①为了解决美国的对外债务累积问题，只用汇率和宏观政策运营世界经济是有限的，因而将会出现改革国际通货制度本身的动向。②人们普遍认为，美国所以累积了巨额对外债务，原因是在转为浮动汇率制后，资本的国际移动变得容易了，作为国际流动性供给国的美国没有必要把经常收支的平衡作为政策目标。

即使进行通货制度的改革，恢复固定汇率制也是困难的。

因而在不久的将来可能实现的国际通货制度改革将是在主要通货间采用目标区域制度。关于目标区域制度，也有人指出它很难符合区域内有关各国的共同愿望以及区域制度的存在本身会使投机增加和汇率不稳定。

但是，现行的浮动汇率制无疑是存在着许多问题的，因此，主要国家应通过政策协调使汇率在浮动汇率制下稳定下来。这种情况表明，如以主要国家的政策协调为前提继续努力，实现目标区域制度也不是不可能的。

## 五、东京国际金融中心和日元国际化

**急速成长的东京国际金融中心**

无论在流通方面，还是在积累方面，现在日本都是世界最大的资本纯输出国。以这种经济实力为背景，东京金融市场迅速地实现了国际化，外汇交易量和外债发行量等均达到仅次于伦敦和纽约的规模。从 1986 年 12 月起开辟了海外市场，其规模也在迅速地扩大。

今后，从 80 年代后半期到整个 90 年代，日本作为资本输出国的地位，无疑将会进一步加强。伴随对外不平衡的调整，经常收支顺差幅度将逐渐缩小，因此，到 90 年代作为流通的资本纯输出额将会减少。然而，在积累方面，日本仍将成为世界上突出的拥有对外纯资产的资本供给国。以此为背景，东京金融市场必将作为与伦敦、纽约并驾齐驱的世界国际金融中心迅速地获得发展。

为使日本的资本顺利地还流于世界，东京金融市场发展成世界国际金融中心是不可缺少的条件。投资家把大量的资金投资到海外时，希望在本国金融市场上建立通过本国的金融机构投资的体制。对日本来说，日本的金融机构作为国际金融机构进行活动也是有益的。

现在，东京金融市场作为国际金融中心的机能已迅速提高。可是在作为国际金融中心所应具备的条件方面，还有不少地方不如伦敦和纽约。在 90 年代，为了使东京金融市场真正发挥国际金融中心的机能，应当迅速地完善这些条件。

**日元的国际化**

为了使日本的金融机构更积极地开展国际金融业务，日元的国际化是很必要的。

现在，从国际上使用日元的状况看，在金融交易方面，日元虽然已成为仅次于美元的第二国际货币，但是其差距还很大。在贸易交易方面，使用日元的程度更是微乎其微。

为了推进日元的国际化，重要的是在贸易交易中提高使用日元的比重，使日元成为国际货币。这样，金融交易中日元的使用度也会迅速提高，从而大大促进日元的国际化。

为了提高日元在贸易中的使用度，就必须降低使用日元的成本、让使用日元者增加收益。国内金融市场越发达，越可能产生这种效果。因此可以肯定，日本国际金融中心的发达是日元的国际化必不可少的条件。由于国际金融中心的发达与日元的国际化有这种不可分的关系，因而两者应当同步发展。

# 第五节　90 年代的日本经济政策

## 一、对日本作用的期待

**30 年代世界恐慌的教训**

现在世界经济在战后的长期波动中正处于危机的局面。最能说明这一点的是发展中国家累积的债务问题和美国的债务国化这两个债务问题。世界经济已面临着重大的抉择：对这两个债务问题的控制如果失败，在 90 年代就可能会陷入世界性的经济危机。

面对这种危机，现在已不存在一国就能解决问题的超级大国。从规模来说，虽然美国仍然是世界的超级大国，但是，其力量已大大衰退，而且首先是美国的经济本身处于问题的旋涡中。在这种状况下，为了避免世界性经济危机，只靠一国的力量是不够的，发达国家必须共同合作努力改善这种状况。在发达国家中，现在具有解决问题余力的国家首先是日本。

在 80 年代中期，日本的国民生产总值（GNP）相当于美国的一半，人均国民收入略微超过美国。最重要的是，日本出现了在世界上极为突出的经常收支顺差，成为世界最大的债权大国。日本现在所处的这种地位，与第一次世界大战后取代英国而成为世界最大的资本输出国和债权大国的美国有不少共同之处。当时美国虽然处于必须取代英国领导世界经济的地位，但它自己却没有意识到这一点，只关心国内政策，不想为发展世界经济发挥领导作用，其结果导致了 30 年代的世界性经济危机。现在，日本决不能重蹈美国的覆辙，为了将世界从经济危机挽救出来，必须承担起领导责任。

**对“前川报告”的期待**

为了避免世界性经济危机，日本面临的紧急课题首先是解决经常收支大幅度顺差的对外不平衡。不能只将日元升值作为解决的手段，那样做的结果很可能使日本经济受很大损失。因此，有必要在日元升值的同时扩大内需和改革结构性的顺差体制。这种想法的有代表性的表述是 1986 年 4 月提出的“前川报告”。其核心内容是：“经常收支不平衡已处于危机状态，应该把缩小不平衡作为国民的政策目标。为此需要：①扩大内需。②向国际协调性的产业结构转换。③进一步改善市场流通渠道和促进产品进口。④稳定国际通货价值和加强金融的自由化及国际化。⑤推进国际合作和发展适应国际地位的世界经济。⑥灵活地运用财政和金融政策。

“前川报告”发表后在国内外引起很大关注，尤其是海外对此抱有很大的期望。日本纠正对外不平衡在国际上是必要的，人们都在期望日本积极地采取措施。

## 二、作为新领袖国家的日本的课题

**堆积如山的内外课题**

“前川报告”把解决对外不平衡作为最大的国民课题，并将以内需为中心的经济增长和改善容易出现经常收支顺差的经济结构作为目标。在提出日本所面临的紧急课题这个意义上，可以说是十分正确的。但是，90 年代的日本所面临的课题并不只是这些，而且仅靠日本一国的内需扩大和结构改革也不可能解决这些问题。基于这一点，我们把 80 年代后半期到整个 90 年代日本面临的课题进行了整理，见图 5–5。

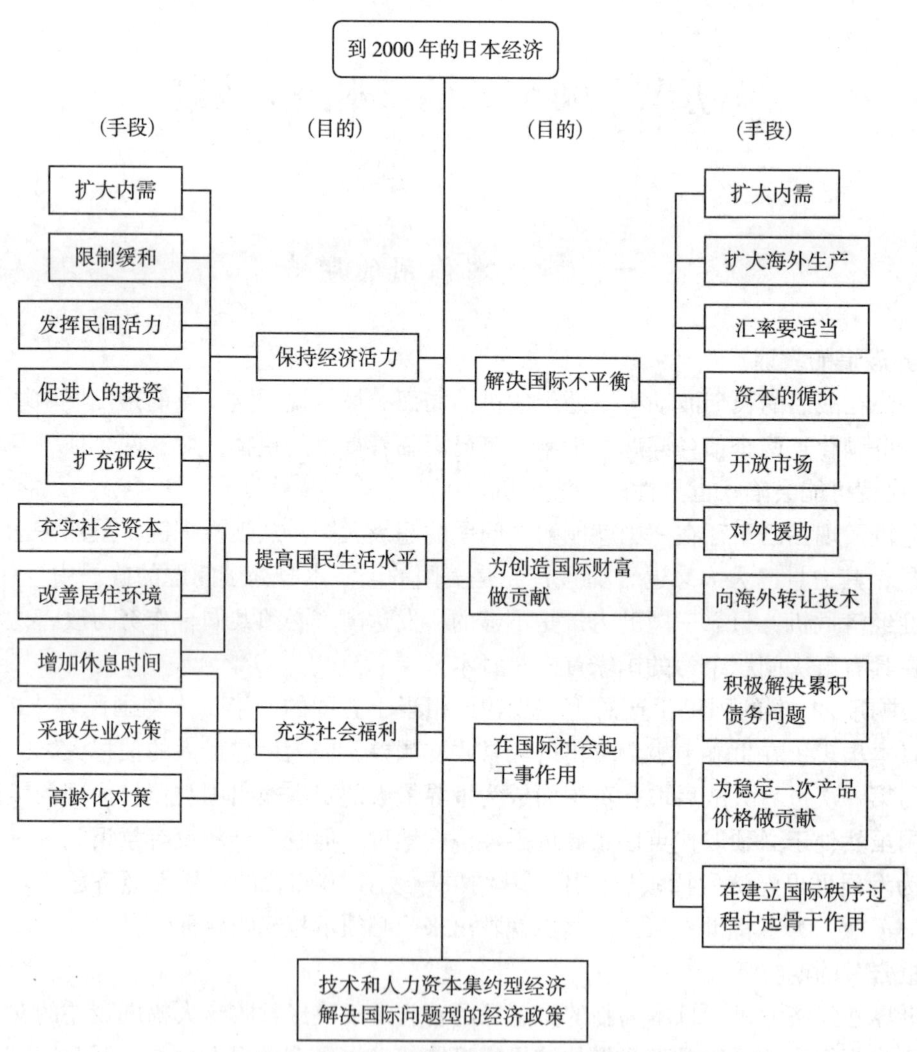


**图 5–5　日本作为新的大国模式的结构和措施**

日本在国际社会中必须与其他发达国家合作解决世界经济的各种问题。但是，就比其他的发达国家经济条件优惠这一点来说，日本则处于必须率先承担解决各种问题的责任的地位。现在不是唯一的超级大国负责解决问题的时代，而是变为多数国家合作共同承担责任的时代，其中日本必须起到率先承担工作的领导作用。这就是所说的新领袖国家。这种新领袖国家首先必须实行具有国际眼光的解决国际问题型的经济政策。日本应当完成的课题有“解决国际不平衡问题”、“为国际公共财富做贡献”和“在国际社会中起干事作用”，这三点在图 5-5 中已有说明。

另一方面，日本在国内也面临着重要课题，这就是“维持经济活力”、“提高国民生活水平”和“充实社会福利”等。

**国内外课题的协调**

上面提示的六个课题都是世界经济和日本经济的稳定和发展不可缺少的重要课题。因此，为了达到某个目的而牺牲其他目的的行动和政策是不可取的。要努力找出使各课题都能同时沿着更正确的方向发展的政策，或者至少是有助于解决某个课题而不牺牲其他课题的政策和行动。

在经过这样的努力之后，如果在各个课题之间仍必须进行选择，重要的是按国民的意志将各个课题排列先后顺序。

## 三、扩大内需政策与日本的经济发展

**扩大内需政策的日程表**

新领袖国家日本面临的最大课题是解决国际不平衡。为此，首先必须提出的课题是调整日本的对外不平衡。为了在完成国内课题的同时解决这一课题，扩大内需是必不可少的。

扩大内需的传统政策当然是财政和金融政策。在财政政策方面，从长远观点看，改变重建财政这个基本路线是不可取的。但要灵活地运用减税、扩大财政支出等扩大内需的政策，以便适应扩大内需课题的紧急性和使内需主导型增长走上正轨，考虑到 80 年代前半期内需停滞的原因在于财政规模的缩小，可以说这是很有必要的。

在金融政策方面，需要发达国家共同协调降低利率水平，为了实现这种国际协调，日本应该起带头作用。

为使内需主导型经济持续增长，传统的财政和金融政策以外的政策手段也是必要的。另外还需要缓和限制、刺激民间活力的手段以及其他结构性政策（如表 5-5 所示）。

**表 5-5　扩大内需的政策措施**

| 政策目标 | 理由 | 政策手段 | | | |
|---|---|---|---|---|---|
| | | 财政政策 | 金融政策 | 缓和限制等 | 结构政策 |
| 促进住宅投资 | 潜在需求大 | 改革住宅制度<br>加强住宅环境基研设施 | 把实际利率稳定在低水平上<br>充实住宅金融 | 修改对土地利用的限制<br>利用民间活力的建设项目 | 修改土地政策<br>有效利用国有地和公用地 |
| 充实社会资本 | 潜在需求大 | 适当扩大公共投资<br>扩大地方事业 | | 有活力的民间项目 | 都市再开发<br>加强地方基础设施 |
| 促进研究开发投资 | 潜在需求大 | 税制优惠<br>推进公共性的基础研究 | | 缓和限制 | 促进产、学、官合作 |
| 促进人力资本投资 | 潜在需求大 | 扩大终生教育设施 | 扩充有关智能开发的金融 | 缓和限制 | 增加自由选择时间<br>改革智能开发的方式 |
| 促进民间最终消费 | 消费倾向大有余地 | | 扩充消费信贷 | 延长大型零售店的营业时间 | 增加休息时间 |
| 促进民间设备投资 | 以尖端技术和非制造业为中心的发展大有余地 | 减轻法人税负担<br>扩大投资减税的范围 | 把实际利率稳定在低水平上 | 缓和参入的限制等 | 培育风险资本<br>加强地方信息基础设施<br>有效利用国有地和公用地 |

表 5-5 说明了在哪个需求领域如何推动这四种类型的扩大内需政策。潜在需求大而且最有希望的是 80 年代前半期一度停滞的住宅投资和资本投资的扩大政策。为此，除财政和金融政策外，还要采取利

用民间活力的项目推进方式和修改土地政策。为了促进比重高的民间最终消费支出，还应采取增加闲暇时间等措施。在消费服务化以后，增加闲暇时间对促进服务消费是不可缺少的。

**以 4%为目标的内需增长**

正如表 5-5 所指出的那样，从 80 年代后半期到整个 90 年代，预计会有不少高速增长的内需领域，对此采取的政策手段也是多种多样的。这些政策如能付诸实施，内需增长是大有希望的。

从 80 年代到整个 90 年代，如果通过这些政策手段能使内需增长率提高到与潜在增长率同样的实际年均增长 4%的话，外需依存度就会下降，到 90 年代后半期实现依靠对外不平衡大体得到解决程度的外需，就可以使 80 年代到整个 90 年代的实际经济增长率提高到 3.7%左右。同时，只要以缩短劳动时间的形式实现潜在增长率的 0.2%~0.3%的增长，就可以保持国内平衡。

如果实际增长率能够提高到这种程度，可以说有关提高国民生活水平和充实福利的国内课题就基本能够实现。

## 四、解决国内外问题的结构改善政策

**国际补充型产业结构**

为了调整对外不平衡、维持国内的经济活力和提高国民生活水平，除宏观地扩大内需政策外，还需要实行各种结构改革政策。正如已经叙述的那样，这种政策就是使日本产业结构向技术和人力资本密集型转变，并将未来产业的相当部分海外生产化和进口产业化。通过后者可以消除对外不平衡，前者可以维持国内的经济活力和提高国民生活水平。

这种结构改革的一大支柱是顺利地推进当地生产化。当地生产化是按经济机制发展的，预计今后将会自行增加，但是必须排除可能出现的障碍。海外生产化带来的一个问题是在海外直接投资产生的摩擦。为了避免这种情况，需要建立不能大规模地集中进行直接投资的秩序。估计一方面日本的海外直接投资增加，另一方面海外向日本的直接投资也增加。为使这些投资活动顺利地开展和免遭不公正的诽谤，完善接纳体制是很重要的。

在日本企业增加海外生产和成长为国际型企业的过程中，与海外的国际型企业的竞争将会激化。在这种竞争中，为维持日本企业的活力，必须确保日本企业与欧美企业有同等的自由。

**对国际金融中心的扶植**

如前所述，今后为使日本作为世界的资本供应基地顺利地提供资本，需要在日本建立国际金融中心。虽然东京金融市场已经作为国际金融中心开始活动，但是，要使它在 90 年代发挥与伦敦、纽约同样的国际金融中心的机能，还有几个条件必须进行整备。

就国际金融中心应具备的条件来说，日本还有不具备的地方。①各种金融市场不完善。尤其是短期金融交易市场和公司债券市场不发达。关于前者，创设商业证券市场、扶植 TB 市场已是当前的紧急课题。关于后者，需要缓和对公司债券的发行期、发行形态以及担保问题等的限制，保证其与欧洲债券市场有同等的自由。②还缺乏把最高级的国际人才集聚到日本的能力。其根本原因在于金融革新的自由度不够，所以需要允许有与华尔街和伦敦商业区同样的革新自由度。③金融交易的规则和制度与国际惯例不一致。在这一点上需要采取的措施是：在税制方面，要使源泉征税和交易税与国际标准一致；在交易形态方面，要使对有价证券登记交易和实物交易的选择遵循国际惯例；等等。

## 五、努力解决两个债务问题

**调整日美间的不平衡**

当前，世界经济的最大课题是解决国际不平衡问题，只靠日本努力解决是不够的。尤其是在发达国家间的不平衡问题上，作为两个当事国的日本和美国，必须为调整不平衡同时实行必要的政策。

“前川报告”所以受到一些人的批评，其中一点就在于它只提出日本应消除不平衡，却没有指出处于重要地位的美国应做什么。从报告的特点来说，这一点可以解释为在以美国方面的努力为前提的基础上提出的日本应采取的政策。但重要的是解决问题需要两国同时采取适当的政策。

正如在第一节指出的那样，美国应采取的政策是尽量抑制国内的吸收。其结果，美国的实际增长率下降是不可避免的。可是，为使美国本身和世界经济免遭崩溃，这又是十分必要的。即为了纠正发达国家的国际不平衡，一方面日本要尽量实现内需主导型的经济高速增长，另一方面美国也要尽量抑制国内吸收，其结果，增长率下降也是不得已的。这种政策协调在日美之间是必不可少的。从 80 年代后半期到整个 90 年代，两国的实际增长率的差距平均为 2%左右，与此同时，如果两国继续进行结构改革，稳步实行美元贬值和日元升值，到 90 年代中期，这种不平衡就有可能大体得到解决。

**对发展中国家债务问题的贡献**

世界经济中的另一个不平衡问题，即发展中国家的累积债务问题，作为新领袖国家的日本也应率先承担起解决的责任。

正如已谈到的那样，从 80 年代到整个 90 年代，发展中国家的经济发展需要新通货。这时，重要的课题是如何顺利地从世界最大的资本输出国日本向发展中国家提供资金。虽然日本的剩余资金最终一定会投资到海外某些国家，但是只靠市场机制就会产生未必把资金转移到最需要的发展中国家的问题。因此，需要通过政策努力把资金转移到急需资金的发展中国家。

对发展中国家资金还流的手段之一是作为公共资金的政府开发援助（ODA）。日本政府的开发援助，与其经济规模比较，在发达国家中，量和质都大为逊色。作为新领袖国家，在 90 年代应该飞跃地将其提高。而且，除了政府开发援助外，还要努力把公共的剩余资金转移到发展中国家。在量方面，民间资金比公共资金更多。为把民间资金转移到需要资金的发展中国家，需要改革现行制度。这不是只日本一国就能做到的，需要发达国家共同创立这种制度和体系。重要的是，日本要在创立这种制度时发挥骨干作用，同时率先使其付诸实施。

# 第6章 产业与社会的新领域

**研究成员**

| | |
|---|---|
| 三菱综合研究所董事长 | 牧野升 |
| 三菱综合研究所董事、社会系统部门长 | 佐藤公久 |
| 三菱综合研究所社会开发部门副部门长<br>兼市场战略部长 | 金井久夫 |
| 三菱综合研究所综合调查部长 | 坂本俊造 |
| 三菱综合研究所综合调查部综合调查室长 | 矢野光一 |
| 三菱综合研究所产业经济部门产业经济部<br>产业分析研究室长 | 吉田康之 |

**秘书处**

三菱综合研究所

## 第一节 新领域
### ——探索与观点

GNP规模占世界第二位、成为唯一拥有庞大债权的国家日本，引起了许多国际摩擦，遭到了世界各国的严厉批判。可以说，这是不能适应世界经济体制从美国主宰下的和平时代，即以存在占绝对优势的霸权国为前提、靠国际分工和效率主义推动的时代，向以各国经济的平衡发展为目的的时代转变的过错。浮动汇率制作为典型的救助弱者、制裁强者的机制正在发挥着作用。所以，认为日本的巨额顺差是“自由贸易体制下的国际分工的结果”，是武断的主张，不会得到国际社会的认可。

今后，日本必须依靠自己的力量积极地解决这些国际摩擦，而且对追求平衡发展的国际经济做出贡献才是日本的最大责任。必须根本改变日本人只顾追求效率主义的经济行为，转向为国际社会做贡献型的经济发展模式（见表6–1）。

**表6–1 日本式经济行为的变化**

| 崩溃的基本原理 | 破坏原因 | 新的对策 |
|---|---|---|
| 出口行为 | 贸易摩擦 | 当地生产 |
| 成本竞争力 | 浮动汇率制市场多样化 | 创造型技术开发力差别化战略<br>（技术·服务·企业信誉） |
| 大批量生产主义<br>大批量销售主义 | 市场多样化贸易摩擦 | 多品种小批量生产体系向软件密集型转换 |
| 增长第一主义 | 市场成熟化各国的平衡倾向 | 追求高附加价值（与数量相比更重视金额） |

续表

| 崩溃的基本原理 | 破坏原因 | 新的对策 |
|---|---|---|
| 提高劳动生产率（物质性） | 创造胜于生产的时代 | 重视附加价值生产率 |
| 日本式生产体制 | 工厂自动化的发展 | 劳动力→智慧 |
| 劳动价值观（辛勤劳动） | 新人类理财技术<br>技术革新 | 服务化社会的推崇智慧、智力的时代 |

具体而言，就是放弃出口至上主义。为了实现新的增长模式，必须开拓日本产业和社会的新领域。

新领域的开拓包含两个方面：①向内需转换。②为国际社会做贡献。前者包括：重新开发现有领域和开拓未知领域。重新开发现有领域是指放宽限制，即摆脱制度上的束缚。例如，文化性列岛改造一类重新布局和分配。在未知领域，有技术新领域以及从社会、意识变化中产生的新市场等战略。

我们从这些新领域中，选择了以下四个方面作为最重要的开拓领域：

（1）放宽限制——农业、劳动的自由化。

（2）技术新领域——生物、社会的开发。

（3）生产消费一体化的市场——社会、意识的多样化、独创化。

（4）开发非洲国际计划。

首先，放宽限制表示改变日本过去的行为方式，而且可以期待出现扩大进口的效果。在这里，提出代表日本社会封闭性的农业、劳动市场的门户开放问题，是具有战略意义的。

无论从市场规模，还是从对各产业社会的影响看，技术的新领域都应该是生物技术。最近提出的具有广泛意义的人体新领域，将要求 21 世纪的日本产业和社会进行大的革新。与人体领域有同等影响的超高度信息社会已经取得相当成果，新鲜程度已经下降了。

人口高龄化、妇女进入社会、自由时间增加、个人主张的确立、社会变化和意识变革也都在形成新领域。从制造和使用的分工体制相反的生产消费市场来看，生产消费一体化社会的诞生就是使用者、消费者进行制造时代的出现，将可能导致传统的日本式生产方式的崩溃。多样化、重视个人主张和创造力的时代需要这种生产消费一体化的社会。

最后的课题是，向彻底贯彻效率主义、利润第一主义的日本社会和产业提出新的行为观念要求的国际协调型计划。日本虽然成了经济大国，但因为其历史、社会、政治、军事等条件所限，不可能形成日本主宰下的世界和平。然而，在重视平衡的世界经济体制下，日本有义务援助经济落后的国家。

亚洲已经有许多国家和地区实现了经济起飞。因此建议在所得差距最大的地区撒哈拉以南的非洲，由日本率先实施完善生活基础的巨大工程项目。如果说扩大内需是消除摩擦、恢复平衡的被动对策，那么这个超级非洲项目则是非常积极的为世界经济做贡献型的新领域开拓计划。

后进的日本，由于它的激进性和过于重视效率而经历了两次挫折。明治维新以后的富国强兵因太平洋战争而失败，战后的追赶西方又因经济摩擦而陷入困境。可以说两者都是由于外部力量而终止。为了形成新的行动原则和日本的存在，需要第三种力量来代替明治以后的军事力量和战后的经济力量，这就是基于日本文化、而且有国际协调和同情精神的智慧力量。日本人的行动原则也要有新的领域（见图 6–1）。

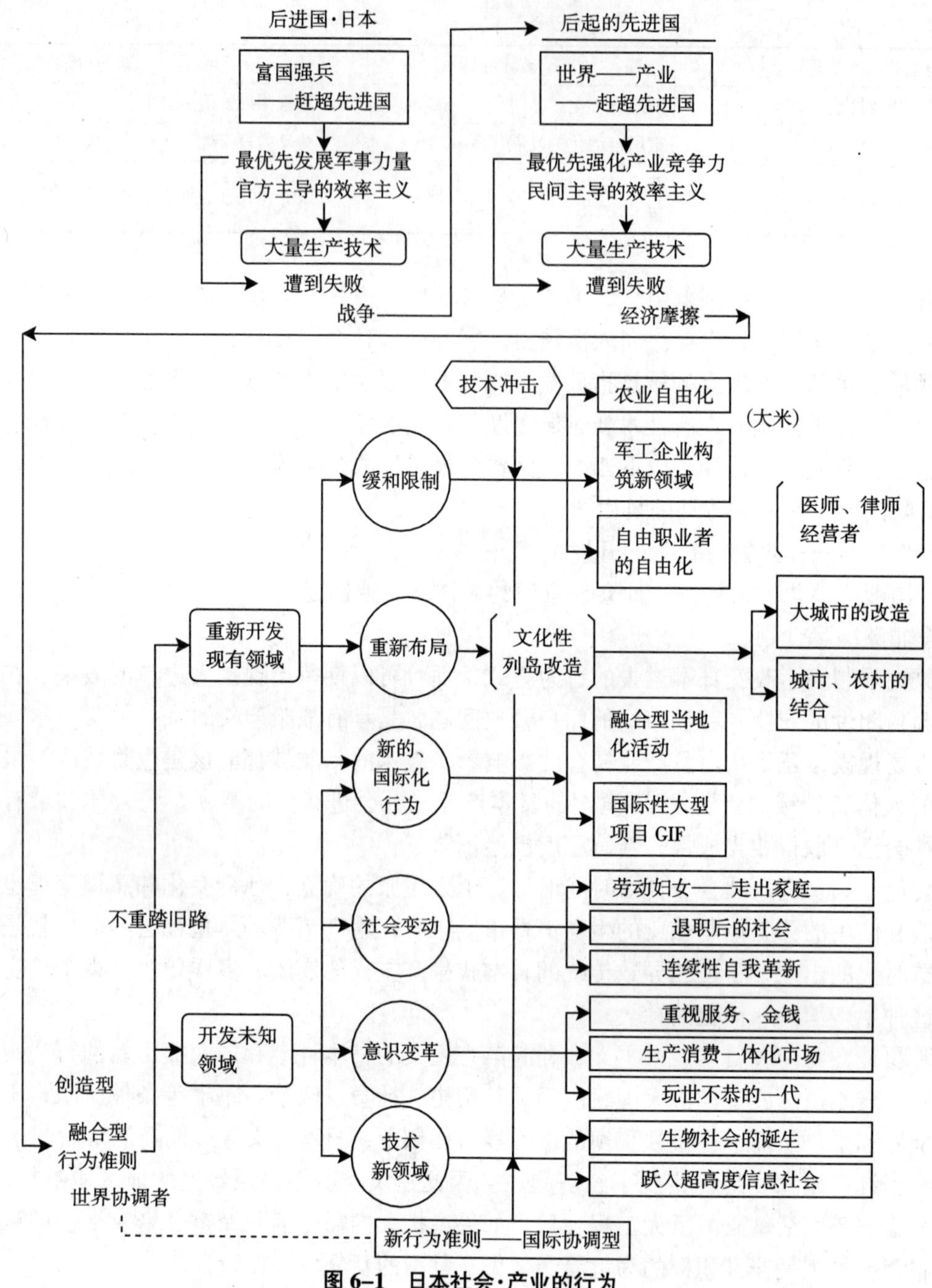

图 6–1 日本社会·产业的行为

# 第二节 重新开发现有领域
## ——解禁的农业和外籍工人问题

### 一、本节问题的含义和目的

通过对社会的重新认识，在探索新领域时，可以设想日本的经济基本存在重新开发现有领域和开发未知领域两个方面。

首先论述重新开发现有领域问题。在重新提出这个问题的前提条件中，存在着与经济相比更需考虑政治性、社会性影响，从而使“自由竞争”、“发挥企业家精神”受到限制的领域。在这些领域中通过废除或放宽限制，如果能使企业家精神得到发挥，而且能更好地实现自由竞争，就意味着由此将出现新的发展领域。这就是通过放宽限制创造市场。

就放宽限制而言，作为对外经济政策的一环和结构调整政策的支柱之一，已经在诸多方面采取了具体行动。

但是在放宽限制中存在的问题仍然不少。例如，①农业的自由化。②外国人从事智力职业、外籍工人就业的自由化。③承认防卫产业。④采用新医疗体制。⑤采用新教育制度。这些都是极敏感的政治性问题，所以，当对过去的限制进行某些变革时，其影响是非常大的。

因此，在过去被视为禁区的各个领域中，从放宽限制、实现自由化的可能性等观点出发，选择了农业的自由化和外国人从事智力职业、外籍工人就业的自由化两个项目作为分析的对象。

## 二、农业自由化
### ——以大米为中心内容

**农业自由化的背景和意义**

日本开放市场、进口自由化的浪潮已经波及始终被视为神圣领域的“大米”领域，即过去在限制进口粮食管理制度等方面得到多方保护的大米。现在迫使人们从以下几方面重新认识这一问题。

（1）美国的全美大米业者协会（RMS）根据美国通商法第 301 条向美国商务部（USTR）提出关于大米的控告。

（2）日本米价大大高于国际水平（见表 6–2）。

**表 6–2　米价的国际比较**

单位：%

| | 1983 年 | 1984 年 | 1986 年 |
|---|---|---|---|
| 日本<br>泰国 | 4.6 | 5.2 | 7.8 |
| 日本<br>美国 | 3.7 | 3.9 | 5.9 |

注：①假定泰国、美国的 1986 年米价与 1984 年相同。②日本……政府买入价，美国、泰国……FOB 价格。

（3） 由于日本财政收支的制约，降低了粮食管理会计对赤字的负担能力。

（4）由于存在城市近郊农业而使以城市为中心的土地价格猛涨。

过去，日本曾在以制造业为中心的第二产业和第三产业废除了对交易活动的各种限制，逐渐推动了自由化。尽管如此，出自粮食安全保障的观点和执政党的社会基础等理由，使有关大米的改革速度进展特别缓慢。但如前所述，由于来自美国的要求开放市场的压力和日本财政收支制约等原因，就大米问题也提出了放宽各种限制，实现自由化的要求，而且围绕着这个要求是否正确展开了热烈的讨论。

大米自由化带来的利弊。关于大米进口自由化的影响，归纳整理后如表 6–3 所示。以下分别考察其利弊。

1. 有利影响

廉价的进口米进入日本国内市场有以下的有利影响。

（1）米价由于“接近”进口价格而降低。

**表 6-3　大米自由化带来的利弊比较表**

| | 具体行为变化 | 有利影响 | 不利影响 | 对产业的影响 | 政策建议 |
|---|---|---|---|---|---|
| 农业（大米）的自由化 | 1. 农产品进口的扩大<br>2. 整顿、淘汰农业生产者出现失业 | 1. 农产品（大米）价格下降<br>2. 政府财政负担减轻（废除粮食管理制度时）<br>3. 都市近郊土地价格下降（耕地转变作用……近郊农业缩小）<br>4. 贸易黑字缩小（通过开放市场改善国际关系）<br>5. 通过核心农户集中生产提高农业生产率，增强国际竞争力 | 1. 由于整顿、淘汰生产者产生社会不稳定（农业相关产业、以农业为主的地区）<br>2. 耕地的不可逆转性（耕地一旦转变用途，若再恢复为耕地需要时间）对保全国土的障碍<br>3. 以大米为核心的粮食安全保障体制减弱<br>4. 价格不稳定（受异常气候、政治斗争等影响价格的不稳定性增加） | 1. 加强食品工业的国际竞争力<br>2. 其他产业进入农业领域<br>3. 食品工业扩大开展利用进口大米事业的机会 | 1. 实施阶段性的自由化<br>2. 对离农转职者的援助政策（收入、介绍职业等）<br>3. 必须储备例如薯类等大米以外的粮食 |

（2）由于日本贸易顺差缩小和开放市场，使国际关系特别是与美国的关系得到改善。

（3）废除粮食管理制度后，减轻了政府的赤字负担，使财政收支得到改善。

（4）因竞争激化而使生产率低的农户减少时，日本农业生产率得到提高，国际竞争能力得到增强。

（5）城市近郊的农业生产萎缩，来自耕地的土地供给增加，可抑制土地价格的上涨。

2. 不利的影响

最近主要是财界方面提倡重新估价粮食管理制度、大米进口自由化，但这样做当然会产生不利的影响。

（1）由于整顿、淘汰农业生产者而产生社会不稳定（农业、农业相关产业、以农业为中心的地区）。

就大米自由化的不利影响来看，最令人担忧的是“产生以就业为中心的社会不稳定现象”。

对日本来说，重要的问题是以何种程度的时间跨度实施大米自由化。如果一举实现自由化，势必发生上述社会不稳定。

（2）耕地的不可逆转性。

水田一旦转化为旱田或宅地、工业用地，必要时再想变成水田则需要非常长的时间。

（3）削弱以大米为中心的粮食安全保障体制。

（4）价格的不稳定性。

从产量的对比来看，大米的世界贸易市场要比小麦狭小得多。

因此，日本增加进口时，存在受大米生产国的气候异变、政治斗争影响而使米价波动的危险性。

关于农业（大米）自由化的思考和政策建议。农村和农业在日本社会中的作用非常重要，即：

（1）稳定供应日本人的主食。

（2）在高速增长时期以前，容纳城市的失业者。

（3）在高速增长时期，是城市劳动力的源泉。

尤其在最近，认为在日本经济中作为上述（3）即劳动力源泉的地位十分重要。但相反的方面是，由于提供了年轻的劳动力而使从事农业的劳动力自身很快高龄化了。日本依靠粮食管理制度维持价格、限制进口等对其有保险作用。所以也应充分认识过去日本粮食管理制度所起的作用。

可是，日本已成为世界经济大国，必须履行与之相适应的责任和义务，这是毋庸赘言的。

然而，实际上，在实施大米自由化时，必须讨论以下诸点并制定对策。

（1）应将因国内生产规模缩小而产生的就业波动等社会摩擦现象限制在最低限度。

（2）防止价格因进口增加而出现大波动。

（3）防止因耕地转化为宅地或工业用地而产生公害等大规模的破坏环境的现象。

特别是关于就业问题，需充分注意确保农业人口（尤其专业农户高龄者很多）的生计。

为防止发生以上诸问题，分阶段实施“进口自由化”十分重要。这就是要在一定的时期内进行，在准备对策的同时逐渐扩大自由化的范围，尽可能稳妥地克服进口自由化带来的不利影响。

具体考虑是，按顺序实施以下对策：

（1）增加自主流通大米的比率。

（2）逐渐扩大大米进口的范围。

（3）大米的完全自由化。

## 三、外籍工人就业的自由化与日本社会

**日本接受外籍工人的状况**

1. 基本考虑

迄今为止，日本对外籍工人就业始终有严格的条件限制。关于这一点，从日本过去的历史发展来看，大致有以下几点理由：

（1）在高速增长时期之前由于劳动力过剩，反而向南美、美国等地移民。

（2）直至近期，从作为世界“小国”的政策姿态来看，还没有出现需要接受外籍工人的气氛。

现在仍基本维持这个政策，接受外籍工人受到严格限制。

所以，目前在日本许可就业的范围，如表 6–4 所示，基本上仅有“在日本进行贸易或事业、投资活动者、外资企业的职员、管理者等（长期经商者）”、“欲以日本人不能代替的技术、技能就职者（语言学校教师、从事国际金融业务者等）”、“日本不充足的、培养困难的熟练劳动者”等。

**表 6–4　关于外籍工人入境滞留的许可范围**

| | 事例 | 滞留期间 | 滞留外国人数（1984 年 12 月末） | 1985 年新规定人国者人数 |
|---|---|---|---|---|
| a）在日本进行贸易或事业、投资活动者 | 外国企业常驻日本人员，在日本经营事业的外国人，外资企业的职员管理人员等 | 3 年、1 年、6 个月或 3 个月 | 5943 人 | 6826 人 |
| b）具有在日本不能代替的特殊技术、技能、并欲利用此技能就职而经法务大臣特别准许滞留者 | 语言学校教师、企业的国际金融的担当者、外国产品的买主 | 3 年 | 71623 人（其中就职 3004 人） | 64088 人（其中就职 314 人） |
| c）从事熟练劳动者 | 中餐、法式西餐的厨师、西式点心手艺人 | 1 年、6 个月或 3 个月 | 1366 人 | 498 人 |

2. 日本国际化的倾向与接受外籍工人问题

如前所述，时至今日日本在历史上对接受外籍工人是消极的。但是，日本现在作为世界经济大国，必须积极地扩大与世界的交流和开放市场。对此可以举出许多方面的情况。现在的问题是，海外要求“日本对劳动力市场也实行开放和自由化，增加外籍工人的就业机会”，以利于近邻诸国或世界经济的发展。

这个倾向，一般称为“人的国际化”，但由于日本至今没有经验，因此在采取对策时应十分慎重，应以各种角度的研究为前提实施人的国际化。但无论如何，日本必须就如何“接受外籍工人”迅速向世界表示明确的态度，即现在有必要重新决定关于接受外籍工人的明确方针，并向全世界公布。

日本扩大雇用外籍工人的得失　在考虑日本扩大雇用外籍工人是否正确时，必须考察其实施时的得失。关于引进外籍工人时的利弊归纳如表 6–5 所示。

在考察上述问题时，对于外籍工人的性质应做明确区别，即高级技能工人和简单技能工人。因为两者对引进外籍工人的动机和对日本经济的影响完全不同，有必要分别考虑。

高级技能工人与日本的“国际化”、“信息化”的需要相一致，接受他们对日本有很大好处。作为有

表 6–5 日本扩大雇用外籍工人的得失

| | | 具体事物的行动变化 | 有利影响 | 不利影响 | 对产业的影响 | 政策建议 |
|---|---|---|---|---|---|---|
| 增加雇用外国劳动者 | 高级技能工 | 1. 在一般企业采用外国劳动者为正式从业人员<br>2. 海外学者在大学、研究机关工作（国立、私立） | 1. 日本企业获得必要的人才、专家<br>2. 提高日本国民的国际化意识（国际交流频繁化）<br>3. 对海外优秀劳动者（尤其发展中国家）提供雇用机会<br>4. 雇用各国劳动者使增强有关海外事业活动的适应性成为可能 | 1. 由于雇用惯例不同在工作场所引起麻烦<br>2. 使工资体系、待遇方面的企业体系变得复杂 | 1. 正如在金融业由商人代表，我国企业可得到特殊或必要的专长，从而加强我国产业的国际竞争力<br>2. 企业的国际化更加发展 | 1. 放宽现在的出入国管理及难民认定法（即入管法）的适用条件，增加雇用在日本的外国劳动力<br>2. 从义务教育的初期阶段实施义务教育 |
| | 简单技能工 | 1. 确认限于一定的职业和人数雇用外国劳动者<br>• 在农林、渔业、建筑业等重体力劳动部门采用外国劳动力（日本人无人胜任部分的劳动）<br>• 中小企业、承包企业等低工资劳动部门采用外国劳动力（中小企业人手不足） | 1. 确保日本的重体力劳动、低工资劳动力<br>2. 提高外国劳动者所得<br>3. 由于外国劳动者在日本劳动使他们吸收有关日本经营、生产技术的诀窍（回国后在本国普及，……从而形成广义的技术转移）<br>4. 吸收发展中国家的剩余劳动力（国际协助） | 1. 外国劳动者有可能长期非法居留<br>2. 依照海外过去的事例，特定国家的劳动者有集中在一定地区的倾向，在这些地区有时执行法律不彻底<br>（在对地区社会的适应、教育、居住、治安等方面发生社会问题）<br>3. 日本劳动力供求关系恶化 | 1. 由于解决了农林、渔业、中小企业的人手不足使其经营基础稳定 | 1. 整备关于海外来求职的劳动力的法律体系<br>2. 入国后严格监督 |

利影响的例子如下：

（1）获得日本企业必需的人才、专家。

（2）向海外的高级技能工人提供就业机会。

以下总结一下接受以提供简单技能为主的外籍工人的得失。首先，其“得”如下：

（1）确保日本的重体力劳动力、低工资劳动力。

（2）吸收发展中国家的剩余劳动力。

（3）由于外籍工人在日本劳动使他们吸收有关现代经营和生产技术的诀窍。

另一方面，其“失”如下：

（1）在适应地区社会及教育、居住、治安等方面产生社会问题。

（2）日本劳动力的供求关系出现恶化。

从以上考察可以看出，问题在于对接受简单技能工人的“失”的评价。实际上，美国、联邦德国等国鉴于这种弊害最近确定了限制接受外籍工人并使其返回本国的方针。日本也应认真研究在接受外籍工人方面的先行国的教训。

但是，如前所述，无论何种场合，采取何种方针，都必须明确表示本国的原则，向世界宣布自己的态度。就日本而言，暧昧的态度已经行不通了。

对扩大雇用外籍工人的看法和必要的对策　以上从各个角度对接受外籍工人进行了考察，基本看法可归纳如下：

（1）今后日本在人的方面确实应推进国际化，但对扩大雇用外籍工人应参照欧美的事例慎重对待。

（2）关于雇用外籍工人的政策姿态，基本上应在对日本雇用劳动力的需求即不同职业的“需要与供给”的估计中决定接受政策。

现在如果这样考虑，日本对外籍工人的需求产生于：

a. 日本经济、企业的国际化。

b. 日本产业的信息化、电子化。

（3）反之，可以设想今后由于工厂自动化的发展等原因被称为蓝领的工人将不断出现供给过剩。所以，对接受从亚洲地区来的低工资劳动者即简单技能工人，不得不基本上加以限制。

a. 观察联邦德国等国的事例，需注意到，该国在 60 年代的劳动力需求紧张时期，大批引进了简单劳动力，但此后因国内劳动市场的压力、外籍工人居留时间长期化、对外国人的经济负担、社会负担增加等原因，其政策转向限制接受外籍工人的方向（见图 6-2）。

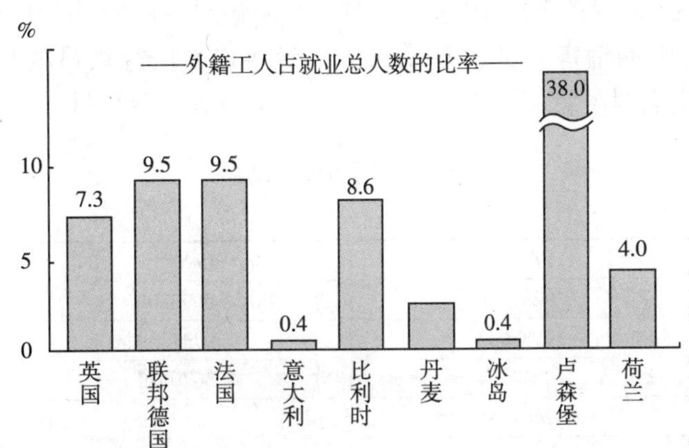


**图 6-2　欧洲共同体各国接受外籍工人的状况**

资料来源：EC《The Social Policy of the EC》1983 年 5 月，劳动省《海外劳动形势》1984 年。

也就是说，现在在主要发达国家，对接受外籍工人采取了限于高级技能工、视需要状况、劳动条件而批准的制度，日本基本上也应坚持这种态度。

b. 也有这样的看法，接受发展中地区的简单技能工，是吸收对方的剩余劳动力，因而是对发展中地区的“经济合作、经济援助”。

但“经济合作、经济援助”的意义原本是指“通过日本直接对海外投资使当地增加就业”。

通过接受外籍工人吸收剩余劳动力，在日本国内是有限的，而进入当地则能防止“因雇用习惯不同而产生的麻烦”、“外出求职引起的各种问题”，而且扩大雇用的范围广、人数多。

在日本的外籍工人的就业种类和就业人数。估计今后日本就业人数的增长率如表 6-6 所示。

**表 6-6　各职业就业人数的增长率**

单位：%

| 年 | 1990/1980 | 1995/1990 |
|---|---|---|
| 1. 事务人员 | 0.82 | 0.49 |
| 2. 销售人员 | 2.21 | 1.21 |
| 3. 专业人员 | 3.35 | 3.50 |
| 4. 管理人员 | 1.74 | 1.51 |
| 5. 专业技术、研究人员 | 5.00 | 5.31 |
| 6. 操作人员 | 0.28 | 0.85 |
| 7. 合计 | 0.87 | 0.59 |

注：三菱综合研究所预测。

由表 6-6 看出，今后至 1995 年增长率高的职业种类有专业人员、销售人员；增长率低的职业种类有事务人员、操作人员。

如前所述，外籍工人在日本就业将主要进入需求增长率高的专业人员和销售人员队伍。

这种职业的具体代表有；如专业人员包括科学研究者、技师（信息处理技师、建筑技师、电气技师等）、法律工作者、公认会计师、税务员、美术家、摄影师、设计师、音乐家、舞台艺术家及其他专门的技术职业，销售人员包括商品经纪人、不动产中间商、买卖人等，而且与金融有关的零售商等也包括在销售人员中。

再略微具体一些地说，外籍工人的就业形式有：①日本在纽约、伦敦、新加坡等金融市场的当地企业的从业人员。②日本大企业接受的外籍工人。③日本企业打入海外后，接受当地派来的研修生。④海外来的留学生学成后在日本就业。

那么，外籍工人人数究竟有多少呢？因为日本过去没有做过实际统计，对此进行估计非常困难。

现从 1995 年的就业者中的销售人员、专业人员、专业技术研究人员的从业人员总数（见表 6–7）中推测总雇用人数，如设定届时外籍工人占 2%，则约为 31 万人。具体计算过程如下：

**表 6–7　各职业就业人数**

单位：人

| | 1980 年 | 1990 年 | 1995 年 |
|---|---|---|---|
| 1. 事务人员 | 9299234 | 10092202 | 10340115 |
| 2. 销售人员 | 7988053 | 9937599 | 10552029 |
| 3. 专业人员 | 2644104 | 3676020 | 4366717 |
| 4. 管理人员 | 2667085 | 3169729 | 3416050 |
| 5. 专业技术、研究人员 | 2599166 | 4233033 | 5481742 |
| 6. 操作人员 | 30580594 | 29746417 | 28508346 |
| 7. 合计 | 55778236 | 60855000 | 62665009 |

注：三菱综合研究所预测。

（1） 1995 年的销售人员、专业人员、专业技术和研究人员：

就业者总数……20401（千人）

销售人员……10552（千人）

专业人员……4367（千人）

专业技术、研究人员……5482（千人）

合计……20401 （千人）

（2）1995 年的销售人员、专业人员、专业技术和研究人员：

雇用者人数……15300（千人）

就业者总数 20401（千人）× 雇用者比率（75%）= 15300（千人）

（3）外籍工人人数……310（千人）

雇用者人数 15300（千人）× 外籍工人比率（2%）= 306（千人）

关于外籍工人比率，在欧洲共同体接受外籍工人的国家中，外籍工人占总雇用人数比率低的国家是丹麦（1983 年，2.3%）。

外籍工人在日本就业，从迄今为止的历史发展看，是不可能一举增加的。

但与现在的 1.5 万人相比，1995 年将增加约 20 倍达 30 万人。

在日本的外籍工人今后将急剧增加，但其绝对数或占劳动力人口的比率仍是不大的。其比率的增加要到 21 世纪以后。

# 第三节　人体新领域的形成

## 一、本节问题的含义和目的

在这一节要讨论开发未知领域，特别是作为智力新领域、技术新领域的人体新领域。

生物技术这个词已经用得很普遍了，人体新领域与生物技术有着密切联系。这里所说的“人体新领域”包括两个意思，即人性新社会和人体中的新社会。

“人性新社会”，如其词义，是重视人的生活、生命的社会。“人体中的新社会”是由研究、利用以人为首的生物及其具有的机能而能够进行新的开拓的社会。也就是说，在以人为首的生物内部还有人类不能理解的智慧的领域、潜在的技术领域，当人类能够理解利用它们时，就能创造出新的社会。

生命科学和生物技术就是这种“研究、利用的技术”，是形成人体新领域的主轴。

但是，仅靠生物技术还不能回答人体新领域的另一个意义。之所以如此，因为生物技术和现有技术一样始终只是“制作物品的技术”，只有同“使用技术”适当结合，才能建筑“人性社会”。

在生物技术上尤其存在这样的问题：

a. 由于细胞融合或遗传因子重组，在很多情况下不知道会生成什么物质（生物灾难）。

b. 从生物在时间长河中缓慢进化的观点看，生物技术造成的进化过急。

c. 因此，对于技术应用时产生的文化的或者价值观上的矛盾不能形成一致的舆论（例如，鉴别胎儿性别、控制生命）。

所以，如何利用这种技术，即“使用技术=生物伦理学”就更加重要了。

## 二、向影响健康的因素挑战

通过弄清人的生物机能，人类便有可能驾驭自身的生物机能，并制造出有同样生物机能的装置。前者的代表是催眠、生物技术反馈，后者的代表是人造内脏（见表 6–8）。

表 6–8　向影响健康的因素挑战

| 技术领域 | 应用范围 | 具体活动 | 影响 | | | 技术实现可能性 | |
|---|---|---|---|---|---|---|---|
| | | | 有利 | 不利 | | 2000 年前 | 2000 年后 |
| | | | | 影响 | 对策 | | |
| 模仿生物机能 | 人造内脏 | 人造肾脏、人造心脏、人造肝脏等 | 如能充分发挥人脑的机能，就会出现完全无障碍地生活劳动的时代 | 控制生命成为问题 | 安乐死合法化 | ○ | |
| （控制生物机能） | 生物技术反馈 | 驾驭精神状态 | 恢复精神健康 | | | ○ | |
| | 催眠 | 驾驭精神状态 | 恢复精神健康 | | | ○ | |
| | 强化体力 | 吸氧健身运动靠呼吸法强化体力 | 因是自然疗法几乎没有副作用 | | | ○ | |
| 生物利用 | 遗传因子治疗老化治疗 | 治疗先天性遗传病促进骨骼发育，防止骨骼老化 | 战胜不治之症缓解老化带来的不愉快症状 | 副作用 | 加强评价 | | ○<br>○ |
| | | 探明作用于神经精神的脑内胎 | 战胜不治之症缓解老化带来的不愉快症状 | 副作用不明 | 加强评价 | | ○ |

续表

| 技术领域 | 应用范围 | 具体活动 | 影响 | | | 技术实现可能性 | |
|---|---|---|---|---|---|---|---|
| | | | 有利 | 不利 | | 2000 年前 | 2000 年后 |
| | | | | 影响 | 对策 | | |
| 生物利用 | 由细胞融合、由遗传因子重组制造医药品 | 诊断药物……单色抗体<br>治疗药物……干扰素<br>胰岛素<br>人体生长荷尔蒙<br>血栓溶剂 | 能正确诊断（癌）实现低成本、大批量生产 | 副作用 | 加强评价 | ○<br>○ | |

生物技术反馈是一种身心疗法，它可时刻了解自己的身体内部状态（例如脑电波或血压），以此控制精神状态。筋肉收缩性头痛（由肩部肌肉疲劳等原因引起的头痛）或失眠症、气喘、癫痫等疾病的治疗、消除紧张状态等，均可通过生物技术反馈实现。

另一方面，以生物机能为模特的利用技术有：生物计算机、生物芯片、生物传感器、人造内脏，但对人有直接影响的是人造内脏。生物技术在这方面的贡献是和开发新材料相联系的，即发明能与生物体融合、不起排斥反应的材料。

通过医药品影响人的生命，也是这个挑战的一部分。以遗传基因重组为首的新生物技术诞生以来已经 10 多年了，但以商业形式最早出现的是医药品。医药品在价格方面占优势。

● 医药品关系到生命，即使价格高也易被社会接受。

● 加之根据药价标准，先开发者可以得利。

（1）形成能够提供有希望治疗日本最大死亡原因的癌症、脑血栓等的新药体制。

（2）预计供应不足的药品，如胰岛素、人体生长荷尔蒙等通过遗传基因重组使其能够批量生产。

（3）利用细胞融合制成的单色抗体进行治疗（如癌症的病毒性肝炎）正在实现。

（4）对于人体不可避免的老化，已有希望制成治疗、预防的药物，而且在一定程度上弄清老年性迟钝的原因，通过遗传基因重组制造改善迟钝的必需物质。

在医疗领域，以上这些，在本世纪内达到实际应用的可能性比其他领域要大得多。

## 三、向粮食危机挑战

如果回顾人类确保粮食来源的历史，可大致区分如下：

第一阶段　依靠野生动植物自然生长的时代。

第二阶段　通过形成农业耕种与动物的家畜化的生长环境，使动植物的生长速度与消费速度相适应的时代。

第三阶段　进入以细胞控制动植物生长速度的时代。

可以说，我们现在的社会正处于第二阶段和第三阶段的交界处。

期待在第三阶段实现的是：

（1）改良品种，使其具有耐寒性、耐盐性、抗病性、耐矿物质性，开发新品种。

（2）开发生长速度不同，产量大的品种。

（3）开发营养价值高的新品种。

一时崭露头角的“土豆西红柿”是依靠细胞融合使西红柿具有马铃薯的耐寒性、又要克服种植西红柿的北纬限度而形成的，主要谷物水稻也可看到通过细胞融合而形成的具有耐盐性的品种。如果能开发出耐寒、耐盐性的品种，种植面积就能急速扩大，从而增加供给能力。

同样，也有通过遗传基因重组技术、细胞融合技术来提高植物的固氮能力、光合能力以增加产量的尝试。

除改良品种外，生物技术对农业的贡献，一个是组织培养，另一个是利用微生物的生物农业。与化学农药相比，生物技术仅对特定的害虫有效，故具有安全性好的特征。

另外，畜牧业也在进行有趣的研究。其一是哺乳类动物的无性繁殖。现在用白鼠进行实验，已成功地制成遗传基因完全相同的鼠类，如果在畜牧业利用这项技术，便有可能提供品质优良的牛或猪。

农业水产领域向粮食危机的挑战如上所述，食品方面将会怎么样呢？生物技术在食品方面的贡献，概括地说是“通过生物反应以提高生产率”。由于本来属于加工产业，因而对于产量危机不能发挥力量。如果勉强举例，只有 SPC（单细胞蛋白）的生产。微生物在其菌体中一般含有很多蛋白质，故尝试利用这些微生物从不能作为粮食或饲料的农畜水产的废弃物或甲醇等物质中制造蛋白质。也有已经商业化的例子，但尚局限于饲料。期望今后通过控制遗传基因改良 SPC 等途径降低生产成本以提高食品蛋白的质量（见表 6-9、6-10）。

**表 6-9　向粮食危机挑战（1）**

| 技术领域 | 应用范围 | 具体活动 | 影响 | | | 技术实现可能性 | |
|---|---|---|---|---|---|---|---|
| | | | 有利 | 不利 | | 2000 年前 | 2000 年后 |
| | | | | 影响 | 对策 | | |
| 生物利用技术 | | | | | | | |
| 育种（筛选、人工突然变异、遗传基因重组、细胞融合等） | 农业 | 米、麦类的品种改良、新品种开发 | 产量增加、育种效率化（省时、省地）、质量平均化 | 单一品种受害时易大面积受灾<br>农民生产被企业代替 | 应保持品种多样化 | ○ | 遗传因子组换技术得到应用 |
| | | 蔬菜：将来在蔬菜工厂正式生产 | 产量增加、育种效率化（省时、省地）、质量平均化 | 单一品种受害时易大面积受灾<br>农民生产被企业代替 | 应保持品种多样化 | ○ | 遗传因子组换技术得到应用 |
| | | 水果 | 产量增加、育种效率化（省时、省地）、质量平均化 | 单一品种受害时易大面积受灾<br>农民生产被企业代替 | 应保持品种多样化 | ○ | 遗传因子组换技术得到应用 |
| | | 其他食用作物（薯类、饮料用作物、食用作物） | 产量增加、育种效率化（省时、省地）、质量平均化 | 单一品种受害时易大面积受灾<br>农民生产被企业代替 | 应保持品种多样化 | ○ | 遗传因子组换技术得到应用 |
| | | 非食用新品种（烟叶、药用、花卉类、种苗等） | 产量增加、育种效率化（省时、省地）、质量平均化 | 单一品种受害时易大面积受灾<br>农民生产被企业代替 | 应保持品种多样化 | ○ | 遗传因子组换技术得到应用 |
| | 林业 | 育林、育种 | 提高生产率<br>开发新品种 | | | ○ | 遗传因子组换技术得到应用 |
| 促成多量排卵、移植复数受精卵 | 酪农 | 利用优良品种 | 提高奶产量 | | | ○ | |
| | 肉牛 | 生产双仔 | 提高仔牛生产率 | | | ○ | |
| 移植分割卵和胚、核 | 畜产 | 利用优良品种 | 提高质量<br>提高生产率 | | | | ○ |
| 控制染色体 | 水产业（沿海、远洋、海湾渔业、内陆水面养殖业） | 通过向海洋放养改良鱼苗，改良质量，实现增产 | 提高生产率 | | | ○ | |
| 细胞合并组织培养 | 水产业（海面养殖业） | 贝类、海藻品种的改良 | 提高生产率 | | | | |

表 6-10　向粮食危构挑战（2）

| 技术领域 | 应用范围 | 具体活动 | 影响 | | | 技术实现可能性 | |
|---|---|---|---|---|---|---|---|
| | | | 有利 | 不利 | | 2000年前 | 2000年后 |
| | | | | 影响 | 对策 | | |
| 生物利用技术<br>细胞融合组织培养 | 精密化学制品<br>肥皂化妆品 | 使用香料、色素的天然生成物以求产品的高性能（生物口红） | 新产品 | | | ○ | |
| 利用微生物 | 酪农产品 | 通过遗传基因重组利用子牛的凝乳酶 | 提高质量 | 通过控制遗传基因检查种苗的安全性 | | ○ | 控制遗传基因 |
| | 面包 | 通过控制遗传基因和酵母使生产效率提高 | 提高生产率 | | | ○ | |
| | 人造甜调味品 | 通过遗传基因重组或酵素法生产 | 低成本化防止肥胖 | 减少砂糖进口 | | ○ | |
| | 农药 | 通过控制遗传基因等用放线菌等微生物生产杀菌抗生物质 | 提高生产率 | | | ○ | |
| | | 以产生杀灭昆虫的毒素的微生物为农药（生物农药） | 导入适于不破坏环境生态的农药 | 未知部分很多 | 对新微生物或物质的环境进行评价 | | |
| | 淀料 | 通过乳酸菌育种生产玉米淀粉 | 提高生产率 | | | ○ | |
| | 混合饲料 | 通过微生物育种生产 | 降低SPC生产成本 | | | ○ | |
| 生物利用技术<br>生物反应（利用酵素） | 调味品（酱油） | 通过固定化酵素法生产 | 提高生产率、提高原料成品率、削减能源消费 | | | ○ | |
| | 糖类 | 在水糖、粉糖、葡萄糖等异性果糖以外导入糖化工序的固定酵素法 | 提高生产率 | | | ○ | |
| | 酒类 | 导入固定酵母酵素 | 提高生产率 | | | ○ | |

## 四、向能源、资源问题挑战

正如两次石油危机所表明的那样，日本的能源供给结构非常脆弱。如何摆脱石油，已成为长期的课题。最近，节省石油有所进展，能源紧张的形势告一段落。但从长远观点看，仍需推进能源的多样化。虽然与原子能、天然气、煤炭等替代能源相比量非常小，但利用生物能源也是一个方面。

利用生物能源的长处是，它是能够再生的能源。但也有很多缺点，生物栽培需要大量土地，向其他地区搬运原料困难。日本正在开发用生物反应从蜜糖中生产乙醇的技术，并确定了实用化的目标，但因为国内不能解决原料调配问题，似乎要向东南亚等原料丰富的国家“出口技术”。现在，在巴西等国正试制生物反应形成的燃料用酒精，但难以认为这样做在发达国家有经济性。

但是，由于技术进步而降低回收酒精的费用不是完全不可能的，所以必须不拘泥于眼前的经济性而从长远的角度加以开发研究。

除生物能源以外，依靠细菌沥滤回收铀对摆脱石油有间接的效果。细菌沥滤是利用具有渗透金属力量的特殊细菌，能够从用旧方式开采不合算的低品位矿石中回收金属的技术。据说美国铜产量的10%以上是这样回收的，在日本也有部分矿山使用这项技术。海水中含有的铀虽然是微量的，但如果能用对铀选择性强的细菌回收，就不必担心原子能的燃料了。

还有一种想法是向老化的油田注入微生物以回收原油。这还处于设想阶段，今后如何尚难预料，但它表明生物技术具有潜在的广泛应用领域（表 6–11）。

**表 6–11　向节省能源、资源挑战**

| 技术领域 | | 应用范围 | 具体活动 | 影响 | | | 技术实现可能性 | |
|---|---|---|---|---|---|---|---|---|
| | | | | 有利 | 不利 | | 2000 年前 | 2000 年后 |
| | | | | | 影响 | 对策 | | |
| 生物利用技术 | 生物反应（利用酵素） | 无机基础化学 | 用酵素从制造氨基酸的副生废弃物中生产氨 | 节省能源 | | | ○ | |
| | | 非石油系统的有机基础化学 | 用酵素法生产高级脂肪酸、甘油、高级油精 | 节省能源 | | | ○ | |
| | | 纤维原料 | 用酵素法生产醋酸乙烯树脂、乙酰纤维素、乙内酰胺等 | 提高成品率<br>节省能源 | | | ○ | |
| | 生物反应（大量培养细胞） | 无机化学可塑剂（肽酸系、己二酸系、聚酯系可塑剂） | 在酯化反应工程中导入生物反应 | 削减设备费<br>节省能源 | | | ○ | |
| | | 合成树脂（异丁烯酸） | 在酯化反应工程中导入生物反应 | 削减设备费<br>节省能源 | | | ○ | |
| | 利用生物能源 | 石油系基础化学 | 对酸化反应利用酵素从石油系原料向生物能源材料转换（粗气油→糖质材料） | 节省能源 | 目前提高成本 | | ○ | |
| | 细胞合并组织培养 | 纸浆工业 | 由细胞合并进行原材料育种（生物） | 节省能源 | | | | ○ |
| | 利用微生物 | 矿业 | 通过控制遗传因子施加对有毒物质的抵抗性以代替选矿或冶炼（铜矿、铅、锌、其他） | 提高资源利用率 | | | ○ | |

## 五、总结

如上所述，生命科学、生物技术的进步今后将通过克服重大死亡因素，防止老化，解决粮食问题，向摆脱石油挑战等各个课题创造出人体新领域。

但是，如第三节第一个问题所述，也应注意生物技术所具有的不利影响。任何一种技术新出现时都会带来各种问题。而且，随着问题的解决，社会接受了这种技术。但是，正如飞机事故所表示的那样，不仅接受技术时，在接受技术后人类还要付出很大的代价。飞机事故发生时，利用技术受益的人和支付其代价（具有支付的危险性）的人还是相同的，这项技术利用与否取决于人们的价值判断。但是，在利用生物技术时，有时利用技术受益的人和支付代价的人不相同，加之这种不平衡可能在不同代的人之中产生，所以对于利用生物技术应比过去还要慎重。

在讨论生物技术时，人们对“将来究竟会成为多大规模的产业”颇有兴趣。但如本文所述，生物技术的本来目的仅在于“通过其应用形成人体新领域”这一点。

这不是作为多元化事业的一个方策，也不是为了提高 GNP。当然，进行对形成人体新的领域有所贡献的事业而得到利益，其结果也将使 GNP 扩大。但始终不应忘记其主要目的是创造“能够像人那样生活的社会”。

# 第四节 国内市场的新领域

——开拓新的消费市场

## 一、本节问题的含义和目的

日本当前在国际经济社会中的课题之一，是国内外普遍指出的扩大内需问题。很明显，作为缓和经济摩擦的手段，在扩大内需时，扩大占国民总支出约 56%（实际值）的民间最终消费支出即个人消费市场是更为有效的。

但是，在日本当前的经济状态下，为了扩大这种消费，单纯采取宏观政策难以获得预期效果，由民间企业积极开拓新的消费市场是不可缺少的。

为了确立新的消费市场以作为国内市场的新领域，需要探索其时代特点、经济、产业、扎根于社会环境的新的消费形态、新的消费阶层及消费范围。

展望 1990 年至 2000 年的日本社会，到发生第一次石油危机的 70 年代中期为止，我们所生活在其间的是以工业生产为中心而发展起来的社会，可以认为当前是信息社会更加发展的新社会正在到来的时代。

在此，将发生本质变化的社会规定为“高度信息社会”，以探索这种新的社会环境下的消费市场领域。

## 二、高度信息化社会的性质与市场规模

规定 90 年代以后时代特征的，可称之为社会的高度信息化。称呼信息化社会为时已久，但这里所说的社会的特征是由大众传播机制进行的大量信息的传播，即使是利用被看做新媒介核心的计算机，也是以大型计算机和终端机连接的局部信息化形态为主。还有，通信卫星、光纤通信这类高技术传播信息的新媒介，其技术虽正在确立，但向一般社会的普及还刚刚开始。但是，从 1990 年至 21 世纪，这些新媒介将渗入社会进入实用阶段，将大大改变消费者的生活环境。那时，具有高性能的中、小型计算机将代替大型计算机发挥主要作用，线性传播网络将向面性网络发展，所谓个人计算机将和现在的电话机一样普及并发挥作用。更重要的变化是传播的信息在质量上的变化。

高度信息化社会的主流信息、影响人们生活行为的信息将成为个别的、专门的信息，即 dedicated information。而且，由计算机处理的信息的性质，也将因为人工智能技术的进步，而从过去机械处理的信息变成由高度智能处理的智能创造性信息。

还有，如果从宏观经济角度预测这种高度信息社会，在产业方面反映了上述高度信息化的性质，信息产业的产值占全部企业产值的比率，80 年代虽只有 5.3%，但到 90 年代将增加到 9.4%，1995 年将扩大到 12.2%（三菱综合研究所预测）。

另外，作为消费市场规模的民间最终消费支出，以 1985 年为界线，其增长率超过了国民总支出的增长率，尽管增长速度不快，但个人消费占国民总支出的比率仍不断扩大，1985 年虽然只有 55.6%，但到 1995 年和 2000 年将分别达到 59.4%和 60.5%。从这一点看，也可以说高度信息化社会是民间消费规模扩大，很有可能形成和发展为国内市场新领域的新消费市场的社会。

## 三、形成高度信息化社会的背景和主要原因

日本现在的经济、社会环境的变化，从 70 年代后半期已逐渐显示出明显的倾向，这就是所谓经济、社会成熟化的方向。

主要变化倾向有以下几点：

（1）随着经济规模扩大，物质生活水平提高。

（2）产业结构向服务化发展。

（3）以电子学为首的信息关联技术更加发展。

（4）由于 FA（工厂自动化）、OA（办公室自动化）的发展使就业内容发生变化。

（5）促进人、物、资金的国际化。

（6）包括生活时间在内的自由时间增加。

（7)居民的居家生活转向地方城市，信息向以东京为中心的巨型城市集中，城市机能国际化。

（8）随着人口结构的高龄化青年劳动力相对减少，家庭结构发生变化。

（9）妇女的社会地位发生变化。

以上指出了经济、产业、社会环境的主要变化，目前这些环境变化自然也在对人们的生活价值观、意识、行为产生影响。这个变化今后将进一步发展，从而产生人们生活的新潮流。

其中之一是具有独自特征的消费形态，即生产者和消费者一体化的形态。

还有，在因上述经济、产业、社会环境变化而出现的高度信息社会，参与生产、处理、传播、并有效利用这种信息的阶层将增加，可以认为这些阶层的消费意识、消费行为在该社会中将具有先行的、改革者的性质。美国的经营顾问 R.E.凯利依据以往的蓝领、灰领、白领的概念，而将这个阶层称之为金领，认为他们的消费市场是高度信息社会的重要领域，这一点同样适合于日本的高度信息社会。

## 四、新的消费形态
### ——生产消费一体化型市场的诸形态

社会中生产消费一体化的倾向在现在的信息化社会已显露端倪。这个倾向一方面呈现出消费者的个性化、差别化需求增加的趋势，另一方面在性别、不同年龄层、不同地区、官民之间、公营与私营企业之间、国际间呈现了超界线的趋势，如同已经在学术界、企业界出现了学际化、业际化的倾向一样，信息技术的进一步发展将较快地促进其具体化。

在生产消费一体化的发展过程中，服务价值的地位将有显著变化，其特征是从过去的物的服务形式，到确立硬件化服务的主导地位以提高服务质量。

以下分类讨论现在已能看到、今后将不断发展的生产消费一体化。

技术集约性一体化。这以提供服务的效率化为基础，由于服务是不可能进行储藏和输送的，因而严格要求从时间和空间上满足消费者的服务需求。

但这时消费者自身也参与了服务生产。例如：

（1）从制定旅行计划、各种预约、费用结算、直到掌握必要信息的提供全包式旅行、娱乐观光服务的体制。

（2）证书保管、自动存储、金融资产管理和使用等电子金融体制。

（3）通过信息网络化、整备数据库建立的家庭门诊、健康管理、购买商品体制。

这些技术集约型、省力型生产消费一体化市场的条件是：

（1）消费者方面的信息选择能力。

（2）消费者对上述体制的接受能力（例如键盘操作等）。

个别需求适应型一体化。上述技术集约型、省力型一体化是以所提供的商品和服务具有某种程度的固定模式为前提的，但今后消费者的需求日益多样化、个性化，并要求生活信息这类非物质性的东西个性化和商品化。

因此，消费者要根据自己的需求来参与新的商品概念的形成（过去这是生产者的事情）。

（1）为满足自己的需求，将个别商品概念转达给生产方面实行委托生产的体制。

（2）以满足个人需求为目的，把消费者本身的劳动作为生产输出一部分的体制，这种劳动如手工艺、园艺、研究、体育、娱乐观光、趣味及 DIY 活动（自己动手做那些有兴趣的事情）等。这种形态的条件要求生产方面具有接受消费者个别化需求的适应能力。这样一来，非规范化、调整生产时机将成为问题，很可能引起缩小大规模生产和扩大小规模消费的倾向。

超界线领域型一体化。超越现有的社会性界线的生产、消费形态将会发展。例如，超越国界的教育体制、劳动转移的国际化，从这种国际间的变化，可以看到由于舞台和观众的一体化、生活方面积极吸收异国文化而创造新价值。这将形成无须区分哪方面是生产者或消费者的新型生产消费一体化的市场。

## 五、新消费阶层

——面向金领的消费市场诸形态

产业结构的变化、电子技术的发展、信息相关产业的高度发展使得从事简单生产工程的人员和从事规范化服务的人员减少，同时对从事智能产业和信息相关技术的人才需求增加，其绝对数量也在增加。在所谓第四、第五产业等新产业就业的人们，90 年代将发挥社会改革者的作用，其生活行为将极大地影响整个消费市场。

具体而言，有咨询业、公关业、系统分析业、金融分析业、研究开发业等。

下面将分类讨论该市场中需求高的新型服务（有一部分已出现萌芽）。

信息价值关联市场。与物质生活水平的高度相比，对生活的圆满、情绪的稳定、感性的充足的追求程度相对要低。为适应这种需求，可以考虑以下形式的新型服务。例如，家庭录像、美术品出租、故乡村制度、介绍山村空闲房屋、学习传统艺术、子弟留学与寄宿制度等。

高级生活关联市场。适应金领阶层追求高层次消费的要求，具体领域有，日常生活中更高的便利性、娱乐生活的新鲜感和舒适感、豪华化、子弟的高等教育体制等。作为其中的一个例子，如下述方式的新型服务。

利用高技术的家庭保安、面向个人的综合资产运用顾问、综合出租商店、举办家庭比赛、年金沙龙、会员制家庭医生制度、会员制游艇服务、出租轻型飞机、高级开放性物品的拍卖、中期移居海外的服务，等等。

创造性生活关联市场。信息关联技术高度发展的不良影响之一，是缺乏创造性。从要求的层次来看，基本满足度高的阶层会提出更高层次的要求，即实现自我、发挥创造性的要求。从这一点看，金领阶层对创造性生活行为的要求较高。

这方面如高龄者移居海外制度、企业内休年假制度、个人用高水平数据库、以星期为单位的合同公寓、出租书斋、工房、演播室、文化性国际俱乐部制度（个人加入）、高级小机械市场、外国语（文化）村，等等。

以上，是现在设想的新型服务，旨在提供高附加价值的服务项目，这对满足其对象的个人需求以及实现差别化是不可缺少的。

还有，信息化的发展，不仅使这个金领阶层增加，而且随着办公室自动化的发展，使用 OA 机器的妇女就业者也在增加。在美国被称为粉领，形成了由一种职业的从业者构成的消费者阶层，其人数今后将会不断增加。据称美国从事这种职业的有 250 万人以上，到 1990 年将扩大到 3500 万人。可以认为，在日本也将形成新的消费阶层。

## 六、高度信息社会的新型服务市场

作为高度信息社会中扩大内需的领域和新消费形态的典型，曾列举了生产消费一体化型市场和新消费阶层金领阶层的消费市场。这两个市场的共同点是，不管在哪一个市场，提供服务的领域都将比物质商品占有更大的市场比率。

90 年代的消费市场，除上述生产消费一体化市场和面向金领阶层的市场外，服务消费市场将继续扩大，服务支出占个人消费的比率也会进一步扩大。然而，届时成为消费对象的服务中现在提供的基础性的需求当然继续存在，但伴随着环境的变化，对满足新的消费者要求的新型的、利用更高技术的、更高质量的服务的需要将会增加。

90 年代的新型服务需要，依存于那个时代人们的价值观和生活意识，并由此决定其性质。

为把握这个价值观在今后 10 年内的变化倾向，以世界的有识之士为对象，就今后 10 年内有变化的价值观及其变化程度进行了书面调查，归纳其调查结果为，关心健康、希望丰富的生活、希望同亲戚朋友的交往、充实的精神生活、更加希望实现自我、重视亲身感受、重视效率化和便利性等，这可以说是今后愈益增强的价值观。

在高度信息化社会，满足基于这些价值观之要求的物质财富需求尤其是对服务的需求将会增大，表 6-12 所示即为例证。

**表 6-12　今后消费者需求和服务的具体发展事例**

| 基本需求 | 需求具体化 | 满足需求的新服务事例 |
|---|---|---|
| 方便需求 | 简单满足低层次生活需求 | 搬家服务、清扫服务、风味快餐、出租单身生活用具、综合出租商店、宠物契约饲养、各种上门服务 |
| QOL 需求 | 质胜于量的需求（Quality of Life） | 出租高级衣料、旧时装商店、新型幼儿园、补习班、家庭晚会送货上门服务、高级食品、海外特产送货上门、出租露营车、海外子女利用通信卫星课程 |
| 安全需求 | 安全需求增加 | 家庭安全服务、私人保镖服务、管理运用个人资产服务、新损失的补偿保险、住宅定期检查服务 |
| | 健康保健需求增加 | 会员制家庭医生、体力咨询、联机健康预测服务、男子健美俱乐部、健康、自然食品、饮食限量食品送货上门服务、老年病、痴呆预防训练中心 |
| 所属需求 | 交往需求增加 | 各种晚会关联服务、老幼旅行服务、故乡村制度、赠答礼品咨询商店、各种会员制俱乐部、家庭临时居住制度 |
| | 文化需求增加 | 援助个人自费出版服务、交流中心、多种目的的出租规则（晚会、同好会等） |
| 实现自我需求 | 狂热化 | 制作民间工艺品教室、流行商品自我服务中心、信息交流体制 |
| | 制作志向 | 食品、家具、衣料自我服务咨询、为此提供场所的服务、材料送货上门服务 |
| | 自我研修 | 超出一般教养的专门资格的修炼体制、个人适宜体育的选择、指导服务 |

## 七、高度信息社会的新消费市场的发展所伴随的问题

高度信息化社会的生产消费一体化、金领阶层的扩大以及新型服务市场的发展，将会发挥突破当前的停滞状态形成新市场的作用，同时也会产生不可忽视的副作用。

（1）当前生产体制的转变

生产消费一体化社会的经济发展可能性，将减少大规模生产体制，同时强烈需要多品种少批量生产体制。对此，现在企业的问题是如何建立与之相适应的体制。

（2）简单生产与规格化服务劳动者的就业机会减少

由于普及小型、精巧的低成本技术，简单生产、规格化服务的雇用会出现急剧下降的倾向，社会如何吸收这部分人将是个问题。

（3）由于高技术、特别是信息关联技术的渗透使信息公害增加

信息网的扩大、计算机的使用日益普及，将会使侵害个人信息范围的私生活、侵入其他系统的计算机犯罪增加，需立即确立高级信息的安全保障对策。

（4）普及高级信息体制对人们的不良影响

不适应使用计算机的人们的计算机过敏症，人们之间交往的淡薄，由于固定于机械思维而丧失创造性思维，物理的、心理的技术压力不断发生。

（5）普及个别化产品影响废物再生利用体制

因商品的价值与人们的个别化需求相适应，使得废弃物不可能转为他用，作为物品本身的价值极低，由于不能进入废物再生利用体制而化为垃圾，增加了处理废弃物的负担。

随着社会环境的信息化向更高级发展，同时新的消费市场将继续扩大，预计提供财物和服务的方面以及享受这些财物和服务的方面，将会发生各种问题。

上述诸问题虽是其中的一部分，但随着市场的扩大，需要讨论这些问题的解决办法。现在考虑的主要有以下内容。

首先，作为政策、制度方面的对策，是针对信息公害、犯罪的对策。不仅是信息量的增加，而且为防止在个人的、个别的信息生产、积累中发生个人的错误信息，从法律义务上必须严格完善这些信息的管理体制。由于信息传播而造成对私生活的侵犯，现在已成为问题，今后如果缺少政策、制度的限制，这个问题必将更加严重。

其次，作为企业的对策，是由于工厂自动化、办公自动化的发展而进行对信息机器的适应性教育和企业内的重新调整对策。为此要求完善企业内的教育和职务训练计划。

与此同时，要确保企业信息体制的安全性。随着高度信息化的发展，企业对信息机器和体制的依赖加强了，当这些方面发生事故时，如果不具备支援机能，很可能给企业造成极大的损害。

另外，由于工作环境的变化也成为产生所谓技术压力的原因，所以将比现在更加需要从业人员的精神卫生管理对策。

作为生活者的个人，需要培养信息选择能力，加强对信息机器体制的适应性。在这一方面，当然需要个人的努力，同时还需要通过初等、中等教育课程培养对信息体制的适应能力。

高度信息社会很可能成为玫瑰色的社会，即情绪、智能创造、物质与精神生活水平上升的社会，同时，如果对策失误，也可能成为丧失人性的社会。可以说，高度信息化具有双刃剑的特点。为开拓和确立作为 90 年代领域的国内市场的新消费市场，不仅需要企业和个人的配合，还需要全社会的配合。

# 第五节　积极推进世界超级工程项目

## 一、世界超级工程项目的意义

日本开发新领域时，不能忘记“经济大国的国际责任”这个着眼点。世界经济以各国的平衡发展为目标时，对外顺差偏大不是好事，急需改善。从这一点看扩大内需的政策很重要。但更重要的是日本从长远观点出发对纠正南北差别做出积极贡献（图 6–3）。

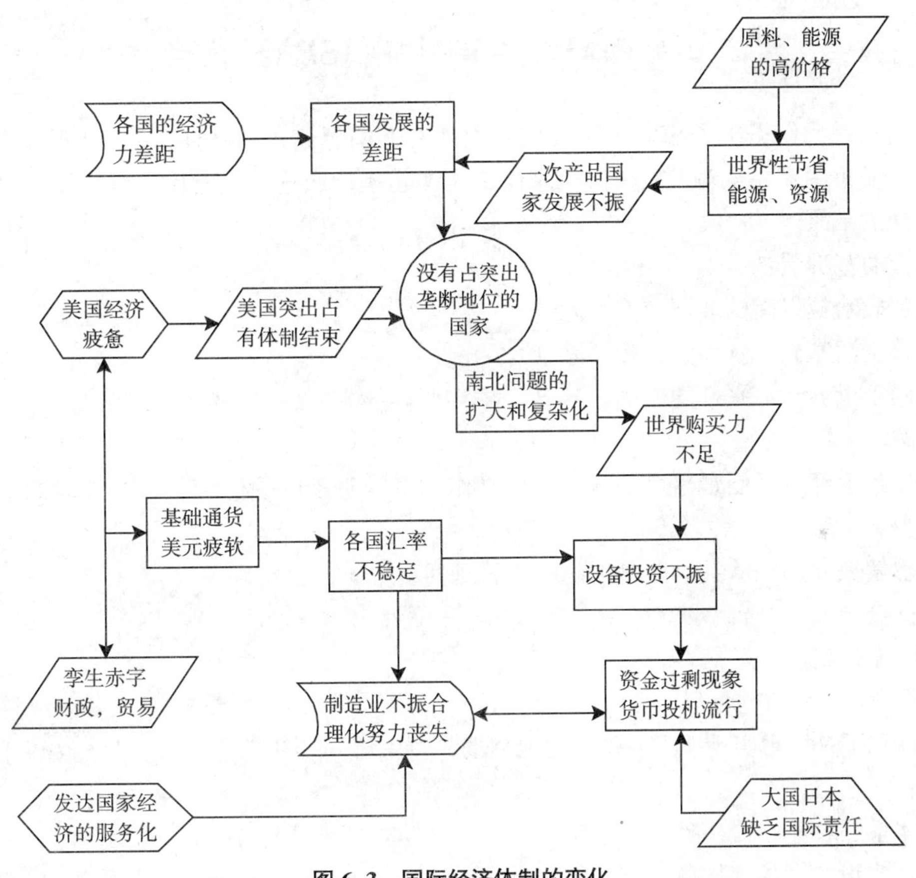

图 6–3　国际经济体制的变化

国际援助有各种手段，最能帮助发展中国家发展的，是实行以发展中国家为舞台的超级工程项目。这样做有以下益处：

（1） 有效利用发展中国家的需求，对经济、社会的长期发展做出贡献。

（2）工程项目规模宏大，提高当地居民的士气。

（3）由于是涉及数国的计划项目，因而能够建立国际协作体制，也有防止国际纠纷的作用。

（4）工程项目的乘数效应较大，有助于内外经济社会发展的程度高。

在国际上看，日本资金富裕，技术积累高。因而非常必要实施日本起主导作用的世界超级工程项目、履行日本的国际责任。

## 二、世界超级工程项目
——GIF 设想

关于世界超级工程项目的最早设想是由三菱综合研究所首任社长中岛正树氏（现任顾问）于 1977 年提出的 GIF（Global Infrastructure 全球基础设施）设想。其中提出了一些具体的项目，用总额 5000 亿美元为若干个发展中国家的城市修建基础设施，这是一种全球规模的“新政”式政策。此后，在日本以日本工程项目产业协议会为主进行国内大型项目的提案和推进，世界范围内的也以宏观工程技术的形式，各个方面提出了各种具体的项目。

其中，就建设第二条巴拿马运河计划来看，正以日本为中心进入可行性调查阶段，克拉地峡计划也由有关各国开始调查等等，有许多计划正在进入实现的阶段。

## 三、非洲超级工程项目（SPA）提案

按照 GIF 构想，我们提出了 SPA 方案。这是因为 GIF 构想偏重于硬件，并且是利益均沾性的计划，通过将该计划浓缩集中，并从对发展中国家来说最大课题是什么这个战略性思维出发，进行了选择，上述方案便是选择的结果。

从这个选择的基准看：

对象地区：撒哈拉以南的非洲（南非除外）

项目：完善生活基础（食品、医疗、教育）

这是最有助于世界经济平衡的方面。

SPA 的目的

目的：在世界上经济发展最落后的地区，建立作为发展基础的硬件和软件两方面的基础设施，缩小地区间的发展差距。

内容：争取解决非洲经济共同问题的超级工程项目。

（1）粮食自给。

（2）完善医疗体制。

（3）充实教育。

这个宏伟计划不是一举实现，而是从长远的立场，再考虑到计划成果的速效性，按以下的阶段实行。

具体展开：

SPA 第一体系：农业

第一阶段：建设非洲粮食储备基地和整顿港口

第二阶段：各个主要河流的灌溉项目

第三阶段：非洲中部人造湖项目

SPA 第二体系：医疗

第一阶段：拥有大型设备的中央医院系列项目

第二阶段：医疗信息网项目

第三阶段：非洲地区医疗信息网项目

SPA 第三体系：教育

第一阶段：派遣教师的项目

第二阶段：影视教育体制

第三阶段：非洲广播项目

计划分成这三个体系（农业、医疗、教育）并列同时进行。

SPA 的费用和效果：由于实施 SPA 要使用的各项费用比发达国家项目要增加很多，所以，应充分考虑必要的经费及由此能够享受的利益。

计划项目中人工湖构想花费最大。因为没有进行实地调查，因此难以试算。但是，首先修筑运河则与第二条巴拿马运河几乎相同，需要 200 亿美元，以建设隔断扎伊尔河的水库为主体的工程需要 10 亿美元，修整新乍得湖约需要 50 亿美元。

总之，初步设想除人工湖构想外，需 45 亿美元（初期成本），产生的波及效果为 125 亿美元。如果日本分担三分之一的费用，则会有 40 亿美元的乘数效果。

SPA 的正反影响：在实行 SPA 计划时有有利的影响，同时也会产生不利的影响。在粮食储备、整顿港口方面，一定时期内难以摆脱对进口的依赖，有可能带来国内农业生产的停滞。发展农业需重视水利、建设水库，但难以避免改变原有的生态环境，需充分参考埃及阿斯旺大坝的不良影响（见表 6-13）。

**表 6-13　非洲超级工程项目（SPA）的正、反两方面影响与课题**

| 开发体系 | 具体项目 | 有利影响 | 不利影响 |
|---|---|---|---|
| 农业开发 | 粮食储备整备港湾 | 确保摄取必要的卡路里量提高流通效率 | 使国内农业生产发展迟缓 |
| | 整备主要河川的灌溉 | 提高农业生产率和农业收入、扩大可耕地 | 生态环境变化<br>扩大农民收入间的差距 |
| | 非洲中央人造湖 | 大幅度增加农业可耕地<br>绿化沙漠<br>扩大居住地区<br>国家间协助→统一化 | 生态环境变化<br>大幅度减少扎伊尔国土面积<br>利害关系国的争斗 |
| 医疗开发 | 建设中央医院 | 充实、建立高级的医疗制度 | 利用制度的差别、特殊化医疗体制的两极分化 |
| | 国内医疗网 | 迅速的预防、诊断体制 | 划一型诊疗<br>试验性诊疗 |
| | 派遣教师 | 引进最新医学 | 外国人教师<br>教育的两极分化 |
| 教育开发 | 派遣教师 | 引进新教育体制 | 读解能力提高缓慢<br>不使用母国语言 |
| | 开设电视 | 教育的适应性 | 利用者的差别和特殊化机器万能主义 |
| | 非洲广播局 | 非洲的统一 | 丧失民族自立意识<br>争夺主导权 |

医疗事业的开发方面，引进发达国家的体制，有可能不适合非洲的实际状况和需要。但是，对非洲而言，最关键的地区与农村的医疗事业需要建立极为细致的、长期的体制。在 SPA 中制定了全面充分利用机械设备的力量——通过充实巡回医疗与医疗车等——以进行全覆盖性医疗的方案。

非洲工程项目的最大课题是民族独立和“一个非洲”的问题。非洲各国民族意识极高，不仅使一个国家发展而且更使各国平衡发展，因而需要国际协调，这也是 SPA 的目的之一。

从这一点看，“非洲中央人造湖构想”作为象征之一和体现长期合作的项目，虽然十分困难也一定要使其实现。开发非洲是人类的梦想和希望，不能玷污了这个象征。

实现各项计划的条件。如果非洲民族能采取共同步调，则几乎所有的计划都有可能实现。非洲中央人造湖构想可能“淹没 40%的扎伊尔国土”，这是最大的问题，如果有对非洲人民做贡献的觉悟，有行使湖水利用权的意识并能享受便利，也不是不可能解决的。当然，还要考虑不是淹没 40%而是淹没 10%的计划。

在实现课题中也有协助国日本方面的问题。特别是国际意识不高的日本人能够进行何种程度的灵活的援助值得怀疑。但是，不能进行这种援助的国民和国家是根本不能承担经济大国国际责任的。日本国内也需要在明显地成为世界孤儿时建立可能进行这种援助的体制和教育（见表 6–14）。

**表 6–14　实现个别项目的条件和课题**

| 开发体系 | 具体项目 | 条件和课题 | 突破现状的难易度 |
|---|---|---|---|
| 农业开发 | 粮食储备整备港湾 | • 从粮食供应基地的恰当搬运<br>• 储备维护代价的负担<br>• 恰当放出储备 | ○<br>○<br>△ |
| | 整备主要河川的灌溉 | • 包括国家间的水利权<br>• 整备末端体制的代价 | △<br>△ |
| | 非洲中央人造湖 | • 生态环境的变化<br>• 淹没扎伊尔国土的 40%<br>• 贮水年分长（需要 50 年） | △<br>×<br>× |
| 医疗开发 | 建设中央医院 | • 柔软对应→派遣医师<br>• 与费用相比效果低 | ○<br>△ |
| | 国内医疗网 | • 与费用相比效果低 | △ |
| | 非洲信息网 | • 利用频度与成本<br>• 非洲国土病的解决<br>• 非洲医疗技术的低下 | △<br>△<br>○ |
| 教育开发 | 派遣教师 | • 日本人的习惯<br>• 日本人、非洲人之间的差距<br>• 普及范围狭窄 | ○<br>△<br>△ |
| 教育开发 | 电视广播 | • 软件方面（节目开发）<br>• 教育效果<br>• 电力普及程度 | △<br>△<br>△ |
| | 非洲广播局 | • 民族意识<br>• 共同语言<br>• “一个非洲”的意识 | ×<br>×<br>△ |

SPA 的财源——期待着日本企业和国民的贡献—GIF 设想的年援助额为 290 亿美元，主要由美、日、联邦德国提供。而这个 SPA 计划投资总额需要 235 亿美元（不包括维修保养费）、年提供 25 亿美元（其中 10 亿美元用于进口粮食）。

从现在金融流向偏重于日本来看，很难对美国和石油生产国有过大期望。日本政府也处在重建财政的过程中，所以期待着资金充裕的日本企业和国民做出国际贡献。

提案：创设非洲公共投资基金

出资比率如下：

（1）将日本对外投资总额 1300 亿美元的 5%作为此项基金　　65 亿美元

（2）日、美、联邦德国提供的基金　　50 亿美元

（3）银行借款　　100 亿美元

基金　　215 亿美元

利率　　5%（年率）

10.8 亿美元

（4）企业提供收益的 1%为“基金”（但可考虑基金免税等）

年额 20 万亿日元×0.01（法人所得）

13.3 亿美元

（5）日本国民每人每年捐献 100 日元

0.75 亿美元

约 25 亿美元

## 四、结束语
### ——争取新的国际协调

正如前川报告所指出的那样，日本经济现在应承担的国际责任很重大。在探索新的发展道路以代替过去的出口主导型发展模式的同时，作为经济大国需要从两个方面推动对发展中国家的援助。

世界经济体制现在不是追求市场原理或效率。在没有占绝对优势的霸权国的条件下，各国经济求得平衡的体制在起作用，浮动汇率制是其代表性的例子。浮动汇率制是救济弱者的制度，日本经济与企业的合理化以及追求竞争能力的活动将使日元进一步升值。需要对只顾以合理化和扩大市场为发展杠杆的日本经济和企业的行为方式进行根本性改革。

探索新领域的事业也加入了这个潮流。其一是确立与当地的经济社会密切结合型的生产体制以代替出口。

日本旧生产体制的强行渗透很可能变成日本文化的强行渗透。只有开发和实行与当地社会相适应的生产体制，才能实现日本经济和企业的国际化。

其二是通过扩大内需使经常收支状况均衡化。日本的进口结构主要倾向于以原油为代表的原材料，而从原材料消费价格下降的趋势看，难以实现扩大内需导致增加进口的形势。为寻找新的发展途径、改变进口模式，需要改革制度，制定劳动新的内需的政策。

作为向禁区的挑战，我们在改革制度方面主张农业自由化、外籍工人自由就业。这是对外限制最大的两个方面。但向这种禁区挑战时，市场创造力并不大。而且难以克服旧的经济主义思维。

创造新的市场时，在国内市场应考虑：

（1）对服务化社会的适应。

（2）完善住宅环境。

（3）完善表示“精神生活丰富”的城市基础设施，例如文化性的列岛改造。

创造这样的国内市场很关键，但更重要的是贸易大国、债权大国日本应做出的国际贡献。当然，除对国际货币的稳定这一市场原理做出贡献外，还要有对世界经济发展做出更积极贡献的行动纲领。日本所应发挥的作用除以世界经济平衡为最大的重要目标外，还有支援后进国家的发展，尤其是推进有益于国民生活的医疗、粮食、教育计划。以发展中国家为核心的超级工程项目的意义正在于此。

日本争取的新领域是探索日本经济新的发展模式和推动国际援助，但从经济至上主义转变为与精神生活丰富相连的关心国际事务的意识革命也是构成因素之一。

# 第7章　新的经济合作方案

**研究成员**

(财) 国际协力促进协会专务理事　　**松本洋**
(社)[①] 经济同友会参事　　**加留博**
利曼·布拉萨兹公司远东亚洲代表　　**小松正昭**
原美国国际开发署部长　　**斯基普·奥亚**
联合计划有限公司总经理　　**富冈正树**
东京国际大学教授　　**松井谦**
尤尼克国际公司社长　　**三上良悌**
联合国开发技术合作局经济方面负责人　　**米川佳伸**
(财) 国际协力促进协会规划课长　　**塚田信裕**

(在研究过程中，联合国发展计划驻缅甸常驻代表**北谷胜秀**、经合组织秘书长办公室南北问题负责人**高桥一生**、大阪大学副教授**竹中平藏**、名古屋大学副教授**月尾嘉男**、经济企划厅综合计划局课长助理**松山健士**、JVC 事务局长**星野晶子**等六人提供了很好的意见。)

**秘书处**

(财) 国际协力促进协会

## 第一节　新"综合经济合作"方案

### 一、90 年代的世界形势与日本

**80 年代后半期至 90 年代的主要倾向**

美国在世界经济中地位的下降。现在的世界经济，处于从美国统治下的和平时期的崩溃向代之而起的新时期的过渡期。

第一次世界大战后，美国取代了英国，在世界经济中所起的作用迅速扩大。第二次世界大战后，美国进一步确立了其在国际经济中的重要地位。作为自由主义经济圈的领袖，美国建立了以国际基础货币美元为中心的经济结构。在此背景下，美国实现了未曾有过的繁荣。

1971 年美元金本位制的废除表明长达半个世纪的美国经济繁荣已到尽头，此后迄今，美国经济在世界经济中的地位不断地相对下降。70 年代在世界国民总产值中占 30%的美国，到 1980 年，终于下降

① 指社团法人，下同。——译者注

到了 20%。

为了遏止美国经济如此衰落，80 年代前期，美国通过大胆的减税和加强对苏军事战略而增加国防开支，欲求从财政方面入手搞活经济。

这一政策与高利率带来的美元高汇价相辅而一时奏效，1984 年经济增长率达 6.4%。美国经济似乎实现了复苏，但其结果却进一步扩大了巨额的、被称为“双胞胎赤字”的财政赤字和贸易赤字。1985 年美国经济增长率再度下落到 2.7%。

在此期间，美国还耗尽了过去 70 年间积累起来的世界上最大的海外纯资产，1985 年竟沦为纯债务国。在这种经济形势下，美国对于“双胞胎赤字”的危机感增强了。在联邦议会中，贸易保护主义的倾向得到加强。同时，为了强有力地再建财政，还制订了格拉姆—拉托曼霍林克斯法（财政平衡法）。

从这些背景来看，美国政府的中期经济政策将不得不转向紧缩财政，到 90 年代中期的经济增长率也很可能低于过去十年中的实际增长率（1975~1984 年的年平均增长率为 2.8%）。

这样，美国的紧缩财政和低增长不仅对包括发达国家在内的世界经济起到很大的紧缩效果，而且曾是最大援助国的美国减少其援助也将给发展中国家带来深刻影响。

亚太地区的兴起。除日本之外的亚太地区（韩国、中国台湾、中国香港、中国大陆、东盟各国、澳大利亚、新西兰），在经济规模上不足世界经济的一成，但作为世界上经济增长率最高的地区而举世瞩目。

特别是韩国、中国台湾、中国香港、新加坡等亚洲新兴工业国家和地区的增长尤为惊人。到 21 世纪初，中国香港与新加坡的国民所得可望达到发达国家的水平，韩国、中国台湾可望达到目前中国香港、新加坡的水平。

但从人均国民生产总值来看，亚洲新兴工业国家和地区与除此以外的亚太地区各国的差距将扩大，泰国、印度尼西亚、菲律宾、中国大陆等将停留在相对低的水平上。

此外，由于日本和美国经济发展的减缓、支持该地区经济增长的牵引力下降和“后发优势”带来的效果减少，这一地区在今后 10 年中要维持像 70 年代至 80 年代中期那样的高速增长是困难的。

尽管如此，如通过贸易及资本自由化、扩大民间活力和经营与生产体系的合理化等谋求经济效率，致力于维持经济增长能力，同时来自日本和美国的直接投资的增加。那么，亚太地区诸国仍可能维持 5%左右的经济增长率。

由此，在 90 年代，亚太地区各国与日本和美国等将实现真正的国际水平分工，相互依赖关系会进一步加深，从而亚太地区将成为一个经济圈。

国际经济秩序的不稳定与南北问题的扩大。第二次世界大战结束时由联合国会员国建立了国际货币基金组织和关税及贸易总协定体制，它规定了“二战”后迄今为止的国际经济秩序。

这一体制以自由、不歧视、平等为原则。但布雷顿森林体制的结构毕竟反映了出资多的国家的意志，成为处于自由主义经济圈中心的美国和发达工业国家经常主宰世界经济和实现美国统治下的和平的基柱。

但是，进入 70 年代后，美国经济力量的相对下降已洞若观火。与此相连，美元金本位制已到尽头，象征着布雷顿森林体制走向崩溃。

随着欧佩克各国对发达国家的挑战（石油冲击），联合国关于国际经济新秩序（NIEO）的辩论亦日趋激烈，而且有新兴工业国家问世等来自发展中国家方面的攻势。随着贸易不平衡的日益加剧，发达国家之间的不和谐之音迅速增强起来。

在此情况下，美国、欧洲共同体、苏联东欧圈以及日本和亚太地区的经济实力不分轩轾，世界经济趋向多极化。而未被纳入这些国际经济重组的发展中国家，其所处的地位将变得更为严峻。

当发达国家和追赶国家在摸索新的经济发展可能性时，人口爆炸性增长和债台高筑的低收入发展中国家和最不发达国家，因初级产品价格低徊，不仅经济发展停滞甚至可能倒退。这些国家由于农村剩余人口涌向城市、失业与贫困导致社会动荡和累积债务带来的经济负担增加，将在无法窥见发展曙光的情况下迎来 90 年代。

这样在 90 年代，在发展中国家中也将出现经济加速发展区域和开发中区域的两极分化，可以说南北问题日益扩大的可能性很大。

依靠国际协调的世界经济走向。由于美国经济地位的相对下降，90 年代的世界经济中心将向欧洲共同体、苏联东欧圈、日本和东亚各国等的多极化方向发展，同时相互依存关系越来越强，利害关系亦更趋复杂。

发展中国家的累积债务已达 1 万亿美元，孕育着先前墨西哥、巴西经济危机所显示的不履行债务（无力偿还债务）的危险性，使人们担心会影响到以美国为中心的发达国家金融机构信用的不稳定。一方面对发展中国家的新贷款被大幅度削减，另一方面仅每年利息就达 1000 亿美元的债务偿还严重束缚着发展中国家经济的发展，出现了"为了还债而借债"的恶性循环。

在中期预测世界性紧缩和贸易摩擦激化之中，要找到一条世界经济运营的新途径并非易事。但另一方面，从 70 年代的各种试验和经验之中，我们可一般地认识到：今日的世界经济已形成一种不可逆转的、相互依赖关系不断加深、整体不可分割的网络体系；世界各国均已普遍认识到，对于任何一个国家来说，没有世界经济的稳定增长，就不可能有本国经济的持续发展。

面向 21 世纪的世界经济运营，其课题不再是发达工业国和新兴工业国确立新的世界经济的统治体制，而是在包括这些国家和低收入发展中国家及最不发达国家在内的全球经济体系之中找到共存和发展的最切合实际的方案。

**90 年代世界经济中日本的作用**

1985 年，日本在世界国民生产总值中所占比重已至 10%，预测今后这一比重将进一步提高，1995 年会达到 15%。今后人均国民生产总值的增长率虽稍变缓，但将持续增长。由于美国经济增长迟缓和日元升值，日本在 90 年代初期将超过美国，在发达国家中达到最高水平。

日本正稳步地扩大自己在世界贸易中的比重，1985 年已达 10%，到 90 年代可能与市场份额逐渐缩小的美国并驾齐驱。1965 年日本贸易第一次实现了盈余。自此以后，贸易顺差一直稳步发展。1968 年由债务国转变为债权国。1985 年对外纯资产超过 1000 亿美元，成为世界最大的债权国。今后对外纯资产将进一步增加，预计 90 年代中期可超过 5000 亿美元。

在这种状况下，日本作为世界性的资本输出国，其作用日益扩大。东京将成为与纽约、伦敦并列的世界三大金融中心之一。关于发展中国家的累积债务，日本作为世界最大债权国也将和美国一起分担大的风险。这样，90 年代日本在世界债权中所占比例将达到决定性的水平。要求日本分担与经济实力相应的负担和对整个世界经济运营负责，来自其他发达国家和发展中国家两方面的世界舆论不会停留在单纯期待的阶段上。

为了适应这个世界性的要求，作为世界经济重要组成部分的可信赖的国家，日本必须摆脱作为美国统治下的和平的一名成员这种被动的行动方式，以"地球社区·日本"的姿态，面向世界，依靠国际协调对世界经济的发展做出积极的贡献。具体地说，就是更大地向海外开放日本的国内市场，同时积极地扩大对外直接投资，积极地灵活运用日本积累的技术和经济力量，以贡献于世界经济。从与发展中国家经济合作的观点来看，这不外乎是向经济开发更多地提供资本、对累积债务问题的解决起到积极分担的作用、开放国内市场促进来自发展中国家的进口、以制造业为中心实现水平分工体制、促进人才开发和技术转让、增加人道主义的援助（粮食、医疗、教育等）等。对上述问题，须明确具体解决方法，并脚踏实地地贯彻下去（野村综合研究所《10 年后的世界经济和金融、资本市场》）。

## 二、日本经济合作的变迁和观念的转变

**日本开展经济合作的历史**

回顾第二次世界大战后迄今为止的日本对外经济合作所走过的道路，将其分为四个阶段，似乎是妥当的。首先是 1945 年至 1954 年的十年间。经过复兴后的改革，即从占领体制到独立的时期。这个时期是第一阶段的“助跑前期”。从 1955 年到 1964 年的十年间，是完成高速增长，实现加入发达国家行列夙愿的时期。这个时期是第一阶段的“助跑后期”。从 1965 年至 1974 年的十年间是一跃成为经济大国并和发达国家摩擦渐渐激化的时期。经济合作也进入了第二阶段的“扩大前期”。从 1975 年至今，在以石油危机为契机的国际经济新秩序的形成过程中，政府开发援助亦迅速扩大，但对过于强大的日本经济的责难也逐渐激烈起来。这是第二阶段的“扩大后期”。今后的经济合作应为第三阶段，是被期待为充实质量重于扩大数量的时期。根据这样的阶段划分，沿着各时期对外经济战略的主题，来概要地看一下经济合作的历史发展过程。

第一阶段——助跑前期（1945~1954 年）在占领下的这一时期，当务之急是将因战败而削弱的经济力量恢复到战前顶点的 1935 年时的水平、重返国际社会。通过接受美国占领地区救济基金的经济援助和道奇路线的稳定化政策，重建日本经济。由于道奇路线，日本经济一度陷于困境，但随朝鲜战争而来的特需成了救世主。1951 年日本与美国单独缔结了媾和条约，翌年加入了国际货币基金组织和世界银行。这个时期是日本自身作为被援助国、以战后复兴为当务之急的时期。

第一阶段——助跑后期（1955~1964 年）1955 年日本加入了关税及贸易总协定。以此为重返国际社会的基础，并充分利用其特惠制度（通过借入外汇和扩大出口克服外汇缺口），闯入了通向发达国家的道路。以“战后状态从此结束”的 1955 年的经济水平（恢复到 1935 年水平）为出发点，日本经济进入了高速增长时期。1960 年制订了“所得倍增计划”和“贸易自由化大纲”，这是池田内阁的两块招牌。1964 年日本过渡到国际货币基金组织第八条成员国（不以国际收支为理由进行外汇管制），同时还参加了经济合作与发展组织，名副其实地加入了发达国家的行列。这一时期，高速增长所需资金主要依靠来自美国和世界银行的外资引进和贷款。另一方面通过支付赔偿日本转变为提供援助国，并以此开始了巩固和完善日元贷款体制的前奏。

第二阶段——扩大前期（1965~1974 年）这一时期经济外交的中心课题是积极推动由加入经合组织而产生的、义务性的“促进资本自由化”和“扩大海外援助”。良好的国际收支积极地促进了对发展中国家的援助。1965 年进而作为“经济合作元年”，成为跃进的起点。1967 年，日本与美国对等出资开设了亚洲开发银行。此外亦开始建立和完善日元贷款体制。

第二阶段——扩大后期（1975~1984 年）石油危机后的这一时期，经济外交的主题涉及很多方面，如防止经济滞胀、避免贸易保护主义、稳定国际货币秩序、促进包括资源在内的南北经济合作等，持续性地成为发达国家首脑会议的议题。日本的对外经济政策也是在这个范围内展开的。进入 80 年代后，发达国家首脑会议的主题受到世界政治经济环境变化的影响，变得更为复杂。以东西间紧张状态、第二次石油危机后的世界性景气衰退和初级产品行情（包括石油价格）的下跌为背景，掌握对苏战略的主动权和救济累计债务等问题突出起来。这一时期的最大特点是，由于在世界经济陷于困难之中日本却保持了良好的经济运转，要求尽到经济大国责任的呼声高涨。为此，尽管处于重建财政的阶段中，政府开发援助仍以年均 5%强的速度增长，但对 GNP 的比例在开发援助委员会（OAC）18 个成员国中居第 15 位，为 0.29%（1985 年）。

**今后经济合作的发展**

日本政府于 1985 年 9 月确定了第三次中期目标。其内容是：①谋求改善政府开发援助与 GNP 之

比。②决定 1986~1992 年的政府开发援助实际总额超过 400 亿美元以上。③决定 1992 年的政府开发援助实际数额为 1985 年的两倍。关于这一目标，政府决定了大致的完成期限。

但从国际比较来看，日本的援助处于很不充分的状态。如政府开发援助，仅以金额计，1985 年实际成绩已超过美国，居第一位。但以与 GNP 之比计，则如前所述下降到第 15 位。而开发援助委员会成员国的三分之一超过 0.5%。如再从援赠成分（赠与要素加援助条件放宽指数）来看，大部分开发援助委员会成员国的援赠成分超过 90%以上，日本仅为 74%，是成员国中最低的。日本政府从 1987 年开始，决定对发展中国家日元贷款的利率，从现行的平均 3.7%下降 0.6%。尽管如此，和欧美 1%~2%的援助利率相比，日本的利率仍偏高。

此外，日元贷款中附加条件贷款占 17%，包括部分附加条件贷款达 30%。这受到了来自美国和欧洲共同体的强烈抨击，经合组织的出口信用会议也为解决这一悬案而努力。日本政府在上述降低利率的同时，也促进延长开始偿还债务的年限和不附加条件等，放宽日元贷款的条件。

尽管如此，日本的利率和欧美的水平相比仍较高。只要议论到为什么不能进一步下降，就必定会涉及日本方面的情况。主管经济合作政策是外务、通产、大藏、经济企划四省厅，其立场各不相同。倡议放宽条件的是外务省，通产省也支持这个意见。但大藏省由于与财政的关系，经济企划厅作为主管海外经济协力基金的官厅都担心赤字增加，事情往往不能轻易决定下来。

但是，如果把日本今后的经济合作作为第三阶段的话，即使在发生财政赤字的情况下，探索与经济大国相应的经济合作也是必不可少的。尤其是以“质的充实时期或能动的时期”来理解第三阶段的话，从原来的被动姿态中摆脱出来，日本在牵引世界经济的中枢国家的认识之下，应以“地球社区·日本”的观点来看待经济合作。另外，日本有必要明确表示对于世界经济和南北问题所持的立场和看法，向着发挥主动性作用的方向转变。

经济合作的内容　应确立既以政府开发援助为主体又包括私人和整个国民广泛参加的、综合的合作体制。日本在历史上欠缺欧美那种贵人行为理应高尚（捐赠是幸运者的当然义务）的精神。为此，一定要对在对外经济合作方面难以取得一致意见的国民意识进行改革。冷静地思考一下就会明白，日本之所以有今日的繁荣，正是因为世界上大部分地区是和平的，并且在政治上比较稳定，日本才能以低价大量地从海外购进必要的资源能源和原材料，并将其加工、组装之后作为工业产品出口到海外市场而获得成就。但是，大多数日本人却把其归结于自身拼命努力和致力于技术革新和提高产品质量以及世界上人人承认日本产品的优良性能而购买的，认为这是必然的结果。如何纠正这种认识上的偏颇，在 90 年代肯定是关于经济合作方面争取国民舆论统一的最大课题之一。至于结论，只有从小学起就把经济合作纳入开发性教育之中，让日本人明白为了日本国家的存在，日本需要在海外发挥作用。这貌似简单，但可以说是一个困难的问题。

## 三、新“综合经济合作”的要求

### 以往经济合作方面存在的问题

来自内外的批评。回顾日本过去 40 年的经济合作的历史，和今日已被确定的第三次政府开发援助中期计划的目标相比，在质量和水平上，都不禁有隔世之感。尽管如此，依然不能平息来自国内外的对日本经济合作的批评。为什么日本的经济合作不能得到来自世界的承认？是因为对经济合作所做努力还不够吗？日本该做些什么才好呢？这些是关心经济合作的国民的淳朴疑问。也许从这些批评追根溯源的话，恐怕可从中找到一些日本经济合作中存在的问题，以指明今后的发展方向。

关于日本的经济合作，首先应指出的是来自国外的批评，姑且不谈数量，在质的方面日本和其他发达国家相比不免相形见绌。具体地说，日元贷款中的援赠成分为 74%，是开发援助委员会成员国中最低的，而且限定发展中国家和日本为采购对象市场的附加条件贷款约占30%。为此，经常收支盈余在储存美元之后，被用作援助资金以振兴日本企业的出口。这样，难得的援助资金成了只亮给对方看的钱。其结果是，经济援助化为点缀，实际上这部分资金成为经济扩张的手段。事实上，利用过去以日本援助资金为基础的项目，众多的日本企业打进了发展中国家。

另外，还存在着日本双边贷款在政府开发援助中所占比重大大高于其他发达国家的问题。图7-1与表7-1为西方首脑会议七个成员国的比较。日本双边贷款数额和所占比例均居绝对第一。英国和意大利已没有双边贷款。从比例来看，日本所占比例是联邦德国的150%；从数额来看，日本比美国多40%。这种日本经济援助中双边贷款多的现象，和附加条件贷款多、充当经济扩张手段等批评是一脉相承的。

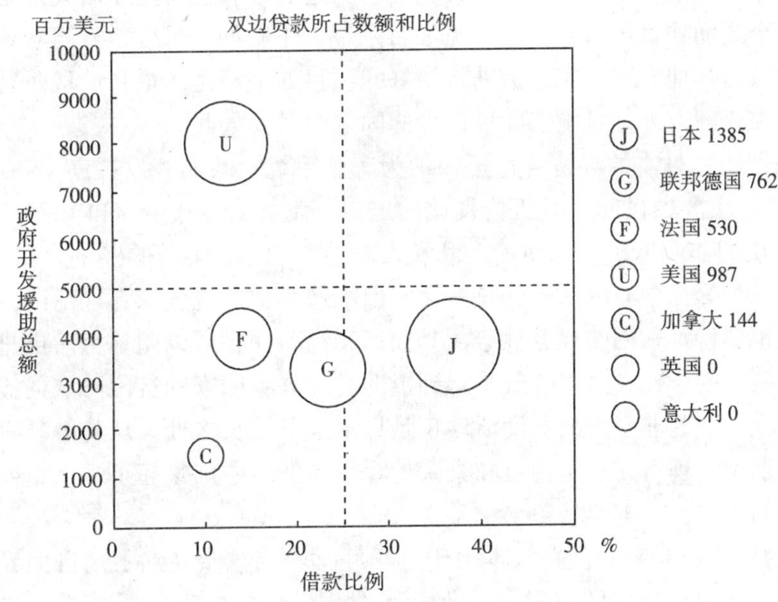


**图7-1　双边贷款在政府开发援助中的比例**

注：法国数字包含海外省和海外领地。
资料来源：经合组织《开发合作1984年回顾》，数字系1983年实际数字。

**表7-1　西方首脑会议七国双边政府贷款在政府开发援助中的比例（1983年）**

| 国　名 | 政府开发援助总额（百万美元） | 双边政府贷款的比例（%） | 双边政府贷款数额（百万美元） |
|---|---|---|---|
| 日本 | 3761 | 36.8 | 1385 |
| 美国 | 7992 | 12.3 | 987 |
| 英国 | 1605 | 0.0 | 0 |
| 法国 | 3815 | 13.9 | 530 |
| 联邦德国 | 3176 | 24.0 | 762 |
| 加拿大 | 1429 | 10.1 | 144 |
| 意大利 | 827 | 0.0 | 0 |

注：日本在双边政府贷款方面，无论是在政府开发援助中的比例还是贷款额，在主要援助国家中均是最高的。

日元贷款和技术合作存在的问题。日元贷款的对象，在初期大部分是充当战后赔偿的所谓工厂建设(化肥厂和钢铁厂的建设等)。现在则是向交通、通信、电力、灌溉、水利、上下水道等基础设施提供的日元贷款占了大部分。从发展中国家工业建设中最不完备的是国内基础设施这一观点来看，以项目援助为中心是合乎情理的援助形态。但是工程项目的实施主体是日本企业，稍稍极端的例子也许是日元贷款项目应对方国家政府要求才开始着手。但实际上，从贷款合同的缔结，投标到中标，直至工程完工后的移交之间都存在着不透明的部分。

在技术合作领域，也存在着不向发展中国家转移符合其自然、社会条件的适用技术和培养、确保及使用参与技术合作的人才等问题。近年来，发展中国家希望得到的技术是产业技术领域和振兴出口领域的技术及尖端技术。这些技术大多属民间所有，而民间人士难以了解政府级的技术合作，而且还存在使尖端技术的引进成为可能的技术人员层人数尚少等问题。关于培养参与经济合作的人才，存在着具有丰富的海外经验且兼备语言能力的人才稀缺、即使有人才也大多属于民间企业、受到终身雇佣制等社会制度的制约不能向海外派遣技术合作专家等问题。

对日本经济合作，也有效率低、见效慢这样的批评。这涉及日本援助的方式是根据对方国家的要求才着手援助项目的。就是说，发展中国家通过驻外使馆向日本提出援助的要求之后，日本方面对要求的内容进行研究，进行事前调查或基本设计调查，至此约需花费一年时间。进而政府将其编入预算，经过签署换文直至动工，又需要约一年时间。因此，纵使一切进展顺利也要两年时间。若在此期间进行各种各样的调整的话，一个援助项目历时 4~5 年才见眉目是屡见不鲜的。另外，好不容易搞的援助工程在不少情况下也在竞争中败给其他发达国家。援助效果好的项目如果不是从最初阶段进行项目选择，基本上会被其他国家抢走。在亚洲以外，日本实际援助少的国家中尤其如此。

对非政府机构的期望。日本的经济合作可归纳为三个系统：政府开发援助（ODA），日本进出口银行的资金援助（OOF），主要由民间金融机构发放的出口贷款和直接投资（PF）等。但近年来，除此之外的被称为纯民间层次的非政府机构（NGO）和私人志愿组织（PVO）的经济合作引人注目。在日本，以原青年海外协力队队员等为中心的活动就是一例，但不像其他发达国家那样活跃。这些团体的活动深入了在发展中国家中也属特别贫困的地区社会，其知识和经验受到了以向贫穷阶层进行重点援助的国际机构等的瞩目。通过两者的合作，对以往最难得到援助的发展中国家的贫困阶层的援助问题，也有可能制订有效的对策。但是，这些非政府的援助活动正是日本最不擅长之处。从初等教育层次使儿童、学生关心南北问题，从早期使之理解在日本稳定和繁荣的背景中发展中国家起了多么重要的作用，这种迂回的方法也许是最可靠的方法。

“日本型体系”的评价和局限。现在日本由于巨额经常收支盈余受到了来自世界的责难。日本亦被要求挑起美国一直承担的对世界援助的担子，即所谓“黑字大国责任论”。接受这一责任的日本，尽管财政状况严峻，仍决定昭和 62（1987）年度政府开发援助预算比前一年度增加 5.8%。关于第三次政府开发援助中期计划（1986~1992）的七年中政府开发援助实际总额 400 亿美元以上的目标，如果日元仍按当前的趋势持续升值，也预计可以达到。在 90 年代，日本的政府开发援助可望接近发达国家的最高水准，估计数量肯定达到世界最高水平。

然而可以为此天真地庆幸吗？受援的发展中国家、发达国家和国际机构会对日本的这一成绩予以充分评价吗？难道不必担心数量的迅速扩大反而会引起问题吗？如果我们从过去 120 年日本走向现代化的历史中剔除一些过失（其中包含太平洋战争等），就会得出这是一个正确的发展历程的认识，尤其对战后 40 余年间令人瞠目的经济发展成为世界典范深信不疑。因此，通过日本的经验，众多的发展中国家理应具有能起飞的自信。但是如果把要求十全十美的某种意义上的日本主义称为“日本型体系”的话，如何超脱和超过这种日本型体系，是决定今后经济合作成功与否的重要分水岭。

日本型体系的信奉者往往蔑视发展中国家，用漫不经心的言辞来触怒他们的感情。为了改变这种状况，只能而且必须改变援助观念，应从初等教育抓起，培养日本人对南北问题和经济合作的意识。但只讲这长久之计还不行，还要谋求改变原来的观念，有必要重新认识现有的经济合作体制。

**受援国（发展中国家）方面的需求变化**

真正和自助、自立相连的开展经济合作的要求。经济合作的目的不正是对发展中国家依靠自身努力求得经济发展予以支持吗？在认识到以往的援助仅仅提供金钱和物质即万事大吉的话，摆脱该局面，对发展中国家的贸易、技术、投资等各方面予以支持不是很重要吗？就是说，通过对发展中国家的投资来振兴产业和扩大就业，向发展中国家转移在当地制造成本低廉、质地良好产品的技术，进而帮助向国外出口当地生产的产品。从日本来看，就是为方便进口发展中国家的产品而开放市场。例如：为了购进发展中国家产品，也许有必要给予国内的有关行业界特别的刺激（税额扣除等）。

另外，发展中国家换取外汇的最重要商品是初级产品，初级产品价格的暴涨暴跌严重影响了发展中国家的经济开发。为了稳定其价格，日本应该做出积极的贡献。具体地说，基于通过国际机构使初级产品通用基金促进缓冲库存等是有效的方法。即使日本独自为推动不仅是石油也包括谷物等粮食的初级产品的储备，也可以采取在供给过剩时增加购买量、开展对资源开发的援助等有益于价格稳定的合作等措施。应该充分地认识到，资源民族主义的过度抬头，只会加剧发达国家与发展中国家的对立，到头来，对双方均有百害而无一利。

累积债务的偿还方法。发展中国家的累积债务已达 1 万亿美元，一旦陷于无力偿还的境地，很可能成为引起一连串的国际金融动荡的原因，对此必须谨慎对待。追溯累积债务产生的根源，发展中国家不合理的投资是其直接原因，尤其是在未充分研究与贸易收支的平衡便引进资金和投资，项目效益不充分等。当然，债务国亦有责任。但可以说其更深一层的背景是，发达国家的金融机构急于运用来自产油国的巨额资金。此外原油价格和初级产品价格的跌落等出乎意料的经济形势变化也起了很大作用。因此，累积债务问题不能和作为债务国的发展中国家的问题相割裂，一旦处理失误，很可能成为世界经济大混乱的导火线。与其说是援助问题，莫如说它正成为一个极重要的经济问题。

目前虽有为此而谋求债务资本化，重新安排偿还时间表（推迟偿还债务）的动向，但在此想提出“本国货币偿还债务计划”这一提议。本国货币偿还债务计划是在某国偿还为 A 工程提供的外汇贷款发生困难时，日本接受以该国货币偿还债务，并把这该国货币用作 B 工程的国内货币部分的方法。根据这个方法，发展中国家不用减少宝贵的外汇就能偿还债务，并且日本方面也可将其用作在新的 B 工程援助上成为问题的该国国内货币部分。这是对双方有利的方法。

作为平等伙伴的对话。在思考 90 年代的经济合作方面，重要的不是用“提供援助者”和“得到援助者”的相对关系来思维，而是以援助国和被援助国作为平等伙伴来衡量。受援一方最好不甘心发达国家的“施舍”，提供一方最好不妄自尊大。发达国家和发展中国家在经济上是相互依赖关系，绝不是上下关系。所以，基于作为组成世界经济的地球社区一员、经济合作是当然义务的认识，双方应该通过对话，谋求意见疏通，发展经济合作。接受者和授予者在平等基础上结成“授受”伙伴，这种认识是重要的。

**新“综合经济合作”的要求**

摸索援助的新形态。日本以往的经济合作，政府开发援助（ODA）是主体。但考虑到 90 年代经济合作的场合，完全按照现在的援助方式持续下去未必值得高兴。其理由是，从在相互依赖关系之中有利于日本和发展中国家双方作为平等伙伴的观点来进行今后的援助才是人们所期待的。为了有助于发展中国家依靠自助努力来开发经济和提高国民生活水平，日本进行的援助应该改善忽视自助努力，单方面依存于经济合作的体质。从这样的眼光重新看待援助，就不应以其数额多寡来判断援助。如何有效地有助于受援国的经济发展，这成为鉴别援助性质的基准。日本的经济合作也应该像从过去单个的项目主体援助转变为“项目方式技术合作”那样，以进行特定领域技术合作计划从立案到实施一贯的、有计划且综合的技术合作为目的，有机关联地实施接收研修人员、派遣专家、提供设备器材的方式。这种项目方式技术合作实施的具体方法是以对方国家的指定机关为基本对口机关，进行持续数年的、有计划的、综合的技术合作。这作为通过向发展中国家的技术转移在各种开发领域培养人才的有效方法而受到好评。

另外，在选择援助对象的技术合作和工程项目时，双方应该就从各种援助到能接受的可以预想的效果进行充分的协商对话。这种对话方式将经常牵涉到发展中国家对援助的要求，因此最好在当地设置对话机构。

以这种对话机构作为日本经济合作的综合窗口，不仅政府开发援助，民间企业层次、非政府机构（NGO）或者私人志愿组织（PVO）这三个非营利、非政府团体层次的援助主体，通过实施保持各种风格的经济合作即“综合经济合作”，弥补以往日本经济合作的不足，使之向纵深发展是很必要的。这对于把具备强大经济力和优良技术的日本私人企业积极地组织到经济合作体系之中尤为重要。关于非政府机构（NGO）的活动，日本和其他发达国家相比，无可否认是比较薄弱的。在尊重其活动的自主性和多样性时，应探索和其他援助主体进行合作的可能性。

培养起这样的非政府机构（NGO），必须提高市民层次对经济合作的认识和改变他们的想法。反过来，由于在日本历史上不存在贵人行为理应高尚（Noblesse Oblige，捐赠是幸运者的当然义务）的观念，要在市民层次上取得对发展中国家的援助是我们的当然责任和义务的意见一致并非简单。应该使更多的日本人具有海外生活的经验，从初等教育着手，使之认识到南北问题不是遥远国家的问题，是和粮食、资源、能源等的供给和作为日本产品市场的日常生活有不即不离关系的问题。

90 年代日本经济合作的关键，可以说，在于如何实施使广泛层次的合作综合化和一体化的“综合经济合作”。

## 第二节　综合经济合作的基本方向

### 一、综合经济合作的构思

**术语的定义**

本节中使用的关于“综合经济合作”的术语，为不引起误解，对关键词做一定义。

“经济援助”是指政府实施的无偿或有偿的资金合作、技术合作，包括属于对国际机构出资、捐助等的政府开发援助的政府部门的出口信用、进出口银行等对直接投资的资金援助（OOF）的总称。

“民间经济合作”是指所有由民间企业对发展中国家的支援等（PF）。

“草根合作”是指不列入“经济援助”和“民间经济合作”范围的、“个人”（市民）层次的对发展中国家的合作（NGO），其中不仅包括实际的援助也包括精神方面的支援和提高对南北问题的意识等。

**以往的相互关系**

从援助的状态看，经济援助（ODA）为主体，并和民间经济合作有部分协作。虽然如此，非政府机构等民间层次的合作还不太显著，而且几乎没有与经济援助合作形成协作关系。经济援助亦以项目为单位，大多是独立的和非连续性的；援助的波及作用不能说太大。其概念图如图 7–2 所示。

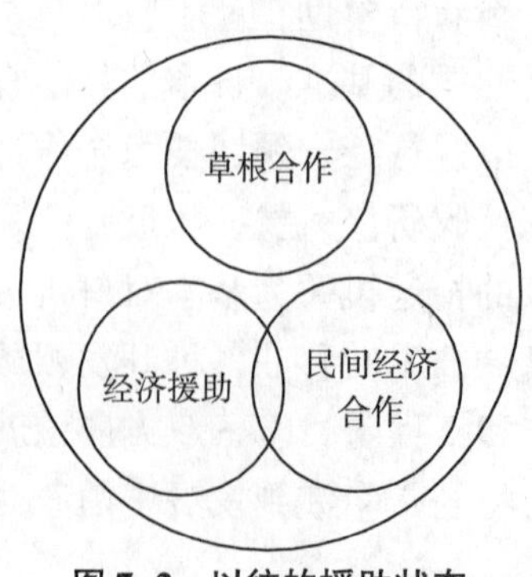


**图 7–2　以往的援助状态**

**现在的状态**

1985 年的经济援助和民间经济合作的总额为 129.28 亿美元，第一次在经合组织的开发援助委员会 18 个成员国中居第一位。但仅从政府开发援助来看，为 38 亿美元，居第三位。政府开发援助与国民生产总值之比为 0.29%，离目标相差 0.7%。仅从援助数量来看，确有惊人的进步。但追究质量的话，却存在很大的改善余地。并且，在富有成果和有效地实施援助的问题上，有很多应进一步考虑之处。

关于由民间企业实施的民间经济合作，很少构成经常性企业活动的一部分。但随着海外直接投资，不仅在当地设置生产线和创造出就业机会，也产生了向当地社会奉还在当地所获利润之一部分的日本企业。今后的课题是在企业经营中明确企业所负的国际性的社会责任的位置。

像非政府机构（NGO）活动的群众性援助潮流作为日本援助的有力支柱，是大有希望的。但这种运动的落实必须伴随着开发教育的稳健起步和国民意识的改革。

图 7–3 为上述图示性描述。

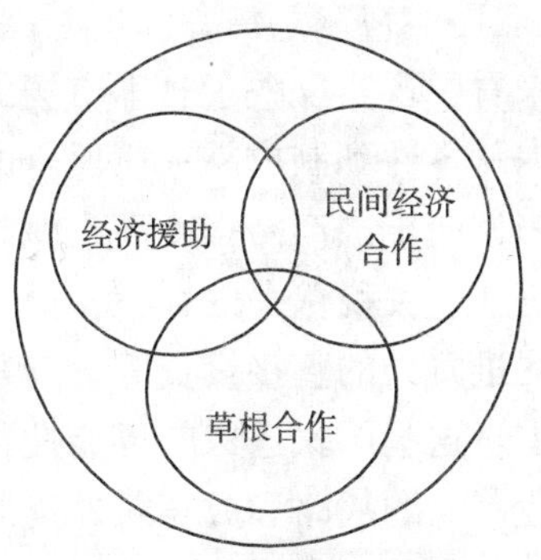


**图 7–3　现在的援助状态**

**将来应具备的姿态**

说起将来，如果我们在这里考虑到描绘 90 年代援助的应具备的理想姿态，可描述如图 7–4 的关系。政府层次的经济援助、民间企业层次的民间经济合作及国民个人层次的合作处于三位一体的、平衡交织的、并且发展中国家和发达国家双方都和谐的协调关系之中。受援国特别期望尽可能扩大三个圆圈重叠部分的面积和经济合作的成果相联系。为此，存在着援助综合化、能动化、国民化的三个课题。

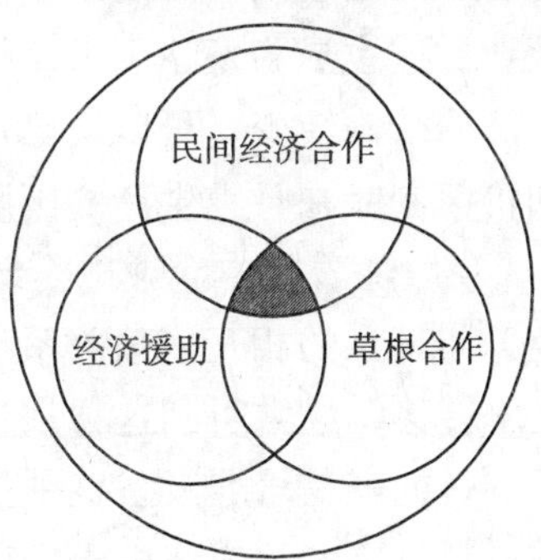


**图 7–4　将来援助的应有状态**

## 二、综合经济合作的基本方向

综合经济合作的基本方向，是上述“经济援助”、“民间经济合作”、“草根合作”三者一面发展各种各样的相互补充关系，一面使日本对外经济合作综合化。但其基本姿态必须是与作为综合经济合作对象的受援国的价值观和需要相吻合的“受援国导向”型。

另外，在国内，也必须取得政府、民间、全体国民的意见一致，来实施综合经济合作。

**援助方式的综合化**

摆脱政府开发援助中心主义。在经合组织的国际性场合，日本的援助经常被拿来和其他发达国家相比而受到议论。其结果，虽然日本的最大弱点是政府开发援助在质和量上都和发达国家的水平相差悬殊，但第一次和第二次政府开发援助中期目标在数量上和其他发达国家相比已达到毫不逊色的程度。从1986 年开始的第三次政府开发援助中期目标中，关于赠与成分和不附加条件贷款都应达到和世界发达援助国家并驾齐驱的水平。

今后，以政府开发援助为中心来考虑援助无疑有失偏颇，应该愈来愈深入地从发展中国家方面来探究能否成为真正有助于经济发展自助努力的援助。就是说，援助亦被要求根据受援国的实情，采取能和多方面相适应的态势。

开放市场、提供市场的思路。关于日本市场的闭锁性，马来西亚的马哈蒂尔总理怀着焦急的心情，评价道："想让（装满亚洲产品的）黑船停泊在东京湾，强迫开国。"只从关税率和进口限制来看，日本的开放度高于美国。但从发展中国家来看，现实反映了日本市场的壁垒具有超乎我们想象的闭锁性。其背景是，由于日本的产业结构是在国内从零件到制成品一应俱全的全盘配套型的产业结构、很少有从海外筹措的必要、日本国内消费者的嗜好偏向于国产品程度高、就是价格低廉也不抢购质量不稳定的发展中国家的产品等。虽然我们可以推测这些非关税壁垒的存在，但由于日元升值迫使日本经济进行结构调整，如缩小失去比较竞争力的产业、促进海外的直接投资等，与东盟国家及亚洲新兴工业国的国际分工体制是今后不能回避的课题，扩大日本从这些国家进口的可能性很大。但发展中国家方面，也应该为本国工业化和强化出口能力制订出口工业制品的战略和放宽对外资的限制等。

无论如何，日本本身没有与东南亚各国的相互依赖关系就不能生存下去。为此，进一步开放市场是紧迫的任务。

促进投资。对外直接投资的主体是民间经济合作承担者的民间企业。1985 年五国财政部长会议之后美元贬值日元升值，激烈变化的日元对美元汇率加速了对外直接投资的增加。日本过去的对外直接投资主要以东盟各国为中心。其背景是考虑到国内工资的上升、确保企业的市场、商品的寿命、以生产据点的当地化为目标。另外在发展中国家方面原来也有培育进口替代产业的任务。这种产业有充分确保国内市场、投资风险小等优点。但也存在着不可指望出口为发展中国家经济开发积累原始资本的缺陷。所以，发展中国家政策转变为培养出口产业，这也成为发达国家直接投资的动因。

由于目前日元升值而进行的日本经济的结构转变，可以说已从某种意义上的第一阶段的直接投资进入了日用品在东南亚、高技术型高附加价值制品在日本生产的国际水平分工的第二阶段。这第二阶段的国际分工，进入 90 年代将进一步发展。今后随着日本企业的全球化，海外生产的比重将逐渐提高，两者如出一辙，包括与当地企业合办企业，与日本的相互依赖关系将变得极为紧密。

促进技术转移。日本不太热心于技术转移，经常听到这种来自发展中国家的批评。技术是促进发展中国家经济社会开发的手段。技术合作的目的就是培养具备这种技术的人才。政府层次的技术合作由接收技术研修人员、派遣专家和提供机械材料三要素组成。由于发展中国家需要的技术通常属民间企业所有，并且即使技术能够规范化但最终还是具有附属人的性质，故没有民间企业经验丰富的技术人员的参与，就难以向发展中国家转移其真正想得到的技术。

竞争力的源泉是技术，而事实上许多企业对技术的转移是消极的。即使是日本企业，也应该解除自己专有技术的闭锁性，一方面开放技术，另一方面通过新的研究和开发来谋求竞争力的持久。

草根合作的强化和扩大。由非政府机构（民间非营利团体）开展的草根型的援助，正在深入制度上的援助照顾不到的发展中国家的最贫穷阶层和内地等地区。非政府机构的活动虽然并不能涉及发展中国家的所有阶层，但有和活动对象区域的居民有生活水平上的密切接触和在低成本技术方面积累了强有力的开发教育的实践等特点。联合国儿童基金、联合国开发计划、世界银行等联合国有关机构和经合组织等国际机构早就注意到非政府机构的开发合作活动，在各领域里推进积极的合作。在正确掌握居住在农村和城市贫民区的贫民阶层的需要、寻找贫困的结构性原因和促进贫困大众参加方面，非政府机构无疑是最合适的合作伙伴。从非政府机构方面来看，和国际机构的合作会有一些有利之处：能扩大活动规模，能获得非政府机构难以得到的信息和技术，容易得到和非政府机构提高地位相联系的发展中国家政府和地方行政机关的信任等。

美国的国际开发署已把和非政府机构的合作列入援助计划之中，开展具有独自风格的援助活动。日本非政府机构本身的活动不像其他国家那样活跃，但也有原青年国外协力队员和有派遣经历的专家等开展独具一格活动的例子。这些活动应该如何和制度上的援助进行合作以推动援助，这是应该加以研究的。当然，非政府机构那些热心于援助的人不接受任何人的指示，基于人类之爱开展活动，和国家及政府机构对援助的考虑不一定一致，但是应该在限定的范围内寻找出双方可能合作的领域，并务必确立可以进行联系和合作的势态。

此外，民间企业积极参与的援助的体系还很薄弱。在日本，从资金、人才直至技术诀窍，民间企业的潜力占压倒优势，已经到了应该考虑把其纳入援助范围的时候了。由于企业不能只从人道主义的角度出发进行援助，因此最重要的是建立和把企业的国际性社会责任列入企业经营战略相配套的体系。就是说，应该使企业认识到，在海外直接投资之时，如不考虑将所获经济效益的一定比例让当地分享的话，结果可能在将来支出本应在当初支出的费用高数倍甚至数十倍的巨额费用。

扩大多边合作。日本的政府开发援助，在主要援助国家中，双边援助比例明显较大。这和附加条件贷款也成比例，与日本的援助是经济扩张的尖兵这种批评有关。针对这种批评，虽然做出了增加不附加条件贷款等努力，但在考虑 90 年代的援助时，可以考虑介于以往双边援助和多边援助之间的三边或四边这样的援助模式。例如，日本在菲律宾建立进修中心，送泰国学生去那里进修，推行在第三国进修的制度。另外也应考虑对难以去欧美留学的发展中国家的人才予以支援和对现在处于美国、法国等托管统治之下国家的援助等。

日本产业结构的变革。日本经济在日元升值的波涛中正以很快的速度转变着结构，其趋势正如前所述，国际水平分工日益发展，其中日本和亚洲新兴工业国家和地区及东盟各国的相互依赖关系日益加强。而且，这种动向也会在内容和方法上改变以往对这些亚洲国家的援助。尤其是一旦民间企业的直接投资发展起来，日本的存在将比现在更为显赫，和日本的经济纽带也会强化。这些虽是微不足道的契机，但一旦以此点燃民族主义之火，极有可能一下子燃成反日运动的烈烈之焰。为了不使这种危险演为现实，重要的是日本企业在扩张时小心谨慎，尽可能实现当地化，开展有助于自立的经济援助。

**日本姿态的能动化**

一旦日本和以亚洲为中心的发展中国家的相互依赖关系加强，援助政策自然亦被迫转变，但日本的援助政策如何具体地变化才值得欢迎呢？

首先要重新认识以往的以要求为基础的经济援助。这不是否定以要求为基础，而是从应该研究更能有效、灵活地实施援助的体制的观点出发，提出需要构筑不基于要求为基础的、机动的有效的体制。如果将政府层次的经济援助组织到综合经济合作之中，政府开发援助不再单独发挥作用，而是和民间企业层次的民间经济合作和国民个人层次的草根合作相联合为前提，经济援助亦不限定于基础设施等的项目援助，援助对象可多样，并且通过迅速适应于这些对象而进一步加深相互依赖关系，这可以说是 90 年代经济援助的关键之点。特别是必须建立一个有益于帮助民间经济合作和草根合作的组织体制和包括发展中国家有关机构的网络。由于经济援助和民间经济合作、草根合作相互作用影响，日本经济合作一定更为有效。

**经济合作信息的国民化**

综合经济合作包含政府、民间企业、市民三个层次，设想是三位一体、范围广泛的援助体系。为了使之真正地发挥作用，需要提高每一个日本人对援助问题的关心。例如，1985 年的日本援助总额，包括民间资金上升到 129 亿美元，平均每个国民负担 1075 美元。尽管有如此的巨额资金用于对发展中国家的援助，但决不能说普通国民对援助非常关心。也许是我们日常生活中近在咫尺反而感到漠然的缘故，总也不能引起注意。但从事援助的一方亦有责任。把援助看做特殊的领域，即使想使人们明了其实况，但认为无论如何不能使人关心，从一开始就松懈于使人们了解的努力。当然，援助的内容也复杂了，并不是谁都可以容易理解的。但是，在改变援助的闭锁的、官僚的体质的同时，向广大的国民各阶层宣传日本援助的实际情况，这对于培育日本非政府机构这种市民层次的志愿性援助合作是重要的。

和发展中国家的联系渠道都通过东京，这种过于一元化的状况不能说是人们所希望的。通过发展中国家和日本各地区的直接交流，使各地民众能对发展中国家的援助感到近在身旁的话，其意义是十分深远的。一些地方自治体想谋求与发展中国家的交流，但就日本而言这还是一个不成熟的、今后应该积极发展的领域。

另一方面，发展中国家应努力使日本国民广泛地了解如何利用日本的援助有益于自身的经济自立，同时也应该向发展中国家国民宣传日本的援助在提高生活水平方面的作用。这样，使两国的国民都正确地了解援助的真情，可提高从事发展中国家援助人员的士气。如进一步使两国的国民直接对话，援助的效果可达到顶点。由于现状中这是很不充分的，因而今后这是一个有希望的领域。为此，应该充实后述的国际协助促进机构的宣传机能。

## 第三节　综合经济合作的具体方案

### 一、综合经济合作体系的整备

**国际合作促进机构（开发合作思想库）的建立**

以往的组织难以适应实施综合经济合作。这是因为政府、民间企业、市民三个不同层次的援助主体在综合经济合作的机能中保持着各自的风格，然而却需要相互关联地开展活动，如果没有使三者协调的组织，也许不能取得均衡的、三位一体的援助效果。

因此，为了更有效且有意义地实施综合经济合作，有必要建立新的国际合作促进机构的组织。这一组织既是开发合作的思想库，又是对有关经济合作的软件进行研究和积累的机构。

国际合作促进机构，考虑具备以下机能：

（1）向中长期综合经济合作计划的有关各方提出方案。

（2）经济合作项目的专门评价。

（3）整备及向包括发展中国家的有关团体提供有关项目的寻找、决定、实施和评价的信息和技巧。

（4）和其他发达国家、发展中国家有关机构及联合国有关机构就开发进行对话、交换意见和协作。

国际合作促进机构的组织是官民联合的组织，是以政府机构、民间企业、社会团体外派人员为中心构成的松散的组织。无论以现有组织为核心扩充人员和资金，还是以和国际机构相合作创建组织的方式均可行。另外，也应接受非政府机构派遣的职员。

关于国际合作促进机构运转所需资金，最主要是吸收政府资金，也可期待着来自企业的资助和通过新闻媒介来自公众的捐赠。由于不是直接实施项目，不需要那么多的资金，有望得到开展广泛活动所必需的、充分的资金保证。

作为国际合作促进机构，对于政府、民间企业、个人不同层次的调整不能行使指导就没有存在的意义，因此有必要采取特别立法措施授予其对调整进行行政指导的权限。但一旦纳入行政组织的话，恐怕不能对三者保持中立的立场。

**国际合作促进机构的机能和组织**

（1）机能：整备和提供发展中国家自己决定开发政策所必需的信息和技巧。具体地说，积累并根据发展中国家的需要相应提供个别行业市场、价格、竞争力等过去的资料和未来的预测，以及有益于发展中国家的节能、生物工程等的技术和资料。发展中国家过去在进行这类调查时，大多根据国际机构提供的信息。但是，发展中国家生产、销售的商品也经历了国际竞争力的风吹雨打，根据可靠的市场调研，使他们正确地了解顾客是谁、需要什么商品，这是十分重要的。因为是发展中国家的商品，毫无办法。这样的姑息迁就无论在发展中国家方面还是在发达国家方面动辄可见。然而不能改变这样的状况，就不能起飞发展为工业国。所以，如果不提供和日本企业海外活动同层次的信息，发展中国家就不能在竞争中取胜。

通过和发展中国家的专题讨论会共同合作研究和确立有关援助的舆论等也是国际合作促进机构的国内机能之一。

（2）组织：可考虑吸引一部分国际机构到日本作为国内机构组织，例如像名古屋的联合国地区开发中心那样的情况。尤其是世界银行有思想库的设想，可考虑招揽其来日本或者使联合国大学具有该机能等代替方案。当然，在日本国内新设研究机关，也可不扩充机构。

（3）必要项目：思想库的活动，为了不重复原来的研究机构和援助机构的活动必须进行调整，也有必要建立和日本各机构（亚研、日本贸易振兴会、国际开发中心、新能源综合开发机构、节省能源中心、国际协力事业团、海外经济协力基金、国际协力促进协会等）与国际机构（世界银行、经合组织、亚洲开发银行、亚洲太平洋经济社会委员会、联合国粮农组织、联合国开发计划、联合国工业开发机构等）的定期情报交换和交流。

**国际合作促进机构在发展中国家的作用**

（1）机能：对发展中国家的经济和对策进行分析研究，选择必要的项目和确认其相互的作用，对日本政府提出期望，监督被采纳项目的实施和进行项目完成后的后续计划。

（2）组织：性质为半官方半民间的常设机构。这既不约束政府和民间企业，其他志愿人员也不受约束，以便进行自由的讨论。在成员构成上，官方民间人士和来自日本的派遣者混合掺杂在一起，最好形成能相互激励的组织。

（3）必要项目：发展中国家现有的研究机构最好和日本驻发展中国家的派出机构（大使馆、国际协力事业团、海外经济协力基金、日本贸易振兴会等）及驻发展中国家的国际机构进行交流。

**民间投资技术转让机构——民间国际合作事业团设想**

为了能够短期、长期地充分利用民间有能力的人才，除了现有的国际协力事业团（JICA）之外，设立民间投资技术转移机构，帮助把重点放在以国际协力事业团组织难以包括的领域为中心活动的民间投资技术转让。该机构不是国际协力事业团的竞争机构，而是设置了原来的国际协力事业团难以适应的组织（包括中小企业）和组织的协作基础。

（1）机能：是为了帮助向发展中国家中以和我国联系最为密切的东盟为中心的亚洲各国的中小产业转让和生产直接相关的技术和经营诀窍等而在日本国内设置的协调民间基础技术交流的机构。可认为有下列主要功能：

a. 充当对民间企业技术需要的中介、斡旋（协调）——调查日本哪个企业拥有发展中国家中小企业所必需的技术，担任与该企业提供技术的实际谈判工作。在这过程中，能出现与日本企业合办企业发展的情形，或者出现将发展中国家企业纳入网络之中的情形。在得到日本企业方面为可望得到利益而预先登记可提供技术的同时，也应反过来探寻符合日本方面条件的发展中国家的企业。

b. 着手技术转让时的支援——引进的技术能否在发展中国家扎下根来，引进技术后开始时能否毫无困难地运转是重要的关键。在这时，日本方面进行技术指导的话，有早日真正开工生产的优点。但另一方面，由于对当地技术人员的技术转移没有进展，怎么也不能独立开工，待日本方面技术人员撤离后，发生困难时会出现不安的状况。真是有所长必有所短。因此，应该考虑周到细致的援助体系，不过分保护，也不推卸不管。

c. 技术人员的派遣和派遣技术人员的训练——为了使发展中国家当地的传统工业现代化，本机构不仅要派遣技术人员，而且要对派遣的技术人员进行训练。当地传统工业的现代化，根据不同部门，有不适于现代化的传统工艺那样的部门，但也有作为宝贵的外汇来源的部门。可能的话，最好使之在技术上成熟起来。对此，应从适用技术的观点出发，采取相应措施。

d. 技术文献的传播——发展中国家获得适合该国的技术的文献资料，多有意想不到之处和困难。对于发展中国家，登载发达国家最尖端技术的学会杂志等很多情况下不太有用，莫如介绍适用技术的文献，这种文献在日本也很难看见。所以，应以本机构为中心，建立这类文献的数据库，相应满足发展中国家的需要。

（2）组织：包括民间派出人员的公益法人组织。

（3）资金：根据事业性质，资金来源不同。但在政府事业的情况下，接受政府资金。

（4）必要项目：应具有承接日本贸易振兴会投资促进计划的职能，能有助于扩大来自日本的投资。

在开发人才银行设想难以实现的情况下，可考虑组成“产业技术转让综合计划”，同时沿着上述方向扩大国际协力事业团、海外贸易开发协会（JODC）、海外技术人员研修协会（AOTS）等组织的机能，谋求相互合作，以作为相应措施。

但是在这种情况下，必须格外注意不是完全被动地，而是积极周到地完成极细微之事，以确保能动性。

## 二、综合经济合作计划的提倡

上面，我们提倡建立国际合作促进机构和民间投资技术转让机构，作为实施综合经济合作的具体方案。

但这两个机构在某种程度上只是实施主体。这里，我们打算提出具体的实行计划。也就是说，在实践综合经济合作时，认真观察以亚洲为中心的对外政策，以政府援助效率化为基础，在和发达国家进一步协调的同时，开出应该如何行事的处方。

**全日本计划**

“全日本计划”是日本全国各方面、各年龄阶层的国民开展的排除个别利益的、向发展中国家提供援助合作的全国运动。无论对发展中国家，还是对发达国家，它都表达了 90 年代日本国际合作价值观的实体，表明了积极的姿态。

市场开放计划。对发展中国家提供“市场”，这是经济合作的重要因素。这常常为直接提供商品、金钱或给予借款的经济援助所遮掩，很不引人注意。但是若没有国家进口发展中国家制造的商品，发展中国家经济就不能走向自立。基于这一基本考虑，90 年代经济合作应支持发展中国家经济的自助努力，必须强调这方面的重要性。

美国和欧洲等发达国家以往向发展中国家提供了相当规模的“市场”，日本则态度消极。由于过去的产业结构是全盘型的，日本进口作为原材料的发展中国家的初级产品，向发展中国家出口附加价值高的制成品。但是，近年来日元升值逼迫日本改革现在的产业结构，继续在国内维持全盘型的产业变得困难。可以肯定的趋势是以东盟国家为中心的亚洲为对象，向国际水平分工方向发展，对国际社会承诺在今后改变过去的出口导向政策，扩大包括发展中国家制品在内的进口，并促成向这方向转变。

由于对日本产业结构的调整即日本的承包化的抵制很强，因此不单要讲清成本低、在国内有环境问题等很难组织生产等理由，更重要的是必须说明通过日本的技术合作加工发展中国家独特的初级产品，可以同样生产质地优良、规格同一或者说符合日本人心愿的产品。

从这一观点看，也有必要改善进口金融、进口保险制度，取代原来用于振兴出口的政府的出口金融和出口保险，但在民间投资技术转让机构的系统中处理在发展中国家的技术指导是可能的。

接收留学生计划。日本企业在国内拥有的宿舍中有富余的房间，通过接纳外国留学生和进修生，在减轻留学生负担的同时，也可通过和企业人员与各地区人士的日常交流促进相互理解。

日本接收外国留学生、进修生的状况，和主要发达国家相比，明显落后。相对于日本的 15000 人，美国为 32 万人，法国为 12 万人，联邦德国为 6 万人，英国为 5 万人。为了改变这一现状，以文部省为中心制订了接纳 10 万名留学生计划。但除了大学本身的接收体制外，还存在着难以取得学位、奖学金制度、宿舍、日语教育等问题。其中在宿舍问题上，以东京为中心的房租上涨、房东不愿租给外国人、难以熟悉外国人生活习惯的使用情况、近邻的疏远等演变为深刻的问题。在这方面，酌情安排企业职工宿舍如单身宿舍，由于年龄相仿并且有一定的学历，学习外语的愿望也迫切等，双方需求有一致之处，是一个两全其美的主意。

另外，不仅对企业方面提供宿舍，而且对后援服务或者兴办后援服务企业给予资金支援，将更有成效。例如，法国通过以民间基础的法人企业对 12 万名留学生实施后援服务；联邦德国的“复兴支援”，即对在联邦德国留学结束的外国人在自己国家兴办后援事业给予资金帮助。

开发教育计划。为了今后以“地球社区·日本”为行动支柱、以与各国的相互依赖关系为基础开展国际合作，最根本的是广泛的、国民各阶层的理解，加之市民层次上的每一个人的出谋划策。

形成这种全体国民参加的国际合作的概念，在一朝一夕之间是不可能的，必须花费时间，大力倾注于“促进开发教育”。

开发教育的方法，可考虑通过针对国民的公共关系、学校教育或者教育主体的非政府机构、政府等多种渠道。首先有必要把落后的开发教育纳入学校教育之中（小学高年级、初中、高中）。

欧美各国从来和邻国陆地相接，自孩提时代的经历就保证了对外国了解的加深。而且贵人行为理应高尚，即幸运者的当然责任是帮助不幸和处于困难的人，是普遍的传统。在此基础上，学校中开发教育亦发达。

在日本，开发教育不是特别的教育，在社会、道德、课外教育中抽出时间充做开发教育。为此，除制作电视等视听教材（如《发展中国家与日本》、《发展中国家的儿童》系列等），组织教员去发展中国家的大规模研修旅行、向学生谈观感等方法也是富有成效的方法。

此外，瑞典和联邦德国实行的与发展中国家同龄学生的通信、结为姐妹学校等方法，能有效地提高对发展中国家不太自觉的关心。

**亚洲太平洋全球计划**

亚洲太平洋全球计划是主要以亚洲为中心展开的日本战略援助计划。虽然如名称所示是一个志在亚洲的计划，但并不是不以其他地区为对象。但日本援助的 70%左右面向亚洲，今后这种趋势也不会有大的变化。虽然美国等国想把在亚洲援助的担子转移到日本肩上，但即使从日本与亚洲的地理、历史关系来看，或是综合考虑到前面所述的日本与亚洲地区水平分工的相互依赖关系的进展，可以认为日本与亚洲的关系只有加强不会削弱。

尤其是可以看到亚太地区，以亚洲新兴工业国为中心日益兴起的状况。有关预测表明，到 2000 年，亚洲新兴工业国、东盟、中国合起来的经济规模可和日本经济规模相匹敌。

这些地区是世界上经济增长率最高的地区，在90年代成为世界经济火车头的可能性很大。对于该地区实现经济自立，日本当然可进行有效的帮助。这也应该是日本经济有效的国际贡献。

针对其他地区，和联合国、欧洲共同体、沙佩尔俱乐部等机构合作援助非洲，这也是一种选择；针对中南美，以偿还债务方法为中心的合作方法，应该是重新研究的重大问题。

资金增加计划。巨额的贸易黑字，大部分是私人企业创造出来的，国家财政苦于拮据。如何筹集这些私人资金，并使之流向发展中国家，这不仅是日本的问题，发展中国家方面也应该确保整备投资环境和在纳税方面等给予与西欧同样的优惠。另外，为了使直接投资顺利地从日本投向发展中国家，减少投资风险为一课题，当前有必要从充实保险制度等方面予以支持。

为扩大将来的政府开发援助，应该认真讨论“经济合作税”的引进等。

当地货币偿还债务计划。日元贷款的偿还现在采用美元计价，由于日元升值，发展中国家偿还债务困难。如能改为以当地货币来偿还债务，对发展中国家可不减少宝贵的外汇就能很容易地解决问题。对于接受债务偿还的日本，由于当地货币不能在国际结算中使用，是否单方面不利呢？事情未必如此。这是因为偿还的当地货币可以充做在该国内其他项目的国内货币部分。

壮年派遣计划。日本援助制度中，在海外进行技术合作的官方制度仅有“青年海外协力队”。充满为公益而义务献身精神的青年人在海外取得了扎扎实实的成果，在海内外评价甚高。但由于该制度在帮助归国的协力队员重新就职方面不充分，只是让他们在海外技术合作中燃烧自己的青春，归国后在企业和组织之中的处境却很艰难。如果不爱惜这些日本经济合作的尖兵，无论什么时候，日本的经济合作都不能脚踏实地。

此外，青年海外协力员规定年龄一律在35岁以下。过了这一年龄成为壮年后，只要没有成为国际协力事业团派遣的专家，参加政府经济合作的大门大致就被关闭了。在技术上和经验上干劲最足的这一代志愿人员就是想参加技术合作，无论如何也没有机会。

而且，哪一个企业都由于结构调整拥有多余的人手，实行提前退休奖励制度和募集自愿退休等措施使壮年人中中高年龄层次的环境恶化。抛弃多年熟悉的技术去寻觅别的职业，由于不相适应，对于本人和新雇主都出现了不满意的灾难性事态。今后应注意这种情况的增加。对于这些人，让他们向发展中国家传授自己积累的技术，虽然也有语言障碍和环境变化问题，但也许可满足他们作为技术人员的自豪感。

如美国国际开发署私人企业局在印度尼西亚直接管理的国际经营者服务协作（IESC）计划就是一例。它吸收美国企业退休的经营专家，应发展中国家企业的要求，提供三个月以内的技术援助和经营指导。国际经营者服务协作的顾问费用，每月从2000美元至10000美元不等，收费根据接受企业的支付能力相应决定，不足时由美国国际开发署私人企业局给印度尼西亚补齐。壮年有家属，使用他们有花费大的缺陷，但若使之和企业的临时回家休假制度等相联系，由企业、国家和发展中国家三者相应负担，消除这一不足是可能的。

这样，通过给青年、壮年直至白发苍苍的老人等国民各阶层提供参加经济合作的机会，可以扩大日本经济合作基础的广度和深度。

**新援助计划（政府开发援助的扩充计划和效率化）**

日本政府开发援助（ODA）的政策被认为是没有哲学的政策。但是，不是也可以说日本的政府开发援助发展到以基本要求为框框的指向全球战略的时期。所谓新援助计划，正是从这一观点出发更有成果地、有效地实行政府开发援助的计划。

政府开发援助基本计划的决定程序。现在的政府开发援助，缺乏整体统一的连贯性。由于这不是大战略，从现在以援助数量为中心的目标的确定到基本的援助姿态、合作的理由、地区和领域的分配，在制定这些长期方针的同时，应该向内外表明包括和民间部门经济合作、非政府机构等的援助合作活动的综合政策的基本计划。

改善政府开发援助的程序。

(1) 选择合适的项目与灵活运用：即使项目如何顺利完成，若该项目和发展中国家的自助努力不相吻合的话，应该认识到，这不只是徒劳而且将带来危害。最重要的是从以往的单方面要求为基础转而通过对话来选择发展中国家真正需要的项目。

(2) 扩大援助对象：过去日本的政府开发援助的对象局限于基础设施和政府企业的工程。为了促进发展中国家的经济自立和有益于经济自立的民营化，援助对象应扩大到工业，尤其是出口导向的产业。民间企业亦应扩大为援助对象。

(3) 现有项目的改善：发展中国家存在着想得到现代的、最尖端的技术的倾向，但重新估价一下现有的项目，经常可以看到不能充分发挥作用就闲置不用、或低效率运转的例子。通过这些现有项目的再开发，提高效率，并且起到包括经营在内的技术转让的作用，这是很值得的。

日本不能等待对方国家提出要求，应该对现有工业实态进行调查，采取积极的对策。另外在必要时应该灵活地实施技术合作和资金合作。

(4) 中小企业的培育：虽然有中小型项目，但精心挑选当地产品使之和出口相联系或者对劳动密集型产业投资使之出口这样的项目正是今后必须要发展的。

这种项目，工业规模小，分布极广。如加工初级产品的中小企业，不仅可为生产初级产品的数以百计的农户带来收入，亦在工厂中创造出劳动者的就业机会等，波及效果大。另外，若引进了日本企业的直接投资，发展中国家最成问题的向日本市场的销售，可利用日本企业的流通渠道，确保出口市场。

在培育中小企业方面，困难之处在于日本直接投资所需要的事前调查、可行性研究及在此之前的基础调查需花费很多资金。由于技术转让着手时的难度、从挑选合作对象到企业装备完成的资金红利及手续的繁琐等，也有停滞不前的例子。

为了克服这种问题，进一步培育中小企业，应用特别贷款（两步贷款、部分贷款等）和赠送检验所和训练所等很有效，当然也有必要派遣专家。

(5) 工业基础制度的确立：发展中国家中有关产业的法规不健全，规格和检验制度、资格制度大多不完整。为了工业健康地发展，应该尽早予以整顿和完备，作为援助国，日本最好予以支援。

政府开发援助的调整程序。由于以往以对方要求为基础，调查和有偿、无偿的各个合作之间没有互补性。在向大型项目提供资金时，把对方国家的技术水平提高到能实施这类大型项目的援助不列入其中就是一例。另外，应不受单年度主义局限，以项目的合理完成为目标。

**开发援助委员会协调计划**

经济合作不仅是一国的事业，即使在双边的援助下也应该和其他提供援助国相协调。作为场所，有经合组织中的开发援助委员会（DAC）。对于在外交上追随美国的日本，应积极地利用开发援助委员会以缓解美国的压力。开发援助委员会协调计划就是这一意思。在项目评价专门委员会中，日本应掌握各种意义上的主动权，应该引进可行的体系。

# 第 8 章　走向亚洲太平洋时代

研究成员

| | |
|---|---|
| 京都大学教授、综合研究开发机构理事 | 矢野畅 |
| 东西研讨会 | 涩泽雅英 |
| 日本经济新闻社论委员 | 末次克彦 |
| 成蹊大学教授 | 关口末夫 |
| 静冈县立大学教授 | 毛里和子 |
| 东京大学副教授 | 山影进 |
| 一桥大学教授 | 山泽逸平 |
| 综合研究开发机构主任研究员 | 大内浩 |

秘书处

综合研究开发机构

大内浩

坪井义雄

畑宏

## 第一节　90 年代亚洲太平洋的着眼点

### 一、太平洋体系和日本的作用

随着第二次世界大战的终结，亚洲太平洋地区迎来了新的国际体系的时代。中国与半个朝鲜半岛共产主义化了，欧洲诸列强全部丧失了在该地区的殖民地。在此基础上产生了这样划时代的状况：一方是社会主义国家联合形成的国际体系，另一方是以美国和一些国家缔结双边安全保障条约体制而形成的国际体系。

这两个体系与生俱来是矛盾对立的，这使亚太地区带有极为浓厚的政治色彩，以致事实上爆发了一系列局部战争。虽然有像缅甸那样的国家，拒绝依附于两个体系中的任何一方，但这些国家也失去了享受国际相互援助的权利，在经济利益方面蒙受了大量损失。

当然，这两个体系发挥理想中作用的时间出乎寻常地短暂，暴露了各自的内在缺陷。在社会主义体系中，中苏对立是致命伤。在以美国为中心的自由市场体系中，在如何与社会主义体系相抗衡方面，至今从未有过牢固的统一。

招致如此破绽的体系经年尚存，建立新的国际体系取而代之的设想却无从产生。其实，这是和复杂的力学所维系的无秩序相连的。这一点与在此直接讨论的日本的选择成功与否相结合，可以说，现实希望日本与其为了日本莫如为了世界而培育新的体系。

这一新的体系姑且称之为"太平洋体系"，这必须在对上述的过去的一系列国际体系作历史性的反思基础上来予以讨论。为了不引起误解，"太平洋体系"不再是仅仅具有传统战略考虑的国际体系，从某种意义上，它必须是和 21 世纪相适应的、和平开放的国际相互依赖的体系。在这种情况下，日本何去何从，作为有助于该体系的形成进而规定体系性质的决定性条件，具有重大意义。

然而，日本在 21 世纪的课题是在这复杂的世界中，必须以摩擦最小的姿态处于日本应有的位置上。说困难一些，这是确定日本国际地位的问题。日本很久没有这种课题成功的先例。

从确定日本的国际地位这一课题来看，"太平洋体系"内含的真实意义是重大的。曾经属于亚洲朝贡行列、不久"脱亚入欧"跻身于欧洲势力均衡体系中的日本，在战后，以日美安保条约为基轴归属于以美国为主导的反社会主义体系。这种过去的日本的归属，都是作为国力弱小、文明水平低的边缘国家的行为，这种过去的类型，早就不能和现在的日本相适应了。

日本是亚洲型的国家，或是欧洲型的国家，为了从这个痼疾般的疑惑中解脱出来，太平洋世界也应成为日本极为珍贵的实验场所。在此，日本能够具有新的同一性，亦能尽到相应的国际责任。迄今为止的典型思维方法都从和中国大陆（亚细亚主义）或欧洲大陆（脱亚论）的联系来规定日本的同一性。为了谋求从这种思维方法中摆脱出来，最重要的是从建立新的、和平的、互惠的、并且创造文明的体系这一新课题来考虑日本的同一性。这样认识是富有意义的。

简言之，离不开国家利益的一国主义的太平洋圈构想，已不再具有完全的正当性。另一方面，为了赋予世界国家日本以相应的新的同一性，而且为了以海洋体系思考创造 21 世纪文明的新的尝试，如果使用"太平洋体系"一词，就具有基本上的正当性了。就是说，"太平洋体系"主要是应由海域世界的理论组织起来的。即如大陆社会的逻辑也受到海洋限制那样，海上的有机的链锁关系构成其实质。令人不解的是，过去大陆志向很强的日本人，现在还不熟悉海域世界的逻辑。

由此先提出这样的问题，日本的作用效果如何。这就是，日本经常给"太平洋体系"的变化带来影响的看法。以与己无关的局外人态度来对待周围地区的变动，这已是禁忌。

今后最为重要的是，改变只考虑日本利益的一国主义的问题意识，基于世界的、地区的眼光，可以说向着具有成熟的秩序感的方向，扬弃我们的国家利益感。在这一点上，日本必须坚持战后抉择的基本方向，使日本人的意识面向形成以加深相互依赖为杠杆的、相对和平的广范围秩序的方向，尤其是取代国家主义的安全保障意识。这样的情景，可以说是令人满怀希望的。而更为重要的是必须尽早消除日本一国的经济发展成为亚太地区发展的基本条件这样一种进退维谷的局面。

在这种情况下，应注意的是，与任何秩序形成无关的日本的政策再也不能存在下去了。反过来说，如果没有有关某些秩序形成的问题意识，就不能讨论在多种选择中做出何种抉择。当然，围绕秩序形成的讨论，并不是那样容易的。

实际上，在该地区现实中已形成了某种秩序，构思一种全新的模式终究是不现实的。在该地区至少可看到三种秩序：第一是远东秩序，这是一个牵涉中苏、朝鲜半岛问题的困难的世界。第二是在海域世界基础上建立的严格意义上的太平洋秩序。第三是南北问题秩序。

日本和这三个秩序均有深刻的关系，这一点很重要。就是说，日本将来的抉择和作为这三个秩序主要成分的太平洋秩序的形成密切相关。总之，在以各自的发展脉络明确看清如何谋求这三个秩序成熟的基础上，进一步考虑统一的亚洲太平洋政策。这是有道理的。即从一开头就揭明"太平洋圈"这一浪漫性主题并努力促使其实现，这是不明智的。

在此，日本必须对和远东秩序的关系具有长期展望。和这一秩序相关的国家是苏联、中国（包括台湾、香港）、韩国、朝鲜。各个国家的未来状况很大程度上决定了这一秩序的模样。不幸的是，哪一个国家都具有国家主义那样的性质，更不用说演变为和地域体系相适应的开放国家了。日本的课题是尽可能使各个国家变为开放国家，加入到国际相互依赖的体系之中。为此最好的方法与其是军事的对策，莫过于采取精心研究制定的国际经济政策。

另一个是作为海域世界的“太平洋体系”所长期包括的众多的小岛屿国家群。由此，不可忘记在这体系中存在着形成某种意义上来说垂直上下国家关系的潜在危险。对待这些小国家群，乍一看像是微不足道的问题，可却是和“太平洋体系”的稳定密切相连的极为重要的问题，这也可能成为不习惯小国逻辑的日本的漏洞。

## 二、三个世纪末的课题

如果在此退一步来考虑，就涉及在这样的“太平洋体系”成为现实的过程中必须慎重斟酌的一些问题。这些问题可左右该地区能否顺利地从 20 世纪过渡到 21 世纪，因此似乎可以说是世纪末的课题。在这一点，目前至少有必要对三个问题予以周密的审视。

（1）亚洲太平洋地区缓和化的可能性问题。

70 年代前期，欧洲大陆出现了缓和的趋势。那时国际关系的缓和确凿地制约了现在欧洲大陆的国际政治。在赫尔辛基会议召开的 1975 年，在亚洲也迎来了越南战争的结束，但这没能成为亚洲地区缓和的契机。

21 世纪亚洲的课题应该是消除与欧洲世界国际政治秩序在质的方面的差距。这在亚洲的环境中再也不能说是不可能的。这是由于所有的国家都选择“现代化”和经济发展的政策目标作为国策，这自然而然地促进国际相互依赖的加深。毋庸置疑，国家间相互依赖的加强正是缓和化的前提。

世界还没有成功地证明“缓和是不可分割的”这个命题。欧洲的紧张缓和波及亚洲的逻辑，即欧洲单独实现缓和的严酷现实，更值得正视。第二次世界大战后的欧洲虽存在“冷战”，但热战从未发生，并且可看到在和平的环境中储存着异常多的军事武器这样的特征。在这样微妙的欧洲形势中的政治外交动向，马上就波及亚洲，产生影响。但是，问题在于这种影响不一定是人们所期望的。亚洲的国际体系虽然能马上敏感地感受到国际紧张的力学变动，但对紧张缓和的动向不能很好地相适应。许多双边、多边国家关系带着军事性质的条件框框，更不必提及该地区还存在着一些没有相互外交关系的国家。保持亚洲地区秩序稳定的是经济体系的稳定，即经济上相互依赖关系迅速不断深化这一现实。但是通过它的进一步发展，在作为政治体系的亚洲和作为经济体系的亚洲之间将产生不寻常差距。

不管如何，21 世纪亚洲太平洋的课题是构筑起亚洲型的相互依赖的和平结构。这在使欧洲和亚洲的紧张缓和动向开始联动、为不可分割的缓和布下关键之局这一点上，具有世界性的意义。

（2）和上述相关联的、对待苏联和越南那样军事性质很强的社会主义国家的问题。

第二次世界大战后亚洲世界的悲剧在于，美国的“冷战”政策或者美国的日本北方领土政策，将本来应是欧洲国家的苏联在相当程度上引导为太平洋国家的新状态。这样下去，到 21 世纪，苏联将日益加强其作为太平洋国家的性质。很有可能发生与这里议论的“太平洋体系”的协调或摩擦的问题。

统一的越南的诞生可以说是以历史必然的逻辑而展开的，但若从“太平洋体系”的观点来看，1975 年当时的越南具有相当不合理的性质。正是美国在该地区采取的“冷战”战略导致了越南这种性质。然而，越南与苏联不同，终归是亚洲国家，在亚太地区形成具有正统性的国际体系时，越南应该认真考虑归属该体系的问题。

为使苏联和越南与“太平洋体系”相协调，在该地区，最好是拟定不单限于军事的、丰富多彩的国家关系的脉络，有必要构筑一个连苏联也不得不认为在军事之外与之相适应是有益的、富有魅力的非军事体系。构筑这样的体系，与其美国莫如由日本进行积极地倡导。

另一个社会主义国家中国成功地贯彻正在执行的“四个现代化”政策，与日本、美国建立灵活的相互依赖关系，这是决定“太平洋体系”成功与否的重要因素。在这种情况下，以设置经济特区为核心的中国沿海地区的开放政策，不用说是中国与“太平洋体系”相联系的重要措施，作为下一步，通过建立联结这些沿海地区和中国内地的、可以说以空中运输系统为中心的新的运输体系，将成为中国能否变为真正意义上开放的国家的关键之点。

(3) 什么是亚洲南北问题的课题。

在 21 世纪，包罗万象，可以说笼统的南北问题的研究方法将分崩离析，带有地区特点乃至国家特征的研究方法将变得更有说服力。因此，在亚洲地区，也要建立起与其相应的、南北问题的理论结构。

作为亚洲特有的问题，一方面是对待中国、朝鲜及印度支那各贫穷国家的方法问题。韩国、中国台湾、中国香港等，以往评为优秀新兴工业国家或地区，但在国际政治上均具有各自不稳定的基础或特殊条件的问题。为了使韩国、中国台湾和注定于 1997 年归还中国的香港等保持现在的经济机能的水平和维持作为独立实体，有必要予以特别的外交关注。

另一方面是，与泰国、印度尼西亚等目前经济正在扎扎实实地发展的东盟各国相适应的南北问题政策或经济合作理论，在 21 世纪新时代的状况下，必须从完全崭新的角度予以重新构筑。对于过去存在着的对适当产业进行国际再分配的一般看法，也应以最尖端领域的经济合作的新形式来进行思维。

这并不需要重新确认国家追求威信，并且追逐更高速的经济发展的亚洲现状与以往教科书式的南北问题理论不相适应的性质。进而可以说，这里为面临 21 世纪亚洲秩序的日本留下了一个理论课题。

## 三、超越“轴性国家”

要是像前述的那样，注定面向海域世界国际化，日本在 21 世纪一定会在国家理论方面碰到困难。仅以日本列岛之上的世界来考虑“日本”的时代，很久之前就结束了。特别在最近，这么多的日本人去海外、这么多的日本商品充斥海外市场之时，如果从外部观察的话，“日本”正是制造那样物流和人流的“圈”。于是，任何人都看得清楚，亚洲太平洋地区正在形成日本文明圈。

然而，日本人的国家意识却依旧如故，还残留着国家是闭锁系统的思维陋习。不幸的是，近代日本人尚无先例具有面向国际化的、开放式的“国家”观。如果不除陋习，日本在 21 世纪将不具备适应世界的能力。

民间的市场活动，以巧妙利用国际间相互依赖网络的形式，不知不觉地把“日本”的外延从原来的主导线延伸至遥远之处。这不能不说是一种“日本圈”。但是，它并不是和深思熟虑的秩序形成战略共同发展的。并且，这种倾向在 21 世纪将愈益加强。

这种商人国家日本的对外活动，从亚太地区秩序形成的观点来看，应该说有利有弊。作为应评价之点，可举出它好歹在该地区构筑了国际性相互依赖的体系并且这是一个非军事性的体系。于此，作为问题，必须指出这种状况：随着它传播以家电产品和汽车为中心的日本式生活方式，潜移默化地破坏了该地区人们的传统生活方式，产生出新殖民主义的效果。

总之，以往的日本只醉心沉湎于追求本国利益，对其如何给周围带来影响作用毫不介意。特别是日本在战后长期一心注重一国主义的经济增长，成为所谓的“经济大国”。其影响波及周围国家，以被日本的发展所带动的方式，亚太地区国家也实现了经济增长。就是说，日本可以说是“经济增长轴”，对周围各国带来不自觉的影响。

给周围带来无意识、不自觉影响作用的一国主义的国家称为“轴性国家”。何谓一国主义，当然就是指只顾及本国国家利益。然而“轴”性，并不是只限于经济领域。

总之，日本已不再单纯是“经济增长轴”。日本在 21 世纪将成为亚太地区最强有力的“文明轴”。

就是说，以不能彻底地理智地整顿交通的状态，使带有日本社会特征的固有文明现象影响周围国家。现在，虽然在亚洲各地已可看到其先兆征候，但在 21 世纪，日本文明即生活方式文明应该在出人意料的程度上成为亚洲各地社会现象的要素。

从 20 世纪末到 21 世纪，正是日本在经济轴性作用之外的作用和亚洲太平洋圈的形成有很大关系。假如日本人对有关这一过程的问题置若罔闻，那是危险的。总而言之，其根源在于日本人尚疏于此道。不仅如此，从某种观点来看，这种轴性作用具有意想不到的创造性，这很可能和日本人的自我满足相关。

“轴性国家”的最大缺陷在于，其轴性作用几乎是不自觉的作用影响，不能理智地统筹兼顾，容易和以日本人难以理解形式的反日论相联系。所以，面向 21 世纪的日本的课题，必须在从“经济增长轴”过渡到“文明轴”的完全缺乏自觉的过程中，从只有自以为是的“轴性国家”才有的困难立场转到具备有合理性的世界社会成员意识的立脚点上来。

换言之，这就是所谓的“国际化”。但是漫不经心地沉湎于“国际化”是危险的。不应对所谓“国际化”抱有过度幻想。其原因在于，“国际化”的实质是文明的交往，这里肯定伴随着强大的文明与弱小的文明的对峙关系。在平等关系上的“国际化”等是不存在的。

正因为如此，“国际化”总是能引发国民文化实体的有关争论，产生出反动的国粹主义。直到最近，日本本身尝尽了不平等的“国际化”悲剧的苦头。但是，日本现在已拥有强大的文明，在今后的“太平洋体系”的形成过程中，一不谨慎，很有可能像推土机那样使各地的弱小文明“国际化”。

文明的交流，可以说，与“现代化”乃为同一之事。很多人没有注意到“现代化”和“国际化”有惊人的相似之处。就是说，“现代化”也是具有弱小文明的国家，通过和强大文明的接触得到刺激而谋求固有文化“国际化”的动向。但是这么说，并不是固有文化完全“国际化”，而是固有文化多多少少加快固有的进化步伐，不久达到相应的成熟。从这里也产生了“国际化”不能过头的论点。

总之，考虑“太平洋体系”形成的话，为了正确处理与这充满固有文化的世界的关系，我们必须至少对“国际化”和“现代化”这两个主题，有理性的、深入的了解。从某种意义上说，如果没有甚至可称为不规范的社会科学的灵活的（理性）的构图，就不能进行那样巨大的历史性试验。总之，21 世纪的日本比现在更为需要理性的蓝图。

## 第二节　海域世界的相互依存

### 一、“海的世界”

我们所熟悉的现代国际社会，实际上秩序变化很大。在欧洲文明边缘，小领主们在相互仇视中产生的秩序在确立近代国家体系中占有地位，今天仍覆盖着全球。在这秩序的产生、确立、扩大的过程中，普遍地产生了十分拘泥于领土的政治组织，同时确认了广阔的海洋不属于任何人的原则。我们接受了这样的片面看法，即世界分为“领域国家”和“公海”两部分。这是以陆地为中心的国际社会体系为前提的。

现代国际社会的一大特征是相互依存的状况。这是跨越国家与国家之间的国界的交流急剧增加的重要原因。但这时人们太拘泥国界这一在陆地上人为所画之线，于是过分注重国家之间的关系，常常忘却从海洋的角度来看待相互依存。

如果不以近代国家体系的有色眼镜障目，我们不得不注意到，大海从远古以来就提供了人员、物资、信息流动的场所，是以这些流动——以单纯交易的形态——为业的人们的生存空间。不用说小池般的地中海，由于有稳定的风系和海流，北大西洋、印度洋、南海、东海、南太平洋成为掌握航海技术的各民族的活动场所。特别是在耸立着辉煌文明的欧亚大陆和北非，在以丝绸之路为象征的陆上通道外，连接地中海—印度洋—南海的海路起了极为重要的作用。

我们瞩目的亚洲太平洋，尽管对其周围包括那些空间，没有取得一致意见，但其核心部分的北美、日本、东亚新兴工业国、东盟地区、大洋洲正在形成受陆地约束就不能发现的体系。毋庸置疑，这是一个由海洋连接起来的世界，并且是完全由于技术的原因而比较现代化之后形成的体系化的世界，首先是现实的发展，现在正是意识开始发展的时候。今日太平洋“内海化”是其典型的象征。然而今日太平洋“内海化”之时正是“世界化”之日。在相互依存不断深化的今日，我们非从多层次、多角度来理解“海域世界”不可。

## 二、“空中时代”的“海域世界”
### ——相互依存的基础结构

首先，确认一下基于传统的国际社会的见解的今日相互依存的状况。关于亚太地区经济的国际交流日益加强，已有很多研究，是众所周知的事实。其特征一言以蔽之，①连接日美是粗线。②连接日本和东亚、东南亚、澳洲是细线。③连接美国和中南美、东亚、东南亚、大洋洲是细线。沿着这些线的走向，人员、物资、信息往来交流不断。

作为促成那些交流的因素，当然可指出像亚太各国国民活跃的经济活动和作为依赖美国军事力量和世界战略的“美国湖”的太平洋等，但不能忽视国际交流基础结构的整顿和完备。

第一，关于物资交流，有港湾的整备、航路的确保安全和运输船舶的进步。物资的国际交流（贸易），80%以上为海上运输。尤其是石油、矿石、谷物等原材料占了其中大部分。可对于海上运输，不应对太平洋过高评价。首先，横穿太平洋中心的货物是谷物类，并且不从太平洋侧装货。此外，值得关注的有沿着西太平洋边缘北上向日本的石油、矿石运输。而且，在面向太平洋的贸易港口中，列入世界前 20 位的港口只有日本的数港和新加坡。除了受到海峡和近距离所约束的西太平洋外，实际上不存在与所谓海上通道相应的“密度小”的航路，横穿太平洋的航路中，密度比较高的部分是巴拿马运河至日本一线。

第二，在信息交流方面，有通信基地的整备、通信线路的扩充、通信方法的多样化。利用海底和宇宙空间的国际通信设备一年比一年充实，不用意识到超越国界就可交换信息。并且过去是以发达国家伙伴（尤其是日美）为中心，而近年来信息交换伙伴也日益多样化。太平洋在提供国际情报交流的中转点——夏威夷的海底电缆和赤道上空的通信卫星的同步轨道，变得越来越重要了。

第三，关于人员的国际交流，航空运输的发达起着极为重要的作用。机场的整备、确保航线的安全、飞机的进步，这些和海上运输的问题完全可相提并论，但变化较之显著。现在，联结东京（成田）和美国太平洋沿岸各城市的航线外，从东京绕道东南亚的南部航线也运送了许多旅客，进而在西太平洋上空形成了网状的航空线路。人员横跨太平洋的程度尽管和物品横渡大西洋的流动不同，在世界前 20 位机场（按国际旅客吞吐人数）中出现了香港、东京、新加坡和洛杉矶四大机场。

以上人员、物资、信息国际交流的基础部门的发达，降低了交流的成本，使物理上的距离迅速失去意义。这不只是给亚洲太平洋地区带来影响，很明显，对于簇拥着广阔的太平洋的陆地的联系将做出很大的贡献。顺带说一下，今日东京至美国西海岸的机票费与 50 年代大致相同，和东京—福冈的机票费相比，太平洋约缩小至 1/3。物资和信息的流动单价也可说是同样的。

航空运输传统上只限于运输贵重物品（如人）的情况下被利用，但是由于高附加价值的物品（价值/重量之值大的物品）成为国际交换的对象，而且技术进步使航空运费变得便宜（运输费/重量之值变小），物品的国际交换亦广泛利用了飞机。按国际货物吞吐量计，在世界前 20 位的机场中，含有亚洲太平洋的东京、香港、新加坡、汉城、洛杉矶、台北、曼谷及大阪八个机场。

## 三、“海域世界”向“陆地化”发展

从流动手段来看，人员、物品和信息的国际交流可以说已进入“空中时代”。但反过来说，意味着太平洋自身价值正在相对地减少。太平洋不是由于形成“海域世界”显得重要，而是由于其拥有广阔的天空而显得重要。这样考虑的话，太平洋在近代世界的重要性，只能认为实际上不是“海域世界”的重要性，也仅仅是处于其东西两侧的陆上国家抗争或通商舞台的重要性。但是今天，促使相互依赖深化的科学技术的发展，一方面再度提高了“海域世界”的重要性，另一方面提高了“空中世界”的价值。这使海洋和宇宙空间不属于任何人、谁都可以利用——实际上仅供有使用能力者利用——的常识受到挑战。就是说，考虑方法从“不为所有”改变为“大家所有”乃至“无论能力与否谁都有份”。

其中之一是要求扩大领海（从 3 海里扩大到 12 海里）和 200 海里排他性管辖权（排他性经济水域、排他性渔业水域、大陆架水域）的动向。依据确立地球海洋基本秩序的联合国海洋法公约，这已为国际社会确认，35%曾为公海的领域已在沿海国家管辖之下。这一动向，是“南方”国家的主张，虽以发达国家为中心的海运国、海军国、渔业国、海底资源开发技术拥有国进行反对，但这是国际社会的大势所趋。太平洋散布着一些人口数万、领土数千平方公里的国家。这些国家骤然之间成为管辖广大的领域和莫大的潜在资源的国家。

还有一个是围绕地球赤道上空 35800 公里的空间带。这是同步卫星的轨道。虽然传统的看法认为领空不延长到宇宙空间，但对同步卫星轨道这种稀缺资源，现在有主张认为处在其位置之下的发展中国家对此拥有权利。这尚未被国际社会承认，但作为现实问题在使用国之间的利害对立之中又增加了“南方”的主张，使人们不能无视这些国家。由于同步轨道处于过密状态，有关各国必须进行妥协和协调。

维系亚洲太平洋相互依存结构的“空中时代的海域世界”，正从单纯为太平洋沿岸国家的发展提供服务“场所”的阶段，演变为与陆地相同的世界、存在着对现今稀有价值进行主体性管理、分配的主权国家集团的真正的“世界”。

## 四、相互依存的海域世界中的日本

以“不属于任何人”的态度，为了自身繁荣而最大限度地利用亚洲太平洋海域世界的我们日本人，有必要正视一些现实。

（1）习惯于大陆逻辑的许多人，不限于日本人，认为利用太平洋的现实——不仅是利用其表面，包括利用其海中，海底、上空直至宇宙空间的现实是理所当然的，只顾自己方便随心所欲地过分利用了对自身繁荣做出贡献的亚洲太平洋海域世界。如果注意到的话，过去被随便使用的“场所”，已成为自身不能自由使用的稀缺价值了。

（2）在“空中时代”，“海域世界”作为交流场所的价值正在相对地减少。从东京起飞横跨太平洋的头一个降落机场不限于旧金山和洛杉矶，甚至可能是纽约、华盛顿、芝加哥。绕道新加坡，通过苏伊士运河好不容易跋涉到欧洲，但经由西伯利亚，日本和欧洲变得“近”了。用 900 名船员运送 2000 名乘客的伊丽莎白二号是奢侈的运输工具，以 20 名机务人员高速输送 400 名旅客的喷气式客机则是庶民的工具。

（3）仅以于亚洲太平洋西北的经济活动活跃点来认识日本国民和国土所具有的价值的时代正在终结。经由海洋和美国、东南亚、大洋洲相连，并发挥直接和间接作用的日本经济以及对外经济关系目前正走向其顶点。我们应当创造预先到来的、日本对亚洲太平洋海域世界的价值。

基于上述的现实认识，日本人的行为在本质上不得不存在着内在矛盾。即一方面认识到亚洲太平洋各国的主体性，不得不和不是“场所”而是作为“世界”的亚洲太平洋海域世界相适应；但另一方面也必须开始准备摆脱过分重视亚洲太平洋的观点。当前迫切的任务是找到正在经受那样的紧张关系、而对整个地球的利害关系产生影响的日本在世界中的位置。

欧美人以大西洋为中心的世界地图来认识地球。在这个认识的框框中，日本正处于最东端的位置上。处于极西端的美洲大陆太平洋沿岸和日本之近，对于欧美人来说是难以理解的，正如日本人在感觉上难以理解纽约和伦敦之近一样。正因为如此，在他们的社会中，宣扬“太平洋时代”是冲击性的，提供了新的世界观。然而，日本人对于以太平洋为中心的地球已是司空见惯。在欧美人把亚洲太平洋作为体系来认识的今天，我们日本人应该注意到，重要的是不要忘却大西洋体系的紧密性和倍加注意如何确定与这个体系的关系。

## 第三节　亚洲太平洋地区的安全保障

### 一、对美国的依赖及其利弊

90 年代亚太地区的安全保障，理所当然将继续深受美苏两大国世界战略的极大影响。但今后作为超级大国决定政策的重要因素，地区内各国经济社会发展的状况及其相互关系的动向将具有日趋重要的意义。

超级大国固有的行动准则是对世界所有地区加强其影响，美苏对亚太地区的争夺今后亦会继续。只要美国不抵制，苏联就会拥有在整个地区为所欲为的能力。加之北太平洋美苏海空军力量大幅度增强，即使未必以该地区本身作为直接攻击目标，也对其安全构成重大威胁。因此，为维持该地区现有的势力均衡，当前对美国军事力量的依赖可以说不可欠缺。

但另一方面，与日俱增的军事开支压迫了超级大国的经济运转，两国均受制于各自的国内问题，美苏武装对抗的情景正渐渐失去其现实性。这亦为事实。特别是 70 年代后期之后，在亚太地区可看到超级大国武力冲突危险明显减少的倾向。其理由可列举：①中国的立场变化明显提高了苏联介入该地区的代价。②共产主义的魅力和可信性显著下降，削弱了苏联对该地区的政治影响。③因为人口稀少的东西伯利亚，不像东欧卫星国那样思想脆弱，苏联对东方武装干预的可能性原本就少。

因此，面向 90 年代的地区安全保障，应在创造使超级大国不产生干涉欲望的基础上，进一步减少武装对立的可能性。在视为美苏冲突主要战场的西欧，在同样原则基础上，形成包括美国的最终保障在内的多边防御体系，同时成立了欧洲共同体致力于区域内的政治稳定和社会经济发展。

但在战后亚太地区，连续发生了政治大变动，继中国共产主义化后有在朝鲜半岛和越南的战争等，亦有战前日本侵略造成的后遗症，结果，实现多边合作体制的可能性很小。对付共产主义的威胁，结果专由美国以直接当事者进行干预。韩国、中国台湾、日本的安全保障全面地依赖与美国缔结的双边协定。这在防止苏联干预之点上确有成效，然其反面，毋宁说是阻碍了各国间的横向联系，使得地区合作体系的建立更为困难。

在西欧，各国与美国之间除防卫合作外共同具有广泛的文化传统与政治目标。与此相比，亚太地区对美国的依赖一味要求安全保障领先，很多情况下在国内引起“亲美”与“反美”这样毫无结果的对立。日本长期苦于国内舆论的分裂。韩国和中国台湾使用暴力镇压反政府势力，被迫付出了巨大的政治代价。此外，政治基础薄弱的东南亚国家必然经常受到演变为代理战争舞台的威胁。

## 二、地区纠纷的危险

最近，共产主义的魅力和作为政策体系的可信性明显下降，因此在这方面的不稳定因素有了相当减少。但即使在今日，亚太地区仍孕育着一些纠纷因素。朝鲜半岛、越南、菲律宾等，根据情况发展，很有可能诱发超级大国的干涉。

在朝鲜半岛，南北武装冲突的危险未必很大，在美中苏利害关系错综复杂交织的基础上，长期的对立使南北双方不同的特殊政治状况固定下来，难以使民心感到充实和稳定。最终解决即令取决于超级大国的意向，周围国家也应继续尽量采取灵活、妥协的对策，以帮助顺利处理两国国内的政权交替，1988 年奥林匹克运动会等当前面临的问题，这是很有必要的。

为了引导越南转向合理的政策方向，必须使其领导者们从所陷于的胁迫观念中解放出来，促成精神上的稳定。为此，当前美国、中国、日本和东盟等的政策目标是使越南“放心”。首先中国的态度最好有所软化。苏联放弃在越南拥有的地位的可能性很小。假如越南恢复自主，对地区也未必构成重大威胁。

菲律宾的形势处于动荡之中。阿基诺政权为确立其正统地位费尽心机之时，国内分化加剧，经济亦停滞，收拾时局益发显得困难。新人民军的活动，诱发以苏联为首的外部积极干涉的危险现在尚小，但菲律宾有可能陷入中南美洲所见的长期混沌不明的动荡局势之中，从而给整个东南亚的政治环境带来莫测的影响。另外在印度尼西亚，初级产品价格的急剧下跌和上层蔓延腐败的传闻增加了政治动荡的幅度。从该国对东南亚的影响大小来看难下先行判断，但印度尼西亚形势诱使超级大国直接干涉的危险，从其地理位置来看，可认为比较小。

60 年代和 70 年代，亚太地区的非共产主义国家经济不断迅速增长，不仅区域内政治经济状况焕然一新，而且在国际社会中也显著提高了地区的重要性。可是在区域内，经济力量鹤立鸡群的日本、韩国各自单独地继续依靠美国，没有统一的合作范围，任凭各自追求其国家利益。这样的现状，从地区长期稳定的观点来看，并不可喜。不断扩大的经济力量也有可能反而成为不稳定的重要因素。

## 三、摆脱历史后遗症

回顾历史，19 世纪中叶，在数个世纪中曾居于地区文明和政治秩序中心位置的中国的威信凋落。自那时以来，东北亚不断处在原有的地区秩序已不能恢复的不稳定状况之中。标榜取代中国、重建地区秩序的日本的兴起、扩张及其战败，随之发生了中国的共产主义化、各国的独立等，纵然经历了这一系列的变化，至今其基本结构没有太大变化。

中国尚未从过去所遭受的长达数世纪的帝国主义势力的不合理压迫和屈辱中恢复过来。共产主义在摒弃这种不合理和恢复大国地位方面卓有成效但不能满足国民的传统理想和愿望。未来的中国在维持世界大国的地位和作为地区中心方面发挥怎样的作用，这是极为重要的。各国对华政策应该以帮助中国在这方面的努力为重点。

日本由于战败释放了某种能量，民心比较稳定，但在国家的作用、与区域内各国的关系等其生存基础方面，仍然有许多不明确之处。日本经济在地区中的优势，作为既成事实大致已被接受，但在转化为政治影响上抵制明显很大。靖国神社、教科书、藤尾发言等的原委经过表明，过去虽已消逝，但在战后的情况下，各国间围绕日本几乎没有建立具有共同利害关系的结构。

所以，考虑到面向 90 年代的长期安全保障，不论东北亚还是东南亚，各国最好从在历史上所承受的不合理的沉重负担和心理后遗症中解放出来，努力培育可谋求真正满足民心的新秩序，同时在这一过程中建立以共同“目标”为基础的广泛的合作结构。

对于日本来说，在努力全面实行拟议中的结构改革、整顿能迅速反映外交需要的内政体制之时，必须利用当前日元升值的大好时机，致力于积极推进与区域内各国的经济分工和合作，培育可能具有共同利害的地区经济基础。

面向 21 世纪，包括中国在内的地区经济如真正实现“起飞”，不仅将给世界经济结构带来根本性的冲击，而且也将改变一直统治战后世界的、只能在共产主义和自由主义之中选择一者的斗争焦点，对于美苏对立亦有影响。这和战后世界范例的彻底变更相联系，从为那种未知状况做相应准备的观点来看，地区政治体系也最好尽可能迅速地成熟。

## 第四节　停滞不前的发展与经济合作

### 一、动荡的亚洲太平洋经济

70 年代至 80 年代，我们经历了世界性经济大变动。70 年代，特别是第一次石油危机之后，许多发达国家转向低速增长。日本实际经济增长率，在 60 年代达到了年均增长 10%；而 1974 年后不超过 5%。除 1983~1984 年景气过热外，美国亦为 2%~3%的低速增长。

相反，亚洲发展中国家在 70 年代经济持续高速增长。新兴工业国家平均增长 8%~10%，东盟四国（除新加坡）增长 6%~8%。但进入 80 年代后，增长状况急骤恶化。无论是亚洲新兴工业国家还是东盟各国，1982 年和 1985 年都陷入萧条。尤以东盟各国，除泰国外，1985 年和 1986 年两年度落到了–2%~2%的低速增长中。

70 年代发达国家和发展中国家的增长率差距和 80 年代中期东盟各国的停滞，与过去长达 20 年的世界经济的长期波动相关。它以 60 年代末至 70 年代初的原油及其他初级产品价格上涨为开端。发达国家先后陷于经常收支赤字和负增长。由于各国政府都采取积极财政政策，以谋求维持所得和雇佣水平，70 年代后期恢复了中等程度的增长。然而，通货膨胀加速，财政赤字不断累积。

1979 年第二次石油价格上涨加速了通货膨胀，这次发达国家金融政策立即紧缩。美国联邦储备银行紧缩货币供应，导致了出乎意料的利率上涨，这种高利率引起了大量的短期资本流入美国，美元腾贵。日本和欧洲共同体各国亦趋美国之步，紧缩金融，抑制国内通货膨胀，同时提高利率促使资本流入，防止本国货币下跌。这样在 1982 年演成了世界性的大萧条，形成异常的高利率和美元高汇价的状况。

不过，发达国家的紧缩对策各有所异。美国继续实行积极财政政策，经常收支和财政收支的双赤字不断扩大。日本和联邦德国采取财政紧缩政策，成功地缩小了财政赤字，但内需不振，经济低速增长，经常收支盈余累积增加。于是发达国家之间出现了很大的宏观经济不均衡。

另一方面，发达国家的紧缩政策与节省资源、能源的技术革新和产业结构变化相得益彰，抑止了对原油和其他初级产品的需求，缓和了供求矛盾。初级产品价格自 1960 年、原油价格自 1982 年从其顶点开始下落，1985 年、1986 年急剧下降。随着通货膨胀的平静和金融的缓和，高利率也恢复到正常水平。根据 1985 年 9 月五国财政部长的协商，德国马克、日元等货币迅速升值，美元的汇价过高被清除。由于存在 J 曲线效应，日本、联邦德国的经常收支黑字和美国的赤字很难消除。初级产品价格下跌，长期波动经过了一个周期，但美、日等国之间仍然留有宏观经济不均衡，由此而产生的日美、日欧、欧美的贸易摩擦正在激化。

在这长期波动的过程中，亚洲发展中国家遵循了不同的发展模式。在此期间，这些国家经济增长起飞，实现了高速增长。这里可以典型地看到卡歇克罗恩的“工业化波及”。首先，韩国、中国台湾、中国香港实现了劳动密集型的轻工业化和出口化。这些新兴工业国都采用外向型政策，充分利用了 60 年代发达国家经济的高速增长。另一方面，东盟各国的工业化较之为迟，从 60 年代末开始。虽然发达国家经济转向低速增长，但享受了原油、初级产品价格上升之恩惠，维持了高速增长。由于有大量的出口收入，得以实施雄心勃勃的经济发展计划。

但在经历了 1982 年最初的经济停滞之后，1985~1986 年，经济状况进一步恶化。韩国、中国台湾等以原油进口价格下降和五国财政部长会议后外汇行情下跌为契机，经济增长加快。然而东盟各国如前所述处于经济停滞之中，也就是说，东盟各国在原油、初级产品价格上升的局面中持续高增长，但在原油、初级产品价格下跌的形势下经济增长也下跌，从而体会到自身经济的对外脆弱性。

## 二、东盟国家发展战略的再估价

如前所述，日美贸易摩擦不仅仅限于日美之间。在亚洲新兴工业国家和东盟等亚太地区，贸易摩擦也正在扩大。特别是中国台湾、韩国，与日本同样，对美贸易黑字正在扩大。对此，最近美国强烈要求限制对美出口、开放市场和调整汇率。东盟各国正处于经济停滞之中，对美贸易收支情况不尽相同，有赤字也有黑字，在整体上没有像日本、中国台湾、韩国那样的摩擦现象。但东盟各国由于美国纤维进口限制（乔金斯法）和美国出口补助（农业法）、贸易相关投资、劳务贸易的撤销等，在个别领域经历了深刻的摩擦，这也推迟了东盟经济的复苏。

东盟各国的出口对区域外市场的依靠程度高，一般来说，竞争对手国家亦多，除锡和天然橡胶外，不具有控制市场的能力。东盟成员国宁肯以共同与发达国家进行集体谈判的形式来开展和区域外的经济合作，发起了 1974 年东盟五国与澳大利亚，1975 年与新西兰，1977 年与日本、美国、加拿大，1978 年与欧洲共同体的“双边”会议（论坛、对话）。1977 年东盟首脑会议邀请了日本、澳大利亚、新西兰的首脑，从此开始，有了东盟首脑扩大会议、东盟外长扩大会议。在这些集体谈判场合，中心议题是对东盟开发计划的援助和贸易上的优惠待遇等经济合作要求。

在与日本谈判方面，以要求对压缩与天然橡胶相竞争的合成橡胶生产进行行政指导（1974 年）为开端，对东盟工业化计划的 10 亿美元援助（1979 年）、政府援助五年倍增（1979 年）、对东盟产品开放市场的措施等，都是通过这一渠道直接或间接地实现的。

新加坡和文莱姑且不论，原来，其他四国都以高关税和非关税壁垒来保护国内市场，特别对工业品设置了高保护壁垒，招揽外国企业，促进以国内市场为目标的工业化。结果，各国的国内市场相互被关税、非关税壁垒隔断、分离，只能在保护壁垒之中生存，只能产生缺乏国际竞争力的产业、企业。如降低阻断相互国内市场的关税和非关税壁垒，使各国产品越过边境而流通，企业间的竞争就会强化，具有竞争力的企业也可扩大生产规模，拥有在区域外的竞争能力。

在 1975 年以来每年召开的东盟经济部长会议上，通过了东盟特惠关税制度（PTA）、东盟共同工业化计划（AIP）等。由民间组成的东盟商工会议所（1972 年建立）提出了东盟工业互补构想（AIC）。

东盟经济部长会议达成协议已有 10 年，但东盟区域内合作的成果不太佳。就东盟特惠关税制度而言，的确，作为对象的品目数快速增加，但几乎没有增加东盟区域内贸易。就东盟共同工业化计划而言，印度尼西亚和马来西亚的尿素工厂分别在 1984 年和 1986 年开始生产，其他三国的工程由于预计亏本等原因而被放弃。

为何东盟区域内经济合作不顺利，一般认为这是由于实现经济合作的政治条件不成熟。一者可举出缺少有力且高效实施合作计划的、专家出身的领导者和政府组织接纳专家的僵硬性，但更重要的是缺少加快区域内合作的政治愿望。

对于各国执政者，经济增长也是重要的政治稳定手段。他们虽热心促进增长，但与欧洲共同体不同，没有从地区整体来进行考虑的连带性。各国都只是在有利于本国时进行合作，在不利于本国时则予以强烈反对。在和区域外的合作中容易发现共同利益，而在区域内合作中，一国的利益往往偏偏与他国的不利直接相连。例如，印度尼西亚的国内市场虽占东盟市场的一半，可其工业生产竞争力最低。即使按东盟特惠关税制度允许各国产品自由流通，实际上只是新加坡、马来西亚产品流向印度尼西亚市场，逆流向很小。因此，印度尼西亚对东盟特惠关税制度的发展态度消极，设立了许多例外品目。

在东盟，共同市场的效率性尽管为人们所理解，但没有产生共同配合实现它的政治意愿。尽管这么说，进一步发展区域内经济合作的余地并非不存在。因为在 70 年代得天独厚的出口环境条件下，区域内经济合作的需求小。80 年代，无论在商品方面还是在市场方面，使出口结构多样化成为至高无上的命令，区域内合作的要求提高起来。实施区域内合作的政治代价尽管高，但经济合作的要求更为强烈，因此，促进区域内经济合作的可能性增加起来。

## 三、亚洲新兴工业国家和地区的持续增长和“毕业问题”

和东盟国家相比，韩国、中国台湾发展顺利。亚太地区中只有韩国和中国台湾 1986 年增长超过 10%。工业品出口均进展顺利，同时实现了大幅度贸易收支黑字。韩国可达 50 亿美元，中国台湾达 160 亿美元（均为 1986 年全年的推算数）。

从 60 年代开始，韩国和中国台湾采取了快速发展工业化、并且积极地促进出口的政策，实现了出口主导型的增长。60 年代发达国家的高增长和贸易自由化使世界贸易以 6.5%的速度迅速扩大，恰逢此机，可谓万幸。在发达国家转向低增长的 70 年代，有赖于增加对产油国的出口维持了高增长。可是，80 年代发达国家的保护主义加强，贸易环境恶化，韩国和中国台湾未能幸免 1982 年和 1985 年那样深刻的经济停滞，在这一点上与东盟相同。

但是，1985 年末开始的石油和其他初级产品的进口价格迅速下降对出口加工国的韩国和中国台湾有利。在急剧的汇率调整中由于坚持固定与美元的汇率（韩国）和小幅度上升（中国台湾），对日元和德国马克的比价变得相当低，出口迅速扩大。在这过程中，实现了贸易收支黑字，其中对美黑字的比重大。

但韩国和中国台湾都被迫进行结构大调整。原因之一是与美国的贸易摩擦。美国是韩国和中国台湾最大的出口市场，80 年代对美贸易顺差累积起来。1985 年中国台湾对美贸易顺差上升到 110 亿美元，韩国上升到 42 亿美元（日本对美贸易顺差为 497 亿美元）。因此，产生了类似日美摩擦的美韩摩擦、美台摩擦。韩国和中国台湾在实施以纤维为首的主要品目对美出口自主进行限制时，也被迫开放本国市场，致力于以 1988 年为目标的贸易自由化计划。进而，由于受到调整低汇价的压力，这使韩国和中国台湾不得不调整出口和生产结构。

结构调整的第二需要来自韩国和中国台湾进口的处境。韩国和中国台湾较东盟率先实现工业化和出口化。汽车、电气、钢铁的生产代替进口并进而出口化都是在短时期内实现的，迅速追赶日本。另一方面，东盟的工业化迅速加强了在纤维、胶合板等一些领域内的竞争。生活水平、工资和汇率的上升很快剥夺了韩国、中国台湾的单纯劳动密集型出口产品的竞争力。生存于日本和东盟国家发展的夹缝之中，韩国和中国台湾不得不经常调整生产和贸易结构。韩国和中国台湾现在的目标是技术密集化，提出从教育到承包中小企业的零件制造的支持政策。

## 四、新的国际贸易谈判和地区合作

面向 90 年代，东盟国家从原来追求数量的工业化转向出口导向的高效率生产，提高了质的扩充的意识。最近虽有初级产品价格恢复的先兆，但应继续努力使出口多样化。这里必须考虑到的是亚太地区具有调整工业品贸易的必要性。

关于工业品贸易，必须注意到其竞争与互补并存。例如，韩国和中国台湾在最终产品上和日本有竞争关系，但中间产品必须从日本进口就成为互补关系。为此，在日元升值时，一方面是对美出口的最终产品价格便宜、取代日本产品扩大出口，因此另一方面是扩大从日本的资本和中间产品的进口。理所当然，长期下去这将会促进资本和中间产品的进口替代，在资本、中间产品方面进行追赶。

关于在这追赶过程中的新竞争，容易陷入设备过剩、竞争过度。为避免出现这种结果，有意见认为需要国际间的投资调整和产业分配。但即使在日本，50 年代末 60 年代初的设备投资调整和生产调整的尝试也不太成功。在一国之内尚且如此，主权国家之间的调整顺利进展更不可期待。

结果是，虽是结构调整方面的国际协调，但不能诉诸超越国家主权的政策手段。各国最多是交换怎样的结构调整最能适应各国的发展阶段的资料，在大的方向上形成大体的一致意见，这样是现实的。然而各国至少也应谋求协调，不采取与大家一致希望的方向相反的政策。

1986 年关税及贸易总协定开始了新一轮会谈，为撤除各种规定之外的贸易保护措施，通过关税及贸易总协定，恢复贸易投资秩序，各国在贸易和生产的调整方面达成大致的意见一致是大前提。反过来说，如果不能达成这样的意见一致，会谈就无论如何没有希望取得成果。由于新的一轮会谈和各国结构调整问题相互关联，故最好两者共同促进。日本被期待着在这两方面都发挥促进作用，为此，日本必须致力于积极地从事本国的结构调整。

## 第五节　亚洲太平洋市场圈

### 一、市场圈概况

在观察作为市场圈的亚太地区时，有各种各样的视角。但它包含当前政治、经济两个方面，可从以下的观点加以分类。

（1）从政治经济制度来看，日本、北美、大洋洲、南太平洋各岛、东盟，加之韩国、中国台湾、中国香港是以私人企业和市场为中心的制度。与此相反，苏联、中国、朝鲜、越南（整个印度支那半岛不确定程度很大）等以计划和生产资料的国家所有或集体所有占统治地位。然而，最近中国在相当程度上采纳了市场机制，对于生产资料所有（至少使用与支配）也采取了灵活的态度。

（2）从经济发展阶段的角度来看，大体上以市场和私人企业制度为中心的国家较所说的社会主义各国更为发达。后者中只有苏联实现了较高的所得水平，但与前者的高收入国家相比的话，显得十分逊色。从经济效率的观点来看，计划和生产资料集体所有、国家所有的成本高。正囿于此，中国已在摸索新的经济运转方式。

（3）从资源禀赋的观点来看，该地区具有多样性。北美拥有广袤的土地和丰富的自然资源，大洋洲在这方面得天独厚。苏联和中国亦类似。但从人均天然资源量来看，中国的情况就变了。日本和亚洲新兴工业国均天然资源禀赋贫乏，唯有人力资源丰富。东盟之中，既有天然资源丰富的国家，也有依靠人力资源的国家。这种资源禀赋的不同，使一些地区经济形成对照，显示了互补性。代表性的例子是澳大利亚实现工业发展困难，相反，日本和韩国由于在工业之外发展机会匮乏，工业得到发展。

（4）大国和小国的标准，这也是预测该国发展政策和对外经济政策的重要判断依据。这里的“大国”、“小国”不一定是国际经济学上的概念，是在稍广泛的意义上使用的。即使同为新兴工业国家，像新加坡那样的城市国家和韩国在发展战略上也不同。对于小国，除适应国际市场的变化外毫无选择余地。但大国可通过多种多样的政府干预，采取多样化战略，例如与全面努力发展生产相反，在国内维持特定的产业。当然这要花费开支。尽管如此，这不仅可使国民的全体意志适应于外界，而且是在求得独自发展的情况下可行使的一种选择。

从这些角度来看，亚太地区作为一个市场圈具有怎样的特征呢？

首先，以市场和私人企业为中心的国家数目虽多，但其中只有日本和美国是工业大国。此外可加上工业比重虽小但高收入的加拿大和澳大利亚。新兴工业国家和地区都采取同一制度。社会主义国家迟迟不能富裕。苏联的人口和经济活动对远东地区的比重小，因此在经济上缺乏与该地区的联系。中国改变了此前的闭关自守的战略，与该地区市场经济的关系迅速加深。在这一意义上，给中国与苏联一概只贴“社会主义国家”的标签也许是不贴切的。其他社会主义国家以苏联为轴心，实施经济、安全保障措施，经济关系与市场经济圈相比显得格外弱（在中苏之间虽有国家贸易和边境贸易，但规模甚小）。

另一方面，以市场和私人企业为中心的各国间的经济关系加强了相互依赖，同时又由于存在经济关系的替代性或者说竞争关系而经常出现经济摩擦。典型的例子是日美经济摩擦，由于亚洲新兴工业国家和地区的兴起，与原有工业国之间的关系中摩擦较以往增加。美国增加对中国台湾和韩国的进口限制措施（又名自愿出口限制）即为其例。亚洲中等收入国，从世界的标准来看，属于经济发展成功的类型。这些国家的发展，带动着如东盟这种二类地区的经济关系的发展，但和其与区域外的关系相比，二类地区内的经济统一更显得薄弱。

资源禀赋的不同创造了贸易机会，加强了各个经济的互补关系。但随着各国工业化政策成功，增强了重新分工的必要。发达国家迫于开发新商品的压力，在技术开发和转移方面，转移速度落后于开发速度，发达国家的出口商品品目和追赶国家的出口商品品目常常是重复的。这是新兴工业国和发达国家之间摩擦的主要原因。另外，新兴工业国家的产业政策加速转向这些新商品领域也加剧了上述紧张关系。另一方面，以美国为代表的工业国家，在具有优势的新领域要求技术和服务业领域的贸易自由化。对于这些国家，是以新领域来弥补工业的相对缩小。

## 二、经济结合的诸形态

对经济结合，可做多维的考察。下面，从商品贸易，劳动力流动，资本和企业的流动，技术和劳务贸易这四方面来研究现状与展望。

**商品贸易**

在该领域，可以看到反映天然资源禀赋差异的分工，在同种工业品范围内反映资本与劳动禀赋差异的“垂直贸易”，反映技术差别和垄断竞争的“部门内贸易”和根据情况在跨国公司内部的“企业内贸易”等多种结合形态。该地区的主要贸易国是日本和美国。但从与亚太地区贸易比重的大小来看，日本是最大的贸易国。

至 70 年代后期，贸易大部分为以市场和私人企业为中心的各国间的贸易，但中国坚定不移地采取对外经济开放政策以来，中国与日本、美国、大洋洲的贸易扩大。东南亚国家原以中国香港为中介贸易港同中国进行间接贸易，但在 80 年代中期，东盟也开始和中国进行直接贸易。中国与韩国的贸易亦间接地扩大。中国参加贸易扩大了市场，增加了贸易机会。但由于贸易惯例不同，也会部分地产生贸易摩擦。1986 年，有消息报道中国正在研究加入关税及贸易总协定。所有的贸易在某种程度上都是“准国家贸易”的中国，为成为关税及贸易总协定的正式成员，必须进行调整。因此，可以学习一部分东欧国家加入的方式。

整个地区贸易的发展中，值得大书特书的是在各工业部门中，新兴工业国家或地区有取代老工业国之势。在钢铁、造船、小汽车等部门，韩国正在迅速扩大的出口显示了这一点。

和工资率上升的新兴工业国相比，东盟国家在劳动集约型的工业品方面处于竞争中的有利地位。在该地区，工业转移进展活跃。中国在产业领域兼有新兴工业国和中等收入国的技术水平。中国这样的大国，若努力发展特定领域，由于该产业生产扩大、交易条件恶化，将变为不利。所以，中国不能特别发展特定的狭小产业领域专业化、应采取具有广泛产业的战略。

其他社会主义国家和市场经济国家的贸易，大部分受到美苏关系的支配。紧张缓和有助于两个体制之间贸易的扩大，但即便有所扩大，其规模只能局限于一定范围。由于大洋洲各国市场规模小，虽然它与亚洲地区的联系密切，所起的作用也很小。资源丰富而人口稀少，使工业发展困难。在工业品贸易中，只能起到比亚洲新兴工业国更小的影响。

**劳动力的流动**

除了加拿大和美国、美国和墨西哥之间，展望今后 15 年，普遍认为不会形成国家之间的大规模劳动力流动。劳动机会充足的国家对劳动力出口有兴趣，但在国内雇佣问题、社会统一和提供平等的国民待遇方面存在着国内政治上的抵制，普通劳动力的流动困难。在日本存在着一部分钻法律漏洞的劳动力流动，但一般认为不构成大规模劳动力流动。现在所报道的从东南亚到日本打短工，大部分采取了不合法的形式，预计这种不合法的移民将增加。虽然对此有各种规定，但如果在日本打短工很有利，这不仅是对本人，而且在雇主方面亦会产生利用外国劳动力的意图。因此，尽管是非法的，各种打短工在增加。

潜在的、引起劳动力大规模流动的重要因素不如说是大洋洲。如果这些国家希望弥补劳动力不足推进工业化，进口劳动力是必不可少的。到目前为止，名义上主张无人种歧视的平等，但实际上仍采取与“白澳”主义相联系的移民政策，预计不会发生从东南亚向大洋洲大量移民。可是只要大洋洲重视与太平洋地区的关系甚于与原英联邦的联系，将不得不增加从亚洲来的移民。

劳动力以外的各种人员跨越国界的流动日益频繁。首先是因为直接投资增加、企业活动扩大到境外，管理者、技师就会自由流动。与把工厂工人表示为劳动（L）相比，这在某种意义上可表示为经营资源的要素（M）。L 和 M 能自由地流动、再分配，这样就能对经济效率化做出贡献。还有其他方面的流动。最近一直强调“劳务”贸易自由化，这次不仅是生产要素的自由化，而是意味着作为制品的“劳务”自由地跨越国界进行交易。艺术家奔走于各国之间进行商业性演出、律师和咨询业扩大国际业务就为其代表。

在这方面，应该注意到美国强烈主张劳务贸易自由化，但离奇地歪曲了其含义。如果劳务的国际交易自由化，为什么首先不实行理发师等个人服务业的自由化呢？可是，主张金融、保险、律师业、通信、工业所有权的保护和自由交易的美国，在这样基本的问题上佯装不知。也就是说，关于劳务贸易，只是一味追求出口的“新重商主义”。

长期逗留的打短工人数增多的话，在经济学上将出现饶有兴味的问题。国际经济学总是以国民实际所得的变化来考察国民的经济福利，可是，移居者的所得，是应看做对接受移民国家的经济福利做出贡献呢，抑或看做使出口移民国得到经济利益呢？按严格定义上的“国家利益”进行分析时将产生意义深远的新问题。这不仅是移民多的美国的问题，也是日本面临的问题。例如，在日朝鲜人已超过数十万人，他们的所得是计入朝鲜或韩国政府的政策目标相关数字呢，还是作为日本政府的政策目标相关数字呢？

**资本和企业的转移**

资本和企业的转移自 60 年代以来已盛行。直接投资是拥有优秀生产、经营、销售技术的企业，不是对外出售这些技术，而是在自身企业内部予以利用、谋求利润长期增加的行为。所以，没有税制、货币的不同、贸易壁垒等，这种行为也会发展。

面向 2000 年，预计直接投资将日趋扩大。其根据是，制造业的技术开发几乎均由私人企业进行，技术为私人企业所有。在发展中国家方面，还缺少企业家，为通过外国企业的参加来加速技术转移，尽管对直接投资的反感日甚一日，归根到底仍不得不依靠它。环太平洋地区传统的投资大国是美国与日本，加之区域外西欧来的投资。和美国相比，日本投资以加速度扩大。这一倾向可继续保持到 2000 年。

进入 80 年代中期后出现的新倾向是：①新兴工业国开始直接投资。②东盟区域内的投资开始扩大。不言而喻，澳大利亚和新西兰那样的二类区域中有特殊的直接投资走向，澳大利亚从哪方面说都是直接投资接纳国。美国和加拿大也有特殊关系，原来几乎不存在对投资的障碍。对此，加拿大国内虽有人反对加拿大成为美国的分厂（60 年代的争论），但在今天主张推动统一市场者更占上风，典型的例子是北美共同市场构想。

日本的直接投资当初以资源开发为目标，面向世界上无论哪儿只要是有利的地区，且当时为政府主导型。60 年代末以来，转化为通过市场的力量私人企业自行扩张的形态。这时企业目的是确保销售市场、利用东南亚廉价劳动力和蒙受当地保护政策的恩惠。因此，大致为劳动密集型产业。但像电视机、汽车等大宗耐用消费品，在性能、价格上均博得名声后，同时对方国家亦采取进口限制时，对美国进行直接投资增多了起来。这一倾向早已波及东亚的新兴工业国，因为彩电的例子就是典型。尽管日本被迫自主限制出口，韩国、中国台湾出口因而增加，结果也使它们被要求实施自主限制出口。在这一意义上，进口限制最近成为对美直接投资的重要动机。

中国热心寻求直接投资和技术转移，但由于中国的制度官僚干涉多、手续复杂、限制企业活动等重要因素，投资国的企业家们小心翼翼。东盟国家为中国比其率先工业化而使自身面临严峻的竞争感到不安，正以担忧的目光注视着日本、美国的对华投资和技术转移。

资本自身的转移比企业的转移更早开始发展。这被称为所谓的间接投资，包括对股票资本的投资、政府间借款、债券的发行与买卖、银行贷款等。近年引人注目的是，浮动汇率制的普及使外汇业务必然增加，国内银行业务的规定姑且不谈，不受这些规定约束的对外交易即所谓离岸市场发达起来。因此，进行交易的市场只有少量时差之别而总存在于地球某处。美国西海岸、东京、悉尼、中国香港、新加坡这样的外汇和金融市场的存在使国际资本转移活跃。

**技术和劳务贸易**

技术从 19 世纪后期开始，随着国际专利制度，业已成为国际间贸易的活跃对象。这称做专利拥有者给予专利使用者的专利特许。另一方面，不像专利那样公开的技术诀窍形式的技术的增加，使企业对于自身没有控制权的技术销售变得消极。企业使用自己经费开发的技术，企业若不能从中回收投资费用的话就要亏损，而技术的广泛利用提高了社会利益。这就是技术的公共财富性质。但如果对技术置之不顾，发明者会在模仿这种“搭便车”行为而蒙受损失。所以，虽有国际专利条约以求协调发明者利益和社会利益，但发达国家和发展中国家的利害是相对立的。

但是，亚太地区的发展中国家是实用主义的，它们处在比世界上南北对立更容易妥协的环境中。东盟自身虽也有顾虑，但在关税及贸易总协定新的形式中，不会全面反对劳务自由化和采用知识产权。事实上，以开发新技术和尖端技术产业来寻求出路的发达国家十分强烈地想保护知识产权，甚至新兴工业国家也担心新技术利用的成本变得昂贵，可是在表面上不至于那样对立。也许在面临具体的问题时，技术开发国和购买国之间会发生纠纷。

日本的态度微妙，在想使美国抑制对知识产权的过度保护的同时，又想使其对其他亚洲国家强化对知识产权的保护，所以，容易站在中立者的立场上。据认为这是日本在关税及贸易总协定中对待知识产权采取的战略。

在其他的劳务领域，关于美国关心的通信、金融、律师及其他领域虽适用上述立场，但在金融方面，日本各家银行扩张倾向强烈，有可能成为自由交易的牵引机。在通信上，日本稍落后于美国，故情况微妙，但将来日本企业仍将成为自由化的推动者。也许最容易成为内向型产业的是律师业，因为日本的这一产业在国际经验方面落后。随着外国企业进军日本，出现了法律事务所几乎从国外单向进入日本的令人担忧的倾向。

在海运、空运、陆运等服务领域，今后美国将加强自由化要求的攻势。传统的服务业，如理发、美容、按摩等各种服务业在很多情况下是和人结合为一体的。对于这些服务业，发达国家反对自由化，发达国家的国内利益集团肯定会开展强有力的反对运动。

### 三、市场统一和政策对立

今天，在东京市场上可以购买美国公司的股票。假如日本人或日本公司拥有大部分美国通用汽车公司的股票，美国人则拥有索尼公司的大部分股票，由于这些企业的法人所得归根到底属于股票持有者，各自国家保护企业的政策未必保护了本国国民。资本市场的统一按理说包含了这样的根本性变化。实际上，各国企业的股票大多还属本国经济主体所有，但发生上述变化并非不可思议。

在这种状况下，保护某产业和某企业，其根据何在呢？大体上，可断言是根据有益于劳动力的原则。因为劳动力在国际间不能自由地流动，某国从事某产业的工人在无替代职业和缺乏转业能力时，一定要确保他们在这产业中的工作。因此，无论是美国资本与日本工人结合的企业，或是相反由日本资本与美国工人结成的企业，产业政策都能以有益于劳动力为政策基准。其结果，美国特定产业的保护政策有可能给美国劳动力和日本资本带来利益。

在发达国家之间这种相互渗透在逐渐发展，尽管如此，在政治上奇谈怪论畅通无阻、执行离奇的政策和各国间的经济摩擦难以幸免。另一方面，发展中国家采取这种开放和自由放任的政策，实际上也是为了培养国内的企业家阶层，开发本国自有技术和限制外国人所有等。这当然会付出经济代价，但有关这一点的判断基准不能用狭小范围的经济学尺度来度量。由于有了在某一时期花费甚多而掌握的外国技术和本国成本很高的技术开发努力，将来形成的技术开发能力就多起来。其结果，在长远的将来，依靠本国开发的技术，也有可能发展条件有利的贸易。

在 2000 年的亚洲太平洋地区，有关商品和劳务贸易、企业转移、间接资本的市场统一将不断进展，但由于劳动力一般不能流动，以各国劳动所得为基准的产业政策将居统治地位。从这一标准出发所采取的政策将经常引起各国间的利益对立。亚太地区经济在世界中是充满活力的地区，这一形象到 2000 年也不会改变。比较容易维持现有倾向的是西太平洋、东亚地区，经济将持续发展。一个悬而未决的、在展望地区经济关系方面的关键是美国经济在哪些方面搞活。美国特别发展农业、资源产业、尖端技术产业及服务产业是顺理成章之事。但若和这倾向相反，采取贸易保护主义也可能破坏地区的经济关系。在这一意义上，日美经济关系的何去何从掌握着通向亚洲太平洋地区未来大门的钥匙。

## 第六节　资源能源合作构思

### 一、作为有益于和平的经济战略

这里，以广义的日本安全保障和世界和平的政治外交战略来考察亚太地区“有益于和平的经济战略”。

作为构成国家力量（Sovereign Power）的重要因素、与军力并驾齐驱的“经济力”、“经济财富”的重要意义正在增加。正因为如此，以国家为单位的经济指标——贸易收支、经常收支、对外债权和债务越来越受到重视。但这里有巨大的矛盾。经济活动正越过昔日的国界，经济的扩大渴求更广阔的市场，企业活动在本质上不满足国家这样狭小框框的束缚。

超越国别追求利益和机会的企业行为和依然以国这样的狭小单位来测算经济力越发显得相对立，因此更有必要有超越、克服这一矛盾的方案。

根据这样的现实，发展亚太地区经济繁荣的轮廓，无论是水平型还是垂直型国际分工、或市场统一化的方向将是导致地区及国家经济力统一加强的最短途径。这样有益于和平的经济战略的概念必须是各成员国能更好理解的概念。资源能源领域的亚太地区合作亦应在强化这样的概念方向进行构思，这是十分重要的。

关于经济增长，的确，亚太地区是世界经济中最富有活力和增长倾向的地区。维持经济增长的势头成为地区各成员国的相互利益，这样的一致意见也在形成。作为经济增长的基础条件，强化资源能源的开发、生产、贸易和作为社会资本的能源利用体系是必不可少的。发展这方面的地区合作利益重大，这种认识正在加强。

资源能源合作构思的难处在于有这样一个根本性的问题：由于能源是世界贸易的对象，能源贸易带有广泛的国际性，它不能仅在亚太地区这样一个集团内部就完成。因此，对亚太地区能源合作的构思只处在初级阶段。在这里，资源国和工业国即卖方和买方混杂在一起，既是相互补充关系，同时又是复杂的竞争关系。

资源能源问题，重要的是依据市场机制原理来解决。美国、加拿大、新加坡等采取这样的立场。另一方面，东盟的资源国或澳大利亚等国强烈希望将资源能源经济领域置于国家政策统制之下，实行管理体系化。在韩国、中国台湾等进口国（地区），也存在着强烈的重视资源能源在安全保障方面的作用，呈现强化政府统治力的倾向。

因此，为亚洲太平洋能源资源市场的发展和稳定，是以市场机制第一主义为指导原理还是成为政府管理型，形成统一舆论并不容易，但形成指导原理是必要的。以尊重市场机制为第一要义，以政府管理为辅，首先可以有这种考虑方法。“以市场机制为主，以政府管理为辅”的方向应成为亚洲太平洋资源能源的共同政策。

## 二、支持经济发展的能源合作

一般说来，亚洲太平洋不至于在东西对立（美苏对立）的框架中陷于进退维谷的状况，基调可以说向自由主义的方向发展。这是制约经济发展的重要因素。但还缺少克服在资源能源问题上所看到的那种经济利害关系的指导原则，如欧洲共同体中政治统一的诱因等。通过设计约束经济发展并能得到成果的框架并实行之，同时构筑政治合作的基础，这样的方法毋宁是最现实的。

有几个重要目标应该作为亚洲太平洋地区资源能源合作的对象。

（1）提高作为生活文化水平标志和经济活动基础设施的电力供给能力。有几个合作的设想，如“推动亚洲太平洋电气化”等。

（2）石油在该地区一次能源中所占比重大大高于欧美国家的能源供求结构特征，并且石油来源依靠中东的程度大。而另一方面，该地区蕴藏着丰富的煤炭、天然气资源。通过“太平洋煤炭流程设想”等促进以煤为基础的电气化计划，使偏重石油的能源供求结构多样化，有助于资源开发和能源的稳定供应。

（3）随着亚太地区的原子能发电国家和以此为目标的国家增多，如何和平利用原子能，即形成核燃料循环和相互利用的合作体制，这是一大课题。这种核燃料循环的地区合作，为了避免相互猜疑将原子能发电转用于军事目的，应该具备“和平战略”的性质。

（4）开展从资源能源的开发直到消费的相互合作，不应只在能源问题这种限定的范围内进行考虑。

在亚洲太平洋地区“理想的国际分工体系”、“形成均衡的产业结构”的发展进程中，必须有加速其进程的设想。在这点上，区域内发达工业国家必须主动开放市场，向水平分工方向发展，并使之和资源能源的开发、生产、流通、消费联结在一起；并且要求具备在亚洲太平洋形成“新资源产业复合体”的远见。

（5）形成建立亚洲太平洋地区的石油稳定供给体制的总体方案，这是必不可少的。

### 三、石油紧急融通体制

东盟正在形成石油危机时区域内产油国向非产油国紧急融通石油的体制，即东盟石油合作委员会（ASCOP）。对中东石油依存度高，这仍是一个不稳定因素。在继续依靠政治上不稳定、依靠石油经济程度大、资源民族主义想法强烈的中东国家的石油之外，谋求整个亚洲太平洋地区的石油供应稳定的方法，这也是对世界经济的地区性责任和义务。

在这方面，日本、韩国、中国香港等东亚石油进口国家和地区有必要和东盟石油合作委员会建立合作关系。这些石油进口国拥有紧急对策的石油储备。有必要考虑形成在紧急状态时不仅保证本国需要，而且对地区中石油进口发生困难的国家紧急融通，即形成实施“分享”制度的体制。这也许可作为“大东盟石油合作委员会”体制。

实现这紧急状态时相互融通石油和石油过剩时确保产油国在区域内的市场的结构，最好平行实施。区域内石油进口国应保证并实行在供给过剩时优先购买印度尼西亚、马来西亚、文莱、澳大利亚、中国等区域内石油出口国的石油（制品）。重视石油融通和优先购买这一不可分割的两面，这是亚洲太平洋地区石油稳定供应合作的课题。

上述亚洲太平洋地区发展新的资源能源经济的框架，当然具有很强的相互关联性，并且具有应该相互联系地发展的性质。发展合作设想的电气化、灵活运用设想的区域内煤炭天然气资源的途径，应该在设想的亚洲太平洋地区的经济分工和共同市场化的框架中予以实现，这样的想法十分重要。

例如，在实施大型投资、多边项目的电气化计划的情况下，提供技术、情报、资金的日、美、欧企业和政府，有必要考虑与对象国各集团组成财团，以建设（Build）、运营（Operate）、移交（Transfer）——所谓BOT方式为基本方式。由于很多情况下以电费来收回所投资本的折旧多有困难，国际财团有必要开发构筑与当地产品、当地劳务（劳动力）的易货制度或反购买制度。这将加快日本企业对亚洲太平洋地区的积极的资本扩张，加速日本与区域内各国的水平分工、垂直分工体制这一经济融合过程和一体化过程。

## 第七节　亚洲太平洋和中国

### 一、80年代中国对外开放政策的意义

中国从1978年底转向以对外开放和搞活国内经济为两个支柱的现代化政策，此后以20世纪末达到“小康水平”，21世纪后期追上发达国家为长远目标，对外开放政策贯彻顺利。

自1840年以来中国150年的历史上，这次对外开放无论对中国还是对世界均具有划时代的意义。鸦片战争中失败的中国，根据1842年的南京条约开放了广州、厦门、福州、宁波、上海五港。对列强开国，完全是在占有优势的武力和经济力的列强的外压下被迫实行的开国。此后，李鸿章等兴起洋务运

动，致力于引进欧美先进技术，但如“中体西用”一词所表示的那样，只是停留在以“强兵”为目的的纯技术上，结果未能达到目的，和欧美之间的经济科学技术差距越来越大。

辛亥革命后的中国，由于列强争夺和国内不统一，亦未能创造出自发、主动开国的环境，反而加快了以闭锁的民族主义统一民族的进程。1949 年社会主义中国的成立，第一次赋予中国自主开国的条件，但这为当时“冷战”下的国际环境所不允许，中国不得不只能依靠苏联阵营。某种意义上的“片面开国”带来了对苏联的经济依赖，50 年代后期中国对外贸易的 75%集中在苏联阵营。毛泽东等领袖产生了强烈的对苏联的民族主义，反过来竭尽全力实行“自力更生”的路线。进而 60 年代初，中国在一段时间内积极增加从日本、联邦德国等引进技术，但这也可以说是考虑到对美、对苏关系的带有明显的政治性和战略性的“片面开国”。

与此相反，80 年代中国“开国”的崭新之点在于这是从自身倡导而实行的主导的开国，不是对某国某地区而是“全方位”的开放，不仅是技术和经济领域的引进而且是在几乎所有领域中试图引进外国的东西，并且也想把中国的东西积极地介绍出去。可以说，在 150 年来的中国历史上，这是第一次全面、积极的开国。

尽管如此，开国初期的中国只注重于双边关系及其发展，迄今尚未摆脱传统的大陆国家的观念。从 80 年代后期，在这方面将开始变化。

## 二、“一个市场”论和参与多边合作

从 1984 年，中国的对外政策变得更为开放，在理论上亦有重大突破。在 1979 年以来的“经济特区”外，增加了上海、天津等 14 个沿海城市和海南岛作为对外开放的据点。1984 年 6 月宦乡（中国国务院国际问题研究中心总干事）指出：“从世界来看，仍然是一个统一的市场。这个统一市场中，无疑资本主义占优势、帝国主义占优势，我们还是这一统一市场的一部分。”这意味着中国关于国际形势的认识有了根本的改变，因为过去是以资本主义和社会主义“两个市场”的竞争来认识国际经济的。这“一个市场”理论支持了“今天我们相互依赖，生活在一个世界上”的新认识。

中国开始表示对亚太多边的经济合作的强烈关心。在 1984 年 12 月上海举行的以“太平洋地区的发展前景和中国的现代化”为题的专题讨论会上，宦乡发表了自己的见解，认为日美关于环太平洋合作组织的私下算盘已很清楚，作为中国已不能袖手旁观，而应采取积极的态度，在亚太多边的经济合作中“应起积极作用”。

1986 年 11 月，中国派代表参加亚洲太平洋合作会议（PECC）的第五次会议，成为正式成员国。曾经只有处理双边经济关系经验的大陆国家中国首次参加多边的、并且是海域体系的亚洲太平洋合作体。

中国认真考虑到参与多边经济关系，从 1986 年 7 月正式申请恢复关税及贸易总协定成员国地位一事也可明白。作为加入 GATT 的好处，中国可依靠长期的最惠国待遇而扩大出口，和平解决有关贸易的国际纠纷，获得国际经济信息，有效刺激价格、关税、贸易体制等国内经济体制的改革等。

这样，80 年代后期体制不同的中国加入了多边的既成合作组织。这一点，在世界史上真是具有划时代意义的。参加亚洲太平洋合作会议和关税及贸易总协定等多边组织，意味着中国的对外开放已走到不可逆转的地步。对于中国，正开始一个崭新的、没有经历过的“国际化”时代。

## 三、亚洲太平洋和中国

对于亚太地区各国，具有 5000 年文明、拥有 10 亿人口的中国是一个兼有强大的吸引力和威胁的政治文化大国和军事大国。以现代化为至高无上任务的当今中国，对于该地区各国，正成为无限的、潜在的资本和商品市场。

亚太各国在迎来中国参加该地区合作网络时，有形形色色的希望和兴趣。有的国家要求中国在该地区充当美苏对抗的缓冲国，也有国家希望中国成为像美国那样、具有压制苏联力量的“强大、稳定的中国”。日本希求的首先是作为商品和资本广阔市场的未来中国。无论哪个国家都不得不认识到中国在地缘政治上是亚太地区必不可少的重要组成部分，并且期待着不稳定、不透明的发展中社会主义的中国通过加入市场经济的合作组织，成为该地区的稳定力量。这是因为不稳定、不透明的潜在大国中国，对该地区将形成不稳定的外延。

各国对中国也感到一种威胁感，尤其东南亚国家显得更为强烈。东南亚居住的 2000 万中国侨民，对于处在国家统一过程中的一些国家，仍然是相当的不稳定因素。加快经济增长和对外活动的中国，对于具有同样经济结构的该地区国家，在不远的将来必然成为最大的竞争对手。美国从对苏战略考虑出发发展与中国的军事合作，这使周围国家产生对“军事大国”中国的危机感。对于印度尼西亚和马来西亚，“强大、稳定的中国”比增长中的苏联影响更具有深刻、持久的“威胁”，所以对于美日在战略上和中国的合作抱有畏惧。

可以说，在亚太地区中国被卷入了期望与威胁交织的复杂关系之中。

另一方面，对于中国而言，亚洲太平洋虽然现在是不定型的，但是一个充满希望的海域。

1985 年秋中国国务院技术经济中心所做的未来预测——《2000 年的中国》预测了将来的国际形势，虽然超级大国、发达国家、发展中国家三个世界组成的基本结构和美苏争夺霸权没有变化，但美苏力量进一步下降，世界经济朝多极化和集团化方向发展，南北经济关系日益加深，国际环境在整体上继续有利于中国的开放政策。报告并且采取了比较现实的看法：世界经济持续低增长，南南合作亦难迅速发展，国际资本市场状况对中国的引进外资不利。中国谋求参加作为南北经济调整、经济依赖组织的太平洋经济合作，正是出自对这种现实的认识。

《2000 年的中国》还把劳动力过剩、能源紧缺、国内运输网落后作为现代化的“三大障碍”。关于明显落后的技术，认为“即使到 21 世纪，必要的重要技术仍不得不依靠大量引进外国的先进技术”。这样的状况，正是中国长期连续对外开放的客观的重要因素。

从发达国家取得技术、谨慎地出口资源、受外汇平衡约束的引进外资政策和主要通过振兴出口而获得外汇，面向 21 世纪的中国改变这些八年来对外经济政策的基本内容是不可设想的。中国可以说把稳定的国际经济环境、有选择地引进技术和资本、发展某一具有竞争力的出口产业、通过南方伙伴合作对发达国家形成压力、形成对发展中国家有利的国际经济秩序等各种各样的希望寄托在亚洲太平洋的经济合作和经济竞争之中。

引人注目的是中国各地区对亚洲太平洋的寄托是多种多样的。以“南下战略”谋求起死回生的上海对亚太合作具有特别强烈的兴趣，也有人设想，“90 年代之后，以香港、台北、上海为南端、以大连到苏联的朴茨托奇努港为北端、连接韩国釜山的西太平洋沿岸经济带”。考虑接连苏联和没有国交的韩国的经济圈，此事意味深长。

另一方面，与苏联和蒙古相邻、50 年代与之有密切经济关系的中国东北地区，描绘了在先进技术上与日美发展关系、在传统的重工业技术上与苏联发展关系、形成中国东北、朝鲜半岛、苏联远东地区的经济圈、并且日本参与筹划的蓝图。以经济特区为中心的中国南方，特别渴望着和中国香港、中国台湾以及东南亚各国发展经济关系，这说起来是华南、东南亚经济圈。其中包括东南亚华侨资本，预定 1997 年归还的香港，还有以 20 世纪末以统一为目标的台湾，所具有的意义重大。

这样，对于中国，亚洲太平洋是以大陆中国为起点，西太平洋沿岸经济圈、东北亚经济圈、华南东南亚经济圈等呈放射状展开的区域，是一个蕴藏着由数个二级体系构成的多样可能性的区域。但是这种情况，毋庸置疑，是以苏联作为亚洲国家参加国际合作、朝鲜半岛的紧张局势有相当程度的缓和为前提条件的。反过来说，中国强烈地希望如此。

然而中国所描绘的合作在这地区能否行得通呢？仅就中国而论就有一些问题。

首先，中国采取社会主义这种不同的体制，并且政治变动大，政策决定从周围国家来看相当不透明。某一国和某企业积极发展直接投资和技术转让之时，对象国最好正确地评价接纳它们的相应效果和代价，防各种各样的摩擦于未然。对于投资和技术转让，投资环境的稳定和透明（变化可测定）对保证经济关系的圆满至关重要。如此说来，周围国家是屡屡怀有不安之感迎来变动大、缺乏国际经济关系经验的不同体质的中国参加区域合作的。东西政治关系趋向稳定和缓和，中国政治的稳定性和透明度增加之时，这种不安感会逐渐减少，但这尚需假以时日。

此外，中国是政治军事“大国”，在意识上注定不能离开这一点。50 年代到 70 年代，极端地说，是美苏拉拢中国的战略和“大国”中国对此进行激烈反抗的过程。80 年代开始的“独立自主”外交，虽可评价为表现了中国独立于美苏大国竞争的新设想，但仍难脱离以美苏中三角关系来把握世界基本结构的“大国”观念。这样的观念，对于发展中国家的中国参与多种经济合作未必能起到促进作用，不仅如此，也容易引起和周围各国的摩擦。

中国领导人认为，中国不考虑贸易立国，引进外资的范围和程度很有限，东盟一部分国家对中国的经济增长和对外活动无须感到担忧和威胁，并认为这些国家正期待着发展起来的中国在世界势力均衡中发挥作用。这只是“大国”中国的自我认识和主观的乐观主义。今后，发展中国家相互竞争加强，预计其调整成为必要，中国这种乐观主义碰壁的时候也许会到来。中国对于参与经济合作的希望过高，亦急于求得成效。在和现实有过大差距时，中国何去何从，真令人担忧。

## 四、作为新的复合、多重经济圈关键的中国

对于 80 年代至 90 年代不定型的亚洲太平洋合作，中国是不稳定的外延。而且中国期待的亚太地区是一个连苏联和朝鲜半岛也包括在内、含有不同体制的复合经济圈，又是一个由东北亚、西太平洋沿岸、东南亚地区这样的亚经济体系所组成的多重的合作圈。

中国由不稳定的外延变为稳定的关键和中国期待的复合、多重的合作圈能成为现实，当然须有一系列的条件。

首先是东西政治关系的稳定。这方面引人注目的是 1986 年 7 月 28 日苏共总书记戈尔巴乔夫表明的苏联外交新路线（海参崴演说）。至少表明当今的苏联领导人在谋求从过去的以武力为后盾的强权外交转变为以经济实力为第一的外交。迄今为止，苏联在亚洲的经济活动极少，通过外交路线的转变使之搞活在亚太地区的经济活动，具有加强与周围国家经济合作的潜在能力。在这意义上，苏联外交，尤其是苏联的亚洲外交和美苏关系，可以说掌握着该地区合作进展的关键。

其次，中苏关系如何也是变动的要因。1986 年以来，中苏政治关系正常化在进展中，可认为不仅是国家关系，党的关系亦接近修复。但只要中苏不恢复 50 年代的同盟关系，中苏新的友好关系可认为不会在基本上改变亚洲的势力均衡和战略关系。这是因为 50 年代的冷战结构现在已经变了，中苏都大大改变了国家目标，从意识形态转向经济建设。

再次，日美之间的经济摩擦和韩国、中国台湾的飞速增长等将在何种范围内动摇国际经济的稳定，将给该地区合作的进展予以很大影响。而这些摩擦的调整也正是亚洲太平洋合作的内容。

最后，中国本身的政治稳定和持续经济增长在某种意义上把握了这复合、多重合作圈的钥匙，是其关键。把拥有 10 亿人口的潜在经济能力注入广域经济圈和促进其发展看做该地区稳定的关键，之所以如此，从以往的历史经验看，若在政治上、经济上孤立中国，将增加中国政治经济的不稳定和不可测性。

但中国成为稳定的关键尚需假以时日，确定至今尚未确定的经济改革方向，改革效果在一定程度上

显示出来，然后中国大陆与香港、台湾开始形成经济网络，到那时，中国就能成为该地区稳定的关键。到 21 世纪的十数年将是向这目标迈进的过程。

## 第八节 “亚洲太平洋论”的步伐

### 一、战前的步伐

日本人和亚洲太平洋相关的历史，十分悠久。若认为“遣隋使”和“遣唐使”的时代日本就和亚洲太平洋相关，这的确久远。然而，采取“亚洲”大陆地区和“太平洋”岛屿区域相结合的思维方法则应认为是明治之后的事。“亚洲太平洋”包括大洋洲及岛屿地区甚至北美、南美的认识，则必须说是最近之事。

但亚洲太平洋的范围中应包含哪些地区、国家，仁者见仁，智者见智，各种聚会的成员国也各不相同。即使是名称，除“亚洲太平洋”外，还有称“环太平洋”或者单称“太平洋”。在其名称后面所附的表示状态的词也各种各样，有“圈”、“合作”、“共同体”等。

这可认为是亚洲太平洋论的混乱之处，也可认为是采用了新方法的缘故。说来现在的亚洲太平洋论不像欧洲共同体具有排他性，以松弛的合作为目标，也可认为是由此而产生的必然结果。

明治时期，作为日本正统政治思想，对大陆亚洲的兴趣占主流。它主张向俄国、朝鲜半岛、中国北部等扩张。作为其“傍系思想”，宣传海域世界、南洋对日本人的海外扩张具有潜在意义的说教者也已在明治初年出现。

榎本武扬就是其中之一。榎本虽后来成为外务大臣，但从出任驻俄公使就为日本在南洋群岛获得殖民地而努力。在日本近代外交史上，1876 年（明治 9 年）的小笠原群岛占有宣言和 1879 年处理琉球问题设置冲绳县，是日本“南进”的开端。此后，志贺重昂、服部徹、田口卯吉、铃木经勳、菅沼贞风、稻垣满次郎、竹越与三郎等叙述了去南洋的浪漫和对南洋殖民、经济上的兴趣。这种明治年代对太平洋的兴趣，还不是“南进的意识形态”，只停留在在野思想的水平上。

日本继以甲午战争为契机占领台湾之后，在大正时代，以第一次世界大战为契机占领了德国占有的马里亚纳、加罗林和马绍尔三个群岛，顷刻间对南洋的扩张就带有了现实意义。日本和南洋之间的橡胶、马尼拉麻等贸易和资本输出也迅速扩大。

台湾总督府对南洋有强烈的兴趣，产生了以台湾为据点的膨胀扩张的“大日本主义”论。《实业之日本》、“南洋协会”等具有社会影响力的杂志和团体，从这时开始活动。

以往作为“傍系思想”的南进论和大亚细亚主义合二为一并发展成为作为“国策”的“大东亚共荣圈”的设想，是从 1936 年（昭和 11 年）开始的。1936 年 8 月 7 日举行的五相会议，决定了“国策基准”，首次把南方问题纳入了日本的国策构思之中。

作为国策的南进论，由认为太平洋处在无条约时代的海军强烈倡导。但为了适应德国军队在欧洲的胜利，连陆军也由北进论转变为南进论。于是，1940 年（昭和 15 年）松冈外相第一次在公开场合使用“以日满支为其一部分的大东亚共荣圈”的表达方式。此后，发生了 1940 年 9 月 23 日日本进驻印度支那北部、1941 年 12 月 8 日日美开战、1945 年 8 月 15 日日本投降的历史过程。

## 二、三木演说、太平洋经济委员会、太平洋贸发会议、福田主义和太平洋经济合作会议

战后，日本向亚洲太平洋的扩张契机是“赔偿”。从 1955 年到 1960 年，日本和缅甸、菲律宾、印度尼西亚、南越等经谈判商妥，开始支付赔偿。这种赔偿支付，对日本商社和企业向东南亚的扩张，起了诱因的作用。

日本政府正式公开提出太平洋合作设想是 1967 年。当时佐藤内阁的三木外相在国会强调南北问题集中在亚洲，必须在亚洲太平洋的广阔范围中来解决问题，呼吁日本发挥作用和增加援助。

产生三木外相亚洲太平洋设想的背景中，可举出一些缘由。其一是来自美国总统约翰逊的敦促，内容是为了亚洲的开发日本应掌握主导权。其二是再次发生了英国要求加入欧洲经济共同体问题，这削弱了英联邦的联系，澳大利亚和新西兰增强了对亚洲太平洋的兴趣。其三是肯尼迪回合（一揽子降低关税的谈判）的前景不明，担心保护主义的兴起和经济集团化的倾向。

另一方面，1967 年 4 月由日本、美国、加拿大、澳大利亚、新西兰民间人士构成的太平洋经济委员会（PBEC）发轫。日本学者和亚洲远东经济委员会有关人士提出了创建“太平洋自由贸易地区”的方案，内容是仿效欧洲共同体，撤除区域内关税和进口限制等。该提案和 1968 年在东京召开的太平洋贸易开发会议（PAFTAD）有关联。

一方面在讨论这种亚洲太平洋合作的设想，另一方面该地区政治经济发展并不顺利。越南战争成为泥潭，中国的文化大革命，尼克松冲击，石油危机等，不稳定的状况接连不断。在此期间，日本经济成为巨人，海外投资和援助也集中在东亚和东南亚。这导致了摩擦的产生。1972 年秋，曼谷发生了排斥日货运动。1974 年 1 月田中首相访问东南亚各国之际，在曼谷、雅加达爆发了反日示威。

福田主义是为修复亚洲各国的反日情绪而提倡的。1977 年 8 月，福田首相访问东盟五国和缅甸，提出了下述的对东南亚的三原则：①日本决心坚持和平、不成为军事大国，从这样的立场，为东南亚进而为世界和平和繁荣做出贡献。②不仅在政治经济领域而且在社会文化等的广泛范围内和东南亚各国之间建立作为真正朋友的心心相印的相互信赖关系。③日本从“平等的合作者”的立场出发，针对东盟及其成员国加强联系和增强抗冲击能力的自主性努力予以积极的合作，并谋求和印度支那各国在相互理解的基础上发展关系，对整个东南亚地区的和平和繁荣的实现做出贡献。

这种以“心心相印”为宣传措辞的想法成为日本的东南亚政策的基本内容。

继之，大平首相也于 1978 年 11 月提出“环太平洋联合设想”。以大来佐五郎为议长的环太平洋联合研究小组发端，提交了以环太平洋联合不能是排他性的地区主义，以自由、开放的相互依赖关系为目标，不与现有双边、多边合作关系相矛盾、有益于互相补充关系的发展为中心内容的报告。

另外，以 1980 年 1 月大平首相和澳大利亚弗雷泽总理会谈为契机，促成了每年举办一次的环太平洋共同体研讨会。

第一次研讨会于同年 9 月在堪培拉召开。日本、美国、加拿大、澳大利亚、新西兰、东盟五国、韩国及南太平洋岛屿国家的经济人、学者和以个人身份出席的政府有关人士参加了研讨会。

第二次于 1982 年 6 月在曼谷召开，第三次于 1983 年 10 月在巴厘岛召开（从这次研讨会开始变为太平洋经济合作会议 PECC)，第四次于 1985 年在汉城召开，第五次于 1986 年 11 月在温哥华举行。另外，在温哥华大会上，中国大陆和台湾首次参加会议，苏联驻加拿大使馆成员作为观察员也出席了会议。第六次会议预定 1988 年春在大阪举行。

## 三、多彩的合作设想

在上述动向外，以民间为基础，发表了各种各样的设想，举行了一些聚会（见表 8–1）。

**表 8–1　有关亚洲太平洋地区年表**

| 年、月 | 亚太地区 | 亚太地区周围的世界 |
|---|---|---|
| 1964.3 | | 第一次联合国贸发会议在日内瓦召开 |
| 4 | 日本正式参加经合组织 | |
| 8 | 爆发东京湾事件，美军开始干涉越南 | |
| 1956.6 | 日韩基本条约签字 | |
| 8 | 新加坡独立 | |
| 10 | 印度尼西亚共产党发动的政变失败（9·30 事件） | |
| 1966.3 | 建立苏哈托政权 | |
| 4 | 东南亚开发部长会议第一次会议在东京举行 | |
| 6 | 亚洲太平洋部长会议在汉城召开，建立亚洲和太平洋协议会 | |
| 8 | 中国发动“文化大革命” | |
| 11 | 设立亚洲开发银行 | |
| 1967.4 | 太平洋经济委员会（PBEC）建立 | |
| 5 | 三木外相（佐藤内阁）提倡亚太外交 | |
| 7 | | 欧洲共同体开始活动 |
| 8 | 东盟结盟 | |
| 10 | | 第一次发展中国家首脑会议（77 国集团）在阿尔及尔召开 |
| 1968.1 | 太平洋贸易开发会议（PAFT–AD）第一次会议在东京召开 | |
| 8 | | 苏联、东欧五国侵捷 |
| 1969.6 | 南越临时革命政府建立 | |
| 7 | 尼克松总统发表关岛主义 | 苏联共产党总书记勃列日涅夫提出“亚洲集体安全保障”设想 |
| 1970.6 | 日美安保条约自动延长 | |
| 1971.8 | | 美国总统尼克松宣布暂停美元交换黄金（尼克松冲击） |
| 10 | 中国恢复联合国席位，台湾退出联合国 | |
| 12 | | 十国财政部长会议在华盛顿召开，史密森氏学会体制建立 |
| 1972.2 | 美国总统尼克松访华发表美中联合公报 | |
| 5 | 冲绳回归 | |
| 9 | 田中首相访华发表日中邦交正常化的共同声明 | |
| 1973.1 | | 英国参加共同体 |
| 10 | | 爆发第四次中东战争，欧佩克会议使用石油战略（第一次石油危机） |
| 1974.1 | 田中首相访问东南亚时在泰国、印度尼西亚遭到反日示威 | |
| 11 | 美苏首脑海参崴会谈 | |
| 1975.4 | 西贡陷落，越战结束 | |
| 11 | | 第一次发达国家首脑会议在法国朗布伦埃举行 |
| 1976.4 | 中国天安门事件 | |
| 9 | 中国毛泽东主席逝世 | |
| 10 | 中国粉碎“四人帮”，华国锋总理任党的主席 | |
| 1977.6 | 东南亚条约组织（SEATO）解散 | |

续表

| 年、月 | 亚太地区 | 亚太地区周围的世界 |
| --- | --- | --- |
| 8 | 福田首相在马尼拉宣布东南亚外交三原则 | |
| 1978.8 | 日中和平友好条约签字 | |
| 11 | 大平首相提出“环太平洋圈设想” | |
| 12 | 越军侵入柬埔寨<br>美国对太平洋各国的贸易量开始超过对欧洲的贸易量 | |
| 1979.1 | 太平洋经济委员会（PBEC）第十二次大会上提出了促进太平洋经济共同体（PEC）的设想方案美中建交 | |
| 2 | 中越战争 | 伊朗建立革命政府 |
| 6 | | 欧佩克第54次大会（第二次石油危机） |
| 7 | 中国指定深圳、珠海为经济特区，后追加两市 | |
| 12 | | 阿富汗发生政变，苏军干涉 |
| 1980.1 | 大平首相访澳、新两国，与澳总理弗雷泽就召开环太平洋共同体讨论会达成协议 | |
| 4 | | 中苏友好同盟相互援助条约失效 |
| 5 | 韩国政情动荡，爆发光州事件 | |
| 7 | | 第22届奥林匹克运动会在莫斯科举行 |
| 9 | 环太平洋共同体讨论会在堪培拉召开<br>中国华国锋总理辞职，赵紫阳副总理接任总理 | 两伊正式开战 |
| 1981.9 | 柬埔寨抗越三方就建立联合政府达成协议 | |
| 10 | | 南北最高首脑会议在墨西哥坎昆召开 |
| 1982.6 | 第二次太平洋讨论会在曼谷召开，就环太平洋合作形成制度基本达成协议<br>铃木首相在檀香山东西中心发表“太平洋时代到来”的演说，提倡太平洋五原则 | 美苏开始限制战略武器谈判 |
| 1983.8 | 菲律宾阿基诺被暗杀 | |
| 10 | 仰光恐怖炸弹爆炸，访缅韩国内阁成员4人死亡 | |
| 11 | 第三次太平洋经济合作会议（原名太平洋合作讨论会）在巴厘岛召开，澳总理霍克在曼谷提出“亚洲太平洋经济共同体设想” | |
| 1984.1 | 朝鲜为解决朝鲜半岛问题提议举行三方会谈，美国总统提出增加中国的反建议 | |
| 1984.3 | 美国总统任命R.费尔班克斯为负责环太平洋问题大使 | |
| 5 | 中国14个城市对外开放 | |
| 6 | 加拿大议会通过“加拿大·亚洲太平洋基金设置法” | |
| 7 | 东盟外长扩大会议，安倍外相发言谈“太平洋的未来”<br>新西兰成立朗伊工党政府，禁止载核武器军舰进入新西兰 | |
| 8 | 第15届南太平洋论坛就南太平洋地区建立为非核区达成协议 | |
| 9 | 太平洋经济合作美国委员会成立<br>中英关于香港归还中国的谈判相互让步，决定自1997年归还中国<br>韩国受水灾，朝鲜运送救援物资 | 第二西伯利亚铁路通车 |
| 1984.10 | 美国务卿舒尔茨在洛杉矶发表演说“不断意识到亚洲太平洋共同体” | |
| 12 | 苏联第一副总理阿尔希波夫访华，签订经济技术合作等三项协定 | 苏共政治局委员戈尔巴乔夫访美 |
| 1985.1 | 中曾根首相访问大洋洲提倡太平洋合作构想 | |
| 2 | | 参加欧安全35国在斯德哥尔摩再次召开欧洲裁军会议<br>美苏一揽子裁军谈判在日内瓦开始 |
| 4 | 太平洋经济合作会议在汉城举行 | |
| 1985.5 | | 苏共总书记戈尔巴乔夫提议召开“全亚洲安保会议”<br>波恩七国首脑会议上美总统要求进行星球大战计划的合作<br>法国总统密特朗提出“尤里卡计划” |

续表

| 年、月 | 亚太地区 | 亚太地区周围的世界 |
| --- | --- | --- |
| 9 | 韩国、朝鲜实现离散家族的互访 | 五国财政部长在纽约开会，就协调干预外汇市场、纠正美元过高达成协议，美元在各国暴跌 |
| 10 | 世界银行和国际货币基金组织的联合开发委员会在汉城举行会议 | |
| 11 | | 美苏首脑日内瓦会谈南亚地区合作联盟正式成立 |
| 1986.1 | 苏联外长谢瓦尔德纳泽出席日苏外长定期协商访日 | |
| 2 | 菲律宾建立阿基诺政权 | |
| 3 | 中国通过第七个五年计划 | |
| 5 | 里根总统与东盟各国外长在巴厘岛会谈<br>第 12 次主要发达国家首脑会议（东京最高级会议）召开 | |
| 7 | 苏共总书记戈尔巴乔夫在海参崴表示改善对华关系、接近亚洲，苏联和瓦努阿图建立外交关系 | |
| 9 | 第十届亚运会在汉城举行 | |
| 10 | | 第二次美苏首脑会议在雷克雅未克举行 |
| 11 | 太平洋经济合作会议在温哥华举行，中国成为正式成员 | |
| 1987.1 | 仓成外相访问南太平洋各国，提倡特别基金 | |
| 4 | 亚洲开发银行大会在大阪举行 | |
| 6 | 东盟外长会议 | |

P. 托拉斯泰尔和 H. 帕特里克倡导的太平洋贸易开发组织设想（OPTAD）就是其中之一。它以太平洋地区的五个发达国家、东盟五国还有韩国为主要成员，以创设类似经济合作与发展组织（OECD）的机构为目标。

另外，比太平洋经济合作会议历史创设早 10 多年的经济人组织“太平洋经济委员会”（PBEC）也一直在开展朴实无华的活动。在 1979 年“太平洋经济委员会”洛杉矶大会上，五岛升提出了促进太平洋经济共同体（PEC）设想的提案。

在政府外交层次，1982 年 6 月铃木首相在夏威夷东西中心发表了题为“太平洋时代的来临”的演说，1983 年 11 月澳大利亚总理霍克在曼谷提出了“亚洲太平洋共同体构想方案”，1984 年 6 月加拿大议会通过了“加拿大亚洲太平洋基金设置法”，同年 7 月在雅加达举行了东盟外长扩大会议，一个接一个，接踵而来。

里根政府任命了 R. 费尔班克斯为负责环太平洋问题大使，在华盛顿亦举行了环太平洋研讨会。中曾根首相在 1985 年初举行日美首脑会谈后，访问澳大利亚、新西兰等大洋洲四国的过程中，也倡导太平洋合作。

1986 年 5 月，里根总统在巴厘岛与东盟外长会谈。同年 7 月，戈尔巴乔夫在海参崴演说中提倡“亚洲太平洋安全保障会议”。1987 年 1 月，仓成外相访问大洋洲和南太平洋岛屿国家，以创设“太平洋岛屿国家特别基金”为中心，表明了日本的太平洋政策。

综合研究开发机构（NIRA）也于 1978 年 5 月发表了《面向 21 世纪的课题》研究项目中的“环太平洋合作设想”。这给予此后的大平首相的设想很大影响。此外，1985 年和上海国际问题研究所及英国皇家国际问题研究所先后在京都和伦敦召开了有关“亚洲太平洋问题”的专题讨论会。1986 年 6 月在马鞍山与上海国际问题研究所举行了第二次专题讨论会。1987 年 5 月举行了和巴黎欧洲商业管理高级研究所的会议，9 月和上海国际问题研究所举行了第三次专题讨论会。

这样的亚洲太平洋论，内容多彩，关系国家范围广阔。但亚洲太平洋各国对这些并不是无条件地赞同的。

东盟各国认为一旦卷入这种地区合作设想会削弱东盟本身，因而抱有恐惧心理。也有国家担心环太平洋构思受美国支配而和苏联的关系恶化。或认为若日本执其牛耳，它在东南亚的经济影响能力会更强。再说，即使参加了各种合作构思，究竟有什么具体利益，所有有关各国将为此左右盘算。

从来没有一个区域具有像亚洲太平洋区域这样的文化、历史、经济上的多样性。在领土和人口规模方面，上有巨人般的中华人民共和国，小至岛国汤加王国。在人均国民生产总值上，从 1 万美元的日本到不足 200 美元的缅甸。在政治上，有美国的盟国，有属苏联集团的国家，还有许多不结盟国。民族、宗教和各自的文化也多种多样。

然而，该地区的经济发展速度列世界之冠。对于整个世界，其意义重大。通信和航空线路的发展，也大大加强了超越这种多样性的可能。

人们期待着日本对该地区发展和维持和平充分发挥其作用。在经济上，如何顺利地使多边分工体制运转是最大的任务。但保障政治稳定的手段还不充分，这是留待今后解决的课题。另外，不知什么时候，日本人有了把亚洲太平洋地区视为文化落后地区的癖习。对于他们形成“自律”世界观的努力，不遗余力予以合作是十分重要的。

# 第 9 章　对和平与安全保障的贡献

**研究成员**

(财) 日本综合研究所会长、综合<br>
　研究开发机构客座研究员　　　　**岸田纯之助**<br>
东北大学教授　　　　**大嶽秀夫**<br>
朝日新闻社论委员　　　　**大月信次**<br>
早稻田大学教授　　　　**鸭武彦**<br>
德岛大学教授　　　　**高濑昭治**<br>
中央大学教授　　　　**高柳先男**<br>
评论家　　　　**田中直毅**

(在研究过程中提供宝贵意见的有以下五位：芝加哥大学教授**入江昭**，京都大学教授**高坂正尧**，外务省官房长**小和田恒**，防卫厅防卫局长**西广整辉**，前联合国裁军委员会日本政府代表大使**今井隆吉**)

**秘书处**

综合研究开发机构<br>
**大内浩**<br>
**嶋崎伸一**<br>
**圆干夫**

## 第一节　安全保障内容的变化

### 一、"大和平"

和平不是被赐予的，而是竭尽努力创造出来的。而且，和平也不是单靠军事力量就可以确保的。

确定 1986 年为"国际和平年"的联合国决议，把和平与发展及与社会发展的相互关系、包括核军备在内的裁军、废除种族歧视、尊重人权、行使自由权利以及粮食、住宅、保健、教育、劳动、环境等生活条件的充足等，作为"在现代世界里构筑和平所不可缺少的条件"。当代的和平概念，已不能只是停留在单纯的"无战争状态"上了。必须扩大到"人类不只是要从肉体的、物理的威胁中摆脱出来自由地生存，而且还要从心理的、精神的恐怖或不安中解放出来，自由地发表意见的状态"去理解。

这里，有一种事先就把成为争端或战争的原因的种种压力因素予以排除的想法。今后，必须努力谋求重视军事实力以外的手段的"大和平"，去代替只指靠美苏军事力量平衡维持的"小和平"。

日本从第二次世界大战中得到了教训，选择了和平宪法，对自卫力也规定了一定的范围，在运用上尽量地加以限制。然而，从只要不卷入战争就行的心情出发，不过问世界的动向，只是专心于一国经济的发展，也是事实。

其结果，日本已成长为占世界国民生产总值（GNP）一成以上的经济大国。但是，随着涉足于国际社会，日本社会的封闭性和日本人的自我中心性就逐渐暴露出来了。虽然不能说猛烈的对日批评都是得当的，但为了要在国际社会中生存下去，从那种批评中，却也有种种做法可供我们学习。

在经济合作领域，日本和美国一样已成为援助大国了，将这种经济力量投入到人权问题、缩小种种差距以及教育、技术援助等足以提高普遍的价值的领域中去是重要的。这是一个日本人“在文化和精神生活方面对全世界、文化生活的贡献”，对日本来说，这将是开辟国际贡献的新领域。在这个交流过程中，可供日本学习的地方也会很多。正是从事向这一“普遍的和平”转变的努力，应成为日本人对和平的贡献的原因。

## 二、核武器的饱和

一谈到安全保障，就容易和军事、防卫问题等量齐观，但从上述关于和平的意义的说明中可知，安全保障问题，是不能用军事问题去取而代之的。

给安全保障政策带来变化的首要因素，是核武器这种大规模破坏性武器的出现。核武器在第二次世界大战末期对日本使用过后，就一次也没有用过。核武器拥有国之间的战争，事实上已变得不可能了。这是因为核武器的破坏力之大，对一般市民和民间经济的打击，简直达到无法估计的程度的缘故。根据美国议会技术评价局发表的《核战争的效果》，苏联即使对美国的导弹、轰炸机基地进行有限的核攻击，美国的死亡人数也将达到 2000 万人，经济活动也将遭到毁灭性的打击。如果苏联对美国的军事经济目标，发动大规模攻击，则美国的死亡人数将达到 7000 万至 1.5 亿人之多。

美苏两国迄今为止一直将国防费的一成到二成用于核战争力量的现代化和实力的增强。根据最近的推算，全世界现有的核武器的总爆炸威力为 1600 亿吨，超过广岛型原子弹的 100 万倍以上。其中的 97%为美苏两个核超级大国分别占有，其杀伤力，足够毁灭 50 亿地球人口达 12 次。

以前，军事实力虽被看成是解决问题一大手段，现在，核武器的巨大破坏力，非但没有解决问题，反倒使事态严重了。基辛格对核时代军事实力的进退维谷讲过这样的话：“军事实力的增强，已经未必能提供保护国民的能力了。……现代军事实力的一种似是而非的现象是，因为威力过于巨大了，因而与政策的关联性被腐蚀了。”

## 三、富裕程度的提高

必须用新的观点重新评价安全保障的第二个理由是国民生活水平的提高。生活富裕后，因战争或破坏而失掉的东西就会增加，人们就不想去冒会使富裕生活失掉的风险。从政府方面来说，要使国民决心甘受损失而诉诸战争，愈来愈难了。

第二次世界大战以后，在发达国家之间，没有发生战争的事态。核武器的出现是一个原因，同时，也是由于普遍认识到战争是“划不来”的缘故。

英法两国先后从殖民地战争中退了出来，美国也被迫不光彩地撤出了越南战争，就是因为都觉察到了战争只是毁灭国家和国民的富裕生活的勾当。

现在，战争主要是发生在发展中国家之间的地区争端。其原因，有种族或民族之间的对立，宗教的对抗等。此外，由于国内的反政府活动而引起的内战也比较多，来自发达国家的战略援助为内战推波助澜的事实也不容忽视。内战的根源在于贫穷。因此，首先要消灭贫穷，使生活富裕，这是安全保障政策的基本之点。

## 四、国际社会中的相互依存和经常化

使安全保障的内容发生变化的第三个因素是国家和地区之间的相互依存程度年年在增强。

联结物或人的各种各样的运输手段及通信设备发达了，将世界联系起来的网络变得日益紧密。“在今天的国际社会里，离开共存共生的立场，国家的存在已不可能”。从前，任何一个国家，都把自给自足作为基本，但是随着国民生活的富裕，仅靠本国的资源已不能满足要求了，通过贸易加强了相互依存关系，产生了物、人、资金都能穿越国境、自由地流动的必要。

国际经济中相互渗透的物力论，产生了超越国界的经济联合、国际分工。例如，欧洲共同体(EC)，在历史上相互依存的关系之上，又加上了经济制度上的相互依存的实际，并取得了成功。另外，进入 80 年代后，在横隔太平洋的美国和亚洲各国之间，经济上的新的相互依存关系也正在形成。在这种依存关系中，也可看到发达国家和发展中国家之间产生的垂直的从属关系的一面。这一地区的安全保障，应该如何适应太平洋经济圈的这一网络乃是今后的课题。

必须用新框框对安全保障进行思考的第四个理由，是国际社会中“经常化”所起作用的重要性，所谓“经常化”的作用，是指作为国际社会的一员，在国际共同体中水乳交融，能被大家接纳为伙伴这样一种情况。这么一种经常的努力，在非常情况时，被认为是为确保国家生存之有效保险。经济合作，技术合作，人才交流，进而文化交流等，通过多种渠道，日常地积累起来的国际间的思想交流、交际的网络，作为推迟“非常时期”、“多事之秋”到来的一种手段，变得愈来愈重要了。

## 五、问题的多样化和复杂化

不得不对安全保障的旧框框加以重组的第五个理由是，我们面临的问题愈来愈多样化、复杂化了。各发达国家，在国内，有种种被称之为“发达社会的各种问题”的难题：因产业发展而引起的环境、公害问题，大城市的犯罪、交通问题，就业不稳定，以及高龄化的出现等使社会不安定的因素在增加。过激派的恐怖活动，劫持飞机，以及目的在勒索钱财的国际绑架事件等，新形式的暴力行动并无减少。

在生活日益富裕的社会里，问题不是单个地出现，而是以相互交织的问题群表现出来的。例如，因为日本把性能好、质量高、价格便宜的商品出口到美国，日美经济摩擦发生了，引起了对日本关税制度的封闭性和日本人高储蓄率的非难，进而成了迫使日本人改变生活方式的声音。日本试图调整产业结构以回答对日本的批评，又引起了国内失业率的上升。像这样，国际社会也好，国内社会也好，一个问题解决了，另一个新的问题又产生了。安全保障问题也一样，不能只是对付某一个问题，而必须对复杂交错的各种问题，设法提出一个综合的政策体系来。

以上，我们讨论了引起安全保障框架变化的各种因素。很明显，安全保障问题已不能限定于仅仅用军事问题去解释了。国际社会中经济的互相依存和经常化这类非军事的因素，对今后的安全保障政策来说，将更为重要，这是不能忽视的。此外，战争虽没有发生但也不是和平的状况，在世界上比比皆是。因此，必须把创建“大和平”作为安全保障的重要课题揭示出来。

# 第二节　限制核武器战略的限度

## 一、核战略的展开

在上一节里，我们谈到了给安全保障的总体结构带来变化的最大原因是核困境问题。现在我们来回顾一下限制核武器战略的变迁，并就这一点做较为详细的说明。

50 年代，面临氢弹的时代，美苏两国都致力于增强核武器，在战略轰炸机的开发上居优势地位的美国，为了抑制强大的苏联地面部队的攻击，便依赖于战略空军的核报复力，1954 年，采取了“大量报复战略”。在这一阶段，核武器的数量还是很有限的，所以把攻击目标选在报复效果大的城市和工业地带。

1957 年，苏联洲际弹道导弹（ICBM）试验成功。以弹道导弹为中心的苏联的挑战开始了。抑制力量的重心，移向了 ICBM，再移向从核动力潜水艇发射的威力很强的弹道导弹 SCBM，1962 年，美国国防部长麦克纳马拉明确了由消灭城市型的大量报复，向消灭军事、产业目标的“打击战争能力战略”过渡。同时，为了避免常规战争自动地升级为核战争，采取了从核战争到游击战的、无论什么样的规模的战争都能有选择地并且能灵活地对付抑制的“灵活反应战略”。

1965 年，国防部长麦克纳马拉提倡“确保摧毁战略”。拥有从对方第一次打击中保存下来的核报复力，并给予对方以难以经受得住的打击的确保破坏力，作为抑制核战争的基本。这个想法的思路是：一经采取打击战争能力战略，增加核保有量以对抗苏联核力量的增强后，就会刹不住车，因而只能限制在有抑制效果的一定范围以内。这不外是对用于核战力的军费支出不必规定上限这点加以限制的费用效果想法。麦克纳马拉还反对配备迎击对方导弹的反弹道导弹（ABM）系统，认为这会导致不必要的军备扩张。

1969 年，美苏开始了第一次限制战略武器的谈判（SALTI），1972 年，对核运载工具的保有量分别规定了上限，对限制 ABM 也达成了协议。苏联在事实上也可看成是采用了“相互确保摧毁战略”（MAD）。美苏关系“缓和”了。

70 年代中期前，美国通过 MIRV（单个目标多核弹头）增加了核弹头的数量，苏联为了求得核力量的均等性，在 70 年代后半期，经过导弹大型化和 MIRV 化，急剧地增强了破坏力。你追我赶的核军备竞赛成了 70 年代美苏核战略的特征。

这一时期美国的反应，离开了 60 年代合理的思考，开始了逆向行动。立足于不愿丧失核优势的判断之上，尼克松总统的“战略的充分性”无论如何不允许单方面有利的“本质的对等性”，在欧洲战场有限度地使用核武器以对付苏联的攻击的国防部长施莱辛格的“有限核选择”，已不再是抑制核战争的理论，实际上已经向进行有限核战争以取胜的政策倾斜了。

1980 年，在卡特的总统指令 59（PD59）中，提出了以下目标：在拖长的核战争过程中灵活地战斗，确保在核战争中取胜的能力。这就是所谓的“抵消战略”。这一战略，为 1981 年里根总统的核战力现代化政策所继承。美国已不具有国防部长马克纳马拉时代那种单方面的强大的“绝对兵力战略”能力了。

80 年代，在美苏的 MAD 体制中，已变成是美国提出希望的时代了。在 SALT 体制下继续增强核力量的过程中，1983 年 3 月，里根总统突然提出了“星球大战计划”，抛出了在尖端军事技术领域恢复“强大的美国”的新战略。

从美苏双方战略核武器的核弹头数，运载工具数，百万吨当量数来看两国核军备的推移，则如图 9–1、9–2、9–3 所示。

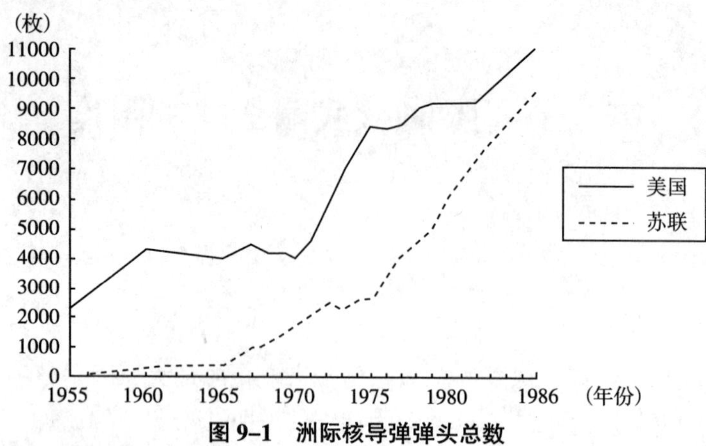


**图 9–1　洲际核导弹弹头总数**

资料来源：哈佛核研究小组《与核武器共存》,《斯德哥尔摩国际和平研究所年鉴》(1986)。

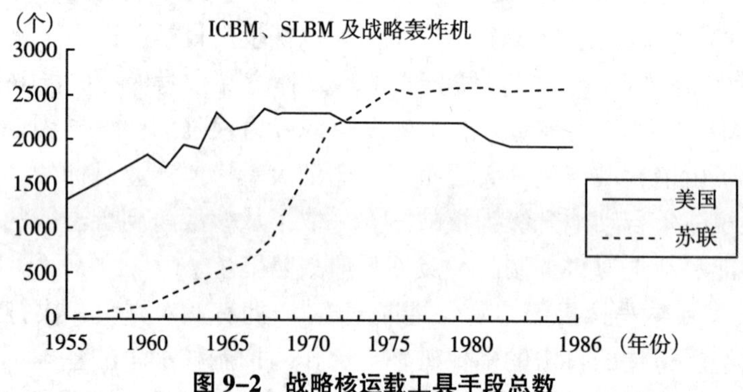


**图 9–2　战略核运载工具手段总数**

资料来源：哈佛核研究小组《与核武器共存》,《斯德哥尔摩国际和平研究所年鉴》(1986)。

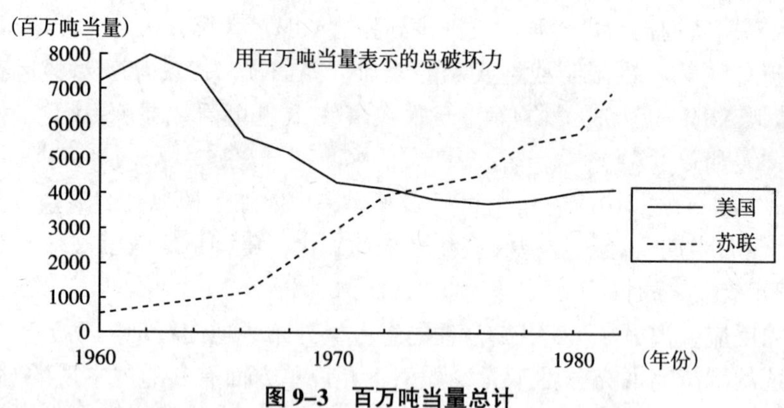


**图 9–3　百万吨当量总计**

资料来源：哈佛核研究小组《与核武器共存》,《斯德哥尔摩国际和平研究所年鉴》(1986)。

## 二、美苏二极结构及核军备控制的进展

美苏之间，由于互不信任而引起的敌对性的核军备竞赛，长时间继续着。但为了防止核武器的扩散，便在美苏共同体制下向有控制的竞赛过渡。进而随着 MAD 的采用，谋求核抑制稳定化的核军备控制谈判开始了。

核军备控制的主要成果，在多边协定方面，有 1963 年的《部分禁止核试验条约》(PTBT)，1968 年的《防止核武器扩散条约》(NPT)；美苏两国间的双边协定，则有根据 1972 年的 SALTI 的《限制 ABM

条约》和《关于限制战略进攻武器的临时协定》，1973 年的《防止核战争协定》，1974 年的《限制地下核试验条约》，以及 1979 年的 SALTⅡ的《关于限制战略进攻武器的条约》。

这些协定，未必都是以裁军为目标的，其目的，毋宁说是在于维持、强化美苏二极结构下的核武器共同控制体制。NPT 条约是如此，部分禁止核试验条约，也是以防止新的核拥有国的出现为重点的。限制防卫性武器战略导弹的试验、开发、部署的限制 ABM 条约，规定战略进攻武器部署上限的两次 SALT 协定，强调防止偶发核战争的防止核战争协定，都不是美苏两国间的裁军，而是以确立两国间稳定的相互抑止体制为目的的。

就是在被称做"SALT 的 10 年"的 70 年代，在限制 ABM 和 SALT 规定的范围内，核军备竞赛在继续。条约促进了核弹头的 MIRV 化，事实上的核扩军在进行着。在这期间，美国的核弹头数增加了一倍，苏联增加了两倍，美国丧失了迄今为止的单方面的核优势地位。

于是美国要求削减战略进攻武器，1982 年，美苏间的削减战略武器谈判（START）开始了。但是，以美国对欧洲部署中程导弹（INF）的决定为契机，苏联退席，谈判中断。

之后，由于美国的 SDI 计划，美苏在 1985 年 3 月，在日内瓦，开始了涉及太空武器、战略核武器、中程核武器三方面的军备控制谈判。到 1987 年秋，达成了废除中程导弹（INF）的协议，这在核裁军史上是第一次。

## 三、支撑核战略的"铁三角"

抑制战略和与之相伴随的控制核军备的进程，从结果看，是核武器在质和量两方面都得到了增强的历史。正确地说，随着技术的进步，核武器与运载工具便不断被改良和加强，这就要求有能给予不断出现的新武器体系的存在理由的战略理论。从核战略理论的演变看，使人深深感到：战略理论起到了事后将新的政治、军事结构、新的兵力结构正当化的作用。

正像肯尼迪总统谈到"导弹差距"所象征的那样，支持美苏核武器开发竞争的，是关于对方是否已先行了一步的情报乃至猜疑心。从原子弹到氢弹，从轰炸机到导弹，从单弹头到多弹头，从 ABM 导弹到 SDI 的激光武器，军事开发使用着最尖端的技术，被最优先地推进着。

核武器的开发预算，美国在进入 80 年代后急剧增加，1985 会计年度国防预算占 15%，达 503 亿美元，高喊"弹头差距"的军部、军事产业界，担当了向导的角色，新的导弹开发其势甚猛。新武器的开发通常是产业界的研究开发部门点火，国防部批给研究预算，在签订合同的过程中，议员等政治家时常介入。以前的产军复合体，现在又卷入了政治。"军、产、政"铁三角，支配着防卫事业。

70 年代初，在美国被一时抛弃的反弹道导弹系统，由于高功率激光、光电子技术、超级计算机等尖端技术的开发，经"铁三角"之手，又以庞大的 SDI 计划的形式复苏了。图 9-4 所示为政府研究开发费的推移。进入 80 年代以来，非军事部门的研究开发费被削减，而军事部门的则显著增加，十分醒目。

另一方面，苏联从 70 年代后半期起，以 ICBM 和 SLBM 为中心，竭力推进新机种的开发和核弹多弹头化，因而使军事预算大大增加。最近，为了弥补尖端技术开发的落后状态，研究开发经费急剧增加，估计把整个军事预算都提高了。苏联的军事负担，正像美国情报方面所观测的那样，且不去说是否占到 GNP 的 15%，但一般认为国防预算压迫苏联经济的程度，和西方各国相比，要大得多。

抑制战略是为了抑制所有的战争：全面核战争，有限常规战争，直到反游击战争，因而必须在平时对应体制下，维持一切方面的军事实力。也就是，不是依赖于预备兵力的动员体制，而是要求有经常处于临战体制下的常备兵力。过大的军事支出，成了核保有国的宿命。

再有，在前进战略的基础上，派驻在海外基地的兵力也不能减少。而高技术、新材料的开发速度很快，武器的陈旧化进展甚速，这也加速了对研究开发和武器更新的巨额投资。

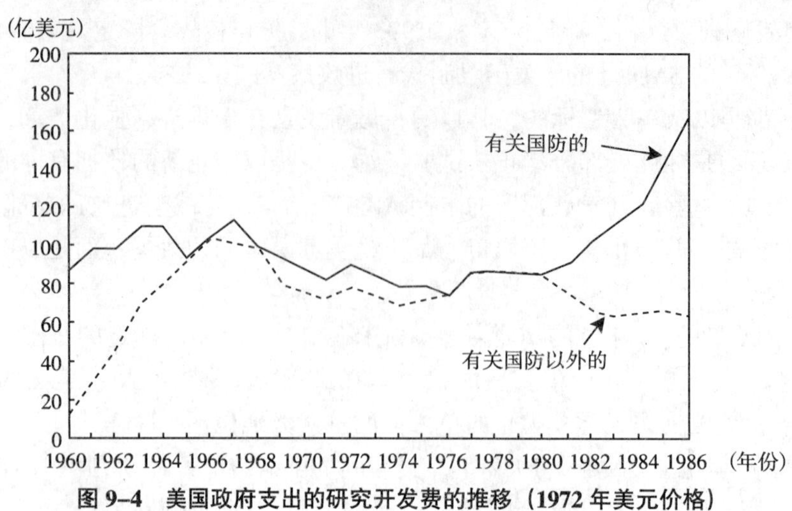


**图 9–4　美国政府支出的研究开发费的推移（1972 年美元价格）**

注：1985 年、1986 年为推算额。

现将全世界军事支出中各国所占比例图示如图 9–5、9–6 以供参考，这是根据累计方式不同的美国军备控制裁军局（ACDA）和斯德哥尔摩国际和平研究所（SIPRI）的两个资料做成的。两个资料都表明，美苏两个核大国的军事支出占全世界军事支出的 50%~60%。若把北大西洋公约组织（NATO）和华沙条约组织的也合计进去，则达到 70%~75%。这表明了抑制战略致使以美苏为中心的两大阵营负担的军事费有多么地大。

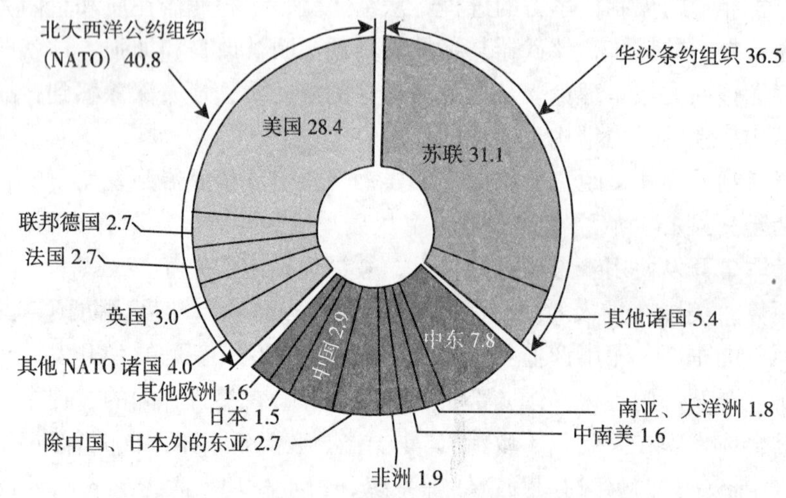


**图 9–5　世界军费支出份额（1984 年）（%）**

注：1983 年美元价格。
资料来源：美国军备管理裁军局《世界军费支出（1986）》。

## 四、星球大战计划（SDI）的意图所在

70 年代后半期，由于苏联核武器的增强，美国失去了单方面的核优势。以美国国民的危机意识为背景，拟推进部署于宇宙空间的新型 ABM 网的开发，这便是里根总统的“星球大战”计划，也就是战略防卫构想（SDI）。里根总统于 1983 年 3 月 23 日，曾建议如下：“假如，自由的人们，知道了自己一伙的安全，并不依赖美国抑制苏联进攻的即刻报复的威慑力量，而可以安全地生活时，会怎么样呢？也就是说，要在战略弹道导弹到达我国国土或盟国国土以前，就能够迎击将其击毁。”

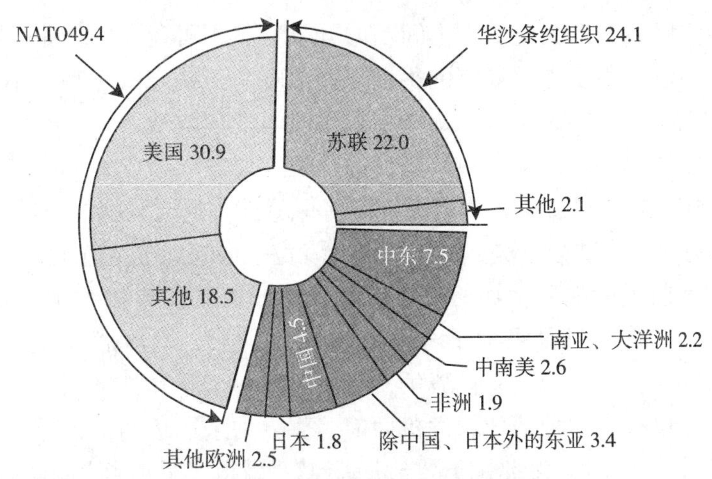


**图 9–6　世界军费支出份额（1985 年）（%）**

注：1980 年美元价格。
资料来源：《斯德哥尔摩国际和平研究所年鉴》（1986）。

里根总统的 SDI 建议，是以批判“相互确保摧毁战略”（MAD）的形式提出来的。在这里包含有与弹道导弹防御（BMD）有关的宇航产业、尖端技术业界等推进派的期望。由于 ABM 条约，弹道导弹的开发已经刹了车。但这不仅是为了要取得对苏联的军事优势，而且也指望对有同盟关系的各先进工业国在开发尖端技术的竞争中掌握主导权，取得技术优势。推进派说，必须以“确保生存”战略代替“确保摧毁”战略，认为其技术条件已具备了。但是，有人对能从对抗手段中幸存下来的能力或就对于对抗手段的费用效果的判断出发，对 SDI 的实现，提出了很多疑问。

在美国全土搞城市防卫是不可能的，但是若限于 ICBM 基地等战略进攻作战力量的防卫是可能实现的。最近，已可看到重点正移向把 SDI 和战略进攻武器配合起来，以加强抑制战略的战略构想变更方案（SDI Ⅱ）。有一部分人虽然认为，SDI 的部署并无必要，但为了将来保险，承认有研究 SDI 的必要性，因而已经产生了旨在取得苏联同意的 SDI Ⅲ 方案。

即使从核抑制理论看，SDI 计划亦尚有问题，从现在依赖于战略进攻武器的相互抑制体制，到由于采用战略防卫武器而形成的两个方面的抑制，再到废除战略进攻武器和向确立由战略防卫武器形成的完全防卫体制前进，在缓慢的过渡过程中，果真能稳定地保持美苏核均势吗？这是一个“过渡期的抑制”的难题。这是和这样一种疑惑相连在一起的，即：SDI 是相互抑制的补充呢，还是最终地被否定掉呢？

1986 年 10 月雷克雅维克的美苏首脑会谈中，在裁减战略进攻武器的一半之后，接着就围绕着完全废除弹道导弹，欧洲中程导弹等达成了“潜在的一致”，是异乎常例的大幅度削减。但是，SDI 的部署问题阻碍了最后的一致。1987 年秋，就中程导弹（INF）问题，以和其他谈判单独分开的形式，取得了在地球上予以全部销毁的一致意见。但在美苏的核军备谈判问题上，围绕 SDI 的对立，至少在目前，仍无消除的可能。不过作为将来的一种情景，将 SDI 的开发、部署等限制在一定的范围以内，将新 ABM 条约，也就是 ABM Ⅱ 条约，和战略进攻武器的大幅度削减联系起来，兴许是可能的。

## 五、摆脱无限制的扩军

MAD 这种相互抑制的想法，和严格地限制战略防卫武器有关，能均衡地限制战略进攻武器，抑制核竞争，所以是成立的。但是，根据 SALT 体制要想在美苏间保持核均衡，那就必须准许苏联方面增强核力量。苏联方面一旦增强了核力量，美国方面就会产生“渐趋脆弱”的危机意识，尽力搞核武器的新型化。这样，核开发竞争的恶性循环便会反复出现。就是说，为了维持美苏二极结构，反映技术的进步，像 MIRV 或巡航导弹那种核运载技术的不间断的开发竞争不可避免。但是，在这种不间断的开发竞争中，已潜藏着使相互抑制本身变得不稳定的困境。而战略防卫构想的出现，不仅加大了相互抑制的不安定因素，而且孕育着以宇宙空间为舞台的新军事技术竞争的危险性。

另外，美苏两国从核抑制和核不扩散的共同目的出发，对各同盟国，在“核保护伞”的名义下，确立、维持了两大军事霸权体制。通过对核的相互抑制将保障扩大到同盟国的想法，很容易和提高核门槛、要求同盟国增强常规兵力的主张结合。美苏的核武器开发竞争，起到了推进世界军事力量增强的作用。

就以美苏二极结构为前提的战后世界的安全保障来说，相互核抑制也确实起了一定的作用。但是，这种抑制机能是不完全的，而且像紧张缓和之后 80 年代初“第二次冷战”又来临那样，也决不是稳定的。不过，核武器既然存在，那么为了防止战争，除暂时依赖于相互抑制以外，确也别无良策。在这个意义上，相互抑制战略在核战争这种地球的危机面前，双方为采取适当的措施而赢得必要时间方面，有一定的效果，起到了一定的作用。关键在于要运用那个“赢得了的时间”，全力以赴地去从事为裁军、改善事态而进行的种种努力。这样，相互抑制，才具有意义。

首先有必要积极地推进裁军的尝试。为了更好地保持核均势，要求大幅度地销毁积存过剩的核武器。像雷克雅维克会谈所表明的那样，美苏大幅度地降低相互抑制水平的核裁军的道路，应该是存在的。事实上，如前所述，在 1987 年 9 月，美苏就全部销毁中程导弹达成了协议，这可以说是走向核裁军的最初的突破口，而且双方还约定向削减 50%的战略进攻武器的目标积极努力。

与美苏两个核大国的核裁军努力相对应，对于英、法、中三个核拥有国的核力量，从各个地域的安全保障的观点出发，也需要摸索促使其削减的对策，对于潜在的核拥有国的核开发，从核不扩散的立场出发，也有必要加强限制。

被称为“美苏统治下的和平”的战后国际秩序，是通过美苏核相互抑制体制在军事上支撑起来了，换句话说，由美苏维持的世界秩序，以通过军备竞赛、维持着十分强大的核战力为养分，保持下来了。但是，如前一章所说，美苏两国在执著地维持核军事平衡期间，有关安全保障的状况，已逐渐起了变化。

不错，苏联是巨大的军事大国，但其经济实力、技术实力、生活水平、人民的自由水平，作为发达国家是不高的。这对安全保障来说是很大的不利因素。戈尔巴乔夫政权想推进经济改革，也是因为庞大的军事力量已成了桎梏。另一方面，美国现在也已不再拥有能讴歌“美国的世纪”的那种压倒性的经济实力了。国内产业失去了国际竞争力，还有巨额的贸易赤字和财政赤字。由于这个缘故，正在寻求重新成为“强大的美国”的途径，而执著于以 SDI 所象征的对军事实力的主导权。

核大国充满着苦涩，需要认识到正被迫着进行大幅度的轨道调整。“共同的安全保障这种政策，需要由现在的军事抑制力这种战略去取代”以军事实力为中心的安全保障，现在已临到了结构变革的时代。

## 第三节　综合安全保障的结构

### 一、多因素的多种多样的组合

安全保障被定义为“保卫国民生活，免除种种威胁”。其基本结构可按“为何保卫，保卫什么，如何保卫”的上下文去理解。也就是说，所谓安全保障，是指用什么样的方法，针对“各种威胁”，去保卫“应该保卫的诸价值”这样一种综合的政策体系。

我们所说的综合的意义，不光是指威胁、价值、方法三者有相互交错的关系。这是因为随着世界相互依存的进展，社会日益富裕，威胁的种类也好，该保卫的价值也好，保卫的手段也好，都变得多样化复杂化了，因此，作为政策体系，综合的观点和综合的手法，就是不可缺少的了。

安全保障政策必须是综合性的另一个理由，是由于在有限的预算和人才的范围内，有必要将多种多样的手段，很好地组合起来加以运用，以成为最有效果的力量。军事负担增加而又不至于拉经济发展的后腿，以多种手段分配资源时，寻求平衡的安全保障的努力，变得至关重要。

在“各种威胁”之中，首先是军事侵略、军事威胁，还有经济封锁、资源供给不稳定引起的经济威胁，难以预测的自然灾害也是威胁的一种，犯罪、恐怖活动、绑架等对市民生活的威胁也有增加的倾向。随着社会日益富裕，在各种威胁面前的脆弱性也增加了。“应该保卫的诸价值”，具体地说就是“国民的生活”。这种“生活”，随着社会的发展，内容也变得丰富了，多样化了。与政治的自由、经济的富足相并列，福利、文化、道义的水平，也在应该保卫的价值之列。

作为保卫的方法，首先可以举出军事实力，但是，在核抑制体制的基础上，军事力量的增强，已经未必能和确保安全直接挂钩了。一般地说，军事手段的必要性虽是没有变化，但它起的作用已经缩小，非军事手段的比重相对地增加起来了。安全保障的手段，当然要针对威胁的种类和应该保卫的价值的内容，将各种各样的对策综合地组合搭配起来。

## 二、向综合化的尝试

大平前首相曾经说过：“国家的安全保障，并非仅仅依赖于军事力量，而是由经济、文化、社会的安定程度等应该称之为综合的安全保障力支持着的。”在安全保障政策中，我们先来介绍想把非军事手段纳入其中的若干尝试。

（1）综合安全保障研究小组的报告书。

从综合安全保障的观点出发，将日本的安全保障政策第一次正式地公之于世的，是1980年按照大平首相的提议，由政策研究会综合安全保障小组提出的报告书（干事高坂正尧）。

该报告书一开始就指出：“安全保障政策，其性质，是综合性的。”报告的特征，在于在军事的“狭义的安全保障”和能源、粮食问题等“经济的安全保障”两个对象领域，分别举出了三个层次的努力，试图综合地构筑安全保障政策。所谓三个层次的努力：①争取好的国际环境，减少威胁的努力。②应付威胁的自我努力多。③和利益相同的国家联合起来，争取国际环境部分地变好的中间性的努力。

安全保障政策不能不是综合性的理由，是由于三个层次的努力（手段）和对象领域（应该保卫的价值）是多种多样的。进而，多种多样的手段“相互补充，同时又相互矛盾，因而保持平衡是很重要的”。

（2）和平问题研究会报告书《国际国家日本的综合安全保障政策》。

1984年12月提交给中曾根首相的这个报告书（研究会主席高坂正尧），继承前次1980年报告书的基本路线，将安全保障政策规定为由不同层次的努力构成的综合性的政策。

随着国际社会相互依存的进一步加深，美国的影响力的相对下降，日本政治的经济的作用增大了，形势要求从综合安全保障的立场出发，承担相应的负担和义务。但是报告说，在综合地开展外交、经济、防卫等各项政策时，“各自的手段之间虽有补充性，但用一种手段去直接代替其他手段是不可能的”，因而要求防卫的自助努力。从这里，提出了对防卫预算占GNP1%的框框和“防卫计划大纲”要分别重新评价的主张。

（3）野村综合研究所《国际环境的变化和日本的对策——向21世纪的建议》（1977年12月）。

在这里，作为国家的安全保障政策，提出了“综合安全”或“国家保险”的想法。所谓综合安全，是指为确保国家“有价值的生存”，作为“平时的准备应该支付的保险费负担”。

综合安全成本负担的方法和保险制度比较，可举出六大原则：①风险“共同负担”。②由于风险的种类增加，保险只有一种是不充分的，必须开设“多种的、多重的”保险。③防卫力的保持也好，能源、粮食的储备也好，作为对应措施，不超越“必要最低限度”。④因为国际环境不断变化，对有利的保险进行“更换”研究和做出决断是必要的。⑤风险不发生时，保险费成为“白扔”。⑥虽然没有普通的保险合同，但使国家间的交往顺利进行的对国际间的“经常性”的关心，作为平时的准备是不可缺少的。

综合安全的想法，因为是从负担保险费的观点出发的，所以可以说是想综合地重新把握安全保障的种种手段的一种尝试。

（4）伍德罗·威尔逊国际研究中心的“安全保障的经济层次”（1986 年）。

美国的威尔逊中心将 1986 年国际安全保障研究计划中心研讨会的题目选定为“安全保障的经济层次”。在这里，给安全保障下的定义是“对国家的生存，政治的独立，领土的保全，以及其他重大的国民的各种价值，不存在迫近的威胁的状态”。作为国民的诸价值，则有：独自的政治，经济哲学的推进，物质的幸福和福利的确保等。

作为研究安全保障与经济的连接的领域，可举出三个方面：①与狭义的军事、防卫有关的，为关于有成效地分配防卫资源的微观经济手法，战略出口的管理，技术转让，海外军事援助，武器销售，战略物资，防卫预算的决定过程，NATO 的防卫分担，从费用、效果比较看 SDI 计划等。②外交政策方面，则有经济援助，贸易管理，经济封锁与制裁，东西贸易，再有制定外交政策时的经济问题等。③进一步扩大安全保障的范围，作为更广泛的世界的利国内的各种问题，则有防卫支出对民间技术开发的影响，贸易收支，消费资料与生产，天然资源，南北问题，裁军的政治经济学，中南美债务国的混乱，产生革命的各种经济原因，经济上相互依存的意义等。

今天，在政治、经济、社会的所有的领域里，国际问题与国内问题的界限淡薄起来了。安全保障与经济的相互作用，愈来愈变得复杂了。该研究可以视做通过广泛地探讨其相互关系，从包含经济在内的复合的观点出发，试图对安全保障重新评价的一种尝试。

（5）岸田纯之助、高濑昭治共著《谈判力量的研究》（1981 年）。

通过战争的手段，用强权解决问题的时代已经过去了。当代，是通过谈判去解决问题的“谈判的时代”。在相互依存和多极化日益进展的国际社会里，为确保国民生活的安全，与外国不断地冲突和摩擦是不可避免的。这时所依靠的，是该国具有的谈判力量。

《谈判力量之研究》是致力于“综合的设计”这一课题的研究，即对在有限的资源之制约下，如何将谈判力的种种要素组合起来，才能有最适宜的谈判力的研究。综合的安全保障力的要素，要在构成国力的诸要素的基础上来考虑，同样，谈判力的各要素，也是由国力的构成要素组成的，事实上发挥着和安全保障力同样的机能。

国际政治学者汉斯·摩根索列举了构成国力的九项要素：地理条件、天然资源、工业力量、军备、人口、国民性、国民的士气、外交的素质、政府的素质。该研究以此为基础，将构成谈判力的要素，整理成如下的 11 项：

（1）军事实力、集体防卫体制等自古以来的谈判力的要素。

（2）国家的地理条件、天然资源、人口等以自然条件为基础的实力。

（3）经济实力、产业、工业力量、技术水平等国民日常的活动能力。

（4）政治的安定程度、民生安定、社会保障等民主的政治统帅力。

（5）缓和紧张的努力、经济协力、各种国际交流、裁军、军备管理努力等形成外交素质之力。

（6）国民性、传统、民族主义等历史的力量。

（7）国民的士气、知识水平、教育的普及度等国民的资质。

（8）收集、分析信息，能够给自己的主张提出合理的根据的构想力。

(9) 道义和国际舆论等成为对主张的正当性的支持力。

(10) 时机、限定时间、冗余度 (redandancy，使某一种体系在任何时候都能发挥机能，事先将其要素、手段准备得富余些，万一出现故障，整体仍能正常运转) 等为进行从容的谈判的能力。

(11) 谈判的知识、谈判的技术等的积累程度。

上述谈判力的各要素，从眼睛能清楚地看得见的军事力、地理条件、经济力等硬件起，到国民性、知识水平、国际舆论、谈判技术等软件止，形成联结为一个"谈判力的光谱"。这也可称之为构成综合的安全保障的"安全保障力的光谱"。

要提高安全保障的安定程度，则不仅要分别提高形成光谱的各要素的水平，而且有必要提高整个光谱的有效性。正如摩根索也指出的那样，只重视各要素中的一个，而忽视其他要素，就会使对国力的评价产生错误。为了很好地对应变化着的形势，适当地选择每个要素，有效地组合起来，强化综合安全保障力，是非常重要的。

## 三、对综合安全保障构想的批评和评价

对于以安全保障的体系化为目标的"综合安全保障"构想，也有持批判态度的。首先是批评在综合安全保障的名义下，军事力量所起的作用不适当地被轻视了。也有批评说，可以用非军事的要素去代替军事力量这种想法是错误的。还有批评说，对非军事要素的规定并不明确，使用时无限定的范围。美国议会的反应比较冷淡，认为这只是日本为了把"搭安全保障便车"正当化的一种遁词，不能说是"决策"。

不错，从综合安全保障这一概念的外延之广，构成要素之多，比较军事与非军事的效果之难，还有，从威胁、保卫的对象、手段三元矩阵的各个变数中分别求出最佳值之并非容易等理由考虑，不能否认，在综合安全保障体系化方面，的确存在着某种暧昧和含糊其辞。因而，综合安全保障的含混不清，容易被看成是军事上软弱的表现。

但是，正如我们已经看到的，安全保障的概念的内容是不断变化的。在国际社会相互依存和交流的日常化，核大国的"核困境"和国际经济有生气的扩大之中，安全保障的概念，就不能老是用传统的军事实力主导型的框框去限定了。

在美国国内，最近几年，怀疑国防支出是造成膨胀的财政赤字的最大原因的看法开始出现。难道不向军事投下如此巨大的费用，就没有稳定地保持国际秩序的其他办法了么。在外交研究者之间，据说关心起 20 年代美国的和平外交来了。也就是，第一次世界大战后成为经济大国的美国，在战争期间，没有成为军事大国，而以经济合作和经济发展为中心，投身于国际秩序的确立，因而想从这段历史中学习。例如当时的美国，为华盛顿条约所规定的那样，努力于推进以国际协调为基调的海军力量的裁军。

最近，美国众议院军事委员会明确指出"军事支出，无论从经济增长、研究开发去看，与投入民生部门的资金相比，效率甚差"。并更以日本经济的"成功"为例，认为美国经济国际竞争力的下降的原因，在于过于庞大的军事支出。这也是颇饶兴趣的。认为国防支出的增大对国民经济来说是消极因素的想法，也可以说是向"大危机"前美国传统的财政政策的回归。引入非军事要素，以构筑安全保障的综合战略体系，这种想法，不是可以说，就是在美国也已在萌芽了吗?

## 四、增加的综合安全保障的支出额

所谓安全保障的体系化，是指将构成安全保障力光谱的诸要素，根据变化着的情况，加以有效的组合，以最小的成本，最大限度地强化体系全体的综合力。

在体系化时成为问题的有四点：①对安全保障成本、支出额的关心。②应该有重点地使用哪一个要

素的优先度。③活用要素之间的代替性。④重视与周围状况的相互作用，加强系统自身的组织能力。

首先就安全保障的支出额来说，应该指出的是，随着社会的富裕，当然用于综合安全保障的成本也将增加这一事实。

其理由，①例如，随着家庭的富足，需要保险的家产增加。与此相同，随着社会变得富裕，及其机能的多样化，为了安全保障而支出的保险费也要增加。国家财政中安全保障费的绝对额和比率，也随之增大。②随着成为发达社会，不安定因素增多了，对社会脆弱性的应付办法，也复杂多样，安全保障的支出就不得不增加。③在富裕程度日益增加的社会，每个人对于安全的要求都提高了。例如，环境污染问题，在生活贫困的阶段上，是不当一回事的，但当达到了某种程度的富足后，就要求有洁净的环境了。如果不提高各种工厂设施的安全性，就不会被社会所接受。④随着国际社会中相互依存关系的加强，只负担为了本国的安全的直接必要的支出是不成了。随着与各国日常交往的增加，经济合作、文化交流等也日趋活跃，为此而支出的费用当然也就增加。特别是在经济上富裕的国家，就要课以对联合国等国际机构的分担金，以及对贫穷国家和难民以及受灾国等的量力而为的捐款的义务和责任。

在这里，重要的课题是，将支出在各个项目之间做适当的分配。当然根据国家的条件之不同，重点的摆放也随之不同。努力使这种差异取得同盟国的理解，也是非常必要的。

## 五、安全保障各要素间的优先度

如前所述，综合安全保障的支出虽在增加，但在制定现实的政策时，则有必要以适合该国的实情、条件的形式，将支出额与对象，集中到一些国家身上。

在这个问题上，有若干一般的原则。

第一，作为制定政策的前提，有必要重视为了提高对情况变化的预知能力的支出。例如，苏联新领导层的对日政策会怎样变化，中东的政局变化，对能源供求计划会有怎样的影响，还有日美经济摩擦，影响所及对日本有什么样的要求等，对于构成综合安全保障的各个参数的动向，必须经常支上天线，收集情报。这种预测，愈快、愈正确，准备对策的时间也就愈充分，就有可能采取更适当的对应措施。

第二，为了防备急剧变化的内外形势，希望将政策的重点放在尽可能有灵活性的、应用范围广的对策上。摩根索指出，在评价国力时，常犯的错误之一是“将过去起过决定性作用的某种力量的要素，看成是永恒不变的东西，而忽略了几乎所有的力量的要素之不可避免的动态的变化”。

军事力量不能说是有灵活性的手段。为了对付不确定的威胁，必须经常保持大量的人才和物资。即使紧张缓和了，也不能简单地予以缩小。再有，为了避免武器的陈旧，始终背负着研究开发和武器更新的重压，继续受军、产、政之僵化了的“铁三角”的支配。苏联的情形也是以党为中心，军、产、政的复合体，非常坚固。

就以前面谈到的“安全保障光谱”而言，像军事实力、地理条件、天然资源那样的硬手段，僵硬性很强。而外交的质量，国民的天禀，谈判的知识等，灵活性可以说很高。在经济领域，像技术开发力，企业经营能力那样的软的一面，灵活性也很高。还有，像军事实力那样的硬手段，在短时间内虽有一定的效果，但要长期地维持安定的国际秩序，是不适宜的。相反，像各国间围绕经济摩擦进行的政策协调那种通过外交的软的调整，虽然要花费一些时间，但通过反复微调，安定性的维持，倒是有希望的。

## 六、各要素间的代替性

有这样一个问题，即和综合安全保障两个以上要素的组合相关联，对各要素间的代替性，应该如何考虑。一般地，在安全保障光谱的各个层面上，对象与手段之间，有一定的一致性。对于军事威胁用军事力量去对付，对于经济威胁，用经济手段去抵挡，这可认为是基本的方法。但是，综合安全保障的特征，在于发挥安全保障各要素的长处，抑制其短处，分别将其搭配起来，以获得最大的效果。

事实上，军事力量也可以部分地用军事力量以外的手段去代替。例如，关于军事的威胁，可以通过各种经济合作和文化交流，抑止威胁的表面化，或推迟之。将军事对立的因素，利用体育交流等的机会，使之缓和，也是可能的。当然，在这种场合，并不是说非军事手段仅有一种。要根据不同的问题，或唤起联合国的注意，或通过与对手国家友好的第三国进行外交斡旋，并和经济合作、体育交流相配合，更和形成相互信赖的措施交织起来，适应对方的状况，有效地使用手中的各色棋子。要做到这一点，则像先前已见到的那样，准确的情报搜集便不可缺少。

相反，强大的军事大国则常有用强有力的军事实力去代替其他要素的，而这往往成为意想不到的动荡不定的原因。还有，像在苏联见到的那样，对军事力量的巨额投资，带来了国民经济和民生部门、农业部门的落后，结果，起到了削弱综合安全保障力的作用，这种事实也不容忽视。这是因为"在达成某种目的方面非常有效力的要素，如果用于其他目的，也就不太起作用"。

在综合安全保障问题上，将两个以上的要素组合起来，原则是运用种种非军事手段，竭尽努力，力争推迟诉诸军事力量。综合安全保障的特征在于，凡用非军事手段可以代替的部分将予以最大限度地代替。在这个意义上，与只是将两个以上的要素拼凑起来、捆束在一起形成合力是不同的。必须将各个要素朝着一定的目标，进行战略的取舍选择，加以组合起来。历来综合安全保障这个词的英语为"Comprehensive National Security"，但是，作为以非军事手段为中轴的广义的联合战略，不如译成"Integrated Strategy for National Security"，更符合内容的实际。

安全保障的要素代替这种词语如果容易引起误解，则可以换成另一种说法，即"创造出"军事力量"不必出面也行的条件的对策"。一旦直接侵略开始，用非军事手段去对抗比较难，但在侵略开始之前，预知种种动向是可能的，充分利用这期间的时间要素，最大限度地有效地运用各个要素之力，使对方打消侵略的念头，这是作为系统的综合安全保障的特点。

这一点，如果考虑到关于军事力量的扩充和行使未获国民一致同意的日本现状，是特别重要的。这是因为，为了维持国内的政治安定，将对军事力量的依赖抑止到最低限度，已成为必要的条件了。

## 七、"自我组织化"的机能

综合安全保障体系的核心，恐怕就在于从生命体上可以见到的"自我组织化"。那是可以作为一个过程去把握的机能，即和脊椎动物对外部入侵的细菌产生抗原抗体反应，并在内部将其吸收一样，对于外部的侵略意图，可以在使之和综合安全保障这一生命体系统的接触中，依靠种种抗体的力量，将危险"内部化"、无害化。

亦即，不是从外部强加给一定的模式，使形成秩序，并加以维持的"来自外部的机械的组织化"，而是在外界和自身的缓慢的扩展之中，通过两者不间断的相互作用，自然而然地形成秩序这种类型的组织化，综合安全保障重视扩展、富余、摆动这类冗余度，并且，是对日常性、情报搜集、谈判等与外部不断接触、相互作用非常关心的体系，其所以如此，和这种自我组织化不无关系。

当然，由于外界的环境条件和各国的情况不同，对综合安全保障各要素以何者为重点是不一样的。像日本那样的城市人口集中度很高的国家，抵御军事攻击特别是核攻击的力量非常脆弱。还有，对于陆地相连的国家和被海隔开的岛国，则后者抵御直接侵略的力量就来得强。美苏两国将重点放在以核武器为首要的军事力量上，维持着霸权，而军事上脆弱的日本，要和这样的国家挑衅、较量，是没有基础的。倒是日本军事力量的加强，反而会提高亚洲周围各国的警惕性，起到相反的作用。国内资源稀少的日本，不用说要和资源出产国保持友好关系，还要通过与亚洲太平洋地区各国的经济合作，和西方先进国家的政策调整，在国际社会里积累日常性，这种努力是不可缺少的。

遵照日本宪法之不保有战争实力的精神，重视非军事要素，即重视经济、技术、国际合作等，因而，也就自然地掌握了安全保障政策。另一方面，为了不卷入国际纠纷，也还残留着囿于“一国和平主义”的国际封闭性。在支持美苏两极体制的核军备竞赛开始出现停滞，正在探索霸权后的世界秩序的今天，重视非军事要素的综合安全保障体系的重要性，今后想来会日益被广泛地认同。综合安全保障的体系化，对于主要的非核国家日本本身，可以说是一个必须仔细琢磨的重要课题。

## 第四节　作为西方先进国的作用

### 一、“西方”的含义

“西方”、“东方”的概念，是从以美苏为中心的战后东西对立中产生的。隔着大西洋的北美和西欧诸国，本来是西方的中心。“冷战”产物的北大西洋公约组织（NATO）便是它在军事上的表现。在东西这个想法中，各自萦绕着对于对方的敌对、排斥的意识。

另一方面，世界主要的先进国家，差不多都属于西方，也是事实。在这个意义上，西方主要国家就南北关系而言，则代表着北方。像主要先进国首脑会议和五国或七国财政部长会议（G5、G7）的会议名称所意味的那样，西方主要国家不仅处理西方的问题，而且现在，对世界上的所有问题都负有责任。

“西方”发达国家对于人类和国家面临的各种问题，具备更现实的明确的目的性和适当的解决能力，这点应该承认。还有，在解决问题时，排除强权的控制和秘密主义，以公开性、自由讨论和竞争为目标。在这点上，又可称之为自由国家群。地域范围也不限于北大西洋各国。例如，在从欧洲经济合作组织出发的经济合作与发展组织（OECD）中，没有参加“北约”的瑞典、芬兰、瑞士等西欧非结盟各国及日本、澳大利亚、新西兰等也参加了，在国际经济、通货、贸易、援助问题上，则从共同的立场出发，进行着努力。国际能源协会（IEA）也以石油危机为契机，作为协商共同的能源政策的场所，谋求自由各国和发达工业国间的协调。

在“西方”，如发达国首脑会议或日美欧三极委员会所能见到的那样，能以共同的语言商讨世界的课题、交换意见的场所，已经出现了。作为长年的交流，相互依存之日积月累的成果，相互沟通思想已经制度化了。

### 二、对共同主导体系的探索

以第二次世界大战后的欧洲为舞台追溯东西两大集团的关系，可以看到如下的趋势，先是集团间对立激化的“冷战”时代，集团内对立表面化时期，集团间决战、集团内对立都平静起来的“缓和”的稳定期，再经过1979年以后的“新冷战”期，到以戈尔巴乔夫政权诞生为契机开始的向“重视现实”路线的转换。在新冷战以后的欧洲，一方面，像反核群众运动所表明的那样，在国家内部，一致意见出现了龟裂，另一方面，以追求欧洲本来的自立为目标，也产生了要求“脱离雅尔塔”的潮流。这意味着重心由与美国结盟为基轴的“大西洋主义”向“欧洲中心主义”的转移。法国事实上的回归NATO，欧共体的扩大，欧洲尖端技术共同研究计划（尤里卡）等，可以说都表明了向欧洲复兴的目标前进的决心。

脱离“雅尔塔”和欧洲中心主义抬头的背景如下：进入70年代，形成国际秩序的中心的基轴，已由以美苏的军事实力为背景的管理危机的能力，大幅度地向依靠西欧各国的金融、贸易、资源、能源等国际经济的多角的调整能力转变。

美国自战前起就一直保持下来的可谓占压倒优势的经济实力，也开始出现了阴云。直到几年以前还是世界最大债权国的美国，现在成了世界最大的债务国。西方各国，在美国的实力衰退的过程中，迄今为止集中于美国的解决问题的能力，需要由多方面分担了。对以美国为中心的交换意见已形成制度的西方各国来说，由以霸权国家为顶点的垂直方向的秩序，向形成各国间在水平方向上扩大协调、分散型的秩序转换，已是今后要解决的课题了。

最近，时常议论代替美国控制下的和平的“协议主导下的和平”（由国际协会维持的国际秩序）、“国际协会型共同管理体系”问题，这是在经济基础类似的先进国家间，就每一个领域的问题反复协商，以推进调整利害和协调政策的体系。这一体系的特征有：①按照问题的不同领域进行问题领域国际协会协商的多层体系。②有关政策协调与利害的连续性微调整。③国际公共财富的共同负担和对在国际贡献中的偏好和比较优势的尊重。

1975 年召开的第一次西方七国首脑会议的目的是要克服因石油危机引起的深刻的经济萧条和通货膨胀，回避贸易摩擦和谋求能源供给。但是，从会议的结果看，各西方发达国家懂得了在黄金美元体制崩溃后，将经济运营的主导权只委之于美国是不成了。这样，作为各西方发达国家间政策协商和利害调整的场所，西方发达国家首脑会议，不仅协商经济问题，而且还协商政治问题，这已成定例。

依靠各国间的政策协调去维持秩序，有必要定期地进行监视，并根据监视的结果进行再调整。还有，国家间的摩擦增加，利害调整费时费事，超出人们的预料，而向共同主导体系过渡，又牵涉到主权问题，因此绝不是平坦的。

## 三、过渡期的诸问题

在共同主导体系的过渡阶段上，日本虽说也一样属于西方，但有必要注意和欧美各国的差异。特别在军事方面，“北约”和日美安保体制差异是很大的。

不用说，在军事形势、军事同盟的应有姿态，宪法，防卫政策，国民意识等方面，两者的基本态度是不同的。而日本和欧美各国的文化、价值观，生活感觉等，由于历史、传统的不同而有差异也不容忽视。因而对于军事实力的位置和防卫任务的分担，双方在认识上有差距，就不可避免。

实际上，虽说美国已无昔日之盛了，但其实力，依然是世界上最强的，这点并没有改变。尤其是在包括核武器在内的军事力量方面，其他西方各国，最终还不得不依存于美国，这种状况，今后也还是一样。因此，在防卫方面，美国强烈要求西方盟国分担防卫负担。还有，为了向苏联显示西方的团结，提出了参加 SDI 研究的问题。这种在军事方面的美国垂直型的霸权体系和以经济为中心显现出来的水平型多角共同主导体系，两者之间或让其挂上钩，或让其分开，对同盟诸国来说是个难题。特别在将来，对裁军、军备控制问题进行多边协商的时候，这个问题是回避不了的。

还有一个将迄今由美国单独负担的“国际公共财富”分摊承担的问题。美国经济学会会长查尔斯·金德尔伯格举出了六项迄今由美国供给，今后已经不能供给的国际经济公共财富：①供给力虽过剩，但仍被开放的美国市场。②虽然资源严重不足，但仍确保资源供给力。③对发展中国家供给资本。④国际通货的供给力。⑤经济政策的调整能力。⑥国际金融危机时直到最后之可依赖的债权者。

但是，就是现在，这些也还得相当地依赖美国的力量。国际经济公共财富适当分担的应有状态，和各国的利害密切相关，并不是那么简单的。

## 四、国际经济公共财富的分担

作为国际公共财富，人们常提及为维持和平、确保自由而进行的安全保障的努力；为维持自由通商体制而规定国际通货、金融体系，自由贸易；对发展中国家的开发援助；还有科学知识，技术情报；更有联合国和各种国际组织的活动；等等。只是国际公共财富这个概念，原本是在霸权体系下，霸权国美国对单独提供的服务的称呼。因此，这种公共财富具有对抗东方的色彩。

美苏的核相互抑制，抑制了核战争，阻止了地域纠纷的扩大。还有西方的军事同盟，也在防止各同盟国间的战争上起了作用。在这一意义上，也许不能说军事力量的国际公共性等于零。但是，西方的军事实力也好，东方的军事实力也好，在引起对方的恐惧和扩军这点上被认为是不利的公共财富。

国际公共性程度最高的服务业，是没有排他性的联合国的全球活动。联合国的维持和平活动，虽是一种军事活动，但可以说是不局限于一国之利害的国际公共性很高的活动。为维持自由通商体制的经济活动，含有开发援助的内容，国际公共性也很高。开发援助只要是公平、公正的援助，也是公共财富。但是，针对对抗东方的战略援助，则距公共性甚远。科学、技术情报也一样，本来是公共财富，但在禁止向东方提供时，就不能说是公共财富了。

由西方发达国家主导的国际体系，从南北关系上说代表着“北方”，经济上的相互依存，当然也作用于南北之间。由于“北方”的工业国景气停滞和保护主义抬头，“南方”的发展中国家一次产品的销路欠佳和通货膨胀高涨，发展中国家的巨额累积债务问题，给“南方”的经济以沉重的打击。为了提高发展中国家的增长率，就必须谋求“北方”的景气恢复。为了避免国际金融不测造成的混乱，美国改善国际收支，纠正财政赤字，以及由“北方”的金融机关向“南方”追加融资也将是必要的。“北方”以南北间均衡的经济增长为目标，作为国际公共财富的一环，必须对南方在金融、贸易、开发、技术、教育等方面伸出援助之手。

这样看来，日本可以分担的国际公共财富的领域之一是参加联合国的各种活动并进行合作。其次，为了对发展中国家的经济发展做出贡献，就要求在开发援助、技术合作、资金提供、大幅度黑字还流等方面积极地予以支持。再就是以维持自由通商体制为目标，在国际金融、贸易、能源等领域，必须反复地进行多边的国际协调。为了日本自身的生存，那也是不可缺少的。

GNP 占“世界一成的国家”日本，被指名分担国际公共财富，首先对日本来说是好事。具体地描绘今后日本在国际社会中的形象十分重要。继之，有必要明确日本在这一领域应起的世界性的作用。立足于这样的国际展望之上，切实地实行短期、中期、长期的行动计划和资源分配，那么日本的国际立场，就会更具有说服力了。

## 五、核拥有国与非核拥有国

虽说将要向核裁军迈出第一步了，但以核武器为顶点的垂直的军事霸权体系，今后还会继续存在。具体地说，仍是给同盟国打“核保护伞”的美国，拥有独自的核武器的英国和法国，以及根据防止核扩散条约保证不拥有核武器的非核拥有国的三层结构。在和苏联之间具备相互核遏制力的美国和中级核拥有国还有非核拥有国之间，虽然同属于西方，但对外交、国防的考虑会有差异，则不可避免。

所谓核保护伞，是指美苏双方，各自为使其盟国免受核攻击而建立的通过核遏制力以达到安全保障的结构。因为有美苏的相互遏制体制，所以，正确地说，应把美苏的双重核保护伞覆盖着整个地球视为其基础。问题在于对该保护伞的可信度。

在“北约”，为了提高保护伞的可信度，加盟国有就核武器的配备、使用问题进行协商的核计划小组，但核武器的管理权却只由美国掌握，其他国家无权过问。1986 年 10 月美苏首脑会谈时，提出了全部废除欧洲的中程核武器，这也不是征得西欧各国同意后的决议。

往后我们将会明白，核保护伞除安全保障外，还有另一种政治的意义。就是具有将国家之间的层次秩序——打保护伞的一方和要求给打保护伞的一方上下关系固定化的机能。防止核武器扩散条约也可说是其法律上的表现。

像前面已指出的，美苏双方已经拥有了比相互遏制所必要的多得多的大量核武器，并在新的技术进步上进行激烈竞争。关于这一点，虽说都是西方盟国，但要得到非核拥有国的支持，不能不认为是太勉强了。作为非核拥有国，对于美苏两国，得要求促进核裁军，减少核战争的危险，封存核武器的各种军备管理措施——全面禁止核试验，禁止首先使用核武器等。

既然核保护伞是有限度的，那么作为非核拥有国，想方设法减少对本国的核威胁、核威慑，非常重要。基本的做法是慎重地展开外交政策，不使核大国成为敌国。不仅苏联，还有中国、更有同盟国的美国，采取不使成为敌国的政策是明智的。日本遵守“非核三原则”，制定了禁止原子力军事利用的“原子力基本法”，从这一观点来看，是极其重要的。

## 六、如何看待“苏联的威胁”

最后，有这样一个问题。作为“西方”的一员，怎样看待东方霸权国苏联的行动，怎样去对付才是明智的。

首先，我们来看一下将苏联作为威胁而为西方接受的要素是什么。①以核为顶点的强大的军事力量的保持和扩大。②从入侵阿富汗可见到的军事力量的行使和介入。③对东方同盟国的强有力的控制力；④在综合国力中只有军事力要素突出而庞大，发展不平衡。⑤反对势力尚未形成制度的铁板一块的政治机构。⑥为封闭的社会，从外部要把握其意图很难。⑦对国际性决定缺乏信赖性。⑧压制人权、限制言论自由。⑨意识形态，体制的差异；等等。

在苏联的威胁中，军事威胁最大，特别是近年来以西太平洋为舞台的海洋兵力的增强，对东南亚各国来说，就和部署 SS-20 导弹一样，令人忧心忡忡。使这种军事能力作为现实的威胁而显露出来的因素，前面列举的各种威胁感也在起着不容忽视的作用。对日本来说，关于归还北方领土的谈判前途未卜，成为对苏联不信任感进一步增强的因素。

因此，不仅要直接对抗苏联的军事威胁，还必须探讨减轻这种威胁的多方面的对策。对于一个封闭的社会从外面施加军事的压力时，反会越发增强封闭性，效果适得其反。只能配合多种手段，逐个地去减少威胁的因素，例如欧美各国和苏联之间，有着通过可以信赖的特定的民间人士和外交官沟通思想的特殊渠道，虽说效果有限，但不失为对付威胁的一种策略。

最近在苏联的国内国际政策方面表现出来的变化的苗头也应注意。以经济改革为目标的戈尔巴乔夫政权上台后，以改革、公开性为口号，在选举制度及其他制度上，到处吸取公正的竞争原理，想对传统的封闭性的社会，精神抖擞地开一个通风孔。苏联自身已觉察到，如不这样做，则停滞的苏联社会，在经济力量、技术力量、政治力量方面，会越来越落在西方的后面。

戈尔巴乔夫政权表示愿意和西方交流，对国内改革也有益，此外，作为开发东西间的意见沟通、核裁军、经济合作的道路的出发点，非常宝贵。当然，就是与西方的各种交流日益进展，相互了解有了加深，苏联的威胁也是不会等于零的。对于日本，须注意打破苏联的封闭性，重视日苏之间日常的交往，在国际场合中，要积极地肩负起作为大国的责任和义务。日本要从只讲军事力量的单纯防卫感觉中解脱出来，重视安全保障的非军事的侧面，实现政策的转换。以上论点，恐怕是必要的。我们小心谨慎地期待苏联这样的改革取得成功，新的变化徐徐出现。

# 第五节　对经常性的重视

## 一、非军事对策的积累

我们前面已谈到了作为构成安全保障的框架之一的国际社会中经常交往的重要性。我们现在正生活在安全保障政策的相当一部分由这一经常的活动来维持的时代。

“经常性”的作用，在于运用通过国际的交往而得到的多种网络，预防发生纠纷于未然，避免“有事”的到来。而且，不依赖于抑制力量或否定力量这一类军事手段，而是利用国际社会中相互依存，不同文化间的相互理解这类方法，可以说是很大的特点。换句话说，是一种通过非军事的方法，在于平时避免有事的体系。

日本现在还很难说已经真正认清了作为安全保障力量的日常性之重要性。联邦德国前总理施密特曾指出：“无论在亚洲还是在欧洲，日本都没有非常亲密的朋友或同盟者。”日本不仅在和美国与欧洲之间，缺乏像欧洲各国间存在的那种亲密的关系，就是如周围各国如中国、韩国、朝鲜民主主义人民共和国、东盟各国之间，也没有那种亲密的关系。这种情况，会带来危险的外交孤立，不能闭目不顾，这是一种警告。

安全保障力量的经常性有各种各样的要素。有经济的相互依存，对发展中国家的经济援助等，有通过物品或资金的各种经济交流，还有技术转让、技术合作等，有通过技术、知识的信息交流，更有超越不同文化之墙，以文化为媒介的文化、学术、教育的交流与合作的种种交流活动。当然，也包括各个领域内的人才交流和信息交换。

从经济这种硬领域到文化、教育等软领域，根据对象、目的的不同，适当地选择各种各样的对策，加以组合运用，正是广义外交的作用。物品或资金的合作，在短期间内，能产生一定的效果，但其影响力之广，交往之深，则不及教育或文化交流。在软领域，为了达到日本向来感到棘手的跨越不同文化之墙的目的，今后必须更加重视才成。此外，随着相互依存的增强，其间的对立或摩擦也将增加，消除这种摩擦，促进正常交流并维持之，也是外交的努力之所在。这种通过非军事手段，建立稳定的相互依存和信赖关系，是避免紧张或有事的“经常性”的基本。

## 二、经济的安全保障

深刻地意识到经济的安全保障的重要性，是在 1973 年秋石油危机到来之际。大家都喊能源资源的有限性，寻求稳定供给之道，于是召开了第一次西方发达国家首脑会议。

成为经济安全保障之对象的，不仅仅是资源不足，凡被视为国际经济公共财富的，也就是，开放的自由贸易市场，安定的国际金融市场，国际货币的供给，经济政策的调整能力，对发展中国家的经济援助、资本供给等，都是安全保障之重要课题。

对发展中国家的经济援助，对发展中国家的社会开发、经济发展来说，不仅是不可缺少的要素，而且在给该地域带来政治的、社会的安定的意义上，起着直接的安全保障的作用。援助不是富裕国家给予的恩惠，其意义在于通过援助，富裕的国家和不富裕的国家，积累经常的伙伴交往。援助的内容，若只有根据开发计划的物品的援助，并不充分。对于因有巨额的累积债务而伤透脑筋的发展中国家，作为黑字大国的日本，实施官民资金还流等有效果的资金援助计划，努力担当供给国际经济公共财富的角色，是必要的。

## 三、经济之相互依存提出的课题

石油危机以后国际经济的最大变化，是在横隔太平洋的美国和日本、亚洲各国之间，新型的国际分工、经济渗透迅速发展。特别是从里根总统第一次当选起的约五年间，在异常的美元持续坚挺之中，美国的产业特别是制造业，大大改变了经营战略。如在汽车、半导体生产上所见到的那样，零部件和制成品的“供应网络”，已由国内扩大到全世界。其主要的供应地点，以求诸于也包括日本在内的东亚新兴工业国（NICs），为其特征。

亚洲 NICs 从美国引进资本和技术，谋求国内产业的工业化，出口工业、机械制品。1984 年，包括日本在内的亚洲各国和美国之间的太平洋贸易，第一次超过了欧美间的大西洋贸易。企业的意志，超越了国界和国家利益的框框。在美国本土，只留置经营战略、新制品研究开发的核心关键部分，而生产、供应、销售的据点，则从全球的观点出发，将其放在最有效率的最佳地方。在美国制造的武器上使用的半导体的四分之三，是由亚洲进口的，因而甚至引起了美国国防部长对此表示忧虑的事态。

例如，韩国经济的领导者们，在太平洋经济圈内国际分工的方向上，制定其经营战略。中国台湾、香港的企业，也一面考虑与将来的中国大陆的政治关系，一面准备乘这个潮流前进。在推进经济现代化政策的中国，一方面收紧开放政策的过头部分，另一方面密切注视着乘工业化之波而发展的亚洲 NICs 的动向。在苏联，有如戈尔巴乔夫总书记在海参崴的演说中所表明的那样，也开始了将太平洋地域经济发展的新浪潮纳入经济改革之中的摸索。

这一潮流，和围绕太平洋的美苏两个军事大国，展开着增强海洋兵力的竞争，形成非常鲜明的对照。经济正在追求超越国界的全球主义，与此相反，军事、安全保障的力学，却依然因袭着旧有的模式。军事和经济两个矢量的方向，大有出入。

隔着太平洋，美国和亚洲各国之间的经济相互依存的关系，今后会日益加深，经常的交往也将更加亲密。这种经常性的进展，会因美苏在太平洋的军事竞争而受阻呢？或者相反，会抑制军事竞争而有进一步的发展呢？一时尚难判断。但是，作为日本，必须避免一边倒的政策，则是现实的。

## 四、技术的转让

技术大大改变了世界，对国际关系也产生种种影响力。“由于国际社会中经济相互依存的增强和现代的通信、运输技术的进步，国境已经不是靠军事力量就能保卫的不败之地了”。如同知识向所有的国家、所有的人敞开着一样，技术也应该超越国境和企业之墙，为所有的人们自由地利用。被称为技术的“自由接近性”或“公开性”的这一原理，和研究的自由相仿，赋予技术以公共财富的性质。

现在，受到最广泛的关注的尖端技术，是陶瓷等新材料、激光、光导纤维、超级计算机、半导体等技术。只是这些技术也可以用于武器和军事用途，性能越优良，越能作为通用技术，被用于军需和民用两方面，这样的例子增多起来了。

日本经济发展的一个原因，如在电子产品的开发中所见到的那样，是企业不断开发新技术，并将其和新产品联结起来，努力提高产品的性能。企业间的技术竞争，加速了这一过程。可以说最大限度地利用了技术之作为公共财富的特点。但是，军事技术则相反，否定技术的公开性，而关闭于秘密主义的厚墙之中。研究中的自由竞争被否定了，技术的转移被阻碍了。苏联在基础研究的领域取得了优秀的成果，但在尖端技术的开发上却很落后，便是这个缘故。军事的秘密主义给民间产业也带来了恶劣的影响。基础技术一旦被用于武器，作为通用技术而用于民品生产便受到了限制，技术便不能自由转移。

美国国防部在 1988~1989 会计年度的预算分配中，把最大的重点放在了 SDI 的开发上。里根总统在 1987 年年初国情咨文中，强调了在尖端技术领域内强化美国的竞争力的方针。在次月进行的关于贯彻这一方针的新政策的演说中，把国防、与宇宙有关的研究开发置于核心的地位。这和日本通过民间的自由研究开发，使尖端技术水平提高的方向是相反的。这样果真能强化美国的技术竞争力吗？这是疑问。

对于技术的看法，因国而异。有培养军事技术带头人，以开发尖端技术的美国型的做法，也有像日本那样，以民用技术的自由竞争为基础，追近尖端技术的民间主导型的方式。在使技术转移容易进行的意义上，日本型的做法，更适合国际社会中技术的应有状态。这是因为，技术的转移，以世界为舞台，跨越国境的情况今后必将日益增加的缘故。

### 五、相互依存与自立性

以上，我们就国际社会中经常的相互依存的重要性进行了考察。但是，需要指出的是，也不能轻视国家的自立性、主体性。当我们就经常性之作为安全保障的要素来考虑时，注意相互依存和自立性之间的平衡是非常重要的。例如，由于过分依赖来自外部的经济援助，该国自主的经济结构被扭曲，社会的安定和政治的发展被阻碍的情形是不少的。在进行经济合作时，不容忽视这种援助的消极因素。日本和亚洲各国之间的经济关系的结构，容易陷入垂直的相互依存之中。在经济援助上，必须考虑到亚洲各国的自立性，将垂直的相互依存关系，转变为水平的依存关系。

还有，相互依存愈深，社会的、文化的、经济的种种摩擦的原因也增加起来，极端的贸易不平衡，以争取技术优势为目标的竞争，社会发展、生活水平、文化方式的差异等，都会分别地产生摩擦。要减少摩擦，例如，改变日本的出口依存型经济，努力寻求自立的经济结构，就变得非常必要。双方互相尊重、理解对方国家的社会、文化、经济的自立性，密切注意产生摩擦的原因并努力予以控制，都必须有经常的日积月累。

此外，作为国际社会的一种体系，权力分散型的结构比起权力集中型的结构来，可以说是柔韧而又有稳定性的一种组织。一切由少数霸权国家来决定的体系，是和歪曲具有不同国情的各国的政策、加重负担相联系的。因而应该充分考虑各国的自主性，以形成分散型的国际社会秩序为基本。通过重视各个国家的自主性，国际的相互依存的网络，才能进一步平衡地、稳定地形成起来。

前面，我们讲了综合安全保障体系为了能适应情况的变化，正确地发挥机能，在这一体系中，有必要具备像在生命体内见到的一种“自我组织化”能力的问题。日常性在安全保障中的作用，在于培育这种自我组织化能力。就是说，通过日常交流的积累，各种各样相互依存和自立性的网眼，会更紧密地组织起来。于是，经过这个网眼的自我净化作用，便能将国际纠纷和对立的原因，消除在扩大以前。可以说随着经验和时间的积累，经常性的历史作用，将刻在安全保障之中。

## 第六节　日本的条件

### 一、东亚、西太平洋地区

在东亚，有在欧洲见不到的两张面容。其一，是作为防止地区纠纷尚未十分制度化的地区浮现出来的不安定的面容；其二，是中亚洲新兴工业国家（NICs）所代表的实现经济高速发展的地区生气勃勃的面容。

欧洲各国在冷战过程中完成了东西集体安全保障的结构。与此相比，在东亚，内战和民族解放战争与美苏的对立有关，还有在韩国与朝鲜的军事分界线上，在中苏、中越边境，柬埔寨周围地区等，纠纷的火种未灭。不过，也出现了减少不安定因素的动向，如中苏关系的改善，汉城奥林匹克运动会的举办，以经济改革为目标的越南新体制的建设，还有阿基诺新政权对重建经济的努力等。

形成该地区军事平衡的大框架的，是美苏的军事力量。由中程导弹、巡航导弹、轰炸机组成的战区核兵力和海洋兵力、航空兵力正在加速现代化。苏联从 60 年代中期起，增强和改善了海空兵力。美国则逐渐部署核、非核两用的托玛霍克巡航导弹，是防止苏联舰队进入太平洋的架势。

与美苏在东亚、西太平洋强化军事力量相反，该地域内的国家，却把关心朝向了为亚洲 NICs 的急速增长所刺激起来的经济开发的方面。

特别是韩国、中国台湾、中国香港、新加坡等亚洲 NICs，在 80 年代前半期，由于对美出口的急增而实现了 4%~9%的高速增长。在 70 年代急剧增长的造船、海外建设等的部门已陷入停滞之中，钢铁、家电制品、纤维制品的出口急剧增加，达到了受到美国方面限制进口的程度。日本向亚洲 NICs 出口半成品和零部件，组装成成品后向美国和日本出口。由于最近的日元升值，日本企业对该地区的兴趣，再度高涨起来，这点也不容忽视。东盟各国在同一期间出现了 2%~6%的增长，但由于石油、大米等初级产品的市场萧条，向日本等国的出口减少了。在对日出口依赖程度高的地区，由于出口的减少，要求对日经济合作的呼声高涨。

关于这一地区，日本不能忘记的事是“从 30 年代到 40 年代，因日本发动的战争和占领而受尽折磨的所有的国家，依然继续持有痛苦的回忆和感情”这一事实。日本的“1000 海里海上航路防卫”、“教科书问题”、“靖国神社问题”、“防卫费突破 1%”等，该地区内的人民是怎样接受的，这点不容忽视。亚洲的许多国家，在追究日本人之对最近的过去缺乏自我批判。日本是不能推诿对历史的责任并采取不适当的态度的。

## 二、日美基轴

### 日美安全保障体制

战后日本的对外政策，是以日美关系为基轴展开的。当时，对于美国压倒的国力，日本单方面的依存程度很强。但进入 60 年代后半期，美国方面提出了日美平等伙伴、双方承担义务的主张，在安全保障和经济关系两方面，讨论了日美关系应有的姿态。1960 年的修改安全保障条约，1969 年的归还冲绳谈判，越南战争等政治、军事问题，成了日美关系的焦点。进入 70 年代，经过日美纤维谈判，1971 年的由于废除黄金、美元兑换制而出现的尼克松冲击以及第二次石油危机后，外交重点逐渐向贸易不平衡、通货膨胀、资源问题等倾斜。在这期间，美国根据 1969 年的尼克松原则，对同盟国提出了分担防卫、进行自助努力的强烈要求。

60 年代，是日美间的经济摩擦呈现于面前的时期，同时也是针对苏联在亚洲、太平洋军事力量的增强，美国开始以军事力量进行对抗的时期。在美国议会里，源于贸易不平衡的对日经济制裁意识和由于苏联强化军事而产生的重振美国优势意识，都在高涨。以这种氛围为背景，国防部和议会的一部分人，要求日本增加防卫预算的呼声进一步加强。对三木内阁规定的不超过“国民生产总值（GNP）1%的框框”不抱好感的美国国防部，在年度报告中，对日本在 1987 年度预算中，突破了“1%的框框”，表示赞赏说：“表明了日本认识到了中曾根首相正式承认的作为西方一员的义务。”

这样，日本的防卫政策，从 70 年代后半期开始，围绕日美安全保障条约的运用，转向了加强对美合作的方向。在 1976 年的“防卫计划大纲”决定以后，1978 年“日美协作防卫的指针”达成协议，1981 年“有事法制研究”的中间报告，1983 年“对美提供武器技术的交换公文”签字，1984 年双方同意“日美共同作战计划”，1987 年参加“战略防卫构想（SDI）”和密切日美军事合作关系的具体政策，亦陆续出笼。

其中，“日美共同防卫的指针”第一次表明了日美共同作战时的指导原则：①在平时，进行共同作战研究，交换情报，共同演习。②日本有事时，日美共同作战。③远东有事时，日本对美军的支援体制。根据这一指针，日美武装部队间拟定了具体的共同作战计划，海上自卫队也正式参加了联合演习。

正如后面将要讲的，日本防卫的基本构想，乃是根据日美安保条约，对超过“有限的小规模的侵略”的大的军事威胁，站在依赖美军的支援的立场上。对此，作为回报，日本要付出缩小政治选择的幅度的代价。在考虑日美基轴时，这种政治的代价与今后日本在国际社会中拟发挥的作用之间，怎样取得平衡，乃是经常的课题，也就是，是选择更积极地参加西方的防卫，承认在国际社会中缩小日本的作用的道路呢？还是选择虽与对安全保障有出入，但根据日本的国力、国情，在经济合作的领域中发挥作用，在国际上做出贡献的道路呢？

在这一点上，就是在美国国内，国防部和国务院在以何者为重点的问题上，意见也并不是一致的。前者要求日本作为西方的一员，多分担“防卫责任”，而后者则要求多分担“经济援助”。总而言之，对日本承担霸权体系一翼持警惕和慎重的态度根深蒂固。

在这里人们会问，既然以日美基轴为前提，日本对国际社会的贡献的基本理念是什么？在世界之中日本打算完成什么样的使命呢？以何种优先顺序来排列国际社会中的政策课题呢？考虑到顺序的平衡，以日美安全保障为基础的军事合作，应该占多大程度的比重呢？这对日本政治的高明程度是个检验。

**日美经济关系**

对日美基轴来说，另一个重要的领域是日美经济关系。日美间的贸易不平衡，逐渐使日美间的贸易、技术战争的事态严重起来。还有“霸权后”的美国经济，已丧失了单独供给国际经济公共财富的能力，已经不得不由包括日本在内的共同主导体系去弥补其不足的部分了。

假定美国政府不谋求缩小财政赤字，并且美国经济在不能恢复国际竞争力的情况下，继续采取诱导美元贬值和保护贸易以争取时间的战略，日本经济和美国经济之间产生摩擦的因素恐怕不会减少。仅从对外资产额看，美国的对外资产赤字 1986 年末达约 2600 亿美元，相反，日本的对外资产则增加到约 2150 亿美元。日美间对外资产的差额为 4700 亿美元。若将支付的利息和贸易不平衡计算进去，恐怕差距还会更大。要是这样，则只有日美基轴仍不解决问题。必须在包括贸易黑字国联邦德国在内的共同主导体系的基础上，推进多方面的政策协商，如贸易，国际通货，日、联邦德国的扩大内需，美国缩小财政赤字等。

特别是在美国，必须摸索转变被认为是财政赤字主要原因的军事优先路线。美国的经济和技术，必须脱离对军事的依赖，通过在民间部门的自由竞争，看能否再度掌握国际竞争力。日美基轴的将来，必须在这种长期展望的基础上构想。

## 三、和平国家

**防卫政策上的自我限制**

日本接受了第二次世界大战的教训，决心不让悲惨的战争重演。在宪法的前文和第 9 条内，规定了放弃战争，不保持战争的力量，否认交战权。

根据宪法，自卫力的基本的应有状态为“专守防卫”。若将政府迄今为止的国会答辩归纳起来，专守防卫的概念是：①受到对方攻击之后才开始使用武力。②武力的使用必须限制在自卫所必要的最小限度内。③保有的武力也限制在进行自卫所必要的最小限度。④不拥有能给其他国家以侵略性威胁的武力。这应该说是“防御的反应体系”，是抑制的防卫态度和装备内容。

根据政府对宪法的解释，对自卫队规定了种种限制。在武器方面，只是用来破坏对方国家国土的武器，像洲际弹道导弹（ICBM）、战略轰炸机、装载战略导弹的核潜艇，是不能拥有的。为行使武力而将自卫队派遣到他国的领土、领海、领空的“海外派兵”，也作为超出了使用必要的最小限度的武力而被禁止。“行使集团的自卫权”，因超出了为防卫日本所必要的最小限度的范围而被禁止。在日美安全保障体制下的和美军的共同作战，也被限制在个别自卫权的范围以内。还有，和自卫力的概念虽无直接关系，但根据宪法禁止强制从事苦役的规定，不予承认国民以服兵役为义务的“征兵制”。

日本有在战前、战中军部介入政治的痛苦记忆。关于战后自卫队的政治控制，采用了先进民主主义国家长年培育起来的“军队由文官控制”的原则。这是根据民主政治、议会的力量，政治地统率控制军事力量的投入战斗的体制。有关自卫队的定员、预算、组织以及防卫出勤，必须要有国会的承认。还有，自卫队的最高指挥官——总理大臣，队务的总负责人防卫厅长官，以及构成内阁的所有大臣，都必须是文官。对文官控制来说，重要的是军队的实际状态要经常地在国民的视野以内，国民对于军事，可以自由地发表意见。

此外，日本还有若干个为防卫政策采用的基本的框框。

第一，日本作为唯一经历过原子弹爆炸惨祸的国家，以不拥有、不制造、不运入核武器的“无核三原则”为国是。而且，日本在无核三原则之前，在“原子能基本法”中，将原子能的研究开发，限定在和平的目的，因此核武器的制造和拥有，为国内法所禁止。在 1976 年批准的“防止核武器扩散条约”中，向国际上做了不制造和取得核武器的保证。

第二，对在日美军使用基地加以限制。日美安全保障条约第六条虽然承认美军可以使用日本的基地和设施，但为了不让美军到时随意地使用基地，规定了在以下三种情况下需事先和日本政府协商：①美国驻在人数有重要变更（向日本增派驻在兵力时陆空军在 1 个师团以上，海军为 1 机动部队以上）。②美军的装备有重要变更（核弹头，或装有核弹头的火箭等核运载武器之事进日本）。③美军并非为了防卫日本的目的，从日本基地直接出动开展作战行动时（将基地用作中转时除外）。

第三，作为国家的政策，对国产武器和部件，以及技术的出口，采取禁止乃至限制的措施。1967 年，佐藤首相在议会表明的“武器出口三原则”便是这种政策。禁止出口的对象国有：①共产圈各国。②联合国做出禁运决定的国家，③国际纠纷当事国或有可能成为当事国的国家。之后在 1976 年，三木首相发言，扩大了范围，①对上述三原则的对象国，禁止出口。②对三原则对象国以外的国家，出口武器要慎重。③制造武器的设备也按武器予以限制。打出了进一步抑制武器出口的方针。但是，如前所述，在 1983 年，只限于美国、作为特例、提供军事技术的“关于对美提供武器技术的交换公文”签署了。结果，给根据武器出口三原则规定的禁止技术转移，开了一个缺口。

最后，将日本防卫力的规模，从每年的预算中政策性地予以抑止的，是防卫费的“GNP1%的框框”这一刹车措施。这种措施与其说是预算手段的制约，倒不如说是合乎日本安全保障政策意义的，强有力的一种政治框架。

GNP1%的框框也许没有什么军事上的合理性。但是，作为向内外表示的日本安全保障政策基本态度的象征性的数字，却起了重要的作用。这里表明了就是成了经济大国，也不当军事大国的意思。自 1967 年度开始的第三次防卫力整备计划以来，防卫费对 GNP 的比率不到 1%将近持续了 20 年。自 1967 年三木内阁在内阁会议决定“当前，以不超过 GNP 的 1%为目标”起，也遵守了 10 年的时间。但是，1987 年 1 月昭和 62 年度预算案防卫预算超出了 GNP1%的框框，从这时起，政府已决定松开这一刹车了。

总理府在 1984 年 11 月进行的舆论调查中，关于增加防卫预算的问题，赞成“目前的程度为好”的 54.1%，主张“减少为好”的 17.7%，同意“增加为好”的 14.2%。在 1981 年 12 月同采的调查中，分别为 47%，15%和 20%。从上述得到的回答来判断，要求维持现状乃至削弱的呼声，毋宁说有增强的趋势。可以说，刹住在 GNP1%的框框以内，至少得到了国民长期的支持，并且固定了下来。

这次，日本离开了 GNP1%的框框，在海外各国的眼里似乎照出了日本的化影，特别是在亚洲各国来说，GNP1%的框框，是日本不当军事大国的政治保证，是给予安心之感的安全阀门。正因为如此，给予的冲击也很大。中国外长吴学谦，对访华的竹下自民党干事长说，“希望能考虑周围国家的心情”，表明了强烈的担心。

在美国，舒尔茨国务卿对那些要求日本增强分担防卫任务的美国议员们极力强调了亚洲担心日本再度成为军事大国的呼声强烈，主张“我们必须向日本进言的，倒是增大经济援助”。还有，就连前国务卿基辛格，就撤除 1%的框框一事，对日本的军事大国化也发出了警告。他说“随着 GNP 的增加，日本的防卫费也相应增大，再加上撤除预算上默认的限制，要不了多久，日本一下子成为军事大国，将难以避免”，并指出，“日本在军事方面贡献之增大，对维持世界力量之均衡，几乎是不必要的”。他强调，“日本与其搞大规模的军备计划，不如增加对发展中国家的援助，对世界和平可以做出远为重要的贡献”。

本来，日本经济增长的速度，迄今为止，比其他先进各国为快，这一趋势今后也还将继续一段时间。那样，如果维持在 GNP1%的框框内，也就不会使亚洲各国产生不必要的警惕了。另外，从对各同盟国的关系来说，就是在 GNP1%的框框内，日本防卫费的增长率，在各发达国家中也是最高的。由于这种状况将继续下去，不是可以说将能充分满足增加分担西方的防卫任务的要求吗？

的确，在日本，关于防卫力量的配备和运用的细节，不存在国民的一致同意。但是，国民并不要求进一步增强自卫队，或强化和美军的共同作战。倒是担心地注视着日本周围和西太平洋上美苏的军备竞赛。在这种情况中，对在宪法和防卫力量之间，一面保持一定的紧张感，一面谋求其两立，以显示平衡感觉的健全程度，这一点应该留意。

**地缘政治学的条件**

日本作为和平国家，其所以依存于非军事的安全保障政策，并不是仅仅由于有和平宪法，日本所处的地缘政治学的条件，也是重要的因素。

日本是位于东亚外缘的岛国，隔海与西伯利亚、朝鲜半岛、中国大陆相接，东面横隔太平洋，与美国相向，因为是岛国，有使陆军的进攻困难之利。但日本人口的大部分密集地居住在城市，与人口分散在广大国土上的美苏相比，不能不说对核攻击是很脆弱的。而且，日本的海外依存度比任何国家都高。在天然资源、商品市场、情报、人的交流等所有的领域，与海外的交流日益活泼。日本是一个不允许和世界各国在军事上进行竞争，或以经济实力为背景任意行动的国家。

另一方面，日本位于东亚这种地缘政治学的特点，使得在和苏联的军事战略关系上很重要，作为西方的一员，日本成了从后方牵制面向欧洲正面的苏联军事力量的场所，这一点和中国一样。还有，弧状相连的日本列岛，位于控制由西伯利亚向太平洋、印度洋南进的海、空路出口的位置。此外，当朝鲜半岛、中苏边境等地万一发生事端时，日本列岛还能起到战术据点的作用。

美国把日本的这种地缘政治学的特征考虑进去，制定了东亚、西太平洋的对苏战略。在日美安全保障体制下，让日本担负一定的军事任务的可能性很大。日本国民担心会被卷入战争，正是在于这一点。

日本确是位于离潜在的敌国不远的地方。但是，西欧各国虽然以苏联为潜在的侵略国，也还是接受天然气的供给，加深东西方贸易关系，扩充意见交换的渠道，展开了一种与美国不同的独自的对苏政策。日本也有必要追求一种在东亚地区，在充分考虑美国安全保障上的要求的同时，采取与美国不同的日本独自的对苏政策。

基辛格曾指出，“亚洲各国并没有认识到共同威胁的存在”。感到苏联威胁的国家当然有，但相反，害怕中国和日本的国家也不少。日本必须根据这样的地区特点，去构筑维持亚洲和平的结构。

# 第七节　日本的选择

## 一、日本的防卫力

**《防卫计划大纲》**

战前的临时军事费特别会计，压迫了国民的生活。根据这种痛苦的经验，战后的财政政策，采取了国民生活优先于防卫费的政策。防卫费的增长率不超过社会保障关系费的增长率这种政策安排，一直持续到 1981 年。国民对防卫费的监督也很严格。从第二次防卫计划到第四次防卫计划，所需经费，成倍增加。对此，在政府机关内部，也产生了有必要在什么地方进行刹车的认识。不超过 GNP1%的框框的条件自然而然地被提了出来。70 年代前，防卫当局为了自卫队能得到国民的广泛承认，有慎重地避开突出防卫预算、免得在国会出问题的倾向。

从这里产生了什么样的防卫政策呢？现以 1976 年决定的《防卫计划大纲》为例，来研究日本防卫政策的特征。

《大纲》是以 70 年代东亚形势，即要求同盟国自助努力的尼克松主义、美苏间紧张缓和、中苏对立引起的远东苏联军队的增强等为背景编制出来的。构成其基础的，是完备“基础防卫力”的想法。

基础防卫力所假定的形势如下：①维持日美安全保障体制的有效性。②美苏两国回避核战争或大规模武力冲突。③中苏对立在根本上没有解决。④美中关系继续调整相互关系。⑤朝鲜半岛不会发生大的武力冲突。

在这个前提下做出了如下判断。①日本周围地区，美、中、苏三国间的均衡稳定，要想用军事力量去改变现状，更加困难了。②因而，日本的防卫费占 GNP1%程度的现行框框，今后也可照样设定。③为了准备有事时所需要的兵力，以便能对付苏联庞大的针对日本的可能兵力，只靠多少增加一点防卫费是近乎不可能的。并且，必要的人员、基地等也没能得到国民的合作，不是要以有事时所要兵力的高峰期的防卫力为目标去准备。④假定就是准备了正面有事时所需要的兵力，因后方补给体制跟不上，不能成为战斗力量。⑤一扩大正面的兵力，其更新时会苦于没有经费，有大量保留旧式武器的危险。对于武器应该更重视质量。

立足于这样的判断，规定了基础防卫力的应有状态如下：①不是在紧张时或有事时用自己的力量进行战斗的防卫力，而以和平时的防卫力为目标。亦即，不是足以对抗可能指向日本的兵力的防卫力，而是能有效地对付突袭进攻等有限的、小规模的侵略，并且具备在紧张时应成为防卫态势的核心、各种高质量的防卫机能的基础的防卫力。②在成为前提的形势发生重大变化的场合，有必要具备从这一基础水准出发，向新的防卫力态势顺利地过渡的扩大能力。③用这种防卫力一般不能对抗有限战争，只能依赖根据日美安全保障条约的美军的支援。纵是这样，也还有军事风险。这是应该由政治负责的风险。

从以上的规定中可以理解到，《大纲》从不存在 100%的安全防卫政策的立场出发，想抑制对军事力量的过大的期望。主张不足部分由政治负责，应由政治承担风险。这一想法，乍一看像是转了个急弯，但长此下去，却能抑制“多多益善”式的继续增加的防卫费，是以围绕防卫政策、形成国民的一致同意为目标的。可以说是一种考虑到预算的制约和国民舆论，寻求符合日本实际情况的现实的防卫力之应有状态的想法。

适应重大情况的变化，《大纲》中没有扩大增强防卫力的扩充条款，幸而这种形势变化没有发生。今后，就是美苏继续扩军，围绕日本的形势估计也不会有重大的变化。在这一意义上必须重新评价《大纲》的基础防卫力的设想，可以说不是没有理由的。

但是，在和《大纲》的制订并进的围绕日美间防卫合作的协议中，有事时日美进行的共同作战研究，却一个个地具体化了。根据《日美协同防卫的指针》（1978 年决定）在 1983 年，开始了海上运输线防卫的共同作战研究，日美间部队的相互运用性的研究也正在进行。

这里，日美防卫构想的“摩擦”问题出现了。如何调整以和平时期的防卫力为目标的专守防卫型的《大纲》和旨在阻止苏联在东亚的海空兵力进入太平洋的美国对苏战略构想，乃是难题。作为日本，有事时必须期待美国的军事支援。一方面，由日本将美国吸引住的努力是必要的；另一方面，有事时，在日美共同作战的具体运用中，日本的独自性能坚持到什么程度，仍是一个待解决的课题。

虽然，可以在这两个相互矛盾的要求之间一面取得平衡，一面探求日美双方的妥协点，问题是日美的防卫构想之间，是否有相互重合的部分。海上自卫队的以海雨（シーしーン）为名的反潜作战，起着专守防卫的一定的作用，对美军来说，在对苏战略上也有重要意义，在这点上倒是相当重合的。同样，由航空自卫队进行的日本列岛的防空作战，在抑止苏联的远程轰炸机向太平洋、东海的出击这一意义上，和美军的对苏作战计划重合起来。本来，被认为是几乎没有重合部分的陆上自卫队，对与美军的战略一体性的关心，也开始增强了。

不过，并不是说因为有重合部分，日美防卫合作就马上被承认了。关于协同防卫的实施，不要在没有国民议论的情况下，仅有士兵一级的了解就去进行，应该设置需经过一定手续的制度上的刹车。不用说，必须尊重否定集团自卫权的日本的立场。

在美国和日本的一部分人中有一种意见认为，《大纲》已落后于时代，应该重新评价了。但是，日美协同防卫，包括《大纲附表》里的装备量，在《大纲》的框框内，是十分可能的，这点不能忘记。不是单方面地接受美国方面的主张，而是双方互申自己的立场，从中找出共同的利益。并为此而努力和想办法，乃是日美双方所追求的。

**防卫费的国际比较**

里根政权成立以来，美国国防部每年向国会提出“同盟国对共同防卫的贡献度”的报告书，这里也有要求各同盟国加强防卫努力的目的。根据 1986 年版的报告书，防卫费占国内生产总值（GDP）的比率，美国为 6%~7%，北约各国加权平均约 3.5%，日本约 1%，就是说美国分担着最多的防卫责任。相反，批评日本“与贡献能力相比，实绩的大部分处在最低位或接近最低位，简直看不到在公正地分担着防卫责任”。

但是，将以 GDP 为分母的各种比率，在核超级大国的美国，核拥有国的英国、法国，以及与东欧接壤的联邦德国等国之间，只做横向比较，还不能说对贡献度做了充分的研究。其一，考虑到地缘政治学的条件和周围各国的反应，日本的防卫政策，当然不能和美国、西欧各国相对称；其二，日本的 GDP 非常之大，防卫费的比率作为结果而变小是不可避免的。根据报告书指出的材料，日本在 GNP1%的框框内，现在驱逐舰拥有率已为美国第七舰队的两倍，反潜艇作战飞机为三倍，关于防空用战斗机，则与美国拥有的用于本土防空的机数大体相当，已经达到很高的比率。

在报告书中，日本也有显示醒目的高数字的地方，这就是防卫费的增长率（用 1984 年价格换算）。将 1971 年到 1984 年间各国防卫费的增长率加以列举，则如表 9–1 所示。美国为 12%，不包括美国的 NATO 各国的增长率为 30%，在西方全体的平均为 18%的增长率中，日本表现出突出的约 120%的高增长率，年平均实质增长约相当于 7%。

像国家经济实力的规模用国民总产值去衡量一样，防卫力的大小，也有用防卫费的绝对额去观察的必要。根据表 9–1，日本 1984 年的防卫费为 116.9 亿美元（用当时的汇率换算为 2 兆 9346 亿日元），为英国的一半，为法国、联邦德国的 60%左右。假定把它用 1987 年 2 月的汇率，1 美元兑 155 日元进行换算，则成为 189.3 亿美元。这个数字相当于英国的 80%，法国、联邦德国的 94%，若将 1987 年度的防卫预算 35170 亿日元按同样的汇率换算，则为 226.9 亿美元。这个数字超过了三年前 1984 年的法国、联邦德国，和英国的防卫费额相当接近。用美元表示的日本防卫费，由于日元升值而飞跃地上升，达到了和中等核拥有国英国、法国，还有拥有 140 万人常备兵力的联邦德国相仿的水平（与欧美各国不同，日本的防卫费不包括军人养老金，如把这个也加进去，日本防卫费支出还会进一步增加）。

**表 9–1　NATO 各国、日本的防卫支出及增长率**

（用 1984 年价格换算，汇率也是 1984 年的）

| 国名 | 1971 年亿美元 | 1984 年亿美元 | 1971~1984 年增长率（%） |
|---|---|---|---|
| 比利时 | 16.2 | 24.5 | 50.9 |
| 加拿大 | 56.5 | 75.3 | 33.3 |
| 丹麦 | 12.1 | 12.6 | 4.2 |
| 法国 | 139.7 | 202.1 | 44.7 |
| 联邦德国 | 157.9 | 201.2 | 27.5 |
| 希腊 | 10.5 | 24.1 | 130.6 |
| 意大利 | 75.0 | 93.5 | 24.7 |
| 卢森堡 | 0.2 | 0.4 | 96.0 |
| 荷兰 | 32.8 | 39.8 | 21.4 |
| 挪威 | 12.1 | 15.5 | 28.0 |
| 葡萄牙 | 8.7 | 6.3 | 28.0 |
| 土耳其 | 10.6 | 21.9 | 106.5 |
| 英国 | 201.6 | 234.0 | 16.1 |
| 美国 | 2072.2 | 2314.6 | 11.7 |
| 日本 | 53.1 | 116.9 | 119.9 |

资料来源：Department of Defence “Report on Allied Contribution to the Common Defence”，Mar，1986.

这些数字表明，只要日本保持比其他国家更高的经济增长率，就是在 GNP1%的框框以内，对防卫的分担达到被同盟各国点头的程度是十分可能的。

顺便指出，日本防卫费的水平，其金额不用说高于韩国和朝鲜防卫费的合计，也大幅度地超过东盟六国的总额。在东亚，从规模看，拥有的军事力量，仅次于中国。不仅在量上是如此。装备最新武器的陆、海、空三自卫队的综合作战兵力，如果不算中国，在亚洲是最强的。亚洲近邻各国感到日本军事大国化的威胁，应该说是有正当的理由的。

## 二、在联合国各机构的活动

### 推进裁军的政策

为实现世界范围的“大和平”，推进核武器和常规武器的裁军、军备管理，抑制国际纠纷的扩大于未然，以及维持世界和平的日常努力，被认为是必要的。只是防止核战争、核裁军这种与核拥有国的利害直接相连的问题，只让美苏两个核大国去办，很难前进。必须研究通过包括非核国家在内的多国间的协商，去制约核拥有国的行动的方法。联合国在提供这一类多国间协商的场所方面的作用是重要的。

1978 年、1982 年两度举行的联合国裁军特别大会，虽然除宣言、行动计划之外，没有什么具体的成果，但以此为机会，把迄今没有参加裁军委员会的法国和中国，能够拉进来一起讨论，则是很大的收获。

与联合国有关的实质性的多国间裁军协商的场所，是由 40 个国家的代表组成的日内瓦裁军会议（CD）。迄今为止，就全面禁止核试验、防止核战争、防止宇宙扩军、禁止化学武器等问题，探讨了实现的可能性。谈判主要在西方、东方、不结盟三集团间进行的。日本必须从非核国的立场出发，和瑞典等不结盟国家合作，继续努力将迄今为止不知疲倦地提出的全面禁止核试验问题以及核裁军，纵是很少，也要推向前进。

**参加维持和平的活动**

日本拥有和平宪法，期待于联合国普遍的集体安全保障，一直以联合国中心主义为外交政策的一大支柱。现在成了经济大国，日本负担的联合国分担金，位于美国苏联之后，居第三位。不过，被批评为“金钱万能的国家”之日本，除那种提供资金的方面外，在联合国想做出怎样的积极的贡献，未必是明确的。

日本有必要从这种片面偏重的状态中摆脱出来，展开幅度更宽广的政策。其一是要求积极参加联合国的各种活动。当世界各地发生地震、洪水等自然灾害或大事故时，欧美各国不仅提供资金和救援物资，而且迅速向灾区派出医疗队或救援队，展开救援活动。在日本，直到最近并没有搞这种救援活动，这样的国内组织也是不完全的。在 1987 年的第 109 届临时国会上，好容易成立了国际紧急救助队派遣法，从而完备了关于国际灾害只要有请求，就能紧急地派遣救护人员的体制。

另一个在国际的安全保障领域内要求日本参加的，是联合国的维和行动（PKO）。这是“为了有助于恢复、维持纠纷地区的和平，由联合国设置的、虽有军事人员参加，但无权强制使用武力”。关于维和行动，在联合国宪章中由于没有明确的规定，对它的解释有伸缩性，但一般认为其位置乃介于宪章第六章“纠纷的和平解决”和第七章“有关和平的破坏的安全理事会的任务”之间。

关于参加维和行动的问题，1958 年黎巴嫩纠纷时，联合国秘书长哈马舍尔德曾要求日本派遣 10 名自卫队员参加监视团，但被拒绝了。其原委，在于在法律上，自卫队在海外委以伴随使用武力的任务是违宪的，而且纵是不伴随行使武力的任务，现行的《自卫队法》也没有那样的任务规定，因此被认为是不能参加的。但是，随着日本的作用受到了全世界的瞩目，日本人在其他国家，和世界的人们一起流汗活动，根据情况伴随牺牲的行动，也已经是不可缺少的了。

现在，作为多国间合作的一环，是日本应该认真地探求符合日本国情，能活用日本人的能力，和敌对的军事同盟划清界限，对普遍地“维持和平”做出贡献的对策的时候了。现在，维和行动被派遣的地区，几乎全在中东。据说联合国从地域主义的立场出发，特别希望亚洲参加维和行动。

在这里，我们想提出一个建议：以参加联合国维持和平活动为目的，充分考虑到和平宪法的规定，创建一个新的国内组织。关于组织和运营，以①将目的限定在只参加联合国的维和行动，派遣时要经国会同意。②是和自卫队完全没有关系的新组织，参加过自卫队的人应募时应有限制。③原则上不向亚洲的纠纷地区派遣等为条件。在人员职务上。④最好是具有运输、通信、医疗、行政等专门技术的。还有，青年海外协作队也有问题而有待解决的，如⑤任期满了后，以后的工作必须有保证。还有必要规定⑥死亡、负伤等场合的补偿办法。

**非政府组织的作用**

政府总是各自被本国的现实利益、或国际政治的栏栅所缠绕着，因而不得不立足于国家的利益或国际政治的状况很少可能急剧改变的判断之上进行谈判。所以，政府间的谈判，倾向于维持现状，调整的幅度窄，缺乏灵活性。而由一般市民组成的民间的非政府组织（NGO），作为生活在同一个地球上的一个人，倒可以自由地发言和行动。有时，政府间办不到的事，利用 NGO 的力量都办到了。

过去，中国在和没有邦交的国家之间，通过体育交流，展开了所谓的“乒乓外交”。预定在 1988 年举办的汉城奥林匹克，乃是重要的政治舞台，对因被分割而敌对的韩国和朝鲜，自不待言，就是日本，也可分别和没有邦交的国家交流。不限于体育，音乐和影像等艺术活动也起到了扩大国与国之间的关系的作用。这就开阔了超越民族差异和国界的新的交换意见的渠道。有效地利用这一渠道，了解对方的想法和行动，或者变化的方向，非常重要。

NGO 的活动，在避免战争危险、推进和平与裁军上甚为重要。在 1978 年、1982 年的联合国裁军特别大会上和 1986 年的“联合国国际和平年”里，展开了为数众多的 NGO 活动，曾经历过核武器灾难的日本，也有很多小组参加，一再进行反核的交流。

对 NGO 的活动可以期待的另一个领域，是对发展中国家在开发、民生方面进行合作，现在，日本的自愿组织“JVC”和“神圣使命”，正在从亚洲到非洲的各个地方展开活动，这些活动在联合国这一组织之下，赋予合法性，给予奖励，而且还有可供遵守的一定的规范，这一点是重要的。

最近的美国，有如退出联合国教科文组织所象征的那样，不满于联合国的现状，有重视双边关系胜于重视多边关系的倾向。在军事关系方面，在援助问题上，这一倾向很明显。日本致力于通过联合国多国间协商的核裁军和非政府组织的活动，这样，恐怕会出现与日美基轴的政策相矛盾的情形。不过，安全保障体系，本来就是以将包含种种矛盾的各种政策明智地组合起来为其本质的。联合国中心主义和日美基轴，当然也是可望两立的。

## 三、对发展中国家的经济合作

对发展中国家的经济合作，在日本应该分担的国际经济公共财富之中，占有重要的地位。特别是最近，美国成了债务国，由民间资金进行的融资锐减，在为发展中国家经济增长供给资本的能力开始出现阴影的时期，日本在包括黑字还流在内的资本供给领域的责任，进一步加重了。

日本的经济援助金额，就总额言，已达到了一定的水平，但政府开发援助和无偿赠与部分的比率低，从援助的质来看，相形见绌。日本的政府开发援助（ODA），在这以前，是以开发计划为中心推进的，日本出口了大量的机械材料和商品，因而被批评为借援助之名搞出口。要扶助发展中国家，就必须提供像亚洲 NICs 有的那种建设出口工业基地，对当地企业低利投融资，以及有关生产技术和贸易实务的技术援助等，从侧面支援发展中国家经济自立的援助。发展中国家强烈要求于日本的，是来自日本政府和民间的资金援助与技术合作。在最贫穷的国家中，也有希望对国家财政进行直接的援助的国家。还有为了培养技术人员，有必要进一步扩大在日本进行研修的机会。

在这个意义上，1977 年的“福田主义”三原则——①不做军事大国，对地区的和平做贡献。②在政治、经济、社会、文化等方面构筑信赖关系。③作为对等的合作者，对自立的努力给予合作。和大平首相的“人才培养”援助计划一样，都表明了日本海外援助政策的思想。

在发展中国家中，想从战后日本经济发展的经验中多多学习的不少。经济合作、技术合作并不只是给予对象国以资金、物资和知识，最终是和将日本乃至日本人的生活方式，包括长处和缺点介绍给对象国相联系的。还有，援助不是单方面的给予，而是同时也向对象国学习的相互作用过程，这一点也不能忘记。

## 四、对亚洲和平的贡献

### 和平的结构化

不用说，对日本的安全保障而言，亚洲和西太平洋的和平与安全是不可缺少的。在亚洲还没有形成像欧洲那样已经制度化了的安全保障结构。这是由于这个地区现在还有政治的不安定因素，而且，经济增长快，处在急剧的社会变动的旋涡中的缘故。这类地区，必须在持续的经济发展中，形成得以确立起安定的政治体制的那种和平的结构。

支撑亚洲和平的结构的第一大支柱，是如何将地域经济发展的基础巩固下去。必须更加提高在工业品出口中迅速获得了竞争力的亚洲 NICs 的潜在增长力。还有对东盟各国（ASEAN）的经济自立，包括“人才培养”计划的援助是怎样起作用的，仍待人们千方百计地去解决。

再有从强化地区和平结构的观点出发，将来，中国、苏联在经济活动领域加强太平洋经济圈的相互依存是受欢迎的。这对拥有庞大人口的中国经济的发展，是不可缺少的条件，对以经济和技术的改革为目标的苏联，也定将成为有效的催化剂。

第二大支柱是渐渐地消除柬埔寨内战，中越及中苏边界争端，韩国和朝鲜的对立，菲律宾国内的军事对立等地区纠纷的原因。虽然因时制宜，由第三国调停也有效，但基本上要当事国自己学习，懂得军事对峙对本国经济的发展是一种消极因素。这点非常重要。

第三大支柱是对亚洲的将来具有很大影响力的中国，为了维持和平，将担当何种角色。拥有亚洲最大的军事力量的中国，宣言不首先使用核武器。但是，在国境线上使用常规武器的军事行动，也希望能抑制。其次，在优先发展经济的同时，也必须保证开展稳定的政治、外交、文化政策。这是因为中国社会的动荡，对于周围地区的影响，是非常之大的。当然，为了中国经济的发展，日本要不惜进行必要的合作。

第四大支柱是有必要研究让在亚洲太平洋地区拥有各自的利害关系的美苏两大国，为这一和平结构做贡献的方式。美苏间已经同意拆除全部中程核武器（INF），从亚洲的陆地上，INF 不久行将消失。与此有关，围绕各种不同射程核武器的核裁军，可以预期，在该地区早晚也将进行讨论。当然，这与中国的核武库有关。中国已经表明了，美苏如果同意全部销毁 INF，就参加核裁军谈判的意向。以无核三原则为国是的日本，以该地区的无核化为目标，应该提出独自的核裁军计划。此外，在抑制常规兵力方面，在亚洲也必须形成能就缓和紧张局势、酿成彼此信赖的各种措施进行对话的地区性的轮廓。

**以综合安全保障体系的成熟为目标**

日本不是把该地区作为东西决战的场所，而是要把它变成超越东西、南北的差距，向着经济上相互依存的目标前进的新的和合的场所，这种努力，必须继续下去。那么，将重点放在非军事要素上的综合安全保障的观点和手法，就是不可缺少的了。

历来的安全保障政策，是将重点放在以核武器为顶点的军事力量的平衡上的核安全保障。非核拥有国只是将自己不能控制的超级大国的核武器计算进去，不过是一种不完全的安全保障构想而已。但是，核武器的困境已表露出来，核大国也开始想向核裁军迈出一步了。现在，日本正肩负着完成与非核大国相称的安全保障体系，为国际社会做贡献的使命。

若将以上讨论的内容加以整理归纳，作为非核安全保障体系必须具备的条件，则可指出如下各点：①不仅仅拘泥于军事力量，必须是由多种多样的手段组合成的有机的政策体系。这种政策体系不是僵化的机械的组织，必须具备能根据情况变化灵活地对应的自我组织性。②必须是谋求核裁军及常规武器裁军的体系。作为前提，日本自卫力的规模、运用，必须坚持节制、要掌握分寸。③必须少用军事力量，要开发非军事的手段，并扩大其机能。④不仅是南北关系，在东西关系中也必须加深相互依存的关系。重视日常的各种交流。⑤必须是消除国际社会中经济的、政治的、人种的、宗教的、性别的、人权上的种种差距、差别、不公正和压抑，尊重人性的普遍原理的体系。当然，也要充分照顾日美安全保障体制和西方同盟国的关系，并说服同盟各国赞同这一综合体系对世界的安全保障也是有效的观点。

听起来也许是反话，亚洲的和平结构尚未制度化这点，对构想今后的综合安全保障却起了积极的作用。这是因为在该地区，具备有为了安全保障的富于变化和灵活性的各种条件。70 年代开始的太平洋经济圈的迅速发展，可以说是最大限度地运用这种灵活性的经济行为。战后的日本选择，放弃依靠军备的通常的安全保障道路，也许只有在亚洲才是可能的。

从这种地区的特性之中，构想出了非核大国的综合安全保障这种体系。比照生命体的自我组织化能力而言，这乃是在与可变的国际环境的相互作用过程中，不断地学习、充实内容的体系。

综合安全保障体系，在紧张的相互作用中，通过一个一个地实现上列诸条件的努力，将会更加成熟，从而开辟通向“大和平”的道路。

# 第 10 章　日本人的国际化

研究成员

| | |
|---|---|
| 国立民族学博物馆副教授 | 栗田靖之 |
| 关西大学副教授 | 岩见和彦 |
| 京都大学副教授 | 横山俊雄 |
| 精华大学副教授 | 中岛胜住 |
| 广播教育开发中心助教 | 山中速人 |
| CDI 公司研究部长 | 疋田正博 |
| CDI 公司主任研究员 | 松野精 |
| CDI 公司主任研究员 | 河合满朗 |
| CDI 公司主任研究员 | 半田章二 |
| CDI 公司特别研究员 | 伊藤宏范 |
| CDI 公司特别研究员 | 森由美 |

秘书处

CDI 公司

## 第一节　国际化的概念

### 一、面向开放体系的自我革新

**不可回避的课题**

所谓国际化，是指将迄今对外国人形成障碍的国内法律、习惯行为等构成的封闭体系转向对外国人开放、并使日本人获得在外国从事活动的能力的、自我革新的努力。它特别意味着在封闭体系中由该国家、民族垄断的各种活动领域以及与之相随的利益、荣誉等将必须通过竞争与外国人分享，以及必须对由此将会产生的向外国人的要求让步，甚至发生纠纷等情况做好精神准备。这对于整个国家和民族是必要的，但对于可能因此蒙受损失的国民个人而言，却绝非令人愉快之事。

在日本，“国际”这一词汇往往令人联想到“国际机构”，形成古典的印象：极少数出类拔萃的外交家在堂而皇之的社交活动的荫蔽下，调整国家利益、排除冲突。对于“国际化”，长久以来，人们也怀着期待的心情，将其想象得十分高雅华贵。但是近年来，尤其是最近，日本国民更加现实地认识到：国际化绝不仅仅是那么堂皇、那么值得庆幸的事情。

然而在日本的国民生产总值已占全世界的 10%，日本生产的性能卓越的工业品出口到世界各地的今天，世界上其他国家是不会允许日本以特殊国家自居、拒绝外国的人员、物资、资金以及信息流入日本的。对于要通过与各国的相互依赖而生存、发展的日本国家、社会，以及构成国家、社会的日本人来说，“国际化”是不可避免的课题。

将形成封闭体系的国家和社会改造成开放体系，需要巨大的能量。开放从来不允许外国人涉足的领域，必然伴随着迄今在这些领域独享利益的日本人放弃既得权益、做出让步甚至牺牲。社会为之付出的整体代价也将增大。因而国际化必须在不断调整与国内利益及文化方面的矛盾的过程中推进。问题在于最终如何取得平衡。

利益问题是比较容易解决的。要尽可能顾及日本的国家利益或者产业界的利益，同时也要倾听外国的主张。如以国际惯例和双方国情为基础进行协调，那么不论如何困难也一定能够达成妥协。

与利益问题不同，涉及人们的自豪感、审美观以及信仰等的文化领域的国际化，是很难进行协调的。为了接纳外国人，必须尊重其文化，而绝不允许践踏这种文化。但是也没有必要相反地放弃自己的文化、一味迎合外国文化。在国际化过程中，肯定会出现从本民族文化的精华中寻求心灵的寄托这种倾向，它将有利于日本文化的发展。但无疑也会出现热衷于和自我陶醉于本民族文化的单纯化，并以此排斥外国文化的现象。这种现象将会妨碍在其他领域进行的国际化的努力，因而使社会的其他组成部分付出代价。不仅如此，这种现象也极其不利于本民族文化的发展。文化并非可以“提纯”，或加以固定解释的东西。它是常常与其他异质文化相互影响、相互融合、充满活力的东西。如果以会受到影响为由排斥其他文化，那么是无法提高本民族文化的质量的。

为了实现文化的国际化，必须不断分析本民族文化，与其他文化进行比较，对不断变化的文化自主地进行评价，并努力进行宣传，以求得外国人的理解。

**西方化与日本的国际化**

在一般人的印象中，所谓“国际化的人”，是指那些能流利地运用英语或法语、熟悉西方礼节的人。的确，国际化的含义中包括西方化。发达于西方的各帝国主义国家曾称霸于世界，将西方的行为规范和文化传播到了全世界，使之成为今天国家之间进行交流时通用的准则。但是西方化的行为规范和文化并非仅仅以军事力量为背景而得以普及的。作为西方文化的背景，有为了公平地统治不同文化的异民族而形成的具有合理性的罗马法传统，以及以拉丁语为基础的学术成果的结晶。可以说正因为具有这种合理性和普遍性，属于西方的行为规范和文化才得以在全世界普及。将西方的行为规范和文化强行纳入其他文化圈是不妥当的，但不能否定西方文化中包含的合理性和普遍性。今天，西方的行为规范和文化已几乎为全世界所接受，成为普及于国际社会的常识。因而即使今天日本具有了强大的经济力量，也不能想象与西方不同源的日本式行为规范及文化会轻易地取代西方的行为规范和文化。

但是使人们普遍认识到存在着不同于西方的日本式的行为规范和文化。这对于培育西方各国以及非西方国家的相对主义精神和对异文化的宽容态度，无疑是十分有益的。

的确，在西方的行为规范和文化普及于全世界、成为公认的准则时，日本的产品已遍布于全世界。通过产品，传播了日本的生活文化。这是由于日本的商品体现了日本生活文化的合理性和普遍性——例如甚至在产品的细微之处也要体现出审美观；尽可能使大众化商品也具有欣赏价值；赋予机械以智慧、从而节省人力；等等。这种合理性和普遍性获得了相应的评价。然而尽管通过日本产品传播的日本的生活文化可以作为普及于全世界的西方式行为规范和文化的补充，使之更加多样化，却不会全面否定、代替西方文化。现在通行于全世界的西方式行为规范和文化的优势地位，今后也不会发生太大的变化。因而，国际化包括了西方化；为实现国际化，今后也不得不实行某种程度的西方化。

另一方面，在日本实行国际化，特别是与非西方国家进行交流时，必须注意到对方国家并不认为日本是西方国家。在某些方面，对方国家可能对日本抱有不同于对西方国家的期待。如果日本完全按照西方的行为规范和文化与这些非西方国家接触，便可能使期待落空，从而产生不满以至反感，而无法实现圆满的交流。

国际化确实包含西方化，但国际化并不等于西方化。实行国际化需要灵活的反应能力，即与西方各国交流时要能够理解西方各国的行为规范与文化，这样才能赢得对方的敬意；与非西方国家进行交流，则不将西方式的行为规范和文化强加于人，而是能够充分理解对方的行为规范和文化，尊重对方，形成良好的关系。

**“内在的”国际化与“外在的”国际化**

国际化是在与异质文化接触时必然面临的课题。然而这种接触发生在日本国内与发生在外国时的条件不同，国际化的具体内容也不相同。姑且将日本人在国外接触异质文化时产生的、要求日本人进行自我革新的课题称为“外在的国际化”。在“外在的国际化”中，包括培养日本人正确认识当地人所具有的与日本不同的行为规范和文化、并在行动中进行效法以求得承认的能力。尽管有着相同的基础，如怀有强烈的交往愿望以及对对方怀有敬意，但必须承认，西方国家与非西方国家在行为规范与文化方面存在着很大的差异。

不过，“外在的国际化”基本上是两国间或者两种文化接触的问题，并不十分复杂。从日本方面来讲，只要正确了解该国的行为规范和文化，采取恰当的交往方式就可以了。而且担负“外在的国际化”任务的，主要是具有相应能力和心理素质的人才，如外交官、商务人员、企业驻外代表以及各方面的专门人才，也可称之为国际化的专家。为适应驻外人员数量增加这一情况，正在日益增加提供各种有关的服务项目。问题并不出在这些人身上，而是出在他们的周围。譬如他们按照所在国家的行为规范及文化开展工作时，会与其在日本的不了解当地文化的上司发生龃龉。又譬如他们的家庭成员（特别是他们的妻子）不那么理解国际化这一问题，也不想理解当地的行为规范和文化，而完全指望他们的庇护。这就会发生“海外不适应症。随他们赴国外的学龄期子女还面临着在当地以及回国后的教育问题。后者与其说是“外在的国际化”问题，毋宁说是由于日本国内教育中存在着的过分竞争而引起的问题。只不过其表现形式为驻国外的日本人遇到的问题。

与此相对，可以称日本人在日本国内接触异质文化时产生的进行自我革新的课题为“内在的国际化”。从近代到现代，日本接触异质文化的方式一直是将对外接触部分压缩至最小限度，将有关活动完全托付给专家，通过他们缓和异文化对日本社会的影响和冲击；多通过专家们的翻译和介绍，将异质文化有效地传达到日本社会中来。但是当今以至将来，物资、人员、资金和信息等的相互交流急剧扩大，从近代延续至今的、通过少数专家与外国进行接触的方式已远远不能适应时代的要求了。与异质文化的接触成为社会各个领域比比皆是的现象。

而且接触的对方并非某一个国家或某一种文化，而是包括了各民族、各人种，因此不同于“外在的国际化”那种两国间的文化接触。为了平等地与各民族交往，必须改变原有的封闭体系，形成开放体系，其行为规范及文化将涉及法律、制度、政策、社会习俗甚至企业内部的就业规则，并影响到人们的心理以至文化等各个层次。同时这意味着日本人须付出某种牺牲，这未必是令人愉快的。下文我们将分析：“内在的国际化”与“外在的国际化”的现状如何？将面临着什么问题？

## 二、战前的国际化经验

**从“和魂汉才”到“和魂洋才”**

自古以来日本人对世界的认识就是：日本是远离产生了佛教的天竺（印度）和产生了儒教的唐土（中国）这样的文明中心的边鄙小国；但日本并非单纯吸收外来文化的边鄙小国，它自己也具有独特的文化，因此无须自卑。菅原道真（845~903 年）主张的“和魂汉才”、北畠亲房（1293~1354 年）所谓的“‘神皇’之国”，以及本居宣长的“国学”思想，都强调了日本具有的独特文化这一侧面。但是日本一般的知识分子则普遍认为日本文化是被包容在佛教或儒教文明之中的。

在大航海时代，中国以外的文明从欧洲经过南方的海域传至日本。欧洲文明以其强大的力量称霸世界。但对欧洲说来，日本处在世界东方尽头，在经济上并不具有多少魅力，因而欧洲文明并没有深入日本。利用欧洲文明的产物——枪炮统一了日本的政权却严禁欧洲文明的基础——基督教的传播，并且禁止日本人漂洋过海，实行闭关锁国的政策。由此日本得以维持了大约 300 年的和平局面。然而就在这 300 年中，欧洲文明以更强大的力量称霸于世界。

当强大的清帝国在鸦片战争中被称霸世界的欧洲文明的力量击败的消息传来时，日本被震撼了。任何人都清楚，为了防备欧洲人的入侵，必须实现国家和民族的统一。但对于如何应付欧洲的势力却是众说纷纭。幕府方面主张“开国”，讨幕派则主张“攘夷”。但是一经在鹿儿岛、下关等地与西方军队交战、认识到西方精良武器的威力，大部分“攘夷”论者也转而主张“开国”了。他们认为与其“攘夷”，不如先使国家富强起来，必须进口西方的先进武器，按照西方的方法培育人才、建设强大的军队。即主张为了富国强兵而实行“和魂洋才”。

于是，被传统的学问界视为旁门左道的“洋学”显露了头角，原为旧幕府培养翻译人才之所的大学南校成为东京大学，集中了全国的英才，施行高等教育。最初用高薪聘请外籍教师，并用外语授课。至明治二十年代，该校毕业生或曾在国外受过教育者成为教师，外籍教师渐被排除，授课也改用日语了。由于自江户时代以“藩校”及“寺子屋”（设在寺庙中的小学雏形）等形式打下了学校教育的基础，西方的知识便得以师生相授地一代一代传习下来。

优秀的知识分子能操西方语言、具有接触异文化的能力，是非西方国家近代化的共同之处。但日本的优秀分子不是为了自己或一族的私利来利用这种能力，而是发挥这种能力以承担社会义务，肩负起教育后进者或对一般民众进行启蒙工作。日本的这一特点在很大程度上应归功于自古持续下来的官僚体制和成为其基础的儒教伦理与素养。由于这种体制充分发挥了作用，日本的对外接触得以由专家来承担，靠他们缓冲了外来文化对日本社会的影响和冲击，并通过他们的翻译、传播，使外来文化顺利地为日本社会所吸收。

其结果是使得在日本可以通过日语掌握外国的学问、阅读外国人的著作。日本国内具有广阔的市场，因此仅仅用日语介绍外国的学说甚至也可以比该学说的创立者获得更大的利益、确立学者的地位。这是世界罕见的现象。对于一般民众来说，它起到了为外来文化包上“糖衣”的作用。

**内地杂居论**

江户幕府与欧美各国缔结的条约是不平等条约，赋予缔约国以治外法权，丧失了日本的关税自主权。努力将这些条约修改为平等条约，是明治时代历届政府外交政策的中心课题。围绕着修改条约，既出现了鹿鸣馆的盛宴，也发生过大隈外相被反对派投掷的炸弹炸断一条腿的事件。在努力修改条约的过程中发生了关于外国人在日本内地杂居的议论，可作为今天探讨“内在的国际化”的参考。

1888 年，大隈重信外相在其条约修改方案中提出撤销外国人在日本的治外法权。作为补偿条件之一，日本拟撤销将外国人的旅行、居住及营业活动等限制于居留地内的规定，使之完全自由化。这便引起了国内关于外国人内地杂居的议论。大隈的改约方案虽被废弃，但其后于 1894 年日本终于与英国签订了撤销治外法权的条约，其中也规定了在条约批准 5 年后，日本国内对英国人实行开放。外国人的活动不仅限于居留地内，而可以在日本国内自由居住、旅行和营业，这无疑对日本社会产生了重大影响。因此，早在 100 年前，日本国内就曾展开过关于外国人在日本内地杂居的是非及其对策的议论，颇似今天关于国际化的议论。

例如，1889 年井上哲二郎（东京大学哲学教授）发表了《内地杂居论》，认为外国人在日本国内自由活动会导致日本人在与外国人的争论中失败而最终导致日本民族的灭亡。他据此反对外国人在日本“内地杂居”。1900 年，横山源之助（新闻记者，研究劳动问题）在《内地杂居后之日本》一文中写道：“欧美人如同我国之资本家，绝非善良天真之辈。在事业面前一无人情、二无血泪，利用其地位攫取巨额利润。尤不应忘记彼等非我族类，于驱使不同人种之我国劳动者，更复有何人情可言？彼等之据上傲慢，任意虐待职工，不言自明”，向劳动者警告外国资本侵入日本的无情后果。

也有人担心基督教的普及。近卫笃磨公爵在由他担任会长的“实施条约预备会”上曾说：“在实施修改条约之初，外国人就会来到日本。这是不得已的事情。但是必须考虑到基督教传播这个问题。对此必须官民一致竭尽全力进行防御。然而对于基督教本身是不能禁止的。为此要限制外国系统的学校的发展，同时必须制定法律禁止设立这类学校。具体地说就是要发布禁止在学校内进行宗教教育的法律。”文部省也怀有同样的忧虑，1899 年发布了训令，规定可授予向上一级学校的升学资格的私立学校不得进行宗教教育或举行宗教仪式。基督教学校曾发起过要求撤回训令的运动，但文部省的态度十分强硬，因此有些私立学校与基督教断绝了关系。不过后来文部省的态度有所缓和，翌年对私立学校恢复了缓期征兵的特典，并于 1903 年授予该类学校毕业生以升学资格。

与内地杂居论相关联的是关东大地震时虐杀朝鲜人的事件。

由于 1910 年“日韩合并”，朝鲜成为日本的殖民地。在日本国内居住的朝鲜人被作为日本人对待，人数约几千人。但由于第一次世界大战引起的经济繁荣造成矿山及纺织厂等缺乏劳动力，仅在 1917 年便有 1 万名以上的朝鲜人来到日本。这些工人集中居住在大城市。1923 年 9 月 1 日发生关东大地震时，传出了朝鲜人向水井里投毒或使用武器袭击民众的流言飞语。于是各地组成了自卫团，在街头防守，发现避难的人群中有朝鲜人便抓住杀死。由于当时没有进行认真调查，故被害人数不详。但据朝鲜人金承学在当时进行的调查，神奈川县便发现了 4009 具朝鲜人的遗体。尽管当时也有些日本人没有参加屠杀朝鲜人的行为，并且不顾危险掩护他们，但当时确实发生了大批屠杀朝鲜人的事件。

**移民与军队**

今天，大量的日本的商人、旅行者及技术人员等在世界各地活动，几乎可以说没有日本人涉足不到的地方。自从庆应二年（1866 年）解除锁国令、允许日本人出国以来直至战前，出国的一般只是外交官及留学生等少数人员，几乎没有出现过像现在这样日本人大量出国的现象。如果说有大规模出国者的话，那就是移民和军队。而这两者恰恰典型地反映了近代日本的不幸历史。

向海外移民始于明治元年（1868 年），当时外国人采取欺骗的方法招募志愿出国者去夏威夷。通过政府间协定向夏威夷移民始于明治十八年（1885 年），第一批为 915 人。移民们怀着“积蓄财富、他日衣锦还乡”的期望，签订了为期 3 年的劳务合同到外国工作，但却是被驱使在甘蔗田里从事半奴隶式的苦工。契约到期也无法回国，很多人辗转到达美国大陆。到明治二十年（1887 年），移民大量增加，不仅去夏威夷，而且遍及美国、加拿大、澳大利亚、新西兰、斐济群岛以及西印度群岛等地。然而移民们的结局大都很悲惨。渐渐地移民向条件较好的美国、加拿大西海岸集中。特别是 19 世纪 90 年代以后，每年有 1000 名以上的移民到达美国。到明治末期，夏威夷有日本移民 8.3 万人，美国本土有 9.5 万人。来到美国西海岸的移民取代中国人成为铁道、矿山及农场的劳动力。

由于移民不能为当地文化所同化、工资低以及破坏罢工等原因，随着日本移民的增加，他们渐渐受到美国白人劳动者的迫害及排斥，甚至受到有组织的排斥，发展成为日、美两国的外交问题。日本政府采取了自动限制移民的措施，但实施得不彻底，反而使移民数量进一步增加。日俄战争之后，由于日本在亚洲的势力增强，与力图向远东扩张的美国发生了矛盾，美国国内出现了预料美日可能爆发战争的议论，排斥日本移民的问题更加尖锐化。1913 年加利福尼亚州的《土地法》规定，禁止作为“不能归化的外国人”的日本人拥有土地。该法律进而否定了租地权等，其条款对日本移民十分严厉。其他各州也相继制定了同样的法律。大正十三年（1924 年）美国施行了《排斥日本移民法》，完全禁止了日本移民进入美国。在此之前进入美国的移民被迫在不利的条件下艰苦奋斗。

原来涌向美国的移民潮流渐渐转向南美，怀着“衣锦还乡”的美梦出外谋生的农民前往巴西等国。

特别是美国制定了《排斥日本移民法》以后，日本政府实施了对移民的旅费予以全额补助的制度，将积极鼓励移民作为国策。因此，进入昭和年代以后，移民的数量急剧增加。继对巴西实施“政策性移民”以后，对向东南亚及南洋诸岛移民也采取了鼓励政策。此后，随着日本侵略亚洲大陆，又开始对中国东北地区进行“政策性移民”。这一时期的移民政策完全是由于日本国内人口过剩及贫困等问题导致的，实际上是“弃民”政策。除移民之外，还经一些并非移民的地痞流氓之手，将大批娼妓（南洋姐）送往太平洋沿岸各国。

战前最集中地、大规模地将日本人送往海外的便是军队了。如同明治维新的领导者所设想的那样，日本耗用巨额的国富建立了强大的军事力量。对于当时世界秩序的中心——英国来说，日本的军事力量是为钳制沙俄帝国而可以利用的局部地区势力，故被承认为忝列欧洲列强之末的势力，从而避免了沦为欧洲列强的殖民地的命运。但日本却为了本国的利益，以保卫亚洲邻国避免沦为欧洲列强的殖民地为借口，动用强大的军事力量对亚洲邻国进行侵略。最初通过在 1895 年的甲午中日战争中获胜迫使清政府割让了台湾；1910 年，通过日韩合并使朝鲜半岛成为殖民地。从此日本自以为比亚洲邻国优秀，应成为亚洲的领袖，开始对邻国各民族采取蔑视的态度。

由于军队处于天皇的统帅权之下，不但议会，甚至政府也无法控制其行动。军队本身也失去了控制，一意横行，终于投入了与全世界为敌的战争。日本宣称要将东亚建成“和平共荣”的地区，向亚洲各国出兵。但其在各地的行为却与它所宣称的理想大相径庭。不仅使亚洲各地成为一片荒芜的战场，而且将东南亚各地的农民掳作劳工（以至“劳务者”这一日语词汇至今仍存在于印度尼西亚等国家的语言中）。日本军队从朝鲜将一百几十万人掳至日本做苦工，并将朝鲜的年轻妇女掳作随军妓女，百般凌辱。

1945 年日本战败，终于制止了军队的横行。在战败的混乱中，大量的日本人也成为牺牲品。于是遗留在中国的日本孤儿寻找亲人以及帮助回国的日本孤儿及家属适应日本社会等问题一直遗留至今。这是战前日本人“外在的国际化”留下的债务。

## 三、战后的“内在的国际化”

**旅日韩国人、朝鲜人问题**

在围绕“内在的国际化”发生的各种问题中，有战前遗留下来的老问题，也有战后新发生的问题。前者如旅日韩国人、朝鲜人问题以及遗留在中国的日本孤儿问题等，后者如从海外回国的子女问题，外国留学生、进修生的待遇问题，接受外籍工人的问题，接受难民问题，对外国旅游者的照顾问题，等等。有关战后新产生的问题将在后文详述，这里先回顾一下长期以来试图解决的旅日韩国人、朝鲜人的待遇问题。

1945 年战败时，旅日朝鲜人约有 210 万名（据“日本国势调查”）。此后 5 年内，约 150 万人返回了朝鲜半岛，尚有 54 万余人留在日本。他们留下来的理由有，由于日本实行同化政策，一些来日时间久的朝鲜人与祖国的联系疏远，在朝鲜的生活基础失去保障，难以返回；大部分人的原籍——韩国正陷入极度的经济萧条，并爆发了朝鲜战争；可以携回原籍的财产受到限制等。

在表明美军初期对日占领政策方针的《初期基本指令》（1945 年 11 月颁布）中尽管规定占领军当局对原籍台湾的中国人及朝鲜人“在军事安全所允许的范围内作为被解放民族对待”，但同时又规定“必要时可作为敌对国人民处理”，实际采取的政策则是试图通过鼓励他们自发地还乡来解决问题。日本政府承袭了这一政策，也采取鼓励还乡的做法。在法律形式上，直至媾和时，承认旅日朝鲜人为日本国民，同时却否认他们有参政权。

这种在法律形式上承认旅日朝鲜人为日本国民、实际上却将他们视为外国人、限制他们的权利、将他们置于管制之下的做法，由于 1947 年发布的《外国人登记令》而更加明确。《外国人登记令》原则上禁止个人出入国境，实际目的在于管理侨居者和取缔非法出入国境者。该条令规定将至媾和条约生效时为止有日本国籍的旅日朝鲜人等“暂视为外国人”。在1952年4月28日生效的旧金山和约中，进一步规定了旅日外国人的法律地位。此时日本政府以法务省通告形式宣布旅日朝鲜人、台湾人被视为丧失了日本国籍。基于对旅日朝鲜人、台湾人法律地位的这一解释以及日本民族是单一民族的观念，1950年制定了《国籍法》，并进一步制定了涉及各领域的一系列法令，将他们置于严格的管制之下，并通过有关国籍的条款等将他们作为外国人，在包括出入境管理（《出入境管理令》，1951年；《外国人登记法》，1952年）、社会保障（《生活保护法》，1946年；《国民健康保健法》，1958年；《国民年金法》，1959年）及就业（《人事院规则》，1967年）等各方面予以差别对待。

另外，《出入境管理令》第14条设有关于提取指纹的规定。由于以旅日韩国人、朝鲜人为主掀起了反对运动，这一规定拖延了3年才得以实施。1955年3月发布的《关于外国人登记法之指纹规定的政令》，对提取指纹、重取指纹的方法以及应取指纹等做出了规定。当初规定在日本滞留60日以上的外国人有提供指纹的义务，1958年起规定在日滞留不满一年的外国人无须提供指纹。

在朝鲜半岛，于1948年分别成立了大韩民国和朝鲜民主主义人民共和国，双方都宣称：自己是代表朝鲜民族的唯一政府。从“民族”这一意义上说，在日本的所有朝鲜人都是自己国家的国民。因此形成这样一种情形：日本政府认为旅日朝鲜人形式上是日本国民；韩国政府认为他们是韩国国民；朝鲜政府则认为他们是朝鲜民主主义人民共和国的侨民。

1965年6月，日本与韩国缔结了《关于旅居日本的大韩民国国民之法律地位与待遇的协定》（即《日韩协定》），规定自战败前至申请时连续在日本居住的旅日南朝鲜人以及战败后自协定生效起5年以内出生于日本、至申请时连续在日本居住的旅日韩国人的直系晚辈亲属（即所谓在日第一代、第二代），可通过申请获准永久居住权（这一所谓“协定永久居住”制度造成了旅日朝鲜人社会中具有韩国国籍的大部分“协定永久居住者”和不接受“协定永久居住”地位、成为朝鲜民主主义人民共和国侨民的人们的分裂）。

**批准《难民条约》以后**

进入80年代以后，根据《旧金山和约》实施的对外国人的管理制度终于发生了变化。其背景是日本成为经济大国后受到来自国际社会的压力。国际社会指责日本，当今对本国人和外国人一律平等这一原则已成为国际社会普遍接受的常识，但日本尽管是经济大国，却未以法律形式确认这一常识。在诸如难民问题以及其他涉及接纳外国人的各个方面，日本仍然落后。随着国际压力渐增，日本政府内部也认识到，为确立日本的国际地位，改变有关外国人的法律体系是不可避免的。其直接的契机是1979年批准《国际人权条约》和1981年批准《难民条约》。

《国际人权条约》明确了各国应确保本国人和外国人在享受自由权（排除国家对自由的干涉）及社会权（要求国家实施社会保障，并保障劳动权及受教育权等）方面具有平等权利的原则。《难民条约》也在主张保护难民的基本原则（“不驱回原则”、居留的法律保障原则、本国人与外国人待遇平等原则、无差别待遇原则）的同时，规定在裁判、配给制度、公共教育、官方补助、就业法制及社会保障等方面给予难民以“与本国人民相同的待遇”。在批准这些表明本国人与外国人一律平等的原则的条约前后，对与此原则相龃龉的各种法令进行了修改，从有关社会保障、教育、就业等的法令条文中删除了歧视外国人的国籍条款或国籍事项。这一系列的行动在各个领域对于促进解决在日外国人问题，特别是其中占比重大的旅日韩国人、朝鲜人问题产生了巨大的影响。

《出入境管理令》经过修改，成为《出入境管理及难民认定法》（1982年成立），规定以非“协定永久居留”资格常住日本的韩国人、朝鲜人经过申请可获得“一般永久居住”资格。《外国人登记法》也进行了修改，提高了承担提供指纹义务的年龄限制，实行了将重新登记期限延长两年等规定，确立了现行的在日外国人出入境、滞留管理制度。另外，1984年修改了《国籍法》，采取了父母两系血统主义。即生父为外国人，生母为日本人的儿童也有权利取得日本国籍。

## 第二节　内在的国际化

### 一、法制方面的问题

**国籍**

从日本对外国人实行法制这一角度来看，在多大程度上撤除或缓和对外国人的不合理的排斥及限制、如何扩大外国人的权利，成为衡量日本社会在法制方面向外国人“开放”，亦即实行“内在的国际化”的标志。

现行的外国人管理法令，是从“国家利益”的观点出发，以“管理”外国人的出入境和滞留为目的的。它由三个基本要素构成：日本国民与外国人的区别（国籍管理）；基于这一区别的、对外国人的接纳与排斥（出入境管理）以及对在日居留的外国人的监督（居留管理）。只要是以现代国家以及由现代国家间的各种关系构成的国际社会为前提，其法令必然包含被认为合理的排斥和限制。但构成前提的国家观及对各种权利的法理观念却是历史的范畴，应该随着人们的生活状况、相互关系以及思想意识的变化而变化。往往随着时间的流逝，曾经合理的排斥和限制会变成不合理的东西。当前，由于殖民地体系崩溃、南北经济差距显著，导致大量的人口（作为外国劳动力和难民）在国际间流动。在这样的世界动向中，“国民=居民”的公式已难以成立，认为应该以“是否社会成员”这一事实作为判断基准的主张以及认为应该考虑对于难民的生存来说与国家的关系究竟具有何等必要性的主张，是现实的和妥当的。然而当前国际、国内的现实尚未充分反映在日本对外国人实施的法律制度中。

例如日本的国籍法采取血统主义。世界上采取血统主义的国家比美国及中南美等采取出生地主义的国家的数目稍多，采取血统主义本身并非特殊现象。而且在“国民=居民”这一公式事实上近似成立时，即使采取血统主义，该国国民的孩子一般生长于其双亲归属的国家，对其国家具有归属意识，因而结果是与出生地主义一致的，并没有多大矛盾。但是随着超越国境的人口移动与定居规模扩大，“国民=居民”的公式难以成立了。第二代、第三代移民对于根据血统主义应是自己祖国的国家并不怀有归属感，他们必然认为在居住国被作为“外国人”受到与“国民”不同的待遇是不合理的歧视。在美国这样的采取出生地主义的国家，第二代、第三代移民并非“外国人”，而是“美国人”，因此在移民法上不成为问题。然而与之情况相同的人若在采取国籍血统主义的日本，就将作为“外国人”受到出入境管理法的限制。而且这样的“外国人”约占旅日外国人总数的 80%。日本与美国决定国籍的方式不同，却仅仅模仿了美国的出入境管理方式，因此产生了这样的矛盾，即将堂堂正正的日本社会成员作为“外国人”在法制方面给以歧视对待。

“归化”制度是在对外国人与日本人的绝对区别的前提下将外国籍转为日本国籍的制度，是承认该人为日本社会成员，但不承认其为日本国家成员的制度。这一制度本身作为个别的外国人与日本国家之间成立的契约制度虽然无可非议，但是是否允许“归化”，完全依赖法务大臣的判断。这并非法律的范畴，而是政策的范畴。种种事实以及法务省的主张均表明法务大臣作为判断归化的基准予以重视的是对日本的“同化”程度。这反映出了国家对于作为个人思想信条的民族同一意识的控制。

**出入境管理**

根据 1981 年制定的新《出入境管理及难民认定法》，对以前未据《日韩协定》提出“协定永久居留”的申请，因而作为临时措施被置于“法 126–2–6”、“4–1–16–2”（特定居留），“4–1–16–3”（特别居留）

居留地位的人得获“一般永久居住权”，撤销了每居住 3 年须重新办理手续的义务，增强了他们的法律地位的稳定性（见表 10–1）。此外，还采取了补充措施，以促使在日定居的外国人的居留资格稳定化。例如现在几乎所有在日韩国人、朝鲜人都获得了永久居住权。他们虽已成为日本社会的成员，但被作为“外国人”对待这一根本矛盾并未解决。《出入境管理法》强加于每一个“外国人”的各种义务和束缚（如再入境许可以 1 年为限等）并没有解除。特别成问题的是可以“强迫离境”这一否定绝对居留权的规定。

**表 10–1　居留资格一览表**

| 居留资格 | 具有居留资格者 | 居留期限 |
| --- | --- | --- |
| 4–1–1 | 外交官、领事官员及他们的随员，他们的家属 | 任职期间 |
| 4–1–2 | 负有日本政府承认的外国政府及国际机构的公务者，他们的家属 | 任职期间 |
| 4–1–4 | 以观光、休养、参加体育活动、探亲、参观、参加讲学活动和会议，联系业务以及类似活动为目的的短期居留者（不包括在日本从事领取报酬的活动者） | 90 日、60 日、30 日或 15 日 |
| 4–1–5 | 从事贸易、实业及投资活动者（企业的管理者及经营者） | 3 年、1 年、6 个月或 3 个月 |
| 4–1–6 | 留学生（在短期大学以上的教育机构等进行研究或受教育者） | 1 年、6 个月或 3 个月 |
| 4–1–6–2 | 为公、私机构接纳，学习产业方面的技术或技能者 | 1 年、6 个月或 3 个月 |
| 4–1–7 | 在学术研究机构或教育机构进行研究指导或教育者（在短期大学以上的教育、研究机构内、具有专任讲师、副教授或教授职务者） | 3 年、1 年、6 个月或 3 个月 |
| 4–1–8 | 从事艺术或学术活动者（从事音乐、美术、文学、科学及其他艺术方面或科学方面高级活动者） | 1 年、6 个月或 3 个月 |
| 4–1–9 | 取得收入的戏剧、曲艺、音乐、体育等演出者（歌手、演员等艺术家、拳击手、摔跤选手等职业运动员及他们的经理人、服务人员、随从人员等） | 60 日、30 日或 15 日 |
| 4–1–10 | 为从事宗教活动、受外国宗教团体派遣者（包括受所属宗教团体派遣、作为宗教活动无报酬地从事教育活动、医疗活动者，但不包括被国内宗教团体招聘者） | 3 年、1 年、6 个月或 3 个月 |
| 4–1–11 | 外国新闻、广播、电影及其他报道机构的派遣人员（不包括国内报道机构招聘者及自由记者） | 3 年、1 年、6 个月或 3 个月 |
| 4–1–12 | 为提供产业方面的高度或特殊的技术及技能，受国内公、私机构招聘者 | 3 年、1 年、6 个月或 3 个月 |
| 4–1–13 | 从事熟练劳动者（例如中国菜或法国菜的厨师、西式糕点师等，但一般单纯劳动者不被允许入境） | 1 年、6 个月或 3 个月 |
| 4–1–15 | 属于 4–1–5 至 4–1–13 类居留者的配偶及其未成年、无配偶的子女（即所谓被扶养者，不包括虽未成年但进入大学学习、就职或从事属于其他居留资格之活动者） | 与扶养者的居留期限相同 |
| 4–1–16–1 | 日本人的配偶及子女（作为日本人的家属居留日本者） | 3 年、1 年、6 个月或 3 个月 |
| 4–1–16–2 | 1952 年法律第 126 号第 2 条第 6 款适用者之子女、在该法实施之日以后出生于日本者；或 1953 年政令第 404 号第 14 条适用者之子女、在该法实施之日以后出生于日本者 | 3 年 |
| 4–1–16–3 | 法务大臣特别允许居留者（不适用于其他居留资格者，例如医生、语言学校教师、各种学校学生、日本人等的扶养亲属等） | 3 年以内个别指定 |

至于允许再入境这一规定，对于定居的外国人来说，所谓“入境”，通常是“再入境”，实际上是“归国——回到生活的根据地”。因而这并非关系到国家存在与否的问题，而是与国民到海外旅行同样的私人自由问题。但是现行的《出入境管理法》第 26 条规定“可以准许再入境”，并没有对允许定居日本的外国人“再入境”做出保证。如拒绝提供指纹的人便被警告不准返回日本。

强迫离境实际上意味着譬如对国民触犯刑法的一定犯罪行为可以通过执行刑法解除其应负的社会责任，但对外国人则要通过强迫离境这一形式再次追究其责任。其指导思想是认为允许外国人居住不过是社会施与他们的恩惠，是随时可以收回这种恩惠的。至少对于已成为社会成员、在日本扎下了生活之根的人来说，这一指导思想是有问题的。在法理上应确立社会成员这一基准，从这一观点出发，承认外国人的不会被“强迫离境”的永久居留权。

**提取指纹**

管理在日外国人的“外国人登记法”引起的最主要的问题，就是以现在居留日本的韩国人、朝鲜人为主的在日外国人拒绝提供指纹。尽管在比较各国对待外国人的法律制度时，应将其与国籍法以及警察权力等各方面联系起来全面评价，单纯地比较法律条文是没有意义的，但是应当注意到，与日本同样要求外国人提供指纹的国家不过十个左右。而且，定期地以刑法强制实施提取外国人指纹制度的国家只有日本一个。

在美国，除非为了移民或取得永久居留权，实际上对外国人并未实施提取指纹这一规定。而且由于其国籍法采取出生地主义，出生在美国国内的人，即使是外国人也成为"国民"了。因此负有提供指纹义务的外国人仅限于从外国来到美国的人，出生在美国的第二代、第三代已不是外国人了。

在日外国人拒绝提供指纹的理由多种多样。他们有的批评说，除了对外国人以外，提取指纹只用于对付罪犯，这是将外国人视同罪犯的污辱人格的做法；有的抨击说，通过提取指纹对有关个人的情况进行集中管理，与实行全体国民编号管理体制具有相同意义，是依仗国家权力强化对社会的管理。这些批评无论是发自个人的心理感受（屈辱感），还是发自一般原则（国家对个人情况进行管理的行为具有危险性），都是正当的。但是拒绝提供指纹反映出来的主要问题，如同外国人对被要求随身携带并有义务出示外国人登记证感到不满一样，是对日本政府管理外国人的方式表示不满。包括提取指纹在内的这种管理方式的本质是无视外国人在日本居留这一事实及其历史渊源、基于主观的"国民对外国人"这种二元主义，实行（对于违背国家利益的外国人的）"排斥"和（对外国人的人权的）"限制"的歧视性管理。今后应将定居的外国人视为日本的社会成员，考虑如何消除歧视性的管理方式这一问题。

**社会保障和教育**

由于 1982 年修改有关法律时删除了国籍条款，以及其后采取了若干补充措施，在各种社会保障制度中对"外国人"的差别待遇逐渐取消。例如"外国人"也可以住进公共住宅和利用公共贷款制度，在日本滞留一年以上的外国人可以加入国民健康保险等。但仍然遗留着一些问题。例如规定外国人不得享受国民养老金的救济措施，甚至有的人不能享受养老金。按有关法律中关于国籍的规定，未能参加养老金制度的期间不予计算，所以实际得到的养老金数额是十分有限的。此外还有不承认受社会救济的人以及生活贫困家庭的学龄儿童享有为受教育而要求资助的权利（不得进行申诉）等问题。对在第二次世界大战中死亡的军人及遗属进行行政援助以及对广岛、长崎的原子弹受害者进行行政援助时也将朝鲜人排除在外。在教育方面也存在着歧视制度，例如民族学校被列为职业教育学校，其毕业生不能升入高一级的学校（例如专科学校等），该类学校毕业生参加大学入学考试前必须先通过资格考试等。

今后必须从法律上取消这类对有关人员应享有的权利的限制。

## 二、外国人在日本企业

**外国人受雇的现状**

现在日本对接纳外国劳动力的政策方针是"原则上不允许"（1967 年制定《第一次雇用对策基本计划》时内阁会议确定）。而且历来日本企业界的倾向是厌恶企业内存在着异己的"人"和"观点"。但随着企业活动延伸到海外、在海外的业务量扩大，当前考虑雇用有能力的外国人以加强国际化战略的企业逐渐增多。也有的企业认识到在高级、尖端技术领域，如果完全限于从日本人中雇用专门人才和研究人员会影响技术革新；而接触完全不同的、陌生的想法则可促使研究开发工作更加活跃。

大阪商工会议所于 1982 年和 1986 年以总部设在大阪、京都及神户的主要企业为对象进行了关于雇用外国人的实际情况的调查。1982 年调查对象为 1088 家企业，1986 年调查对象为 1300 家企业。根据这一调查，1982 年对调查做出答复的 514 家企业中有 45 家（占 8.8%）只雇用了 169 名外国人；1986 年对调查做出答复的 636 家企业中有 115 家（占 18.1%）只雇用了 337 名外国人，表明雇用外国人的数量有所增加。这虽然是对关西地方的企业进行的调查，但可以认为反映出了全国的倾向。按行业类别看，与制造业有关的企业中这种倾向明显；此外饭店等旅馆业以及信息服务业、广告业和百货店等服务领域也开始雇用外国人，从而使雇用外国人的总数增加（见表 10–2）。

**表 10–2 各行业中雇用外国人的企业数及外国职员人数**

| 行业 | 1982 年 | | 1986 年 | |
|---|---|---|---|---|
| | 企业 | 外国人 | 企业 | 外国人 |
| | 家（%） | 人（%） | 家（%） | 人（%） |
| 制造业 | 26（57.8） | 124（73.3） | 66（57.4） | 192（57.0） |
| 纺织 | 3 | 8 | 7 | 12 |
| 钢铁、金属 | 4 | 41 | 9 | 58 |
| 化学、石油 | 4 | 7 | 6 | 11 |
| 电气机械 | 5 | 50 | 10 | 40 |
| 一般机械 | 3 | 3 | 13 | 24 |
| 精密机械 | | | 2 | 6 |
| 食品 | 7 | 15 | 4 | 16 |
| 其他 | | | 15 | 25 |
| 建筑、设备安装工程 | 3（6.6） | 5（3.0） | 5（4.3） | 10（3.0） |
| 商社、批发业 | 7（15.6） | 15（8.9） | 18（15.6） | 56（16.6） |
| 百货店、商场 | 0（0） | 0（0） | 4（3.5） | 35（10.4） |
| 其他零售业 | 0（0） | 0（0） | 1（0.9） | 1（0.3） |
| 金融、保险证券 | 2（4.4） | 2（1.2） | 4（3.5） | 13（3.8） |
| 旅馆业 | | | 4（3.5） | 7（2.1） |
| 信息服务、广告业 | 7（15.6） | 23（13.6） | 3（2.6） | 4（1.2） |
| 其他 | | | 10（8.7） | 19（5.6） |
| 总计 | 45（100） | 169（100） | 115（100） | 337（100） |

资料来源：大阪商工会议所国际部《关西企业雇用外国人现状调查》，1982 年、1986 年。

但是迄今被日本企业雇用的外国人多是担任企业内的外语教师以及从事英文合同的撰写及翻译等语言方面的工作。不过最近力图使他们作为专门人才发挥特殊技能的倾向明显起来。

这些企业雇用外国人的动机有“雇用掌握外语的微妙语感的外国人，以使与海外企业的交易和交流更加圆满”；“发挥外国人的语言才能，提高实际业务的效率”；“扩展海外信息量”；“企业内有充分了解本企业的经营方针及产品等的背景的外国人，对编制商品目录和宣传品有利”等。

除了这些着眼于实际利益的考虑之外，还有“可促进日本员工提高外语能力”；“使员工吸收外国人的智慧和见解，开阔思路”；“谋求搞活企业内部”；“加深对外国人的思维方式、行动方式的理解”；“消除对外国人的过敏现象”等，期待由此对本企业产生间接效果。

日本政府原则上不允许雇用外国劳动力的最大理由是维护国内劳动力市场的稳定。但是“对于具有日本人无法代替的技术、技能”的外国人，有时也作为例外允许其被雇用。

根据《出入境管理及难民认定法》规定的居留资格（参照前附“居留资格一览表”），允许在日本就职并取得报酬的，除了外国企业驻日本工作人员、新闻报道人员和艺术工作者外，只有该法第 4 条 1–12 所指的高级技术人员和第 4 条 1–13 所指的熟练劳动者以及第 4 条 1–16–3 所指的“法务大臣特别允许居留者”。除此之外，不但普通工人，即使是技术人员，如果被认定属于可以由日本人代替的，也几乎不会被允许入境。现在在日本企业工作的外国人只限于符合上述条件、获得特别允许居留资格的人。本来这些规定不过是例外措施，符合规定的人数极为有限。据 1984 年 12 月统计，以在一般企业等就职为理由获得居留资格的外国人不过只有 3004 人（见表 10–3）。

**表 10–3　在日居留外国人统计表**

| 居留目的（居留资格） | | | 1984 年（人） | 构成比（%） | 1974 年（人） |
|---|---|---|---|---|---|
| 总数 | | | 840885 | 100.0 | 749094 |
| 定居者 | 小计 | | 670141 | 79.7 | 639550 |
| | 协定永久居留 | | 350067 | 41.6 | 342366 |
| | 4–1–14（永久居留） | | 261948 | 31.2 | 11151 |
| | 法 126–2–6 | | 41803 | 5.0 | 160522 |
| | 4–1–16–2 | | 16323 | 1.9 | 125511 |
| 商务 | 4–1–5 | | 5943 | 0.7 | 3494 |
| 留学生 | 4–1–6 | | 14172 | 1.7 | 5712 |
| 教授 | 4–1–7 | | 1007 | 0.1 | 413 |
| 学术文化 | 4–1–8 | | 1207 | 0.1 | 549 |
| 文艺 | 4–1–9 | | 7346 | 0.9 | 2035 |
| 宗教 | 4–1–10 | | 5171 | 0.6 | 5317 |
| 新闻报道 | 4–1–11 | | 238 | 0.0 | 160 |
| 提供技术 | 4–1–12 | | 13 | 0.0 | 32 |
| 熟练劳动 | 4–1–13 | | 1366 | 0.2 | 660 |
| 被扶养者 | 4–1–15 | | 16914 | 2.0 | 11395 |
| 研究、进修 | 4–1–6–2 | | 4270 | 0.5 | |
| 日本人的配偶者等 | 4–1–16–1 | | 33882 | 4.0 | |
| 短期居留者 | 4–1–4 | （旅游） | 4217 | 0.5 | 7724 |
| | | （商务） | 458 | 0.1 | |
| | | （其他） | 1446 | 0.2 | 35 |
| 获得特定居留资格者 | 4–1–16–3 | （就职） | 3004 | 0.4 | |
| | | （外语教师） | 1799 | 0.2 | |
| | | （就学） | 3522 | 0.4 | 68.658 |
| | | （商务） | 1377 | 0.2 | |
| | | （其他） | 61921 | 7.4 | |
| 临时庇护 | | | 920 | 0.1 | |
| 其他 | | | 551 | 0.1 | 3360 |

资料来源：法务省入境管理局编《在日居留外国人统计》，1985 年版。

某百货商店在设置专门为外国顾客服务的“购物顾问室”时，为了“利用外国人固有的感性来选择流通商品，以做到商品配置最优化”，从 1982 年起开始雇用外国人。据说原计划雇用 15 人左右，但由于很多人无法获得居留资格，结果能够雇到的还不到计划人数的一半。

为了得到就职所需的居留资格必须经过审查。审查时间最短也需要两个月，长则超过四个月。据说有些有用的人才便是因为审查时间太长而离去，使得原想雇用他们的企业期望落空。而且即使一度获得了居留资格，为了延长居留期而办理手续时也需耗费时间。由于审查标准严格、审查时间长，抑制了企业雇用外国人。今后在就业政策方面，有必要对于允许外国人特别是具有高级技术和杰出能力者就业采取更为积极的态度。同时也有必要整顿和加强审查居留资格的体制，以缩短审查时间。

**克服企业文化摩擦**

外国职员与雇用他们的企业之间可能发生各种问题。在大企业中，以签订短期合同（将外国人作为“特聘人员”，合同期为一年，不断更新合同）方式雇用外国职员的比例仍然很高，外国职员对这种不稳定的身份经常表示不满。但是也有的外国人不赞成以终身雇用为前提的薪金体系，或不习惯采取年功序列制的日本经营方式。故在现阶段日本企业对外国人很难按照与以终身雇用为前提的本国职工同样的观念和判断标准进行管理。目前意见分歧之处在于是将外国职员纳入年功序列、终身雇用的体制，还是另外采取重视能力主义、按期签订合同的体制。不过从长远来看，“终身雇用”与“年功序列”这种日本经营方式本身发生变化、形成外国人容易接受的体制的可能性也是很大的。

外国职员最为不满的是“日本的企业管理者中对工作内容外行的人太多（上级不作明确的指示）”、“不接受我的建议”、“形式至上主义”，等等。

企业方面则认为雇用外国职员的问题是“日本人那种对企业的忠诚与归属意识淡薄”、“缺乏集体行动精神和协调性”、“难以进行交流”、“过于强调工资、休假等权利”、“难以让他们变换工作岗位”、“妨碍企业内形成日本式的意识”，等等。

出现这样的不满和问题的主要原因是日本人与外国人的历史背景及文化背景不同，在企业中的行为准则或行动方式不同，双方对此缺乏相互理解和认识，导致产生了文化摩擦。

因为产生这些问题的背景是深深扎根于日本企业之中的日本经营方式，所以为弥补两者间的裂痕需要对这种经营方式进行根本性的改变，而这是相当困难的。但是必须努力加强相互的理解，以尽可能使雇用的外国职员能够发挥他们的实际能力，使企业也获得利益。

企业在雇用外国职员时不仅应说明与报酬有关的工作条件，而且应说明工作内容、责任及期待他们发挥的作用等，雇用后也应组织他们对日本的习惯方式进行研究、学习，或实施日语教育等，注意避免使外国职员产生孤独感。同时，使同一企业中日本职工充分理解外国职员的工作的作用及责任，通过双方交流避免集体工作出现混乱也是非常重要的。另外，将外国职员安排在语言能力、性格和经验等各方面都能适应外国人、而且具有出色的管理能力的上司属下，适当地指明其工作方向，给他们以明确的指示和对其工作评价的反馈，也可以在很大程度上避免企业内围绕雇用外国职员而产生的问题。为此管理外国职员的上司也有必要加强研究和学习。

在近期内，日本社会中的外国职员人数不大可能急剧增加。但是最近一些银行及综合商社等也开始定期雇用大学刚毕业的外国人。据说还有的商社已制定出计划，将在今后 10 年内雇用 100 名外国人作为正式职工。从长远趋势来看，雇用外国职员的人数显然会切实地增加。

与日本国内这种动向呈平行趋势，现在好像认为具有在经济大国日本的企业中枢工作的经验一定会对自己的前途有利的外国人也多起来了。人们希望尽快培育出能够接纳这样的外国人并发挥他们的长处的企业文化。

## 三、教育的国际化

**外国教师的聘用**

如前所述，明治初期日本的教育，特别是中等和高等教育是十分“国际化”的。各中学有外国的英语教师，大学里有外国教师用外语讲课。其后日本无须借助外国人也能办好中、高等教育了，但在“国际化”方面却可以说是后退了。今后有必要使封闭的教育界再次向全世界开放。同时，有必要使教育为日本社会走向开放体制做出贡献。下面试从这一角度概括地分析一下聘用外籍教师问题、留学生教育问题、归国子女教育问题以及日本普通教育中的国际化教育等问题。

长期以来，日本的国立和公立大学仅限于以签订 2~3 年的短期合同的形式、辅助性地聘用外国人任外语教师。1982 年制定了“国立、公立大学外籍教师任用法”，规定对外国人可以与日本人同样地聘为副教授、教授，作为享有表决权的正式的教授会成员。

但是到 1985 年 5 月，也不过只聘用了 24 名专职教师。各个大学的态度并不积极，对外籍教师不给予与日本人同样的待遇，大多规定了任教的期限。在同一大学、同一研究室里工作，却与日本教师的待遇不同，使在日本工作的外国人产生了被歧视与不安的感觉。这对于研究和教育均非恰当之策。

在这一方面，倒是有很多私立大学早就给予外籍教师以同等待遇，不仅没有发生问题，而且产生了良好的效果。期望日本的国立、公立大学的教授会在聘用外籍教师这一问题上转变态度，变得更加开放和公平。

在聘用外国人担任初中和高中教师方面，也有不少自治体制定了有关国籍的规定，将外国人排斥在外（在全国 47 个都道府县中，对聘用教师没有“需具有日本国籍”这一限制的只有东京、神奈川、长野、爱知、三重、滋贺、京都、大阪、兵库、奈良、和歌山、冈山、广岛和山口等 14 个）。这也关系到对旅日韩国人、朝鲜人的就业歧视问题。另外，也有些自治体临时雇用以英语为母语的人到各中学巡回指导教学。自 1986 年开始，由国家招聘 500 名外国青年来日，分配他们到各自治体担任协助外语教学及范围广泛的国际交流工作。这作为一种国际文化交流事业应予适当的评价。但从指导学生掌握外语和树立国际化观点出发，更希望今后废除聘用中学教师时对国籍的限制，在向旅日朝鲜人开放的同时，正式、长期地聘用名副其实的外籍优秀教师到各校教授外语。

**外国留学生**

1985 年，在日本共有 12442 名留学生。这一数字只占在日本接受高等教育的学生总数中的 0.6%。

而在一些欧洲国家和美国，接纳留学生的人数分别为：美国约 33 万人，法国约 12 万人，联邦德国约 6 万人，英国约 5 万人。留学生在各国接受高等教育的学生总数中所占比例分别为：法国约 10%，英国约 4%，联邦德国约 3%，美国约 3%。

由此可以看出，日本不仅接纳留学生的数量少，在学生总数中留学生所占比例也远远低于欧美发达国家。这一方面是由于大学方面接纳留学生的体制不完备，另一方面也是因为在日本社会和日本人中存在着排外情绪。

在提供有关留学的信息方面，也有必要充实可提供有关日本及日本的大学信息的信息中心，加强信息的积累和整理。

留学生来到日本，不仅在学习方面完全深入到日本的环境中，而且在生活方面也与日本产生了密切的关系。事先在海外学习过日语的外国人不多，几乎所有留学生必须在对日语一窍不通的情况下开始在日本的生活。因此，开发短期而有效的日语教授法是十分必要的。另外，约有 30%的留学生住在大学附设的或民间团体设置的留学生专用宿舍以及与日本学生一同居住的学生专用宿舍中，其余 70%住在租来的民宅或公寓中。有很多宿舍规定为留学生专用，日本学生不能利用。这给人以日本将他们感到不习惯的留学生圈在特定的“居留地”中的印象。为使留学生尽快、尽可能深刻地了解和习惯于日本的生活、习俗和思维方式，希望改变设置留学生专用宿舍的方法，让留学生们住进“可以与日本学生一起居住”的宿舍。

与生活问题相关的，还有保护身心健康的问题。由于留学生语言不过关，对日本不适应，一旦遇到意外事件或生了病，以及精神高度紧张时，需要有能轻松地进行咨询的场所。有的留学生患病后拖了很长时间才去治疗，终因耽误了时间而死亡。留学生中为获得生活费而从事业余工作、因疲劳和营养不平衡而损害了健康的人数有所增加。虽然有医疗补助制度，但必须先由患者暂付全部医疗费，因而使经济困窘的人对于去医院看病踌躇再三。为此，极有必要建立一些渠道以使这些留学生一旦发生事情时可以轻松地寻求帮助。

留学生的生活费一般是依靠奖学金、家庭汇款以及靠课余工作获得。从亚洲各国来的留学生多为本科生，而本科生只有 20%能得到奖学金。日本物价昂贵，日元汇价又高，仅靠家庭汇款或带来的钱生活是很艰难的。本来留学生未经允许不得从事留学资格以外的活动，但实际上相当多的留学生在业余做工。1983 年 7 月，法务省放宽了对留学生业余打工的限制，规定每周工作时间在 20 小时以内者无须申请许可。可是自费留学生的学费和生活费负担过重，有人便不得不未经许可而将主要精力投入业余工作，以至劳动时间过多、失去了“留学”的意义。今后应由国家和民间合力增加奖学金，使本科生也能像研究生（70%可获得奖学金）那样，过上解除了经济负担的生活。

在学习、研究方面的突出问题是难以取得博士学位。一般认为在日本攻读文科极难取得博士称号。攻读文科而能获博士学位的仅占入学者的 3%。与攻读理科的入学者中有 75%可获得博士学位相比，文科获学位者的比率太低了。虽然这一比率也同样适用于日本人，但日本人已了解了这一习惯，开始从事研究工作时一般也都没有学位，所以没有学位对就业几乎没有影响。但对于外国留学生来说，得不到学位是很大的损失。没有学位，回到祖国后找不到工作；或者虽能找到工作，但在合同期限、报酬以及在大学内的权限等方面与获得学位的人相比处于十分不利的状态，与同期间在欧美学习并取得学位的人也相差很远。今后应对大学进行指导，尽快改变研究生院的制度和学位授予的方针，不是为完成研究的人授学位，而是为具有开始研究工作的实力的人授学位，使得在研究生院课程中能够取得学位课程博士称号。

现在在日本的大学中对留学生开的课几乎都是用日语进行的。但也出现了像东京大学建筑学研究生院那样用英语授课的地方。据说以前由于语言关系，亚洲留学生倾向于去欧美留学，但因日本也有用英语授课的学校，所以到日本来留学的人增加了。

日本制定了到 21 世纪接纳 10 万名留学生、达到法国的水平的计划（《关于走向 21 世纪的留学生政策的提议》，1983 年 8 月 31 日）。但如果上述问题没有解决，留学生的人数是不会增加的。如果日本人没有从根本上做好接纳留学生的物质和精神准备，只会使留学生产生反日感情，回国后也将只宣传日本的缺点。为实施接纳 10 万名留学生的计划，需要解决的问题是很多的。

**国际学校与归国子女教育问题**

现在在日本、尤其是在首都地区，随着对外经济交流日趋活跃，外资企业驻日本的工作人员也不断增加。这些常驻日本的外国人的子女有的在普通的日本学校上学，但大多数就学于国际学校。随着外国学生数目增加，他们希望按语言和国别分别建立学校。有必要积极地为外国学生提供这种方便。另外，对于进入日本的普通学校求学的外国学生，也有必要做好教授他们日语以及给予其他各种帮助的准备。

还有些日本人一度出国，然后又重新回到日本接受教育。在这方面最突出的是随着到国外工作的双亲出国的儿童回到日本所产生的“归国子女教育问题”。

住在国外的日本人的子女中，仅统计到的小学生和中学生人数在 1971 年为 8662 人，1985 年达到 38011 人，增加了 3.8 倍。这些儿童一般在国外生活数年后回国。1971 年统计到的回国的小学生、初中生和高中生合计 1543 人，1985 年达 10037 人，增加了 5.5 倍。其中小学生与初中生合计，从 1971 年的 1331 人增至 1985 年的 8740 人，增加了 5.6 倍。

现在特设了接纳归国子女的班级的学校，包括国立大学附属小学和初中、高中共有 18 所。被指定为归国子女教育研究学校的，包括公立和私立仅有小学 32 所、初中 28 所、高中 25 所。另外，对归国子女入学人数做出特别规定的公、私立高中约 20 所，私立初中约 10 所。大学中以当地高中毕业生为对象、规定了入学名额的国立和私立大学合计有 61 所。这些学校规定的接纳归国子女的名额少于归国子女实际人数，因而入学竞争日趋激烈。

子女随父母在国外生活的时间多为 3~5 年。有些孩子因为年龄小，加之离开日本这么久，已说不好日语了。将这样的孩子贸然编入日本的普通班级，在现在与大家稍有不同的孩子动辄受到欺负的情况下，恰好成为受其他同学欺负的对象。由于他们说不好日语，或举止动作不像日本人，便会被称为“奇怪的日本人”，受到同学们的攻击和嘲笑，最终遭到排斥。甚至理应以宽大为怀的教师中也有人认为班级内有与众不同的学生存在是不利因素，视他们为“外国鬼子”。希望教师具有指导学生在日本社会中发挥他们在外国掌握的优点的能力、心地宽厚。当局也应从人员配置方面保证做到这一点。

归国子女不仅存在语言问题，由于他们在外国未曾受到与日本国内相同的教育，一旦开始学习日本国内的课程时，往往较其他同学明显落后。加之有的孩子由于日语不熟练，不能很好地理解教科书的内容，或因语言能力差，不能发挥出自己的水平，影响了学习成绩。

另外，在外国受到的教育中有些内容是得不到日本社会的好评的。譬如在外国，主张与别人不同的自我意识会被看做孩子的个性受到好评。但在日本，对此不但不予好评，反而被认为与日本的集体主义教育相抵触。日本的学校教育学生要重视协调性，如同对归国子女进行“剪枝”一样，告诉他们发挥个性的做法不是日本人的做法。因此，将归国子女直接编入日本学校的普通班级往往会使他们感到痛苦。有的孩子感到在外国的经历毫无益处、只是灾难之源，便隐瞒自己曾在国外生活过的事实，努力忘掉这段经历。

要使国内的学校对异己事物均能采取宽容的态度尚需时日。如果日本人仍保持着现在这样的心理和文化的封闭性，那么无论到什么时候也仍会排斥异己事物，很难想象会发生变革。对于异己事物感到难以适应是人之常情，但有必要改变日本的教育，使学生在充分了解自己的基础上将别人与自己的不同之处看做对方的个性予以承认。90 年代应作为解决这一问题的过渡期。

作为解决归国子女教育问题的具体措施，当务之急是增加接纳归国子女的学校的数目。因为派职员赴国外工作的企业多集中于大城市周围，随着住宅分布状况的改变，住地与工作场所之间的范围逐渐扩大，归国子女也散居在大都市周围相当广阔的范围内。

最后还要提及的是日本普通教育中的“英语教育”问题。现在日本的初级中学进行的英语教育对于唤起与外国人进行交流的欲望、培养实际进行交流的能力几乎完全不起作用，仅仅是作为区别、选拔学生的手段加以利用。有必要考虑将“英语教育”从现在的角色中解放出来，使之成为有乐趣的“国际交流手段的教育”。为此希望能够增加课时，积极聘用以英语为母语的人做教师。

## 四、社会的国际化

日本社会存在着强烈的“内外有别”倾向，即将同质的事物视为“内”而予以重视，视异己的事物为“外”而轻视、排斥。厌恶异己事物、对之进行不光明的攻击的态度，是造成社会性歧视的原因，或形成对社会性歧视的存在不敏感的原因，这些都助长了现实存在的社会歧视现象。日本人现在对外国人特别是亚洲其他国家的人并不十分尊重，而是怀有歧视他们的感情。对于如何消除这种感情，大至国家行政机构，小至街道居民会、家长会，都应进行认真的考虑，否则日本社会的国际化是无法实现的。

归根结底，如果不从本质上改善日本社会的这种心理结构，是无法实现真正的国际化的。但为了多少促进日本社会的国际化，有必要让社会各阶层、各领域注意以下三个原则：

（1）不要对少数异己事物做出有害的举动，换言之，要尊重基本人权。这与同化问题和残疾人的福利问题也有联系。对条件不利、容易受到歧视的外国人必须予以关怀。

（2）整个社会应尊重理性，单纯而明朗。必须尽可能消除那些不透明的部分。要尽可能自觉地使那些迄今尚不成文的规则成文化。例如为了使在一幢共同住宅中居住的具有不同文化背景的人们都能愉快地生活，便应尽可能地以明快的形式公布利用该共同住宅的规则。与此相关联的是不要回避表明自己的主张或争论。日本自古以来有着“不发表意见”的文化背景，常常用“不用说也应该明白”来责难对方。今后必须培育这样的观念，即认为不发表意见是不会令人理解的，对不发表的意见不理解是正常的，希望别人理解的意见就一定要表达出来。也许有人认为这样做会使社会上的人际关系紧张起来。但这却是实现自我革新所必须接受的关键之点。在固有的“不发表意见”的文化背景下，人们倾向于回避矛盾。不正当地谋求个人利益的人只要蛮横地硬干，有理的一方反而退让了。如果培育起不回避争论的观念，这种弊端就会被消除。为适应这种变化，也许社会需要更多的法律工作者和解决纠纷的专家。

（3）承认并理解文化并非绝对单纯，而是多样的、不断变化的。认为外国人应该“入乡随俗”，强迫他们接受日本文化，是傲慢的态度。社会的领导者应理解一切文化的价值都是相对的，在发生摩擦时应有进行调整的能力。不应该将文化视为固定不变的东西。作为个人对某种特定文化表示尊重是个人的自由，但不能因这种文化是自日本古代流传下来的便认为应要求其他外国人也遵从它。甚至连人们以为是日本自古流传下来的一些风俗，其实往往不过是数十年前受到其他文化的影响、作为文化融合的结果固定下来的。

对良好的变化应采取宽容的态度。希望人们能对变化产生期待，即认为改变固有风俗的尝试会导致产生更出色的文化。

上述三项原则如能在社会各阶层、各领域实现，日本社会的国际化就有可能实现了。但为使这些原则具体化、能够真正实现，还需采取各种手段。希望在社会各领域设立受理外国人的要求和申诉、适当解决这类问题的机构；在社会各领域创造机会，使不同的文化所具有的优点能够定期交流，以促进了解，并努力使这类活动经常化。例如在各县首府所在的城市内设立国际交流中心，在那里外国人可以就自己遇到的困难进行咨询；创造机会使外国人与日本居民相互学习舞蹈、烹调及语言等；外国居民可以在国际交流中心的图书室看到自己祖国的杂志等。如果类似活动也能在住宅小区及学生家长会等社会领域内小规模地展开，日本社会的国际化就会逐渐实现。过去开展的结成姐妹城市的友好活动开拓了民间外交的领域，应予评价。但随着社会国际化的进展，生活在同一地区的外国居民与本国居民之间扎实地开展对等的对话与交流更为重要。

## 第三节 外在的国际化

### 一、在国外的日本人

**出国旅游**

1985 年到国外去的日本人约达 495 万人。据 1984 年统计，在国外滞留 3 个月以上的长期居留者约 23 万人，在外国永久居留者约达 25 万人。短期出国者中大多数是以观光为目的的所谓旅游者，占总人数的 80%以上。长期出国者则多为企业驻外工作人员和留学生。这些出国者的共同之处，就是少数日本人深入异文化地区，而且他们的活动不以当地的意志为转移，是根据自己的意愿（或企业的方针）前去的。

随着出国旅游者增加，在各地引起了种种问题。主要问题有两个：一是由于集体行动而造成的威胁，二是肆无忌惮地购物。几乎所有日本人去海外旅行都是参加由旅行社收费、负责安排交通工具、参观场所以及食宿等一切服务的所谓团体旅游。1964 年，取消对以观光为目的的出国旅行的限制时，出国旅行的费用昂贵。但进入 70 年代后，团体旅游减价幅度加大，与以前相比便宜了许多。因此旅行社组织旅游活动也就自然地以团体旅游为主。有些人想去外国，但又不懂外语，觉得如果没有懂日语的向导便十分不安，因而对出国旅游踌躇不决。还有的人听说外国治安状况远不如日本，担心单独行动有危险。而参加团体旅游既放心又便宜，于是他们当然都选择了这种轻松的旅游方式。参加团体旅游还可以免去自己办理出国手续的麻烦，很合日本人的胃口。

这样的一些人跟在导游手持的旗子后拖拖拉拉地到处走，当地的人看着很不舒服。而且旅行社组织的团体旅游的目的地仅限于那些特定的观光点，日本游客络绎不绝地出现在那些地方，更是格外显眼。当地人已分辨不清个别的日本人，只看到一群一群的日本人。虽然日本人单独行动时十分谨慎，但一旦集体行动便产生一种轻松感和放心感，忘记了作为日本人来到文化不同的异国会受到当地人的注意这一点，旁若无人地任意行动，甚至认为“出门在外不怕丢人”，满不在乎地做出在国内不好意思做出的行为，令人瞧不起。特别是以旅游为名到东南亚各国和中国台湾、韩国等地寻花问柳，招致当地人的反感。购物是人们到外国旅游的乐趣之一。在国外即使买高级名牌商品也比在国内买便宜得多。因为是

“从当地买回来的”，更使之身价倍增。由于旅途中产生的解放感和必须买些礼品送人的强迫感，使日本游客以当地人觉得过高的价格购买大量商品。这种行动也招致了当地人的反感，认为日本人依仗有钱拼命买东西。

但是近年来出国旅游出现了新潮流。有的人单独制定了计划，利用普通的交通工具和旅馆等，较长时间地自由地到处旅行。采取这种方式旅游的人数不大可能急剧增加，但他们这种旅行的乐趣通过口头传播和导游手册的介绍一点点散布开来，也许会逐渐改变日本人的旅行观。不过，因此而使日本人在旅游地遇到危险和伤害的可能性也会相应增加。

**在国外工作**

从前到外国去“工作”就意味着移民、移居国外。后来到外国从事商业活动的人增多。现在除上述两类人员外，派遣到设在国外的工厂从事与生产有关的工作的人员也多起来了。过去只是极少数经过选拔的人到国外去工作，而最近很多人是为了企业的经营战略、事前没有一点精神准备，接到一纸命令便不得不到国外去工作了。日本的资本大举流向海外，事业规模多种多样，从设立驻外国办事处到设置分公司、开设工厂、日本企业投资兴建当地企业以及购买不动产……。出国工作的日本人急剧增加，引起了各种问题。如由于资本运用、经营方针、商业习惯、雇用制度以及工会组织等与日本方式不同而产生的企业经营问题，日本人深入异文化社会产生的社会、文化方面的问题等。这里仅着眼于社会、文化方面的问题。这方面的重大问题，一个是由于语言及生活习惯不同导致文化摩擦造成精神痛苦的所谓海外不适应症问题，另一个是伴随企业职员到国外工作而产生的个人家庭问题。

日本人出国工作，当然会置身于外语环境中。对于绝大多数日本人来说，那无疑是有生以来初次经历的。日本人本来即使在国内讲日语时也不善于表达自己的主张，何况在国外必须使用当地语言了。仅此一点就十分消耗精力。

不仅语言，外国的生活习惯、饮食等也与日本不同，一切都令人惊奇。

理解异质文化需要时间。而且，说到底几乎是不可能理解的。如果为理解异文化而身心交瘁，对在当地生活失去了兴趣，则几乎连适应异文化也做不到了。身在日本是绝对体会不到遭到文化冲击、出现海外不适应症的那种精神痛苦的。也正因如此，这种痛苦是十分悲惨的。

如果日本国内有着能够与异文化共存的土壤，日本人具备了这方面的经验，那么即使到了国外，也能认识到文化环境的变化，不会产生那么严重的精神痛苦，从而能够在异文化中共存了。

出国工作人员的家属一般同去外国。从在日本出国者人数中以到设在国外的分公司工作为目的的人为5.7万人，而家属及以与出国工作人员共同生活为目的的人数几乎相同——为5.8万人这一点便可以看出。这些家属也与驻外工作人员同样，由于文化摩擦而感受到精神上的痛苦。如果是到生活水平与日本差不多的发达国家去，那么除了语言之外，生活上还没有什么不便之处。但如果去发展中国家（尽管一般是到该国第一大城市，而非到偏僻地方去），则由于生活用品及水、电等日常所需的设备不完善，难以保证在日本国内起码的生活水平。对于习惯于生活电气化的日本人尤其是年轻人，那是从来没有体验过的，因而是涉及生活之根本的大问题。

在有些国家，外国人必须通过家庭服务员才能顺利地处理一切问题。日本人总是希望使家庭成员与服务员之间能够充分地相互了解，所以格外劳神。在日本，人们可以凑在街头巷尾交换一下信息，发发牢骚以松弛一下神经，或通过聊天宣泄一下积郁。但在陌生的环境里这些都做不到了。结果终日把自己圈在家里，或是只与日本人交往，形成一个日本人的社会，使当地人以为日本人不愿出门，只是自己抱团，是既没有社交、也不参加地方活动的、只顾自己的人。

对于孩子们来说，又多了一个由于“学习”而产生的问题。家长们希望子女在外国也能受到与日本国内同样条件、同样水平的教育。因此日本文部省与当地的日本企业等拿出经费设立了“日本人学校”或“补习校”。现在世界各地共有这类学校近200所。“日本人学校”为全日制，多设在教育设施远逊于日本的发展中国家。“补习校”则多设在发达国家。在没有“日本人学校”的地方，学生们平日在当地学校学习，利用星期六和星期日上“补习校”，主要学习日语。1985 年，生活在国外的学龄儿童共有 38011 人，其中在“日本人学校”学习的有 15891 人（占总数的 41.8%），在“补习校”学习的有 14321 人（占总数的 37.7%）。在这些学校里，使用日本的教材、由日本教师用日语进行仅针对日本人的教育。

与此相反，也有的儿童不去“日本人学校”学习，因为家长认为好不容易来到了外国，要让孩子在当地学校受教育，以面向国际社会。但即使他们在当地学校学到了很多有利于发展的东西，回到日本后却会出现在日本的学校里跟不上，或对考试、升学不利的情况。

**在国外学习**

也有些日本人主动地为了“学习”而出国。据“以出国目的分类的人数统计”，1985 年为了“留学及掌握技术”而出国的日本人达 23830 人（占出国总人数的 0.5%）。这类出国者中在外国滞留 3 个月以上的即被列入“留学生、研究者、教师”类进行统计。1984 年这类出国者共有 37531 人。

在统计方面对于留学种类没有明确的划分，但大体上分为利用暑假等大学假期的短期留学和必须休学的长期留学两类。短期留学主要是为了进修外语。由于进修外语可与出国旅行结合起来进行，所以当前这种方式很受欢迎。

另一方面，绝大多数长期留学者是前往美国、西欧等发达国家。那里与日本不同，大学生必须十分用功，否则就会一落千丈。日本学生在本国大学里习惯于悠哉游哉，即使对外国大学里竞争的激烈程度有精神准备，也常常遭到失败。而且即使凭借日本人天生的勤勉克服了文化背景不同的障碍和学习的障碍，修得了学分，国内的大学也不予承认。因此日本学生一般采取在国内休学、出国留学的方法。也有人认为这样做浪费时间，于是在毕业于日本的高中后立即到外国去上大学，直到毕业。还有的学生随家长到国外，一直在国外读书直到上大学。过去日本企业在雇用职员时忽略了这些人，最近开始注意到了这一点。作为国际战略的一环，企业已开始从搜集具有国际感觉的人才这一观点出发，认真考虑雇用这些人了。

## 二、日本人在发达国家

**理解文化的态度**

在商务人员主要与之打交道的发达国家，各种业务均已体系化。尽管各国的体系不尽相同，但各公司、企业的体系已经确立。因此只要了解、习惯了这一体系，日常的业务活动便可以应付了。由于有“物质文明”这一具有普遍性的基础，一切事物都能够领会了。但无论多么发达的国家，隐蔽在物质文明背后的精神文化是多种多样的。如果外来人被具有普遍性的物质文明遮住了双眼，从一开始就缺乏理解当地独特文化的态度，那么就不会发现当地的文化。

如果日本企业界人士只集中精力于商品的销售和生产，那么即使他们的产品会受到欢迎，日本人也不会受到欢迎。发达国家虽然处在物质文明中，但同样重视精神文化。如果不尊重这一点，就不会被当地接受。理解精神文化不是容易的事情。首先必须努力融合到当地社会之中。仅仅热衷于贩卖商品、从事生产的话，在当地社会这一超脱了工作的个人的集合体中，便不会得到承认。应该参加当地一些具体的活动，如参加社会事业自愿服务活动、学校的家长会等。在日本，人们尚未理解社会事业自愿服务活动的意义。应该毫不勉强地、主动地怀着善意参加这种活动。为了加入发达国家的伙伴行列，期待每一个人做出这样的行动。不过，在日本，企业工作人员尽管有代表企业的一面，却很少以个人身份抛头露面。因此要求他们在国外发挥个性似乎是不易做到的。但如果不知难而进，日本人、进而日本和日本社会文化所遭遇到的摩擦是无法消除的。

由于世界通用的语言是英语，到欧美发达国家去的日本人往往不能充分表达自己的想法。语言方面的不利条件，再加上日本人固有的劣等感，在上级面前没有主见，使外国人认为日本人不会交际，令人不快。发达国家仍按照过去的印象认为日本人是不善谈吐、嗤笑不停的令人厌恶的人种。日本人如果自己不能采取与发达国家的国民对等的态度、勇于表现自己，那么欧美人对日本人的印象恐怕永远也不会改变。

**对当地社会的贡献**

在已进入成熟阶段的欧洲发达国家，人们追求有余裕的社会生活，认为不轻易地为集体所束缚、坚持个人主义是理所当然的。在他们看来，日本人离开祖国，特意来到外国，却仍然将自己封闭在日本人社会中，实在无法理解。欧美人已不再是为了谋生而一味工作，人们的兴趣转向消遣和度假等。因此，他们轻蔑地认为兢兢业业不停工作的日本人是劳动中心主义者。在美国则认为日本人仍像过去的移民一样，仅仅是为了工作、为了赚钱来到外国的，对当地社会没有任何贡献，由此可能再次产生排日、反日感情。

在国外如果仅仅在日本人的圈子里活动，或把自己封闭在家中，是无法与当地人进行交流的。而且，与人交流时，尤其是非工作性质的交谈时只讲自己的工作会令人生厌。如果不能作为一个有教养的人，围绕文学、音乐、历史以至世界观等话题边谈话边进餐，或应酬于交际场合，那么便不会被承认为欧美社会的一员。为了与欧美发达国家建立巩固的经济关系，不能仅限于供应商品，而必须展示作为日本人的品性。日本人必须成为能与欧美人对等交往的伙伴。

另外，设在国外的企业以及驻外工作人员应承担所在地区的社会责任。首先要遵守当地法律。此外还要协助解决环境问题；对自然灾害提供援助；参与文化活动；为地区社会做出贡献。

现在日本人不仅在工作方面发挥日本人特有的勤奋，而且应该将这一品质应用于社会各方面。在重视个人主义的欧美，最重要的是具有习惯于接受新鲜事物、感受性丰富的宽广的胸怀。以这样宽广的胸怀在海外开展活动，一定能够采取博得当地尊敬和信赖的行动。培育了日本人的文化之所以发挥了威力，就在于它既保持着自身的独立性、又吸收了外国文化的优点，将之与日本文化融合起来。那么，现在日本人在其他各发达国家中也不是做不到这一点的。

日本人必须十分谨慎，既不应怀着劣等感、自觉低人一等，也不该由于经济发达而居然产生优越感、骄傲起来。我们必须彻底认识到我们生活在相互依赖的时代中，必须能够融合进所在国家的社会。

## 三、日本人在发展中国家

**健康管理**

就物质方面而言，日本已成为世界上生活最方便的国家之一。从这样的日本来到发展中国家，在日常生活方面会感到有许多不便之处。此外，由于治安状况不好，很可能成为政治恐怖活动的牺牲品，或成为谋财害命的对象。对这些也要做好精神准备。文化、风俗以及价值观也与日本大不相同，很多日本人为此感到不安，由心理紧张发展到不适应症。

在陌生的外国生活，最令人不安的是当地的卫生管理。特别是发展中国家，有很多陌生的水土病或热带特有的疾病。很多人会出现原因不明的长期发烧、腹泻等症状。然而当地医疗设施和医疗技术又十分欠缺，或即使有但医疗习惯与日本大相径庭。几乎没有能够得到日本医生的治疗、进行健康咨询的设施。加之语言不通，更使人倍感不安。

有些大企业要求驻外工作人员及家属每年检查两次身体并将诊断情况向总公司报告；驻外工作人员生病时，如果所在国家没有合适的医疗机构，即让他们到邻近的发达国家去接受治疗。也有的企业每1~3 年派医生到当地巡回医疗，使驻外工作人员可以用日语无所顾虑地进行健康咨询。但是中小企业驻外人员及其家属的保健医疗问题却几乎完全被忽视了。应使他们在当地也能得到与在日本同样的、令人放心的医疗。为了尽可能减少令人担心的因素，最近一些大银行、保险公司相继开设了对企业驻外工作人员的保健咨询服务业务。

希望这样的服务能够进一步充实。但有必要考虑到与当地医疗制度保持平衡。否则仅以日本人为对象的医疗制度可能招致当地人的反感。可以考虑采取这样一些方法，如向当地医疗设施派遣日本医生，加强当地医务工作，同时创造日本患者进行治疗的环境；援建地方病研究中心，让日本研究人员在那里边进行研究边治疗病人，在为当地做出贡献的同时使日本人也能受益。

**尊重当地的价值观**

来到发展中国家的日本人一般聚居在高级住宅区。在政局不稳定、治安状况不好的国家，这样做比较安全，与遇事时可以商量的伙伴离得近些，方便些。如果仅仅是这样固然问题不大。但往往容易形成日本人社区，阻碍了与当地社会的交流。日本人固守在自己的社区内，与当地社会及民众接触不够，便会使当地人产生奇怪的感觉，或招致误解，认为日本人是否看不起当地人。

在很多国家都存在着这样的价值观：富有者帮助贫困者是理所当然的。因而盛行在岁暮等时节募捐、赠款等活动。但无论在哪里，日本人捐赠的款项总是远远少于欧美国家驻当地人员及企业。据认为与驻在各地的日本企业分公司负责人交接职位时举行盛大仪式的消费规模相比，他们的捐赠实在太少了。

另外，日本妇女一味追求自己的乐趣，毫不考虑对当地的贡献和交流，也颇招致反感。

上述这些情况与日本人在国内的习惯、对宗教的观念固然有很深的关系。但对当地的价值观须更加尊重同样是必要的。

发展中国家存在着阶层的差别。在很多地方，雇用家庭服务人员是达到中流以上生活水平的前提。从经济大国日本来的人，无论自己是否愿意，都将被纳入这个阶层社会的中流阶层。还可能会发生这类事情，如驻外工作人员的妻子上街买东西时，由于她是外国人，卖主便向她索要高价；在当地发生了交通事故，事态也可能异常地扩大。由于这些缘故，住在国外的日本人往往雇用包括女仆、清洁工和司机等多人。然而由于语言不通，想法、价值观以及生活习惯各方面都不相同，在日本又没有雇用家庭佣人的经验，竟不能很好地使用他们，反而过分地为他们而操心劳神。在国外，日本人已习惯将家中一切抽屉、柜门等都加上锁，并趁佣人们在休息日离去时把东西换个地方收藏。日本人尽量平等地对待佣人，但对方却不习惯于这种对待，以致由此产生烦恼，导致精神紧张。对此，必要时应确切地指出佣人之不如意的地方，显示一下作为雇主的权威，即使自己厌恶这样做。

**子女的教育**

去发展中国家工作的人最伤脑筋的是子女的教育问题。据 1985 年 5 月 1 日统计，生活在国外的日本学龄儿童总数为 38011 人，其中近 40%生活在亚洲、中南美、中近东和非洲。1985 年年末，国外共有“日本人学校”78 所，其中亚洲 24 所、中南美 15 所、中近东 11 所（其中 1 所暂时关闭）、非洲 5 所，即 71%的“日本人学校”集中在发展中国家、地区。

很多家长顾虑发展中国家的教育设施不完备，或虽有学校但由于使用当地方言，对孩子们的将来不利，因而让子女上“日本人学校”。1985 年 5 月，各地区“日本人学校”在校生占学龄儿童总数的比率分别为：亚洲 94%，比率最高；中南美 76%，中近东 70%，非洲 65%，以上地区的比率也较高；北美 5%，欧洲 38%。由此可见，在发展中国家和地区对“日本人学校”的依赖程度很高。

设在发展中国家的“日本人学校”一般规模不大，在校生人数不足 50 人的占很大比例。但也有 7 所学校在校生人数超过 500 人，其中新加坡和中国香港的“日本人学校”在校生各有 2026 人和 1315 人，规模之大使得学校设施已不敷学生需要了。

与此相反，“补习校”则突出反映了对那些生活在甚至难以有规律地接受函授教育的地区的儿童们施行切实的教育的必要性。

人们期待“日本人学校”发挥以下作用：第一，使学生获得与在日本的学校就学同样的学习能力；第二，使学生们继续保持日本式的气质和举止，使他们在归国后能够顺利地被社会所接受。

生活在发展中国家的日本儿童几乎都被局限在当地日本人的圈子内，无法与当地社会接触。而且由于他们在“日本人学校”上学，也难得与当地儿童进行交流、成为朋友。可以说“日本人学校”缓和了在国外的日本儿童由于接触异质的社会、文化所感受到的文化冲击。在此意义上说，它很好地发挥了人们期待于它的上述第二种作用。

但是另一方面，它事实上封锁了日本儿童与当地人的直接交往，对培养他们理解当地文化、从外来者的角度认识当地文化的能力产生了抑制效果。据说由于日本儿童唯一能接触到的当地人就是佣人，便有人学着他们作为雇主的父母对待佣人的态度，用居高临下的姿态对待当地其他人。

有人主张应打破“日本人学校”的封闭状态，创造既能与当地儿童进行交流又能进行学习的环境。这样做需要与当地政府进行协调，存在若干困难之处。不过应该根据当地情况考虑采取一些措施，如促进学生与教师的交流，开放校舍、体育设施和游泳池，在课程中引进当地文化教材等，努力促使“日本人学校”逐步开放。

## 第四节　为了日本人的国际化

用“国际化”的观点对日本社会及日本人的现状重新进行分析，显然可以得出如下结论：实现“国际化”尚有许多困难，如果日本社会及构成日本社会的日本人不进行相当激烈的自我革新、尤其是精神状态的自我革新，是不可能形成能够大量接纳外国人的社会结构的。不仅如此，当前一般日本人并没有在日本国内与外国人共处的愿望。因而如果由于经济的原因或外来的压力使外国人进入日本社会，便有可能导致新的社会不稳定局面或种族歧视现象出现。不幸的是，对历史上日本人曾进行过的种族歧视进行反省不仅没有成为国民一致的行动，而且甚至连同一民族内部的歧视也没有克服。

另一方面，日本与近邻各国的工资差距相当大，很多人非常希望到日本来寻求就业机会和高收入。现在已有很多人持旅游签证来到日本，主要从事卖淫及低工资劳动等。1985 年一年之内因非法居留被强制离境的便有 6000 人，据说实际人数约为此数的 10 倍。如果这些人在日本定居，并将家属接来，不仅会导致教育、社会福利、住宅等社会资本需求膨胀，而且可能与日本的失业者和低工资劳动者发生摩擦。

与其承受这样的负担，不如向周围国家输出资本，在当地创造就业机会，并协助当地培养人才，这样对双方都有利。

应该坚持现行的尽量阻止低工资劳动者入境的就业政策。但对于已在日本的这类外国人，应从与法律上的居留管理不同的观点出发，采取教育（日语教育）、医疗及社会福利等措施，以避免引起社会问题。

在尽可能防止低工资劳动者流入以及由此引起社会问题的同时，有必要人为地、有计划地创造与异文化接触的机会，以此谋求日本人的国际化。

应创造机会使日本人与之接触的外国人，是受到日本人尊重的具有高度知识和技能的外国人（研究者、技术人员、艺术家和语言学家等）。为大量、长期地招聘上述外国人来日，希望开展各种共同研究、共同开发活动。如果能在日本实施对人类社会有所贡献的超大型研究开发项目，那将成为与异文化接触的理想的机会。另一方面，日本也应以大量投入资金和人员的方式推进在外国进行的包括其他国家人员参加的国际性研究开发项目。

希望在 90 年代通过人为地、有计划地促进与异文化的接触，培育日本人精神和心灵的国际化，使 21 世纪的日本成为对外国人一视同仁的、多种文化共存的社会。

# 第 11 章　促进国际化

**研究成员**

（财）国际文化会馆常务理事　**加藤幹雄**
东京大学教授　**大沼保昭**
立教大学教授　**北冈伸一**
青山学院大学教授　**杉山恭**
东京大学副教授　**山影进**
日本大学教授　**罗伊·洛克海默**

（此外，东京大学教授**天野郁夫**、埼玉大学教授**山本吉宣**、筑波大学教授**佐藤英夫**、众议院议员**椎名素夫**、劳动省职业稳定局雇用政策课课长**广见和夫**、日本学术振兴会理事长**木田宏**、津田塾大学副教授**梶田考道**、法务省入境管理局入境审查课长**大久保基**、庆应义塾大学教授**内山秀夫**、筑波大学外籍教师**艾班·霍尔**等 10 位，在本项研究的过程中提供了意见。）

**秘书处**

（财）国际文化会馆**柏祐子**

## 第一节　国际化的含义和条件

### 一、正在成为世界的领袖

**日本以及日本人的重负**

当今世界各国对日本以及日本人的普遍关注，甚至导致了“日本热”现象。实际上，这意味着，各国及各国公众希望从日本及日本人身上学到对各自社会有益的知识和经验的欲望日趋强烈。日本受到全世界的称赞和羡慕。在受到称赞的情况下，只要以明智的领导和宽宏大度的态度加以对待，就会给日本带来绝好的机会，从而又会受到羡慕，这意味着日本处在必须采取最为慎重的外交政策的极危险状态之中。面对挑战和机会，日本必须尽可能深入地了解世界各国公众的思想及态度。同时希望世界各国通过加深与日本人的接触，正确地理解日本人的世界观。

**消极性和宽容性**

阿·托因比就美国逐步地发挥全球性作用的过程，指出其两点长处：①美国本来并不希望卷入与世界有关，特别是与欧洲政治有关的旋涡中去，在 20 世纪中叶开始成为世界的领袖，是很不情愿的。②美国为复兴由于战争而遭到破坏的世界经济，拿出了巨额资金，表现出让各国分享本国财富的宽容风度。

关于日本对当今世界的态度，后世的史学家将如何评价呢？日本准备发挥与其经济实力相称的世界领袖作用吗？就消极这一点而言，可以说现在的日本与过去的美国是相同的。另一方面，在实力当中，与特权相并存的还有义务。这就要求日本人不要把日本的利益仅仅当作日本人的独有之物，必须认识到这是基于人类共同的命运和繁荣的全球性利益。也可以说，要求回答的问题是，日本能否做到，通过克服消极态度，发挥真正的世界领袖作用，向世界表明日本的理想、目标和方针，给全人类以勇气。

**世界主义**

所谓世界主义，是指作为一国的国民，在非常了解本国的同时，作为世界的居民也不感到陌生。纵观整个人类历史，各国人民通过教育、国际通婚以及各种国际交流，早已奠定了世界主义化的方向。

将国际化这一概念具体到每个人来考虑，国际化就是：每个人都要在认识上、心理上和感情上建立世界主义的态度和精神，也就是说要建立了解自己、了解祖国而且了解世界，即便不是在所有方面都同意对方的观点，相互之间也不存在隔阂感这样一种态度和精神结构。由于地理的、历史的以及人为的因素而陷于孤立状态的日本人，要建立起这种精神结构和态度绝非易事。日本是由一个在思维方式、举止态度、体态容貌等各个方面均须完全认可为纯日本式的人类群体所形成的社会。并且日本人使用的是任何一个其他国家的国民所不使用的、在其他任何一个国家的一般教育课程中均未被纳入进去的语言。由此，作为一个在世界近现代史中处于主要先导地位的国家，不能不说日本是一个极为罕见的例子。

以这种背景进行反思，人们再一次痛切地感到，进一步使日本社会迈向国际化是一个多么艰巨的课题，为此又需要多么充分的精神准备和心理素质的培养。

## 二、有关“国际化”含义的几个问题

**历史条件和环境的差异**

在日本社会和日本人之中，有关国际化的议论由来已久。从某种意义上说，日本的近现代史本身就是国际化过程的历史。近年来，日本与几个主要贸易伙伴国之间的贸易摩擦日趋激烈；国外对日本的市场、经济结构，乃至社会结构的非开放性，提出了种种批评。由此，在日本国内各个领域和层次，围绕国际化问题重新展开了讨论。然而，国际化究竟意味着什么？国际化对日本社会以及日本人提出了什么具体的变革要求？或者说国际化给日本社会和日本人带来了什么变化？诸如此类比较全面的综合性研究，现在几乎可以说仍然是个零。迄今为止，几乎所有的有关研究，均无一例外地被局限于特定的领域或其相关领域。再加上国际化这一词汇本身所带有的笼统性和模糊性，使得其运用因人、因历史条件，或因一个具体历史时期的特定环境而含义各不相同。况且在运用国际化这一概念时，主观的价值衡量因素比客观性把握的因素所起的作用更大。尤其是在国际化的对象不是某个国家或社会，而集中于人的情况下，价值衡量因素不可避免地具有更大的决定性作用。

把国际化作为“以物质、人、信息、文化为媒介，在与生活相关的领域（消费、余暇、工作、教育、家庭及其总体的生活方式）中不断增加的与国外的相互交流”来把握的《国民生活白皮书》（1986年版），则以总贸易量，即进出口总额与国内流通量（或国内生产量）的对比作为衡量的一个指标，尝试从量的增大这一现象对国际化进行剖析。然而，从这种可以定量化的因素的增减来把握国际化的含义，实际上仍然属于价值判断的范畴。

国际化一方面要求将国内的社会体系及制度、组织机构改革成为更具世界性的、与国际社会相协调的类型。进而，还须使国民的精神意识和价值观转化到能够使变革顺利进行下去的方向上来，这就是所谓“内向型国际化”。与此相辅相成的是，日本及日本人在国外的活动规模逐步扩大。随着其影响面越来越广，包括日本的社会体系、制度、习惯等在内的民族文化逐步为国外所接受、并融汇于国际社会，其普遍性意义将越来越大。这就是“外向型”的国际化。内外型两者紧密相关。在人们用价值判断来认识国际化的情况下，决不能只片面强调其中的一个方面。因为片面的解释说明不了国际化的真正含义。

不过，本文中将以前者为主，即集焦点于内向型国际化。目的旨在明确对于日本及日本人来说，国际化到底意味着什么？以及为什么现在国际化的问题摆到了日本人面前？

**国际化含义的演变**

如前所述，国际化这一词汇的含义十分模糊。不同的人对国际化有着不同的解释。金泽正雄对国际化的词义做了如下解释："由于国际化这一词汇是在近几年才开始被广泛使用，多数词典中都查不到。小学馆出版的国语词典解释为'国际上所通行的'。广辞林则说它是'国际性的；各国所共同的'。至于报纸、杂志，则将国际化解释为'日元的国际化。即日元作为国际货币，在世界上被广泛使用'。"显然，这种解释套用的是小学馆辞典的定义。而"经营的国际化，是指进行经营的场所，逐步地扩展到国外"，显然源于广辞林的定义。

不过，上述辞典中国际化辞条的编撰者们却没有预料到后来出现了"地方国际化"这种提法。这种含义的具体事例是在地方城市中建设国际会议场所、饭店、展销场地，提供翻译服务，通过市民直接参加的方式进行国际交流。其目的在于使日本在更广阔的领域向外国人开放。

虽然国际化这一词汇难以用一个固定的定义加以概括，在不同的情况下具有不同的含义，但却有一个根本的共同点，即日本作为一个国家，或者作为一个城市或社会组织，甚或作为其中的一个人，都有着在与国外组织及外国人的交流中求得自身发展、壮大的信念。国际化的观念恰如"国际上通行的"这一定义所清楚表明的那样，具有两面性。在其活动领域方面，呈现出自国内向国外开放、拓展的现象。与此同时，其中还包含着依据国际上通行的某种原则开展活动的规范性的内涵。

在提出国际化概念中明确的价值判断的基础上，金泽参照与日语中"国际化"语义相近似的美、英具有代表性的辞典中的"internationalize"的定义，指出："英文中的国际化，以复数国家共同行事这一观念为核心。这与日本的一个国家的国际化观念不同。……而且国际化意味着组织系统和活动范围为多国形式，不能局限于一个国家。遗憾的是，现在人们只能从现象上把握国际化。在规范的意义上，即依据国际上通行的法律和规则行事的观念尚未形成。"

所谓 internationalize 的语义中，尚无"依据国际上通行的法律原则和规则行事"的概念。这当然有其历史缘由。16 世纪以来，在世界政治经济格局中一直占据压倒优势的是西欧体系。因此，西欧社会所形成的规范即成为国际通行规范。在以西欧为中心的世界体系下，处于其下一个层次的非西欧各国所面临的历史课题，是怎样首先发展到准西欧外围国水平，经过努力最终向核心圈挺进。看来可以将明治维新后日本的近现代史看做这一发展模式的典型。然而，在以西欧为中心的世界体系已经土崩瓦解的今天，西欧社会所形成的规范的国际通行性，必然会被削弱。换言之，国际化已经不再是西欧化的同义语。对此，金泽将国际化与西欧化明确地区别开来。他指出："西欧化，是指历史上的后进国明确地以西欧的制度、物质文明为赶超目标所做的努力。与此相反，国际化是在世界失去了绝对的仿效和赶超目标及价值观的现状下，当代国际社会为求得协调与发展的战略目标。不这样认识问题，今天的国际化就会成为一句空话。这也就意味着承认规范的多样化。"

当代世界，不是向着统一的方向，而是向着价值观日益多样化、相对化的方向发展。基于这种与金泽相同的认识，杉山恭借本次研究的机会，尝试着对国际化做了如下定义："国际化可做如下表述，一个国家及其作为国家成员的组织或个人，在国际性相互作用、相互影响的关系中，积极地接受和吸收被视为具有普遍性、合理性的知识、规范、制度、价值观及习惯性行为方式；通过将其吸收消化，转化为本民族的文化因素这一手段，使过去的国家性因素逐步地适应超国家的世界体系；在这一社会变革的过程及其结果中产生的社会的、文化的现象，就是国际化。各国、各民族的文化一方面各具特殊性，同时又都包含着共同的、带有普遍性的一面。以各民族对这种共同的、普遍性的理解为前提，不是把各自的特殊性置于对立、抗争及一体化之中，而是置于协调关系之中。各国均作为国际社会中积极的、建设性的成员而发展和成长。这就是国际社会化（international socialization）的过程。

从上述多样化社会变革的过程，如果能够认识到国家的现代化一般须具有实效性，即现代化的特性，同时认识到这也是一个使传统的因素适应现代体系的过程的话，也可以把国际化看做是在相互依存程度不断加深的国际社会中实现现代化的过程。在这个意义上，国际化也是一个以各不相同的各国、各民族文化的存在为前提，在一个国家、一个民族的文化与其他民族文化的相互作用、相互影响中产生的文化融合的过程。在这一过程中，本国社会要向国外开放，对待本民族文化要求相对化，需要站在对方的立场上考虑相互关系中的问题，以求得互相尊重，加深相互交流。其目的是，在世界各国共同协作的基础上，创造新的世界文化体系以及形成新型人类社会。"

上述杉山恭的国际化概念，是一个明确揭示了现实情况下国际化形态的理论概念。可以将其视为从极为具体地把握正在出现的国际化现象的立场出发，所做的关于国际化概念规定的尝试。

另一个实例是，名为《世界中的日本——其新的作用、新的活力》的研究报告给国际化下了定义。在今日国际社会中，国家之间的相互依存度不断加速深化，据此该报告提出了日本经济社会的国际化，它指出，所谓国际化，意味着"在物质、资金、信息（包括技术）、人及其综合这几者的总体的文化等方面，超越国境的相互往来的增多"，这是一个动态的概念。进而它指出，这是从目前日本所处的"历史环境与政策意识中产生的我国特有的现象"。矢野畅则从政治学以及国际关系论的角度，论述了有关国际化的问题。他首先指出，国际化是"一个在国家乃至国家级高度上，才能进行讨论的议题"。在此基础上，他将国际化定义为："使具备固有同一性的一国国民乃至一个民族，用摩擦最少的形式，求得自身在国际社会中的相应位置的努力"。该定义的特色，在于将日本的"内向国际化"置于国际环境变化的政治力学之中。日本要在"日本列岛的地理位置"与"历史阶段的纵向发展变化的时间位置"中，谋求把摩擦——经济、政治、外交摩擦以及文化摩擦减少到最小的程度。这个过程必须宏观地、发展地、相对地加以把握。

关于怎样才能做到避免摩擦或者将其减少到最低程度，山崎正和指出，内向国际化之根本，必须从日本文化的最深层去挖掘。他在其论著《日本文化的世界史的探索——着眼于第二次对外开放》的开篇就开宗明义地指出，在明治以来百余年的近代史中，甚或是在大约一千几百年的日本历史中，国际化这一词汇，经常带有一些浪漫主义色彩的馨香。它以撞击广大知识阶层心扉的语感为他们所广泛接受。尽管国际化多表现为日本人颇感新奇的物质文明的流入及新知识、新时尚在日本大地的迅速传播，但恰恰是这种日趋表面化的现象，意味着安全和稳定的国民生活方式的改善。一部分顽固的国粹主义者且另当别论，一般来说大多数国民总是把国际化当做自身生活世界的开拓来对待。即不是从对他人的让与中，而是从相互交流中认识到自己收获了许多。近年来，日本的国际化正迎来新的阶段。在严峻的内外环境中，尽管客观形势要求国际化须有质的飞跃，但起码日文中国际化这一词汇所包含的含义和语感与以往相比，并未见有大的变化。

然而，外部世界所要求的日本的国际化，对日本国民来说，恐怕不是浪漫的说唱剧。在某种情况下，是一场流血的现实变革。恰恰是这种变革，才能靠经济这一非文化的普遍性向世界扩张。无论从正反哪个方面去理解，这都是向避免了文化方面的国际化纠葛而发展成大国的日本提出的国际化含义和历史课题。

山崎认为，现实对日本的要求是"日本社会彻底的国际化，反映民族文化特性的各种政策性、制度性的社会条件均须国际化。日本人应停止喋喋不休地向国际社会讲述依据日本特色取得成功的老生常谈。而应用国际化的浪潮荡涤日本人的家族主义、社会协调体系以及情绪性的意志疏通等群体性的、无个性的形象，在探索和摩擦中对自己进行再认识"。只要坚持不懈地朝这个方向努力下去，"在 21 世纪的国际社会中，日本将能够对形成崭新的、真正具有普遍意义的世界文化做出相当大的贡献"。

**共同的认识**

以上，我们概述了有关国际化的定义和内涵的几个重要的尝试。尽管几位论者的侧重点各不相同，相互之间有若干分歧。但在根本点上，还是有着重要的共同认识的。

第一，唤醒日本人国际化意识的，不是内因，而是在外界压力下不管个人好恶如何而产生的认识。也就是说，产生国际化意识的起因，是对外界刺激的反应，为被动现象。第二，这种在被动条件下产生的国际化意识的萌芽和在日本社会中逐步发展的国际化现象，确为日本社会所必需，值得欢迎。这个课题今后必须积极地进行研究和推广。

山崎进一步指出，就其国际化的过程来说，在被喻为“流血的现实变革”中，在企业及国家机关中，应该使用易于被外国人理解的道理与语言展开对话。在文学及教育领域中，日本人需要为创造比现在更加淳朴明快的日文而努力。我们已被置于“双重精神生活”之中，并须努力推动其进一步发展。这是日本国民面临的挑战。

金泽把对不同质的现象采取开放姿态作为国际化的重点。他比山崎更进了一步，指出国际化并不只是对一个日本而言。在失去了共同的历史基础，价值观迅速向相对化方向发展的整个国际社会中，国际化是对世界各国共同的客观要求。而且这一现象一定会向具有全球性规模的方向发展。

## 三、国际化的条件

基于上面已论述了有关国际化的观点及共同认识，本文不打算给国际化再下新的定义。下面仅就国际化的个人、组织、社会乃至国家的性格和要素应该具有哪些特点，即在研究国际化结构的意义上，思考和设定国际化的条件。

**流动性**

国际化的条件之一是，提高其流动性（mobility）。在尽可能彻底地将对人、物流动的制约因素消除掉的前提下，提高整个社会的流动性，是迈向国际化的基本条件。但现实情况是，存在着法律、制度、经济、政治、习惯及文化等各种因素的障碍。流动的方向，包括自国内向国外的流动、国外向国内的流动以及国内的横向流动。因贸易摩擦而对日本进行的批评，主要是针对日本对国外向日本国内流动设置的障碍和限制。对流动性的制约和限制，既有政治、经济、外交、军事等方面的政策这些人为的因素，也有因地理、历史、习惯、文化等多方面的条件相互作用而派生出来的因素。

因前者系人为的制约，故可以人为地加以缓解或消除。而后者却由于深深地源于一个民族及国家以往历史的深层，即便想人为地加以改变也需要相当长的时间。然而，当今的现实要求日本尽可能地将上述两者从根本上加以缓解。

只要构成国际社会的单位仍是独立的主权国家，从国家利益出发，各国之间必然对他方采取某种限制。但是，要认清一个国家的真正的国家利益究竟是什么，必须具备超越一时利害和高瞻远瞩的良知。平庸的领袖以其短浅的判断，将给国家带来怎样的后果，历史已经展示了丰富的实例。

在相互依存已成自明之理的当今世界体系之中，拥有西方国家第二位经济实力的日本的长期国家利益（enlightened self interest）决不能用排他的、一味追求本国利益的手段求得。应该在“谋求与世界经济协调地共存，不仅在经济方面，同时在科技、文化、学术等多方面对世界做出贡献”中，去实现长期的国家利益。令人遗憾的是，至少在非日本人心目中，日本人的形象是仅专心于维护和发展狭隘的一己之利。这是对流动性的限制。逐步缓解和最终消除这种制约因素，是日本国际化的当务之急。

**开放性**

提高流动性，也就是提高日本的开放程度。人们经常指出的日本社会的封闭性，即非开放性，并不只限于经济领域，实际上波及日本的制度、风俗习惯、社会组织、人的思维及行为方式等整个社会体系的各个角落。非开放性在各个领域内均不同程度地存在着，日本特殊论即是突出的象征。它说明在日本人的内心深处，封闭性至今仍根深蒂固。现实业已证明，封闭性对日本的发展产生积极作用的时代已经结束，它已经转化为消极因素。

上述认识已经得到反映。《外交蓝皮书》提出“为实现开放的日本而努力”（1985 年度），又提出“着眼于开放的日本”作为外交课题（1986 年度）。《国民生活白皮书》（1986 年度）则以“谋求向世界开放的、富裕充实的生活方式”作为全书的副题，令人瞩目。如此大开国门之举，说明国际化已成为一般国民面临的课题了。反过来看，这个现实又说明日本至今仍然多么不开放。虽然日本市场的封闭性，在所谓外压下正在迅速地被削弱，但是日本人心灵的封闭性却未见有大的变化。

看来，日本从世界体系中的受益者向贡献者的转化，决不能只当做一个研究课题来对待。日本必须将自己认真思考后的答案公之于各国，开放性必须是发自内心深处的要求。提高内心开放性的最重要因素，不是外压，而是教育——包括学校教育、社会教育在内的广义教育。

**多样性**

随着流动性和开放性程度不断加大，多元性因素——异质因素会自然地融合、渗透到自身中来。日本在远离世界主要文明核心的孤岛地理环境中，形成了高度均质化社会形态及其价值观，对于具有这种历史和文化背景的日本人来说，积极、迅速地吸取多元性因素可能并非易事。然而，回顾世界文明史，纵观当今整个世界，在各级力量的国家中，像今日日本这样高度均质化的社会，应该说是例外中的例外。通常的情况是，越是拥有全球性影响的国家，其多样化的程度越大。人们应该清楚地了解这一点：由于内含多样化，不协调感，不安感、不快感、紧张感将随之烟消雾散。日本在这一过程中将不会丧失自身的同一性。这可以说是日本人的国际化的第一阶段。使日本人从一元化世界向多元化世界转变，就是日本的国际化。

**宽容性**

然而，仅仅容纳异质的多样性，还不能满足国际化所必需的、充足的条件。仅仅消极地接受异质因素是不够的。必须从接受向前推进一步，用宽容性兼收并蓄的方法充实自己，将其转化为产生创造性活力的刺激。一种成熟的文明，是从自我满足走向衰败，还是从成熟中向新的文明奋进，一个很大的决定性因素就是看其对异质文明的宽容程度。从这层意义上说，应该把国际化把握为：不仅仅停留在“面对形形色色的特殊文化，保持本民族文化的特色，保持同一性，同时要寻找与其他类型文化相互协调的途径”。而且还必须与创造新型文明联系起来。特别是历史上与不同类型文化的直接接触十分有限的日本，具备上述认识更为重要。

**论理性**

正如人们所反复指出的那样，日本人的人际交流方式的特征是，与其说是论理型的，不如说是情绪型的，暧昧性强而明确度低，属于间接式和暗示型，而非直接型。当然，这种特性无疑对于缓和个人之间的矛盾和对立、缓解社会的紧张、维持社会的协调等，都起着积极的作用。

不同类型的文化，理所当然地各具特有的交流方式。这种交流方式是使不同类型的文化保持、充实、发展各自特色的因素。然而，不同类型的文化相互接触时，如果某种文化只囿于自己特有的交流方式，其结果不仅将难以沟通相互之间的联系，误解、偏见、反感乃至敌意也将同时孕育于其中。日本的国际化，要在兼容其他类型文化的同时，充实和发展自己的文化，要对丰富整个人类的文化做出贡献。这就有必要在与其他类型文化的接触中，在日本的交流方式中不断提高直接性、明确性及论理性。不仅在国家级交往的层次上，在与其他类型文化相接触的任何一个层次上，也须这样做。

有关国际化的课题门类繁多，涉及面极广。在本项研究中，仅抽出其中最突出的若干具体课题，依次在以下几节中展开我们的思路。

# 第二节　对“多民族社会”日本的展望
## ——历史文化脉络中的日本的内向国际化

### 一、战后世界的特征

战后世界的特征，表现在东西方对立、非殖民化、跨越国界的经济的密集化和巨型化等方面。欧美各国从 16 世纪开始，经过 4 个世纪左右时间在地球上的大规模活动构筑起来的殖民地制度土崩瓦解了。这个历史现象延伸的结果，遗留下了当代的南北问题。南北问题的实质在于，战后虽然经历了非殖民化的过程，南半球各国实现了政治上的独立，但经济上、文化上依然处于北半球的控制之下。解决这个问题的关键，在于怎样逐步地消除贫穷的南半球与富庶的北半球之间存在着的巨大的差距。其内涵就是“解决近代遗留的历史问题”。在这种认识的基础之上，让我们从人类的居住和流动的观点出发扫描一下 20 世纪下半叶的世界。

### 二、从居住和流动的观点看 20 世纪的世界

**产生移民的经济差距**

在人类历史上，国与国之间经济水平的差距，从未像今天这样巨大，而且有日益扩大的趋势。例如，相对现在日本 1.6 万美元左右的人均国民收入，印度据称只有 250 美元左右。虽然单纯比较国民生产总值，并不能反映生活水平的质的差别。但可以认为它勾画出了国民生活的大致的现状。日本的人均收入，如换算成美元，已同瑞士、北欧国家、联邦德国及美国等并驾齐驱，居于世界最高水平。而亚洲、非洲的最贫穷国家中，甚至有的年人均收入仅有 100 美元左右。

总之，现在如果把最富国与最贫穷国的国民收入加以单纯比较的话，其差距高达 100 倍。考虑到 19 世纪，最富国与最贫穷国的人均收入之差尚不到 10 倍，现在的 100 倍的贫富差别，无疑是太大了。

这种历史上未曾出现过的巨大的经济差距，使得穷国向富国的人口流动已不可避免。历史上，只要经济上有贫富差距的国家为复数，那么由经济水平低的国家向经济水平高的国家的人口流动，就成为十分常见的现象。19 世纪，大批移民乘船漂洋过海，而今天，南半球国家的海外劳工们乘坐喷气客机出国谋生。亚非贫困国家到西欧及沙特等产油国的劳工在海外的收入，若以与本国 30 比 1 的收入差计算，如中间剥削因素不计算在内的话，在国外干一年的收入至少相当于在国内干 30 年。正因为有如此大的吸引力，60 年代大批劳工从发展中国家涌向西欧。而当时，这正好符合因经济高速增长而苦于劳动力不足的联邦德国、法国等国的愿望。于是乎这些国家对外籍工人采取了欢迎和积极接纳的政策。

然而，当西欧各国步入经济低速增长的阶段，随着国内失业率的提高，各国先后在 1973 年和 1974 年两年中，纷纷在原则上停止允许外籍工人入境，转而采取劝其回国的政策。但是，大多数外籍工人并未回国。他们或是将家属接到国外，或是与所在国的人通婚，作为居住国的少数民族定居下来。以联邦德国为例，来自土耳其、南斯拉夫、意大利、西班牙等国共约 450 万人的移民工人及家属在联邦德国定居下来，占联邦德国总人口的 7%左右。在法国，来自阿尔及利亚、摩洛哥、突尼斯、葡萄牙、西班牙、意大利等国的移民及家属也大约有 400 万人，占法国总人口的 7%左右。瑞士及北欧各国的情况也大致相似。

西欧社会对移民工人有着根深蒂固的歧视和偏见。政府方面则为同国内的少数民族建立和谐的共存关系而煞费苦心。有的国家甚至采取了向外籍工人发放回国奖金的措施，但成效甚微。外籍工人就是不愿回国去。事实说明，只要南半球各国的贫困状态得不到缓解，外籍工人就会继续向发达国家流动。所谓“赴日本淘金者”的问题，恐怕也应该从这个角度加以分析和认识。

**“结构性难民”的存在**

回顾人类的历史，难民问题虽时有发生，但像今天这样在世界范围内出现 1000 万名难民，确实是史无前例的。大规模难民的出现，与东西方对立和作为非殖民地化历史结局的南北问题紧密相关。例如，越南战争结束后大批越南难民出逃。由于偏激的革命所带来的经济及社会的混乱，加上政治上的镇压，也造成了大量难民。尽管如此，导致今天难民问题的更主要原因无疑是南北问题。在殖民地体系已土崩瓦解的今天，世界有必要从如何解决其历史后遗症的角度来看待难民问题。

第二次世界大战后，许多南半球国家继承了旧宗主国为追求本国利益而肆意确定下的疆界，在国民经济体制和国民整体感尚未建立起来的情况下获得了独立。在作为国民这一民族实体尚未成型之前，国家即使超前建立，也根本无法发挥国民国家的机能，而只会导致部族主义、割据主义及裙带风等盛行。结果，由于这些社会弊端引发内战，加上激进情绪及经济政策的失误等原因，出现了大量难民。

20 世纪下半叶产生难民问题的主要原因之中，虽有沙漠化的进一步蔓延等自然原因，但应付此类自然问题的国民国家机能的不完备，不能不说是更主要的原因。问题的根本在于，殖民地体系崩溃之后产生难民的政治经济机制并未被消除而延续至今。从这个意义上说，当今的难民应称之为“结构性难民”。

## 三、在日本存在的问题

**难民、移民工人与日本**

由于存在世界性超越国境的经济吸引力和使劳动人口很容易进行国际流动的大量运输手段，而且难以真正改变国民国家的机能不完备状态。因此，由南向北的人口流动压力，估计将继续存在下去。不仅如此，考虑到南半球各国已经发生的人口爆炸及其仍在继续发展的趋势，从 20 世纪下半叶到 21 世纪，可以说是发达国家不得不接受来自发展中国家的外籍工人及难民的时期。事实上，多数发达国家已经接纳了相当数量的移民工人和难民。例如，美国已经接受的难民人数达 80 多万名。与之相比，日本仅接受了不到 5000 人。涉及日本接受难民的问题，很多人认为，日本之所以不能接受难民，原因在于日本的人口密度高、国土狭小以及语言、文化的特殊性等。但是确有不少比日本人口密度更高，国土更狭小，甚至比日本贫穷得多的国家，都接受了很多难民。还有些人担心，如果让外籍工人及难民加入日本的工业生产过程及服务业的供给过程，日本的产品和服务质量会下降。让他们加入生产或服务过程，可能会使高效率的生产管理和经营受到影响。但这是语言、文化教育、母语及风俗习惯等各不相同的若干个民族在一起共同劳动、共同生存中发生的不可避免的暂时性现象。只有不断克服这种障碍，日本人才能真正实现国际化。

**日本的少数民族**

定居日本的外国人，即以日本为生活地，虽是日本社会的一员，却没有日本国籍的绝大多数外国人是韩国人和朝鲜人。其人数在 90 万上下，而且大约 90%都是日本生日本长的第二代，甚至是第三、第四代侨民。即便这些人的国籍是大韩民国或朝鲜民主主义人民共和国，但其价值观和思维方式、行为方式等均已日本化的人不断增多。这种同化现象十分普遍，已成为自然的趋势。这在相当程度上，可以说是源于日本单一民族神话的同化压力的结果。对于日本人来说，这种状态给自己的民族创造了保持良好心态的居住气氛。而对非日本人来说，则意味着不同化于日本社会，便会遭到排斥。日本的确是一个同质性很高的社会，而且是一个如果非同质则非常难以生存下去的社会。从这个意义上说，与其说日本是同质性社会，莫如说它是“强化同质化”的社会。

**对人实行锁国的国度——日本**

日本的经济繁荣很少直接惠及周围国家，而且日本的劳务市场的大门对这些国家是紧闭着的。接受难民人数少，加上对外的消极封闭态度，使由单一民族神话笼罩着的日本，对于外国人来说，成了难以定居之地。然而，只要日本能够保持现在的繁荣富足，而邻近的亚洲各国不能摆脱贫穷状态，渴望到日本干活赚钱和定居的人必将与日俱增。日本是否还同以往一样对人继续紧闭门户呢？或者继续紧闭门户难道是在国际社会通用的规则吗？另外对日本本身来说，从长期来看，这是日本人内心所期望的吗？

当然，这并不是说事态已经发展到迫使日本每年必须接纳10万~20万名外籍工人和移民的程度。是否允许外国人进入自己的国家，应由主权国家自主决定，关闭国门也并不违反国际法。但是，从全世界来看，现在“对人实行锁国”的日本形象作为发达国家大概是罕见的。

**作为民族少数派而共存的旅日韩国人、朝鲜人**

事实表明，旅日韩国人和朝鲜人正在逐步同化于日本社会。同时，他们还继续保持自己独有的异质文化、思维方式。与日本民族在人种、文化等方面具有很多相似之处的朝鲜民族，在保持民族个性的同时，能否与日本人共处，不仅取决于日本社会单方面地同化异质文化，也取决于日本社会是否尊重异质文化。这是检验日本是否要成为真正的多民族理想社会的试金石。在这一认识基础之上，作为定居日本的韩国人和朝鲜人，同样有必要将自己身上具备本民族特色的因素充分地发掘出来，以超越历史上日本的殖民地统治和民族歧视所造成的文化脉络，在不断地发展和提高过程中对今后日本社会的发展做出贡献。

## 四、多样化价值的主宰

即使日本对来自亚洲各国的外籍工人敞开国门，面对发展中国家人口急速增长的趋势，难免有人发出无论接受多少外籍工人也不过是“杯水车薪”的议论。但是，国际政治并不单单取决于人类的理性，它还是感情、希望、欲望等综合因素作用的产物。这一事实说明，日本一方面得经济繁荣之利，另一方面紧闭门户的做法，自然极易招致各有关国家的谴责和反对。看来，以杯水车薪为理由，反对接受外籍工人和难民的意见是不能成立的。另外的一种意见认为：“日本的技术革新是成功的，机器人化进展也很快。因此不需要接受外籍工人以弥补日本国内的劳动力不足。更何况由于产业结构的调整及日元升值，国内的失业率增加，根本没有接受外籍工人的余地。”这实际上只考虑到了问题的一个方面。日本国内企业及日本社会的需要与国际社会对日本的要求是不同性质的问题。也就是说，即便前者没有对外开放的主观愿望，也须考虑到后者要求前者实行开放的客观现实。

如果日本人能够摒弃单一民族的神话和脱亚入欧的观念，努力建设能够与异质人群（其他民族）共同生活的社会环境的话，日本社会将能够创造出蕴涵可供选择性极丰富的、各种类型的文化。没有这种多样性的丰富内容，日本也就不成其为日本人能够引以为自豪的日本了。反过来说，如果我们能够在精神和文化方面从单一民族的神话中解放出来，日本将会在今后的国际社会中，以实现多样化价值历史的主宰资格，怀着作为人类社会贡献者的自豪感生存于这个世界之中。

## 第三节　国际化与留学生问题

### 一、留学与留学生的概念和范围

对于日本来说，国际化实质上就是“内向国际化”的问题。一方面日本最大限度地利用各国的国际化，即国际社会的“内向国际化”。同时却一向拒绝本国社会对外开放的国际化，特别是人（接受外籍工人、留学生及难民等）的自由化。本文将剖析有关国际化的最一般性的问题。例如日本接受留学生的实际情况；与国外的各种交流中的自由化的程度如何；如何给日本社会的多样化赋予积极的意义和内容；怎样使日本的国内制度与国际社会的普遍原则相吻合；等等。

由于日本社会传统的留学观念的局限，一般日本人的所谓留学指的是：①一部分特权阶层的人。②时间较短。③出访外国。④接受高等教育或从事研究工作。⑤返回本国。⑥服务于国家部门或从事文化、学问方面的工作。而实际上留学有多种方式。仅以留学生为例，与过去日本人传统的留学方式形成明显对照，现在留日外国学生的特点是：①极一般的人。②时间较长。③滞留日本。④未必接受高等教育。⑤在留学期满后不返回祖国，仍继续留居日本。⑥追求个人利益。

纵观全世界，像过去那种具有典型性的日本留学生的例子毕竟是少数。占大多数的，实际上还是符合上述六种特点之全部或其中几点的留学生。因此，如果我们仍固执地以传统的日本人的留学观念看待其他国家及外国留学生的话，必然会引起各种各样的误解和摩擦。

### 二、把握实际情况

必须指出的是，60 年代至 70 年代，在日留学生的数量仅仅停留在不足 6000 人的水平上。1981 年以后，每年分别比上一年增加 9%、13%、18%、19%和 21%。急剧增加的原因：第一，1983 年以后，日本文部省把留学生的概念范围从过去的大学扩大到中专一级。仅从公费留学生人数的增长率来看，近年来一直未超过 15%（直至最近一段时期，从未超出过 15%）。也就是说，留日学生人数的迅速增加不过是刚刚出现的现象。这种现象的产生，不是日本政府有关留学生的政策发生变化的产物，而是留学生自主性选择的结果。

第二，到日本专科学校等传授专门知识和职业技能的教育培训机构学习的留学生，正在逐步增加。对这类外国留学生，日本文部省从 1983 年起承认为外国留学生。另外，文部省不承认为留学生的所谓“就学生”——包括日语学校在内的各类学校的外国就读者的增加趋势，亦十分明显。1985 年的外国人入境统计表明，当年外国就学生的人数为 8929 人，远远超过了同年 4790 名的留学生人数。

第三，在日留学生绝大多数是来自亚洲各地区的学生。其中，中国台湾、韩国、中国大陆占的比重最大。根据 1985 年的统计，中国台湾留学生为 4414 人，韩国为 3141 人，中国大陆为 2730 人。三者合计占在日留学生总人数（15009 人）的 70%。上述三者在留学生总人数中所占比重之大，仅从其与占第四位的美国留学生的人数（794 人）相比，即可有一个清楚的了解。除中国留学生有些例外，其他来自亚洲各国的留学生相对存在着一般不上日本的大学或研究生院，而去高中、专科学校及其他各类普通学校学习的倾向。

第四，留学生在达到最初来日时所抱的基本目的后，仍留居日本的人急剧增加。如 1984~1985 年在日本就业的留学生人数，已占同期回国留学生总数的 10%。

综上所述，现实情况表明，过去的留学概念的旧框框，已不能适应新的留学趋势的要求，同时，只短期性地重点照顾少数尖子留学生的“恭敬待客”措施，以及人为地把日本人和外国人隔离起来的租界式的留学生制度及有关设施等，已明显地不能在总体上适应和解决在日本的外国留学生问题。

## 三、留学生问题与日本的国际化

关于日本政府接受留学生的基本设想的根据，来自下述观念：外国人来日本留学，不过是过去日本人去国外留学的延长和翻版。即，日本方面出资邀请可能成为今后有用之才（国家栋梁）的人来日本，对其施以高等教育，学成之后即行回国——这样一种模式。但是，随着这类留学人员的增加，也产生了各种问题。如《面向 21 世纪的留学生政策》（1983 年）提出：到 2000 年，将留学生人数增加到 10 万人。按照这个目标，即使按比近几年的年平均增长率低的 15%的年增长率来计算，到 20 世纪末突破 10 万人是丝毫不成问题的。如果把迄今未被当做留学生的在日本各类普通学校中就读的外国学生也算做留学生的话，起码在统计上的留学生人数无疑会大大增加，从而远远超过目标数字。问题在于，到了突破 10 万名留日学生的那一天，留学生们将在物理的、经济的、心理的等各个层次，处于日本社会的哪个位置上呢？人们首先要问，日本社会果真具备接受 10 万名外国留学生所必需的开放性吗？首要的问题是，占在日外国人总数 90%的韩国、朝鲜、中国大陆及台湾人在日本所受到的歧视及不平等待遇，难道留学生，特别是来自亚洲国家的留学生就能够避免吗？当然，解决这个问题的办法并非没有，就是在大量接收留学生的同时，逐步地消除上述歧视和不平等待遇。

## 四、留学生政策

在日本的“内向国际化”尚未向前推进的今天，日本社会正在国际社会中扮演一种“教育培训中心”的角色。当前，国际社会对在日本能够获得的各个层次、各个领域的教育和培训机会的需求日益高涨。这要求我们发挥想象力和创造力，目标要集中在把日本办成一所什么样的国际“教育培训中心”上面。下面，我们将列举与这个使命有关的几个重要研究事项。

**无差别制度、优惠制度、不剥削制度**

从日本的大学研究生院到各类普通学校，日本的各级教育机构均没有把接受留学生纳入到固定的、经常性的教育轨道上来，而只是作为一项额外事务来看待和处理。结果，导致了产生差别的制度。不合理的习惯性做法和措施随处可见，亟待改善和解决。不仅在教育方面，在日常生活方面也必须给予留学生以比日本学生更为细致周到的帮助指导和热情细微的照顾。进一步讲，必须逐步地消除特别是存在于各类普通学校中的敲诈、盘剥留学生的商业主义做法。

**充实在国外的宣传**

迄今，可以说日本还没有系统地收集外国人赴日本留学的信息的方法和措施。这自然是由于日本对外文化交流政策的不完备所致。一个十分引人注意的原因是，各有关教育机构几乎从不进行以希望赴日留学的外国人为对象的宣传和介绍。从日本正在逐步成为国际性的“教育培训中心”的现实出发，政府、驻外使馆、驻外机构及各类教育机构，必须在各自的层次上开展和充实有关赴日留学的宣传介绍活动。

**改变有关留学生的选拔**

对于自费留学生，目前各接受学校或机构可以自行进行选拔考试。而公费留学生则是由文部省统一归口，硬性地分配给各教育机构。这种做法实际上给留学生和接收机构两方面都带来了各种各样的问题。另外，按照目前公费留学生的选拔制度，使一些在留学能力、留学意愿及学习热情等方面均难以适应日本的高等教育的外国人被录取。此外，除文部省指定的学校及专业之外，本人的其他志愿一概不予考虑也是一个问题。由此可见，对不论公费还是自费留学人员的选拔考试及分配学校、专业等方法，有必要从根本上加以改变。

**充实日语教育**

对于赴日留学人员来说，掌握日语具有决定性的重要意义。但是现在的日语教育，无论是从学习方面还是从教学方面来看，改进的余地都是很大的。我们必须推进国外的日语教育，使国外的统一日语能力考试制度化，推动国内日语学校加强其“质量管理”等。

**从事居留资格以外的活动及改变居留理由等有关就业的制度化**

来日留学生增加较快的一个原因是，以留学或就学为由来日本比去其他发达国家更为容易。因此，以受教育为目的的来日外国人，实际上不打工干活的人越来越少。产生这种现象的原因，一是日本方面想使外国留学生也能享受到日本学生在校期间勤工俭学，以资学费和生活费之不足——这一社会习俗的好处。二是在日本社会结构中，追求廉价劳动力之风已逐步波及来日本的外国人身上。在现实法规下，具备日语能力、掌握专门知识和技能的留学生部分地加入到日本的劳动市场中来，远比让外籍工人入境做工、定居为好。这恐怕是一条通向“内向国际化”的崭新的、理想的道路。但是，要使这种做法正统化，特别需要日本的企业首先实现“内向国际化”。

除以上几点外，日本社会中有关留学生的问题还有许多。在看待和解决这些问题时，首先要解决日本人如何重新确定留学的概念这一大的原则问题。同时，必须逐项地、有针对性地解决各类具体问题。来日留学生的逐步增多，不仅对日本的教育机构，对作为整体教育环境的日本社会，都产生了越来越大的国际化压力。

现在，日本对世界各国，特别是对以亚洲为中心的发展中国家的青年人开始发挥“教育培训中心”的功能。对于日本的将来，这无疑是极为重要的功能。为了逐步地增强这一功能，日本社会需要进行多种多样的自我变革。

留学生问题是涉及日本的制度、意识、感性的变化等多方面内容的问题。究其根本，它涉及我们如何使日本社会实现多元化，如何逐步地使我们的社会与外国人及异质文化共处于我们共同居住的地球等问题。做到这点虽然非常困难，但却不能长期回避而不予解决。幸运的是，已经认识到这个问题的日本人正在逐渐增多。由此看来，我们决不会陷于悲观。

## 第四节　日本政治的国际化

### 一、重视内政的素质

日本的国际化，并不仅仅受阻于行政部门的被动性、局部性的应付措施。如若不积极地改革各种制度，恐怕将难以大幅度地推进国际化。也就是说，日本若要实现国际化，现在已到了必须切实地发挥政治的积极作用的时刻了。在这种认识下，本节把日本政治在内政外交方面应对国际化的能力提了出来，旨在说明“一个国家的政治，不能只囿于本国的利益。而只有在具备了能够做出有益于世界的协调发展决策能力之时，这个国家的政治才具备了国际性”，“一个国家的政治，沿着这个方向发展变化，就是政治的国际化”。

在日本政治的国际化过程中，自由民主党的国际化是最重要的。其原因在于，该党在过去 32 年来一直连续执政，估计今后较长时期内也不会下野。因此，自民党如果不首先国际化，日本政治则很难走向国际化。客观的要求虽然如此，但政党一般都是内政导向性强，议员对自己选区的问题异常敏感和注重，而对国际问题一般不甚关心。

1960 年修订日美安保条约之后，池田、佐藤两届内阁执政的 12 年间，是现代日本政治史中最稳定的时期。在这个时期中值得注目的是，主要的政治热点集中在经济增长、物价、公害、福利及教育等内政问题上。与这些内政问题形成对照的是，虽然在野党围绕越南战争和归还冲绳等外交问题，猛烈地抨击自民党政府，但最终均未能对自民党的执政地位造成威胁。在自民党内部，存在着各个派系之间以日美安保体制为核心的外交政策方面的大致默契，涉外问题一直未能动摇自民党的内部结构。这种对外关系的稳定及其非热点化，导致自民党的政治家们将全力投入内政，通过治理内政加强政权基础。因此，要取得党内的权力，内政方面的领导能力起着决定性的重要作用。然而池田、佐藤时期的稳定，是以依靠占压倒优势的美国经济、军事实力才得以维持的。随着美国实力的相对衰退及其对外政策的调整变化，自民党政治发生大的动荡是必然的。1971 年的所谓“尼克松冲击”及接踵而来的 1 美元兑换 360 日元的汇率体系的土崩瓦解，给自民党内的权力争斗以巨大的影响。1973 年 2~3 月发生了货币危机，建立于 1971 年的史密森体制随之瓦解。同年秋又发生了第一次石油危机。

世界经济的动荡，迫切要求主要发达国家间的密切协作。1975 年，开始举行发达国家首脑会议即所谓最高级会议。发达国家首脑会议是世界史上具有重要意义的事件。同时，对于日本的对外政策以及国内政治，在以下三个方面具有划时代的意义。①因为发达国家首脑会议以经济问题为主要议题，日本的立场和态度显得至关重要。同时使日本的眼界必须顾及全球。②发达国家首脑会议系多国间的交涉磋商，这必将促使日本传统的外交方式发生相应的、很大的变化。③发达国家首脑会议通过电视转播的方式，使最高级别的外交活动与一般百姓直接见面。这就使日本首相难以对国民掩饰其外交上的失误，反过来也能够直接地、有效地向国民宣传外交上的成功。迄今为止，各届首相对这类新情况似乎应付得都不太好。但各届内阁确实都下大力于发达国家首脑会议，并极力利用其外交成果，维持和巩固自己的政权。事实上，可以说三木、福田和大平三届内阁在这方面都取得了某种程度的成功。

中曾根内阁也将发达国家最高级首脑会议与对外政策密切地联系起来。在本派系缺乏强有力的党内基础的情况下，中曾根内阁的任期之长却创下了战后第三位的记录。其原因在于获得了很高的政治支持率。而高支持率的原因又正如人们经常指出的那样，在于日本国民对中曾根首相处理对外问题的能力抱有期望。

综上所述，1973~1974 年以后历届日本内阁的任期及其评价，与其处理外交问题能力大小的关系，远较以前密切得多。各发达国家之间密切的相互协作，已成不可逆转之势。日本在世界上的作用越来越大。在这种状况下，日本继续扮演封闭的、内向的、谨小慎微的经济大国角色，无疑已经没有可能了。因此，缺乏处理对外问题的领袖人物长期地执掌政权，已变得日益困难，近乎于不可能了。

## 二、通向自民党领袖之路与国际性

当今自民党内的升迁乃至出任要职的途径，已经明显地一元化了。例如，自民党内当选众议院议员两次者，可以出任国会常任委员会理事、政务次官（政务副部长）或财务调查会副部长等职；当选三次者，可升任财务调查部部长，当选四次者则可任党的副干事长或直接隶属于党的干事长的局长等这类在党务方面具有某种实权的职务，当选五次者，可任国会委员长，当选六次者即可开始进入内阁，担任大臣。这是已经基本固定化了的一般模式。在这个模式的制约之下，为了在党内及派系内取得实力派的地位，至少需要担任两至三届内阁成员或党内要职。这样，一个人要当选七八次议员，经过 20 年左右才有可能问津派系领袖的地位。回顾自民党过去的历史，除池田勇人、佐藤荣作、藤山爱一郎等人的情况有些例外之外，其他基本都是如此。那么，这种升迁途径的一元化制度，与政治家的国际性问题究竟有些什么关系呢?

首先，要想在政界崭露头角，必须在 30~40 岁这一年轻力壮的时期当上议员。结果，“造成了自民党第二代议员”（子承父业）显著增加，目前已达众议院议员总数的三分之一。虽然大多数第二代议员仍以各自家乡的地方选区为政治地盘，但实际上都是在东京长大和受教育的。因此与土生土长的地方选区选出的议员相比，地方色彩较淡，反而多被视为自民党议员中的国际派。有些农村地区选出的议员虽然还不能称之为国际派，但基本上也都是在城市受的高等教育。这部分人在全体国会议员和地方议员中占的比重相当大，这无疑对今后日本的国际化是个有利的条件。

其次，成为政治家之后积累经验的多寡及质量的问题。新时代的政治领袖，一般都须几度经历党内、国会、政府内的实际领导经验。那种只熟悉党务和派系事务类型的政治家，已不适应当今政治的要求而很难再度出现了。拥有多方面的经验，使得新型领袖们具备了过去的老政治家们与之无法相比的丰富的国际经验。对于政治家们自身的国际化来说，这是十分有利和重要的。

最后，成为自民党内的派系领袖，所需时间过长的问题。作为实力派系的领袖，只有具备统率本派系展开竞争，能够做出重大决策并使其获得成功，以此逐步掌握党内权力这样一种很强的素质，才能够在最高权力的行使中培养统率自民党和政府、与外国领导者磋商交涉、共同协调的能力。然而，达到具备这种经验的地位，最少也需要 20 年的时间。这对于产生具备国际性的领袖人物——超越了仅仅能够理解世界事务的阶段，具备为解决全球问题而采取积极首创行动能力的领袖人物，无疑是一个十分不利的制约因素。

## 三、长期性改进措施

那么，究竟应该改变什么和怎样进行改进呢？本文不想拘泥于具有近期现实可能性的预测，而想从中长期的观点出发，进行一下展望。

第一点，把众议院的中选举区制改为小选举区制。现行的中选举区制使大派系垄断议席，具有稳定化功能的特点。大派系对国会议席的垄断成为固定化现象后，也相应形成了派系领袖的相对固定化、制度化。长此以往，领导能力的衰退是毫不奇怪的。而小选举区制则不然。通过它必然带来竞争的激烈化，不仅给自民党，同时也会给在野党带来持续性的、长期的活力。特别是，通过执政的自民党必须面对和接受在野党强有力的挑战，会显著地提高制定和贯彻对外政策的能力。

第二点，改革国会审议方法。日本国会的审议时间明显地比其他国家的国会短得多。不仅国会会期短，召开各委员会和国会正式会议的次数也少。为了在如此之短的会期内结束审议，政府及执政党必须尽最大可能避免在国会审议中发生混乱，尽全力钝化和转移来自在野党方面的批评锋芒。在野党则针锋相对，不遗余力地揭露和抨击政府议案的缺陷。其结果，在野党方面因提不出针对政府提案的反提案，事实上不可能进行执政党与在野党在竞争中决出优劣的国会辩论。“用词准确但不知所云”成了国会审议中答辩之要谛。熟谙国会内这种长期固定化的辩论方式的政治家，根本不可能适应国际舞台上要求明确的理论逻辑性的新的对话方式。这就要求给国会审议以必要的、充分的时间。同时，应该使执政党在国会审议中对在野党也能够展开批评，将国会变为进行真正的、彻底的辩论场所。改革国会的审议方式，将不仅有益于使日本的政治家掌握通行于世界的理论逻辑性的辩论能力及国际谈判交涉技能，而且又能使国会审议为国民所熟悉，使普通人逐渐对国会产生接近感。

第三点，改善政治家与新闻界之间的关系。日本的政治家一般总是用暧昧的、附加条件的语言，谈论各自的政治经历及信念主张等，然后视对方和周围的反应如何决定下一步的行动。其结果，如果没有出现预期的反应，就可以说本来就没有那种意思。这样一来，说话就可以不负责任了。导致这类永田町（日本自民党总部所在地）用语通行于世的原因，首先在于新闻记者们以附带详细说明和分析的形式，公开报道政治家的"真实意图"。众所周知，有影响的大报记者，以固定采访对象的盯班记者形式与自民党的政治家保持密切的联系，并时常起到与该政治家所属派系成员同样的作用。人们希望，记者们与政治家应该再拉开些距离，不要对政治家的意图和想法进行刨根问底式的分析和介绍宣传，让政治家自己用清晰明确的语言说话，并能长期对所说过的话负责。不明确地对国民表明自己的看法和观点，对所说的话不负责任的政治家，根本不可能在国际社会中采取负责任的行动。改变这类政治家的言行方式，不能坐等其自发性努力，有必要从其周围加以某种程度的强制。强制中最必需的，首先是新闻界与政治家之间要保持适当的距离。

## 第五节　民间文化交流机构的作用和课题

### 一、国际化与文化交流

关于国际化，恐怕可以从见仁见智的各种观点中引申出许多研究思路。既有从物和人两方面的国际流动量的逐步增加的角度出发，单一性地用计量方法对国际化进行把握的方式，也有从上述流动量增大的结果引发的各种现象入手进行分析的方式，也可以比现象分析更深入一步，从国际化是给日本人的意识、态度、价值观等带来变化的有意识、有意图的主动性积极行为的角度，对国际化进行分析。从国际化出发，深入到日本人的意识、价值观的变化的一个研究线索，可以从有组织、有计划进行的文化交流这个领域找到。其原因在于，这种文化交流通过有计划地与不同质文化的直接接触，给日本的意识、态度、价值观的变化带来刺激和活力。

本节中，将着重回顾一下民间文化交流机构之一的国际文化会馆的发展轨迹，并就文化交流中带有普遍性的几个问题提出看法。在展望未来的同时，将就日本人的国际化问题提出若干建议。

### 二、国际文化会馆的建馆宗旨、信念及其发展轨迹

财团（基金会性质）法人国际文化会馆设立于 1953 年。当时，虽然可以说日本已返回国际社会，但却完全不曾想象后来会成为世界上的经济大国。当然也没有想到今天的日本会处于贸易摩擦的风口浪尖之上。在 50 年代初，到底为什么会创设国际文化会馆？设立国际文化会馆的目的究竟何在呢？

首先，国际文化会馆的创立者们是被视为经历了第二次世界大战前后过程的自由派知识分子。他们中的多数人与曾担任国联副秘书长、驰骋国际舞台的新渡户稻造过从甚密。他们为未能避免和阻止日美战争而深感自责，并始终怀有尽可能早地为日本填补上与国外、特别是与欧美之间在自由化的理性和文化接触方面的空白期——这一时代性的认识。此外，国际文化会馆的创立者们还抱有以下信念：不同文化类型之间的相互理解、共同感知以及沟通创新的刺激，只有通过创造和掌握文化的个人之间直接接触，才有可能实现。

根据上述认识和信念，创立者们从事的文化交流事业的核心是人的交流。交流的首要目的和基本意义并不是让他国他民族去理解日本的特殊性。即不是国家利益导向型的交流，而是超越了狭隘的本国利益至上观念的束缚，以形成有益于人类的更具普遍性的高层次的价值观为根本宗旨。直至今日，这一基

本方针仍在国际文化会馆诸多领域、层次的国际交流事业及其活动中，在作为交流服务的场所和硬件——即文化会馆的设施利用和经营过程中得以继承。这使国际文化会馆成为独特的、颇具自身特色的民间文化交流机构。

以人为主体、起着国际交流的立体交叉式沟通作用功能的国际文化会馆，现在已发展成为以世界 50 个国家，计 4700 多名个人及 470 个法人团体为基本后援单位的民间文化交流机构，而且正在向全球性的人际交流网络及组织机构的方向发展。

## 三、两个研究思路

进入 70 年代后，扩大文化交流及学术、教育领域的国际协作的紧迫性和必要性，日益成为全球性的热门话题。其背景是，日本在国际社会中的地位，相对地迅速上升。日本的经济实力已占整个世界的国民生产总值的 10%；日本经济的增长已使其在海外的净资产总额名列世界第一。随着经济增长而来的资源、粮食、人口、环境、科技等各种问题的出现，已使世界各国必须相互依存成为自明之理。特别需要指出的是，日本在海外的存在几乎完全偏重于经济一个领域，在文化领域的存在和分量十分有限和欠缺。这是招致经济摩擦及对立的根本原因。越来越多的人认识到，要避免这种后果，必须促进内外的文化交流，改变世界对日本的了解与理解不够及偏见。

进入 80 年代，上述认识进一步发展成为：文化交流“要和防卫及经济合作结合起来，构成国家综合安全保障的重要一环”。这个思路，把文化交流纳入了日本国家利益的体系之中。与此相反，上面提及的超越国家利益的框框，从人类普遍性的着眼点出发去研究和把握文化交流，一直是国际文化会馆的传统。松本重治就此提出了下述思路。

“国际文化会馆的直接目的是，增进拥有不同文化传统的各国国民之间的相互理解，促进旨在探索真理的学术方面的国际合作。通过上述活动，对构筑世界和平的坚实基础做出积极的贡献。会馆的最终目标是，一方面，致力于使各国的文化对创造新型的世界文化做出贡献；另一方面，使个人在文化交流中开阔视野，深入思索，在充实个人的精神世界的同时，加深自己作为一名世界公民的自觉性。”

松本用超越国家利益的全球整体性的理论概念把握文化交流，最终把文化交流归结为属于个人的精神生活的范围。这可能指的是民间文化交流层次的一种模式。然而，以国家利益为基点的文化交流与以个人为主体的、以形成有益于全人类共同价值观为目标的文化交流，决不是相互对立的。政府机关用国民上缴的税金进行的交流，带有强烈的以国家利益为核心的背景和色彩是毫不足怪的。而民间机构从事的交流，理应根据各自的信念拓展自己的事业。

不过，虽然使用同一个文化交流的词汇，前者的宗旨是直接服务于维护和发展国家利益，它带有强烈的文化宣传的政策特点，以及对外文化宣传的色彩。而后者是在人类的文化性、知识性及理性的活动中，注入了国际间的流动性和融合性因素。这一点是具有世界普遍意义的。

虽然应该把官方与民间的交流明确地区分开，让其保持各自的特色。但这样做决不意味着政府部门进行的交流只囿于前者的范围，而民间的交流只能限于后者的领域。政府部门应该进行后一层次的交流。反言之，民间交流机构也十分有必要进行前一层次的文化宣传活动。再进一步，政府主导型的交流与民间层次的交流相互配合起来也是可行的。像日本这样一个在支撑文化、学术方面国际交流的财政基础仍很薄弱的情况下，大规模的国际文化交流也只能是官民并举，协调进行。在欧美获得很大成效的大规模国际文化交流活动，无一不是政府主导与民间协作、默契配合的产物。重要的是，政府机构进行的交流与民间机构从事的各种形式的交流并存这种多元性，对于文化学术的交流和发展是必不可少的。

## 四、民间团体与政府机构

用什么具体标准划分民间层次的交流和政府机构的交流，实际上并非易事。上面已经谈到，由于日本与欧美相比，扶植民间交流组织的财政基础比较薄弱，依靠政府补贴的团体很多。即使是形式上拥有法人资格的民间机构，实质上不仅在财政方面，上至事业方针，下至活动内容乃至人事安排，均被置于中央政府部门及地方政府的指挥监督之下的情况比比皆是。

然而，如果暂且不去考虑上述实际状况，那么至少在形式上保持民间形态，而将文化及学术领域的国际交流作为事业主体或事业之一部分的民间团体、组织的数量，远比人们的一般想象要多得多。1985 年版《我国的国际文化交流团体一览》（国际文化交流基金编）的有关统计为 555 个。考虑到调查对象中遗漏等其他因素，上述统计无疑是一个相当保守的数字。深入地观察多数团体、组织的实际情况，会发现绝大部分规模极小，根本没有能与类似国际交流基金和日本学术振兴会等大机构相匹敌的规模和预算去开展交流事业。即便是《我国的国际文化交流团体一览》中收录的 555 个团体，其中拥有 50 名以上专职人员的也只有屈指可数的 23 个。大部分团体属于采取只有 5 名以下人员的超小型零散经营方式。这些小型交流团体所遇到的共同性问题是，如何保证事业资金即财政问题的解决。

如上所述，从 70 年代初开始，随着人们对文化、学术交流的必要性的认识迅速提高，专款用于国际交流的政府基金及大型民间基金会相继应运而生。与此同时，对民间企业从事的交流活动的资助也比过去有了很大的发展。

但是，与日本经济的增长率相比，文化学术交流方面经费的增长幅度，不能不说是微乎其微的。对于民间团体来说，既处于整个社会都在大声疾呼加强国际文化交流如何如何重要的时代，同时却享受不到在纳税方面的优惠减免。这种现状成了民间文化交流团体筹措民间资金的巨大障碍。有关公共法人和公益法人对“政令规定的致力于振兴教育或科学、提高文化素质、充实社会福利及其他公益事业，并做出显著贡献的团体”提供捐款，与向试验研究性法人的捐款的处理方法相同，采取免税措施。但是，尽管国际交流对“提高文化素质”做出了显著贡献，而且整个社会已经深刻地认识到了加强国际文化交流的必要性。但是，对从事文化学术领域国际交流的民间团体的捐款，却还未给予免税的优惠。

接受捐款者如为国外的机构，根据“国际交流基金特定捐款处理规定”，捐款者可以享受免税优惠待遇。但对国内的民间机构，此项规定却不适用。《有关宣传文化活动的咨询小组的报告概要》（外务省，1982 年）认为，文化交流事业首先应该是民间主导型。为此，有必要对其给予免税待遇。概要指出：“人们期望文化事业应不为各个时期的政策所左右，并在民间主导下进行。在目前我国民间层次的国际性文化、社会活动开展得相当活跃的情况下，为促进民间的主导作用，尽量为文化交流乃至对外文化活动领域筹集民间资金，政府应该研究扩大对民间捐款实行免税措施的范围。”

尽管这属于间接性的措施，但由于其结果仍会带来国家岁入的减少，人们普遍认为真正实现免税实非易事。现在迫切需要的，不是把促进文化、学术交流当做一个课题反复地加以强调，而是切实提出具体政策并加以贯彻执行的明智的政治决断。

## 五、搞活组织

下面，我们将视线移到民间团体的组织和经营方面。作为组织形态，现在有特殊法人、财团法人、社团法人、任意团体等多种类型。一般来说，财政基础最稳定的是预算的绝大部分由政府提供补贴的特殊法人。财团法人及其他类型的状况与一般的想象不同，能够用基金效益填补预算亏空的，即拥有较充足基金的团体可谓凤毛麟角。这些团体，几乎全部都需要依靠捐款、会费、基金会赞助金、政府补贴等才能维持下去。

尽管如此，一个组织的活力和创造性，往往不是产生于稳定的状态之中，而是产生于不稳定状态或是面临危机的状态之中。因此，我们决无必要一味悲观地看待陷于资金窘迫境地的民间团体。其实，问题倒是在于，可能正是由于有了财政等方面的稳定性，非民间团体才容易产生缺乏冒险精神而使事业停步不前，并产生僵化的倾向。特别是大规模交流，全部由政府或准政府机构承办。由此可以说，非民间机构与民间团体一样，它们所面临的重大课题是，须防止组织的僵化，在拓展事业的过程中应站在时代的前列，毅然决然地在锐意创新和在经营上采取灵活变通的策略。

作为一方面是公立组织，同时保持着独立的个性特点，在事业上获得极大成功的国外文化学术交流机构，广为人知的有英国的大英委员会（British council）、联邦德国的洪堡基金会及歌德学院，还有美国的福布莱特计划等。

以上虽然都是由政府创办，并以政府拨款为主要财源开展活动的机构或项目，但却能够保持高度的独立性和自治性。加上一直存在着具有远见卓识和极高热情的民间人士组成的领导层，才使事业获得了成功。在文化学术交流方面具有长时期经验和悠久传统的欧美各主要国家中，这类活动和工作一直是颇获社会好评的高尚的知识性职业，拥有十分坚实的社会基础。

遗憾的是，日本尚未出现政府出资与民间团体的创造性和灵活性配合起来，高效益地进行文化学术交流的例子。另外，无论是文化学术领域的专家或实业家集团，还是民间机构或政府机构，均未确立起知识性职业应有的地位。特别是特殊法人及准特殊法人与政府主管机关之间人事关系上的双向连接太紧。在短期内更迭主要负责人员，积累交流的技术经验和对交流具有极重要意义的国外研究人员，以及建立与交流机构之间保持永久性协作关系的人员网络等几个方面，相对来说均比较薄弱。

民间交流团体除了财政资金短缺之外，在组织经营方面的问题也不少。本来民间团体的最大优势应该是灵活性和机动性，可是在现实情况下，这一优势发挥得并不充分，而僵化及停滞不前的倾向却显而易见。民间团体从提高自身的社会信赖度出发，经常聘任所谓社会名流及财界实力派人物组成最高协调机构。

另一方面，为了使上述人士的个人意志因素被控制在不引起麻烦的程度之上，这类最高协调机构很快就流于有名无实。关于最高协调机构的成员的任期，根据组织规则虽有规定，但实际上只要不发生特殊问题，连任已成了自然惯例。这种习惯性做法如从组织的长期化这个单纯的角度看，似乎是理想的。但是连任一旦成为自然循环往复的过程，不仅会招致最高协调机构成员的老龄化，同时会带来一个固定化的领导集团长期把持一个特定的组织所必然产生的一系列问题。

为保证组织的长期持续发展及其领导层所必需的建设性的新陈代谢，是一件难度很大的事。但如果对这个问题继续采取视而不见的态度，不但民间团体将不再能发挥原有的灵活性和机动性，以至甘冒风险的进取精神等特点，甚至组织本身都很难避免成为历史遗物的命运。人们对此应铭记在心并给予充分的注意。这一点不仅适用于组织及其领导层，而且适用于每一项活动项目。今后，应适时地引进弃旧图新式（scrap and build）的现代经营方式，把握新的需求走向，不断地摸索高效率地使用有限的财源的道路。

另外，在民间机构中，与上述因协调决策机构的新陈代谢缓慢而流于形式的情况不同，也有一些是具体办事机构独断专行，有意使上层决策协调机构逐步地流于形式。

在不具备政府机构那种严格的核查系统、决策协调机构成员对组织的参与意识比较淡薄的民间团体中，要么是具有强烈个性和领导能力的办事机构（事务局）负责人员逐步地独断地掌握整个组织的经营，要么是办事机构的负责人缺乏领导能力和素质不高，而使团体本身的活力明显地衰退（一般的团体都容易陷入这两种境地）。

前者的决策协调机构实质上成了仅仅借用名人旗号的社会名流的聚会场所，一切具体事务完全由事务局长一手经办。事务局长如果是对团体应从事的事业具有使命感，同时有工作热情和洞察力以及具备统率能力的个性丰富的人物，那么就可以在很大程度上避免因决策协调机构的形式带来的弊端，而且能够最大限度地发挥民间团体的特有优势。实际上，民间团体中，以这种组织结构形式积极地开展独具特色的活动的不在少数。不过，平庸无为的事务局长和徒有其名的决策机构碰到了一起，以致组织机构和事业活动陷入瘫痪状态，或者步入衰退之路的也绝非少见。无论是哪种情况，都难于说组织本身是在正常状态下发挥其机能。前者孕育着独断专行、自行其是的危险性，后者则面临着逐步自行解体的现实威胁。

对于两者均同样迫切的是，在形式化的所谓决策过程中，应恢复团体负责人认真参与和切实负责的制度。为此，必须革除只挂名或只借名而不谋其政的弊端，经常地、积极地努力用新思路和新设想开展交流活动。例如，应该考虑改革有关理事及评议员的无限期连任制等一系列的改革措施。

## 六、今后的课题

综上所述，政府或准政府的交流机构，存在着由官僚主义带来的只维持现状而不思进取的惰性和躺在稳定的财源上缺少活力和创造性等弊病。民间团体则受到资金方面很大的限制。同时存在着机构和事业规模小、决策机制的空洞化、办事机构（事务局）的独断专行的危险倾向等问题。这些弊病和弱点是日本所有类似团体或组织所共有的，并不局限于文化及学术领域的国际交流机构。不过，文化及学术领域的民间团体之所以应该特别注意不断克服这类弱点的理由在于，文化及学术领域的国际交流及媒介本来就是非政府性（non governmental）特性很强的。因此，民间团体自由地采取多种形式开展文化及学术的国际交流活动，无疑是最为理想的。

为克服民间组织或团体当前面临的最大问题——财政基础的脆弱性，应该将试验研究法人认可基准不仅仅限定于自然科学领域，而应将其扩大至人文、社会科学及艺术领域。另外，对有关“国际交流基金特定捐赠处理规定”，也有必要进行有关税制方面的改革，以使免税待遇适用于民间组织、团体。这类改革，不应仅仅局限于财政方面。应通过改革把团体和组织搞活，促其不断地加强自助能力。

# 第12章　民间国际交流及社会赞助活动的作用

**研究成员**

（财）日本国际交流中心理事长　　　**山本正**
（财）日本国际交流中心研究员　　　**高久裕**
（财）日本国际交流中心研究员　　　**牟田昌平**
（财）日本国际交流中心研究员　　　**榊原町子**
（财）日本国际交流中心欧洲代表　　**汉斯·莫尔**
（财）日本国际交流中心美国代表　　**嘉村弘**

**秘书处**

（财）日本国际交流中心

## 第一节　协调对外关系的难度增加

无论是发达国家还是发展中国家，都日益强烈地要求日本发挥与自己经济实力相当的国际作用。美国著名专栏作家弗洛拉·刘易斯最近发表了一篇题为《日本站在道义的十字路口》的专栏文章，充分反映出很多外国人对日本的感情。文章说："多年来独自安享繁荣的日本加入到国际社会中来了。但无论是为了日本自身还是为了其他国家，仅仅加入是不够的。日本与国际社会密切相关，不可分割，因而日本必须学会奉献，而不要吃独食。"诚然如此，作为日本今后奋斗目标的"国际化"，其含义更多的是指创造条件以使日本能够积极发挥国际作用，而并非单指经济利益。尤其是现在，国际经济、政治体系困难重重，迄今一直居于领导地位的美国实力相对下降，这就越发要求日本为实现世界和平与发展采取具体的行动，提出具体的政策。然而，高速经济发展使日本社会的价值多样化并形成了各种利益集团，加上经济增长速度放慢，反倒使日本处于难以发挥国际作用的境地。在这方面的典型例子是：每当需要对外界的要求做出反应时，各个省厅之间总是钩心斗角，势不两立；在日本实现现代化的过程中曾作为"变革媒介"而大显身手的官僚们，一涉及外贸等问题，竟至被人指责为"阻碍变革的因素"；就连那些近年来对决策影响力日增的国会议员们，在制定日本如何发挥国际作用的政策时也同样在五花八门的价值观念和形形色色的利益集团的影响下无法充分发挥出统一人们认识的领导作用。其结果必然是使对外摩擦（日美关系首当其冲）进一步恶化。由于国际社会日益相互依赖，产生这类摩擦的可能性愈发增多。很显然，到1990年之前，日本面临的最大问题就是如何调整对外关系以及如何保持并增进与其他国家的基本合作关系。

如何使国际社会的要求与国内利益协调一致，这个协调对外关系的问题是所有发达的民主工业国家所共同面临的日益棘手的课题。据我们所见所闻，欧美国家中的一些民间研究机构和财团在解决这个课题方面起到了不小的作用。在那里，我们可以看到，在民间机构彼此信赖的基础上建立的网络，对于协调相互依赖很深的国家之间的利害关系作用颇大。这些民间机构在形成全民一致舆论方面起到了政府极需要的辅助性作用。近年来国际性联合研究活动特别活跃，这主要是由欧美的研究机构搞的，也包括亚洲国家的研究机构。对日本研究机构和研究人员的邀请也急剧增多。参加民间的国际研究活动，对探索日本对相互依赖关系加深的国际社会应起什么作用是极为有益的。然而日本却未能充分利用这类机会，国内外相当多的有关人员都感到这是个严重问题。失去了这些机会，就是使日本失去了真挚地探索如何制定有关国际作用方面的政策的机会。不仅如此，还使人们进一步加深了这种印象：除了涉及自己利益的经济活动之外，日本对发挥国际责任缺少积极性。

为了考察日本民间机构在国际关系中应起什么作用，似有必要回忆一下北美及欧洲民间机构维持和发展大西洋关系的活动轨迹。20 世纪以来，大西洋关系历经磨难，经过两次世界大战，付出无数流血牺牲。民间机构对于解决这些事态，重建密切联系，做出了积极贡献，已成为广为传颂的事实，得到很高评价。这一宝贵经验对于日本今后的道路具有极重要的参考价值，尤其对于解决民间机构的作用和课题来说，分析和评价大西洋关系的经验具有很大意义。国内外的国际问题专家们如何看待现状？他们认为民间机构在协调国际关系方面应起什么作用？看来很有必要对此进行一下探索。在执笔此论文时，笔者曾对国内外专家进行了调查，答复者 160 多人。通过对此进行的分析，笔者获益匪浅。

## 第二节　大西洋关系中民间机构作用的轨迹

第二次世界大战以后，尽管美欧关系处于复杂困难的境地，但仍然保持着牢固的同盟关系，这很值得注意。能够持续保持这种关系绝非听其自然的结果，恰恰是通过很多民间机构的努力才得以实现的，这一点已得到公认。

### 一、大西洋关系的变化及民间的相应活动

**第二次世界大战前——国际关系中民间机构的诞生**

1941 年，罗斯福、丘吉尔提出了大西洋宪章，其中用了“大西洋”这个词，但今日所谓“大西洋共同体”这个概念，即通过同盟关系将欧美联结起来的想法，却是战后的产物。但在 20 世纪最初的 30 年间即可在美国发现它的萌芽。那时一系列的民间机构应运而生，而 1910 年安德鲁·卡内基建立了美国第一个大型事业型集团——卡内基国际和平基金，开始进行国际政治研究并进行国民启蒙活动。

此外，若对英国的皇家国际问题研究所和美国的外交问题委员会追根溯源，可以一直追溯到第一次世界大战结束时。巴黎和会后，英、美两国达成协议建立一个非官方的独立的启蒙组织，邀集官方和民间的领导人就双边及世界性问题进行讨论。这是由于当时人们认识到“单让政府自己去搞外交未免责任过重了”。

美国国际关系研究所是 1919 年建立的，到 1921 年发展为现在的外交问题委员会。其宗旨是：“靠民间资金搞一个非营利性的无党派的组织，由个人会员构成，通过交换意见促进对国际问题的理解。”1922 年以来，这个委员会出版了世界著名的国际政治、经济杂志——《外交》季刊。

皇家国际问题研究所 1920 年建成了独立的自治组织。其宗旨是：通过讲演、讨论、调查、研究和出版活动，来加深对国际关系各个方面的研究和理解。从初创迄今，一直出版着英国最具权威的《国际事务》季刊。

几乎同时在英、美两国建立的这两个组织，长期以来都被许多人认为是“外交政策的权威”，在第

二次世界大战前就对加强英美联盟做出了重大贡献，此外还对战后大西洋关系的形成起了重大作用。

这个时期出现了大财团。1910年建立了卡内基公司和洛克菲勒财团。20年代后期和30年代又相继诞生了福特基金会、洛克菲勒兄弟基金会以及利利、凯特林、斯隆、凯洛格等大财团。

在大财团的支持下建立了各种机构。作为富布赖特计划执行机构的国际教育研究所是1919年在卡内基国际和平基金会的赞助下成立的。30年代，洛克菲勒财团积极参与了营救大批受希特勒迫害的科学家和知识分子的活动，贡献卓著。亚洲也有它活动的足迹，1921年建立了北平医科大学，为中国开创了开展西医教学的机会。这些财团开展的这类活动战后得到极大发展，建立了世界卫生组织等很多新的国际机构。

**民间机构在“二战”前的贡献**

“二战”前，美国基本上执行的是孤立主义。因而在对外关系方面民间机构的作用也是有限的，然而在这个时期所起的启蒙作用颇值得评价。

随着纳粹德国威胁的增大，一场促使美国放弃中立、支援英法两国的运动兴起，外交问题委员会站在这场运动的前列，为制定美国的政治、经济及战略目标而开始搞“战争与和平研究项目”。这一研究为后来联合国、世界银行、国际货币基金组织的建立做出了重大贡献。还有一个成果就是人才辈出。艾森豪威尔总统、杜勒斯国务卿等都是通过委员会的活动与欧洲的领导人加深了交流，从而分别在战后登上了显赫的地位。

欧洲的传统是由职业外交官去搞外交，英国就有很多人怀疑职业外交官之外的人的作用，在这个意义上说，皇家国际问题研究所的建立是划时代的创举。但除了英国之外，不能认为大战前欧洲民间机构的作用增大了。

**“二战”后大西洋关系的形成期（1945年至60年代中期）**

“大西洋关系并非像火山那样经过一次喷发就形成了，而是像珊瑚礁一样，经多次活动积淀而成。”（约翰逊·F. 肯尼迪语）

“在外交与战略上再没有比欧美关系更重要的了。只要世界的价值放在自由与人类的尊严上，北美与欧洲的密切合作就必不可少。”（亨利·A. 基辛格语）

正如肯尼迪和基辛格所说的那样，大西洋各国的政治领导人和政策制定者很重视大西洋关系，认为它是安全保障与经济发展的基础。同时，有越来越多的领导人认识到欧美关系在世界政治中的地位日益重要，诞生了“大西洋主义者”的概念。

1. 外交政策的一致性与民间的努力

大西洋关系的具体形成始于40年代后期。共同的课题是对苏防卫合作中的安全保障问题与欧洲的复兴，这导致了马歇尔计划（1947年）与北大西洋公约组织（1949年）的产生。

民间作用得以肯定也是在这一时期。战后初期民间机构的主要作用是，为政治领导人提供一个商讨政策目标的场所，促进新的经济政治机构的发展，促进大西洋联盟与欧洲的统一。对于英、美两国来说，必须重新确认两国之间历来存在的“特殊”关系，而法国、联邦德国与意大利也为怎样与美国建立新的关系而苦心焦虑。这个时期特别值得一书的民间机构的作用是培养了领导人之间的合作关系，并使他们认识到各自利益的不同点，从而找出妥协之处以形成一致意见。

2. 比尔达伯格会议的创设

在战后不久成立的进行政策讨论、协商的民间机构中，最著名的就是比尔达伯格会议。会议的命名是因为1954年5月在荷兰的“比尔达伯格饭店”召开的这次会议。在每年定期召开的会议上来自大西洋两岸的与会者们就重要的问题进行共同磋商。不仅民间领导人，就连总统、总理及政府主要部长们都相继与会，从50年代到60年代，集中讨论了如何有效地解决那些破坏了美欧关系的问题。出席了几乎所有这些会议的乔治·波尔回忆说：“最大的收获就是在对话中建立起了融洽的关系。后来我进了国务院，几乎认得当时欧洲的所有领导人，对对方的处境也比较理解了。”

3. 美国的民间机构如雨后春笋

在战后的 20 年里，美国出现了为数众多的民间机构，开展启蒙性、文化性的活动，还研究国际问题政策。直到现在这些机构仍拥有积极的影响力。

“美德问题委员会”成立于 1946 年，目的是为了改善美德关系并增进相互理解。为了促进制定政策的高级官员之间的相互理解，召开了种种研讨和协商会议。

1947 年哈佛大学成立了“萨尔茨堡讨论会”，其宗旨是加深战后美欧之间的相互理解，可以说这是第一个“面向未来一代”的组织。到 1986 年共有 1.1 万人参加讨论，坦率地交换了意见。

1958 年哈佛大学建立了“国际问题研究中心”。该中心的国际讨论会曾由亨利·基辛格主持，组织了一批经严格挑选出来的欧美高级政策制定者进行了为期一年的一系列研究与讨论。

总部设在华盛顿的“美国大西洋协商会”建立于 1961 年。当初的目的是要发展并加强“大西洋共同体”。此外，到 60 年代中期，相继诞生了一系列重要的协会与研究所，如“阿斯彭人文科学研究所”、“哈得逊研究所”、“乔治敦大学战略与国际问题研究中心”等。

从 40 年代到 50 年代，“外交问题委员会”的活动格外引人注目。据说，从杜鲁门政权到卡特政权，有 50%以上的高级外交官员出身于这个委员会。外交问题委员会的活动所提倡的是超党派的外交政策，是封锁苏联的政策。

在频繁的委员会活动之中特别值得大书特书的是由福特财团所赞助的对军备限制和国际安全保障问题的基本研究。这项研究由当时尚默默无闻的亨利·基辛格主持，结果于 1957 年出版了《核武器与外交政策》一书，竟至成了这个领域的经典著作。

还有一个例子可以显示出财团的影响力，这就是由洛克菲勒兄弟基金会搞的专题报告书。从 1956 年开始，对美国国内外面临的重大问题进行了一系列研究。亨利·基辛格主持了研究活动。到 1960 年，以 3 年时间形成了政策建议，其中大部分在 1960 年大选中被吸收进民主党和共和党的政策纲领中。

4. 欧洲民间机构的发展

在欧洲，战后各国政府都全力以赴重建家园。在这个时期，逐步建立了几个民间的或独立的机构。在资金上，主要靠政府和美国财团的支援，开始时主要以启蒙和文化活动为主。经过两次世界大战，欧洲饱受创伤，所以这些组织的事业方向主要是为了重建社会与政治，此外还有一个重大课题就是如何使联邦德国确立民主制度及其概念。据詹姆斯·汉特雷的《西方共同体的未来》一书统计，自 1949 年到 1955 年有 1.3 万联邦德国人参加了长期考察美国的研究团体，有 3000 人访问了西欧其他民主国家。此外英国也大力推行了同样的计划，英国与联邦德国之间人员往来频繁。很多人指出，正是由于这一系列的活动，大西洋世界的概念才得以发展。

对建立新的大西洋关系发挥了重大影响的是福特财团。当时刚成立的大西洋国际关系研究所及柏林自由大学等均得到它的赞助。1958 年建立的国际战略问题研究所的资金也得自福特财团。

战后初期欧洲建立的重要民间机构是“柯尼希文特英德会议”，那是在 1950 年。它的宗旨是在联邦德国建设民主并加强英德两国的关系。这个由英德两国民间和政府有关领导人参加的讨论会一直坚持下来并取得了成功，这使得一系列双边会议随之相继诞生：如英法、英波、英意等。

“威尔顿公园”成立于 1946 年，它的宗旨是对西方各国共同存在的政治、经济、社会问题形成国际舆论。以此为开端，又成立了许多机构：1951 年柏林的“大西洋之桥”；1954 年由志愿者团体建立的民间组织“大西洋条约协会”，目的是通过启蒙和教育活动加强对北大西洋公约组织的支持。

1958 年是欧洲划时代的一年。这一年诞生了一个独立的机构——国际战略问题研究所，开始就安全保障、军备、军备限制等问题开展研究和讨论，搜集信息情报。截至 1985 年，福特财团一直持续每年支付 600 万美元的一般活动经费，并捐赠 250 万美元作为该所的基本资产。该研究所出版的《军事力量平衡》和《战略观察》是这个研究领域信誉最高的情报来源，每年召开的会议都有很多西方各国的安全保障和战略问题高级专家前往参加，举世瞩目。

**多极化世界里的民间大西洋关系（60 年代中期至 80 年代）**

1. 国际环境与大西洋关系的变化

进入 60 年代后，国际环境开始出现根本性变化。美国和欧洲在这个时期都经历了重大的变革，美欧关系也发生了变化。对于“封锁政策”、“国际主义”这些超党派的美国外交政策的举国一致的支持，因受到了越南战争的直接挑战而冰消瓦解了。

欧洲经济重获振兴，成为一支可与美国相抗衡的竞争力量，美国对欧洲政策的影响力急速下降。欧洲人保卫自己的利益不受美国侵犯的要求日益强烈，而且其利益也愈发多样化。在中东政策、军备限制以及欧洲的导弹部署等问题上产生了许多摩擦。

另外，新的一代人和新的领导者登上历史舞台也对欧美关系产生了影响。他们不了解“悠久而美好的大西洋关系”，只是大声宣扬自己的立场。开始在欧洲初露头角的左翼活动家集团对大西洋同盟这个结构本身提出了疑问。双方都被自己本身存在的问题所缠身，结果导致了“欧洲进行欧洲化，美国进行美国化”的状态。

2. 大西洋民间活动的对话范围进一步扩大——日本参加民间国际活动网络

随着国际关系中重点的转移，民间机构的作用也发生了变化。而特别值得一提的是，日本作为一名新演员登上了这个舞台。1973 年成立“日美欧委员会”的目的就是要巩固北美、欧洲与日本的合作关系；其他许多活跃在大西洋关系中的著名民间机构也为一个新的发展目标——形成包括日本在内的大西洋国家更广泛的协调一致——做出了贡献。无论是民间还是政府，都共同使用了一个新的概念——三极主义（译者注：指美、日、西欧这三极）。

1969 年，巴黎的大西洋协会理事会第一次选出了一位日本理事——经团联会长植村甲午郎，从此与经团联形成了密切的合作关系。美国大西洋协商会也从 70 年代中期开始与日本的民间研究机构进行合作研究。此外，皇家国际问题研究所与国际战略问题研究所等也积极地在会议讨论课题中加入有关亚洲、太平洋或日本的问题。

政府间的关系也发生了重大变化。日本（继其后又有澳大利亚和新西兰）参加欧洲经济合作机构（后来发展成为经济合作开发机构）就正是在这个时期。

3. 民间努力的重点发生变化

就在外部成员开始加入大西洋世界的时候，大西洋世界内部各种各样的活动也愈发活跃了。“迪奇利财团”、“大西洋协商会”、“英德协会”、“大西洋之桥”等很多机构的活动对象开始转向那些在价值观的形成期深受越南战争及 60 年代自由主义影响的年轻一代。“比尔达伯格会议”的领导班子为年轻人所取代，外交问题委员会在 1980 年初也开始从全美国招募年轻成员。“大西洋协议会”有意开发所谓下一代研究项目，其中之一是“21 世纪的美国国际领导地位：建立国内对国际关系的支持基础”，这是一项极其引人注目的课题。

4. 欧洲出现新的民间活动

在这个时期，许多创建已久的团体正逐步偏离最初的目标，同时又形成了一批新的独立的或非政府的机构，活动的目标也开始超越大西洋的范围。

在安全保障和国际经济方面的政策研究探讨变得日益重要，所涉及的领域也更为广泛，从西方同盟、东西方关系、军备限制到贸易、金融、能源，无不触及，最近乃至又深入到美国的“星球大战”计划问题。“皇家国际问题研究所”和“国际战略问题研究所”等研究机构也把政策研究的重点放在上述重要课题上。

在这个时期，欧洲相继诞生了一系列外交政策研究机构，诸如“意大利国际问题研究所”、“挪威国际问题研究所”等，可谓意义深远。众所周知，“意大利国际问题研究所”在争取社会主义者和共产主义者参与安全保障和经济问题的讨论上起了重要作用。

“法国国际关系研究所”于 1979 年建立，这是法国民间活动的引人注目的发展。它得到政府的资金援助和“加曼·马歇尔基金”的赞助，开始积极地就外交政策进行分析与探讨。

“阿斯彭·柏林研究所”也是一个重要的民间国际研究机构。会议场所环境幽静，远离闹市。不仅是欧美有影响力的领导人，就连东欧和苏联的要人也前来参加会议，进行非正式的对话。

5. 美国民间活动的新发展

以越南战争为发端，美国一系列新的外交政策研究机构开始登上政治舞台。其中不少机构是由竞争力极强的智囊团组成的，党派味道更足，意识形态色彩更浓。华盛顿作为美国乃至世界政治的中心，成为这些新兴势力积极活动的大本营。

（1）华盛顿智囊团的作用增强。

“布鲁金斯研究所”吸收了许多因 1969 年政权更替而离职的原约翰逊政府的高级官员，以至它被取了个别名叫“流亡民主党政权”。它特别下工夫做联邦议会的工作。这是由于越南战争使议会在形成外交政策方面的作用大大增强，议员和工作人员急于得到有关情报。在军事问题和预算问题上拟定替代方案也始于此时，后来还集以成册，出版了一本题为《规定国家的优先顺序》的书。

一件具有重要意义的事情是 1970 年“卡内基国际和平基金”发行了《外交政策》杂志。基辛格时代的外交政策的基点在于保持实力均衡，而该杂志却提出了另外一种概念，即以美国传统的人道主义为中心的自由主义外交政策，它主张在外交上应把经济和政治手法置于军事之上。

卡内基基金和布鲁金斯研究所培养出了一大批被称为“新专家”的年轻有为的外交政策专家。在卡特政权起用布热津斯基、布朗、万斯等出任负责外交、国防事务的内阁部长时，100 多名年轻的专家们走上了部长助理和副部长助理的岗位。几乎所有这些政策负责人都是自由派意识形态的代表者。

“新专家”中的保守派在里根政权里大显身手，而卡特政权时代制定政策方针的高级官僚却被扫荡一空，变化之巨，前所未见。从美国事业公共政策问题研究所（AEI）、赫里蒂奇财团、胡佛研究所等任用了 200 多名保守派专家。一批意识形态色彩浓、党派味强、在权威性和争取资金方面相互激烈竞争的智囊团在美国，尤其是在华盛顿迅速发展成一股强大的势力。

（2）保守派智囊团的崛起。

最初认识到要与自由派竞争的保守派智囊团大概要算由威廉·巴鲁迪一世为首的美国事业公共政策问题研究所（AEI）。外交和防卫政策自不必论，连政治与经济也纳入了该所的研究领域，它的研究会议邀集了在保守派研究人员中处于指导地位的琼·柯克帕特里克和欧文·克里斯托尔等代表性人物。这群人向当时华盛顿占上风的自由派观念发起冲击，提出保守的政治主张，以简单明了的事实提出反驳。“乔治敦大学战略与国际问题研究中心”（CSIS）创建于 1962 年。现在赫里蒂奇财团活动的理查德·艾伦为创始人之一，但真正使该研究中心组织健全的是后来任里根总统伊朗、尼加拉瓜问题助理的戴维·阿布希尔。阿布希尔把基辛格、布热津斯基等著名人物一一拉入研究中心，还邀集了许多保守派议员与会，并使会议长年坚持召开。研究中心召开的“四极讨论会”甚至被称为“民间首脑会议”。

此外，“赫里蒂奇财团”（1973 年创立）和加利福尼亚州的“胡佛研究所”等被视为保守派的智囊团也相继诞生。

## 二、最近美欧关系的危机与民间机构的对策

**扩大的大西洋——最近日趋紧张的美欧关系**

70 年代以来，由于苏联入侵阿富汗以及波兰危机等使东西方之间的紧张关系加剧。而最近发生的

一系列事件，如美国轰炸利比亚、雷克雅未克美苏首脑会谈的失败等，又造成了美欧关系日趋紧张。大西洋国家对从军备限制到中东政策的一系列问题不断发生意见分歧。借用美国驻华大使温斯顿·洛德（曾任外交问题委员会理事长）的话来说，分歧之严重已达到这种程度："同盟关系发生了结构性问题，相互的利益与认识产生了根本性差异。"美国的眼光已从世界性问题集中到本国的问题上来，欧洲也意识到了欧洲内部共同的问题及欧洲共同体的问题。

伴随国内结构性变化而产生的这些因素给大西洋的两岸都带来了"多元化和异化"，从而引发了"扩大的大西洋"、"美欧关系危机"等议论。

**大西洋关系重新引起注目**

70 年代后期，美苏关系的缓和局面遭到破坏，西欧也出现了意识形态上的变化，从而使欧洲问题在 80 年代初期重新唤起了国际上的关注。在大西洋关系之中，围绕欧洲部署中程导弹、反核运动和国际经济摩擦等问题产生了许多争论。

亨利·基辛格 1984 年 3 月 5 日在给《时代》周刊的稿子中说："虽然美欧之间存在分歧，大西洋同盟仍应保留下来作为美国对外政策的核心。美欧的密切合作对于保持人类的尊严与世界的完美是必不可缺的条件。"当伊朗和尼加拉瓜问题表面化，欧洲为之困惑不解之时，英国前首相卡拉汉投稿给《纽约时报》说："虽然是逐步的，但欧洲对外正采取一个姿态。欧美之间在这样那样的问题上也许会存在意见分歧，不过欧洲认为美国是很重要的伙伴。"

美国的副国务卿马内克尔·阿马科斯特曾在出席日美下田会议之后强调指出：大西洋关系有两个支撑点，一是所有各阶层人士的非正式的接触联系；二是在重要问题上互相直接诉诸舆论的能力。他认为，通过加强民间的对话与交流活动，日美关系也正在得到实质性的增强。安德鲁·皮埃尔指出大西洋关系的一个特点是，一旦发生危机，政府与民间的领导人都采取行动加以补救，"损害管制与冷却机制都起作用"。

**民间对美欧关系做出的新的努力**

进入 80 年代以后，民间机构才开始做出认真而广泛的努力，要在三极或世界的格局中把重点放在大西洋关系上。使民间领导人认识到大西洋关系是"命中注定的密切关系"的原因大概有以下四点：①只要核武器存在，在对付苏联的威胁方面就有共同的安全保障方面的利益。②作为一个经济实体的欧洲共同体今后仍将继续依赖美国。③日、美、欧三个地区在其中占有特别重要地位的世界经济体系将进一步扩大。④双方之间在文化与民族方面存在着联系。

大西洋各国各有各的特殊情况，各自都会据此做出独特的处理，对这种日益滋长的多元主义必须加以理解，必须深入细致地了解对方的想法。同时还要求形成对未来的更为广泛的一致见解。为此就必须进行范围更广泛的对话，必须促进国民和政治领导人的协商。

民间为此做出了以下值得注意的努力：

1. 四研究所报告：《西方的安全保障》

在 1980 年初所做的一系列努力中看来最为重要的就是"西方国家的安全保障"这个联合研究项目了。为了解决苏联入侵阿富汗之后大西洋关系中出现的严重对立，外交问题委员会、联邦德国外交政策协会研究所、法国国际关系研究所、英国皇家国际问题研究所四家研究所就美欧关系短期和长期的发展前景进行了政策研究。

研究的重点是：西方的安全保障、东西方关系的未来、第三世界政治和安全保障的发展前景。在研究中还探讨了加强大西洋各国间协商、协调的措施。最后的成果是在 1981 年 2 月出版了一份报告书，题为《西方国家的安全保障：什么改变了？什么是必须要做的?》美国、英国、法国、联邦德国及世界各国对报告书的反应极其强烈，毁誉不一，引起了激烈的争论。

2. 外交问题委员会：有关美欧关系的研究项目

外交问题委员会于 1983 年让塞勒斯·万斯牵头进行历时几年的“对美欧关系的研究”。其目的是搞清楚能对大西洋关系中的重大问题产生影响的利益要求与观点之不同点是什么，从而增进大西洋两岸的相互理解。

自 1984 年以来已发表了五个报告：《第三世界的不稳定性：大西洋关系中的中美洲》、《扩大的大西洋：国内变化与外交政策》等。

3. 美欧的政府人士之间的非正式协商

为了对重要的课题进行非正式的对话、协商与交流，兰德公司（研究发展公司）召开了一系列邀集北美和西欧各国政府中负责外交和防卫事务的高级政策制定人参加的民间讨论会。会议的议题往往是在政府间会议上难以讨论的非常微妙的问题。这类非正式的政策讨论在国内、欧洲内部、大西洋各国之间的各个范围里都急剧增加，不少外交问题研究所都参与其间。

4. 加曼·马歇尔基金（GMF）：注视着大西洋关系的新财团

最近旨在加强大西洋关系的最新动向中特别值得一提的是加曼·马歇尔基金的创立。此项基金是 1972 年由联邦德国政府捐赠在美国建立的，主要活动是：①促进人们研究与理解西欧与美国之间发生的问题。②提供一个机会使政策制定者们了解大西洋国家中自己的对手是如何解决国内问题的。

基金的建立从表现形式上看是联邦德国政府为了表达联邦德国人民对美国马歇尔计划的感激，捐赠了 1.47 亿马克建立起来的，但却规定由设在美国的理事会独立管理基金，完全不受联邦德国政府的监督。事业也不仅限于美德关系，而广泛涉及整个大西洋的关系。联邦德国总理科尔 1987 年又捐赠了 1 亿马克给该基金。基金建立以来已花费了 5000 万美元，它对大西洋关系的贡献得到了高度赞扬。它对很多旨在改善大西洋关系的活动给予了大力支援，这些努力颇类似于战后初期福特财团在建立大西洋有关组织时所付出的努力。

5. 皇家国际问题研究所的研究项目：“欧洲与大西洋关系”

在《国际事务》季刊主编约翰·罗珀的指导下，英国皇家国际问题研究所将研究的重点放在防卫和安全保障问题上。该所与国防部联合召开了“欧洲安全保障合作与英国的利益”讨论会，还与法国国际关系研究所定期联合召开讨论会。其他研究课题是：“星球大战计划对大西洋联盟具有什么意义”、“欧美在反对国际恐怖活动中的合作”等。该所还开始与琼斯·霍普金斯大学高等国际问题研究所共同召开例行性会议“英美第二代人会议”。

6. 青年或第二代人计划

为了形成身系大西洋未来的新一代领导人的联系网络，由大西洋委员会与大西洋协会召开国际性会议，同时，美德问题协议会和大西洋之桥等组织还单独或联合召开一些双边性会议。除法美财团召开的“法美青年领导人会议”之外，老的组织如“萨尔茨堡讨论会”和“青年政治领导人大西洋协会”等的活动也一直很活跃。对未来一代领导人的问题同样有意识地做出努力的还有“比尔达伯格会议”、“柯尼希文特英德会议”、“迪奇利财团会议”、“外交问题委员会”等高级研究机构。

在所有这些场合全都强调了教育年轻领导人以及让他们建立个人联系网络的必要性。

## 第三节　民间机构在国际关系中的作用与机能

### ——日美欧舆论界名人的评价

为了考察民间机构在国际关系与外交政策的形成过程中起了什么作用、具有何种机能，以日、美、欧三个地区的有影响力的政策制定人、学者、研究人员等舆论界知名人物为对象，用调查表进行了调查。调查的目的是想了解这些从官方的或民间的角度深深参与了国际关系形成过程的舆论界知名人士如何评价民间机构的作用与机能，对未来的发展有何期待，感到目前存在什么问题。从 160 多份答复中我们可以分为几种类型。

## 一、对作用与机能种类的一般评价

首先要求被调查者在以下六个方面就民间的研究与交流机构所发挥的最重要的作用是什么做出评价。即：

（1）国内的启蒙活动。

（2）政策建议与分析。

（3）提供让国内各界及各领域的人士就对外政策交换意见的场所。

（4）提供与海外有关人士交换意见的场所。

（5）促进与外国之间的共同研究。

（6）对其他国家的政策决定施以影响。

重要程度分为三种选择："非常重要"、"比较重要"、"不重要"。结果，日、美、欧这三个地区的舆论界名人们几乎全都答复："非常重要。"对（2）、（3）、（4）这三个方面选择"非常重要"和"比较重要"的几乎是 100%。对（1）的评价不大一致，美国有半数以上的人认为"非常重要"，而欧洲却只有 25%的人给予积极评价。这大概是由于不同的地区与国家其外交政策的形成过程也不同。拿美国来说，它的评价反映出美国的多样性及外交政策问题上的开放性。很多财团都是电视或广播节目的赞助人，例如南部国际问题研究所提供"前国务卿会议"每年在全美国放映，等等。这也是重视启蒙活动的体现。

对于（5），选择"非常重要"的在日本与欧洲的人分别都在半数以上，而美国却只有 25%的人选择这个答案，比例很低。这反映出美国人仍然未摆脱"美国控制下的和平"时代的影响，未充分认识到与同盟国进行协商的重要意义。日本的舆论界知名人士对此给予高度评价是因为他们作为国际社会中新的成员很重视与其他发达国家在政策上保持协调一致。

对于（6），欧洲有 70%的被调查者选择了"不重要"，日本、美国、欧洲各个地区的大多数人对此也都持怀疑态度。因为人们担心，如果以某种形式对政策制定过程施加影响会被看做是"傲慢的干涉主义者"。然而也有不少人认为，像日美欧委员会这类的国际性机构向各个国家提出建议还是很重要的。多数人认为，在诸如国际经济政策，尤其是汇率和贸易问题上，必须对别国政府施加影响。

## 二、民间机构对外交政策和国际合作的影响力

对于民间机构一般性的影响力，除极少数人持否定态度外，大多数人，包括政府有关人士，对此都是予以肯定的。至于民间机构如何发挥影响力则意见莫衷一是。从某种意义上说，占上风的意见认为，民间机构应间接地解决一些中长期性的课题。日美欧委员会北美委员会主席戴维·洛克菲勒说："多数民间机构都是大致确定一个方向，而并非全面地提出一项新政策。"卡内基基金理事会前主席艾伦·佩法说："民间机构的影响力短期的是'零'，中期的是'稍微'，而长期的是'很大'。"这些见解颇具代表性。

不过也有更积极一些的评价。琼斯·霍普金斯高等国际问题研究学院院长乔治·帕卡德指出："高级领导人尤其在国际问题上爱读研究报告并深受其影响。"美国众院外交委员会主任委员斯宾塞·奥利弗也说："对于政策的制定者和议会工作班子来说，民间机构的研究是他们获得新观念和新理论的不可或缺的源泉。"

## 三、民间机构的间接影响力

在调查中，对民间机构间接影响力做出高度评价的答复不少，但对这一影响的施加方式有不同的看法。

**民间机构作为联系网络与对话的场所的作用**

比较具有代表性的意见认为，“（民间机构）建立人员联系网络，通过讨论明确问题之所在，提出了易于取得国际一致意见的政策”（克里斯托夫·伯特伦）。“（民间机构）通过间接性研究、意见交流、建立联系网络等发挥了它的影响力”（联合国大学副校长、武者小路公秀）。对民间机构作为“场所”的作用，人们突出地强调指出，“民间机构通过促进人员交流和意见交换，自然而然地对别国的政策决定过程产生影响”（汉堡经济研究所所长、阿明·戈托斯基），民间机构是“沟通各界的桥梁”，缔造了“超越国界的人际关系”，是同盟国家之间乃至对立国家之间进行接触的窗口及交换意见的场所。前挪威国防部长奥托·蒂德曼德说：“从维系领导人之间的关系到开放门户，（民间机构）在所有领域（的作用）都在日益增长。”

**非正式的交流渠道**

也有人指出，当政府间正式接触遇到困难时，（民间机构的）非正式的接触与交流可发挥作用。“达特茅斯会议”即有名的例子。作为美苏间的非正式会谈，它在美苏关系困难时期为开辟双方交流的渠道做出了贡献。尤其是在 1962 年的古巴导弹危机中，它起到了幕后渠道的作用，缓和了美苏之间的紧张局势。引起人们注意的最近的一个例子是，外交问题委员会 1986 年 2 月向莫斯科派遣了代表团，在 12 名代表中包括当过美国国务卿的基辛格和万斯，他们同苏联最高领导人举行了会谈，起到了政府难以起到的作用，获得了人们的称赞。有人认为，非正式的接触是“促进正式谈判顺利进展的必不可少的润滑剂”（北海道大学教授木村汎）。

**政策性、知识性的输入**

不少人指出，对于那些为短期性悬案所苦而政治上又较僵化的政府，民间机构起到了一种补充性作用，在这方面的影响力日趋增强。对于民间这样参与政策形成的过程，美国人尤其认定它的必要性和重要性。日本人有 20%回答说在政策建议方面，民间机构的作用今后将愈益重要，看来日本和欧洲也认为非政府的“意见输入”在增加。上智大学教授绪方贞子说：“在今天这样多姿多彩的时代，单由政府归纳并实施政策建议已成为不可能的事。”布热津斯基也强调说：“政府里有相当多的人只埋头工作而没有全局性的观点。在政策形成的过程中必须要有知识输入。”此外还有人认为，在超越行政机构统辖范畴的问题和课题上，倒是民间机构易于开展活动。

**预警作用**

有人认为，对于未来可能出现的国际问题，民间的交流能起到预警作用。欧洲导弹问题就是一个很好的例子。据说这个问题是在联邦德国前总理施密特在国际战略问题研究所和法国国际关系研究所发表演说时第一次提出来的。法国国际关系研究所所长提埃里·杜·蒙布里亚尔说：“对于可能爆发的问题预先发出警报是（民间机构的一项）重要作用。”据说罗马俱乐部提出的“经济增长的界限”也发挥了同样的机能。

**国内的讨论与调整**

还有人指出，民间机构除了对政策内容的确定起了一定作用之外，还有一个重要作用是在国内提供了一个场所，使国内各界、各部门之间能够对外交政策进行讨论。很多欧洲人指出，由于民间机构的存在，政府的政策研究人员与在野党的政治家才能够就国防、外交等微妙的问题进行非正式讨论。认为民间机构对政府起了牵制作用的观点也很惹人注目。民间机构对政策制定所起的重要作用也一再被人们所强调，如唐多纳·加拿大财团副理事长杰拉尔德·赖特说：“（民间机构）常对现行政策提出批评，对新的问题提出有独到见解的建议，对政府起到一种在野党通常难以做到的牵制和平衡的作用。”

## 四、民间机构的直接影响力

“民间机构过去有否具体改变政策或带来新的政策？或者说，是否有假使民间机构不存在就不能产生的政策？”对于上述问题，56%的日本人、70%的美国人、50%的欧洲人答复说“有”。

然而不少人觉得很难举出具体例子来，这倒是个特点。外交问题委员会前理事长（驻华大使）温斯顿·洛德说：“（上述情况）有是有，可不那么频繁。”像美苏第二轮限制战略武器会谈的美方谈判代表普尔·沃恩克那样，认为“除了赫里蒂奇财团对军备限制和中美政策的影响等反面例子之外，很难加以证明”的也不乏其人。总的说来，认为一般来说“有”的占大多数。

有人说，（民间机构的观点）一旦登在报纸、杂志上，影响力就非同一般了。英国的学术交流中心副所长罗纳德·多尔说：“民间机构的建议一经登在报上讨论，就会产生很大的影响力。”美国事业·公共政策问题研究所和赫里蒂奇财团之所以取得成功，可以说在相当大的程度上靠的是它们对新闻宣传的有效利用。

## 五、民间机构的存在是否使国际关系更为复杂

在欧美进行的调查中有一个问题是，民间机构是否使国际关系复杂化？是否使政府难以实行（自己的对外政策）？答“是”者非常之多。理由是，多角色、多渠道引起混乱。但是大多数人又认为这种“混乱”在民主社会中是“健康”的表现，是“必不可少的”。150 多年前《美国的民主主义》一书的作者亚历克西斯·德托克比尔曾点破了这一点，他认为，外交政策的实施本来就难以做到民主。被调查者中不少人认为外交的效率性与民主的进程公开原则之间存在着矛盾，尤其是后者，时常推迟政策制定进程。但又认为这些都是“必要的恶行”或是“健康的必不可少的要素”而给予高度评价。《纽约时报》的詹姆斯·赖斯顿在有关伊朗和尼加拉瓜的争论一爆发就提出“把外交政策完全交给总统去搞太危险，太复杂了”。前总统咨询委员会主席普尔·麦克拉肯也认为：“政府（对外交政策的）垄断包含了世界上一切垄断所具有的缺点。所以，一定的混乱是必要的，尽管它不受官僚们的欢迎。”第二轮限制战略武器会谈的政府代表普尔·沃恩克也说：“为了不让政府再干像越南战争那样的蠢事，就必须要国民理解民间发挥广泛影响力的意义。”

还有人指出，即使从对政府的有限作用给以补充完善这个角度来说，民间的作用也是很有必要的。皇家国际问题研究所所长威廉·沃尔斯说得透彻：“国际关系越复杂、越卷入国内政治，越不能单靠政府去承担。”

然而，混乱往往酿成纠纷。人们异口同声加以指责的正是这种导向反面的效应。外交问题委员会理事长彼得·塔诺夫说：“假如民间机构大搞院外活动，对某一政党的主张不加分析地代为辩解，则它的活动即为有害的。”

## 六、民间机构面临的问题与未来的挑战

在民间机构未来所面临的问题中，日、美、欧三个地区的人全都把“财政问题”列为最重要的问题。其次是“人才来源的保证”，不过除日本外，把此视为问题的人大大少于前者。除此而外，不同地区的人还提出了不同的问题，但它们彼此密切相关，而且也是围绕财政问题提出来的。

**民间的资金筹措**

只有确立雄厚的财政基础，才能留住人才，才能保证研究的独立性，因而这一点似乎被看成是最重要的。此外，争取政府的理解看来也有益于弥补资金的不足。

据洛克菲勒财团 1985 年的调查，是年各种财团赞助了 5200 多万美元用于国际安全保障和防止核战争（的研究），比 1982 年增加 300%。总的来说，民间用于国际关系方面活动的资金确实是显著增加了，但由于民间机构也在急速增加，所以事实上，争取财源的竞争十分激烈。

据财团协会 1985 年的《财团新闻》报道，最近的一个强烈倾向是，在欧洲，企业搞的社会赞助活动日趋活跃。这是由于，政府的开支减少了，民间企业精神得到振兴，企业也认识到建立对外形象的重要性，于是开始模仿美国式的做法，向民间机构提供赞助资金。

欧洲各国的政府对企业的赞助也开始给予纳税优待。减免税额虽然较之美国要少，但却确实使赞助资金源源流向教育、文化和艺术领域。

但日本的现状却不令人乐观。民间团体对国际关系活动的赞助虽有免税优待，标准却定得颇为苛刻。国际金融情报中心前理事长渡边喜一说：“一方面，国民对对外关系的重要性缺乏足够的认识；另一方面，日本在世界上已占有重要的一席。这种观念与现实间的差距也许仍将持续存在下去。”海外经济合作基金总裁细见卓说：“由于普遍认识不高，对出人出钱就不积极。”也有人说：“认识水平还是高的，就是不肯出钱。”（大和证券经济研究所理事长宫崎勇）

**政府扶植的作用**

对于“政府是否对民间机构给予了充分支援”这个问题，40%的美国人认为“充分”，2/3 的欧洲人持这个观点，认为政府在财政上给予了补助。认为“充分”的欧洲人要比美国人多。这表现出美国的机构依赖民间资金，而欧洲的机构却依赖政府的补贴。日本方面无人认为“充分”，半数以上的人认为“凑凑合合”。

“具体来说，政府应给予什么支援？”对这个问题，绝大多数人的回答都是希望以纳税优惠等办法给以间接的帮助。

戴维·洛克菲勒说：“希望政府以这种形式给以支援：不论法人还是个人，他们（对民间机构）的赞助都不计入（应纳税）所得之中。”持同一看法的人相当多。日本和欧洲的很多舆论界知名人士都说政府的纳税优惠措施不够。

对于政府职员到民间机构任顾问或研究员的问题，很多人表示“有条件地欢迎”。表示赞成的主要原因是，这样可以满足不断增长的研究需要，可以把政府的政策制定者从繁琐的日常事务中解脱出来，专心从事知识性的业务。不过，也有意见认为，如果政府职员是脱离政府而进入民间机构的话，就必须凭个人的独立思考来做出客观的研究分析。还有人主张，政府职员不能进入民间机构的管理部门，应避免由他们控制民间机构。

日本的受测者中，认为政府方面理解不足的意见非常强烈，东大教授佐藤诚三郎的话代表了这种观点，他说：“负责对外关系的外务省顽固地过低评价或不理解民间的作用，大藏省对民间资金的自由使用持否定态度。”

要求政府直接给予补贴的人不多，甚至还有人主张不应要求政府给予帮助。国际战略问题研究所和外交问题委员会就不接受政府的补贴和委托研究。限制战略武器会谈的政府代表杰拉尔德·史密斯认为：“不应该接受政府的补贴。”前外交问题委员会理事会理事乔治·富兰克林也说：“政府对民间的努力不采取任何行动才是明智的。”

# 第四节　日本参加民间一级国际研究和交流活动的现状

这次对日本人参加国际会议和外交政策的联合研究之现状做了一番调查。结果证实，国内外都有很多人认为，从量上说是有了飞速增长，从质上说，在外语能力和发言内容等方面也有不少提高。但存在的问题也不少，比如参加者不广泛等。随着日本国际地位的提高和责任的增加，肯定会有越来越多的日本人参加国际会议和联合研究，并将对这些活动的实施和运营施加积极的影响。

## 一、日本人的参与状况

**国外对日参加国际会议和联合研究的要求激增**

为了了解日本人参加国际会议和联合研究的现状，询问国内受调查对象在 1986 年参加了几次国际会议（除政府间协议之外），与过去比较结果如何。回答的结果是，占半数（21 名）的人平均每月出席一次国际会议，有 8 人不到 10 次但在 5 次以上，参加国际会议相当频繁。70%的人答复说还参加了国际性的联合研究。此外还对接到邀请却未能参加的次数进行了调查，结果表明所有人都多次谢绝了邀请。35%的人每年平均谢绝 6 次以上，出现了无法满足邀请的现象。

“与 5 年或 10 年前相比，接受邀请参加国际会议的次数是增加还是减少？”对此问题，所有人的答复都是“增加”，其中近 60%的人答复说“迅速增加”。

在对国际会议提供合作的程度及参与会议的内容方面，有 50%~70%的人答复说很少主持召开会议或在会议的筹办阶段参与准备，在资金筹集上提供的合作也不多。这说明日本方面的与会形式是被动式的。

**日本人与会状况的改善与未来的课题**

国内外不少人都评价说，日本人的与会状况较之其他国家要平均，且比过去有了相当大的改善，这是一个特点。但也指出，从语言障碍、视野狭窄到财政上受限制，还存在许多待解决的问题。

在国内调查中，近 60%的人认为，日本人的与会质量一般，可谓不好也不坏。但绝大多数人（85%）都认为，与过去比较已大有进步。

欧美的受测者有 73%答复“良好”或“一般”。北美近 70%的人答复“良好”，而欧洲却只有 20%的人做出这个答复。可以说，欧洲人比日本人看法更苛刻。

**肯定性评价**

对于具体取得了什么进步这个问题，日方回答最多的是在积极性上有提高。60%的人指出：“发言比较积极”，“积极参加讨论”。还有近 20%的人认为外语有改进。值得注意的是有人认为能够“明确地提出自己的主张”，“发言和论文的内容质量有所提高”。

在欧美的回答中，很多人认为，“外语”、“积极性”和“国际观念”有所提高或加强。联邦德国前经济部长奥托·拉姆斯多尔夫认为：“有了希望交换意见的欲望。”普尔·麦克拉肯也称赞说：“30 年前态度消极的观察员也成了贡献很大的与会者。”英国前首相埃德伍德·希思的特别助理塞蒙·梅认为：“日本人透彻的分析能力必将使日本获得成功。”国际战略问题研究所所长罗伯特·奥尼尔认为：“有丰富的国际问题知识，有国际性观念。”这些都是较高的评价。

**否定性评价**

“外语差”、“不积极”和“敬让长者而自己不发言”等，被欧美人看做是日本与会者的“短处”。其中值得注意的是，琼斯·霍普金斯大学高等国际问题研究所所长乔治·帕卡德批评说："日本人发言不讲自己的见解，动辄就把政府的观点抬出来。"核能与替代能源意大利委员会委员长温伯特·科洛姆指责"日本人是日本中心主义者"。欧洲文化财团秘书长莱蒙德·乔利斯说日本人"不重视欧洲"。在国内调查中也了解到一些值得深思的批评。60%左右的人视为最大问题的是："参加者的范围不广泛"和"外语差"这两点。明确地点出，如何扩大参与国际活动的人群的"广度"和"深度"已成为迫在眉睫的课题。此外，50%的人认为"不习惯对政策进行讨论"和"对自己的处境过分介意"也是个问题。

在个别的具体问题上也有些不同于一般倾向的意见，诸如三菱汽车工业（株）顾问苫米地俊博说："被人看成是采取民族主义的立场。"上智大学教授绪方贞子说："对与自己无直接关系的问题不感兴趣，发言少。"前驻美大使大河原良雄认为："个人的密切交往太少。"

**日本人擅长和不擅长的课题**

对于日本人擅长和不擅长的课题，国内外受测者的回答如出一辙。在国内调查中，60%~70%的人认为，日本人的强项是"经济"与"科技"。在欧美的调查中同样有半数以上的人做出与上述相同的评价，这两方面的人看法是一致的。同时，两方面的人们分别都把"外交"纳入日本人的弱项。除此而外，国内调查中还要加上"政治、安全保障"，而欧美调查中要加上"社会文化问题"。尤为突出的现象是，在国内调查中，把"外交"与"政治、安全保障"列为日本人强项的只有 1 个人。

**在欧美人眼里日本与会者的其他倾向**

"与其他国家的与会者相比，日本人是否从地区视角而不是从全球视角来考虑问题？是否很容易陷入拥护本国政府的圈子跳不出来？"就上述问题对欧美人进行调查的结果是，肯定与否定的各占一半。

认为日本人从地区视角考虑问题的人之中约有一半说这种现象正开始改变。前欧洲共同体委员会对外关系委员埃德蒙·韦伦斯泰恩说："过去确实是那样，现在改多了。"温伯特·科洛姆评论说："除一些特殊情况之外，日本人总是注意那些地区性问题，最近总算开始理解自己的问题是如何同全球性问题密切相关的。"但也有不少严厉的指责，例如哥伦比亚大学东亚研究所的研究员约翰·布雷斯南说："比起其他远东国家来，日本在这方面还算好，但若考虑到日本的经济实力，事情就不那么简单了。"美国联邦议会图书馆经济评论家迪克·南特说："（日本的）实业家具有国际眼光，而政治家却倾向于地区主义。"

对于"是否拥护本国政府的政策"这个问题，半数以上回答"是"，但其中多数人认为，在程度上因职业和问题而异。外交问题委员会理事长皮特·塔诺夫说："假如直接、间接都与政府没有关系，就不会成为'政府支持型'的机构。"国际战略问题研究所所长助理莱恩哈特多利夫特认为："一般来说并非如此，但一说到贸易问题，就只能支持本国政府。"

此外，对日本人的消极态度和国民性也多有指责。儿童电视教学研究会理事长琼·库尼指出："有时虽然并非是支持政府的立场，但却消极地不提出其他建议、意见。"还有人说："日本人特别不愿意批评本国的舆论。因此，比其他国家的人更倾向于支持政府。"

## 二、今后提高日本人与会质量的对策

**国内的指责**

在这个问题上，人们的建议及对问题的看法五花八门，有的认为要"开发人才和能力"，要"扩大与会者的队伍"，还有人认为应"从资金和制度两方面建立后援体制"，等等。

首先，有 40%的人强调"人才培养"，这也包括开发能力这一层意思在内。其次，认为应"扩大与会者队伍"的见解比较集中，比如索尼会长盛田昭夫、前外相大来佐武郎等主张"让年轻人参加"，东京大学名誉教授大岛惠一、联合国大学副校长武者小路公秀主张"应该拓展与会者队伍的层次与幅度"。

还有不少人呼吁加强环境和基础的建设，如在资金支援方面和增进所属机构的理解方面应予改善。

也有许多人提到税制和财团方面的问题，如亚洲经济研究所会长筱原三代平、上智大学教授绵贯让治等联系到促成年轻人与会的问题提出："必须努力给予旅费的资助，必须尽力使资金筹措更灵活易行。"东京大学教授佐藤诚三郎主张："应对捐赠给以免税优待。"国际大学副校长宍户寿雄说："只要扩大并加强财团的力量，马上就可以做到使用不附加条件的资金。"在争取所属机构的理解方面，人们指出，目前的现实是，所属机构并不十分理解和支持自己的部下参加国际活动。三菱汽车工业公司顾问苫米地俊博认为："为了让年轻优秀的下一代领导人参加国际活动，必须对其所在机构的头头进行启蒙教育。"《朝日新闻》社论部主编松山幸雄说："参加国际活动理应得到所属组织的奖励和评价。"

除此而外，还有人提出必须加强秘书处业务等后勤性工作。东京大学教授公文俊平说："应该使后援人员的工作得到充分开展。"北海道大学教授木村汎认为"应加强编辑、校订服务"，以方便研究人员用外语撰写论文。

**欧美的批评**

"日本在国际经济中所占比例之大，参加国际研究和会议之少，适成对照。"（西班牙特勒弗尼克公司总经理路易斯·苏拉那语）"日本是世界上最重要的国家，向世界广泛传播日本的经验和见解是至关重要的。"（斯坦福大学国际研究中心所长罗伯特·沃德语）上述典型意见表明，尽管日本参加国际研究和国际会议的状况有所改善，但与日本在国际社会中的地位相比，急需改善之处仍然很多。

很多欧美的舆论界知名人士都认为，问题在于民间机构缺少、民间企业意识差，这里不算与国内调查相重复的问题。对于民间机构方面的问题，人们指出："最大的问题是，日本很少有什么民间机构出面召集会议、开展国际交流，现有的几个机构在财政上还受到很大限制。"（约翰·布雷斯南语）"开展国际交流和联系的非官方机构之少是显而易见的。"（克里斯托夫·伯特伦语）今后"应努力在日本创建可与外交问题委员会和布鲁金斯研究所等著名研究机构齐名的民间研究机构和国际交流民间团体"。（众院外交委员会主任研究员斯宾塞·奥利弗语）

此外，对于日本民间企业应起的作用，太平洋论坛理事长罗伊德·拜斯说："日本民间企业应该大量资助国际项目。"外交问题委员会理事长皮特·塔诺夫说："日本的企业如果建立一个可以较自由地支付资金的财团（基金会），就能对国际研究做出较大贡献。"诸如此类的见解表示，希望日本的企业超越企业的框框开展更丰富的活动。

## 第五节　日本的课题

### 一、民间机构在对外关系中的重要性日益增大

我们在文章的开头说过，协调对外关系是日本90年代的重大课题。形势的发展要求日本清算过去那种在美国的保护下一味追求自身利益的对外方针，要独立地为国际经济、政治体系的稳定与发展做出积极的贡献。唯其如此，别无他途。这种对外方针对日本来说确实是全新的课题，它必将伴随着巨大的困难。

对外关系的状况已对国内产生广泛而直接的影响，因此，要保持良好的对外关系就必须取得国民广泛一致的支持。但是，国内社会的多样化与利益集团代表的产生使得国民难以形成一致意见，政策的决定过程也变得复杂起来。

随着对外关系的协调变得日益复杂与困难，人们开始认识到，像过去那样单靠政府来承担，已远远

不能解决问题。美国自不必说，连过去一贯坚持政府主导的欧洲各国也出现了民间机构积极参与对外关系协调活动的现象。然而日本的这种参与模式却很不发达，这促使人们进一步认识到在日本建立各种民间机构的必要性。在欧美，民间基金会、研究机构、志愿者组织等开展的民间的交流与合作活动，对于维持和发展大西洋关系起了重大作用。近来日益增长的对大西洋关系的危机感引发了民间组织新的主动行动。今日日本已成为号称西方同盟的日美欧发达工业民主国家集团中的重要成员，因而日本要同民间活动如此活跃的欧美国家加强合作关系，就必须由非政府部门的民间组织开展多层次的多种多样的合作。

如同前面已论述过的那样，对民间机构作用的要求是：①对各种国际问题进行长期性的分析，对应该采取的对策提出灵活而有创造性的建议。②从超越国内各利益集团的中立的立场出发开展富有成效的活动并对敏感的课题组织讨论。③积极促进各国共同合作来解决国际社会所面临的各种课题。④通过建立在各种民间组织和个人之间信赖关系的基础之上的国际性联系网络，对国际性的政策变动和冲突的发生提出早期警告。⑤在使国内对新的对外政策和姿态等形成一致意见方面开展启蒙活动或研究活动

## 二、建立对外富有影响力的民间机构的条件及日本在这方面存在的障碍

近年来，各国请日本参加民间联合研究和国际会议的邀请激增，而日本只有极其有限的一些舆论界名人在以超人的献身性的活动来应付国内外这些不断增长的要求。开展这方面国际活动的民间机构也同样可以说在孤军作战。日本参与活动的数量既少，质量也不高，而且这些国际性研究活动和会议也很少由日本所首倡。时代要求日本开展主体外交，可日本的现状却与此要求相距甚远。

如前所述，已有相当多的欧美舆论界名人指出，造成上述状况的重要原因是未能建立起可以适当形式开展对外活动的民间组织。对于人才问题，欧美的民间组织正积极开展“下一代项目”的研究工作以培养新人。相形之下，日本明显没有什么相应准备。那么，解决这些问题的条件是什么？阻碍民间机构诞生的原因又是什么？以下几点似可供我们思考。

**非政府的立场**

以独立于政府的立场自由地参加研究、自由地表明观点，其必要性前已尽述。但是日本的很多所谓民间机构却拿着官方的补贴，研究人员也有不少来自于政府部门。这些民间机构往往采取与官方相一致的立场，有时还会被认为是旨在对外宣传官方立场的组织。日本之所以很难产生能够以非政府的纯粹中立立场开展活动的民间机构，原因之一是在财政上只能依赖政府的预算，没有其他渠道的资金；政府对来自民间的赞助也没有采取免税待遇等奖励性措施。此外还因为，人们有一种难以改变的传统观念，认为公益事业就应该由官员们去干。

**非营利性立场**

近年来虽然民间基金会组织的建立为数不少，但向对外活动提供开发合作或奖学金的却是凤毛麟角，对政策研究和国际交流的赞助也极其有限。研究机构的数量虽有增加，但大多是由企业建立的，有不少还采取股份公司的形式。即使是采取了独立的财团法人形式，其研究人员和职员也往往是母公司派来的。独立的非营利性的民间组织之所以难以维持，最大的原因就在于，要建立独立的稳定的财政基础确实极端困难。如前所述，企业对国际关系方面的民间组织的赞助难以享受免税待遇，在国际领域中，只有对科技领域或奖学金等极小范围的赞助能享受免税待遇。况且，不论有没有免税待遇，企业更感兴趣的是直接的宣传活动，更醉心于搞“第一流的比赛”或“最高级的研讨会”。在国际性的合作活动中，与这类营利性企业关系密切很容易妨碍民间组织开展自由灵活的活动。具有讽刺意味的是，近年来日本企业或是为了减少对外摩擦或是为了企业对外宣传，对国外著名的国际关系研究机构提供了相当多的捐赠。更具讽刺意味的是，通过国际交流基金向国外机构提供的捐赠已可以享受向日本同类机构提供捐赠时所享受的免税待遇。在这种情况下，以非营利性亦非政府的立场开展研究工作并与海外机构保持合作

关系的日本民间机构，竟不得不去接受海外民间基金会的资金资助。

**确保优秀的人才**

民间机构要在国际上开展有效的活动，很重要的一点是要确保国际上普遍接受的研究人才，并培养年轻的学者。日本的民间机构有一个普遍的现象，就是虽然有著名学者或出类拔萃的前政府官员为首牵头，研究部门却缺乏人才，仅靠外部的学者和官员的协作来开展研究活动。人才难觅的原因在于上述财政基础的薄弱，同时也是由于日本缺乏从学术上进行政策研究的传统。还有一个重要原因是，日本没有美国那样的在政府机构、大学、企业、研究机构和民间基金会等部门之间的活跃的人才流动。美国的研究机构和基金会靠着这种人才流动得以确保具有丰富经验（包括政府任职经验）的优秀人才，而日本的各种部门之间人才很少流动，也很少有人去非政府的、非营利性的部门工作，要确保优秀人才的来源，的确是难乎其难。

**对外联系网络的维持和发展**

要使民间机构能够有效地开展对外活动，很重要的一条是，维持并发展同外国民间机构及研究人员个人之间的长期合作关系的网络。假如本身非政府且非营利的立场不明确，就难以参加这类国际合作网络。拥有优秀的研究人才也是创造长期国际合作的条件。此外还有不少妨碍开展国际合作的障碍性因素，比方说，存在着以著名外国人为招牌，单方面召集宣传性会议的倾向。且很少有几个日本民间机构能够做到事前认真准备论文，使会议内容充实丰富；会后继续以某种形式深入研究从而持续保持与海外研究机构的合作。

## 三、日本今后的对策

民间机构能够在对外关系领域起到重要作用，在日本却未能获得充分的发展。日本作为经济大国将在国际社会中起到建设性的作用，从这一点来说，上述情况将对此形成严重掣肘。因而可以说，加强民间机构的建设是日本的一个重大课题。然而我们也不得不承认，阻碍民间机构发展的那些政治、社会、文化的背景，非一朝一夕可以改变。针对这种情况，必须采取什么步骤来解决日本面临的这一重要课题呢？在此尝试提出几项建议。

**对于官方和民间在对外关系中的作用要努力进行观念更新**

参与外交事务的优秀政府官员，不仅不认为民间机构的对外活动侵犯了自己的领域，反把这类补充性活动视为必不可少的活动。然而可惜的是，这种认识并未广泛被人们所接受。当政府有关人士强调民间活动之必要性时，其意往往在于靠民间的资金来弥补因财政赤字而不敷支出的预算，从实质意义上来借助民间力量的意识很淡薄。为了更新这种观念，应创造机会，诸如开展政府官员的研修活动等，以提高对民间机构作用的认识。

相反，在民间方面来说，则必须加强这种认识：不能仅靠政府来开展对外关系，民间应起到更积极的作用。民间方面确实取得活动成果是至关重要的。

**政府和民间在对外关系中的协作**

政府和民间在对外政策方面加强协作，召开联合研究会等，是很有意义的。以此可以提高民间方面参与对外关系活动的能力，有助于形成对外政策方面的一致看法，可使对外政策反映出民间那种灵活性和长远的视角。过去那种旧式的由官厅召开审议会的方式成效不大，倒不如由民间机构采取实质性的主动行动，邀集优秀的政府官员参加更为有效。

**对国际关系领域的研究和交流机构给予免税待遇**

无须赘言，通过免税来增加民间的资金对于加强民间机构具有极重要的意义。假如担心这项措施会变成偷漏税行为的“防空洞”，可以考虑创建一种可决定免税与否的机制，来监查这方面的活动是否合乎税务制度。

**奖励民间对国际关系领域活动的赞助**

正是由于上述原因，基金会对国际关系研究和交流提供的赞助金额及企业的社会赞助活动都极少。在基金会初设之际，有关官厅就应对其在这个领域的活动大加奖励。此外，前面也谈过，假如日本企业对海外机构的赞助通过国际交流基金来提供即可获得免税待遇，现在似有必要来研究一下企业通过日本民间机构提供赞助可否同样获得免税待遇。

**政府向民间机构提供不附加条件的资助**

对于国际关系领域的政策研究和交流新建一项特别基金，设在综合研究开发机构或国际交流基金内，对于基金的赞助对象，政府不加干预而由几位民间人士来拍板决定。

**政府中优秀人才向民间机构的输出**

前面已经谈到了民间机构的人才不足问题。看来，让政府中的优秀人才在一定时间内进入民间机构对双方都很有益。为此需要特别考虑优秀人才的挑选问题。这些人在民间机构通过对外交流活动同包括外国政策研究人员在内的舆论界知名人士进行接触，对他们返回政府后的业务活动大有裨益。

**为参与国际活动的学者和研究人员建立后援体制**

很多参加国际会议的学者和研究员都有这种烦恼：在撰写论文等与会准备阶段缺乏研究助手，翻译、打印缺人，经费不足。应该考虑建立一种由政府系统基金会和民间基金会等按一定规定支付这类费用的体制。

## 四、得到启蒙的切身利益

这篇论文的诞生得到了北美和欧洲的民间基金会、政策研究所、学术交流团体等的很多有关人士的大力协助。他们是为国际社会的和平与发展而工作的。他们从这一点出发，对日本的重要性了解颇深，愿意同日本携手合作。他们更深感在日本寻找合作者之难，并正在探索在这种现实条件下进行合作的途径。现在，国家之间的关系困难重重，动辄就爆发对立和摩擦，民间很多舆论界著名人物都极其希望在此时同日本合作，这使人强烈感到民间机构在国际关系中发挥作用的天地很广阔。

帮助民间机构发展，对政府，对企业，也许没有直接可见的利益，或许具体的宣传活动更可立即见效。然而从长远的观点来看，民间机构在协调对外关系方面显然可以发挥重要的作用。

欧美的基金会和企业家等参与社会赞助活动的人们常常挂在口头上的一句话是：“得到启蒙的切身利益。”日本要想作为一个真正的大国而得到国际社会的承认和尊敬，就不能一味追求直接利益，而应对其他国家或自身所属之世界性社区社会做出贡献，从长远来说这也将有益于自己的利益。日本应该具有这种“成人意识”了。

假如确像本章开头所引弗洛拉·刘易斯的话那样，日本正处在“道义的十字路口”，那么，日本民间机构是否能对国际关系起到更为积极的作用，完全可以说是一项考验。

# 第13章　科学技术研究开发的前景

**研究成员**

| | |
|---|---|
| 未来工学研究所所长 | 广山宪一郎 |
| 未来工学研究所第一研究部部长 | 长谷川洋作 |
| 未来工学研究所第一研究部主任研究员 | 神前康次 |
| 未来工学研究所第一研究部主任研究员 | 西泽利夫 |
| 未来工学研究所第二研究部主任研究员 | 永田宇征 |
| 未来工学研究所第一研究部研究员 | 东晴彦 |
| 未来工学研究所第一研究部研究员 | 柿崎文彦 |
| 未来工学研究所第一研究部研究员 | 出居真理子 |

**秘书处**

未来工学研究所

## 第一节　发展21世纪的科学技术

### 一、探索极限

科学技术的发展贯穿于人类的历史。对于人类来说，自从在自然之中形成人类社会这一独特的体系以来，科学技术就是一个不可缺少的重要因素。

科学技术将人类从饥饿中拯救出来，消除瘟疫造成的恐怖，交通和通信技术的发达，大大地缩小了人在地理、时间和空间方面受到的制约，加速度地提高了产业活动的效率。现在，时代正在迎来新的变革：开发宇宙空间，发展超高速电子计算机和人工智能，从而推动令人震惊的高度信息的发展，生命科学也迅速前进，正在探索人类的生命起源……。

科学技术发展导致的这些变化不仅将促使经济，社会的整体结构发生变化，而且也将从根本上促成个人存在自身的变革。

当然，科学技术与人的自由之间，亦即人与科学技术之间的制约关系也日趋明显。这种情况不仅表现为军事武器，而且还造成一系列新的难题——生命科学发展导致人伦关系出现新问题，伴随高度信息社会进展出现了人与机器在新的层次上的相互依赖关系，社会的信息交流出现质的变革，要求予以解决。

此时此刻，人类无论如何不能忘记这样一个重要的观点：科学技术体现的人类智慧在人类的历史上具有不可逆转的性质。普罗米修斯之火适应人的本质，人的认识能力和想象能力永远不会衰退。

然而，对于人类来说，人依然是最大的谜。人类至今仍然未能从这一命题中解放出来。迈向人类的科学技术的步伐依然伴随着曲折。

现在我们将迎来 21 世纪。一个极为实际而又迫切的问题就是——探索我们自身的位置和科学技术发展的趋势。现在我们就从这一观点出发，分析科学技术尖端部分趋向极限的领域，探索它们现在达到的水平和需要解决的课题。

## 二、趋向物质和宇宙的极限

1905 年，爱因斯坦发表了特殊相对性理论，其后又提出了一般相对性理论。接着，在量子力学的领域中，物质波和波动方程式、概率论物质观先后出现。它们从根本上改变了过去静态性质的牛顿力学和哲学性质的原子论的常识。由于上述物理学方面的重大变革，人们已经能够考察物质世界宏观终极——宇宙和微观的量子世界。而且更为重要的是，人们开始能够探索这一物质世界——宇宙的起源，并且能够研究其进化过程，捕捉当前物质世界在时间和空间方面的动态构成。

当前，物理学领域变革的浪潮，极具象征性地表现为理论方面的最大课题——大统一理论（GUT）。这种理论试图解释自然界的基本结构及其因果关系，提出从微观粒子至宏观世界的统一规律。

同时，关于宇宙膨胀理论的探索促使人们提出了宇宙创生初期在超近距离条件下控制粒子的物理规律。这一规律将粒子力学与宇宙力学衔接起来，并且促成了有关粒子和概率论的世界的量子这类微观世界的两种观点相互接近。

毋庸讳言，总体宇宙理论至今仍未完成。20 世纪 70 年代以后，研究工作虽然依然存在一些未能解决的课题，但已经确立了标准规范理论，提出粒子世界由夸克和莱普顿两种基本粒子组成，作用于这些基本粒子的力包括：①强相互作用。②弱相互作用。③电磁力。④重力。

当代物理学的这种发展，实际上也为今后科学技术提出了极为重大的课题。最为重要的一点，就是对于大统一理论的探索已经步入人类认识自然现象的极限。

例如，近年来提出的理论成果超弦理论，依据一维线段展开量子论，并将这一线段普遍应用于超空间领域，在统一重力方面具有划时代的意义。超弦理论认为，宇宙共由十维组成，包括通常的四维（空间三维与时间）和无限小地龟缩而无法观测的其余六维。夸克和莱普顿等粒子不呈点状，而可以看做长度约为 $10^{-35}$m 的一维弦。自然界的四种基本力都可以统一起来而不与量子力学发生矛盾。

科学技术发展这种趋向极限的状态还可以从下述两个方面得到证实。一是粒子物理学的实验验证规模日渐巨型化，实验需要粒子这一微观世界极端的超大规模设备，并且需要高技术予以实现。二是它需要坚忍不拔进行实验的毅力。

为验证大统一理论预言的正电子裂变而需要的大规模正电子测定装置就是其中一例。此外，为了发现业已预言存在的塔普夸克，日本已经投资 8170 亿日元巨款，开始建造巨型圆形加速器“trisfan”。

这些巨型装置具有的物理方面的意义十分重大。上述“trisfan”加速器，属于电子和正电子冲击型，直径约 1000 米，圆周长约为 3000 米，是目前世界上最为巨大的装置。然而它能够号称世界第一的寿命却极其短暂。不久的将来，美国斯坦福大学的线型加速器中心将建成 SLC，美国政府原子能研究所也将建成 LEP。

这种竞争不仅涉及日本、欧洲和美国的国家威望，更为人类探索自然的必然发展所需要，因此这种巨型实验设备所需的投资具有不可避免的性质。然而它更需要能够进行这种发展所需要的坚强实验毅力和支撑这种发展所需的社会文化的深层发展。

## 三、生命科学和遗传工程

20 世纪 70 年代后半期以来，生命科学和遗传工程的发展明显地象征着人类走向 21 世纪与科学技术的课题。生命科学和遗传工程的加速发展，即将揭开生物及人的生与死这一深奥之谜，甚至已经发展到控制生和死。遗传因子（DNA）组合技术和细胞融合技术等高技术已经为此打开了突破口。

随着生命科学和遗传工程的发展，过去的常识已经呈现危机。例如，人们对于癌细胞的认识正在发生巨大的变化。

一般认为，癌细胞是一种恶性增殖细胞。但是，癌细胞又具有无限生命并分裂增殖。这种细胞之所以存在“恶性”，是因为它与构成生物体的其他细胞不协调。其他的所谓正常细胞比癌细胞的分裂增殖速度慢得多，其生命极限曲线要显得平缓得多。

癌细胞趋向生存的意志之所以呈现恶性，是因为假定正常细胞具有绝对的寿命极限。

但是，生物体细胞生命极限本身现在已经开始成为怀疑对象。

近年来，生命科学的重要成果之一，就是致癌遗传因素的发现。在人类进化过程中，这种致癌遗传因子由于某种原因而出现于细胞之中，然后转化为病毒，并因病毒而导致癌症。

有人提出一种假说，认为癌症遗传因子在生物进化的漫长历史中一直起到涉及生物生命最基本而又十分重要的作用。这种假说正是位于生命科学最尖端的命题。甚至还有一种设想，希望分析上述遗传因子的作用机制，通过控制这一遗传因子而突破寿命极限。

另一方面，下述问题也属于最为尖端的课题。这就是，老化和死亡是否作为信息密码而存储于人的遗传因子之中？死亡遗传因子是否存在？

生命科学和遗传工程的发展已经给人类带来了极大的利益。医药不断开发，诊断药物不断制成，实现了区别生男育女、人造内脏、移植内脏，使理想的生存得以实现，死亡也得以避免。

科学技术的研究开发必将进一步探索生命的本源。科学技术与人类以及科学技术与社会之间的制约关系将进一步发展。人类将在无情地得到解剖的生物学根源面前感到踌躇。但是，人类既是一种智慧生物，就必不可少地要支持科学技术对于生命本源的探索。正因为这一点，人类与科学技术之间的交流是不可缺少的重要因素。

## 四、从信息电子学迈向认识科学

由于 20 世纪科学技术的飞速发展，现在已经达到这样一种境地：人类的认识无法还原为人类自身的亲身体验。

例如，超高速电子计算机可以证明“四色问题”，象征着人类与机械在新的层次上的相互关系。大约 130 年以前，这一问题曾因直觉灵感而得到预测，然而包括全世界的数学家在内，没有一个人能够做出证明。“画世界地图只要有四种颜色就足够，它可以给相邻国涂以不同颜色，清楚地加以区别”。直到 1976 年，这个问题美国研究人员应用三台大型高速电子计算机工作了 1200 个小时才终于做出了证明。

在这里最为重要的是这样两个事实。①为了使用电子计算机进行证明，人类为此进行了不懈的探索。②人类通过自身体验完全无法做到的超高速运算处理这一探索是由电子计算机完成的。它象征着人类与机械之间无法估量的巨大差距和相互依存的关系。尽管人类不可能重新体验运算过程，或者更明确地说，尽管不可能验证这一过程，但却可以给机械输入某种规则。很难预料，这种关系今后将会如何发展。

随着电子技术的进步，人类与机械之间的紧张关系将进一步加深。信息科学及其技术的研究开发已经深入到推论机的领域。这种推论机最终将成为构筑人类认识活动的设备，它的目标在于具备类似人类大脑的功能。

当前，推论机将作为遵循人类给予的规则进行推论的设备，具体演化为各种专业系统。然而，下一阶段出现的，亦即 21 世纪最为尖端的技术将是自我推论机。虽然我们不能断言这种设备是否能够得到实现，但自我推论机依据机械的思考建造独自的结构却可以说是一个重大的命题。

此外，比较重要的探索还将包括：着眼于人类的脑功能而研制的神经电子计算机、着眼于人类的认识特征而建造自我组织的全功能电子计算机、着眼于人类认识具有的模糊性而设计的多值逻辑电路以及模糊理论等。

这些新动向与人类中的认识心理学或大脑生理学具有密切关系，业已超越了过去仅仅由机械处理信息和传达信息所达到的科学技术水平。可以说，作为真正意义上的人类学问的科学技术业已开始出现。

人类在奔向 21 世纪时企图获得更加高度的自由。人类自身的结构将被解剖，成为科学技术研究的对象，从而人类本身将进一步得到解释。这种发展造成的不安和恐惧将十分强烈。另一方面，人类无法通过自身日常体验得到还原的智慧领域将不断扩大，随着这种事态发展，面对智慧的飞跃前进，作为肉体存在的人也可能会畏缩不前。

但是科学精神将永远存在，企图探索宇宙、生命和人类的一切，而且将不可逆转地向前挺进。对于科学技术趋向极限的发展，我们无须乐观，也不能绝望。这是与人类社会同时存在的科学技术必然的发展方向。

现在，在急速趋向极限的科学技术和高技术的浪潮中，人类的存在正在形成一种新的形象。

在这种状况下，最为需要的是研究技术人员丰富的想象力和强有力的理论和实验性探索，需要摸索地向极限领域提出大胆的假说，需要社会对此给予支持和公开地交流认识。

## 第二节　发展研究开发的条件

——发展中的国际化和创造性

### 一、社会在变化

**经济软化·转向技术密集企业**

社会变化的特征可以举出经济软化的例子。除金融、信用、信息一类服务性产业以外，制造业本身也开始更加重视研究开发，向技术密集型产业转化。日本第三产业的就业人口已经增加至 55%，超过联邦德国，接近英法等国的水平。一般预测，到 21 世纪初，它将增加至 65%左右。

观察经济向软化过渡的情况，可以看到诸如价值观多样化、信息化、高技术化、国际化、高学历化、高龄化以及妇女走向社会等一些当代的特征性倾向。就技术开发来说，这种倾向则表现为下述一些特征：开发高附加价值产品，通过开发新技术而倾力于推动市场，此外则是企业经营战略出现多元趋势，呈现过去经营领域无法理解的新现象。

信息化进展也十分引人注目。智力结构、LAN 系统、大区域网络扩充以及办公室自动化（OA）机械大量进入办公室，这些方面的发展都十分迅速，无论是办公室还是工厂和社会，都正在迅速进入高度信息化社会。据某些预测，OA 机械和办公费用的产值在 1995 年将增加一倍，超过 8 万亿日元。信息化如此明显的迅速发展必将促进过去的劳动密集型、工作人员集约型的组织和社会进一步向分散型网络社会转化与过渡。

**国际化在发展**

从另一观点观察，日本经济向软化过渡中包括下述诸因素：日本经济的国际地位提高，日本在世界市场上的比重增大，与此相对照的则是美国的相对优势减小。

国际贸易摩擦的表面化及其扩大这一事实，明显地表明了上述状况。从 1984 年的实际数字来看，日本对美贸易黑字为 330 亿美元，贸易收支方面日本大幅度出超。在日美经常收支的变迁方面，现在的日美经济关系已与 50~60 年代的情况完全相反，美国的经常收支一直出现大幅度赤字。此外，日本已经取代美国，成为世界上最大的资本输出国。

在日美商品贸易方面，小汽车、收录机、复印机和磁带等一类产品在出口中占有很大比例，相反，钢铁、轮胎等则明显减少。从出口额可以看出，1985 年，除汽车以外，收录机、录像机等（约 50 亿美元）、电子计算机（25 亿美元）、半导体（14 亿美元）、复印机和冲印机（14 亿美元）以及高技术电子产品大量出口到美国市场。即使从美国的角度来看，高技术产品依赖进口的程度在 1980~1985 年期间也迅速增加，电子计算机从 6.1%升为 18.5%，电子零件、通信设备则从 15.7%惊人般地增加到 21.5%。

日美及日欧（日本与 EC）贸易摩擦将进一步激化。尤其对美国来说，它不可能对日本以高技术产品为中心的出口攻势保持沉默。从 1981 年施加压力要求自主限制汽车出口以来，限制进口录像机和 DAT，依据通商法 301 条，就半导体问题提出反倾销诉讼，其后，自 1985 年以来，又开始依据 MOSS 协议就通信机械和医疗药品等项分别进行协商，这种状况一直持续，日本方面丝毫不可放松警惕。自 1987 年以后，大型电子计算机也被列为 MOSS 协议的对象。美国不断提出各种要求，迫使日本自行加强出口限制，并开放国内市场。

近年来，国外直接投资增多，国外生产、国外合资企业增加，对于其他国家的技术供应也有所发展。这种动向之所以显著的原因就在于此。不管是否情愿，产品和企业活动的国际化已成为不可避免的趋势。

## 二、企业活动的活性与课题

支撑日本经济的企业正在采取新的措施，以适应新的时代。它们一方面要适应企业活动国际化和经济软化的动向，一方面处于近年来日元与美元比价出现日元升值的基本形势之下，正在重新评价过去的战略并准备展开新的战略。

面对日渐发展的国际化，应如何进行技术开发？它的课题何在？这些都是极其紧迫的问题。

日本与欧美的贸易摩擦说明日本企业的技术水平已经提高，业已和欧洲各国并驾齐驱。在这一阶段，除去一部分高技术产品以外，已经没有必要从欧美引进技术。欧美的企业也没有能力向日本提供技术。对于日本企业来说，依靠海外技术的时代已经过去，迎来了自主开发技术的时代。

对主要企业调查的结果表明，研究开发的目的在于开发新产品以形成未来的主力产品，开展多元企业活动，向新的领域渗透。尤其是对于材料厂家来说，事态更为紧迫，多元化和开辟新领域更占有较大的比重。可以说，制造业正在日渐重视研究开发，希望凭此发展战略性产品并开拓新的事业（见图 13-1）

但是必须注意，几乎所有的企业至今仍然没有将重点放在加强基础研究方面。

观察一下企业进行技术开发和获取技术的方法，日本企业在以下各点与美国企业不同，显得比较特殊（见表 13-1）。

（1）通过中央研究所独自开发的意向强烈。

（2）虽然也考虑到公司内研究和利用子公司，但不如美国积极。

（3）引进其他公司专利依然占有较大比重，但今后这一比重将倾向于减少。

（4）与美国相比，日本企业为开发技术而联合承包或购买企业的活动所占比重甚低。

正如近年来大量设立中央研究所和基础研究所所象征的那样，由此显现出来的日本企业的态度主要

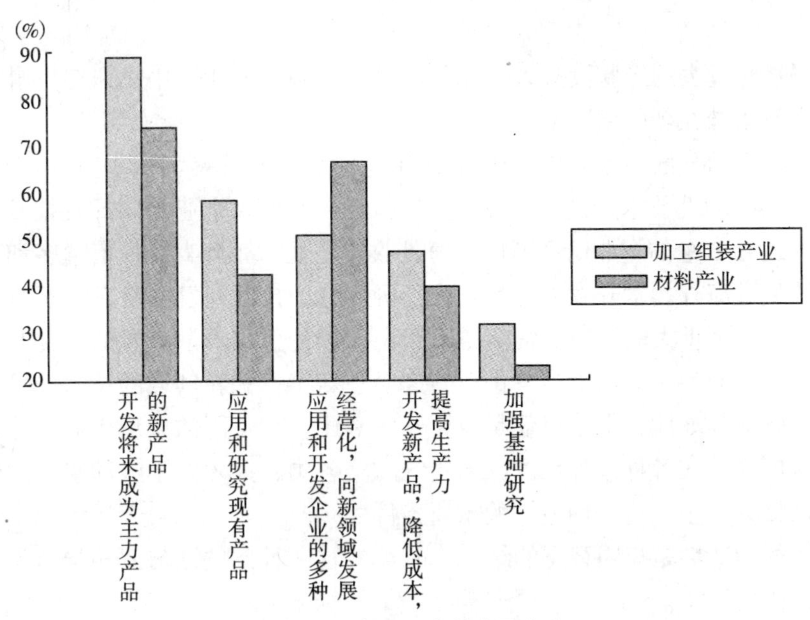


**图 13-1 研究开发的主要内容**

资料来源：《通产省白皮书》1986 年。

**表 13-1 技术开发·技术获得的方法**

单位：%

| | 70 年代后半期 | | 80 年代中期（现在） | | 90 年代初期 | |
|---|---|---|---|---|---|---|
| | 日本 | 美国 | 日本 | 美国 | 日本 | 美国 |
| (1) 中央研究所独立开发的技术 | 49.1 | 43.5 | 49.0 | 37.5 | 46.0 | 33.4 |
| (2) 公司内部承包，富有企业家精神的子公司、独立企业单位等开发的技术 | 17.5 | 22.5 | 18.3 | 20.8 | 18.5 | 20.1 |
| (3) 公司内部委托研究开发的技术 | 5.5 | 4.7 | 7.0 | 6.7 | 8.4 | 6.1 |
| (4) 以获得技术为主要目的的购买企业 | 0.8 | 11.7 | 1.1 | 11.3 | 3.0 | 12.1 |
| (5) 吸收其他公司的技术专利 | 19.6 | 6.9 | 14.9 | 8.5 | 12.1 | 9.2 |
| (6) 为开发技术而进行的联合承包 | 2.6 | 4.8 | 4.8 | 7.7 | 7.4 | 11.0 |
| (7) 为了获得或监视技术而向别的公司投资资本 | 1.1 | 4.0 | 1.7 | 4.4 | 2.5 | 5.8 |
| (8) 其他方法 | 3.7 | 2.0 | 3.3 | 3.2 | 2.2 | 2.3 |
| 合　计 | 100.0 | 100.0 | 100.0 | 100.0 | 100.0 | 100.0 |

资料来源：1986 年度《规划白皮书》（经济同友会）。

是倾向于重新集结组织活力。它们已经痛感必须在企业内部积累技术，并培养技术开发力量。此外，与这一倾向呈鲜明对照的则是在组织的分散和流动化以及与其他公司真正地进行联合承包方面态度十分谨慎。不过，今后这方面的比重将有所增大。

这一点正和美国企业的态度呈鲜明对照。美国企业大都毅然分散组织，使之流动化，充分利用外部资源，并积极地收买企业。

估计日本企业将在这些方面迎来新的转换时期，它们一方面重新提高组织内部的活力，重新集结力量，以此作为一项重大战略，同时日本企业还将逐渐增大分散和流动型的技术开发方式的比重。这一事实需要人们进一步予以考察。

日本从世界大战后的废墟中站立起来，今天已经发展到与欧美并驾齐驱的程度。其原因在于它能将匮乏的资金和人才这一技术开发资源集结起来，确立特定目标，除使用受高等教育的研究人员以外，还注意鼓励现场技术人员和熟练工人提出改革和发明，与 QC、TQC 活动结合起来，努力开展整个企业的技术活动。这一方式今后仍将成为日本企业的基本路线。正因如此，使组织分散和流动化将面临较大的风险。

目前，基本上仍然与过去的经验没有太大变化。通过基础研究所、中央研究所自立开发技术的意向就是把组织内部的力量集结在新的层次上。

但是应该看到，组织的分散和流动化在迈向 21 世纪时将有所发展。

企业也积极地开展国际性技术开发。35%的企业已经与海外大企业共同开发技术，委托国外大学和研究机关进行研究，还有 10%的企业已经考虑在海外收置企业。海外直接投资增多和在欧美等发达国家建厂必然不可避免地促进海外技术开发功能的扩大，国际性的技术开发网络必将不断发展。

但是，日本企业有一个重大的困难。资金自不必说，即使仅仅分散宝贵的研究开发人员，也难免破坏现存组织活动的基础，而另一方面，独自进行新产品、新事业和新领域的技术开发则总是受到力量的限制。首先，规模问题就是如此，即使仅仅是研究开发费用，和美国的大型事业相比，日本企业的规模远远逊色。人才也是同样。在各种人种和民族聚集的欧美各国，人才处于流动状态之中，各种时时闪现的新思想和技术革新极易产生。这是创造性的重要条件之一。

如果说日本企业的创造性是集团智慧的结晶，欧美的这一种条件则与此相异，具有个性，易于促成各种奇特的创见和设想的诞生。

在日本企业中，近年来，中途雇用的人员数量已经有所增加，以便参加新的领域的工作。吸收不同类的研究和技术人员，已开始成为日常性活动。仅仅依靠公司内部培养人才已经无法适应时代的变化。

现在已经无法后退。一方面是聚集组织内部活力和积蓄力量，另一方面是分散和流动化，这种双重选择现在已经不可避免。

## 三、科学飞跃与创造性

日本的技术力量确实已经大大提高，技术开发能力也已经出现质的飞跃。但是，截至目前日本产业经济的增长，基本上依然是通过批量生产方式追求合理及效率的生产效益的结果。半导体也是如此。号称储存器王国的日本的精密加工技术堪称世界第一。在提供可靠性高而廉价的高技术产品方面，日本最拥有实力。但是它的许多基本原型依然依赖于欧美。对于处于这种状态的日本来说，面临 21 世纪，其基本性命题正在日渐明显起来。

最为重要的是，21 世纪的科学技术，无论是科学理论，也无论是技术体系，都开始探索极限。为了进入这一前沿领域，需要巨大的想象力和勇往直前的坚强毅力，而且不能缺少社会的支持，以便使之得以具体实现。

宇宙开发、生命科学、遗传工程、人工智能和高度信息化技术以及以核聚变为主要内容的原子能技术都将在现有水平上出现巨大飞跃。此时，它绝对不可缺少具有独创性的思想、巨大的工程设想和支撑它们的整个社会的支持。

当然，这并不限于国家工程项目。企业的技术开发也是如此。为了使已经与世界市场深深地结合在一起的日本产业经济能够自立发展，不可缺少最尖端的科学技术的探索。即使是批量生产的定型产品，也只有以这种尖端科学技术为前提才能得到实现。

日美之间在科学技术水平和研究开发能力方面的比较表明，日本的水平较低，开发可能性也较小。这都是由于技术处于极限状态，而且要求科学方面要有巨大的想象力和独创性。宇宙、海洋、原子能、核聚变、资源探测以及数据库等，无一不是极限领域，都需要巨额资金、高度的实验热情和工程构想能力。它的特征就是独创性和组织能力必须充分和谐。此外，电子计算机软件、遗传工程学、生命科学等都需要顽强的钻研精神和闪烁智慧的独创能力（见表 13–2）。

美国为了在 21 世纪保持领先地位，1980 年以后，里根政府已经将巨额资金拨给民间和大学，作为

**表 13–2　日美科学技术水平和研究开发能力的比较**

| 科学技术水平（高↑） | 低 1 | 稍低 2 | 同等 3 | 稍高 4 | 高 5 |
|---|---|---|---|---|---|
| 高 5 | | | | | |
| 稍高 4 | | 轻水炉的安全性 | 音像磁盘<br>音像技术<br>光纤维<br>光要素<br>交通管理程序<br>偏波面光纤维<br>产业用机器人<br>发酵技术<br>半导体制造 | 传真<br>悬浮列车<br>城市防灾<br>复印机 | |
| 同等 3 | | 自动翻译<br>工作机械<br>室内温湿度分布控制<br>移动通信 | 消防<br>光通信半导体集成电路传感器<br>大型电子计算机<br>环境影响的评价<br>生物量<br>氧化铝多层基板<br>海洋能源<br>地热发电<br>水库建设<br>森林管理<br>太阳能发电<br>超高真空切削工具<br>精神活动的生理学解释<br>木材加工利用<br>高性能构造材料 | 住宅建设<br>地震预报<br>激光印刷机<br>人工心脏 | |
| 稍低 2 | 海底石油系统<br>CAD/CAM 医用激光 | 宇宙通信<br>放射能废弃物处理<br>高速增殖炉<br>油沙油壳<br>微型计算机<br>终端计算机<br>作物育种<br>电波测定<br>人造卫星<br>气象预测<br>磷酸型燃料电池<br>汽车引擎部件<br>地球规模大气监视数据库<br>核聚变火箭<br>遗传因子组合改变<br>食品流通贮藏<br>食品加工<br>铀浓缩<br>水产资源评价<br>风能<br>动物细胞培养<br>深海调查船<br>煤气化 | 家畜饲养管理<br>多功能 CATV<br>超高压<br>生体适合材料<br>大气污染分布<br>极低温<br>煤液化<br>防除作物病虫害<br>作物生产管理<br>医用电子计算机 | | |
| 低 1 | 评价化学<br>物质的安全性 | 民航机<br>资源调查 | 研究开发医药品 | | |

研究开发潜力（日本）→高

资料来源：《科学技术白皮书》1985年版。

国防研究费，并且提供资助，增加民间研究投资。这可以说是巨人美国对尖端技术抱有的野心。

美国的高技术政策以军事技术为核心，横跨两个方面：一是东西关系的框架；二是西方各国内部高技术战争。日本则以开发民生定型产品为中心，在发达国家中研究费占第二位。日本的科学技术如果进入极限领域，这必将引起人们的注意。

## 第三节　研究人员的创造性活动

### 一、研究人员的活动轨迹和创造

**调查研究人员的目的和方法**

许多人从不同的观点出发纷纷提出建议，认为日本研究开发的状况今后将在很大程度上取决于研究人员的创造性。应该采取措施全面开发这种创造性。现在已经有一些实验性的尝试开始实行。

但是，关于研究的创造性的主体，即研究人员本身，至今仍很少开展研究。未能遵循研究人员内在的成长及其飞跃，把握创造性活动的过程及研究人员对有关各项创造性条件的认识。这种对于研究人员经历和认识的调查应是今后研讨研究开发方向及其课题不可缺少的内容。研究开发最关键的问题是人。从这一观点出发，为把握研究经历中可以抽取的在研究开发活动中的各项创造性条件和今后的课题，我们着眼于研究人员从事研究的起点及其截至目前的轨迹，就以下项目进行了调查。

△研究人员的创造性活动的轨迹

○什么时候以及如何对自己作为一个研究人员开展工作取得了自信？

○如何进展到最为重要的研究成果？

○成功的重要条件是什么？

△创造性的各种条件

○研究的组织性和个性如何衔接？

○如何认识合作者？

○国际性表现在哪些方面？

○应如何评价研究？

这些问题看来简单而实际难以回答，但在从研究者主体方面考察研究开发轨迹时都是不可缺少的内容。人们必须从这些问题的回答中寻找日本的特征、时代性以及通往世界的指导方针。

调查方法采用问卷和提问方式，问卷以在专门研究领域中得到创造性独特研究评价并获得学会或协会论文奖的人和得到独特研究成果评价的研究人员为对象，总数约为 800 人。

依据典型研究领域划分，答案人的情况如下：

| | |
|---|---|
| 物质科学、材料 | 102（名） |
| 生命科学、遗传工程 | 29 |
| 原子能、核聚变 | 64 |
| 信息、电子通信 | 145 |
| 其他 | 22 |
| 答问总人数 | 382 |

依据所属机关划分，则：

| | |
|---|---|
| 民间企业 | 125 |
| 国立、公立以及特殊法人研究机构 | 60 |

大学　175
其他　2

通过集中进行当面提问弥补了问卷调查的局限。尤其是关于今后研究开发活动的创造性工作，我们特别重视提问，进行了考察。

**立志研究与自信**

研究人员在理工科高等教育的阶段决心开展研究工作的一个重要标志，在于最初发表有自信的论文，即自己拥有自信的研究成果在哪一个阶段如何能够实现。这可以说是研究者立志开展研究工作的起点纪念碑。

调查表明，最初发表自信论文的年龄绝大多数在 20~29 岁和 30~39 岁，占答卷人数的 90%。它再一次证明，25~34 岁期间的研究工作构成左右研究人员一生的重大分水岭。能否年轻而取得自信，决定了以后研究工作的持续性和研究热情（见图 13-3）。

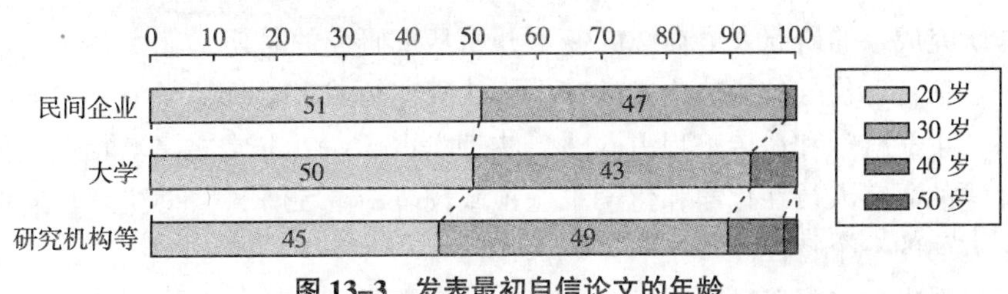


**图 13-3　发表最初自信论文的年龄**

这一现象也许理所当然，但意义却极为重要。由此可以看出，应当尽量多地给予年轻研究人员以产生飞跃的机会。

20~29 岁和 30~39 岁期间发表最初的自信论文这一现象，不分民间企业、大学和研究机构，大体一致。

那么，最初的自信论文受到什么评价呢？答卷中有几点值得注意。首先引人注意的是多数研究人员认为自己最初的自信论文受到国际评价（见图 13-4）。即使考虑到各答卷人是日本一流研究人员这一事实，这一点仍然值得注意。民间企业研究人员的 23%，大学研究人员的 30%和研究机构研究人员的 22%都回答自己的最初自信论文受到国际评价。这既明显地表明了研究人员的自信，同时也说明年轻而完成具有世界水平的研究工作这种自信为研究人员其后的研究活动鼓起了勇气。

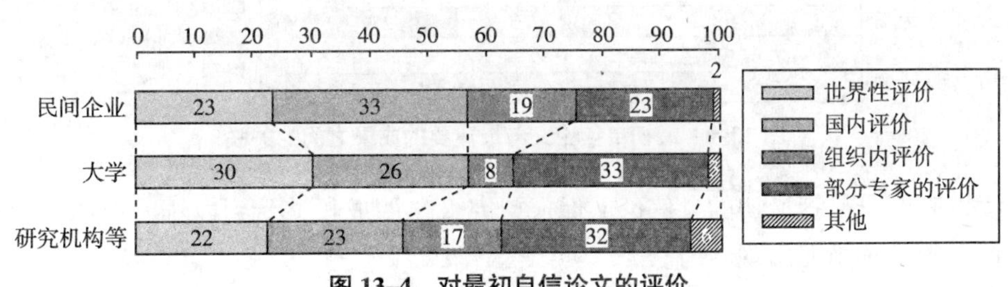


**图 13-4　对最初自信论文的评价**

此外，回答比率较高的是受到一部分专家的评价。但是另一方面，得到组织内评价的回答却很少。尤其是在大学中只占 8%。这一事实表明，研究人员认识到，研究成果本身所得到的评价和组织内部给予的评价之间存在很大差距。组织给予的评价与研究人员的待遇和职位密切相关，20~39 岁的研究人员的自信与组织内的职位之间存在二重感觉。这种现象的意义应该重新从研究人员的环境这一观点予以证实。

关于最初自信论文是如何决定的这一问题，回答比率较高的是“由个人的兴趣决定的”。即使在民间企业中，这一比率也达 19%，公立研究机构中也达 33%，远远超过回答是由领导或其他人的指示而决定的人数（见图 13–5）。

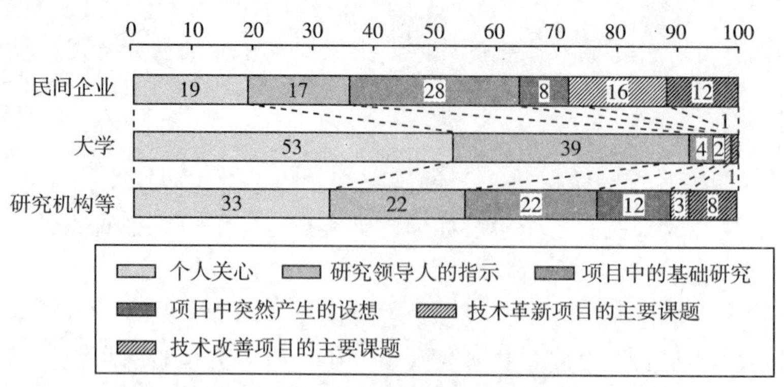


**图 13–5 最初自信论文课题的决定方法**

许多留下优秀研究成果的研究人员在 20~39 岁开始从事研究的时期，就大多在设定研究课题方面自己加以决定。这一点往往容易导致自信论文的产生。从研究领域来看，基于个人兴趣决定基础研究课题的研究者所占比率，生命科学和遗传工程占 62%，物理学占 50%，非常之高。相反，依据研究领导指示而决定基础研究课题的研究人员在化学和化学工业领域较多，占 53%，值得注意。这可以说是成熟的技术领域在课题设定方面的一个特征。

从以上情况可以看出，在青年时代通过自我决定进行挑战，往往与自信密切相连。创造性活力在这种青年时代一般会大大发展。

**飞跃与转向**

但是，研究人员的道路并不平坦。观察最初的自信论文与其后的研究过程的关系，绝大多数人回答说是不连续。民间企业研究人员往往受企业方针左右，情况比较特殊，不好计算。即使在大学的研究人员中也有 48%即将近半数的人回答说不连续（见图 13–6）。此外，十分值得注意的是，较高比率的人回答说是受到其他领域的影响。

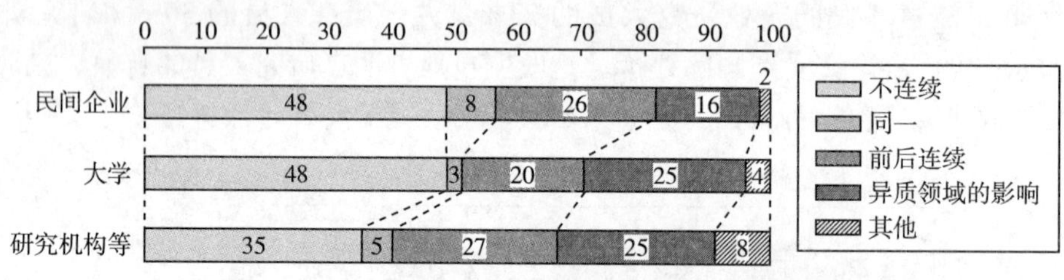


**图 13–6 最初自信论文与最重要的成果之间的关联**

这种不连续性表明，尽管最初的自信论文促成研究人员的成长，受到鼓舞，但是其后在许多情况下都因研究陷入僵局等类理由而出现转向。

这一现象在最初的自信论文认识方面也得到明显表现。

如果按照回答者目前的年龄观察最初发表自信论文的时期（见图 13–7），50 岁以后的人员和 49 岁以前的人员在发表时期的认识方面存在差异。因为，最初的自信论文得以发表的时期 20~29 岁和 30~39 岁呈相反的结果。年龄超过 50 岁以上人员中，回答最初的自信论文发表时期为 30~39 岁者占较高比率。

这一年代差造成的差异意味着什么呢？50 岁以上的研究人员大都回顾自己作为研究人员走过的全部历程。从这一观点出发，30~39 岁之间正好是飞跃和转向的激烈变动时期。在这一时期中，研究人员得到真正的自信。这种情况在一般的人生旅程中恐怕也大体相同。上述研究人员的飞跃和转向的轨迹告诉人们，如何适应 30~39 岁期间发生的激烈变动是一个重要的问题。

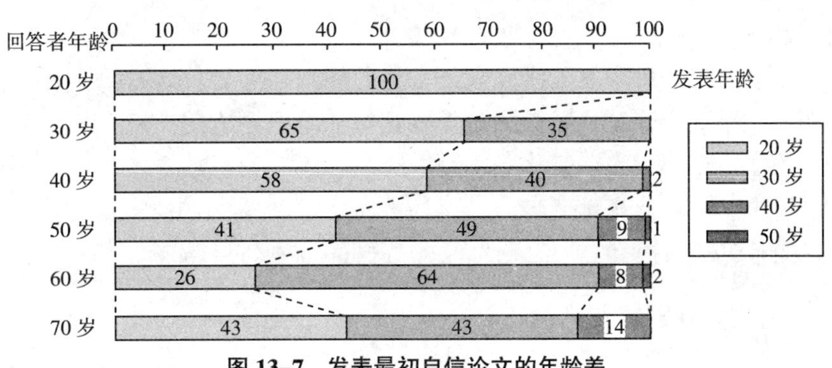


图 13–7　发表最初自信论文的年龄差

恰在这一时期，研究人员的待遇、职位及其在研究组织中的位置基本稳定。它促使人们考虑左右研究人员其后的创造活动的社会和组织环境。

**挫折的危机与成功**

对于许多研究人员来说，虽然做出了优秀的研究成果，但作为研究人员也感受到挫折的危机。观察其原因，回答比率较高的答案是：理论、假说和探索方面存在问题，或者在那一时期技术上无法实现等。此外，民间企业人员中的多数人（28%）回答，社会和时代的背景发生变化（见图 13–8）。

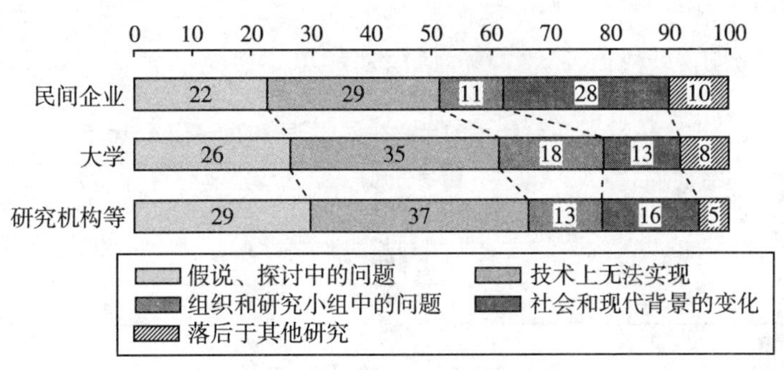


图 13–8　挫折危机的原因

大学研究人员中，回答研究组织未能发挥功能的人比率较高。这说明了大学特有的组织力十分薄弱。

研究人员开展创造性研究活动，克服上述危机，取得了研究人员的成功。关于成功原因，依据他们的自我认识，从总体上来说，最重要的原因包括以下各方面。

（1）坚韧的精神，百折不挠；解决问题的持续力　55.8%

（2）提出大胆的假说的能力和独立思考的方案　47.8%

（3）研究活动的领导和研究组的和谐　17.9%

（4）得到人们较好的理解、支持、帮助，遇到较好的朋友　16.1%

这一结果表明，成功被认为是研究者的自身能力和自身努力取得的成就。尤其是有半数人选择坚忍不拔、百折不挠的毅力和解决问题的持续能力这一回答十分有趣。从这里可以看出，人们认识到，科学技术的研究开发不可避免地需要枯燥无味的实证性、实验性和时间上的拼搏。他们需要承受实证性的沉重压力，下决心坐一辈子冷板凳，才能创造出独自的成果。

说起来，这也许是理所当然。然而，正是这种属于常识的事最为重要，他们认识到，在闪现灵感、感受、革新和幸福的背后，需要人们具备意志和持续力，去从事枯燥无味的实证研究。

但是，另一方面，确实也需要提出大胆假设的能力和独立思考。可以说，大胆的想象力飞跃十分宝贵。

与此相反，他们认识到，组织因素所占的比重较低。这一认识不因研究人员所属组织不同而呈现较大差异。所谓创造，归根到底取决于研究人员个人的能力。这个创造性的原理是颠扑不灭的。

**研究活动与组织性**

答卷者回答，研究创造性的源泉在于研究人员自身的能力和努力。这一回答表明，科学技术研究开发需要坚忍不拔的精神。实际上，这种精神力量需要社会和组织环境的支持。观察重要研究成果，分析他们关于研究组织的答案，更可以看清楚这一问题。

（1）作为研究组织的集体研究开展工作 26.3%

（2）个人研究，但有合作人员 41.4%

（3）组织研究 15.5%

（4）无合作研究人员 14.2%

从这里可以看出，作为研究人员个人得以发挥创造性的基础、合作体制、合作者以及和他人的关系是如何重要。

另一方面，还应该注意到一部分人回答为没有合作研究者。作为完全孤立的研究而开展工作，这一回答竟多达 14.2%。同时，按照组织性划分，民间企业研究人员为 10.4%，大学研究人员为 17.1%，研究机构中的研究人员占 16.6%。这些人都回答是独自一个人完成了最为重要的研究成果。这一孤立性恐怕也是值得进一步加以探讨的重要观点之一。它促使人们认真地研究组织与个人关系中组织蕴藏的巨大力量。

关于合作研究人员的年龄（见表 13–3），40%~50%的人回答为合作研究人员较自己年轻，33%左右的人回答为合作研究人员较自己年长。合作者的年龄上下比较平衡。这一点很值得注意。它表明，人们可以发挥年龄方面的不同经历，在代际合作中创造出新的思想。

**表 13–3 研究合作者的年龄、异质领域的研究人员比率**

| 回答人员所属组织 | 年青的研究者 | 同年龄研究者 | 年长的研究者 | 异质领域的研究者 |
|---|---|---|---|---|
| 民间企业 | 49（%） | 18（%） | 33（%） | 32（%） |
| 大学 | 50 | 18 | 32 | 27 |
| 研究机构等 | 44 | 23 | 33 | 36 |

高龄化社会的浪潮也冲击着研究人员的圈子。过去代际的合作今后能否继续维持，恐怕是一个重要的关键。

不同领域的研究人员进行合作相当活跃，这也可以令人理解。但大学中的这一比率较低却应引起注意。

按照研究人员的组织类型加以分析（见表 13–4），值得注意的是，民间企业研究人员在同一组织内进行合作的比率较高（约 66%），大学研究人员与海外学者合作研究所占比率较高。民间企业研究往往涉及企业机密，自然这一比率较高。但值得注意的是民间企业中有 30%以上的人回答，他们最为重要的研究成果是与其他组织的研究人员合作研究的结果。它表明，不同素质研究人员趋向接近和合作已经有相当进展。

**表 13–4 研究合作者所属组织**

| 回答人员所属组织 | 同组织 | 其他企业 | 其他公共机构 | 其他大学 | 国外 |
|---|---|---|---|---|---|
| 民间企业 | 66（%） | 18（%） | 3（%） | 9（%） | 5（%） |
| 大学 | 42 | 10 | 6 | 21 | 22 |
| 研究机构等 | 40 | 17 | 11 | 22 | 10 |

**研究领导人员**

对于完成创造性研究的研究人员来说，他们如何认识指导研究和提出建议的人呢？分析在最为重要的研究成果完成过程中研究领导人员的类型（见图 13–9），对于民间企业和公共研究机构的研究人员来说，一部分人回答说，领导者应是一流研究人员，视野比较宽阔；另一部分人回答说，领导人员属于尊

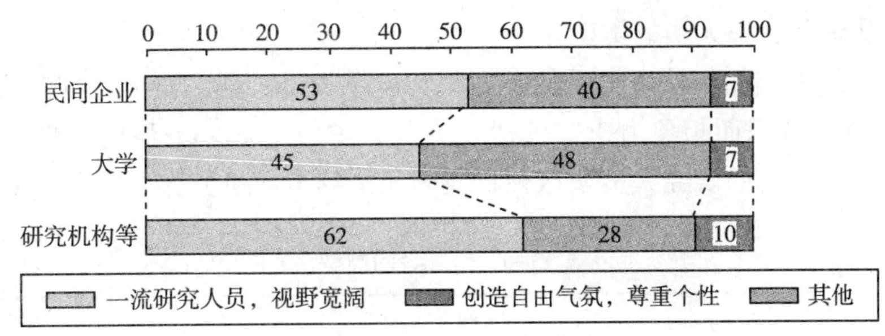


**图 13–9　研究指导人员的类型**

重个性、创造自由气氛的人物。前者的数量超过后者。而大学研究人员的回答则与此相反。

这一事实说明，在民间企业和公共研究机构中，研究目的较为明确，而且项目性质较强，需要一流研究人员做领导者，以具有明确的先见性和宽阔的视野。然而，民间企业研究人员中有 40%的人回答尊重个性和创造自由气氛这一事实也十分重要。

关于今后研究指导人员应具备的素质（见图 13–10），无论民间企业、大学和研究机构的研究人员都认为需要一流研究人员和视野宽阔的领导者。大学中这一回答的增多这一事实表明，当前世界水平的竞争已不可避免，需要国际上一流的人物来担任领导。

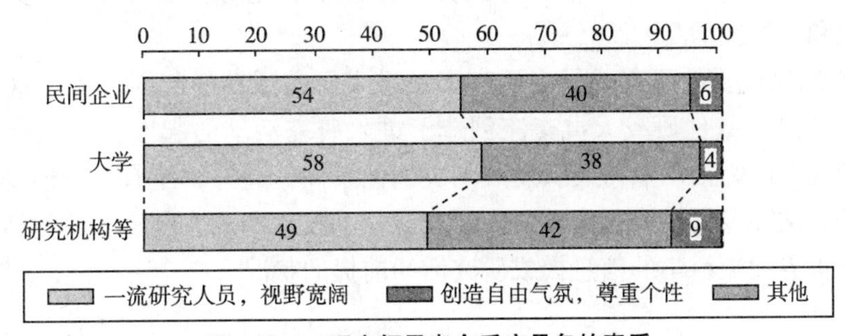


**图 13–10　研究领导者今后应具备的素质**

当然，相当多的人回答需要重视自由气氛和个性这一现象也值得充分注意。强有力的领导和上述自由气氛，可以说是推进创造性研究的两条“腿”。

但是，由于时代的原因，人们强烈要求一流研究人员负责领导这一事实正好说明了人们对今后研究工作的严峻状态的认识。依据研究领域划分（见表 13–5），电气、电子、通信领域、原子能、生命科学和遗传工程等各领域的研究指导人员形象都已逐渐转化为这种一流学者的领导者。这一点值得注意。它们都是世界水平尖端科学激烈竞争的领域。这里可以看出，领导人员和研究人员的严肃的研究态度、通过相互刺激提高研究活力的希望和向世界挑战的水平。

**表 13–5　研究领导者**

（一流研究人员、视野广阔的研究领导者）的期望和经验

| 答卷研究人员的研究领域 | 过去工作中有研究经验的领导者 | 研究领导者今后应具备的素质 |
|---|---|---|
| 电气、电子、通信 | 45（%） | 56（%） |
| 材料 | 50 | 55 |
| 物理 | 60 | 60 |
| 原子能、核聚变 | 36 | 55 |
| 生命科学、遗传工程 | 45 | 60 |
| 其他 | 46 | 50 |
| 总平均 | 46（%） | 56（%） |

**研究人员的自我认识和合作人员的类型**

完成优异研究成果的人们如何认识自己的类型呢？有趣的是，我们得到的回答表明，有 46.6%的人员回答，自己是具有目的意识而想象力丰富的研究人员，占较高比率。他们不自认为是理论家和实验家，而认为自己是想象力丰富的研究人员。这种自我印象是约半数研究人员共同的认识（见表 13-6）。

**表 13-6　研究者的类型**

| | 自身 | 合作研究者 |
|---|---|---|
| 理论家 | 10.5（%） | 24.5（%） |
| 为了说明现象本身 | 36.3 | 55.0 |
| 实验家 | | |
| 有目的意识 | 46.6 | 36.3 |
| 想象力丰富的研究人员 | | |
| 无回答 | 8.9 | 25.0 |

此外，合作研究者的形象则显现为理论家（24.5%）和实验家（55.0%），十分引人注目。可以说，他们有意无意地选择与自身不同的人组成合作关系。也可以说，“具有目的意识的、想象力丰富的研究人员”这一形象表明了他们对研究工作或对研究项目的强有力的想象力。

**研究人员的交流和出国经历**

图 13-11 表明了最为重要的研究成果中研究人员进入研究活动的起因。关于这一起因，约占总数 32%的人回答，他们通过与其他研究人员交流创造了进入研究活动的起因。人数所占比率较高。可以说，研究人员的交流构成研究活动取得飞跃发展的决定性条件。此外，还有一点值得注意，有相当高比率的人回答，国外的论文和专利构成起因。国内论文等几乎没有构成选题进入研究活动的起因，恰好可以看出世界的动向、世界尖端科学的信息构成研究活动前提的状况。

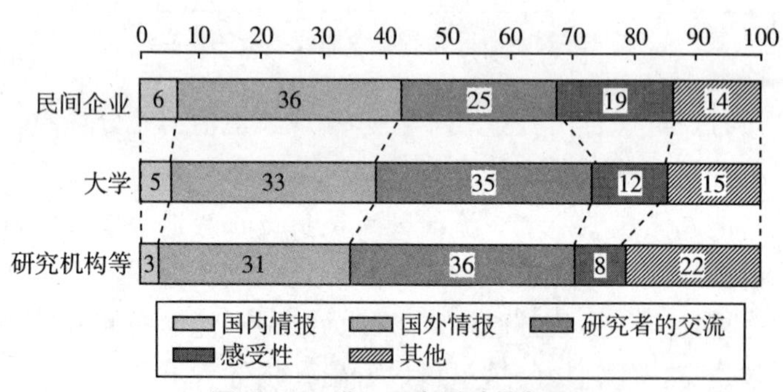


**图 13-11　进入研究活动的起因**

这一事实可以从两个方面加以分析。第一，从历史上说，依赖海外的倾向和素质早已形成。这可以理解为利用海外发明进行第二手的开发，或者是依赖在海外得到的评价，在海外发表论文这种素质早已定型的结果。

第二，本来就需要世界的各类异质尖端信息。大家都说，日本已经成为经济大国，占世界的 10%。如果的确如此，那么，90%要依靠海外异质的首创开发的刺激也属于十分自然的现象。

如果从出国经历这一角度分析这一现象，它表明，对于创造了优异科研成果的研究人员来说，出国经历占有十分重要的比重。依据在海外工作的时间长短（见表 13-7），平均说来，约有 30%的研究人员具有在海外从事两年以上研究的经历。

这种现象说明了日本研究开发依赖海外的程度很深，同时也证明与海外进行交流取得异质经历的重要性。通过与海外交流，促成具有世界水平的研究活动的开展，可以说是日本的先天条件。我们必须认

表 13–7 在海外的研究经验

| | | | |
|---|---|---|---|
| 无 | 6.6（%） | | |
| 1 年以上 | 23.4 | | 56（%） |
| 2 年 | 16.1 | 32.6（%） | |
| 3~5 年 | 12.3 | | |
| 5~10 年 | 2.6 | | |
| 10~30 年 | 1.6 | | |
| 无回答 | 37.7 | | |

真分析这一现象在现在到 90 年代期间具有的时代意义。

## 二、创造性活动中的问题

**研究人员的问题意识**

关于创造性研究活动的各种因素，研究人员自己如何认识？他们认为哪些问题比较重要？在上述问卷调查中，我们要求研究人员以自由填写的方式叙述他们平时认为比较重要的问题和希望向有关机构提出的建议，由此直接听取了他们的意见。

上项研究主要是根据研究人员从事创造性研究活动的轨迹抽象出的各种积极方面的因素，而这项研究则主要描述目前研究体制中存在的阻碍创造性的因素和问题等消极方面的因素。

关于创造性研究活动的意见，众说纷纭，提出了各种问题。为了明确分析这些意见的倾向和较为重要的问题，我们将意见进行了树状分类，求出了意见的分布状态。图 13–12 依据 A 至 H 粗略划分了意见种类，并按各部分进行了整理。答卷中提出自由意见的人数为 284 名，图中所示的百分比为这种意见在回答

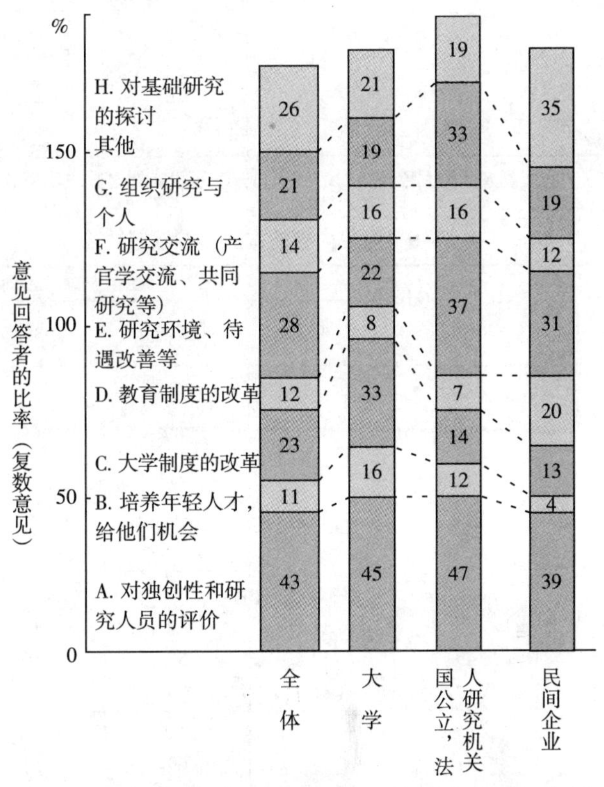


**图 13–12 创造性研究活动的问题**（不同部门的意见分布）

自由意见回答者人数（284 名）（129 名）（43 名）(112 名)。

自由意见的总人数中所占的比例。此外，表 13–8 和表 13–9 表示各种意见的主要内容和它们所占的比例。详细情况留待下文结合典型意见加以分析，这里首先描述研究人员自身对问题认识态度的总体情况。

**表 13–8　意见内容的构成**（按部门）

| 主要意见内容 | （284 名）合计 | （129 名）大学 | （43 名）国研法人 | （112 名）民间企业 | （56 名）一般私营企业 | （56 名）NTT 等公益事业者 |
|---|---|---|---|---|---|---|
| A. 评价独创性 | | | | | | |
| A–1 依据对新芽和独创性的评价做预算分配 | 57% | 66% | 50% | 50% | 45% | 54% |
| A–2 对研究人员成果的严格、公正的评价 | 20 | 23 | 30 | 20 | 25 | 17 |
| A–3 评价者、评价组织问题 | 23 | 26 | 15 | 32 | 40 | 25 |
| A–4 需要用长远观点进行评价 | 20 | 30 | 15 | 20 | 15 | 25 |
| C. 大学制度的改革 | | | | | | |
| C–1 改善讲座制、采用任期制等 | 36 | 40 | — | 33 | — | — |
| C–3 研究费少，不能灵活使用 | 50 | 44 | 67 | 60 | — | 10 |
| C–4 领导支配使用科研费等问题 | 17 | 19 | — | — | — | — |
| E. 研究环境 | | | | | | |
| E–1 正当的评价与改善待遇 | 51 | 38 | 69 | 54 | 60 | 52 |
| E–2 尊重个性，活跃讨论等 | 37 | 41 | 38 | 37 | 48 | |
| E–4 改善单年度预算等僵硬制度 | 15 | 21 | 13 | 14 | — | 12 |
| G. 组织研究与个人 | | | | | | |
| G–1 不偏重项目，个人研究也要重视 | 30 | 40 | 29 | 19 | 27 | 10 |
| G–2 项目的评价与灵活性 | 15 | 8 | 14 | 24 | 36 | 10 |
| G–3 领导者视野宽阔的重要性 | 43 | 40 | 36 | 52 | 36 | 70 |
| G–4 组织集结优秀人才 | 20 | 20 | 29 | 14 | 18 | 10 |
| 其他特殊项目 | | | | | | |
| C–2 任期制、流动化（C–1 的内数） | 13 | 14 | — | — | — | — |
| F–3 共同研究组织 | 20 | 25 | — | — | — | — |
| H–2 基础研究中与需求的关系很重要 | 20 | 11 | — | 28 | 22 | 38 |

注：表中的百分比表示各种意见内容回答人数的大致分类时的比率。—表示没有回答数或比率较低。

**表 13–9　意见内容的构成（按领域）**

| 主要意见内容 | 整体分布（计 285 名） | 由于领域不同而不同 | | | | |
|---|---|---|---|---|---|---|
| | | 材料（58 名） | （24 名） | （93 名） | 原子能核聚变（74 名） | 情报通信（118 名） |
| A. 评价独创性 | | | | | | |
| A–1 依据对新芽和独创性的评价做预算分配 | 57% | 61% | 78% | 66% | 52% | 53% |
| A–2 严格、公正地评价研究者成果 | 20 | 19 | — | 18 | 27 | 18 |
| A–3 评价者、评价的组织问题 | 24 | 29 | — | 25 | 18 | 27 |
| A–4 需要用长远的观点进行评价 | 19 | 29 | — | 27 | 15 | 16 |
| C. 大学制度的改革 | | | | | | |
| C–1 改善讲座制、采用任期制等 | 38 | 44 | 50 | 41 | 50 | 29 |
| C–3 研究费少，不能灵活使用 | 49 | 50 | 58 | 56 | — | 48 |
| C–4 领导支配使用科研费等问题 | 17 | 11 | 17 | 15 | — | 16 |
| E. 研究环境 | | | | | | |
| E–1 正当的评价与改善待遇 | 51 | 38 | 69 | 54 | 60 | 52 |
| E–2 尊重个性，活跃讨论等 | 37 | 41 | 38 | 37 | — | 48 |
| E–4 改善单年度预算等僵硬制度 | 15 | 21 | 13 | 14 | — | 12 |

续表

| 主要意见内容 | 整体分布（计285名） | 由于领域不同而不同 | | | | |
|---|---|---|---|---|---|---|
| | | 材料（58名） | （24名） | （93名） | 原子能核聚变（74名） | 情报通信（118名） |
| G. 组织研究与个人 | | | | | | |
| G–1 不偏重项目，个人研究也要尊重 | 30 | 67 | — | 50 | 33 | 13 |
| G–2 项目的评价与灵活性 | 18 | — | — | 13 | 28 | 17 |
| G–3 领导者视野宽阔的重要性 | 44 | 22 | 75 | 38 | 39 | 52 |
| G–4 组织集结优秀人才 | 20 | — | — | 13 | 22 | 26 |
| 其他特殊项目 | | | | | | |
| C–2 任期制、流动化（C–1 的内数） | 13 | 14 | — | — | — | — |
| F–3 共同研究组织 | 20 | 25 | — | — | — | — |
| H–2 基础研究与需求的关系很重要 | 20 | 11 | — | 28 | 22 | 38 |

注：表中的百分比表示各种意见内容回答人数的大致分类时的比率。—表示没有回答数或比率较低。

在各种类别和领域均占 40%~50%较高比例的意见是关于研究评价的意见，即“A. 对于独创性的评价，对于研究者的评价”。

此外，与此密切相关的问题，诸如尊重个性和依据评价给予正当待遇等有关意见，即“E. 研究环境、改善待遇等”，除材料领域属于例外以外，几乎具有共同性，约占 30%左右。再次，关于大学制度的问题与改革的必要性方面提出的意见在总体中占 23%，但这也许与大学研究人员占 33%的高比率这一实际情况有关，属于必然现象。可以说，它表明了大学制度有关问题的迫切性和重要性。尤其是在新的研究领域，在世界尖端技术激烈竞争的领域，即遗传工程领域方面，这类意见高达 50%，值得注意。

“G. 组织研究与个人”一项主要归纳了项目组织研究、它与研究人员个人之间的关系、领导的重要性等主要有关组织性研究的各种问题。这类意见在国立和公立以及法人研究机构中高达 33%。有关组织性研究的意见中，在各部门具有共同性而又数量较多的是关于需要广阔视野的领导的认识，平均约占 43%，而在民间企业中则高达 52%（尤其是 NTT 研究人员中比率最高）。按领域划分，遗传工程、生命科学、信息通信、核聚变等世界尖端激烈竞争的领域中所占比率较高，与上述表 13–5 中关于研究领导者的形象的分析结果完全一致。目前，研究开发工作趋向项目化，以此提高组织程度，并在世界尖端领域中从事独特的开发性研究活动。可以理解，在这种情况下，具有先见性的一流研究指导人员特别受到人们的欢迎。

“F. 研究交流”一项归纳了关于产、官、学交流、合作研究和国际人员交流等方面的意见。（由于国际交流另设一项询问了国际交流方面的意见，此处所占比率较低。）这项意见在大学、国立研究所和法人组织中约为 16%，比较高，而在民间企业中，尽管产、官、学交流的重要性受到强调，但都只占 12%，比较低。作为其背景因素之一，这大约是因为他们认识到大学制度这一壁垒的存在，意识到制约条件的结果。此外，在材料领域，以合作研究小组的重要性为核心，关于交流研究的意见多达 22%，反映了合作研究的工程项目业已取得了丰富的实际成果。

关于“B. 培养青年人才的机会”的意见与 A 项关于评价的问题的意见有不少地方重复，现将有关青年研究人员的意见重复进行归纳。这类意见在大学中占 16%，较高，而在民间企业中只有 4%，所占比率较低。同时，较新的研究领域，如生命科学，遗传工程领域高达 29%，而其他领域只占 4%~15%，比率较低，也值得注意。

“D. 改革教育制度”广泛地归纳了关于教育制度方面的意见。一般讨论创造性研究时经常涉及教育问题，而调查结果都平均为 21%，比率较低。或许对于研究人员来说，虽然这是必然需要解决的问题，但都不是他们主要的关心对象。然而，大学中只占 8%，比率较低，而民间企业却高达 20%。这表明了两者观点的差异，十分有意义。

最后，H. 结合基础研究的态度和需求，归纳了有关其他意见。民间企业中，认为“H–2 基础研究中与需求的关系很重要”一类意见占 28%（占企业研究人员答卷人数的 10%），值得注意。上述概括的意见分布状况因所属组织、研究领域而呈明显差异，可供人们理解研究人员对认识问题的态度时作为参考。本文为深入分析这些意见，结合前项所述研究人员的轨迹，就几个问题略述研究成果。

**关于独创性评价的问题**

研究人员的轨迹业已表明，给予研究人员的成果以正当评价，对于研究人员的成长和走向下一个飞跃具有十分重要的意义。但是，关于国内对于独创性评价不足一事，他们尖锐地提出了几个方面的问题。首先是关于预算分配问题，可以归纳为“A–1 依据新生嫩芽、独创性评价重点分配预算”的必要性。其次是研究人员的职务问题，他们提出了“A–2 对研究人员成果的严格而公正的评价”不足。关于“A–1 依据正当评价重点分配预算”的必要性，各类别和各领域均达 50%~80%，所占比率甚高。明显地表明了当前在预算分配方面存在的缺陷。其中一例认为，“应对做出研究成果的人重点投入研究费，要求不能进行研究的人从事研究，纯属无益”。为重点分配预算，首先遇到评价研究人员的问题，反映出关于“A–3 评价者，评价的组织问题”等有关方面的许多意见。他们提出，“应该由青年时就成为研究人员的先锋进行挑战并由开拓新的学术领域的人们组织评价小组”，并且谈到了在目前不存在评价独创性土壤的条件下进行评价的困难。他们认为：“如果模仿外国人的研究活动，借助其名声而从事重复性研究，这一模仿者往往会得到较高评价。日本至今仍然存在这种倾向。政府和学术界虽然嘴上都说要尊重创造性，但却总是高度评价那些外国研究人员的追随者。之所以产生这种现象，主要是因为这样做可以使政府和学术界不致因估价偏差而成为笑柄。发现从事创造性工作的人，总要伴随着估价偏差的危险性，需要勇气和较高的判断力。发现这种人才的人和进行独创性工作的人一样，同样具有价值。希望政府，尤其是文部省和学术界的头头们特别注意到这一点，进行深入反省。日本也有具有独创才能的学者。这些头头们不打算去发现这些人才，实际上是以实际行动为日本人只会模仿这种坏名声帮腔。”

关于研究人员的成绩评价，有一种特别突出的意见。他们认为：“大学中应当评价研究活动，包括教授在内，必须实行任期制和合同制，从制度上使那些庸碌无为的人不可能稳坐在终身雇佣的椅子上，毫无差别地领取工资。”

在日本，一谈到评价研究，往往就强调管理方面的评价。可以说，现在需要两个方面的建设性评价，即发现有能力的研究人员，下决心使之充分发挥作用的积极评价和只要是研究人员就应公正而严格地评价其工作成绩。在这种情况下，基础研究领域尤其需要从长远观点给予评价（此项 A–4 意见即各部类均达 15%~30%，尤其是材料领域高达 30%）。此外，关于基础研究人员是否胜任和研究人员的生命周期问题，他们提出了如下不可避免的重要问题。即“基础研究人员的素质是一个重大问题。在这一点上，应用研究比较具有通融性，而基础研究人员则完全不同。从事基础研究的时间长短也是一大困难。一两年不可能取得成果，但奋斗十年又风险太大。需要适当地考虑基础研究人员的生命周期问题”。

**高龄化与青年研究人员的待遇**

在创造性研究活动中，25~34 岁这一段青年时期里取得最初的独创性成果并迈向其后的飞跃具有十分重要的意义。这一点已经从研究人员的轨迹得到验证。在目前的高龄化和僵硬的人事制度条件下，研究人员对于这一问题的现状怀有强烈的恐惧感。这些意见主要包括：

（1）应该不怕失败，对于青年研究人员中的新芽提供资金，给予培养。

（2） 在终身雇佣制的社会中，处于目前正在切实发展的高龄化条件下，青年人的职务日渐减少。为此，实现研究人员的流动，或者采取措施，制定其他系列的职务，是不可缺少的。

（3）在制度上存在种种限制，不可能利用研究费自由地雇用青年研究人员。

（4）没有和欧美同样的博士后制度，大学未能对世界的优秀人才实行国际性开放。

这些问题背后，存在诸如日本社会的终身雇佣制度、年功序列制度、难以评价青年有为的人物等素质方面或日本社会风俗方面等制度上的制约，今后如何寻找突破口以逐渐解决是一个重大课题。

**研究环境的问题——余力与竞争**

关于“E. 研究环境与改善待遇”的意见包括以下一些内容：评价做出独创性成果的研究人员并给予相应待遇十分重要（E–1）；尊重研究人员的个性，创造自由研究的气氛，或者开展活跃的讨论，保证专心研究十分重要（E–2），应该改进单年度预算等制度上的限制（E–4）等。其中为数最多的是（E–1）关于给予研究人员正当待遇的问题。国立、公立和法人机构中均占 69%，民间企业也达 54%，充分说明了这方面必须加以改进的迫切性。这也可以说是这些组织对一流研究人员的待遇还很菲薄的一种反映。其代表性的意见认为：“对从事创造性工作的人们，应当以能够亲眼所见的形式给予具体评价。例如，晋升、增加研究费、增大自由度等。”这些意见还认为：“优秀的研究人员不一定非得担任室长、部长，如果不担任职务就得不到评价，那么继续独创性研究将十分困难。现在的室长、部长一类职务，事务性活动过多，无法进行真正的研究。”

关于尊重个性和创造自由研究气氛的重要性，他们的意见平均约占 37%，比较多。与前述希望的理想研究领导人员形象一项中所述的内容一致。至于创造专心研究的环境，许多研究人员都指出，管理人员在事务和制度上的文牍主义导致人们无法专心研究，是一个重要问题。他们认为：“为了从事创造性基础研究，最重要的是要长时间地集中考虑一个问题。30 分钟，一个小时一类零碎时间，即使再多也是没有用处的。然而，现状却是会议和处理事务占去了白天几乎所有时间。本来需要创造一种时间条件，可以几个小时或几天连续地集中思考一个问题，或者彻底地讨论某个问题。为此，应该不让研究人员担任事务性工作，而且需要尽量减少会议。”从这里可以看出，国内的研究机关不仅未能创造良好环境使优秀的研究人员得以发挥其能力，就连这些一流研究人员的待遇也很不充分。事务和制度上的限制拖着他们的后腿。

## 第四节　研究开发发展的方向和课题

### 一、创造性研究活动和社会性

**给年轻的研究人员以机会**

研究人员调查结果表明，许多取得优秀科研成果的研究人员都是年轻人。他们在创造活动中积累了成功的经验，正以坚强的意志和持续力向前飞跃前进。但是，社会高龄化迅速发展，研究组织已经定型，同时，由于大学中人事制度的僵化以及国家研究机构的高龄化，年轻研究人员有失去研究机会的倾向。

另一种观点认为，研究开发将组织化、项目化。企业及研究机构的研究人员都未属于研究课题组织，所以独立负责课题的机会虽因研究指导人员的态度而不同，但总体来说呈减少的趋势。上述情况表明，今后有必要认真考虑如何给年轻研究人员以实践的机会，使好不容易培养的幼芽不致受到损害的问题。

现在，文部省制定了特别研究人员制度并逐渐增加预算，以此作为研究奖励制度。但是，受奖人员仅包括取得博士学位者和攻读博士学位者各 122 人，预算也不足 10 亿日元，还不能与国外的博士后制度相提并论。美国的大学和研究所的博士后制度是以学位取得者为对象，研究指导者有权在一两年内雇用年轻的研究人员从事研究的制度。在地位和工资方面都得到独立的研究人员的待遇。根据这个制度，日本的许多年轻研究人员都受到了雇用，并在以后研究工作中提高了一大步。另外，欧美各国的这种制度，吸收了许多欧美和亚洲各国的年轻人才，他们作为国际人才到处流动。因此，日本孤立的国内体制尤其显得突出。为了给国内的年轻科研人员以研究机会，针对当前人事制度的僵化，活跃今后的创造活动，以下四点应成为基本原则。

(1) 依据博士后制度，保证研究人员的地位和工资待遇。

(2) 用研究费自由雇用研究人员。

(3) 年轻研究人员可以自由发表意见，增加独立负责课题，使他们有进行研究的机会，并为此改善公开招标研究的制度（与扩大招标研究的范围和制度以及所属组织无关，需要有能够决心给年轻幼芽提供研究经费的评价机构）。

(4) 研究人员的职务任期制。

上述具体方案业已多方提出，今后将会以各种组织机构的形式加以实施。尤其是大学制度的改革，前一节中研究人员的意见已表示出他们对严峻现实的认识和对改革的希望。还有的意见认为，大学应该法人化，包括教授、副教授在内的各种研究职务实行任期制，为采取相应措施解决国家公务员的制约和研究经费使用方面的限制，使更能反映出社会性评价，为创立各种开放型体制，我们应大胆地改革大学制度。

**向风险挑战的基础——评价创造性和尊重个性**

创造性研究活动以研究人员对创造抱有的坚强意志和持续力为基础。它是如何得到发挥和得到支持的呢？在前一节已经提出，最重要的是评价创造性和信任研究人员。在对创造性的评价和信赖研究人员这一点上，无论在研究人员中间还是在政府机关的各种制度以及社会风俗方面都相当落后，这是日本的现状。

在第一项中谈到的尖端科学领域中，人们正要求日本对人类共有的文化，即科学进步做出贡献。一方面，目前的国际性贸易摩擦今后将愈演愈烈，要降低对国外技术的依赖性，技术必须独立，进一步开发新产品，并建立日本独立自主的技术以对世界经济做出贡献已经愈来愈必要。这种状态将提高对创造性的要求，并将形成支持研究人员向风险挑战的土壤。但是，当前许多在职的研究人员穷于应付突飞猛进的研究发展和日常杂务，并因即使提出了有创造性的成果，仍然很难得到研究人员的正当待遇而感到苦恼。研究人员为了向风险很大的飞跃进行挑战，需要社会上和经济上的保证。在成功的飞跃的道路上，存在着许多挫折。这就需要正当地评价失败和用长远的眼光给予评价。

创造性成果的条件，在于评价和筛选优秀的研究人员，相信这些研究人员。为了使他们的个性和创造能力得到充分发挥，应尽可能尊重和信任研究人员（反之，因预算制度的限制，给他们设置种种障碍是最糟糕的）。那么，谁能对研究人员做出评价呢？虽然大家都认为，目前许多制度存在问题，但归根结底，主要是因为评价审查人员的标准不够明确。评价向飞跃挑战的优秀人才时，基本上应该以那些在年青时代就作为研究人员的先驱不断挑战并开拓新的科学领域的人组成评价小组。

要建立尊重人才的基础，首先应该考虑到给人才提供资金，同时还要给有前途的人拨出能高度自由支配的研究经费。作为具体措施，现提出以下方案。

“以 30 岁到 45 岁的研究人员为对象，筛选出有希望的人选，连续 5 年给他们每年 500 万日元的研究经费，允许他们自由支配。尤其是在新的发展领域中，如果能选出 50 名左右优秀的年青研究人员并给他们这些研究经费，每年预算才仅仅 2.5 亿日元，而这个领域内的研究将得到飞跃发展。建立一种制度，包括海外研究人员在内，向优秀的研究人员的幼芽提供这种机会，这在经济大国的日本来说，应当是理所当然的事情。”

**研究人员的独立性和社会性**

正如第一节谈到展望时所述，许多领域中的科学技术目前已达到极限状态，在今后的研究过程中将越来越与自然相对峙而需要极其丰富的想象力和实验精神。这个领域中组织的研究项目，可能有时需要投入巨额资金和数量众多的人才，同时需要整个社会的支持，促成丰富的想象力，组成强有力的领导，并且构筑坚实的基础。

另一方面，在研究人员活动的目的和根据这一点上，日本过去多重视一般意义上的应用性，以此为价值判断标准，而今后将越来越迫切地涉及研究人员对自己研究课题意义的探讨。这种探讨，在研究人员的一生中，具有十分重要的意义：一是它涉及研究人员能够做出什么成果，已经做出什么成果；二是它涉及研究人员研究的社会性。

在前面提到的科学技术的极限状态中，对独自的方法论、研究能力抱有的强烈自信心以及对研究的坚强信念和意志力，这些就构成了长期持续研究的支柱。为了在处于极限状态的科学技术中开辟新的境界，必须依靠这种自立存在的研究人员。为了建立研究人员自立的基础，研究人员的创造性和力量在研究人员集团内部必须得到评价和支持。这个基础的活动即在于使研究人员互相评价创造性，另外，通过活泼的争论，在科学体系中确定其位置。这种科学精神和批判精神能够起到其本来的科学作用，具有重要的意义。如前所述，到目前为止，评价创造性仍然倾向于依赖国外，针对这种恶习，十分需要在国内能够展开这一活动。这种科学精神，不仅将起到支持研究人员独立自主的作用，同时构成了日本科学技术独立自主的基础。现在，科学技术和社会之间的关系越来越密切。在原子能和生命科学领域中，科学技术的社会性已经成为一个很大的课题。在这个讨论中也必须依据科学的批判精神，自己对自己进行评价，并开展广泛而又生动活泼的讨论。

## 二、开发研究的组织性

**企业活动以及异质研究人员的交流**

前面已经谈到，为了适应经济软化和国际化的进展，企业中正在重新集结研究开发的活力。一般认为，这种重新集结的目的主要在于灵活运用积蓄的技术和技术开发力量，力求使产业多种经营化和开发新产品。关于企业中基础研究所占的位置，虽然各企业因规模和种类而各不相同，但都为了适应产品寿命周期的缩短和产业的多种经营化，暂且不顾短期需要产生的压力，依据长远观点寻找培育新的幼芽，这是目前的背景情况。过去支撑日本企业国际竞争力的支柱，主要是降低现场生产线的成本和包括现场技术人员在内的有关人员的有组织的创造力。人们经常谈到的日本和欧美各国在创造性类型方面的差异，在今后重新组织企业研究开发活力时，将会怎样变化呢？对日本企业来说，历来的有组织的技术开发能力的形式今后仍不会改变，并仍将不断努力降低成本。因为近来日元急剧升值，竞争条件变得很严峻，它将不断促进技术开发以降低成本，并进一步提高生产效益。但是，在国内的激烈竞争中，位于第一线的研究人员和技术人员已经处于过分紧张的状态之中。除了必须首先考虑确保市场占有率和扩大事业规模以外，还必须相互分工，倾注力量于自己熟悉的领域并以此为基础而展开多种经营。国际经济摩擦也促使人们朝这个方向转变。

如前所述，抽调人才参加基础研究的倾向充分说明了力求避开当前的需求和压力，以个人独创为基础，探索前景，培养自己的技术的企图。这样，过去那种有组织的技术开发和必须尊重研究人员个性的基础研究，便因性质不同而处于对峙状态。在这一点上，企业将如何管理基础研究所将是一个饶有趣味的问题。虽然开发研究和基础研究人才的管理方法有区别，但目前的倾向不是使基础研究的人才完全独立，而是使之呈半独立状态。这样，对企业的基础研究人员，不要从是否半途而废地和产品开发结合这点去评价，而要依据其创造性的强弱而在学术上给予高度评价。如果真能给予这种评价，它将起到支撑上述研究人员向前飞跃的坚强意志和持续力，同时它也将成为向风险挑战的基础。目前，组织和基础研究人员个人的关系看来是紧张的。在这种关系中有必要考虑把异质人才吸收到内部来，促进一流的基础研究人员和开发现场的接触，灵活运用海外人才，并把异质性吸收到组织内部来。这些对于志在多种经营的企业战略来说，乃是新的企业活力的源泉。

同样，与不同领域、不同地区等外部人才进行交流并加以灵活使用也很重要。调查研究人员的结果表明，取得优秀成果的企业研究人员，有 30%的人都有属于外部组织的研究合作者，目前仍是如此。

今后，企业和大学、国家之间相互协作的重要性将越来越突出，有必要进一步发挥诸如研究组合等类形式的共同研究组织的作用，进一步改革办大学的体制。

**项目的构想力及其发展——国家研究项目的作用**

目前的研究开发多取设定特定目标，有组织地投入研究开发资源的研究项目的形态。在这种组织化了的项目研究中，目标的设定方法和计划的战略性十分重要，规划能力和评价能力十分关键。尤其是高能物理与核聚变项目，已经处于科学技术达到极限的领域内，需要建设大规模装置进行实验。如果研究前景不甚明确，设计项目和提高规划的战略性就成为一个重大课题。这些问题不仅表现于国家的大型项目，企业的项目也是如此，尽管规模有所不同。

国家提出目标，开展大规模项目研究的意义不仅仅是要达到研究项目本身的直接目的，它还具有引导尖端技术发展的重大意义。日本与国外相比，国家主导研究项目的比重较低，所以从这种科学技术的基础形成方面给予评价尤其重要。对国家研究项目的评价，除去其必要性以外，还必须对项目构想进行评价。即对诸如从中得到哪些新的启示、对世界性研究的主流可以做出哪些贡献、今后产生哪些影响等类问题给予评价。今后，国家研究项目应该构成开拓世界尖端技术的研究活动，国际间的协作关系也将不断加深。这种研究项目的构想力和战略性，在很大程度上源于视野宽阔、能够预测前景的研究项目指导人员的能力。过去，日本制度很少着眼于个人，并很少用个人名义执行。目前，在彻底重视个人的思想主导下，正在执行创造科学技术推动制度，在各种条件制约下不断取得成功。相信优秀的领导人，明确领导者个人的责任并尽量让他们去做，同时还要不断增加从事规划和评价的人才。另外，通过执行计划的研究人员相互进行评议，热烈讨论，还需要来自第三者立场上的充分评价，这也将构成社会支持的基础。

项目研究和个人研究之间的关系，很多情况大都是在进行项目研究的同时，承认以某种程度的比率进行个人研究。给予他们进行基础研究的时间确属必要。但是，实际上，创造性研究往往容易在繁忙时产生，关键在于好的领导人给予鼓励、明确目的和促进研究人员专心研究。

研究组织一旦开始从事项目研究以后，往往容易严格设定计划目标和研究方法，不愿采纳不同意见和不同观点。创造性基础研究的幼芽，大都首先始自怀疑现有教科书中记载的教条。另外，创造性研究大都具有革命的因素，可能不利于推行现行项目的组织和管理体制。因此，今后执行研究项目时，应注意以下几点：

(1) 即使是已经做了大量投资的项目，如果提出新的概念，使性能有显著提高，或者能够有全新的前景，则应对该项目做出较大幅度变更。

(2) 需要巨额投资的项目，为了提高项目的灵活性，减少变更时的损失，需反复进行考核与评价。

这时，除项目执行者要做出评价以外，还需要有外部的中立立场的评价。

(3) 把项目预算的 5%~10%的资金和人力投资到有关的新概念研究和探索性研究中。

尤其是考虑到公开招标研究可形成向上述风险挑战的基础，并联系到一流基础研究人员与研制开发方面之间的交流，提议将下列组织机制制度化。

“把项目预算的 5%以招标的形式按照较高的自由程度予以支出。其对象应不区分研究所组织的研究人员和大学、企业等内的研究人员，一视同仁，只要他们做有关项目的探索性研究，提出新概念，或做其他基础研究，都可以向他们提供高度自由支配的经费。在促进把革新概念和革新技术吸收到项目内部的同时，把异质人才集结到研究项目周围，充分讨论项目的计划和评价。同时，大量充分地培养有关领域中的年青研究人员，充分发挥他们在那些领域中的研究作用。”这种制度必须在长远目标上有利于项目研究，并将促进研究项目对国内技术基础的影响。

项目预算不仅应采取过去的积累制，保持 5%左右自由度较高的预算的意义也很重大。对于决定预算的当事者来说，保持当前预算和节约开支总是被当做重点，因此，作为研究项目当然的经费而予以承认，是必要的。

## 三、定向型国际性研究开发体制

面向 21 世纪，日本的研究开发体制将发生很大变化，这个变化的大方向是在国内和国际向开放体制变化。

目前，在贸易摩擦中，日本的企业正从出口转向到海外进行生产，不可避免地将出现企业活动的国际化。在这种状态下，国际性的企业技术开发功能必将进一步提高。与海外企业联合开发和向海外大学和研究机构的委托研究也都正在取得进展。另外，目前日本国内虽然还受到终生雇佣制社会的限制，但已有迹象表明开始雇用海外研究人员，尽管进展相当缓慢。雇用海外研究人员有很多好处，劳务费用要比国内研究者效率高得多，而且不必担心国内搞协作中出现的竞争关系，同时还能雇到异质的优秀人才。但另一方面又会有一些麻烦，与均质性高、相互了解的国内研究者搞协作有所不同，如语言障碍、需书面材料等。此外，国际性技术开发方面的协作，很可能分散企业的研究开发人才，并且可能产生前面提到的研究开发力量的聚集和分散之间处于进退维谷的局面，这一点有待于今后继续摸索。

大学和国立公立研究机构在开展国际性研究方面，由于各种制度上的障碍而受到很大限制。如前所述，对内外研究人员一视同仁、引进博士后制度、招标研究制度和任期制可能有助于在国内为海外人才创造活跃的场所。第二次世界大战以后，世界的优秀人才云集美国，今后，应想办法使海外人才云集日本。

对海外研究人员来说，希望在日本搞研究的状况到底如何？其研究条件将成为建立国际性研究体制的焦点。为了集结外国的优秀人才，首先要把国内的优秀人才集结到组织中来。为此，需要抽调优秀的研究指导人员，导入竞争原理，并考虑工资等待遇问题。这样，建立各领域中足以成为世界研究中心的组织十分重要，以便集中第一流的信息情报，并加以使用。作为这种动向，最近由国家出资，已建成了第三部门形式的国际电气通信基础技术研究所并在理化学研究所建立了国际新开发地区研究系统。另外，在国家的项目中，有的在国内开展国际联合研究项目，或在国际范围内更加容易地开展国内项目研究工作，这些对于国际化都非常有效。

综上所述，开展开放式国际性研究开发体制的尝试，与现有的组织和制度还有很多矛盾，它将促进日本社会本身的变化。

考虑到研究开发科学技术本身具有的世界性，今后必将采取各种形式吸收海外的异质研究成果。这一点将成为日本朝着 21 世纪发展和对世界做出贡献的巨大原动力。

# 第 14 章　能源的软结构化

**研究成员**

| | |
|---|---|
| 工业开发研究所副理事长、国际能源政策论坛副议长 | 大岛惠一 |
| 国际商科大学副教授 | 渥美坚持 |
| 日本开发银行名古屋分行企划调查课长 | 饭仓穰 |
| 原子能产业会议开发部副部长 | 石塚昶雄 |
| 日立技术情报服务公司代表董事 | 井上达之助 |
| 东京大学教授 | 植草益 |
| 三菱石油公司能源调查部长 | 牛岛俊明 |
| 东京煤气公司企划部副部长 | 大桥忠彦 |
| 三菱原子能工业公司常务董事 | 小仓成美 |
| 东京电力公司企划部副部长 | 胜俣恒久 |
| 东京煤气公司企划部技术规划组负责人 | 虎头健四郎 |
| 中东经济研究所专务理事 | 小山茂树 |
| 东京大学教授 | 近藤骏介 |
| 出光兴产公司综合规划室代理室长 | 佐藤秀二 |
| 日本经济新闻评论员 | 末次克彦 |
| 东京大学教授 | 铃木笃之 |
| 《朝日新闻》科学部部长 | 式部俊一 |
| 名古屋大学副教授 | 月尾嘉男 |
| 三菱商事公司煤炭部代理部长 | 土屋浩义 |
| 东京大学副教授 | 平田贤 |
| 东京大学教授 | 舛添要一 |
| 东京电力公司企划部部长 | 南直哉 |
| 日立综合计划研究所董事 | 守屋友一 |
| 国际能源政策论坛议长 | 向坂正男 |

**秘书处**

工业开发研究所和国际能源政策论坛

# 第一节　未来的经济社会与能源供求结构的变化

## 一、经济、社会、个人生活的变化与能源供求

**能源需求呆滞**

伴随经济的成熟，经济增长缓慢和产业结构朝着耗能低的方向发展，必将造成能源需求呆滞。特别是在能源需求所占比重较大的“产业部门”，由于从原材料高耗能产业朝着低耗能尖端技术产业的方向发展，至 21 世纪之前，能源需求将以 1%的低速增长。

与此相反，“业务和商业”的能源需求却反映出源于经济的软件化、服务化、高度信息化的信息机器的普及和城市化的发展以及业余时间的增加等情况，将保持年均 2%~3%的稳定增长的趋势。“家庭用”能源由于生活水平的提高、消费生活的多样化和对舒适环境的需求，则将呈现年均 3%的较高增长。在“运输部门”，对娱乐的需求、送货上门等消费者物资流通和空运旅客可望稳步增加，因此，能源需求也将是年均 1%~2%的稳定增长。

**能源多样化与各种能源竞争激化**

经济、社会、生活的新潮流要求优质能源，并促进电力在整个能源中所占比重的增大，即“电力化”。1980 年占一次能源 33%的电力，1985 年升为 38%，1995 年可望超过 40%。另一方面，在产业、业务、家庭供热、空调等热能需求部门，依靠技术开发将扩大能源选择范围，因此，能源产业间的竞争将愈演愈烈。

在一次能源供给方面，逐渐实现最佳利用即将“石油”专门用于运输和化工原料，它在整个能源中所占比率将逐渐下降。“煤炭”中的普通煤由于电力能源的非石油化和多样化而将增加，炼焦煤则因钢铁产业的减产而将减少。“天然气（LNG)”，作为火力发电用的日趋平稳，作为城市煤气原料则将有较大的增长。“核能”也将大幅度的增长。据通产省“核能设想”，1985 年为 26%的核电构成比，2000 年为 34%，2030 年达 58%。由此朝着能源“软结构化”方向发展，谋求分散能源和电源（见表 14–1）。

**表 14–1　日本一次能源供给预测**

| 项目 \ 年度 | | 1985 | | 1995 | | 2000 | |
|---|---|---|---|---|---|---|---|
| | | 实数 | 构成比 | 实数 | 构成比 | 实数 | 构成比 |
| 水力 | 100 万 kw | 33 | 5.5 | 40 | 5.3 | 42 | 5.2 |
| 地热 | 万 kw | 18 | 0.1 | 50 | 0.2 | 70 | 0.2 |
| 煤炭 | 100 万 t | 107 | 19.0 | 113 | 17.0 | 115 | 16.5 |
| （普通煤） | 100 万 t | (34) | (5.5) | (43) | (6.0) | (51) | (6.9) |
| （炼焦煤） | 100 万 t | (73) | (13.5) | (70) | (11.0) | (64) | (9.6) |
| 天然气（LNG） | 100 万 t | 28 | 9.4 | 37 | 10.7 | 43 | 12.0 |
| 国内天然气 | 亿 $m^3$ | 22 | 0.5 | 27 | 0.6 | 29 | 0.6 |
| 核能 | 100 万 kw | 25 | 10.0 | 43 | 15.2 | 51 | 17.1 |
| 新能源① | 万 kl | 60 | 0.1 | 68 | 0.1 | 245 | 0.5 |
| 石油 | 亿 kl | 2.33 | 55.4 | 2.51 | 50.9 | 2.48 | 48.1 |
| （国内石油） | 100 万 kl | (0.7) | (0.2) | (0.7) | (0.1) | (0.7) | (0.1) |
| 其他② | $10^{12}$kcal | 0.5 | 0.0 | 2.9 | 0.0 | 11.9 | 0.2 |
| 合计 | 亿 kl | 4.2 | 100.0 | 4.9 | 100.0 | 5.2 | 100.0 |

注：①列入新能源的有甲醇、油页岩、液化煤炭、太阳能、太阳能发电。②从薪炭和无烟煤中扣除出口的焦煤。

资料来源：日本能源经济研究所（1986 年 12 月）。

## 二、产业结构变革与能源供需

——从 1/10 的产业转向 1‰的产业

**产业能源需求动向**

日本产业能源需求占整个能源需求的 60%弱，对能源需求动向的影响最大。

第一次石油冲击后，从 1973 年起 10 年期间的能源消费量，民生部门和运输部门各自年均增加了约 3%，产业部门年均却减少了 1%。

产业部门耗能减少的原因是，以原材料产业为主的高耗能产业生产停滞、通过节能产品单位耗能效益提高和低耗能加工装配产业的发展，等等。虽然由于生产水平的提高对能源需求有所增加（折合石油 2390 万 kl），但是 1980~1984 年度矿业部门能源需求却减少了（折合石油 2120 万 kl），这是由于节能使需求减少（折合石油 2500 万 kl）和产业结构发生了变化而需求减少造成的。

从单位耗能在产值中所占的比率看节能动向，在 7 年间（1975~1981 年）年均下降 22%。其中，明显下降的行业有化工、窑业、钢铁、纸浆、有色金属、电气机械等，以高耗能产业为主。如最近 10 年里，乙烯和水泥业节能达 30%左右，炼铁和纸浆业节能达约 20%。可是今后降低能源价格以及节能投资将告一段落，节能速度将大大放慢。

另一方面，产业结构变化也表现在同期加工装配产业比重上升了三个百分点。按行业看能源消费额在产值中所占的比率，原材料产业为 10%左右，加工装配工业却不足 1%。最近由于能源价格的下跌，上述构成比又分别降至 5%左右和 0.5%左右。以加工装配工业为主的产业结构将降低产品的单位耗能。

今后因产业结构的变化将减少能源消费量。虽然加工装配产业有所增长，但是高耗能原材料产业产量将大大减少。

**尖端技术产业能源需求动向**

加工装配产业与作为 20 世纪 90 年代至 21 世纪产业核心的微电子技术、光电技术以及新材料等尖端技术的能源消费结构比较相似，其用电量的比率较大。

它有以下三个特点：①尖端技术产业大部分都和传统的加工装配产业制造工序相似，在加工、装配、成型、熔化等工序上用电量较多。如在集成电路的硅片上涂上一层氧化膜、扩散杂质和精密陶瓷的烧结等工序方面均需精心加热，因此使用电炉。②尖端技术产业大部分都要求产品的质量超精密化，需要在洁净厂房的工作间进行生产，且空调用能源需求量较大。如生产光导纤维过程中的烧接、脱水、烧结和检查都在洁净间进行。③尖端技术产业的能源消费在产值中所占的比率较少，与加工装配产业一样不足 1%。

**产业能源的软结构**

考虑到产业能源的消费动向对今后能源供给的影响，为了达到产业能源"软结构"的目的所面临的课题有：①当前，由于能源价格下跌使刺激节能的作用减弱，但确保继续努力节能仍极为重要。②产业结构将提高像尖端技术产业那样耗能低的产业比重。即将从能源成本占销售额十分之一的原材料产业转换为只占百分之一或千分之一的产业。产业结构变化本身形成耐能源性。在这个意义上说，开展尖端技术产业发展基础的技术革新至关重要。③在产业结构中加工装配产业和第三产业比重的增长将增加电力、煤气等二次能源的比重。即电力、煤气能源的多样化和完善扩大使用电力和煤气的运输设备，特别是煤气管道，对"软结构"尤为重要。④在国内减少原材料产业生产和在国外建厂，减少日本对能源的需求。但是从全球观点看，这不过是"能源需求的转移"。在海外新址的节能努力也不容忽视。

## 三、新消费社会与能源供给

展望今后 10 年、20 年的消费社会，每天的变化也许不大，但作为一个头等发达国家的日本，无疑将迎来一个空前“富裕”的时代。在这个意义上将到来的生活和消费时代，可以说是一个“新消费社会”。过去曾是“选择性商品”的电视机和汽车，今天却成为“必需品”。即在已能大量生产商品的平均化以后，将走向一个不可能大量生产而要求“多样化的局部需要的商品”时代。在新的消费社会要精通饮食和衣着时兴。这不是由于绝对贫困造成的，而是为了满足“学到的需求”欲望。这样的“自我学习消费”越增加，“差异”也就越来越大。

个人生活的多样化和差异也许会使人们陷入自我发现目的并为其实现而努力的苦恼。这样的新消费社会对能源供给将有何所求呢?

（1）要适应来自家庭对能源需求的增加及其在各方面的利用。即按照能源的不同用途为具体的舒适环境需求相应提供各种各样的能源机器和供应方式。在这种情况下，消费者追求舒适环境的过程无非是“学到的需求”发现自我的非舒适环境的过程。因此能源供给者必须具体地认识什么是非舒适环境。能源供给者倘若发现不了消费者“学到的需求”萌芽，未制定将消费者的需求变成必需品的战略，则无从发展。

（2）能源价格的升降应具有弹性。没有这样的市场原理，“软结构”就不能成立。价格稳定对用户和供给者都是重要的，但不应当一成不变。日本物价在食、住和能源三项经费开支方面高于国际水平。日本人均国内生产总值已达世界最高水平，但日本人却没有真正感到富有。消费者为了享受高级舒适环境，要求在家庭生活费用中较少支出能源费用，由于能源依靠进口使成本受到制约，能源供给者在能源的转换、供给和能源机器方面有必要谋求降低成本，满足消费者的欲望。

（3）必须扩大能源供给者的“事业范围”。因为在得以灵活经营本行业的同时，通过进入其他事业能够增加具体接触“新消费社会”的机会。据经济企划厅经济研究所称，“研究开发成果对引进其成果的其他领域比对该事业带来的好处更大”。技术开发自不待言，扩大活动范围，通过竞争将开阔能源供应者的视野，提高企业的活力。

因此，新消费社会是“最大限度地追求提高生活质量的艰难的经济社会”。追求这种富裕无疑要求消费者、生产者和供给者都要严肃对待。从生活和消费看能源问题也不例外。

## 四、分散型社会与能源

人类从狩猎采集经济过渡到农耕经济时代起开始采取定居生活方式，且逐步扩大了集体定居规模。人们把超过一定规模的定居形式叫作“城市”。在日本，把人口密度为每公顷 40 人以上、有 5000 人以上的人口集中地区划作城市。日本早在 1970 年就已有半数以上的人口居住在城市，预计全世界到 2000 年，城市人口也将超过总人口的一半。

使高密度定居形式成为可能的城市环境是以各种各样能源供给技术、运输技术和通信技术为前提条件的。定居形式在很大程度上为这些技术的性质所左右。过去的技术，人口越高度集中其效益越高。依靠“规模经济”和“聚集效益”，人们集中到城市里，城市规模越来越大。另一方面，由于人口集中而产生了大气污染和噪声等环境问题、犯罪与交通事故等社会问题、地价猛涨与物价上涨等经济问题。但是过去唯有通过人口集中才能形成规模经济，虽然人们知道这些问题都集中到城市，使得城市规模越来越大。

一旦出现使人口分散成为可能的技术，情况将为之一变。即在能源供给、运输和通信等方面，一旦出现使分散成为可能的技术，人们将有可能从弊大于利的大城市转移到空气新鲜、风景秀丽和住宅宽敞等的中小城市。

最近出现了无须集中形成一定规模也能得到足够效益的技术，即实现“从集中转向分散”的技术。如通信技术中的卫星转播和卫星通信。通过静止轨道上的卫星进行转播和打电话，完全不考虑地面上的距离，能够弥补人口集中地区和偏远地区服务上的差距。

在运输技术方面，除了过去的铁路大型运输系统以外，还开发了自动运行技术，即中型有轨运输设备和个别有轨运输设备，一次可运送旅客 100 人，为过去的十分之一。过去中小城市因需求不足难以采用有轨交通工具，而现在有这种可能了。

在能源技术领域也出现了这样的趋势。目前电力来源主要依靠火力发电和原子能发电，其发电规模越大效益越高，因此将建设 100 万千瓦发电站来发电，通过送、配电网为需要电力的地方提供电力。结果像城市那样，人口集中的干线附近的用电户越增加，送、配电网络的效益越提高，而对偏远地区和人口稀少地区则不利。但是，最近几年由于利用“太阳能”、“风能”和“地热”等自然能源的技术和“燃料电池”技术的发展，实现分散型系统的可能性越来越大。其中，引人注目的是太阳能电池。它是在太阳光线照射在单晶硅上产生电力的一种技术。从无限的能源资源中用无污染的方法获取有效的电力这一技术的最大特点是以非常分散的方式发电。在地球表面，太阳能为每平方米 1 千瓦，太阳能电池可以把 10%左右的太阳能转换为电力。因此在能够建设 100 万千瓦核电站的 10 公顷土地上，用太阳能电池也只能发电 1 万千瓦，可以说它是一种非常分散型的技术。

这样，作为城市基础技术，已经出现了也能形成像分散定居方式那样的新技术。在研究今后城市形态上，选择的范围正在扩大。

## 第二节　中东政局与世界石油供求关系

### 一、今后中东形势与美苏动向

**掌握中东形势重点**

掌握中东形势的重点，首先是两伊战争的发展。考虑到石油供求和宗教革命的影响，虽然有许多国家不希望结束两伊战争，但是，美国和海湾各国都无法让两伊战争不死不活地继续下去，已经到了应当考虑结束这场战争的时候，两伊双方如将战争继续下去，它们也无法解决国内问题。

沙特阿拉伯与阿拉伯联合酋长国（UAE）和科威特均被视为较稳定的国家。可是如果因石油收入的减少而财政困难继续下去，在王族中将对此产生不满。专家治国论者的动向也将成为问题。欧佩克最大产油国沙特阿拉伯的动向，取决于石油供求是否稳定，这种说法并非夸张。

其次是埃及。曾是阿拉伯盟主的埃及目前的影响正在减弱。在国内，穆巴拉克政权的更迭只是个时间问题。作为下届总统有两大要点。一个是否是亲美派的总统，另一个是否是能够取得阿拉伯盟主地位的总统。亲美派似乎不成问题。对埃及国内动向还有一个令人担忧的是伊斯兰原教旨主义的复活。考虑到本来政局就不稳定，且贫富悬殊，伊斯兰原教旨主义的活动恐怕大有发展之势。那时，军队动向如何将决定埃及的前途。

两伊战争开始以来，伊拉克一直靠向西方，但是，今后不还是将转向亲苏的政策吗？它在欧佩克里也开始明显地被孤立起来，为了重建国内体制将借助苏联的力量。

我们不能忘记，第一次石油危机的产生也与巴勒斯坦问题有关。据阿拉伯传说，全知全能的真主也无法预测阿拉伯的事情。因此可以说，我们更无法预测中东形势。但是有必要加强收集情报，充分认清目前发生了什么事情。在巴勒斯坦部分领土约旦河西岸地区的争端似乎是中东纠纷的火种。不只是增加移民的以色列和巴勒斯坦之间进行争夺，而且对这个地区一向怀有野心的约旦也在计划开发，是今后引人注目的地区。

阿拉伯和中东各国因石油货币减少而遭到的打击，今后才真正起到影响。首先，非产油国叙利亚、约旦以及到产油国打短工挣钱较多的埃及经济破坏，政局恶化，对其周围产油国带来不良影响。作为产油国，有必要早日建立与石油收入相适应的产业结构，据此使政局稳定，有助于中东和平。否则永远摆脱不了世界火药库的状态。

**苏联动向**

一般认为，由于埃及的背叛和伊拉克靠拢西方各国，苏联在中东的影响力正在削弱。但是，苏联却与科威特也建立了军事关系，并牢固地维系着与南也门、利比亚、叙利亚和埃塞俄比亚的关系，它的影响力在逐渐增大。

今后苏联欲与加强关系的有科威特、埃及和约旦。对科威特加强关系的意图是科威特的港口和经济力。不反苏的科威特对苏联是个绝好的目标。埃及最近也出现了反美动向，但只要它与以色列的关系不到最坏的程度，苏联就没有可乘之机。总之，对苏联来说中东是个重要地区，今后它将十分隐蔽地深深地介入，力图密切与中东的关系。

**美国**

美国对中东的基本政策是设法不使以色列陷入孤立。只要以色列不被孤立，它就不想干预中东事务。目前埃及和以色列表面上也较协调，美国在中东并没有十分紧迫的问题。可是无论以色列和阿拉伯各国多么协调，阿拉伯各国的最大敌人仍是以色列。只要以色列存在，那就是永远不会改变的事实。阿拉伯不得不依赖美国保障海湾安全，但只要美国支持以色列，双方就不会建立真正的友好关系。

美国从中东进口石油的依赖程度曾一度有所下降，尔后又逐渐增加。显然它对中东不能漠不关心。今后，美国对中东政策的重点有诸如修复与伊朗关系、抑制以色列的激进行为、拥立埃及穆巴拉克政权以后的亲美派总统和孤立利比亚等。总之要加强目前尚属薄弱环节的对中东情报的分析能力。

## 二、世界石油供求关系

**石油需求结构变化**

按地区考察石油的需求，过去欧洲、美国、日本等主要的先进国家对石油需求有了大幅度增长，今后以东南亚为中心的亚洲新兴工业国家和地区对石油需求可望有所增加。先进国家则增长不大，为 1%以下。据国际能源机构（IEA）对石油需求的预测，先进国家将不会增加，发展中国家可望增加。因此，从整体看仍将有所增加。就发展中国家而言，除了亚洲新兴工业国家和地区以外，只要先进国家经济得不到发展，它们就不会有显著的增长，因此不发达国家对能源需求将不会有较大的增加。国际石油公司和美国能源部等预测到本世纪的石油需求，认为整个资本主义世界年增长率最多不过 1%左右。就社会主义国家而言，从整个能源需求看，预计中国等国增加较多，但是对石油需求，除了中国以外似乎增加不大。石油在能源中的比重趋于减少。

从长期能源周期来看，石油作为能源已过了它的顶峰期，开始呈下降趋势。然而需求的增加虽然不大，但石油资源毕竟有限，如果忽视对替代能源等的开发，可以预料，石油供求将紧张起来。估计到液体燃料将会紧张，因此开发油砂、油页岩等新型液体燃料尤为重要（见图 14–1）。

**欧佩克（OPEC）比重增加**

在第二次石油危机的 1979 年，原油产量为 4859 万桶/日（资本主义国家合计），到 1985 年却减少到约 80%，为 3864 万桶/日。其中，欧佩克（OPEC）原油产量从 3083 万桶/日减少到 1602 万桶/日。其结

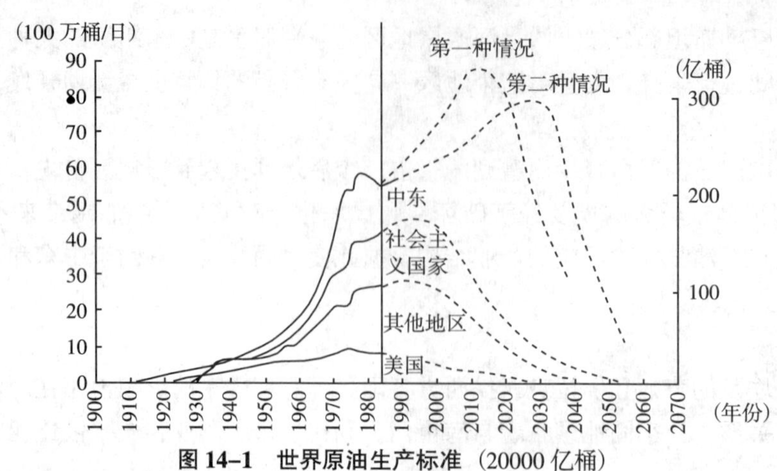


**图 14–1　世界原油生产标准（20000 亿桶）**

注：第 1 种情况（设 1984 年以后原油增长率为 1%）在 2025 年左右达到最高峰，即比现在的生产水平增加 50%弱以后产量下降。第 2 种情况（设 1984 年以后原油增长率 2%）在 2010 年左右达到最高峰，即比现在的生产水平增加 60%以后产量下降。

本图是以需求有一定增加和可开采的石油埋藏量为 20000 亿桶而预测原油生产变化的。其实由于原油价格的上涨而需求受到抑制。因此可以预料原油生产的增长要比第 1 种情况和第 2 种情况缓慢。今后依靠提高原油回收率和最佳利用石油，以谋求长期石油需求是至关重要的。

资料来源：通产省编《21 世界能源设想》（1986 年 12 月）。

果，由于原油价格昂贵，新油田不断开发；欧佩克大幅度提高油价，使石油进口国将风险分散。石油危机以后，迄今为止的石油供给结构发生了变化：从欧佩克为主转变为非欧佩克为主。

据预测，欧佩克石油埋藏量大大多于非欧佩克，另考虑到非欧佩克的产量现在正处于高峰，不久将减产，欧佩克与非欧佩克的原油供给量不久将会逆转，欧佩克的比重将不断增大。当然随着石油价格的变化，石油需求和新油田开发也将发生变化。这个逆转时期似乎有很大出入，但一般估计将在 1995 年前后。2000 年，欧佩克在整个资本主义国家石油供给中的比重为 50%~60%。因此，日本和北海油田产量已过高峰的欧洲将逐渐提高对中东的依赖程度。

美国石油进口动向也大大影响今后的预测。美国 1979 年进口石油最多，每天为 870 万桶。1985 年减少到每天 440 万桶。虽然有需求减少等方面的影响，但更是在石油价格昂贵的背景下，美国国内最大限度地提高产量和开发新油田的结果。但是 1986 年以来，由于石油价格下跌，开发投资减少，加之本来小油田也为数不少，因此预计今后产量将减少，从欧佩克尤其是从海湾地区的欧佩克成员的进口将增加，对中东的依赖程度越来越大。

社会主义国家的石油产量，苏联变化不大，中国将增加。但中国国内需求很大，增加出口希望不大。至于东欧各国，预计随着苏联出口能力的削弱，将从中东增加进口。

**石油价格动向与问题**

一般认为，在 1986 年 12 月召开的石油输出国组织大会上难以达成协议，但出乎预料通过了决议：原油减产 7%和恢复固定价格制度。这是沙特阿拉伯 10 月底撤换石油部部长亚马尼表明改变石油政策和沙特阿拉伯与伊朗进行合作的结果。亚马尼多次发言表示，要依靠廉价销售谋求从高成本油田多的非石油输出国组织的国家夺回市场占有率，且目前原油价格也不超过每桶 15 美元。在为大量经常收支赤字感到头痛的沙特阿拉伯国内反对这样的石油政策的呼声日趋强烈，导致亚马尼被解职。新任石油部部长纳赛尔（原计划部部长）立即发出为了讨论原油每桶为 18 美元的正式价格，召开石油输出国组织价格委员会会议的呼吁。终于在 12 月召开的石油输出国组织大会上做出了决议。尔后，沙特阿拉伯率先发出通知，削减石油供应量，表示决心恢复固定价格。

但是维持石油固定价格存在着几个重大问题。首先是欧佩克内部的问题，伊朗和伊拉克由于战争使经济遭到了严重破坏，竭力想增加收入。伊拉克如果完成途经土耳其的输油管道工程，有可能进一步增加原油出口。那时，对伊朗是否能遵守与沙特阿拉伯的协议，在规定的原油生产限额内生产原油，令人怀疑。

阿联酋（UAE）控制不了迪拜酋长国的原油生产。尼日利亚一直卷入与北海油田的竞争，如果石油卖不出去，恐怕将采取降价。与非石油输出国组织间的合作也是维持固定价格的一大问题。英国没有改变非合作路线，墨西哥和苏联虽然与石油输出国组织进行合作，但墨西哥有巨额债务，苏联从经济上看不会长期减产。随着季节变化相应调整供给比较困难，继续维持固定价格的供求环境也很困难。考虑到过分竞争引起价格暴跌的失败教训，大多数人认为，一般不会有较大的下跌，在近一两年里，石油每桶价格将在 15~20 美元间浮动。归根结底，最大的问题在于沙特阿拉伯能在多大程度上实行原油的自由生产。

其次是期货市场的影响。在纽约商业交易所（NYMEX）进行交易的 WTI 原油每天为 3000 万~5000 万桶，与世界原油产量（4500 万桶/日）不相上下，成为金融交易的对象。行市大涨大落，否则投机家就无利可得。想到这一点，随着季节变化相应调整供应如搞得不好，估计每桶将一时会低于 15 美元或超过 20 美元。当然它也将影响与实际需求密切相关的交易。

再长远一点看，如果原油价格每桶为 18 美元，非石油输出国组织成员将很难开发新油田。但是该价格对石油输出国组织是合算的。因此它的市场占有率将逐渐增加，90 年代中期以后，左右价格的能力得以恢复，实际价格将会提高。伊朗等国家主张早日恢复到每桶 28 美元，但是 1980 年以后的经验表明，这对石油输出国组织未必是上策。沙特阿拉伯、科威特等海湾各国石油埋藏量占世界 56%，预计它们以占绝对优势的产油能力为后盾，将实行稳定的价格政策。据美国能源部、国际石油公司和国际能源机构（IEA）预测，2000 年每桶原油价格在 20~35 美元（1985 年价格）浮动。

**第三次石油危机**

一般认为，第三次石油危机产生的可能性不大。但果真不会产生危机吗？设想产生石油危机的原因有：①伊朗封锁霍尔木兹海峡或袭击所有油轮。②伊拉克轰炸海湾油田和油轮（如果伊拉克得不到海湾各国的帮助将要战败时）。③沙特阿拉伯发生内乱或革命而破坏油田。④为了解决巴勒斯坦问题，欧佩克通力合作一致减少石油供给，施加压力，等等。上述情况似乎都有可能发生，也可能不会发生。考虑到海湾地区欧佩克的原油产量和其他欧佩克的供给能力，在海湾欧佩克发生问题时，出现需求危机还是大有可能的。

国际能源机构（IEA）等也对最近石油需求增长敲起了警钟：再一次产生石油危机的可能性增加了。我们不要忘记欧佩克成员国大部分政局不稳，且地处经常发生争端的地区。

## 三、日本的对策

日本的中东政策是边看美国人的脸色，边走自己的路。日本能源情况和美国不同，采取独自的中东政策是理所当然的。日本政府和财界首脑出访海湾国家，就外交和经济合作举行会谈，试图调解两伊冲突，积极开展中东外交。但从军事和政治能力上看，日本的中东外交是有限的。然而考虑到中东过去未曾沦为殖民地，且与两伊都建立了邦交，日本的作用至关重要，有必要继续采取积极的中东政策，并且必须考虑日本的经济力如何有助于中东的稳定。

世界经济以两次石油危机致使原油价格上涨为契机，节能、增加替代能源的利用、加强以国际能源机构为中心的能源储备组织等，建立了能够适应石油价格上涨的体系，可以说为长期石油供求和价格稳定做出了贡献。近年来，石油确实开始具备以行情左右价格的市场商品性质，石油供求矛盾得到缓解，趋于稳定。但石油的本质仍是"政治性商品"，经常存在着危机。因此作为短期政策，要进一步加强石油储备；作为长期对策，必须继续开发替代能源、最佳使用石油资源及扩大自主开发油田。

日本在脆弱的能源结构下，需要制定能够适应任何情况的灵活政策，它将有助于减少对中东的依赖，改善与中东进行谈判的地位。

# 第三节　环太平洋能源合作与经济发展

## 一、能源合作的基本方向

太平洋地区是由各种不同发展阶段的国家组成的。它既有称之为开发援助委员会（DAC）成员的经济援助国，又有亚洲新兴工业国家和地区及发展中国家。从能源的角度看，这个地区既有能源丰富的国家，又有能源贫乏的国家；既有能源出口国，又有能源消费大国和能源进口大国等各种各样的国家。即意味着在环太平洋的广大地区较分散地存在着能源合作因素的“资源”、“资金”、“技术”和“市场”。

在多样化的合作关系中把这些因素结合在一起，以形成自由能源贸易和使能源顺利流通，就能实现能源的最佳结合及各国经济得到均衡的发展，这就是能源合作的目的所在。在太平洋地区进行能源合作时要尊重各国的主导地位，在太平洋地区内将能源合作因素正确组合、管理，尤为重要。

## 二、太平洋地区煤炭流通构想

**太平洋地区煤炭流通构想**

太平洋地区煤炭流通构想的目的是，通过对亚洲新兴工业国家和地区（NICS）、东南亚联盟（ASEAN）和中国等建造煤炭火力发电厂提供经济技术合作和国内开发合作，促进该地区内的煤炭利用，扩大太平洋地区煤炭流通，以便形成有效的供给体制。当然美国西部煤炭的开发和出口以及澳大利亚煤炭和加拿大煤炭向太平洋地区的出口也在考虑之中。如果能够实现这样的合作，便可减轻这个地区能源消费对石油的依赖程度，通过促进电力的利用，有助于经济的发展和人民生活水平的提高，且通过扩大煤炭流通，可降低供应成本。

针对该煤炭流通构想建立跨国合作体制的可能性尽管不大，太平洋地区的资源国和消费国却有必要就各自的煤炭开发和利用计划交换情报，对该地区进行长期预测。每个国家根据各自的需求建设煤炭火力发电厂和在国内煤炭开发中具体地进行双边合作项目是最为合理的。根据需要可以相应开展较小规模的交易，在有了长期客户时才能进行大规模的煤炭开发。如在考虑开发美国西部煤炭的出口时，由于得到大宗进口国日本长期交易的保证，起到了创造开发出口契机的作用。亚洲新兴工业国家和地区大都加入了这个行列。

**国际合作的理想状态和日本的任务**

供需双方的相互理解。供需双方的利害关系围绕着合同中的数量的伸缩性产生矛盾。供给一方以投资开发和生产为前提，要求保证长期交易，需求方面则要求须与货源分散和替代燃料竞争性的选择相应的合同数量的伸缩性。

过去为了避免供需双方对立就现货合同和长期合同的比率进行调整，但是最近已超出这个范围。由于汇率和能源价格水准大幅度的变化等原因也产生了难以履行合同条件的问题。必须充分考虑煤炭资源从开发到利用的周期。供需双方要互相理解对方的立场和采取相应措施。

合作建设煤炭火力发电厂。无论是资源供给国还是先进工业国对发展中国家就“资金”和“技术”进行合作和援助，可以说是实现煤炭火力发电事业，即分享依靠确保和扩大煤炭流通所带来的共同利益和恩惠的唯一最大的关键。我们建议在需要电力的发展中国家，把日本电力公司和合作企业集团的“开展海外煤炭火力发电事业”确立为新的资金与技术联合援助方式，并在财政上给予保证。

合作开发发展中国家煤炭资源。拥有丰富的次烟煤和褐煤等低品位煤炭的菲律宾、泰国和印度尼西亚进行新的开发是具有战略性的课题。通过开发这些未被利用的国内资源，可望促进煤炭的利用，满足能源需求，节约外汇。

环境保护与煤炭利用技术开发。包括中国和日本在内的远东四个国家的煤炭消费量，现在每年超过10亿吨，到21世纪将会实现年消费量15亿吨。在这个地区，加上石油和天然气的大量消费有增无减，公害防治技术、煤炭有效利用技术、煤炭液体燃料化技术、提高质量和转换技术的研究开发，显然越发重要。其中，期待日本能居于领先的位置。

必须在近邻各国的国际合作下，促进防治公害和环境对策。就可能发生的诸如酸雨和温室效应等全球性问题，日本应当率先掌握实际情况，探明因果关系，研究对策。

## 三、天然气的利用与石油稳定供给设想

### 天然气的有效利用

产气国的国内利用。为了促进国内天然气的利用，要修建主输气管道和完善基层网络。作为发电、工业、民用的燃料和化工厂、化肥厂等原料，有必要扩大天然气的利用范围。从中长期观点看，开发有效利用压缩天然气（LNG）和从天然气中生产汽油（使用美国飞马石油公司生产法）以及中间馏分生产煤油与柴油（使用壳牌生产法）的液体燃料等高级技术也至关重要。

在国内利用天然气，不仅成为经济发展的动力，而且通过扩大利用天然气相对减少石油用量，增加石油出口量或减少石油进口量，有助于外汇状况的改善。

天然气（LNG）的出口。太平洋地区的天然气贸易，在很少的部分地区计划通过输气管道出口，但大部分地区不得不依靠长途海上运输出口天然气。过去只是日本进口天然气，从1986年起韩国开始进口，中国台湾也准备从1990年起进口。

从天然气对产气国是否合算看，就现有的项目而言，它的成本低廉，能够确保足够的收益。就新项目而言，不可否认同产气国在国内利用相比，成本较高，收益不佳。但是，作为太平洋地区的产气国可以预料初级产品长期萧条，天然气是强有力的赚汇资源。天然气田大都远离本国的消费地，考虑到国内运输成本，出口的有利因素也很多。

在进口国市场上，为了扩大天然气的利用，在需要使用天然气的地方必须具备新的价格条件，能够与其他能源进行竞争。围绕着天然气市场条件发生了这样的变化：要求贸易条件具有灵活性，按照能源市场的实际情况采用相应的制定价格方式和重新认识石油输出国组织所代表的供给上的僵硬态度等。这些贸易条件的弹性化大都将减少天然气项目的盈利，但是应当通过利用低息资金、降低天然气生产各工序成本和用户将资本投入上游部门等多方面相应采取措施解决这个问题。

### 石油稳定供给设想

太平洋地区的石油资源比其他地区短缺，储量和可开采年数日趋减少。因此应当尽可能将石油用在重要方面，谋求减少对石油的依赖程度，同时必须继续维持大力开发太平洋地区石油资源的基本姿态。

目前，东盟各国的石油输出国与输入国之间有个应急协商组织东盟石油委员会（ASCOPE）。为扩大这个组织的作用，我们提出建立超东盟石油委员会设想，通过其他太平洋国家参加该组织与合作，谋求石油流通的稳定。日本、韩国、中国台湾、中国香港和新加坡等石油进口国家和地区，作为应急对策都在增加国家和民间的石油储备。各国都首先考虑本国的利益而增加石油储备，使它在区域合作的框架内得到发展，在整个地区采取储备应急利用方式是又一个新课题。

通过超东盟石油委员会的石油融通计划和在太平洋地区石油消费国集团内石油储备应急利用方式的

结合形式来实现石油稳定供给构想。

## 四、原子能开发与国际合作

**原子能开发利用现状**

今后，在包括南亚的太平洋地区，日益重要的是原子能开发利用。除了美国和日本等原子能利用发达国家外，根据原子能开发进展情况，可分为以下三种类型。第一类是为在 2000 年以后开始原子能发电正在进行准备的国家，包括印度尼西亚、泰国、马来西亚和孟加拉等国；第二类是已具体制定原子能发电计划，且正在建设或准备建设的国家，包括中国和巴基斯坦等国；第三类是核电站正在运行的国家和地区，包括韩国、中国台湾和印度等。

**国际原子能合作中的注意事项**

必须采取禁止核扩散措施　在向外国转让原子能技术和材料时，必须采取措施以免被用于军事，这是必不可少的条件。根据禁止核扩散条约，国际原子能机构（IAEA）采取的保障措施发挥了重要作用。但在这个地区，中国、印度和巴基斯坦这些重要国家没有参加这项条约。中国在与日本及其他几个先进国家签订的原子能合作协定中都规定了所提供的原子能材料只限于用在和平目的上。

作为技术能源的原子能协议义务　原子能作为技术能源，是人类共同的智慧资产。根据 1970 年缔结的《禁止核扩散条约》，发达国家对发展中国家和平利用原子能有义务进行合作。在发展中国家看来，技术转让是其应有的权利。但是，原子能发电系统，包括铀浓缩、燃料制造、使用后燃料再处理等核燃料循环，需要有高级科学技术和工业技术，这些技术能力是利用原子能必不可少的重要条件。供应国对被供应国在能源供应的必要性和产业能力等方面要做出恰当的评价，置重点于建立原子能开发基础所真正需要的合作，同时在尚不能独立进行原子能开发的未成熟的阶段，对急于转让技术应持慎重态度。

**环太平洋合作与日本的任务**

把握对方的需求与战略性对策　对上述第一类国家就今后的计划提供咨询，并就该国的技术能力、输电及选址建厂等进行可行性调查，至关重要。在人才培养方面，不仅要培养能够领导执行计划的研究人员和技术人员，而且也要培养能够促进提高技术的技术官员和管理人员。

第二类国家正在建设核电站，因此必须进一步打好技术和人才基础，从这个观点看，包括操作人员和检修人员实地研修的培训也必不可少。

对拥有已运行的核电站的第三类国家和地区，需要为进一步提高其核电站建设和操作技术予以合作，且在燃料加工等燃料循环方面也要给予协助。

对环太平洋地区合作的建议　供给具有经济效益的燃料需要有一定规模的核燃料循环设备。在使用过的燃料运输、储存、废弃物的高级处理及钚的利用等方面也要进行广泛的合作。因此在将来区域性地普及利用核能发电的阶段，对铀的浓缩、再处理和使用过的燃料储存等方面可考虑举办共同事业和设立地区中心。

在保障措施方面，如果在环太平洋地区建立像欧洲原子能共同体那样的组织，在该地区内确立保障措施体制，将使该地区的合作关系得到进一步的发展。

最后想谈谈确保安全的问题。以苏联切尔诺贝利核电站发生事故为契机，重新认识到它的影响已波及全世界，缔结了有早期通报事故义务和紧急援助为内容的条约。日本作为环太平洋地区唯一的先进工业国家，在万一发生事故时，可望发挥很大的作用。当然日本要提出各种各样的建议，在诸如预测事故波及范围、大小和派遣紧急救援队等许多方面都应发挥作用，目前有必要完善体制。为了防止在这个地区发生事故，在确保操作、维修、管理等安全方面提出建议和培训有关人员尤为重要。

# 第四节　新技术革命时期的能源技术开发与国际合作

## 一、多样化的需求与能源利用技术

今后能源需求将低速增长。在确保迄今的能源数量和经济效益的基础上，随着信息化和尖端技术产业的发展需要优质能源，生活水平的提高和价值观的多样化需要舒适的环境等，适应这些多样化的需求至关重要。必须多方面开展能源利用技术革新，且与需求多样化相结合，使利用能源的技术多样化，为能源市场带来竞争与选择。

**争取舒适环境对空调与热水需求增加**

在家庭中，将从利用能源改善生活转向重视舒适的环境，发生质的变化。结果，从局部的冷暖气设备扩大到在厕所和走廊内安装空调设备，追求无臭味、噪声小、爽洁的环境，为洗衣机和厕所供应热水及需要热水地方的增加，对热力需求也将增加。支撑这个趋势的能源利用机器，空调有加热泵和煤气、石油散热器，它们正在普及扩大。另一方面，热水供应过去主要是使用小型热水器，而今却改用电热水器、大型煤气热水器和石油热水器。到 21 世纪，为了空调和供应热水将采用加热泵式冷暖气设备，用热水机和最大限度地利用自然能源太阳能取暖住宅。

在办公方面，可预料在向城市化发展的背景下，因业务设施增加，热量的需求将扩大，能源利用技术发生变化。如过去冷气设备一般靠电力，暖气设备靠重油，热水供应靠煤气，而今由于电动加热泵和煤气吸收式冷、暖水器的普及，电力、煤气和石油在一切领域内都开始竞争。燃气轮机、燃气内燃机、柴油机和燃料电池等热电并供，在热电需求平衡的旅馆、医院和餐馆大有发展希望，已部分开始实际使用。在办公大楼等方面，除了正在普及蓄热式加热泵外，也正在开发高效超级加热泵。

**依靠自动化和信息化，电力比率增加和优质化**

今后在家庭中将积极采用电磁炊具、厨房垃圾处理机和餐具洗碗机等省力的机器，从洗涤到烘干全部自动化的洗衣机将问世。因此，耗电型的机器将增加。

面向 21 世纪的高度信息化，将使家庭采用遥控设备，从外面用电话能够操纵电器和防止煤气泄漏，确保安全等。在办公方面，建筑物本身设有电视会议室等具有通信电信功能，且设有内部信息通信网络（LAN）等，具有办公自动化功能和有效利用太阳能源功能，将变成包括确保安全、综合管理功能完善的智能性大楼，数量上也将增加。商店、旅馆和医院等都将增加信息设备，完善网罗世界的信息网络。这类高度信息系统几乎都是由电脑等电子机器组成的，因此电力作为能源至关重要。为了维持这个体系还需要电压、频率变化小、停电少的优质电力，提高不间断电源装置（CVCF）等电子计算机的社会安全保障技术也很重要。

在产业用电方面，现有的高耗能产业的地位将下降，主要发展微电子、新材料和生物工程等尖端技术产业，这就要求诸如精密控制温度和大量洁净厂房等，将提高对优质、高度稳定性电力的要求。

**建立综合性的热能、电力并供体系**

石油、煤炭、天然气和核燃料等一次能源一旦转换为1500℃以上的“高温热能”后，人们把它用于动力、电力和照明，最后成为“常温热能”被弃于大气和海洋中。被扔掉的能源为最初能源的一半以上，如果经技术开发能够弥补损失的二分之一，石油输入量只需现在的四分之三即可。如同设几道水坝将蓄在山上的水全部利用那样，依次利用高温热能到常温热能，有效利用热能将成为可能。即：首先用热力机尽可能把高温热能转化为动力和电力等易于利用的能源，同时把它排出的余热用于诸如一般生产工序、冷暖气设备和热水供应等使用低温热力即可的地方，被称之为“热电并供”，有发电机和回收利用废气、冷却水余热的组合装置或安有余热回收装置的燃料电池、太阳热能和太阳光热综合利用装置，等等。

热电并供是与需要热力的地方相连的发电系统，规模最大的也不过是折合电输出功率 10 万千瓦以下的中小型设备，形成地方分散型体系。因此，原子能和煤炭火力发电厂等规模巨大且密集型设备承担着基本用电，输、配电损失较小，靠近需要热力地方的这些中小型设备肩负着高峰用电，这样将建立大型设备和中小型设备有机密切配合、灵活多样的综合性的能源体系。

1000 千瓦燃气轮机发电和楼房冷暖气设备热源相结合综合利用率为 70%的设备正在运转，发动机厂家和空调设备厂家联合建立的小型设备也在现场进行试验。在产业方面，在现有背压式汽轮机上安有燃气轮机的装置也已问世。

**促进各类能源间竞争的能源使用技术的革新**

按照用途，能源的利用可分为加热、动力、空调、照明和锅炉用能源等。特别是就加热、空调和动力而言，使新能源利用成为可能的新技术改革取得了进展，以适应增加的空调和热水供应的需求。

具有代表性的，是用于加热或空调的加热泵。如同水泵汲水，加热泵是从低处汲热的技术。从其原理看，被密封的流体气化时要从周围吸热，提高压力液化时散热。在这一点上与制冷机相似，但其特点是着眼于散热。加热泵能源只是驱动加热泵所需的电、煤气和石油等，由于利用外部的空气和余热等作为它的热源，加热泵获得的能源大于投入的能源。获得的能源和投入的能源之比称为“性能系数（C.O.P)”。目前电动加热泵的性能系数为 3，超加热泵可将该系数提高至 6~8。

在加热方面还有石油、煤气加热和电热相结合的超加热系统。电加热方法除了电阻加热之外，还有红外线加热、电磁感应加热和电加热泵的加热等。煤气加热法也有直接加热、红外线加热等许多形式。此外还有同时使用这些加热的方法和在不同季节、夜间等电费低廉的时间里使用电热的转换方式。总之，按照用途多方利用是可能的。

## 二、进一步发展非石油发电技术与煤炭利用技术

今后能源的使用形式是电力比率提高，因此在能源供应技术上开发不用石油的发电技术及其高级化是能源软结构的支柱。目前的开发方向是，2000 年原子能将为能源的 39%，天然气为 18%，煤炭为 15%，石油为 12%。

**依靠高级化成为能源核心的原子能**

日本大约有 30 座核电站在运行，1985 年度发电量约为总发电量的 26%。实践表明，它是一种可靠的技术。全部国产化，良好的运转率，发生事故的可能性较小，它的技术水平受到世界称赞。今后计划逐步提高它的比重，2000 年占总发电量的 39%。为此，要进一步提高轻水反应堆的可靠性和经济效益。目前就现有轻水反应堆进行技术改造，并开发新型轻水反应堆，争取 90 年代中期开始运行。新型轻水反应堆有以下的目标：①时间运转率为 85%~90%（目前约 75%）。②降低发电成本 10%。③提高铀资源的利用。④工作人员受辐射量降至 50~100 人·雷姆/年·座，（目前为 350 人·雷姆/年·座）。⑤减少低水平辐射性废弃物数量。核能发电肩负着基本用电的任务，其比重将逐年增加。随着季节变化可以预料其市场占有率将过多。因此，要求有一种能适应日间负荷跟踪等系统变化的技术。

美国三哩岛（TMI）核反应堆事故和苏联切尔诺贝利核反应堆事故使人们重新认识到有必要进一步加强安全工作。在以过去的设备（硬件）为主的确保安全对策的基础上，还必须重视人际关系（软件）方面的对策。如需要研究人在平常和发生事故时的举动，开发最佳人—机接点和应用智能工程学维持运

行体系。重大事故潜伏着增加国民的不安、引起政策发生突变的可能性，因此必须为进一步提高安全性不断做出努力。

展望新型轻水反应堆以后的下一代技术，首推新材料、先进技术和人工智能新技术的应用。那时有两个发展方向，即进一步谋求高级化和与此相对的简易化。如果考虑将来发展中国家引进原子能，后者也很重要。从全球观点看需要建设容易运行、无事故的中小型反应堆和固有的安全反应堆。在对它们的开发上，日本所起的作用较大。另一方面，也必须开发将过去只限于发电利用的原子能扩大到热能利用的技术。

**核燃料循环与钚利用技术的确立**

核燃料循环由前期和后期组成。前期包括铀矿石、精炼、转换、浓缩、再生、加工和在原子能反应堆内投料；后期包括使用过的燃料再处理和放射性废弃物处理。发电技术已固定下来，支撑发电技术的铀浓缩和再处理等重要部门却仍依靠外国。为了确立日本的核燃料循环，民间正在建设浓缩、再处理和低水平放射性废弃物的储存设施。今后要稳步地推动这项事业的发展，谋求这项技术在国内立足和高级化。同时有必要开发激光浓缩法、快速增殖反应堆（FBR）用再处理和高级放射性废弃物处理等技术。

日本铀资源贫乏。快速增殖反应堆能够一边发电，一边生产出多于所消耗的燃料的燃料（钚）。为了长期确保能源，快速增殖反应堆的实用化是非常重要的。日本在建设原型快速增殖反应堆，继实验后继续稳步地开发，争取在 1992 年确立经济效益上能够与轻水反应堆竞争的快速增殖反应堆技术。在实际应用快速增殖反应堆之前，通过在轻水反应堆内使用钚，谋求钚处理技术的提高是重要的。

**应用高温燃气轮机，谋求高效率的天然气火力发电**

天然气是一种洁净能源，它在燃烧时排放的物质很少，因此，天然气火力发电适用于有严格环境保护规则的地区。从石油火力发电来转换较为容易，已有许多设备在运转。但气轮机热效率的极限约为 40%，今后开发应用燃气轮机复合式发电是重要的。把燃气轮机入口温度从目前的 1100℃提高到 1400℃，其效率可达 50%以上。另外，起动时间较短，容易停机，负荷跟踪性能良好，最低稳定负荷较低，运用性能良好。作为 21 世纪的技术还有陶瓷燃气轮机。它是进一步提高透平入口温度和效率同时争取燃料多样化和低环境负荷的技术。它可以随意改变动力和热力的比率，可望适用于电力和热力一并供给系统。

**开展处理技术革命的煤炭火力发电**

就煤炭火力发电而言，煤炭运输与处理较难，把煤炭磨碎制成流体的煤油混合燃料（COM）及煤水混合燃料（CWM）技术或利用煤炭气化技术使处理变得简便，同时提高经济效益和保护环境的处理技术革新是一项重大课题。尤其是在利用煤炭气化装置方面，更可望高效率、高度适应环境、高经济效益和适用多种煤炭，因此可以预料在 21 世纪初采取喷流床式煤炭气化复合循环发电技术将成为煤炭火力发电的核心。目前开发在小型燃料炉内使煤炭燃烧成为可能的流动床燃烧技术，它可进一步减少含氧化硫（SOx）的环境污染问题。这种流动床式锅炉有良好的经济效益。把粗粉煤投入炉内使它与从下边吹进的空气和石灰石粉一边流动一边燃烧。发电厂要产生大量煤灰，有必要进一步开发处理煤灰和用于土建原材料技术，加强环境保护。

**依靠高技术扩大煤炭利用**

如果忽视替代能源开发，可以预料，21 世纪石油供求将陷入困境。因此开发替代石油流体燃料尤为重要。从天然汽和石油（粗汽油和残渣燃料油）中提取的甲醇是一种洁净液体燃料，它的发热量约为石油的二分之一，作为替代石油的一部分是重要的。但主角是，资源丰富且普遍都能生产的煤炭。把煤炭转化为气体或液体燃料，同时加强环境保护，开发高级利用技术是今后的课题。

煤炭液化技术是，在高温状态下把氢气加入处于高分子状态下的煤炭中，使其转换为稳定的低分子液体。日本根据过去的次煤液化设备（应用溶剂提取法、直接加水法和溶剂分解法）的成果，采用新工艺流程涅德尔法（NEDOL）开发日产 250 吨煤炭液化油试验设备。采用涅德尔法，在商业化阶段估计液化油成本大致每桶为 30~40 美元（折合原油计算）。此外，日本还与澳大利亚政府合作开发褐炭液化技术。美国已完成试验设备的研究，技术水平达到能够转入试验阶段。联邦德国也处在试验研究的最终阶段。

煤炭气化技术是，将水蒸气和氧等气化剂加入高温煤炭中，使之反应，转换为氢、一氧化碳和甲烷等。它将提高煤炭利用和纯度。它所产生的煤气，按照气化锅炉和气化剂等不同种类可分为高卡路里、中卡路里和低卡路里三种。高卡路里煤气散热量为 5000 大卡/Nm³ 以上，部分欧洲国家已实际应用。中卡路里煤气中，氢和一氧化碳含量丰富，用途广泛。至于低卡路里煤气生产技术，自古以来就有了积累。

## 三、试用中的分散型能源

从追求能源资源质的多样化和能源取之不尽的可能性看，正在进行技术开发的太阳能、风力和地热等新能源，在已形成的与成本相适应的市场上分阶段地加以普及，它作为分散型能源将推动能源软结构化的发展。

**依靠高技术争取低成本的太阳能发电**

太阳能是取之不尽用之不竭的、具有清洁、通融性等特点的宝贵能源。现在太阳能电池作为电子计算器、航标灯和无线电中转站用电源已部分得到应用，可望进一步扩大应用范围，关键在于成本。

太阳能电池有晶体型、非晶体型和化合物半导体。晶体型能量转换效率达 17%~16%，非晶体型达 7%~10%，化合物半导体达 8%~20%，其价格为 3000~4000 日元/瓦特。估计在 1990 年前后成本将和柴油发电相同（400~800 日元/瓦特）。但是尽管如此，其需求仍然有限，因此有必要开发可使成本与电灯费（240~270 日元/瓦特）相等的硅精炼技术和高性能非晶体制造技术，降低外围设备成本，提高产品适合需求的程度。考虑到在像发展中国家那样现有基础设施较差的地区加以有效利用，在技术和经济上可望日本的合作。

**高效燃料电池**

将水电解产生氢和氧。燃料电池却利用其逆反应，将外部供应的燃料在不燃烧的状态下转化为电能。其特点是，发电效率高达 40%~60%，包括散热它的总效率达 80%，大气污染较少，燃料资源多。按照它所使用的电解质种类可分为磷酸型、熔化碳酸盐型、固体电解质型和碱型。目前最先进的磷酸型已有 1000 千瓦设备，今后的课题是降低成本、延长寿命、提高可靠性等。至于其他类型，以材料为重点的基础、关键技术的开发正在进行。

**谋求均衡和稳定的能源储存**

到 21 世纪，由于冷暖气设备的使用大大增加，电力需求将激增，可能出现供不应求的局面。因此需要有一种能够达到需求均衡的技术。应用蓄电池可以弥补瞬间电压降低和短时间停电的缺陷，同时也可能在室外扩大电力的利用。谋求受自然条件制约的太阳能和风能等的稳定供应，引进能源储存技术是不可缺少的条件。作为这方面的技术，新型电池（钠和硫黄电池、锌和氯电池等）、超级加热泵能源集成设备、超导电力储存技术等正在研制中。特别是新型电池因其具有高效率、大容量和小型化等长处，到 2000 年其经济效益将超过扬水发电站。

**太阳能、风力和地热可望增加**

私人住宅用太阳能热水器已进入普及阶段。今后通过降低成本和提高效益有可能在业务和产业上扩大利用。

在孤岛和偏远地区代替柴油发电的风力发电可望通过批量生产，降低成本而扩大普及。

向高温岩体上加水，开发回收热水和蒸气的高温岩体发电可望大幅度扩大过去只能利用浅层地热的地热发电。

## 四、技术开发与国际合作的应有状态

日本资源短缺，为了灵活适应今后能源供求变化，有必要向技术密集型能源转移。为了完成这项课题需要解决技术开发和国际合作应有状态问题。

**走向软结构的技术开发**

近年来能源研究开发环境发生了变化。第一，过去能源产量受到了很大制约，而今有所缓解；第二，发达国家的软结构的时代已经到来。另一方面，人们认为，技术的实用化是从基础研究过程到市场竞争过程的复杂的反馈系统。因此，技术开发首先必须制定目标：建设具有灵活适应变化能力的经济社会（软结构社会）。其内容有：①充分利用各种各样的能源。②能源利用率高。③具有尽量减轻自然环境污染程度的技术能力。

能源开发方式方面至关重要的是官民分担，积极稳步地进行开发。实用化技术的进步更需要企业和产业在能源竞争中做出努力。今后的课题是完善调动它们做出这种努力的条件。

但是，为了适应需求多样化不能忽视可能产生的机会成本，且有必要尽量搞好重、厚、长、大的能源系统向多样化的软过渡。也不要忘记在追求多样化和舒适化这一新目标的背后有助于确保自给率、产业国际竞争能力或提高人类福利的旧目标依然存在，即社会欲望呈金字塔式结构。适应其高度需求的，主要是民间研究开发的任务。另一方面，官方的研究开发，最重要的是应当确保能源基本供应的稳定。

**未来技术展望**

核聚变成为人类最终的能源供应方式。发达国家都在投入巨大的资源进行开发。但是，近年来由于临界等离子的出现，制造动力反应堆显然需要在技术上取得更大的飞跃。世界各国都在研讨下一个研究开发阶段的应有状态。今后，日本如果作为一个知识大国生存下去，也必须从强化基础的观点上有重点地继续进行具有目前国际水平的研究开发。

氢的制造方法有裂解天然气、石油和煤炭变成气体和分解水的方法。氢燃烧后变成水，它是一种非常清洁的能源。今后随着技术开发的进展，氢的应用范围更加广泛，可用于运输、发电、重油软化添加剂和制造甲醇的原料等方面。氢能够从各种各样的能源中制造，可以在许多方面加以利用。它具有促进软结构的魅力。但关键在于 21 世纪能否确立低廉的制造技术、安全运输和储存技术。

**扩大国际合作**

今后国际合作范围将日益扩大。如国际共同利益较大的快速增殖反应堆、核聚变反应堆的开发和原子能安全研究及核废弃物处理，或具有超越国家性质较强的高能物理和海洋开发、跨国界的酸雨研究等方面，预料将会进行合作。以 NEDO 为窗口对海水淡化和太阳能发电技术进行援助，今后包括培养技术人员可望扩大合作。另外，进一步加强经济联系，共同开发煤炭、煤气和原子能反应堆也是可能的。

有人提出批评说，日本过去对此没有充分进行合作。这是由于日本有许多技术依靠进口，语言繁杂、人力和领导能力不足等原因造成的。国际合作越来越扩大的形势要求日本采取新对策。

**国际合作要求日本转变观念**

在相互依赖加深和国际政治多极化趋于强大的情况下，与发达国家的合作虽依然重要，但今后还必须推动与发展中国家的合作。那时置重点于能源研究开发合作，依靠解决发展中国家的能源问题推动其经济发展并与日本经济发展联系起来的观点至关重要。利用国际组织进行共同研究，也要变被动为积极的姿态，主动完成计划，在国际组织中起到带动作用。同时应当关心能够成为国际共同研究舞台的研究设施的建设。考虑到日本从赶超型改变为不得不独自制定目标的情况，一方面要求创造独自的技术。另一方面也要求开放，积极引进外国先进技术，推进研究及教育机关的国际化。

# 第五节　能源产业的变化

## 一、能源竞争与技术开发方向

今后能源总需求不会有更大的增长，各种能源产业是加工型产业。因此为了通过增加供应提高经营效益，能源竞争势将进一步发展。特别是增加电力事业中的原子能发电设备，更要依靠电力单价的低廉和必要的高负荷运行。因此不只是夜间和冬季等低负荷期间，而且要全面加紧扩大电力销售。在煤气事业方面，必须努力扩大全国天然气销售网，在石油产业方面要努力开发应用机器。另一方面，因为能源用户也整顿降低能源成本的设备体系，所以能源竞争因供求双方的情况而将激化。通过能源竞争，每个能源产业在总能源中的比重将发生变化。而这种变化为各能源价格和包括使用是否方便的机器价格以及能源质量（使用是否简便、能源纯度等特性）所左右。因此，各能源产业要尽可能努力降低能源长期边际费用（能源费用和设备增加费用），同时在制定价格时要把能源质量考虑在内。为此，各能源生产、供应方式的改善与开发及能源利用机器的开发是必不可少的。忽视这些开发的企业和产业今后在能源竞争过程中将使其比重下降。今后按照以下的观点进行能源技术开发是很重要的。

第一，21 世纪电力事业将提高原子能发电比重，所以需要有一种在过去的基本负荷以外的低负荷时间内能够实现低成本和安全运行的技术。过去一般认为，原子能设备属于资本密集型，规模经济尤为有效。但是在需求低速增长时代，大规模设备将使运转率下降，容易造成浪费。今后需要开发经济效益良好的中小型原子能反应堆。

第二，热力和电力依靠开发技术将使生产和供应系统多样化。太阳能、地热、风力、燃气轮机、气轮机和燃料电池等小规模、分散型的发电技术，如果在成本上能够与大规模发电相竞争，电力企业家在确保大规模发电长处的基础上，为了小规模提供电力应当开发储存电力用新型电池，以顺应小规模、分散型发电技术的潮流。

第三，在竞争激烈的工业、业务和家庭用热力能源方面，使电力、煤气和石油产业的能源价格及能源利用机器价格低廉，同时进一步提高它们的综合能源效益（煤气、石油产业的热力和电力一并供应、电力事业应用加热泵等），是技术开发的重要课题。

第四，开发煤炭气化和液化、地球深层天然气、太阳能发电、风力和地热发电、海洋能源和甲醇燃料等新能源的主要目的是代替石油。过去一直习惯于对照石油价格制定开发新能源的目标，而当前在政策上有必要考虑更广泛地对照各种能源的价格和能源机器形态，制定开发目标。

## 二、竞争下的限制

**能源环境的变化和放宽限制**

如果在所有的能源需求领域出现竞争，并有相当多的企业在各种能源需求领域展开竞争，原来以限制垄断为目的的直接限制的依据就将不复存在。因此，对电力和煤气事业的直接限制可以放宽或解除，转而依据市场原理形成价格。但是在许多能源需求部门竞争虽较活跃，动力、照明和家庭冷气设备部门的电力垄断地位却并未瓦解，在家庭厨房、供热水方面，煤气占有相当有利的地位。因此，对电力和煤气企业家的直接限制至少目前不会大幅度放宽。但是在工业用热力、办公用冷暖气设备和锅炉等方面，石油、煤气和电力等能源竞争愈演愈烈，对这方面的限制将不得不放宽。

热力和电力配套供应和燃料电池等小规模分散型发电设备将侵食电力事业的“自然垄断”地位，如果用户对小规模分散型发电设备的需求高涨，势必将促进放宽对电气事业的限制。

过去为了保护国产能源而制定的石油关税和石油税，近年来在能源竞争中使石油产业陷入不利的境地。公路建设和整顿消费税（汽油和轻油税）姑且不论，关税和石油税相当大的部分用于像煤炭对策和替代石油能源对策那样有竞争的能源上，石油产业界强烈要求取消关税和石油税，有必要根据“公平”的原则重新认识能源税制。

**放宽限制的课题**

能源生产、供给和利用方面技术开发的进展和能源总需求的呆滞导致能源竞争激化，促进放宽对各种能源产业的限制和拆除能源壁垒。实施放宽限制有以下课题：

内部互补。放宽对能源竞争激烈部门，如对工业用热部门费用的限制，而限制其他垄断较强部门。为了弥补前者的低廉热力费用而提高后者的费用，这样恐怕将产生“内部互补”的弊端。在特殊情况下，甚至可以考虑让垄断部门负担全部固定费用，而竞争部门只负担边际费用。有一种见解认为，在这样的联合生产产品和服务部门无法只对其中的一部分放宽限制。但是应向联合生产产品的各部门适当分摊固定费用，制定充分反映竞争部门产品的价格。

脱脂现象。如果小规模分散型发电只是加入收益较高的电力事业部门（所谓脱脂现象），必将导致现有电力事业价格的提高。新加入受限制的产业将会同时产生某些脱脂现象，因此恐怕不能全部禁止参加，但是也必须关心电力供应的稳定。如何处理这个二律背反问题是今后重要的政策性课题。

反垄断法的适用范围。有一种议论：整个能源产业竞争愈演愈烈，如果特定产业通过不正当的竞争手段采取排他性行为，反垄断法将全面适用于直接受限制的能源部门。

多种限制。在运用现行电力事业法和煤气事业法方面，电力和煤气企业家经营电力和煤气以外的事业必须得到许可或申报。这项条款的目的是限制伴随多种经营而来的内部互补问题。煤气企业家已获准开展相关领域的多种经营，对电力企业家的限制却相对严厉，仅对电力企业家加入电力通信产业等放宽限制。今后为了进一步促进多种经营，必须放宽限制。

这样，虽然在放宽能源产业限制方面存在着许多问题，但是应在技术革新和为顾客服务的基础上促进能源竞争。这是随之而来的放宽限制的必由之路。通过放宽限制使竞争进一步激烈，技术革新加快步伐，提供优质、低廉的能源成为可能。

## 三、能源产业现状和前景估计

**电力事业现状和前景估计**

电力需求现状和课题。从高速增长时期到第一次石油危机以前，电力需求得到了高速增长，年增长率超过 10%。经过两次石油危机后停滞不前，年增长率为 3%~4%。其主要原因是，产业结构的低耗电和主要家用电器的普及以及节电。但是在能源总需求不景气的情况下，由于使用电力安全、方便和洁净以及老龄化、信息化等经济社会的变化，电力在能源市场中的比重将会增加。另一方面，由于家庭室内冷气设备的普及和大楼用电的增加，在昼夜和不同季节对电力需求的差距拉大，今后必须按不同季节和时间制定收费制度，为冬天和夜间用电创造条件，并依靠节能的冷气设备等谋求电力负荷的平衡。

设备构成现状和课题。第一次石油危机后，电力事业推动了“超石油”和能源资源多样化的发展。1975 年石油的发电比例达 60%以上，1985 年下降至 30%以下。中长期发电战略也以技术密集型能源的原子能和无须担心资源枯竭的煤炭为重点。由于实行这项战略可以减少电力成本中燃料费的比重和不稳定、呆滞的石油需求、石油价格和日元汇率的影响。为了实施这项方针，在原子能的安全、价格和燃料周期方面，推动开发、实现高质量电力将成为设备构成的重要课题。社会变化很快，电力需求捉摸不定，因此要求大规模集中型设备构成具有机动性和弹性。

财务素质的强化和扩充。电力事业是每年需要 3 万亿日元设备投资的产业。今后将以建设燃料费比重小、设备费用比重大的原子能发电设备为重点。应当增加企业内部留成，尽量以自有资金充作设备投资。通过增加外债筹措外部资金，降低成本，强化财务素质。

信息化。第一，高度信息化社会要求高质量电力。停电和电压稍有下降以及频率发生变化都将造成计算上的错误和出废品。有必要提高电力企业家的供应信誉，在设置不间断电源装置（CVCF）等方面和消费者联合采取安全措施。第二，信息化的发展将促进电力事业特有的大量业务处理上节省人力、降低成本和设备自动化等业务本身的高级化，使将来采用负载管理和收取现金等细致的收费制度，或通过和顾客对话提高服务质量成为可能。第三，电力企业家由于情报通信技术的发展和放宽限制将打进通信事业和新型传输媒介事业。电力事业是日本最大网络产业，也是具有独自通信技术的产业。电力企业家的进入将使该领域成为他们开辟的最大新领域。

放宽限制。关于放宽电力事业限制有两个方面：一个是热力和电力配套供给等部门加入电力事业行列；另一个是放宽有关电力事业本身的法律限制和允许并扶植其进入新领域。过去电力企业家对进入新领域持消极态度，而今情况发生了变化，持积极态度。这主要是为了打破电力需求呆滞所带来的增长迟缓局面。在打进通信事业等新领域、城市再开发和地区开发，从而推动整个社会的活力这一过程中，人们对扎根于地区的电力企业家的技术能力、综合能力和信赖抱着很大的期望。电力企业家应满足这一来自社会的需求，打进新领域，同时有关方面也应放宽限制。

技术开发体制。关于电力生产、供应和电力机器技术开发，除了依靠过去的厂商和研究机构外，还应当增加电力企业家亲自参与的比重。特别重要的是，随着社会多样化、个性化和老龄化相应开发电力机器和扩大市场交易活动。

**煤气事业现状和前景估计**

煤气需求动向。今后煤气需求，估计家庭需求略有增加，产业大量需求坚挺，作为首次用于冷暖气设备的热力和电力配套供应，燃气机和加热泵的煤气需求增加，预计到 2000 年年增长率为 3.6%。三大煤气公司在 1990 年以前将实现原料的天然气化。三大煤气公司以外的其他煤气企业家也以“促进引进天然气中心”为核心，推动天然气引进工作的开展。预计 2000 年天然气引进量将达 160 万吨。其结果，天然气占煤气原料的比率将达 74%，天然气的使用量将从 1985 年的 557 万吨增加到 2000 年的 1172 万吨。

发展煤气事业。今后重要的是煤气事业将通过向外围事业领域扩大业务范围，使其事业机遇多样化，增加对煤气的需求，以实现良性循环。作为“综合性城市生活产业”需要谋求实现新的飞跃。煤气事业结构发生了变化，它已从本行即“专业”转变为“专业为主，多种经营”结构。但是今后必须进一步发展“相关领域的多种经营”战略，谋求新的结构转变，成为提供各种各样服务的“新型城市煤气事业”。

**石油产业现状和前景估计**

石油需求动向。战后到第一次石油危机以前一直增加的石油需求以第一次、第二次石油危机为契机大幅度减少，1985 年急剧降至过去最大需求的 1978 年的 75%。其主要的直接原因是，产业部门节能和增加引进原子能、天然气和煤炭等的替代能源。石油需求的减少，主要是由于产业和电力上减少使用重油造成的，且运输部门的石油需求仍趋于稳定增长，石油制成品的需求结构急剧走向“白油化”。1970 年中间馏分比率为 33%的挥发油，1980 年达 50%，1985 年达 61%。结果，造成恒压蒸馏设备过剩，另一方面轻质油设备却长期短缺。

对石油的限制和企业素质。逆整个日本经济自由化的潮流而动，政府为了确保石油价格低廉和稳定，打着抑制属于垄断组织的公司发展和扶植国策允许的本民族公司的旗号，制定了石油业法。目前，石油业从生产到销售，即在特定设备许可、原油处理、挥发油生产、进出口和建设加油站等方面都受到严格的限制，企业的自由经营受到了很大的制约。（政府）通过这些限制，一直采取保护弱小企业的政策。结果使石油企业丧失了自主性和主体性，从而也使企业失去了活力。对国际商品的石油制成品进出口进行限制的结果是，无法捕捉国际市场上的交易良机进行石油制成品的国际贸易，考虑石油事业的视野也被局限在国内。

扩大业务范围。日本石油工业只有下游部门，作为基本资源产业的石油工业必须打进上游部门。还可以考虑利用日本的冶炼石油设备弥补作为亚洲石油供应基地的亚洲新兴工业国家和地区今后冶炼石油能力的不足。这样石油部门除了面向石油企业和国际石油企业扩大业务范围以外，还要从石油企业转向综合能源企业，即打进石油以外的一次能源和二次能源领域，这是石油产业多种经营的重点。除了石油以外，一次能源有煤炭、天然气、铀和地热。从长远看还有甲醇、油页岩、油砂和液化煤炭。二次能源有地区性的冷暖气设备和热力、电力配套供应系统。从长远看还可以考虑充分利用光能。在流通领域扩大业务范围方面需要在特约经销店和加油站增加商品销售。

# 第 15 章　长期执政的得失分析

**研究成员**

《朝日新闻》论说副主干　　**田中丰藏**

《朝日新闻》论说委员　　**小田原敦**

**秘书处**

（社）日本综合学术研究所

**鹿野一男**

## 第一节　长期执政的背景

自民党自 1955 年通过“保守联合”诞生以来，一直执掌政权。这种世上罕见的保守政党的长期执政，对确保政局的稳定和政策的连续性，开辟通向经济大国的道路，做出了贡献。另一方面，由于没有政党间政权交替，也给政治带来了种种弊病，导致了政治的停滞。在 1982 年上台的中曾根内阁的倡导下，推行了“战后政治总决算”路线。最先接替中曾根内阁登台的新领导即竹下政权，看来也将继承这条路线。这能否说将会改善政治的现状呢？

外国对经济大国日本提出的种种国际化的要求，激荡着日本社会的每一个角落。利益诱导型的国内政治，却未能采取切实有效的对应措施。最近，人们常说的对执政党有利的“保守回归”，实际上就是自民党在国会的议席恢复到了绝对多数。但是，却又有很多国民痛感今天日本政治的停滞和僵化。这也是前所未有的。正确地评价战后自民党政治的功过，在国民的同心协力下恢复与国际化时代相称的政治能力，再没有比现在更重要的了。在经过了战后 40 多年的今天，我们愿对“长期执政的利弊得失”做一番考察，并展望 90 年代的政治前景。

在这 10 年左右的时间里，围绕执政党发生了种种事情。新自由俱乐部的诞生，自民党各派的“40 日对抗”，自民党的所谓“田中统治”，自民党半分裂状态下通过对大平内阁的不信任案，在历史上第一次的众、参两院同日选举中大平首相突然死亡。像一般所说的“歌手一年，首相两年，用完就扔”那样，差不多每隔两年就更换一次首相……。

从 70 年代到 80 年代初，日本政局一直保持着“保革伯仲”状态，确实在由“自民党绝对多数的政治”向经济低增长制约下的“多党化、联合政治的时代”缓慢地变化着。当时，在政界和舆论界，到处都在纷纷议论联合政权问题。可是最近，形势急转直下，保守势力回升现象，亦即所谓的“保守回归”现象，十分明显地出现在人们面前。

保守回归现象，最早出现在 1980 年 6 月，是大平内阁进行的历史上第一次众参两院同日选举的时候。1986 年 7 月，在中曾根内阁时期的众参两院同日选举中，自民党再度大胜，显示了雄厚的实力。由此，自民党进一步延长了“保守政党长期执政”的记录。打出保守两党论旗号的新自由俱乐部解散了。对在野党来说，“联合执政的时代”似乎又遥远了。

70 年代的保革伯仲，亦即自民党议席低于过半数的情况，和其后的占绝对多数，这两种不同质的政治现象到底是怎样联结起来的呢？只重视眼前的现象，只是以此为基点去展望 90 年代的前景，将和过去预料保革伯仲将向相反方向逆转一样，是错误的。最近，舆论界进行的选举形势调查、预测等有很多是不准确的。每次选举时自民党势力的大起大落和选举预测的失败中，有一个共同的最重要的原因，那就是很不容易掌握民意的动向。保革伯仲、议席低于过半数是自民党的真实实力呢？还是隐藏着今后还能在稳定多数的条件下维持政权的力量呢？做这样的判断仍很困难。

由于经济高速增长，大量的人口由过去曾是保守势力传统地盘的农村流入了城市，自民党的得票率一直下降。但是自 70 年代后半期起，由于产业结构的变化，人口不再流入城市，促使执政党和在野党势均力敌的一个结构性力量变弱了。

另一方面，必须注意到促进政治变动的新的因素已经产生。这就是，随各个时期争论焦点的不同而改变投票行为以致弃权的庞大“中流意识层”。总理府的国民生活调查表明，社会阶层中认为自己属于“中中”的人 1958 年只有 37%。其后，这个数字稳步增长，70 年代以后，包括“中上”、“中下”在内，认为自己属于“中流”的约达九成。这种“中流”意识，是那些想方设法要保卫因经济高速增长而获得的生活现状的人们的一种意识。现在所谓的“保守化”，就是这种中流意识。不过这种中流意识虽然旨在维持现状，但和那种具有明确的意识形态和支持固定政党的“保守化”式“右倾化”是不同的。“中流”的政治意识对政治偏差、贪污渎职、不正之风、奢侈浪费等十分敏感，有时甚至在投票时考虑到要使执政党和在野党的势力保持平衡。

不能否认，与自民党相比，在野党的力量是薄弱的。选民中间的中流意识，似乎确实对执政党起着相对有利的作用。但是，根据政党的反应，这些选民的意识也可能成为改变今后政治走向的原动力。

根据上述基本认识，我们做了这次分析。我们之所以特别重视阐明迄今使自民党得以成为长期执政党的根本的“指导思想”及其历史变迁，是因为我们认为，日本作为唯一遭到原子弹轰炸的国家和拥有和平宪法的军事小国，在战后取得了独自的发展，而立足于这种战后传统的新的领导力量，在今后的国际化时代将变得更加重要。

## 第二节　指导思想的变迁

自民党自称“我党是全民政党”。这就是说，作为执政党，为了广泛地听取国民各阶层的意见，以解决政治上的现实课题，不能拘泥于某种特定的意识形态。哥伦比亚大学教授吉拉尔德·卡契斯分析说：“在日本的政党中，鲜明地把选举中的胜利当做最优先目标的，只有自民党”，并且指出：“如果说政治家为在选举中取胜而建立的组织，就是现代的‘兼容并包’（Catch All）性质的政党，那么在日本，应该说只有自民党算得上是‘现代的’政党。”

关于自民党的“现代性”是有争论的。与自民党有关的人因为人们把自民党称做“现代的政党”而感到困惑的似乎不少。此外，无论哪个政党都想从广泛的阶层得到选票，在这一点上，或多或少都可以说是具有“兼容并包”性质。

但是，说“兼容并包”是自民党突出的特点，因而实现了长期执政，似乎并没有人反对。

那么，自民党在政治上是否就没有自己独特的方针和主张呢？一个统治国家达 40 余年之久的政治势力当然不会没有自己政治上的方针和主张。虽然没有可以称之为意识形态的僵化的东西，但确实在“兼容并包”所允许的范围内，一直高举着可称之为“保守党原则”的东西。

现在就从民族意识、宪法感觉、日美协调和重视经济这四个方面来分析一下这样的指导思想的变迁。

## 一、"日本式民主思想"的系谱

**作为指导思想的民主主义**

日本的保守势力，从第二次世界大战战败时起，便通过加强民族的一体感、强调民族的独特性来谋求国家的统一、独立和发展。在这个意义上，可以说推动自民党的第一个指导思想便是民族主义。

1955 年 11 月 15 日，在自民党建党时发表的党的基本文件之一《党的使命》中，分析了"国内的现状"，指出："丧失爱祖国和自由独立的精神，政治继续混沌不明，经济离自立还很远，民生尚未摆脱不安之感，独立体制尚未完成，以独裁为目标的阶级斗争也日益加剧。"

然后又说："事情所以会到今天这般地步，有一半的原因似乎在于战败初期占领政策的失误。占领下所强调的民主主义、自由主义，虽然应该作为新日本的指导思想而加以尊重和拥护，但是由于初期占领政策的方向主要在于削弱我国的力量，所以对宪法、教育制度等进行改革时，不适当地压制了国家观念和爱国心，并且往往过分分裂和削弱了国家的权力。这一空隙，加上新的国际形势的变化，就给了共产主义和阶级社会主义以可乘之机，终于使它们得到了迅猛的发展。"

到 1985 年建党 30 周年之际，对这些党的基本文件又重新进行了研究。在年轻的议员中间，有人认为"已不符合对现时代的认识，应该作为历史文件去处理"，但党内的大多数人仍然认为："修改宪法等建党时的党的方针不该变更"，结果被再度肯定保留下来。

1985 年 7 月 27 日，在自民党第五次轻井泽研讨会上，中曾根首相就其一贯主张的"战后政治总决算"路线，进行了说明。他说："总之，日本正在发生巨大的变化。国民已经认识到，应该由欲望转向节制，关心国家的前途，考虑子孙后代的事。所以会出现这种变化，是由于人们开始考虑到道义、纪律、秩序的问题，考虑到保持国家的统一团结和独立的问题。教育改革就是促进这一变化的确实保证。""预见时代的发展，从经受到的石油危机的痛苦中很快意识到问题所在，从同质的民族所具有的团结力中诞生出了临时行政调查会。""在我国也存在着战败的影响，战后，和平主义弥漫全国，认为防卫工作应由麦克阿瑟元帅去搞。""战胜了是国家，战败了也是国家，同荣共辱的是国民，扔掉污辱，追求光荣而前进的是国家，是国民的态度。"

中曾根首相的基本态度，可以归纳为：向"教育"、"行政财政改革"、"防卫"、"税制"、"靖国神社"等基本课题挑战，"加强国家的统一团结，面向 21 世纪，促进日本国家、日本民族昂首阔步地走向世界，促进国家的发展"。

将建党时的《党的使命》和 30 年后中曾根首相的讲演对照起来读，可以看到，在想法上是共同的。

"总决算"路线只是说法不同，在下列问题的认识上，如①宪法、教育等各种制度被歪曲了。②国家观念和爱国心受到不适当的压制。③国家的权力被分裂、削弱了等，都不过是《党的使命》的延伸和发挥。此外，确实使人强烈感到，中曾根首相讲的"应予清算的战后政治"，显然主要指的是"战败和初期占领政策的失误"这一点。

**日本自由党的建党宣言**

战后的保守势力把民族主义的主张奉为基本精神，关于这一点，我们可以从战争结束后不到三个月的 1945 年 11 月 9 日，鸠山一郎、三木武吉、河野一郎等组成的日本自由党的建党宣言中体会到。

宣言说："明治维新的五条誓文，作为我国民主政治的指导原理，长期给予日本国家以永远的生命。然而，近时国内纲纪全废，一部分军人独揽大权，官僚乘机我行我素，宪政之路紊乱，辅弼又失其道。因而贻误永远之国是，终于招致列强之轻侮。"

当时是，虽已知道将由占领军来实行民主化的政策，但尚不知道将采取宪法草案那样的具体形式。

鸠山等人丝毫没有要否定明治以来指导日本国家的所有指导思想，相反，倒是打出了“五条誓文”，以证明即使是战前的天皇制国家，也实行了民主政治。誓文是明治政府成立的 1868 年，明治天皇以向天皇家的祖先神宣誓的形式宣布的治国基本方针。鸠山等人从其第一条中的“广兴会议，万机应决于公论”出发，认为在天皇制下也是以民主政治为目标的。

本来，这里所说的会议，并非指全体国民参加的议会，而是指封建时代统治阶级的诸侯、公卿等的会议。但是，由于誓文是抽象的用语，对“会议”的性质未做明确的规定，所以由神权的明治天皇亲政而开始的明治政府，有可能对誓文做出广义的解释，并制定宪法、设立国会，采取普鲁士的立宪君主制等。

因此，自由党的建党宣言说，战败的原因在于近年来一部分军人和官僚滥用权力，搅乱了明治以来的“宪政之路”。

在 1946 年 4 月的大选中，日本自由党成为第一大党，正当党的首脑鸠山着手组阁之际，却被麦克阿瑟元帅解除了公职。后任的吉田茂，在主张维持天皇制和继承明治政府传统这点上，和鸠山是一致的。1946 年，吉田茂在制定现行宪法的国会上答辩说：“可以说，日本的宪法（明治宪法）是从五条誓文出发的。从誓文来看，日本国就是民主主义的。”

其实，这样的主张是现在天皇本身的想法。天皇在战败后第 32 年的 1977 年 8 月会见日本记者团时，第一次谈及 1946 年 1 月 1 日发出《人间宣言》诏书的经过。众所周知，该诏书否定了天皇是神的神话。但天皇在指出诏书的开头录有誓言的全文，并说：“第一个目的是誓文。神格否定是第二位的问题，很有必要指明民主主义并不是进口的东西。那份诏书的发表，是考虑到，如果国民忘记了日本的骄傲，情况就不妙了。为了不忘记日本的骄傲，为了显示明治大帝英明的思想，才发表诏书的。”

这个发言表明，战争刚结束时，天皇把与明治政府的连续性放在最优先的地位，而战后改革最重要部分之一的天皇“神格否定”，则被作为“第二位的问题”。

以“维护国体”为条件而决心接受《波茨坦宣言》的天皇制国家，为什么能够换上主权在民的外衣呢？解开这个秘密的关键，可以说就是“五条誓文”。

吉田茂在 1967 年发表的论文中写道：“战后日本所完成的事业，在某种意义上，是明治日本时所发生事情的再现。或者是完成明治日本时开创的事业。”在他的文章中，看不到对日本因战败而发生变化的认识。吉田茂在结束该论文时，引用了五条誓文，说：“日本人本来是富有冒险心的国民，其视野也决不仅限于日本。五条誓文表明了日本人的进取禀性。富有理想，以及将活动舞台广扩于世界的特点，对现在的日本来说，仍是十分必要的。”

当然，在现在的自民党内，已无人再提“维护国体”、“五条誓文”等词了，但内心则不然，试比较一下下面的两段文字：

排除狭隘固陋的国家思想，确立君民一体的日本的民主思想，进而在广泛吸收世界的文化的同时深刻地研究东亚文化的历史发展，以求东西文化之融合，为此而设置国立文化研究所。

我们日本人必须积极地参加新世界文明的创造并做出贡献。为此，我们首先要对我国悠久的历史中所培育起来的文化的特点和传统做进一步深刻的分析，将能经得起学术批判的科研成果体系化，并积极地向全世界对这一“党是”，若按字面去理解，即保守势力在改宪问题上的立场，做正确的说明。鉴于上述观点，决定设立国际日本文化研究中心。

前者是在战争结束不久日本自由党建党时，与建党宣言同时发表的紧急政策中“文教，思想”的第一项。

后者是 1987 年 1 月 21 日中曾根首相施政方针演说的一项内容。设立中心的目的在于促进“确立日本民族的主体性”，这是中曾根的一贯见解。

“国立文化研究所”和“国际日本文化研究中心”名称虽异，但在通过对文化、传统的研究，探究日本民族应有的方向上，日本自由党的紧急政策和中曾根的演说都有类似的想法。

即使战败后经过 40 余年的今天，说自民党内，仍继承着追求“确立日本民主思想”的传统并不过分。

## 二、拥护宪法义务的约束

**是改宪直进还是改宪迂回**

宪法是国家的最高法规，内阁被严格规定有拥护宪法的义务。另一方面，执政党却一直在摸索修改宪法。这一“矛盾现象”是战后日本政治的最大特色。

自民党一般被称为“改宪政党”。在党内，也把“修改宪法”作为“立党以来的党是”。那是因为在建党时发表的基本文件之一——“党的政纲”的第六条“完善独立体制”中有“坚持和平主义、民主主义及尊重基本人权的原则，谋求自主修改现行宪法，重新研究占领时期的各项法制，根据国情，加以修改或废除”等内容。

但对保守势力来说，处理宪法问题，并不那么简单。对宪法姿态，常因政治形势而变化。这一点总是在各个时期的首相（总裁）的施政方针中具体地表示出来，大体可分为“改宪直进”时期和“改宪迂回”时期。而“改宪直进”的时期意外地短。

最为明显地表明“改宪直进”的意图的是鸠山内阁时期。鸠山首相在组阁后不久的地方游说中，清楚地讲道：“修改宪法是必要的，修改占领政策的开端首先是修改宪法。”（1954 年 12 月 19 日）

当时是以“恢复自主独立，修改占领政策”为目标，朝着保守联合方向前进的时期。日本的国情因占领政治而发生很大变化。特别是，对被撤销开除公职处分的鸠山等一伙人来说，这个方向未必理想。鸠山等人讲“纠正占领政策”时，头脑里确有“确立日本的民主思想”的想法。这也是战败后不久，日本自由党结党时的初衷。

具体亟待解决的政治课题，是“重建武装问题”。鸠山的前任吉田茂的一贯态度是“不搞重建武装”。鸠山从对抗吉田的意义出发，主张：“我想通过修改宪法，并在修改的过程中，在国民中贯彻自卫的精神。相信在贯彻的基础上产生的军队中，自卫的气概就会自然形成。在这里，还有一个重要的意义，就是为了重新武装，必须修改宪法。”

鸠山的改宪意图，很快就在内阁成立后约两个月的第 27 次大选（1955 年 2 月 27 日投票）中碰了壁。高举“拥护民主、和平宪法”旗帜的革新势力（左右两派社会党、劳农党、共产党）获得了 162 个议席，保守势力未能获得在国会通过改宪提案所必需的三分之二以上的议席。

但是保守势力并未放弃改宪，1955 年 11 月 15 日实现保守联合时，对改宪又重新加以确认。这就是前述的“党的政纲之六”，其前半部分确认了改宪，接着在后半部分又强调“建立健全与国力、国情相适应的自卫武装”。鸠山内阁之后经过了短命的石桥内阁，便成立了岸信介内阁，岸首相也没有掩盖其改宪的意图。

岸首相的宪法观是这样的：“占领初期的基本方针，不用说是扼杀了日本的军事力量和工业力量，其着眼点无疑在于变革日本人的精神结构，也就是要抽掉日本国民的本性，破坏日本国民的道德。为了彻底除掉日本人复仇心的幼苗，使日本人相信和欧美人相比自己是劣等民族，相信现在的败北和痛苦完全是由于日本人的不法和不负责任的侵略所造成的，从否定天皇的权威、逮捕战争罪犯，到禁止用公共资金对神道及神社实行财政支持，直到禁止歌舞伎《忠臣藏》的上演，对日本国民生活的各个领域都进行了粗暴的强制、干涉和监视。而集其大成的就是今天的日本国宪法。”

对于占领政治的消极面，持有这种评价的政治家，现在在自民党内仍为数不少。例如中曾根首相在轻井泽研讨会上的讲演中说：“就是到美国、苏联，也都有无名战士墓等国民对为国捐躯的人表达感谢的场所，这是理所当然的。否则，谁还为国献身呢？大多数的自民党国会议员之所以拘泥于“靖国神社的正式参拜和国家维护”，就是因为对联合国军总司令部（GHQ）发出的神道指令抱有反感，认为那是“歪曲日本民族自然形象的东西”。

此外，成为问题的藤尾文相的发言中对远东军事法庭的评价等，也都如出一辙。

自民党内的改宪意图，就是这样地和民族意识相互交织在一起的。

**评价现行宪法**

但是，露骨的“改宪直进”，自岸内阁以后的池田内阁起，便藏影匿形，而“改宪迂回”的姿态变得明确了。作为现实的问题，自民党在大选中既然不能获得三分之二以上的议席，那么，无论有怎样的“直接改宪”的志向，首相也不可能把修改宪法提到政治日程上来。即使是岸首相，在没有社会党参加的情况下成立了宪法调查会，但再具体实行时，也不得不采取“等待（议会）对其审议的结果”的态度。

池田首相的“改宪迂回”是一种低姿态。岸内阁强行修订安全保障条约，导致国内混乱成为一次大的教训。自民党如果丧失了政权，就会鸡飞蛋打。1960 年 9 月 8 日众院选举时，池田首相在最初的游说中就表明了如下的见解。

“即使宪法调查会做出了应当修改宪法的结论，但是如果国民舆论强烈反对，我绝对不修改宪法。几乎所有的国民都不赞成，并且又全然得不到社会党的合作，在这种情况下要修改国家的基本法等是不可能的。”

和鸠山、岸时代相比，简直像是另外一个政党首脑的想法。在保守联合之际，虽说所有的保守势力都聚集到一起了，但在思想上并没有得到统一。事实上，池田的讲话就反映了这一点。

有人把吉田—池田—佐藤这一系统称为保守主流，吉田是新宪法制定时的首相，池田、佐藤两人协助这一工作，创建了战后政治的骨架。否定新宪法，存在着有可能否定自己的一面。

而另一方面，鸠山和岸两人在占领期间曾被开除公职，因而可以全面地批评占领下的日本政治。在战败后占领期间的政治立场的不同，便形成了对宪法观上的差异。

田中内阁以后，便出现了朝野伯仲、保革逆转的局面，自民党已失去正面提出改宪问题的政治形势。而且，不可忽视的是，自民党作为执政党，负有尊重、拥护宪法的义务（宪法第 99 条），这也限制了改宪的行动。特别是以首相为首的阁僚们，如有违反宪法嫌疑的言论和行动时，在国会上要受到在野党的严厉追究。因此，露骨地表示改宪意图的做法也自然有了限度。

在佐藤内阁时代，针对渔船在日本海的安全作业问题，仓石农相因讲了“没有军舰和大炮还是不行。有了这种不像样的宪法，日本就像一个小老婆似的受气国家”而终于被迫辞职，便是一个代表例子。当时，佐藤首相面对在野党的追究，不得不答辩道：“作为首相，遵守宪法的规定是理所当然的。不论党的纲领怎么样，只要有宪法，照宪法办事是应当的。”

田中内阁的增原防卫厅长官的“内奏”问题，三木内阁的稻叶法相的“缺陷宪法”的发言等，都是同一类的事件。这些行为都成了在野党追究的对象，而且每次首相都在国会做出尊重宪法的保证。

大平首相在选举运动的高潮中死去，在这种演剧般的变化之后，1980 年众、参两院同日选举中自民党取得大胜。以后，趁着保守回归的潮流，自民党内的改宪意图表面化。从正面出现的是奥野法相，他在国会上发言道：“现在的宪法是按占领军的意愿决定的，我认为国民的中间出现由国民自己去制定宪法的议论最理想。”因而，他受到了在野党的追究。

当时的铃木首相明确表示“铃木内阁不修改宪法”，从而把事态平息了。但是，另一方面，却承认了自民党内改宪派的活动，他说：“作为自民党，向建党以来自主制定宪法的目标的努力是必要的。”

铃木首相本来是改宪迂回型的党的首脑，但为了安抚党内的改宪积极派，不得不采取“内阁要尊重拥护宪法，但自民党可以重新探讨”的态度。

中曾根首相也沿袭了这种把党和内阁灵活分离的做法。并不掩盖自己是改宪论者的中曾根就任首相后，宪法问题是否会打开新局面呢？这一点十分引人注目。1982 年 11 月 27 日，在中曾根首相的第一次记者会见中，改宪问题便被早早地提出来了。

中曾根首相在这次会见时，明确表示了“我想宪法也应该重新评价”的改宪意图。同时，在涉及对宪法应该如何评价时，他回答说：“我高度评价现行日本国宪法所起的作用。自现行的宪法问世，继明治、大正之后的日本在战后完全变了样。在自由和人权、社会福利方面大大地前进了。虽然这也是靠经济实力的增强，但在政治方面则是靠宪法。自由与人权、和平主义、国际协调等原则，是人类付出了宝贵的血和汗得来的结果，必须坚决维护。”

中曾根首相也和鸠山、岸首相一样，被视为“改宪直进论者”，但他给现行宪法以这样高度评价，在这点上中曾根和他们不同。这种不同，大概是由于中曾根首相是在战败后开始其政治活动的缘故吧。

其实，建党时的政纲也有“坚持和平主义、民主主义以及尊重基本人权的原则，谋求自主修改现行宪法”的内容，中曾根首相的言辞，是顺着这条线的。

自民党宪法调查会在 1982 年 8 月 11 日完成的“中间报告”，作为“日本国宪法前言应写入事项案”，陈述如下：

（1）确认宪法完全由日本国民亲手制定。

（2）在强调尊重民主主义共同原理的国民主权、个人尊严、保障基本人权的同时，要阐明和平主义和国际协调主义。

（3）作为日本的方向，为使具有悠久历史和传统的祖国日本和平地发展，对内，要谋求国民福利、提高文化、实现社会正义，同时也强调惩戒滥用权利、自由等；对外，要表露为确立世界和平做贡献的信念。

（4）声明国民团结一致推进宪法的观念。

报告书对这一提案附记了如下一些意见：①对（2）与（4）无异议。②关于(1)，“确认”反映了全体的说法。③关于（3）“惩戒滥用权利、自由等”没有必要写进前言。

## 三、坚持日美协调主义

### 吉田势力与反吉田势力

战后的保守政权，在外交、防卫、经济等国家的基本政策上，一贯高举“坚持日美协调主义”，只要保守政权继续维持，这一基调看来也不会改变。

1972 年 6 月 17 日，佐藤首相在结束其执政 2797 天的卸任演说中，强调了日美关系的重要性。他说：“对我国来说，和美国的关系，在确保国家的安全上有着不可取代的重要性。故意无视这一严肃的事实，不负责任地批评美国的态度，只能说是没有真正考虑到国家的利益。借此机会，我想把‘没有日美友好，就没有日本的繁荣和亚洲的和平，这一信念，赠送给我国的下一任领导人。”

这一年的 2 月，美国总统尼克松访问了中国，美国的“越顶外交”虽给佐藤政权以打击，但佐藤首相在任期内总是采取避免在正式的场合批评美国的行动。不仅如此，在卸任时还特意表示对美国的友好。对把“归还冲绳”看成是“尼克松的礼物”的佐藤来说，批评美国也是一个禁区。

中曾根首相在 1987 年 1 月的施政方针演说中说：“和美国的关系是我国外交的基轴，两国关系的进一步发展将成为世界和平与稳定的重要基石。”就是这样，佐藤首相的后继者们，继承了“没有日美友好，便没有日本的繁荣和亚洲的和平”的精神。

特别是保守政权的防卫政策一直和美国的世界战略保持着密切的联系。美国在第二次世界大战刚结束时采取了使日本非武装化的政策，但随着美苏冷战的激化，改变了对日政策。朝鲜战争爆发后，指示要创建警察预备队，开始重新武装。随着独立和缔结日美安保条约，日美的军事关系更密切了，又随着岸内阁修改日美安保条约，日美安保体制得到确立。

岸内阁决定了四项国防基本方针，其第三项说："要按照国力、国情，在自卫所必要的限度内，渐进地搞好有效率的防卫力量的建设。"在第四项中规定："对于来自外部的侵略，在将来联合国能有效地发挥其阻止的机能之前，要以同美国的安全保障体制为基础对付之。"对这一基本方针，就是现在，自民党内也并无异议。在把"逐渐增加防卫力量"、"坚持日美安保体制"作为防卫政策的大框框方面，已经形成一致的意见。

但在增强防卫力量的速度和对待美国的态度等问题上，自民党内并非铁板一块，党内争论一直在反复进行着。

党内见解的差异，我们从保守联合以前支持吉田势力（自由党）和鸠山、重光、芦田等反吉田势力（改进党—民主党）的对立中可以看到原型。

吉田在缔结媾和条约的谈判（1951 年 4 月）中对要求日本重建武装的美国特使杜勒斯说，"不是说在将来也绝对不重建武装，但是，现在的国力承受不了重建武装"，拒绝了急于增强防卫力量的要求，并反复说，独立后，也"不重建武装"。

另一方面，反吉田势力的重光，在就任改进党总裁的党代会（1952 年 6 月 13 日）上说："为了彻底保卫和平，必须拥有自卫的军备，这是不言自明的道理。因为把国防委托给其他国家，就难以期待国家的独立生存。"他把重新武装和改宪问题联系起来，攻击吉田内阁"敷衍塞责"。

如果把当时支持吉田的势力叫作"经济优先主义"，那么，反吉田势力就是"自主独立路线"。

为了调整保守势力内部的意见分歧，1953 年 9 月，吉田首相和在野保守党的改进党总裁重光举行了会谈，就以下问题取得了一致意见："鉴于现在的国际形势以及国内正在掀起的民族独立精神，要明确增强自卫力量的方针，制定适应驻军的逐渐减少并与国力相适应的长期防卫计划。与此同时，先修改保安厅法，将保安队改为自卫队，并赋予其防卫直接侵略的任务。"通过吉田、重光的这一协议，大体确认了保守势力的方向，并在保守联合时的自民党纲领中得到继承，纲领说："为了保障世界和平、国家独立以及国民自由，在集体安全保障体制下，配备与国力、国情相适应的自卫军备，以备驻留外国军队的撤退。"

尽管领导人的统一的见解以及党的纲领，可以写在纸面上，但事实是，保守势力内部的想法并没达到完全一致。

在吉田、重光达成协议后不久，吉田首相的私人特使自由党政调会长池田勇人访美，与副国务卿助理罗伯逊就 MSA 援助问题等进行了协商。池田列举了宪法、国力、国民感情等制约因素，煞费苦心地对美国提出的加强防卫的要求进行讨价还价，没有表现出改进党所要求的对重建武装的积极性。

吉田内阁与改进党姿态的差异很快在国会的辩论中反映出来了。1953 年 12 月 3 日，池田在众院外务委员会上，就池田、罗伯逊会谈，作了一次回国报告。正巧，在这一天的众院外务委员会上，当时属于改进党的中曾根康弘，对吉田首相进行了追究，他说："英国、法国、联邦德国等都以军事援助的形式从美国得到了经济援助，可日本却一个劲地回避美国。池田特使的斡旋活动是失败的。可以说吉田内阁的对美工作毫无起色。"又说："日本现在正处在重大的转折期，吉田首相的体力、气力都已不能胜任。"此外，还有以下的问答。

中曾根：吉田首相打算动手修改宪法吗？

吉田首相：我在任期内是否修改是将来的问题。

中曾根：请问政府的施政报告具有什么样的防卫计划和方针？自己是否抱有这种想法？

吉田首相：我不想人为地说我有这种想法，但如果内外形势要求这样做则是另外一个问题，这是将来的问题。

中曾根：要这样，那完全没有领导能力，是一种权宜政治。

**防卫力量上的慎重派和积极派**

此后经过了 30 多年，但是在今天的自民党内，正像吉田、中曾根问答中所表明的那样，在增强防卫力量的问题上，仍可分为“视内外形势而定”（吉田）的慎重派和主张“按照自己的意志”行事（中曾根）的积极派。

作为最近的例子，我们可从议论纷纷的关于防卫费占国民生产总值的 1%框框的处理上观察到慎重派和积极派的动向。

1982 年 6 月，自民党安保调查会防卫力量整备小委员会整理了一份“围绕做好防卫力准备的建议”，主张：“为在五六中业（以 1983 年度起到 1987 年度止为对象的中期业务计划）全部实现防卫计划大纲，应把取消 GNP1%的框框作为最低条件。”

这一小委员会的提案，经过上级机关——自民党内有关防卫问题的三个机关（安保调查会、国防部会、基地对策特别委员会）联席会议的讨论，结果被修改成：“权衡经济财政情况，各年度有关防卫费的总额即便超过 GNP 的 1%，也是不得已的。”

“应予取消”的积极主张被“万不得已”的慎重的表达降低了调子，并且还用“权衡经济财政情况”去制约，因而当时的铃木内阁没有实现突破 GNP1%的框框。

中曾根内阁成立后，由于中曾根首相对增强防卫的积极态度，积极论派就更加积极了。1984 年 12 月，防卫力量整备小委员会再次建议“重新评价 1%的框框”，制定五六中业后防卫力整备计划成为课题的 1985 年夏季到秋季，党内的“1%突破论”高涨。但那时积极派“应该取消 1%的框框”的意见被抑制住了，以福田、铃木前首相等长老集团为中心的慎重派活动控制了大局，决定了以“实现防卫计划大纲的水平”为目标的中期防卫力量整备计划。

1986 年 7 月同日选举获大胜后，积极派再度得势，在 1987 年度预算法案中实现了 1%框框的突破。但是，超过 1%的幅度极小，只有 0.004%。中曾根首相、宫泽藏相等在国会上对此做了说明：“这是必要经费累积的结果，实属无奈。”联系到这些，使人感到，即使是中曾根内阁，也竭力避免“按照自己的意志”的积极主张，而努力给人以一种“迫于内外的形势”的印象。

本来，要求突破 GNP1%框框的是美国。

1979 年 11~12 月，以伊朗占据美国大使馆的人质事件和苏联发起对阿富汗的进攻为契机，美国的对苏态度转向强硬，对日本也提出了包括突破 1%框框在内的进一步加强防卫努力的要求。

1980 年 5 月访美的大平首相向卡特总统做出“共存共苦”的许诺。从那以后，自民党内与防卫有关的议员的行动活跃起来，对增加有关防卫的预算施加了强大的压力。在这个问题上被用作杠杆的就是日美协调主义。

例如，前述的 1982 年 6 月安保调查会防卫力量整备小委员会的“建议”就强调，“认识到 80 年代危机的美国，已经把防卫计划大纲看成是落后于时代的产物，要求日本做出更大的防卫努力。考虑到这些情况，过去我国要用 10 年的时间才能达到大纲水平的态度，定会使美国大失所望，而且在保持日美间的相互信赖方面也会产生不良影响”。

这一逻辑包含着这样的意思：随着日本方面经济实力的增强，日美间的经济摩擦变得愈演愈烈，因此要通过表示对防卫的努力去谋求“维持日美关系的相互信赖”。

在日美安保条约期限成为问题的“70 年安保”之际，决定自动延长的自民党鼓吹“安保繁荣论”，说：日本繁荣的基础在日美安保体制，正因为有了安保条约，日本才没有被卷入战争，并得以确保和平与繁荣（安保调查会第二次中间报告书。1976 年 8 月）。在这一时期，自民党则是从正面积极地表露了作为日美安保体制“受益者”的立场。

但是，随着日美间经济摩擦的加剧，随着美国方面“安保搭便车论”日益强烈，于是，自民党也叫嚷要与日本的经济实力相适应，“分担作为西方一员应尽的责任”。

在 1987 年 1 月的自民党大会上，中曾根首相（总裁）说：“过去，在国际社会中，我国往往容易采取单方面受益者的态度，对此，必须认真地重新认识，今后必须为国际社会做出积极的贡献。”

“由受益向贡献的转换”——中曾根首相的“国际国家日本”论，一般是强调“贡献于世界的日本”的。但和自民党的基本认识——防卫方面的日美协调主义相结合时，便被作为增强防卫力量的理论加以活用。

## 四，重视经济主义的限度

**从战后复兴到尼克松冲击**

一般认为战后保守政权最大的“功绩”，是推出了经济增长政策，引导日本成为经济大国。但是同时，这条经济大国路线，在国际经济中引起摩擦，日本的国际责任受到追究。

确立重视经济主义的是池田政权。1960 年 9 月 5 日发表的池田内阁新政策的前言规定：“经济政策的展望，从过去的实际成绩来看，1961 年度以后的三年里，以年均 9%的速度增长是可能的。人均国民收入将由 1960 年度的约 12 万日元增加到 1963 年度的约 15 万日元。如果能为达到这一目标而推行适当的政策，10 年以后，国民收入就会增加到现在的一倍以上。”这就是所谓收入倍增的计划。

池田首相确信，要笼住因安保骚乱而动荡不定的国民之心，除诉诸经济政策外，别无他途。在一次会见记者谈新政策问题时，他给政治下了一个定义，即：“所谓政治，就是要提高国民生活，充实社会保障。”这种词语，清楚地表明了重视经济主义。

众所周知，这种重视经济主义，是从吉田首相那里继承下来的。吉田茂在 1967 年写的论文中，在谈吉田政权、池田政权在日本惊人的复兴和发展中所起的作用时，颇为得意地写了以下一段话。

“这样一种状态，对于熟知战后初期苦难状况的人来说，简直像是在做梦。但是，正是日本经济的自立，才是在那苦难状况中被描绘的目的。为了自立，做大藏大臣时的池田开始采取艰苦的措施，之后，又作为总理大臣，坚决实行了使日本经济自立的最后的措施。这件事，看来似乎不是偶然的一致。”

“战后日本的经济发展，是努力和幸运的成果。对此，政治所做出的贡献，决非甚多。只不过在战后不久，决心自立，忍受贫困的生活。接着，由于媾和条约之前的决断，日本努力集中进行了经济建设，这是重要的措施。因此，日本得以将其活力投入到国内实实在在的建设之中，并打下其基础。”

毫无疑问，吉田讲的“媾和条约之前的决断”就是“提高国民生活优于重新武装”的重视经济主义。但是国际经济环境发生了变化，日本只单纯追求本国经济繁荣的做法已经不能继续下去了。

给日本经济带来巨大转机的象征事件，是美国总统尼克松于 1971 年 8 月 15 日发表了美元防卫紧急对策。由此引起了股票行情暴跌。一时，日本经济陷入大混乱。战后持续了 22 年之多的 1 美元=360 日元的汇率，变成 1 美元=308 日元，又碰上了 1 个月前发表的“越顶”的尼克松访华声明。两次尼克松冲击给佐藤政权的打击甚大。当时任自民党干事长的保利茂回忆说，“我有一种强烈的感觉：像这样使全体国民有如树叶那样处于不安之中的状态，须更多地从政治方面加以重新考虑。老实说，连续的尼克松冲击给我的打击恐怕比对其他任何人都深刻”（战后政治备忘录）。

佐藤内阁后的田中政权，高举“日本列岛改造论”，继承了重视经济主义。但是，田中首相对因尼克松冲击引起的国际经济环境变化而采取的措施失败了。由于财政规模的急剧扩大和尼克松冲击后的石油冲击，导致了通货膨胀，一味追求经济增长的政策破产了。

把“战后复兴，提高国民生活”作为最高价值去追求的重视经济主义，到 70 年代的初期到达了极限，被迫进行质的转换了。

**“战后政治总决算”**

田中首相的朋友大平正芳，在尼克松冲击后不久，就已明确了这样的问题。1971 年 9 月 1 日，大平作为池田首相缔造的派阀领袖，在宏池会（大平派）议员研修会上，以“要改变潮流”为题发表了演说。他说：“我国现在正面临着应该称之为战后总决算的转机。”一开头就把问题点明了。在这一演说中，可以体会出对从吉田、池田、佐藤继承下来的重视经济主义进行质的转换的态度。

大平的讲话如下：

我国现在正面临着应该称之为战后总决算的转机。迄今为止，我们一心一意地努力于追求富裕，但得到的富裕中，未必发现了真正的幸福和生活的价值。我们虽毫不犹豫地沿着经济增长的轨道奋力前进，但正是由于增长甚快的缘故，现在不得不再度追求稳定了。我们曾不顾体面地尝试着将经济向海外扩展，但正是由于这种扩展急剧的缘故而受到了外国的嫉妒和抵抗。我们虽以对美协调为基调避免参与国际政治，但正是由于美元体制弱化的缘故，不得不正视严峻的自主外交。我们曾举国一致，专心致志于经济复兴，但正是由于我国经济增长和跃进的缘故，不得不作为国际大家庭的一员充当促进经济国际化的主体。

这应该说是一个伟大的转换期。

打从这一演说算起已经过了 15 年多了，但大平指出的政治课题如“真正的幸福和生活的价值”、“经济稳定”、“对海外扩展的抵抗”、“自主外交”、“经济的国际化”等，就是到 90 年代，也将适用。

请注意，经中曾根首相使用而变得出名的“总决算”一词，已经被人使用过了。

但是，大平着眼于“经济国际化”，而中曾根则强调政治方面，这一差距相当大。

大平建议“坚决大胆地修改迄今为止的政策轨道”，其政策的位置是可以放在历来战后政治的延长线上的。在该演说中大平认为“（日本的）人际关系一般说来，正在发生某种断层和相克现象”。他分析道，“这些是引起国民团结合作意识减弱的原因，也是成为动摇国家存在基础的因素”，主张“恢复人们的相互信赖和合作”。

1972 年 5 月，大平为首次在自民党总裁选举中当选候选人而发表“和平国家的行动原则”，其支柱是“不搞核武装和充实内政”。

在这里，太平也主张“任何军备，都不如该国的内政完备和国民对祖国的自豪和热爱，这一点已被历史清楚地证明”。“充实内政”，虽表达方式不同，但显然意味着重视经济主义。

大平提倡的这样一种指导思想，在 1979 年 1 月登上了政权的宝座后第一次举行的施政方针演说中，系统地表示了出来。大平首相说：“急剧的经济增长带来了城市化和经济合理主义，以此为基础的物质文明本身，已到了极限。”又说：“可以说，已经到了由现代化的时代到超现代化的时代，由经济中心的时代向重视文化的时代过渡的时候。”

“文化时代的到来”这一大平首相的设想，后由首相委托的，以山本七平为会长的研究会加以充实、讨论。该报告书在大平首相猝逝后提了出来，该报告书说：“日本自明治以来，有否定自己的文化而把外国的文化看成是应有的模范的倾向，这产生于对外的劣等感。文化时代的到来就是要摆脱这种状态。”还说：“经济与文化的关系，不是一方优先于另一方，也不是为了追求一方而必须牺牲另一方。今后，成熟经济的时代同时也是高质量的文化时代。”

如果不发生首相暴病身亡的事件，上述观点，定将反映到大平政权和自民党的指导思想之中。

但是，因为向“文化的时代”发展，所以重视经济主义的界限，到了中曾根内阁时，也以和美国之间经济摩擦激化的形式，越来越明显了。

中曾根首相提倡的“国际国家日本”，虽是回答这一要求的一个答案，但要平息国内外的不满却是困难的。面对美国保护主义的抬头，日本被迫将日元升值，调整国内的经济结构，导致失业率升高。

重视经济主义的界限原封不动地也将成为自民党政权的界限。

## 第三节　统治结构的固定和变动

### 一、世袭议员和族议员

**地盘的继承**

由于自民党的长期统治，世袭议员明显地增加了。世袭的定义虽未必很明确，但如果是指主要的亲属中有国会议员或担任过阁僚的人、也就是被称之为“政治家的家系”的话，那么 1986 年 7 月众参同日选举时，当选的 300 名自民党众议员中，就有 126 名属于这一类，实际占自民党当选者的 42%。其大部分继承了父辈让给的选举地盘。就是不直接地继承地盘的人，“政治家的家系”也对政治经历起着非常有利的作用。

虽然世袭议员在在野党里也有，如江田五月（社民连代表），但在自民党内则成了主流。明治以来，保守政治家中始终存在有名望的政治家的源流，不仅国会议员，就是地方议员，地区的实权派的地盘，也多由有血缘关系的人继承。可以说，随着保守派统治结构的稳定，这种倾向越来越明显了。

例如，如果将自民党的众议员和历代首相的关系加以整理，则有如下资料：

▽ 鸠山首相

鸠山邦夫（东京八区，当选四次，孙）

鸠山由纪夫（北海道四区，当选一次，孙）

※ 参议员鸠山威一郎（长子）

▽ 岸首相

安倍晋太郎（山口一区，当选十次，女婿）

※ 安倍的生父也是众院议员

▽ 池田首相

池田行彦（广岛二区，当选五次，女婿）

▽ 佐藤首相

佐藤信二（山口二区，当选四次，次子）

※ 佐藤的伯父是岸首相

▽ 田中首相

田中直纪（福岛三区，当选二次，女婿）

※ 直纪的生父也是国会议员

▽ 福田首相

越智道雄（东京三区，当选五次，女婿）

※ 福田的弟弟是参院议员

▽ 大平首相

森田一（香川二区，当选三次，女婿）

▽ 铃木首相

麻生太郎（福冈二区，当选三次，女婿）

※ 麻生的祖父是吉田首相，父亲也是众院议员

▽ 中曾根首相

※ 中曾根的长子是参院议员

就这样，几乎全部的历代首相，都以某种形式在扩大着“政治家的家系”。

在新领导的三人中，宫泽喜一的生父、叔父都是众院议员，弟弟也是参院议员。安倍晋太郎是岸首相的女婿，不可否定这对继承岸一福田派十分有利。

也有像中山太郎（大阪五区）、正晖（大阪二区）兄弟那样，父母双方都当过国会议员的例子。

1986 年大选中当选的世袭议员的年龄别如图 15–1 所示。

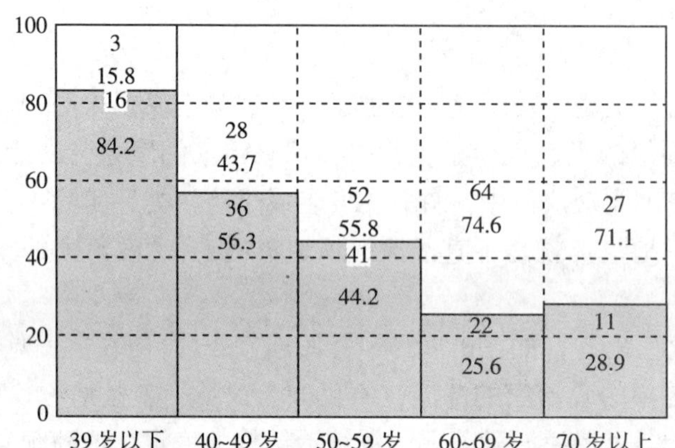


**图 15–1　世袭议员占自民常议员的比率（第 38 届大选当选者）**

就实数看，顺序依次是 50 岁年龄层的（41 人），40 岁年龄层的（36 人），60 岁年龄层的（22 人），39 岁以下年龄层的（16 人），70 岁年龄层的（11 人）。但是，在 39 岁以下年龄层中，世袭议员对全部众院议员的比率及对自民党议员的比率，分别为 72.7%和 84.2%，高得出奇。就是在 40 岁年龄层，自民党议员的半数以上也都是世袭议员。

这表明了，年轻人要在众院当选很难，如想要当选，需要有世袭地盘。

而且，不容忽视的是，在自民党内，依靠的是当选次数，因此，年轻而当选的世袭议员，随着当选次数的增加，担任阁僚次数的增加，发言权就会加大。

自民党众院议员的选举活动，主要是通过后援会的组织进行的。通常，在选举区设置由当地秘书联系的几处选举运动事务所，处理当地的请愿事项，向婚丧嫁娶家庭祝贺，吊唁，帮助找工作，主办清晨棒球、门球大会等，致力于细致的“帮人忙”的活动。在市町村基层，则由当地有权势的人担任后援会的干部。这种培养地盘的活动一旦放松，就会落选。

这样，随着议员后援会组织的确立，议员引退、死亡时，新议员原封不动地继承。无疑，这对选举是有利的。

特别是当议员突然死亡时，往往由夫人、儿子等有血缘关系者当“替身候选人”。

地盘继承除通过血缘关系外，也有将引退、死亡了的议员的地盘，由该议员秘书或议员后援会得力干部的地方议员继承的例子。但是，为了防止组织的混乱，一般认为还是“拥戴有血缘关系者为好”。在这种场合下，选举地盘的安定，组织的防卫，自然要优先于政治家的资质和见识，从而加速了世袭化的倾向。

**与官僚联结的管道**

和世袭议员并列，近年来“族议员”的活动也变得明显起来了。“建设族”、“邮政族”、“运输族”、“农林水产族”、“文教族”、“防卫族”等，是大家都熟知的。他们和建设省、邮政省、运输省、农林水

产省、文部省、防卫厅等官僚机构直接挂钩，在争夺预算、维护既得权益和国会对策等方面积极活动着。

自民党政务调查会的调查会、部会、特别委员会，因为是和中央政府机关的行政系统相应设置的，这就产生了族议员。担负行政工作的官僚，不管规划、制定什么样的政策，要想以法律、预算的形式付诸以实行，必须通过“国家最高权力机关”的国会。官僚必须事前跟自民党政务调查会的各个机关“打通关节”，因而高级官僚的关心就集中在对自民党的工作上。而官僚的合作也是自民党开展政策活动所不可缺少的，因为这样才能把官僚拟订的政策，作为“自民党的政策”去付诸实施。

如果国会的多数党在每次选举时都更换，那么官僚就要改变应付的办法了。由于政党间的政权交替在长时期中一直没有发生，因而自民党政务调查会、总务会的审议，就事实上发挥着立法机关的职能了。因此，说国会只是在形式上追认政府、自民党决定了的法案、预算案，也并非过分。

官僚在行政指导、预算分配等方面，对民间企业拥有很大的权限。自民党议员由于和官僚结合，因而可以对企业界作威作福。在议员个人的政治活动方面，他们也在筹集政治资金的宴会券的推销、群众要求的处理以及拉选票等方面，充分利用着官僚机构。

族议员活动的活跃，表明了被称为政财官①“三位一体”的统治结构已经确立。

官僚机构是给自民党提供人才的来源。1986 年众、参两院同日选举的结果，官僚出身的自民党议员，众院有 75 人，参院有 49 人。占自民党国会议员总数的比例，众院为 25%，参院为 35%。

这里所说的官僚出身，是指有过官僚经历的人。在野党方面，只有众院的金子满（厚生省看护课长、社会党）、参院的久保田真苗（劳动省妇女课长、社会党）、三治重信（劳动事务次官、民社党）等三人，事实上近于零。自民党和官僚机构的密切关系，从这一点来看也就明白了。

从出身的政府机关看，大藏省最多，其次是农林水产省、自治省、建设省、警视厅（包括旧内务省的与警察有关者）。不用说，在分配预算、处理群众要求方面权力越大，这些机关的地位也越强。

此外，在参院议员的比例代表区，都有可称之为指定席的分配议席，由任过次官职务的一些高级官僚以代表各该省厅的形式出任。另一方面，在众院，由课长一级的中坚、年轻官僚出任议员的倾向正日益明显。这是因为当选的次数具有很大作用，如不及早进入国会，就来不及当选参院议员了。派阀领袖为了扩张自己一派的势力，也积极地提拔这样的年轻官僚，支持他们出马参加竞选。

## 二、派阀与金权政治

**消除派阀的尝试和失败的历史**

自民党也曾想着手消除派阀、净化政治资金、由党统一推举公认候选人等以实现“党的现代化”，进行“党的改革”，但每次都以失败告终。

最早采取具体改革行动是在岸政权时代。岸总裁于 1959 年 4 月设立了党基本问题调查会（会长清濑一郎），要求他提出如何进行自民党改革的基本构想。根据这一要求，他向 1960 年 1 月召开的第七次党代表大会提交了《保守主义的政治哲学要纲》。

这是就《指导我党的政治哲学的研究》这个题目，由第一部会负责，由早川崇执笔整理的报告。该报告给保守主义下了以下定义：“所谓保守主义，是指积极地保持优良的传统和秩序，清除邪恶，力求在传统的基础上有所创造，在秩序之中求取进步，摒弃破坏性的急进主义，也不信守只拘泥于过去和现在的反动保守主义。”

保守联合，首先争取的是人的联合，亦即保守势力的团结，因此在还没有对保守党的政治信条等做深刻论证的情况下就进行了政党合并。这也就是要求确立保守哲学的原因。文中论述了“中庸精神”，

① 政指国会，财指企业界（垄指垄断财团），官指官僚。——译者注

“正确的爱国心，即新国民主义”，“维护自由与民主”、“政治权力的限度”，“马克思主义的错误”，“通向新资本主义和福利国家之路”等。

在结尾中说：“我们还对权力主义、金钱主义、派阀主义使政治腐败，从根本上导致马基雅弗利主义这一点进行了深刻反省，确信政治就是服务，就是实践，必须不负国民的期望。”这种对“权力主义、金钱主义、派阀主义”的反省，此后也时常进行。

池田政权时提出的改革方案是《三木答询》。这是组织调查会长三木武夫用了一年的时间进行研究，并将成果整理后于 1963 年 10 月提出的报告，是关于“党现代化”的具体对策的集大成。

《三木答询》的开头说：“任何改革都难免遇到阻力，害怕阻力就不可能前进。但是过分流于理想的改革也是不可能实现的。”从这里可以看出，对实现党的现代化是信心十足的。同时，作为“无论如何必须下决心求其实现的一点”，提出了“无条件解散一切派阀”的主张。

《三木答询》大纲由《解散派阀》和《现代政党的建设》两部分组成。

在前半部分的《解散派阀》中，列举了下述各点：

（1）今后在人事安排上不搞派阀平衡。

（2）随着全党财政的确立，政治资金一律集中于党。

（3）总裁公选的原则继续维持，但要尽可能缩减候选人，改组作为择优推荐机关的党的顾问会，使之发挥该项机能。

（4）花钱选举和党内斗争是形成派阀的重大原因之一。为了改变这种状况，应确立公认制度和改革选举制度。

接着，在《现代政党的建设》中提出了以下建议：

（1）确立公党的伦理和公人的伦理是政党政治的道义支柱。

（2）必须要有作为劳动人民的全民政党的政策。

（3）强有力的中央负责体制和强韧的地方组织是车的两轮。

（4）在党的工作中必须确立尊重党机关的民主原则。

自民党作为政党所存在的问题，在《三木答询》中都谈到了。但问题在于自民党的性质，使这样的答询只是成为一纸“空文”，根本没有实行。

各派阀接到《三木答询》后，大体上都把派阀的招牌摘了下来，但结果则以伪装解散而告终。三木本人也在提出答询后不到一年的 1964 年 8 月，讲了三木派没有解散的理由：“正如批判的那样，派阀仍然健在。但看问题，眼光要放远些。政治上的同志，不能因为要解散集团，就根本不能聚会。当整个党还没有形成解散派阀的形势的时候，光是三木派解散，那么其他派阀马上就会伸过手来拉人。和解散派阀的要求背道而驰，这只能帮助其他派阀扩大势力。这是不合适的。因此虽有所顾虑还是偶尔进了派阀的聚会。”

本来，派阀是以保守联合以前的山头为基础形成的，甚至可以追溯到战前的政友会和民政党的对立，而吉田和鸠山的对立也对后来总裁选举中官僚派、党人派的对立发生了影响。总裁公选制度本身就有促使派阀形成的一面，中选举区制度也成为派阀不能解散的理由之一。

此外，像自民党那样拥有多数国会议员后，如若没有派阀，则在决定政策、国会对策等方面，就会缺少意见交换。因而派阀在支援选举、处理群众要求等议员间相互扶助方面也有效地发挥着机能。不用说，政治资金也依赖于派阀资金。

虽然明知解散派阀是不可能的，但自民党一直在反复吆喝要实现“党的现代化”。

佐藤政权时代，田中干事长制定了实现党现代化的“试行方案”（1965 年）。田中政权时，以椎名悦三郎副总裁为会长的党基本问题、运营调查会做了“解散派阀”的答询（1974 年）。

椎名调查会的答询上指出：“虽在形式上有时也进行了解散派阀的工作，但实际上派阀反倒加强了，一般认为因为派阀有作用，所以才一直延续到今天。”在此基础上建议：①党及内阁的人事安排不在派阀这一层进行。②政治资金由党统一掌管。③总裁公选要采取记名投票方式。

《椎名答询》虽是紧跟《三木答询》的思想的，但总裁公选用“记名投票”是新的主张。因为在总裁公选时，像被称做“日化”、“三得利”的那种政治资金有收两次、三次的，这反映了在总裁选举的背后有巨额的政治资金在起作用的现实。

**党现代化策略的对立**

田中政权因发生资金来源问题而倒台。这件事加强了这样的危机感：派阀政治、金权政治若再继续下去，自民党就可能垮台。

椎名副总裁所以指名三木武夫为田中首相的后任，也是这种危机感的表现。

继因资金来源问题下台之后，1976 年 2 月，又发生洛克希德事件，7 月，田中前首相被逮捕。对自民党来说，“政治道德的确立”成了深刻的课题。其后党内派阀对抗激化、新自由俱乐部成立等，保守一党统治内出现裂纹。十余年来自民党一直为此大伤脑筋。

把三木政权搞垮的“倒三木运动”根子也是田中问题。当时，站在倒三木运动前头的椎名曾说，“弄清洛克希德事件当然是赞成的，但其灾难，首先袭击了自民党。对此（三木首相）却幸灾乐祸，就是从老百姓的道德来看，给他以‘村八分’① 的处分也是当然的”。

“倒三木运动”当时，很多议员对三木不满，是因为“以前的老头子（田中首相）包括选举资金在内给予了种种照顾，可是三木什么也不给”。当党内在对洛克希德事件是“彻底查清”还是“隐瞒”的问题上动摇不定之际，反感强烈，认为：“正当自己家里将要出犯人时，一家的头领却摆开了我站在前头抓犯人的架势，这不合乎情理。要这样，便培养不起来家庭成员对家长的信赖关系。”

自民党的派阀，正像议员们自己所称的“村落”那样，基本上是头目、喽啰关系和义气人情的世界。不合理性和附和雷同性相互依赖，是村落社会的特征，金权体质也从这里发生。这样，自民党的村落社会的性质，现在基本上也没有改变。

三木和椎名在关于“党现代化”的方向上意见也不一致。椎名把重点放在实现包括比例代表制在内的小选举区制，解散派阀，以党为中心进行选举的“党营选举论”上。

另一方面，三木则一贯主张“从国会内的政党向国民的自民党转化”，致力于修改政治资金限制法，改变“花钱的选举”，修改公选法。并且，把总裁公选制度作为“诸恶之根源”，主张由全体党员参加选举总裁。

也就是说，椎名是“推进小选举区制”，三木是“导入总裁选举的预备选举”。

还有在收集政治资金方面，三木要求“以一般党员的党费为中心，广集薄收，三年以后，由企业献金改为个人献金”，对此，椎名采取的立场是：“如果是在一定的框框内，从拥护自由主义的观点来看，企业献金是理所当然的。”

在自民党内，站在椎名的立场上的是多数派，拥护三木的想法的是少数派。在三木首相的主导下，对限制企业献金的政治资金限制法的修改，好不容易才告成立，但修改的内容离废止企业献金的目标甚远，被抽去了主要内容。即使这样，自民党内还认为这会导致筹集政治资金的困难，不满加深了。

倒三木运动既是政策上的争论，如修改禁止垄断法、对罢工权和罢工的对策等的表面化，也是以洛克希德事件为契机，对高涨的舆论要求“保守复兴，改革党”等如何采取因应措施的问题。

三木首相在 1976 年 12 月，因洛克希德事件选举败北负有责任而引咎辞职，离开了政权的宝座。但在当时发表的“我的信念”中，说：“自民党员败北的原因是金权体质和派阀对抗，对此必须深刻反省，

---

① “村八分”，旧时的日本农村中，对破坏村规的人及其家属，除有丧事和火灾时外，村里所有的人都不与其交往，将其排斥在外的一种处分。——译者注

彻底地进行自我革命。”并提出了三点建议：①自民党必须从标榜“进步的国民政党”的建党宗旨重新出发展开活动。②洛克希德事件必须彻底查清，必须从根本上采取防止政治腐败的措施。③万恶的根源在总裁选举这一想法未变，公选制度的改革必须在 1977 年 1 月的党代会上求其实现。

对继承三木政权的福田政权来说，党的改革问题也是最大的课题。福田首相提倡“从头开始的改革”，设置了党改革实施本部。该本部研究的结果，发挥三木的意见，实施总裁候选人选举（预备选举）时，由全体党员参加，正式选举总裁时，再由国会议员对得票最多的两名投票，并在 1977 年 4 月的临时党大会（党改革、跃进誓师大会）上，正式做了决定。

在这次党大会上，大平干事长也讲了话：“已经不能容许像历来那样继续存在派阀了。”

这样进行的预备选举，1978 年 11 月第一次进行了投票，结果大平干事长击败了福田首相。这次选举产生的疙瘩，造成了福田、大平的对立，并发展为 40 天抗争。被称为“三角大福的怨恨政治”的派阀对抗达到了最高潮，以党改革为目标而进行的预备选举，对地方组织扩大党员不但没有起作用，反而加快了派阀向地方的扩散，使党内对抗激化。这实在是一种讽刺。

在党内对抗反复进行的过程中，田中前首相率领的田中派变得异常壮大，以党内最大派阀的力量为背景的“田中统治”，开始左右自民党政治。

“田中统治”带来诸多弊病。第一，政治家伦理感觉的消失。虽然消息不一定很确实，但受到有罪判决的田中前首相，依然想保持竞选后台老板的地位，这就造成了人们对自民党的自我净化能力的怀疑。第二，国会中执政党和在野党对田中议员辞职劝告提案的处理态度，也常常成为双方攻防的焦点。与自民党内的政治斗争交织在一起，实在的政策争论，反变得朦胧模糊了。田中前首相作为自己的法庭战术使派阀不断壮大，这就使党内的最大派阀必须经常拖着一个阴影。由于派阀解散论也有批判田中的意义，因而在党内就不公开提倡了。

必须强调的一点是，“田中统治”使日本的政治权力形成了二承结构。过去的自民党派阀，不管是多么强大的派阀，在一定期间，作为执政的派阀登上了权力的宝座以后，经过被要求纠正政策的破绽以及在政治态度上受到批判等过程，被迫进行政权的交替。自民党内是以执政派阀交替的形式去承担政治责任的。执政派阀的交替，若和政党间的政权交替相比，不过是拟似的政权交替体制，但是有胜于无，政治上有个紧张感。但是，田中派这一最大的派阀，并不从自己的一派里推举总裁，而是坚持做竞选的后台老板，因而通过派阀间的权力移动去达到校正和平衡以及围绕前述自民党的指导思想和各项政策派阀间的相互抑制的机能，逐渐削弱了。眼能见到的台上政权，实际上不过是政治领导的下层结构，而作为上层结构的田中前首相率领的田中派却总是存在，在这种情况下，政治责任变得暧昧不明，是不言自明的。

1985 年 2 月，田中前首相因病卧床，自民党内的派阀政治，面临着一大转机。窥测中曾根职位的权力交接活动加速了，田中派的接班问题也表面化了。但是，一致高举“摆脱怨恨的政治”的口号的新领导，在争夺总裁宝座时，也必须以派阀为中心巩固党内的基础，这点并没有变化。自民党作为派阀的联合体进行运营的状况今后仍将继续。不过，过去的自民党是依靠派阀的相互抑制力去保持政策的整体性，维持长期执政的。这种派阀的积极面能否继续有效地发挥，乃是今后的一项重大课题。

## 三、选举的“雪崩”现象

### 得票率和议席数

“55 年体制”建立以来，有过 11 次大选，大体是三年一次。这是因为众院议员的任期为四年，经常在三年左右时就解散了（见表 15-1）。

大选的自民党得票率，以建党后最初的一次，即第 28 届（岸内阁，1958 年 5 月 22 日投票）为最高，达 57.8%。在被称为“洛克希德选举”，即从自民党内分裂出来的新自由俱乐部掀起热潮的第 34 届

表 15–1　自民党历届选举得票情况

| | 时　间 | 票　数 | 得票率（%） |
|---|---|---|---|
| 第 28 届 | 33.5.22 | 22976846 | 57.8 |
| 第 29 届 | 33.11.20 | 22740271 | 57.6 |
| 第 30 届 | 38.11.21 | 22423915 | 54.7 |
| 第 31 届 | 42.1.29 | 22447838 | 48.8 |
| 第 32 届 | 44.12.27 | 22381570 | 47.6 |
| 第 33 届 | 47.12.10 | 24563199 | 46.9 |
| 第 34 届 | 51.12.5 | 23653626 | 41.8 |
| 第 35 届 | 54.10.7 | 24084130 | 44.6 |
| 第 36 届 | 55.6.22 | 28262441 | 47.9 |
| 第 37 届 | 58.12.18 | 25982785 | 45.8 |
| 第 38 届 | 61.7.6 | 29875501 | 49.4 |

（三木内阁，1976 年 12 月 5 日投票）创了最低记录，为 41.8%，得票率第一次低于 50%，是在“黑雾选举”的第 31 届（佐藤内阁，1967 年），这时公明党第一次进入众议院。

如图 15–2 所示，自民党的得票率，在三木内阁的第 34 届大选前，一直是呈下降的趋势，第 35 届（大平内阁，1979 年 10 月 17 日投票）以后，便转为上升基调。也就是说，从 70 年代末期起，在选民的意识里，可以说“自民回归”的倾向已开始出现了。

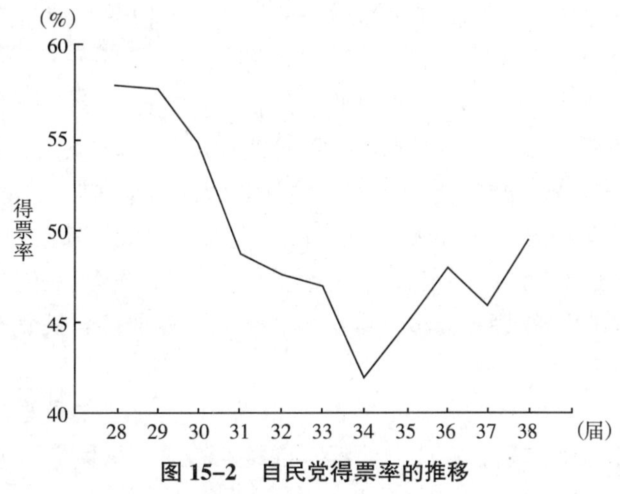


图 15–2　自民党得票率的推移

但是，那个“自民回归”未必能保障了自民党政权的稳定。从 35 届以后公认候选人的当选人数来看，同日选举的 36，38 届取得了压倒的胜利，但 35，37 两届则不过半数，靠追加公认保守系无派阀的当选人或和新自由俱乐部联合，才勉强维持了政权。可以说“强大的自民党”和“软弱的自民党”交替地进行着。

同日选举的“三百议席”和统一地方选举前半段的败北。从 1986 年 7 月到 1987 年 4 月，仅仅九个月的时间里，自民党取得了表现为两个极端的选举结果。当然，前者是国家政治一级的，后者是地方选举。但是统一地方选举的前半段，除冲绳外，46 个都道府县里都投了票，那是对企图强制推行销售税的中曾根政权的一种否定的反应。加上统一地方选举即将开始前的岩手参院补缺选举的惨败，地方选举的败北对政局的冲击甚大。因为，获得了“三百议席”，给人的印象似乎保守统治的结构巩固了，但“地方选举的败北”又表明了，保守统治的结构孕育着变动的可能性。

像“三百议席”和“地方选举败北”那样的“强大的自民党”和“软弱的自民党”的现象，为什么会出现呢？这里有一个从 70 年代末期起变得显著的“选举的雪崩现象”。

1986 年 7 月 6 日投票的众、参两院同日选举（第 38 届众院选举，第 14 届参院选举）时，雪崩是朝着自民党“三百议席”的方向发生的。自民党获得的议席，众院 304（包括追加公认 4 议席）、参院 74（追加公认 2 议席），两者在保守联合后，都是最高议席数。

因此，中曾根首相延长了党总裁的任期，“继续执政”。倡导保守二党论的何野洋平等的新自由俱乐部解散，其势力为自民党所吸收。

对在野党来说，同日选举的结果是严峻的。在野党第一大党的社会党，众院公认候补当选人数，为左右两派社会党统一以来最低数字，只有 85 人。公民党的议席也没有增加，民社党遭到惨败。社会党的石桥委员长被迫辞职，选出了日本现有政党中第一位女性党首脑土井委员长，并以背水一战之势谋求党的重建。中曾根首相则高呼：这一胜利是与“80 年体制”比美的“86 年体制的起点”。

**选举战术与结构要素**

选举时产生“雪崩”的原因，有选举战术的因素和结构的因素。

从选举战术的方面来分析，“三百议席”取胜的原因有以下几点：①用采取众、参两院选举的方法，隔断在野党的合作，展开了总体战。②缩小公认候选人取得了成功。③上次的落选者多数重又参加选举，名落孙山者的再起，起了有利的作用。④被称作“四人党首”的中曾根首相和三位新领导，争相拉票。⑤在野党在提出政策方面的争论焦点上遭到失败，中曾根首相对“改革”路线的强调，为选民所接受。

在解散的时机上，在野党虽进行了攻击，批评是“装死的解散”、“骗局、作弊”，但各种舆论调查却证明中曾根内阁和自民党的支持率确实均处在最高的状态。对中曾根首相来说，是选取了最有利的时机。

不过，仅仅做这样的战术方面的分析还不能说明获得“三百议席”的原因。下面我们再从结构的侧面来进行考察。

为了了解选举中哪个地域胜了，在哪个地域败了，我们将最近四次大选中自民党当选者，分成“大都市型”、“都市型”、“地方都市型”和“非都市型”等四种选举区类型，进行比较。如图 15–3 所示。

就当选者的总数而言，第 35、37 届，低于过半数，是败北，第 36、38 届则是大胜。

从成为“软弱的自民党”的第 35 届和第 37 届看，“大都市型”、“都市型”的数字相同，“地方都市型”、“非都市型”，也只有 1~3 个议席的出入，完全是一个模式，十分一致。今后，如果自民党从第 35 届大选以来出现的“自民回归”的势头能够持续下去，那么“软弱的自民党”的下限，可以预测在 250 个议席左右。

另一方面，若将成为“强大的自民党”的第 36 届和第 38 届与“软弱的自民党”时相比，在“非都市型”中获得的议席数几乎没有差别，在这一地区，自民党的地盘很稳定，可以说要想再增加议席数的可能性也就不大了。

在“强大的自民党”的场合，“地方都市型”议席数大体相同（第 36 届 112 议席，第 38 届 114 议席）。对自民党来说，在“地方都市型”的选举区，有这么多的议席数大概是上限了。

若将获得大胜的第 36 届和第 38 届加以比较，使自民党增加到 300 个议席的，是“大都市型”和“都市型”选区的议席。可见，雪崩现象是发生在城市。

那么，选民变动到何种程度便会发生“雪崩”呢？我们来比较一下包括弃权者的动向在内的绝对得票率。

就全国平均而言，因低于过半数而和新自由俱乐部联合勉强得以维持政权的第 37 届和获得 300 个议席的第 38 届的得票率之差为 3.8 个百分点。第 37 届和被称作“保守回归”的第 36 届之差为 4.1 个百分点。

可以说，4%左右的全国选民若改变包括弃权在内的投票态度，便会引起“雪崩现象”。

在 1987 年 4 月 12 日投票的统一地方选举的前半段中，在被视为胜败关键的福冈、北海道的知事选举中，自民党推荐的候选人败北，在 44 道府县议员选举中，自民党只获得了建党以来最低的议席。

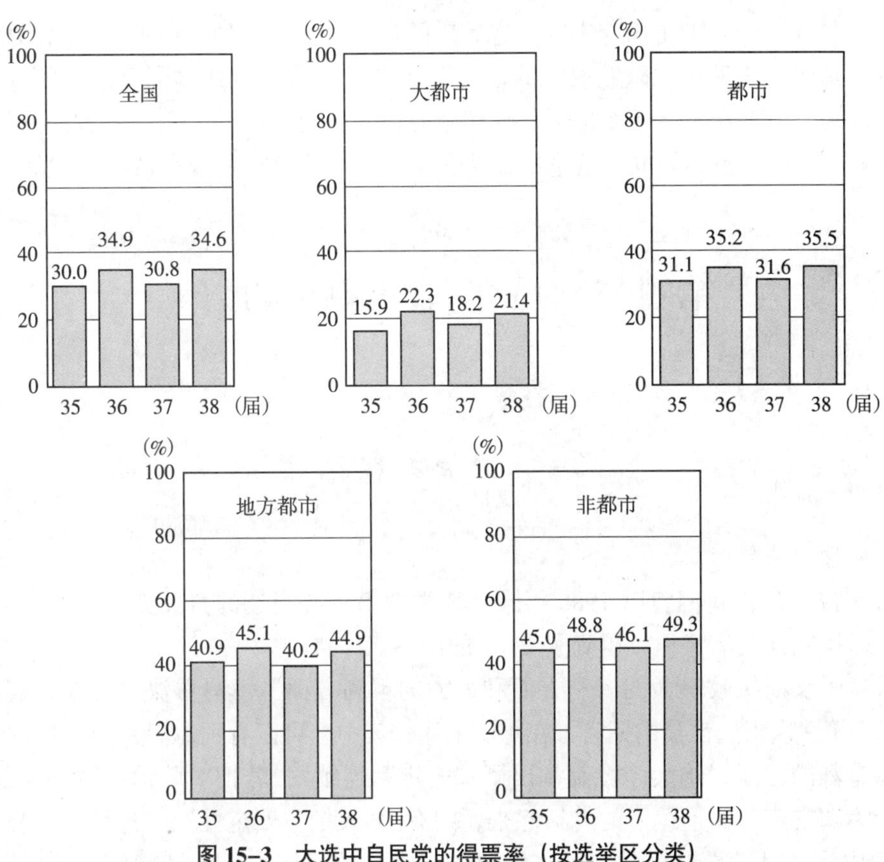


**图 15-3　大选中自民党的得票率（按选举区分类）**

注：选举区分类按第 38 届大选时的分类。
资料来源：朝日新闻社内部资料。

引起这一“雪崩”的直接原因虽是由于要推行销售税的问题，但在地方选举中，选民投票的基准有了改变这点也不容忽视。

《朝日新闻》在统一地方选举开始前进行了全国舆论调查。对于有关市区町村议员选举的投票基准问题，回答“对关心的问题所持想法相同的人”的选民占 25%，为最多，回答“所支持的政党的人”的占 22%，回答“当地推荐的人”的占 20%。

通常，在地方选举中，似乎投票是以地缘、血缘关系为优先，政策问题是第二位的。但该调查却说明了，不拘泥于所支持的政党或当地推荐的候选人，而选择持有“相同想法”的人的倾向增强了。

该调查还表明了，以“相同想法的人”为投票基准的选民，东京为 30%，大阪为 31%，比较高。在年龄组别方面，20 岁年龄层的超过四成，特别在城市，年轻的一代容易根据政策、政见去行动。

选民的四分之一，每逢选举，总要琢磨一下“哪一位候选人和我有相同的想法”。对政党方面来说，如果不去努力把这一浮动的选民层吸引过来，就意味着议席数将明显地减少。

由于经济增长生活上有了安定感，在国民中间，从总体上说保守化的倾向增强了，这是事实。但这并不意味着固定地支持保守政党，而是常有浮动的一面。在统一地方选举中，认为因销售税问题而会处于不利地位，所以连自民党系统的候选人，也出现了反对党中央的政策，辞去公认候选人的动向。一直以利益诱导为最重要的武器的自民党，没有抑制这种“叛乱”的能力，倒是由于那种动向，使党的基本政策无可奈何地改变了。

怎样将“保守浮动层”纳入支持政权的基础之中，这是对自民党领导能力的一个检验了。

这里想谈一下众、参两院同日选举的问题。在大平、中曾根两届内阁期间进行过的两次同日选举，自民党都获得了重大胜利。如前所述，同日选举不仅分割了在野党的合作，并且使执政党在所有的方面，包括选举资金在内，有可能展开总体战。这对自民党来说是有利的。但是，战后的历届内阁之所以避免搞同日选举，是因为从采取二院制议会政治的宗旨来说，有不应该搞同日选举的基本思想。战后，在新宪法之下进行的第一次众、参两院选举，在实施时也曾特意地错开了选举日程。这种只是因为在选举战术上对自民党有利而强行实施同日选举的做法，无助于日本健全的议会政治的发展。

## 第四节　90 年代的课题和展望

### 一、稳定和僵化

**贵在选举中获胜**

在写这个研究报告时，我们曾以 1986 年同日选举中第一次当选的自民党众院议员为对象，进行了一次问卷调查，以探究其政治意识，得到了 27 人的回答。

其中，要求就“长期执政最大的有利方面和最大的不利方面”填写看法。结果，有利的一面也好，不利的一面也好，第一次当选议员的回答，在想法上比较集中，可以看到他们大体抱有同样的政治意识。

就是说，在有利的方面，绝大多数都举出了“安定和连续”，若把对政治、政局、外交、政策、人心、社会等评价为“安定”、“连续”的总括起来，则有 19 人把“安定性”、“连续性”作为有利的一面。其他回答是“已成为能对世界做贡献的和平国家”、“奇迹的经济增长”、“能使行政（人）高效率地行动”、“得到外国的信任”等。

另一方面，在不利的方面，使用“僵化”、“老一套”、“腐败”、“堕落”等词语的居多，其他则指出“怠于自我革新就有衰落之感”、“执政党任意行动”、“执政党的骄傲和精力衰退”、“在野党的软弱化”、“缺乏政治的紧张感”、“丢掉了谦虚”、“对和平与富裕没有严格的反省”、“民主主义的躯壳化”、“政权的私相授受”，等等。

长期执政有利面中列举“安定与连续”，不利面中举出“僵化和腐败”，不仅在自民党议员中是如此，就是一般的评价，也是如此。

促成 1955 年保守联合的有经济界的强烈要求。当时，经团联等经济四团体发表了如下的共同声明，要求尽早实现保守联合。

“万一，稳定政权的成立陷入了困难的局面，这将不仅违背经济界的期望还将违背大多数国民的期望，这对将来的政党政治有带来严重的不信任和失望的结果的危险。因此，我们在此刻再度要求自由党通过这一次的选举，深刻思考国民所寄予的信赖，求大同存小异，加强党内团结，负起责任，为确立稳定的政权，全力以赴。”

确立稳定的政权——在这一词语中，概括了保守联合的理论。建党以来的 30 多年，自民党把“维持政权”的要求放在最优先的地位，坚持了保卫“保守统治”。90 年代自民党的课题，也正是努力“维持和确保稳定政权”。

自民党政权在长期的保守统治期间，高度地钻研、开发了维持政权的技术，“在选举中取胜”，是高于一切的大前提。为此，从国家预算的分配起到就职的斡旋，综合地发挥了保守统治的力量，在全国的各个角落，都建立起了坚固的拉票组织。在政策方面，不拘泥于特定的意识形态，而把处理现实课题放在最优先的地位。

拉票组织的确立和处理现实课题能力的成熟，是自民党政权的强处。另一方面，这也成了谋求拥护既得权益的压力，使政治活动停滞，阻碍了政治的预见性。强点同时也是弱点。现实是，在长期执政的基础上，政治的停滞、僵化一直在发展着。

例如，世袭议员、官僚出身议员的增加，提高了选举的当选概率，在确保一定议席数的意义上，是十分有效的。但是，人才的供给来源却受到了限制，使在党内寻求新鲜血液的想法变得困难，先行的只是拥护特定的后援团体、特定的政府机关的既得权益，使期望在政治中产生新风的选民失望。因销售税问题而惨败了的岩手县参院补缺选举中的自民党候选人，是已故议员的妻子，这件事乃是一个有代表性的事例。

自民党自建党以来，一直是一个派阀的联合体。派阀的存在，是靠主流派、非主流派以及反主流派的相互竞争带来党内的活力。由同一个政党提出复数候选人的中选区制，在政党内会产生派阀，这有其不得已的一面。属于不同派阀的自民党候选人相互竞争的结果，抑制了在野党的候选人。

在国政选举中，作为自民党，首先是确保国会的过半数，然后在党内活动之一的总裁选举中，通过派阀的合纵连横，选出党的首脑，这种二阶段方式，在确保长期稳定的政权上有效地发挥了机能。以在1979 年 10 月投票的第 35 届大选中败北为诱因而引起的大平，福田 40 天的对抗，终于发展成由自民党推举两名首相候选人，争相由国会指名的异常事态。进而在 1980 年，自民党议员的一部分不参加众院全体会议而通过了对大平内阁的不信任案。这样一种异常状态，已经到了派阀对抗的极限。作为单一政党的团结已难以保持。可以说，党产生分裂，也并不是不可思议的。但是自民党没有分裂，而是希望搞众、参两院同日选举。大平首相在即将倒下前的最后一次街头演说中说："自民党自建党以来，反反复复有过许多争论、纠纷，但是，在保护国民的安全，保卫生活，对日本的未来，必须负起责任这一非常重要之点上，是丝毫也没有动摇的。"

**派阀的效用**

党内非、反主流派的存在以及权力对抗的反复进行，在政策方面，有防止执掌政权的人独断专行，牵制自民党政权不致走向极端的作用。中曾根首相所以不得不接受众院议长的调停，使销售税法案事实上成为废案，就是因为担心党内批评中曾根的动向表面化，政权的基础会崩溃。

此外，派阀的作用，正像田中前首相自称是"综合医院"那样，有群众要求的处理、选举的支援、信息的交换等。属于派阀的议员都能以非常方便的形式发挥机能。虽然表面上提倡"解散派阀，"但实际上并没有实现也正是这个理由。说保守长期执政是依靠派阀活动的能量得以维持的并非过言。

但是，派阀作用的另一个侧面是，派阀的存在成为派阀人事、金权政治的温床因而不断受到来自党内外的批判，而且还一成不变地使"党的现代化"、"党的改革"处于停顿状态，这些都是事实。

在政策方面，自民党内对改革实行"刹车"的例子不少。1986 年 4 月，作为解决贸易摩擦，顺应国际环境的一张处方，中曾根首相的私人咨询机关"为国际协调调整经济结构研究会"整理了一份以"向内需主导型的经济增长转换"为宗旨的报告书，提交给首相。这就是所谓的"前川报告"。

中曾根首相访美，向美国总统里根出示了带去的"前川报告"。在会谈结束后的新闻发布会上，首相表明了"结构调整对任何国家来说都不是容易的事。但日本不实行历史的转换不行，我准备接受这一考验"，决心很大。里根总统也自然表示"赞赏首相的决心和承诺"（新闻发布会）。但是，中曾根首相回国后不久在政府、自民党联络会议上，当自民党方面提出质问："不是就前川报告的内容已向美国许下诺言了吗？"中曾根回答说："只是作为我私人的咨询机关的建议做了介绍，作为中长期的计划准备坐下来专心地搞。"给人的印象是比"承诺"后退了一步。

继这一申辩之后，当时的政务调查会长藤尾强调说："虽说要进行像前川报告指出的那种结构变革，但在党的方面，有（政务调查会的）各个部会，不能马上就接受。对中小企业的冲击也很大，对众院选举也有影响，因而并不是马上就决心搞大转换。这一点应及早让大家知道。"

政务调查会长藤尾的发言，很好地反映了自民党的体质，就是：①拥有各个部会。②也影响选举。

③不是马上就下决心搞大转换。为了依靠各个部会和与各部会直接联结的官僚机构确保选举地盘，那种违反其利益的性急的经济结构转换，是不可能的。

一年以后，美国方面围绕半导体问题甚至采取了报复措施，日美经济关系恶化了。这是由于中曾根首相给美国方面的印象似乎是“前川报告”所要求的经济结构转换，在短期内就可实现。与此同时，自民党内对转换加以“刹车”的力量也在起作用。

自民党为了稳定政权，便以现实的“利益诱导”为武器去开展拉票活动，无论对世界，对团体，对个人，都是如此。对旨在推行销售税的中曾根首相抢先燃起了反叛的狼烟的，是东京、庶民居住区商业街的老板们，以及以他们为有力的地盘的年轻议员。

销售税问题，本来就是针对抱有保守的政治意识的阶层，若损害其既得权益时，也容易引起反叛。自民党议员与其说是去说服他们，倒不如说是逢迎他们，这是利益诱导型政治的界线。

自民党政权始终采取重视经济主义，开拓了通向经济大国的道路，确保了政权的连续性。但是，经济增长的结果，招致了国际收支的不平衡，“转换经济结构，开放市场”，成了国际上的要求，现在，世界各国注视日本的眼光非常严厉。

如何在国内稳定保守政权的基础，同时，不断适应国际上的要求，而且，怎样才能打破“僵化和腐败”这些 90 年代摆在保守领导人面前的课题是非常重大的。

## 二、预见性和实行力

1983 年 3 月，临时行政调查会提出的最终答询报告指出：“虽说经济高速增长的时代已经结束，但日本经济的规模已达到了约占世界 GNP 一成的地步。明治以来的目标赶上型的现代化也可以说已大体达到了。”“赶超”外国的时代确实是结束了。但是，正因为外国不能作为范例，90 年代日本前进的方向应从何处寻找好呢？自民党开始进行摸索。

我们在向第一次当选的自民党众院议员的问卷调查中，作为 90 年代的课题，就以下三点提出了质询：“国家目标”、“修改宪法问题”、“改变无核三原则问题”。

在要求填写的“你认为在 90 年代必须高举的国家目标”一栏内，写有像“国土的均衡发展”那样可分类为“国土开发、地域振兴”型的回答的人最多，其次是“国际化”，也有回答为“有活力的社会，安定的社会”的。由此可见，第一次当选的议员所关心依然倾向于“开发国土、振兴地域”。

关于修改宪法问题，认为“有修改的必要，也有可能性”的人不过 17.4%，认为“修改有必要但没有可能性”的占 48.1%，再加上“没有必要”的 44.4%，则九成以上的人认为，在 90 年代修改宪法不可能实现。

对于无核三原则，认为“没有必要变更”的占 81.5%，居压倒多数。“认为有必要但没有可能性”的占 14.8%，认为“既有必要也有可能的”占 3.17%。

在该问卷调查中，还曾示以各种字眼，问其对这些字眼的“好恶度”。这样的调查，在 1969 年佐藤政权得到“三百议席”后不久，朝日新闻社曾对 56 名自民党众院议员实施过。这次提出了和上次相同的问题请他们回答，以观察自民党议员的意识在这 17 年间是否有了变化。结果，喜爱的字眼以“诚实”、“对话”、“年轻”、“硬骨头”等为最多，讨厌的字眼则有“耍手腕”、“金钱”、“年功序列”、“政治交易”等，这种倾向和上次大致相同（见图 15–4）。单就该调查来看，从 70 年代起到 80 年代后半期止，虽然经过了许多年，但在想当自民党众院议员的政治家的意识中，可以说变化不是太大，只是对“官僚”这一字眼的恶感淡薄了，这点比较明显。在意识方面也证明了自民党和官僚机构的一体化有了进展。

通过这次调查可以描绘出第一次当选的自民党众院议员的形象，他们是有以下一些想法的人：“90 年代的国家目标，重点在国土开发、地域振兴；在 90 年代，修改宪法，改变无核三原则均无可能性。”

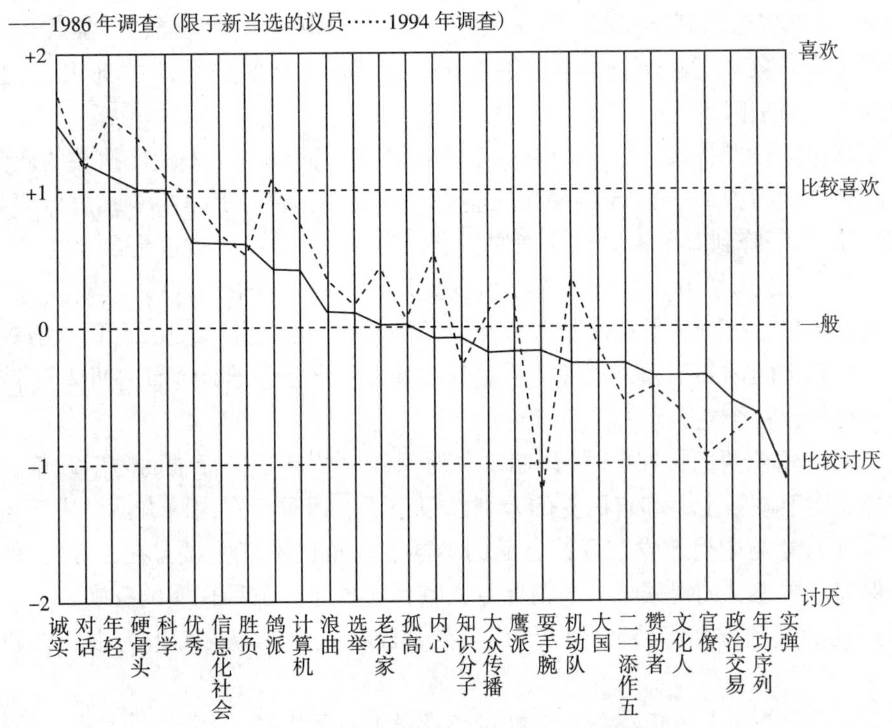


**图 15-4　自民党议员对不同字眼好恶度曲线图**

"对于政治，诚实、对话、年轻、硬骨头是必要的，政治交易，金钱应该避免。""金钱"这个字眼，大概会使人联想起像收买一类的金权政治来，因而令人讨厌。虽然因当选次数、年龄差异，会多少有些不同，但这可以看成是平均的自民党议员的形象。

在该调查中不应忽视的一点是，关于国家目标，依然是国土开发、地域振兴型占多数，在回答的内容中看不到有大胆的创新的想法。若考虑到意识方面也看不到有太大的变化的情况，可以说自民党议员的素质，近几年没有大的变化。

在该调查中，还对政治家需具备的素质列出一些词语，要求从中只选取三个作回答，结果 55.6%的人举出了"预见性"，51.9%的人举出了"实行能力"，其他为"领导能力"（29.6%）、"见识"（25.9%）、"判断力"（18.5%）、"诚意"（18.5%）。

作为自民党议员，为了驾驭被称为"没有航海图的航海"的 90 年代的政治，已自觉到了"预见性"和"实行能力"是必要的。

## 三、校正与平衡

**在野党的无力**

在向第一次当选的自民党议员进行的调查中，对"到 90 年代估计是什么政权"的问题，回答"自民党单独执政"的占 66.7%，"保守联合"的占 22.2%，保守、中道联合的占 11.1%，而回答没有保守派参加的政权有出现的可能性的人一个也没有。

关于下一次大选的成绩，没有人预计会是"绝对多数（300 个议席以上）"或"低于过半数"。回答"稳定多数（271 个议席以上）"的占 63%，"过半数（256 个议席）以上"的 33.3%，相当集中。这表明了，在上次同日选举中包括追加公认在内虽得到了 300 个以上的议席，但那是走运，这种情况今后不可能继续出现。

话虽这么说，但并不认为在下次大选中，会有低于过半数而被迫下台的可能性。因为即使经过今后的数次大选，进入 90 年代后出现不足过半数现象，但只要和中道政党联合，参加政权完全是可能的。因为是以自民党议员为对象进行的调查，这样的结论是当然的。但是，预计在 90 年代会出现完全没有保守势力参加的政权，那是困难的。

自民党所以能够保持长期执政，据认为是由于“在野党方面没有一个胜任执政的政党”。在野党第一大党社会党众院选举的得票率，1955 年两派社会党统一时为最高，达 32.9%，之后便是下降的趋势，到 1986 年同日选举时，下降到差不多只有原来的一半，为 17.2%。议席数也是最少的。

在 1987 年的统一地方选举中，虽然给人以多少挽回了一些颓势的印象，其实，这种情况的出现，在很大程度上是由于想强行推行销售税的中曾根政权的判断错误，说起来是一种因敌方失误而得分的形式。国劳的解体，日教组的内部不和，总评的力量日益衰退，劳动组合的组织率也呈下降趋势，考虑到这些情况，今后不能保证社会党会上升。

中道政党的公明、民社两党，在 55 年体制下，对保守、革新之坐标轴的防卫政策，表现出容忍自卫队的态度，在外交防卫政策上，和自民党的差别已很小了。而且，在内政方面，由于自民党打出了针对现实的政策，保守政党与中道政党在政策方面的不同点，也已不甚明显。在 1987 年的统一地方选举中，知事选举时保守、中道共同提候选人的情况令人瞩目，这正是那种现实的反映。

就是在选举运动的基础方面，公明党以创价学会，民社党以同盟系劳组为中心，两党都在倾注心血，扩大地盘。

共产党在国会内虽是在野党，但很孤立，在扩大党员上有限度。

在这以前由于在野党的势力一直被关在政权的大门之外，在政策形成能力方面，不可否认比自民党差。另一方面，自民党继续垄断官僚机构提供的行政信息，力量更为增强。

自民党在国会获得过半数以上议席，致使政权稳定，在党内，则反复进行制约与平衡而保持了长期执政。

就指导思想方面说，前述四种，也就是民族意识、宪法感觉、日美协调主义和重视经济主义等在相互牵制而保持平衡。

如前述在防卫费突破 GNP1%框框的政策决定中所见到的，宪法的理念和美国的要求是矛盾的，只是贯彻重视经济主义，日美协调主义就会崩溃。

鹰派与鸽派，改宪派与护宪派，重视经济主义与重视政治主义在自民党内，相互矛盾的主义、主张共同存在。而且，顺应国内、国外政治形势的现实，加以灵活运用，这就是实际情况。

由战前继承下来的民族意识和战后通过新宪法而引入“战后民主主义”，一定有不合辙的部分。

执政的人在决定重大的政策时，不论愿意与否，必须一面盯住国民、国会、党内的动向，一面寻求与该时期相适应的调和点，去推进政治。这是因为，在平衡感觉消失时，就会因选举败北、国会混乱、党内造反等，而被赶下台。

在野党在国会起的作用也是不能轻视的。特别是在宪法问题上，由于在野党在国会的严肃追究，被刹住车，阻止了自民党走向极端的方向。结果反而使自民党长期执政有了可能，这实在是一种讽刺。

自民党内由派阀引起的制约与平衡有很大的意义。自民党总裁选举，是政权对抗的舞台，经常由向政权挑战的一方提出“改变潮流”的主张，对政治的现状提出批评的政见。

例如，像由岸首相向池田首相交替时那样。实际上，自民党政治是，党的首脑一交替，政策的重点就不同起来。自民党政治纵然一旦碰壁，但会因执政的人形象的改变，有可能给国民以政治似乎变化了的印象，尽管政权并没有在政党间进行交替。而且，不仅是政治的实际运行在变，连政治的方向本身也在变，因而能够使自民党作为一个整体而得以确保政权。

**能摆脱内向的想法吗？**

那么，长期的保守政权在 90 年代是否仍将继续呢？

90 年代日本的课题，如用图表表示，则可以大致分为主要因国内的原因要求解决的问题和因国际的原因要求解决的问题两类。

长期执政的保守政权之所以能使日本从战后的废墟中复兴起来并使国内经济的增长和稳定不断持续，正是特别重视国内因素的结果。在外交方面，1972 年日中邦交正常化以前，消除因战争引起的不正常状态的“战后处理”意识很强。内政、外交要符合国内的要求，是最重要的，而且为此竭尽了努力。

1971 年的两次尼克松冲击，“保卫美元”和“越顶外交”，宣告了战后的日本政治已面临转机，要求纠正眼光集中在国内的做法，把眼光更多地转向国际，应该拨正航向。

已故的大平正芳在 1971 年 9 月以“改变潮流”为题指出：“我们曾举国一致，专心致志于经济复兴，但正是由于我国经济增长和跃进的缘故，不得不作为国际大家庭的一员而为经济国际化做努力。”现在回想起这些话来，不能不说是非常富有先见之明和富有启发性的见解。他明确地指出，要以调和国内的要求和国际的要求为目标。

但是，从 70 年代到 80 年代后半期，自民党政权实际地展开的政治未必是适应国际要求的。“倒三木运动”、“40 天对抗”、“田中统治”等，长期持续的派阀对抗使政治面向国内，方向性变得模糊不清了。同时，由于使长期执政成为可能的政权的稳定性和连续性，维护既得权益也比先前更甚，因而依然是着眼点优先向国内，并招致了僵化和停滞。

中曾根政权提倡的“战后政治总决算”路线，是向这种停滞和僵化挑战的路线。“国铁改革”等一系列中曾根的改革取得了一定的成果。中曾根的“所有各项制度都应经常修订”这一主张，对维持保守派长期执政，是理所当然的。

提倡“国际国家”论，也有诉诸“日本必须回答国际上的要求”这种国民感情的成分。

但是，中曾根政权确实也还没能摆脱面向国内的想法。例如，因正式参拜靖国神社而招来了亚洲近邻各国的反感，因“知识水平”的发言而不得不向美国国民赔礼道歉。“国际国家日本”的主张首先意识到的也是日本在国际社会中要提高地位，要加强发言权。

特别是在经济方面，未能实现“作为国际大家庭的一员而成为经济国际化的担当者”的目标，相反，却被作为搞乱国际经济协调的祸首而受到了批判。甚至责难实行财政改革只是谋求日本财政的平衡，姿态过于内向。

1987 年 5 月，中曾根首相和美国总统里根会谈，在最拿手的参加国际政治的部分，几乎没有能发言，只得再度确认在国际经济方面，未能起到作用和尽到责任。

不仅在美国，欧洲其他国家“砸烂日本”的呼声也正在掀起。这宣告了日本又面临着不亚于 1971 年尼克松冲击的转机。

刚好在这一时刻，自民党迎来了党首脑交替的时期。高举“继承中曾根政治”旗帜的竹下政权登场了。从 70 年代起到 80 年代后半期，自民党勉勉强强把政权维持下来了。但是，不过半数和绝对多数的来回反复，表明了对总体“中流”化了的选民的判断十分困难。

自民党政权面临的最重要的课题是前川报告所说的“经济结构的转换”，以农业问题为例来看，国内的要求（内向的总受器）和国际的要求（外向的总受器）在本质上是矛盾的，要加以调和是非常困难的。

自民党在“内向”上，保持了作为“总受器”——政党的灵活性和多样性，在维持政权上取得了一路成功。今后，在外向上，这种灵活性、多样性，是否也能够发挥呢？

如果只是继续坚持“照顾选举区”和“照顾产业界”的利益诱导型“内向的总受器”。在政策上行将碰壁已显而易见，不拘泥于既得权益的变革，今后越来越变得重要了。但是，正像我们已经看到的那样，对很难从“族议员”和“世袭议员”以及金权体质中摆脱出来的自民党来说，这种变革是不易的。其成败与否，将会成为决定长期执政的保守政权能否持续的关键。

# 第16章　企业的未来面貌

**研究成员**

综合研究开发机构理事　　　　藏挂直忠
综合研究开发机构监事　　　　西野嘉一郎
关东学园大学教授、综合研究
　开发机构客座研究员　　　　福士昌寿
综合研究开发机构主任研究员　近藤诚
综合研究开发机构研究员　　　稻泽真一
综合研究开发机构研究员　　　伏黑久高
前综合研究开发机构研究员　　野口瑞昭
前综合研究开发机构研究员　　中井俊明

（东京大学教授**若杉敬明**、日本青少年研究所所长**千石保**、一桥大学教授**津田真澂**、庆应大学教授**关本昌秀**等4人亦提供了意见。此外还参考了综合研究开发机构独立研究组织“股份公司制度研究会”和“企业跨国化引起的有关法律问题研究会”的成果）

**秘书处**

综合研究开发机构

## 第一节　企业环境的变化

### 一、走上正轨的日本经济的国际化

**多极化的世界经济**

到90年代，世界经济还将继续目前这种严重不稳定、不确实的状况，一时还看不到建立起能够替代美国主导的、富有效率的世界经济综合体系。

80年代前期，美国的里根经济政策取得了暂时性的成功，实现了经济增长和稳定了通货膨胀。然而，另一方面却扩大了财政以及对外贸易的“双赤字”。从1985年前后起，美国的政策改为放宽金融限制与纠正美元的高汇率。为了消除财政赤字，采取了诸如制定克拉姆·拉托曼法案等措施，但人们对其效果普遍持悲观看法。另外，就贸易赤字来看，由于存在着美国的国际竞争力低下等结构性原因，不可期望能迅速得到改善。若美国持续出现巨额贸易赤字，将会使美国的对外债务进一步膨胀，世界经济有可能因美元的暴跌而出现混乱。在国际上，人们强烈认为，为了消除外贸逆差，美国应该削减财政赤字。但另一方面，美国很可能进一步加强保护主义政策及对贸易对象国提出各种政策要求。

尽管美国的经济地位下降，但欧洲共同体、日本、新兴工业国家和地区目前还缺乏建立世界经济综合体系的实力。然而世界经济的相互依存性将出现前所未有的提高，国际货币、贸易、发展中国家累积债务等问题也堆积如山。因此，今后的世界经济将在以软弱的美国为中心的多极结构之下，各个国家一方面相互对立，另一方面又不得不继续进行政策协调，以保持世界经济的稳定。

另外，今天对整个世界经济来说，跨国公司的活动已经发展到了不可忽视的水平。今后，其活动无疑会提高对世界经济的相互依存性，但这将成为一个稳定经济的因素，还是一个阻碍各国政策协调的因素，正受到人们的关注。

**国际化的日本经济**

贸易摩擦的激化和日元升值，将迫使日本经济发生重大变化。日本的经常收支顺差，从 1983 年以后大幅度扩大，1986 年达到了 859.7 亿美元。其背景是，石油危机以后，日本将产业结构从重厚长大型转向轻薄短小型，从而提高了国际贸易方面的优势地位。

在日本的总需求中，出口所占比例，按最近的实际数据计算约达 17%。特别是钢铁、一般机械、电子机械、汽车等商品，出口占销售额的比率达到了三四成。另一方面，进口占总供给的比率，近年来出现减少，最近约为 13%。特别是欧美各国批评日本进口商品太少。但是，也不能忽视这样一些情况：日本国内市场大、产业发展的余地很大、邻近地区缺乏发达的工业国家、外国企业在日本国内的生产顺利发展。总之，以往日本经济的发展，是出口依存型的，这一点是无可否认的。贸易摩擦和日元升值的结果，使得日本经济不得不改变这种行为方式。前川报告指出："应该把日本变成国际国家，为了扩大进口，应该改变产业结构。"

结构变化已是刻不容缓。适应于日元升值与贸易摩擦，将出口转变为在海外生产的企业正在增加。由于日元升值，制成品、零部件的进口急剧增加。在这一过程中，从原材料到制成品的国内一条龙生产体系瓦解了，一些产业或地区不得不大幅度地缩小生产、减少就业。

## 二、产业结构发生重大变化

**企业脱离日本**

为了适应贸易摩擦、日元升值、亚洲新兴工业国家和地区的抬头等国际环境的变化，企业进行了多种努力。

第一，在出口方面，企业转向海外就地生产的动向十分活跃。汽车、家用电器等具有代表性的出口产业部门，相继制定了大规模的海外建厂发展计划。迄今为止，为消除贸易摩擦，彩色电视机等以装配部门为中心已开始进行就地生产。但是，最近来看，立足于中长期内日元将继续升值这一条件，为了适应该领域国际竞争力下降的局面，正式出现了把从零部件的生产、采购到装配的全过程都移到海外的动向。1989 年，日本汽车厂家在北美的就地生产将步入正轨，届时的产量将达 290 万辆，接近目前出口量的 80%。另外，海外生产也并不就是消费地的一条龙生产，部分生产也可以在劳动力费用等成本较低的第三国进行，进而也致力于产品之间及工程之间的国际分工。

第二，进口方面的对策。以往在日本制造业中明显存在着国内生产、国内采购的倾向。进口制成品、零部件的比率只占国内供应量的 2%（1983 年）。但是，由于发达国家努力扩大对日出口、新兴工业国家和地区的供应能力提高以及日本企业扩大海外生产等因素，增强了从海外采购制成品与零部件的可能性。由于日元继续升值，今后这一倾向将会纳入正轨。

一直依赖于间接出口的钢铁业等原材料产业及中小承包企业，这次也受到了重大影响。随着母企业转向海外建厂，中小承包企业中，有些企业也向海外发展。但是，对于缺乏人才与经营能力的中小企业来说，这种转换是很困难的。另外，由于受母企业海外生产规模以及对从当地企业筹集零部件所持的态度等因素的影响，有时难以期望与母企业之间保持在国内那种稳定的合同关系。

产业结构审议会的报告（《21 世纪产业社会的基本构想》、1986 年 5 月）预计，在到 2000 年的这段期间，海外直接投资的名义累计投资额，将以年率 12%左右的速度扩大，因此，这一期间国内将减少就业机会 56 万人左右。

**技术带动技术**

技术革新将提高企业的预期利润率，促进活跃的设备投资，从而使产业结构发生变化。从最近设备投资的动向来看，钢铁、化学、纸、纸浆等原材料产业由于需求不旺、成本上升等原因，企业收益低落，设备投资也处于低水平。然而加工装配产业，一般说来继续保持旺盛的设备投资活动。例如，以微电子技术领域急速的技术革新为背景，推动了企业及社会的信息化；另外，开发采用了新技术的新产品及提供新金融商品与新服务的活动十分活跃，从而扩大了对信息通信机器及相关服务的需求。技术革新通过这种技术带动技术的形式，使产业结构和需求结构发生变化。顺便说一句，前面提到的产业结构审议会的报告书预测，由于微电子技术、新材料、生物技术等所谓三大技术革新的发展，其关联产品的市场规模将达到约 230 万亿日元（1980 年价格）、相关行业的就业机会将增加 117 万人。

**服务化、软件化进一步发展**

由于经济的服务化、软件化，产业结构将发生重大变化。经济企划厅预测，以服务部门为中心的第三产业的比重，按附加价值额计算，将从 1980 年的 59.5%扩大到 2000 年的 65.9%。其背景是：①个人消费的服务化、多样化。由于所得水平的提高、城市化、余暇时间的增加等因素，将使人们的需求从物质转向服务；需求的个性化、多样化，将促进产品的多样化及开发出物质和服务相结合的新商品。饮食业、服务业、送货业、零售业等新形态的企业活动随之增加。今后，这一倾向也将继续发展。这是因为企业活跃地开发商业机会，今后将继续提高所得水平、增加余暇时间和扩大妇女就业。同时也是因为，由于人口的高龄化，对医疗、福利、余暇等的需求将进一步增加。②企业部门的服务化、软件化将进一步发展。大楼综合管理、企业警备保卫服务、开发计算机软件、信息处理、企业之间的数据通信等需求，预计今后也都将大幅度增长。另外，由于金融的国际化、个人以及企业运用资金的态度的变化，金融与证券等部门目前正发生急剧的结构变化。今后，在竞争激化的过程中，为了提高经营效率、增强竞争能力，企业将积极努力地扩大商业机会。

## 三、技术水平分出高低的时代

微电子技术、生物技术、新材料技术是目前正在进行的技术革新的三个代表。其中微电子技术是目前技术革新的主流，后两者要到 21 世纪才能正式展开。最近的技术革新的特征是：第一，技术革新没有停留在某一个产业领域内，而是诱发了许多产业的技术革新，从中产生了一种技术融合。第二，技术开发超越了产业领域的局限。例如，在生物技术领域中，不仅有化学与医药相关企业，食品、电机、纤维、钢铁等不同行业的企业也参加了进来。

日本的技术水平虽已处于能够出口通用技术的地位，但在最尖端的技术部门依然要依靠外国。为了使企业在今后国际环境急剧变化和技术加速老化的进程中生存下去，必须比以往更加努力地推进自主开发技术。这是因为，外国企业已不会像过去那样宽容地提供技术，而国际间的专利纠纷也会频繁发生，因此提高了自主开发技术的重要性。

开发新技术需要经费和时间，但也有人认为，日本企业研究开发投资的收益水平，就制造业来看，不同行业部门尽管有些差异，但主要行业大体在 30%左右，这比债券投资的收益水平要高得多（据成蹊大学教授后藤晃研究）。

最近的技术革新，如从半导体元件及办公室自动化机器的发展变化中所看到的那样，产品的周期不断缩短，价格显著下降，若与其他企业在同一个领域内生产类似产品，经营的稳定是无法指望的。另外，许多企业为了稳定经营和发展生产采用多元化战略。此时，企业已经不应该固执地坚持与原来的“企业”保持关系。对于大胆进入市场前景看好、收益高的领域来说，依靠原有业务领域所积累的技术来发展，在许多情况下已不能适应。

因此，企业必须主动进行新的技术开发投资，以开发能够在尽可能长的时期内对其他企业保持优势的领域和产品。

## 四、企业财务的作用扩大

近年，日本继续存在着超额储蓄的倾向，而美国则是储蓄不足。结果造成大量资本不断从日本流向美国。另外，在日本国内，一些企业在技术革新的条件下设备投资旺盛，与此相反，有些企业则把设备闲置或报废。这样一来，扩大了国际之间、产业之间资金供求的不平衡。在这一背景下，金融的国际化与自由化急速发展。今后，在企业经营中金融的重要性将会进一步提高。

进入 80 年代，日本资金继续过剩。其原因据说是由于国内投资机会减少。但是，如果企业提高筹措资金的效率，降低筹措成本，将会扩大投资机会。另外，提高剩余资金的运用效率也应成为企业经营的重大目标。考虑到这种倾向今后还将继续下去，在此情况下，不仅银行，证券、保险等金融机构也都必须向企业提供有关投资机会、高效率地筹措和运用资金的信息。

此外，为了开拓新的发展领域，今后企业将会进一步增加尖端技术的开发及向海外发展。如果这些计划获得成功，将会带来巨大利润，但是，同时也需要巨额的资金并使商业风险扩大和长期化。为了解决这一问题，要求企业充实自有资金和准备长期资金，并要求进一步改善股票与公司债券市场，实现金融自由化。在成功地赢得了这场挑战的企业中间，将会出现扩大内部资金，并从依赖于外部资金的境况中摆脱出来的企业。

随着企业活动的国际化，资金的筹措、运用也将趋于国际化。特别是随着企业活动的多国籍化发展，由于应付外汇风险、巨额资金需求、提高资金管理效率等客观要求，今后，企业金融也将进一步趋于国际化。

今后，采用吸收与合并（M&A）战略的企业将会增加。以往一直认为，吸收与合并是同日本的特点不相融的。在巨型企业中，这种事例的确很少。但是，最近一个时期，有的企业将把吸收与合并作为其多元化战略的一环，强有力地予以实施。在美国，人们对只把吸收与合并作为一种资金投机提出了反省，指出在今后技术革新加速进行的条件下实行单一经营的脆弱性。在日本，作为实现多元化的一个手段，企业的吸收与合并也在增加。

## 五、高龄化、技术革新、价值观的变化将改变劳动市场

经济企划厅预测，2000 年前后，尽管人口高龄化和妇女就业欲望提高，但由于劳动力的需求不能与此充分相适应，因此将会产生中青年男子劳动力严重不足，而高龄男子及妇女劳动力供给过剩的状况。其根本原因在于创造性人才的供求失调。在这种情况下，就业人口中，男子高龄层人数将增加 40%以上，占全部男子就业者的比率，将从 1980 年的 16%提高到 2000 年的 20%。

就以终生雇用、年功序列制等为支柱的所谓日本式雇佣惯例来看，在这种劳动力的中高龄化的过程中，由于劳动成本的增加及职位不足，将不得不大幅度修正在待遇上的年功序列制这一倾向首先在中小企业中显著表现出来。这是因为，在经济高速增长时期，由于劳动力不足等原因，虽然中小企业也普及了日本式雇佣惯例，但由于它们一则不能像大企业那样向外派遣人员以缓和高龄化的压力，二则人事费

的比率相对来说比较高，因此高龄化对它们的冲击远比对大企业来得猛烈。

技术革新也将给日本式的雇佣惯例带来重大变化。以微电子技术为中心的技术革新，降低了熟练程度与劳动的质的价值，提高了商品开发、技术开发、经营规划等活动的重要性。其结果，在生产部门将产生计时工等简单操作工与具有高级专业知识的技术人员的两极分化。以往，日本企业通过在职培训（OJT）培养企业特有的熟练工人，并利用日本式雇佣惯例使其在企业固定下来。但在就业者两极分化的过程中，劳动力市场的流动性将会进一步增强。另外，为了实现经营的多元化，企业也积极从外部录用人才，因而有必要把年功序列制改为能力主义的人事制度。最近，事务职位中，寻找资金管理者等干部的活动很活跃。不可否认，这一倾向今后也会波及事务管理部门。

随着国民劳动价值观的变化及企业活动的国际化，日本企业中外籍职工将会增加，对其影响我们也不能低估。如同在富裕的社会环境中成长起来的一代年轻人被称为“新人类”一样，与老一代人相比其意识变化十分明显。其表现如，从工作中心主义转向工作和余暇并重，企业归属意识淡化，职业归属意识增强等。另外，由于企业活动的国际化，外籍职工的比率也会增加。现在，制造业的生产工人比率较高，但由于各国的雇佣惯例及劳动观存在差异，因而产生了各种各样的问题。然而，今后随着中间管理职位及企业干部中外籍雇员比率的增大，不仅在待遇方面，而且在经营、组织运营等方面都有可能产生龃龉。这样一来，今后企业在国内外将拥有大量具有不同的文化、不同的价值观与行为方式的职工，企业必须通过更加明确地提出企业的目标、经营哲学，以求得统一意志和充分发挥利用他们的能力。在同质文化中所说的“大家都应该懂的道理”此时已经行不通了。

## 第二节 从“所有权”和“支配权”看企业的未来

### 一、所有权的法人化和相互持股的前景

**法人持股增加**

股份公司本来是由个人出资建立起来的，而代表公司的经营者是从出资者中选举出来的。也就是说，对公司的最终支配权掌握在资本家手中。然而，在现代日本的股份公司中，法人特别是金融机构所持有的股票占有很高比率。表 16–1 所示的是不同所有者持股比率的变动情况。1950 年个人持股占 61.3%，尔后逐年减少，1985 年跌到 25.4%。取而代之的是金融机构，其比率持续上升，现在已达到 40%以上。1975 年以后，事业法人等的持股比率虽有一定减少，但现在仍超过个人的持股比率。在这种法人持股发展的阶段，不存在个人大股东，法人作为出资者即所有者而存在。因此，日本的股份公司与美国的不同，来自股东方面的约束比较少，公司的代表者成了该公司的支配者。

**表 16–1 不同所有者持股比率的变动情况**

单位：%

| | 1950 年 | 1955 年 | 1960 年 | 1965 年 | 1970 年 | 1975 年 | 1980 年 | 1985 年 |
|---|---|---|---|---|---|---|---|---|
| 政府、地方公共团体 | 3.1 | 0.4 | 0.2 | 0.2 | 0.3 | 0.2 | 0.2 | 0.2 |
| 金融机构 | 12.6 | 23.6 | 30.6 | 29.0 | 32.3 | 36.1 | 38.8 | 40.7 |
| 证券公司 | 11.9 | 7.9 | 3.7 | 5.8 | 1.2 | 1.4 | 1.7 | 2.1 |
| 事业法人等 | 11.0 | 13.2 | 17.8 | 18.4 | 23.1 | 26.3 | 26.0 | 25.6 |
| 个人 | 61.3 | 53.1 | 46.3 | 44.8 | 39.9 | 33.5 | 29.2 | 25.4 |
| 外国人 | — | 1.8 | 1.4 | 1.8 | 3.2 | 2.6 | 4.0 | 6.0 |

资料来源：大藏省证券局。

**作为稳定股东活动的相互持股**

这种持股法人化的进展，是因为采取了相互持股这种日本所特有的形态的稳定股东的措施。战后初期，由于担心因财阀解体而导致战前财阀系统金字塔形的支配体系崩溃，想以此尽可能阻止资本向各个企业分散。这样相互持股具有两层含意：①通过提高属于同一企业集团的企业的持股比率，防止来自企业集团外部的控制，确立企业集团内部排他性的自主统治。②由于企业之间相互持有股票，其关系更加紧密，从而抵消了对方的控制。

通过相互持股，有利于维持企业集团内部各企业之间的友好关系、交易关系。但是，最大的好处是，有利于防止吞并。作为稳定股东来说，如果握有企业集团内部企业的股票，那么要想从企业集团外部进行吞并就变得很困难。另外，经营者也不能单凭自己个人的想法就处理本企业所拥有的企业集团内部其他企业的股票。就是说，在欧美频繁发生的违反经营者意图的收买合并事件，在日本几乎不可能发生。

**机关投资者、外国人投资者的增加和相互持股**

具有以上长处的相互持股，估计今后仍将继续下去。但是，如果持股者中机关投资者和外国人的比例扩大，也许会给相互持股带来微妙的影响。即机关投资者及外国人投资者会要求提高股票分红，并且不能想象，他们也会像以往相互持股的股东那样，对企业的业绩及红利政策不表示任何意见。若把相互持股作为一种资金运用形式，其利率是非常低的，因为把大量的资金固定在这上面，明显影响资金的效益。因此，对利率十分敏感的机关投资者及外国人投资者，会要求撤回用于相互持股的资金，将其运用于具有更高利率的资产。另外，在主业中不能增加利润的企业也会考虑把固定于相互持股中的资金用于金融投机。这样做存在削弱相互持股的可能性。

## 二、出现没有股票的股份公司

**内部资金比例的上升和手头流动资金过剩**

看来现代股份公司考虑问题的倾向是连红利也是向企业外部支付的成本，把支付红利与留存于企业内部的内部资金（内部留成+折旧）的减少联系在一起。因此，企业的目标，与其说是为了最大限度增加包括红利在内的纯利润，不如说是为了最大限度地增加扣除红利的内部资金。如表 16–2 所示，是日美两国制造业内部资金的比率，也是内部资金对设备投资额的比率变动情况。由此可知，内部资金的比率，日美两国都呈上升趋势，目前其比率都超过了 1。这种情况意味着，企业内部资金的积累超过了设备投资所需要的金额。由于企业内部资金的扩大，企业筹集资金的方式发生了重大变化，即从依赖外部资金转向依赖内部资金。

**表 16–2　股份公司的内部资金比率**

| | | 内部资金（A） | 设备投资（B） | 内部资金比率（A/B） |
|---|---|---|---|---|
| 日本制造业（10 亿日元） | 1956~1960 年平均 | 258.8 | 442.2 | 0.59 |
| | 1961~1965 年平均 | 595.5 | 940.2 | 0.63 |
| | 1966~1970 年平均 | 1288.2 | 1950.7 | 0.66 |
| | 1971~1975 年平均 | 2160.7 | 2864.0 | 0.75 |
| | 1976~1980 年平均 | 3165.6 | 2903.1 | 1.09 |
| 美国制造业（10 亿美元） | 1947~1955 年平均 | 10.6 | 9.9 | 1.07 |
| | 1956~1960 年平均 | 17.2 | 13.8 | 1.25 |
| | 1961~1965 年平均 | 24.1 | 17.0 | 1.42 |
| | 1966~1970 年平均 | 38.6 | 31.2 | 1.24 |
| | 1971~1975 年平均 | 57.0 | 34.5 | 1.65 |
| | 1976~1980 年平均 | 97.2 | 63.6 | 1.53 |

资料来源：日本银行《主要企业经营分析》。

**买回本企业股票的可能性**

如何处理因内部资金比率上升带来的手头流动资金过剩，成了股份公司的一大课题。内部资金的用途，一般来说有以下三种类型：①作为新设备投资和研究开发的资金。②通过合并或出资作为企业的对外投资资金，用于企业的外延性扩大。③作为长期证券投资资金以及短期投资资金。经营者应向其中的投资收益最好的领域投资。

但是，作为一种可能性，如同在美国经常看到的那样，可以考虑用于买回自己企业的股票。购入自己企业的股票，通常都是经营者想以此积极地减少外部资本，以摆脱股东的控制。这种现象发展到极限，就有可能出现没有股票的股份公司。但是，在日本，商法限制企业获取自身的股票，因而不大可能出现这种状况。但如果企业用利润偿还股票，没有股票的股份公司在理论上是可以成立的。

**股份公司的终结和新的公司形态**

由于没有股票的股份公司出现，股东也就变得没有任何意义，股东大会也随之失去了存在的意义，也就是说股份公司将失去本来的机能，股份公司的终结即将来临。

那么，这样一来，不具有实体的股份公司将采取怎样的一种形态呢。例如，可以考虑从股份公司转变成有限公司或相互公司。实际上，在联邦德国，由于对股份公司实行严格限制等原因，股份公司的数目逐年减少，而有限公司增加。另外，也可考虑企业自身的分立或者是自上而下的强制性解体。进而，也有可能采取协同组合及国有企业形态。

## 三、大型联合企业化与跨国公司化的进展

在成熟产业中，企业希望进一步发展和稳定时，有两个应该发展的方向：第一，谋求新的收益来源，实现向各种产业的多元化发展，即大型联合企业化。第二，建立新的销售据点、生产据点，实现跨国公司化。

**促进不同行业之间的企业合并**

大型联合企业的重要特征之一就是，通过不同行业之间的企业合并吸收较多的公司，我们把这种具有直接经营企图，通过不同行业的企业多次合并而形成的企业叫做大型联合企业。因此，它与不是为了直接经营，而是为了控制才持有股票的持股公司、没有经过合并而是通过内部努力实现了多元化的企业以及通过垂直合并而拥有关联行业的一条龙式厂家不同。如果把单一行业的企业放在一边，将投资公司放在另一边，那么大型联合企业正好处在图 16–1 所示的位置上。

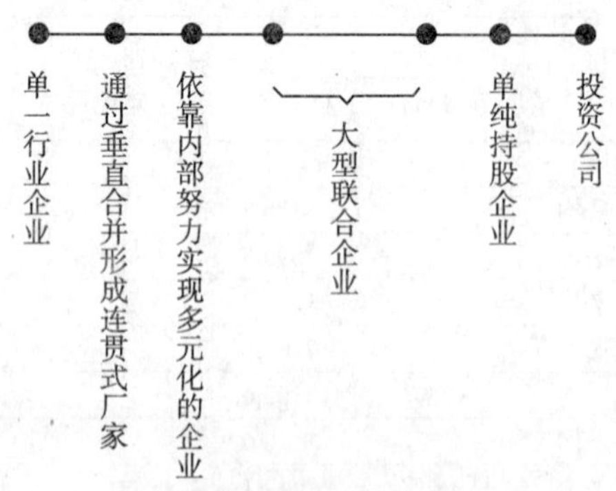


**图 16–1　大型联合企业的位置**

但是，企业合并的方法有若干种。日本大型企业的合并，都是在双方经营者协商一致之后完成的。但在美国成为主流的方法则是，不管经营者的协商如何都进行合并。这一方法有以下四种具体做法：①通过股票市场集中收买其股票。②争夺委任书（争夺代理人等）。③公开收购股票制度（用优先股票及公

司债券取代普通股的形式)。④股东的公开收购。过去，在日本有这样一种意识，认为吞并别的公司是一种恶行。因此基本上没有上述这些做法。但是，最近一个时期，日本对收买企业的看法也发生了变化，因此应充分认识到，日本也会出现这种事态。

**海外直接投资的扩大**

据日本贸易振兴会白皮书测算，1985 年底全世界直接投资余额约为 6446 亿美元，比 1984 年增加了 16.3%。另外，同期日本的海外直接投资余额比 1984 年增加了 16.1%，达到 440 亿美元。最近日本海外直接投资的特征是，投资战略的多样化、高级化。以往的投资是以确保销售、生产据点为中心。近年来，在海外设立金融子公司及各种研究所的动向正在增加，将来的目标是建立起包括所有领域的总体制。随着这一动向的发展，日本企业收买外国企业（M&A）的活动也会日趋活跃。利用这种形式向海外发展比采取在海外设立新企业及新工厂的形式更有利于节省时间和成本。因此预计今后日本企业将会进一步收买外国企业。

如此急剧实现跨国公司化的日本企业，扩大海外直接投资的原因是什么呢？一般而论，跨国公司海外直接投资的决定性因素有，市场因素、贸易困难、费用因素、投资环境等许多方面。特别是，贸易摩擦的激化和费用因素中国内工资水平的相对上升尤为重要。为了对付当地的保护主义，并且为了削减因日元升值而相对上升的劳动力成本，日本企业的跨国公司化还将不断发展。

## 四、超国籍企业

**超国籍企业的含义**

在企业的跨国公司化进一步发展的当今世界，作为观念形态上的未来股份公司，将是超国籍企业或世界企业。这种股份公司具有以下五个特点。其中特点（一）~（三）是与以往的跨国公司相同的，而(四)、(五）两点则是超国籍企业所特有的。

（一）全世界范围内开展业务活动

只要不存在政治上的障碍，它将在全世界所有国家开展业务。现在，日本企业以欧美等发达国家为中心，对全世界的直接投资年度额达 122 亿美元（1985 年)。考虑到目前许多发展中国家放宽对外资的限制，苏联、东欧等社会主义国家积极同西方各国开展合资事业，预计日本企业的全球化今后将会进一步发展。

（二）把世界作为一个经济单位经营

这意味着，将由习惯于把世界作为一个经济单位的经营者从事企业运营。由于运输手段及通信等信息传递手段更加发达，世界各国的政治、经济、社会交流亦愈加活跃，自然也会带来经营者意识的变革。

（三）依据统一原理进行决策

超国籍企业往往容易出现分散局面，但其最终又必须作为一个组织体开展业务活动。即是说，在企业经营上确立金字塔形的等级制度，具有统一的象征，并按照统一的原理进行决策。这是十分重要的。

（四）所有权的多国籍化

这一点是说，分别由为数众多的，具有不同国籍并生活在不同国度的股东持有股份，由于股东的国籍不偏向于某一国，因此企业所有权处于一种广泛分散于国际之间的状态。由于金融市场的发展及企业资金筹措方式的多样化，外国人有可能在日本市场上获得股票以及以各种不同货币筹措资金，这样反过来又会进一步促进上述倾向不断发展。

（五）经营管理的多国籍化

这一点是说，许多不同国籍的人参与企业经营，但重要的是，属于特定国籍的经营者已不能够控制企业的多数票。重要职务通过某种比例代表制选出，必须使任何一个国家的代表者都不能控制多数票。

现在，日本企业也把海外当地法人企业的经营权委托给当地人，在日本国内，企业中外籍管理者也将增加。

**建立超国籍企业必须具备的条件**

为了建立超国籍企业，应该解决以下七个问题：

（1）放宽和撤销外汇管理上的限制以及大藏省的行政指导等。

（2）形成一种使股票能够在国际之间自由买卖的机制。

（3）撤销有关在国际之间吸收合并的法律限制。

（4）实现国际之间关于税金负担率、课税所得计算方法的平等。

（5）统一各国的会计标准。

（6）确立并加强新的国际货币制度。

（7）统一各国经营者的经营思想。

今后，随着科学技术的发达和金融自由化以及放宽各种限制，以上问题将会逐渐得到解决。

## 第三节　面向 21 世纪企业金融的重大变化

日本企业的活动，在现有商业趋于成熟的过程中，不得不以高度研究开发活动为基础，实施以高技术以及海外直接投资为中心的国际化。其结果，出现了适应于新的业务活动的资金需求，企业的金融行为迎来了重大的转机。另外，金融制度本身也在自由化与国际化的浪潮中发生重大变化。今后，企业金融将会以什么样的形式发展呢？

### 一、适应于重厚长大型经济的金融体系的局限性

**新的金融体系的必要性**

由于第二次世界大战，日本经济几乎可以说下降到零的状态。在企业积极的投资活动和国民的旺盛需求支持下，通过采用大批量生产、大批量销售这一重厚长大型的经济模式，国民经济实现了惊人的高速增长。具有非常强烈的限制色彩的日本金融体系，通过资金的重点分配，从金融方面支持了这一增长过程。但是，在以设备投资为中心的旺盛的资金需求的另一面，企业经常苦于资金不足，这也是事实。因此，企业努力建立起尽量把资金留在企业手中的体制。实现了惊人的高速增长并于 70 年代初达到了相当水平的日本经济，以石油危机为契机转向低速增长。因此，企业状况为之一变，资金需求急剧减少，反而陷入了资金过剩的困境。

另一方面，目前在日本，技术革新迅速发展。这一状况意味着，在新的产业领域，研究开发及新的设备投资的需求正在增长。因此，产生了新的旺盛的资金需求。进而，以贸易摩擦的激化、外汇市场日元升值趋势为契机，不管愿意与否，日本企业都不得不向海外发展，即进行海外直接投资。这样，又会产生新类型的资金需求。但是，以重厚长大型经济为前提建立起来的旧的金融体系，对于新出现的产业来说，是难以利用的。一方面存在着拥有剩余资金的企业和产业，另一方面企业有时却不能如愿以偿地筹集资金。因此，对日本来说，在新的产业形成的同时，有必要建立新的金融体系。

**金融体系合理化、国际化的动态**

今后，企业活动所必需的是，拥有能负担商业风险的自有资金和进行长期投资的长期负债。然而，由于存在着许多不合理性，日本本来应该提供自有资金的股票市场和应该供应长期负债的公司债券市

场，都不能充分发挥其应有的机能。取而代之，本来应该提供短期负债的银行，却以主力银行的形式，事实上为企业提供了具有自有资金以及公司债券性质的短期负债。

引进欧美的先进技术，通过大批量生产及大批量销售的高效率活动追赶欧美，对以往的这类企业活动，银行都提供了符合需求的金融服务。但是，今后所期望的企业活动，如开拓新的领域或者进行海外直接投资等，都是以往企业活动的范围中所不曾有的。因此，问题在于，银行所提供的现有的金融服务，是否能充分适应于今后新的企业活动。在改善股票市场和公司债券市场等各项制度以使其能发挥原有机能的同时，银行要根据新的设想调整自己的业务领域，并使之能够适应于新的企业的金融需求。为此，需要进行包括改善银行制度在内的改革。适应于企业的资金需求，将继续推行以股票市场、公司债券市场为主的金融体系的合理化、国际化。

## 二、理想的新的金融体系

**在国内资本市场上银行贷款将与公司债券展开激烈竞争**

支撑日本经济高速增长的一个重要原因，就是以银行为中心的间接金融体制。在这一体制下，存在着证券市场（股票市场，公司债券市场）落后的状况，与此同时，银行贷款在经济上具有了相应的合理性。进入 70 年代中期以后，日本企业在海外发行的债券急剧增加，这里面虽然有利率等因素的作用，但就普通公司债券来看，海外市场的发行手续确实要比国内公司债券市场简便得多；再就债券转换来看，由于国内股票市场对增资有许多限制，因此企业转而采用这一办法，作为增资的替代手段。这恐怕是企业积极发行海外债券的主要原因。对日本证券市场的落后性和不合理性，企业与投资者都表现出了极大的不满，尽管进展缓慢，但正在进行满足现实需求的证券市场改革。随着这一改革的发展，在以往对银行有利的企业金融领域，公司债券将获得取代银行贷款的地位，证券公司将能够在对等条件下与银行开展竞争。

**金融工程的重要性提高**

目前，宏观上放宽了对金融的限制，看起来似乎没有必要从海外筹集资金。但是，若站在每个企业的立场上看，伴随开展海外交易而来的外汇风险管理、在海外开展业务活动所需要的资金、信息等方面的需求还很大，考虑到日本企业国际化的进展，这种需求将越来越大。不同市场之间的各种套利活动变得十分活跃，即使信息化发展，由于金融资本市场将会随着社会的变化而不断变化，套利的机会仍然会长期不断地产生出来。世界资本市场不可能达到完全均衡状态。而使用信息网，创造出新的有利资金筹集手段和运用手段的金融工程所以受到金融机构和企业双方的高度重视，就是因为，利用资本市场的不均衡状态是国际金融活动具有本质意义的一个侧面。套利必须当场进行，因此每一个不均衡的机会都是短暂的。敏感地抓住并提供这种信息，的确是金融咨询的一项重要工作。即使没有海外直接投资及管理外汇风险的需要，企业也可利用这种机会。不仅是筹集海外资本，而且运用海外资产的活动今后也会越来越活跃。

**主力银行体系的作用发生变化**

最近，与提供资金的机能相并列，在评价企业活动的机能以及监督经营的机能问题上，重新评价了主力银行的作用。预计今后高度的金融信息将会给企业活动的成果带来越来越大的影响。因此企业也需要高度专门的金融机能。作为企业的金融咨询或金融顾问，金融机构的机能将会变得愈加重要。由于拥有自身的相当于金融机构的部门，在成本上是划算的，因此一部分大企业就不用外部金融顾问，而在公司内部设立金融部门。但是，像以往的主力银行那样，任何时候银行都垄断着这种顾问机能的状况将不复存在。通过整顿证券市场得以养精蓄锐的证券公司也能够充分发挥这种机能。因此，与其称主力银行不如称主力金融机构更准确些。

**改变对小企业强烈资金需求的相应措施**

现有的大企业进一步大型化、跨国公司化，并因拥有金融能力而越来越脱离金融机构。另一方面，新的企业将不断诞生，并成为金融机构的新顾客。在美国，在大企业及大学中从事技术和信息研究的人们独立出来，并兴办企业，这是非常自然的事情。但是，虽然现在这些企业作为一种新的商业机会成了热门话题，但“冒险”本来就是与企业并存的，没有必要特别突出地加以强调。目前在日本虽然有些风险企业欣欣向荣，但另一方面在竞争中败下阵来的也为数不少。

像现在的大企业曾经干过的那样，新企业作为风险大的小企业，在金融方面具有各种各样的问题。小企业的金融的重要性，今后还会进一步提高。在这种金融活动中，由于存在特有的风险评价问题，地方银行、相互银行等过去在这一领域比较有实力的金融机构将提高其金融能力。

## 三、围绕企业金融问题而展开的新型企业关系

**法人相互持股的未来**

日本十分盛行通过企业集团实行相互持股。由此，使企业经营者从股东的束缚中解放出来，并使经营者支配体制得以确立，从而给企业行为以重大影响。作为证券投资来看，这种相互持股不能说是有利的行为，但它却有利于加强企业之间的交易关系和维持股票价格。然而，外国的资本或企业若着眼于日本企业的技术力量和经营能力，试图投资或收买日本企业时，这种相互持股状况将会成为阻止它们成功的障碍。这种通过市场交易也难以动摇的关系，在国际上受到了批判。结果，国际性的大企业有可能无法实行相互持股。由于这种企业将成为业绩优秀的企业，因此也没有必要依赖企业集团的照顾。相反，除此以外的企业，倒有可能偏好以往相互持股的好处。

**机关投资者追求利润重于掌握支配权**

随着个人储蓄资产的增加，信托投资、生命保险、年金等机关投资者为了高效率地运用资产，通过有价证券理论所说的分散投资的方法，将增加股票保有量。其结果，机关投资者作为股东，其股权比重当然会提高。但是，机关投资者既没有控制企业的意识，也不具备相应的经营技术诀窍，只是作为一个单纯的金融资产投资者。毋宁说，它所希望的是与支配无关的无表决权股份，作为一种回报而要求得到一定的经济利益。

**收买、合并与资本协作的国际化发展**

在经济低速发展状况下，一方面是闲置的资源增加。与此同时，另一方面则是拥有大量剩余资金的企业增加。过去，日本企业大都通过多元化战略顺利地实现企业内的资源转移，因此多倾向于不搞企业的收买与合并。但现在也将其作为重要发展战略的一环，其地位正在改变。另外，随着技术复合化变成重要的技术革新要素，国际性的企业合作将蓬勃发展。估计今后这种动向将越来越活跃。今后有必要创立买卖企业本身的市场。

**新企业集团的形成**

在经营总体的信息系统化发展过程中，金融的系统化也迅速进展。其效果不可估量。通过附加价值通信网（VAN）大幅度减少库存投资，只是例子之一。金融的系统化将大大改变资金的供求和流向，从而提高企业金融的效率。另一方面，由于企业之间、企业与金融机构之间形成了信息网络，企业和金融机构的关系也将发生变化。进而，企业通过系统的结合，将会形成以信息为媒介的新企业集团。

## 四、世界企业的财务

预计今后日本的大企业还会进一步发展，并不断加入世界企业的行列。世界企业在所有方面都是以

世界市场为对象。在管理活动、市场行为方面，将呈现出与国内企业不同的形态。世界范围内的自由化、信息化将进一步发展，世界企业的行为与目前将有显著不同。

**外汇风险的管理**

不论是投资贷款或者是筹集资本，伴随着企业海外活动产生的进出口，由于企业要用各种外汇进行交易，因此，必将拥有外汇的债权、债务。一般说来，在用外汇进行交易的情况下，由于成交的时间与其支付、收款的时间不相同，因此企业就要承担汇率变动的风险。

风险交易的基本原理是，远期合同和债权与债务的协调。具体来看，诸如联络、早收迟付等，有各种各样的变化。以世界性的信息系统为背景的金融工程，将会不断创造出综合了各种手段的新交易方法。

**资金的有效管理**

一般来说，在金融发达的国家，无论什么样的资金供应都能够与资金需求协调起来，因此，不论时间长短、数目大小，什么样的资金也都能够高效率地予以筹措和运用。这一状况意味着，如果不能顺利地运用剩余资金，就会眼睁睁地坐失良机。因此，运用余资的工作，在提高企业资金效率上具有非常重要的意义。同样，短期的资金不足，也会成为一个问题。

在国际化的企业中，外汇也会发生余资及资金不足的状况。因此，应该用什么样的形式来运用和筹措资金，必须用国际性观点来判断。对在许多国家拥有子公司或业务部的跨国公司来说，情况就更为复杂。在各个国家的子公司，都会产生以不同货币表示的剩余资金或资金不足。很显然，如果以子公司为单位来处理上述状况是不经济的。如果建立一个金融中心，进行集中管理，就能够节省外汇，还可以回避外汇风险、降低交易成本，这是非常有效的措施。这样一来，国际化的跨国公司将能够依靠国际信息网络，对资金实行集中管理。

**转账价格问题**

在跨国公司中，母子公司之间或者子公司之间，通常要进行各种交易活动。这时，转账价格如何确定，关系到企业之间利润及所得的转移。在大部分国家，它们的利润和所得就成了课税的基准。但各个国家之间，课税率及课税方法有着较大差异。因此，通过转账价格妥当地确定母公司与各个子公司的收入，将应支付的税金控制在最小限度，使税后利润达到最大限度，就成了跨国公司重要的财务问题。跨国公司将利用信息发现事实上的偷税公司。

**财政管理问题**

由于大企业不通过市场，而是依靠内部组织进行部门之间的资源分配，因此，其经济效益的评估成了问题。这就是说，企业内部各部门之间分配预算及评价业绩等财政管理应采取什么形态，这一点正好是一个国际性的尺度，成了跨国公司的一个问题。

不同的国家其经济制度以及围绕企业的各种环境是不同的，跨国公司必须在这种条件下，比较、评价各国子公司的业绩，排出顺序，并决定资源的分配。在这里，还要包括外汇这一难办的因素。外汇汇率决定方法如何，有可能完全改变子公司的业绩顺序。并且，由于不同国家通货膨胀的程度不同，相互比较就更加困难。跨国公司经常面临非常挠头的财政管理问题。

# 第四节　新的国际化
## ——全球化的进展

### 一、日本企业海外业务的发展

**多样化的国际活动**

日本企业正采取多种措施，继续扩大自身的国际化进程。它通过发展财务活动的国际化、技术战略的国际化，从事海外生产等国际性的企业活动，摆脱过去那种——引进外国先进技术，在高水平劳动生产率的基础上，在国内生产出优质产品，然后将其出口到世界各国——出口一边倒的经济发展模式。日本企业像欧美的跨国公司那样，把生产、销售、财务、研究开发等企业活动统统置于国际分工的体制之下，在超越国境的全球范围内，正在展开自己的全球性企业战略。

据通产省调查，日本企业的海外生产比率（即制造业中海外法人的销售额与国内制造业的销售额之比），从1980年的1.6%稳步增加到1985年的4.3%。另据该省的未来预测，10年之后，预计海外生产比率将达到20%以上的企业将增加到占企业总数的20%。另据经济团体联合会的调查，预计到21世纪，制造业中占13.5%的企业，其海外子公司的销售额将达到全部销售额的50%以上。这种海外生产活动的全面发展，将会推动日本企业的国际化飞跃前进。

**日本企业的优势**

日本企业能够向海外发展的最基本原因是，日本企业积累的经营资源成了企业向海外发展并能存续下来的特殊优势。这些经营资源既有人、财、物等有形的东西，也有技术、市场经验、经营、管理等无形的东西。后者尤其重要。

日本的大企业，在民用产品领域建立起了高效率的生产体系，在家用电器、电子技术、汽车等部门拥有很强的国际竞争力；另一方面，在家用电器产业也具有出类拔萃的开发产品的能力。以往通过出口开拓市场，以及以家用电器产品为中心的日本产品质量高的形象尽人皆知，积累了市场销售的能力。另外，日本企业还拥有迄今为止在日本国内充分发挥了真正作用的所谓日本式经营体系。

有了这样的优势，日本式企业当然也能够在发达国家与当地企业为伍开展生产活动。但是，日本企业的优势与欧美优秀企业相比还不充分，还需要进一步加强。

就日本式经营来看，要在对方国家发挥出优势并不十分容易。今后，包括修正和推广在内，应该研究如何使这一优势能够在全球范围内发挥作用。

**日本企业向海外发展的动机**

日本企业向海外发展的动机，过去多是追求个别地区的某种利益。如过去利用当地的低工资、利用当地政府的优惠政策、确保国内原材料的供应等就是如此。另外，如图谋获取当地的技术或销售上的支持，以及最近的作为避免贸易摩擦或应付日元升值的对策等也是如此。但是，由于当地的情况往往随时局而变化，因此在这种情况下当初的目的并不能达到。今后，从发展全球性的企业国际分工体制的观点出发，不拘泥于眼前的因素，注意地区间合作的海外发展将成为主流。

另外，日本企业在某种程度上存在着不考虑短期收益，而仅从长期战略出发决定投资的倾向。这一点从日本制造业在北美地区的业务活动收益相当低下中可见一斑。

另一方面，在国内，日本企业面临经济成熟化问题，对众多的企业经营者来说，开发新产品及形成新业务，并通过上述活动重新调整业务构成，成了最重要的经营课题。而对于难以充分利用外部资源，且创造性科学技术开发的土壤贫乏的日本企业来说，这无疑是一个非常困难的课题。作为对策之一日本企业也要注意全球化，通过国际性的技术开发活动求得海外发展机会。日本的半导体厂家等企业已经认识到了接近当地有能力的职员、采用弹性雇佣体系的好处。随着经验的不断积累，继续开展更加高度化、多面化的海外活动，预计将会带来长期性的较大利益。

## 二、全球化的国际经营战略

**追求经营的全球化**

在从事海外生产的阶段，日本企业所追求的国际化，与专营出口或进入海外市场，只限于建立当地销售公司的情况相比，有本质的不同。拥有国际通用的经营资源的重要性，这一点自不待言，还必须使海外业务就地国产化，或自己十分熟悉当地情况。进而，随着本公司海外生产的逐步扩大，国际化就不再是企业中有限的那些方面，而成了有关企业经营全局的问题。

这与企业开展国际活动的地区及产业的变化也不无关系。日本企业的直接投资最近集中在发达国家。一般来说，这些国家有着能够实现国际化的全面的社会经济环境。目前日本企业的海外发展，正从将成本效益差的产业转移到发展中国家的模式，转向向海外发展将来能够成为企业主要业务领域的优势产业的模式。设在发达国家的生产据点，由于要在劳动成本及税制等相同的条件下，同当地实力企业展开竞争，并发挥经营资源的优势和实现规模效益，因而从一开始就需要巨额投资。国际战略不能是附带的可有可无的东西，而应该成为经营的一个重要内容。使各地的海外子公司实现由当地人经营，培养出熟悉情况的内行，是使海外业务取得成功的不可或缺的条件。但现在还难说日本企业能够充分做到这一点。

扩大海外业务，并在世界各地拥有据点，那么下一个问题就是，如何调整这些海外子公司之间的关系。另外，不仅要实现由当地人经营，而且要根据经营的机能将其置于总公司的统一领导之下。

因此，经营国际化的下一个步骤就是，放眼世界实行综合性经营，即全球化经营。

迄今为止，日本企业的国际化，在经营出口时，采取的是由总公司控制和在日本国内集中生产这种比较片面的全球战略，企业取得了成功，国家却陷入困境。虽然进入了海外生产阶段，但仅停留在在许多国家开展业务的（“国际性”的）阶段，或者虽然融合于当地，但海外业务的竞争仍是分别在各国独立进行，停留在各自的活动之间没有相互联系的“多国性”阶段。

今后，日本企业将向“全球性”的阶段迈进。在各个国家，不是把市场及生产等看成是分散的，而是将其看做一个具有某些共性的大市场，重视在各个国家的活动的相互依存关系，并且要求各种企业活动集中和对等。

**全球战略**

不分国内国外，立足全世界对经营资源进行最优分配，并在统一的指导思想之下，建立起企业内的国际分工体制，这就是所谓全球战略。因此，在实现当地化的同时，还必须保持统一性。从以往欧美跨国公司的事例中，可以看出如下几种机能分工的情况。

一般不实行资本的当地化，确保 100%的出资，当地企业的基本经营方针及战略性发展方向均由总公司来决定。总公司还参与企业利润的分配，最新技术与各种诀窍也都置于总公司的统一管理之下。总公司进行战略方面的决策，尔后的日常性决策则全部委托给子公司的总经理。积极录用当地人担任当地企业的总经理、董事、干部等职务，以此实现当地化。

最好在全世界统一实行的经营诸要素是，采购、生产、财务、研究开发、人才等。将这些要素做出全球性的最优分配，从任何一个主要市场来看，都处在相等距离范围内。另一方面，产品的设计、完善品种、树立形象等，都要尽可能谋求实现当地化。

对于正把海外业务从销售转向生产的日本企业来说，下一个课题将是，必须解决各项经营要素的全球化。

从全球性财务活动的观点来看，日本企业的财务战略已经落后了。随着海外据点的增加，财务活动日趋复杂，为了谋求企业集团的最优状况，需要在世界范围内，高效率地筹集和运用资金。以集中管理为目标，充分利用金融子公司。

此外，国家信用风险、外汇风险等风险管理的重要性增强了。从把各种权限下放给了当地据点之后，总公司对海外业务实施管理的角度来说，有必要将财务机能作为一个全球性的管理系统实现体系化。

日本企业研究开发活动的全球化，在人事、组织等方面落后于时代。虽然正在积极增加录用外籍研究人员，但在日本的制度尚未实现国际化的期间，有着很大局限性。预计将会有许多企业在海外设置研究所，录用外国优秀的人才。

在这个方面 IBM 公司的进展最为显著，总公司中央研究所控制着海外的研究所，并且相互间有着非常密切的联系，以使其整体组织的研究成果达到最大。

今后，日本企业不能局限于现在正在进行的充分利用外部资源、重视与外部合作的网络战略以及开展国际性共同研究开发活动等做法，为了获得技术要收买合并外国企业、为了保持国际性技术垄断利益，要展开世界规模的技术合作。另外，要像欧美跨国公司那样，努力将自身力量集中用于保持核心技术方面的国际优势，而对必要的外围技术则用承包形式让世界各国的其他公司或研究开发机构去开发。

就市场销售来看，通常是一个最难以实施集中管理的机能，因此，欧美跨国公司也多是让当地经营者进行决策。但是，随着技术革新的步伐加快，世界性竞争更趋激化；另外，随着消费冲破一切国界局限发展的趋势，市场销售也有必要依据其机能实现全球化。可口可乐公司将同一个商标的产品扩展到全世界，就是这方面成功的例子。

**组织结构的变化**

企业为了实现其国际战略，至少应该设计并采用适合于这一战略的组织结构。

（1）从出口业务部到国际业务部。在国际活动仅限于出口的情况下，出口业务是由出口部，或者是由基于使出口活动更加有组织地进行而建立的出口业务部来进行的。为了开展技术服务、顾客服务，以及为了开发市场销售网络，有的企业也设立当地销售子公司，但通常情况下，这些子公司都被置于总公司出口业务部的管辖之下。

然而，一旦开始海外生产，担负出口业务的出口业务部和海外子公司之间的矛盾对立就变得尖锐起来，只要是处在出口业务部的管理之下，海外子公司就难以有长时期的发展。因此，就把曾是出口业务部下属组织的国际事业部门作为一个业务部分离出来，专门从事海外活动的计划和管理。这样一来，国际业务部作为一个独立的利益中心出现，并作为和出口业务部并列的机构或上级组织开展活动。

从管理以及效率方面的观点来看，国际业务部是把海外业务特有的经营资源从国内业务中分离出来的组织。另外，可以说它是在国际化的浪潮中，国内主要业务部门不曾染指，只由特殊部门来开展国际化的组织。

（2）美国“总部公司”、欧洲“总部公司”等的出现。随着日本企业设在美国或者欧洲的据点的增加、开展活跃的生产、销售活动和国际分工进一步发展，全面开展同一地区内的市场销售、财务、法务、人事、开发等业务，企图确立总公司机能的企业正在增加。已由日本企业设立的这类公司，美国有两家，欧洲有一家。此外，日立制作所、日本电装、三菱油化、本田技研等企业也有建立北美“总部公司”的计划。通过试验确立权限范围等体制的现状引人注目。

（3）向全球性结构过渡。国际业务部存在的理由，是由于海外业务占全公司的比重较低。如果海外业务的比重增大，就会增强综合管理国内业务和海外业务的必要性，而国际业务部的存在，就会成为综合性管理的障碍。因此，就要撤销国际业务部，引进新的全球性组织。实际上，有调查表明，多元化程度高的企业，在海外销售比率达到 20%以前，就存在着撤销国际业务部的倾向。虽然一部分日本企业的海外生产不久将超过总生产的 20%，但采用日本式的完全不区别国内与海外的结构还要稍过一些时候。

在全球性组织中，仍然有这样三种形态：①世界规模的地区业务部制（本国也同海外各地区一样，作为一个地区进行处理）。②世界规模的产品业务部制（每种主要产品不区分国内外）。③是①、②两种机构的混合形态。

（4）全球性母体组织它是由上述③这种混合形态进一步发展而成的。它是适应于海外发展地区的多样化和海外业务多元化的进展而出现的，具有地区性机构和产品性机构这两种组织形成原理特点的组织。

如图 16–2 所示，是 IBM 的矩阵管理体制。从开发部门来看，产品管理者分别负责各种不同的产品，他们作为技术人员负有责任这是自不待言的，同时还对其产品在全世界的销售与收益负有责任。另一方面，IBM 在各国的营业部门，将为数众多的产品群系列化后再行销售，并且通过努力使该国或自己负责的地区的销售与收益达到最大。IBM 的这种被证实有效的组织形态，是目前日本企业追求的目标。

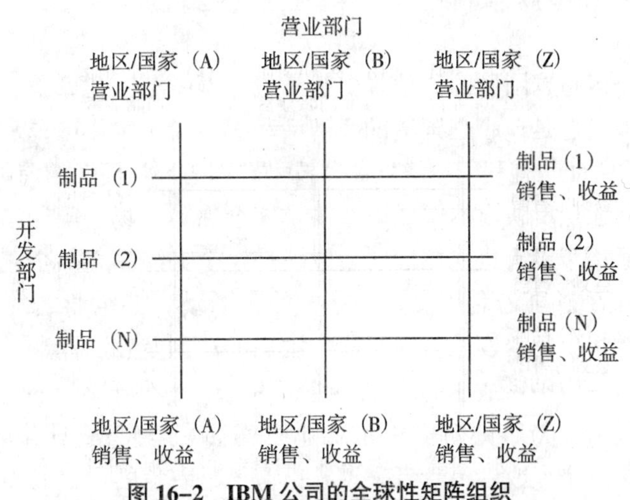


**图 16–2　IBM 公司的全球性矩阵组织**

以上我们探讨了企业组织变化的方向，但仅有组织形态的变更并不能实现国际战略的目标，还必须使价值观及组织文化得以发展和渗透。

**日本企业全球化的课题**

为了同世界其他跨国公司开展竞争，并取得世界性成功，日本企业必须将全世界纳入自己的视野，实行全球性的经营。日本企业在企业素质上还有许多应该解决的问题。产品、生产设备、销售网等硬件方面的问题还比较容易解决，但在经营体系、总公司机构、人事、价值观及经营思想等软件方面，日本企业还必须做出大的努力，使之具有普遍适用性。

从全球战略上来看，必须使外国人易于理解日本企业的经营与管理。因此，第一点，要建立明确的经营思想，并使之在世界范围得以贯彻。第二点，将管理体系正规化并在世界范围内录用有才干的人才，包括在总公司内重用他们，充分发挥其才能，以及使必要的当地化成为可能。第三点，必须建立包括经营计划、业绩评价在内的，不分国内国外的全球性管理体系。这些都意味着，在该企业中，在日本国内不可能建立与开展世界性业务不同的体系，并且它将导致日本总公司的国际化，或者是将总公司迁往海外。因此，如果出现普遍的全球性发展，那么，日本国内的日本式雇佣惯例以及经营者、工人的意识，进而日本国内的各项制度也将被迫进行改革。

另一个问题是，对由世界性业务中产生的风险，应采取何种管理体制予以处理。可以预料的风险不仅有业务风险，还有外汇风险，国家信用风险等多种。包括投资摩擦、文化摩擦在内，还必须应付各种国际纠纷。如欧美跨国公司所做过的那样，还必须建立全面的危机管理体系，以防备在对象国发生的恐怖主义行为、绑架、恐吓等不测事件，或者是在遭遇到这些情况后采取必要对策。另外，今后，尖端技术领域内的国际竞争将日趋激烈，这是毫无疑义的，因此，处理有关知识产权的纠纷及诉讼事件将不可避免地成为企业的一项日常性业务。经营者必须沉着冷静地看待各种预料中的法律问题。此外，不只是避免诉讼，为了积累诉讼的有关知识、诀窍，还必须积极地、策略地应对这类事件。

话虽然这么说，但支撑全球化的最基本的因素还是人。在国际活动中，以个人身份出场的机会较多。在企业内培养并拥有真正合格的国际人才，是一项非常重要的事情。

## 三、全球化与各项制度

在全球化现象发展的状况下，企业朝着将经营资源在世界范围内做最优组合的方向前进。随着企业超越国境的业务活动趋于多样化以及企业在世界范围内的重新改组，各国有必要调整本国的制度及修正那些仅适用于国内的惯例、原则等。

**跨国公司与国家**

过去，一些巨型跨国公司超越国境的活动曾引起了投资摩擦与文化摩擦，以发展中国家为中心，要求对其实行限制的呼声很高。但是，超越国境的经济活动提高了全世界的福利，即使是发展中国家，也认识到了跨国公司在本国的活动是有利于经济发展和技术转移的。片面性的跨国公司有害论已销声匿迹。

莫如说，各国所制定的强烈反映出本国经济政策及安全保障立场的限制措施，不仅针对在该国活动的外国企业，而且有时也适用于没有进入该国的企业，在这个夹缝中间，企业处在左右为难的境地。

再加上技术竞争日益激烈，随着各国企业超越国境的活动，各企业之间、或者是企业与工会、职工、当地政府等之间的纠纷将会频繁发生。由于每个国家的法制及解决问题的诉讼手续不尽相同，因而企业也面临着能否适应任何一个国家法律的问题。纠纷的发生是不可避免的，但为了将发生的可能性限制在最小范围内，各国之间应尽量事先调整其有关制度，这对于经济全球化的世界来说是完全必要的。而这一点对正在走向国际化的个人或者消费者来说，也应该是有益的。

**税制**

由于国境在经济交往中的意义日益淡薄，经济主体与其努力推动本国改善有关制度，还不如选择更有利的地方出去开展业务。企业的全球化将谋求在世界范围运用经营资源实施最佳建设，因此，在国际性的企业活动中，各国制度之间的差异，特别是税制的差异不可能处于中立地位。

如目前这样，由于电子计算机及通信技术的发展，提高了信息传播效率、金融、税务、法务等各种有关技术更加高级化，税制上细小的差别，也会造成重大影响。岂止如此，就连这一差别本身也会被作为产生利润的买卖对象而加以利用。

对日本企业来说，在主要发达国家中不仅负担着最高水平的法人税、法人居民税、事业税等直接税赋，而且还负担各种间接税、由交易产生的印花税、交易税、固定资产税等。此外，与各种抵押、折旧、税金扣除制度及源泉征收制度、再加上从业者缴纳的个人所得税也不无关系。

今后，日本企业为获得优秀人才将同美国的实力企业展开竞争，但在现行日本累进课税制度下，若一年支付 2000 万日元的税后工资，日本企业则必须负担 2 亿日元。而美国只用 3000 万日元就够了。而且还由于制度的差别，必须在日本的高水平的居住价格及食品价格之下生活。在当地雇用外国人尚可，若调到日本总公司来就会成为非常大的负担。

税制的差别，使国内的业务活动趋于停滞，由于业务机会流向海外，其结果很可能使税收越来越少，也会使世界各国企业采取不必要的行动。特别是，对日本企业来说，在本国不利的境遇，会使其在世界竞争中处于不利地位，此外还会歪曲以及阻碍日本企业的国际化。从与国际化相适应的平等地位来说，希望今后能予以改善。

与跨国境活动的企业相关的另一个税制方面的问题是双重课税问题。从公平的租税制度观点来看，应该排除双重课税。日本应该采取这样的制度，即根据外国税额扣除标准及租税条约，已在国外支付了的税额，应从国内的法人税额中予以扣除。但是，由于这种税额扣除制度非常宽，照此办理，在日本国内就会出现几乎不用纳税的实力雄厚的日本企业。

另一方面，在美国，为了对付跨州界及国界开展活动的企业，采用了“合计课税”，及“转让价格”制度。这不仅产生了美国使本国管辖权波及其他国家这种有关域外管辖的法律问题，而且也使进入美国的日本企业苦于双重课税。

上述都是需要解决的问题。就外国企业税额扣除制度来看，出现了进一步严格运用的动向；而对合计课税制度，由于各国企业的反对，许多州都从法案中撤销了；而对转移价格，日本与欧洲都有与之相对抗的立法。今后都需要朝着进一步改善的方向做出努力。

**反垄断法**

以国内企业为对象的各国反垄断法，由于企业的跨国活动日趋活跃，与现实情况越来越不适应了。国内反垄断法，能将跨国公司限制在什么范围之内，抑或是否应该限制，成了跨国公司与法律之间颇具象征性的问题。美国的法律采用了后果论，即认为，即使是在美国以外发生的行为，如果被认为对美国国内的竞争有影响，那么该法律照样适用。因此，被看做过分的域外管辖而遭到各国的反对。

另外，反垄断法与各国的产业及竞争政策密切相关。从美国的情况看，在本国企业加入同外国企业的竞争，或者是在确保其加入条件，以及提高其效率等情况下，经常放宽反垄断法的限制范围，以此增强美国企业的竞争能力。而对日本企业则同贸易摩擦问题联系在一起，要求加强对进口卡特尔、反垄断法非适用卡特尔、流通系列化、进口总代理店等的限制；同时要求放宽乃至废除对赠品及比较广告的限制，以使美国企业能较容易地进入并占据日本市场。

各国实施反垄断法的差异，应随着经济国际化的进展逐步消失。在日本的反垄断法中，对萧条卡特尔、合理化卡特尔较宽，有可能使海外产生误解。另外，第九条禁止在日本成立持股公司，因此也有人指责说，日本独特的限制有可能导致同海外发生新的摩擦。一方面要拥有国际感，另一方面又要站在反垄断政策的原则立场上进行探讨。

**保护知识产权**

知识产权是关系到高度信息化社会中企业经营基础的问题，因此，在世界范围内，随着技术开发竞争的日趋活跃，希望保护知识产权的原则实现国际化的要求也日益强烈。

特别是美国，把发展中国家制度的不完备及不恰当地运用，作为本国国际收支恶化的一个原因，在这次通过的一揽子贸易法案中，也包括了加强保护知识产权的法案。

另一方面，在关税与贸易总协定组织的新的一轮多边贸易谈判中，决定今后花 4 年时间，制定出有关知识产权的制度和实际运用的国际准则。

作为日本来说，为了使关于知识产权的讨论，不至于在纠正国际收支不均衡的讨论中发生政治性的扭曲，应该在关税及贸易总协定、世界知识产权组织等机构内采取行动，从全球性的观点来看，有必要自主地提出对知识产权进行国际性调整的框架。

**重新评价日本国内的各项制度**

在日本企业开展海外活动的同时，外国企业在日本的活动也十分活跃。全球化可望双向同时进展。

为了不阻碍外国企业在日本的活动，不产生日本存在进入障碍这类没有缘由的误解，必须不断重新调整国内的各项制度，使之能得到广泛的国际理解。特别是与国内既得权益相关联的制度，在国际化的过程中，转变成外国方面参加日本国内竞争的障碍，并成为新的贸易摩擦的基础，这种可能性急剧增加。

其结果，日本在其他方面不得不做出不必要的让步。由于来自外国的不信任感增强，很可能出现威胁到日本的安全保障的事态，损失将会难以预料。

另一方面，外国企业在日本国内的活动，对于其需求及行为正在实现国际化的消费者、劳动者这些国内外的个人来说，理所当然地将会提供新的机会。

今后对日本来说，对于诸如政府采购、各种基准制度、产业政策、行政指导等行政方面的因素，企业间喜欢进行协商的惯例、难以进行企业的收买与合并的客观环境、过分竞争的企业素质等企业方面的因素，拒绝接受外国人的态度等社会性因素，为了得到国际广泛理解，应加以说明，并改善那些必须改善的。

## 第五节　“日本式雇用惯例”的变化

作为战后迄今为止企业发展的一个重要原因，以“终生雇用制”、“年功序列工资制”、“按企业组织工会”（三种神器）为代表的日本式雇佣惯例所发挥的作用，是一个不可忽视的客观存在。但是，在今后企业环境变化的过程中，追求对企业的一体感与同心圆式向心力的日本式雇用惯例，会保持不变吗？

### 一、就业结构的变化

**高龄劳动者的增加**

在日本，人口结构的高龄化正在急速、高水平地发展。这一状况必然带来高龄者的就业问题。

据劳动省“第五次雇用对策基本计划”推算，劳动力人口中，55 岁以上高龄者所占的比率，1984 年为 17.6%，1990 年将达到 20%，2000 年高达 23%。大体每四个劳动者中就有一人是 55 岁以上高龄者。

今后，一方面，寻求就业机会的高龄者增加，另一方面，年轻劳动者减少，因此，在劳动力的需求与供给之间，将会出现年龄、技术、地区等方面不协调的现象。推迟退休年龄、再就业以及确保高龄者的就业机会等，将成为企业重要的课题。

**妇女劳动力增加**

据总务厅《劳动力调查》资料表明，日本妇女劳动力率（妇女劳动力人口占 15 岁以上妇女总人口的比率），从 1975 年的 45.7%增长到 1984 年的 48.9%。

妇女就业者增加的原因，大致有这样几点：从需求方面来看，女性比率较多的第三产业扩大了就业机会。由于就业形态多样化，雇用计时工等便于已婚妇女就业的工作机会增加，在经济向稳定增长转变的过程中，企业进行了相对的雇用调整，用女工比较容易适应生产增加的需要。另外，从供给方面来看，有女性的高学历化使得其就业欲望及生儿育女的意识发生变化，家务和生儿育女的负担减轻了，丈夫的收入增长缓慢等因素。此外，不因结婚生小孩中断工作的连续就业者（连续就业型）和结婚生小孩时离职、待孩子长大后再度就业者（再就业型）也都会增加。

对于妇女投身工作，企业有必要整顿完善便于其工作的环境。如普及妇女再就业制度及产假制度；缩小计时工与正式工之间劳动条件的差别等。进而，今后面对高龄化社会的到来，“照顾和看护高龄双亲”的必要性将会增大。在这方面也有必要制定对策，以减轻妇女特别是家庭妇女的负担。

**微电子技术（ME）化与办公室自动化（OA）将促进劳动力的流动**

目前，日本的生产、事务部门正积极采用 ME 机器，采用单位因此而出现的剩余劳动力，都被安排到同一企业的其他部门就职，几乎没有出现被直接解雇的现象。这是因为日本式雇佣体制具有灵活性的缘故。由于 ME 相关产业的发展，反而扩大了就业机会。从 1976 年到 1983 年，IC 制造业和信息服务业分别创造新的就业机会 6.7 万人和 6.9 万人。

90 年代 ME 化和 OA 化将会进一步发展，这是不容置疑的。它将对劳动市场产生如下影响。首先，企业内部劳动市场进行重新安排。工厂、办公室部门的劳动力需求减少，而研究开发、生产技术部门的劳动力需求增加，预计今后将会大量发生调换工种问题。其次，外部劳动力市场趋于扩大。由于工作的体力化、简单化，勤工俭学者、计时工、外单位派遣工也都能胜任的就业领域将会稳步扩展。

另一方面，对与 ME 有关技术人员等，由于技术飞快进步，企业内的技术教育也有很多困难。因此，利用外部的派遣劳动力以及录用跳槽职工的方式招集必要劳动力的比例也将会提高。

**产业结构的变化与就业不协调现象**

随着经济的服务化，第三产业的就业者以 1960 年为 41.5%，1970 年为 47.3%、1980 年为 54.5%的速度不断增加，预计到 2000 年，劳动力人口每年将增加 40 万以上。第三产业可望成为吸收这些劳动力的领域。但是，最近，以钢铁、造船等结构性萧条行业为中心，正式开始调整就业结构，由于第二产业裁减下来的就业者过多，而服务业等第三产业不能充分吸收，因此失业现象正在大量产生。

另一方面，据经济企划厅预测，尽管到 2000 年将缺少 207 万工程师等专业人才、技术人员，但同时又有 320 万蓝领职工过剩。另据预测，由于日元升值，日本商品的价格竞争力下降，进口压力增加，农业水产行业也将有 136 万劳动力过剩。并且，预计今后将增加就业需求的成长领域所需要的大多是拥有高度技术的人才，而剩余人员多是一些中高龄劳动力，难以通过再培训来适应上述要求。很可能出现不协调现象。希望采取对策充实职业培训。但失业率增加的压力进一步提高恐怕是不可避免的。今后，必须动员整个产业界的力量，以解决劳动力转移的问题。

**外籍职工对策**

日本企业在日本国内雇用外国人，或者是在海外雇用外国人的现象不断增加。这里主要想谈谈有关在日本国内雇用外国人的问题。关于雇用外国人的事情，有必要分为以下几方面来考虑：

（1）高级技能工。以国际金融业务与电子计算机软件等领域为中心，日本企业已经雇用了为数较多的外国人。其主要原因是，由于这些领域人才供应不足，所以外国优秀的人才比较容易被雇用。

今后也是一样，这些职业的就业需求还会增加，雇用外国人将成为解决日本劳动力供应不足的一项措施。但同时它也会促进劳动力的流动。

（2）简单操作工。目前，就法务省来说，对外籍体力劳动者当然是紧闭门户的。但实际上，以观光等为借口从东南亚等国来的入境者，从事风俗营业以及在街道企业、建筑工地干活的现象十分突出。尤其是最近的日元升值，更加促进了这一倾向。使一部分企业对以低工资雇用外籍工人的需求变得更加强烈。

在接受了大量外籍工人的欧美各国，由于近年来失业状况恶化，本国工人同外国人之间产生的摩擦正逐渐转变为社会问题，对开放门户的做法，认为应谨慎从事的观点依然根深蒂固。

但是，我们应该强烈地意识到，与物资、资金的自由化相比，日本被称为是人的自由化最为落后的国家，甚至批判日本是对外国人闭关自守的大国。

## 二、今后人事待遇制度的方向

在 90 年代，从业者所处的环境将发生急剧变化，并且从业者本身的价值观也会发生变化。与此相适应的人事管理（职态形态）将朝什么样的方向发展呢？

**从业者职务与价值观的变化**

以往，许多企业形成了现场操作工及一般事务职员层的比率非常高的劳务构成，人事管理的体制也是以非知识劳动者为中心形成的。但是，随着高学历社会的到来、产业结构的变化、OA 化、ME 化的进展、就业形态的多样化（人才派遣行业出现等），企业的劳务构成正在逐渐发生变化。“非知识劳动者”的相对比例将会逐渐减少，相反，研究人员、技术人员、管理人员、营业人员等“知识劳动者”的比例正在提高。今后，这一倾向还会进一步加速发展。

此外，对企业抱有强烈的忠诚心，视企业为命运共同体，把自己的个性埋没于集体之中，一心想升级升职以至于牺牲个人私生活而为企业工作的从业人员正在逐年减少。而从企业相应的待遇措施来看，由于对这样的从业人员没有给予恰当的待遇，也可以说上述趋势的出现是理所当然的。代之而起的是，视企业为满足自我要求及自我实现的场所，或者是满足经济方面需求的场所，重视个性，强烈要求独立性与自主性的从业人员，以青年及中坚雇员层为中心，正在增加。这与妇女及外籍职工增加的情况是一样的。

今后，把从业人员放在与金钱资源、物质资源、信息资源相同的地位上，仅作为一个人力资源进行统一的单纯追求效率的管理，将十分困难。如何给每个从业人员以刺激将变得尤为重要。

**新的人事待遇制度的尝试**

首先，要求进一步贯彻能力主义的人事管理原则，依据工作成绩实行公平的人事待遇这是理所当然的。如果本公司内以及集团企业内的人才选拔制度能固定下来，基于竞争的能力主义原则也将得到加强。另外，在从业人员的价值观向多样化发展的过程中，人事待遇也应该实行多样化，不能死盯着职务这一个目标。不仅是职务，工作地点也应成为重要因素，限定工作地点的职工制度及单身赴任制度的形式也有探讨的必要。从重视战略性、机动性到企业内风险事业的盛行，企业组织也从过去的垂直金字塔形向培养运用企业内企业家的分散型的网络结构转变。此时，也需要有能够发挥从业人员的自主性、创造性的组织和制度。例如，只要本人能够完成同上司协商后提出的业务实施计划书，工作时间应实行自主管理，情绪不好时可以不出勤，相反，深夜以至休假日也可以从事工作。当然，情绪变化时，即使是在工作过程中，搞一搞体育活动也是可以的。这样做的基础是，根据业务实施计划书对工作成绩进行严格评价，并执行与其紧密联系的报酬制度。

尽管要发挥每个人、每个工作单位的自主性、创造性，但既然它是企业活动，就必须集中到同一个企业目标上来。因此，要充分发挥企业的统一性及企业文化的作用。

另一方面，企业内教育也必须更加彻底地贯彻与能力主义相适应的做法。特别是要重视组织核心部分，不仅是企业内，而且企业外的教育也应该更加活跃地开展起来。

## 三、终生雇用制度的变化

**企业职工高度固定的实态**

终生雇用制度并不是作为一个明文规定的制度而存在的，它是一个体现日本经营特征的雇用惯例，即：“只要没有特殊的情况，如果职工愿意，就保证雇用到退休为止。”终生雇用制度的具体实施，是把定期统一录用新毕业生、企业内的长期培养和雇用到一定年龄退休这样一系列做法作为一个系统来对待的。该制度作为雇用惯例固定下来，是在战后经济高速增长时期，经济的持续发展对其固定做出了重大贡献。

终生雇用制度的发展趋势，与如何相对地评价企业在追求其经济合理性的情况下所产生的利弊相关。从现实来看，与出现的“高龄者的职务和能力相背离”，以及“人事费用僵化”这类缺点相比，人们对“提高了从业人员对公司的归属意识”以及“能够有计划的培养和保证从业人员”这类优点的评价更高些（见财团法人企业活力研究所《关于终生雇用制度动向的调查研究》）。

在目前的日本企业中，以《工资结构基本调查》为基础，按从年轻时开始固定于企业这种观点，把预计能够适用终生雇用制度的职员层抽出来看，男性（标准劳动者）59 岁以下年龄层中，大约 70%的人是适用的（见图 16–3），另外，从这十年的变动情况看，总起来说适用终生雇用制度的职工比例是增加的，特别是中高龄层中这一倾向更加突出。

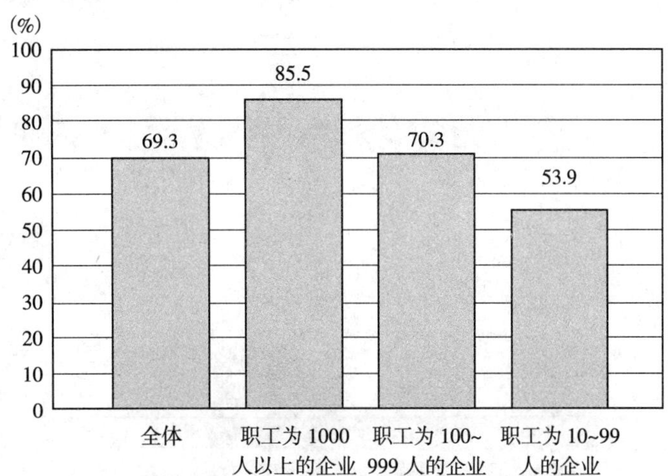


**图 16–3　企业现实的稳定雇用比率**（男子、全体产业）

资料来源：劳动省：《工资结构基本调查》（1984 年）。

**终生雇用制度今后仍将是基本雇用制度**

今后，企业经营战略的大趋势是，在扩大现有业务领域的同时，积极向发展前景看好的领域进军，作为此时的人事政策，虽然仍以录用新毕业生为主，但也要考虑通过人才录用手段的多样化、调整工资体系、派出、调出进而采用选择性退休制等方法，促进中高龄层的流动。

但是，尽管要部分修正终生雇用佣制的运营体系，但作为基本雇用制度，根据终生雇用制的思想而形成的综合性惯例本身今后将继续存在下去。具体来看，①与以往的概念相比，今后终生雇用制的含义将更加广泛。虽然仍是以终生在一个企业工作为前提的终生雇用制为中心，但在运用方面，包括派出、调出在内，在企业集团或系列企业内保证长期雇用的观点将得到加强。②以往概念中的终生雇用制度不够充实。对外部劳动市场的依赖性提高，录用外部人才的机会增加，将促使减少企业内适用终生雇用制的人数，预计将加强适用于终生雇用制的人才在企业内的核心地位。③终生雇用制的运用体系将发生变化。预计今后可能发生的外部环境的变化将促进其运用体系的变化。要考虑确立年功因素相对淡薄的工资体系，健全客观的评价和提拔体系。

## 四、年功制度的展望

以年功工资制和年功序列制为代表的年功制度，和终生雇用制是连动关系，在决定奖赏、工资额度以及人事提升问题时，学历和连续工龄成为主要的决定标准。

**年功序列待遇的终结**

直到日本经济实现高速增长的 60 年代，年功序列待遇顺利并且合理地发挥了作用。经济高速发展过程中，企业的增长率很高，每年新录用的职工填充成金字塔新的底边，因而企业的年龄构成也形成金字塔形。但是，进入低增长时代之后，情况为之一变。

1980 年到 2000 年的“劳动者人数和就业稳定层的未来展望”如图 16–4 所示。到 1982 年，就业稳定层还继续保持金字塔形，但到“团块世代”[①] 进入 40~44 岁年龄层的 1990 年，金字塔形结构开始崩

① “团块世代”指 50 年代出生的、在各类公共住宅中成长起来的一代人。

溃，到 2000 年则完全变成“直筒型”。当然，届时将大量出现职位不足的现象。但是，若细心观察其内容，就会发现，对蓝领职工来说，即便是以往的稳定层，与职务升迁也将毫无缘分。现在正在产生的职务不足问题最终将是白领职工的问题。并且，也可说是因高学历现象而引起的男性大学毕业生的问题。据《劳动省工资调查》的结果表明，45~49 岁年龄层中，目前部、课长比率为 72.1%，到 2000 年将降为 50.1%。另外，50~54 岁年龄层中，目前 91.8%即几乎全部人都是部、课长，相反，到 2000 年将这一比率降低到 26.6%即出现 4 人中仅有 1 人的状况。这表明，大学毕业后进入公司干下去将会升为课长、部长这种能够保证职务晋升的时代已经结束了。即使在中小企业就职也是如此，而且其后果更为严重。

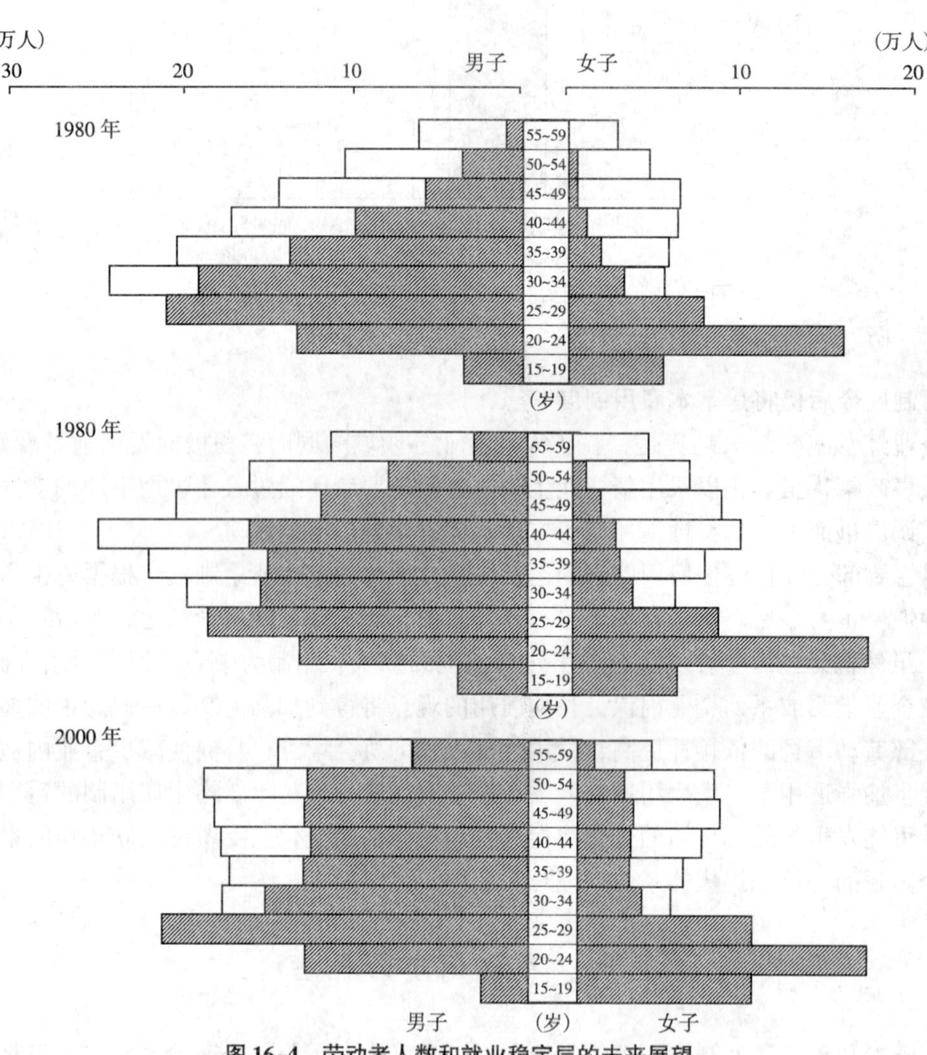


**图 16-4 劳动者人数和就业稳定层的未来展望**

注：斜线部分表示就业稳定层，空白部分表示不稳定的就业。
资料来源：劳动省《工资调查》。

**年功工资的局限性**

日本的年功工资制，是战后初期根据工会异常强烈的要求，将电气产业工会型工资体系制度化后形成的。对于工会一方来说，完成了根据人生生命周期的终生生活费而确定的生活费性质的工资。

在经济高速发展的情况下，企业增长率高时，它带来了降低企业平均工资成本的好结果。因为，如果企业的增长率高，每年新录用的毕业生人数就多，因此从业人员的平均年龄也就随之降低了。但是，以 1973 年的石油冲击为契机，日本经济进入低速增长时期，由于企业的增长率一般都比较低，企业也出现了高龄化。此时，年功工资制又成了使人事费上升和使企业利润降低的原因。作为其对策，企业方面采取了资格工资制度，但生活费工资的要求仍然根深蒂固，结果在实际运用上就形成了年功性质的东西。

但是，若从90年代的前景来看，从业人员高龄化的发展，必然使企业无法适应这种变化，基于工资成本方面的原因，企业的工资制度也将向以职务工资制为中心的方向转变。从从业人员方面来看，今后，由于妇女劳动者的增加，家庭生活开支也就转变成由夫妇共同的收入负担，对生活费工资的看法将产生变化。

## 五、工会的未来展望

**对企业工会的高度评价与面临的问题**

从工会的组织状况来看，1985年6月的统计是，工会（单位工会）为74499家，工会会员（属于某一个工会）为1242万人。约占目前雇用劳动者总数30%的人加入了工会组织。其中，按企业组织的工会约占90%以上，其会员也占80%以上。可以说日本的工会完全是以企业工会占主流。

日本的工会按企业进行组织的状况，与终生雇用制和年功工资制等日本式雇用惯例是密切相关的。也即是说，它们都是以企业的存在为前提条件的。当然，劳资双方都希望通过协调维持企业的发展。通过无阻碍地沟通劳资间的信息，增强工人对企业的归属意识等，对日本经济的发展做出了重大贡献。特别是在石油危机以后经济持续停滞的过程中，工会方面自主限制过度的工资上涨，防止了工资与物价轮番高涨的恶性循环，使经济恢复到正常局面，引起了广泛的国际注意。按企业组织工会作为一个保持经济活力和高效率的典型受到了高度的评价。并且，在最近经济萧条的情况下，欧美国家的工会在采取行动时也常常考虑企业的生存与保证就业等问题。在有关《面向2000年变动中的劳动市场》（经济企划厅实施的调查）的抽样调查中，许多企业认为“现在的工会对于稳定企业经营是有益的”，由此可见对现在的工会给予了很高的评价。

另一方面，工会组织率的状况是，1949年为55.8%，达到顶峰，1959年降低到32.1%，尔后，1960~1975年期间，保持在33%~35%左右，处于停滞状态。1975年以后又急剧下降，1985年为28.5%，降到战后以来的最低水平。下降的原因有，经济服务化的发展、妇女在就业者中所占比例提高、计时工、季节工增加等。这些因素在90年代中还会进一步发展，因此，工会组织率今后还有进一步降低的危险。

与上述组织率下降相联系，“工会缺乏追求的目标”，这种工会作用的变化也要予以重视。工人的注意力正在向税金、年金、医疗，充实余暇生活等方面转移，但这些问题不是通过企业内劳资谈判就能够解决的问题，它们完全超越了处于国民层次的企业工会的能力范围。

另一个问题就是隔代人之间兴趣的差异。特别是有关劳动生产率提高部分中工资与劳动时间的分配问题，隔代人之间兴趣的差异非常显著。就高龄者来看，他们在企业剩下的工作时间已不多，另外工资的上升还会在退休金、年金中反映出来，因此他们希望提高工资。相反，年轻人则不同，他们是在战后富裕的环境中成长起来的，重视余暇时间，他们面临今后长时期的工作，强烈要求缩短工作时间。在重视余暇志向增强的过程中，这种对立将更加激化，如果高龄者继续要求把劳动生产率提高部分的100%用于工资分配，那么，年轻一代脱离工会的倾向将会加速发展。

**工会摸索的时代与新的课题**

今后新的课题有以下三点。但不能不说工会的对应落后了。

（1）与企业的跨国公司化相适应。

迄今为止，通过劳资协调，使活动范围大体相同，从而支持了企业的发展。我们正迎来海外就业者多于国内就业者的时代，即使如此，到底还只是国内的工会会员的问题。最多只不过是个海外工作者的问题。在电机厂家中，曾有过集中 11 个国家的工会代表召开世界工会会议的事例，但并没有成为与跨国公司化相适应的统一活动（见表 16–3）。

**表 16–3 10 家主要电机公司海外发展状况（1985 年）**

单位：人，%

| 企业名 | 就业比较 | | |
|---|---|---|---|
| | 国内从业人员数 | 海外从业人员数 | 海外就业比率 |
| 日立制作所 | 77135 | 16543 | 17.7 |
| 东芝 | 69285 | 31861 | 31.5 |
| 三菱电机 | 48420 | 16934 | 25.9 |
| 富士电机 | 13265 | 2834 | 17.6 |
| 日本电气 | 35615 | 19822 | 35.8 |
| 富士通 | 44179 | 12538 | 22.1 |
| 冲电气 | 13169 | 2067 | 13.6 |
| 松下电器产业 | 39980 | 35916 | 47.3 |
| 三洋电机 | 29907 | 33394 | 52.8 |
| 夏普 | 22314 | 13251 | 37.3 |
| 合计 | 393269 | 185160 | 32.0 |

资料来源：电机劳联《海外发展状况调查》。

（2）外籍职工的入会问题。

今后，在外籍职工增加的情况下，也有可能产生与年轻一代同样的价值观的对立现象。

（3）与雇佣流动化相适应。

随着外部劳动市场的扩大，由于劳动力的流动倾向，工会组织率有可能越发降低。

例如，有必要探讨组织计时工工会等问题。

今后的工会组织，由于周围环境的变化，围绕着存在的意义、组织化的姿态、运动的目标等问题，将会左右徘徊。作为工会的新的理想形态，也有意见认为应该建立仅有白领职工的工会，以及护士、信息处理技术人员等的职业工会。但确实的情况是，如此下去，工会将会成为以高龄的正式职工为中心的、组织程度非常低的、单纯的劳资协调机构。

必要的是，企业工会应该摆脱过去那种仅由一家企业的正式职工组织起来形成利益集团的状况，朝着进一步认真致力于解决企业以外全社会劳动者的问题的方向变化，以此作为自己活动的中心任务。在民间企业的工会组织中，以全民劳协为首，逐渐结成了如金属劳协、化学能源劳协、公益劳协等更大规模的产业工会联合体，这作为朝上述方向迈出的一步而引人注目。今后一个时期将是摸索新的工会形态的时代。

# 第 17 章　软件化经济与企业内社会

**研究成员**

（社）软件化经济中心专务理事　　**口下公人**

（社）软件化经济中心理事兼秘书长　　**砂川福七郎**

原（社）软件化经济中心主任部员（现三井物产钢铁国内部门业务促进室课长）　　**绪方俊作**

原（社）软件化经济中心主任部员（现博报堂营销局营销 5 部部长）　　**笠原贞人**

原（社）软件化经济中心主任部员（现日本交通公社海外旅行部海外业务课长）　　**门田史郎**

（社）软件化经济中心调查负责人　　**香田光彦**

（电机劳联政策企划长**阿岛征夫**、井上琼邦克斯研究所董事长**井上洁**、武藏大学经济学部教授**岩田龙子**、里库路特就业招聘信息杂志事业编辑企划室次长**江上节子**、日本长期信用银行调查组参事**木内峣**等 5 人提供了意见。）

**秘书处**

（社）软件化经济中心

## 第一节　软件化经济与企业内社会

### 一、经济的软件化

所谓软件化经济，是用来表述日本经济结构变化这一大潮流的术语。由馆龙一郎任会长的“经济的结构变化与政策研究会”，在 1983 年向大藏省提交的委托报告书等文件中正式采用了这一名词，才在日本固定使用起来。

在上述报告书中，并未对软件化做出严密的定义，但在这里我们暂且将软件定义为“它是人类活动的成果，是一种没有重量及形状但却具有效用的东西”，进而把软件化定义为“与物质财富、能源等硬件相比，信息、服务等软件的市场价值将呈现相对提高的趋势”。

从 19 世纪开始经过 20 世纪的发展，实现了高度工业化社会，到 21 世纪初叶，以软件的生产、流通、消费为基础的软件化社会将在日本出现。现在，我们正处在从工业社会向软件化社会、从工厂生产型体系向信息、服务型体系、从以物为中心向以人为中心转变这种巨大变化的过程中。可以说，无论国家、企业或者个人，都在这种历史发展潮流的旋涡中努力探索新的社会形态。

从广义上说，软件化是用来表述人类文明史新的发展方向的用语。但若仅限定于经济部门，可以将此作为从以物质财富的生产为中心的经济，向以信息和服务为中心的经济变迁的过程来把握。如果用现有统计资料来说明这种变化，一般地可以从制造业（第二产业）转向非制造业（第三产业）的就业者构成比例以及生产额比重的变化来把握，这已被认为是发达国家共同的现象。

进而，不仅产业结构发生变化，就是在每个产业内部，从事信息与服务的生产和流通等软性职业的从业人员也在增加。在投入产出表的生产结构比率中，软件化比率上升等现象表明，制造业本身的软件化也在发展。另外，在非制造业中也是一样，通过实行机械化，软件化正以脑力劳动代替简单劳动及体力劳动实现高附加价值化的形式向前推进。

## 二、软件化与企业内社会

推进软件化的因素很多，这些因素相互交织在一起产生作用。但作为给软件化以更大影响的原因，可以指出如下七点：价值观的多样化、信息化、尖端技术化、国际化、高学历化、高龄化、妇女进入社会等。

**价值观的多样化**

随着社会走向成熟，人们的生活着眼点从追求量的扩大转向重视提高生活的质，非常注重精神的价值。日本也是如此，从 70 年代开始，逐渐出现了重视精神的丰富程度胜于重视物质的丰富程度的倾向，在总理府的舆论调查中，这一现象表现得十分显著。

人们价值观的多样化和占 GNP 的 60%的个人消费市场的不断细分趋势，企业的生产方式也从追求规模经济效益的大规模生产转向追求适应个性需求的机会效益的多样化生产。大企业的优势相对降低，中小企业的活动范围增大。另外，人们的就业动机也从以往满足经济欲望转向追求自我实现。

**信息化**

所谓信息化，指的是信息在经济活动中的重要性提高。从 60 年代开始就有人议论这个问题，但直到最近，由于信息技术的飞跃发展它才逐渐成为社会现实。就产业领域来看，产品及服务的信息化和信息产业的兴起这两个方面表现突出。但无论哪个产业，通过抓信息工作都有可能成为信息产业。目前，在工厂自动化（FA）、办公室自动化（OA）、家庭自动化（HA）等各个方向上，信息化都在迅速发展。这种变化将进一步加快经济的信息化。

**尖端技术化**

作为促进软件化的尖端技术，引人注目的有，ME（微电子）技术、生物工程技术、新材料。这些新技术将给人们生活的基础以重大影响，同时，它还将促进简单劳动及体力劳动向知识劳动转变。

尖端技术的发展将创造出新的商业机会，同时还将带来产品与服务的高附加价值化，进而有关尖端技术的专利与技术诀窍等软件本身，将作为知识产权成为贸易交易的对象。

**国际化**

日本在人、财、物等一切方面，都在迅速地实现国际化。在对外贸易方面拥有巨额的经常收支顺差，与各国的经济摩擦日趋激化，出入国人数迅速增加，特别是出国人数超过了 500 万人次。

由于这种多方面的国际化，古典的国家观将会出现重大变化。特别是在经济方面，企业向跨国公司转变等超越国境的经济活动活跃起来，无国籍经济的现象正在增加。

国际化的发展，作为全球社会的时代，就要求不是以国家单位而是以地球为单位采取对策。

**高学历化**

日本高等教育的升学率，已经超过欧美发达国家，达到世界的高水平，高学历化倾向非常显著。这种高学历化的结果，扩大了人们的活动领域和职业选择范围。它在促进产业结构变化的同时，还扩大了人才供应。正是在这个意义上，又可以说高学历化是软件化重要的“基础设施”。

**高龄化**

日本的高龄化以欧美国家所不曾有的速度向前发展，给软件化社会以巨大冲击。它一方面创造出与健康、医疗相关联的新的商业机会，另一方面又可能导致职位不足及活力下降。高龄化的发展将带来知识、经验等信息存量的增加，使得制定出促进人们充分利用这些信息存景的政策措施变得十分重要。

**妇女进入社会**

妇女进入社会，将给企业社会带来重大影响，因此我们将在别的章节里详细论述这一问题，但借此想附带说一句，妇女进入社会，不仅对产业方面，也会给家庭形态带来重大冲击。

以上这些软趋势是推进软件化的主要原因。但今后，这些因素会形成一个巨大的浪潮，一方面还会卷入新的动因，并创造出代替高度工业社会的软件化社会。其发展变化状况如图 17-1 所示。

对于软件化经济中企业内社会的未来面貌，必须把它作为这种伟大变化潮流的一部分来把握。下一页的图示，就是从这种观点出发所描绘的一个脚本。

## 第二节　雇用与待遇的变化

### 一、雇用的多样化

日本企业的雇用形态正迎来一个重大的变动时期。以往典型的雇用形态是以男性职工为中心，并且全部以日本人为对象，把终生雇用作为默契的前提，统一录用学校新毕业生。现在，作为表明这种雇用形态正在发生显著变化的征兆，可以举出如下几点：①女职工与男职工同时增加。②录用外籍职工。③普遍利用计时工及派遣工等临时性职工。④大企业也大量录用跳槽职工。⑤就业协调一般化。

**女职工与男职工同时增加**

“内当家变成了外当家”，由于家庭主妇在外工作等日常性外出越来越普遍，上述说法已经司空见惯。

妇女雇佣劳动力的增长率以超过男子的速度继续增长。在高速经济增长的初期，妇女雇佣劳动力中，新增加的多是未婚者。但 70 年代以后，已婚者的增加变得十分显著。1975 年，除农林业外，全体产业部门的妇女雇佣劳动力中，已婚者占半数以上。现在已婚者大约占 70%。

在一次女子高中生的意识调查中，60%以上的人回答说，到 30 岁时自己将在外边工作。由此可见，“外当家化现象”今后还会继续下去。

在妇女就业现象中，特别引人注目的是，高学历者的就职比率急剧提高。从女性大学新毕业生的就职比率来看，70 年代在 60%左右摆动，但到 1984 年就超过了 70%，到 1986 年则高达 73%，明显接近同年男性大学新毕业生 79%的就职比率。

随着这种高学历女职工的增加，同男职工一样，起用女性担任管理职务的现象逐渐多起来，最近，这已不再是什么稀罕的事情。在美国，从事管理工作的全部职工中，女性大约占三分之一，不久日本也将达到这一水平。“穿裙子的上司”莫如说是一种正常的现象。

女职工增加的一个重大原因是，经济的软件化。具体表现在：①就业结构的变化，扩大了女性比率本来就比较高的第三产业的雇佣规模，特别是在信息、流通、服务等男女差别不大的产业部门，增加了妇女的就业机会。②由于尖端技术的发展，促进了 FA、OA 的发展，生产现场的体力劳动急剧减少，出现了全面性的白领化趋势。③随着经济向消费主导型模式转变，企业在确定经营战略时注重握有家庭财

| 时代 | | 硬件主导时代（1960 年前后） | 软件化时代（1985 年前后） | 软件化时代（2000 年前后） |
|---|---|---|---|---|
| 社会与体制 | | 中央集权（首都圈时代）集中化 | 地方分权（地方的时代）<br>集中与分散并存 | 自主运营（村的时代）<br>分散化 |
| 国际秩序 | | 限制<br>美国力量主导下的平衡 | 放宽限制<br>美国逐渐丧失主导地位 | 自由放任<br>日本式的主导 |
| 产业 | | 重厚长大（硬件）型<br>以第二产业为中心 | 轻薄短小（软件）型<br>以第三产业为中心 | 无型（软件本身）<br>以信息知识产业为中心 |
| 企业 | 经营 | 大企业的时代<br>大资本优势<br>以国内投资、设备投资为中心<br>追求规模效益<br>低风险、独特性、高收益<br>模仿优势<br>从欧美国家引进技术<br>重视制造业<br>劳动密集型<br>终生雇用<br>承包关系（母企业→子公司） | 大中小企业并存的时代<br>中等资本优势<br>海外投资与对人才投资<br>追求多样化的利益<br>高风险、高收益<br>探索创造性发展道路<br>自主开发<br>重视经理与销售部门<br>资本密集型<br>有选择的退休制，职务不足<br>横向关系（对等关系） | 个人企业的时代<br>小资本优势<br>全球性投资、对人才投资<br>追求稀少化的利益<br>高风险、独特性与高收益<br>创造<br>出口软件<br>重视研究规划部门<br>智慧知识密集型<br>雇用临时工，能力主义原则<br>网络关系（不同行业合作） |
| | 市场 | 大批量少品种销售<br>大规模市场<br>价格竞争<br>重视商品性能 | 多品种小批量销售（周期短）<br>细分化（分众市场）<br>新商业：（文化需求）文化中心；（娱乐需求）观光者俱乐部；（健康需求）体育俱乐部；（方便性需求）便利租赁业 | 订货销售<br>分割化（个人）<br>新商业：自我实现需求？优越性需求？理解需求？安全需求？ |
| 家庭 | | 专业主妇<br>家庭内自给自足<br>青少年教育 | 兼业主妇<br>家务省力化，外部化<br>学校外教育（自主进行） | 家务分担型主妇（夫）<br>（夫妇共同料理家务）<br>家务无人化<br>终生学习 |
| 个人 | | 划一性<br>苦干派<br>蚂蚁型（勤奋）<br>美国式生活方式<br>人生 60 年 | 多样性<br>时髦派<br>蚂蚁蟋蟀混合型<br>（勤奋与享受）<br>探索新的生活方式<br>人生 80 年 | 阶层性<br>高雅派<br>蟋蟀型（享受）<br>新日本人的生活方式<br>人生 100 年 |

（1960 年前后 → 1985 年前后）
软趋势① 价值观的多样化
软趋势② 信息化
软趋势③ 尖端技术化
软趋势④ 国际化
软趋势⑤ 高学历化
软趋势⑥ 高龄化
软趋势⑦ 妇女进入社会

（1985 年前后 → 2000 年前后）软件化

**图 17-1　通向软件化社会的道路和软趋势**

资料来源：（社团法人）软件化经济中心编：《软件化白皮书》，1985 年 10 月版。

政大权的女性顾客的感性因素。另外还有女性的高学历化、意识的变化、家务及生儿育女的负担减少等原因。

女职工的增加，将会给迄今为止以男人为中心形成的企业内社会带来重大变革。特别是采取措施以减轻分娩、哺育儿女这些妇女固有的负担，对企业来说成了新的重要课题。

为此，已有部分企业制定或采取了各种制度或措施。如重新雇佣因分娩哺育而退职的女职工、建立企业内部托儿所及支付托儿费、给男性配偶者以育儿假、实行计时、弹性工作时间或者是在家工作等多种形式的工作方式。如此等等。

从 1986 年 4 月开始实施的男女雇佣机会均等法，进一步促进了上述这些变化。从国际上来看，日本妇女进入社会的情况是异常落后的，是否也正因为此，目前其变化的范围及速度也比诸外国更大更快呢。

**外籍职工增加**

从 80 年代后期开始，录用外籍职工的日本企业开始增加。并且不是操作工等体力劳动者。在和日本人相同的条件下，雇用大学毕业具有专业能力的外籍知识劳动者的现象，十分引人注目。

有关雇用外籍职工的统计还不完备，但录用知识劳动者的情况，包括进入日本各大学的外国留学生在内，据推测，近两三年每年增加约 1000 人左右。雇用形式也逐渐从计时工这种短期性录用转向长期性录用，所从事的业务工作除过去常见的与外语相关的业务之外，充分利用其专业知识的倾向愈加明显。

另一方面，从 70 年代开始日本企业的对外发展急剧增加，进入 80 年代以后，进一步加速扩大。发展对象也从亚洲、拉丁美洲等发展中国家转向北美等发达国家，实行全球性发展。

目前在海外的许多日本企业，都根据当地政府的要求或提高经营效率的需要，推行当地化。当地化中最重要的问题是确保人才，特别是使如何获得并稳定住第一流的人才。在金融、流通业中，已经出现了让该国精英分子担任当地企业决策人的公司。但是，就整体来看，还大有发展余地。

为了保证在进入国获得第一流的人才，必须有相应的待遇措施。进而把当地公司雇用的干部职员中一些特别优秀的人才，请到总公司的机构里来任职恐怕也是必然要出现的状况。

许多在日本获得成功的外资企业，都在最高经营者位置上安排日本的优秀人才。其中也有在总公司机构的核心岗位上启用日本人的事例，由此看来，推进跨国公司化的日本企业也将循此轨迹前进。

此外，有些企业为了实现公司内部经营者的国际化和革新思想，在日本国内启用外籍职工担任公司的重要干部。

总而言之，最近出现的日元升值，不仅促进了日本企业向海外发展，而且使企业向海外派遣本国职员的成本大幅度提高，使在国内雇用外籍职工的成本相对便宜，因而从内外两方面产生了增加录用外籍职工的作用。

外籍职员的增加，有关提职、提级、提薪等待遇问题以及办事方法、与同事和上级的人事关系等问题，都将成为大大改变以往的企业内社会的重要原因，这是确凿无疑的。

**计时工、派遣职员增加**

计时工是 60 年代的经济高速增长时期作为解决劳动力不足的临时措施而出现的。70 年代以后，随着服务经济化的发展而全面固定下来了。到 1985 年止，全部就业者的 11%即 470 万人是计时工，其中约有 70%是女性。

在流通服务业工作的主妇型职工，是计时工的典型形态。但就职者方面的意识正在逐渐发生变化，具体表现在，人们与其作为正式职工在时间上受到严格限制，不如选择工作时间及就业形态上自由度较大的职业，即使减少些收入也不在乎。以年轻一代及被称为“新人类”的女性为中心，出现了这种意识的萌芽。现在 12~14 岁的一代学童，10 年后将出现在就职战线上，届时其就业意识将会进一步多样化，预计男性计时工也将增加。

目前，已经出现了仅由计时职工经营的店铺及工厂，赋予其与正式职工相同的权限和责任，也出现了制定计时职工的工资等级及成立计时职工工会的动向等，与人们就业意识的变化相适应的对策措施正在一个接一个地出台。

计时工也不全是简单体力劳动者，其自身也在出现两极分化，有一部分人具有和正式职工相匹敌的专业知识和技术能力，他们在企业内社会中的地位正进一步得到加强。

另一方面，从 1986 年 7 月 1 日起开始实施劳动者派遣法。在从业人员 1000 人以上的大企业中，利用派遣职工的企业达 70%以上，尤以金融保险、信息服务、电力煤气、不动产等第三产业的各个行业居多。这也是软件化经济所带来的现象。

迄今为止，伴随着信息处理服务及经营合理化的展开，在事务处理服务领域内，对派遣职员的需求特别高。但这方面也存在逐渐高度化、多样化的倾向。如企业在开展新业务时，要求获得派遣的专业技术人员及经营者的现象出现。

这样一来，像派遣职工及计时工这样的临时性职工，过去那种劣于正式职工的形象开始得到改变。此外，年轻一代的就业观也在变化。正在形成一种可以说是“新工作形态”的新的雇用形态。

与此同时，将促进劳动力市场的流动化，并迫使以正式职工为中心的企业内社会发生变化。

**大企业的中途录用**

大银行开始通过公开招聘方法录用中途跳槽的职工。曾被誉为人才供应宝库的银行，转而出现人才不足。实行中途录用的不仅有银行，生命保险，灾害保险公司等也在实行。曾经对中途录用方式持消极态度的金融机构改变了录用方针，可以说是预示新时代到来的象征性事件。

如今，大批量生产、大批量销售、大批量消费的大众时代，即工业化社会已经结束，进入了急剧变化和多样化的时代，不能适应这种变化的企业，正濒临经营危机。为了挣扎着生存下去，企业必须顺应产业国际化，发展尖端技术，信息化、服务化的潮流，进军新的业务领域，增强战略性业务部门。并且，要在短时期内实现上述这些目标。

为了达到这种转变，最重要的是确保人才。而欲在企业内培养出这些人才时间上是不允许的。因此，为了求得即时战斗力，必须实行中途录用。与此同时，人才开发业有着广阔的活动余地。

目前，如在欧美所见的一样，人才开发行业正以证券、银行以及与尖端技术相关联的行业为中心，扩大自己的业务范围。债券买卖人、金融资产经纪人、系统工程工程师等的转职事例正成为热门话题。换一个角度，也可以说，在追求专业性的成为即时战斗力的人才的同时，另一方面，希望获得真正的专业才干的年轻人也增加了。

企业实施中途录用的目的，不仅是为增强新领域的专业能力，而且也希望通过启用外部人才把企业内部搞活。职业棒球通过选拔队制度录用新队员，另一方面，又通过交换选手制度实行中途录用，双管齐下以增强队伍的战斗力。企业也是如此。中途录用制度将会逐渐在企业内固定下来。

其结果，企业内原有的正规录用的职工和中途录用的职工之间将会出现摩擦。特别是围绕待遇问题，如何处理才能得到双方的同意。有的企业或者是通过设立另外的公司而在其间利用他们、或者是作为合同职工另立有关体系来处理。但最重要的是，根据其作为专家的特点来予以办理。

进而，如何将中途录用者培养成具有管理能力、能够适应快速的社会变化的优秀管理者，成了企业的重要课题，为了与之相适应，必须全面地重新评价企业内教育的做法，并把重点从新职工教育转向管理者教育。

这样一来，对应于中途录用等人才流动化的动向，作为大企业也将被迫发生各种变化。

**就业协调的一般化**

由于从 1985 年后期开始的日元升值，加速了日本调整产业结构的步伐，并因此发展到了雇用调整的问题。就陷入结构性萧条的产业部门来看，一家公司内雇用调整涉及数千人的事例开始增加。停止录用、临时停业回家休假、转换岗位、派出等各种雇用调整形态成了普遍现象。此外，日本也出现与美国的再就职协调业相同的“就业协调公司”。这也可以说是改变传统型雇用形态的特征性的动向。

## 二、待遇的多样化

**变年功工资为能力工资**

妇女进入社会、扩大雇用外籍职工、增加中途录用者等雇用形态的多样化，同时也将带来待遇的多样化。

就工资体系来看，一直作为战后 40 余年基本形态的年功序列工资制，在某种意义上可以说已经到了其寿终正寝的时期。在低工资时代，年功工资有着其合理的一面，将进入公司初期的工资控制得较低，由于随年龄的增长家庭抚养负担将增加，所以不断实行保障生活性质的加薪。此后，虽然也有几次根本性的变化，但年功序列性的基调是始终保持着的。

但是，目前就国际水平来看，日本也达到了高工资的水平。另一方面，由于雇用多样化的发展，继续实行年功序列型的工资体系已经不行了，而是要根据这个职工有多大的能力这种实力主义的原则来决定其工资报酬的高低。进而由于“团块世代”的职位不足，以及作为推迟退休之代价的降低工资等原因，进一步加速了从年功工资转向能力工资的步伐。

于是，作为基本趋势，是从年功工资转向能力工资，但有关能力的评价方法却出现了问题。如果把年龄、学历、连续工龄等作为标准来判断某人的能力，那又会倒回到过去的年功工资上去。有关评价方法的问题，根据企业规模，行业形态、公司历史、人员构成等情况，继续处于试行时期。行为过渡性措施，已经有不少企业进行了将职务与待遇分离开来的尝试。

在容易评定把握个人业绩的情况下，例如，出现了实行年薪制的职工。如果中途录用专家，并作为合同职工来确定待遇的话，年薪制也是可行的。银行现在仅对其管理人员实施这种工资制度。在这种情况下，就任某种职务的人，不问年龄大小，一律确定为年薪多少。此外，在与电子技术相关的企业中，有的采用了 7 年合同职工的制度。这种体系的做法是，7 年之内，每年的合同自动更新，但 7 年以后原则上不再延长合同期限。这些尝试可以理解为工资体系向实力主义方向转变的过程。

**道路选择制**

多样化的待遇形态，如道路选择制、候补制、企业内企业制等正在逐渐普及。

道路选择制的典型形态是，从 1985 年前后开始，几乎在全部银行实施了，即职工进公司时，在综合职系、专业职系、一般职系中选择其中一个作为自己的工作领域的体系。实际上，准备实施男女雇用机会均等法，作为女职工录用体系而设立，但也适用于中途录用者，为了安置具有专业知识的人才设立了专业职系这一富有选择性的职系。

候补制。例如，流通企业通过公司内部主动应募的方法，录用新店铺的店长以下干部的体制。另外，与此相类似的体制还有，如有的企业通过职工选举设置经营委员会，启用的管理人员的任期仅限为一年。这些措施的目的是，不拘于年功序列的限制，超越工作年限及现任职务的框框，在全公司范围内广泛征求优秀的有能力的人才，从而使企业组织生机勃勃充满活力。

企业内企业制，即是将企业内部的各个部门分别看做相互独立的小企业，使其自主进行经营，以此追求企业整体利益的体制。例如某个厂家将下属各职能部独立起来，给其管理者委以总经理的头衔，磨炼他们作为经营者的才干。在流通业界，有的企业在地方建新店铺时，将其作为另外的公司来设立，以此使店长及干部职工具有经营者的意识。

执行这些制度的目的，一方面，通过让管理者拥有作为经营者的经验，以提高企业的整体效率；另一方面，它也是一种解决“团块世代”职位不足的有效对策。但其基本的作用是，打破年功序列的传统体制，形成一种尊重自主性提供有价值的工作机会的待遇形态。今后，这种倾向会进一步扩展。

**自由工作时间制、装束的自由**

在企业待遇中，也包括工作时间及服装的灵活的处理办法。例如，尖端技术企业，给研究开发部门的人才以能够充分发挥其创造性的待遇；不分昼夜实行 24 小时工作制的企业，为了确保并充分运用人才，采用了自由工作时间制、在家工作制、24 小时工作制、服装自由化等措施，工作形态十分多样化。

自由工作时间制已在一部分企业实施。例如，每天工作时间为 6 小时，并且在工作时间内各自实行自我管理的“6 小时工作职工”，没有固定工作任务时间自由的“蹓跶职工”等。这些做法在研究开发及企划部门实行得较多，其理由是，以创造性工作为中心的业务最好不受时间的约束。如果进一步抽象地概括起来说则是，在工业社会，如果不规定与居中心地位的机械装置的运转相适应的工作方式，那么就不会有效率。但在软件化社会，人们将从那种约束中解放出来，能够自由地选择新的工作方式。

服装问题也是一样，不要拘泥于现有格调的服装，要更重视个人的自由想象。已经有企业规定了禁止穿西服系领带的“轻松工作日”制度，试图通过改变服饰装束来改变全公司的工作气氛。类似这样的做法，对创造性的知识型业务来说，是十分必要的。

在家工作。由于 C&C（计算机和通信）的发达，出现了待在家里就能从事的业务，不用上公司，而在自己家里工作的体制随之产生。实行这种工作体制最初的目标是，充分利用家庭主妇这支劳动力大军，节省通勤费用和时间。例如，在自己家里用文字处理机编制文件资料的“在家派遣职工”、在自己家里用微机将软件输入磁盘的“家庭程序设计者”、从自己家里直接到顾客处服务然后直接回家的“直去直回工作制”等，就是属于这种类型。

另外，也出现了“卫星办公室”的工作形式。即是利用电子计算机及 OA 机器形成的网络，在与事业所相分离的小型事务所（办公室）工作，它属于以往的在公司上班与在家上班的中间形态。这也是尖端技术发展所带来的新的工作方式。

随着国际化、信息化、服务化的进展，大都市 24 小时都在活动，从而也要求企业创造与此相适应的多样性的工作体制。

**长期休假与休养制度**

与其提高工资，不如增加休假。因而制定特殊休假制度的企业多起来了。这种方法似乎也是一种与提高职工的工作热情密切相连的改善待遇的方法。

另外，也出现了将劳动时间缩短到同欧美相同的水平，并摘掉“过度工作的日本人”这顶帽子的动向。但是，不仅是缩短劳动时间，在以下几个方面也采取了一些新的制度。如有效地利用集中起来的长期休假、利用休息日进行疗养恢复元气、采取高效率的方法利用缩短了的劳动时间等。

例如，以自我启发和恢复身心健康为目的对有 10 年工龄的职工实行休假一个月的制度及超长期连休制度、以确保将工作和游玩同等看待的“新人类”型人才为目的的周休三日制、使 35 岁以上的人恢复体力的体力补贴制、利用休息日搞自我研究的能力开发制度、对一年中对公司贡献大的人才给予一个月休假和休假补贴的特别奖励制度等。

与一门心思干工作的老一代不同，现在的年轻人，不仅认为“工作”重要，同时也十分看重“游玩”。正因为如此，长期休假及休养制度，不仅在确保人才及搞活企业这方面是非常有效的措施，而且作为待遇的重要因素，其作用将不断扩大。

**多职业与限定工作地点**

随着企业增加休假及缩短劳动时间、向自由工作时间制转变等情况的变化，同时在几个企业工作的多职业职工将会增加。

利用休息日的多职业事例中，有“星期六职工制”。预先注册制，按照各自的希望委托单独的业务，根据总产量支付报酬的制度。已经出现了这种只是在星期六雇用人才的“星期六公司”。另外，到下午

3 点止在 A 公司，从下午 5 点开始又到 B 公司工作的这种将一整天分成若干段，先后在不同企业工作的职工也在增加。由于一到下班时间马上变得无影无踪、而被称为“踩点职工”的一类准时上下班的职工，他们不是为了生活，而是为了满足自己的兴趣，把工作作为试验自己能力和实力的场所，而在若干个公司工作。这当中虽也存在着对企业的忠诚心淡化及泄露企业秘密等问题，但追求多职业的人才是有利于搞活企业的，企业也将会逐渐认识到这一点。

与上述多职业不同的形态，即不许调换工作或者限定工作地点的制度，以流通业界为首，也开始扩展到地方工厂等领域。

由于战后出生率下降，形成了所谓的“长男长女时代”，由于照顾双亲、子女的教育机会等原因，出现了职工不同意调动工作的状况。因此，出现了预先限定工作地点之后再录用的“限定工作地点制”，今后这种情况也会多起来。类似情况已经有了不少，如把推销员限定在人缘关系很深的工作地区，但待遇和其他职工一样的“固定营业职工”及从下述三种选择中选择一个的“限定工作地点制度”。即只到通勤时间短的事业所工作、同意在特定的稍微广阔些的地区调动的工作、如过去一样能到任何一个地方去工作的工作，各自待遇不同，三种选择的最高职务预先就决定了。

总而言之，待遇包含着各种各样的因素，可以说正开始急剧多样化的过程。

## 第三节　企业的变化

在前一节所讲的雇佣与待遇的变化，可以从以下两个方面加以说明。第一个方面，出现这些变化的企业本身被迫与经济环境的变化相适应；第二个方面，最近人们的主观意识正在发生变化。在本节和下一节，将对这两个方面进行分析。

企业周围的经济环境的变化，常常是机会与危机并存。对于试图向新的领域挑战的企业来说，变化正是加入市场和争取一次大飞跃的难得机会。而对那些依靠在原有稳定的市场上出售传统商品的企业来说，市场的变化，相反可能带来主力商品的衰退而出现危机。因此，要求企业有效地适应市场的变化，具有把变化作为新发展的起跳点的战略眼光。本节将从几个不同角度展望今后企业适应市场变化的姿态。

### 一、市场的多样化

**产业的下游化，从“重厚长大”型转向“轻薄短小”型**

以钢铁及石油化学工业为代表的基础材料产业，作为日本的基干产业受到高度评价，被誉为高速增长时期的牵引车。这些产业被概括为“重厚长大”型产业，在经济软件化、服务化的潮流中，一个时期来已被人们视为夕阳产业。

基础材料产业自诩为大量消费资源和能源的产业之粮食，正如其经营者所说的那样，“钢铁就是国家”，该类产业的经营者和从业人员都怀着一种社会的使命感工作。即使不特别地说：“企业存在的基础是收益的极大化”，企业的经营活动使人们的生活需求得到充分满足，从结果上看，企业也能得到收益。

即企业的经营哲学坚定不移。但至少在日本完成经济上赶上欧美发达国家这一任务时，在提供全部产业的基础设施方面，做出了重大贡献。这是不可磨灭的事实。

正因为如此，以两次石油危机为契机而出现的社会经济变化，给以大批量生产和消费同一规格的产品为前提的、拥有巨型设备和相关体制的“重厚长大”行业以巨大打击。

省能源、省资源经营思想的扎根和技术革新条件下 ME（微电子技术）化的进展，在全部产业领域中，原材料的单位消耗量都降低了。从产品方面来看，是高附加价值化、软件化现象，即所谓“轻薄短小”现象。就社会范围来看，社会信息化，对社会服务的需求变得十分显著，产业的主导权随之从生产者转向消费者。换句话说，从过去“上游产业繁荣经济”转变成“下游产业繁荣经济”。

另外，一旦消费掌握了经济的主导权，那么，过去以跟消费不直接相连的企业、即原材料产业及重厚长大型产业的生产为中心的企业，也会开始靠近消费者。这便是所谓下游化。公司所拥有的技术、资本、各种诀窍不是为了生产，而是面向消费充分发挥它们的作用。例如钢铁业的一次性电路、轻金属公司的易拉罐，参与其他体育与健康设施建设等，出现了过去不曾想过的多元化。这一状况生动表明，即便是重厚长大产业，如果忽视消费一味从事为生产而生产的经营，也行不通了。

转向消费主导型经济。首先，我们用国民所得统计资料来确认一下从投资主导向消费主导的转换。

从1970年至1984年消费和投资占国民总支出的比例来看，民间消费支出从52.4%上升到59%，相反，总固定资本形成则从35.6%降到27.8%。

从扣除政府部门开支的消费（民间最终消费支出）和投资（总固定资本形成）的比例来看，消费从1970年的62.7%提高到1984年的72.2%，达到了超过70%的水平。

从增长率来看，消费一直呈上升趋势，相反，投资以1980年为界急剧放慢。

以上情况充分表明，以硬件主导的高速增长，实现了物资的极大丰富，但过去那种为了大量生产物资而增加投资，通过乘数效应从而使总需求增加，而它反过来又引起新的投资的所谓“投资带动投资”的高速增长时期的模式彻底崩溃了。

**消费的多样化**

尖端技术商品“可变形手表”的事例　在商品堆积四处泛滥的今天，要在无数类似的商品中求个性、成为畅销商品，确实不是一件容易的事。消费者追求个性特色，现在正从大众时代转向“分众”的时代。

日本每年约有2万种新商品上市。可是称得上畅销商品的只有1%左右。在这当中，也出现过某个照相机厂家因提供了畅销商品从而改变了公司命运的事例，但为数甚少。

在欧洲，由于消费者根据自己保守的、传统的感觉行动，厂家也是长期生产一种质量好的商品。但是，在日本这种做法却不能奏效。日本家庭拥有的汽车台数和家用电器的普及率在世界上都名列第一、第二位，每个家庭也都已拥有必要的生活品。除了将新机型、新品种投入市场以创造市场以外没有别的办法。例如手表，大体每个家庭都有若干只，完全处于饱和状态。但是，手表是流行商品，如在年轻的女性及高中生中享有名气的“可变形手表”，这种表的一部分可以取出来，所有者可以根据自己当天的情绪做些式样或颜色上的变化，成为一块新表，这是一种时髦感很强的商品。

服装商标（DC）①　人们现在买服装已不是“因为没有所以要买”，而是到了因为“想要这件”的时代。衣柜里满满登登，如果不扔掉或是送到廉价商店去处理一部分，再买连存放的空间都没有了。

在这种物资过剩的时代，服装业依靠巧妙的推销唤起消费者的购买热情。日式英语DC（设计师和特点）商标的服装，以年轻人为主非常的畅销。另一方面，以现有仅突出一点的商标而闻名的海外大型名牌厂家的商品，正进一步丧失过去的声誉明显滞销。

DC制品的设计，把年轻一代日本设计师的感性智慧转为商品，商品的个性及思想，能够引起共感的一层人，即把“分众”作为对象。把其男女制品合在一起，销售额大约等于日本服装市场的10%左右，市场规模达到近1万亿日元。

大型服装厂家，其销售额的增长率停留在一位数的水平；相反，1982年以后，DC商标厂家继续保

① DC商标，是近年来日本时装行业流行的一种商标形式，专指那些具有服装设计师本人特点的服装商标或牌号，也包括那些具有独特风格的服装商标或牌号。——译者注

持平均约 30%前后的高速增长。如果举办折价销售会，年轻人彻夜排队等候；DC 商标的月刊杂志每月销售 30 万册以上。统一商品的形象直至销售场所，被称为模特儿型营业员的店员起着小道具的作用。苦战于激烈竞争之中的大型服装厂家也采取进军 DC 商标的战略，但考虑到对象是见异思迁的消费者，今后的发展也并不容易。

商品流行周期缩短，新产品开发竞争也非常激烈。即使是大厂家的商品，每年也有 30%左右更替。商品的生命周期缩短，继续销售的商品中，在成为卖不动的死商品之前，迅速停止供应，必须继续保持销售处的活力。即使是刚上市的新产品，一年内能保持生存下来的在 40%以下。由于商品市场这样瞬息万变，因而新制品对于企业来说就是新鲜血液，需要一次接着一次的投入下去。

**海外比率的增加**

海外投资的动向。最近猛烈的日元升值给以制造业为中心的企业以沉重打击。因此，日本企业的国际化加速发展。从避免贸易摩擦、加强国际合作的观点出发的海外直接投资，是人、物、资金、技术、经营诀窍等经营资源的转移，其作用非常大。但随着世界经济环境的变化，直接投资的模式正在发生如下变化：

(投资的全球化)

投资从过去以亚洲、中南美洲等发展中国家为中心，扩大到世界各地。近年来，对北美地区的投资比重提高了。

(投资目的的变化)

从过去以确保海外资源为目的的开发型投资，转成对发达国家的以确保出口替代市场的制造业投资(如汽车、尖端技术产业、电机等)。

(扩大对第三产业的投资)

金融、不动产等第三产业的海外投资超过了制造业。

(投资战略的多层次展开)

如对美投资等实例所见，日本的对外投资不是单纯的直接投资，也出现了合并或收买对方国家的企业这种与对方国家的风土、历史密切相关的大胆举动。

**企业内战略的变化**

(企业内国际分工的进展)

考虑到产品的种类、技术水平、成本等，通过研究比较确定海外生产及开发的地点。不区分海外工厂和国内工厂，按一致的标准制定战略。在合成纤维厂家中，有的将海外部门和国内部门合在一起开展经营。若这种状况继续发展，有可能出现将总公司设在海外的状况。

(国际性的研究开发活动)

从传统的国内的研究开发体制，转向向国外的大学或研究机构派遣研究人员，或者是搞委托研究等类现象增加了。

(金融的国际化)

由于金融自由化而在资金筹措方面出现的多样化、及必须对外汇风险进行综合性管理，导致国际性的营业活动非常活跃。

经营方面的课题。欧美发达国家的跨国公司，由于有着长期在殖民地经营的经验，在此之上积累了十分丰富的经营诀窍。日本企业则是最近几年刚刚起步，海外生产的欲望提高了，投资规模也是逐年迅速扩大。对外直接投资的累计额（许可与申报额），1974 年末为 41 亿美元，1980 年末为 126 亿美元，1985 年末飞跃式的增加到 244 亿美元。即使如此，据推测，1983 年度日本企业海外生产的比率大约在 3.9%，美国为 23.1%（1982 年），西德为 19.3%（1984 年），与其相比日本还远远落后。

因此，海外的经营在今后一段时期内仍将处于摸索阶段。今后的重要课题是，①培养国际人才。②使经营哲学更具普遍意义。特别是随着进入发达国家的企业增多，将会要求修正所谓日本式经营。

**成熟产业的多元化**

一般认为公司的寿命为 30 年。企业如果生产相同的产品就会衰退。只要是企业过了鼎盛期以后，企业也焕发不出革新的活力。如果没有能够承受住赤字部门的充分的实力就会落伍。

被概括为重厚长大的基础材料产业，脱离正业的比率也是逐年上升。无机化学行业已达 66%，有色金属行业为 56%，化学合成纤维行业为 46%。

在这当中，“船大调头难”表现最明显的钢铁行业，也表示要逐步向电子技术、精细陶瓷等新领域发展。它不仅已涉及住宅建设及健康设施产业，而且已经开始积极地向新材料及尖端技术新领域开展业务。它们是基于这样的想法，除了“播种培育”未来有发展前景的业务，以此解决正业的成熟化难题之外，没有别的生存道路可走。

下面看一看很早就出现了成熟化的纤维厂家的情况。在石油危机以前，日本的纤维厂家就已经进入了成熟产业的行业，其很早就开始了多元化经营。石油危机引起的严重的结构性萧条，对于加速这一行动起了决定性作用。七家大纤维公司非纤维部门的市场销售额占公司总销售额的 43.1%。各公司也都开始挺进电子技术、生物技术领域，脱离正业的比率正在加速扩大。企业的兴衰沉浮可以说取决于多元化经营的成败与否。

另外，由于以往的正业相对缩小，即使是相同的企业其行业划分也出现了变化，而即使是同一个行业由于企业不同，营业情况也完全不同，如此等等，用以往的划分行业的标准来看待企业变得越来越难了。

## 二、企业形态的多样化

**企业分家**

目前有“结构服从战略”和“用多样化适应多样化”一类的说法。这一情况意味着，现实中不存在企业组织运营的永久不变的公式。在经营环境稳定前景可预测的时代，固定的思考方式和组织系统是有效的，但在目前这种环境急剧变化的时代，就要求具有创造性和灵活性的可变通的组织体系。

曾经支撑了事业社会的秩序和观念褪色了，人们的价值观也起了变化，同时也迫使企业改善素质和结构，因而企业也随之发生变化。

医治大企业病的处方　企业存在着“大企业病”这种没有疼痛的慢性病。其表现如，由于组织的动脉硬化使决策迟钝、排斥变革和差异性的同一性思维方式、“减点主义”等。犯这种病的并不一定就是有名望的或是历史长的大企业，在那些经营管理依然是旧态如故的中小企业中也能找到。

为了求得企业的发展，准确地适应经营环境的变化，维持企业的活力，是非常重要的。具体来看，迫在眉睫的课题是，贯彻企业家精神、谋求企业组织的活力、保持创业时期那种青春活力。

作为其中的一个对策，把每个业务领域分成一个小公司，使其分别作为独立的经营体开展活动，这种现象正在增加，今后还会进一步扩大。

创造新事业的企业家精神（企业内冒险）在变化的时代，企业家精神显得更为重要这就是，与其改良现有业务，提高其效率，不如寻找新的业务机会并使之企业化。

企业通过业务的“设备更新”获得新发展。就经营风格来看，历来比较重视企业家精神的美国优秀企业，很早就开始了各种各样的努力。其典型事例是采用了公司内冒险制度。取得了成功并十分有名的，是 3M 和 IBM 公司。

就 3M 公司来看，提倡建立公司内冒险制度的人，从公司内搜罗了一些人才，成立了微型公司。与其他业务部同样进行业务评价。但事先确定亏损的上限。成功的比率非常低，据说为 10%~20%。若要追求更高的成功率，据说是由于过于担心失败，提不出独创性的主意来。这种冒险业务即使失败了也不追究责任。其目标是，最近 5 年间开发的新产品要占到每个业务部销售额的 25%，并使冒险精神在经营风格中扎下根。

就 IBM 公司来看，为了开发微型计算机，引进了公司内冒险制度（IBU）。

在日本也开始出现了积极地将公司内冒险制度的思想引入企业经营的事例。其中，作为团块一代（指 1947~1952 年日本战后第一次生育高峰时期出生的、受美式教育影响的一代人）的职务对策，也出现将这一类人置于公司内冒险组织的最高位置的情况，但从企业家精神的本来观点来看，是应该通过选拔的。

**企业的外向化**

作为企业形态的多样化发展的形式，公司分化的下一步则是，企业活动的外向化或对外订货。

如同我们从古代亚当·斯密的国富论中关于生产别针的分工理论，以及成为丰田汽车公司发展原因的招牌方式等情况中所看到的那样，实行专业分工后效率好，这在原理上是十分清楚的。

但是，现在引人注意的，并不是这种古典式的并且是固定的分工体制。目前的倾向是，将迄今为止企业内在的研究开发、商品设计、原材料采购、制造、运输、销售、广告等各种机能，超越原有（资本）系列限制，转而依靠外部企业。甚至还出现了将经营战略及人事管理这些核心部分的机能也委托给外部机构的情况。并且，这种外向化的控制体制主要是通过市场机制进行的。质量和价格由其自然，并积极地将外国企业作为选择对象。

出现这种倾向的背景是，经济的软件化发展，面向企业的服务业其质和量都充实起来了，由于信息通信技术的进步，已经能够实现网络化等。其结果，没有工厂的厂家、没有销售网的流通业等新的企业形态不断出现。如果企业的外向化进一步发展下去，预计也可能出现仅保持总公司机能的企业形态。

在面向企业的服务业中，最近引人注目的事情是，经营顾问、设计师、撰稿员（广告业务为主）等各种个人企业迅速增加。在欧美国家也是一样，随着经济的成熟，多种多样的个人企业及小企业层出不穷，并发挥了重要机能。其实情不容易一下子弄清楚，但它是今后不可忽视的研究课题。

另外，在日本约 180 万家公司以外，还存在着各种从事企业活动的法人，如公益法人 24 万（其中 18 万是宗教法人）、医院、诊所等医疗法人 13 万、学校法人 7 万，以及生协、农协、公社等。此外，还有许多没有成为法人但参与经济活动的组织。我们想预先指出的是，这些非经济的机构在推进企业的外向化方面，分担着相当重要的机能。

**网络型组织**

网络不仅适用于现代的经济和经营，而且正在成为有关全部社会活动的关键词汇。

这一词汇在多种情况下被交叉使用，其内在含义，虽因人而异不甚明了，但它说的是，由于令人眼花缭乱的环境变化，信息量以几何级数增大，为了适应信息内容的高度化，用以往那种单方向流通的方式进行处理变得困难，要求采用新的信息流通方式。企业的规模如何，不是通过由组织机构的大小决定的信息量的多少来比较。重要的是信息的质与内容以及信息的作用大小。可以说，人们提高了对将这些联结在一起的网络的重要性的认识。

企业内的网络就是企业内的信息化。过去，以按不同产品、不同业务部、不同工厂等划分的金字塔型纵向机构为基础，彻底贯彻以利润为中心的方式，在大企业中占主导地位。但由于对这种过度的组织结构进行反省（宗派主义横行、不能适应市场边际性行业的多样化），也能看到通过网络化予以纠正的动向。

企业内组织正迅速从金字塔形转变成网络型，如引进公司内冒险制度、运用临时特别工作组、不同类型顾客小组等母体性组织和重视横向沟通组织内各部门的横向机能。

网络化在流通产业迅速发展，以物流为中心的 VAN、POS 等的数据系统、信用卡结算等的货币系统，以及将这些统一起来的信息系统。

今后的任务不单是追求效率，而是要充分发挥人的因素，形成创造性的网络。1985 年实行通信自由化以后，日本企业在大力推进网络化，但到 90 年代，企业之间的竞争恐怕会呈现出网络系统之间竞争的状态。

# 第四节　人们的意识变化

## 一、各种属性的变化

**年龄构成的变化**

价值观的“代沟”“团块世代”目前正进入 40 岁这个年龄层，由于他们在中级管理职务中占有绝对多数，因而将会在多种意义上给企业社会以重大影响。如作为职位不足之对策的新实力主义、专业职务制度、促进企业分化等就属于这一范畴。

“团块世代”在被称为新家庭的时候，带着新的审美观和价值观来到社会，并创造出了新的生活方式。但是，进入企业之后，受到上一代人的影响，他们的观念非常陈旧。战前出生的一代人，包括从战场上归来的和在农村的次子、三儿一起，拉动了日本经济高速增长的飞轮。当然，他们是以军队和家族主义的基本原理作为自己的行为规范。看着其背影成长起来的战中一代，及受其指导的“团块世代”，在某种意义上也可以说是“最后一代农民”。在后面将要谈的企业归属意识问题中，也能看到这一倾向。

紧接着“团块世代”的，也就是人们通常所说的“冷漠的世代”，大约是 30~35 岁的一代人。对他们来说，价值判断标准是其工作是否有“意思”。占绝对优势的团块世代所开创的消费文化及娱乐文化，其次还有最好的生活方式，都经常是步其后尘。目前，企业社会的框架，正在以团块世代为中心产生大的变化。每每受其影响的人，强烈地认为自己是团块世代的受害者。

最后，是所谓“新人类”。他们这一代从呱呱落地起就充分享受到了富裕的日本经济的恩惠，并在这一优越的环境中长大成人。学生时代就用打工挣的钱出外旅行或参加体育活动等，过着十分悠闲自得的生活，他们的价值标准是“趣味性”加“薪水”。尽管说作为社会人他们的薪金多少比打工时代多了一些，但已不能像学生时代那样穿着 T 恤衫和牛仔裤，在外吃饭也是吃学生街廉价餐馆的份饭。如今西服费及洗涤费、饭费也大大提高，并且由于必须以各自付款形式同上司或同事喝酒吃饭进行交际，开支大大增加。在这个意义上说，他们的金钱意识很发达。

变化的人际关系。多种价值观及归属意识混合存在于企业内部，将从内部改变企业社会。

企业组织按军队主义原理或家族主义原理开展活动期间，对企业的忠诚心和伤感的同事意识，是企业内部人际关系的前提。因此，迄今为止，为了加强忠诚心和同事意识，企业采取了举行早训仪式、合唱公司之歌、举办公司运动会等形式。日本企业的交际费总额超过股东红利的总额。但交际费的相当部分是用在同事之间吃饭喝酒上了，现在这已是一个常识问题。玩麻将及打高尔夫球成了公司经营活动的延续，同事伙伴如果不加入其中，第二天就没有了交谈的话题。但是，对原本就没有同事意识的人来说，唱公司之歌、去打麻将或高尔夫球，的确是一件为难的事情。过去，在极端情况下，把避开这种交际活动的人作为古怪的人看待，工作方面也让他脱离同事自己一个人干。但是，随着不以忠诚心和同事意识为前提的一代人增加，企业如果不重新考虑过去的用人技术已然不行了。

我们认为这将成为 90 年代企业社会的一个重大课题。

**长子、长女的时代**

长子、长女的概率达 75%　从厚生省的人口统计资料中可以看出，儿童的数目减少了。但有关社会已经到了长子、长女时代的官方统计却不曾见过。

由于现在每个家庭大约都是两个小孩，因此性别顺序不外乎这样四种情况：男男、男女、女男、女女。因此，长子或长女出现的概率达到 75%。如果独生子增加，那么这一概率还会进一步增大。

按国情调查的数据推算，长子或长女出现的概率是：明治末期（20 世纪初）为 39%，昭和初期（20 世纪 20 年代中期）为 49%，就是说，与现在的数值比较，当时在乡下的次子、三子多余了。

因此，战前社会是长子继承家业，守着祖丘的土地，而次子、三子必须取得学问，到城市里去谋职。

即使失败了也不回长子所在的故乡，因而以苦干实干的工作状态，拉动了企业和社会。以他们为中心运转的攻击型企业社会，一直继续到 70 年代前期，创造出了高速经济增长时代。然而，现在在城市或企业工作着的人四分之三是长子或长女，他（她）们的意识状况，将会给今后的企业社会以重大影响。

保守化的长子、长女意识。长子负有接班人的使命。因为是继承家业，所以对自己的故乡以及历史很关心，并且倾心于家庭财产。因此，与其说他们热心向新的事业挑战，不如说更倾向于固守现状。更何况让其离开住惯了的舒适熟悉的家，到一个不了解的地方去工作，这种命令他们是不会服从的。试图给一个课长职务作诱饵，但若感觉到对将来不利而有威胁时，他们会说："请把我安排在这里，普普通通的也挺好。"这种情况现正在增加。

自己的房产也和长子、长女社会有很深的关系。大学毕业后马上回到父母跟前，或是数年后回来在父母的宅地内建房子。另一方面，没有故乡可归住在城市普通公寓里的次子们，为了搬出普通公寓弄到市中心的一套高级公寓或郊区的一栋住宅而拼命工作。就像过去的次子、三子们所做的那样。但是，其数目比过去少多了。

这样一来，年纪轻轻就有了房产的长子、长女们，将会更加追求稳定从而呈现出保守化倾向。

总之，对企业来说，至关紧要的是，在充分了解了长子、长女们的意识结构状况之后，研究出相应的利用办法。

**与高龄化时代相适应**

日本 65 岁以上人口占总人口的比率（老年人口比率），1970 年是 7%。而到 15 年后的 1985 年则提高到了 10.2%。从其他各国的情况来看，这一比率从 7%提高到 10%，法国花了 70 年时间，瑞典用了 60 年时间，美国用了 30 年时间。日本的高龄化以相当于欧美 2~5 倍的速度向前发展。另外，到 1985 年止，劳动力人口中 45 岁以上者超过了 40%，1995 年这一比率将达到 50%。

今后的高龄者健康开朗。考虑老年人问题时经常遇到这样两个问题：一个是，随着劳动力人口的减少，由于社会福利和医疗费开支增加将加重社会的负担；另一个是，老年人本身通过学习和各种活动创造生存价值。

但是，如果把这两个问题放在一起考虑，会是怎样呢。

即是说，老年人中，与通过学习或余暇活动过悠闲生活的人数相比，通过进一步参加社会性生产活动来追求有意义的生活的人将增加。同时，这样做既减轻了社会成本，对发展国民经济也是一个贡献。

就今后日本的老年人来看，这样做是可能的。30~40 岁这一代人，在家里为厉害的妻子和子女教育问题而苦恼，在公司里又受到上下的压力，十分辛苦疲乏。但 65 岁以上的人就没有这些烦恼了。

今后的老年人，在经济上要比被住宅贷款和子女教育费用等压得喘不过气来的中年家庭更富裕。身心方面也是健康充实，可直接支配的收入也比较多。由于他们的学历都比较高因而喜欢学习，并且对事物的看法非常乐观豁达。

在被称之为人生 80 年时代的今天，通过对有体力、能力和时间但没有工作的老年人和在工作和家庭两方面都毫无优越可言，疲惫不堪的中年人采取工作机会均等政策，也许能够使老年人实现生存的价值，而使现在正是社会中坚的中年人和年轻人过上富有宽裕的生活。

## 二、意识变化的侧面

**一亿人具有中流意识的时代**

经济民主化和企业内平等主义。战后，在日本，通过解散财阀以及一系列强制性的经济民主化措施，观念上的平等主义原则得以实现。尽可能地淡化企业内部上下之间的等级差别观念，采用了由内部协调一致支撑的集体领导体制。

经营原理也是以公平和平等为轴心展开，建立起了历史上罕见的民主与平等的企业社会。另外，从朝鲜战争开始，迎来了奇迹般的高速增长时期，在这一经济扩张过程中，企业确立了年功序列工资制和终生雇佣制。

无论是企业董事们的子弟，还是农村出身的一介书生，如果入公司时资历条件相同，待遇也一样，并且将来若能力差别显著，那么书生的地位或职务也可以超过董事们的子弟。此外，还缩小了新职工与总经理之间的工资差别。

**潜存于中流意识中的保守倾向**

这样一来，在企业内社会中，所有从事工作的人都有了平等的晋升机会。再加上当时开始的高速经济增长，二者相结合，使国民的收入水平急剧上升，由于这些因素，在人们的意识方面，“一亿中流”的倾向更加明显。

据总理府调查，1979年，回答自身生活水平为中流的人达91.6%。另外，从这一年开始，把价值观的重点从重视“物质的丰富程度”转向重视“精神的丰富程度”的人多起来了，从那以后，重视“精神的丰富程度”的人一直占多数。在某本《经济学家》杂志中，有人对这种调查方法提出疑问，但大体上可以说，国民的中流意识和追求精神丰富的志趣这几年已经固定下来了。

在过中流生活（确切地说是这样打算）的大多数人们的意识中，出现了希望保守化、保身化的倾向，即存在讨厌变化、回避挑战性的工作及艰苦的工作，求安定、求稳的现象。

**企业归属意识的变化**

讨厌的忠诚心。在高速经济增长时期扩大再生产的基本趋势下，企业所依靠的是由年功制和终生雇用制所产生的职工的干劲和忠诚心，但随着企业环境的变化以及事业质的变化，企业用来评价职工的观点也起了变化。

在传统的工业化社会里，年长者在所有方面都是企业内的练达人物。同时，由于长期在该企业工作，内部上上下下的人事关系都非常熟，因此，在公司内具有出色的协商与调整能力，受到了人们的普遍尊重。

然而，随着产业结构的变化，特别是信息化、服务化、尖端技术等的发展，传统型的能手已经不再是新技术的能手，在这个意义上也可以说，过去那种形式的企业内教育（OJT）已没有什么作用。莫如说，在研究开发、软件开发、商品计划这些方面，人们的感觉、敏感程度、创造性等因素居重要位置。在这一点上，新人优秀的为多。再加上战后日本人口结构的不合理现象，企业职工的年龄构成如实反映出这一状况，由金字塔形变成以团块世代为顶点的壶形。团块世代现在已经到了管理者的适龄期，他们面临着经济的低速增长愈甚、职位不足和管理者年龄上升的严峻现状，并且不得不接受向专业职务转变，调动到新的业务部门、实行有选择的退休制等甚至是有可能威胁到终生雇用制的待遇。

在年功制和终生雇用制正逐步瓦解的情况下，作为企业来说，对过去用“表面的忠诚心”赖在公司的职工，将采取严厉的对策。

女性和外籍职工将改变企业。众所周知，1985年，文具厂家“布拉什”推出了大热门商品“一次性相机”。而开发者是一位 20 多岁的女职工。她谈了对工作的看法。“对我来说，对工作来说最重要的是，这项工作是否使我感到有意思”。是否“感到有意思”即“是否有劲”，这是关键问题。对她们来说，搞好工作，与其说是对公司应有的道义或义务感，不如说是对工作=职业的自我意识，即通过工作得到的趣味性、欢愉性是重要的。也即是用体育及游戏竞赛的感觉来把握工作。因此，如果工作有劲，就能产生出意想不到的力量和创造性。因为它不是由外力强制进行的。

另外，随着日本经济国际化的发展，雇用外籍知识劳动者的数量也在增加。这些外籍职工的特点是，重视工作的内容以及要求立即对工作成绩进行评价。也即是要求明确指示工作内容和对其成果的报酬实行短期支付方式。

这样一来，妇女进入社会和外籍职工增多，迫使以往的经营形态发生变化。特别是今后将会广泛地采用短期性的目标管理和支付方式。作为其前兆，如增加派遣职工、计时工和对外订货量等现象就属此类。

**自我实现型职工革新企业类型**

1984 年，庆应大学教授关本昌秀和产业效率大学教授花田兴世二人，调查了在 11 家大企业工作的、具有大学学历的 4539 名男职工对企业的归属意识，发表了一份非常独特的报告。该报告将职工的归属意识分为以下五种类型：

（1）传统型（苦干型公司人）。

（2）企业从属型（抓住公司的半途而废型）。

（3）自我实现型（能够提出自己的见解的新型爽快人）。

（4）功利型（个人盘算的归属意识强烈，对公司的风气持批评态度）。

（5）欠缺型（没有丝毫干劲的累赘型职工）。

从不同年龄层来看，传统型职工在 25~29 岁年龄层中较少，而在 45 岁以上的人中多达 37.5%。另一方面，欠缺型与传统型的情况正好相反，青年层中这类人比较多，而老年层里这类人非常少。

那么，现在的年轻人进入 40 岁后其价值观及归属意识，是否同现在 40 岁的人一样呢？关于这个问题，必须进行时间系列性的跟踪调查。但据推测恐怕是不会一样的，以现在的状况为基础，届时多少会出现些修正和变化。

对功利性思想，包括团块世代（调查时为 35~37 岁）在内，年长的一代都有抵触感而难以接受，但年轻一代却承认它。

但是，企业从属型以及自我实现型这两种类型的人员构成，不同年龄层没有太大的差别。

从这一结果来看，可以说一般被人们认为是日本公司职员的典型形态的苦干型企业战士的传统型职工，其人数出乎意料的少，不到全体职工的 20%。另外，依赖类型的从属型人数最多，与年龄层无关。

下面从不同类型的企业来看，在革新型企业和保守型企业中，上述几种类型的人员分布差异相当大。

在革新型企业中，自我实现型职工非常多，而在保守型企业中，传统型职工和从属型职工占 50% 以上。

也就是说，革新型企业所要求的人员标准是，“能明确提出自己的主张，为了企业积极地工作，可以有些功利思想，但能给公司带来某些新东西的类型”。另一方面，保守型企业却拥有一大堆“没有功利性的观点，但无论是危险的事情或是新的事情都不动手”的职工。从这些实际情况我们可以得出如下结论。

该企业的正业比率非常之高，特别是即使环境急剧变化，也没有必要整顿自身的组织以与之相适应，在某种意义上说它能够悠闲地开展工作这一点，所以，如果有能够这样干下去的企业素质及体制，传统型或者从属型的职工多些也无妨。但是，在那些尽可能降低正业比率而加入新型业务领域，并建立起能够适应剧变之环境的组织，逐步在公司内形成市场、具备各种革新性的企业看来，必须增加那些能够在相当程度上脱离以往的价值观，对事物的传统理解和想法，提出独立见解的自我实现型人才。

结果，企业归属意识，所说的组织的体制、制度、工作方法、公司的风气，还有企业所要求的归属意识的形态等，均是由企业固有的因素所形成的东西。尽管是理所当然的事情，决定职工归属意识的还是企业形态本身。

**传统组织原理的质变**

依据同事主义原理的企业经营　在明治或大正时期，即使有创办公司的愿望也不存在能够募集出资者的经济条件。但勤奋的人力资源是很丰富的。因而，志向相同的人们从银行贷款创立公司，也不辞长期持续的低工资和长时间的劳动，努力创造利润并偿还贷款，公司也随之壮大起来了。对这些创业者集团的人来说，他们艰苦奋斗，将本来应该获取的工资再投入公司，因为公司壮大起来后，公司的资产就成了他们自己的共同积累，为了晚年生活幸福，将来再分配也是可以的。基于这样一种想法，公司不是股东的财产，而是创业以来长期在此工作的人们的共有财产。

这不是资本主义，可以说是同事主义。同事主义最典型的事例是，贯穿很长时期的工作评定。美国式经营的一个特点是，每年都搞一次工作评定。并且评定者及其权限、责任也是十分明确的。然而，同事主义所实行的是相互评定，其期限也不是一年，而是 30 多年这样长的时期，并且采取的是汇总一次决算的方式。在 30 多年间，由于增加了共同积累，则根据每人对公司做出的贡献大小，来评定晚年的待遇即退休金的多寡。因此，总经理就成了大于或小于自己五六岁的同事们之内部留成利润的善良的保管者和分配者。反过来说，只有大家放心并同意将此项管理和分配权限委托给这种可信赖的人，才会被大家推荐成为总经理。

同事主义的另一个特征是相互保险。它是这样一种制度，在同期的同事中间，如果谁遇到不幸，大家都会给予帮助；如果谁发迹了大家也跟着沾光。即使在公司中担任了不见阳光、环境恶劣的工作，谁也不会看不起他，恰恰相反，大家还会同情他。因为不知何时这样的事情还会轮到自己头上来。由于有这种制度，分配工作任务时阻力很小。

**干过军队的人不复存在**

在日本最早建立起大型组织的是明治时期的军队。当时的蓝本是法国和德国的军队组织。军队由于其组织庞大和集中了来自全国各地的各种各样的人，必须形成一个整体，所以采用了严明的纪律。特别值得一提的是，在以国营铁路公司及新日本制铁公司之前身的官营八幡制铁所等为代表的大企业和政府机构的规则中，原原本本地搬用了军队的规则。

逾 100 年期间，这种军队式的经营在日本有了很深厚的基础，但最近纷纷瓦解。其原因之一是，它是一个不能适应市场变化、商业结构变化、价值观的多样化等急剧变化的市场环境的经营体系。另一个原因是，目前日本 60 岁以下的人中，已经没有被征兵到军队服过役的人。这在全世界恐怕也是非常罕见的。在其他国家，一般来说都有征兵制，集中了许多男子，即使复员了还是照军队的原则行事。然而在日本却没有那种用军队式的方式教育部下的上司。尽管公司的规章定得像军队的条令似的，但那只是一个前提。因而规章及前提与实际情况经常互相矛盾。在这种时候，依然滥用规章的公司是不可能发展的。而增长的公司或是改变规章，或是将规章束之高阁而照实际情况办。

**家族主义的行动原理**

将人集中起来后，人们首先是按家族主义的原则行动。黑社会的人互称干爹、义子、大哥、舍弟等就是这个道理。因为这是有着几百年历史传统，是人与人之间最紧密的一种关系。但美国人的实践证明，这种关系在 30~40 人之内还可维持，再多就不行了。然而，日本人无论是 200 人还是 300 人也照干不误。结果，总经理发挥的虽是爱抚、维持这种类似父亲的作用，但也忙得不可开交，以至于腾不出手来从事经营。

但是，如果超过 400 人，无论怎样高明的总经理，也记不住全部职工的姓名，并且也不可能同每个人交谈。这样一来，由于相互沟通不够，各种意见怨气就开始滋生蔓延，于是，只好建立工会、制定协约，事情便转而留存到了公文上。管理亦逐渐向军队方式转变。

另一方面，在美国产生的科学的经营管理学，作为大型企业的管理方法发展起来了。在最近进入公司的，具有现代自我意识的年轻人中间，既不熟悉偏重人情世故的家族原则、也不通晓命令主义的军队原则，而赞成科学经营管理的人增多了。

在现在的日本企业中，军队原则与科学管理原则以及家族原则这三种原则是混合在一起的，由于各个公司混合的状况不同，从而形成其特有的公司风气。

**运动俱乐部型组织原理的出现**

日本人虽不了解军队，但有 95%的人上高中。在联邦德国等国约有半数人到初中毕业就中止学业了。因此，在欧洲，将人们集中到一起形成不了运动俱乐部式的气氛，不是按军队原则就是按家族原则行事。在日本，人们即使沉默地待着，也要形成运动俱乐部的气氛。这一点我们可以从它成为人数发展到 400~1000 人的公司的组织原理中看到。据此我们可以说：公司就是运动俱乐部或体育代表队，工作是竞赛，职工则是同队队员。如果比赛胜了，奖金就会增加。因此，队员们拼命恪守教练或指导等的指示，不给同事添麻烦，努力奋斗。因此，关键的问题是，必须使全公司的员工们经常明了竞赛的胜负。另外，即便没有外部竞争对手，也要在公司内部制造竞争对手，即必须不断展开竞赛。

招工工作的例子正好与此相同。在招工时，把每一个业务部门看成一个完全独立的公司，是一个利益中心体系。利益中心的负责人类似于风险企业的经营者，如果销售与利润账账相符，那么运营方式 100%由自己决定。此外，在工作场所，垂挂着写有奋斗目标口号的大标语及装饰物，如同运动会一样气氛十分热烈，人们带着一种真正竞赛式的情绪从事工作。实行短期性的业绩评价也是其重要特征之一。例如，每三个月明确一次目标和作为利益再分配形式提供海外旅行费用。除了每年发放两次奖金外，每年还有两次加薪、一年进行四次人事调整。总之，所有工作的周期都是短期性的。这似乎也成了公司内部稳定性差但却具有活力的一个源泉。

即使是传统型的大企业，也在寻找新的出路，或是建立企业内企业、或是缩小总公司的部、课机构，分化出若干小公司，启用年轻总经理和实行中小规模的体制，实行招募式的运动俱乐部式经营。

**人才的流动化**

企业内人才流动　由于软件化经济中产业结构的变化，成熟企业也不得不降低原有正业的比率，所有部门都开始朝着开发新型业务的方向努力。

1987 年 2 月，新日本制铁公司的钢铁生产的企业内类别产品生产占有率从 80%降到 50%以下，提出了发展电子技术、信息通信系统、生物技术等新事业的合理化议案。在向新业务领域进军时，关键的问题是如何确保人才。特别是技术方面更是如此。像佳能等公司那样，一年公开招募数以百计中途跳槽的职工是很习以为常的。而新日铁公司有着长期积累的技术力量和深厚的科技队伍层，在欲将企业方向从钢铁转向新领域而从外部筹集技术人员之前，首先在企业内部开始人员流动。

**人才流动的时代**

1985 年以后，人才开发行业，正迎来第三次人才流动的时代。第一次人才流动发生在资本自由化开始时期，人才向外资企业流动。第二次是在石油危机以后，出现大量自愿退职者引起人才流动。1985 年以后，以日元升值和经济国际化为背景，在与金融有关的领域里人员的流动性提高了。

从希望转职的人员方面来看，有这样几种类型，决心向自己的能力挑战的自我挑战型；要求提高工资的追求经济地位型；此外还有同上司的关系不好或不适应公司的风气等原因，要求改善人事关系的类型。自我挑战型以 30 岁上下的人为主，数量也最多。

另一方面，从企业来看，在环境剧烈变动的情况下，转变现有业务方向，或者利用残存力量向新的领域进军，从外部寻求不经培训即可马上适应工作的现成战斗力的人才。同时，通过从外部引进不同类型的人才，给内部人员以刺激，促使企业焕发活力。

**对年功序列制和终生雇用制的影响**

实际上，成为人才搜罗对象的，是个人所具有的能力和信息。如果人才流动成为普遍现象，那么人们就会立足在现在的公司中锻炼培养自己的能力，积累信息。因此，那些不能促进自己形成专长的人将无法适应人员变动的局面。也许不久将变成协议制或志愿制。

另外，也出现了有人被进入日本的外资企业用三倍的月薪挖走的现象。照过去相互保险式的想法，该人偶然待在有阳光的地方工作，只是赶上了时候，与见不到阳光的人合伙经营、平均分配这一点是大家的默契。如果只是见阳光的人得到三倍工资出去了，那剩下的人就尽是一些失望的人。

作为企业来说，这样一来就无法维持下去了，所以必须向见阳光的人支付三倍的工资，并且，对不见阳光的人来说，由于那似乎是公司的命令，某种意义上说也必须向该人支付相应的报酬。

这样一来，对能力的报酬，在一个企业内是用年功序列制来决定的，但如果人才搜罗普遍化，那也就会随之出现市场和流通。今后的实力主义时代，将会用与其能力相符的工资顺利地雇用优秀的外籍职工。只是在这种情况下，同事主义将分崩离析，工作评定不再是长达 30 年的一贯制，而是每年都进行的短期行为。如果每一年都完成了工作评价，那么，即使延续到退休，由于没有老年待遇或退休金，终生雇用制也就土崩瓦解了。

这种人才的流动化必然导致实力主义时代的到来，至少将使处在外围部分的年功序列制和终生雇用制趋于崩溃。

## 第五节　实力主义化的形象

### 一、实力主义化的原因

**低速增长经济下的职位不足**

如果用一句话来概括软件化经济中企业内社会的未来面貌，那就是“实力主义化”。在描绘实力主义化的形象之前，先列举一些带来这种变化的原因。

第一个原因是，低速增长经济条件下的职位不足。到 1975 年前后，日本经济从年率百分之十几的高速增长转变为年率百分之几的低速增长。但是，尽管经济环境发生了急剧的变化，而与形成企业内社会的组织及晋升相关的原则却仍同高速增长时期一样，继续把终生雇用或长期雇用、年功序列制以及每年晋升这些方针作为默认的前提予以贯彻。

如此巨大的经济环境的变化和企业内部运行原则的不变所引起的内外不一致的矛盾，这十几年来持续存在，其结果，终于证明了以往的企业内部运行原则已不能维持企业的生存发展。

也就是说，在高速增长时期，随着生产经营规模的扩大，组织及人员相应扩大，并且，新的大学毕业生入公司后大约十年能升为系长、十多年能当上课长、大体二十年能成为部长。这样一种晋升过程当时大家都认为是理所当然的事情。每年的新录用者，与各个时期的企业发展和进程相适应，确保了企业必要的大量人才。

然而在以后的 10 余年间，经济增长下降，企业生产经营规模的扩大非常迟缓，随之而来的是，与应该得到职位的人数相比，能提供的职位显著减少了。

许多企业由于害怕辜负了职工晋升的期望而失去信义，于是发明创造了各种各样的职务。其结果，在某些极端情况下，诸如当官的人数变得比普通职工的人数还多，许多挂衔者连一个部下也没有，这类充满讽刺意味的现象绝不是什么稀罕的事情。

今后，不能想象日本经济还会再回到过去那种高速增长状态中去。因此，这种矛盾不能总这么继续下去了。

企业必须采取断然措施，简化组织机构、减少职位，同时将少数精干的人才安排到领导者的位置上。

由于这种职位供求紧张，安排使用人才的标准，必须从过去的以年功为中心的原则；转向以实力主义为中心的原则上来。

在此顺便谈一下过去的年功序列制原则，即使是在过去，年功制也并不是万能的法宝，就是在同一年进公司的人中，也要通过竞争和选拔予以集中。1962~1963 年前后企业同时引进的资格工资制度，也许是解决将来职位不足的一个对策。

这次的实力主义化动向表明，用资格工资制度来应付变得困难了。另外，在软件化这种毫无借鉴可言的经济环境之下，年龄及经验已不能像过去那样发挥效用了。通过引进 OA、FA、或者 AL 体制，意味着年功制度正在越来越快地迅速丧失它的存在意义。

**《男女雇用机会均等法》的渗透作用**

第二个原因是，《男女雇用机会均等法》的渗透。从 1986 年开始实施的《男女雇用机会均等法》规定，禁止因性别不同而实行歧视待遇。过去，日本的《宪法》及《劳动基准法》等法规就禁止因性别不同而引起的歧视，但实际上，男女之间显著的差别却正式或非正式地存在着，这几乎是众所周知的事实。因而这次明文规定，禁止在雇用问题上实行男女歧视待遇。

禁止男女歧视待遇，将必然导致实力主义化倾向，而不是性别差异。这是因为，继年功制之后如果性别差异没有了，那么企业内部晋升的原则就只能以个人的实力情况为根据。

从现在的情况看，由于长期通行的一些常规作用的结果，妇女所面临的社会环境是非常不利的，但实施均等法以后，情况显著地得到改善。照此下去，今后女性进入企业内社会的现象会急剧扩展，而女性负责人即所谓职业妇女的形象将变得不足为奇。

在欧美以及包括东南亚在内的诸国，已经大体上消除了男女差别，毋宁说日本倒是一个例外的现象。但即使是日本，在企业外社会，男女之间是没有差别的，甚至可以说，在不少领域中妇女较男人占有明显的优势。

例如，大学升学率方面，男女差别迅速缩小，成绩优秀者中女生的数量也不少。另外，在领导感性时代的流行品及时髦性强的消费领域，也包括像汽车及住宅这样高额的耐用消费资料在内，由妇女的选择来决定市场状况的事例屡见不鲜。

今后的经济社会，有可能发展形成对女性更有利的环境。迄今为止，人们一般所说的女性的特点包括有，坚定的决心、自己的主张决不妥协、不屈不挠的忍耐力、舍身的行动力、快速的变化、重视感性的选择等。在软件化经济中，这些特点在许多领域会显示出其优势来。

由于家庭形态的变化（小家庭、子女少、男女平等）、代理家务服务业的发达等原因，过去妨碍妇女进入社会的家务负担正在逐步减少。随着今后妇女广泛地高层次地进入社会，其面临的环境将会进一步得到更大的改善。

由于电子技术的发达，企业内适合于妇女的工作已经增加了。所以，以均等法为契机，妇女进入企业内社会的数量将飞跃式地增加，与此同时，过去以男人为中心的企业内社会，亦将急速地出现变化。

这一状况下的重大特征，便是所说的实力主义化。

**企业内部人员的国际化**

第三个原因是，企业内部人员的国际化，以及起用外籍职工当干部。

这一点是与企业的国际化表里相关同时发展的。关于国际化的发展阶段，人们有各种各样的划分方法和标准。在这里我们想概括为以下五个阶段：

第一个阶段即是 60 年代以出口为中心的发展时期。这一时期，日本企业以出口部门为中心，重视配备语言方面的人才，拼命出口产品。在这个时期里，起用外籍职工的摸索性试验持续不断。

第二个阶段，即是 70 年代当地化的发展时期。也即在当地确保生产（装配）、销售、服务据点的时期。日本企业以海外业务部门为中心，日本人着重发挥生产、销售等专业能力，在当地则培养第一线的管理人员，因而也可以说是现场中心主义的发展时期。

第三个阶段，即是 80 年代前期国际化发展的时期。在这一阶段，总公司与当地子公司的各种交流势在必行。虽然是在非常有限的范围内，但国际分工体制已初露端倪。此时，日本企业需要国际性的经营专家，同时设置了海外人事课，在当地培养外籍中间人以及专家成了企业的战略性任务。

第四个阶段即是进入 1985 年以后的跨国公司发展时期，与最近旺盛的海外直接投资相结合，日本方面通过配备重要负责干部、设立海外统辖公司等，促进海外部门的独立。像金融、商社这样的机构，以日本的总公司为中心，管理跨国子公司群，而像厂家系列的机构，则设置（国际）地区性业务本部。各地情况不同，已出现了起用当地人担任当地企业的最高经营管理职务的现象。在这一阶段，为了确保优秀的外籍职工，有可能起用他们担任日本总公司的重要干部。

第五个阶段即今后的发展。企业的全球化，也可以说是类似欧美的一些大企业那样的企业的无国籍（跨国公司）化。这一阶段，企业将谋求更加机动灵活的发展方式，不再拘泥于日本及一些特定地区，只要有业务机会，任何地方都可以去。在人员上统一使用，而不再划分什么日本人与外国人，在企业经营上，以明确的企业文化为重要的武器。

根据以上所述进程来看日本企业，可以说目前走在国际化最前列的企业，正处在第四个阶段上。

从起用外籍职工当干部这一点来看，这种动向在当地已十分活跃，估计不久，将会从这些干部职员中抽调一些人才提拔到日本总公司来。

照此发展下去，外籍干部职员将会在日本企业内扎下根来。因此，将要求企业内社会的规则，朝着这些外籍职工能够接受的体制转换。这就在客观上要求共同的原则将是国际性的实力主义原则。

**从重视协调转向注重创造**

第四个原因是，在今后的企业内社会，创造力将比协调能力受到更大重视。因为，如果不是这样的话，企业的生存发展将变得困难。

高速增长时期，至关重要的是，如何有效地推进大批量生产和大批量销售。因此，搞好职工的合作与协调一致是第一位的事情，“和为贵”比什么都重要。此时，重视协调的经营是最普遍的现象。所以，在企业内部培养人才方面，那些具有特殊才能的人，极易受到排挤。

然而，面临着被称为软件化的这种难以判明的经济环境，在市场进一步专业化、细分化，并且技术迅速变化的时代，迅速地适应这些动向的能力成为摆在首位的事情。

所谓适应能力指的是，例如，创造新的业务机会、适应不连续的变化、加快变化的进程，将各种不同的经营资源结合在一起、多层次的竞争等。总而言之，企业家的创造性将受到重视。

所谓创造力，在某种意义上可以说是对既有组织及常识的反动。正因为如此，在随着规模庞大起来而具有易于出现官僚化性质的企业中，推行重视创造性的措施，实际上是一项相当困难的工作。

为了在企业实行重视创造性的经营，首先第一点，企业最高经营者要明确指出这种方向，并表现出坚持到底的决心，这是最要紧的。为了培养创造力，必须具有以下这些条件：要有尽可能自由的环境，并鼓励不管结果怎样先干着看看的试验性工作，甚至，即使失败了对风险的承担要采取妥当的处理措施。

培养创造力的第二个条件是，具有掌握和适当配合不同信息的能力。因此，不仅要开展企业内部的交流，更重要的是要积极地与其他企业、大学、研究机构等外部不同性质的领域开展交流。目前，以各种不同形式正式或非正式地开展的不同领域进行交流的尝试，就是以这种客观要求为背景的。

但是，无论怎么说，创造力最基本的要素是个人。培养个人的创造力是基本的工作。其次就是要在企业内部形成能使这种个人创造力得以发挥的环境。

培养个人的创造力，还有一个重新评价进公司以前的学校教育的问题。包括录用标准、进公司后的教育在内，一方面应尊重各种不同性质不同能力的人才，另一方面要努力形成上述不同特点人才之间的协作关系。从外部引进人才时当然也必须考虑这一点。

在高度重视这些各具特点的个人创造力的企业之内，为了避免出现同类人才集中的现象，必然地不得不以实力主义的因素作为人才的判别标准。

**缩小核心部分与扩大外围部分**

以上就引起实力主义化的原因所做的说明，大体上可以说是倾其所有了。但是，社会性的变化不是一下子就能实现的。在某一部分，革新的因素急剧扩大的同时，在其他部分，传统的因素还根深蒂固的残存着，并且革新部分和传统部分并存的状态将长期持续，即使革新部分逐渐支配了全局，传统部分尽管萎缩，但它并没有完全消灭。

就近代日本的企业内社会来看，从江户时代幕藩体制的传统，到企业生存第一主义、经营集团的世袭制、对企业的忠诚心以至同事主义等的发展过程，说明了这一道理。另外，以战国时代及日清（甲午）、日俄战争以后的英雄为题材，作经营者论，讨论其对策的例子也不少。

事虽如此，尽管也有一些说服力，但这样说明的难点是，对下一步的发展难以进行预测，而仅仅只是停留在指出它们的异同。

假使实力主义化进一步发展，传统的企业内社会的原则也不会消失。在此回过头来再叙述一下传统的原则，它们是统一录用新职工、内部培训、内部晋升、终生雇用这样一些惯例。这十来年里维持这些惯例变得困难了，但它们并没有消失，今后，它们还将作为企业的核心原则而继续存在下去。

这种情况若按幕藩体制来说，是“旗本”或“直参”[①]；若按战前的企业来说，是相当于财阀总公司录用的部分。在这里有着一群依然按照传统的组织原则办事的人员。但是，其人数及所占比率都属于少数派。

另一方面，在此之外的边缘部分则是另外一个世界，根据各自的专业领域，全凭实力晋升，或者是跳槽（相反则是降级或被解雇）出去，预计今后这一部分将显著扩大。

这种形态已经出现在我们周围的事物如广播、出版这类宣传媒介产业中。在广播事业中，节目的设计、制作等，每次都要委托给外部的专家集团；而就出版事业看，规划、采访、执笔等工作，合同职工比正式职工更合适。目前这种流动型企业很多。这也不仅限于广播、出版事业，由于业务代理服务业、人才派遣业、独立专业机构等行业的发达，已经具备了这种外部环境也是一个原因。

这种倾向并不仅仅只有对外订货这一种形态，在企业内部也是一样，在各个必要的部门，根据需要，在必要的时候雇用必要数目的专家开展工作，一俟达到目标该组织即行解散。形成这样一种充满活力的外围组织结构。并且可以预料，这种外围部分还会相对有所扩大。

如果是那样的话，这种外围部分的扩大，可以说是促进企业内社会趋向实力主义的第五个重要原因。

## 二、企业内部社会的变化

**评价体系的多样化**

传统的日本企业内部社会，如人们所称的“公司社会”，它是以形成同质的社会为主要目标。待遇方面则是以企业内部的平等为轴心，保证职工长期的生活需求，从而换取职工对企业终生的归属意识。因此，在评价职工时，首先注意横向关系，以保持同一年龄层平等为原则，不仅对各自的业绩及能力，

---

① 二者均是日本江户时代直属于幕府将军家的武士。

而且进行综合性的评价。并且，评价的期间不是一个年度，而是从进公司到退休（许多企业甚至到退休之后）的长时期的评价，采取用将来的待遇来回报的方法。

然而，由于实力主义化的进展，用这种传统的评价方法就不合适了。要求有一种能够评价不是同质的而是异质的构成要素的体系。

第一点，每个年龄层或职务等级内部不完全一致，必须根据每个人的实力进行个别评价。每个人也变得更重视自己能得到怎样的社会性评价，而不是跟企业内其他人进行比较。如果对企业的评价不满，当然就会转到其他公司去。

第二点，不是综合性评价而是对实力进行评价。具体来看，是用是否完成了企业所预期的任务来进行评价。在这种情况下，就一定期间的业绩进行评价时，经营者和当事者本人之间，需要有很深的相互理解。

第三点，是短期性的评价。不是长期性的默契的待遇，而是每次用现金作为评价尺度来结算支付。

在日本，现在原则上依照个别评价、实力评价、短期评价等大体顺序的典型事例，是职业棒球选手在新的赛季开始前更改合同。一到赛事换季的间隙时期，体育报刊等新闻媒介就连篇累牍地报道名选手更改合同的情况，所以许多人对此类情况的熟谙程度时常出人意料。今后，在企业内部社会，类似这样的情况将会迅速得到普及。

在欧美等其他各国，这种实力主义的评价体系是十分普遍的。国际化、人才流动、年轻人的意识变化等因素的存在，将会促进这一体系在日本普及。

另外，与这种体系的普及相并行，人们对职业发展的关心将会进一步提高。不仅追求提高待遇的人才出现流动，而且，为了将来得到优厚待遇和高级职务，而有计划地实现自身的职业形成的想法将会非常普遍。这样一来，即使在企业内部，职业发展也将成为待遇的重要因素。

以上所述，无论从哪方面来说，都是适合大企业的变化，而中坚和中小企业中，原来个别性评价就较强。即是说，在大企业中，虽然在一些方面传统性评价方法还继续起作用，但在大多数情况下，将采用与以往不同的新评价方法，因此评价体系将朝多样化方向发展。

**自由豁达的企业文化的形成**

企业为了适应今后市场及技术等多样化的变化并继续生存下去，必须努力形成自由和具有广阔发展潜力的企业文化。

企业文化之谓，即是该企业内部各色人等思考及行动时作为其价值观之基准的经营思想。它是为了将不同地区、不同部门的人们统一在一面旗帜下所不可或缺的重要因素。

与企业文化意思非常相近的概念有“公司精神”。作为使企业一体化的机能二者是相同的，但在美国，企业文化是为了统一由不同人种组成的集团，而将其手册化了的人为观念。日本的“公司精神”与“家风”相似，它应该是在相当长时期中逐渐积累起来的自觉自然的行为规范。

这些暂且不论，为了求得企业的存在与发展形成企业文化是必要的，并且它必须是能够容忍自由豁达之内容的东西。

所谓自由豁达，一言以蔽之，就是要唤起职工发挥聪明才智的干劲。在软件化经济中，人们的智慧是具有价值的经济要素。因此，制定出对策，以使这些理智的兴趣、爱好、素养及感觉等要素得以充分发现是十分重要的。企业的内部组织，也能够为他们提供活动的舞台，使这些各具特点的人们实现其理智的要求。

开发新产品、新商品及向新的业务领域发展，最开始是由具有主动开发愿望的职工进行的。但为了使它获得成功，需要有效地将各类不同的人才、信息、原材料、体制等因素加以交流和组合，与此同时，作为统率这些开发及不同性质事物相交流之方针的企业文化，其作用十分引人注目。

另外，企业文化和人才、物资、资金、信息并列，也被人们看做是第五种经营资源而受到高度重视。

问题是，那样的企业文化不仅仅是公司的方针或规则，而是现实中起作用的机能。

如前所述，为了使企业内部社会具有活力需要不断地进行革新，为此，可以考虑采用如下各种方法，如，不管怎样先干一下看看的实验主义、把商业作为竞赛始终充满愉快的感觉，通过不同行业不同部门的交流获得广泛的意见等。为了在实际中采用这些方法，自由豁达的企业文化是关键性因素。

由于这样的缘故，如前所述的企业文化一旦形成，由此开始，反过来又可以想象企业内社会将可能出现的各种变化。

例如，企业内部组织方面就有可能出现网络组织、公司内冒险企业等有机的发展。具有特殊机能的小型组织分别自立，相互紧密发挥作用，并也富有适应变化的能力，积极地开展新的事业。

另一方面，行动迟缓而不能适应变化的企业，可以说届时将无法生存下去。

**多样性的组织管理（自我管理）**

以往的企业内部社会的管理体系，是由以总公司或本部为首形成的一元化的管理组织构成的。它作为现代组织的管理体系发挥了应有的效率。但是，随着企业内部组织的多样化、人们意识的变化，今后在这种一元化的管理体系之下，很难期望会出现人们自发的、创造性的革新活动。因此，管理多样性的组织必须有新的体系。

如果做结论的话，那么，今后将不得不变成以自我管理为基础的体系。既然对具有多种目的及行为准则的组织实行一元化的管理是一件困难的事情，那么就应该尽量尊重各个组织的自主性，委托它们实行自我管理，因为这将提高它们的效率。

例如，企业的国际化发展了，如果在各自进入的地区促进当地化，那么各个地区的事业机构就可自主确定目标开展经营活动，就整体来看这也是有效率的。比如，IBM、可口可乐、雀巢咖啡公司等这些跨国公司，已将这样一些活动付诸实际行动。

即使不是跨国公司，如过去的日本财阀企业及美国的联合大企业，如上面那样将经营责任委托给各个事业机构，总公司或本部则专门从事涉及全局范围的调整工作。在某种意义上说，今后，日本企业是否也需要持股公司所具有的经济机能呢?

这种自我管理体系，在个别企业内部，采用业务部制及部店独立核算制，并且缩小总公司和本部的权限，以此取得成功的事例并不少。

再进一步说，对每个个人的管理也是一样，最终来看，也是依靠个人的自我管理。

日本企业社会的传统，基本上采取的是尊重人的原则，不轻易解雇职工。而相应的，业绩评价及业绩和待遇的结合也并不明确。但是今后，由于引进了电子计算机系统，对每个人的评价和对应的待遇将能够进行多种管理，因此，利用数据库将能够使自我管理体系普及开来。

**战略性人事部的出现（人员利用技术的进展）**

这并不是说今后要加强人事部。如前所述，通过自我管理的渗透，以往的人事管理的职能将逐步委托给生产组织部门。这是因为过去由人事部进行的一元化的管理，已不能适应软件化时代的要求。另外，由于利用电子计算机系统，充实了包括个人的量才培训人事综合计划在内的数据库，待遇也将适应每个人的情况。

但是，这种充实个别评价的事情暂且不提，人事部将被附加一些新的经营机能。如在与经营战略相关联的方面，人事部将要负责确保人才资源、分配劳务费用等资金、管理人员调配、规划职工的教育研修工作等。可以说将出现战略性人事部。

在今后的软件化经济中，最重要的经营资源是人。资金、物资、信息等其他经营资源是随着人而流动的。相应地要求企业经营必须重视人。

在重视人这一点上，似乎从来都不曾变化，但今后的经营人事的想法，起参考作用的不是理财技术，而是人事技术。财务技术方面，随着近年电子计算机及通信技术的进步和国际性的金融自由化，可以说带来了资金运用管理方面的技术革新。效仿其做法的所谓人事技术，仍然是由于电子技术的进步，才使大量储存、加工、流通人员等信息数据成为可能。但由于进一步采用了人工智能等尖端技术方法，因而被说成是科学地提高人才能力的技术。

处理人事问题，要求具有比处理资金及信息更高的技术。人是矛盾的集合体，用科学的理论来处理容易出现错误。战略性人事部的成员，必须是一个包括哲学、心理学、精神医学、人本工程学等学科的专家在内的人的研究集团。美国商学院的毕业生，尽管学了经营技术，但处理人事的技术很拙劣，据说因此招致对工商管理硕士的不信任感。这再一次使我们认识到了人事技术（软技术）的重要性。

这种软技术是根植于对人的广泛而深厚的理解和尊重人性的长期经验中的。它也许能够为解决目前面临的利用中老年劳动力这一就业问题提供活动的舞台。

总而言之，软件化经济是重视人的经济，最高度地运用最高级的经营资源的战略性人事部，将与过去的管理性质的人事部完全不同，它将成为一个非常重要的经营战略性部门。

# 第18章 网络化的进展和城市社会

研究成员

综合研究开发机构理事　四柳修

综合研究开发机构主任研究员　大内浩

综合研究开发机构主任研究员　川北信彦

综合研究开发机构主任研究员　嶋崎伸一

原综合研究开发机构主任研究员　古川俊一

综合研究开发机构研究员　石井一夫

综合研究开发机构研究员　三浦勉

原综合研究开发机构研究员　横井博志

原综合研究开发机构研究员　石田义明

原综合研究开发机构研究员　堀之内猛雄

原综合研究开发机构研究员　河崎和明

原综合研究开发机构研究员　村田忠勇

秘书处

综合研究开发机构

## 第一节　网络化和城市社会

### 一、城市生活和网络

“网络”一词既古老又新颖，并且人们在使用时又赋予它种种含义。

最近，“网络化”或是“网络化的进展”的说法甚为普遍，但是，“网络化”绝非是今日才有的事。说人类进入有记载的社会以来就已生活在种种网络之中也决非夸张。家庭内部个人的存在、家庭或是近亲间的关系，在部族集团中家庭、个人的地位等等均可视为网络形态，人类被置于种种网络之中。

然而，在今天的人类社会中，由于生存空间的扩大和多样化、生活水平以及教育水平的提高等，人们之间的“关系”在诸多方面都是以前所无法比拟的，形式繁多，形成了一种多样化的局面。其结果，人们被置于一种在日常生活中必须时常利用周围的网络去获得最新信息的境地，并且如不有效而迅速地利用就可能一事无成。人们甚至感到网络已深深地渗透到人们的日常生活之中。

考察一下一个青年人的一生和网络之间的关系吧。选取一个常见的普通人的一生作为例子：首先，他出生在某地，在那里生活到高中毕业，之后，由于升入大学来到大城市，接着是就业、结婚、与家人一起生活，兢兢业业地不停工作，待升至一定的位置后，便是退休，然后就功成名就地荣归故里，在优裕的自然中安度晚年。这是典型的一个普通人的一生。在这种情况下，这个人在进行人生设计的时候，有一个他所遵循的规范和标准。就是说，他在离别故乡时抱有一个理想：要在城市里获得成功，然后荣耀地凯旋而归。而且，他也会有非如此则羞于还乡的想法。在向着这一目标迈进的时候，他的所为是建立在同乡（同一个县的老乡）、学校、工作场所、家庭等关系（网络）之上的。可见，他在选择这样一种方式时，时机已被限定，而且回返是困难的，需要有很大的决心。然而，另一方面，人们如若被纳入到这种网络中去，以后的人生道路就多半定型，对将来也大体可以预计。就是说，仅此，人们一生的生活内容和可供选择的范围是被限定的、狭小的。

但是，就今后的生活方式来看，在城市里出生、受教育，接着进大学、就业，一生都在城市拥挤不堪的环境中度过的方式将是主流。这一类型与以往不同的是，在他周围的可供选择的网络范围也许有了飞跃性的增大。从孩童时代就生活在无数的网络之中，生活里有多种可供选择的信息，人们可以任意选择和利用。在以往那种网络中进行选择时的紧张瞬间已完全见不到了。即使在进入学校生活后也是这样：在 90 年代，可以不拘于一般形式暂时休学去国外，或是工作一段时间后再回到学校。这不会遭到周围人的反对，在人们看来也许是极为正常的事情。在企业就职后也是如此，以往的那种终身雇用观念开始淡薄，由自由选择来改变工作场所的趋势愈发增强。并且，退休后的生活方式也变得多样化了。有的人因无衣锦可还的故乡而仍留在城里，也有不少人将会迁到一个全然无地缘和血缘关系的地方去住。这样，在今后的城市社会中，与作为集团中的一员的普通人相比，重要的是每一个人都是一个独立的人，由个人的创见和自发性形成各种各样的“关系”（网络）并加以利用。并且，历来被看成是决定生活样式的基本准则已不足为凭。剩下的只是尝试个人的力量，寻求伙伴的热情和选择。90 年代是每一个人都在探求新的生活方式和自我形象的建设性的时代。

在这种情况下，应被称为网络中的一个重要的结节点的城市，作为满足人们各种需求的“场所”（舞台）愈来愈需要发挥其作用。也就是说，生活在今天的人们，利用拥有多种信息的城市，试图去满足各自的需求。今后生活在城市中的人们，并非埋没于一个千人一面的没有个人形象的集团之中，且始终被动行事，而是有自己的形象和目标，按照主体要求进行选择，追求更能满足自我的富有个性的东西的趋势愈来愈强。而且可以说，正因为城市能提供这种机会，人们才聚集于城市，在那里生活。

从以上观点来看，人们利用种种“关系”（网络）和“结节点”（城市），追求更多的可能性的态势，可说是今天所谓“网络社会”的一种趋势吧。因此，具备这种机能，建设能满足这种需求的城市，对今天的人们来说是一个最为基本的课题。

## 二、为何要推进网络化

现在，人们之所以强烈地呼吁“推进网络化”，从背景上看，可举出下面三种原因。

人们生活方式的变化、价值观的多样化。作为推进网络化进展的第一位因素是人们生活方式的变化。

以往，在明治初期，日本国民有 80%是农民，人们几乎都住在农村。由于人口流入城市、农地住宅用地化的进展等因素，现在却有 70%的国民住在城市里。在这种社会里，人们大都是在城市出生、受教育、生儿育女，并在城市里终其一生。人们在作为其主要的活动场所的城市中形成了种种网络。再者，在收入水准的提高和平均化、余暇时间的增多和高学历等因素的作用下，人们的价值观变得多样化，在城市中对行为选择可能性的增大和迅速性的相互重叠，其网络在多重化的同时也变得具有个性化了。

生产、生活活动的大区域化。伴随着经济的软性化、服务化的进展，在产业领域以信息为媒介，出现了未曾有过的行业间、企业间的新的联合。并且，近年来围绕着国际贸易出现的一些问题开始引人注目，这可以看出，日本的经济活动已离不开国际联系了。

另一方面，在市民生活领域也产生了超越有限的地域范围、由共同的兴趣、关心等因素而来的广泛的结合。并且，从年轻人对海外大众文化的关心中也可知道，在日常生活中知识的、文化上的共同关注增强了国际交流。

如上所述，由于日常生产、生活活动的大区域化，以及由此而产生的必需的网络化，要求在扩大交流以及在具体细节和利用时间上解决上述问题。

基础设施的充实。作为支撑网络化的基础有交通、信息通信、电力、煤气和上下水道等，但是，其中交通和信息通信有助于人们流动的高速化，因而在基础设施中被放在了一个极为重要的位置上。近来信息通信取得了惊人的进展。由于能单独使用的电子计算机和电气通信的融合，其适用范围迅速地扩大了。当然，众所周知，作为支撑这一切的技术，是数字化这一概念的出现和近 20 年间价格下降到万分之一（年率 36%）并且可靠性也提高了的 IC 技术革新。

作为参考，可通过过去的全国综合开发计划（简称“全综”）来回顾一下对信息通信机能重视程度的变化。首先，在“全综”（1962 年）中，对信息通信只涉及很小的一部分，只谈到“大力推进电话的自动化、通信的即时化”的程度。到“新全综”（1969 年），信息通信的比重增大了，伴随着电话和计算机的普及，为实现数据通信指出了建立全国通信网的必要性，以及开发、导入电视电话等新传播媒介的必要性。而在“三全综”（1978 年）中，作为信息通信建设的方向，提倡“为了达成定居设想，形成通信系统网络是不可缺少的条件，因此，在完备、发展电话、邮电和广播等既有基础媒介的同时，要努力于与信息化的进展和国土的安定发展相适应的新的媒介的开发和网络的形成”。

在这次的“四全综”中，信息通信体系则和交通体系相并列，其地位是作为“活跃国际、地区间交流、促进各种机能分散的战略性的先行手段”，把 ISDN（服务综合数字网）的全国扩展或适应地区特点的信息通信基础的建设作为主要的计划课题提了出来。由此，我们可以看到，在仅仅四分之一世纪的时间内，信息通信领域的惊人发展和在国民生活中的重要性和必要性的大大增强。

## 三、日常和非日常的平衡变化

以这种网络化的进展为基础，可以想见，在 90 年代各个领域将会产生不同情况的变化。在这里以市民生活为中心做一番考察。

如果用一句话来概括 90 年代变化的方向，那就是日常和非日常的平衡变化，迄今被认为是非日常的东西明显地日常化了。网络化的推进使人们的意识、参与和从事实际活动的领域在时间上和空间上的显著扩大。这其中蕴含了历来被看成是特别的，或是偶尔才可出现的事情，变为极普通正常的可能性。也即是，将这些在不知不觉中纳入到日常的秩序之中了。

**“昼”与“夜”**

在以往的农业社会里，人们的生产活动在很大程度上为自然所左右，即是一种日出而作、日落而息的生产模式。可以这么说，在这种年代，人们为太阳钟所支配。

发展到工业社会后，人们的生产活动就需要和工厂机器设备的运转、或和作为通勤手段的铁路的运行一致，受所谓的机械钟的约束。并且，日常生活也受到了来自生产活动规则的强烈制约，平行地受机械钟的制约。

但是，这种工业社会发展到如丹尼尔·贝尔所说的后工业社会、托夫勒所说的第三次浪潮到来的时候，以往由机械钟表示的时间体系便发生了很大的变化。其理由可举出以下两点。

生产活动的质的变化（由物质的生产到信息的生产）办公室自动化和家庭自动化等的进展，在把人们从单纯的业务劳动中解放出来这一方向上起作用，成为大多数生产者和劳动者不得不把生产活动变成更有创造性、更有个性的行为。

在这种情况下，把生产者、劳动者在规定的时间、场所集合的以往由机械钟表示的时间秩序差不多已变得毫无意义。非但如此，该时间体系还很可能剥夺人们创造性活动的自由度。因之，可以想见，转换为一个更有选择性、更有个性的生产活动体系是一个极其自然的潮流。

经济活动的广域化（全球规模的活动的增加）在经济活动国际化方面的一个最为活跃的领域可说是国际金融交易了。以金融的国际化和自由化为背景，这方面的交易活动正出现显著增多的倾向。并且，这个交易舞台从纽约到东京，从东京到伦敦，在一天 24 小时之内不停地交接着交易业务。

并且，作为支持的国际信息通信领域也取得了显著的发展，包括数据通信、传真通信在内的国际电话的增加率每年超过 20%。

这样，国际金融交易领域的 24 小时化已日趋正常，在这里早已不存在“昼与夜”的区别。

如上所述可以想见，到 90 年代“昼与夜”的界限将更难区分。但是，这种势头并非同时作用于每一个城市，目前只限于东京、大阪等大城市。

再者，这种 24 小时化的进展不仅涉及与国际金融业、国际信息通信业务等直接关联的领域，也会影响到支持这些部门的饮食业、零售商业等一般性的服务业和电车、汽车等城市交通，甚至图书馆、美术馆或是行政窗口服务等公共服务业。但是，在这种情况下，如何确保住宅离工作场所不远，如何确保适应 24 小时管理体制的工作人员，工资体制应如何调整等，应解决的问题很多。并且，夜间工作对健康的影响（也包括精神上的）也有必要加以认真考虑。

**“远的地方”和“近的地方”**

在交通设施不怎么发达的时代，地理上、时间上的远近支配着人们的远近感。

但是，伴随着航空、高速公路和新干线等高速交通设施的建成和普及，这一状况改变了。如今，从某地到某地的时间距离这一角度来看，例如，离东京最远的地方，从到达县厅所在的城市来看，既不是北海道也不是鹿儿岛，而是福井县和长野县。这样，高速交通设施的出现产生出来了一种与历来的以物理的距离为基准不同的新的“地图”，创造出了一种虽近实远、虽远实近的空间。

可以想见，信息通信机能的完备和充实，对这一倾向将会有进一步的促进作用。从电话、数据通信等全国通信量来看，明显地形成了一种和物理上的远近不相干的新的地区与地区间的结合。这种倾向不只是在国内，今后，随着传真港等高度信息通信设施的普及，一旦世界各地通过通信卫星构成了网络，从各城市间联结的强度或是从信息交流量的大小看，有可能出现比国内城市更近的海外城市。

对于个人之间的交流也是同样。使用电视电话、电视会议系统等可以说是其典型。在这种交流中，甚至给人一种迄今的远近感已从根本上动摇了的感觉。从在三鹰市进行的实验结果来看，使用电视电话的人有一种对方就在眼前的感觉。原因是可直接毫不费力地仔细地看到对方的表情和动作，有一种比面对面更贴近的感觉。

**“工作场所”和“家庭”**

在工作场所和家庭这对关系中，一个最大的变化就是前面讲的，与 24 小时化相对应的缩短工作单位离家庭的距离问题。可以毫不夸张地说，缩短这一距离是构想 24 小时城市布局的一大前提。事实上，就是在现在，外资企业在东京开办事务所的时候，一个最为重要的问题是，能否在事务所附近保证良好的住宅条件。只是这种住宅与一般的家庭住宅不同，有着鲜明的别墅色彩。

作为另一方面的发展动向，是由于在家中工作的普及而来的家庭办公室化现象。这有两种情形，如过去在市中心从事软件开发业务的人员，其工作大部分可在家庭中处理，新参加的专业主妇以及有残疾的人利用通信电路等在家庭中参与社会活动。总之，工作场所和家庭的界限会变得不明确了，在充分地探讨作为工作空间的家庭或者住宅的应有形态时，对于工作场所的渗入家庭后应如何保持家庭原有的机能的问题就成了今后的重大课题。

### 四、城市社会问题的基本视点

这样，伴随着网络化的进展，就所能发生的种种变化来看，在寻求城市社会的理想形态时，有必要从以下几个方面去进行探讨。

（1）在每一个人进行各自的活动时，支持其行为，或是让其成为可能的网络的建设工作做得是否充分？其安全性是否有保证？

（2）对在城市中设立据点、利用网络的每一个人，舒适、准时和正确等性能的必要条件或者流动的自由度是否有了充分保证？

（3）作为每个人生活、生存手段的雇用场所，在城市中是否有充分保证？再者，从维持城市的活力着眼，产业的振兴开展得是否充分？

（4）从各个方面对生活在城市里的人们进行保护、援助的行政财政上的安排是否已落实？

本章根据以上观点，对伴随着网络化的进展而来的城市社会问题，拟从“网络化机能的完备和管理”、“创造新的城市环境”、“城市和产业”、“城市的行政财政制度”这样四个角度进行探讨。

## 第二节　网络化机能的完备和管理

与 20 世纪初相比，日本现在的人口是其 3 倍、城市人口达到了 10 倍以上。这在世界上也是未曾有过先例的。然而，与花费了长时间才达成城市化、并在一定时间内建立起了必要的基础设施的西欧各国不同，在日本，由于城市化进展得快，有可能在没有充分建成能支撑这一切的坚实的基础设施的情况下迎来高龄化社会。可以想见，进入 21 世纪后，对社会资本的投资能力将会减少，在这剩下的短时间内，有必要有选择地不遗余力地进行良好的社会资本积累，留给下一代继承。

本节将站在市民的角度，从“联结”、“集会”和“维护”三个侧面来考察支撑今后城市的网络机能。

### 一、联结

**城市间的交通网络**

（1）旅客运输系统。理想的交通设施的综合整备。人们在往来于城市之间时，选择交通手段的标准是所需时间、方便性、经济性、舒适性和安全性等。举例来说，东北—上越新干线的开通，使得东京—仙台、新泻的航线停飞，这是由于新干线缩短了交通时间和时间上的准时。再者，据说由于中央公路的开通，从名古屋到饭田间的旅客由铁路转到了高速公路上。现在主要的高速交通设施有航空、铁路（新干线）、高速公路等。从距离的长度来看，交通工具的分担情况是，100~300 公里是汽车；300~750 公里是铁路；750 公里以上大多利用飞机。今后，由于技术革新以及时间价值的提高，直线电机汽车和短距离航空将会投入使用和普及，这样一来，将会改变各种交通工具在距离带上的分担率。今后根据社会的发展变化，完备包括航空、铁路、公路在内的综合交通基础将是重要的课题。

再者，由于收入水准的提高以及可自由支配的时间的增多等原因，人们对交通设施将会要求更多的舒适性。人们待在家里也可了解到公路各个区间的交通信息（和铁路一样能预测时间），火车以及飞机的运行情况，在火车和飞机中装备有新型传播媒介机器的单间、酒吧、娱乐室等，这在很大程度上提高了舒适性。

依靠技术革新和有效地利用现有设施进行整备。今后，在充实交通设施中，有诸多限制是可以想象到的，新干线的建设就是一个例子，最大的难题是资金。

在构想日本铁路系统的高速交通网络时，从欧洲铁路的建设中可得到一些借鉴。法国的 TGV 和新干线的最大不同之处是，轨道的幅宽与旧轨道相同，TGV 可以很容易地直接开入旧轨上，这就易于形成高速交通网络。法国和西班牙的铁路尽管幅宽不同，但靠自动轨距调整装置，运行于法国和西班牙之间的“卡达兰·达尔考”是直达运行的。与之相比，日本新干线与旧线的幅宽不一样，要形成高速交通网络，就必须铺设新线路，需要巨额费用。

因而，从财政上的困难和缩短施工时期着想，打破现在的新干线模式，进行利用旧线、技术开发等综合性的研究和探讨是必要的。过去，曾有过统一的铁路网络（ITN）的设想，就是把旧线的幅宽扩至新干线，在必要的地段铺设新干线，通过改良使得新干线机车可在两种线路上直达运行。即使 ITN 设想不能全部兑现，今后，在建设新干线时，在住宅集中的市区等地段对旧线的改造和利用进行探讨是必要的。

城市间交通也与此有关，在琦玉县等地尝试重新利用河流进行运输也是充分利用现有设施的一个例子。大城市里的近距离航空网在取代大机场的意义上，与利用现有设施的意图也有异曲同工之妙。在 STOL 的研制和进行直升飞机改良的基础上，有可能形成较低廉的近距离航空网。

财政状况甚是紧张，包括充分利用现有设施在内，如何以较小的代价去充实与时代的发展相适应的基础设施，这要求人们提出一些相应的方案，90 年代也可说是其试验比较期。

（2）物资流通系统。理想的综合性物资流通政策。现在，已从一个以大量生产、大量消费为背景的物资流通的近代化和合理化取得了进展的时代，过渡到一个对物资流通有严格要求的时代，即以市场的成熟化需求的多样化为背景，从采购、生产到消费、废弃的全过程中，必须同时实现降低物资流通成本和提高多品种少量流通的可靠性以及迅速性这一个二律背反的课题。与这种变化相适应，物资流通的信息越来越成为一个重要的领域。另一方面，按照时代的要求，实施在个别企业中难以奏效的节省资源和减少污染、保护环境等综合物资流通政策就显得更为必要了。例如，为重新估价并促进能效高的海上运输，向更具有魅力的内海航运转变的政策和流通港湾的高度完备是重要的。关于陆上运输，在设施方面完备网络的同时，在利用方面通过共同送货和共同送货上门，给予推进错综复杂的卡车运输效率化以奖励的政策很重要。并且，制订一个综合利用陆、海、空各种运输设备、将物资流通据点以及物资流通信息有机地结合在一起并迅速使物资流通合理化的软性的综合政策很有必要。此外，在国际物资流通领域，也要求包括流通手续在内的一系列物资流通的合理化。国际直达运输引人注目。就其方式而言，有结合船、卡车和铁路等在内的海陆联运，有包括船、飞机在内的海空联运等。并且，作为支撑这一切的基础设施，包括信息基地在内的复合运输的终点站及服务设施的建设是一个重要的课题。

作为地区战略的物资流通。如同开发具有传统功能的物资流通据点和引人注目的城市滨水地区那样，人们集合起来，正在创造着各种机能和物资流通复合的新的活动领域，超越了以往只是集中物资流通机能，实现着把工厂和物资流通结合起来的构想。并且，生鲜食品等可由飞机做长距离运输，地区经济产生了新的活力，等等。迄今为止，如同人们所说的商业后勤那样，企业经营的战略色彩浓厚、在日常生活中常被人们看成是附带的、终端的物资流通，由于时代的发展以及新的构想，已不单是一个封闭的网络，而是具有包容各种领域的可能性的开放的网络，而提高了其作为地区战略课题的重要性。

**信息通信网络**

和交通并重，人们所期待的作为支撑网络化社会的重要的基础设施是信息通信功能。

在日本，人们广泛地使用“信息化”概念始自 60 年代的后半期。这一时期信息化的特征是，由单独使用的计算机做定型的信息处理，实施的地区也只限于东京、大阪这类大城市中的所谓大企业，其范围是极为有限的。从那以后，进入 80 年代，开始了第二次信息化。这时信息化的特征是，计算机和计算机通过电气通信而被相互联结在一起。也就是说，在第一次信息化中，计算机只起到了人的“手”的作用，而第二次连“脚”的作用也起到了。

在信息基础设施中，人们最渴望建成的项目之一要算是在全国形成 ISDN（综合服务数字网）了。虽然其基本干线已从北海道到九州横跨整个日本，但在今后根据各地区的需要，预计会分阶段地进行地区内干线建设。ISDN 网的基本完成，也许要到 90 年代的后半期，但是，如同汽车社会中的道路一样，可输送各种信息的新的“公路”覆盖日本全土的日子不远了。并且，与地面通信并行，卫星系统通信的建设和充实也为人们所期待。通过信息基地，和世界上的各个城市进行直接沟通成为可能，并且，在确保冗余信息方面，作为国内地面通信回路的后备系统也是重要的。

但是，作为建设这种硬件所必不可少的附加条件，就是要充分利用网络的软件。就是建起了高水平的硬件系统，要将其普及到市民生活中去，立足于使用者角度的软件的充实是不可缺少的。就现状来看，明显地感到，应用技术与设施建设的不相适应。

## 二、集中

**储存充裕的人力资本**

今后的时代，生活方式将多样化，与世界各国的往来增多。换一种说法就是，如果这一切变为现实，交通、通信网络的技术革新和完备，社会、经济环境的变革将会不可避免地取得进一步进展，与之相适应，就要求有一个展示丰富多彩的人际关系的舞台，并要求付诸现实。其结果，伴随着支撑这一切活动的交通、通信网等网络化的高度完备，在每一个国民的一生当中，无论是在内容或是在时间上选择各种交流场所的自由度和需求都扩大了，并将会拥有比现在更加丰富多彩的人际关系（网络化）。正是生活在从质量和数量上都如此扩大了的丰富多彩的人与人的网络中同时又担负着创造明天的丰裕的灵活的人力资本，才是 21 世纪所应继承的最重要的资产。

**创造交流的“港口”**

可以想见，今后在贸易、国际金融、与海外的产业及技术文化交流、文化与学术交流和国际观光等领域将会有进一步的扩大。建设由此而来的与扩大了的人员、物资交流和信息、通信等的交流场所、向世界开放的高质量的交流“港口”，很有必要。通过作为这一切的基础的国际机场、国际港湾以及信息基地等设施的建设，或在没有这些设施的地区也可由优良的高速交通、通信网与之相连结，这样，全国所有的“交流据点”都有可能成为第一线的国际舞台。这种交流据点如在全国普及开来，为了促进交流和适应地区需要，地区间会出现激烈的竞争，就不同的地区来说，努力创造具有魅力的个性将成为必不可少的课题。当然这不只限于国际交流，对国内的各种交流来说也是一样。

为创造这种交流的“港口”，例如就交通基础设施来说，并不是要建设像现在这样的单纯以大量、迅速地运送处理客货为目的、偏重于单一机能的设施，而是要将这些港湾、机场、火车站和高速公路枢纽等，或是临海地区、沿线地区等，作为人们汇集交流的舞台和体现地区特色、进行丰富多彩的活动的综合性的多重目的的空间来进行建设，这点是重要的。为此，形成包括积极地导入民间技能在内的一种新的范例很有必要。

**建成世界水平的观光、休息、娱乐地区**

以生活水平的提高和劳动时间的缩短等为背景，人们对业余时间的兴趣提高了，并且，闲暇已不单是为了转换劳动的气氛，而是作为人生设计中的一个方面，应积极地评价其意义。而且，其形态也由被动、集体型发展为能动、自我实现型，闲暇也迎来了一个成熟的时代。然而，在另一方面，伴随着城市化的迅速进展，在把城市作为日常生活场所的生活方式普遍化的同时，在城市生活中，无论是精神上还是在物质上都可能对茂密的森林、海洋和河流等存在于自己周围的国土上的重要性，产生再认识。

在闲暇的成熟和城市的时代背景下，城市型的闲暇以及文化活动愈来愈多样化、愈来愈活跃起来。

譬如，就像在海滨休养区通过对海洋这一自然环境的体验来形成充实健全的人格那样，今后，人们将会进一步地执著于追求离开城市在非日常的种种体验中寻求自我实现的闲暇以及文化活动。这样，在日本真正的闲暇时代到来的同时，为了迎接国际化时代以开拓富于情趣的交流的场所，在整体上和系统上对堪称世界水平的宽裕的观光，休息、娱乐地区进行建设和保护将是一个重要的课题。这时，在各地展开的观光、休息、娱乐地区的建设工作中要避免因出现雷同、划一的倾向而失去魅力，在建设近乎自然而又有节制，在尽可能地保留自然的基础上最大限度地发挥地区特色，并为之而群策群力。

## 三、维护

**预防灾害，保护城市**

城市的变迁和灾害。由于经济的高速增长，人口急剧向城市集中，使得城市市区扩展到市郊地区，老市区在增加了人口稠密度的同时，中枢管理机能也高度集中了起来。

但是，城市的平面扩大，使得易受自然威胁的谷地和偏僻潮湿地区也变成了市街区。城市的立体扩大，使得用高技术的办公室自动化机器装备起来的情报大楼拔地而起，也使得地下布满了电气、煤气、水管、电话和铁路等日常生活网。

这种城市的变迁造成了新的城市型灾害。由发达的技术在力所能及的范围内对灾害进行防范，我们才能在信息化社会中得以过着舒适的城市生活。如果由超出我们控制能力的外力造成了灾害，由于在此集中着高度的机能，灾害就不仅是直接的，还会引起第二次、第三次灾害，使得灾害扩大，并有陷入到一种瘫痪状态中去的可能性，这是不能忘记的。

尤其是在发生大规模地震的时候，支撑着城市生活的无数网络被破坏，城市机能甚至有完全陷入麻痹状态的可能。因而，制定不致发生二次灾害的预防对策和把灾害控制到最小限度的应急措施，是今后的重要课题。

预防洪水。对于这种灾害所能引起的后果，就确保城市的安全来说，采取何种措施为上策？以横贯、产生和孕育了城市的河流为例，来研究一下防治水害的问题。

日本的大多数城市都位于冲积平原上，人口、资产和中枢管理机能集中在河流的泛滥地区。这些地区虽然潜伏着由自然条件带来的洪水泛滥的隐患，但由于近年来气象预报水平的提高以及大河川的不断修整，因而大的灾害很少发生。由此，住在城市里的人也就忘记了和水打交道的方式、防治洪水的措施。但是，防灾对策是有限度的，还不能说我们已从洪水的威胁中摆脱了出来，台风时伊势湾锅田干拓地等的受害，就是人们忘记了防水，以致扩大了灾害的例子。因此，现在正在到来的是对人和水的关系以及关于水的知识之集大成的水的文化重新评价的时期。

再者，大河流的泛滥虽少了，但却出现了新的水害隐患。城市化的进展使得具有存水和水渗机能的自然池塘与水田等变成了宅地，这样，在本来易于积水的地方建起的新的住宅区就成为常受水淹的地带，并且，由于不能渗水区域的扩大，使得流入河川的水量增大，这就加重了下游地区的危险性。这些现象的形成是因为打乱了自然秩序。以往，出于经济效益的考虑，在河流中设置了预防洪水的集中型设施，但目前这种设施并不适用，有必要采取设置防灾调节池、雨水渗透设施以便抑制流量的分散型设施体系，以恢复自然秩序。其中，在因地制宜地合理地利用土地、维持和确保保水、渗水机能的同时，包括取得居民的理解、避难警戒体制等软对策在内。为在整个流域内防御洪水，取得全流域内居民的一致同意将是重要的一环。

**预防荒废，维护城市**

从建设的时代到维护管理的时代　日本自明治维新以来，适应于不同时代的要求切实地进行了完备社会资本的工作，尤其是在经济高速增长时期，其社会资本的充实在质量上和数量上都是前所未有的。

这样，从社会资本的存量可知，恢复独立后不久的 1953 年底大致为 25 万亿日元（1980 年价格），约 30 年以后的 1982 年大致为 304 万亿日元（1980 年价格），增长了近 12 倍。

如果把社会资本的平均使用年限定为 30 年，那么，更新在经济高速增长时期建设的设施将从 90 年代后半期开始，由推测可知，到 21 世纪将迎来大量更新的时期。

妥当地维持和管理现有的社会资本，并以良好的状态过渡到下一个世纪，这对 90 年代来说是极为重要的。

荒废的历程。与日本相比，在社会资本积累历史久远的西欧各发达国家中，其老化了的社会资本的荒废已成为现实问题，美国对这一问题的反应尤其强烈。

在美国，从道路来看，1981 年在 164 万公里的主要道路中，有缺陷（结构上、柏油路面铺设上和行走性上）的占 60%以上，再从桥梁来看，1982 年在约 56 万座桥梁中，因种种原因有修理必要的占 42%（改建为 27%，修补为 15%），结构上有问题的、性能老化的和受载重量限制的，分别占 23%、21%和 32%。这些问题都是由于美国对社会资本的积累和维护更新所分配的预算不足而引起的。

在日本，虽说社会资本的成熟程度和公共投资的环境有所不同，但如果策略不对，将来日本也难免会步其后尘，处于同样的境地。

为了不使城市荒废。可以预见，今后随着国民需求的增长，人们对维持管理水平的要求将会不断提高，高龄化的进展将会使得社会活力下降，投资余力减小，因此，在有限的财政中，对新增投资、更新投资和维修费等各种各样的需要额，将难以保证。在这种情况下，只有从战略的高度进行维护管理和更新才是从荒废中拯救城市的唯一出路。

就这一战略的实施，拟从资金、物资和人力的角度加以考察。

在作为主要矛盾的财政方面，美国的城市研究所通过现实调查建议：①不是急需的需要除外，为了能最有效地利用可以活用的资金，要更为准确地把握资本需要和优先的程度。②对于设施的维护、修补以及再投资，要取得一般居民或是经济界等的支持。③为了使基本设施有可能自动重建的稳定的年收入额，要开辟新的财源，调整岁入体系。

为了在有限的预算中多搞事业，必须降低成本。就建设技术来说，建设高层大楼的高技术虽被不断开发，但维护管理和更新的技术有许多尚没有改进，降低成本的余地还有很多。今后，必须积极地进行技术开发。为了进行技术开发和优良的维护管理，要给维护管理部门提供优秀的人力资源，必须有提高个人道德和资质的人事政策。

再者，为了弥补资金、人力的不足，在不需要高技术的一般修理、清扫等工作中，可以考虑利用居民自发的义务劳动。必须努力创造一个这样的环境。

## 第三节　创造新的城市环境

### 一、城市周围环境的变化

形容时代变迁的“十年如隔世”这句话已经不用了，倒是“日新月异”更能贴切地表达这种令人惊异的变化。

与遵守传统的社会习惯是社会规范的江户时代相比，可以看到明治维新的重要意义：开辟了一个尊重进步、崇尚新事物的价值的时代。从那以后，重视习俗和经验的农村的地位下降，而给个人以自由活动的场所，容许变化的城市取而代之，成了历史的主角。变化创造了城市，变化产生了紧张，紧张促进了社会的发展，在这以后的安定则给人以坦然和悠闲。适度的紧张和安定对创造居住舒适的城市来说是不可缺少的。可是，明治以来，已过分习惯于追求变化、应付紧张的日本人，可以说已经变为“终日奔忙的不安征候群”了。拥有 70%的国民的城市，并非是劳动和教育的临时场所，而是人们出生、学习、劳动、休息，然后终其一生的空间。任何人为了在城市居住过富裕的生活都要求缓和变化的速度、减少紧张。在探求这种城市环境时，不可忽视这样三个因素：①城市人口的稳定。②生活质量的提高，需求的增长。③财政危机。

第一，由最近的人口普查可知，日本大多数城市已迎来了人口的稳定期。尤其是在战后，人口一直持续高速增长的大城市和其周围城市，人口的社会增减幅度缩小了，包括自然增减在内已处于一种稳定的状态。从农村到城市来的第一代在城市里已定居了下来，同时，生于城市，以城市为故乡的第二代稳步增长。这使得老居民和新居民之间的摩擦、地区社会的不稳定性等紧张因素减少，形成了稳定的地区文化和共同体基础，给城市建设带来了重要的转机。

第二，由于收入的提高，生活愈来愈富裕，甚至以世界经济大国自负的我国国民，已不再只满足于收入的增加了。佳肴是用怎样的材料，用怎样的调味料，用怎样的方法烧制的？那是否合乎自己的口味呢？从物质的富足到精神的充实，从形式到内容，从被动到主动地参与，对生活质量提高的要求增长了。

第三，可以看到，地区分散的财政危机状态明显地减弱了对新的变化的适应能力。投资经费缩减，进行再开发和建设新的设施的速度愈来愈放慢。在战后和经济高速增长时期建成的各种设施的更新、重建和维护管理成为重要问题，由建设的时代过渡到了维护管理的时代。而且，对于居民新的要求来说，有系统地利用包括民间设施在内的各种设施和有效地利用居民的义务劳动，这种策略是必要的。

## 二、创造城市环境的三种方案

城市在成长、发展过程中，有时会出现一些问题，遭受到挫折，这同时也形成了它独特的面貌。这一过程就如同一个人的一生那样。现代城市面对着每天无休止的变化，被强大的历史潮流所推动，这难道不苦恼吗？为了创造一个减缓居民的心身压迫、挽回自信并具有魅力的城市，有必要重新寻求创造城市环境的方案。

为此，①减轻城市负荷（过度紧张），提高了附加价值（舒适愉快）。②不囿于一种偏见，准备尝试有回旋余地的多种方案。③谋求居民的参与，提高主体自治能力。

“消耗少的物质而过着优裕的生活，才是最大的富足。”也许正是生活在饱食时代的我们才应该听一听这句话。狭小的住宅与居住环境的恶劣，上下班距离远、拥挤，混乱、交通事故、犯罪和灾害、因大规模开发而带来的周围环境的巨变等，城市的紧张因素破坏了城市应有的文明和舒适，并时有爆发大的社会动乱的可能。为消除这些紧张要素，迄今的城市政策采取了对症下药、谋求一劳永逸的方式，投入了大量的财物和劳力。为了消除处于过度紧张的城市环境中的消极因素，试图靠投放某种东西来让其相互抵消，也就是所谓的正面方案。在财政紧缺、居民意识希望缓慢变化的社会状况下，正面的方案是难以继续的，取而代之的正是减少不利因素的所谓反面方案。正面方案需要财物和劳力，但反面方案却节余了财物和劳力。减少负荷，附加价值也就得以提高，减少几分过度紧张，就能增加几分舒适和愉快。反面方案的效果虽然来得慢，不那么醒目，但从长远的观点看，城市的威力和特色得以养成，造成了一种难以言喻的魅力，犹如含辛茹苦一手把孩子拉扯大的慈母之心。由大胆的男性的正面思考，转换为柔和的女性的反面思虑是必要的。

有必要考虑改变目前这种把人、设施和财物都集中于城市的状况，将其转移到其他方面从而减轻自身的负担，建立新的城市。

第二种方案是，通过实验和实践确定出适合不同城市状况的方案。这是一个抛弃不费力的依靠行政补贴金、通过大胆的构想、显示自主和自立气概的好时机。在这种意义上可以说迎来了地方自治的实践和创造的良机。自治体在主动地处理地方问题时，由于地域环境和居民意识的不同，单一的措施是无效的，需要寻求其他手段。这也许会伴随风险，但是，为了避免将来更大的风险，以积极的态度把握问题，实验是不可少的。不囿于某种偏见，准备有回旋余地的多种设想，积累能灵活地应付复杂的环境变化的知识技能，提高城市的信息传递能力。只有通过大胆实验而建立的高效传递信息的城市，才能在急剧变化的信息社会中争得生存的余地。

第三种方案是，就谋求居民的参与和提高居民的主体自治能力来说，例如，建筑与绿化等协定的缔结、建筑物的用途与高度的限制、对由树篱构成的绿色景观的确保、防止噪音和非法停车等为保护地区环境的自主的活动，已能在全国范围内见到。这种居民对居住环境的关心的深、广，是形成居住舒适的城市的基础。地区文化与共同体、环境建设这种基础活动的本身，就发挥了居民的多种才干，形成了多层次的人际关系。就地区建设来看，居民参与解决问题的过程和对地区所产生的效果比解决问题的效率性更应重视。在居民的主体努力——发现问题、通过创造和协作去解决问题——未予培育的地区，不可能改变对行政的依赖。结果造成行政负担加重，并将划一的工作方式强加于居民。由此可见，在今后的地区建设中，给予可称为全日制居民的老年人和妇女以活跃的机会，是何等的重要。

## 三、城市环境问题

**住宅问题**

住宅情况和需求变化。一般认为，我国的住宅状况，量的问题基本解决，问题在于质。为何大多数居民普遍感到不满？在多达 330 万户待出租的空房中，大多数是大城市圈中居住条件最差的传统木造房子；另一方面，这些住房又是各个家庭经济负担能力和要求的居住水准之间不得已的妥协的产物，也可说是人们对住宅要求不断提高的缓解之策。以木质公寓为中心的待出租空房的相继出现，主要是由于第一次婴儿热出生的人的下一代达到了要求住房的年龄，与第一次婴儿热出生的人相比，10 年间需求减少到 70%，那减少的 30%即成了所谓的“负的住宅需求”。今后，由于这个年龄层到了三十七八、四十来岁，公寓大厦等建筑中的一些低水平的住宅将不得不面临空室化和价值崩溃的危机。在东京的市中心三区中，可供居住的民间公寓大厦有 70%被用于居住，其中进行了居民登记的不过 62%，这点可以看出一种普遍的将其作为“第二居室”等来利用的倾向。与新的奔忙的城市生活方式相适应，人们大都把家安置在较远的郊区，并在市中心的公寓大厦中购置工作日使用的居室。为了减轻这些人的负担，同时考虑到提高住宅质量，并且，从扩大内需这一方面来说，有必要在税制上积极地采取措施，解决一家拥有二套住宅作为居住资产的问题。

面临翻盖期的公营住宅区。对于租借条件差、房租高的民房的人来说，迁至公营住宅可在很大程度上解决现实的住宅难问题。但是，租借者大多是年轻的家庭，在以后的家庭人口增加过程中，开始分为退还和勉强居住两种情况。其中，收入相对高的退还，然后，低收入者进住，这种循环慢慢地形成了聚集若干老年人和低收入者的区域。而且，在这种住宅区中有许多早期建成的公寓面临翻修，利用这一时机，有必要从物质和策略二方面致力于问题的解决，同时进一步推进将住宅区作为地区文化据点来建设的工作。为此：①谋求公社、公团住宅、民间住宅等的混合供给，以促进进住阶层的多样化。并且，在新供给公营住宅时，需求尽管很多，但重点仍向公营住宅不足的市中心移动，应采取避免使地价明显增长的借地方式，有效地利用信托方式和等价交换等多种办法。②为便于和周围地区交流，要建设共同利用的设施，进行空闲地的绿化等，在改善居住环境上多做些贡献，并设立共同的文化体育设施等，推进地区文化活动场所的固定化。③谋求鼓励年轻家庭进住和考虑评价收入超过一定水准的阶层的中年家庭的领导作用的残留方式，确保照顾老年人和残疾人的人优先居住，搞活住宅区共同体和导入监护机能。

尝试新的住宅。在今后的住宅建设中，以下三点也许有引起人们关注的必要：①在城市是居民赖以终其一生的场所的今天，必须给老年人、残疾人等社会上的弱者提供舒适和便于活动的环境。②适应住宅需要的多样化，既要提供三代人的住宅、市内住宅、多用住宅以及公共住宅等以丰富供给内容，同时又要促进每一栋住宅的建设提高质量，并且，就城市房舍的长年累积来看，自治体也许有必要积极地推行对住宅设计的竞争方式、模范住宅方式等的奖励政策。③建设低层高密度的住宅。由于地价上涨和买地难，建筑高层住宅之风甚盛，但就近年来欧美的经验来看，据说这类高层建筑对孩子的成长不好，已没有什么市场。在已经落成的市区中，人们不是正在寻求高密度配置的 3~4 层的低层公寓、并致力于形成地区共同体吗？

**城市交通**

机动化的进展。汽车在社会上出现还不到 100 年。但是，因其出色的机动性、高速性和便利性，如今已成为最主要的交通工具。尤其是作为能满足个人需求的交通手段的特性，很好地迎合了个性的多样化和高度流动的时代潮流，在人们的行为方式和意识变革上带来了很大的影响。汽车不单是移动手段，而且还是悠哉自得的个人空间，是供思索的书房，也成为假日家庭团圆的场所。随着休假期的延长、休养地的开发和自动敞篷车场的修建，汽车也许会由“房间”一跃而为“家”。有空调设备的空间、装备了电视、电话和计算机等高技术信息设施的汽车正在起到流动办公室的作用。但是，另一方面，汽车也是主要的时常带来交通混乱、交通事故、大气污染和噪音公害的因素。

就有效地利用汽车的方便性并谋求在大城市中与人共存来说，必须首先让位于保障步行者的安全和舒适。

创造安全舒适的步行场所。如果说公路的用途是如何能使汽车快速行驶的话，那么，自从为了使汽车加速也难以跑起来的、在快车道上安置有曲柄状的凹凸设施的共同体道路出现以来，道路和汽车的关系已产生了很大的变化。在市中心的主干道路上所圈定的作为地区生活空间用的生活道路，作为孩子的游玩空间，地区共同体空间、创造地区环境的空间，是城市再生的宝贵资产。并且，在人们集中的市中心设置街心亭，创造出一个热闹和相互接触的空间以显示新型城市的活力和魅力，这在欧美的一些城市中已属常见，在日本也有一些尝试的经验，今后，望能予以积极地开展。

地区综合交流系统。城市交通网超越于某一城市的行政区域，存在有 JR、私营铁路、公营企业铁路和汽车等多种交通工具。由于它们之间缺少良好的协调，遂成为当今城市交通混乱的一个主要因素。必须推进调整运行时刻表，使换车顺利，采用通用车票，各种铁路间的直达运输和在复线上的综合车站化。

**作为环境因素的水**

关于水的思考。水自空中作为雨和雪降至地面，再从地面、地下和河流注入海中，然后经过蒸发又回到空中。这种循环往复不停。水的这一循环过程维护了地球上一切有生命的东西，创造了我们居住的国土，同时也孕育了我们的风俗。

人类是生活在为水所支配着的自然体系中的国土之上，因而，无论是从精神上或是从肉体上与作为生存的基本条件的水都有着深深的关联。人们在生活中一天也离不开作为自然体系中的水，由此人类生存了下来，同时得到了心灵的慰藉，学会了种种生活方式。

但是，伴随着城市的高度集中，作为大环境的自然环境的损失日益加剧，来自人们最基本需求的渴慕自然的呼声正急剧高涨。河流作为在城市中所残留下来的宝贵的自然空间，人们开始强烈要求与水的接近，沿水地带在各个方面为人们所关注。

河边的时代。在纽约的高层公寓和旅馆中，以从房间中可以看到河流为舒适环境的一大重要因素。在东京，东京湾一带对青年人来说正成为一个时髦的地带。

最近，作为扩大内需政策的一环，对在市中心的沿河、沿海的老化、闲置的工厂、仓库地带进行再开发，充分发挥在水边（河边、海边）的特性，将其变为有益的新的城市空间。谋求城市新生的计划已在全国各地开始实施。

并且，在隅田川一带用“水滨”一语来表明地区特色，以公营水上汽车通航等为标志，正在进行以水城为目标的城市建设。这些动向是以恢复大都穿过于城市的河流作为城市的象征为目的的，可以说，河边的时代再次开始了。

建筑新的水域网络。在与河流、与水分离的现象日趋加剧的过程中，出现了一个人与水与河流的关系再生的兆头，产生了“知水”、“亲水”、“敬水”这种词汇，这是想从河流上凝望城市的“河望”的动向已经产生的证明吧。

在空中观望城市时，从地面的桥上看来只是断断续续的河流，实际上是连续不断的，把城市像网眼一样罩了起来。实现人与水的相互接触，建筑植根于水的循环并有机地结合起来的水域网络，将有利于稳定、安全充裕的国土和城市的形成。

## 第四节　城市和产业

人类曾通过“狩猎”和“耕作”达到自给自足而生存了下来。不久便通过“交换”这一媒介而产生出了品种繁多的产品和服务，结果，促成了作为“生存手段”的工作的出现。“交换”创造出了作为巨大市场的城市；作为“生存手段”的工作创造出了整体的产业。因时代的不同，产品和服务形式也产生变化。与之相适应，作为“生存手段”的工作内容也发生了改变。像现在这样，城市与产业相互影响、以未曾有过的速度变化、盛衰的时代是不曾有过的。说产业不仅是城市经济，并已开始成为决定城市结构的基本要素，决非过分之言，反之，也可以说城市环境的配合也密切地关系到产业的成败。

### 一、经济、产业社会改变面貌

为了把握我们今后工作和生活的发展方向，首先着手探究一下现在产业和城市所面临的问题和一些微小的征兆。现在的世界经济有若干重大课题：美国的贸易和财政双赤字、西欧各国的失业情况严重和发展中国家的债务积累等，正面临着一个转折期。而占世界经济 10%的日本，在财政赤字等体制硬化状态中成为世界上最大的债权国，被要求对国际经济社会做出贡献；人们要求实现以提高国民生活的质量为前提的内需主导型经济结构，以及与这种需求结构的变化相适应的产业结构的转换。

就目前日本的产业结构来说，其比重已由第二次产业向第三次产业转移，在第二次产业中，基础资源型、劳动密集型、原材料制造业停滞，以电器机械为中心的知识密集的组装产业成长起来。这可看做由技术革新和需求结构变化所带来的长期变化趋势，以及对应于日元急剧升值由制造业的零部件进口和海外直接投资的急剧增加中可以见到的中期的变化。

另一方面，城市也急待以长年培育起来的传统、文化和技术为素养，在布满城市内外的产业网络的背景下，把现有产业再度搞活或高级化，以及在城市内和城市间重新安排建设新的产业。今后，对应于国内外的经济、产业社会的变化和网络化的进一步进展，我们应该让产业和城市怎样变化呢？

## 二、城市问题和研究的视点

**就业困难和搭配不当**

日本经济通过向节省资源型加工组装产业的转变和大规模技术革新改造，渡过了自尼克松冲击引起的日元升值和两次石油危机所造成的经济危机。但是，现在在国际协调这一命题下的产业结构调整，虽说是经济、产业高级化的过程，但在出口产业和部分中小企业的就业及其他问题上投下了若干阴影。

第一，是由需求结构的变化引起的停滞产业和就业困难的问题。如今，由于世界性的需求结构变化和新兴工业国家和地区的角逐，日本的劳动密集型原材料制造业等停滞产业，已开始了明显的存优汰劣的过程。在大量集中了这类产业的城市中，加上产业自身的衰退、中心事务所失去据点和相关的中小企业的衰退，于是进行了大规模的合理化改造和调整工厂配置，出现了中途停止用人、调转工作外派等雇用调整，以及下包企业倒闭所导致的人口流出和与之相伴随的居住环境的恶化等严重问题。

第二，是由日元升值引起的产业基地的变化和就业困难问题。1985 年秋后日元升值的进展，在制造业中导致了海外直接投资和零部件及制品进口的急剧增加。以往的海外直接投资，是在汇率剧变以前决定的经营战略，若考虑到今后日元升值的情况，因国内的生产资源成本相对高涨而降低了国际竞争能力的产业将进一步向海外转移，也许会大幅度地减少制造部门在国内设厂。尤其是在相关地区内的就业情况发生了变化，因而确保就业成为当务之急。再者，目前制造部门的转移虽只引起企业内劳动市场上的潜在失业，但迟早会给更广泛范围内的产业带来失业率上升或工资下降，有给国内经济的服务化泼冷水的危险性。

第三，是服务经济化的进展和就业失谐的问题。若考虑到日本社会经济成熟化的进展，日本产生社会的服务化、软件化的格局不久将会推广开来。从事服务业的人员、从事知识密集型工作的人员也确实有显著的增加，从数量上来说，似乎可以很容易地从第一次和第二次产业中去吸收过剩劳动力，但就是在吸收之后，也将会产生产业间、年龄间、男女间、常用短工间和地区间等种种劳动力供求上产生失谐的问题。尤其是将会开始产生在城市经济中的地区间和市内职业种类间失谐的重要问题。

此外，由于制造部门中技术革新的进展和向第三产业的流动，高龄化和女性、外国劳动者的出现所造成的劳动力供给过剩，短工与人才派遣业的广泛出现和终身雇佣制度等日本式雇用习惯的改变，也会引起就业困难。

**产业的振兴**

这样一些问题，从目前日本企业和国民的良好素质来看，也许并非是太令人悲观的，但也绝不可等闲视之。确保和扩大就业对于生活在城市中的人来说是至关重要的问题。向第三次产业的就业流动是自然的，如何维护、振兴有吸收劳动力就业魅力的企业，是确保今后舒适的城市生活的最大问题。

竞争的激化和网络化的促进　当今交通、通信网络化的进展，意味着个人和企业可以在更广的范围内对行为进行最佳状态的追求和选择。可以预见，今后由此而来的企业间、行业间和城市间的竞争会进一步激化，国际性的水平分工体制的进展也使得国际间的竞争正式展开。事实上，如今构成产业的企业间的联合关系和城市间的关系，也出现了过去未曾有过的竞争与协调和交流的关系。这是在激烈的竞争中为取得决赛权所必不可少的，因为相互间形成网络有着多方面的利益，如由于交流和消除摩擦而来的相乘效果、有效地利用外部资源或是由于共有信息而来的可以享受信息本身的多重利用等。今后，这种企业间网络的内容、幅度和机能将成为企业和产业乃至城市发展的关键。

产业及其网络化。现在，少品种大批量生产型的重厚长大产业的衰退和多品种小批量生产型的轻薄短小产业的兴隆，是由于比以往的生产体制中心更重视信息、技术和与之相关联的网络化的结果，可以看成是由规模的经济性向信息的经济性、网络化的经济性的过渡。换言之，可以说已开始出现如果没有这种网络，企业和产业就不能成长和发展的情况。譬如，为了谋求企业内信息的传达、处理、利用和积累的效率化，企业内的网络已在众多的部门中被广泛地利用，使企业组织本身的纵向单一型的金字塔结构向各个独立性强的组织相互携手的横向并立型网络转变，旨在防止专门化部门的僵化并通过向灵活机动的企业组织转变谋求新的活力。

再者，企业、产业间的网络并不仅仅停留在人、资本和生产分工上，在活跃信息技术交流的同时，已开始从同一企业集团内、同一产业内的网络向产业间、不同行业间、不同网络间、国际间的网络进展。并且，就是在高度专门代的小规模企业中，也开始由以往垂直联合的承包关系向水平的分散的联合关系过渡。随着通信、交通的发展，一个有相当自由的横向连接关系，正在多层次地组合之中。

一种产品，经过网络的重新安排，依靠比现在多得多的企业规划和技术力量，就能指望创造出数量更多的新产品来。为此，如何取得优质有用的信息，并以此为基础与有关的部门组成网络，乃是今后最大的课题。例如，濑户内海的水产养殖业靠的是从北海道得到新鲜的鱼饵，从熊本得到鱼苗。被称为传统产业的轮岛漆器的漆也是如此，产地不限于国内，可从韩国等一些国家进口。并且，工业领域，也可说是如此。在东京的城东地区聚集着以经营日常消费品为主的各行各业的制造者，他们大都有一个共同的特点：经营规模小，生活和经营一体化（企业会计和家计不分，工作场所与起居地点不分）、依靠较为低廉的地价等。因为是很小的零星企业，因而把伙伴交易关系和小酒馆作为面对面地交换信息的沙龙，建立起人际关系，形成具有周密特色的网络，这可称是信息化社会中产业应有方向的一种模式。

城市及其网络化。由于交通、通信网络的完备和产业间协调网络的构筑，城市不再是一个封闭的组织，而迫切需要进一步发挥作为全方位开放的交流的场所的机能。东京圈，尤其是东京市中心地区，由于今后面对面地交流信息的价值提高，因而更增强了其作为据点的重要性。可以预见，各种机能将会进一步继续向东京圈集中。在这里必须注意的是，这种集中，国内的各种机能自不必说，以金融为中心的各种国际的机能和向全世界发送信息的机能都开始集中于日本的一个城市。对于国内的各个城市来说，已不是以往仅仅单方面地接受东京发出的信息的城市间关系，而是要求建立通过相互接受发送信息进行交流的新的关系。这对地方城市来说是一个不可错过的好机会，应及早切实地认识和确立各个城市的特征，要求利用东京的所谓中枢机能的态势即将开始。

再者，随着原材料产业的停滞和产业选地由临海到内陆临机场、临交通枢纽的转变，国内通信、交通体系的完备，将会进一步助长生产机能、物流仓库机能、研究机能和决策机能等不同机能的分散配置。作为城市，根据这一趋势，推进为接受必要的机能的建设很有必要。

新的“物质生产”的恢复。从今后吸收就业人员的能力来看，不得不把大的希望寄托于服务产业。事实上，如今以服务业为中心的第三产业对就业人员的吸收能力可说是远远地超出意料之外。今后必须努力扩充既有的服务业和创造新型的服务业。但是，如今服务经济的中心是家务劳动的“市场化”和一部分企业经营的“外部化”，家庭收入和企业收入的源泉如果不再是第二产业的生产部门，那么就会出现相互争夺第三产业的劳动和服务业劳动这种“赏花饮酒的服务经济”的状况。当这种经济的服务化的奇妙的局面开始明确起来的时候，“物质生产”的价值将被重新评价、不偏重经济的服务化的生产者会重新出现。自然，那时的生产不再是过去的形态，为了事业内容的多角度化和有效地利用外部资源而进行企业内、企业间的新的网络建设，原料型生产者和把重心转向新材料和生物制品等组装加工型生产者将把重心转向新的高附加价值型生产。企业经营者有必要以向能吸收高成本的那种国内生产资源的高附加价值型生产活动的转换为努力的目标。

产业和文化的融合。在城市中，时常会有性质不同的事物相互遭遇、碰撞，而产生新的情况和出现新的事物。并且，各种信息的汇集会产生新的创见，在产业领域可出现新的产业。城市可说具有孕育、扶植产业的苗圃的机能。

随着产业的信息化、服务化和技术革新的进展，并且为了生产高附加价值的产品，有必要进一步开发人的智力。因此，不难想象，这种苗圃机能加强了城市的重要性。在这种情况下，为了能使居住在城市中的人们过上真正人的生活，存在着如何在文化、教育和住宅等方面加以保障、如何有效地利用城市中的各种资源、如何调和现有资源和外部的活力、如何谋求植根于城市的传统和文化的产业的发展这一类课题。在这个意义上，产业与文化融合的观点是不可或缺的。

## 三、今后的尝试

经济结构的调整，会伴随以就业困难为主的诸多阵痛。但是，另一方面，这其中也蕴藏着将来更大发展的可能性和机会。在这种条件下，在被称之为城市也是相互依存的时代里，关于产业网络的构筑，为了不使生产和服务活动成为封闭状态的，就有必要构建灵活开放的网络和能进行相互竞争的环境。从这一观点出发，以下提出今后应予以尝试的五种方案。

**建设“产业文化城”及其网络化**

为了谋求产业和文化的有机融合，从文化的角度重新看待文化及其周围环境，拟创建以产业为中心的“产业文化城”。这时有必要注意为保障在城市内居住的人们的文化生活以舒适、愉快为基本目的的居住环境的建设和对自然环境的保护。

产业文化城中的产业振兴，不偏重于某种特定的行业，在确定核心行业并与之相关联的产业的同时，其振兴必须立足于城市特点。例如美国对滨水区的开发，在城市的文化、历史传流的基础上，将渔业、商业和观光等产业组合起来，以谋求经济的活力就是一个好的例子。为此，第一产业、第二产业和商店街的联合、根据文化城市设施的观点重建商店街等，是不可缺少的。

再者，设置与产业文化城有某种程度的同质性的区域（产业文化区），可以通过产业文化城间的网络进行区域内的产业、文化交流。并且，如同在北海道进行北方区的交流一样，通过和国外的区域交流，也可得到和东京的国际信息不同的局部的国际产业信息。

**修复城市内和近邻的产业网络**

现有产业将社会分工作为生产体系的前提，因之，多多少少在相关联的产业间存在网络关系。为了能发挥这种网络在支撑今后产业发展上的有效性，有必要对其进行修复、重新安排和变更范围等。在这种情况下，为了发挥在“竞争和共存”的观念下各企业、各区域的自助自立精神，依靠智慧和努力，技术革新意识和能进行高附加价值型产品的生产，创造这样的环境是必要的。

为此，有必要在不局限于一个城市、包括邻近城市在内的不同行业间的交流，促进产业、政府和学校的联合、专门学校的人才培养和确立信息据点等方面做出努力。

**招引新的企业**

今后，城市在招引企业的时候，就技术转移和对城市内其他产业的影响来说，从长远着想，将会给现有产业以有益的刺激，同时，最好采取把新企业纳入到以往的产业网络中去的方式来进行。尤其是在被称之为“企业城下町”的依存于一种企业的单纯工业城市中，为了不使城市企业化，确保城市对企业的优势地位，从这一观点去招引企业是很重要的。

另一方面，对进入该地的企业来说，就不能单是地区的利用者，而应具有创建新城市的建设者的自觉性，不能对地区资源进行单方面的采集，而要想到中长期的应有状况，应抱有一面培育地区资源，一面进行有效地利用和地区共同发展的设想。

再者，现在作为依存于停滞产业的“企业城下町”，不能徒劳地去寻求政策性的解决，而应把重心转向市场，设法创造一个基于市场原理能积极地发挥企业的自助努力的环境条件，促进有干劲和有能力的企业进行技术革新。

**城市产业政策**

产业和居住在城市中的人们有一种密不可分的关系。在这种意义上，产业有着浓厚的地方色彩。因之，产业政策的制定和实施应该以基层自治体为中心，能充分反映城市产业者和居民的意志。如果构筑城市中的各种小规模企业的有机的网络在设想日本今后的产业方面是不可缺少的话，那么，就需要制定更为详尽的产业政策，在这方面，基层自治体的作用将会加强。

**综合性的雇用政策**

现在可以看到，伴随着产业社会的变化与种种网络化的进展，人力、物资、财力和产业的流动性提高，劳动就业在不同层次上移动的必要性产生了。为此有必要制定使这种移动易于开展且进展顺利的机构和制度。最基本的是必须保证促进劳动就业在中长期内向第三次产业（服务业）流动和通过技术开发创造新的产业。

现在这方面的具体方案，可举出的有：构筑有关就业的信息网络，建立从青年到老年的职业能力开发体制，对通过雇用调整补助金、工资补助和借款等创造就业机会（包括外派、教育等）的企业的援助。全国性的劳动流动体系等，但在这里不能忽视的是，由大城市面向其他地区的就业流动和就业机会的创造。从振兴地方和抑制大城市的过度集中这一意义上说，确保就业和创造就业机会，是应尽可能地面向地方的。

再者，就供给过剩的劳动部门来说，将有必要考虑欧洲的那种工作机会均等政策等。对于当今就业环境的变化，巴·琼斯在《后服务社会》一书中说："古代、中世纪和近代的欧洲社会是奴隶般的劳动者支撑着极少数的特权阶层"，但不久将会变成"聚集在接近社会金字塔顶点的是少数拿高工资、工作卖力的社会精英和技术官僚，而在社会下层，群集着的则是以闲暇为生活中心的不熟练和半熟练的工人"。迄今，在被认为是日本企业用人的灵活性的企业内劳动市场上潜在的失业现象，也许需要改变"劳动"这一概念的内容了。

## 第五节　城市的行政财务制度

### 一、从"效率"，到"个性"

**城市与个人**

历史上，城市是作为人们定期出入往返的"集会场所"而出现的，逢集人们就去赶场。

现代城市也是为市民提供"有不同职业、工作场所和居住地的市民们在共同的目标和价值观的前提下，组织自立的小组或团体、共享信息和资源的活动"场所。在这种意义上，可以毫不夸张地说，在城市中没有这种网络的人，在城市中已难以生存下去了。

**产业社会城市**

自昭和 10 年代（1925~1934 年）始，日本开始了近代化的历程，在建成一个适于大规模生产的产业社会上倾注了全力。这期间，在培育大规模企业、中小企业的协作化、产品的规格化、标准化、通商政策上的保护国内工商业等方面取得了进展，同时，中枢管理、信息发送机能则集中于东京一地，其他地方的地位可说是一种生产现场。

并且，近代化的推进在战败以后又采取了民主化的形式，在产业化和民主化的贯彻过程中，地区间的差异大多已不复存在，对人们来说，在近代化以前，混在一起的公的生活和私的生活被区分了开来，合理性、公共性、公平、平等、健全和普遍成了日常生活的价值标准，其中，遵守公的生活的规则是强制性的。

近代化所带来的“富裕”和“平等”，不久便异常地膨胀起来，人们有一点儿不顺心便诉诸不满，对遗留下的小小的不平等变得很敏感。各种各样的流行以异常快的速度不再时兴，人们的“外向”意识增强，差异化本身成为价值。

产业社会在今天所达成的快乐主义和平等主义，给城市投下了巨大的影子，生活在城市中的个人不愿被他人支配、强制，在由面上的原则而来的闭塞状态中成为流沙，似乎不再有什么团结合作的连带感了。

**价值观的变化**

这样，由产业化和民主化而来的近代化，作为结果，形成了排斥划一主义的差异至上主义，同时，以成为现实的富裕的物质生活为基础，在市民中对于同情之类的感性、与创造性和自我实现有关的“知性”等内心世界的东西的关心增强了。

并且，在产业化中失去的地域社会正被重新认识。由工作为第一要义的“公司人”复活为乐于从事地区的交流和文化活动的“社会人”，与经济增长相比，在生活、文化上尊重智慧和常识、中庸之德的风尚开始复苏。

从这种意义来看，在时常意识到与他人的关系时的“不安”和寻求确认自我的“自我实现志向”的交错中，人们要求在“网络和社会”中通过交流的网络得到“归属的安心”并保障和支持具有各种价值意识的个人的自由活动。因此，也可设想，依靠通过种种网络的交流而产生新的价值体系的社会体制。

## 二、城市行政的作用

伴随着价值观的变化，主观、主体性、独创性和多样性得以受到重视，与划一化和均质化相比，城市行政的基本作用也逐渐向支持这一新的方向转变。

**提供联系场所**

近来，生活在城市中的人们在结缘时，比以往的地缘、血缘和社缘更多元化了，尤其是目标在重视个人的文化因素的情形有所增加。马斯洛的需求五层次说自不必论，在某种程度富裕和平等实现之后，人们的注意力就转向了文化。有一种说法，当今人们的生活方式有两种主要倾向，即“外感豪华型”和“注重实质型”。

外感豪华型具有“加入与工作和家庭无关的学习会和趣味之会等俱乐部”、“在寻求日常生活的变化上下工夫”、“为了兴趣不惜花费金钱和时间”、“美术、工艺品之类虽贵也要买”、“追求有内容的生活方式”等特征。可以看出，这是生活在由高交流、高流动和高技术所支配下的“高速社会”中为了不至于失去人生的意义和人性所采取的积极的生活方式。

与外感豪华型追求心灵的充实相比，注重实质型是一种拘泥于物质的生活方式。它具有“稍贵一点也要买真货”、“要买就买高级的”、“买流行商品和室内装饰品时注重感观”等特征。

外感豪华型也好，注重实质型也好，都是人们试图寻求自我认同的努力，人们愈来愈要求城市提供和这种能感知和确认自我的人的联系场所了。

就城市行政来说，重要的是为了供给这种联系场所、系统，而去创造条件。

只是，在大城市中，有以营利为目的而供给这类系统的，在这种情况下行政就没有必要去参与。

在“提供联系场所”时，有必要对 access 加以保证，对于想在城市中形成联系场所或是想予以维持的个人，对于其用人和居住场所的确保也是城市行政的职责范围。

**社会资本的充实**

社会资本是构成道路、住宅、港湾、机场、管道、公园、文教设施、社会福利等生活和生产基础的资本。因其具有社会性，其建设由行政部门负责，但是，今后由于有财政上的限制，有效地利用民间出色的经营能力和充裕的民间资金，以及对高层次的社会服务按受益大小负担费用的意识增强等因素，期待着能利用民间活力。

关于社会资本这种公共财产、供给服务的应有状态，依存于其范围自身、人们的收入水平、价值观、社会资本自身的完备程度、民间部门的能力、人们对民间部门的信赖程度等，未必需要固定起来去考虑。以人们的同意为前提，为了充分利用民间活力，有必要对开发利益的吸收、由公共部门进行的基础建设、与高收益事业的复合化、公家资助和在制度上放宽限制等加以探讨。

**潜在的后援**

城市行政也可说是个人自由活动的基础，有实现警察、防范、消防、防灾、卫生和健康保证等机能的必要。在这种情况下，可用行政权力加以限制，对居民间的相互利害关系进行调整。

不过，就限制、调整来说，应尽可能从谨慎的方面去考虑。日本为了赶超先进国家，在奔向以规格、标准化为根本的产业社会的过程中所选择的以往的种种限制的作用，可认为大体已经达成了，今后，对这些过去的限制也许应从放宽的角度重新加以考虑了。

## 三、网络化的进展和城市行政的相应发展

伴随着网络化的推进、个人价值观的多样化、尊重主体性、人们流动的高度化、生产和生活活动的广域化和不可界定化（工作 24 小时化、由交通、信息通信的充实和进步而来的交流的变化、工作和娱乐的均质化等）将会取得进展。

为切实地配合这种网络化的进展，城市行政若只提供基本的服务，在人们的流动的高度化、各种活动的不可界定化的面前，落后于城市间的相互竞争。

今后城市行政应提供的高层次的服务内容，可从更接近个人、细致地进行对应的方向和提高城市的个性、形象的方面去考虑。

**细致地照顾到每个人的城市服务**

“联系场所的提供”、“社会资本的完备”、“潜在的后援”这样一些城市行政的基本作用，历来都是以基于计划和控制的组织原理为中心而发挥作用的，今后，可考虑有系统地建立重视市场的较高层次的服务机制。

行政细致地对应于个人、中小组织和专门组织等各个主体，作为所谓的经纪人，基于市场原理，通过网络的集中和效率化，提供高层次的服务。例如，为支持民间的企业活动，要建设集聚信息的基础，要充实传统机能、完备样板市机能、推进高质量的信息交流，要通过竞争提供实验场所，要通过预测调查，通过通告影响力进行诱导等。在这种情形下，城市行政的作用就不是对个别企业的物质援助，而是要创造支持各企业高度活动的环境、要起到作为专门化的调配服务组件的经纪人的作用。

另一方面，伴随着网络化的进展，作为城市行政来说，绝不能忘记了“弱者”的存在。创造安全、舒适和有活力的基础，务必要保障老人、孩子和体弱者这样一些“弱者”的活动。准备多样的服务内容和帮助的方式，以此来提高弱者的活动欲望。城市行政必须提供暖人心怀的服务。

在城市间竞争中，从各县国民收入的地区差别来看，与昭和 50 年代（1965~1974 年）的差别急速缩小相比，进入昭和 60 年代（1975~1984 年）以后，其缩小的速度变小，在昭和 54 年（1979 年）以后又转为扩大。主要原因可说是现有产业的衰退和企业分散的停滞，作为城市行政来说，为了确保包含援助弱者的基础服务的资金来源，除推进依靠自己的力量育成的产业外，还希望重新评价税制、强化地方交付税、补助金等对贫弱团体的财政转移。

**分权体制的课题**

作为高层次的城市服务，在考虑细致地对应于个人的问题时，各个地区会提出一些个别多样的课题，城市行政的体制也希望是分权的体制。如今，日本的城市由于实行中央集权的管理方式，虽说达到了相当的行政服务水准，但这导致了划一大量化的产业社会城市，产生了以东京为顶点的没有个性的城市的纵向的条条序列。

以经济的、利益的和效率的空间为优先，对历史的空间、自然的空间这类较为薄弱的空间敷衍搪塞；来自东京的信息传递准而快，地方发送信息的机能被忽视、停用而萎缩。

为了确立作为分权体制的今后的城市行政，在补助金、干预、必须设置的限制、机关委任事务和权限的委让等方面有必要重新认识中央和地方的关系。

但是，在设想作为分权体制的城市行政时，作为其对象的人的范围就成为问题。

全国性的机动车化、信息化在进展上超越上班、上学、购物等行政区域的一体的日常生活圈以地区的中枢城市为中心形成起来，行政区域和实质上的城市区域的不一致日益发展。不仅大城市周围是如此，在地方上一些业已形成了的吸引力强的城市、新城镇与学术研究城市等地区，合并论也已成了话题，同时，反面认识的不可界定化也在进展，人们担心城市自治变为徒具形式。

但是，旨在使实质的城市区域按照日常生活圈与行政区域一致的合并论给人以过于性急之感。

日本的市町村在明治、昭和期间曾经历过两次大规模的合并。

明治年间的大合并是配合作为近代地方制度的市町村制的实施，全国同时推行了町村的合并。昭和年间的大合并是与九年制义务教育制度的施行等市町村事务的增多相对应，在必须提高市町村的行政能力的法制要求高涨的形势下进行的。

这些可说都是在具有法律上的必要性的前提下进行的，今天是否有这种必要性是尚未明确的。

并且，生活区域是时时刻刻地在发生变化的，行政区域是不应该随时跟着跑的。不如从作为分权体制的城市行政出发，讲求有效性和效率性，以人们的归属意识为基础，通过有效地利用联合方式、计划协议会、有关自治体的协调、参与的共同方式等，以与广域化相对应。不拘泥于行政区域，通过个人、居民本位分权体制，应该推进各种行政设施的联合。

在欧美早就确定了标准城市地域的方式，合理地规定了城市的范围，其中也许不无参考之处。

不用说，在居民方面合并的议论高涨的时候，必须认真地对此加以研究是当然的。

**城市的个性和形象**

今后，高层次的城市行政服务的另一个方向，就是重视城市的个性、形象。在意识的广域化、不可界定化的过程中，增强对人们具有吸引力的城市个性和形象。当然，这并不单单意味着只要与其他不同就好，而是必须共同确保社会资本、信息等在一定水准之上的城市的个性和形象。基础不稳只能是混乱。在普遍追求个性的情况下，当人们开始注视自身的精神世界时，似乎产生了一种非是自身磨炼，提高便不能满足的那种不安，这也可以说是一种一直被强制地过着定型的生活的近代个人的不安似乎在增长。人们似乎都在各自追求自我认定的、共同的稳定连带的价值形象。

为此，有效地利用围绕着城市的种种网络，作为超越自我、吸引个人和包容个人的东西，乃是应为人们探求的城市的个性和形象。

**准备良好的居住环境**

作为发展城市个性的一个方向，今后必须在改善居住环境上下些工夫。

作为人们选择居住地的意向，已到了长男长女时代。的确，仍有志向于定居的人，但应充分地考虑到高学历者、从事专门技术的职业者以及从事服务行业者的居住地是经常移动的。并且，随着收入的提高、价值观的多样化等，为追求更高的人生价值和优越的居住环境的移动将会增加。在居住地流动性的高级化过程中，定居条件成了选择的对象，创造更为优美的居住环境将成为城市行政的一项战略。

作为城市之魅力在于信息、中枢管理机能的集聚，不过这未必会给生活在城市里的人们带来舒适。本来，信息生产与工业生产相比，集聚的优点多、缺点少。但不知何时，它以强制人们集中、居住环境恶化的形式给生活在城市中的人们带来了不好的影响。在追求高度准确的判断的过程中，必要的条件就是面对面地进行信息交换，既然集中不可避免，对城市行政来说，如何取得集聚和居住环境的平衡乃是重要之点。

今天，人们——尤其是生活在城市中的居民——的不满主要集中在食品、服务费用的昂贵和居住条件的恶劣上。这些问题涉及进口、外国人雇员的自由化问题和产业上的土地生产率等，不可能简单地解决。但作为城市行政，发挥其领导功能，例如推进完善交通体系，放宽限制，支持民间活力，改善居住环境，是可以做得到的。

在自由时间切实增加的过程中，人们的注意力从工作场所转向地域社会，休养、闲暇、文化会愈来愈为人们所重视。从新的产业结构来看，有可能分化为一部分拥有高度专业能力的脑力劳动，一部分则为服务、销售等大量的单纯辅助劳动，创造具备休养、闲暇和文化等多种形式的服务、娱乐空间将会成为竞争环境中的一项城市战略。如果再就服务问题附带说几句，那么它的市场受时间和空间两个方面的制约。比如，就网球场来说，大城市的使用费用远高于地方城市，并且休息日的入场费又要远高于平时。

服务的费用一般说是价格和进出费用之和，但由于自由时间的增多、利用时间的转替费用降低和由于交通、通信的发展时间和空间的制约的缓和会继续取得进展，服务成本的降低扩大了对良好的居住环境服务的需求。改善城市中居住环境服务政策是居民的要求。

居住环境服务的地理上的特色和形象的成分很大，像信息那样，能进行物的处理的服务之集中于一点的可能性极小。

作为城市服务政策，人口规模也成为一大要素。人口规模越大越易形成多样的服务，规模变小，服务质量便明显下降。在难以确保人口规模的场合，可着眼于服务的进出费用，考虑以支援具有一定质量的服务供给为方向，但有必要判断作为财源的税收能抵充多少。与城市服务的多样化相适应，在税收的结构中也应让各个城市具有自身的特色。

**人的招募**

对城市来说，最重要的事是城市形象的时代正在到来。对于产业来说，今后感性也将成为重要因素，因有大量的对形象敏感、创造力丰富的人的集合，所以有产生出新产业的一面。与一直给人以“公害城”的印象的城市相比，倒是给人以“会议城市”、“高度信息城市”、“大学城”这种印象的城市对人们具有吸引力。大力倡导作为象征的城市设施 CI 和 event，也正是基于对这样时代的认识。

在这种意义上，可以说人们正在追求与自己的感性相一致的城市形象。

形象自身可说是一种独自的信息，有着提高城市的发送信息机能的效能。对城市形象具有共感的有着创造力的人们聚集起来，相互交流，新的信息、新的形象就能产生、就能发送。

再者，招募创造力丰富的人并作为信息之核心而加以有效地利用，今后将会成为有力的城市政策。当然，不管具备怎么样的创造能力也难以进行单独活动。准备信息基础，行政起一个经理的作用，尽可能地给招募来的人以更宽广的活动空间是必要的。比如，如果是专业技术人员，可考虑对当地产业进行承包、积极地推动协作事业的发展。并且，在育成这种创造性的种子的同时，发掘需求，加以归纳，在协调的基础上将种子和需求加以联结的努力也是重要的。通过演讲会、研究会、大众传播媒介等为招募来的人与地区接触提供机会是必要的。

这些城市行政方案并非包罗万象和万能的，作为一个对信息敏感的指导者，不拘泥于权力，而去推进对人的招募这种外部资源的有效利用和解除限制，并要展示未来的理想和形象。

**确保平衡**

现代社会的变化速度是很大的，差异在扩大，技术开发领域不断取得新的进展。这种速度几乎是居民和政府所不能接受的，并且弊端也正在扩大。竞争本身虽没有什么不好，但也要求能保持平衡。恢复技术、形象、习惯和价值的平衡，已成为对城市行政提出的一项要求。作为城市行政，一旦稳住脚跟，就应重新评价和整理地区的历史、自然、生活与产业，要求“向过去学习”。从中分别选择出与新的城市相适应的城市建设模式，重新调整城市资源的结构是重要的。

## 第六节　新的城市生活

### 一、对生活基础设施的追求

信息、交通手段的发达和其网络化的进展，给人们带来了个性化和广阔的选择范围，一个能自由调配必要的各种资源、资本和人才的“自由流动”的社会正在形成之中。

从历史上看，日本的城市其支配、管理的特征突出，就是在今天，也是效率化和规范化的产业社会城市。与产业的基础设施相比，生活的基础设施则明显逊色。人们的意识也仍是集中在“公司”，而对自然、历史空间和共同体这类的“生活”，采取了敷衍的态度。在这以前的城市，不论是实质上或是从意识上，都可以说是无视市民的存在。

但是，今天作为拥有 70%的国民的城市是人们出生、谋生并终其一生的场所，在人们“自由化”的过程中，与生产的基础设施相比，人们倒是更注重追求市民生活的基础设施。对“我们的城市”持关心态度，要求充实生活方面的社会资本，为此相互抑制，以社会资本的积存为努力目标的人将会增多。而且，这种积存并没有统一的标准，比如，从交通来看，人们要求准备多种多样的工具，从能最快地到达目的地直到享受移动本身的乐趣。人们追求健康的、生态环境方面的东西，把仰望星辰明月、在绿荫下小憩的生活作为理想，人们希望有一个能让自由时间充裕地度过的自然和土地利用取得了高度进展的超高层建筑群共存的环境。

### 二、国际往来

在国际化过程中，机场、道路、旅馆、住宅、大学、聚会场所和业务设施等都取得了质的提高，文化交流的开展也愈来愈频繁，同时，对自身文化、传统的认同开始为人们所关注。原有的各种限制被重新认识，对产业的限制、建筑的限制和教育制度等，都将展示出一种新的方向。

在国际化的压力下，功能主义被迫变更，容许标新立异和浪费，重视创造性，发掘历史、传统并加以维护的倾向将成为主流。人们的行为具有世界性，对自身将来的预测虽是困难的，但由于机会和竞争势必会增加，因而更为积极主动。

再者，在国际性的交流和比较中，重新认识日本的机会也增多了，巡游被遗忘了的日本列岛故乡和地区交流也将会活跃起来。

### 三、象征的时代

现代，从物质的一面来看，可说是一个极不透明的时代。物资充足，并且，用性能、品质这类标准化的尺度去衡量差别已变得很小了。如今，生存所必需的日常的价值已经满足，人们的追求转向娱乐、变化、后构筑等“感性”和“趣味”方面。个人对自由化、个性化的欲求构成了社会的变动，成为由物质的东西转向象征性、精神的、抽象的东西的潮流。并非是功能和效率，而是在游戏、礼仪和梦想这种象征和感觉中寻得了价值，正是为此，才使用网络和由此得到的信息，作为一个行家，去实现表现自我已成为时尚了。

信息量的增大、选择可能性和实施可能性的增大，给了人们以满足欲求的机会，但另一方面，在判断信息的有用性、选择和操作的妥当性上也引起了困难。为此，人们为了寻求他人的智慧和力量，集中在城市里，在一种范围模糊的交流中，根据给与和索取的原理进行交流。从这一点上说，以往的人际交流的典型——同乡、同学、师兄弟和同一公司等的伙伴意识淡薄了，人生道路虽不同，但就同一目标而去寻求结合的机会这样一种具有一定目的的交往将会增多。

这样，城市内各种人的网络和通信、交通这种物的网络相辅相成地发展，提高这一网络的质量的顾问、协调者的作用很为重要。另一方面，城市也将迎来高龄化社会，推进相互扶助的人的网络得以形成，这必将使作为斡旋人的行政、尤其是基层自治体的作用得到增强。

由于网络化的进展，在城市社会的变化中，人们开始为多种多样的信息感到惊奇、并会有一段时间的混乱，但不会很久社会整体就会具备正常运行的能力，给各种各样的发展带来更多的可能性。但是，必须注意的是，在网络化的进展过程中，由于信息对人们束缚作用的增大，日常生活中由此得到的信息越详密，人们的行为受到限制的危险性就越大。因此，以信息统筹为中心的信息顺序化的产生，其中一些范例也许会对人们产生束缚作用。由于网络化的进展，无论是在个人的层次上还是在城市的层次上，可以说，城市将迎来一个新的“象征的时代”。

# 第19章　妇女和新的生活形象

**研究成员**

新闻工作者　　缝田晔子
新闻工作者　　有马真喜子
十文字学园短期大学讲师　　龟田温子
御茶水女子大学副教授　　篠塚英子
日本经济新闻记者　　藤原房子
(财）市川房枝纪念会事务局长　　山口美津子

(在本项课题研究过程中，承蒙东京大学助教**西垣克**、法政大学教授**铃木佑司**、平安女子学院短期大学副教授**上野千鹤子**、朝日新闻编辑委员**石川真澄**、日本经济新闻编辑委员**井尻千男**等5位提供了意见)

**秘书处**

(社）日本经济研究中心

## 第一节　围绕妇女发生的变化

### 一、战后的变化过程

**三个时期**

第二次世界大战后，日本妇女的生活发生了很大变化。其变化过程可归纳为三个时期。

第一个时期是第二次世界大战后的40年代后半期。这一时期，可以说是向经历了民主主义考验的以自由、平等思想为核心的价值观念的转变时期。这一时期，由于制定了新《宪法》，实行男女同校，妇女获得参政权等，使妇女在享受男女平等的生活方面迈出了第一步。

第二个时期是从60年代前半期开始的经济高速增长时期。年增长率超过10%的经济高度增长，带来产业结构的变化；第三产业的扩大，促使妇女参加社会劳动；收入的增加，有条件购买耐用消费品；现代化的生活，带来自由时间的增加；这些则成为将妇女进一步引向劳动市场的主要原因。

第三个时期是70年代至今这段时期。这一时期在自由、平等思想的普及与在经济高速增长的支撑下的妇女工作给妇女的生活带来重大变化。教育水平的提高、消费品的充足、小家庭的普及，将妇女的生活领域从传统式的以家庭为中心的生活领域扩大到工作场所和社区活动。特别是70年代后，随着妇女经济活动的普遍化，社区成了专业家庭妇女争取自我实现的场所，展开了新的活动。

**新社会的发展**

日本社会面临老龄化、国际化、信息化的发展，这给整个妇女生活带来较大的影响。特别是老龄化的影响更大。1985 年的“国情调查”表明，日本 65 岁以上的老人占人口总数的 10.2%。日本向老龄化社会发展的速度之快，是其他发达国家所没有的。在日本，女性的平均寿命高于男性，绝大多数妇女还肩负着照顾弱体老人的责任。妇女对自身的健康问题以及社会经济福利对策落后等问题，也深感不安。

国际化的发展，将妇女的兴趣与活动场所从国内扩大到国外。在与海外交流的过程中，妇女团体、社区团体和海外有关团体的信息交流、互访活动也开展得轰轰烈烈。并且，通过频繁的经济活动带来丰富的进口物资使生活充实起来。但是，另一方面却出现了巨额贸易顺差的问题，为了减少贸易顺差，日本必须进行产业结构的调整，这对多数处在不稳定的就业环境中的妇女来说，将会出现更加深刻的不安。

信息化的发展，通过开发以新技术为背景的中间媒介，加强了家庭与社会的联系。和生活相关的信息服务、学习、市民活动、余暇消遣、医疗、理财技术、购物等信息起到了扩大妇女活动范围的作用。但是，与此同时，这就迫使妇女在泛滥的信息中做出自己的选择。

这些社会及经济状况的变化带来妇女生活与价值观念的变化。进而，促使人们重新认识整个妇女生活的则是联合国提出的“国际妇女年”（1975 年）及此后的“国际妇女十年”（1976~1985 年）。特别是否定根据性别不同而确定的男女分工（男人=社会、妇女=家庭）的这一国际启蒙运动，也成为日本从根本上探讨男女生活方式的开端。

## 二、变化的经济环境

**国际社会的变化**

近年来，在国际社会中美国的国力相对下降，日本的地位相对提高。例如，①50 年代美国 GNP 为世界 GNP 的 40%，占绝对优势，到了 80 年代则减少了一半。相反，日本的 GNP 则由 2%上升到 10%。②在防卫力量方面，美国仍保持优势，占世界防卫力量的 30%。③在分担联合国费用方面，美国承担的金额大大减少，日本承担的金额则大大增加。④在国际贸易与对外直接投资方面，美国的地位急剧下降，日本的地位则急剧上升。以上力量对比的变化，给日本国内经济带来很大影响。

**国内经济的五个课题**

在国际环境这一外界压力的强烈影响下，日本国内经济存在着几个问题。

（1）迫使日本进行产业结构的调整。为了达到国际协调，“前川报告”对海外做出承诺，采取强硬手段，将日本的产业结构由过去的依赖出口型变为扩大内需型，消除经常收支黑字。

（2）由于日元不断升值，在国内生产不合算的出口型企业将生产基地移向海外。并且，开始从新兴工业化国家和地区购买更为廉价的产品零部件。

（3）其结果将造成在产业结构调整的数年里出现经济低速增长及失业人数增加的现象。1987 年 2 月日本完全失业人数为 186 万人，失业率为 3.2%。一般认为，今后的失业率将不可避免地继续增加，但不可能达到与欧美国家同等的 7%~8%的高失业率。其理由之一是，日本工人不像欧美国家那样固守着一种工作，为了生活，改变工种也是可以接受的。其理由之二是，在欧美国家中年轻人失业人数多，相反，日本则首先殃及老年人。这正是造成日本中老年劳动者在恶劣的劳动环境中也能主动地去适应这种环境的原因。由于这种情况，在不稳定的就业环境中，日本妇女的劳动收入在家庭生活收支中的作用就显得更为重要。

（4）出于上述情况，在继续进行产业结构调整的过程中，不能指望通过奋斗使工资有明显提高。例如，日本经济研究中心的五年经济预测表明，90 年代前半期，名义工资增长率为 4.1%，实际工资增长率仅为 1.6%[①]。为了补充这种低工资、辅助家庭经济生活，妇女参加工作的人数将会进一步增加。

① 日本经济研究中心：《第十三次五年经济预测（1987~1991 年）》，1986 年日本经济研究中心发行。

(5) 在即将到来的这个经济增长率低、失业率高的时代，引人注目的动向是缩短工作时间。日本人的工作日和年工作时间在发达国家中是最多的。根据“关于健全劳动时间法制等”的建议（1986 年 12 月 10 日）将达成逐渐缩短现行的每周 48 小时的工作时间，实现每周 40 小时工作时间的目标。但是，将法定的工作时间一律改为每周 40 小时，超过这个时间的就要按超过这个时间的比例支付工资，对此，企业方面持有不同意见。所以，对每周 40 小时劳动时间的建议要达成一致意见，仍需要一段时间。缩短劳动时间将给承担家务劳动的妇女的就业带来不小的影响。

## 三、“国际妇女年”的冲击

如果说社会经济状况的变化是影响妇女生活的外在条件的话，那么，“国际妇女年”则是刺激妇女生活的内在条件。

**男女分工正在发生变化**

一般认为，人们的生活领域大致可分为家庭内和家庭外两部分。家庭内主要为妇女的生活范围，家庭外尤其是工作场所则为男人的活动范围。这是因为，男人=社会、妇女=家庭的男女分工的观念在人们的意识及社会习惯中已经形成，而且这种观念长期束缚着男女的生活方式和活动范围，进而形成了男子优先，有强烈父系家长意识的社会。

然而，这种男女分工正在开始发生变化。特别是在经济领域，经济高速增长后，妇女参加工作得到社会的普遍承认，活跃了她们在家庭外的活动。并且，对多数妇女来说，由于实行男女同校，社会观念的变化带来妇女生活方式的变化，现代化的生活带来自由时间的增加，这些将妇女的活动范围扩大到家庭外。

**妇女参加社会活动的障碍**

由于妇女的活动领域从家庭扩大到社会，妇女又面临许多新的困难，经历了不平等的待遇。例如，因为社区活动和工作场所均以男人为中心，所以，造成妇女在经济领域方面遇到雇用上的不平等，在社区活动方面，受到活动上的制约。

另外，即使在家庭外活动的妇女，家务、抚养子女等工作还是由她们来承担的。这对在家庭外活动受到制约、在家庭中又被迫从事家务劳动的妇女来说，则身肩家庭内外的双重负担。对此妇女自身也产生很大疑问。这些疑问已发展为对以男人为中心社会的男女分工的现象做出重新评价。

**“国际妇女年”**

60 年代，以美国为中心掀起了一场妇女解放运动。这是一场反对歧视妇女、尤其是重新评价在人们意识中形成的男女分工观念的运动。继这场运动之后，“国际妇女年”、“国际妇女十年”提出了“平等、发展、和平”的口号，呼吁男女共同为家庭、社会的发展及世界和平做出贡献。

国际妇女问题的动向，给在信息化、国际化发展中的日本社会带来很大冲击。在日本，战前已有先驱者们进行的男女平等运动。战后，男女教育机会平等、妇女在经济活动方面有明显长进、丰富的社区活动的切身体验、这些进一步开阔了妇女的眼界，使她们面向世界。

以国际妇女运动给日本妇女带来冲击为先行条件，大众宣传工具开始积极报道妇女的自由生活方式及对男女分工进行重新评价，其影响也在扩大。

另一方面，政府作为国际社会的一员，也顺应世界妇女运动的潮流，对推进妇女行政采取了各种相应措施。但是，要说这一系列行动得到了全体国民的理解，国民普遍对男女分工的观念有了新的认识，新的认识已得到国民的广泛支持，还为时过早。

打破旧的男女分工，建立新型的男女关系，不仅对妇女，对男人也同样产生了影响，有关使有限的人生变得更为自由充实的问题终于也被提到日程上来，影响开始扩大。

## 四、90 年代的展望

**缓慢的变革**

第二次世界大战后，在以新的价值观念为基础、以高速经济增长为支撑的物质资料极为丰富的生活环境中，妇女在家庭内外展开了丰富多彩的活动，提高了妇女的地位。由此得到自信和活力的妇女，今后还将享受到更为丰富的物资和服务，妇女将在利用教育水平的提高和丰富信息的同时去灵活地适应新的生活环境。

在经济生活方面，由于《男女雇用机会均等法》的制定，在某种程度上保证了男女平等的就业机会。一方面妇女正逐步走向新的领域及晋升到更为重要的工作岗位。与过去完全不同的就业条件，也将使妇女的就业环境变得更为严峻。另一方面，多数妇女仍处在包括计时劳动在内的不安定的就业环境中。但是，她们在争取职业生活和家庭生活协调的同时，将继续参加经济活动，经济地位会有所提高。

在社区活动方面，随着老龄化社会的发展，社区作为社会经济福利、文化活动的场所，其重要性正在增强。对于希望达到自我实现的妇女来说，社区已成为她们从事积极的、创造性活动的场所。在退休的男人中，将社区活动作为追求人生意义的人数也在增加。这样，形式、内容丰富的社区活动，将围绕着是坚持男人主导型还是由生活实践丰富的妇女掌握主导权的问题展开新的竞争。

随着妇女就业人数的增加，其就业人数已超过从事家务劳动人数。在全日制工作的家庭中，经济、生活方面均可享受夫妇同等待遇的家庭主妇的人数有所增加。在非全日制工作的家庭中，仍继续维持着传统式的男女分工的生活方式。另一方面，与以往男女生活方式不同的分居、未婚同居等现象将有所增加，尽管重视家庭、家族的人并未减少。人们在摩擦和纠纷中继续摸索新型的家庭关系。

90 年代将是经济增长缓慢的时代。相反，余暇时间增加，预计以年轻人为主，重视劳动之外生活的现象将会有所增加。对不愿被束缚、拥有自由时间、向广阔世界寻求人生价值的生活方式产生同感的人数将会增加。所以，预计在妇女中仍会明显存在着两种类型的人：①重视我行我素，以拥有自由时间为目的，达到自我实现的妇女的增加。②满足于传统的生活方式，并维持这种生活方式的妇女的依然存在。

**根深蒂固的社会观念**

“国际妇女年”在否定旧的男女分工的基础上，提出了建立自由生活方式的目标。这种生活方式通过实施各种政策及大众宣传工具的作用，给多数妇女的意识带来了很大影响。然而，这只是某种程度上的认识，人们的日常生活和社会观念并没有得到彻底改变。在妇女中仍有很强的维持日常家庭生活现状的保守倾向。并且，日本社会遗留下来的父系家长意识和男人优先，妇女的幸福只局限于家庭的这一传统思维方式是不易改变的。所以，90 年代，妇女参加经济、社区活动在质和量方面都会有所发展，但不能指望从根本的生活结构方面发生变化。如，预计仍然会有许多妇女选择经济生活与家庭生活两不误的非全日制工作和计时工作。

社区也将成为自我实现型妇女寻求不妨碍家庭生活的活动、以达到精神满足和充实感的中心。传统的男人主导型的社区活动的结构将会继续存在下去。预计在社区福利及社区活动中，妇女作为实际工作者队伍的贡献将会有所提高，但社区活动的核心不会改变，仍以有专职工作的男人阶层及退休男人为中心，男女分工的现象将继续存在。

教育、大众宣传工具在对人们与传统观念分道扬镳方面发挥了重大作用。在教育方面，可以说男女平等的权力得到法律上的保护。在家庭和学校的教育、就业升学指导、教科书中，至今仍能看到偏重性别教育的现象。这些将成为今后的课题。同教育一样，大众宣传工具对改变人们的意识也起了很大作用。自“国际妇女年”之后，大众宣传工具开始对否定旧的男女分工及妇女的自由的生活方式进行了积极的报道。但是，因为提供信息的主要场所多为男人把持，所以，动不动就一个劲地表现男人的想法和观点。

为了使这种状况在结构上得到彻底改变，在所有的领域中需要男女共同参加活动，让更多妇女参加制定社会方针。然而，这种动向的发展却极为缓慢。

要看到整个社会意识发生真正变化，仍需要很长一个时期。目前，日本妇女正处在以家庭生活为基础争取扩大社会作用的生活方式中。妇女在向新的生活方式实践的过程中，将会反复遇到挫折，但决不会后退，这种新的生活方式将会在所有领域达到质和量的发展。

## 第二节　妇女劳动者的经济环境

### 一、妇女经济地位的变化

**妇女的经济地位在缓慢提高**

预计 90 年代日本妇女的经济地位将在经济、社会变化的不稳定因素中得到缓慢提高。其理由是，①随着产业结构的高级化，产业重点将从制造业转向第三产业。第三产业的批发、零售、金融保险业等领域都需要妇女参加。②继 1976~1985 年的“国际妇女十年”之后，90 年代将是基本实现有关健全提高妇女地位法律的时代。③90 年代将是日本经济处在低增长的时期。所以，妇女的工资收入在家庭生活收支中所占的比重将会有所增加。表 19-1 是丈夫一人工作家庭和双职工工作家庭年工资收入的比较。通过时间排列可以看到双职工家庭中妻子的工资收入情况。表 19-1 反映出以下三点：①在过去的 6 年中丈夫工资收入的差额［(1)/(2)］相差不大。丈夫一人工作家庭中的丈夫的工资收入比双职工家庭中的丈夫的工资收入多 10%。②在双职工工作家庭中妻子工资收入占丈夫工资收入的四分之一强，并且，妻子的工资收入在逐年增加。③将双职工家庭的工资总收入与丈夫一人工作家庭工资收入做比较，其结果相反，丈夫一人工作家庭的工资收入比双职工工作家庭的工资总收入少 10%。

**表 19-1　丈夫和妻子的工资收入**

(固定收入+临时收入、奖金)

单位：千日元

| 年份 | 丈夫一人工作家庭中丈夫的工资收入 (1) | 双职工家庭 | | (3)/(2) (%) | 丈夫工资收入差额(1)/(2) | (1)/[(2)+(3)] |
|---|---|---|---|---|---|---|
| | | 丈夫工资收入 (2) | 妻子工资收入 (3) | | | |
| 1979 | 286 | 262 | 67 | 25.6 | 1.09 | 0.87 |
| 1980 | 305 | 276 | 71 | 25.7 | 1.11 | 0.88 |
| 1981 | 321 | 290 | 77 | 26.6 | 1.11 | 0.87 |
| 1982 | 342 | 313 | 80 | 25.6 | 1.09 | 0.87 |
| 1983 | 357 | 317 | 84 | 26.5 | 1.13 | 0.89 |
| 1984 | 370 | 331 | 92 | 27.8 | 1.12 | 0.87 |
| 1985 | 388 | 348 | 96 | 27.6 | 1.11 | 0.87 |

资料来源：总务厅《家庭经济调查》各年版。

就是说，在现在的双职工家庭中，妻子的工资收入已超过了弥补丈夫工资收入的不足部分（即双职工家庭比丈夫一人工作家庭的工资收入多 10%），由于加入了妻子的工资收入，使双职工家庭的工资收入不仅达到了与丈夫一人工作家庭的同等水平，并且超过了丈夫一人工作家庭的工资收入。用其他数据（恩格尔系数、储蓄率等）将这两种家庭做比较，均显示出双职工家庭占优势。例如，1985 年的恩格尔系数表明，在双职工家庭中，伙食费在生活费中所占的百分比为 25.4%，丈夫一人工作家庭为 25.9%，金融资产纯收入增长率双职工工作家庭为 6.1%，丈夫一人工作家庭为 3.8%。

**从辅助家庭经济到经济自力**

上述统计是将双职工工作家庭中妻子就业的两种形式（全日制工作、非全日制工作、）合在一起，从平均值中得到的数值。由于统计上的局限性，未将两者区分开来，所以不能利用。而通过其他统计则可以看到妻子两种就业情况的比例。根据总务厅《劳动力调查特别调查》表明，1985 年 2 月已婚妇女的就业人数总计为 902 万人，其中非全日制工作人数为 293 万人，约占双职工家庭中妇女人数的 32%。但是，双职工家庭中的妇女除了非全日制工作外，还有从事半日工作、非正式工的，如果将这些人也算在内的话，非全日制工作人数可增加到 359 万人，约占双职工工作家庭中妇女人数的 40%。

通过上述“家庭经济调查”，从全日制和非全日制工作的平均数值可以看到，绝大多数妇女从事的是全日制工作，并且，她们的工资收入也占优势。

近年来，妇女劳动力增加的一个主要原因是，多数妇女希望从事非全日制工作，这是事实。然而，从事全日制工作的妇女人数仍是妇女就业人数的主流。由此可以看到，妇女的经济实力有稳步上升的趋势。可以说，前途莫测的经济环境，正是妇女劳动力由辅助家庭经济型向经济自立型转变的过程。

## 二、M 形劳动力比率能否消除

**M 形劳动力率**

如果用纵轴表示妇女劳动力比率，用横轴表示妇女年龄的话，则呈现出妇女劳动力比率的罗马字 M 图形。这就是所谓妇女生命阶段。M 形曲线的凹处表示以结婚、分娩、养育儿女等原因离开劳动市场造成就业人数减少的现象。

M 形的劳动力比率在时间数列上表现为两点：①由 M 形上方向下，②到 M 形凹处自行上升。如今在美国、瑞典等国，M 形的劳动力比率已经消除，妇女的劳动力比率和男人相同。也就是说，一生继续工作的妇女极为普遍。目前只有日本和英国妇女仍保持着 M 形的劳动力比率（图 19–1、图 19–2）。如果将日本的 M 形劳动力比率分别用三条曲线表示（图 19–1），则Ⓐ表示全体妇女劳动力比率，Ⓑ表示就业者家庭劳动力比率，Ⓒ表示就业者劳动力比率。在日本，妇女就业总人数包括就业人数和自营业、家庭从业人数。它们的比为 7∶3。由于这种构成，明显拉开了Ⓐ与Ⓒ两线的距离。如图所示，30 岁以前的年轻人就业人数多，所以Ⓐ与Ⓒ的距离接近。然而，到 30 岁以后，自营业、家庭从业人数增加，Ⓐ与Ⓒ的距离拉开。这表明，自营业、家庭从业人数在日本妇女就业人数中仍占有很大比重。

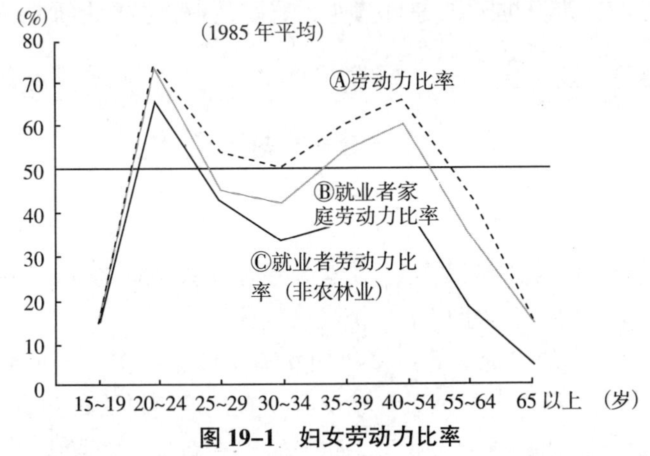

**图 19–1　妇女劳动力比率**

**与欧美国家的比较**

在欧美国家，就业者占劳动力人口的比例高达 80%~90%。因此，与欧美国家相比，与其比较日本

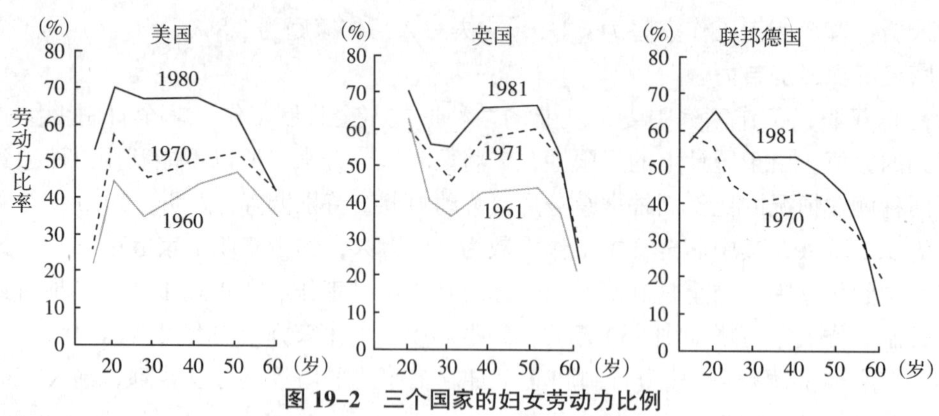


**图 19–2　三个国家的妇女劳动力比例**

资料来源：岛田晴雄著：《劳动经济学》，岩波书店，1986年版，第20页。

的劳动力比率Ⓐ还不如比较就业者家庭Ⓑ更为合适。日本能否像欧美国家那样消除M型的劳动力比率，这要看日本妇女就业形式之一的非全日制工作将来是否还会有增加的趋势。

日本妇女从事非全日制工作人数的比率（每周工作不满35小时的妇女占妇女就业人数的比率）从1975年的17.4%增加到1985年的22%。非全日制工作人数比率的增加则标志全日制工作人数的减少。在英国也有同样的现象。即非全日制工作人数的比率从1973年39.1%增加到1983年的42.4%。然而在美国，同样一个时期内，非全日制工作人数的比率从23.8%减少到23.3%。这就是说，在美国，非全日制工作人数减少，全日制工作人数增加，M形劳动力比率已不复存在。美国之所以消除了M形劳动力比率，其原因可从以下两方面来考虑：①约20年前，美国就健全了法律，这一法律相当于雇用均等法。法律的健全起到促使妇女经济自立的作用。虽然当时美国妇女只能找到非全日制工作，但是，通过健全法律等一系列努力，妇女的工作逐步由非全日制工作转向全日制工作。②法律的不断健全增加了未婚、离婚、母子生活的人数，出于经济上的需要，这些人的工作也由非全日制转向全日制。

但是在日本，1986年才正式实行《男女雇用机会均等法》。90年代，日本劳动力比率和美国相比还会有一定差距。如今，日本妇女M形劳动力比率的前半部分呈上升趋势，这是因为刚从学校毕业的就业人数充实了劳动力市场。后半部分的下降趋势则表示，中老年劳动者在劳动力市场上只能通过中途采用的方式找到非全日制工作。现在，日本妇女的就业意识仍然很低。虽说希望继续工作的妇女人数在逐年增加，然而，五位妇女中也只有一人有继续工作的愿望，育儿期满后，只有一半妇女想继续参加工作。

由此可以做出判断，90年代日本妇女劳动力比率M形曲线的凹处在某种程度上将会有所上升，但不会消除。从Ⓒ线看M形右方上升的原因是自营业、家庭从业人数的增加，从Ⓐ线看上升的原因是非全日制劳动力人数的增加。

## 三、发展中的法律制度

### 妇女工作的展望

1985年日本妇女劳动力人口为2367万人，占全国劳动力总数的40%。妇女劳动力人数与男子相比为1∶1.5。因此可以说，妇女已坚实地组成了一个经济实体。

然而过去人们对妇女劳动力的评价甚低。多数妇女即使参加工作，至多也不过是做些辅助性工作，主要部门的工作仍由男人承担。所以，根据景气状况。一旦出现劳动力的过剩与不足，妇女首先成为被调整的对象。妇女即使失去了工作，成为失业者，也不会停在劳动力市场继续寻找工作。她们大多数回到家中，因此不会造成出现大批失业者的现象。在经济高速增长时期，妇女劳动力有助于缓解周期性的经济萧条。

但是，自 1973 年末石油危机发生之后，情况发生了很大变化。日本经济从增长率超过 10%的高速增长时期进入增长率为 5%的稳步增长时期。这一时期，妇女一旦有了工作，就不会再回到家中，所以要求参加工作的人数有所增加，失业率由 60 年代的 1%上升到 70 年代的 2%。这个时期妇女的主要工作是家庭主妇们所从事的非全日制工作。

此后，随着经济低增长时期的到来，企业的重要课题是实行减量经营和节约成本。产业的重点也从重厚长大的重工业转向轻薄短小的制造业和第三产业。同时，企业必须对劳动力进行挑选。对企业来说，长期雇用的只是极少数的所需人才，除此之外，大量采用的则是为了完全节省人事费用的非全日制工、半工半读及人才派遣人员。

**为妇女而健全法律**

妇女的一生要经历生儿育女的阶段，所以能坚持工作到退休的人数是极为有限的。这是多数妇女处在不稳定的就业状态中的原因。然而，在妇女劳动者相对增加的非全日制工作及人才派遣等领域，以往的劳动行政和法律保护是十分薄弱的。从事非全日制等工作的妇女不能成为劳动行政的基础，只有全日制工作的男子才是劳动行政的楷模。

但是，现在企业追求的就业形式有所改变。与此同时，就业者的就业状况也发生了变化。只是从事全日制工作不再是人们所效仿的。为了适应这种变化，近年来相继健全了有利于保护妇女劳动者的法律。

第一，是 1984 年发表的《非全日制工作对策纲要》。这一纲要明确了劳动条件，如企业雇用非全日制工作者必须向本人写聘书（这只是企业的努力，劳动省对违反者毫无办法）。

第二，是 1986 年 7 月开始实行的《人才派遣法》。根据这一法律，正式承认已经得到派遣的人员。

第三，是 1986 年 4 月开始实行的《男女雇用机会均等法》。

可以说，以上三个法律及纲要的实施，是对从事不同工作的妇女的保护。然而，其效果如何，现在还不得而知。但无论怎么说，以上三个法律及纲要的实施给了妇女作为一名社会劳动者的权力，这一点基本上得到了肯定。

## 四、《男女雇用机会均等法》的效果

**《男女雇用机会均等法》**

自 1986 年 4 月《男女雇用机会均等法》施行以来，时间不算太长，所以不能将其效果用统计数字等客观地表现出来，然而制定这个法律的最终目的就是要在工作场所实行男女平等。至于这个法律将来带来多少效果，今后妇女的就业情况将成为衡量妇女经济地位的一个标志。

表 19-2 是《男女雇用机会均等法》的主要内容。它包括企业应该采取的相应措施和发生纠纷时的救济措施。此外，随着新法的制定，对劳动基准法的展望也做了重要修改（放宽妇女的加班时间、夜班时间、休息日的劳动规定）。

首先，企业采取的相应措施可分为努力义务（募集、采用、配置、晋升、）和禁止规定（教育训练、福利保健、退休、解雇等）两部分。本来新法的目的是将所有项目都作为禁止规定。但是，出于企业方面的强烈反对，晋升和采用仍停留在努力义务上。另一方面，在禁止规定中已达成一致意见的项目，也是通过裁判，妇女在各判例中不断胜诉所取得的。在教育训练、退休、解雇等方面禁止男女差别的现象已得到人们的普遍承认。通过达成禁止规定项目的过程，人们不难看出男女之间存在的差别，及这种差别是可以通过裁判得到解决的。相反，在募集、采用、晋升、配置方面，要对男女不平等现象做出公正裁判是非常困难的。更为不利的是，设立在都道府县的“机会均等调停委员会”作为调停纠纷的机构，却根本没有解决问题的强有力权限。相反，美国 EEOC（雇用机会委员会）作为调停机构则有很大的解决问题的权限，一旦有男女不平等的申诉，委员会将出面让企业提供全部资料，其有检查企业的权力，

表 19–2 《男女雇用机会均等法》的主要内容

| 企业实行《男女雇用机会均等法》所应采取的相应措施 | |
|---|---|
| 阶段 | 规定的方法 |
| 募取、采用 | 企业对妇女实行机会均等、与男子平等待遇的努力规定项目 |
| 配置、晋升 | 企业对妇女实行机会均等、与男子平等待遇的努力规定项目 |
| 一定的教育训练 | 企业对妇女不平等待遇所采取的禁止规定项目（没有罚规） |
| 一定的福利保健 | 企业对妇女不平等待遇所采取的禁止规定项目（没有罚规） |
| 退休、退职、解雇 | 企业对妇女不平等待遇所采取的禁止规定项目（没有罚规） |

| 企业在发生纠纷时采取的救济措施 |
|---|
| 1. 在企业内自行解决 |
| 2. 由都道府县妇女少年室长援助解决 |
| 3. 在都道府县妇女少年室设立机会均等调停委员会进行调停解决 |

资料来源：劳动省妇女局：《〈男女雇用机会均等法〉、修改〈劳动基准法〉的要点》，（财）妇女职业财团 1986 年。

起到了裁判中介人的作用。

表 19–2 所表示的只不过是极为日本式的斡旋方法。在日本即使设立了具有强有力的权力、不顾企业反对、能解决纠纷的这样一种机构，也只能是适得其反。

预计 90 年代，《男女雇用机会均等法》的效果有以下几点：①企业的努力义务规定项目仍然不变。②纠纷救济机构不会发挥太大的作用。③在录用等方面，对妇女采取机会均等的努力义务规定项目仍然有效。妇女进入劳动场所将采取适合日本情况的不同形式选择方式。并且，这种方式将进一步得到扩大。④迫使企业对女大学生进行挑选，看她们是否能成为继续工作型的妇女。

**英美的男女雇用均等法**

在 1963 年，美国约比日本早 20 年就健全了《男女雇用均等法》。英国的《男女雇用均等法》建立于 1970 年（1975 年开始实行），比日本早 15 年。通过法律的实施，英、美两国男女工资差别是否得到了缩小？到 80 年代为止，美国白人妇女与男人的工资差别根本没有得到改善，而黑人妇女的工资则有所改善，工资得到了大幅度的提高。

在英国，自 1975 年《男女雇用均等法》开始实行后，男女工资差别迅速缩小，但是，80 年代后发展得极为缓慢，并且也有一种说法，1975 年之后男女工资差别的缩小主要是因为在实行《男女雇用均等法》的同时实行了所得政策，起到了双重的作用。如果将男女工资差别的缩小都归结为《男女雇用均等法》的实行，则夸大了均等法的作用。

日本的情况更接近于英国。就是说，法律刚建立时，企业行动得非常迅速，然而过了一段时期后，则慢慢松弛下来。因此，90 年代《男女雇用机会均等法》的影响将是缓慢的。预计需要展望法律的经济环境也将发生变化。

## 第三节　重建社区社会关系

### 一、以妇女问题为视点

**对社区社会的关心**

在生活迅速富裕起来的过程中，“住”的发展最为落后。其中居住环境问题直到最近才引起人们的关注。60 年代中期以后，人们的注意力从近邻关系转向社区社会的文化、自然状况，市民要求参与自治体的呼声随之高涨，具有强烈批评色彩的居民运动也蓬勃发展起来。在此之后，社区社会得到了重新认识，人们普遍认为它是居民活跃的场所。

社区社会之所以受到普遍关注，是由于出现了诸如青少年犯罪、生活消费品的质量等一系列单个家庭所不能解决的问题，以及在社会老龄化过程中出现的引人注目的“社区赡养老人”等实际问题。

毋庸置疑，这些家庭和社会在结构、机能方面的变化促进了妇女参加社区活动。

**新视点上的反思**

第二次世界大战结束后，盟军最高总司令部下令解散邻组。以此为起点，妇女与社区建立了联系。当妇女从“家族”中解放出来，并在村落中获得自由后，出现了围绕妇女参政权进行的政治启蒙运动以及保障生活物资的运动。这些运动几经波折，最后终于在 1970 年以后蓬勃多样地开展了起来。

“国际妇女年”以后，这些新运动又受到了各种活动的刺激。其中之一即对社区活动中的性别角色分工进行再认识。社区活动中常见的男子为主干，女子为枝叶这种男子主导色彩浓厚的传统的性别角色分工方式得到了重新认识，人们反省到：妇女愈是踊跃参加社区活动，做出的贡献越大，也就愈加促使“妇女是无报酬劳动的承担者”这一观念的巩固，补充和强化角色分工观念。另外，在社区活动的发展中，也出现了各种为了自由地发挥才能、追求自我实现而进行的新的尝试。这些活动的目的在于创造一种新的生活方式，这种生活方式具有创造性、预见性、国际性、有时还具有娱乐成分。

**承担者的变化**

据国民生活指标（NSI）统计，1980 年以后，日本的社区活动逐步活跃起来，从国际比较中看，日本的近邻协作的参加率在几个主要国家中居领先地位，而美国的社会活动参加率仅为 25%（图 19–3、图 19–4）居末位。社会活动参加者中，为数最多的是 40 岁年龄层的人，其次是 50 岁和 30 岁年龄层的人，妇女所占比率较高，其中无职业、有子女的妇女约占 40%。

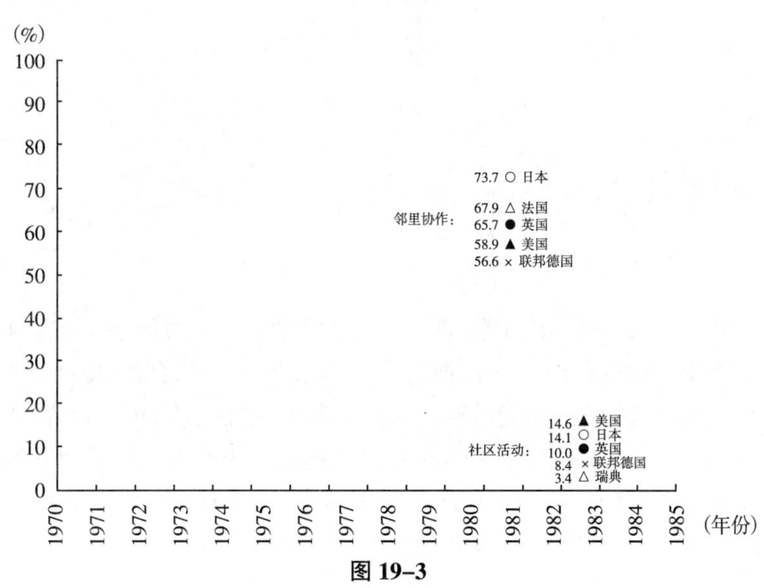


**图 19–3**

注：1. 图中有关“邻里协作”和“社区活动”的资料分别出自总务厅青少年对策本部的《关于青少年和家庭的国际比较调查》和内阁总理大臣官房审议室的《关于妇女问题的国际比较调查》。

2. “邻里协作”的统计数据是 0~15 岁儿童的父母对以下问题的回答。(1)+(2) 即为图中的数值。

问：在照看孩子、治安保卫、打扫卫生、修缮房屋、给树木浇水等方面，你的邻居是否互相帮助？（只许选择一项答案）

(1) 经常互相帮助（21.2）

(2) 有时互相帮助（52.5）

(3) 几乎不协作（19.9）

(4) 从来不协作（6.1）

（ ）内的数字为日本的调查结果。

3. “社区活动”的统计数据取自“①社会活动备注 3”中答案（4）——“妇女会、自治会、子女会等社区活动”的回答率。

资料来源：经济企画厅：《国民生活指标（NSI）》，1986 年 3 月。

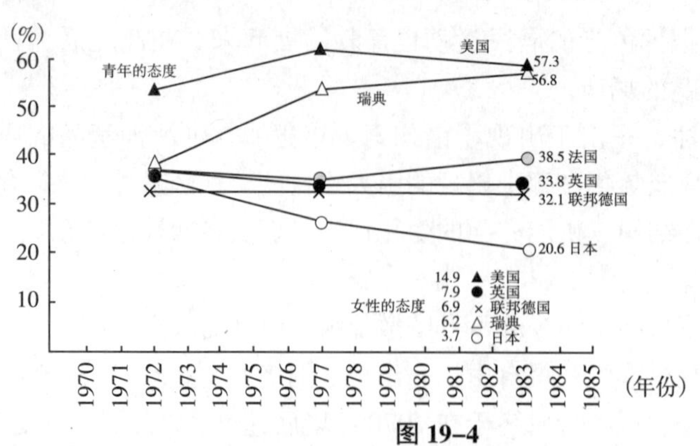


图 19-4

注：1. 图中“青年态度”系根据总务厅青少年对策部的《世界青年意识调查》，“妇女态度”系根据内阁总理官房审议室《关于妇女问题的国际比较调查》制作。

2.“青年态度”的数值是在对 18~24 岁的青年进行测验时得到的。以下的提问情况是（3）的比率。

问：“假设你对社会不满，那么你选择下列态度的哪一种？（只择其一）”

（1）不采取积极行动行使选举权（41.1）。

（2）在合法范围内（如上诉，署名运动，游行，罢工）诉诸积极活动（20.6）。

（3）在一定场合诉诸暴力的非合法手段（3.3）。

（4）对社会大事持冷眼旁观态度（14.3）。

（5）中立态度（17.3）。

括弧内数字是表示 1963 年在日本问答的比率（%）。

3.“女性的态度”的数值，是对从 30 岁到 39 岁妇女的调查。下面的提问是（1）、（2）回答的比率的合计。

问：“现在，你在工作之外，家务之外，还从事什么活动（复数回答）？”

（1）对社会的贡献的活动（3.0）。

（2）参加消费者、居民运动（0.7）。

（3）担当学生和家长联谊会的雇员、委员（10.0）

（4）参加妇女会、自治会、儿童会等的地域活动（14.1）。

（5）参加体育活动小组（7.1）。

（6）参加体育以外的活动（3.9）。

（7）参加文化、修养、学习活动（6.3）。

（8）参加宗教活动（3.0）。

（9）参加政治活动（9.6）。

（10）参加其他活动（0.3）。

（11）什么活动也不参加（62.2）。

（12）不清楚（0.3）。

括弧内回答在日本用比率表示（%）。

资料来源：经济企画厅：《国民生活指标（NSI）》，1986 年 3 月。

目前，在战后第一次“育儿高峰”中出生的一代人已经结束了生育旺盛期，开始参加各种社区活动，并且将成为 90 年代社区活动的核心力量。“二战”结束时的 20 岁的妇女到 90 年代后将达到 65 岁，即年轻时经历过妇女运动兴盛期的妇女将成为老龄层，这意味着承担社区活动的妇女在质与量两方面都得到了加强。随着新型活动的扩大，出现了一些追求自我实现、具有主体意识、目的明确的社区活动参加者，虽然她们与那些碍于情面或为了应酬而被动地在某团体中挂个名，被动地参加活动的人相比尚居少数，但预料将成为骨干力量。而玩心十足、善于表现自我的年轻一代也有可能参加。

## 二、建立新的缘

### 背景

今天，成为社会活动之主流的社区活动积极地充实着人们广泛的生活需要，它追求精神上的满足和达到目的后的成就感。社区活动得以实现的背景是：首先，人们的自由时间增加，使时间消费型活动具有了可行性。另外，从交际时间上看，尽管社会交际（人情、义务上的交际、聚会等）所费时间仍然少于个人交际（与熟人交谈、访友等）时间，但是已呈现出增加的趋势。“与朋友、熟人聚会、聊天时”有充实感的人的比率正在增加，其中男性为 18.4%，女性为 26.3%，两者有所差异。这也就是说女性正在寻找充实人际关系、发挥才能的机会。当然，女性的社会欲念、使命感或对社会的愤慨、不满、反抗等心理因素在此起了促进作用。但是，妇女参加社区活动归根结底还是出于女性的社会欲望。为了获得个人的安定感、情绪上的共鸣、自我认识和追求新的刺激等人的基本欲望，社区活动成了解决这些问题的途径。

**女性建立的新缘**

上述动机所带来的结果不是地缘、血缘、公司缘，而是使同一社区中具有共同理想、共同目的的人团结起来。我们把这种缘称为“社区缘”。它在比所谓地缘略大的范围中选择具有共同志向和目标的人，以期团结一致，结成合作关系。它与町内会（相当于中国的街道居民委员会——译者注）、自治会等同一条街的人组成的缘有所不同，许多市民运动就是由社区缘组织发起的。

社区缘人际关系的特点是“横”向关系，这与工作场所中的人际关系形成鲜明对照。有人认为这是一种不允许轻易松弛的、富有刺激和紧张感的关系。

建立并搞活了社区缘的主角是迁入户的妻子们。在迁出迁入活跃的时代，所谓的外来户不受过去障碍的羁绊，他们把对社区进行的客观审视与发现问题联系起来。尤其是无职业妇女，她们具有不需要考虑利害关系而采取行动的便利条件。

社区缘是在人们发现问题后，继续深入探究问题核心的过程中自发地建立起来的。但是，有一点不可否认，即它是在受到就业机会短缺等社会和时代的制约，并被规定了方向的条件下的一种无可奈何的选择。

## 三、社区活动从摸索走向确立

**活动、运动的类型与参加者**

一般来说，“运动”具有强烈的对行政提出要求或抵抗、要求政治改革、表达政治意志的色彩，而“活动”则指日常生活中的对策、新的改善措施、对行政的协调或补充。当然，两者之间并没有明确区别。

若对现在的社区活动进行大致划分，其中为数最多的是补助、协调行政型集团，还有一部分与行政相对立。此外，第三集团正在不断扩展，即与行政无关的、按照独自的想法变革生活方式的集团。这些集团从自身的问题出发，坚持不懈并在人人平等的基础上谋求社会和制度的改善，因此参加者中男女的混成率较高。

对于年轻人来说，参加社区活动与其说是出于使命感和义务感，毋宁说是由于感受到了自由思考问题的魅力。即便他们起初是出于对社会的愤慨和不满而参加进来，但是，他们同时也从不少活动中感到了快乐、趣味和满足感。目前，这种与传统的社区活动性格迥异、志趣相投的人希望共同实现同一梦想的乐观的活动还仅仅是个别现象，但是它将成为吸收新成员的窗口，使人们感到社区范围非常广阔，它超越了年龄、性别、国籍和其他障碍。

**新的尝试**

社区活动参加者的苦恼是，尽管活动本身趣味无穷并且具有较高的价值，但是人们却不能由此得到经济上的独立。即使坚持开展有价值的活动，除一部分专业人员外，其他人得不到任何报酬。为此，参加者对今后老龄期的生活充满不安。此外，开展活动需要经费，为此出现了一些部分地从事经济活动的现象。以生活协作组织为基础的“劳动者集团”就是其中一例。加入该组织的劳动者享有同等的发言权、决定权，并且报酬均一，全体成员公平地分工协作，共同维持经济活动。

也有人以金钱为媒介，通过开展活动，在社区中建立工作场所。目前正从饮食服务业开始向福利、文化领域扩展。如果适于在育儿期、中老年期从事的时间短、裨益身心的工作大量增加，这将给人们带来福音。但是，有许多活动没被纳入商业基盘，值得研究的问题也很多。

**阻碍因素**

无论什么活动，若要持久地发展下去，就势必伴随着困难。至于鲜为人知的新的活动则更是如此。资金不足和人才奇缺是经常出现的问题。尤其对没有收入的妇女来说，如果慈善活动的经费需从家庭经济中开支，妇女的活动将受到限制。此外，还有其他一些障碍。如各成员相互协调时间的问题、个别人工作负担过重、被人们误解为娱乐和营利活动、组织的扩大与活动性质的矛盾等。积极性越高，遇到的障碍也就越大。即使活动已进入正轨，它也会遇到诸如活动场所、人才与资金的调配、协调与行政的关系、确保活动的正规化和新成员等问题。这些问题中最大的通病是人们市民意识低下。在今后发展社区活动中这个问题不可忽视。

在“国际妇女十年”的最后一年的会议（1985 年于内罗毕召开）上，通过了“提高妇女地位的内罗毕未来战略”，为此，行政方面把社区作为实现男女共同参加的场所加以认真对待。

如果行政方面能够坚持进行帮助培养人才，提供活动场所、协助男女交流的工作，它将对活跃社区活动产生间接影响，这一点是可以期待的。

## 四、试行男女同工

**社区中的竞争与合作**

在一般群众性团体的领导人中，男性比率较高。《市民活动的现状及其动向》（吉田新一郎、丰田财团编，1985 年 7 月版）一书指出：有 38%的人担任新型市民活动的干部，每月活动时间长达 200 小时以上，堪称职业活动家。当男子充当社会活动家时，他能够得到全家的通力协作，但是，女性的情况则与此形成鲜明对照。女性要在事业与家庭的矛盾中苦恼，有时还会遭到丈夫的反对。尽管参加新型市民活动的女性多少都对传统的性别角色分工观念持怀疑或批评态度，但是，事实上她们没有从这些束缚中解放出来，也没有在长期以来费尽心血的社区活动中谋到职位。可以说社区活动中还有许多地方需要改善。

在意识方面，男性头脑中的传统女性观根深蒂固，有一些人对女性领导人表示反感或拒绝。现在正是向男女共同工作过渡的时期，因此有必要积累经验。

**女性先驱者**

当女性为主体的团体吸收男性成员时，通常会有欢迎和拒绝两种反应。首先列举“欢迎”的例子：处理环境问题的妇女团体欢迎退休男性参加，并且推举他们为代表，让他们活跃在行政交涉和动员市民的第一线，现已取得成果。这个措施充分考虑了保守的社区风气。在“拒绝”的例子中，有的是因为拘泥于长幼之席这一日本式价值观，有的是为了提防妇女的团结受到瓦解。这些做法不能充分利用男性的能力和善意，因此有欠妥之处。

一位活跃的男性事务局长曾说过：男性一般都具有野心，希望引人注目。女性不适应纵向关系，而适于横向的、多元性人际关系。虽然集体的民主和效益难以两全，但是，随着男女共同工作的进一步发展，人们将会发现更好的存在方式。

**变化之始**

随着人尽其才、才尽其用的人才安置方法在社会其他领域的广泛实施，社区也势必受到影响。尤其在无须考虑效率和竞争原理的领域，只要出现先导性行动，其变化速度将会非常迅猛。届时将有必要改变注重性别和年功序列的价值观。

目前，妇女已经开始和老年男性在同一岗位工作，人们的意识已慢慢发生了变化。

### 五、今后的动向

**女性的选择**

对妇女来说，社区今后还仍然是富有魅力的场所吗？热心的活动家可分为两种类型，一种是充满热情、把生命价值倾注到社会活动中的人；另一种是由于没有适当的就业机会，便走下策——参加社区活动并从中得到满足的人。预料前者今后仍将全力以赴地从事社区工作。而后者一旦找到就业机会，则可能另谋新职。如果就业年龄限到中年，那么年富力强的人有可能向劳动力市场转移。但是，参加社区活动，成为大型社会组织中的一个齿轮，这对就业不无益处，同时还有助于发挥才能，去创造一个舒适的社会。因此，只要劳动时间等条件允许，也有可能出现希望身兼工作、社区、家庭三职的人。只要条件逐步完善，例如劳动时间缩短等等，职业的交替关系将得到缓解。

由于雇佣劳动者的收入提高缓慢，专业家庭主妇的人数不断减少。许多妇女希望充当计时工。出人意料的是这给社区带来了很大影响。因为男女双方都认为计时工可以保证工作、家庭两不误，不致让家庭成员分担家务。但是，正因如此，妇女参加社区活动的精力势必有所分散。

**需求的多样化**

今天，随着信息化的发展，在社区的一角也能开展多种多样的国际性活动。目前，消费者集团业已成为国际消费组织的正式会员和通信会员，致力于信息交换，领导人的交流以及参加世界组织大会等国际合作。

其他领域也不仅积极加入国际组织，而且派出了官员，活动范围广泛的团体日渐增多。诸如青年援助发展中国家、中年妇女帮助留日学生、老人的家庭式养老院计划的普及等群众性活动正在各个阶层不断展开。通过这些活动，有人在自己的脚下挖掘出人生的意义，有的在平淡无奇的地方闪烁出迷人的光彩。社会也具备了满足热情高的人的条件。

为了社区的进一步发展，自由地想象、大胆的行动以及明确的自我主张等极其重要。为此，我们可以对青年一代寄予期望。这一代人的社会活动内容正从密切联系生活型向着文化创造型乃至包含娱乐成分的方向发展。

**未来动向**

假如“社区”自始至终仅在弥补家庭弱点这种实利问题上起作用，仅在挽救职业生活的弊病上起缓冲作用，那么，把精力灌注于此的人在社会上恐怕会吃亏，这对于社会和男女双方都没有益处。

如果男性也肩负起社区活动的责任，并且社区中的想法以及人际关系等对其他生活领域也产生有机影响，起到良好的刺激作用，那么，“社区”作为离我们最近的试行男女共同工作的舞台具有很大的可能性。

## 第四节　从参与政治向参与筹划政治发展

### 一、从实现妇女参政权到“国际妇女十年”

**参与政治的质与量**

在妇女初次行使参政权的 1946 年，在众议院议员选举中产生了 39 名女议员。当时，享有参政权的妇女比男性多 424 万人，但是投票率却比男性低 11.55%。此后，女议员的人数不断减少，在“国际妇女年”翌年——1976 年的总选举中仅有 6 名。但是，1969 年以后，妇女的投票率一般高于男子。

在 1947 年首次举行的统一地方选举中，产生了 22 名女县议员，94 名女市区议员和 677 名女町村议员。当时，在县和市区町村议会的选举中，妇女的投票率分别比男性低 3.29%和 3.45%，在知事和市区町村长的选举中，也分别低 21.19%和 10.09%。

但是，在 1955 年第三次统一地方选举的市区町村议会选举中，妇女的投票率比男子高 0.39%，此后在 1959 年的市区町村长选举以及 1963 年的知事选举中，妇女的投票率都高于男子。然而“国际妇女年”——1975 年，只有 34 名女县议员、464 名女市区议员、218 名女町村议员，妇女进入地方议会的人数不见增加。

这样，国会和地方议会中的妇女人数寥寥无几，无异于疏远了决策场所。但是，在投票时，由于人数超过男子的女性选民通常把国家政治托付给保守党，并且促使地方自治体中产生革新领袖，因此也可以说妇女的选票是决定政治动向的关键。

正如从投票率中看到的那样，在宪法保障的男女共有的参政权中，选举权已在妇女中确立，而在被选举权的行使方面，妇女则远远不及男性，女性就任公职的发展也非常落后。“国际妇女年”以后，男女平等的问题从各个角度受到了重新评价。妇女强烈感受到男女不平等，重新认识到男人支配“政治”的色彩极其浓厚。

**“国际妇女年”和参与政治**

基于“国际妇女年”确立的平等、发展、和平三目标，妇女提出了要在所有领域与男子共同筹划和开展活动的方针。根据这一世界性运动的精神，政府于 1975 年 9 月设立了以内阁总理大臣为本部长、以调整和推进妇女问题为宗旨的组织——妇女问题企划推进本部。该本部于 1977 年制定了“国内行动计划”和“促进妇女参加政策决定的特别活动推进纲要”，开展了促进审议会和其他委员会录用女委员以及录取女公务员的工作，同时还要求公共机构、民间以及宣传媒介予以协作。

为响应政府的上述方针政策，在“国际妇女十年”中，全国所有都道府县相继设立了妇女问题推进机构，并且分别制定了行动计划。

制定行动计划时，由各领域的妇女参与制定，并对妇女的现状进行了调查。通过这个活动，妇女认识了全社会根深蒂固的歧视妇女的结构，并且强烈感受到妇女进入一切领域，尤其是进入决策领域的必要性。

此外，民间的妇女运动也蓬勃开展起来。从全国性组织到一般群众性组织，许多团体和小组都以消除性差别为目标，着手解决妇女问题。这是继战后围绕新宪法开展的提高妇女地位运动之后的最大的一次运动浪潮。把这次运动再次推向前进的是 1979 年第三次联合国大会通过的关于废除歧视妇女的条约。[①]在妇女强烈要求加入该条约的呼声下，政府于 1985 年签署了这项条约，为实现男女平等开辟了一条新略。

## 二、妇女参政活动停滞不前

**国政选举**

在“国际妇女年”和“国际妇女十年”的前后 11 年中，共进行了 5 次众议院议员选举、4 次参议院议员选举和 3 次统一地方选举。

“国际妇女年”之后的 1976 年，众议院中共有 6 名女议员（占议员总数的 1.2%），1979 年上升为 11 名（占 2.2%），但是，此后直线下降，1986 年减为 7 名，占总数的 1.4%。当时，拥有参政权的妇女比男子多 274 万人，投票率也比男子高 2.31%。值得一提的是：在竞选中败北的社会党中，有史以来首

① 即《关于废除对女性的一切形式的差别待遇的条约》。该条约于 1979 年在第三届联合国大会上通过。

次诞生了一位女领袖。

在参议院的 4 次选举中，女议员依次增加为 8 人、9 人乃至 10 人。1986 年也有 10 名妇女当选，加上连任的议员共计 22 人，占总数的 8.7%。1980 年在全国选区中，妇女运动家以 278 万票的最高票数当选，成为话题。

1983 年在选举中引进了比例代表制。有的党推选非党员的著名妇女为候选人，并列入名单的前列，以此期待妇女参加政治，接着，1986 年的选举反映出“国际妇女十年”提出的促进妇女参加政治的趋势，出现了全部由妇女组成的政治集团和小政党。有 53 名妇女成为比例选区的候选人，29 人成为地方选区的候选人，这是以往的 14 次参议院议员选举中候选人数最多的一次，十分引人注目。

**地方选举**

在地方政治中有许多领域与日常生活密切相关，妇女所关心的领域也非常广泛。但是，直到妇女参政权正式确立了 40 周年的 1987 年 1 月为止，地方自治体中女领袖屈指可数，除岐阜、福岛和群马县的町长为女性外，目前还没有知事级的女首长，连女候选人也极为罕见。

在地方议会中，1975 年妇女的议席为 716 席，1979 年上升为 793 席，1986 年又上升为 1137 席，但是，在 70264 名议员定额中，妇女仅占 1.6%（图 19–5）。

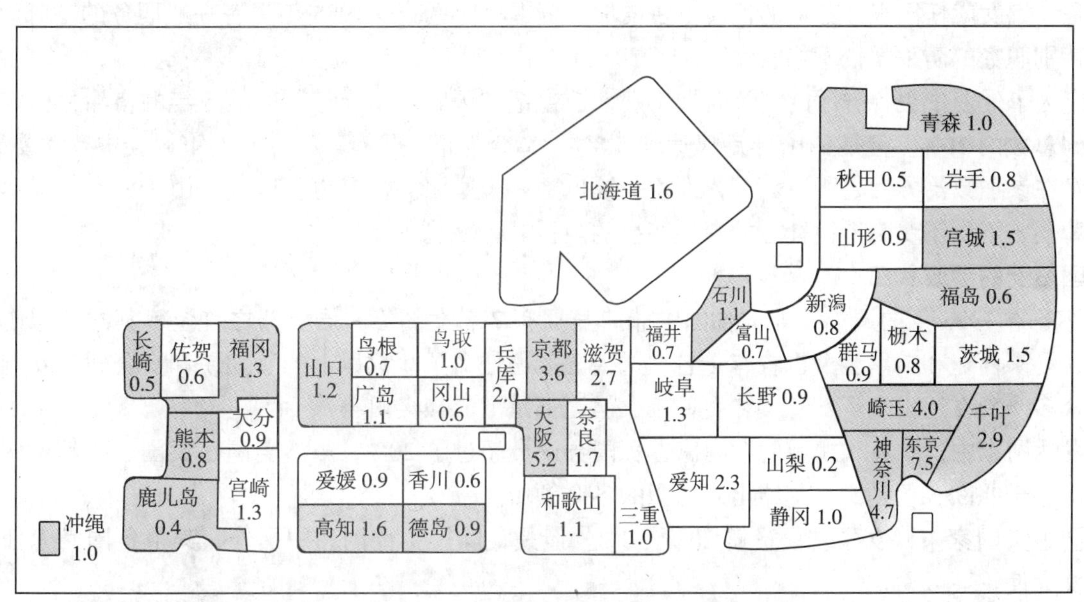

**图 19–5　地方议会中的女议员人数（1986 年 6 月）**

注：图中数字为各县议会、市区议会、町村议会的总议员人数中女议员所占的比率。“□”地区中没有女道、县议员。
资料来源：财团法人市川房枝纪念会编：《纪念妇女参政 40 周年——妇女参政资料集》，1986 年版。

尽管妇女当选为町村长、町村议员的现象依然很少，但是在人口大量流入、变化急剧的区、市中，已有妇女出来参政。

继第 8 次（1975 年）到第 10 次（1983 年）的统一地方选举之后，妇女在各类选举中的投票率均超过男子。其中妇女在地方选举中的投票率高于参与国政。这是由于地方的竞选公约中具体地列出了地方议会的各种问题，竞选与社区的利害关系也非常明确，可以说血缘以及地缘中的人际关系提高了妇女的投票率。

**公职**

“国际妇女年”促进了女性就任公职。但是，从 1975 年到 1986 年，大臣级中只有环境厅长官为女性，其任期仅有 1 年多。在政务次官级中，虽然任命了 7 位女政务次官，但是随着“国际妇女十年”的结束，这些女大臣和女政务次官也都销声匿迹了。

在官僚中，妇女就任的最高职位是局长，劳动省中有 4 位。在文部省、厚生省、社会保险厅和劳动省中还有 5 人就任该省的部长级职务。1976 年诞生了第一位驻联合国女公使和两位女大使，1987 年还诞生了第一位最高法院女法官。尽管如此，妇女就任公职的进展并不顺利。1984 年度的一级国家公务员中只有 12 名女性，这预示着产生女事务次官的道路的艰难（表 19–3）。

**表 19–3　国家公务员中指定职务及行政职务（一）2 级以上女公务员人数统计**

| 类别 / 年份 | 指定职务 | | 行政职务（一） | | | | 合计 | |
|---|---|---|---|---|---|---|---|---|
| | | | 1 级 | | 2 级 | | | |
| | 总数 | 女子 | 总数 | 女子 | 总数 | 女子 | 总数 | 女子 |
| | 人 | 人（%） | 人 | 人（%） | 人 | 人（%） | 人 | 人（%） |
| 1975 | 1271 | 1（0.1） | 1146 | 1（0.1） | 4521 | 18（0.4） | 6938 | 20（0.3） |
| 1980 | 1559 | 3（0.2） | 1418 | 6（0.4） | 5041 | 33（0.7） | 8018 | 42（0.5） |
| 1984 | 1623 | 2（0.1） | 1445 | 12（0.8） | 5370 | 35（0.7） | 8438 | 49（0.6） |

资料来源：同图 19–5。

但是，妇女就任国家公务员的机会正在增加。据人事院调查：1985 年只有一般职务的“邮政事务 B 类”和特别职务的防卫学校不招收女性。

政府为了促使中央各省厅的审议会录用女性，曾把“国际妇女十年”的前 5 年的奋斗目标定为妇女争取达到总数的 10%。但是，10 年后仅达到 5.8%，迄今为止，只有一半左右的审议会中有女委员。

妇女在参加政治方面之所以落后，人才短缺也是一个原因。但是也可以说，由于妇女参加政治的基础过于薄弱，不得不受到男性社会的森严壁垒的阻拦。

**外国妇女的参政状况**

据外务省 1983 年的调查，亚洲各国中菲律宾拥有 7 名女阁僚，居亚洲之首位，其次，印度、印度尼西亚、马来西亚和斯里兰卡也各有 2 名。这些国家还任命了复数以上的女大使和女公使，女国会议员也为数众多。现在还出现了女总统和女首相，但全都是上流社会出身。

在发达国家中，瑞典和挪威的女阁僚、女国会议员超过了 20%，虽然美国、英国、联邦德国、法国在这方面逊于北欧，但是妇女却能出入公职的各个领域。

社会主义国家中，女国会议员占 20%~30%。但是，除民主德国和中国外，其他各国尚未任命过女阁僚和女大使。

在妇女就任公职方面，各国不同的政治制度和社会风俗习惯起着很大的作用。但是概括地说，各国妇女的社会参加状况都比较落后。

为了改变这一状况，《关于废除对女性的一切形式的差别待遇的条约》的第 4 条第 1 项中指出：“不能把以促进男女的真正平等为目的的暂定特别措施理解为性别歧视。”

## 三、政治意识的动向

**享有参政权妇女的流动性因素**

“光明正大选举推进协会”于 1986 年 7 月 6 日第 38 届众议院议员选举后，以全国 3000 名享有参政权的人为对象进行了民意调查。该调查表明：妇女支持的政党的顺序是：自民党、社会党、公明党、共产党和民社党；31.1%的妇女表示“没有可以支持的党派”，比男性多 9.7%。在回答“你支持保守派还是革新派”的问题时，41.6%的妇女支持保守派，15.2%支持革新派；35.1%的妇女回答“无所谓”，比男性多 10.3%。可以说妇女的政治意识倾向于保守派，具有流动性因素。

在对选举的关心程度方面，75%的妇女表示“关心”，比男性低 8%。投票时，男性明显地以候选人的所属党派为标准进行选择，而女性则分别根据“党派”、“候选人自身的条件”以及“与家里人商量”后来决定。上述三种情况各占 20%。据 1983 年 12 月 18 日第 37 届众议院议员选举后进行的民意调查，对人们的政治判断和选举影响最大的是新闻媒介，其次是家庭和朋友，只有 1.3%的人认为是许多妇女参加的市民教室和文化教养中心等。

**青年的意识**

另据上述调查：在 1986 年的众参两院同日选举中，青年人的投票率有所提高；男女青年中对选举表示“感兴趣”的人分别占 67.3%和 68.5%，可见对政治的“关心程度”不算低。在政治倾向方面，许多人表示“既非保守派也非革新派”（男 40.9%，女 44.8%）；当问及“你所喜爱的政党”时，回答分别为：“无”（男 55.0%、女 46.0%）、“不愿意回答”（男 30%、女 29.9%）、“自民党”（男 8.3%、女 14.9%）、“社会党”（男 3.3%、女 2.3%）。由此看来，青年脱离政党的倾向非常明显。

对现行政治，有 67.3%的男性和 50.3%的女性表示“不满意”，而对生活却有 50.9%的男性和 73.9%的女性表示满意。可见政治与生活处于乖离状态。另外，20 岁年龄层的女青年倾向于生活保守主义，这从她们投票支持代表地区利益的候选人这一点上可以看出。

从上述情况看，青年人对选举和政治的关心程度并不低，他们确实在进行政治选择。假设生活一旦变得艰难，所有无党派妇女和青年都有可能改变他们的选举态度，因此可以说他们掌握着政治变动的关键。

## 四、参加决策

**对决策的影响程度**

日本的妇女团体多以教育、启蒙为活动目的，同时也动员政府、国会以及自治体去着手解决社会问题。这些活动一般通过宣传媒介进行宣传报道，因此其成果在一定程度上得到了社会的公认。但是，据调查（见图 19-6）：在对政府的“决策”施加影响方面，妇女团体的作用力排在最末位，同时在接近决策人物方面，与阁僚及高级官僚相比，妇女运动团体的力量也微乎其微。

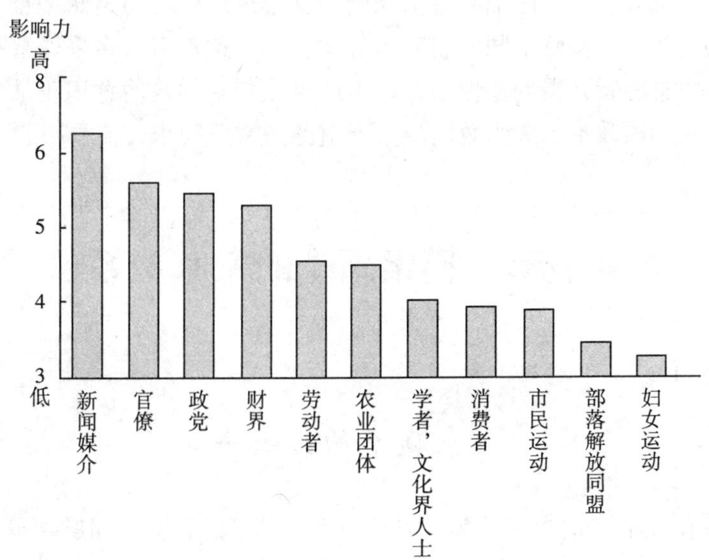


**图 19-6　各阶层的影响力示意图**

资料来源：创文社编：《围绕平等问题的出色人才及对抗性出色人才》，1985 年版。

为了切实解决各个领域存在的问题，妇女团体有必要对其活动方式进行重新探讨，这也是妇女团体今后面临的课题。

**对参众两院女候选人的测验**[①]

借 1986 年 7 月的众参两院同日选举之机，我们对 117 位女候选人进行了关于参政的意识测验。此次选举中，共有 17 位妇女当选，在我们得到回答的 47 人中有 9 人当选。

这次测验的主要目的是，让候选人自己说出女性参政困难的原因。

我们预测有以下两个原因：①与日本的选举结构有关（例如庞大的竞选资金、强大的组织和人际关系网等）。②与选民的政治意识有关（例如对女性参政抱有偏见以及妇女与选举运动的关系）。

调查结果与预测基本一致。只是 47 名调查对象中有 21 人对“竞选资金”未做回答。虽然人们都说选举需耗费巨额资金，但是其实际情况却不明确。然而从其中一人回答需用 1000 万日元以上这一点来看，可以推测：对经济地位低下的妇女来说，成为国政选举的候选人绝非易事。

当问及“如何能使一般妇女更多地进入政界”时，回答集中于以下几点：“整顿和完善社会基础，使妇女能够成为所有组织的方针大计的决策者”；“加强妇女和政治的联系”；“增加女地方议员，充实壮大妇女队伍”；“使竞选不需花费钱财”。

测验结果还表明，80%的调查对象认为人们对女政治家的期望不同于对男性的要求。可以说人们期望女议员是老百姓的代表、廉洁奉公的政治家、并为加强福利措施而竭力工作。

到 21 世纪，随着妇女对政治的兴趣的提高，预计进入国会和地方议会的妇女将会增多。

这样，为了实现人们对女议员、女候选人寄予的热望，妇女必须从我做起，消除一切障碍。同时，为了建立更加完善的政治，男女有必要共同承担起政治责任。

**通向决策者的道路**

从妇女行使参政权的实际况状即可清楚地看出，在政界也同样推行着男女角色分工的形式。但是，随着女政党领袖的诞生以及女地方议员的出现，这一状况已开始发生变化。这是由于在经济和社会变动中，人们面临着各种各样的生活问题，妇女开始感到谋求政治解决的必要性。

同时，随着参加居民运动和市民运动的妇女人数的增加，以及在与男性共同开展活动的过程中，妇女的实力和热情得到了承认，因此人们为了实现自己的目的，推举妇女为议会候选人的例子屡见不鲜。另外，也有从事保育和儿童教育、社区福利等活动的妇女小组从自己的姐妹中推荐候选人，自己开展竞选活动。这种参政方向是与男性截然不同的崭新的方向。其竞选资金大多采取募捐集资的方式，以市民参与的形式制定政策，由志愿者开展创造性活动。由此可见妇女的政治意识正从依靠男人向女性自立的方向转变。这是通向妇女参加政治、成为政治决策者道路的重要一步，值得引起人们的注意。

## 第五节　摸索新型的家庭关系

### 一、家庭中的男女分工

根据以往的调查，在日常生活中你认为“什么最为重要”，对这一问题回答“健康”的人数最多。

① 全称为“关于参加决策的妇女的动向的意识调查”。调查时间是 1986 年 6 月，采用邮寄问卷方式。调查的基本内容是：所属政党、年龄、婚姻状况、学历、职业、收入等。围绕竞选运动共设有 13 个问题，例如竞选动机、竞选及政治资金的筹措，进入政界的方针策略，对女政治家参政权享有者的希望等。

但是，1985 年 1 月 3 日《朝日新闻》的“定期国民意识调查”表明，回答“家庭”的人数已超过了回答“健康”的人数，居首位。在有人不断声称家庭将会出现危机的同时，认识到家庭的重要及对家庭生活表示关心的人数都在增加。

战后，日本家庭的规模明显缩小。每户平均人数由 1955 年的 4.97 人减少到 1985 年的 3.22 人，日本正向小家庭化发展。日本经济企画厅对 21 世纪日本的家庭做了预测，预计到 21 世纪日本家庭将具备以下特点：①未婚男女和丧偶老人的单身家庭将会有所增加。②和现在一样，小家庭的比率将继续维持在占家庭总数 60%左右的高水平（经济企画厅：1986 年“2000 年的日本将具备——国际化、高龄化、成熟化”），并且，随着人们平均寿命的增加和出生率的下降，妇女的生活方式也将发生很大变化。

如果将妇女的自我成长时期作为妇女生活的第一阶段、婚后的生儿育女时期为第二阶段的话，生儿育女之后的生活则为第三阶段。在第三阶段这一相当长的时间里，妇女不再只是扮演母亲的角色，而是迫使她们面向社会，加入到职业活动和社区活动中去。以此为背景，“男人工作，妇女操持家务、抚养子女”的这种男女分工的传统观念也将发生变化。根据总务厅“关于妇女的舆论调查”表明，对男女分工这种传统观念表示赞成的人由 1976 年的 48.8%减少到 1984 年的 35.9%（图 19–7）。

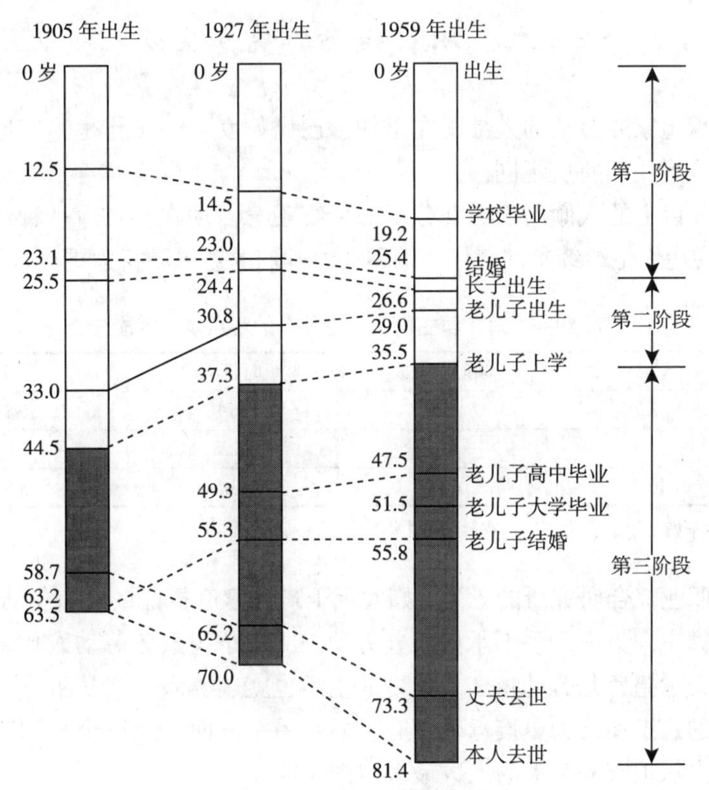


**图 19–7　妇女生活周期的变化**

资料来源：劳动省《妇女工作的实况》（1986 年）。

但是，这种情况和其他国家相比较还有很大差距。根据总务厅《关于妇女问题的国际比较调查》（1982 年）表明，日本有 70%以上的妇女对“男人在外工作，妇女操持家务”或“丈夫和孩子是妇女生活的主要组成部分”这种看法持赞成态度。这一比率高于其他国家。

并且，根据同一调查，对在家庭生活中是“男女平等”还是“男人享有优厚待遇”这一问题，有近 70%的妇女回答“男人享有优厚待遇”（图 19–8）。

这些从整体上反映出男女分工的传统观念在日本人的家庭生活中还是根深蒂固的。

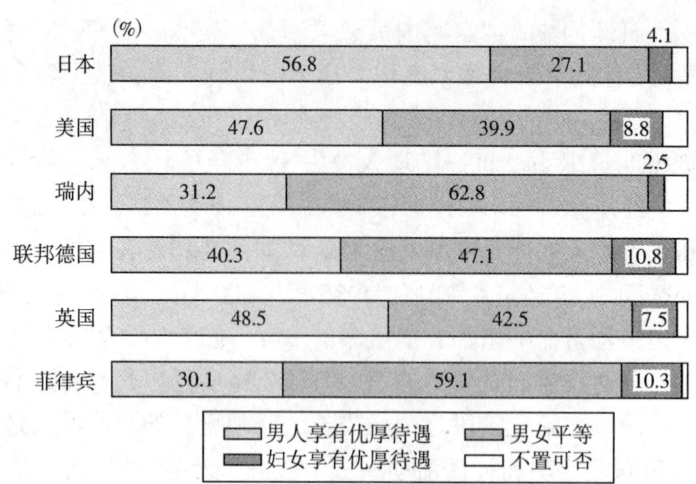


**图 19–8　妇女在家庭中的平等感**

资料来源：总务厅：《关于妇女问题的国际比较调查》(1982 年)。

## 二、职业妇女的家庭生活

如今，夫妻共同承担家务劳动的人数正在增加。已婚妇女参加工作也给家庭生活带来了影响。但这种影响根据妇女的就业形式而有所不同。

例如，有三分之二以上的人倾向于男女分工的传统观念。现在存在着一种现象，即继续从事非全日制工作的妇女，与其说她们是继续参加工作，倒不如说她们的意识和行为更接近于家庭主妇（表 19–4）。

**表 19–4　对“男主内、女主外”的观点表示赞成与否**

| | 赞成 | 倾向于赞成 | 倾向于反对 | 反对 | 未表态 |
|---|---|---|---|---|---|
| 连续就业组 | 3.7 | 15.0 | 36.1 | 35.8 | 9.4 |
| 再就业组 | 15.2 | 47.9 | 22.2 | 7.0 | 7.7 |
| 无业组 | 16.9 | 60.4 | 13.1 | 3.5 | 6.1 |

资料来源：横滨市《关于妇女生活和想法的调查》(1982 年)。

并且，根据雇用职业综合研究所的《关于妇女上下班和家庭机能的调查报告》(1986 年)，表明，①在妻子没有工作的家庭中，丈夫几乎不承担家务劳动。丈夫承担家务劳动人数多的是在妻子从事全日制工作的家庭中。②丈夫承担育儿劳动越多，夫妻的生活也就越美满。③从事自营业、家庭从业、非全日制工作的妇女，她们的意识和行为更接近于家庭主妇。另一方面，从事全日制工作的妇女不受男女分工思想的束缚，因此丈夫承担家务劳动的人数最多（图 19–9）。

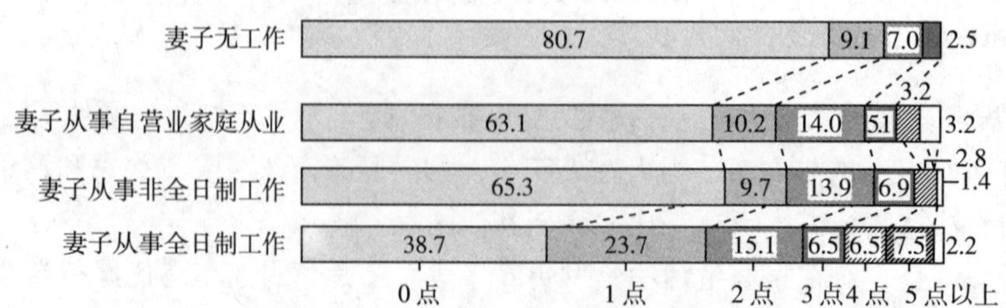


**图 19–9　根据妻子的工作情况，丈夫承担家务劳动也有所不同**

注：所得分数按家庭管理、打扫房屋、洗衣服、买菜、做饭后处理的六项家务分担计算。“专门丈夫”是 3 分，“主要由丈夫分担”2 分，“夫妻一样”1 分。

资料来源：雇用职业综合研究所：《关于妇女上下班和家庭机能的调查报告》(1986 年)。

这样在妻子从事全日制工作的家庭中，夫妻之间形成了一种在经济上和承担家务劳动方面的平等关系。这种现象在“团块世代”[①] 的家庭中最多。

另一方面，参加非全日制工作的妇女，因为她们所从事的工作就是建立在男女不平等的基础之上，所以，参加社会工作不会给家庭生活中的男女分工带来多大影响。

## 三、“团块世代”妇女的摸索

结束了抚养子女时期，仍处在人生第三阶段的“团块世代”，她们当中的多数人仍希望将就业作为今后的生活选择。有三分之二没有工作的妇女希望再找工作。“团块世代”的青年时代正处在妇女进入社会走向正规化的时代，所以这一代人当中，受过高等教育的人数增加，参加工作的欲望也很强。与先辈们不同，她们不满足于生儿育女之后的非全日制工作，而是希望继续参加经济活动。多数“团块世代”的妇女在青年时代就具有就业经验，她们感到中老年人所从事的非全日制工作不是她们所希望的。然而，在只有非全日制工作的现实中，这一代人所追求的既不是专业家庭主妇，也不是非全日制工作，而是一种新的生活目标。这就是，建立起以家庭主妇为主的、发挥家庭主妇知识和技能的工作场所，即“家庭主妇创造的职业”。如：废物再生利用商店，以做饭盒发展起来的烹调教室，以社区活动为基础的社会福利活动等，其形式是多种多样的。这些活动的特点是，采取的工作形式不属于任何组织，而是发挥自身的个性，在工作中发现人生的价值。[②] 可以说，从“团块世代”创造的“家庭”与创造“职业”这两种场所中发现生活价值的妇女们，在进一步向新的生活发展的过程中，将不断地去摸索如何维持、运用这种生活方式。

## 四、新型的家庭关系

近年来，在报纸等宣传工具中可以看到，人们对家庭的看法与过去有所不同。这是一种新动向。预计随着初婚年龄的上升，年轻人独身生活的现象将会有所增加。并且，还会出现一种人，她们不希望将结婚作为男女分工生活的开始。在已婚妇女的家庭中，将会出现夫妻共同承担家务劳动的夫妻合作型的生活方式。这种生活方式不同于过去那种由性别而固定下来的男女分工的生活方式，人们在此基础上追求新的父母形象。过去，有不少人不赞成妇女参加工作，其理由是妇女参加工作家庭生活就要受到影响。但是，最近对全体家庭成员共同维持家庭生活的现象进行积极评价的人反而多了起来。与此同时，人们又开始寻求一种新型的父亲形象。这种形象与过去的父系家长制和父亲所具有的虚伪形象不同。[③]

然而，随着高龄化社会的发展，追求新型的家庭关系也成为事实。妻子完成了抚养子女的任务、孩子长大成人、丈夫退休、多数夫妇则迎来共守空屋的时代。这样，过去那种男女分工的生活方式则难以维持下去。因为，在老龄化社会中，不一定就是妻子伺候病人，丈夫得到照顾，男女双方都有一人单独生活的可能性。这样对在日常生活中没有妻子的帮助就无法生活的男人和没有丈夫的经济收入做支撑就无法维持生活的妇女来说，都将陷入深深的不安之中。这种不安也将促成人们对男女分工的生活方式做出重新评价。

向新的家庭发展的动向，在制度方面也开始不断健全。根据 1976 年修改的《民法》，妻子离婚后可

---

① 第一次生育高峰时期出生的人。

② 纪录影片《今日神奈川的妇女们》（1984 年，神奈川妇女综合中心制作）是一部以反映家庭主妇创造职业为题材的影片。家庭主妇们创造的是一种以社区活动为基础，对自身和社区活动有意义的工作。这种工作有相应的经济收入。

③ 国际妇女协会的《就业母亲和孩子》的调查（1983 年）、国立妇女教育会馆、家庭教育国际研究会《母亲的就业和家庭教育》（1985 年）和《母亲的就业和家庭教育——家庭尤其是父亲的作用和社区活动的作用》（1986 年）则是对新型的父母形象的研究。

以自由选择姓名。1981 年的《继承法》规定，将妻子的法定继承部分增加到二分之一。进而，1985 年的《国籍法》，将男女不平等的入籍条件修改为父母两系主义。

在离婚方面，过去是将妻子的经济实力作为先决条件，对首先提出离婚者的请求做出判决（1987 年 9 月 2 日最高裁判决）。现在人们改变了这种看法，将夫妻的婚姻关系作为离婚的基本条件。

然而，建立在旧的男女分工基础上的家庭关系，在向新的家庭关系发展的过程中，将会出现许多摩擦和纠纷。但是，人们看到的不会是家庭的破裂，而是一种新的家庭的诞生及变化的过程。

### 五、家庭开始动摇

家庭这一制度从外部到内部都开始发生变化。未婚者、非法结婚者、老年丧偶者的单身家庭、单亲家庭（Single Parent）、无孩子家庭、再婚混合家庭（Blended Family）、由于单身赴任长期两地分居的家庭等，其形式是多种多样的。

美国是家庭变化十分激烈的国家。传统式的丈夫一人挣钱工作的家庭正在减少，双职工家庭正在增加。家庭中固有的男女分工现象正在发生变化。夫妻共同承担抚养、教育子女的家庭有所增加。人们理想中的传统式的小家庭正在减少。有关报告表明，在青年人中出现了一种“拒绝育儿征候群”的现象，这些人重视夫妻关系，在没有抚育精力时便不要孩子。

人们认为，家庭具有两种职能。即在家庭成员和睦相处的同时，生养孩子，然后将孩子送入社会。但有迹象表明，家庭已一部分失去了它所具有的培养下一代的普遍职能。在这种情况下，很难对家庭有一个统一的看法。现在，家庭正开始动摇。对“家庭究竟是什么”进行摸索的时代，今后仍将继续下去，并且，今后将会有多种形式的家庭并存。这样，就需要建立各种不同的社会组织，以适应家庭多样化的形势，来维持各种家庭和睦地生活下去。

## 第六节　女子教育状况的变化

### 一、在教育方面是否实现了男女平等

21 世纪日本教育所面临的重要课题是，使所有的人，在生活的每个时期都能够得到适合于时代和社会生活的知识。教育也是扩大选择个人生活方式的有效手段。过去，日本对女子的教育只拘泥于一个模式，即以培养贤妻良母为目的。这种教育方式缩小了妇女的生活范围，将妇女的生活仅局限于固定的男女分工的范畴之内。“国际妇女年”及 70 年代教育界出现的动向，则成为对过去那种以男女分工思想为基础的教育制度做出重新评价的划时代的转机。

多数人认为，如果将人们的生活领域划分为职业、家庭、教育、余暇等范围的话，职业则是男子占优势的领域，教育领域则是男女平等（图 19–10）。

战后，日本教育制度的改革，带来了男女同校的现象。高等教育的大门从此向女子敞开。目前，高中女子的升学率仍高于男子（1985 年日本的高中女子升学率为 94.9%，高中男子升学率为 92.8%）。女子三人中就有一人能进入大学学习（1985 年日本的大学女子升学率为 34.5%，大学男子升学率为

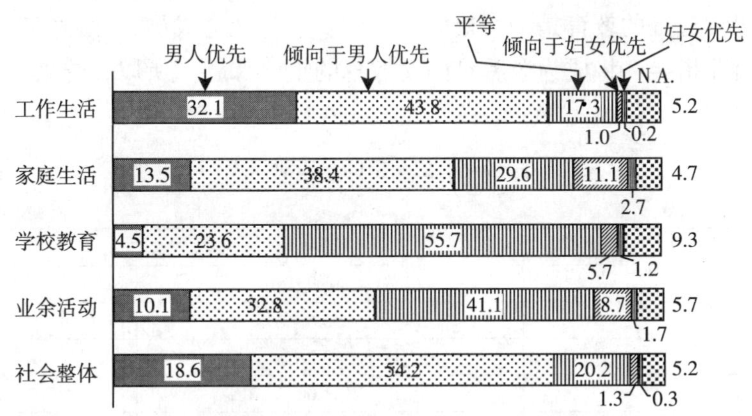


**图 19–10　从不同的生活领域中看男女平等观念**

资料来源：东京都生活文化局：《关于妇女地位指标的调查报告》(1981 年)。

40.6%)。近 10 年来，大学拒绝招收女生的现象已基本上杜绝。① 面对这种情况，人们也许会认为，在教育方面已经实现了男女平等。

然而，这与现实却存在着很大差距。例如："男子进入四年制大学，女子进入短大"的想法在人们的思想中已根深蒂固。并且，在决定升学就业和选择科系方面，男女分工的意识依然很强。

再有，在日本家长根据孩子的性别对孩子学历的要求也有所不同。这与其他国家相比，则存在着很大差距（表 19–5)。在学校对女子进行的升学就业指导教育，也远不足于男子。其结果造成女子从学校毕业后走上社会，则缺乏作为社会成员的自我责任感。

**表 19–5　家长对子女学历的要求**

| | 大学·大学院 | | 短大 | | 专修学校 | | 高中 | | 中学 | |
|---|---|---|---|---|---|---|---|---|---|---|
| | 对男孩 | 对女孩 | 对男孩 | 对女孩 | 对男孩 | 对女孩 | 对男孩 | 对女孩 | 对男孩 | 对女孩 |
| 日本 | 73.0 | 27.7 | 1.2 | 28.9 | 5.0 | 6.0 | 9.6 | 26.3 | 0.1 | 0.2 |
| 菲律宾 | 87.3 | 84.5 | 3.2 | 3.4 | 5.8 | 6.0 | 2.5 | 4.0 | 0.2 | 0.2 |
| 美国 | 68.9 | 65.8 | 2.9 | 6.0 | 7.1 | 5.0 | 9.4 | 11.3 | 0.2 | 0.3 |
| 瑞典 | 31.1 | 30.8 | 27.4 | 29.2 | 13.0 | 11.4 | 4.2 | 4.3 | — | — |
| 联邦德国 | 19.6 | 14.3 | — | — | 15.0 | 15.1 | 25.7 | 23.1 | 13.4 | 21.6 |
| 英国 | 48.1 | 44.1 | — | — | 23.3 | 25.7 | 14.9 | 16.3 | 0.1 | — |

资料来源：总务厅：《关于妇女问题的国际比较调查》(1982 年)。

## 二、教育科目选择的偏重

战后，由于实行了男女同校，扩大了女子接受教育的机会。但对女子所固有的贤妻良母式的教育方式依然存在。因此，在高中教学科目的构成、各种学校、专修学校、短大、大学中仍明显地存在着偏重专业的现象。目前，在短大、大学中，女子的专业主要集中在人文科学系、家政系、教育系。男子的专业主要集中在社会学系、工学系。在职业教育方面，女子也是以保姆、营养师等充分发挥家庭主妇作用的学习为主要内容。

在成人妇女教育等的学习内容方面，也可以看到同样的现象。从学习时间数量上看，最多的是以家庭生活为中心的学习。例如：兴趣活动、健康管理、市民生活等等（表 19–6)。这种现象，与人们在学

① 东京商船大学从 1980 年、神户商船大学从 1982 年开始招收女大学生。根据 1985 年的"学校基本调查"，仍有一所四年制大学和四所短大只收男生。

校中所受到的强烈的男女分工的教育是密切相关的。妇女作为社会成员，面对广阔生活所需要的信息提供、生活指导、升学就业指导，将成为今后对妇女教育的重要课题。所以，这就需要教师、生活指导顾问自身意识的变化。

**表 19–6　妇女组的学习时间表**

单位：%

| 分　类 | 1982 年 | 1978 年 |
|---|---|---|
| 市民生活 | 16.9 | 9.1 |
| 乡土志、文化财产 | 5.6 | 6.9 |
| 社会自愿服务活动 | 2.2 | 1.4 |
| 妇女会活动 | 1.0 | 0.8 |
| 消费生活 | 5.1 | 5.9 |
| 妇女问题，妇女史 | 7.3 | 4.3 |
| 家庭生活设计 | 4.9 | 13.6 |
| 家庭教育 | 6.3 | 6.1 |
| 健康管理 | 11.5 | 11.4 |
| 体育、娱乐 | 5.7 | 7.2 |
| 职业生活 | 1.1 | 0.4 |
| 兴趣等 | 17.3 | 22.2 |
| 其他 | 13.3 | 10.7 |
| 合计 | 100.0 | 100.0 |

资料来源：文部省：《有关妇女教育及家庭教育政策实行的现状》（1983 年）。

在教育领域，“国际妇女十年”的成果，就是要求男女共同学习家政课。从历史上看，家政课旨在培养家庭主妇，所以，过去在高中只是为女子设立的课程。针对教育领域中存在的这种男女不平等现象，妇女团体以“促进男女共同学习家政课”为中心，展开了要求男女共同学习家政课的活动。在日本，正当批准废除男女不平等条约之际，家政课的问题则成为障碍。因此，文部省教育科审议会于 1986 年 7 月做出在高中阶段男女共同学习家政课的决定。但在家政课的学习内容、学习方法等方面，仍存在着不少问题，这些问题将有待于今后去解决。

## 三、今后的女子短大、女子大学

在 1965~1975 年的 10 年间，男女学生接受高等教育的人数均有明显增加。但在 1975 年之后的 10 年间，女子升学人数略有增加，男子则有减少的趋势。

女子升学率具有两个特点：①女子短大的升学率占女子总升学率的三分之二。可以说，女子高等教育以学制两年的女子短大为主，并且，这种教育正在得到普及。②在升入四年制大学的女子中，有 30% 左右的人升入女子大学。通过进入女子大学和女子短大的学习，增加了女子接受高等教育的人数。但在高等教育中仍然存在着偏重专业的现象。女子升学率的提高并不与女子的自立程度成正比。因为，很多女子大学生的学历，与其说是在女子自身的就业、社会活动方面发挥作用，还不如说是作为结婚的跳板，以间接地达到实现个人目的的手段。

另一方面，可以说，在经济高速增长时期之后，女子大学、女子短大在为产业社会提供短期的、年轻的劳动力方面发挥了作用。尤其是短大生连续工龄时间比四年制大学生长，因此受到企业方面的欢迎。

短大在为普及女子高等教育方面做出了贡献，毕业生作为短期劳动力得到企业方面的欢迎，这样短大在男女平等意识得到提高的过程中，将迎来一个转机。过去，人们往往将短大看做是为结婚做准备，或者是提供辅助型年轻劳动力的教育机构。现在，人们的这种观点正在改变，对短大的态度也变得更积极起来。

将女子教育从贤妻良母式的教育方式中解放出来，向适应国际化、信息化及产业化社会需要的方向发展。例如，新增设的信息科学等动向就是其中的一个例子。但另一方面，由于实行了男女雇佣均等法，今后将会出现企业进一步采用四年制大学毕业生的现象。所以，预计短大与四年制大学、各种学校、专修学校的学生在就业方面的竞争，将成为今后所面临的一个新的课题。

为了改变人们以往思想中的“短大=面向女子的高等教育”这种想法，使短大得到发展，1986 年 6 月高等教育研究所在“社区短期高等教育方法研究”报告中提出以下课题：①提供对男子有益的教育。②开发培养在职人员的计划。③根据地区需要增设公立短大。

另外，最近该研究所又提出有必要在四年制女子大学中增设职业指导课程。但根据调查，目前有 47%的大学仍将教育的着眼点放在“妇女的本性”方面。对此，仅有 7%的大学将“政治、经济的理解能力”作为教学重点。可见，在如今的大学中，传统式的女子教育的现象仍然存在。

另外，也可以看到，人们对男女共学化这一女子大学的新动向表示关心，同时，更希望女子大学作为妇女再教育的机构而发挥作用。例如，希望提供以成年妇女为对象的各种计划、为再就业人员开发职业教育计划等。希望女子大学作为向新领域挑战的教育援助机构，而得到进一步发展。

## 四、妇女学和男女平等教育

妇女学出现于 60 年代后半期的以美国为中心的大学中。它作为对以男性为主体的学问进行重新评价、对性别歧视的现象进行剖析的学问而引起人们的关注。妇女学通过对过去教育领域中在某些方面所固定下来的男女分工现象进行反省，明确了教育对从男女分工的传统观念中解放出来所发挥的作用，从而提出了女子教育所应具有的状态问题。

妇女学的出现，给世界各国教育带来很大影响。在“国际妇女十年”的最终年会上通过的《提高妇女地位的内罗毕未来战略》（1985 年）中也明确表明：“采用以振兴妇女学为目的的教学计划，改善教育过程。”

目前，妇女学不仅编入美国的大学课程，也编入欧洲各国及日本的大学课程。在日本，1985 年有 113 所大学（占大学、短大总数 11.1%）的 204 个科目中设立了关于妇女学的讲座。将这一数字与 1983 年相比较，大学方而增加了 1.5 倍，科目增加了 2.7 倍。

妇女学在高等教育阶段，对男女平等教育所发挥的作用是引人注目的。然而，只满足于高等学校的教育是不够的，人们还必须着眼于所有时期的教育。从幼儿教育开始，到图画书、教科书、教学课程、升学就业洽谈，教员的录用、学校组织所应有的状况问题等，需要改善的方面很多。

在美国，以题为Ⅸ（《教育修正法》第 9 章 1972 年）等法律制度的改革为先行条件，促进了教育方面的男女平等。在日本，正在进行促进思想上男女平等教育的讨论。例如：在地方自治体中设立男女平等教育委员会，在讨论具体方法的同时，发行有关“男女平等教育”的入门书、模范教科书等。当然，学校也是配合进行这种男女平等教育的重要场所。同时，它作为教育机构对社会上存在的根深蒂固的男女分工的传统观念的影响也是引人注目的。

# 第七节　消费、文化生活的变化

## 一、生活方式的多样化

**消费者越来越难以把握**

80 年代中期流行着这样一种说法，即消费者主体的“大众”已不复存在。取而代之的是“少众”、“分众”、“消费阶层”、“差别化”等新概念。

消费者变得难以把握起来。这意味着大众市场的崩溃。不用说像电视、电冰箱那样曾经一时畅销的商品，就连一般畅销商品也难以形成。《日经流通新闻》按每年受欢迎商品的顺序发表了这样一条消息：“1986 年的商品顺序表中，东日本的畅销商品是‘不存在’，西日本的畅销商品勉强是用自己名字做商标的时装。”这与曾经一时畅销的商品相去甚远。造成这种现象的原因是人们已基本上具备了日常生活中所需要的一部分商品。但其中也有一个更重要的原因是随着消费者的生活方式、价值观念和爱好向多样化、个性化方向发展，就不可能再用以往的“大众”一词对消费者一概而论。经济企划厅 1986 年版《国民生活白皮书》将这种个性化、多样化的消费者看做是：“通过富有个性的消费生活，在自身创造的场所中，展开自身的活动。”

**青年人和妇女是引起消费生活变化的主要原因**

带来消费生活变化的先驱者是青年人和妇女。这里所指的“青年人”包括男女青年。所指的“妇女”包括老妪、小孩及女职员、职业妇女、专业家庭主妇等所有生活阶段的妇女。

根据 1986 年版《国民生活白皮书》表明，1986 年日本畅销的商品是：经初加工的食品、方便面类食品、毛线、体育用品等。开销大的费用为：体育费、学习活动费、滑稽剧费等。它们的消费对象主要为青年人和妇女。通过以上消费生活的变化可以看到，人们的生活方式及价值观念正向尊重感性化和情绪化、生活的合理化、游戏化、余暇文化活动的活跃化方向发展。

只顾埋头于工作的一代人称具有这种生活方式和兴趣爱好的青年人为“新人类”。可以认为，目前，日本的女青年与这种“新人类”有许多共同之处。90 年代，这种“新人类”所具有的特点将进一步普遍化。

## 二、妇女的新的生活形象

**变化的主要原因**

带来妇女生活方式和价值观念变化的主要原因，可以归纳为：①生活方式的变化带来余暇时间的增加。②妇女学历的提高。③妇女参加工作人数的增加，带来经济生活的宽裕。④国际妇女年带来妇女意识、社会结构及家庭中男女分工状况的变化等。

特别是妇女拥有了余暇时间和经济实力，在男女分工观念发生变化的过程中，她们的生活方式也开始发生变化。这种变化与传统式的日本妇女形象截然不同。例如人们从时装上看到的那样，女青年喜欢的服装从运动式的牛仔裤到豪华的晚礼服。家庭主妇们则通过文字处理机、簿记等的技术学习和以社会人的身份进入大学学习等，达到了兴趣与实际利益的结合。这种将兴趣和实际利益结合的自由选择的学习方式，今后还将不断发展。另外，根据总理府《观光白皮书》（1986 年版）表明，在过去的 10 年中，男人海外旅行的人数增加了 1.8 倍，妇女则增加了 2.17 倍。其中 20~29 岁年龄层的妇女旅行人数比同年龄层的男人多 10 万人。她们的活动范围也正在扩大。

人们认为，90 年代带来妇女生活方式变化的主要因素将会进一步发生变化。自由时间将会进一步增加，进入大学、专修学校接受高等教育的妇女人数及对终生教育表示关心的家庭主妇的人数都将有所增加。同时，多样化的就业形式将带来妇女就业人数的进一步增加。另一方面，传统式的男女分工的社会观念也将进一步发生变化。其结果，将会使妇女的活动变得更为积极化、自由化起来。

**女青年和职业妇女的追求**

值得人们注意的是，女青年和职业妇女意识和行为的变化。这些变化将成为衡量 90 年代妇女形象的一个依据。正如人们在海外旅行的例子中所看到的，女青年表现得十分活跃。职业妇女也如美国商人们在《第三性》中做出的新的分类那样，开始跨越性别、年龄的界限进行活动。根据（图 19–11）对妇女意识、行为爱好的比较，可以看到，女青年的意识、行为及爱好与职业妇女极为相似，与专业家庭主妇则存在着很大差距。女青年和职业妇女的爱好大体是：和众多的人进行交往、生活方式与现在人不同、具有不同于他人的兴趣、即使有家庭也要抽时间和朋友进行交往。她们认为，没有必要为工作牺牲休息时间。她们感到无聊的是，缺乏幽默感和没有娱乐的人生。另外，在购买物品方面，她们也不拘泥于流行和大减价，而是凭自己的兴趣，只要是自己喜欢的东西，就是再贵也舍得买。同时，对国外的信息也十分关心。

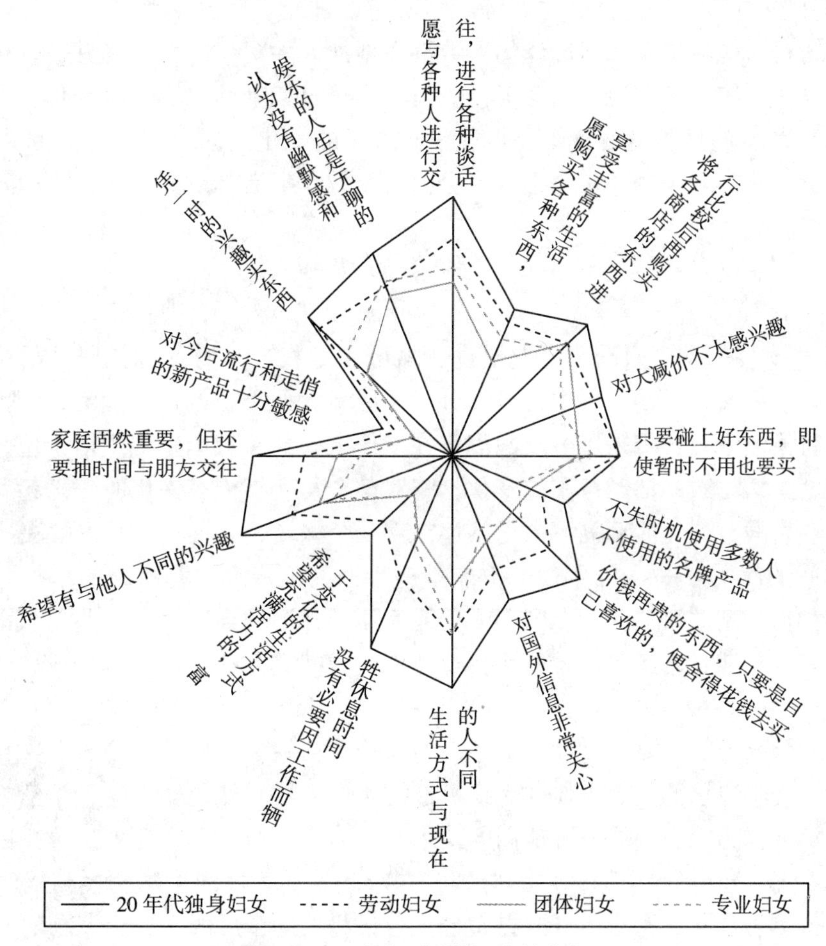


**图 19–11　变化·多样化·个性志向**

资料来源：大桥照枝：《妇女市场》（商业界部分），第 97 页。

1981 年，生命保险文化中心和野村综合研究所以全国 3000 名 18~59 岁的普通妇女为对象进行了调查。调查结果表明，职业妇女与专业家庭主妇的意识和行为之间存在着很大差距。例如，职业妇女比专业家庭主妇表现得更为突出的方面是："跳迪斯科"、"和朋友一起住宿旅行"、"开展体育活动"、"在外面饮酒"、"读小说"、"常抹香水"、"将罩衫洗得干干净净"、"常读普通月刊、杂志"等。通过上述的调查比较，人们不难看到，女青年和职业妇女对生活的态度是积极的，她们的活动范围很大、涉及面很广。在她们看来，享受余暇时间、参加文化活动和工作同等重要。

并且，妇女将从以往的禁忌和道德规范中解放出来，变得更为自由。90年代，在日本青年中采取所谓欧美生活方式的人数将会有所增加。这种现象在男女青年中均能看到。在欧美国家中，人们的工作时间远少于日本。将工作作为生活享受的风气极为盛行。同时，人们使用余暇时间的方法也各不相同，充满了个性化。在日本，人们会看到，以青年人为主流，妇女将领先于男人首先实现欧美式的生活方式。

**专业家庭主妇的动向**

专业家庭主妇的生活也将发生变化。关在家中的"家内"人数将会减少。她们如同带有讽刺意味的"家外"的称呼那样，开始走出家门，加入到社会活动中去。例如，参加文化中心活动、社会教育讲座、住民活动、家长会、母亲芭蕾、妈妈合唱、各种练习、野游、减肥等，形式多种多样。失去了生活意义，为家庭主妇征候群而烦恼的家庭主妇们，将通过自身的活动来创造各自的生活道路。

家庭主妇们的这种变化，在文化活动方面表现得更为活跃。例如，正在文化中心学习小说创作的家庭主妇，因获得了芥川奖而成为人们议论的话题。妇女，尤其是家庭主妇，获得各种文学奖的人数正在增加，已超过了男人获奖的人数。家庭主妇练习写随笔、非小说类文学作品、童话、剧本、诗歌、俳句、短歌、笔记、游记、生活史及练习翻译的人数都在增加。除写作之外，在其他领域中也存在着同样的现象。例如形成日本传统美的茶道、插花等传统文化，经过妇女的双手，至今仍在人们的日常生活中广为流传。也可以认为，同样类型的活动，将使丰富多彩的文化活动得到进一步发展。90年代，如果家庭主妇的这种高学历化的现象进一步增强，将会给整个妇女生活带来更大的直接和间接的影响。

## 三、今后的课题

90年代，妇女将掌握消费、余暇、文化活动领域的主导权。与男女分工现象严重的政治、经济领域相比较，消费、余暇、文化活动领域中的男女分工现象不太严重，妇女参加活动的可能性较大。也可以这样认为，妇女将给整个社会带来影响，她们将在工作之外的领域中发现生活价值，做扩大生活范围的推动者。这些妇女生活方式和活动范围的变化，将对整个社会结构、文化的变化起到重要作用。

但是，在消费、余暇、文化活动领域中仍然存在着几个课题，有待于今后去解决。

第一是余暇时间的使用方法。90年代，不能指望人们的工资收入有明显的增加。所以，今后如果仍继续开展以往那种消费型的余暇活动，则不太可能使活动开展的丰富多彩。为余暇消遣而破费，则不如普及欧美式的园艺、星期日木工等那种悠然自得地消磨时间的方法。这种方法或许会使生活更为充实起来。

第二是适应老龄化社会的需要。目前，老年人的消费生活缺乏主体性，余暇、文化活动方面也处于被动状态。今后，人们将追求更具有主体性、积极性的生活方式。然而实现这种生活方式则需要男女共同努力。例如，老年人作为社会一员发挥他们的技术和经验，创造能为社会做出贡献的劳动场所，就是其中的一个方法。另外，80年代，退休后的男人，在家庭生活和社区生活中生活的时间将会更长，为了夫妻晚年生活过得更有意义，家庭内外的男女分工合作将成为今后的又一个课题。

第三是妇女创造的消费、余暇、文化活动的展望。如今人们可以看到，妇女在新领域中的活动。如创作妇女题材的电影、以妇女的观点对历史做出总结、发行出版物等。另一方面，开发妇女商品和向国外购买商品的活动也扩大起来。但这种现象并没有得到广泛的普及。妇女如只在过去男人掌握主导权的消费、余暇、文化领域内展开活动的话，则不可能实现社会、文化的根本转变。

90年代，妇女生活方式的特点可以用“多样化”来加以概括。人们很难再用过去那种“这种东西代表了妇女的生活方式”的统一观点，对妇女的生活方式做出评价。90年代，妇女在生活方式、社会活动方面都将做出更自由、更具有个性化的选择。同时，将会有更多的妇女和男人们一道在各个领域中展开自身的生活和活动。

然而，这种生活和活动多是以家庭为基础而展开的。是在一定范围内的多样化。因此，不可能从根本上改变男女分工的生活方式。并且，预计自由化、个性化生活方式的出现及根据国际环境而迅速变化的经济环境，这些将带来职业妇女的两极分化。另外，随着高龄化社会的迅速发展，妇女的生活范围逐步缩小，她们将在生活方式和活动范围方面与男人展开竞争、这种竞争进一步发展，将使妇女的处境变得更为复杂、更为严峻。

这是因为，①以男人为主导的推动社会政治、经济发展的社会结构和习惯势力是根深蒂固的、不易改变的。②在这种条件下，妇女则难以具备与男人同等的条件在家庭外展开活动。

但是，国内外形势的变化给妇女生活带来了影响，使妇女在生活方式上发生了变化。这种形势的发展，不仅与妇女，也将与男人的生活密切相关起来。

“国际妇女十年”的最终年会上通过了《提高妇女地位的内罗毕未来战略》。这之后，日本政府于1987年5月制定了《面向2000年的国内新行动计划——目标是形成男女共同参加型的社会》。新行动计划体现了促进男女共同参加型社会的到来及为了具备这种条件所应采取的各种措施。这一计划所追求的是男女共同为推动社会的发展发挥作用。妇女参加工作在工作场所则能反映妇女的见解和感受，有利于工作场所、经济活动的活性化。另一方面，在社区活动中，如能发挥妇女自发的、以横向联系为中心的活动，则能建立起丰富人们生活的、具有灵活性的社区活动。

目前，国内外形势的发展已给妇女生活带来了变化。为了加速这种变化，实现名副其实的男女同工的社会，则需要妇女自身意识的变化和与此相适应的实力，尤其是需要妇女加入到制定社会方针、政策的场所中去。因为，实现男女同工的社会，首先需要妇女自身去创造条件。

# 第 20 章　日本人的生活质量

**研究成员**

（社）日本调查综合研究所理事长　　安永武巳

（社）日本调查综合研究所第一研究部部长　　中川俊彦

（社）日本调查综合研究所主任研究员　　池川谕

（社）日本调查综合研究所副主任研究员　　黑田英一

（社）日本调查综合研究所研究员　　菊池章人

（社）日本调查综合研究所研究员　　田中康人

**秘书处**

（社）日本调查综合研究所

## 第一节　日本出现的对生活质量的关心与欧美的生活质量

### 一、伴随经济的、物质的富裕而出现的对“生活质量”的关心

第二次世界大战后，各发达国家开始追求物质的富裕和以技术革新为中心的高速经济增长。日本的这一进程虽然比欧美晚了一步，但在 70 年代也实现了生产水平高于消费水平的富裕社会。

这样，生产的重要性相对下降，仅以生产的结果——国民生产总值（GNP）作为衡量人们福利水平的唯一尺度已显得很不够了。人们开始考虑公害等高速增长产生的副产品对社会福利水平的消极影响。人们的欲望已从追求经济的、物质的富裕向追求健康、精神安定及人生价值等经济以外的内心世界的充实方面转移。

在比日本更早实现物质富裕的美国和欧洲，从 60 年代后半期开始这种关心“生活质量”的欲望就日益强烈起来了。日本自 1955 年以后，由于高速工业化进程所带来的经济增长速度过快，出现了一些偏差，产生了大气污染、水质污染、人口向城市过度集中及噪音等问题。以此为契机，日本人更加关心“生活质量”。

然而，由于 1973~1974 年的石油危机，对经济富裕的评价又出现了一些分歧，对生活质量的追求欲望有所减退。在此之后，随着日本经济的顺利发展、节能政策的实施以及旨在防止公害的技术革新的进行，人们对生活质量的关心反而更加强烈了。

关心“生活质量”的倾向最早出现于 70 年代初期，起初主要是对物质享受的片面追求。自 70 年代后半期起，人们开始关心诸如作为一个人应该怎样生活、在工作和余暇里寻求人生的价值以及“实现自我”、“悠闲的生活”、“爱情生活”等主观的、精神的东西。

## 二、欧美生活质量的特点

**兰德公司的有关研究**

比日本早 10 年实现富裕社会的美国从 60 年代后半期开始，人们对“生活质量”就日益关心起来。

例如兰德研究所对职业和交通工具选择进行的试验性适用研究“生活质量的测定和分析”，在考虑交通问题时，涉及娱乐、住宅、教育、保健卫生等多项事业。因此，生活质量是从综合的观点出发，以对有限资源能够有效分配为基本标准的。根据德鲁费法，对研究生院学生、联邦议员进行了 4 次反馈性调查。

首先，把认为影响生活质量的事物特性列成表，逐一考虑每个特性所产生的后果（正负两个方面），然后将其整理抽出 38 项特性，再根据它们所具有的共性归纳成 12 项，即诸如“优点”、“自由”、“愉快”、“有意义的”、“新颖”、“勇于追求”、“性满足”、“安全”、“优越”、“爱情”、“趣味”、“地位”等。以上述生活质量的内容为基础，来对气垫船、飞机、火车、公共汽车、停车场加以评价。

**达尼埃尔·扬凯罗比的有关研究**

达尼埃尔·扬凯罗比指出：由于富裕社会的实现而产生的各种病理状态，导致了对于近代文明的逆反心理。如：

（1）对于经济繁荣的逆反，而产生的要求提高生活质量的心理，追求个性化及肉体的魅力。

（2）对于每天模式化的、无聊的生活及过于合理化、科学化的逆反心理，出现了反机能主义的倾向。

（3）由于人口向城市集中、工业技术的高速发展、生活多样化及组织的巨大化、超越能力界限的大量信息而出现的对生活复杂化的逆反心理。

（4）出现了对新教伦理观念逐渐淡化的倾向。

（5）产生了对儿童的教育采取放任主义的倾向。

这些都暗示着生活质的变化，值得我们注意。

**阿诺尔德·米歇尔的“自发性简朴”的启示**

斯坦福研究所主任研究员阿诺尔德·米歇尔对过上物质富裕生活的美国人的生活方式做了如下描述。

自 70 年代后半期开始到 80 年代，出现了产业社会变革而产生的新的生活方式，即“自发性简朴化”（Voluntary Simplicity，以下简称 V·S）倾向。它是一种脱离了物质主义的价值观，追求外表生活朴素化、精神生活更为丰富的生活方式。

V·S 生活方式的价值核心，可概括为以下五个方面：

（1）简朴的物质生活——希望过简朴的物质生活。所谓生活简朴化意味着在量上的较少消费，而不是大幅度减少所有的消费开支。这种简朴生活与靠廉价物品生活全然不同。这些简朴的消费者喜欢手工制作的、虽不那么结实但使用起来有一种美感的制品。这些制品大部分比机械批量生产的贵得多。这样，虽说在消费量上有所减少，但从整个消费支出来看反倒更多了。所以说，“简朴的物质生活”与其说是禁欲主义的不如说是带有审美性的消费方式。

（2）人的尺度——V·S 的特点是选择具有适当空间的生活环境。人为地改变环境使其面目皆非的现象是与制度及生活环境的广域化一同出现的。以缩小空间的尺度为手段使现在变得巨大而又极其复杂的生活环境、劳动环境回复到有利于造成人们之间和谐气氛的环境。

（3）自我决定——V·S 的态度是不依赖于巨大而复杂的社会制度而尽可能按照自己的意志决定生活。在这里，自我决定意味着不受借款、生活费用的束缚，不为他人的态度所左右，即使是在具体的消费选择上也要自己决定。

（4）对生态的关心——V·S 的核心之一是生态学意识，即认为人与资源之间有着密切的联系。V·S 生活方式的许多特点都集中反映在对生态的关心这一点上。例如包括保护资源、防止环境污染、保护自然美和生态平衡等对地球资源有限性的认识，就是源于这一生态学意识。值得注意的是，这种对生态的关心不仅限于对物理资源，而且涉及对人类本身的关心。

（5）人格的提高——对于准备采取简朴的物质生活方式的人来说，其基本目标不是追求表面的幸福而是期望“内在生活”的充实。

许多美国人都在追求上述五项内容的生活价值，希望实现这样的生活。这是一种完全脱离迄今为止的以追求物质生活为中心的传统方式，以谋求提高“生活质量”为目的的大众的生活方式。

**达尼埃尔·扬凯罗比的“自我充实”论**

达尼埃尔·扬凯罗比在他的著作《新规则》中明确指出，美国人正在追求以“自我充实”为中心的生活方式，这是现代美国人生活的实质，它预示着今后的发展方向。

美国人自 70 年代实现了世界第一流的经济富裕之后，70%的人开始认为“人生的价值不在于追求金钱”。他们在思考诸如“个人的成功究竟是什么?”“怎样才能提高人的修养?”“什么是即使牺牲自己也值得追求的东西?”“如何衡量自己的进步?”“怎样才能充实自己?”等有关自己内在的、精神生活方面的问题。

那些物质享受得到满足又在追求自我充实的人们提出的新要求是创造性、余暇、自立、愉快、参与、共同体、冒险、生命力、刺激、同情心等精神的、肉体的东西。但是，就在人们以自我为中心的追求中、在享受丰富的物质生活、随心所欲地追求自我充实的过程中，美国的经济实力出现了国际竞争力相对下降的趋势。

他们所追求的自我充实是建立在本国“正在变为贫穷国家”这一意识基础之上的。在他们的追求里，即没有国家也没有社会，有的只是他们自己。例如，即使是持最积极态度的人们也认为，创造的动力既不是社会也不是企业而是为自己。“只要不影响别人，自己想干什么都可以”的思潮占支配地位，他们把自我放在一切生活价值的中心。那种结婚、生孩子、在郊外舒适的庭院里经营自己和谐的家庭生活的美国人的梦已成为过去。诸如独身主义、未婚同居、同性恋等情况正在增加。

美国目前面临着自 20 世纪 30 年代经济大萧条以来所没有的经济衰退。一些妇女为了“自我充实”而抛弃家庭参加工作。许多美国人要选择的道路是在“自由”基础上的“自我充实”。然而，这与以“生活质量”为内容的主体性为前提的自我充实截然不同。对于那些放弃高收入而追求人生自我满足的人可另当别论，但现在美国人的自我实现并不是在物质生活得到满足以后，失去了对物质的关心而向往精神的东西，而是在物质和经济力量不足的环境下寻求自我满足。

美国现代的“生活质量”完全是为了寻求自我充实，是在一种不管前途如何、不希求更幸福的未来的状态下的自我充实。换句话说，这意味着在不知不觉中与传统的价值观念有着千丝万缕联系的文化在美国人的思想中已经占居了支配地位。当然，在这种体系下，美国人的在“自我充实”名目下的“生活质量”并不能保障给他们带来真正的幸福。美国的现实就是这样，美国人必须在这当中找出新的生活规则。

**轻松舒适与修养**

欧洲比日本更早地接受了从美国兴起的高生产、高消费的文明。传统的以自由主义、个人主义为中心的欧洲文化与同样接受了高生产、高消费文明的日本文化有着很大的差别。在欧洲可以看到与美国文明有差别的现象。这意味着对于日本人将来的生存方式和生活方式来说，欧洲文化比美国文化更令人耳目一新。现将欧洲人的生活方式和生活重点概述如下：

第一，轻松舒适的生活方式。对于日本人来说，实现自我和人生的价值是生活的主要支柱，而这对于欧洲人来说是难以想象的。当然，并不是说没有像美国那样重视实现自我的国家。但是，许多欧洲人认为，与其为实现自我而拼命工作不如过轻松舒适的生活更重要。一位法国知日派社会学家说：“实现自我不过是幻想”，轻松舒适是现代社会人们生活所不可缺少的生活方式。

第二，修养。即消除日常生活的疲劳和烦恼，使身心得到恢复。修养的机会或者说修养的方法是各种各样的，例如，蒸汽浴就是一种方法。人们在平等的相互接触中，可以享受到修养的乐趣。

在联邦德国，虽然提法不同，但轻松愉快的修养对于他们来说是人生不可缺少的。使联邦德国人最感到快乐的是度假，借此机会驱散一年来身心重负，所以人们称度假是“从工作和家庭中解放出来恢复精力的时间”。这里值得重视的一点是修养与从家庭中解放出来的联系。在联邦德国，成年人几乎都参加工作，由于夫妇二人通常不在一个单位工作，所以休假也不能在同一个时间。据说，联邦德国约有一半的家庭能够一起度假，其余的则是夫妇分别同其他异性共享假日。

如上所述，欧洲人的生活方式中最有特色的是度假。他们把这视为使自己从所居住的世界，换句话说，即从工作和家庭中解放出来的机会，是在完全不同的另一个世界里进行生活，修养的绝好时机。他们为了使假日变得更为充实而努力工作，以便在这一期间消除疲劳得到修养和恢复。

这样看来，各种不同的价值观念必然要反映在各自的生活方式上，许多国家都在摸索余暇时更高质量的生活方式。

## 第二节　日本人的生活质量

### 一、在工业化发展阶段的生活质量

人们选择怎样的生活方式，取决于行为主体的人向往什么样的生活，感到什么样的生活有魅力及对哪些问题不满。

从这个意义上来说，所谓“生活质量”就是“有魅力的生活”、“所期望的生活”、“没有不满之处的生活（如没有公害的生活）”等。人们为了实现这样的生活目标而努力。

**对合理性、性能好和变化性方面的追求**

70 年代初期（除受石油危机严重影响的 1974 年度）的经济增长率，尽管不如前 15 年的高速增长时期（年均增长率约为 10%），但仍居世界第一。

这个时期，在生活方面，从量上看已达到一定水平，人们便开始追求“合理性”和“性能好”，也就是说当时的“生活质量”在于追求合理性和性能好为主要内容。

此外，在追求生活规格化而产生的合理性的同时，出现了追求生活的变化性和富足的倾向。

这些情况在社团法人日本调查综合研究所 1973 年 2 月进行的会见调查（抽查 4000 人）结果中也一定程度地反映出来了。例如，对购物的态度，回答“在选购商品时，比起注意商品的款式、颜色、感觉等外观来，更重视商品的内容、性能”的占 65.8%，“在选择家具时，比起注重它的艺术性来更重视它现代化的、方便的、具有优良性能”的占 73.1%。由此看来，重视商品性能的倾向是很明显的。回答“不赞成碰到称心如意的商品立即就买的那种‘即兴性购买’，而要考虑该商品对于自己有多大用处，它的必要性、质量、价格等因素后再买”的占 75.8%，认为“应该爱惜东西，即使旧了但只要能用就应该继续用”的占 52.4%。可见，持重视合理性和良好性能的生活态度的人占大多数。与这种在购物方面注重合理性占多数的情况相反，在日常生活方面，认为“比起一切都合理安排，不浪费一点时间的做法，更喜欢多少浪费一点时间，以便使生活有所变化，轻松舒适”的占 70.4%。这表明，人们向往带有少许浪费的、有变化的、舒适的生活的倾向正在萌生。

**从追求目的的价值到追求实现自我的价值——追求有自主性的生活方式**

日本人为使经济年增长率持续在 10%的高水平，以实现大众消费社会的时代（1955~1970 年），曾努力在获得更高的收入和过上更富裕的经济生活中寻求人生的意义。可以说是为了实现目的（更高的收入、更富裕的经济生活）而生活（重视追求目的的价值）。然而，最近以来，人们开始从行为本身寻求更有意义的东西，出现了重视与“实现自我价值”相关联的工作和娱乐的倾向。这种倾向从上述日本调查综合研究所 1973 年 2 月的调查结果中也能明显地看出来。认为“工作不是只要工资多就好，还必须使人感到有意义”的占 50.4%认为“所谓精神生活丰富，就是要在工作中感到人生的价值”的占 53.6%，都在半数以上。但另一方面，认为“与其在工作中求得精神生活的丰富，不如在艺术、文化、娱乐中丰富精神生活”的人也占到 45.3%，比例也是相当高的。

有更多的人希望自己的工作能够给人以精神安定和充实感，而不仅仅是为了提高经济生活水平（占 73.8%）。

在行为本身寻求人生意义的生活方式就是实现自我的价值，这与别人准备如何生活无关。在实现大众消费社会的过程中，个人的行动往往受到他人意志的严重影响，经常把自己同邻居的生活加以比较，一种不愿被别人看不起的意识占支配地位。然而，随着教育水平的提高以及个人主义、自由主义的渗透，人们开始不那么重视他人的反映，而要过自己认为满意的生活，人们感到了这种自主性生活的魅力。有 66.8%的人认为“别人是别人，自己只需要靠自己的力量尽可能地享受生活的快乐”。只有 32.5%的人仍希望“不被邻居看不起，想过比别人更富裕的生活”。

科学技术的发展、技术革新及大规模生产体制的建立带来了成本的下降，使经济高速增长和物质生活丰富的大众消费社会得以实现。在取得这些成果的 70 年代，①城市化迅速发展。②与人们的生命、健康密切相关的环境问题日益尖锐，出现了重视“保护自然环境”的新的生活需要。

根据日本调查综合研究所的上述调查结果，对科学技术发展持消极意见的人占 69.4%，因担心公害问题而反对在附近地区建立工厂的人达 83.1%，对企业大规模化倾向持消极看法的人也达到了 63.9%。

然而，经济的高速增长加速了以大企业为中心的资本向大城市集中的步伐，造成了居住环境过密化和交通混乱，大气污染和水质污染日益严重。有 81.6%的人表示“宁愿到娱乐生活贫乏、交通不便但安静、清洁的地方城市居住，也不愿意生活在文化娱乐设施齐全的大城市”。在城市中，表示“哪怕上班多花费一些时间也希望居住在自然环境优美的郊外住宅”的人占 81.6%。在居住环境方面，希望“接触自然”，“有宽敞的生活空间”，能过上高质量生活的人占绝大多数。

在住宅的选择上，比起租房更希望自己买房，比起西洋式建筑更喜欢日本式住宅。人们认为，能够在虽然有一些不便，但安静、自然环境优美的地区有一所日本式住宅，就是在住宅方面生活质量高的表现。可以说，喜欢安静的地方城市、有良好自然环境的郊外生活以及日本式住宅等是一种新乡土观念。

此外，在城市化和科技文明的社会中生活的人们，其生活节奏十分快，极易产生精神疲劳和孤独感。在这种情况下，家庭是解除人们精神疲劳的最好场所。有 86.5%的人认为“自己的生活中心是建立一个包括妻子在内的愉快、幸福的家庭”。

## 二、近年来的生活环境与生活质量

### 生活环境的变化

日本经济以石油危机为契机，进入了资源不足、物价高涨等新的转折时期。国民生活也由于通货膨胀、能源不足等出现了大的结构性转变。但在此之后，技术革命使日本经济在短期内顺利走上了正轨，并跟上了电子革命的新时代。这一时期的经济增长率比 70 年代前半期以前低得多。尽管受到经济环境变化的影响，但由于有效地推行了治理公害对策和抑制通货膨胀政策，国民生活仍然得到了稳步提高。

人们的生活态度和价值观在 70 年代后半期发生了以下变化：

（1）这几年人们更加关心“感性”的东西，以知识界及青年人为中心开始重视“理性”和“感觉”。

（2）在生活方式方面，重视人生意义的精神生活，特别是重视“自我价值”的倾向比以往更加明显。

（3）由于企业、人口、物品、金钱和信息都集中于大城市，由此引起了城市居民对居住地的选择及生活方式的变化。

（4）以电子为中心的技术发展以及人口向大城市集中、瞬息万变的信息、发达的通信网络，使人们的生活高度紧张，要求以多种形式进行交流和接触。

（5）由于妇女参加工作，特别是家庭主妇走上社会，使日常家庭成员特别是母子之间的接触机会减少，由此出现了需要以新的方式巩固家庭的倾向。

下面根据社团法人日本调查综合研究所 1973 年 2 月和 1986 年 11 月的个人调查结果，观察从 70 年代前半期到现在，日本人在生活方式及生活追求方面的几点主要变化。

首先，我们应该注意的是人们更注重经济生活还是精神生活。

认为“经济富裕是重要的”人，在 1973 年和 1986 年的调查中都约占 26%，而“希望过上精神安定、有充实感的生活”的人约占 72%。其中 1986 年的调查正值日元升值，人们担心会带来经济不景气的时期，多数人仍然更重视精神生活，这也反映了物质生活正在得到不断充实。而且，同是追求“精神充实”、“心灵富有”意义上的生活质量，也存在着“在工作中寻求人生的意义”和“更重视在艺术、文化、娱乐等余暇活动中使精神得到充实”两种人。从 1973 年到 1986 年，主张在余暇活动中提高生活质量的人从 45.3%增加到了 51.3%。

诚然，在工作中寻找生活的价值，在工作中实现自我的思想，对于欧美人来说是不可思议的。他们认为工作只是获得工资的手段，不能想象在工作中寻求人生的价值。那种在工作中“实现自我”的想法只是一种幻觉，只有在休假中得到轻松，才是生活质量的真正提高。从这个意义上说，日本主张在余暇活动中提高生活质量倾向，表明日本人的生活方式也在逐渐欧美化。

其次，居住地区和住宅样式也随着环境变化而发生较大变化。由于企业、人口、物品、金钱、信息都集中于大城市，以青年人、高学历阶层及大城市居民为中心，表示“比起在安静、清洁的地方城市居住，更愿意居住在文化娱乐设施完备的大城市”的人有所增加（1973 年为 17.9%，1986 年为 31.17%）。尽管如此，希望在地方城市居住的人在 1986 年仍占 67.4%的压倒多数。在大城市选择居住地点时，“希望住在上班方便的市内公寓”的人大幅度增加，从 1973 年的 16.7%，上升至 1986 年的 32.1%。

1986 年，表示“不惜上班要花很多时间也愿意在自然环境良好的郊外居住”的人占 56.3%。在对住宅样式的选择上，认为“西洋式住宅好”的人，从 1973 年的 17.3%增加到 1986 年的 37.9%，另一方面，认为“铺有‘榻榻米’[①] 的日本式住宅更有诱惑力”的人仍然占 60.4%。

这表明，随着城市化的发展，人们对居住地和住宅方面生活质量的追求，尽管出现了以年轻人为中心的希望在市内居住、喜欢西洋式住宅的倾向，但认为“地方城市比大城市好”，“郊外比市内好”，“日本式住宅比西洋式的好”的人依然占多数。

**从“有诱惑力的生活目标”看生活质量**

综上所述，在工作和余暇中体会人生的意义、追求经济的和物质的富裕、十分重视爱情等是日本人精神生活的质量标准。然而，“精神上的安定和充实”的内容包括许多侧面，并因人而异。首先，只要不是相当富裕的阶层，没有经济的安定就不可能有精神上的安定。其次，热衷于工作及知识、教养的确是构成充实的精神生活的重要内容。

然而，作为精神生活安定的条件，家庭和谐是不可缺少的。从表 20-1 中可以清楚地看出，认为“有诱惑力的生活就是有爱情的生活”的人占 52.0%。

所谓“精神充实”还应包括有意义的工作和能够感到人生价值的余暇活动。简言之，“精神的安定

---

① 一种铺在室内地板上的草编厚垫。——编注

和充实”这个概念包括各种含义。

在 1986 年的同一调查中，把“生活质量”改为“生活的魅力”，列出 16 个项目进行调查，结果如表 20–1 所示。在这 16 项中，特别值得注意的是多数人希望过“能感觉到人生价值的生活”(60%)，“宽裕的生活”(57.4%)，“有美好爱情的生活”(52.0%)，“能接触大自然的生活 (25.1%)，“自由的生活”(23.9%)，“适合自己兴趣的生活”(21.6%)，等等。在这当中，根据性别不同，希望过“能感觉到人生价值的生活”的人中，女性占 64.7%，比男性多 10%以上，年龄在 30 岁以上，而且从事管理工作 (68.9%)、专业技术工作 (62.3%)、就业妇女 (72.0%) 及有大学学历的人 (63.7%) 占很大比重。从上述调查中可以看出，所谓“能感觉到人生价值的生活”，包括从工作中寻找人生的价值和在娱乐活动中体会人生价值两个方面，可以想象，在工作中寻找人生价值是人们的潜在意识。如果真是这样，那么这种在工作中寻找人生价值的意识是欧美人无法想象的，可以说这就是日本人特有的生活质量。

**表 20–1　什么是有魅力的生活**

(选择第 3 项)

| 调 查 项 目 | 平 均 |
|---|---|
| 能感觉到人生价值的生活 | 60.0 |
| 宽裕的生活 | 57.4 |
| 有美好爱情的生活 | 52.0 |
| 能接触大自然的生活 | 25.1 |
| 自由的生活 | 23.9 |
| 适合自己兴趣的生活 | 21.6 |
| 豪华的生活 | 11.9 |
| 随心所欲的生活 | 10.8 |
| 有宽敞住宅的生活 | 8.4 |
| 能为社会有所贡献的生活 | 8.3 |
| 能发挥创造性的生活 | 5.3 |
| 有变化的生活 | 3.5 |
| 有实感的生活 | 2.7 |
| 性满足的生活 | 1.7 |
| 高阶层的生活 | 1.5 |
| 实现机械化的有效率的生活 | 0.7 |

资料来源：日本调查综合研究所 1986 年 10 月的“个人调查”。

在希望“有美好爱情的生活”人中，女性占 60.6%，比男性多 12%，而且，20~30 岁的年轻人居多，从这点看，这里所说的爱情主要不是指父母子女之间的感情而是指以夫妻为中心的异性之间的爱情。

像欧洲那样，日本多数人在生活质量方面开始重视余暇时间的娱乐活动。根据社团法人日本调查综合研究所关于“您重视哪些余暇活动”的社会调查，希望“使心情舒畅，消除郁闷”或“使身体得到休息”的人达 60%以上而且希望精神得到放松的多为高学历的年轻人，希望身体得到休息的则大多为学历较低、年龄较大的人。可以看出，这两种想法都是最近工作环境和城市化发展的反映。此外，希望“去旅行以开阔眼界”者占 41.9%，“锻炼身体以保证身体健康”者为 47.2%，“提高技术和知识水平”者为 37.4%，“发明创造寻求乐趣”者为 29.4%等，可以说这些都属于提高生活质量的余暇活动。

**安定充实的精神生活是生活质量高的重要方面**

在 1975 年至 1986 年的调查中，有关生活质量方面的有如下项目：

(1) 与精神生活的安定充实以及自我价值有关的。

a. 余暇活动——有充裕的时间修养身心、消遣、学习等。

b. 能感觉到人生价值的生活——有意义的工作。

c. 适合自己兴趣的生活。

d. 有美好爱情的生活——和谐的夫妻和家庭的乐趣。

e. 自由的生活——无拘无束的生活。

（2）其他。

a. 健康。

b. 经济宽裕——有老后也不必忧虑的收入和储蓄。

c. 在能够享受文化设施和娱乐场所的地区生活。

d. 在有良好自然环境的地区生活。

## 三、通过对生活方式的分析看生活质量

**学习（スコーレ）志向型的人是主流**

对于日本人来说，生活质量包括“心情轻松舒畅”、“能感觉到人生价值的生活”、“适合自己兴趣的生活”、“有美好爱情的生活”、“能接触大自然的生活”以及“自由的生活”等内容。它不仅包含“精神上的安定、充实”、“人生的价值”等各种心理因素，同时，即使从事着非常有意义的工作，但如果没有家庭生活的和谐，也谈不上高质量的生活。总之，所谓享受高质量的生活，就必须具备上述多种要素。

在这里，为了更清楚地表明日本人的生活质量，我们分析一下 1986 年 10 月进行的数十个项目的个人调查结果。这个调查包括生活方式、价值观、购物心理等。从调查结果来看，可以把日本人大致划分为八个类型：①学习志向型。②自发性简朴生活志向型。③高质量志向型。④即兴综合型。⑤高感受程度型。⑥新潮型。⑦大众型。⑧舒适安逸志向型等。在这八大类中，成年人所说的高质量生活是①②③类（见图 20-1）。

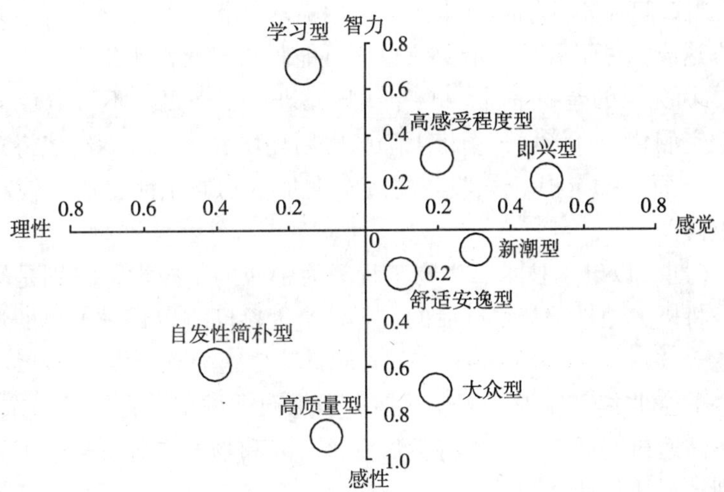


**图 20-1　八种生活方式与智力、感性、理性、感觉的相互关系**

“学习志向型”表现为“喜欢参观美术展览和听音乐会”，“热衷于追求有情绪、有理性的生活”，“努力使自己成为很有教养的人”，“参加与家庭、工作无关的学习会以及有共同爱好的人组成的团体、俱乐部”，“为改变日常生活而不辞辛劳”，“为追求自己感兴趣的东西而不惜金钱和时间”，“美术品、工艺品即使贵一些也买”，“努力使自己的生活与众不同”，“对于绘画、音乐及体育等样样爱好”，“醉心于追求有意义的生活”，等。当然单就“スコーレ”的词意来讲，它不仅有学习的意思，还包括艺术性、变化性、自我开发性等丰富的内容（属文化体系），是高质量生活方式的类型。这一类型的人，大多是高学历、高收入阶层。同“高质量志向型”一样，这一类型今后将有发展的趋势。

**自发性简朴志向与高质量志向**

阿诺尔德·米歇尔提出的自发性简朴志向型人的五个特点，在日本也很明显。这种生活方式在收入层次和学历层次上的差别很小，今后也不是特定阶层的生活方式而是大众化的生活方式。

“高质量志向型”的特点是：“只要是真货，即使贵一些也买”，“不大计较价格高低而较看重商品的性能和质量”，“既然要买就买高级的”，“购买时装或室内装饰品时很讲究其美感”，“购买家具、汽车和室内装饰品时重视其色彩和式样”，等等。采取这种生活方式的人购物目的不仅在于所买商品的本身，而是通过购买美感、性能、质量、色彩、款式都十分考究的物品以获得包含在物品中的高质量的无形的文化资产。值得注意的是这种类型的人多集中在高学历、高收入阶层。

如果把上述三种向往高质量生活类型的人以人数多少为序进行排列的话，那么，现代日本人的生活方式为学习志向型、高质量志向型和简朴志向型。

## 第三节　90 年代的经济、社会环境与生活质量

### 一、影响生活质量的新环境

**高速化社会的出现**

作为 90 年代的生活方式，哪种生活方式仍能继续存在，还会出现什么新的生活方式，这与周围环境的改变关系极大。图 20-2 列举了 90 年代影响社会环境的诸因素。

日元在持续急剧上升，其基本原因是日本扩大国内需求缓慢，如果日美经济环境的基本状态不发生变化，那么，无论双方达成何种形式的政治协议也不可能阻止日元汇率继续上升。至少从目前日美之间在技术力量和经济基本状况上的差距来看，90 年代日元进一步坚挺是不可避免的。那时，日本将出现以制造业为中心的产业空洞化，经济增长率将下降，雇用环境恶化，日本经济将失去活力。

此外，在国民生活方面，90 年代个人收入将逐渐增加，物质生活将达到较高水平，但对国民收入的增加幅度不能期望过高。

至少到 90 年代前半期，以电子技术、生物工程等为中心的高技术，特别是知识融合型产业——综合高技术产业的发展，将极大地推动技术革命的展开。毫无疑问，以跨越国界的情报网为中心的先进信息系统将日臻完善。

以金融机构为核心的企业集团使人、物、金钱、信息向大城市、特别是向东京集中。由高速公路、新干线及飞机等构成的高速机动运输系统也将更加完备。人和物的交流将超越国界进一步扩展，交流的速度会更快，最终实现“高速化社会”。

**自我意识的增强**

生活方式和消费者选择的基准正在从“合理的”、“理智的”向“感觉”、“知识性”方面转变。例如，认为人的生活方式仅仅是合理的还不够，还必须有美感和知识性。

随着技术的进步、周围环境的日趋合理化，人类在生存的过程中越来越重视对感情的表达、美与丑、精神世界、信仰、爱情以及对他人的同情心等情感上的东西。因此，到 90 年代，这种意义上的“感性”需求将进一步上升到注重“知识性”。

近年来，随着个人主义、自由主义的极端发展，人们的自我意识有增强的趋势。在现代社会里生活的人们多少都有些以自我意识为信条，把“成为无拘无束的人”作为生活质量的标准和所追求的生活方

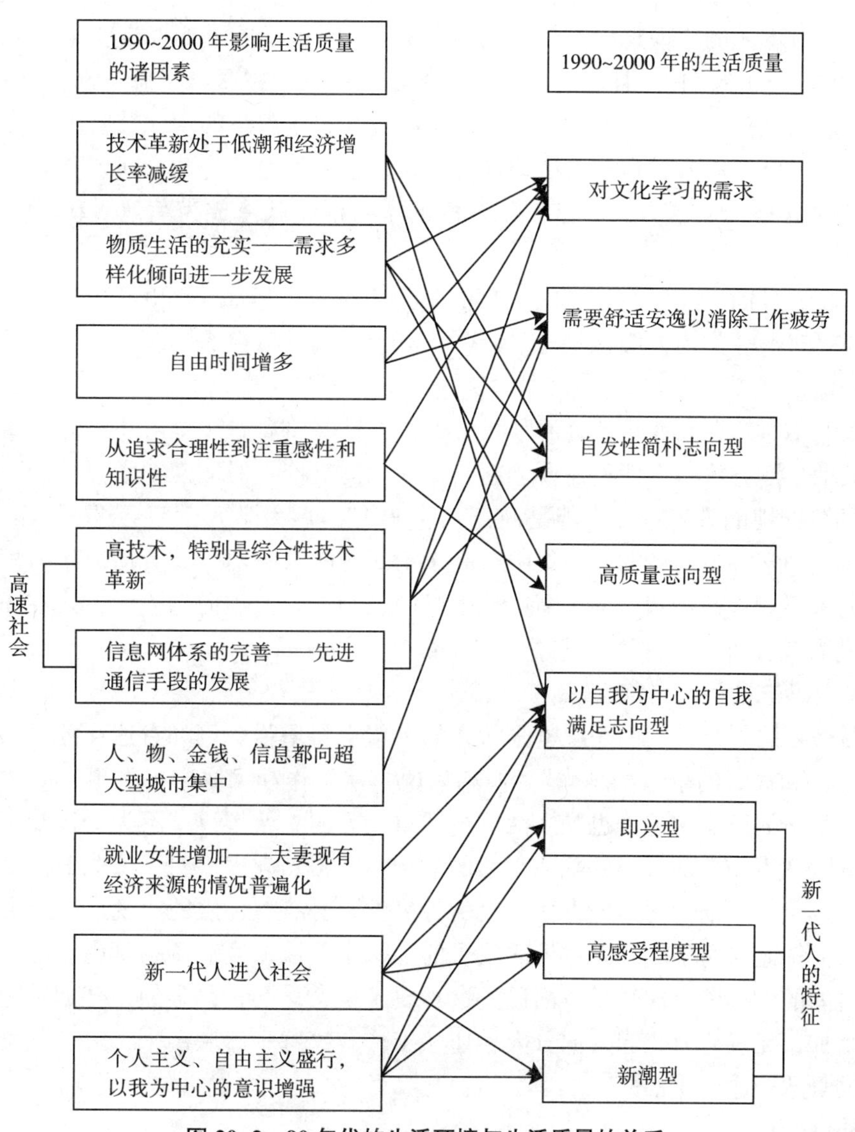


**图 20-2　90 年代的生活环境与生活质量的关系**

式，努力使自已的生活有个性，仅从这一点来说，这种自我意识就能够成为创造有活力的环境的动力。总之，可以把这种倾向看做是代替旧秩序的原则——集体主义（体系的合理性）的自我志向的扩大。

## 二、90 年代的生活方式和生活质量

**学习是生活质量中难以改变的重要方面**

不言而喻，生活方式是工业社会发展水平及当时经济、社会环境的反映，它因生活主体的出生年代、年龄、收入水平以及教养程度而不同。经济繁荣与否以及对经济前景的估计等经济的、社会的环境也是决定生活方式的重要因素之一。在生活方面，进入 90 年代，由于高速化社会（高速运输工具、快速通信）、高技术的进一步浸透，以及社会的各种体系，将会使人们的生活方式发生很大改变。例如，在充满经济活力、实现了高速化社会的 80 年代，日本人与外国人的交往规模有了意想不到的扩大，在实业领域中，如金融交易、商品流通、企业对外投资等方面，都得到了快速发展。将来外国企业、商人的来日数量大概也会大幅度增加。换句话说，世界市场已名副其实地成为一个统一的市场。当然，个人间的接触也随着海外旅行及来日外国人的剧增而频繁起来。如果目前日美间的摩擦持续到 90 年代的话，

那么这些问题将会使日本人的伦理观念、世界观以及审美观、生活方式等发生变化。

进入 90 年代以后，随着高速化社会的发展，将加剧人们的精神紧张状态，暴露出各种问题，这样，通过人们的广泛接触来维持平衡是必不可少的。在靠高技术装备起来的现代社会中，人们的紧张程度会无限度地增大，这就需要人们通过自己的活动来恢复人的本来面目，为此，就要研究社会体系。人们将根据自己的个性寻求合适的生活方式，富有创造性的学习活动就将成为其他活动无法替代的“生活质量”的重要方面。

在 80 年代，作为国际社会的一员，人们学习进行国际交流所必备的知识和与高技术发展相适应的技术本领。而在 90 年代，“作为人应该怎样生活”将成为人们较重视的问题。对“生活方式”的学习将变得更有意义。

另一方面，人们不愿意在高速化社会的紧张中失去人性，将着力于学习积极的生活方式或是能够消除精神和肉体疲劳的生活方式，人们更需要创新。这一动向又恰是对实现“学习社会”的挑战。虽然目前具有这种学习的可能性的人还不多，但是由于：①90 年代后大学入学率会进一步提高，国民的收入也会稳步增加，而这种学习志向型的人多集中在高学历、高收入阶层。②劳动时间缩短使自由时间增加等原因，对学习的需要会日益强烈。基于上述理由可以认为，学习志向型生活方式在 20 世纪 90 年代至 21 世纪的社会中将占支配地位，成为“生活质量”最基本的方面。

**高速化社会使舒适志向型人增加**

在增加对学习需要的同时，人们摆脱紧张状态的欲望也将增强。例如有这样的说法“离开工作单位和家庭就可以把工作和家庭的事情全忘光”。换句话说，从工作和家庭中解放出来的欲望，是高速化社会的中坚分子们对生活的迫切要求，也是生活质量的重要方面。希望过“不为金钱和工作而烦恼”，“尽快忘掉不愉快的事”，“不关心他人”的舒适生活的欲望将会强烈起来。对于那些对经济增长不抱希望的人以及难以适应高速化社会结构而退出世俗社会的人来说，必然有强烈的摆脱这种社会束缚的欲望。

如前所述，生活舒适安逸是欧洲人对生活质量的最基本要求，度假则是其内容之一。随着高速化社会的发展和余暇时间的大幅度增加，日本国民的这种要求也必然会日趋强烈。特别是随着社会进一步高龄化、收入不断增加，无疑会有相当一部分人希望从工作和家庭中解脱出来，过“到国外长期旅行”那种“悠闲自得”的舒适安逸的生活。

**向自发性简朴型转化**

简朴志向型生活方式包含着自我开发、自主行动、适合自己的生活、对生态环境的关心、简朴的物质生活等多种构成生活质量的价值观和生活方式。这种生活方式至少是 80 年代工业社会充满活力、经济发展前景令人乐观的时代的生活方式。自发性简朴生活在日本也是现代物质生活十分富裕的人们所认为的高雅时尚的生活方式。而且，即使到 90 年代后半期，在工业社会和经济增长出现停顿，前景不容乐观的时候，对生态环境的关心，也就是接触自然界的要求，仍将是健全人的生活欲望。

**高质量志向型将增加**

只要人们需要消费，那么就不可能不关心各种物品。希望得到更好的东西，这种欲望的膨胀没有止境。与学习志向型和舒适志向型生活方式寻求内心的充实、身心的解放相比，高质量志向型生活方式则热衷于对物质的追求，认为通过这些东西能够体会到生活的本源，感觉到生活的魅力。

在生活方式变得复杂化、多样化之后，人们选购商品时，就不仅仅考虑它的合理性和性能，还把商品的式样以及它能否反映消费者的生活情趣作为选择商品的标准。人们的购物态度反映其所追求的生活和对生活质量的认识。消费者在购买东西时，主要考虑买哪个，很多情况是考虑所买东西应该突出“美感”还是“知识性”的问题，就是说即使是同一种东西，购买具有哪种特征——性能和内容才能符合自己所向往的生活类型。对于这种人来说，商品的数量和金额的多少、色彩及款式等各种特性并不重要。

90 年代人们的购货目的不仅仅在于商品本身，而是购买物化在商品中的、能够体现高质量生活的、可作为“文化资产”的软件。

**以我为中心的自我充实**

如前所述，精神生活的充实，即能够体会到人生价值的生活，对于现代日本人来说，是生活质量的重要因素之一。

日本现在的生活质量与美国 70、80 年代的状况很接近。目前，许多人重视精神安定、充实的无形的生活质量的价值，并在其中寻求生活的满足。但是，由于近年来离婚率不断增加、社会对回避结婚的独身者和未婚同居者的宽容以及性生活习俗的混乱等现象的发展，美国的那种“以自我为中心的自我充实”的生活方式很有可能将在日本社会上占支配地位。特别是到 90 年代，目前已在不断增加的新一代的比率将上升，唯我主义倾向将进一步增强。由于大批妇女参加工作，将不可避免地增加象“钥匙孩”所代表的那种关系松散的家庭。从上述倾向看，以自我为中心的自我充实的生活方式很有可能在日本发展，问题是如何通过唤起日本人的良知和利用传统文化去制约这股潮流的发展，创造出日本式的以自我为中心的自我充实。

## 第四节　不同生活领域、年龄层次的生活质量

### 一、家族家庭

**目前的生活质量**

与感情相关的追求　日本的家庭、家族关系曾经是以家庭意识或家族字号、家规等传统权威和从属关系为支柱。但是，随着工业社会的急剧变化，这种传统观念很快受到了削弱。战后民主主义思想的确立，削弱了以父亲家长制为象征的家庭意识及其支撑它的习惯和制度。为了继续维持家庭关系，开始重视夫妻、父母与孩子以及兄弟姐妹之间的爱情、同情心等感情方面的东西，以求把这些作为维系家庭的纽带。

家庭的形成即结婚原是家族与家族之间的联姻，随着家族意识的消失，结婚已变成单纯的男女两性的结合了。

追求建立这种注重感情家庭的倾向，在重视感情和私生活的年轻一代人中表现得尤为明显。在这些青年人中，情投意合的配偶之间爱情很牢固，但同对方的父母亲稍有不和就要另起炉灶。为了过好夫妻生活而与父母分居，这从重视相互的生活质量的角度看未必是坏事，因此，这种做法在日本已经很普遍了。

追求小夫妻与父母亲分家这种形式的生活质量的倾向，随着注重感情和唯我主义情绪的增强将会进一步发展。

对安逸生活的追求　战后各种生活用品的出现、生活范围的扩大、城市设施的完善，都使生活更为方便、更加愉快了。但另一方面，城市环境、劳动条件等仍然使人们的肉体和精神出现了新的紧张、不愉快感和疲劳感。对于生活在这种环境中的人们来说，家庭作为休息、休养的场所具有重要意义。

近年来，服务商业化迅速发展，休息和改变心情的场所出现了向家庭以外扩展的趋势。尽管如此，大多数人的生活习惯仍是通过家人团聚、家庭温暖来使身心得以修养。

追求没有约束的家庭生活，对等、平等的夫妻关系、父子关系　在战后的家庭和家族中，家族及家庭人数减少以及家庭成员之间欲望和行动的不一致倾向有所发展。

出现家庭成员减少和成员之间欲望和行动不一致倾向的原因就是由于个人主义、自由主义的浸透，使人们追求“没有约束的家庭生活”、“对等、平等的夫妻关系、父子关系”。

具体地说，战后许多人都在追求这样的生活：①为寻求有意义的工作和新生活到大城市就业或者妇女为了自立和发挥才干不待在家里而去参加工作。②为了避免不同辈人之间的纠葛和扶养老人的麻烦，与父母亲分开，自己或小夫妻单过。③为了不受养育孩子在时间和经济上的束缚而不愿意生孩子。④在日常生活中，热衷于工作和家庭以外的余暇活动。人们通过采取上述各种行动来摆脱束缚。这时，人们经常要为“是追求个人满足还是维护家庭”的选择所困扰，不过，大多数人还是趋向追求个人满足。

希望有一个能容许自己不受束缚地自由行动的家庭、能够按照自己的爱好和情况去自由地享受轻松和快乐、有能使自己继续保持某种爱好的家庭生活，这些是现代许多人的愿望。

追求个人自由和自我满足，不可避免地要经常同其他家庭及自己家庭的其他成员产生摩擦。为了回避这些烦恼，出现了相互对他人的自由行动和自我满足采取宽容态度这一新的对等和平等的夫妻关系。

**90 年代的生活质量**

今后家庭生活质量的基本趋势是上述家庭生活质量的持续和扩大。可以预计，在这一过程中，将会出现一些恢复家庭机能的具体做法。

追求不受约束的家庭生活　现在这些注重感情生活、有强烈自我意识的 15~20 岁的青年人（新一代人）在 90 年代将作为父母亲承担起家庭的责任，而第二次世界大战后出生的：包括 40 年代后期到 50 年代生育高峰时出生的一代人将是 45~55 岁的人，其他在战前和战争中出生具有传统正统意识的人的比重将缩小。

从这个意义上说，在 90 年代的家庭生活中，重视自我满足，追求不受约束的家庭生活以及重视夫妻生活的倾向将会加强，因此，小家庭模式仍将占据主要地位甚至会有扩大的趋势。

根据对有识人士的调查也证明了上述对发展趋势的展望。

有 42.3%的人认为到 90 年代“妇女参加工作走向社会的倾向和妇女脱离家庭的倾向会增加”，认为或许如此的占 51.9%；认为“持有父母是父母、自己是自己的想法的孩子将会增多”的占 32.4%，回答或许如此的为 43.8%；认为“夫妻间关系的约束将减少，将变得更自由”的为 13.0%，回答或许如此的 62.3%；认为“同双亲住在一起的比率将下降的为 57.1%。上述调查结果表明，越来越多的人将各自追求自我满足，希望能够自由行动、随心所欲、根据个人的想法和情况办事，“有一个不受约束的家庭”，这些难免要导致离婚率增加和家庭破裂等情况。

到 90 年代，人们将更加长寿，估计现在的老年人到那时变成“植物人”和“痴呆”的人数将增加，这种需要人护理的老年人问题将成为日益尖锐化的社会问题。

追求对等、平等的夫妻关系和父子关系　可以认为，在今后的家庭生活中“相互允许自由”的同时将更重视“自发的协调”，一种新型的家庭规范将形成。现在这种苗头已经出现，今后将进一步发展。

今天以及今后的人们，为了维持家庭和谐，更重视家庭成员相互间的感情联系，重视以夫妻为中心的家庭生活，努力创造相互理解、合作、体贴的和睦生活。

这就打破了旧时那种按性别分工的陈旧意识，“丈夫也开始分担家务和教育子女”。更多的老人将不依靠别人和家族成员自立生活（见图 20-3）。

积极追求安逸和有趣的家庭生活　90 年代科学技术将进一步发展，在这种高技术化的环境和生活条件下，生活将变得模式化、无感情化，这反而将激起人们对感情、情趣和精神方面的更强烈欲望，人们将更热衷于追求富有爱情、同情心的、人与人之间能够流露感情和进行感情交流的生活。

与人们对于爱情、同情心以及感情流露和交流的需求相适应，会有更多的人追求愉快的、能够得到修养使精神安定的、和谐的家庭生活。

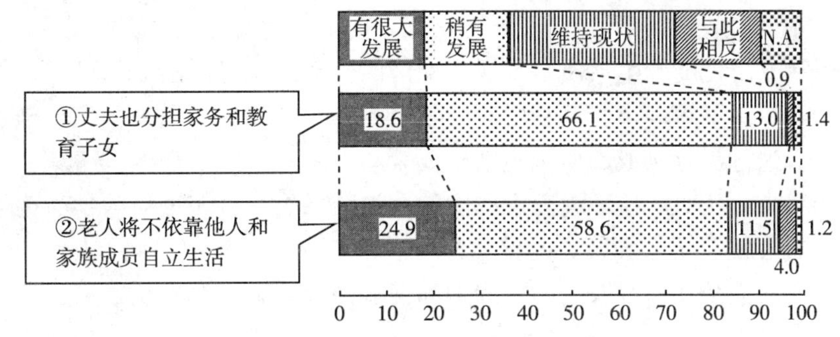


**图 20–3　90 年代家庭行为的趋势—与现在比较**

资料来源：根据日本调查综合研究所：《对有识人士的调查》（1986 年）。

## 二、工作场所与劳动

**目前的生活质量**

有意义的工作、能感觉到人生价值的工作　过去人们主要追求的是有更多报酬的工作，换句话说，是把工作视为谋生的手段。即使是人们已经过上了富裕生活的今天，工作仍具有谋生手段的意义。但是，人们更重视在能够发挥自己能力的工作和劳动中寻求自我价值的实现，而且这种倾向正在不断发展。另一方面，由于大量妇女参加工作以及未尝过饥苦的“新一代”进入社会，愿意做那种能够兼得一定程度的自由和报酬的零工和勤工俭学的人正在增加。此外，高技术设备的出现也正在改变着人们的劳动形态和工作意义。

**90 年代的生活质量**

希求有挑战性、创造性以及能够发挥自己才能的工作到 90 年代，人们对生活质量的追求将从把工作作为获得富裕生活的手段变为从工作本身寻求人生的价值，而且这一倾向必然会越来越明显。

然而，有可能实现上述愿望的只能是少数佼佼者和从事特殊专业的人。在男性中仅限于那些作为企业的必要人才而被提拔的优秀分子，在女性中则限于那些想通过工作来实现自我的在职妇女。对于他们来说，只要自己选择的工作有趣味，有助于自己增长才干，他们就会把工作放在人生优先于其他的地位上。他们不停顿地追求有趣味的、使自己增长才干的工作，不断地迎接挑战（如调换工作、探索新行业等）。

但是，对大多数人来说，工作只是单纯的操作，在枯燥无味的工作地点混日子。因此，对于男性中的一般工人和做临时工的妇女来说，只有在工作以外的生活中寻求自由和人生的价值了。

## 三、地区和社团

**目前的生活质量**

自由自在的生活　由于高速增长时期人口向大城市集中，以往那种牢固的地区共同性和联系性逐渐瓦解。由于在城市没有地区和社团也能生活，所以人们对地区和社团的关心淡漠了，他们以个人优先为原则进行生活。这些从农村特有的令人窒息的地缘、血缘关系中解放出来的人们，感到了不受别人干预的、随心所欲自由生活的快乐。

但是，另一方面，在城市中分散生活着的人们，又在力求建立一种超越地缘、血缘关系的新型关系。例如，一些人希望同近邻建立密切的关系（这是一种旧式的关系密切的社团的复活）。也有些人希望在一个地区内组织有共同兴趣的活动小组，以及使用同一信息媒介的社会团体或由退休人员组成退职者社团等，并通过这些新的社会团体的活动谋求能够与人交流、接触的生活。

**90 年代的生活质量**

从居住地区的生活方便程度看生活质量　居住地区的生活环境是生活质量的一大要素。如果可能的话，居住在附近有公园、图书馆、市民活动中心、集会场所、购物场所以及街道整洁、通信设施完备的地方是再好不过的了，这些都是构成高质量生活的要素。

根据个人调查的结果，从对居住环境满意程度的调查结果看，许多人对大学、为老人及残疾人提供的福利设施、运动设施、就业机会和街道的整洁程度、市容等方面表示不满（见表 20–2）。附近是否有图书馆、市民活动中心、集会场所以及公园、绿地和美丽的街道、市容是衡量居住地区生活质量的重要因素。

**表 20–2　从居住地区的便利生活条件看生活的质量**

| | 1. 非常满足 | 2. 比较满足 | 3. 一般 | 4. 稍有不满 | 5. 非常不满 |
|---|---|---|---|---|---|
| (A) 平时可随时接受治疗 | 18.6 | 58.0 | 12.7 | 8.1 | 1.9 |
| (B) 有重病能够得到很好的治疗 | 12.8 | 42.4 | 26.2 | 13.1 | 4.7 |
| (C) 距离幼儿园、托儿所近，并且入托容易 | 20.6 | 46.4 | 24.7 | 5.7 | 1.0 |
| (D) 在附近有能够使孩子受到很好教育的中、小学校 | 15.1 | 44.7 | 28.7 | 7.1 | 2.8 |
| (E) 在附近有短期大学或大学，能够得到适合个人特点的教育 | 5.8 | 19.9 | 35.5 | 21.9 | 14.6 |
| (F) 附近有银行、邮局、行政机构等 | 21.7 | 48.8 | 15.6 | 10.3 | 2.6 |
| (G) 附近有图书馆、市民活动中心或集会场所，且利用方便 | 13.0 | 31.2 | 30.1 | 17.0 | 7.1 |
| (H) 为有“植物老人”或残疾人的家庭提供服务的完备的福利设施 | 1.9 | 10.4 | 54.0 | 20.7 | 10.2 |
| (I) 附近有锻炼器械和运动场，且利用方便 | 8.5 | 25.9 | 34.5 | 19.7 | 10.0 |
| (J) 有清洁的下水道 | 16.9 | 32.0 | 22.7 | 14.7 | 12.5 |
| (K) 没有大气污染、噪音、恶臭等公害 | 11.5 | 30.9 | 26.2 | 20.7 | 9.7 |
| (L) 有妥善的地震对策及对危险建筑物、场所的管理 | 3.7 | 17.1 | 49.6 | 20.3 | 7.5 |
| (M) 有超级市场等购物设施和娱乐设施 | 11.2 | 33.9 | 28.3 | 18.3 | 6.9 |
| (N) 周围有公园或林木 | 17.4 | 41.2 | 22.5 | 22.5 | 5.2 |
| (O) 有美丽的街道和市容 | 6.3 | 21.2 | 39.7 | 23.5 | 8.0 |
| (P) 有充分的就业机会 | 2.7 | 12.0 | 48.0 | 23.3 | 11.6 |
| (Q) 交通方便 | 16.9 | 37.8 | 20.3 | 16.7 | 7.9 |
| (R) 附近有派出所和消防队 | 12.2 | 31.6 | 31.9 | 16.7 | 6.3 |
| (S) 整个地区生活方便 | 9.1 | 46.4 | 31.0 | 9.9 | 3.1 |

资料来源：根据日本调查综合研究所 1986 年 10 月的“个人调查”。

今后，人们不断追求更高质量、丰富多彩的生活，90 年代良好的居住地区将成为生活质量的重要因素之一。

形成这种状况的背景是：第一，在高速增长时期流入城市的人口，已经在城市长期定居，长期的城市生活使他们更热爱土地。第二，新的城市居民走向社会。新居民中主要是新一代人。他们比关心明天更看重今天，是既时行乐的一代。即使是暂时居住，他们也要尽量享受这一时的快乐。

**能够恢复人性的生活**

可以预料，在自我生活优先而使家庭关系瓦解的人中间，在越来越多的不能适应高速化社会企业体制而落伍的人中间，想通过地区社团来恢复人性的人将不断增加。老人们也想通过地区社团来摆脱孤独感。对于孤独的老人来说，通过体育活动和共同的爱好来与邻居们交往，是提高他们孤独生活的生活质量的重要活动。

## 四、余暇

### 目前的生活质量

安逸舒适的健康的生活　高质量的生活大多是余暇时间安排得很满，欧洲人正是如此。现在，余暇生活质量的内容主要是：①安逸舒适能够修养身心的生活。②健康的生活构成。在对余暇活动进行调查时，对于“您在余暇时间主要做哪些事?”的问题，回答“使精神放松”的人占 76.7%，人数最多，其次是回答“发泄郁闷、使心情快乐”的人占 63%，可见人们认为能够有安逸舒适的生活，修养身心，是生活质量的重要标志。另外，回答“锻炼身体、保持身体健康”的人占 47.2%，说明健康的生活也是余暇生活质量的重要内容。除此之外，回答“提高知识和技术水平”的人占 37.4%，“热心于创造发明”的人为 29.4%，可见重视发展自我、造就自我的也大有人在。这些都可以称为提高生活质量的余暇活动（见表 20–3）。

**表 20–3　人们所重视的余暇活动**

| | 平　均 |
|---|---|
| 使精神放松 | 76.7% |
| 发泄郁闷、使心情快乐 | 63.0% |
| 使身体得到休息 | 62.5% |
| 锻炼身体、保持身体健康 | 47.2% |
| 乐于开阔眼界（如旅游等） | 42.6% |
| 提高知识技术水平 | 37.4% |
| 热心于创造发明 | 29.4% |
| 想沉溺于某种事情中（如对某些东西着迷、陶醉） | 20.5% |
| 进行才能方面的竞争 | 11.4% |
| 乐于赌博或冒险 | 9.1% |

资料来源：根据日本调查综合研究所 1986 年 10 月的“个人调查”整理。

### 90 年代的生活质量

对学习的需求占主导地位　90 年代企业将完全靠实力进行竞争，对人员的选用将更加严格。加之职位不足、就业不稳定以及技术革命给人带来的极度疲劳，使人们不得不在高度紧张的状态下度日。然而，这些又恰恰会引起人们愈来愈强烈的对安逸舒适的、能休养身心的生活的渴求。到 90 年代，这种渴求主要表现为余暇时间对学习的需求增加。

在 90 年代：①人们不再像以前那样对经济增长抱太大希望。②高速化社会所造成的紧张状态将进一步提高，其中，内向型生活方式的发展将使人们重新思考“人应该如何生活”、“什么是人所期待的生活”等问题。

总之，人们开始探索不失去人性的积极的生活方式和能发展自我的生活方式，这种生活方式意味着余暇时间内将增加对学习的需求。

目前，有这种学习志趣的人所占比重并不大，但随着自由时间的增加，日本整个社会高学历化的进一步发展，社会高龄化的发展等，对学习的需求将是 90 年代余暇活动的重要发展趋势。追求这种学习型余暇生活的人主要是中、老年一代。老年人的余暇活动多为听广播大学或老人大学讲课，确实是活到老学到老。中年人则以接受一些短期教育、思考晚年的生存价值为余暇活动的主要内容。

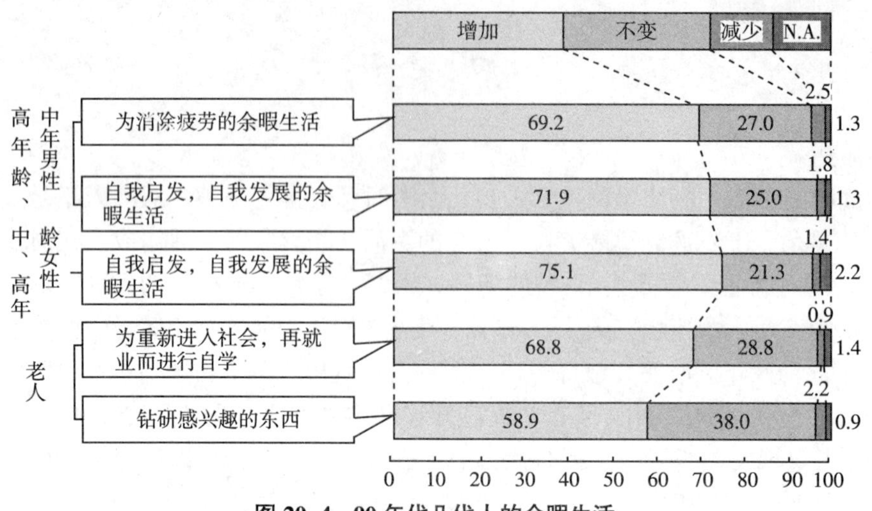


**图 20-4　90 年代几代人的余暇生活**

资料来源：根据日本调查综合研究所 1986 年“对有识人士的调查”。

## 五、老年一代

**目前的生活质量**

三 K①（健康、金钱、家庭）与人生价值　在社会富足起来以后，老年人都想健康地度过晚年。在经济上无后顾之忧以及作为老后的精神寄托有一个充满爱情的温暖家庭。健康、金钱、家庭对于他们来说是生活质量的最重要因素，其次是作为人生价值的志趣和工作。

老年人希望有三 K 和人生价值的原因是：①年近 80，自由支配的时间十分充裕。②为家庭和企业忙碌了一生的老人，老后终于有了为自己生活的宝贵时间。

**90 年代的生活质量**

能够愉快地独自生活　90 年代对于老年人来说是经济困难的年代。从年轻一代的家庭经济和住宅情况来看，抚养老人有困难，而老人退休后的再就业机会又很少。同时还必须看到国家的退休金制度在财政上也将陷入困境。因此，90 年代不得不在经济上和精神上自立生活的老人将会增加。

另一方面，妇女的自立倾向，不依赖丈夫而度过晚年的妇女增多。不仅是老夫妻俩度日，老人一人单过的情况也将更为普遍。同时，由于寿命的进一步延长，一些不甘寂寞的老人希望再婚，以此来提高生活质量的情况也将增加。

能够享受高级的生活　老年人过去在战争中为国家奔赴战场，战后又为家庭、为企业拼命工作，现在才总算有了做自己喜欢的事情的时间了。美国社会学家米契伦把美国的一大批退职老人称为“新余暇阶级”，他们不认为工作是痛苦的事，因为这能消磨自己的余暇时间。在 90 年代的日本也将出现拥有时间和金钱的老年人——“新余暇阶级”。

他们凭着自己长期的生活经验，运用多年来掌握的知识和感性认识，希望尝试一下奢侈的生活，度过富裕的晚年。这也是生活质量的重要内容。

---

① 三 K 是健康、金钱、家庭三个词的日语发音字头——译者注。

## 六、年轻一代

**今天年轻人的生活质量**

唯我主义。今天的年轻人在其成长时期很少参加组织或社会活动，继承传统文化的意识也很淡薄。

因此，他们对组织及社会的秩序和规范以及所从事工作的理解程度（体会）很肤浅。他们中的许多人与他们的父辈相比，对于参加组织和社会活动，发挥社会作用，感到不习惯和不适应，而且，对于公共、社会事务持明显的不关心态度。

他们所关心的是自己的事情、身边的事物，有对私生活极其重视以至于超过了对集体和组织的关心的特点。

现实主义。过去的人们在明确了整个社会的价值观和目标之后，很容易接受它们并为之进行长期的努力。然而现在的年轻一代，在他们成长的时期正是经济、社会发生急剧变化，社会价值观和目标出现多样化的时代。这使他们经常感到困惑，很难有远大的抱负和目标。因此，今天的年轻人大多没有对未来的长远目标，而是着眼于眼前的生活。

这种“重视眼前”的意识与前述的唯我主义相联系，表现为想随心所欲地生活，不愿长大成人而总想做孩子的“徘徊”性倾向。

感觉志向。上述唯我主义、现实主义排斥组织的和社会的作用，不愿加入社会和为建设付出努力，在思想方法上表现为简单化和不负责任。

现在许多具有这一倾向的年轻人，不善于思考复杂的、理论性的问题，而且，由于社会信息化以及新闻媒介的发达，使他们更多地接受了电视、漫画等视觉的、映像式文化，所以他们喜欢通过数字或感觉去了解事物。

他们在同朋友淡话时，经常出现不着边际的话题，使用一些时髦语言，如拉着长音说“胡说”、“是吗?”“真可爱”、“开玩笑”。现在年轻人的语言含义与老一辈人的有所不同，如同他们喜欢使用“圆形文字”符号、穿流行时装一样，他们谈话所使用的语言以及表达方式大多是为了给人以新鲜感。

此外，他们还非常喜欢音乐或画报之类的东西，并通过思考其中的寓意来抒发自己的感情。

这种感情表达和对丰富情感的自我确认，是使年轻人具有自我充实感的主要方式，是他们生活的重要需求。在发达的消费文明中成长起来的现代青年，他们的这种需要是通过消费（=商品）来实现的，他们非常重视商品的美感和印象。

为表明自己身份而追求差异化　年轻人说“时髦词”、写“圆形文字”、穿流行时装，其目的是以此为手段表明自己属于年轻一代，同时，使自己与同代人相一致。他们既想通过具有同代人共同的特点以表明自己的归属，又怕陷入一致化状况中，因此，在保持共性的同时，他们又在不断地追求差异化。这样，他们所追求的“自我形象”大多是“微观个性化，宏观统一化”。

对传播媒介的亲近感　今天的青年人是在各种传播媒介激增、泛滥的环境中成长起来的，他们对这些媒介没有丝毫的抵触情绪。同时他们对集体和组织的理解很肤浅，不善于处理复杂的、直接的人际关系。

因此，他们所希望的交际方式是间接接触，由此产生了对媒介的亲近感。同拟人化了的传播媒介对话，在他们看来同与亲密的朋友对话一样。这种拟人化体验的增加，将对他们的性格及情感的形成产生影响。

**90 年代的生活质量**

今后经济社会的发展方向取决于今天年轻人所创造的“生活质量”的基本特征。其主要趋势将是物质社会繁荣、整个社会价值观及目标的多样化或丧失共同的价值观和目标、传统社会规范瓦解、社会责任意识减弱。因此，在上一节“目前的生活质量”中所列举的特点，到 90 年代仍将存在并且将进一步尖锐化、扩大化。

可见，90 年代的年轻人将追求以下几种类型的“生活质量”。

广泛志向型　今后年轻人将更重视唯我主义观念，他们实现自我的途径将从通过大众传播媒介寻求刺激变为利用余暇活动。同时，希望使自己在教养上、肉体上、情感上变得更加开朗、充实（即兴趣广泛，什么都想做的广泛志向型）。

他们追求实现自我的方式将是嗜好型、娱乐型轻松、愉快的方式（见图 20–5）。

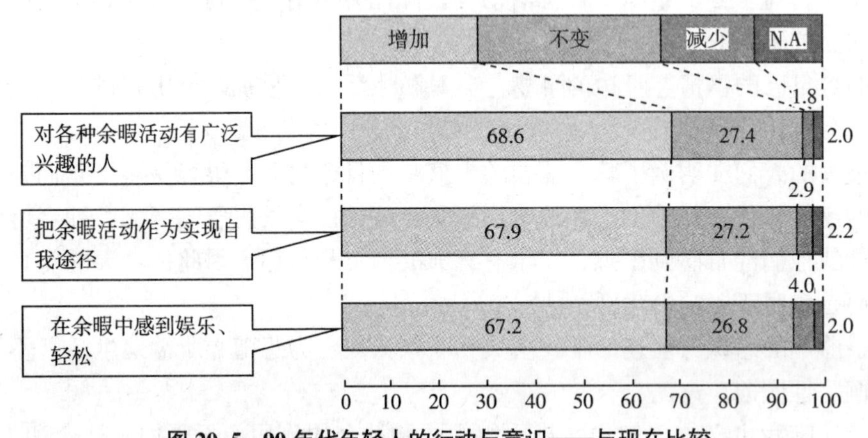


**图 20–5　90 年代年轻人的行动与意识——与现在比较**

资料来源：日本调查综合研究所 1986 年“对有识人士的调查”。

禁欲志向型　90 年代，在富足时代出生、在幸福中成长起来的新一代人中将出现追求生活禁欲主义的人。

他们追求比娱乐性刺激更为强烈的刺激。他们认为舒适和饱食只能引起困意，为使自己的精神和感觉兴奋起来，他们开始考虑“从自己的生活中消除些什么、失掉些什么才更能使自己心情舒畅地生活”。今后信息化社会的发展将加速这一倾向的发展。

怀旧志向型　一些青年人总是愿意眼睛向后看。对于自己未经历过的文明抱有强烈的关心和新鲜感，其内心深处隐藏着对科技进步的难以名状的不安感和对进步这一概念的疑惑。

今后的年轻人将亲眼看到日本高度发达的工业社会和高技术化所带来的弊端，这将加深他们的不安和疑惑。因此，对过去的事关心、好奇的人将增多。

同时，随着国际化的发展，人们更加切身感到各国生活方式的差异，这将使青年人更加注重“日本式”，并引起他们对过去的憧憬。

神秘志向型　随着科学技术的进步，人类社会以及自然界的不可思议性和神秘性被逐步消除而代之以合理性。年轻人对这些在人类面前丧失了不可思议的、模糊的神秘感的事物反而会产生怀旧感和新鲜感。

但是，这并不单纯是他们对正在消失的事物感兴趣，而是反映了他们对科技进步的难以名状的不安，对“进步”这个概念本身的疑惑，对未来美好幻想的破灭，以及希望逃避现实等意识。因此，他们憧憬带有神秘色彩的东西，这也反映了本世纪末的意识。

这种对神秘事物的向往，将导致一些年轻人成为虔诚的宗教信徒。

# 第21章　长寿社会的老化与健康

**研究成员**

（财）年金制度研究开发基金理事长　　**伊部英男**

综合研究开发机构主任研究员　　**大内浩**

综合研究开发机构主任研究员　　**加加见隆**

综合研究开发机构主任研究员　　**栗原良树**

综合研究开发机构研究员　　**石井一夫**

综合研究开发机构研究员　　**稻泽真一**

前综合研究开发机构研究员　　**石田义明**

（另外，本章是以综合研究开发机构“老化与健康项目”委员长**伊部英男**、（财）年金制度研究开发基金委员**簱野修一**及国立公众卫生院疫学系等撰写的研究报告为参考汇总而成的）

**秘书处**

综合研究开发机构

## 第一节　向长寿社会的过渡

### 一、“人生80年”时代的到来

1984年日本人的平均寿命是：男子74.54岁，女子80.18岁，成为世界第一长寿国。

从历史上来看，明治24~31年（1892~1899年）日本人的平均寿命男子为42.8岁，女子为44.3岁。昭和22年（1947年）男子为50.06岁，女子为53.96岁，平均寿命已超过50岁。昭和27年（1952年）突破60岁大关，昭和46年（1971年）突破70岁大关，这说明由于饮食生活的改善及保健医疗的发达，日本人的平均寿命正在稳步延长。

昭和62年（1987年）出生的人，每10人当中将有9人活到60岁，并且每两人当中就有1人能活到80岁。根据厚生省人口问题研究所的推算（1986年12月），预计到2025年，日本人的男子平均寿命将为77.87岁，女子为83.85岁。几乎所有的日本人都肯定能活到80岁，日本人现在正迎来“人生80年的时代”。

在“人生50年的时代”，人们只把自己的社会活动期考虑在50岁以内。50岁以后的时间被视为余生，即安乐隐居时期，或者是只有一部分幸运儿才能享有的时期。但是今天日本人的平均寿命已达到80岁。而这30年的延长期已不能像“人生50年时代”那样作为“余生”来对待。要想安度这30年延长期，必须在健康、经济基础等方面尽早做好准备。这就必须不把高龄期看做余生，而是将包括30年延长期在内的整个 80 年看做社会活动期。所谓“人生 80 年时代”是指如何充实地度过 80 年漫长人生的问题。它不仅涉及高龄期的生活，而且涉及从幼儿、少年时期起的所有人生阶段的生活。“人生 80 年时代”这一课题绝不仅仅是高龄者的问题，而是涉及人的整个一生的问题。

## 二、“人生 50 年”社会体系的完结

即使日本人的平均寿命已经达到 80 岁，但是以“人生 50 年”为前提的社会体系并不会随着这种变化而自动发生变化。今天，我们正在对“人生 50 年”的社会体系进行改造，努力使之适应时代的变化，不发生任何矛盾。但是，从“人生 50 年”的社会到“人生 80 年”的社会，并不是对社会进行小修小补能解决问题的。因为寿命延长到 80 年将使每个人的生活方式和整个社会的面貌发生根本性的重大变化。例如，人生 80 年时代的发展与“人生 50 年”社会体系的脱节表现在以下几个方面。

（1）在健康方面，平均寿命、平均余生延长了，国民作为一个整体变得长寿了。但是 80 年人生的全过程是否能保持健康？特别是人生后半期的中老年期容易患病，这不仅给本人带来困难，而且难免给家庭和社会造成重大负担。但还不能说防止此种情况发生的准备已经很充分了。

（2）在就业方面，如今日本人的平均退休年龄为 57 岁左右。退休后直到 80 岁还有相当长的生活时间，因此人们不得不寻找第二次就业机会。但是这种就业机会并不多。此外，还有越来越多的人不等到退休年龄到来就及早地想转到更适合自己能力和个性的工作。很难说已经有足够的、种类繁多的、灵活的就业机会来满足这些人的要求。

特别是女性，尽管养育子女的时期很早就结束了，许多人都希望参加社会活动，但要恢复产前干过的工作或者寻找新的职业却相当困难。而且参加各种社会活动的道路也未充分敞开。

目前，在退休年龄、何时开始支付养老金等问题上，也开始产生各种各样的矛盾。

（3）抚养问题也存在许多问题。在抚养子女方面，随着出生率的下降，儿童人数减少了，但随着子女升学率的提高，教育费用的负担日益加重。今后人们是否仍能承受这种高额负担？此外，进入高龄期是否能由子女赡养？关于这一点，如果退休后一直由子女赡养，那么给子女造成的负担就会过重。如果老后的所有费用全靠养老金，那么便需要庞大的财政资金。特别是丈夫去世后过单身生活的女性不断增多。这些女性维持生活也极为困难。

（4）在住宅方面，国民中希望拥有个人住宅的人日益增多，同时，与生活周期相适应的租赁房屋的意愿也在不断提高。目前的社会结构还不能完全满足国民对住宅的多样化要求。特别是现在的住宅还无法适应高龄者的生活方式。

（5）在教育方面，除前面已经提及的子女教育费用过高的问题以外，还存在着这样一个普遍要求，即希望在一生中能不断提高自己的知识、教养，使生活更加充实。这一要求在所有的年龄层中都变得日益迫切，而社会对此却尚未做好相应的准备。

（6）随着劳动时间的减少，以及节假日和公休日的增多，余暇时间今后会进一步增加。此外，由于今后高龄期的延长及妇女培育子女期间的缩短，可以预料，自由时间将进一步增加。

人生 80 年如按小时计算为 70 万小时。其中纯属满足生理需要的时间即吃饭、睡眠时间，以每日 12 小时计算，共为 35 万小时，婴幼儿时期为 2 万小时，16 年学校教育为 2 万小时，工作为 8 万小时，上下班往返时间为 2 万小时。从 70 万小时中扣除上述时间，还可剩 21 万个小时。这 21 万小时必须作为余暇时间来加以处理。日本人从来就不会打发闲暇时间，对于认识余暇的积极意义存在着很大的心理抵触。沿袭人生 50 年时代的习惯，难免使宝贵的 21 万小时白白浪费掉。

（7）家庭首当其冲地受到生活方式变化及经济社会变动的影响，开始出现一些混乱情况。随着子女数量的减少以及子女同父母同住家庭的减少，小家庭日益增多。此外，高龄者夫妇或单身高龄者的家庭

也逐渐增多。从家庭的传统职能的角度来看，曾经是抚养、教育、劳动、休息场所的家庭，其职能不断缩小并社会化了。生活方式的变化难免要使立足于传统家庭观的家庭成员间的相互依赖感、习惯和继承制度发生巨大混乱。

最近的一个特点是，出现了结婚生活多样化的倾向。

### 三、智力测验

“高龄化社会”一词往往使人对这个社会产生一种阴暗的感觉。考虑到这一点，本章使用了“长寿社会”一词。政府也开始越来越多地使用“长寿社会”一词。

但是，反过来想一想，长寿本是多数人梦寐以求的事。在梦寐以求的事即将实现的时候，反而抱着危机感把未来想得暗淡无光，这不是有些莫名其妙吗？问题在于，人们还没有做好如何度过这个史无前例的社会的准备，社会体系也还未能适应这种变化。

如果能够充分利用长寿这个天赐良机，日本人有可能建成一个自有人类历史以来最了不起的长寿社会。正像许多高龄者喜欢玩门球这一新体育项目所表明的那样，问题在于多想出一些新点子，为适应新的情况来进行智力测验。

要解决这一课题，最重要的就是要培育人们的健康体魄。因为，克服“老化”这一生物现象，保持健康正是保障劳动、休息、家庭生活等一切生活的基础。

关于“健康”如何重要的问题，生活在大城市近郊的退休人员 A 氏说：“‘一病息灾’,[①] 可谓长寿的秘诀。那些没有患病经历的人，不了解自身健康状况，是不幸的。我最初 30 岁时得病，因而了解了自己的身体状况，掌握了保健的方法。40 岁左右我又得了成人病，进行了彻底治疗，平日尽量过健康的、有规律的生活，定期进行健康检查。60 岁以后根据身体情况安排生活，特别注意保护牙齿和眼睛。只要活一天，我就希望能享受用自己的牙齿吃饭的乐趣。”日本的老人福利应以温暖的家庭为基础，只能采取推进家庭内福利服务的方针。为此必须完全由行政机关来负责完善中间设施。特别是，有必要增加康复训练人员、家庭服务人员等专门从事福利服务人员的数量。正是由于小家庭的出现，家族之间的纽带反而进一步加强了，家庭内福利服务也才日益发展。

A 氏出生于明治 44 年（1912 年），毕业于旧制高等专科学校。在 K 电气公司工作 40 年。退休后又在其他有关公司就职，此后，从事市民运动和志愿者活动等。A 氏有 4 个孩子，孙 7 人，现住在东京郊区与妻子和三个女儿共同生活。

## 第二节　老化的本质与健康长寿

### 一、何为老化

在考虑高龄者的健康时，首先必须弄清楚什么是老化。

人们都有长寿的强烈愿望。同时又时常担心是否能终生保持健康状态。那么是怎样引起老化的呢？老化现象从生物学的观点来看是无论如何也不可避免的吗？即使生物学、医学等科学的进步还不能阻止

① “一病息灾”是日本的一句民间成语，意谓有点小病的人比较注意身体，反而比健康人更长寿——译者注。

老化，是否能延缓老化的速度，缓和老化的程度呢？

老化是指随着年龄的增加而出现的肉体的、精神的诸机能减退现象。只要生命是有限的，老化便是必然的，是在所有人身上都会发生的正常过程。老化不同于因特殊外因、内因所引起的异常过程——疾病，其进程是缓慢的，也是不可逆转的。随着人种的不同，有不可超越的最高寿命，人类如能避免病死，有可能生存到理想的最高寿命。但是有些人未老先衰，而有些人却鹤发童颜。而且，即使是同一人，因内脏器官的不同，老化进程也会有差异。例如有患老花眼、白内障等眼睛明显老化的人。有心脏、血管明显老化的人，还有出现老年痴呆现象的人。可见，老化除由遗传因素决定之外，同时还受环境等的影响，产生个体差异。了解老化的进程，探索影响其进程的因素，对于加深理解老化，并采取相应的措施，是非常有意义的。

寿命根据人所处的环境而定。从根本上来说，各种族间差异非常大的遗传因素决定着寿命的长短。不同种族的平均寿命为什么存在差异，其原因至今还未搞清楚，但作为学说，有种种解释。如遗传物质（DNA）受某种伤害后，其修复能力存在差异。代谢，特别是荷尔蒙的分泌量存在差异，对体内出现的异常细胞做出有效反应的免疫力也存在差异。

关于老化的本质，还有许多问题有待探明。今后随着这方面研究的进一步深入，将会在老化问题的研究和控制方面采取更为具体的步骤。

## 二、什么疾病将会增加

疾病的本质在于营养和抵抗能力的下降以及肝脏、体内各组织机能的退化。疾病不同于老化，但它们对身体的影响却有相似之处。

在高龄期，成人病、老年病的发病率明显上升。随着年龄的增加，肺活量、心跳等生理机能明显减退，其影响明显地表现在生病和疲劳时。与此同时，免疫功能也减退。老人当中许多慢性疾病如心绞痛、心肌梗塞等心脏疾病、脑血管疾病、恶性肿瘤、糖尿病等疾病都是细胞老化引起的。这些慢性疾病又反过来加速老化。

日本的疾病结构如图 21–1 所示，进入本世纪以来发生了戏剧性的变化。也就是说 20 世纪初导致死亡的主要疾病是肺炎、支气管炎、结核等传染性疾病。而战后的情况为之一变。从 50 年代开始，恶性肿瘤、心脏病、脑血管疾病作为三大成人病，占日本人死因的半数以上。这些疾病与老化有很深的联系，因此在今后相当长的一段时间里乃至 21 世纪，这些疾病恐怕在日本仍作为主要的疾病继续存在下去。其中，脑血管疾病呈减少趋势，但今后恶性肿瘤、心脏疾病以及新的慢性肝疾病、肝硬化等将呈增加趋势。

## 三、关于老化指标

确立对老化问题具有影响的医学、心理、经济、社会的因素及日常生活独立性的因素的评价方法十分重要。由于老化是渐进性的，所以时间便是首要的决定因素，年龄则是最能说明问题的老化指标。但是老化的个人差异很大，不能只以年龄作为衡量老化的指标。老化指标包括：体现老化现象各种因素的单项指标，以及对这些单项指标加以整理而成的合成指标。合成指标应由哪些指标构成，在这方面尚缺乏明确的理论根据，但因为它是在分析构成老化因素的基础上重新构成的，因而具有一定的参考价值。但是，由于适合个别目的的灵活运用较容易，所以当前个别指标要比合成指标更有用。

个别指标包括：①声、皮肤光泽度、皱纹、老人斑、白发等外表显在的老化现象。②细胞生成数量减少，异常细胞增加，内脏机能下降等生理学上的老化现象。这些指标和年龄密切相关，个人差异很

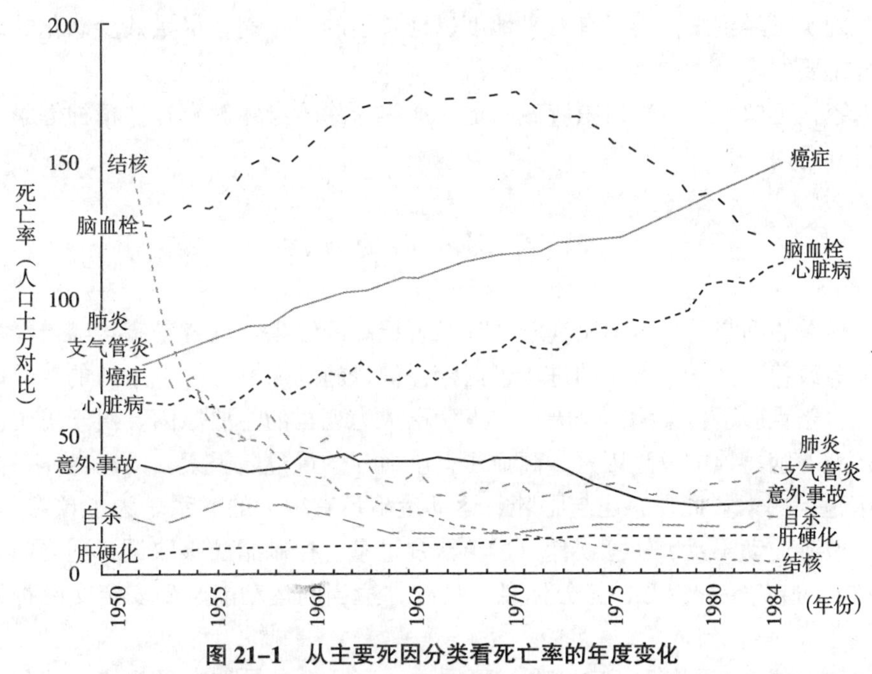


**图 21–1　从主要死因分类看死亡率的年度变化**

大。而且就个人而言，其各种老化现象的进度也不尽相同。今后需要一种能够测定不偏离这些老化指标的具有代表性的指标。在考虑这些指标时，要留意正常的老化与成人病的关系，同时还应认识到，有早期明显退化和到了高龄开始正常退化等两种情况。有必要将其应用于职业指导和适应性的发现。此外，在精神老化的指标及精神老化的预防、缓和、控制方面还有许多问题有待研究。

随着年龄的增长，个人身体和精神的能力减退称为老化指标。此外，不同性别、地区、职业、社会经济阶层或各时代的统计值均可作为该集团的老化指标。例如，包括集团的年龄构成、死亡率、发病率、治疗次数、住院次数、住院日等有关医疗的指标。这些指标都成为高龄者的保健医疗、福利对策的基础。

## 四、努力揭开老化之谜

有关老化的研究刚刚开始。有关遗传因素、环境因素等方面的实证研究成果还很少。影响研究老化问题全面展开的原因之一就是生物实验材料很难搞到手。例如培养老化研究用的实验动物除需要大量资金外，还需要大量的时间。而且，把从单细胞动物、低级动物那里取得的老化指标转移到人体进行解释，尚有许多困难。这些困难在确立从本质上控制老化的方法和实际上证实其效果时成为一种很大的障碍。因此，要使老化研究取得重大突破，首先必须解决实验材料的来源问题。

解开老化之谜，延缓老化方法的研究是当务之急。除此之外，对与老化同时产生的疾病的预防和治疗技术的开发以及对有关老化的社会学、心理学和行为科学的研究也同样是紧迫的。如果这方面的研究没有进展，就根本谈不上政策的制定。因此，国家、地方公共团体、有关部门有必要在统一方针指导下，通力合作，推进研究。特别是现在，日本还没有国家级的老化问题研究机构，应该建立一个综合、系统的公共研究机构，以便收集各机构老化研究的信息，不仅从事对老化的生物学、医学的研究，还从事有关老化的社会学、心理学、行为科学的研究，进而研究富有效率的老化问题对策。

## 五、老化的延缓与健康长寿

如前所述，有关老化之谜的研究目前还未全面展开。老化现象不可避免是一种事实。但也必须看到

“人生 80 年时代”确实已经到来。为了有意义地度过延长了的中年期，尽量减少老化的影响，健康地度过中年期，是十分重要的。

关于健康的内容，正像世界卫生组织所做的定义那样，除了身体健康外，精神健康、社会活动能力等均被列入健康目标之内。

## 六、个别疾病的预防

“人生 80 年时代”的到来是日本国民健康得到显著提高的结果。其背景有：随着经济的发展，生活水平和营养水平显著改善，医学、医术的进步，医疗保健设施的充实，上下水道的普及以及其他生活环境的改善，等等。由于克服了传染病，今天，成人病已成为死亡的主要原因。由于美国流行病研究的发展已探明了心肌梗塞、脑血栓的危险因素。高血压是脑血栓的最危险因素。而高血压、高血脂、吸烟则是心肌梗塞的三大危险因素。此外，还与肥胖、运动量不足有很大的联系。为了预防循环系统的疾病，应注意做到戒烟、改善运动不足、注意饮食（避免饮食过量，控制脂肪摄取量，适当吸收蛋白质、维生素、矿物质、纤维），避免精神疲劳，充分休息。另外，适当的运动能起到安定交感神经系统、降低血压等作用。

关于恶性新生物（癌），目前已证实，吸烟可导致肺癌，也是导致呼吸系统、消化系统、泌尿系统等处癌症发生的共同的危险因素。有机溶媒、石棉等、生产过程中使用的物质也存在致癌物。因此必须注意劳动现场的卫生。另外，如能在生活中按照预防癌症 12 条（表 21–1）去做，也可收到一定的预防的效果。

**表 21–1　防癌 12 条（国立防癌中心）**

| |
|---|
| 1. 丰富多彩的菜肴，摄取合理的营养 |
| 2. 不要千篇一律，每日变更菜肴品种 |
| 3. 注意饮食方法，避免饮食过量，少吃脂肪 |
| 4. 注意健康，娱乐，饮酒适量 |
| 5. 虽然想香烟，但要少吸 |
| 6. 多吃绿色、黄色的蔬菜，经常摄取适量的维生素和植物纤维 |
| 7. 保护胃和食道，不要吃过咸、过辣、过烫的食物 |
| 8. 不要吃烧焦的东西，保护消化系统 |
| 9. 食前注意检查，不要吃发霉的食物 |
| 10. 不要过量照射阳光，避免日光长时间直晒 |
| 11. 适当流汗，参加必要的体育活动 |
| 12. 保持精神愉快，注意个人清洁 |

这些事项都是个人注意积极改善的事项。下一节将涉及的自我管理、自我管理组织活动都是十分重要的。

## 七、与老化有关的因素

关于老化，除了直接发现与个别的疾病相联系的因素外，还有一些其他导致老化的因素。从这些方面考虑了解、注意预防老化，对于健康长寿也是有意义的。

性别差异：众所周知，男性的平均寿命要比女性短一些。这些差异除了遗传因素以外，还由于男性吸烟者居多，从男性社会心理特征来看，从事风险职业的人较多，事故较多。从生活角度来看，许多男性并不太追求安定的生活，而往往愿意干冒险和勉强的事情。如果也能和女性一样高度强调男性的健康价值，那么，平均寿命上的这种性的差别就有改变的可能。

职业：从按职业分类的死亡率来看，无职业者、农业劳动者、服务行业劳动者的死亡率居高。特别是无职业者似乎仍未享受到医疗卫生水平提高的恩惠。今后要进一步推进保健措施。

在西欧，从事农业的人往往寿命最长。而日本的农民则同服务行业人员一样，死亡率最高。导致农民死亡的原因有胃癌、脑血管疾病、事故等。同时，自杀率也很高。另一方面，也有涉及整个农业政策方向的经济背景的影响。

服务行业人员的死亡原因包括胃癌、脑血管疾病、事故等。此外，消化系统溃疡、慢性肝炎的死亡率也很高。这说明从事服务业工作的人社会流动性大，恐怕是受到一种不安定感的影响。此外，从事服务业的人很容易从健康教育网中漏掉，可以指出，这也是健康保健上的问题。

企业的规模：根据综合研究开发机构对K市70岁老人的调查，公职人员、大企业职员及其配偶的死亡率最低，其次是中型企业，而小企业、自营企业最高。可见，由于日本的产业具有的承包结构，形成了企业的阶层性，这种阶层性给职工的退休后生活带来了深刻的影响。其原因不仅在于经济收入的差异，还与雇佣的稳定性、劳动条件、劳动时间、健康管理普及度、企业内健康教育的机会、疗养设施利用的可能性等多种因素相关，这种差别甚至影响到妻子的死亡率。可见，这些情况恐怕也与雇佣的稳定性、经济收入的差别（退职金、退休金）大有关系。

精神的、身体的活动：在精神、身体的活动方面，是否参加自发的劳动，接触社会的频繁度高低与否（电话、信件、访问）都对死亡率产生影响。

就70岁的高龄者来说，所谓参加运动，当然是以散步、做体操、收拾庭院、跳舞等轻量运动为主。从事这些运动越多，死亡率就越低。这里运动量不是问题的所在，意义在于把身心的活动性作为一种积极向上的表现。

## 八、确保精神的健康

考虑“人生80年时代”的健康问题时，除了身体机能外，有必要对精神方面的健康进行考察。在智能、记忆力、感情、意欲等精神机能中，智能往往产生两种倾向，第一是随着身体老化出现神经细胞的脱落、消失等与老化并行的现象，第二是即使进入30岁以后的初老年期，但智能不衰退反而还上升。这两种因素合成的智能从中年期至初老年期仍呈上升趋势，初老年期以后才逐渐下降。在应用判断力、组织能力等综合能力方面高于年轻人的高龄者居多。活跃在学术、艺术领域第一线的人中也多为中年人和初老年期的人。要求高龄者具备和年轻人同质的东西，那是无理的。但在充分掌握智能上特性的基础上，社会有必要要求并期待高龄者发挥自己的智力优势。当前急需弄清的问题是老年痴呆症，也是老年期经常出现的疾患之一。总之，智能显著下降的痴呆症单从脑老化的角度看，是不会出现在现代人寿命范围内的。

在一般情况下，生理的精神老化并不明显。明显的往往是由于高龄者个人状况的变化和心理变化而失去参与社会的欲望。引起高龄者心理变化的因素多种多样，但最有代表性的有因退休、家庭内情况的变化以及疾病所产生的影响。

退休是人们预料之中的事情，虽然不会成为直接破坏心理的原因，但却间接地带来了地位、威信、收入、人际关系等的丧失。采取以工作为中心生活方式的人、随着时间的推移使寂寞感女性也会因丈夫退休而产生对老后生活的不安感。因此，对老后生活设计自然也变得狭小化，活动范围也随之缩小。夫妇均以家庭生活为中心，兴趣减少，造成一种容易产生不安、寂寞、孤独感的心理。家庭内状况的变化对女性的心理带来很大影响。对于丧失了服务对象的日本女性来说，因子女独立，脱离了家庭从而给她们造成巨大的心理打击。此外，配偶、亲戚、亲密朋友的去世也是造成强烈孤独感、悲哀感的要因。

疾病也同样是给高龄者心理带来影响的重要因素。疾病，特别是长期的治疗，不仅造成经济困难，还会产生孤立于社会、活动范围缩小的现象，成为导致不健康心理的主要原因。

当高龄者体会到与过去有巨大“差距”时，以及当预想的生命周期的连续性、生活节奏突然发生变化时，容易产生不适应感。也就是说，当高龄者体会到成为高龄者后所发生的身心问题、社会、家庭问题的变化比预想的困难更大时，就会出现心理危机。

为了防止精神老化，首先必须维持脑细胞的活力，摄取充分的氧气和营养。为此，“保持血管的年轻”是防止精神老化的关键。除了摄取必要的氧气和营养之外，要预防患高血压、糖尿病等全身性疾病。如患有以上疾病，很好地控制病情的发展也十分重要。

高龄者一旦中止智能活动，或在社会、家庭中停止发挥自己的作用，将导致精神的老化和心理的老化。因此，要注意防止以上情况的出现。

在防止社会生活上的老化方面，一般认为，引退将加速精神老化，高龄者的孤独、无兴趣感也会导致“社会性的死亡”。为了使不断延长的高龄期的身心保持健康，要从中年时期就开始致力于老后的人生设计，早期发现精神方面的不健全症状，并加以早期治疗等，都是今后的重要课题。

关于老化的进程及个别疾病的致病因素，仍有许多问题尚未探明，有待于今后老化研究的发展。特别是日本对老化研究成果的运用还很落后，有必要在体制等方面加强建设。

关于长寿社会的健康问题，今后将进一步积蓄知识。如能灵活运用老化研究的成果，通过个人、家庭及其他团体在饮食生活、运动、生活设计等方面进行种种努力，长寿社会的健康水平必将得到进一步的提高。可以断定，这种长期不懈的努力将会带来理想的健康长寿结果。

## 第三节　生活方式与自我管理

### 一、生活方式与健康

对于高龄者来说，把完全不生病作为目标，这是难以实现的。与其这样，倒不如扩大健康范围。高龄者的健康目标应是控制疾病的发展，在社会上发挥自己所具有的能力，欢度充实的生活。

另一方面，在高龄者的健康中，生活热情也是至关重要的。如能被周围所信赖，自己也具有积极的生活热情，即使有疾病，身心也是健康的。

**新健康观的要点**

什么是高龄者的健康？关于这一点往往因人或者时代的不同而有不同的认识。在健康具有重要意义的今天，新的健康标准有以下两点。

（1）不能把健康作为疾病的反义概念，从医学观点出发狭隘地对待。要从适应社会的广义观点出发，与生活方式结合适时地考虑。

（2）不应用看待年轻人健康完全相同的观点去看待高龄者的健康。探索适应社会的途径的观点要比带病延年更重要。

**健全的生活方式**

在许多发达国家，生活的富裕带来了副作用，由于饮食过量、饮酒过量、吸烟过量以及运动不足引起各种障碍和疾病。疾病特别是慢性疾病，多数是由于自我破坏行为引起的。对于饮食过量、运动不足等破坏的因素，要有一个基本的认识，这就是：不能控制自己的生活便会引起疾病和障碍。

因此，必须注意饮食、饮酒、吸烟、运动等。学会适应紧张城市生活的生活方法等，也就是，必须进行生活方式的根本改革。

重要的是必须由自己创造一个能够确保个人健康的生活方式。

具体说来健全的生活方式应包括哪些内容呢？

（1）当然是有规律的生活。需要科学的、有规律的生活节奏。

（2）定期进行体育锻炼也很重要。一般地说，随着年龄的增加，从事体育活动的人也在减少。这主要是因为高龄者自身的体力的下降妨碍了体育活动的进行。另一方面，不了解体育活动的乐趣以及“老人是待在家里的人”等陈旧的观念也影响高龄者参加体育锻炼。

门球的流行使许多高龄者能够享受体育运动的乐趣，这是一个很大的进步。今后有待于振兴那些使高龄者安心、愉快并能与年轻人交流的体育运动。

（3）经常活动身体和头部有助于高龄者的健康，在这一点上，不仅体育运动有助于健康，劳动也如此。

高龄者如有职业可保持生活有规律、扩大交际范围，精神容易做到愉快。给精神、肉体以适量刺激有助于维护、增进健康。

同时，社会责任意识可增加生活乐趣，提高生活积极性。过去，人们认为“劳动需要健康”，而对于高龄者来说，则可以说“健康需要劳动”。

**创造高龄者参与社会活动的环境**

重新认识高龄者在单位、家庭、地区中的作用和能力。创造适合于高龄者个性和能力的就业机会，促进社会义务工作和娱乐活动等十分必要。为此，不可缺少地区人员、在职人员、家庭成员特别是年轻人的支持。

为了高龄者能够参加以上社会活动，从中年期开始，企业和行政机构就应向他们提供学习种种知识和技术的机会。

## 二、自我管理

**何谓自我管理**

所谓自我管理是指个人、家庭、邻居、同事等组织的疗养活动以及与疗养（养病）有关的个人决定。其范围包括自然状况下，即人们在日常生活、正常社会场所中，进行的自我下药、自我治疗及应急治疗等。

特别值得注意的是自我管理不是有目的地去组织，而是由亲近关系中根据需要进行的。

为了创造自己的生活方式，自己的健康应由自己来保持。自己无法进行的，委托保健专家。这种自我管理的观点及其实践是重要的。

今天之所以强调自我管理的重要性，其背景有以下几点：

（1）占疾病中多一半的成人病被称为日常病。它与生活方式有很深的关系。能够控制生活方式的只有本人。所以把自我管理作为与地区医疗相关的重要社会资源也是由于这个原因。

（2）随着医学及各关联科学的发展，使人们产生了依赖现代高度治疗技术医治疾病的强烈愿望。对于这一点急需进行反省。

（3）自我管理可以从根本上预防疾病，同时还可减少社会支出医疗费等。

**自我管理的活用实例**

许多人已认识到通过日常健全的生活方式可防止慢性疾病等的发生。这对个人来说无疑也是最幸福的事情。

这已不止限于认识，而在许多发达国家加以实施并取得了成果。这些成果又促进了这项活动。这是一项以通过自我管理和健全的生活方式减少慢性疾病为目的的计划。

其中最典型的事例是芬兰的诺斯·卡莱利亚计划。在芬兰东部的诺斯·卡莱利亚地区有一个以进行健康生活方式教育和指导实践活动为主的设施。这项计划是从 1971 年起接受 WHO 的援助，由政府出面实施的。由于这一计划的实施，使这一地区由于发病率极高的心绞痛、心肌梗塞所引起的死亡率在 10 年中得到明显的改善，取得了可喜的成果。而且，这种生命周期教育不仅扩展于芬兰全境，同时也使其他国家都采取了同样的方法。

在芬兰，一贯把重要的健康问题同生活方式、保健方法联系在一起。人们努力通过能够提高其健康水平的行动、生活方式保持、巩固自己的健康。而且，这个方式几乎对所有的人来说都是极易实践的，并且具有吸引力，所以它是非常实际而有意思的计划。

**自我管理的推进方法**

发挥个人、家庭主妇的作用：损害健康的原因有过分摄取营养、不规律的生活、运动量不足、心理压力增加等。

除了上述一些阻碍健康的因素外，保持和增进健康中营养（饮食）、运动（劳动）、休养（睡眠）这三个因素也很重要。

关键是在日常生活中要很好地保持各方面的平衡。每个人必须根据自己的情况安排生活。

这时，承担家务的主妇成为重要人物，为保护家庭成员的健康发挥着巨大的作用。

生活方式教育的实施：有必要使人们懂得：健全的生活方式的实践就是中高年时期预防多种慢性疾病、延缓老化的进程。

为了普及有关适应每个人具体情况的生活方式及其实践方法的知识，有必要从儿童时代实施学校教育、社会教育。

确立定期健康诊断：目前，各地区及工作单位都进行各种体检工作。根据《老人保健法》，1985 年一般性健康诊断、胃癌检查、子宫癌检查的普及率分别为 25.5%、9.7%、12.4%。均比 1984 年增加了 10%。但这同厚生省制定的 50%、30%、32%的目标相比，还有相当的差距。

为了提高应诊率，即提高对未受诊检者的诊检率对重症老人反复进行诊检，今后要进一步的努力提高体检应诊的效率性。

此外，在诊检效果方面，仅指出异常或采取下药等治疗措施是远远不够的。需要建立一个体制，通过改善生活方式来改变产生异常的条件，为患者提供“生活处方”，并跟踪其医疗效果。

强化专家教育：在日本的大学中，有关自我管理学和老年学尚未普及。

今后应进一步推动以公共卫生学、临床科学为中心的研究。教育医师站在促进并理解高龄者自我管理的立场上。

健康教育宣传活动的实施：为了普及以维护、增进健康为目的生活方式。不仅要进行个别指导，还应比以往更加努力地推广宣传活动。例如戒烟宣传等都是首先应考虑的。

## 三、自我管理小组的活动内容

人们希望通过小组活动，采取积极的态度，实践自我管理。为了使接受定期体检，即为改善生活方式接受“生活处方”管理的人不至中途受挫，自我维持健康管理和伙伴间的互相鼓励是十分重要的。如果能推动自我管理小组的活动，可在这方面取得很大的效果。

自我管理是由个人、家庭、邻居组织的健康活动。而自我管理小组活动是为了达到维持健康、克服疾病等特定目的，健康管理工作是由成员自发组织起来的小组来承担，并互相进行扶助的健康活动。

具体地说，包括戒酒会等克服高血压、吸烟、癌症、肝脏病等为目的的各种协会。

**特点**

例 1 高血压自我管理小组具备以下一些特点：

(1) 定期举行集会。

(2) 集会上互相测量血压、作记录。确定控制血压的成果。

(3) 邀请专家和有经验的人进行讲演或举办电影放映会，进行健康教育。

(4) 会员相互交流信息，交流经验。

(5) 有无团体意识是成功的关键。小规模小组活动居多。

(6) 小组代表者也和大家一样面临共同的问题，并是在克服过程中取得成功的人。

(7) 尽管专家参与的程度各不相同，但某种形式的指导，建议、忠告是必不可少的。

(8) 经营由会员承担。设施多由公共机关提供。有些地区官方还给予财政补助、派遣事务员等援助。

**具体实施例子**

欧洲自我管理活动有南斯拉夫的克洛蒂亚的高血压小组，匈牙利农村的健康小组联络网，挪威的控制体重小组等。

但是，这些小组的历史还很短，尚未出现大规模的活动，很少见到有关减少死亡率、发病率效果的报道。克洛蒂亚地区的高血压小组报告说，小组成员在平均血压下降、入睡顺利、有效利用余暇、改善抑郁的心理状况等方面都取得了成效。

**今后的活动方向**

自我管理的活动在促进保持个人健康的自觉性上，由于伙伴间的相互勉励能够维持健康的生活方式，所以也非常富有效果。

即使在人际关系比较淡薄的大城市，如果考虑最近居民们思想交流的发展方向，自我管理小组是可以得以充分成立的。

在日本也希望通过市民、行政单位开展自我管理活动，推动“脱离医院化社会”的发展，以解决人们对保健、医疗制度的不满。

## 第四节　充实增进健康的援助体制

为了维护、增进高龄者的健康，应强调自我管理的自觉性及自助努力的必要性，但同时还必须充实支援各项活动的社会体制。

### 一、建立地区健康管理体制

为了能在自我管理思想的指导下一边接受专家、行政方面的援助，一边推进自我健康管理，除了自我管理小组的活动以外，还应确立地区联络、协作体制。

**在地区居民中培养人才的必要性**

无论从事自我管理健康小组的活动，还是从事地区保健工作，都需要众多的具有丰富知识和实践经验的人才。特别是中高年领导人或者志愿人员，在沟通思想方面，他们往往比年轻人更为合适。

家庭主妇由于所处的家庭地位，对健康抱有很大的关心。如果在高龄者的健康管理方面也能对她们施以必要的、相应的教育、训练，便可提高对家庭内高龄者的理解和直接管理的能力，同时也关系到培养各地区志愿服务人员的工作。

**日本的实施例子**

在日本各地区有许多通过实施以自我管理为主的保健活动取得预防疾病效果的事例。

下面从厚生省国民健康保险事业所属的“健康开拓者城镇事业”实施的事例中挑选崎玉县都几川村的事例进行介绍。

都几川村位于崎玉县中央地区，是以生产祭祀用器而著名的人口不足 8000 人的村子。

都几川村 1978 年度每人平均医疗费为 60082 日元。与上一年度相比，大幅度地增加了 29%。以此为开端，医疗费每年增加。从 1977 年至 1983 年的 5 年间，每人平均医疗费增加了 2.48 倍，达 115412 日元。

为此，村内开展了各种保健、健康活动。其中 1983 年以参加家庭护士讲习会的人为主体，成立了“妇女保健会”。成员从最初的 83 名增加到 1985 年的 315 名。

这个妇女健康会由 30~60 岁的人组成，年龄构成十分广泛。其活动的宗旨是，指导该地区居民认识“自己的健康，自我保护”的道理，提高人们的健康意识。

结果，都几川村自 1983 年以后医疗费费用有所降低，居民的健康水平有了提高。这无疑是妇女健康会等各种健康活动所发挥的巨大作用。

## 二、健康咨询体制的充实与贯彻诊查后的指导

**健康咨询与老年保健法**

1983 年 2 月实施的《老人保健法》，对国家、企业、个人的保健费用的负担率等进行了调整。同时强调了增进健康、预防、治疗、康复活动等一贯性总括医疗的重要性，在地区保健、医疗保障维护增进高龄者健康的工作。此外，《老人保健法》还高度评价了居民身边的保健基础自治体——市町村的作用。以市町村为实施主体的事业规定为如下 7 项：①发放健康手册。②健康咨询。③健康教育。④健康审查。⑤医疗。⑥功能训练。⑦访问指导。其中，健康咨询同其他保健事业一样，以 40 岁以上的人为咨询对象，由医师进行健康指导及建议，并根据需要进行血压、尿等简单的检查。

**健康咨询与诊查后指导的重要性**

目前流行“现在是不健康的时代”的说法。这是指：①国民的平均寿命虽然延长了，但发病率提高了。②疾病的结构发生了变化。

特别是疾病结构发生了很大变化，经过明治、大正时代的急性传染病症时期，战前、昭和时代的慢性传染病症时期，现代则是以内因性为主要特征的成人病明显增加了。所谓内因性是指病因复杂，多种因素综合在一起，致病因素长期潜藏在日常生活中。因此，为了延缓克服成人病的发展，需要有对个人进行坚忍不拔的细致而具体的生活改善指导的人，以及与之相适应的生活态度的改变。

治疗传染病时，以集体检查为代表的统一的、平均的、集体的医疗活动富有效果。关于成人病，则由于①健康检查结果应作为改变个人生活态度的资料加以利用。②个人的行动往往比集体行动更为重要。因此，除了健康检查之外，健康咨询、诊查后指导的重要性也被人们所认识。

**课题**

充实健康咨询体制、贯彻诊查后指导，不应将对象仅仅视为生物的存在，而应将其作为人的整个存在来认识。为了满足高龄者“健康地生活”的愿望，就必须从如何维护增进高龄者的身体机能和如何保障适宜高龄者身体状况的工作、生活等两个方面进行探讨。因此不可缺少包括医疗、保健、福利、劳动、社会教育等有关领域的配合。为了在各地区实行这个课题，在制定地区保健、医疗计划的同时，还必须实现以下条件：①地区人才的培养、充实。②建立市町村保健中心、一般开业医、保健所、一般医

院、卫生研究所、综合医院、专门医院等的协作组织。

**人才的培养、充实**

以下两点至关重要。

(1) 现在，日本的医疗服务已建立了包括休息日在内，不论何时病人都可就诊的体制。根据《老人保健法》的规定目标，每月大致进行 6 次健康咨询。如从治疗到预防的整个过程来考虑，有必要建立任何时候都可进行咨询的体制，像家庭医生那样掌握个人体质、家庭环境、工作内容等全面知识并能提供咨询。培养掌握包括精神科在内的一般医疗，进而掌握医学边缘学科的有关领域，知识的保健、一次性医疗的专家医师。

日本在国民均加入保险制度的情况下，采取计件付酬式医疗报酬支付形式。对医师的保健活动的评价不高。如何具体评价医师的保健活动，将是今后的一大课题。

(2) 为了全面地接受患者的咨询，贯彻诊查后指导，除医师、护士以外，还需要密切与营养师、保健护士、信息员、行政福利、劳动、社会教育、社会体育等行政部门之间的合作。建立有机的、灵活的对应体制。

**健康保健援助体制的强化**

《老人保健法》规定保健事业的实施主体为市町村。它们的事业需要充实的后援体制。具体地说，包括国家、都、道府、县提供各种各样的信息及其他方面的协作。此外，还需要保健所作为组织者、协调人，与医疗工作者、有关团体、地区领导人形成一体，共同推进地区保健活动。另外，当地医师会的协作也必不可少。

诊查后指导：诊查中发现异常的人应接受治疗和生活指导。生活指导没有必要只限定在病危度高的病人身上。由于成人病发病率是随着年龄的增加而提高的，所以对健康人进行根据诊查结果进行的生活指导具有维持、增进健康的效果。

体检过程中，许多人明知需要进一步细查和治疗而不去做。高血压的治疗需要持续服药。由于许多病人无自觉症状，所以能坚持服药的人不过半数。

被担心为 21 世纪国民病的肝脏病，其中 B 型慢性肝炎也多无自觉症状。所以诊查时能接受精密检查的人极少，诊查以后能够继续进行定期检查、并根据检查结果控制生活的人就更少了。

这种改变国民行为方式的研究开发作为预防成人病的基础研究，也是一个优先的课题。

## 三、正确健康信息、服务信息的开发

为了向各地区提供医疗、保健、福利等综合服务，防止老化，维持和增进健康，收集、加工、整理、提供有关健康的正确信息是不可少的。收集信息的工作，仅由一个机构承担，很有限，需要各机构分担收集、相互提供并建立有关机构的信息网络。

**收集信息等的设想、内容**

(1) 信息应是任何人在任何时候都能接受并容易理解的。有关健康的信息必须对任何人都是平等的。

(2) 对利用率高的信息，应及早进行处理。例如有关急救知识、空余病床、家庭内事故处理方法、有关对家庭内自我管理、对自我管理小组援助等方面的信息。

(3) 收集适应社会环境变化的信息。例如，施行周休二日制后，收集有关星期六诊疗的信息。

(4) 除了医疗信息以外，同时收集保健、福利及体育方面的信息。

(5) 从地区医疗的观点来看，特别有必要掌握本地区妨碍健康的实际情况和主要因素。有必要进行有关死亡统计、疾病统计、人口动态、自然环境、产业结构等的基础信息的收集，对发展动态进行及时分析。

**收集信息的体制**

（1）收集综合信息等，需要市町村、都道府县所辖部门、保健所、消防、诊疗所、中心医院、专科医院、医师会等有关机构的网络化联系。例如，以地区为单位，建立初级网络，在地区中心设置情报中心，以此为基础跨越地区，与专科医院、综合医院一起建立更高层次的网络联系。

（2）推进网络构成的主体应由行政机构担任，以防止信息的乱用。

（3）将来，信息中心与各个家庭之间通过计算机相联系，可提供双向信息服务。有必要建立一个与之相适应的体制。

此外，在收集、加工、管理、提供信息时，应充分尊重个人隐私权和尊重人格。

## 第五节　迎接快乐的长寿社会

### 一、就业

**高龄者的就业情况**

在人生 80 年的时代，高龄者就业具有很大意义。第一可减轻社会扶养的负担，第二可使高龄者本人生活富有意义。

根据劳动省《高年龄者就业实态调查》（1983 年 6 月实施）公布的数字，老年未就业者中希望就业者 55~59 岁的男子为 62.8%（占未就业者总数的 13.1%，以下同）。60~64 岁的男子为 55.1%（28.7%）、65~69 岁为 38.8%（41.5%）。女子 55~59 岁为 39.1%（47.3%）、60~64 岁为 30.4%（60.1%）、65~69 岁为 19.1%（69.5%）。当然，年龄层越高，无职业者的比例就越高，希望就业的人数减少。但这里所考虑的主要是 60 岁以上高龄者的就业情况。希望就业的理由，从男子 60~64 岁的情况来看，由于经济原因的占 41.6%，由于健康原因的占 24.8%，希望参加社会活动、充实生活的占 22.7%。

采用退休制的企业（占企业总数的 88.5%）中，采取一律退休制的为 82.5%，其中规定 60 岁的人一律退休的占 56.6%。加上今后改为或予定为 60 岁以上退休的企业，约占总数的 69.8%（劳动省《雇佣管理调查》，1986 年）。在采用退休制度的日本，高龄者的劳动环境依然十分严峻。特别是随着经济增长放缓，女性参加工作以及代替劳动力的工厂自动化、办公室自动化等技术革新的发展，确保高龄者的工作就更加困难了。

90 年代能否为 60 岁高龄层（特别是 65 岁前）的人们提供适当的劳动机会，将成为一个重大课题。这对减轻年金财政负担（例如从 65 岁开始支付）也是至关重要的。

**为了实现终生就业**

所谓长寿社会是指只要具有劳动欲望和能力，就能终生就业的社会。

“60~65 岁老人雇用对策研究会”的报告（1985 年）为延长雇用 60 岁以上者提出了以下对策。①开发、普及与高龄化相适应的微电子机等新技术，设计各种适宜高龄者的工作。在各职务、各职业领域扩大高龄者的就职范围。②对高龄者进行细致的健康检查。使劳动者在进入高龄期之前保持健康的身体。③努力实现专业对口，让老人担任退休前从事的同一职务或者有联系的职务。在职业生涯的全部过程进行阶段的和系统的教育训练。④确保高龄者的劳动安全。根据个人的体力、健康情况安排劳动时间，做适当的处置。⑤重新评价人事工资管理制度，探讨在职者老年退休金的分配方法。⑥为了适应就业方式的多样化，并达到分享雇用的效果，促进半日劳动或隔日劳动。⑦此外，还有现实的、有效的对策——

高龄社会的雇用和向有关公司派出。促进劳资政策及政府有关政策的制定等。这些对策对促成 65~70 岁高龄者的雇用也具有积极意义。

作为今后的课题，需要特别指出的是科学地对劳动能力进行客观的评价。例如老人反应虽迟钝但一般情况下具有普通的劳动能力。尽管无须立法，但有必要确立诸如此类的、对劳动能力的客观评价。而且也有必要向事业主进行宣传。

此外，近年来微电子机技术有了长足的发展。但其软件还有许多有待改善之处。综合研究开发机构资助的研究《高龄化社会中的技术革新与劳动的人性化》（1986 年 9 月劳动科学研究所）中提出："对于中高年者来说，当务之急是改善有关机器及机器构造、装配、使用方法（包括软件）和教育训练条件。使用于设备、机器中的技术越是高级化，就越有必要开发充分考虑操作人员特点的自动化技术。

根据经济企划厅进行的"有关工人劳动观、余暇观的调查"（1985 年 2 月），退休后的理想工作是到能发挥个人能力，能使用个人经验的其他公司工作（30.4%），或从事感兴趣的自由职业（24.6%），超过要求在目前的公司或与其有联系的其他公司继续工作（24.2%）。其中年龄层越低，此种愿望越强烈。与延长雇用的措施相结合，今后还有必要进一步充实对预定退休、退职者开展再就业的咨询、斡旋能力开发等方面的援助。能力开发不是在退休时实施，而必须从年轻时做起。能力开发不仅是为了再就职，而应与终生学习以及一生的生活意义紧密相连。

## 二、互助的社会

**家庭的变化**

日本的家庭自 1955 年以来逐渐趋向小型化。可以预见，今后小型化的倾向还会进一步加强。在这以前，核心家族化的倾向已十分明显。今后，家庭规模的缩小和单身家庭的增加将会成为主流。与此同时，同居形式也相应发生变化。仅以有 60 岁以上老人在内的家庭为例，1967~1980 年的 18 年间，三代人家庭由 57.8%减少到 40.9%。而只有老夫妇的家庭由 9.4%上升到 21.4%。老人独身者由 7.1%上升到 12.3%。分别有了不同程度的提高。预计，今后这种倾向还将继续，特别是高龄者家庭将会增加。

家庭所具有的机能将发生很大变化。由于经济的服务化而趋向社会化。这虽然使已婚女性参加工作，但将导致核心家庭化的发展，以至男女平等意识的增强等，同时家庭内分工发生变化。在这种变化中，剩下的家庭机能如扶养子女、父母的机能、作为休息场所的机能受到重视，因为这是长寿社会中家庭所必需的。随着性别角色分工、亲子关系角色分工的变化，必须构筑新的家庭观。那时，为了建立新家庭观，要建立能更好地发挥互相帮助的家庭机能的继承制度、税收制度、社会保障制度。照顾卧床不起的老人的工作也不应完全由家庭承担，需要各种福利的服务。

**新的近邻社会**

对于那些搬迁自由已大大减少的高龄者来说，创造一个以本地区为媒介的生活环境是十分重要的。而地区完全可以参与分担扶养、照顾老人的工作。

现在，城市中男子在家时间减少，女性参加工作，加上一些"不愿与周围人们交往"的意识等，使地区社会的建立增加了许多困难。但是城市原本是由具有各种各样经历和不同职业的人们组成的。各地区社会中都有许多掌握不同技能和工作经验的人才。在长寿社会中，人们从第一线退下来以后，自由时间增加了。女性除工作外，参加社会交往的机会也多了起来。从这些情况来看，创造新的地区社会——近邻社会的可能性完全存在。其幼芽目前已经萌发，例如，各地区为独身生活的老人提供饮食服务等服务体系，相互变工的志愿者服务中心（站）等组织也在各地活动起来。

我们必须从现在开始谋求新近邻关系的建立。

## 三、住宅与生活环境

**新住宅方式的潮流**

可以说长寿社会的住宅需求是多种多样的。例如高龄者夫妇为了方便移住城市公寓，或者在郊外有一套带庭院的房子，同时在城内又有一套公寓。根据生活方式的变化，住宅也趋向多样化。到那时，对与以往不同形式的旧住宅和出租住宅的需求量将会增加。

也许会出现“出租房间”。高龄者将宽敞住宅的一部分低价租给年轻人。年轻的房客对老人生活上的不便给予援助。在紧急的时候以及在家务上给予帮助。通过不同代之间的交流，彼此相得益彰。

**为实现三代人同居**

尽管住宅的需要出现多样化，但三代人同居的志向依然没有改变。即使现在还未一起居住的人们，但根据双亲的近况以及工作地点等条件的变化仍打算同居的人们还很多。在长寿社会，考虑老人的扶养问题，有必要为那些打算同居的人创造能够同居的条件。

为了实现三代人同居，需要有与之相适应的住宅。取得住宅的一个方法就是该家族内房屋继承体制。一方面要有充实这个体制的政策（例如同居超过规定的时间后，给予继承税上的优惠），要建设三代人合居的公寓住宅，另一方面为了顺利实现合居，还应建设能使父母与子女夫妇互不干涉，但在紧急时刻又能立即取得联系的三代人共同居住的住宅，或者虽不同住、却能居住在较近距离的地方。

**高龄者生活方便的城市环境**

为了使高龄者能在本地区过安全、舒适的生活，必须整顿生活环境。而且今后不断增加的高龄者大多数将在城市生活。

在长寿社会，由于高龄者参加社会活动和就业机会增加了，所以必须准备既安全又容易操纵的交通工具。横穿马路的步行桥及地铁的台阶等会妨碍高龄者自由行动，因此，应设无台阶的步行者专用道等。应设置低底盘、宽门的公共汽车，车站应设避雨棚。总之，要求有十分细致的服务工作。铁路上尽管恢复有轨电气机车有困难，但各个车站设立电梯、自动扶梯可谓当务之急。作为最基本的问题，应考虑缓解上班高峰时期的混乱局面。因为在拥挤率超过200%的车上，高龄者的安全将受到威胁。

此外，在利用自动扶梯和通过广场时，应设有能使高龄者得以中间小憩的休息场所。如果各地区都能采取这些措施，便能促进高龄者自由活动。

除交通工具以外，还应建立绿化的生活环境。建立健全有体育、文化活动以及其他娱乐活动设施的城市公园。因为在长寿社会中，城市公园的作用是非常大的。

## 四、为了有意义地生存

**今日的生存意义**

生存意义在今天有两层意思。其一是它给予个人生活的影响，即在长寿社会健康地生存下去的力量。其二是给社会带来的影响，即成为维持社会活力、生气的源泉。

在价值观多样化的情况下，每个人所认定的生存意义各有不同。根据个人生活与性格的不同，应有许多不同的选择。长寿社会中，应由每个人自己选择自己的生存意义的内容与生活方式。另外，社会本身应具有包容性，使各种各样的生存意义得以相互认同。当然，个人的生存意义必须同社会相调和。

生存意义包括劳动、学习、娱乐、服务等各个方面，这里仅就服务一项中的志愿者活动进行论述。

**志愿者**

在长寿社会中志愿者的活动从个人生存意义和节约社会费用的观点出发被加以强调。可以说，长寿社会不是让年轻人照顾老年人的社会，而是动员老年人互相帮助的社会，同时也是充分利用闲暇，发挥生存意义的相互关心、相互照顾的社会。同时，除了纯粹的无偿志愿者活动以外，还可考虑有偿志愿者活动。根据目前的财政状况，完全由公家从财政上负担日益增加的福利需求是不可能的。为了满足这方面的需要，有必要挖掘城市社会的潜在资源（自由时间增多的中年无业女性，长寿社会中大量身体条件良好的老人），发挥他们的力量。志愿者活动有偿化具有两方面的意义。①使潜在化的资产——人的能力充分发挥出来。②对于接受福利服务的人来说，付款后接受服务比无偿接受服务更心安理得一些。

在长寿社会，通过志愿者活动，为社会服务成为人们最大的生存意义。

## 五、以日常生活化为目标

**日常生活化**

在高龄者急速增加的今后的社会里，将照顾老人的工作完全推给各个家庭未免有些过分。

以往，高龄者的护理工作多由老人收容院解决。其中收容的性质较强，高龄者也同日常生活完全隔绝开来。近年来高龄者服务开始从日常生活化的角度进行考虑，以便使高龄者的主体性得到尊重，尽量使本人能像普通人一样，在自己生活惯了的环境中继续生活。这样做无论对本人，还是对周围人来说都是一种幸福。

综合研究开发机构资助的研究《有关人生 80 年时代的社会服务的研究——老人福利的日常化目标》（1983 年 3 月）就实现日常化问题，提出以下几点必要条件：①重视进入家庭服务的政策。②改变老人收容院作为“收容措施”的不自由、孤独的形象，使之变为与家庭大致相仿的、带服务设施的老人住宅。③使各种老人福利设施成为向社区开放的近距离使用的便利的设施。④在高龄者身边，结合进家服务的服务点，充实诸如日常服务中心、日常医院等各地区共同体的中间设施。

今后需要特别加以充实的措施包括“共同服务组织的流动服务”、“护士探访”、“部分志愿形式的在家服务”等。

这些服务在孤寡老人和老年夫妇家庭居多的城市社会中具有特别重要的意义。

**在家服务**

对在家老人的看护工作主要包括以下几项事业：①向有身体障碍或者精神障碍、日常生活出现困难的老人家庭派遣家庭服务人员的事业。②当看护卧床不起的老人、虚弱老人等的人因生病、生孩子、过度疲劳等原因，无法继续从事看护工作时，可利用特护老人院和养护老人院的空余床位，对老人施行暂时的（原则上 7 天）的特别住院护理，这叫在家老人短期护理事业。③建立在家老人服务、日常生活服务事业，使在家的患病老人每周一至二次去与老人之家并设或单设的日常生活服务中心，在中心接受包括入浴服务、饮食服务、日常生活基本动作训练在内的综合服务。

1984 年 65 岁以上的卧床不起老人已达 49.5 万人。其中的 32.6 万人在家中。到 2000 年，这一数字将增加近两倍。除希望增加前述的服务措施以外，随着收入水平的提高，还需要向用户提供高质量的收费服务。前项所述的志愿者活动也将发挥重要的作用。对高龄者的福利服务应摆脱那种认为“对高龄者的福利是对没有受到特殊恩惠的人施行的恩惠措施”的思想。

一位收费老人院的负责人说：“在外人看来也许过于残酷。但是，我们对那些需要照顾的老人尽量让他们做些力所能及的事。如果自己身边的事全部委托给护理人员，老人会很快出现迟钝反应。通过自己照顾自己治疗痴呆症的事例有很多。因为我们这里不是收容所，是生活的场所。”不论在福利设施或者是在家，这种做法无疑是克服老人痴呆的有效方法。

**关于访问式医疗**

关于访问护士为主的在家医疗，是使在家的高龄者在制度上能够接受医师的出诊，出院后的一定时期内仍能继续受到看护（虽然附有一定条件）。但是，现在日本的医疗体制无论是医院、诊所，大部分只能应付门诊和住院。现实生活中能充分接受在家治疗的老人仍为少数。

有必要建立一种体制，使医师和护士都能在制度上和经济上主要对在家的患者进行治疗。因此，需要建立出诊巡回医疗的专业民间走访式医疗中心，使之制度化。在那里有常驻的医师、护士专门从事走访式医疗。这样走访式医疗定将迅速发展起来。

这一工作可使高龄者不脱离本地社会，仍在家庭成员身边生活，解除老后生活的不安。在这一意义上，同日常生活化设想一致，并能为高龄者欢度充满人情味的、丰富的生活做出贡献。

当然，这种中心需有经济核算的基础，在不增加医疗费的同时规定适当的医疗报酬。

今后，从事医师等工作的医疗工作者将会出现人员过剩倾向。即使从医疗力量的有效利用方面来看，也期待推进这一政策。

# 第22章　信息化社会与市民

**研究成员**

（株式会社）生活科学研究所董事长、所长　　**今野由梨**
（株式会社）生活科学研究所部长　　**大岛悦子**
（株式会社）生活科学研究所主任研究员　　**世古一穗**
（株式会社）生活科学研究所研究员　　**三树尚子**
（株式会社）生活科学研究所研究员　　**家入麻规子**
（株式会社）生活科学研究所项目研究员　　**岩城千早**

**秘书处**

（株式会社）生活科学研究所

## 第一节　信息化社会的来临

### 一、无国界的双向通信共和国

**黑客[①]们的侵入**

“TOD DEN JAPSEN（让日本人见鬼去吧）。”“JA HIRE DEY SYSPODER VMS（这里是 VMS SYSPODER）。”

时间：1985年6月9日凌晨3时4分7秒至3时4分24秒。

地点：茨城县筑波科学城。文部省高能物理学研究所的VAX11/750型电子计算机，记录下了上述令人生畏的德语通信信号。当天，在这台VAX11型计算机上，上述会话持续进行了7个小时。

这些通信信号是非法侵入高能研究所小型计算机系统的联邦德国的黑客们发送的会话的一部分。仅仅接收到只言片语，令人骚然不安。但幸而没有发生计算机存储库遭到破坏的实际损害，当时，似乎仅仅被刺探去了一些信息。他们掌握了高能研究所为使用该计算机系统而编制的ID号码和通行指令，通过KDD的VENUS—P（国际公众资料电传服务），从万里之外的联邦德国很轻易地侵入了高能所的计算机系统。这一事实向世人清楚表明，国际双向通信不受国界的限制，因此也就无需海关一类的检查机关。或许可以说信息化社会是由无国界的双向通信联结成的共和国吧！

联邦德国的黑客们的这种私下活动被发觉，是由于研究所的人们偶然产生了疑问：“白天至多只有十几名外部使用者，可是到了深夜，仍然还有十来个人在使用，恐怕有非法侵入吧！”（见《朝日新闻》

① “计算机迷”一词的外来语译音。——译者注

1987 年 2 月 6 日）于是，就着手调查计算机以前的使用情况，终于发现一周前有被侵入的痕迹，便在计算机上安装了接收一切通信记录的软件，最终录下了本篇开头时的会话。

**情报唾手可得**

在日本，与计算机的普及率相比，目前由黑客们干出的计算机犯罪案件尚不多见。这是因为，迄今为止的计算机系统是以企业和团体为对象，不向普通用户开放的闭锁系统，此外，面向公众的双向通信的开放迟缓起到了很大的遏制作用。

但是，自 1985 年 4 月通信自由化以后，上述遏制机制消失了。面向普通用户的私人计算机通信的起步、数据情报产业的建立完善和 VAN 的普及，有力地培育着潜在的计算机迷预备军。而且，考虑到日本人的保密意识尚处于低水平的现状，可以预想计算机犯罪将和信用卡犯罪一样急剧增加。

在信息日渐一日地被计算机存储系统所收录的今天，上述事件表明，刺探机密情报已今非昔比，不再是豁着性命干的专业间谍所独步的舞台了。现在已经变成被称做黑客的十几岁的少年计算机迷极其轻易地便可窥探机密情报的时代了。或许可以说，即使是机密情报，也不再需要拼着命去窃取，而是玩耍之中就可复制的、唾手可得的东西了。

## 二、探索信息化社会

**确保秘密是信息化社会的要求**

这一事件给日本人留下了一个深刻印象，即黑客就是犯人。但这已经偏离了黑客的原有定义：“具有天才般的计算机技术的人才。”莫如说，真正意义上的计算机迷，就是将信息化社会的蓝图付诸实践的开拓者。夸张地说，今天，是他们使计算机所具有的潜在能量释放出来成为现实。但是，由于他们之中的一小撮人偶尔干出荒唐的勾当，便在人们心目中留下了不良形象。附带说一句，破坏网络系统的坏家伙们被人们称为库拉克。

总而言之，这次计算机迷事件和 1984 年 11 月世田谷电话电缆火灾事件，从不同侧面显示了信息化社会的脆弱性。世田谷电缆火灾事件给系统故障之类的硬件保密敲响了警钟，而黑客事件则说明了软件保密的重要性。这一事件，其意义在于在广泛的领域中引起了人们对网络化时代中电子信息安全对策的困难性和重要性的认识。

在可以称之为双向通信共和国的无国境的信息化社会中，为保障私人生活、防止对积累起来的档案库的破坏，必须建立网络保密系统。否则，岂止发生对社会并无实际危害的黑客骚扰现象，还极有可能引起更大范围的社会不安。

**私人计算机通信网络化——信息化社会的萌芽**

也许应该给上述黑客事件以这么一种积极评价：它向我们明确地表明，面对信息化社会的来临，现有的制度是如何不完善、现有的意识是如何落后等等一系列尚未解决的问题。此外，联邦德国的黑客们以其行动告诉我们，在我们平静地生活着的社会中，已经存在着另一个不同面貌的社会。虽然在我们现有的有关信息化社会的暧昧模糊的印象中尚捕捉不到，但对黑客们而言，现实中已经存在着实现了信息化社会的另一个世界。这就是在计算机迷中盛行的私人计算机通信。

依我们市民的立场来看，这里似乎存在着丰富信息化社会内容的具体线索。信息网络社会是在双向通信和计算机，即所谓的信息技术进步的基础上实现的另一个社会。私人计算机通信对我们市民来说，将在今后的信息化社会中占据重要位置。私人计算机通信将极有可能像目前的电话系统一样得到普及。或许可以认为，黑客们侵入网络系统的行动恰恰正是具有先驱意义的开端。

在私人计算机通信网络系统中，物理空间和时间的制约并不成为障碍。如果人们有兴趣，地球另一端的电子信息也唾手可得。人们在自己家中，却可以随时与千里之外、毫不相识的陌生人对话。但是，令人遗憾的是，目前在这样的另一个社会中纵横游荡的也许只有黑客们吧！

## 三、信息技术的副作用

支撑上述信息化社会的信息技术的进步，在某种意义上说是必然的。这是因为，作为工业化社会默契的前提——"无限成长"的结构，在"宇宙船地球号"的事实面前，不得不发生变化。支撑着大量消费能源、大量生产型的工业社会的主要技术——机械性的技术体系自然要向实现资源有效分配的控制技术、信息技术转移。不仅为实现已有机械技术体系的效率化，信息技术被充分地加以利用还关系到资源节约。信息技术最显著的成果，将求助于微电子革命所象征的计算机技术的成熟。黑客们之所以如此活跃，私人计算机通信之所以能够实现，原因均在于此。

有赖于信息技术的发展而实现的私人计算机通信，对市民是一个喜讯。假若使用方法更为简便、费用更为低廉，更多的市民均能享受这种便利。此外，这种网络的一大特点和发展的可能性，就在于它并未被一部分特权阶层所独享，而是处于我们一般市民伸手可及的范围之内。私人计算机通信和电话一样，亦具备着成为市民间媒介物的因素。因此，当市民探讨信息社会时，如果不对这种私人计算机通信网络所具有的发展可能性给予正确评价，也就难以对信息社会的前景做出积极展望。

如上所述，信息技术虽然扩大了市民的活动范围，但另一方面，信息技术同时具有有力地推动省力化和网络化进展的特点。因此，如若不能巧妙地维持这种平衡，必定要招致灭顶之灾，这是确定无疑的。目前已可窥见这种苗头。由于信息差别的扩大和私人秘密被侵犯，以及被计算机存储的私人信息的网络化，使得保护私人秘密变得更为困难。而且，随着私人信息大范围网络化的进展，每个人的私生活都将暴露在光天化日之下，有发展成超管理社会的潜在危险。这就是信息技术带来的副作用。

## 四、信息系统的黑匣子化

**黑匣子化的信息系统**

存储了成千上万私人信息的资信信息中心是管理千千万万人的福利年金信息的庞大的行政用计算机系统。我们的私人信息或公开、或秘密地被收集，并被收录进计算机的存储系统。在行政用计算机系统中，存储着擅自收集来的一个人从呱呱坠地起直至走进坟墓的详尽的私人履历。这些资料的质或量均为上乘，稍加分析，便可轻易地勾画出一个人的生平道德、音容笑貌。信息的提供与依附于它的服务处于连动关系。在当代，享受服务和提供私人秘密互为交换。

此外，民间公司也更多地采用了直接销售方式，私人信息的需求也相应提高，反映了价值观和消费的多样化。可以预想，这种倾向今后将日益明显，收集私人信息的活动也将更为活跃。社会上利用和收集私人信息的活动，目前已经在我们肉眼不及的黑匣子中进行了。

进而与民间相比，行政机关所掌握的我们的私人秘密，在质和量两方面都占绝对优势。那里的情况，也与社会上大致相仿。莫如说，行政机关今后面临的问题更为严峻。在私人信息被计算机化以前，对行政机关干预私人秘密并无必要过分神经质。因为堆积如山的大量文件成为防止侵犯私人秘密的物理障碍。但是，引入计算机使这种物理障碍已不复存在。在尚未建立保护私人秘密的法律制度的日本，各自治体被委托利用存储起来的信息。其中，有的自治体将行政机关搜集起来的私人信息出卖给民间公司。这便使保护私人秘密成为一句空话。目前，我们的私人秘密已被装入黑匣子中，避开了世人耳目。

**建立黑匣子监视制度的必要性日益增加**

上述各自治体的动向另当别论。此外，尚有一个利用存储起来的私人信息网络的问题。如果自治体之间，或者国家和自治体、自治体和民间企业之间可以互相利用私人信息，那么个人的私人秘密就将被他人全盘掌握。而且，如果一旦形成“国家—自治体网络”，就将产生与设立实质性的国民总背番号制①的同样结果。系统越庞大，就越难以窥探其内部，对市民来说，自然也就形成了黑匣子。信息系统如果形成黑匣子式的封闭系统，那么上述网络化就更容易在人们毫无察觉的状态下进行。而如果不能检查其内容，也就无法把握其实态。

因此，确有必要建立监视黑匣子化信息系统的制度。为使保护私人秘密不致成为一句空话，不仅需要制定法律，建立可以监督信息流通的系统也是不可缺少的。

当我们探讨信息化社会的进展时，能否确立私人秘密的保护权，是关系到这个社会是否可以正常生活的重要课题。在信息化社会中，私人秘密权是得以拒绝他人不当控制的非常重要的基本人权。而且，行政信息应该尽可能地向市民公开，这也是理所当然的。为使信息化社会不至成为超管理社会，由市民对网络进行监视是一个必要条件。

## 第二节　市民心目中的信息化社会

### 一、新媒介与人类信息系统

**建设一个民治、民享的信息化社会**

在日常生活中，人们已经被大量的信息所包围。实际上，这些信息并不全是必需和有益的。那么是否可以说，在必要的时间，以必要的形式出现，市民在其伸手可及的范围内所需要的信息已被储集，并得以充分利用了呢？答案是否定的。人人恐怕都有这种经验：当你在生活中遇到想了解、想得到确认的事情但又不能轻易得到解答、也不知道到何处去、找什么人寻求答案。今天，能否掌握某一信息，是和个人生活的阅历深浅以及生活的自由、方便、舒适程度紧密联系的。当务之急是完善支持市民生活的信息环境。若要使信息化社会成为“民治、民享的社会”，就有必要积极地探索一种不问年龄和资产、地区和技能、任何人均可自由地得到或储集信息的“以市民为基础的社会结构”。在探讨这一问题之前，本节准备以 1985 年 10 月进行的“关于市民对其生活和信息化的意识调查”的结果为基础，明确在信息化社会中生活的市民的意识。

这次调查的结果表明，市民对目前的信息环境表示了适当的满足，没有感到有什么不便或不适应。因此，对成为话题的新媒介尽管寄予了一定程度的关心，但绝非可以说表示了主动配合、积极参与的强烈欲望。莫如说，被人们反复提及的以新媒介为中心的未来世界的蓝图，尚未在市民的生活意识中扎根。实际上，若要使新媒介充分地在市民生活之中发挥效用，也需要很长的时间。这也是市民似乎尚未勾画出“信息化社会”整体形象的一个原因。当被问及对于今后信息化的进展是否具有能够充分应付的自信时，答复为“虽然信心不足，但总有办法对付。”这是具有代表性的市民意见。积极迎接信息化浪潮的到来、对新媒介寄予高度关心的人，自然具有充分的信心。与此相反，持消极态度的人却毫无自信。这些“自信全无”的人所描绘的“信息化社会”是这样一种图景：“繁杂忙乱，操纵机器的同时，还要兼顾信息的收集和整理。如果精力充沛尚可应付，倘若体质虚弱、或是上了年纪，就会产生落伍感。”

**家庭购物的未来蓝图**

在调查中，“家庭购物”、“家庭预约”和“遥控”被视为未来社会中将最为普及的三种事物。而从

① 国民总背番号制：为了提高计算机管理行政事务的效率，将全体国民一一编成号码的“事务处理用统一个人号码制”。——译者注

被询问者本人的愿望来说，“最希望加以利用”的三种事物则分别是“家庭银行”、“家庭预约”和“家庭就医”（见图 22–1）。由此可见，对于社会全体的一般性预测与被询问者本人的利用意向是不一致的。尤其是关于“家庭购物”，一般性预测表明将会普及，但同时确认自己希望加以利用的人却很少。这个差距，也许就是信息化的蓝图超越了人们的意识和实际需要而先行的结果吧。另外，对于利用此种新的服务方式，大概需要多少家庭开支是否有所考虑的问题，有半数人回答：“无论多少均可支付。”其余约半数的人则回答说“不打算支付。”但实际上，前者的支出限度也仅为目前一般家庭电话费的水平。而且，“希望利用”即等于“可以支付”，这种单纯的等式也并不成立。

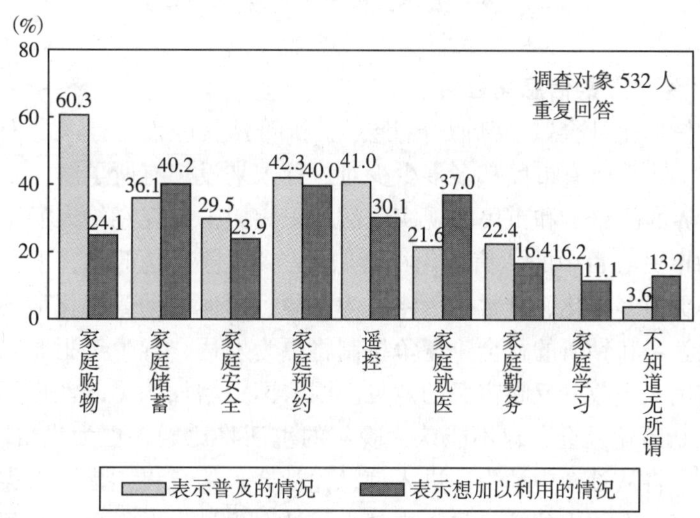


**图 22–1　利用新媒介开展的家庭服务的普及情况，以及个人的利用意向**

**对“地区信息”、“健康、医疗信息”的关心不断高涨**

在人们共同的信息不足感中，莫过于对“地区信息”和“健康、医疗信息”的缺乏感。此外，尚有三分之一的人认为“并无特别欠缺的信息”。对现状抱有“目前的信息环境尚可”的认识。

除“地区信息”和“健康、医疗信息”之外，不同的年龄组，关心的焦点和要求也不尽相同，因此，感到不足的其他信息的排列次序也就不同（参见表 22–1）。

**表 22–1　不同年龄组感到最为不足的五种信息**

| 顺位<br>年龄 | 1 位（%） | 2 位（%） | 3 位（%） | 4 位（%） | 5 位（%） |
|---|---|---|---|---|---|
| 合计 | 地区信息<br>（30.3） | 健康、医疗信息<br>（29.7） | 行政信息<br>（18.6） | 爱好余暇信息<br>（13.5） | 音乐、演出信息<br>（13.3） |
| 20~29 岁 | 健康、医疗信息<br>（23.4） | 地区信息<br>（22.6） | 爱好余暇信息<br>（21.9） | 经营信息<br>（15.3） | 行政信息<br>（13.1） |
| 30~39 岁 | 地区信息健康、医疗信息（34.0） | — | 行政信息<br>（21.6） | 教育、学习信息<br>（19.0） | 音乐、演出信息<br>（15.0） |
| 40~49 岁 | 地区信息健康、医疗信息（28.1） | — | 行政信息<br>（16.7） | 音乐、演出信息<br>（16.0） | 教育、学习信息<br>（13.2） |
| 50~59 岁 | 健康、医疗信息<br>（44.2） | 地区信息<br>（39.0） | 行政信息<br>（28.6） | 教育、学习信息<br>经营信息（16.9） | — |
| 60 岁以上 | 地区信息<br>（31.4） | 健康、医疗信息<br>（15.7） | 行政信息<br>（13.7） | 购物商品信息<br>（7.8） | 招聘、应聘信息<br>（7.8） |

调查对象 532 人
重复回答

20 岁年龄组特别感到“爱好、余暇信息”不足。与此相反，对于“行政信息”的关心程度很低，几乎无缺乏感，这是与其他年龄组相区别的最大特点。

30 岁、40 岁、50 岁年龄组的共同之处是都希望“行政信息”能够得到充实。另外，由于这三个年龄组均处于生儿育女的时期，特点是明显感到“教育、学习信息”不足。30 岁、40 岁的人，在关心子女教育问题的同时，也要求获得有关自我充实、提高修养的“音乐、演出信息”。

60 岁以上年龄组的人认为“招聘、应聘信息”不足，反映了高龄者对就业的关心和热情。

## 二、确立人类中心主义社会

**“方便”、“快速”、“匆忙”的信息化社会**

未来世界被称做“信息化社会”、“新媒介社会”。新闻界及行政、有识之士的团体等，对此做了大量的预测和研究。目前，几乎所有市民都多多少少对这种未来设想有所了解。形形色色的、时而被鲜明地描绘出来的“未来世界的图景”和市民的现实生活意识相撞击，究竟给人们留下了什么形象呢？由此次调查的结果而得到的市民心目中的“信息化社会”，是“信息流通迅速、正在实现无现金化、生活方式和雇用形态正在变得更为多样化、日常生活将更为方便、团体活动等文化活动更为活跃，同时，又要求人的一生必须不懈地学习和钻研的社会。竞争机制将更为发达，青少年犯罪增加”。此外，“不能认为今后行政将趋于依靠市民，吸收并反映市民的意见。国家国力增加的可能性也不大，亦难以纠正企业间薪金的差别。即使进入高龄化社会，也不能认为晚年的生活将比现在更为优裕”。在上述预测中，最为令人不安的是“人情味”将从社会中消失。进入信息化社会，信息无须借助人类而独往独来。同时，随着自动化和机械化的进展，人与人的接触将越来越少，社会也许会变得更无秩序。与这种担心相比，对市民来说，经济负担的增加和机械操作的难度等，不过是第三、四位的问题。现今，上述倾向与“压力”、“暴力”、“虐待”等目前的社会问题纠缠在一起的苗头似已出现了（见图 22-2）。

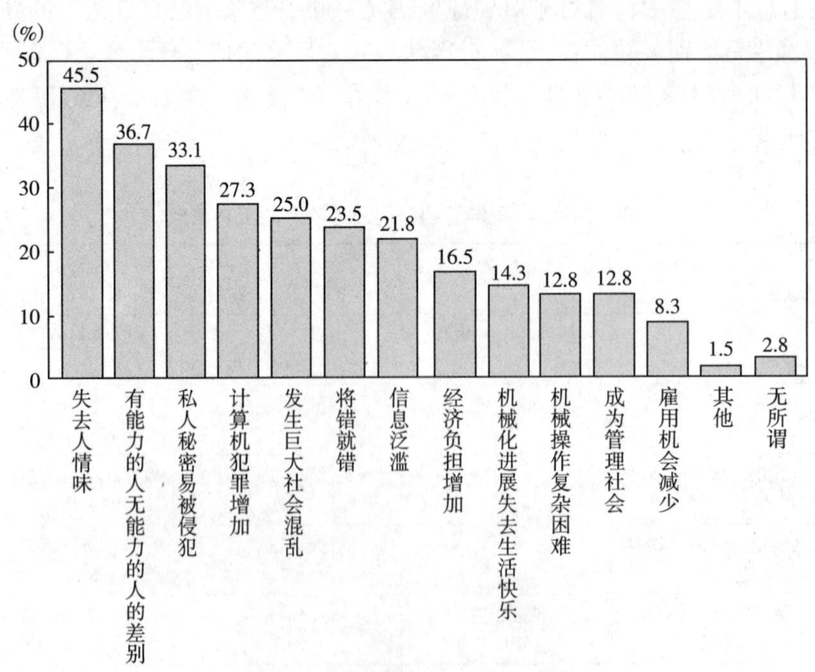


**图 22-2　未来社会中令人担心的事情**

**30 年后将是“猫科动物”的时代**

当要求市民们借用动物的形象来比喻“30 年前”、“现在”、“30 年后”的社会状态时，他们用蚂蚁、龟、兔子、牛来表示“30 年前”、用“兔子、狐狸、狗”表示“目前”，用“狮子、狐狸、海豚、虎”表示“30 年后”。整体趋势是从温柔的小动物向理性的、凶残的、果敢的动物形象变化。具体地说，随着时间向前推移，“狮子”、“老虎”、“猫”等形象日益鲜明，未来或许是猫科的时代。在这一项调查中，饶有兴趣的是女性认为“30 年后的社会将是狮子的社会”的倾向十分明显（参见图 22-3）。

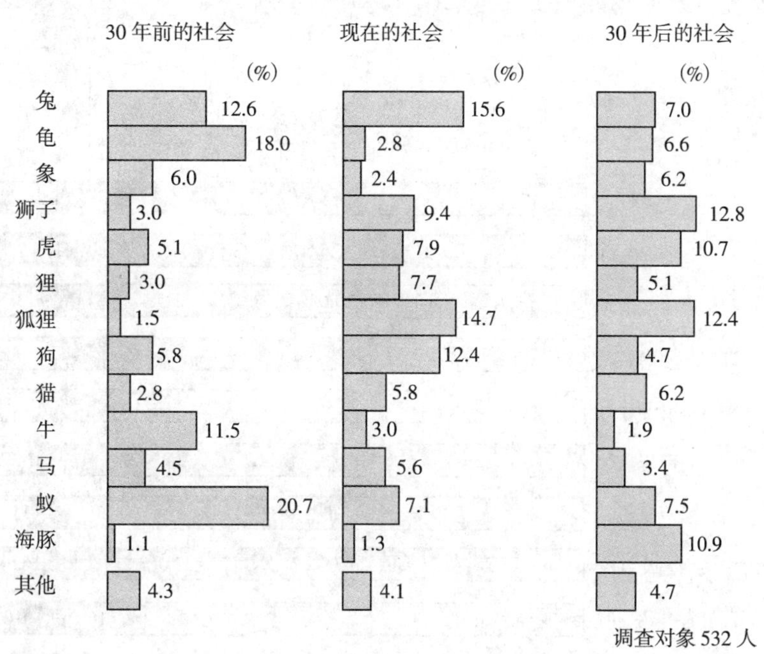


**图 22-3　用动物形象所描绘的“30 年前”、“现在”、“30 年后”的社会**

## 三、信息化社会中的私人信息

**提供有关市民生活的私人信息的意识**

如果深入地观察“信息化社会”，随着信息的高价值化，个人的私人秘密将暴露在被侵犯的危险之下。在产业界、实业家之间的商品开发竞争、开拓销售市场的竞争不断激化的情况下，即时、迅速、准确地把握消费者——即每一个市民的需求及其关心所在，已经成为企业“成败之关键”。同时，与居民管理及福利事业相辅相成，行政方面亦趋于谋求在更大的范围内集中管理私人信息。在这一点上，围绕着私人信息，将有很多新的领域被展开。在私人信息被交换的生活中的不同场合，市民们是如何认识“私人信息的提供”问题呢？

“提供私人信息”的意识，如对象是行政机关，或为雇主时，人们的态度是非常鲜明和积极的。也许这是因为基于自己处于被管理的位置这一认识吧。除了自我追求金融及经济方面的利益和方便的时候之外，提供商业流通方面私人信息的意识较低（见图 22-4）。

**私生活被侵犯感**

近年来，在不同的领域中，围绕着保护私生活，人们展开了热烈的讨论。所谓保护私生活，当然是指保护私生活免受不正当的侵犯。那么，在每天的现实生活中，市民对于个人私生活的哪些部分抱有不安、担心和被侵犯感呢？在接受调查的人中，几乎有五分之一的人感到“私生活已被侵犯”。在什么场合他们才产生了被伤害感呢？如表 22-2 所示，大多数是在“接到电话推销时”，其次为“接到邮件推销时”。如果再仔细观察一下上述两种情况实际发生时市民的反应，尽管邮件推销时亦产生被侵犯感，但作为一种信息来源，其效用在某种程度上得到了承认。与此相反，对于电话推销，答复多为“一概不予理睬”、“是侵犯私生活的行为，希望能加以杜绝”一类强硬的措词。在邮件推销时，可以在本人方便的时候才开封，或丢弃一边，或细细阅读，本人掌握取舍的主动权，而且也不必一定作答。但是，电话推销则不同。推销员完全无视对象的情况突然打来电话，由于推销员的语音语调的直接感染，加上带有向对象进行推销的明确意志和压迫感，就更易引起警惕和不安，这是显而易见的。在调查中，私生活被侵犯感的程度有明显差异，其原因亦出于此（见图 22-5）。

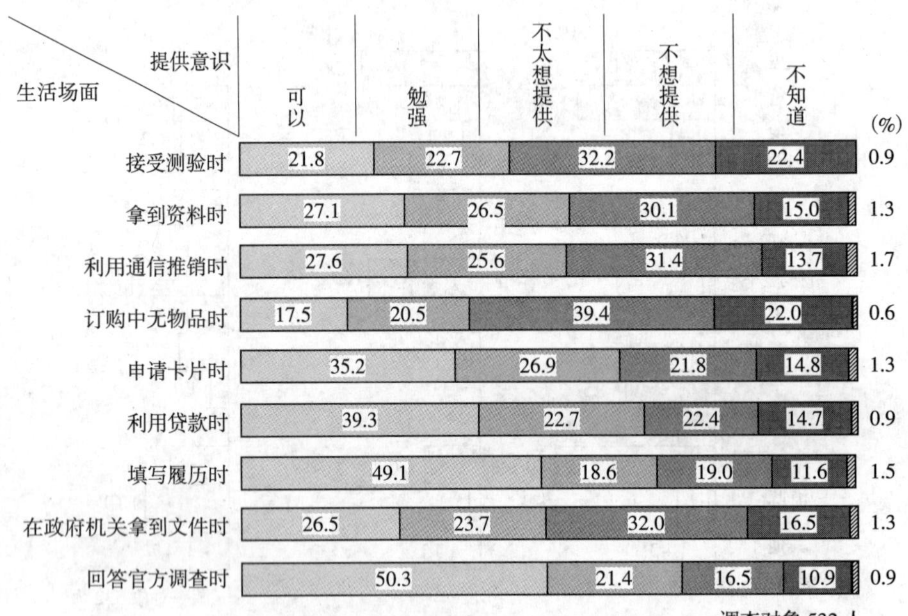


**图 22-4　生活中不同场合所见个人信息的提供意识**

**表 22-2　感到私生活被侵犯的时候**

| 侵害例 | 男性 | 女性 | 合计 |
|---|---|---|---|
| 1. 接到电话推销时 | 42.0 | 37.0 | 39.8 |
| 2. 接到邮件推销时 | 20.0 | 34.4 | 26.0 |
| 3. 接受民间组织举办的民意测验时 | 6.0 | 7.8 | 6.8 |
| 4. 邻居关系和传闻 | 8.0 | 2.6 | 5.7 |
| 5. 接受政府或自治体的民意测验时 | 6.0 | 2.6 | 4.6 |
| 6. 受到直接推销时 | 0 | 13.0 | 5.7 |
| 7. 金融机关的资料基础化 | 4.0 | 0 | 2.3 |
| 8. 其他 | 14.0 | 2.6 | 9.1 |
| 合计 | 100 | 100 | 100 |

调查对象 532 人

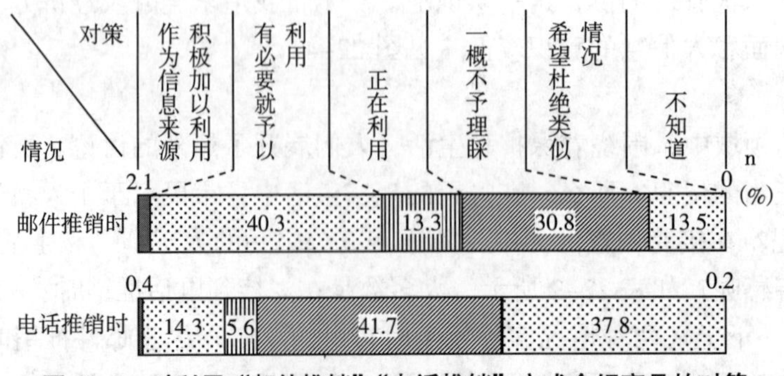


**图 22-5　对利用“邮件推销”“电话推销”方式介绍商品的对策**

**争取建立开放性的行政系统**

“原则上应该公开行政机关掌握的信息，使其成为开放性的行政”。这种意见似乎正在被人们广泛地接受。但是，尽管在观念上已认识到“开放性行政”应具备的形态，然而如何行使那种权利，以促进建设对市民更为方便的社会，似乎尚未得到人们的充分理解。另外，关于“开放性行政”和市民之间的关系，人们普遍期待由男性发挥“监督”作用，而由妇女付诸实践（见图 22-6）。

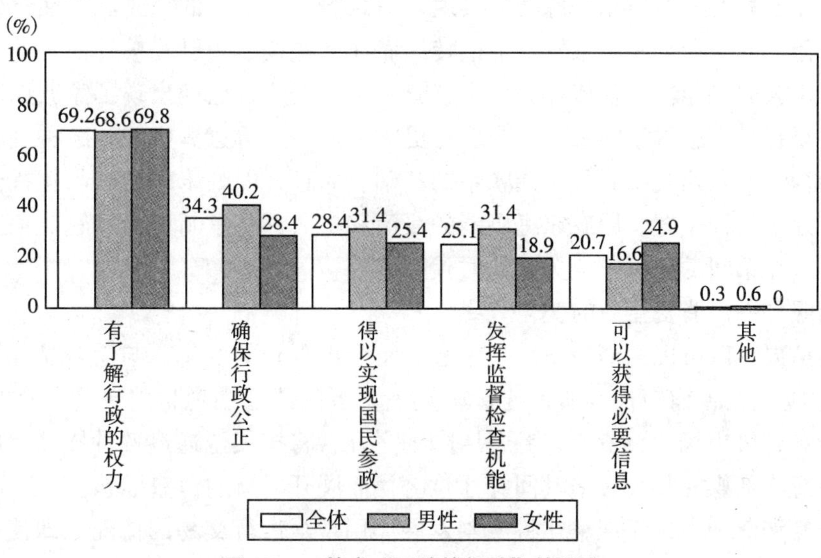


**图 22-6　赞成“开放的行政”的理由**

# 第三节　信息化社会的新型“医疗”、“职业”、“充实”①

## 一、在信息化中动摇的家族、家庭生活

**“相互补充关系”的淡化和再生**

随着信息化的进展，家族、家庭生活今后将会发生什么变化呢？坐在安装着各种信息设备的家里，只要面对终端机，就可以过上即使闭门不出也能够进行“家庭购物”、“家庭储蓄”的生活和保证“家庭安全”：只要有一个控制盘，就可检查住宅及其周围的所有防盗、防灾措施。……这种信息化的蓝图迄今为止已大量地被描述，并正在逐步变成现实。但是，不能够援引这种信息化的事例，断言说这就是因信息化而引起的生活变化。对因信息化引起的种种变化，可以采取接受、拒绝或逃避的态度。但今后的家庭生活将如何变化下去呢？

在各个家庭里，家庭机能的“外部化”今后将进一步发展。家庭成员之间机能性的依存关系，将会逐步淡化。饮食问题可不依靠母亲或妻子，而在外自行解决。室内清扫和木工活可以委托代理服务，有关子女的难题也可从信息服务中求得解答。……这种情况将不断发展，家庭中每一个成员共同拥有家这一共同场所，但各自又都外向性地扩大着生活空间。在这种情况下，被视为信息化目标之一的“家

① “医”、“职”、“充”恰好是日语“衣”、“食”、“住”的谐音。作者在此利用谐音法，意在说明信息化社会中人们关心的焦点已从“衣”、“食”、“住”发展到“医疗”、“职业”、“充实”之上。——译者注

庭××”这种设想，恐怕也难以把弃家出走的人们重新吸引回家庭。

此外，家庭还是世代相传生活知识的场所。在这里，作为信息的传导方式之一，年轻人就学于老年人。但是，在信息泛滥、多样化、专门化的发展浪潮之中，这种传导方式也在不断变化。在知识、信息以加速度不断增加的信息社会中，将更多地要求具备能够抓住最近、最新事情的能力和收集信息的能力。当然，不应轻视集个人长年经验和娴熟之大成所积累的信息，但老年人并不一定总能在信息方面对年轻人保持优势。在家庭之外，信息来源已多渠道，信息服务已十分的完善。从父母传继给子女的世代相传的信息转达途径，已经在某些领域发生了逆转。而在某些领域，已经被外部的信息服务所替代。由于这种古已有之的家族的机能性相互依存关系、补充关系的淡化，已经出现了家族崩溃的危机感。在这种情况下，想要恢复昔日家族联系的意识，今后将更为强烈。随着家庭机能和各种规范的淡化，人们将有意识地在更为精神性的东西之中寻找家族联系的基础。而且，面临未来的高龄化社会，作为生活的基础，家族、家庭将处于何种位置、原有家庭机能的复活和扩大都将重新成为问题。信息化社会也将是重新探讨夫妇、父子、兄弟间的新型家族关系的时代。

**从物质发展到服务——消费生活的变化**

由于信息化的结果，以市民的消费生活为中心，将会出现新的变化。与消费品和服务的流通环境发生的巨大变化相适应，无店铺销售等所谓连接末端消费者的流通渠道也将更为多样化。人们的日常消费，除了在小卖店和超级市场、百货店、专营店购物之外，将扩展至通过各种样品、电视、杂志等进行家庭购物。可以设想，新媒介将会参与其间并通过替代而展开崭新的消费形态。

此外，在整个经济活动中，无现金化将急剧发展。用现金进行交易的情况，即使在人们于流通阶段末端进行的小额购货行为中恐怕也将日益减少。

在这种变化之中，人们的消费重点正在从物质逐渐转移至服务。所谓教养娱乐费、教育费、交通通信费等与服务有关的费用的支出以及对信息的认识提高后，与信息有关的费用的支出将不断增加。至于商品，除其实用价值之外，其他各种附加因素将在决定购物时起到举足轻重的作用。购买更具个性的、符合自己生活方式和口味的商品的这种有高度选择性的消费活动将成为历史的必然。因此，各人建立具备自身特点的选择基准，具有为此而必备的正确的商品信息和商品知识，将愈益重要。

**“终生收入”的经济观**

消费者发生的变化，实际上不仅仅停留在消费形态的变化上，还将引起管理家庭收支的经济观本身的变化。只要手持信用卡，尽管嘴上说“现在手头很拮据”，却照样能够买东西。

作为信用卡的持有人，手头有无现金并不重要，人们将首先考虑他是否具有足以保证将来支付的经济基础。现代社会已进入了如不具备长期的时间观念就难以管理家庭收支的时代。在稳定增长型经济的状态下，未来收入的增长率在某种程度上已可以预测，加上对高龄化社会的社会保障的关心，正在培育着用“终生收入”的概念，以人的一生中得以运用的收入和资金，进行本人一生的经济设计的经济观。在高龄化社会不断发展，“自己的晚年属于自己”的情况下，加之小额利息的自由化、金融商品的多样化等，家庭收入的安排有必要适应于各种变化的要求。从单纯消费到收入增加、利益增值、减税，以及从日常生活的精打细算直至终生的经济设计，凡是能够对多元化、长期化的家庭收支管理和经济观提供对策咨询的信息都将愈益受到人们的青睐。

随着“消费活动”的新的展开，围绕着新型购销形态而产生的烦恼以及因顾客管理的进展而出现的私生活问题，已经被作为信息化社会的一大课题而为世人所瞩目。认识并充分地探讨这一新问题和新情况，在研究信息化社会的消费形态时，是非常重要的。

## 二、“教育”的改革和终生学习　信息化社会的新型“教育”

为了使未来社会成为一个更富于创造性的社会，培育能够掌握适应信息化社会的高度知识和技能的人才是不可缺少的一环，这要大大依靠“教育”的实施。为适应这种要求，在学校中已经开始 CAI（计算机示范教学）等借助于计算机进行的教育。目前虽然还为数不多，却呈方兴未艾之势。但是，教育的主要目的并不仅仅是培养具备适应信息化社会的知识和技术的人才，不是教育被卷入信息化的浪潮之中，而是如何才能使每一个人都参与信息化社会健全发展的活动，只有在这里，才能发现教育的真正价值。战后，在日本实现的工业社会中，作为支持社会活力的劳动力，需要大量具备一定的读写能力、掌握计算能力和职业技能的人才。而学校教育以能极大地满足产业界上述需要的形式，造就了大批勤奋、有礼貌、有高度学习能力的整齐划一的人员。然而，在当今信息化不断发展，迫切要求人们寻找新的对策的时候。这一模式所具有的僵化的一面已经成为需要解决的问题。在信息化社会中，比起历来整齐划一的人才，更需要有创见的、个性鲜明的人才。培养自由地使用信息、独立思考、表达、行动的人才，已经成为今后教育的任务。教育的完成也不只局限于学校教育。今后，社会将要求每一个市民不论是在家庭、在工作单位、还是在所居住的地区，都须终生学习和钻研。

**多样化的学习形式**

随着信息量的增加，终生教育的必要性不断提高，为适应这种变化，就会产生技术方面的对策。配合终生教育，引入私人电脑和在企业研修中使用的 CAI 一类新媒介设备的相继出现以及新型通信技术的发明，将不断地创造出超出原有学习形式的新型学习形式。例如，由于传真、私人电脑、指令系统等的出现而涌现出来的民间私塾和预科的教育形式，就摆脱了传统的寺子屋式教室，使在家学习成为现实。目前，传真塾、CATV 讲座等形式业已实行了。此外，在电视、收音机、电话和家庭录像机等信息设备普及的基础上，将研讨会和讲座等传导至一般家庭的社会教育也很盛行。在这些领域中，今后随着新媒介物的介入，可以期望出现更为高级的多样化教育。

**信息的集中化和系统管理**

让我们以全国统考的大学和应考辅导产业为例。国立和公立大学的统一考试是同时用同一试卷对全国的应考生进行考试，并统一由计算机处理考试结果，以方便各大学选拔学生。这一结果并不通知考生本人。但实际上，由应考辅导产业将学生的评分结果收集起来，通过计算机处理后计算出偏差值以及被各级别大学录取的可能性。这一结果将大学划分成若干等级并排成队，利用偏差值而逐级筛选，因此预测更为准确。在这种信息主导系统中，难道没有将要失却的东西吗？应考生并不是在充分考虑了自己的未来和目的之后才决定报考的志愿学校和学科的，而也许只能是根据计算机的指示和所提供的偏差值、资料来决定自己的终生。

人类若仅仅依赖计算机，遵从其指令，就容易忘记建立基于自己价值观基础上的自主性方针。这种情况并不限于应考生。不论企业还是一般社会，由于信息处理方法的缘故，而失去人类本身自主性的可能性愈益增加。利用新媒介教育手段和形式的变化与质变，是否会使偏重智育的筛选教育更加发展呢，因而有必要明确地把握信息化社会的发展方向。

**信息化对于人格培养的影响**

有人指出：人类只要处在和机械相联系的环境中，就无法开拓和发展比原来已由机械所体现出来的欲望和要求更高一级的欲望和要求。在这种情况下，人类为适应机械的存在和机能，决定生活方式，并在能满足机械机能的范围内进行自我生活设计。当社会被卷入前所未有的信息化浪潮之际，人类，特别是孩子们将会受到什么影响，被培养成具有何种特点的人呢？遗憾的是，迄今为止尚未对此开展过充分研究。就拿我们身边的电视来说，人们普遍认为，长时间看电视的孩子不主动、缺乏耐性。仅小小一个电视就造成了这种后果，因此在信息化浪潮强烈冲击的今天，人们所受到的巨大影响就可想而知了。

信息化的浪潮滚滚而来，在瞬息万变的社会中，带着疑问去努力理解，这一意识本身就是重要的。我们要重新振兴实施这种意识的教育。人们期待出现的是人类作为主体控制的社会，而不是人类被信息所支配的社会。信息和信息设备应该成为帮助想要了解宇宙间万事的人类的“工具”，教育的“工具”。

**为了提高信息识别能力的终生学习**

信息化社会是大量生产和流通信息的社会。在信息洪水、幻影的泛滥中不致迷惘，识别信息有用与否将变得更为困难。将想要获得的信息搞到手的方法以及将其充分利用的方法也逐渐变得难以理解。在此意义上，如果搞得不好，信息化社会将成为被信息所左右，但又得不到任何实际成果的一个不可思议的世界。为了避免发生这种事态，每个人都必须掌握能够主动地选择信息、决定本人行动的能力。这就要求开展包括信息处理程序以及信息的哲学和主体生存方法在内的广义的媒介教育。提高这种识别信息能力的教育课程理应被纳入义务教育之中。提供终生多样化学习的机会和场所也是很重要的。为完善终生学习所要求的环境，首先举出以下两点：

(1) 在学校教育，特别是义务教育中，教育不应只教授零星知识，而要使学生认识到为终生学习而应采取的态度和终生学习的重要性。

(2) 有效地将分散于各地的公民馆、市民会馆、图书馆、妇女中心、老人中心等各种设施用于当地居民的终生学习。在进一步开发利用各设施特点的终生学习的内容的同时，谋求通过信息将各种设施联网化。

另外，随着信息化社会的发展，对由于地区、辈分、各人能力以及收入的差距而造成信息差别扩大的担心将与日俱增。为使信息化社会成为与人类相适宜的社会，在实施终生教育的同时，必须探讨缩小各种差别的制度。

## 三、迎来新局面的健康、医疗事业

**建立包罗万象的医疗信息系统**

在平均寿命增加、人生被视为 80 年的今天，任何人都希望能够健康地、更有活力地度过漫长的人生。在此意义上，可以说健康、医疗领域的信息化尤为人们所关注。

观察信息化和健康、医疗的关系，可以举出的第一个例子是，以计算机 CT 扫描为首，运用最新信息技术的各种医疗设备正在使医疗第一线发生革命性变化。恰如其分地说，最新的医疗器械和快速检查处理等均得益于信息技术。

伴随着这种技术进步，医疗所发挥的作用还在不断扩大。不仅限于诊断和治疗、疾病的预知、预防、健康管理、早期发现、康复、重返社会、增进健康，而且将发展至无所不包的领域。尤其是今后，医疗必须能够适应高龄化社会和长期慢性疾病结构的变化。同时，仅以延长生命为目的的医疗已不充分，如何才能保障人作为一个体面的人生活和去世？已经到了改变医疗的终极目的的时期。人们正寄希望于建立一个全面支持人们的社会行为的医疗、保健体制。

**网络化的进展**

医疗和医学的进步日新月异，而且趋于更加高级化、专门化。因此，为了完善使从事门诊的临床医生可以在必要时刻简便地获取所需信息的信息系统，以便提高医疗服务的质和量，纠正医疗信息的差错，是极其必要的。为此，近年来，在日本和欧美完善医疗数据资料库的工作受到了特殊的重视，并获得了迅速的发展。

另外，已有人尝试将专科医生的知识作为共同财富在临床发挥作用。将专门知识输入机器设备、对医疗第一线选取信息的行为给予答复的系统（专家系统）也已经进入了试验阶段。

在上述医学各有关机构共同拥有、有效运用加速发展的有关医学、医疗信息的动向之外，医疗部门之间的网络化也正在进行。例如，使“图像电话”之类的声像媒介介入各医疗机构之间，使医生们在观察患者的同时，能够进行会诊的“远距离诊断系统”也正在实验中。这种临床医疗信息的收发、讨论以及病历卡的传送等医疗信息的交换，今后势必会得到进一步发展。而全国的整体医疗水平当然会因此而提高，更为地方带来极大的方便。即使在没有专科医生的地方医院、市镇医院就诊，也能够及时得到大医院专科医师的诊断。人们更期待这将成为缩小地区间医疗水平的差异及促使节假日及夜间就诊制度化的有效手段。

**支持市民生活的信息服务**

一般来说，从人们患病或感觉不适直到就诊治疗，要经历自身判断和选择的几个阶段。为此，需要考虑这样一种信息服务，它可以提供初诊、建议患者去适当的医疗机关和科室就诊等在一定程度上可以帮助患者做出正确判断和选择的信息。例如，通知我们哪所医院有患者所需要的专科医生的系统、指导应急处理突然事故的系统、提供市内药品出售信息的系统等。从 1984 年开始，在三鹰市开始实验的 INS 系统（Information Network System）如能实际推广运用，将来人们即使坐在家里，也可简便地聆听专家们关于健康管理的建议以及针对每一个人计算其所需的卡路里当量等。此外，住院时探听空床信息、办理住院手续等，亦可在家中进行。由于清晰的声像传送和发达的双向交流，支持市民健康和医疗的信息服务，其应用范围将变得更为宽广。

**家庭就医的可能性**

进入长期慢性疾病和高龄化社会，患者本人自不待言，家庭和医疗机构也都已经在大声疾呼家庭照料的必要性了。从平素检查血压、体温，直到探询、初诊以及就诊中的辅助检查，病后的照料，家庭疗养中与医生的交流等，家庭照料确实可以发挥很大作用。人们对此寄予很大期望。但是需要加以注意的，是这一体制的完备，包括出诊、出诊护理、入浴及饮食服务等社会系统，信息系统不过是其中一部分。因此，探讨家庭就医问题时，认为只需以利用媒介所进行的检查、诊断、治疗行为便可代替正常的医疗，这种想法是不正确的。尽管如此，利用新媒介进行自我照料和家庭照料的可能性确实可以大大增加。把在家患者的呼吸、脉搏、血压、体温等生理数据和图像一同传送出去，经过初诊，就可避免不必要的来院就诊和住院。此外，人们也希望能对在家患者的饮食疗法、恢复效果等给予指导。然而，将纸上谈兵的在家就诊付诸实施使其成为现实，尚有大量技术问题及社会问题有待解决。

另外，在实践中，尚存在着医疗机构是否能够对利用该系统的患者所选择的所有信息均可予以答复的容量问题，以及由谁负责、如何应付的所谓“接受”问题。还会出现有关责任关系、区别“医疗行为”及“健康讨论”行为界限的议论。可以说，由于信息化渗入医疗领域，肯定会重新引起为医疗行为再定义的法律上的问题。

## 四、提供就业机会和开发人的能力

**设法扩大就业机会和“综合就业信息系统”**

目前，被称为 OA 化、FA 化的机械化、自动化正在工作场所加速进行。这种 ME 化的进展是否真的可以使劳动者们得到真正像人一样劳动的机会呢？不可否认，在把人从危险的工作、污染严重的工作、有害于健康的工作中解放出来这一点上，它是大大有益于“劳动的人类化”的。但同时，在劳动的质和量中，又带有很多使其环境和市场发生巨大变化的因素。对于因 ME 化和信息化而产生的省力倾向，如何避免产生过剩劳力、如何维持经济整体的活动，这是今后社会的一大课题。此外，信息化的进展不仅在劳动的量的方面，也给劳动的质带来了变化。一方面，是在观察机器运转的同时按动电钮等，使工作趋于简单化、单调化。另一方面，是创造出了机械所无法代替的高度智力性、创造性的业务和需要高度工学知识的新领域，并呈逐渐高级化、复杂化的倾向。这就是所谓“劳动的两极分化”。对求职者来说，如何确保找到合适的工作；对招聘者来说，如何确保招聘能够应付信息化的人才，这些问题的解决将愈益困难。人们期望的信息系统，应该是既能够提供有关求职和招聘的信息，又能提供成为求职者职业选择指针的对不同职业的未来展望和职业内容、理想的素质、就职的必要资格、履历构成的实际情况等明确的综合信息的系统。通过利用这一信息系统，在更广泛的劳动力市场中，合乎求职者情况和生活条件的雇用形式的开发，以及雇用的相对稳定和流动都将变得可能。处于职业结构和业务内容多样化的浪潮以及劳动市场的变动中，有关雇用和职业的信息，对于谋求劳动力供求的有机结合是非常重要的。

同时，必须将通过培育超越扩大的第三产业和地方特产产业以及现有产业桎梏的新兴产业、吸引外埠企业等而创造新的雇用机会作为全社会的课题来加以研究。

**充实职业技能训练与教育**

为了在维持社会的活力、确保雇用稳定的同时，使劳动者们能够过上充实的职业生活，每一个劳动者都必须成为永远可以满足社会需要的人才，勤于自我钻研、自我启发。建立一个在整个职业生涯中超过以往的、能够在必要的时候接受必要的教育和训练并适当地考虑开发和提高职业能力的体制，是人们殷切期望的。不论政府或民间，在整顿扩充教育训练体制、改善训练科目、充实内容、提供信息等的同时，就支持劳动者本身致力于自我启发的意义而言，完善和普及有薪教育训练、休假制度和赞助制度，也是人们所期望的。考虑到今后预计会出现劳动时间的缩短和业余时间的增加，以及“终生学习”时代的来临，就应该探讨在必要的时候能够自由出入于学习场所和工作场所的有弹性的就业就学制度。

**就业形态的多样化**

在信息化、经济服务化、企业活动多元化以及求职者需求多样化等发展潮流中，以与过去截然不同的方式从事劳动的人不断增加。其形式多种多样，有“勤工俭学”、“零工”、“公司派出”、“委托”、“注册职工”等。在企业追求省力化，劳动者的单位化，经济的服务化，以及谋求把对技术革新及需求的变动依赖于外部劳动力，并予以强化、补充等诸多倾向的影响下，以劳动为中心的信息化正以与各种局面相适应的形式发展着。

同时，在信息化社会的蓝图中频繁出现的“在家上班”和“靠卫星办公室工作”已经在一部分职业中开始实现了。由于使用了新媒介预备，特定的劳动的空间框子正在逐渐被打破。就职者的劳动条件和工资体系、劳动时间的管理问题等社会问题尚未解决。但是可以预想，在家上班用信息设备，将会因文字识别、图形处理、标准的汉字处理、声音输入等的实现而逐渐高级化。从技术上来讲，在家上班的范围将大大扩展。那么，人们将从“上班”和“一定时间的集中性约束”中解放出来，不受空间、时间及身体条件制约的新型劳动方式将成为现实，新型人才将大显身手。

**确立新型“工人”形象**

现在，人们的意识并不满足于已有的丰富物质，而是面向更为丰富的物质发展。就业的意识也不断产生强烈希望健康与安全，丰富的人际关系、磨砺和提高本身能力的新型劳动观念。劳动者本身把劳动的机会和地点与自己的终生设计、生活设计及个人的生活方式直接联系起来，主动地选择和决定的情况将日益增加。另一方面，在产业社会中，运用技术的非人类化也每时每刻在进行中，人类也许要成为机器人的助手，这就是现实。未来社会中，在技术的引进及工作空间的重组之际，劳动者本身必须具备监视、控制的监督作用和热情，在完成克服劳动异化、增加业余时间、应用人类工程学、心理卫生、追求理想的人生履历的职务编制等目标的基础之上，作为新型的“工人”，积极地改变自己的形象。

在劳动者应具备的技能和熟练程度发生了变化、职制和体制发生了变化、期待开发新的能力和以劳动为中心的巨大潮流中，也包孕着产生新的利害关系和弊端的可能性。而且，经济的服务化和ME化，在机器的引入和作业编制方法方面将会有更大的灵活性，劳动者主动参与工作的可能性也更大。形成新型“工人”对自己的职业生涯、职业生活积极发表意见、能够有效地应付广泛且多种需要的、有弹性的、富于机动性的网络。人们期待这一网络不应仅仅停留在“保护”劳动者们的生活及权利的消极结合的水平上，除了积极开拓，致力于职业技能教育和训练之外，还期待它能发挥信息交换和介绍工作等其他作用。

如前所述，随着劳动者发生的各种变化可能会产生一些不容乐观的因素。关于机械、设备等作业环境，目前尚未充分考虑劳动者的负荷，今后改善机器本身的构造、配置、使用方法等将是迫在眉睫的任务。关于雇用及劳动的各种条件、组织、劳务管理等，也应按充分发挥“人”的作用的观点，重新建立“与人相适应”的劳动状态。以技术革新为主导的信息化的巨大潮流，必将促使劳动变得更具人性。而且，也应该使各种不同身份的劳动者均能平等享受因信息化的进展而带来的成果。

## 五、开发利用业余时间实现真正富裕

**充实业余生活的关心不断高涨**

经过经济高速成长时期，我们的生活水平提高了，建成了物质充足的富裕生活。今后，在社会整体的信息化进展中，将出现逐渐减少家务劳动的时间和工作时间、增加业余时间的倾向。这也可以说是社会信息化潮流的强烈要求。例如，工作场所的信息化，使人们从肉体疲劳中得到解放，与此同时却带来了精神压力和紧张度，即所谓的“技术压力”等容易增强的劳动环境。与“工业化”时代所必需的肉体休养不同，开始要求精神恢复和肉体恢复并重。业余时间和业余活动所具有的意义和必要性必将不断提高。

而且，业余时间增加的趋势，同样也体现在人的整个生命周期的总体长度上。平均寿命的延长，尤其对妇女而言，因孩子数量减少、育儿时间缩短等因素，所谓“人生的业余时间”也不断延长。目前，人们关心的焦点已从过去的衣食住行逐渐转移至业余生活。

在这种情况下，人们如何充实业余生活呢？这已逐渐成为生活的一个重点。业余时间的消遣方法，已变得更富于变化，对于为使每一个人均能愉快地度过更充实的业余生活所需信息的需求也大为增加。在电影和戏剧、音乐会、体育、旅行等各类事物及新兴企业等接连不断地被筹划、被提供的情况下，摄取与选择其中任何一项有关的信息，已成为目前度过充实的业余生活所不可缺少的了。新媒介作为代替过去的市镇信息刊物和报纸、杂志、自治体的宣传品、电视以及街头的招牌、广告等媒介所担负角色的新的担当者，被人们寄予厚望。当然，对新媒介的期待不仅局限于作为提供信息的新手段，除了即使闭门不出也可进行预约、发券之类服务的家庭预约之外，人们还希望它能够成为支援市民业余活动的自治体与市民相结合的交流媒体。

**新型媒介是具有创造性的媒体**

那么，在今天和未来，信息化将为人们带来什么类型的新型业余生活消遣方式呢？

概括地说，将有两种新的扩展。首先，过去已有的业余生活消遣方式将因信息化和各种信息通信设备的应用而发生质的变化，焕然一新。其次，人类同信息通信设备的接触本身也将成为业余生活消遣方式的一种。

为了说明这个问题，不妨让我们以身边的通俗音乐为例。80 年代初期，自美国的 MTV 开始举办 24 小时连续播音的音乐和商业推销宣传录像节目以来，日本、美国、西欧各国的通俗音乐的水平有了大幅度提高。只要是与 MTV 一类以新形式流传的音乐有关的信息，已逐渐变得无国界可言。作为业余消遣，人们平素喜好的音乐鉴赏和信息享受，其范围之广已达到与海外的音乐会及现场转播相联结的程度。而且，信息化也将要给以这种业余消遣活动为基础的“人类交际”带来新的天地。如同人们所指出的，人类相互间的交流与以前相比也将从“地理范围”转为“知识范围”，即将更多地在人们的共同关心和追求的基础上进行。这将促进在同一方向架起天线、对同一信息做出反应、能够交换彼此所关心的信息的人们之间结成“朋友”关系。这种由信息的共有关系构成业余生活“交际”范围的情况，正在年轻人中间不断扩大。在私人电脑通信的小圈子里，在被限定的小集团内部，共同拥有特殊、专门的信息，组成紧密的交流渠道，就是一例。

近年来，在孩子们游戏的王国里出现了“家庭计算机”热潮。这是私人电脑即信息通信设备本身的“玩具”化现象。然而，人们对于处在成长期的儿童独自摆弄计算机，沉溺于虚幻的游戏王国中的现象抱有许多疑问。认为这将培育缺乏真正感受、孤独内向、缺乏人际交流能力的一代。此外，专家还指出：长时间目不转睛地盯着电脑游戏机的屏幕，会引起视力衰退等，对身体产生不良影响。对这些担心和悬念暂且不提，现实是计算机攫住了孩子们的心，完全渗透进入了孩子们的游戏王国。孩子们通过计算机体验未来世界，为达目的，不怕反复出现错误，极有耐心地一一应付。这种具有吸引力的体验是以前的孩子们难以体会的，似乎也是一种挑战。

**创造业余时间并在人生设计中加以利用**

那么，在今后信息化社会的结构中，在市民们的业余生活中，会出现哪些趋势或可能性呢？

如果把“时间”作为市民业余活动的首要资源，那么增加业余活动时间的倾向将持续下去。围绕着家务和工作的活动将因信息化及其他技术的发展逐渐地合理化，而家庭将逐渐外部化也是使业余活动增加的一个因素。另外，从市民本身的意识来说，也不希望从事长时间的连续劳动。想利用新的媒介体和各种服务，干脆利落地处理日常事务，并因此而积极地挤出业余生活时间的意图将愈益强烈。此外，在本来并不属于业余生活时间的时间带中，为充实业余生活消遣的内容，将开展电视节目的预定录像以及委托外部服务安排旅行日程等辅助活动。其结果，将使人们在增加“可支配”时间的同时，不断相应提高整体时间分配中活动的“密度”。

在工业化社会中，人们谋求在生活中更为有效地、充分地享用工业化社会给人们所带来的恩惠——丰富的物质，并由此而实现一种舒适的生活方式。为了使人生更为充实，现在人们将谋求在各自的生活和有生之年中，更有效地、充分地享用新的社会所给予的恩惠——业余时间。

## 第四节　确立走向开放社会的准则

### 一、保护私生活和信息公开

**巨大的信息系统社会的出现**

信息化社会的最大特征是信息的质与量、流通速度及其机能的急剧增加和扩大以及由此将给市民生活带来的巨大影响。就这一点而言，信息所具有的意义之大是过去的社会所无法比拟的，围绕信息的利害关系也更为复杂和多样化。为数众多的人得以通过种种形式利用信息、并能按其所需选取信息的社会，即是一个拥有庞大的信息系统、并在此基础上从事一切社会活动、使其本身更多地依赖信息的社会。因此，在这种社会中，主要将发生下述两个问题：

（1）社会系统本身的黑匣子化（封闭化）。市民作为社会主权者，有责任参与的社会活动有可能被排除在外。针对上述情况，市民如要追求“知晓权”，如何使“信息公开”制度化将成为问题。

（2）如何处理被卷入巨大的信息系统之中的个人信息。现代社会，不以个人的意志为转移，在市民生活的不同侧面，个人的私生活是由外部信息系统的活动所支持的。因此，在此情况下保护每个人私有领域的想法将愈益强烈。根据“保护私人秘密”这一概念的含义以及目前个人资料被大量收集、处理、利用的实际情况，今天人们正积极地重新要求“掌握本人私人资料流通的权利”。

**尊重围绕信息而出现的“人权”**

“公开信息”和“保护私人秘密”，均是构成信息化社会基础的重要课题。两者在确立围绕信息而出现的“人权”这一点上，处于同样重要的位置。所谓信息公开，一般地说，是要求公开所有信息，进一步说，它具有参与或控制行政主体的决策的含义。另一方面，保护私生活秘密的权利，就是掌握与本人有关的私人信息，并通过自身管理加以控制的权利。

有必要将“公开信息”与“保护私人秘密”都作为信息化社会中市民的新的人权重新加以掌握。当然，必须排除因公开私人秘密而不适当地侵犯人权的现象。但是，从民主政治的基点出发，为防止产生贪赃枉法等腐败现象，参与国政决定过程的“公务员”，其一言一行都必须受到主权者——市民们的充分监督。在此意义上，“保护私人秘密”的对象不包括“公务员”。除了这种因职务不同而造成的待遇差别之外，在现实生活中，基本不需要调整双方权利冲突。最好是探讨如何从法制上把两者统一起来。

## 二、等候市民利用的“信息公开制度”

**《信息公开法》的制定和条例的充实**

人们常说，信息公开是一种需不断改善的制度。为了保障市民的“知晓权”，它必须如此。尤其在日本，信息公开处于刚刚起步的阶段，今后需要加以改进和完善的方面还很多，其中，信息公开的制度化问题，国家目前尚未着手进行，而地方自治体似乎已先走了一两步。

但是，仅仅公开地方自治体所拥有的信息，尚不足以充分保障市民的知晓权。国家必须面向未来着手制定《信息公开法》。而且，从促进国家制度化的角度出发，也期望《地方自治法》中能不断增加有关信息公开的条例。当然，不能认为制订了条例就万事大吉了。人们还强烈希望通过扩大请求权者及信息范围之类“信息制度的基础”等工作，充实和运用上述法令和条例。

**积极利用信息公开制度**

目前，正在制定的《信息公开条例》很不全面。因此，实际上对市民的活动极有价值的信息并不一定都能搞到手。但是，如果市民不能面向未来利用已经制定的信息公开条例，那就是市民自身的问题了。现行的制度尽管尚有一些不足之处和未解决的问题，但只有敢于积极地利用这一制度，才能够具体弄清其适用范围及问题所在，并加以改善。培养能够充分利用这一制度、具备选取有益于市民的信息的能力和素质的市民，将是今后的另一个课题。不过，在巨大的信息旋涡之中，人们容易丧失辨别信息价值的能力。托马斯·格雷厄姆的“劣币驱逐良币法则”，也许亦适用于现代信息市场。在信息过剩之中，不能让市民丧失真正地自我谋求重要信息的主体性。享受权利的同时也行使这一权利，从而也就产生了对建立更美好的社会做出贡献的义务。

## 三、独立的私人信息和保护私人秘密

**个人信息的利用和市民生活**

随着从商品大量销售的时代过渡到少量销售的时代，用同一方法大批量生产的商品滞销了，多样化的有个性的商品开始深受欢迎。个性化带来了商品的多品种，小批量化。面对这一趋势，为确实把握消费者的多样化需要，产业界及各类企业将会做出努力来促进收集更为详细的私人信息。

另一方面，行政机关为应付市民的多样化需要，也将会更大量地储集私人信息。一个人从呱呱坠地到走完生命的历程进入坟墓，如此详尽的私人信息将被行政机关所储集，其数量之大是民间所无法相比的。对于希望得到行政方面所拥有的私人信息的民间企业，好不容易向公务员做出的保守秘密的义务，只不过是刹车装置而已。

私人信息现在已好像是金蛋。不仅每一个企业都在自己公司的内部收集利用私人信息，而且已经形成了专营收集私人信息的产业。它们利用各种手段收集花名册和私人信息，对其加以整理分类，使其具有附加价值后再卖给其他企业，或者收集合乎企业口味的私人信息。这种私人信息产业目前生意极为兴隆。私人信息成为商品，从而使个人受到侵害的现象近年来急剧增加。在本人毫无知晓的情况下，私人秘密或被收集，或被不择手段的商人所利用，或招致意外的结果，类似事例不胜枚举。但是，在今天，若想享受舒适服务和方便，一概拒绝提供私人信息是不现实的。而且，从行政需要而言，也不可能一概拒绝提供私人信息。现代就是一个不论个人好恶如何也不得不提供很多私人信息的时代。

**电脑化、线路化的进展**

信息化社会是包括私人信息在内的各种信息的流通骤然增加的时代。这一点人们已反复强调。大量的私人信息被行政机关或私人单位所储集，并被提供利用。可以预想，其结果，由计算机所创造的人的形象在涵盖市民生活的一切情况下都将成为决定性的因素。

例如，通过在工作场所设置的 ID 卡片和监视设备等 OA 化、电脑化的手段，作为私人档案，雇主可以收集姓名、住址、出生年月、保险号码以及纳税者号码、收入、病历、出勤情况、工作业绩评定，还可以收集劳动终始时间、休息时间、每分钟的按键次数、修正次数等实时实地信息。这些若作为社会系统而发挥机能，人类的工作空间就一定会遭到破坏。另外，由于双向家庭信息系统的普及，也不能排除电脑的操作者或其他第三者利用与个人的视听习惯、旅行、储蓄、购物行为等有关的私人信息的可能性。美国已制订了防止这种事态发生的法律。监视装置和监控系统也备受福利事业和医疗等各方面的青睐，成为与私人秘密相关联、必须慎重地予以对待的问题之一。此外，特别需提及行政机关所拥有的资料库的扩大和合并将给人类带来的威胁。资料库的联网化无疑将极大地提高信息的质量，但如果因这种合并和扩大进一步促进了私人信息流通、集中管理的发展，社会将带来使自身遭到更大破坏的潜在可能性。

**网络化的进展和再利用的限制**

在电脑化、线路化进展的同时，各行政机关、一般企业等所具有的私人信息的网络化也将有所进展。对打算储集信息的一方来说，由于实现了网络化，简单的操作便可调出大量的、广泛的、质量更高的信息。

就一般企业而言，进入经济稳定成长时代，由于私人信息的收集、运用如何将极大地影响企业成败，所以应及早动手开展网络化的准备工作。另外，行政机关各省厅、各部门各自拥有的私人信息系统如果一旦实现一体性的网络化，这种囊括个人的家庭生活、职业生活及人生的信息将变得更有价值。在此种网络化的背景下，限制私人信息的再利用就成为第二个大课题。对于私人信息的收集、管理、阅览、修正等所制订的各种规章，如果仅适用于私人信息的第一次利用是不完备的。如何给网络化设置适当的安全装置？如何规定私人信息再利用的限制？这些都是亟待解决的极为重要的课题。

**提议设立“信息监察官”**

为维护信息化社会中市民的基本人权，为逐步使保护私人秘密和要求公开信息的权利获得应有地位，并发挥实效，建立一个对私人信息的再次利用加以限制、监视封闭化信息系统的制度是很有必要的。为此，建议设立与立法平行的、引入监督信息流通的“信息监察官制度”（暂定名称）。

“信息监察官”具有作为保障基本人权的堡垒作用和机能，在法律上亦有正当权利，是信息社会的监护人。也许可以视其为在信息社会中具有与新闻界、各报纸杂志中监督行政机关言行的公众信访处理人员相类似职能的人。创设这一网络化的监控系统，是今后使信息化社会得以健全发展的一个基本条件。

### 四、与已建立的国际性规则相适应

**国际社会中的日本**

在欧美发达国家中，瑞典、丹麦、挪威、美国等已拥有完备的适用于信息公开和保护私人秘密的法律体系。此外，在芬兰、联邦德国、法国、加拿大等国，也已经完成了公开私人信息和保护隐私的法制化。而日本则是在上述任何一方面都未实现法制化的为数不多的国家之一。经合组织（OECD）自 1974 年以来开始着手研究保护隐私的对策及资料的国际流通问题，并呼吁各成员国对此予以注意。这是近年来公开私人信息和保护私人秘密的法制化在国际范围内不断取得进展的起因之一。

1980 年 9 月，OECD 表决通过了《关于保护私人秘密和私人信息国际性流通方针的 OECD 理事会建议》。日本也参与了表决。建议和决定不同，它对各成员国无法律约束力。但是，既然参加了表决，则被认为参加国起码表明了要采取必要手段使该建议得以实施的态度。日本对国际社会迅速实现法制化负有道义上的责任。

**对私人信息自由流通的限制**

信息的自由流通有时可能会侵犯私人秘密。然而，如果因此而阻碍信息的自由流通，就是因噎废食了。为保障信息的自由流通，必须探讨保护私人秘密的有效途径。在全球范围内，保护私人秘密的法制化建设虽比信息公开的立法起步晚而却率先一步完成，其原因盖出于此。特别是，为使信息超越国境自由流通，有必要制定通用于世界各国的保护私人秘密的统一规范。上述 OECD 的"方针"就是对此做出的规定。

另外，在这一"方针"中，作为对私人信息自由流通的合理限制，承认各成员国有权"在本国保护私人秘密的法制中做出特殊规定，对于其他成员国未像本国一样给予同等保护的一些私人资料，可以限制其自由流通。"因此，以日本是法制不完备国为理由，将日本排除在国际性信息自由流通之外的担心不是没有根据的。作为国际社会的一员，我们必须跟上国际潮流，在国内迅速完善能够适应未来社会的体制。

## 第五节　新的参与型社会发展的萌芽

### 一、网络化的新潮流

计算机的普及方兴未艾。稍不注意，人类将被计算机所驱使。但另一方面，信息化社会中也出现了使用计算机把市民们相互联结起来的各种网络化系统的尝试。这些活动虽然尚未超出实验阶段，但可以看成是新的参与型社会发展的萌芽。在此，让我们从可以称之为先驱者的美国的市民网络化建设以及日本市民阶层的动向入手，展望网络化的新潮流。

**伯克利的美国市民网络化建设**

在加州大学所在地美国伯克利市，正在开展名为"地区（公共）存储器"的市民运动。这一运动被形容为"确立弗里斯比奇运动（伯克利的大学斗争）精神和硅谷技术相结合的大众性交流、媒介物"的运动。它计划在人流集中的公共场所设置终端设备，运用计算机通信开展市民间的交流。尽管在日本的街道上也屡屡可见录像机桌子，但终端机上仅仅播映观光和生活信息。与此相比，"地区存储器"是得以在实地自由输入个人想发送的信息、进行双向交流的媒介物。在这一点上，两者的出发点截然不同。

伯克利的这一运动始于 1973 年。据说，在邻近城市地区安装了 3 台计算机终端设备，在 14 个月的实验期中，输入了 8000 条信息，其使用率占全部开机时间的 70%。

目前，在伯克利市内泰莱古拉夫·科波（生协店铺）、拉·皮纳（中南美人经营的音乐酒吧、饭店）、沃鲁·阿斯·阿古塞斯（处理品商店）等三处设置了终端机。这三个地方均是普通市民经常出入的地方。购物的人们处于轻松地接触的气氛中。终端机附有全部按键盘，可以自由输入本人想发送的信息。输入的内容有二手货交换信息，“本人想开车去洛杉矶，是否有人愿意和我对半负担汽油费”的征询，以及批判里根总统星球大战计划的长篇大论，形形色色，应有尽有。每一条信息还有对此附加的各种不同意见和评论，在“电子留言簿”上持续展开市民们对各种事物的热烈议论，这种满足感是这一运动的特点。

“使用‘公共’终端机的目的在于保障没有私人电脑的大多数市民从计算机中选取信息，促进、完善人与人之间的‘终生交际’。”这就是之所以要在终端机前加上“公共”一词的动机。邻近几个城市的一些市民团体对“地区存储器”颇感兴趣，已经在着手准备采用了。

在建设由市民媒介相维系的城镇时，应该考虑同一个城市至少应有两个市民频道调频台（KPFA 和 KALK），向市民提供新闻和音乐。另外，地区的 CA 电视台应转播市议会议政的情景。“地区存储器”就是这种市民性的创造媒介运动的一个延长。当然，这一运动具有顽强的谋求选择的意图，这是其发生的原因之一。我们从中得到的启示是，市民阶层充分利用电脑的计算机文化也许将在此产生。

#### 在日本已经出现的市民私人计算机网络

在日本有一个自称“Place and Alternative”的市民组织，它成立于 1985 年 12 月，以“另一个社会……，另一种工作……，另一形式的贸易……，另一种媒介物……，另一种教育……，另一种思维方式……，另一种生活方式……，另一个日本……，以及另一个地球”为行动口号。它的成员平均年龄在 27~28 岁，其股东为 15 人，其中固定工作人员 10 人，临时性工作人员 4 人，另有一名律师担任监查人，总部设在东京目黑区。该组织最引人注目的活动是计划把市民阶层的网络化作为走向世界的手段，积极运用私人电脑通信，与世界各国开展活跃的信息交流。这一尝试是想超越人类的职衔、地位、年龄、性别等障碍，进行纯粹的交流。不受现有的地区社会和组织的限制，作为地球市民的一员，参加建设另一个网络，用和左邻右舍闲聊的心情去和地球另一面的人们交谈，更为切身地考虑地球上的事物，这就是该组织的宗旨。

在名为“电子村”的独立的私人计算机通信系统中，其通信服务内容有下述五项。

（1）旅行导游所：电子村观光地的导游。

（2）村公所：管理村民户籍的机构。

（3）商业街：电子广告牌显示人们感兴趣的通知。

（4）会议室：召开众人相互交流的电子会议。

（5）邮电局：一对一的信函交换。

内容虽不多，但确乎说明了在美国和日本，已经掀起了建设以市民为主体的网络化的新潮流。随着今后信息化社会的不断进展，大概会不断地开发出积极运用计算机、创造出新型市民联系的系统。而且，现在的计算机文化将第一次真正有可能成为市民的附属品。

## 二、在刚柔相济中成长的新产业

#### 充分利用个性和感性的新时代产业

从重厚长大到轻薄短小，现在的时代正在将其关注的重心从有形的物质转向载有无形的智慧和思维的信息软件。

从 1984 年时起，社会开始被称为“消费时代”，围绕着“消费”的议论十分热烈，创造出了“消费的个性化”，“感性”，“分众”，“少众”①，“柔软的个人主义”，“经济的软件化”，“知价革命②”等新名词。过去的大批量生产型的企业组织，已无法适应这种消费的多样化、个性化现象。供给方为要适应需求量小、分散化的市场，不得不以多品种小批量生产来面对现实。这种经济的软件化、服务化的社会变化动向动摇了个人生活和企业经营，产生了原有企业无法覆盖的空隙。包括大企业在内的产业界，不得不对应这种需要而向新的经营体制转换。这包括公司内部的风险投资和与其他企业的融合等形式。但由于大企业组织僵化，并不一定能够完全适应上述要求。莫如在中小企业，由具有能够敏锐地捕捉需求动向的感觉和实施力的企业家来开拓、扩展新的产业。

以面向个人及面向企业的服务产业为中心，各种形式的“新产业”的出现，正好与旧有基础产业的衰退和低成长情况形成了强烈对比。技术革新，创业资金的小额化以及形成资金易于集中的环境也是促使这种新产业不断出现的主要因素。其中，以信息服务为中心，妇女们的行动引人注目。不受迄今为止的以男性为中心的固定价值观的约束，能够如实地充分利用女性独特的感觉和智慧开辟新的天地，这可以说也是信息化社会的特点之一。

**把新产业作为地区信息化的核心**

不能否认，新产业是城市型产业。然而，在地方上，以地区的信息化为核心，刚柔相济的新产业已初见端倪。例如，在 NTT 民营化的同时，出现了大大小小、形形色色的新服务产业。其中，由妇女们从事的、作为地区性产业的有费号码查询和集会活动等的通知一类的号码盘服务事业化已从实践上证明了新产业在地方上的发展前景。如果使用者高兴，付出劳动的人感到了工作的价值，它就将成为地方上的活力。即使不是高收益的事业，但只要对社会是必要的、重要的事业，就有可能在信息化社会中将其企业化。如果符合人类口味的有趣的工作在人们周围大量地出现，并创造出雇用的机会，这也必将有助于地区的活跃。人们原本就对信息化担当使中央集权向地方分散化的角色寄予极大期望。打破人力、物力、财力、信息集中于大都市的旧框框，使地方产生活力的方法，并不在于多少兆日元金额的大规模项目的吸引力，而是从重视与信息化有关的微小可能性这一点开始的。

## 三、地区的新核心
## ——生活信息中心

**和市民生活息息相关的信息网络化**

在未来社会中，在各地区、各地缘社会中，信息将发挥巨大作用。通过信息而建立的联系将占有很大的比重。有必要进一步发展可以使市民在市区町村等不同共同体、不同层次上易于利用的信息系统。

支持这一共同体的是在此提及的生活信息中心。该中心的机能有：①支持共同体的生活。②提供生活信息。③提供和开发以参与和接触共同体生活为目的的各种项目。

最近，在国家的各省厅及自治体各级机关，在设施内设置利用新媒介的“提供信息”和“交换信息”的专用场所的尝试不断增多。然而，这就往往容易使这种场所变成为信息通信的设备中心、产生硬件先行的情况。为了使其不仅仅作为设置新媒介终端的场所，而且要有效地发挥作为收集、更新、提供信息的操作基地的机能，必须具备包括培养人才在内的、完善一整套基层机构的观点。

此外，从各自治体信息服务的现状中可以举出下列例子：

（1）尝试通过铅字、电波、电话等许多媒介开展信息服务。但是，目前信息的提供仅仅停留在单方

① 分众、少众指因信息化社会的来临，大众将被分割成更具个性化的不同群体。——译者注

② 指今后人们将充分认识到软件知识的价值，从而引起的观念更新。——译者注

传送的水平上，在自治体的宣传刊物上虽然能看见其作为市民的情报局的作用，但大多并不同时具备信息的收集、存储和交换场所等跟踪机能。

(2) 信息服务仅限于当事人之间、一次性结束。而缺乏对其他市民的综合反馈以及与其他部门的网络化和对其他部门的反馈机能。

(3) 就内容而言，尚未能充分完善收集与生活有关的各种信息的机能，在服务时间上，也尚未形成进行夜间或假日等适时、周到服务的系统。

**充分利用信息化建设城镇**

人们期待未来的共同体信息中心将发挥不仅仅提供信息，而且由于作为交流中心，还要培育新的交流、发送来自市民观点的信息的社会作用。因此，这种中心需要具备建设并经营信息交换的场所和积极支持市民文化活动场所的机能。

(1) 提供不是以新闻界为对象，而是以私人为对象的信息服务。

(2) 不仅具备信息的“提供、发送机能”，而且具备信息的“收集、接受机能”。

(3) 作为信息系统，在确立人类介入型的途径及为此而设立窗口的同时，引入构成资料库、网络化基础的新媒介。

(4) 信息内容，在已有的行政信息、交谈等之外，广泛地处理地区内的生活信息、文化信息。

(5) 在开展全部信息活动的同时，成为市民和行政间联系的窗口和网络化的据点。

建立满足上述条件而且充分利用地区的特性、紧密地与生活相联系的信息据点是人们所期待的。正因为信息化是一个对本地有建设性影响的问题，地区的原有状态将因信息化而发生变化，所以才得以把信息化作为市镇建设的手段而加以利用。

## 四、结束语

理想的信息化社会如同生存中的生物体：通过线路化的神经系统将信息传导到各处的细胞，每一个细胞的活动使全部机体产生活力，并形成了协调的生命活动。

“Holonic” 这一个单词，表示“局部和整体的平衡”，最近被人们频繁地使用。局部和整体的协调，作为人类的理想始终贯穿于人类的全部历史中，特别是在信息高度集中、管理社会化已成为问题的日本，这个课题尤为重要。也可以说，日本这一个国家本身就具有独特的“局部和整体的平衡”。

现在，日本的技术革新迅速发展。信息化社会往往容易给人们留下硬件先行的印象。正因为如此，人们已指出不适应机器者的出现、过度依赖信息的人群的增加、管理社会化、信息差别的扩大等不良影响，并寻求解决的途径。但是，若把日本社会全体作为一个有生命的机体，每个人均自律性地行动，而作为集团同时又具有统一性，似乎已有整体和局部间的信息反馈循环、“信息处理的整体和局部的平衡”。

同时，日本的技术文明冲击着欧美为首的世界各国，产生出了种种摩擦，这也是事实。不仅在日本国内，而是以国际社会为“整体”，不断去创造“整体和局部平衡”的系统，这将是对未来日本的要求吧！

# 第23章　终生学习

**研究成员**

独协学园理事长、前日本学术振兴会理事长　**木田宏**
武库川女子大学教授　**新堀通也**
国立教育会馆社会教育研修所专职职员　**井上讲四**
广岛大学教授　**佐佐木正治**
滋贺大学教授　**住冈英毅**
（财）日本余暇文化振兴会主任研究员　**濑沼克彰**
大阪大学副教授　**友田泰正**
鸣门教育大学副教授　**伴恒信**

（在本项研究过程中，承蒙芦屋大学教授**小笠原晓**、大阪大学基础工学系系主任**藤泽俊男**提供了意见。另外，本报告虽由全体研究成员分头执笔，但最后的总执笔是由**木田宏**和**新堀通也**担任的）

**秘书处**

（财）关西信息中心

## 第一节　日本式终生学习的特征

### 一、传统特征

为促进终生教育或终生学习的发展，很有必要回顾一下日本的历史与传统，发掘传统的学习观与教育观。这样才能真正发扬日本式终生学习的优秀传统，克服其不足之处，有利于逐步形成当代的终生学习体系并使它在日本社会中真正扎下根来。在这里，注重的是日本引进现代式学校制度以前就有的传统特征，并逐项加以探讨。

**天资与勤奋**

日本室町时代初期的能剧作家世阿弥在他的名著《风姿花传》中写道"不传无天资者。"即使是一个孩子，如果没有天资即才能，也绝不把追求能乐[①]的重要家业传给他。有无天资，是教育的前提条件，因此，不仅限于能乐，而且在所有教育领域都指出并强调了这一点。

但是，在日本，对勤奋即努力的重视不亚于对天资的重视。正如俗话所说："玉不琢不成器"，即使是稀世之才，如不努力上进，也会名落孙山，其才能亦得不到发挥。

---

① 能乐，一种日本艺术形式。——编者注

世阿弥首先着眼于有无天资，是为了把追求世代相传的能乐作为“家族大事，一代只传一人”。因此，他讲的天资是指“申乐能”。若改变领域，也许有别的天资，通过努力，必然会发挥其他才能。秋生徂徕在《学则》中写道：“圣人之世，无弃才亦无弃物”。他主张录用人才应注重和识别个性。在宗教界，道元在《辩道话》中写道：“成败仅在有无志气”，并指出：为生而生者，有各种生存方式，只要修行，必成佛道。

因此，一方面从有无天资的角度注重才能和适应性，另一方面又重视勤奋，这样便给所有的人提供了努力的机会。

**学艺**

世阿弥把学艺的过程分成七个阶段：“7 岁”，“12~13 岁”，“17~18 岁”，“24~25 岁”，“34~35 岁”，“44~45 岁”，“50 岁余”。他首先注意到儿童的可塑性，教幼童音曲与舞，称“二曲”，然后让他们学习三体，即“老体”、“女体”、“军体”等人物形象的三种基本形体。在教学中，从基本功向应用过渡，自“型”而入又出之于“型”，出色地道出了日本艺术教育的真髓。

循此“阶梯”而进的学艺，可以说确是符合人的成长阶段的课程设计，此外，值得注意的是他的具体指导方法。现代学校制度发达以前的指导方法不是统一指导而是个别指导。

日本过去的教育机构如寺子屋实施的教育法，乍一看似乎与现代学校一位老师指导很多学生和施以相同教育的做法一样，但实际上是因每个学生的情况不同而按不同进度接受内容各不相同的指导。正因为因人施教，每个学生都有充足的时间消化知识、掌握技能，所以才没有出现现代学校常见的忽略基础知识、追赶进度的情况。这种个人指导的方法随着现代学校制度的发达而逐步衰退了。在日本至今还保留着校外补习学校——私塾。这种个人教室及师家制度所以未被废弃，是因为个别指导是按优化的课程设计进行的。

**一艺**

无论什么时代、什么社会制度，人们都有某种业余爱好，这可以说是一种普遍现象。在封建社会的日本，人们长期被束缚于身份制度之中，他们把自己的精力毫不吝惜地用在追求学问、追求艺术和培养某种爱好上。外来文化、佛教文化、上层社会文化的广为流传也刺激了人们的求知欲，促进了日本人学习研究的热情。其结果，技艺的学习与对技艺的进一步追求（研究）相辅相成，形成了道。剑术有剑道，喝茶有茶道，医术有医道。每一种道都有“秘传”、“奥妙”与“窍门”。如此看来，一艺之道既深又广。它超越了单纯修行的境界，达到了修业的境界。最澄在《山家学生式》中说“照一隅而成国宝”，这一观点适用于一切技艺。

上述关于一艺的观点也许是技艺创始人的“理想模式”。但在另一方面，民间还流传着一艺的“普及版”。许多趣味性的技艺都设有“级”、“段”、“执照”，这都成为普通人努力的目标。

艺术领域本来就是创造性的天地，至少对创始人来说是如此。可是一旦形成师家制度及流派，各种技艺便有了固定的模式。与其说“自型而入又出之于型”，不如说型本身有问题。因为型与师家及流派的权威结为一体，被绝对化了。按传统，如果违背型的权威，就被视为“破门”。不仅如此，掌握某种型，便形成一种胁迫观念，就要统治所有技艺。高尔夫球和卡拉 OK 伴唱娱乐的千篇一律，可以说是最好的例证。

**修养**

日本人传统的生活目标是磨炼意志，形成人格。美国人类学家露斯·本尼迪克特把日本文化定义为“羞耻的文化”，写了名著《菊与刀》。修养问题在该书占很大比重。

“日本人认为培养沉着、遇事不慌的心境”无论是在应付学校考试时还是在政治家生涯中都是不可缺少的。在他们看来，培养心灵集中一点的修养对进行任何事业都会大有裨益”。

日本人认为，修养是精神方面的自我训练。可以说，通过它，一方面可以使人遇事不慌，另一方面又可以充分领略人生甘苦。修养可以克服不足，达到练达的境界。这是克己、自制的精神力量。往往获得人们对它的最高的赞美。这与学会某种技巧（剑道、柔道）获得的赞美是不同的。那些技巧水平无论多么高，在人们心目中的好感总是低层次的。修养的方式可以是朝山拜庙、念佛出家、坐禅以达到"悟"的境地，但对一般人讲最重要的是日常生活中的修养——时时处处留心培养沉着的态度。

修养是一种精神，它与技艺相结合是日本的传统。在体育界，人们提倡"心、技、体"三结合。心可以解释为内心、胆量、气量，它们与技术、体力同样都是运动员追求的目标。从这一点可以看出日本学习观的特征。

**气质**

日本传统上乐于评价工作态度。至于成为被评价对象的人与事物的好坏是另一回事儿。"一心不乱"、"埋头苦干"、"坚持不懈的努力"、"聚精会神"、"一味地"、"一心一意地"、"沉迷"等词汇就是表扬劳动态度的。在持续地保持这种态度的人中，有一小部分还被冠以"学习迷"、"匠人气质"、"行家里手"、"笃农"、"妇人的楷模"、"名人气质"的称号，这是超越实利与形式的表扬。

**奉公**

在日本，孩子到了一定年龄就被称做"奉公"、"寄宿"、"书生"、"徒弟"等，住进别人家里，为使他们成为人才，一直采用积累经验的教育方法。奉公和寄宿的基本作用是在扶养的"生家"与"现实社会"之间架起桥梁。其背景是，父母无论用什么手段也有无法教授子女的东西，而这些东西又是成为独立的手艺人或社会人所必不可少的重要教育内容。作为子女出生的家，是允许孩子撒娇的"内"，而"外"是不允许撒娇的"社会"。的确，也有这种情况：父亲作为"严父"，对子女进行严格的教育。但是，归根结底，这是在"内"中导入的虚构的"社会"，而并非是现实社会。一般认为，即使父母拥有足够向孩子传授出色的知识和技术，也不能直接传授给孩子。因此，主张应让孩子外出向别人求教，学成后回家继承父业。对父母来说，让孩子一时离家可能绝非易事，之所以这样做是因为他们懂得，让爱子云游四方的道理。

**青年组**

在日本村落共同体中，传统上形成了年龄阶梯集团。15 岁以下的称为儿童组，15~30 岁的称为青年组，而 30~35 岁的中年人也相应有自己的集团，称为"中老组"，55 岁以上的称为元老组。青年组中分以下几个层次：小跑腿的、跑腿的、小青年、中老青年、头目。每个阶梯集团都有独自的作用、责任、规范。年长的顺次指导年幼者，起到社会化的作用。孩子进入青春期后，家庭教育往往效果不大，少年们通过参加同龄人团体的活动而走入社会，迈出自立的第一步。他们忠实地完成集团交给自己的任务，在村落共同体中找到自己应有的位置，受教育，顺利地成长为像样的村民。

**私塾**

日本的私塾是近代教育的产物，不是日本本土的教育。这是传统外的教育方式，多少有些例外。

私塾是作为官方学问机构的对立面存在的，幕府时代官方的学问机关是幕府直属的昌平坂学问所、各藩的藩校。私塾种类很多，有汉学塾、国学塾、洋学塾，其中最有名的有广濑淡窗主办的咸宜园，吉田松阴主办的松下村塾，本居宣长主办的铃屋，绪方洪庵的适塾。这些高质量的私塾可以与今日的大学教育相匹敌，是高等教育机构。寺子屋则是庶民的初等教育机构，面向大众。

幕府与藩办的官学既正统又具有极大的权威性，松平定信的宽政异学之禁是一个很好的例子。私塾之所以能存续，依靠的是塾主见识、才学渊博的学识。私塾之所以能够保持旺盛的生命力是因为学生仰慕教师的人品学识。有多少私塾就有多少种形形色色的塾，私塾的特点正起源于此。由学而有成的学者担任教师，教师的品性造成私塾强烈的个性，正因为私塾是非官方的学校，所以师生在学问上得以切磋研究。人数虽少，却以良好的师生关系著称。在学习上凭的是实力、学术自由、没有权威、统治的压力。这些都是私塾的优点，很值得今日教育借鉴。

## 二、现代的特征

**臃肿的学校教育**

日本历史上有终生教育的传统，人们不断加深自己的教养，这种终生教育特别具有应变能力，形态上虽是传统的，但内容却永远是新的，民间的私人教授占了主导地位。给日本近代化奠基的明治维新的领导人都曾在松下村塾、适塾等私塾学习过。时至今日，日本培养高级政治领导人的学习班仍以塾命名，赫赫有名的“松下政经塾”就是其中之一。大企业一般也设有工学塾培养企业领导。这些私塾起着培育日本领导人的作用，既是传统的，又具有革新色彩。这样，二律背反的因素在日本教育、社会中或是终生教育中，浑然一体，酝酿成独特的日本教育模式。

同样特征在组织制度内部和组织之间、制度之间也可以看到。比如，学校教育与校外教育的关系就是官对民性质的。可以用官对民的基轴加以衡量。也就是说明治维新以后，日本教育面临着国家经济状况困难的局面，为了早日实现近代化，国家把有限的资金投入学校教育，特别是把投资集中分配给重点大学。高等学校的结构是金字塔式的，按学校设立的年次呈现阶梯结构：金字塔的顶端矗立着东京大学，它通过考试吸收最优秀的人才入学。其他国、私立大学则将其作为样板，按建立的年代早晚被顺次安排在金字塔结构之中。日本高等教育的学历主义特征是，看一个人是不是人才要看他是否出自名牌大学。

明治政府学校制度的建立贯彻的是“追赶欧美”的方针，以官办学校为主。然而历史上民间私立学校所做出的努力也是不应忽略的，它们对社会需求的反应是灵敏的，始终起着补充完善日本高等教育制度的作用。具体来说，明治以来，日本“各种学校”总与社会动向合拍，它们补充了应变能力差的国立高等教育的不足，向社会提供急需的人才。这种民间的教育力量总是那么灵活、充满生命力。不仅“各种学校”如此，战后，随着经济发展，民众的学习欲望被唤醒，民间教育机构更加蓬勃发展，“文化中心”便是其中之一。它们继承了江户时代寺子屋、私塾的传统，把有关与生活联系密切的知识普及给群众。由于这些民间教育机构在组织上和规模上的扩大，它们也希望得到政府的承认。明治时期就有私立专门学校升级为大学的历史经验。战后也如此。70 年代以来，“各种学校”升级为私立高等院校，提高了地位。1976 年，各种私立企业正式办大学，成为国家正式承认的高等教育机构，也为我们提供了佐证。

下面，我们介绍日本终生教育的三个领域，传统与革新、公与私的对立因素也存在于这些部门。

**重新认识官办的社会教育**

日本的终生教育特征是什么呢？我们以官办民办为一个坐标，把个人与集团作为另一个坐标，进行研究。官办的社会教育具有较强的正统色彩，代表政府讲话，集团主义色彩也很浓厚。而私人办的教育产业具有较强的民办与个人主义色彩。关于教育产业暂且不谈，留到后边详细介绍。

关于社会教育的定义，日本与亚洲其他各国的内涵不同。韩国、印度把青少年校外教育与成人教育统称为社会教育。1921 年日本文部省定义社会教育的含义是以国民教化为目的的教育。官办的社会教育具有浓厚的集团主义色彩。战前社会教育为：

（1）强制集合听众，听取官方人士讲话。

（2）采用启蒙教育化的讲演方式。

（3）以团体为中心进行集中住宿进修。

虽说战后社会教育行政从强制管理型向自愿参加型转换，但是在社会教育学级或讲座的参加方式上，与战前差不多。比如，在招募学员的方式上，以及在以讲演会为主的教育方式上，在妇人会馆和青年之家进行集中住宿集训等方式上均沿袭战前体制。社会教育中公民馆占有很重要的位置，也最有势力。正因为日本社会之中，个人主义的风气越来越浓厚，所以公民馆这样的官办社会教育机构才有必要存在。因为社会所必需的教育课题还要它去普及。

除了公民馆之外，官办的社会教育设施很多，文部省主管的有图书馆，博物馆，体育设施，青少年之家。由农林厚生省主管的有公共职业训练所，农业改善中心，保健所，福利中心等。今后，我们希望这些设施与主办单位之间能通力合作，还要与其他教育机构、民间团体协作。特别要把图书馆作为社区的学习信息中心，让用新信息手段武装的图书馆承担信息库的作用。在官办教育中还可以看到新生事物。当前，在日本各处都能见到夏令营、冬令营——让儿童接触大自然——就是社会教育与学校携起手的结果。

**蓬勃发展的教育、文化产业**

近年兴起的教育产业、文化产业热弥补了官办社会教育缺乏应变能力的缺陷。这些教育、文化产业成为中间环节，其中有由报社、新闻业、百货公司、旅馆等企业主办的讲座。这些教育很合人们的口味，满足人们的多样化和高层次的需求，成为日本终生教育的一翼。

60 年代的文化中心往往是一些小规模的街角文化教室，学员往往是上班的职员，文化教师向他们传授茶道、花道技艺。70 年代后半期，文化产业又添加了大学水平的教养课程，以满足人们的需要。官办社会教育总的说来虽然实用，但是总使多数人感到枯燥。而文化中心教师富于魅力，师资阵容强，设备也好，学员兴趣很浓。从学习目的上看，文化中心的学习都符合个人提高教养的个人主义学习目的，学习内容也符合人们要求，能引起人们兴趣。这里并不强迫人们去搞集团活动，也不号召人们为社区服务。这也就存在一定问题。

文化中心的活动有值得肯定的一方面。那就是主办的企业开始感到对社会的责任，企业把利润的一部分还原给社会，同时，也因此提高自己的声誉。另一方面，企业终归是企业，基本动机还是追求利润。事实上，近些年来，正如教育学家马哈鲁普预测的一样知识产业将是增长的产业，处于迅速发展之中，各种普及知识的教育产业正在大发展，特别是升学考试补习业更是如此。

教育产业拥有 35 万顾客，每年纯利润为 200 亿日元，它包括升学补习班与市井补校，还有每月给各家寄教材的新型教材公司及派遣家庭教师的业务。70 年代初，教育产业热与文化中心热以及以儿童体操、教室健美操为代表的健康美容热一齐兴起。到 80 年代，人们把新的信息媒体引入教育，信息的搜集与提供使用了大型计算机网络，教育产业空前发展。社会上也逐渐出现受教育机会不均等的问题，对有的人来说，即使学费很贵他也付得起，但是另外一些人居住在穷乡僻壤，经济上很窘迫，根本不能参加这种学习。总而言之，私人办的文化中心就企业讲有它适应群众要求、提高企业威信的一面，也有谋求利润的实利主义的一面。为提高文化修养，开办插花、茶道的学塾有修养主义的一方面，迎合了人们对文化技艺的学习需要；另一方面办学的目的又希望提高日本传统流派威信，利用级、段来吸引人，有实利主义的一面。实利主义与提高人们修养是日本终生教育的一个侧面（见图 23-1）。

**有限的企业内教育**

日本的企业内教育是日本式经营的前提，企业给雇员大量的教育投资，提供了许多教育机会，近年来受到国际上很高的评价。日本式经营“有几分是纯日本式的呢？拿雇佣制度来讲，日本工业化的初期工匠是在各个企业间频繁流动的，采用终身雇佣制的年代至少是在大正年以后，而作为制度固定下来则是战后。拿企业内教育来说，真正把企业内教育普及到每个人的时期大约在 50 年代日本经济高速增长时期。为了确保企业的劳动力，企业有必要培训工人使他们赶上世界技术进步的形势，当时企业也有充足的师资、资金和时间。目前，日本的经济结构面临着由出口型向内需为主型的转换，企业失去了往昔给雇员办教育的闲情逸致，在雇员最需要接受再教育的时刻反倒受不到教育了。日本经济双重结构的特点是以大企业为一方，中小企业为一方。中小企业实质上承担了工业产品制造业的重任。它的雇员本来就不像大企业员工那样受过企业内教育的恩惠，当前这些人别说受企业内教育，由于经济结构的转换使他们连饭碗都要保不住了。

根据劳动部 1986 年 3 月对 30 个雇员以上的企业单位的调查，94%的企业是进行企业内教育的，在

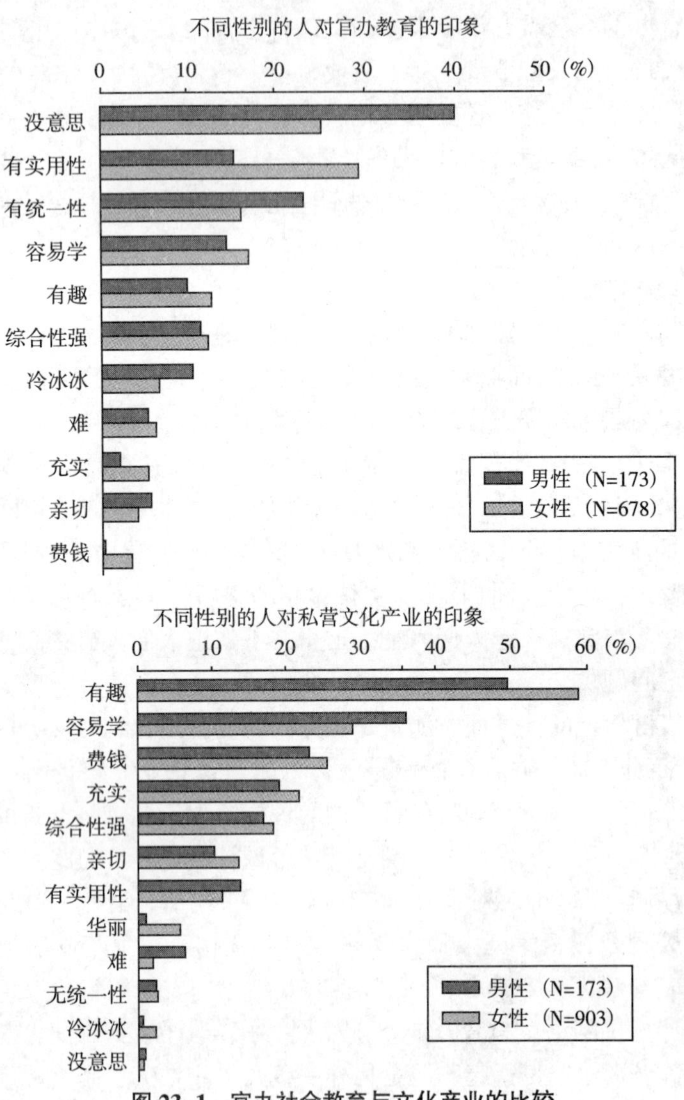


**图 23–1　官办社会教育与文化产业的比较**

资料来源：大阪大学社会教育论讲座：《关于民间教育文化产业综合文化教室参加者的调查研究（第二次报告）》，第44~45页。

本厂或厂外进行训练，大约半数以上的企业以厂内训练为主，厂外训练为辅。1984年11月通产省的调查表明，企业内教育的对象是干部、技术员和新参加工作的员工，中老年与女子是除外的。对现场监督——车间干部一般采取送到企业内研修所去受教育的方式，而班组长和操作工人则靠小组活动。根据日本终生教育学会的调查，企业内教育搞得好的单位一般都是经营者目光远大，工会又积极支持的企业。最近从有关经营企业方向的报告文学作品中可以看出企业领导人的人才观与预见性很重要，如“三菱电机的人间工学讲习班”、“TDK人间教育道场”都是这一类的培养高级经理人才的学习班，这类学习班往往毫无例外地采用“塾”或“道场”来做高级经理学校的名称。在这些学习班中培养少而精的领导者，强调传统的精神修养第一。这的确是日本味儿十足，这类的企业内教育是纯日本式的。

# 第二节　终生教育必要的课题

## 一、终生教育课题分析用的理论框架

“终生教育”是联合国科教文组织 60 年代正式提出来被世界承认的。英文是 life-long education。终生教育的含义可以从 life 这个英文词反复推敲得出。life（生活、生命）有三个层次，日语中有三个词汇可以和这三个层次对应。终生教育在各个层次上使人与生活相适应是生活所需要的。第一个层次是垂直的按时间序列排列的生命，日语译为一生；第二个层次是水平的横断面的“生活”，日语是指各种生活领域；第三个层次是物质生活，它是对精神生活而言的，本身还包括人的肉体在内。

与第一个纵的层次相对应的概念可以使用生活周期的说法。一个人的一生有胎儿期、乳幼儿期、幼儿期、青年期、成人期、高龄期。一个人要顺次经历这些时期并且还要有每个时期发展（成长）的课题。前一个阶段没解决好的问题势必给后一阶段带来不利影响。不论人们愿不愿意，每个年龄段都要进行学习。

第二个横的层次与生活对应的概念还可以解释为生活空间。成人一般有广泛的生活领域，如政治生活、经济生活、消费生活、文化生活、个人生活，是功能性生活领域。进行这些生活的场所有家庭、车间、社区、国家。为充实这些多方面的生活，也有一些固定的学习课题。life 还有一个层次是指生命，一方面有外在的肉体的生物学意义上的物质生命，另一方面又有内在的、人格的精神的生命。从根本上来说，人必须使肉体生命维持成长。这是人人都必须解决的课题。物质生命的基本条件——健康、体力、营养等对维持肉体生命的学习课题十分重要，身体尚未成熟的乳幼儿期、少年期和成熟期过后的高龄期的人学习这些更有必要。

有的人虽然肉体生命因残疾等原因不那么尽如人意，然而精神生命十分旺盛，人格高尚，创造力强，有人的尊严和价值。这与道德、教养、宗教、哲学、文化方面的修养密切相关，这种人精神境界高尚、充实、深刻。从人格的本质上讲，获得精神生命是学习的重要目标。

以上从个人层次的 life（生命、生活）做了许多分析，其实，社会也有它的生命或生活。从终生教育体系来看，社会要求和社会条件使许多学习课题变得重要。社会的 life 也分为三个层次。当然，社会的种类、规模形形色色，但无论什么社会都有其历史的纵的生命。把社会当做一个体系看时，社会体系有其存续、发展、凝聚力、团结等种种基本课题。从纵的生命看就产生了社会的历史课题。

从横切面看，社会也有地理空间方面的含义，世界、国家、社区、工厂、学校、家庭等即是。

社会生活也可分外见的物质生活与内在的文化、道德、精神生活。无个性、无理想的社会，或确立不了主体的社会，在精神上是贫困的。就像一个人一样。从精神层次上看，若一个社会要发展还必须靠学习或教育。这是高层次的文化课题。表 23-1 是学习课题的理论分析。

**表 23-1　学习课题的理论分析**

| 分　类 | 个人 life | 社会 life |
| --- | --- | --- |
| 生活周期 | 发达课题 | 历史课题 |
| 生活领域 | 生活课题 | 地域课题 |
| 生活层次 | 人格课题 | 文化课题 |

表中表示的是个人层次上看到的生活空间的课题，可以充分表明终生学习的内容。对了解终生教育十分重要。

人有多种角色，他是地球上的公民、一国的国民、市民（社区住民）、有职业的人、家庭的一员，也是一个独立的纯粹的个人。个人生活可以分为公共生活和纯私人生活。所需的教育见表 23–2。

**表 23–2　个人的公共生活与个人生活课题**

| 分　类 | 个人的地位 | 公共环境 | 生活课题 |
|---|---|---|---|
| 公共生活 | 世界公民 | 世界 | 国际教育 |
| | 国民 | 国家 | 国民教育 |
| | 市民 | 城市 | 市民教育 |
| | 职工 | 企业 | 职业教育 |
| 个人生活 | 家族 | 家庭 | 家庭教育 |
| | 纯粹的个人 | 余暇 | 人的教育 |

这里需要指出以下几点：

（1）生活课题全是必要的课题。个人首先应着重学习的是有关社会生活的职业知识和与家庭生活有关的知识及人的教养。

（2）与个人生活密切相关的容易引起人们的重视，而与社会有关的就不那么吸引人。但是个人生活与社会生活相关性很高，当今社会生活往往受到破坏，所以个人应自觉认识这一点。作为个人，应自觉地进行社会集体生活所必需的道德修养。

（3）个人在一生中，不仅应注意长期的生活周期计划，还必须抓紧一分一秒，特别是终生教育。在个人学习时应制订好计划，哪些内容是以月为单位进行学习的，哪些内容是以周为单位进行学习的，哪些内容是每天都要学习的，抓好合适的学习的内容、学习媒体、学习设施落实。

（4）学习设施与信息网络必须与生活空间联系起来考虑，终生学习大部分是在家学习，应把在家学习作为基本方式来考虑。重视家庭这个学习场所。

## 二、社会条件方面的变化与必要课题的预测

**必要课题增多的社会原因**

1971 年文部省社会教育审议会高高地举起终生教育的旗帜，指出其理由为由于社会结构的急剧变化。社会变化具体的内容为：

（1）人口结构变化（生育率下降，子女人数少，高龄化）。

（2）家庭生活的变化（小家庭化，家庭消费机能成为唯一机能）。

（3）城市化（人口向城市集中，过疏过密的社区形成，城市生活方式向农村普及）。

（4）高学历化。

（5）工业化、信息化（产业结构的变化，大众传播工具的发达）。

（6）国际化（提高国际地位）。

为适应这些变化，学习的课题与学习的方式也应有所变化。上述六种变化倾向在 90 年代仍会继续下去。

70 年代日本的经济发展速度在世界上是首屈一指的，所以当时的预测是玫瑰色的，预测认定日本经济肯定会继续高度增长。上述六种变化会引起种种问题，人们也曾认识到为解决这些问题需要重新教育与学习，从资金问题上看，终生教育的前景也很乐观，当时日本失业率很低，人们认为可以乐观地支配增大了的闲暇时间，提高自己的教养，实现玫瑰色的人生了。

1973 年的石油危机，使日本与世界上主要资本主义国家都进入了经济低速增长时期。日本克服了石油危机与尼克松冲击，在自由世界成了 GNP 占第二位的世界“经济大国”。正因为如此，日本的国际地位大大提高，人们对它有很高的期待与要求，同时也受到严厉的批评和攻击。这种国际形势的变化，特别是日元升值的新时代，也使终生学习变得十分必要。虽然 70 年代预测的六种形势变化还在进行之中，今日终生教育的内容已较前大不相同。除以上六点以外，还有成熟化的大变化。中曾根的私人咨询机构 1986 年第二次答辩中特别提出了以下三个方面的变化：①国际化。②信息化。③经济成熟化。

早在 70 年代，上述的社会条件变化速度快、规模大。人们对终生学习有了迫切要求，新的课题不断提出。高度信息化与经济水平的提高，促进了终生教育的发展。最近一两年来，出现新的社会条件的变化（根据每人看法不同，有人认为这些变化带来的多为不利条件），终生学习的任务更明确地摆在人们面前，总而言之，形势是严峻的（见表 23-3）。

**表 23-3　成人的生活课题与学习课题的内容**

| 生活课题 | 学习课题的内容 | |
|---|---|---|
| | 大领域 | 小领域 |
| 国际性教养 | (1) 理解国际社会 | ①了解国际局势 |
| | | ②其他 |
| | (2) 学习国际交流国际合作的知识技术 | ①理解国际交流合作的现状 |
| | | ②其他 |
| 国民性教养 | (1) 理解现代社会 | ①理解现代社会诸问题 |
| | | ②其他 |
| | (2) 学习国民应具有的意识和态度 | ①理解作为国民的种种课题 |
| | | ②其他 |
| 市民教养 | (1) 理解社区社会 | ①理解社区的诸问题 |
| | | ②理解社区与乡土 |
| | | ③其他 |
| | (2) 学习作为市民应具有的意识与态度 | ①理解作为市民的诸课题 |
| | | ②其他 |
| | (3) 参与社区社会 | ①社区活动、志愿者活动的参加 |
| | | ②其他 |
| 职业教养 | (1) 确立职业观，适应职业生活 | ①确立职业观 |
| | | ②适应职业生活 |
| | | ③其他 |
| | (2) 提高职业技术，学习新知识、新技术 | ①维持职业技术水平与提高 |
| | | ②其他 |
| | (3) 准备调工作和退职所必备的知识 | ①做调工作、再就业的准备 |
| | | ②做退职引退的准备 |
| | | ③其他 |
| 家庭教养 | (1) 维持家庭，管理家政 | ①家计、生活设计 |
| | | ②其他 |
| | (2) 有关家庭人际关系 | ①提高夫妇关系、亲子关系 |
| | | ②其他 |
| | (3) 关于养育孩子的知识 | ①理解孩子与教育 |
| | | ②学习育儿知识 |
| | | ③其他 |
| 人的教养 | (1) 关于身体健康与安全的知识 | ①保持健康与体力 |
| | | ②理解营养和饮食生活 |
| | | ③理解病因与养病知识 |
| | | ④其他 |

续表

<table>
<tr><th rowspan="2">生活课题</th><th colspan="2">学习课题的内容</th></tr>
<tr><th>大领域</th><th>小领域</th></tr>
<tr><td rowspan="4">人的教养</td><td rowspan="2">(2) 心理健康、生活目的</td><td>①心理健康与生活目的的正确</td></tr>
<tr><td>②其他</td></tr>
<tr><td rowspan="2">(3) 关于余暇生活用知识</td><td>①业余爱好的实践</td></tr>
<tr><td>②其他</td></tr>
</table>

世界在变，国家、社区、工作岗位、家庭也都在变。各种层次的生活都必须接受变化的挑战。社会有必须解决的课题，并且其中一些课题还须靠社会每个成员通过学习参与解决。

**通向自立之路——终生学习课题的预测**

90 年代日本人的生活将面临不很乐观的状况。可以说个人与社会都必须具备多方面的竞争实力。

竞争实力所需要的知识与技术及方向性并不很明确，也不是现成的。社会的变动早已超过了我们的预测，改变的速度之快，范围之广，令人瞠目结舌。人们为了生存竞争所需的技术与知识需靠人们自己不断摸索与研究，带有不断学习的性质。

这样的学习课题是通向自立之路的必要条件。所有的人，不论他愿不愿意，都会无一例外地被迫参与这个学习。从个人层次和从社会层次看，特别需要学习的内容是些什么呢?

健康。从个人层次来看，有关健康的知识是第一位的。在高龄化社会中，人们为了顽强地生活下去，身心健康比什么都重要。唯有健康能使老人充满活力地度过丰富多彩的晚年。现在，日本生活水平大大提高，生活方式也渐渐西方化，社会结构的复杂化、管理化，使得一些慢性成人病占了疾病的主流。今天的病痛往往是与积劳成疾分不开的，也往往是由于不良习惯造成的。如果从年轻的时候起就经常关注自己的身心健康的话，步入老年慢性病就会少得多。所以，在老龄化社会，健康管理、实践健康保健是最重要的学习课题。随着医疗技术的高技术化，医疗费会不断增加，健康保险财政还会进一步困窘，国民身体素质会直接影响到日本国的存亡与社会的存续。

之所以把健康的维持和管理当做重要课题，另一个原因是国际化。今后到海外工作的日本人越来越多了，海外的气候条件、食品结构与日本相差甚远。国际化时代要求日本人有强壮的身体和坚强的意志、耐寒、耐暑、忍受粗糙的食品。为此，对于 90 年代的人来讲，健康是特别重要的。现今不少人已注意到这一点，热心于健康，健康的重要性日益提高。国民的健康热会越发高涨，运动热、散步热、健康食品热已出现。但是，人们并不具备多少健康知识与药品知识，特别是往往不大注意自己身心结构、生活习惯与健康的关系。得了病如何养，如何管理好自己的身心健康，积累这方面的窍门与经验仍是 90 年代的人们学习的课题。

职业的自立。职业自立能力（知识与技术）是个人竞争所必需的。它是除了健康之外人人关心的问题。在新技术革命蓬勃发展的时代，人们在学校获得的有关职业的技术与知识立即老化，而工作岗位永远要求新知识、新技术、新人才。企业老职工与新职工的职业能力差距正在缩短，同时还产生了逆转的情形。今后，职业生活中的竞争会愈演愈烈。比如，医院使用了 CT 技术，使医生护士的工作内容发生了很大变化。过去不少护士因生育退职，待孩子长大些后重新参加工作。今后这种再就业的方式就行不通了。当重新就业的护士回到采用大量高技术的医院时，发现自己变成了浦岛太郎①，不能胜任工作了。

以上例子适于一切工作岗位，今后凡是有工作的人都要边学习边工作，采用学习工作一体化的生活方式。为此，人们不仅在工作单位业务学习时要努力，有些职务上必需的知识还要掏个人腰包到外边去学习。新技术革命时代的工作场所往往给人以过重的精神负担，人们应具备减轻或消除这些压力的能力。

① 浦岛太郎为日本民间传说，讲一位青年入海成了仙，海中一日人间百年。

经济的自立。职业的自立也意味着经济的自立。人需要收入，对所有人来说有了工作也就保证了稳定的收入，这是有关人生的大问题。

在新技术革命中，由于大量使用工业机器人，实行办公室自动化机械，普及微电子技术，减少了对雇员的需求。企业内轮换工种变为常事。与此同时，人口的老龄化，妇女劳动力参加工作，经济的服务化、软件化，外籍工人的增多，也使企业面貌有所改观。日本的终生雇佣制已经不能坚持。在就业方面人们感到不安，雇佣不稳定已慢性化。

人们为了经济自立必须不断地求职，为适应新职业还得学习新知识、新技术。它不仅意味着更新现有的技术和知识，还需要有挑战精神和革新的欲望。

新的交流能力。信息革命的迅猛发展要求人们具备新的交流能力。诸如具有利用计算机图像信息网络处理信息、利用图像信息网络有线电视 CATV 操作在家购物、在家工作用计算机直接接通行政机关接受文件的能力；收听广播电视大学课程的能力；利用 CAI（计算机辅助教学）进行学习的能力。我们必须改变以往人与人接触进行信息交流的方式，习惯于与机器交流，并按自己的意志与机器的对话。这就需要人们具有较高的信息选择与信息处理能力。

人与机器的对话使人与人之间的信息交流减少了，交际能力下降。为此，企业、社区更需要多办一些集体活动，提高人在社交方面的能力。

生存术。人类本来就有不断探索生活方式的习惯，日本式的终生学习内容之一——修养的学习，就是把对生活方式的探索包括在其中。应该怎样"生活"是最近的新提法。过去人们只说"怎么个死法"，与之相对的是怎么个活法儿，现在人们乐于探求生活的价值了，这已超越了传统，有深刻而重要的意义。

长寿使得人们余生时间增多，如何打发余生呢？如何迎接死亡呢？若不得要领，会变成人的桎梏。90 年代，人们必须正视人类生存的意义。积极创造条件通过学习与实践使自己的人生变得丰富多彩。这方面的学习课题，可以从宗教、人生哲学、先哲的思想、回忆自己的人生道路几方面入手，最要紧的是从青年时代就建立自己的人生观，树立个性，做一个富于创造性的人。

使家庭教育起作用。家庭是使社会充满活力的细胞。让我们从个人层次的生存能力移向社会层次的生存能力。社会生存需什么课题呢？首先是再生家庭教育的能力。

日本的家庭变化多是因社会变动引起的。家庭的小型化，出生率降低，使孩子数量大大减少。家庭的功能中，作为生产单位的功能逐渐消失，而消费功能大大加强。双职工家庭的增加，离婚率的上升，使家庭正处于剧烈变革之中，为此，家庭的教育机能已减弱。如何在新的形势中搞好家庭教育至今还没有"良方"。90 年代家庭教育问题会更加突出。社会上应开办家长学校解决这个紧急课题，使父母加强家庭教育学习，这是社会生存的急迫任务。

社区的复活。如何发挥社区的力量与家庭教育的再生密切相关。如今在同一社区中居住的人彼此之间很少联系，可预测，随信息化的进展，每个人都可以人自为战，社区内的人际关系将会变得更加冷漠。

在社区人际关系方面可预测出，需大家通力合作解决的事情将遇到困难。比如，为了搞好家庭教育，需要家长们交流经验，加强有同样子女的父母之间的相互学习。为了照顾长期卧床的老人，需要借助社区的力量。在老龄化社会中，老人独居的现象多起来了，照顾独居老人，开展老人交谊活动也是街道的基本工作。此外，由于社区中商店和娱乐设施的增多，防灾，防盗，美化环境，管教好青少年，也是社区的任务。为此社区的复活是有关人类社会整体生死存亡问题，社区居民建设新社区的经验的积累与学习是社会存续的重要课题之一。

志愿者学习。为了使社区复活，就需要有许多志愿者。特别是社会福利人员的培养工作与保证人才是促进社区福利事业的首要课题。照顾残疾人与卧床老人是需要志愿者的。此外还需要下列几种人才：青少年的校外辅导员，促进环境卫生美化方面的卫生委员，组织人们进行传统节日活动的社区领导，终生教育的教师。有了这些人，社区的活动才会生机勃勃。

在国际化时代到来之际，照顾海外留学生的工作人员也变得重要起来。

总之，志愿者是使 90 年代的社会充满活力的一支力量。为此需要更多的具有高度道德修养的人充任志愿者，把自己的能力奉献给社会。90 年代，学做志愿者的任务成为对大多数人的一项要求。

社会矛盾的克服。90 年代，人们的价值观念会更加多元化。其原因有：①信息化的环境使信息的创造与交流频繁。②国际化使丰富多彩的异质文化流入日本。③城市化使生活环境变得复杂等。尊重不干涉他人的生活方式已蔚然成风。比起过去舆论一律整齐划一的时代，这是一种好现象，但是对社会的统一和秩序也起了负作用。特别是在地方行政和教育领域，人们的利害冲突和意见的对立会越来越明显，成为致命伤。这样的矛盾和冲突会使行政命令得不到贯彻，教育停滞。为了避免这种情况出现，一方面提倡价值观的多样化，另一方面对领导人的要求就更高了，他们必须具备能够提出人人满意的倡议的能力和智慧。也就是多数人都应具备高度的市民性，提高主人翁的责任感，具有市民意识，学做好市民，这是 90 年代的一项任务。

人类课题的学习。提高社会活力还有一项重要的学习内容，也就是要放眼全球，找出危机。日本人作为世界大家庭中的一员，应正视各种全球危机，具备克服困难的精神。今后，粮食危机与能源的危机会加重。环境的破坏会使地球沙漠化。核恐怖、艾滋病等新的病症威胁着人类，危及地球存亡的事态正在急剧发展。为此，人人都应关心这些危机，保护自然生态环境，节约能源，保卫和平，靠国际合作来解决饥饿问题。摸索解决人类的课题今后会变得更为重要。所有的人都应对人类的共同课题有一个科学的认识，主动积极地参与解决。

## 三、终生教育不足之处

现实的终生学习就上述课题来讲目前尚有许多不足之处。

第一，是应学习的课题与人们实际需求之间的矛盾。人们的需求往往偏重于自己感兴趣的教育内容。在公民馆的学习中，人们最关心的往往是有兴趣的业余爱好、艺能和学习专长技艺；其次是体育；最后才是教养。人们往往把教养学习视为“枯燥无味”的，而像茶道、花道则是一项很吸引人的软的生动活泼的学习。所以有些终生教育课题得不到普及，名存实亡了。

第二，终生教育学习课题之中既有受欢迎的也有不受欢迎的。与个人生活密切相关的如健康、职业、经济自立等项内容较容易唤起人们的关心。与个人生存能力接近的家庭教育学习或与社区复活有关的学习虽然不大受欢迎，但是由于官办社会教育机构宣传与倡导人们予以注意，所以人们还能参加。但对全球人类命运的学习日本人往往不关心，成为终生教育中的空白点。也就是说，终生学习中有关个人生存能力的课题与有关社会活力的课题之间尚有差距。

第三，从性别上看也有差距，女性参加终生教育活动者远比男性多，女性受益较为明显。而女性则更关心教养、趣味，这也是为什么软的技艺的终生教育内容大受欢迎的原因。此外，高学历者比低学历者更关心终生教育，对课题的着眼开始得也更早一些。社会上还存在着一些理论上认识到终生教育的重要性却不实践的人，还有一些人对终生教育根本没有认识，说起来都是终生教育的对象，实质上却千差万别。这样就给普及终生教育的带来一定的困难。

第四，从地区上看，大城市与地方中小城市以及农村山区的学习设施的优劣和信息流量多少是不一样的。前者有很丰富和高质量的学习内容和学习条件，后者却贫乏。企业内教育也同样如此，大企业比中小企业预算多，设备全，师资雄厚。所以，在哪些企业工作对本人所受企业内教育的恩惠程度大小不同。此外，有钱人、有闲者受到终生教育的机会要更多一些，学习机会不平等。一般而言，忙碌的中年男性总获不到终生学习的机会，今后对这些差距也应注意。

第五，谈谈社会教育行政。一般而言，教育的一方与受益者的学生之间关于学习目的和学习内容方面也常有矛盾。作为教育机构，总是要把急用的课题首先普及，而学习者往往不迎合。这就产生各吹各的调的局面。社会教育中的必要课题面临困难。

现在，终生学习、终生教育的进行是没有修正上述差距的。在提倡硬的终生教育项目和必要的终生教育上有困难。为此，今后应考虑到如何解决上述矛盾，如何制定教育战略，使人们改变从兴趣出发的软的终生教育现状，转向硬的全面受教育的方向，学习必须学习的内容。在课程设置的开发与教育方法的改善上也要多想些办法。此外，还应健全辅导学习系统，给更多的人以平等的学习机会。从政策措施上也应做出一些保障使得所有的人——而不是特定的职业人与年龄段的人——都有学习时间和经济能力。何况对于不爱学习的、未定进修目标的落后层，应采用适当的手段督促觉醒。这也是90年代一大教育课题。

下节中我们主要谈谈制度与政策方面的改革方向，以便使上述学习课题的学习普及到每一地区的所有年龄层的国民中去。

## 第三节　教育体制的改革

### 一、改革的原因

90年代，日本将面临多方面问题。为了使日本人具有认识这些课题的自觉性并积极参加学习，端正态度，必须通过教育使日本人具备克服困难的能力。人口结构、职业结构的变化要求教育体制发生变革，改革的大方向将是终生教育与终生学习。

**人口结构、生活时间的变化**

日本人出生率下降、平均寿命延长使日本进入老龄化社会。15岁以下，65岁以上的非劳动人口指数增加。1986年厚生省在《推计日本将来人口》（昭和61年）中的预测表明，1985年非劳动人口仅占47%，而21世纪前半期将增至70%。“非劳动人口”虽成不了社会的负担，但是无疑将加重劳动人口的负担。

日本人的长寿、劳动生产率提高带来的闲暇时间的增多，使得生活时间产生变化。据国土厅预测，2025年男子一生的劳动时间将减为9.2万小时，而1980年男子一生的劳动时间为11.4万小时。2025年男子一生闲暇时间将增至18.8万小时，而1980年男子一生闲暇时间为16.2万小时，主要指男性。然而，闲暇时间增多的是非劳动人口。劳动人口被繁重的工作所迫，无闲暇可言。忙者愈来愈忙，闲者愈来愈闲。不同年龄层忙闲不均。

今后“青少年受教育、成人期劳动、老年享受余暇”的模式不再适用，那样会增大国民生活的矛盾。为了使长寿社会充满活力，成人必须利用闲暇学习技术知识，提高劳动效率，提高劳动活力。高龄者通过学习保持活力以求老年自立，则可减轻生产人口的负担。这样才能使国民生活继续发展。

为了使长寿社会的国民生活有活力、有效果，必须把终生教育引入生活结构中。只有在社会上构筑可以实现终生教育的教育体制，才能使理想变为现实。为此，终生学习就成为今后国民生活必不可少的全体国民的课题了。

**产业结构、职业结构的变化**

人口结构、生活时间的变化还要对应技术革新的发展和产业、职业结构的变化，使靠实行终生教育、开发人才变为可能。人才开发关系到社会经济的发展，也关系到日本在 90 年代的竞争能力。

看一看最近不同职业就业者人数。从产业结构和职业结构看，从事专门技术职务和事务管理的人不断增加。

以往四次国情调查表明，下列几种职业在增加：

电气、建筑、土木工程技术人员；

信息处理技术人员；

医生、护士、药剂师、营养学家等健康医疗业务人员；

社会福利的专职人员；

税务员，公认会计师；

文学家、音乐家、职业运动员；

教员、家庭教师。

信息处理技术员已从 4.4 万人增加到 32 万人，特别引人注目。

按一般说法，劳动力正从第二产业向第三产业转移，产业内的职种操作工也逐渐少于服务性工作人员，今后这种倾向仍会继续下去。根据经济企画厅的预测，截至 21 世纪，需专门技术人才 400 万以上，而现行教育仅能提供 283 万人（经济企画厅总合计画局编《职业结构变革期人才的需求》）。

今后，专门技术人才可以在企业内或企业间自由调动，为维持职业，为获得更多的收入，搞好生活，他们还会对技术精益求精。所以人们今后会经常调动工作，这对个人和社会都是必要的。

学历主义、终生雇佣制会随着社会对专门技术人才的需求自行改变。妇女参加工作和信息化的进展大大地改变就业的形势，给家庭生活环境也带来了很大的变化。

我们必须重新认识教育与社会环境、家庭环境变化的关系，按时代的要求实行终生教育。终生教育是人们生存所必需的。实现终生教育的教育体制是今后一大课题。

## 二、基础教育的改善充实

少年儿童的教育还要由面向未来的基础教育承担。教育重点应放在提高基础学习能力、体力、气力、行动能力的培养上。将来，这一点是不会变的。基础教育不能只靠学校，还要有家庭、社区的配合。特别是随着社会经济发展，家庭环境变化，这一点尤为重要。

**家庭环境变化的对策**

出生率下降，老龄化进展，妇女参加社会生产劳动，使家庭日益小型化。今天，小家庭已经超过家庭总数的 60%，平均每户人口 3.14 人。一般家庭从过去的五个孩子变为只有两个孩子，独生子女家庭也愈来愈多了。一方面，家庭结构的变化，双职工家庭的增多，使家庭教育机能减弱，引起了儿童的某些不良行为。另一方面，父母对儿童教育的期待也更高了，经济余力增大，促进追求高学历的升学热进一步发展。

谈到基础教育的改善与充实，首先应考虑到家庭环境的变化，并考虑出具体的措施来。正如临时教育审议会第二次咨询报告所说，若想恢复家庭的教育功能，必须下工夫使学校、家庭、社区结为一体，通力合作。比如通过家长学校使成人学会当家长，在学校也加强家庭学科课程，给予这方面知识的学习。过去，育儿知识、家庭人际关系的知识不在学校教，普遍认为应在家庭内培养，今后则应在学校加强这方面教育。

虽然妇女已大量参加工作，但是育儿期间母子还应保持良好的关系。为此，育儿休假制与女子再雇佣制必须完善和普及。一方面保障有足够的保育所、乳儿院，另一方面在企业内还应为女职工设立再就业的训练制度和完善人事制度。

**培养儿童的自我教育能力**

基础教育如何配合终生教育的贯彻呢？基础教育的根本目的在于培养儿童自立生活能力、学习能力、气力、体力、行动力。这个方针今后也不会改变。在家庭、社区大变动的时代，儿童适应新环境的行动力和处理人际关系的能力很重要。小家庭中的亲子关系，子女少的家庭之间交朋友的关系要依照健全人际关系的规律，也就是说充实道德教育更为重要。它可以教会儿童如何与他人交往，健全家长与子女的关系。

城市的发展使孩子们与人为环境、机械文明接触过多，所以建立不起对自然生物的热爱。应设法让他们建立感情，了解自然，理解生物，进而明了生活的真谛，生活的来之不易，生命的可贵，重视个人的尊严与权力。

学校教育、社区教育要多多引导孩子们到大自然中去。在日本已经有许多青年之家，少年自然之家，网球、游泳、滑雪俱乐部等设施业已普及。在农村、山村，农民家庭开设了娱乐场所，欢迎青少年去度假。今后还应积极增加这些设施，有效地加以利用。

**信息化对策**

在社会环境激烈变化之时，尤其应注意的是信息化对策。自从电视普及以来，我们周围的信息环境大为改观。电子计算机、高度信息通信系统、人造卫星等新的信息手段也加入了我们的生活。从这些信息源释放出来的信息量，大大超过了我们亲身体验所获得的知识。我们从大量的信息中只能选取一小部分来指导自己的行动。变化了的信息环境变革着教育方法。

对学校来说，新的课题是应把学校教育与学生们从别的渠道得来的知识位置摆好，培养学生选择信息的能力和运用信息手段的能力。

儿童课外读物——小人书、杂志、漫画以及电视连续剧比比皆是。父兄们常常挂念孩子的读物，愿意帮助他们选择，因为这关系到儿童的一生，关系到如何使儿童具备终生学习的习惯问题。此外，市民图书馆、学生图书馆帮助学生挑选读物也是关系学生今后终生学习的大事。因为人们往往根据自己积累的知识与经验去选择信息。只有凭自身的体验来获取知识，才能判断信息价值的真伪。越是有学问的人越能对信息做出恰当的评价。在信息泛滥的今天，每个人都必须记住，对任何新的信息，只能依靠本人业已形成的知识积累和知识结构去判断使用，并做出负责任的评价来。

无论是学校教育还是社会教育，实践都很重要。从这个意义上看，人们重新以新标准来审视那些必须靠本人实践学习的项目——体育运动、竞技、技艺、艺术。因为这些都是人们亲自实践的结晶。

为了提高活用信息手段的能力，必须学会同机器打交道。与此同时，计算机内还必须储集足够的教育软件资料，通过终端，人们可随时得到任何一种必要的资料，还可以与其他人交换建立信息网络。建立网络时可以考虑把学校、教育中心、公民馆、图书馆、博物馆、文化中心连成网络。

**学校、家庭、社区的联合**

为了充实学校教育、家庭教育、社区教育，我们应做的事情还有很多。今后的课题是这几种教育再也不能各行其是了。当然，它们应有区别，侧重面也不同，但是它们都应服务于基础教育。

为了搞好基础教育，有关团体家长会，青少年团体，妇女团体和运动队，文化团体，业余社团应通力合作，为共同培养好下一代做出努力。家长会的责任更为重大。家长会应对学校伸出援助的手，与学校合作。教师是受益者，但也不应采取消极等待的态度，应通过家长会与父兄携起手来，振兴基础教育。尤其是当前小学生的不良行为，孩子之间欺侮人的现象蔓延。各种上述组织都应与学校配合，学校、家庭、社会联成一体，靠超越学校的人与人的合作与友善使成人与儿童一起来改善环境、改造社会。

今后，越来越多的企业周休两日，寒假暑假亦已延长，法定休息日增多，孩子们与家长有更多的闲暇时间。应如何很好地度假呢？为了学校更好地对社会开放，为了有效地让成人利用社会教育设施，社区教育环境的整备与努力会成为很必要的一项新的课题。

## 三、扩充大学功能，改善社会人受教育的条件

从历史上看，学校是伴随社会上人们对学习的需求而产生的。无论东方还是西方，大学都是为培养领导层而设立的，这一点与中小学不同。中小学以青少年为对象，而大学则把学生视为成人，在战前的旧制高等专科教育就业已如此。

今天，日本的高中业已普及，大学入学人口已占同龄人口的大半，大学已实现了大众化。如前所述，日本的高中普及了，小家庭少子女化，每个家庭只有两个孩子，男女平等意识普及，家庭与社会的经济实力日渐雄厚，这些都是大众化的条件。大学教育的特色也发生了变化：学生更加幼稚，大学教育只不过是初、中等教育的延续，教育对象是未成年人，接受高等教育的大学生不再是成人。

18 岁的高中毕业生大半都迈入了大学的校门，短期大学毕业生 20 岁毕业，四年制大学生 22 岁毕业，毕业后立即就业。很少有超过 22 岁还留在大学里的人。而西欧各国大学生一般只占同龄人口的五分之一或十分之一。日本的大学成为未成年者的最后乐园，就业前的游乐场。大学的这个变化与日本的国情及企业的人才观也有关联。当然，也不是所有的大学全如此。总之，人们对大学的评价不很高，国内外一致批评日本大学的培养未成年者的性质太强了，把学生太当孩子看了。

本节开头提到了成人教育的必要性是为了更好地配合人生周期，给中老年人提供学习机会。我们认为，成人教育脱离不开现有的大学，它们应负起责任来。大学原本是以成人为教育对象的。大学不承担这个任务，就得另设教育机构，那么这就意味着大学的自我否定与堕落。由于出生率下降，90 年代后期大学招生恐怕会遇到学生名额不满的问题，只有把大学变为成人的大学、社会人的大学，才有生存的希望。

以 90 年代为界，大学将成为社会人学习的场所。人们可以随时进入大学，不问其学历如何，大学成为支援终生教育的中坚力量。当然，我们并不否定大学应招收 18 岁的本科生，但是教材教法都要相应提高水平，以便让大学生做好进入社会的充分准备，这样提高大学的教学质量也有了希望。下面就这个观点谈一下必要的课题。

**改革、扩充教育内容**

从人才需求方面看，今后下列人才将受到欢迎：各种专业技术人员、医生、护士、保育员、精神医疗医生、编辑、文艺工作者、音乐家、服装设计师。大学必须开这些课。临时教育审议会的报告指出，应该扩大文艺类大专院校和理工科（除工业科、商船科外）的招生。总之社会需求科技、文化、福利方面的人才。大学的教育，特别是高等专门学校，应开设这些课程。

教育内容的改革也波及基础课与教养教育，战前高中的课程与现今大学的基础课水平相近，是为专业课做准备的。大学大众化后，面对已定好专业的大批学生，教养学科基础课程的水平就更应提高。此外，各方面国际化的进展使来进修的外国留学生越来越多，也应为他们准备好合适的科目。

**大学管理体制的改善**

大学向成人开放后，大学各系与研究生院应该建立一些制度，招收定时制学生，学分积累制、校际学分互换制也应建立。研究生院的博士课程现仍处于封闭状态，仅仅招收本科生为培养大学师资做准备。

今后大学必须对社会开放，在广为培养高级技术人员的前提下运转。当然，大学教师成分也要相应改变，可邀请社会上的专家来授课。我们期待今后校际交流的顺利进展。

为了适应成人教育的需要，大学要招收许多社会人，满足他们的要求，应像美国大学一样设立成人教育指导部，进行课程安排，进行学习指导，提供参考书目，根据学生要求提供服务。

**面向社会广为招生**

日本大学在历史上就有教育成人的经验，夜校、函授教育早就有了。这些都是面向成人的。有夜校

的四年制大学（国立、公立、私立）合起来已有 66 个，学生人数达 11.7 万人，短期大学中有夜校的 89 个，学生为 2.6 万人，占大学生总体的 5%~6%。最近学生人数有所减少。实行函授教育的四年制大学与短期大学有 23 个，学生人数 17.5 万人，每年有一万数千人入学，毕业生则少得多，为 4000~5000 人。可见从入学到毕业需要漫长的时间。从函授制度本身的含义出发，学生倒不在乎学多长时间的。但以今天的眼光看，这种教学内容与教授方法是否合适，必须重新予以评价。数年前大学普通科也招收成人。近年来有 189 个系，199 个短期大学在全日制的班级里也招收了一部分成人。1985 年约有 1000 人入学，还处于试验摸索阶段。这说明，大学对社会人的公开招生还处于允许犯错误的试验阶段。大学招收成人学生与大学招收海外归国子女一样，从入学考试到学习指导都与常规的普通学生不一样，需要在管理体制方面做出进一步改善。

**广播电视大学的普及**

广播电视大学是成人教育的重要组成部分。

广播电视大学经过 20 年的筹建，在 1983 年正式成立。20 年前正是彩电普及、立体声调频台试播之际，可谓是信息化时代的黎明期。如今电视大学有了专门的电视台，从 1985 年开始招生。其设立宗旨如下："为了迎接终生教育的挑战，充分利用广播电视的教育手段，我们开设了新型大学为国民提供受高等教育的机会，特别是：①作为终生教育机构向社会、向家庭妇女提供受高等教育的机会。②对高中毕业生保障他们以广播电视方式受到高等教育。③广播电视大学得到各大学多方支持，利用各大学最新的研究成果，利用新型教育手段，在搞好电大工作的同时与其他的大学交流，学分互换，交换教员，普及电大教材，借以促进日本高等教育水平。"

综上所述，电大是可以起到承担终生教育的高等院校的作用的。

广播电视大学开课两年来，已有 1.7 万人参加学习，学员分四个层次：20 岁、30 岁、40 岁和其他年龄层，男女各半，国家公务员，私人公司的工作人员占 50%，无职业者占 30%。四五十岁的人得到的学分并不比青年人差，而且还高于青年人。这使我们感到电大是进行终生教育的最好学校，也使我们展望到未来终生教育的美好前景。日本国土狭窄，所以，不会像美国的大学那样有自己的广播电台，利用广播进行教育。但是我们希望今后，至少每一个府、县都有一个大学对县民进行广播教学。

**大学教育活动的开放**

迄今为止，有 300 个大学面向社会举行了开放式讲座。大体均在暑假进行，平均只有 15 个小时，听讲人约为 25 万。筑波大学与广播教育开发中心例外，它们每年开设 72 个讲座，还与一些大学挂钩进行讲座的试播。但是这距离大学向社会开放差距还很大。为此，临时教育审议会第三次咨询报告在"开放式大学"这一节下，倡议"大学应该积极向社会开放，接受社会的要求，为公共事业做出自己的贡献"。要求大学设置有校外人士参加的委员会，帮助社会教育机构搞公开讲座、市民讲座，向社会开放大学的设施，积极吸收企业人才参与大学科研。指出"在信息系统的普及过程中，大学是重要因素，应起到作用，应做好整备与此对应的体制"。

在今后信息化时代中，领导时代新潮流的大学在教学中引进信息技术，改进计算机是一方面，教学方法的改革也很重要。从这个意义上讲，不仅播放手段要提高，计算机网络的活用很重要，它能使学生在家学习成为现实，也可以做个别辅导的试验。

把大学的讲课内容用计算机向社会公开。不仅如此，大学讲义、图书研究成果也供社会利用，这是很重要的。大学起到这样的核心力量的作用，就会使终生教育扎根。这样，一个学习社会便诞生了。这还可以消除学历主义的弊端。现在广播电视大学招生时已经不问学历，只要在基础课、基础专业课上修得 16 个学分就可以当做正规学生。如果有更多的大学在一定范围向社会开放拿出一定名额来，不问学历，招收社会上的学生，那么，臭名昭著的高考也有希望改进了。

**高中的“社区学习中心”化**

不仅大学应向社会开放，高中也理应如此。兵库县已有高中变为社区学校，向该地区的住民教授农业工业基础课，计算机课，受到县民的欢迎。随着出生率减少，大学招不到学生，高中则首先受到冲击，所以及早变为“社区学习中心”是有先见之明的。

**对各种教育研修中心的要求**

在以往的社会教育设施中，专修学校、公共职业训练所、民间职业训练设施，都起过一定作用。特别是专修学校的专门课程，从 1976 年以来受到社会上广泛欢迎，取得了很大的进展。这类学校 1986 年已有 43 万学生，比设立时增加四倍。如果大学加强了终生教育功能的话，上述机构又该怎么变化呢？

能够明确预测的是，如果大学不及时向社会开放，专修学校和职业训练设施就要来竞争，承担大部分任务。可是，如果大学能承担成人教育的话，上述机构的作用是否会变小呢？恐怕不会。因为大学能承担的大部分教育是属于基础课的教育。大学的专门技术教育也只能教些极为浅显的知识，对特定技术的教授，今后仍然得依靠特定的研修中心。大学作为社会教育的堡垒之时，人们对专修学校和研修中心的要求只会越来越强烈。

**研究机能的充实和社会需要**

大学既是教育机构，又是研究机构。实际上，真能发挥研究作用的还是研究生院，此外还有研究所。有些社会人谋求的是高深的专门技术知识，当然会找到研究生院或研究所去。在今日世界中，产业界与学校或官方参加产学合作的例子层出不穷。

90 年代，这种社会需求会越发强烈。大学必须迎头赶上，否则不会大发展。这也是重大课题。

## 四、市民和民间的各种活动

社会人除了到大学参加学习外，最基本的学习场所还是在日常生活中。把日常生活当做学习场所，在生活中增加的闲暇时间中学习新知识，多多思索，通过学习技艺、参加体育运动来恢复精力恐怕是终生学习的最基本的课题。

可以说，一个人能够抽时间到野外散步、有一项入迷的爱好的话，就已经体会到终生学习的乐趣了。这是一件大好事。近些年来，人们已经开始寻觅终生学习的伙伴了。为此，许多“同好会”业已组成。技艺、体育团体如雨后春笋，人们还特别希望当局提供方便的会场。过去在新住灾区建立的时候，人们往往提意见希望有集会的场所。如果在市民社会中形成学习热的话，首先就应动手给“同好会”找活动场所。很早以前这个问题就已提出。只有这样做才能培养出重视社会教育的民间团体。

除了场所设施外，团体的领导组织人也是一个关键，此外还要有群众的支持。官方人士对市民的这些活动也应予以充分理解，给以必要的支持。同时社区的上级机关也应派出领导人，给终生学习的人支持和鼓励，给他们提供设施与帮助。

如果是企业组织的终生教育活动，往往就纳入人事政策中，它包括企业内进修、留学、企业外训练、带工资的教育休假等制度。如果企业赞助社会上的终生教育，还可以开设以青少年、妇女、成人老龄者为主要成员的学习班，为促进大学开放向大学提供资金，赞助修建各种文化体育设施，提供青少年和妇女团体的活动基金。从国家立场上看，在终生教育设施建设和终生教育团体活动方面，要减免税金。今后各种民间企业开办文化事业，修建体育设施，迎合学习者的学习要求开办学习班的前景是无限量的。今天我们已经见到各种文化讲座的盛况，游泳池、网球场、高尔夫球场的利用率很高，今后随着文体活动的开展，对体育私人教师，体育裁判等专门人才也会有需求的。

## 五、行政的作用
### ——迎接"学习社会"的基本建设

**从设施的管理者向组织者过渡**

终生教育的行政管理与过去的教育行政是不同的。过去教育行政的重点在于设施管理与使用上。学校、公民馆、图书馆、博物馆、青少年设施均如此。

上述机能今后决不会失去重要性，但是，通过家庭、社区、学校几方面推进终生学习时，教育行政的工作对象不再是设施而是人。帮助学习者，给学习者提供机会，调整学习内容，成为教育行政的重要一环。

当然，过去教育行政的工作设施管理也是间接为设施的利用者服务的，但是过去的工作主要放在提供教育设施设置或停办方面，工作重点是争取上级批准，建立新设施，领取补助金，使用补助金，对建筑样式提出要求等。学习者虽是行政服务的对象，但关系并不密切，是间接服务。教育行政的组织系统是国家、都道府县、市町村，呈自上而下的纵式系统。

而终生学习的行政要首先以人为对象，按学习者（市民）的生活给他们安排终生学习的内容。设想学习者必学的课题，还要经常考虑如何给人们创造受教育的机会。这种机会绝不是单一的。主办社会教育的单位很多，私人文化专业学校、教育文化设施、社区、企业车间班组、团体、办公室、大众传播工具都可以办学习班，在搞终生教育时强调的是横向联系。这些单位必须共同探讨怎样给学习者提供学习课题与学习机会，要配合默契。当纵式联系习以为常时，若想进行一些横向联合是较难的，但为促进终生教育就必须这样做。官办社会教育机构的横向联合已经提到过了，促进终生教育的官方行政当局要管理好设施，搞好学习班，还要综合掌握本社区的各种教育活动，向人们提供必要的信息，提高政策水平。

**确立综合学习服务**

个人与市民的终生学习是生活中遇到的课题，学习机会应如何提供呢？

我们首先要把一个地区的终生学习任务当做本地区的重点，其次还要按居民的年龄给他们施以不同内容的教育。

松户市教育预测审议会是如何做 21 世纪终生教育的设想的呢？让我们边参考他们的咨询报告，边考察他们的终生教育服务体系。咨询报告指出，终生教育的目标是把松户市从一个大城市的城郊住宅区建成文化城市。教会人们重新认识大自然，引导人们的价值观从重视物质到重视精神。在国际化、信息化、老龄化的时代，把松户市建成健康的、有文化的、有高度福利的城市。

该市有一个统一的总目标，他们的口号是"健康地生活，文化化，内心充实地生活，大家共同参与建设福利镇"。他们分几个年龄段具体实施终生教育：①0~3 岁，俗话说 3 岁是打基础时代。②5~15 岁，少年打基础时代。③15~22 岁，自立时代。④22~29 岁，开拓时代。⑤29~50 岁，创造时代。⑥50~64 岁，充实的时代。各个时期都有与该市统一总目标对应的学习内容。与学习内容有关的行政服务有预防接种，婴幼儿体检，健康咨询，育儿咨询，各类讲座，学习班活动，团体活动，文化节，运动会等。

过去学校仅是青少年活动的场所，今后随着学生人数减少，空教室可用做市民保健咨询所、信息网络中心、广播电视大学和电视台日本广播协会广播电视讲座声像室。

基本行政服务的内容有：研究市民学习课题，归纳整理市民对终生教育的要求，招生，支持鼓励学习者，调查统计市内的公立私营的大学、短期大学、专修学校、体育设施、烹调教室的终生教育活动场所，做到心中有数。还要研究哪些学习项目还不够充分，应该如何补充，哪些教育活动较重要等问题，从而振兴终生教育。这种研究开发活动是极重要的。

为促进各种终生教育活泼开展，为把学习活动搞得轰轰烈烈，就要让学校的教职员与专业工作人员彼此交流、合作。北海道的一个小镇有一个民俗博物馆，在搜集当地展品时与学校老师学生挂钩，既搜集到民俗资料、保存了传统文化，又使学校师生受到教育。

谈到要搞好各种学习活动就需要时间和空间，最近全国各地新设了不少条件良好的图书馆、美术馆，陈列了许多西洋名画。但是图书馆对市民的服务是否周全，博物馆的筹办过程是否与当地居民合作，就是另外的问题了。从现状看很有改进的必要。此外，前边我们讲过，地区教育水平的提高，大学向当地群众开放也是重要任务。

公共设施的建立与利用不仅要靠国家，也可以靠民间资金，利用贷款。如今利用财团资助的项目开始多起来了。在有些单位，建筑设施工作人员下班后，其场所可以用来做学习设施，主管设施的当局应切实负责，改善人们的学习条件。

充分利用闲暇时间对改善劳资关系有好处，也是政府的国民生活政策和劳动政策的一部分。比如，修公路可使职工缩短上下班时间，只有解决好交通、土地、住房问题，才能使人们获得更多的闲暇时间。随着信息化的进展，在家办公的可能性也增强了。

临时教育审议会第三次咨询报告指出，为了使教育研究、文化体育设施真正成为社区内终生学习和信息交流的中心，必须利用计算机等高水平的信息交流手段来加强联系，弥补时间空间的限制。用信息手段使学校、图书馆、公民馆、文化会馆连成一片，作为信息化的中心，并且在这个基础上给市民提供高质量的服务。从这个基点出发，建设高规格的设施，更大规模地向社会开放才有可能实现。

**领导人的培养，教育团体的建立**

为了振兴终生教育，教育行政还要注意培养领导人，组织稳定的终生教育团体。关于一般学校教师的培养从明治时代就有制度保障了。而社会教育的专家培养还没有相应措施。从国情调查看，近年来私人教师、教育指导员、体育家等自由职业者逐年增多，今后终生教育的领导人、后勤工作者、咨询员也会成为一种职业。社会教育行政人员自然是需要的，专职教师的培养也应提到日程上来了。

过去青少年校外辅导员与运动队的教练常常用志愿者。当然人们不应为钱为报酬来做工作，但是业余教师的劳动也应有相应的报酬。在日本早已扎根的社会教育——剑柔道、围棋、象棋、俳句、短歌、茶道、花道之所以能在群众中扎下根来，就是因为老师不是业余的志愿者，而是刚入门者与专家结合得很紧密。专家办学习班也收学费。所以社会教育的教师必须按专家的标准来培养，这是日本社会的文化传统。

其次，团体学习如何行之有效也是一个重要课题。这不只是靠金钱便能解决的。还要求上级经常参加该教育团体的活动，看哪些活动搞得生动活泼，行之有效。对教育行政领导来说，见这种团体缺钱便资助钱，缺领导人派去领导人，给予实际的帮助最为重要。援助的方式是多种多样的，可以提供场所，可以给团体领导人提建议，可以鼓励参加者，可以资助有意义的活动。即使上级机关不出钱，也应该经常对工作有成效的团体投以关切的目光。还应该帮助联络类似的团体，进行交流，互相支援。

**援助改造社区**

终生教育社会的形成不能强求全国一律。必须因地制宜。必须投当地居民所好，讲策略、讲方法。每个地区都应有自己的终生教育模式，订立综合计划和长期规划。

今后国家、县府的财政资助应避免整齐划一，应该尊重地方特色，形成丰富多彩的学习社会。

90 年代，全国各地的居民与教育行政当局合作将进入有地方特色的学习社会。当全国性终生教育组织形成后，21 世纪的长寿社会将充满活力，向国际化，信息化挑战。日本终将成为世界瞩目的学习国家、文化国家。

# 第24章　家族与家庭

**研究成员**

（财）日本综合研究所理事、所长　　**盐田长英**
（财）日本综合研究所副主任研究员　**国府田文则**
（财）日本综合研究所副主任研究员　**竹内佐和子**
（财）日本综合研究所研究员　　　　**富永哲郎**
（财）日本综合研究所研究员　　　　**小林由里子**
（财）日本综合研究所研究员　　　　**白纸利惠**

**秘书处**

（财）日本综合研究所

## 第一节　家族的形成

### 一、人口结构

**人口的规模及其变化**

纵观日本人口发展的历史，在最早有统计的1872年，人口为3480.6万人。人口每增加1000万人，最初需要21年（1891~1912年）、14年（1912~1926年）这样的较长时间，后来增长速度加快，只需要7~11年了。1985年人口突破12000万大关，为12104.9万人，人口规模在世界居第7位。

日本的人口增长率除第二次世界大战后的1945~1949年5年间处于高水平外，大体在年均0.5%~1.5%之间变化。自明治以来年增长率不足1%的年份是1947年，1%强的是1962年，超过1.5%的只有8年。最近，以1974年为高峰，此后，开始逐年下降，1985年为0.6%。

厚生省人口问题研究所对日本人口发展进行了预测。根据他们1976年的预测，到2030年，我国人口将达到14100万人，为最高峰。然而，该所在1981年11月又预测2008年将到达人口最高峰，为13400万人。根据日本大学人口研究所的推测，2010~2011年是人口最高峰，总数将达到13319万人。庆应大学的安川正彬研究室预测，2010年人口将达到13000万人。那么，到2000年人口规模将会怎样呢？根据厚生省人口问题研究所1981年的预测，将达到12810万人，1986年的预测将达到13130万人，庆应大学安川正彬研究室的预测为12850万人。

尽管有这些预测，在我们向有关专家询问1990年、1995年以及2000年日本人口规模将达到怎样的水平时，有半数以上的人认为1990年人口总数不会达到12500万人。在对1995年和2000年的人口预测上，意见分歧很大，有人认为将接近13000万人，有人认为将超过这个数字，还有的认为达不到这个数字。有 64 人认为 1995 年的人口总数将在 13000 万人以下，10 人认为将超过这个数字。认为到 2000 年人口将在 13000 万人以下的有 47 人，认为将超过这个数字的有 31 人。

**城市化的发展**

日本城市化真正开始是在 50 年代后半期。从市与郡[①]的人口比重看，1950 年郡人口占 62.7%，市人口占 37.3%，但 5 年后的 1955 年城市人口比例增加到 56.1%，超过了半数。

1985 年全国有城市 652 个，城市人口 9288.8 万人，占总人口的 76.7%，为四分之三强。在 652 个城市中，人口不足 5 万人的有 231 个，约 836 万人。如果除去这些不算，剩下的 420 个城市有人口 8452.8 万人，占总人口的 69.8%。

最近，为了掌握人口向城市集中的情况，不仅将城市和郡加以区别，而且还采用了区分大城市圈和其他地区、以人口密度水平划分区域等方法。无论采用哪种方法，所显示的结果都是城市人口在增加。

**男性同女性的平衡**

日本人口的男女比重在 1937 年发生了逆转。在这以前，如以女性为 100.0，则男性超过 100.0，但从 1937 年开始，男性的比重开始减至 90 左右。

再让我们看看第二次世界大战以后的情况，1949 年开始，男性为 96 并持续至今。从新生儿的男女比重看，男婴明显多于女婴，但由于社会的或生理的原因，这个数字和比例发生了变化。

今天，女性的平均寿命要比男性高出 5 岁以上，这就造成了全国人口男女比例中的女性高的结果。可以想见，这一倾向今后将持续下去。然而，尽管发展缓慢，但这一差距将逐渐缩小。据厚生省人口问题研究所的推测，到 2000 年，男女性别比例将为 97.1 比 100.0。

**变化中的人口金字塔**

从日本人口的年龄结构看，1985 年 0~14 岁占 21.6%，15~60 岁占 68.1%，65 岁以上的占 10.3%。

在这一人口年龄结构的划分中，0~14 岁处于被养育和受教育的时期，65 岁以上者是高龄化人口，这两种都是 15~64 岁青、壮年人口的从属人口。然而，在大正时期以前，[②]未满 14 岁的人也已成为劳动人口，而 50 岁以上就算是老年人了。从目前的情况看，18 岁以下人口的 90%以上还仍属于从属人口，而 65 岁以上者仍是劳动力的人数比例高于其他发达国家。

在今天的日本人口中，青、壮年人口的比例相当高，1965 年以后已超过 65%，达到整个人口的三分之二。将来，随着人口高龄化的发展，青年人的比例大概将会下降，但 15~64 岁的青壮年人口比例则不会有太大变化。特别是到 2000 年以前的这个时期，按照厚生省人口问题研究所 1981 年的推测，青壮年人口比例将为 66.8%，1986 年的推测也同前者没有大的出入。

## 二、男女之间

**婚姻形式**

合法婚姻　有法律保护的婚姻占整个社会婚姻形式的大多数。可以说，这是由于合法婚姻的好处与非法婚姻、包括受到社会制裁的婚姻的缺点相比较而造成的。

在合法婚姻条件下，可以获得国家给予的各种利益，这些利益也涉及其子女。现在，世界上多数国家都实行一夫一妻制，不容许重婚。这一制度是相当严格的。同时，这也是一种谁都可以采用的、方便的形式。在一夫一妻制中，也有几种形式，从父母包办到完全尊重本人意志等都有，此外还有因年龄等因素而形式不同的。在自由的社会中，当事人的意志受到尊重，对年龄的限制也不严格。

---

① 郡指地方及农村。——译者注

② 1912 年以前。——译者注

从江户时代（1603~1868 年）、明治时代（1868~1912 年）到昭和 20 年以前的情况同现行的民法之间在制度上存在着相当大的差距。现在是 20 岁以上的男女可根据本人的意志结婚，未满 20 岁的男女则要受到限制。在日本，至今仍存在着浓厚的传统观念。认为只有结了婚才算真正成人，对未婚者的不信任是根深蒂固的。“结婚成人”的思想同以 20 岁为成人，到 20 岁后，个人权利才能得到充分的发挥的思想有关。这是家族制度的残留物。

在日本，根据户籍法提出的结婚才是被法律认可的婚姻。成婚数量以 1972 年为最多，达到 1099984 对。超过 100 万对的时期是 1970~1974 年的 5 年间，其后再次减少，1985 年为 73.59 万对，这个数字大约同 30 年前一样。

结婚状况是按每千人口中结婚数计算比率的。在年龄结构较年轻，而且结婚愿望强烈的时代，结婚比率就高。1920 年为 9.8，1960 年下降到 9，最高的是 1971 年的 10.5。今天的结婚数字同 1955~1965 年时期的水平相同，结婚率为 6.1%的低水平，这也与人口高龄化有关。

今后的结婚年龄将更加推后，有些人甚至认为男女都将推至 30 岁以后，如果真是这样，在人的一生中，即使已成人也不结婚的年限将提高，非法婚姻及自由的男女关系发生的余地将进一步扩大。而且还会使生孩子的年龄受到制约，孩子数量减少会更为显著。

认为结婚率会稍有下降的人似乎很多。其理由是，结婚适龄者减少，自由婚姻增加，以及离婚或一方死亡而不愿再婚等。人口高龄化和儿童数量减少是结婚率下降的重要因素。还有，不仅非法婚姻将增加，而且结婚年龄的提高等也是原因之一。

一般认为，将来再婚率也不会很高。因为带着孩子再婚有很多困难，人们并不希望美国那种复合家庭的增加。特别是超过 50 岁以后，男女的困难条件都增加了。然而，根据经济企划厅的推测，到 2000 年，高龄者中有配偶者的比例将会提高，丧偶者的再婚率也将提高。

在今天的日本青年中，想结婚的愿望相当强烈。特别是女青年，非常希望结婚。这一方面是希望通过结婚使自己成为家庭主妇，过上安定的生活，另一方面也同父母的教育有关。此外，大概还有在完备形式意义上的志向性结婚，因为法律婚姻较自由婚姻更能给当事者带来利益。

自由婚姻不根据法律程序而建立的男女关系为自由婚姻。其中多数被称为同居，更多的被叫做非正式的婚姻（或叫姘居），长期的姘居关系实际上同合法婚姻在形式上没有什么区别，但在受法律保护方面存在差距，这特别反映在离婚、财产继承、子女权利、抚养等方面。

一些短期同居、虽分居但常发生关系的以及多数男女混居关系等也属于此类。但这些形式能否称为婚姻关系，尚有争论。在美国甚至还有同性之间保持性关系或共同生活的情况，这是否也应算做非法婚姻还不清楚，在日本还没有听过这种提法。

如果把法律婚姻以外的男女关系统称为“自由婚姻”的话，在这类关系中存在着消极的和积极的两种因素。

认为自由婚姻会增加的人把这种现象看做妇女的经济能力提高的表现，而给予积极评价。同时认为应该淡化嫡生子女与非嫡生子女之间的差别。主张夫妻财产应归各自所有。可以想见，不愿受男人、家庭、氏族等束缚的情感，在妇女中尤为强烈。法律婚姻虽对妇女有有利的方面，但它并没有改变以男性为中心的传统婚姻体系。可以说，今后希望得到解放的妇女会进一步增加。

认为自由婚姻不会增加的人的根据是，法律婚姻仍在保证当事者利益方面发挥着重要作用。即使在自由婚姻的情况下，对妇女的政策也能起到某种作用。加之，他们强调在社会上仍需保留直接或间接的对自由男女关系的制裁措施，这些都是制约自由婚姻的因素。

**婚姻的解除**

离婚率在大正时期到昭和初期[①]是下降的，在 50 年代也是下降的，但从那以后有增长的趋势。1983 年达到 17.915 万对。

离婚率在明治时期曾是相当高的，在第一次世界大战到第二次世界大战之间有所下降，战后初期又开始回升，在 1965~1970 年期间趋于平稳，但自 1970 年开始再度升高，1972 年超过 1.0%，1983 年达到 1.51%，超过了明治后期的水平。

同结婚者的数字相比，离婚数从 1972 年开始超过了每 10 对已婚者中有一对离婚者的水平。1983 年达到了 23.5%，即每四对中有一对。从 1966~1985 年的 20 年间，结婚总数共计 1791.3 万对，而累计离婚的件数也达到 250.1 万对，这 20 年间的离婚数占结婚总数的 14.0%，即每七对结婚者中有一对离婚者。

同欧美相比，每千人中的离婚率超过 1%的比率并不算高，英国、瑞典、加拿大、美国等国的离婚水平都大大超过了日本。但是，同本国结婚对数相比，却有上升趋势，每四五对结婚者中就有一对离婚者。这表明日本法律婚姻的束缚力也在削减。

在离婚者中，有新婚不久的离婚者，有结婚 10 年以上的离婚者，还有年近老年的离婚者。最近，进入更年期的妇女的离婚，即年近老年的离婚现象引人注目。

很多青年人的离婚，往往是因为选择配偶的失败而引起。有一种说法是，初婚年龄越小，失败的可能性越大，而且离婚后的再婚情况也越多。婚后 10 年又离婚的情况往往因子女问题出现困扰，成为严重的社会问题，特别是那些既要养育子女，又不得不工作的妇女的负担尤其沉重。

此外，还有所谓家庭内离婚和分居现象。前者是继续同居，但实际上已处于婚姻瓦解的状态。后者则近乎离婚。然而这两种情况都还没有离婚。这里有几种原因，例如，子女的养育，社会地位的改变，经济条件不足等。处于这种状况的婚姻关系在增加，这些被称为离婚预备军。在子女成人后再离婚的事例大多发生在前边所说的近老年的离婚案中。1983 年离婚率达到高峰，在两年左右的时间里曾有一些下降，对这个数字，有些人认为是已达到顶点，也有人认为只是中间的间歇。

但是，在展望未来时，多数有识之士认为，离婚率将继续上升。1990 年将达到 1.5 左右，1995 年则会上升到 1.5~2.0，2000 年再增加到 2.0 以上。一旦超过 2.0，则接近于今天的英国、瑞典的情况。

如果这种离婚率继续上升，日本的婚姻制度大概也将在 2000 年时发生巨大变化。

**单身**

单身意味着独身者或单身者。所谓独身者是指那些尚未结婚的人，但不一定是单身者。独身者虽也是一个人，但往往同家庭中的其他成员一起生活，以后还要结婚。这就区别于单身者的自立门户。

从年龄上划分，单身大致可分为两个层次：一个层次是青年人，即没有结婚经历的人，即高中生、大学生及已工作的青年人中的 20 岁左右的这层人。其中有同父母一起过的，有自立门户的，还有住集体宿舍的。由于初婚年龄的不断提高，单身者的人数也在不断增加。另一个层次是高龄者，有的配偶已故，而子女已经长大成人并结婚单过了。在高龄单身者中女性居多。

首先，从独身者的人数看，1980 年时，独身者在 15 岁以上的男性中占 32.2%，为 1397.6 万人，其中大部分是未婚者，配偶已故的为数不多。而在 15 岁以上的女性中，独身者则为 35.8%，达 1646.3 万人，其中未婚者为 961.17 万人（占 58.4%），而配偶已故者达 684.6 万人（占 41.6%）之多。独身者共计 3043.9 万人。然而，这同单身一人家庭相比如何呢？1980 年普通家庭数字是 3582.4 万户，其中一人家庭为 710.5 万户，在家庭总数中占 19.8%。同独身者人数 3043.9 万人相比，其中只有 23.3%是独身一人自立门户，这比配偶已故者的 843.9 万人还少。

在独身者中，所谓单身，即选择终身独身生活的人有增加的趋势。

---

① 指第二次世界大战前。——译者注

没结婚、也不想结婚的人也存在。在今天人生长达 80 年的岁月里，不同年数长短和时期如何，任何人都很有可能体验一下单身生活。

一般认为单身者和独身者的人数在增加。到 1995 年单身生活的家庭将达到家庭总数的近 25%，到 2000 年甚至可能达到 25%~30%。青年人和老年人中希望过单身生活的人，以及不得不过单身生活的人都在增加。还有一些想结婚，但不能实现的独身者人数也在增加。

## 三、子女的诞生

**是否生孩子**

将来，婴儿出生率将发生怎样的变化呢？看来出生率（指每千人的婴儿出生数）会维持现状（1985 年为 11.9‰）或略有下降的估计是妥当的。多数人认为，到 1991 年将保持近似现在的水平，还有不少人预计到 1995~2000 年出生率将降至 10‰~8‰，这同高龄化的发展及不愿生孩子的人的增加有关。

然而，到第二次生育高潮时出生的一代人长大成人并开始结婚时，又将出现一个生育时期（1995~2000 年），出生率有可能增加。有些人提出目前孩子数量的减少，反而会唤起一次新的生育高潮，认为一个孩子不如二三个孩子好养的人也将增加，这必然会使孩子的数量增多。

**母亲的生育能力**

对一个妇女一生中生几个孩子的统计称为总计特别出生率。其数字 1985 年在日本是 1.76 人到 2 人。联邦德国、荷兰、瑞士、瑞典都极低，日本也算相当低的，比美国、英国、法国还低。日本妇女平均生两个以下孩子是从 1975 年开始的，现已持续 10 年以上。

在总计特别出生率中，女婴人数一项又叫纯再生产率，这在日本为 1，这个数值从 1955 年开始就经常出现，自 1974 年以后，一直保持在 1 的水平上，到 1984 年下降为 0.88。

生第一胎的母亲的平均年龄在 1950 年为 24.4 岁，1980 年为 26.4 岁，生育年龄上升了两岁，生第二胎的年龄也从过去的 26.17 岁上升到 28.17 岁，第三胎从 29.4 岁上升到 30.6 岁，提高了 1.2 岁，虽说总的生育年龄在增加，但可以说这已达到了上限。

母亲生育能力下降的原因有，为养育孩子需要越来越多的经济能力，夫妻共同劳动情况的增加，不结婚及不愿要孩子的人数增加等，这些综合原因的发展将会使生育率进一步下降。

但是，在和平环境中，人们希望过安定的生活，生育子女两胎以上的人也有增加，希望幸福婚姻和多子多福的人为数不少。

**未婚母亲**

未婚的母亲（在户籍上没有履行正式结婚手续而生孩子的母亲）有增无减。这表明了妇女希望把孩子生下来的强烈愿望。在日本，嫡生子女和非嫡生子女（私生子）之间在法律上和社会上都存在着差别。然而要求消除这种差别的呼声也在增强。可以预料，将来对未婚母亲的制约因素将进一步减少，对其子女的差别待遇也将缓解。

在想要孩子的人中，有些人甚至想做体外授精或代生母亲。在日本，通过体外授精而出生的婴儿已有先例，但代生母亲则在美国成为引人注目的问题，生母同委托者之间出现了纠纷。这也反映了希望生孩子的欲望并没有衰落。

**对孩子的否定**

不要孩子的情况有两种：一是人工流产和避孕，另一种是不愿要孩子的夫妇和过单身生活的人。

人工流产在 50 年代每年超过 100 万例，最近 15 年来有所减少。这同避孕方法的多样化及有效性有关。妇女每千人中实施人工流产术的比率在不断下降。但是，值得注意的是未满 20 岁的女性实施人工流产的人数在增加，在这 15 年间增加了 1 倍，是其他人工流产总数的 2.5 倍。在人工流产中有婚姻内的人工流产和婚姻外的人工流产，年轻人中以后者居多。

还有因经济上的原因和健康上的原因而流产的。这当中有些是想生但不能生的，但更多的是避孕失败和知识不足而产生的。随着年龄的提高，避孕能够较好地实施，但年轻人中避孕失败者更多些。

关于今后人工流产是增加还是减少的问题有三种看法：有人认为由于避孕方法日益简单易行以及知识的普及，使流产将会减少。也有人认为，由于年轻人自由的性生活，使避孕方法不能很好实施，则流产者非但不会减少，而且还要增加。在日本，认为人工流产是一种罪恶的思想和伦理观念的影响并不强烈。更多的人认为上述两种情况会相互抵消，今后人工流产的数量同目前没有大的变化。

避孕技术的开发是否应进一步发展是一个问题。口服避孕药向解禁方向发展也受到一些人的反对。此外，对于是人工流产还是预防为主的问题、社会上对未婚母亲的不满日益减弱的倾向、经济的安定及对孩子要求的提高等会使想要孩子的人数有增加的趋势等，这些都是预测未来人工流产如何发展的重要因素。

相当多的人估计不愿要孩子的夫妇会稍有增加，这是因为越来越多的人觉得有了孩子会成为自己生活中的手铐和脚镣。

青年一代人的想法更多的是考虑自己的利益，他们中热衷于追求自己生活价值的人在增加，也不准备把自己人生的部分精力用在下一代人身上。

一旦失去生育孩子的意义，会成为什么样的情况呢？长大成人后结婚，然后成为母亲的这一过程在无意识中被破坏了，生孩子的意义受到怀疑，在得不到满意的答案时就不能生，或不想生。这样，人类作为动物，或生物的那种本能——传宗接代也变得不可能了，而这也许是人类唯一本能的东西。如不能有意识或有目的地生育子女，婴儿的数量就会减少。而且生孩子的人和不生孩子的人之间的公平性将受到极大的破坏。

## 四、家庭的形成

家族一般由包括不在一起居住的有直系血缘关系的成员组成，但在统计上明确这一界限是困难的，所以一般限于在一起居住、共同生活的成员。这既是家族，又是一户，在日本还称为家庭。家庭一词还含有内在的温暖的意思。它反映了家族成员在日常生活中和谐与精神上的联系。

日本普通家庭数量每年都有所增加，但每一家庭中成员的数量却在发生变化。比起大正时期（1911~1925 年）来，昭和初期（1925 年开始）的平均家庭成员人数更多，1935 年曾达到 5.02 人，在 1945 年战败后的一个时期也很多，1950 年为 4.9 人。家庭平均人数的减少是从 1955 年以后开始的。随着城市化的发展，又向小家庭化发展，1965 年为 4.05 人，以后则降低到 3 人左右。

对于今后家庭规模将如何变化有几种看法：

第一种看法认为比现在略有缩小，但大致保持了平均水平。这种意见认为，如果仅仅两人以上的家庭居多，上述数值不会发生多大变化，今后也不会改变。

第二种看法认为到 1995 年为止家庭人数不会有大的减少，但到了 2000 年家庭规模将会有相当大的缩小，为每户 2.7~2.8 人，这同东京的情况接近。由于独身家庭不断增加，所以，有可能促进这一趋势的发展。

第三种看法则认为，家庭规模可能会有所扩大。因为为了克服小家庭存在的弊端，人们大概会把家庭规模扩大一些。

# 第二节　家庭生活的全过程

## 一、养育子女

**教养**

父母以及社会应向孩子传授的东西大致可分为三个方面：

(1) 为了生存而需要掌握的生活本领和技巧。如何吃饭，如何上厕所，如何走路，如何睡觉，如何说话，以及如何适应气候，等等。这些可叫做基本生活本领，不掌握这些，孩子就很难长大成人。

这些东西是父母每天根据需要逐步教授的，孩子通过反复练习，不断领会才能掌握，由祖父母、兄弟姐妹、姑叔姨舅等教授的情况也不少。从历史上看，这些人所起的作用极大，但随着小家庭化的发展，其作用会逐渐减少了。

(2) 对社会体系的适应方法。包括如何利用交通工具，参加团体组织，适应货币经济等。还有，必须学会同朋友的交际，参加邻近社会组织，日常生活中的言行举止，等等。

如果不从孩提时代开始学到对社会体系的适应能力，那么随着年龄的增长，就会发生不适应社会的情况，往往容易成为不熟悉左邻右舍，在幼儿园和学校被别人疏远的人。从而总爱闷在家里，不能了解社会经济问题。因此，诸如是非、善恶、人与人之间必要的爱情、伦理观念等都有必要从小就逐渐灌输学会。

(3) 对事物与理论等知识的学习。1+1=2 的数学原理，火为什么能燃烧的化学结构等是孩子需要分阶段学习的，这些问题当然要在学校教育中进行，但在家里也能自然而然地教给孩子们。

以上几个方面的知识是父母需向孩子传授并使其掌握的东西，总称为“教养”。对孩子的教养方法，则因时代、社会传统、宗教、伦理、道德观念、社会结构、制度等的不同而存在差异。说历史上不存在完全没有教养的社会并不过分。正是因为有了这些教养，才使孩子懂得社会习惯和体制，根据自己的判断来寻找适应的方法。

关于对子女的教养问题，当事者与第三者之间往往存在着不同看法。例如，根据总理府 1982 年的调查表明，父亲对子女的教养问题抱有相当的自信。就是说，认为自己的教育比社会上一般父母要严厉的占 32.5%，认为同社会上一样的占 51.3%，而认为比较松是放任型的只占 13.9%。另一方面，从孩子的角度看，认为父亲严厉的也占 51.9%，超过半数。认为父亲是在理解的基础上教育子女的占 32.6%，对什么事都采取放任态度的父亲只占 15.1%。

然而，在客观评价当今的父母是如何教养子女时，认为还很不充分的人在增加，特别是有关专家多持这种观点。

关于今后对子女教养的态度有三种可能的发展趋势。即维持现状、更加严厉和较为放纵。

首先，在如何评价当前的教养状况的问题上，持批评态度的人较多。因为不对孩子进行教育的父母增加了。那些自己没受过良好教育的父母和大人也不可能对子女实施很好的教育。这种情况从 70 年代就暴露出来了。所以，认为到 2000 年仍维持现状的人们并不是乐观的或过高评价的。

还有人认为会更加放任。随着孩子的边际效用的进一步提高，对孩子的细致照顾已不可能。有些人甚至提出母亲不应该养育孩子。但也有人认为过于放任，到 2000 年也许会产生逆反状态，使孩子的教养问题得到修正。作为个人将加强能够自立的教育，并根据相应的年龄做出的合理判断进行教育。那时，对子女的教育将更为认真细致地进行，由于父母的言行对子女来说是最重要的榜样，所以做父母的本身有必要明白应对自己更加严格、谨慎的要求。

**家务劳动**

教养的中心在传统上是参加家务劳动。对 3 岁以下的幼儿完全是扶助性教育。使其学会走路、区别物体，逐渐使手指灵活等等，以致最终能参加家务劳动。

但是，随着农村生活向城市生活的转化，人们的生活内容也在发生变化。住宅变得狭窄了，家务劳动也变得逐渐省力并开始走向社会化。孩子需参加的家务劳动开始急剧减少。在农业、个体行业的多数情况下，子女看到父母的劳动而受到感染，而母亲劳动的一部分就是养育子女。但这些正在逐渐消失。

目前，孩子们多大程度上参加家务劳动呢？可以说多数人几乎近于零。这一方面是由于特别是在大城市及其周围地区生活的家庭中，孩子能参加的家务劳动差不多没有了。另一方面，孩子自己还需要参加一些活动，为此花去了大部分时间。所以，出现了认为今后孩子会比现在较多地参加家务劳动、认为孩子会越来越不参加劳动和多少创造些条件使其参加劳动的三种看法。

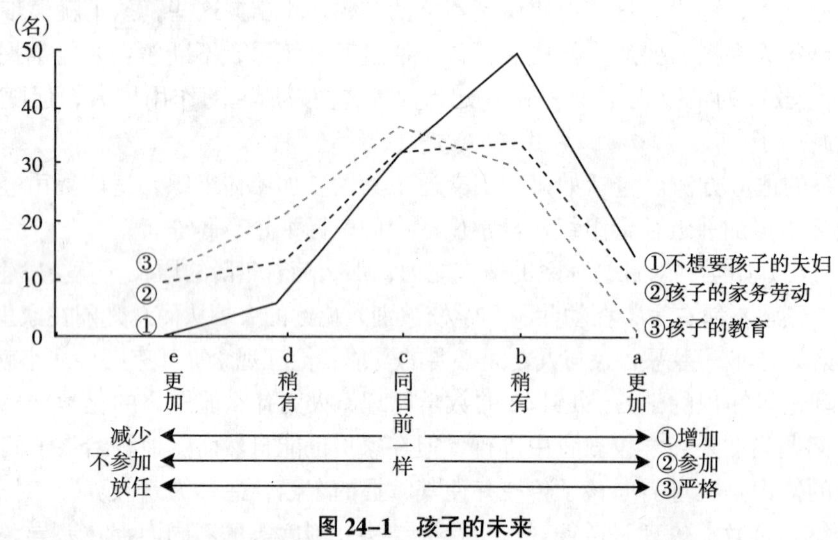


**图 24–1　孩子的未来**

注：根据日本综合研究所 1986 年 10~12 月调查结果。

然而，有必要做出相当的努力，否则任其发展，就会使参加劳动的孩子变得更少。甚至那些认为会多少增加参加机会的人也是期望过高了，并不认为会完全实现。但是，考虑到父母的赡养及独身生活的长期化等问题，男女都从事家务劳动的必要性就更大了。

**子女教育**

无休止的考试战　如何看待孩子们的应考学习呢？根据 1982 年的调查，中学生认为并不喜欢考试，但通过努力还是有意义的占 42%，认为通过自己的全部努力试验一下自己的能力，这是一生中难得的机会的占 28%，这里男女的比例几乎是相同的。

不认为从小出自名牌学校自然能成为伟人的孩子占 91%，认为即使进不了名牌学校对前途也不感到烦恼的人占 54%（日本青少年研究所：《国际儿童调查》，1979 年）。但为什么私塾会普及，考试战变得如此激烈？私塾的普及破坏了孩子们放学后的课外生活，也改变了家庭内的生活，甚至使父母与子女的关系、真心话与大道理都变得如此异常。

在大学的升学热与考试战中，多数人认为男孩子表现软弱，而女孩子几乎都积极应战。

1986 年大学入学率有相当大的下降，仅为 34.7%，成为自 1975 年以来最低点。当然，由于第二次生育高峰的影响，1986~1992 年 18 岁左右的人口将大幅度增加，高峰年可达 250 万人，为此，大学的入学者可能会达到以往最多时的 64.3 万人。即使是入学率有所下降，也并不意味着升学热的减退，考试战仍将十分激烈。在这种情况下，到 2000 年将会发生什么变化呢？

预计比现在更激烈的人指出，那个时期的孩子们也将热衷于考试战。如各学校之间差别增大，则考试战会更加激烈。一般认为，日本人对孩子的教育热和对孩子的过高期望到 2000 年也不会改变。

也有人预测入学热会降温。有些人还认为入学率会下降。因为，孩子数量的增减、经济负担的增加、个性化和多样化的发展等会使入学热及升学率受到影响，而出现一定程度的下降。但是，认为不进大学就找不到好工作的家长仍然很多，使上大学成为孩子走向社会的必由之路。所以说大学考试战本身不会改变。

能拒绝升学吗？日本人的孩子从幼儿园就开始竞争，经历私塾生活，又投身于大学升学热和入学考试战，能否断言讨厌学校教育的孩子必然会增加呢？不论怎么说，脱离学校教育、逃避上课的孩子不是减少，而是增加了。这是人们的普遍看法，这同本人、家庭、学校及整个社会有关。

虽然还没有达到美国那样的悲剧程度，但正在接近美国的情况，即从高中、大学里中途退学的孩子在增加。这种中途辍学的现象令人担忧。

可以认为，逃避学校教育的青年是在多样化、个性化发展过程中增加的。这种情况并不一定都是悲剧，将来也许还要期待它的增加。

## 二、作用分担

### 专业主妇还存在吗

专业主妇是指已婚妇女不是通过自己的劳动而获得经济收入的人。此外，还有经常能得到不固定收入，但又没有达到税法上规定的纳税对象的水平，那么该收入就不可能为外界所掌握，所以也称为无收入者，这种情况也算做专业主妇。

被称为专业主妇的妇女主要存在于收入水平较高的阶层，它随着“一亿总中流化”[①] 倾向的发展而增加。现在大企业的职员家庭中，很多妻子也已专业主妇化了。那些在结婚前工作的女性，婚后自觉不自觉地接受了退职，成为主妇。一方面，虽嘲笑“三饱一倒”的生活，但另一方面又希望成为家庭主妇的青年女性仍占多数。现在已有很多主妇在白天出没于文化中心或体育俱乐部。

今后的时代专业主妇还会存在吗？很多人认为会减少，但在减少的趋势是迟缓还是迅速的问题上存在分歧。

持减少迟缓意见的人的主要依据是，青年女性的保守化倾向、男性对妻子的要求程度、劳动市场对女性的闭锁性、主妇锐减及加入国民年金所出现的对专业主妇奖励政策的介入等。但即便如此，在多大程度上能抑制主妇走出家庭的欲望仍是一个问题。

在妇女中，抱有“不工作，人生就不充实”的想法的人确实增加了。随着女性同社会的直接交往，以往的家庭状况正在发生变化。虽说都是中间阶层，但在中间层里的中等及下等家庭中，以往的生活和家庭状况也正在不断地发生变化。妇女参加工作变得容易、劳动妇女的增加使其条件也得到改善。家务劳动的省力化和社会化，以及丈夫参加家务劳动等，也成为主妇走向社会的动力。主妇关在家里，痛苦增加了，与朋友的交往减少了，总之，她们的内心和外界都会出现纠葛。由于上述多种多样的原因，造成了妇女走向社会的趋势加大，将使专业主妇减少。

### 走向社会的女性

妇女开始走向社会是否意味着在现代产业社会发展的一个时期内出现的相当大量而广泛的家庭主妇将再次减少或消失。从妇女劳动力演变的过程看，确实存在着因产业结构、战争、家庭经济结构、收入水平、学历等变化增加或减少的情况。

---

① 指全国人生活水平均达中等水平。——译者注

妇女走向社会大致有两种情形，即出于经济或精神的原因。前者是如果妇女不参加劳动，家庭及个人生活就无法维持或者说较好的生活水平难以维持。后者是指妇女对仅在家庭这一狭小天地生活感到难以忍受，由于教育水平的提高，养育子女数量的减少，家务劳动的减少和减轻，以及从事自己希望做的工作的可能性的扩大等原因，妇女不仅在学校毕业后参加工作，而且在子女成人后又参加工作的人数不断增加了。

同时，作为支配精神因素的社会性变化，女权主义的发展，男性的同化，制度、设备的变化以及支持这一倾向的产业的出现和发达等因素，使妇女走向社会的趋势在经济和精神原因的综合作用下进一步发展了。为了维持自己的生活，很多人希望通过自己的劳动得到收入，在职妇女就是其中的典型。她们在为男女平等而努力。毫无疑问，男女就业机会均等法的实施虽说还不够完备，但它意味着这一倾向正在朝制度化方向发展。

**丈夫分担家务**

妻子一旦在社会上参加工作，则要负担在外边的和在家里的双重工作。劳动时间及劳动量都会增大。虽说子女数量减少了，家务劳动已机构化和社会化了，但由于新参加社会工作，仍会完全抵消在家里缩短劳动时间的效果。

在全日制工作的情况下，必须把夫妻各自承担的家务工作明确化，否则，随着时间的推移，夫妻共同工作就会出现问题，甚至要求助于社会与老一辈人的帮助。

那么，今后会如何发展呢？在家务劳动方面，没有人认为丈夫不应分担责任、或者维持现状、或是减少责任。但认为夫妻分担责任的状况会发生巨大变化的人也寥寥无几。大多数人认为丈夫分担家务的情况会稍有或有相当的增加。在男性被调查者中，多数人认为稍有增加，而在女性被调查者中则多倾向于会有相当大的增加。

首先，夫妻分担家务的变化，使即使是专业主妇的家庭，由于家庭内民主化的浸透也会变成现实，并将从单纯的性别分工论中摆脱出来。但分担责任的意识在丈夫方面是淡漠的，因为妻子会做，所以丈夫可以更多地选择别的事情来消磨时间。

其次是不能不减轻妇女繁重劳动的看法。妻子的专职劳动化及家庭的双重收入化，使家务劳动的责任被强制改变。这种家务责任的再分配不是通过对话，而是不得已的。关于分担家务劳动有几种观点：丈夫已放弃了管理家务的责任；应该夫妻共同管理家务；丈夫参与家务会使其不能对重要问题做出判断。应如何看待工作时间长、调换工作等问题。丈夫放弃家庭责任同长时间工作有关。单身去外地工作会促使家庭关系的改变。还有人错误地认为，过分地分担家务劳动会影响自己的自主性。事实上，男女都应从个人完美主义中摆脱出来，共同担负起养育子女的责任。

**家务劳动的省力化、社会化**

目前，家务劳动的省力化和社会化正在迅速发展，特别是在烹调、洗濯、扫除等家务劳动方面有了长足的发展。耐用消费品的普及，能源供给体制的变化更促进了这一趋势。耐用消费品的普及不仅促进了家务劳动的省力化，也使生活环境更加舒适。如电视、立体音响、空调器、小汽车的普及等。这些耐用消费品的普及也增加了家庭收支的负担，同时，也使与其相关联的维修保养行业的社会化有了很大发展。

最近，继家务劳动省力化之后，家务劳动的社会化趋向也在发展，烹调、饮食、洗濯、代办杂事等的企业正在涌现，并逐渐形成产业。可以预料，家务劳动的社会化趋势今后还将有很大发展。饮食业就是其中的典型行业。第三产业以及服务业的发展在育婴、福利等领域也出现了社会化的苗头。在这些领域还有各种课题有待解决。例如，夫妻、父母、兄弟间的感情及亲近感有相当大的一部分是以广义的家务劳动为支柱的。因此，为了保持和加强家庭成员的连带关系，有必要考虑用别的方法取代现有的家务劳动。

## 三、安乐与纠葛

家庭在给其成员很多安乐的同时，也常常在成员中产生纠葛。安乐是通过经济的安定、精神的共有、共存感、相互扶助、爱情等因素而实实在在感受到的。为了在家庭中产生安乐感，各家庭成员的努力、忍耐、合作等非常必要。在这里，安乐常常与纠葛同时存在，根据每个成员为安乐做出的努力程度来决定家庭成员间的关系。

家庭面临着各种各样需要解决的问题，有些是能够在短期内解决的，有些则在长时间内也难以解决。一些问题在有些家庭能够解决，但在另一些家庭却不能解决。即使是解决了，也很难说是完全消除，有些仅限于暂时达成了妥协，而根据情况的变化，问题又会发生。

在很多问题中有些会成为矛盾，矛盾大多是发生在当事者之间出现相当激烈的摩擦和纠纷的时候。一旦出现摩擦和纠纷，就会伤害当事者双方，这种伤害有精神的、肉体的、经济的。

摩擦或纠纷如能在当事者之间消除掉，则是一件幸事。因为它反而会进一步加强家庭的团结。但在大多数情况下不易得到解决，这使伤害长期存在。在发生仅靠当事者不能解决的矛盾时，就需要第三者，特别是专家的介入，那么情况会如何呢？有些人称这种问题为病理现象，专家们也很爱用病理现象这个词。但在这里，究竟哪些情况应称为病理现象则在专家之间以及专家同非专家之间存在分歧。

有关家族的事情用课题、问题、病理现象等提法作为划分标准，并不一定明确。很多人的做法的确可称为病理现象，应如何评价这个问题，同对家族本身的理解关系很大。

首先，一种意见认为，在家族关系中没有病理现象，或者说不应使用病理现象一词。因为这同把什么看做是正常有关。例如，如果把传统的东西看做是正常的，则对变化的事物认为是病理的。还有把离婚看做是病理现象，也有人认为离婚可以算做生理现象。

虽有家庭病理问题，但在日本并不严重。为数不少的人认为将来这种情况也不会严重。这里包括曾把离婚看做病理，但现在又认为不是病理的人。而把家庭问题称做病理的人很多也认为家庭问题已得到改善，不再是病理了。还有一些人以在日本并没有出现美国、欧洲所看到的病理现象的严重浸透为依据，而认为日本的家族问题并不严重。

但认为家族病理问题已相当严重的人也占很大比例。这里可分为其严重性会进一步深化和在某种情况下会缓和的两部分人。哪些问题属于病理性的呢？大致可以举出如父母的做法、子女的不法行为及对社会的不适应，酒精、药物等的中毒，同性恋，仅十几岁便做人工流产，暴力特别是家庭内部暴力，心理与精神病态，放弃对子女的养育责任，以及虐待老人等。

上述现象的大多数是由社会与家族的关系、社会与个人的关系等原因产生的。然而，最近指责这些现象是由家族自身产生的意见日益增强。

应该指出，这类现象的产生同过分介入或放任自流关系很大。过分介入包括国家的介入、社会的介入、父母的介入，这使家族成员，特别是年轻人陷于困境。相反，放任自流的状况也有同样的结果，大多数情况是孩子受到影响和损害。家庭总是存在矛盾的，它不是自由自在的东西。更恰当地说，家庭成员中谁制造了矛盾，造成了紧张的家庭关系，但这有时又反过来起到稳定家族的作用。所以，家庭问题不等于家庭病理，正是那些过分介入和放任自流，才使矛盾陷入难以解决的局面。

## 四、过失

长期的历史实践使人们终于理解了这样的道理：任何人都难以避免出现失误或过失。但多数人都不愿正视自己造成的、别人无法代为受过的过失。解决的方法是，造成失误的本人及其家庭能理解任何人都会有失误的道理，并采取一些对应的办法。而且，出现失误的概率之高正在改变人们的意识，使其正视现实。

多数人认为出现过过失的人们的生活在 90 年代会有若干好转，只有少数人认为会比现在更差，认为同现在一样的人也属少数派。当然，即使说会有好转，也不过是部分的，从整体上说是很少的，不可能全部，或达到相当高的水平。

在日本近代史上缺乏对人权问题的关注。所以，在社会上没有形成对有过失的人要平等相待的意识。"强者优先"的思想意识仍占主导地位。在人们的心目中还存在着差别意识。问题是如何变革和消除这种差别意识。目前，反对差别的运动在发展，人权思想也在逐渐增强，虽然政府尚有通过加强福利政策以便改善这些人的生活的乐观看法，但大多数人都对这种状况能否改变持悲观态度。

谈到有部分改善，主要是指对残疾人的能力进行必要的开发。但在精神领域还难以解决犯罪者的差别问题。所谓精神领域的差别对待将在从幼儿园到离婚者的极为广泛的各个领域残留着，因此，"障碍者"一词不仅仅限于人们联想到的身体残疾者。

## 五、老龄化与死亡

### 平均寿命还会延长吗?

日本的平均寿命正以惊人的速度延长着。1925~1935 年期间，都把人生称为 50 年，1925~1926 年的平均寿命，男性为 46.9 岁，女性为 49.6 岁。但到了 1985 年男性达到 74.8 岁，女性达 80.5 岁。在 50 年期间，男性寿命甚至延长了 27.9 岁，女性则延长了 30.9 岁。

为什么寿命会延长呢? 其原因有：婴幼儿死亡率的下降，对付流行性疾病的手段的进步，营养的提高，公共卫生的普及，健康的增强及对疾病预防措施的进步，以及医药品和医疗技术的发展等。此外还由于战争、天灾、经济危机、农作物歉收等损害健康和生命的环境几乎都不存在了。其结果，使今天日本的平均寿命已达到不亚于欧美各国的水平。其中男性寿命为世界第一，女性也同瑞士、冰岛并驾齐驱。

很多专家对今后平均寿命会继续延长的观点持肯定态度。预计男女寿命都将比现在有所延长。2000 年男性平均寿命将达到 75~76 岁、女性则为 81~82 岁。甚至有些人认为男性会达到 77~80 岁，女性为 83~84 岁。这一判断是基于对癌症的抑止、成人疾病的克服、紧张状态的解除方法等对策还将不断发展之上的。今后的青年人将更缓慢地成人和老年化，而到那时紧张的工作状态将会进一步缓解，寿命的进一步延长是可以想见的。

另一方面，有人对寿命的延长感到担忧。在现在的中高龄层中，有些人对自己老年后能否维持健康抱有疑虑，因为他们这一代在青少年时期经历了第二次世界大战和战后困难时期，有很多人曾营养不足，成长期又缺少身体的基础素质，到了高速经济增长时期又拼命地劳动。使身心都受到很大影响，加之环境污染等的影响也是存在的。还有食品包含着很多化肥、农药、添加剂等，这些也对体力有副作用。现在的长寿者中，多为明治、大正、昭和的困难年代过来的人，所以能长寿。但今后还能继续如此吗?

### 老年人口

日本的老年人口在总人口中所占的比例确实有了相当大的增加。20 世纪初，65 岁以上的人口仅占全国总人口的 5.43%，但到 1985 年（昭和 60 年）达到了 10.2%，超过了 10%的比例。从人数上看，已为前者的 4 倍以上。当然，到目前为止日本的发展速度不算快。美国 65 岁以上人口比例从 5%到 10%花了 45 年的时间，瑞典是 90 年，英国是 40 年，法国是 100 年，而日本是 85 年，大概还算慢的，但今后的发展速度将会提高。

大部分有识之士的意见是根据专家的推算做出的，认为 1990 年老年人口比例为 12%，2000 年为 16%左右。这个数字主要是以日本厚生省人口问题研究所的推算为依据的。也有人认为可能不会有如此高的发展速度，在他们看来，达到 12%~14%的水平还是可能的。

**老后的生活**

日本 65 岁以上的老人过半数是同其子女共同生活的，即所谓："三代同堂"。这种情况从人口比例看达到四分之三，而从家庭户数计算大约有二分之一。

可见日本老人同家族同居的比例较欧美各国高得多。这种同居率较高与日本的历史、传统、财产继承体系、老人与子女双方都缺乏自立心等因素有关。但"三代同堂"的比例，无论从人口数量，还是从家庭数量看都有渐减的趋势。以夫妻为中心的家庭增加，老一辈单过的比例，都有发展的趋势。

对同老人一起生活的想法将来会如何变化的问题有不同意见。一种认为会逐渐减少，另一种则认为会增加。尽管很少有人从现状出发认为会发生急剧变化，但为什么又出现两种截然相反的看法呢？

认为同居倾向会增加的人的理由是：住宅问题日益严峻，所以选择同居。此外，孩子的数量减少会增加家族的凝聚力，希望工作的主妇的增加，使养育孩子的问题突出，需要老人的帮助等。分析这些理由的背景，使人感到相当多的人是从孩子的利益来考虑问题的。特别是在老人和子女都在城市生活，而且老人有土地和住宅等财产的情况下更是如此。

认为同居意向将减弱的人们的理由则强调，老一辈人希望自主，避免同子女发生相互不和，以及感到同年轻人价值观念不同等。从到目前为止的趋势看，同居者有逐渐减少的倾向，到 2000 年这一倾向也很难改变。

**继承制度的发展趋势**

日本的继承制度在第二次世界大战前是长子继承制，即长男继承。但在战后随着民法的改革，使配偶和子女有了均等继承的权利，继承体制发生了很大变化。过去配偶继承的部分为三分之一，但近年来改为二分之一，剩下的二分之一由子女均等继承。

但是，继承的实际情况却不尽然。其原因是继承财产成为课税对象。遗留财产的人、继承财产的人都尽可能地掩盖其全部财产情况。还有也许是为了避免围绕遗产继承问题而出现亲族间纠纷。一般认为，由于经济阶层的不同，继承财产的实际情况有相当大的差异。尽管根据遗嘱继承的情况不断增加，但围绕遗产进行的诉讼和纠纷也很多。

那么，到 2000 年时，日本的财产继承状况将如何发展呢？一些有识之士认为，尽管有法律上的规定，但人们将把财产集中给那些自己老后能照顾自己的子女。

再就是自己使用这些财产来维持老后的生活，有若干部分死后能够遗留下来，有些也许会在生前转让给子女。近 30 年来，由于老年后的费用有了相当大的提高，所以很多财产将不得不花掉。在中产阶级当中，就连一些应该继承的财产也丝毫不剩地用掉了。可以说，各阶层之间的差距在财产继承方面体现得尤为明显。

**高龄化社会**

现在的确已进入了高龄化社会，我们应如何看待呢？

首先，看看在 2000 年高龄者将如何生活。专家的意见明显地分为三种，少数认为与现状无差别，而大多数认为会好转或恶化。

认为比现在好的根据是：社会福利的提高，社会保障的充实，健康水平的提高和健康老人的增加，自我管理的发展（这是今后的努力方向），面向中老年的产业的发展，老人之间联系的增强，适应老年生活的老人的增加，以及与日本型高龄化社会的适应等。

认为同现状没有差别的人则提出，目前是最好的状态，如果经济不发生较大变化，老年人的生活状况也不会有什么变化，至少到 2000 年为止不会变。他们虽已意识到高龄化社会的发展，但难以预料其未来。

认为老人生活会进一步恶化的人的根据是，老年人的援助机构将不能满足需要，阶层分化会进一步发展，家族内的纠纷会增加，由于老后的生活在身体健康方面难以稳定，所以老人的增加会使社会负担更大，如果按目前的情况继续下去，恐怕会出现向社会抛弃弱者的方向发展。

其次是高龄化社会或长寿社会的概念是什么？用一句话应如何概述。

如果认为高龄化社会能成为比较安定的社会，那它就应该是稳定安宁的社会，发展速度缓慢、尊重个人的社会，老年人口增加的社会，重视和谐的社会，三代人共同劳动的社会。用更为积极的话说，应该是能够发挥高龄者活力的社会，是高龄者掌握主导权的社会，有活力的成人社会，余暇社会，精神社会。

但是，如果着眼于悲观的一面，高龄化社会将被描绘成一个缺乏经济平衡、低速度增长的社会，一个缺乏活力、停滞的社会，青年人愈发为所欲为的社会，效率低下，相对贫困的社会，基本上相互孤独的社会，夕阳将落、走下坡路的社会，没有生活意义的社会，等等。

可见，断判高龄化社会的因素包括经济增长，社会福利的充实，就业，健康，高龄者与青年人的关系，余暇时间，以及住宅等。这些因素在2000年将发生怎样的变化？它对日益增加的高龄者来说能否是适合的状态，它对包括高龄在内的社会整体能否适当等，这些估计对我们评价2000年高龄化社会起着决定性的作用。

**死亡**

人总是要死的。即使是长寿化了，人到头来总是要死的。在日本，青年一代的死亡率和高龄者的死亡率都是很低的，社会整个死亡率很低。昭和初年（1920年）每千人的死亡率为18.2人，1985年则下降为6.3人，大约是前者的三分之一。婴儿死亡率也极低，达到了世界上少有的低水平。

从目前的死亡原因看，癌症、脑血栓、心脏病、肺炎、事故是五大原因。其中癌症、脑血栓、心脏病都是成年人有代表性的疾病，因这些疾病而死亡者多为中老年人，由于长寿而衰老死亡者并不多。

目前，如何缓解因重病想死又不能死的患者的痛苦，是危重患者及其家族成员、医生的一大课题。由于医疗、护理技术的进步，医药、机械的发达使延长寿命日益成为可能。

安乐死或安死术一词在很早以前就有，英国和美国自19世纪后半期开始，德国自20世纪初开始就把安乐死作为一个社会问题提出来争论。在日本，自第二次世界大战之后，也开始逐渐议论这个问题，特别是在法学和医学界尤为激烈。日本把安乐死作为社会问题引起社会很大关注是自进入70年代以后的事，特别是1975年成立了安乐死恳谈会之后，1976年在日本又成立了第一个安乐死协会。

关于安乐死，社会在多大程度能够接受那些准备死的人的请求尚难肯定，目前在日本还没有被制度化，还不承认死的权利和尊严。到2000年究竟会如何呢？多数人认为安乐死会被社会承认。

从当今社会看，对于老化和死的社会价值观正在发生逐渐的质变，相当多的人越来越轻视老年化和死的价值。其结果，害怕老年、害怕死的人也会不断增加。老年化和死亡同人的尊严有深刻的联系。其价值的降低完全是人们自身价值的降低，这样人的一生将在不幸中完结，以至于不愿继续活下去。

## 第三节　家　谱

### 一、家族体系

我国的家族社会在社会学及人类文化学的领域中分有两个体系。贵族过去是父系制度，而庶民是双系制度。例如，没有规定结婚就必须住哪儿，还有嫁到别人家也不同娘家断绝关系等实例，这些都是双系制度的明证。当然，虽说是双系制度，但一般是继承父亲的姓氏、继承父亲的工作的传统习惯很强。所以一些人认为还是父系制度，还有些人不用父系制而用男系制，不管用什么，双系制是极为古典式的传统的定义，它是否适用于日本目前多数家族的情况仍有很大争议。

有相当多的人认为日本的家族体系是父系制，从学术观点看，多数人都过于从世俗的、表面的现象出发看问题了。也有不少人认为日本是母系制。

提出父系或男系社会观点的人的依据是，明治以来[①]遗留的家族制度及意识、儒教思想的影响，男女不同的经济收入、由于男女差别意识的教育，使日本成为父系或男系社会。在企业及社会政治经济活动中存在的男女差别就是其表现，也是其有力证据。而今天的户籍法及其丈夫姓氏的继承习惯体现了父系社会的现实。

认为日本是母系或女系制度的人则以平安时代的通婚形式等历史事例为依据，并以今天妻子在家庭经济生活上的地位、对子女的教育、赡养老人等现状来论证日本的家族制度。最近的离婚率上升、未婚女性的增加也被当做是母系社会的实例。

诚然，认为今日日本的家族制度是父系或男系的人仍占压倒多数，但多数人还认为这一体系有削弱的趋势，通过 90 年代的发展还将进一步削弱。而认为会有很大削弱的主要是女性学者。

分析迄今为止是什么家族体系固然重要，但多数人更重视这一家族体系的现状及其今后可能的发展。今天变革父系或男系体系矛盾的动向无论在制度上还是在实际生活中，都能强烈地感受到。在户籍法、国籍法、养子法等民法领域及税法、劳动法、教育法等领域实现男女平等已成为课题，并有了长足的发展。在现实生活中，随着妇女走上社会，妇女在家庭经济、家庭财产中实际支配管理状况、妻子对老年父母的抚养和共同生活，丈夫单身在外地工作，妻子自立而出现的离婚等现象的发展，使体现父系或男系制度的主要因素正逐渐消失。

## 二、家族与传统

**还继续祭祖吗?**

由于小家庭化的发展，同老人一起居住的情况逐渐减少了。即使是一起过，各自也寻求过自己喜欢的生活，这就使祖辈传下来的家规和习惯难以继承下去。每个人对祖先的崇拜意识到 2000 年将如何发展呢?

专家中的大多数认为，人们对祖先的关心程度将进一步减弱。如葬礼，目前仍是按照地缘和血缘关系来安排的，但这种情况也正在出现瓦解。因为人们即使想对死者进行厚葬，但其仪式在时间上和空间上都不可能规模过大。对父母姑且不论，人们对祭祀祖先的仪式也已习以为常，对祖先的关心日益淡漠，流于形式，墓地也不再是历代祖辈独有的东西。

祭祀祖先是乞望家族永传、繁荣和作为祭祀者的子女们的社会性象征礼仪。小家庭化是对家族制度的一种否定。所谓家族一般是指以经营家产为中心的家业、共同谋生、祭祀同一祖先的家庭单位或家庭共同体。即以从祖先继承下来的家产为基础的。然而，随着城市化、产业化的发展，使人们对家产的依赖程度逐渐降低，每个人的社会地位不再根据继承，而是通过自己的工作实绩来决定。因此，继承家族地位和经营家族产业的必要性逐步消失，进而产生了对祭祀祖先观念的淡漠。

虽说家族制度在消失，家族继承意识在减弱，但目前还遗留着一些传统仪式的习惯。根据总理府 1986 年的社会调查表明，77.8%的人赞成对祖辈传下来的房基地和墓地应认真保护并传给子女。可以认为，祖先现在已不再是维持家族的偶像，而被看做每个家族的保护神和造就幸福生活的神灵，即祖先是个人的、具有现实意义的东西，是家庭生活的精神所在。

换句话说，家族间的联系即使解体，祭祀祖先在形式上也将依然保留。这是因为日本人的价值观念和信奉佛教的力量仍然存在的缘故。但是，它不是作为保护原有文化而被继承，不是由衷地祭祀祖先，

---

① 指 1868 年明治维新以来。——译者注

而仅仅是作为对神仙和祖先的信仰而祭祀祖先的。

事实上，祖先的意义已变成个人的、现实的东西。在城市，仅为自己一代人寻找墓地有所增加。不难想见，到 2000 年作为自己所有、说明自己身份的墓地以及把家族只看做自己一代人的倾向将进一步加强，即一代家族观的倾向会进一步发展。

**亲族关系的削弱**

亲族是根据出生归属的血缘关系和由婚姻产生的婚族关系构成的。这种关系在民法第 725 条中规定："六亲之内的血缘关系及配偶，三亲之内的婚姻关系者为亲族。"具体地说：①父母、夫妻、兄弟。②叔舅姑姨、侄甥。③配偶的父母、兄弟姐妹的关系是法定的亲族关系。

另外，在人类学专家中，有人主张除上述三种关系外，还要把第四种有共同祖先的集团和第五种同一部族集团扩大到亲族关系之列。

亲族关系是在明确自己地位的基础上的重要范畴，而且亲族中固有的规范、制度、道德观念，能够发挥重要作用，这种固定形态的规范、作用、期待在各种层次上构成了整个社会的社会结构。

然而，由亲族关系而规定的社会秩序正逐渐被削弱。其主要原因是，第一，亲族间的接触机会在减少。由于小家庭化的发展，甚至同祖父母的接触机会也减少了。第二，子女数量的减少。由于孩子数量的减少，使兄弟姐妹及堂表兄弟姐妹等亲戚关系也减少了。第三，产业化的发展。比起由亲族关系制定的规范来，工作单位及其集团的规范变得更多、更重要了。

今后的亲族关系将如何发展呢？大多数专家的意见认为，今后亲族关系将进一步受到削弱。由于以经济或生活扶助为目的的关系减少，亲族之间的联系也会日益削弱，变为形式的、礼仪上的东西。尽管还存在着冠婚葬祭的联系，但已远远不如旧时的紧密。亲族关系日益疏远，使人们普遍感到"远亲不如近邻"。

极而言之，亲族关系将成为单纯表示人与人之间的一种生物关系。最近，社会上普遍出现了兄弟会、父子会等组织，以及寻求亲族间和睦关系的动向和制作家谱的动向，这说明亲族关系的加强正受到人们的重视，人们意识中的亲族观念正在重新唤起。

**对区域社会的期待**

居住在城市的人们希望同邻居保持恰如其分的关系；而在日常生活中，比起邻居来，人们更重视同本单位人们的关系。多数人认为自己住在什么地方都无所谓。在城市尽管有区域之分，但不参加该区域活动，即所谓"脱区域现象"相当普遍，即使在农村，由于兼业化、机械化水平提高而引进的农业合理化发展，使人们之间的合作劳动的机会变少了，加之青年人向城市流动的增多，使农村本身失去了活力，加深了脱区域化倾向的发展。

一些专家认为，城市与农村之间在区域社会互助体系方面有明显的差异，城市较农村稍紧密些。这里有必要对区域社会分几个侧面加以分析。

首先，很多人认为，在社区中，由于居住人口的流动性很强，使人难以忍受的技术进步，把生活扭曲了，人们在生活中的同一性变得暧昧起来。但是，在城市化发展的整个过程中，在城市，由于社区意识的发展，相互扶助的思想比以往提高了，出现了新的动向。日本的城市在很大程度上是依赖农村发展起来的。城市人口多半来自农村，而且，去城市工作生活的农村人又在城市开始寻求农村式的联系，可以说这是必然趋势。

现在，在城市中出现了生活协作互助运动，交换不用品运动，以 40~50 岁妇女为中心发展的社会事业自愿服务运动，同窗会运动，把农村的动向传到城市的重视农村经验的运动，培养城市人故乡意识的运动，以及在农村开展的"一村一品"运动，振兴农村运动，等等。

其次，在福利方面，今后一旦出现在结构多样化中寻求精神多样化的状况，就会使社会成为孩子，老人、残疾人等更难生活的社会。现在已经出现了由于在城市失去了游玩场所的孩子们的不法行为及暴力事件增多的苗头。在农村，特别是在多雪地区，由于青年人的外流，仅剩下连除雪都很困难的老人。要对这些社会生活中的弱者负起责任，是区域社会发展的意义所在。然而，在人们的欲望日益多样化的今天，仅仅是以往那种地缘关系的复活是远远不够的，为了把地区福利、医疗、社会保障等引入地区性社会，有必要认真考虑尽可能地承担责任。

最后，作为家庭生活的补充，有必要创造一个保持家庭温暖的新区域。家庭关系的淡漠，以及仅靠家庭不能解决的问题日益增加了，这就使这一要求更为迫切。

以上，从三个方面分析了区域社会的发展方向，可以说人们对 2000 年家庭所在的区域社会生活寄予厚望。最近，出现了既不是地缘，也不是血缘关系的"兴趣缘分"（选择性缘分）。此外，建立区域的工作，恢复区域内人际关系的区域联络者都很活跃。这也是人们在寻求以往那种相互扶助精神的明证。

虽然很多意见认为血缘关系和传统观念正在日益淡漠，但也出现了在人们的区域交往中，谋求恢复由家族维持下来的习惯及常规，并有从自我家族向自我社团方向转化的趋势。

## 三、家族关系的方向

进入 80 年代以后，日本盛行着家族关系正在崩溃的说法。不结婚的人、离婚者、同居者、未婚母亲、分居、单身去外地工作、家庭主妇劳动社会化、家庭内暴力行为等被认为是造成家庭崩溃的因素日益增多。甚至有人担心，家庭会不会变成空巢呢？听说还有一些家庭即使一起居住，但互不交谈、接触，仅仅是回家睡觉，即所谓潜在的崩溃家庭。

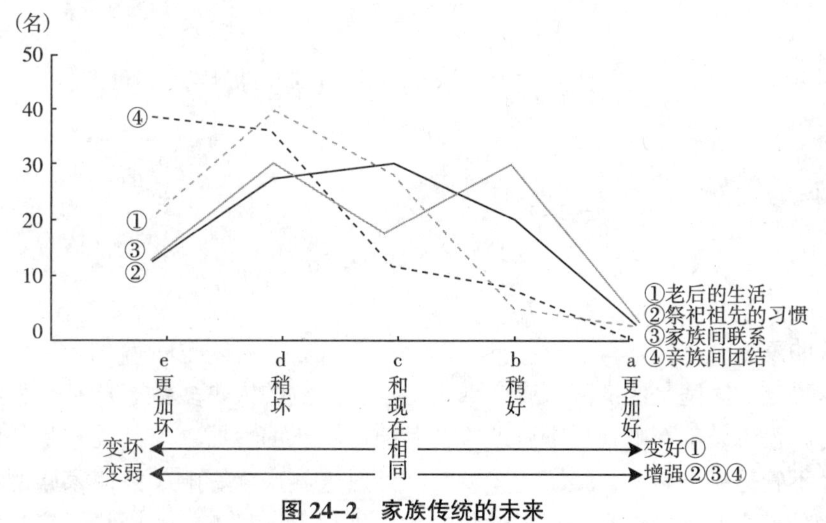


图 24–2　家族传统的未来

注：根据日本综合研究所 1986 年 10~12 月调查结果。

关于 2000 年家族关系的发展状况，专家的意见大致分三种；同现在一样；稍有加强；稍有减弱。认为会发生激烈变化的看法很少。

多数人认为，虽然家族结构在向多样化发展，但家族关系并不会轻易地崩溃。到 2000 年家族关系既不会削弱，也不会加强，尽管离婚夫妇增加、孩子的违法行为及自杀、虐待现象的大量发生，但日本的家族问题并没有发展到美国那样，仍是比较稳定的。当然，支持家族关系的社会援助，对付老龄化状况的社团照顾都是必要的，必须考虑到仅依靠家族关系还不能解决问题的情况。

提出家庭关系将稍有增强的主要根据是夫妇关系的增强，以夫妇为中心的家庭的增加。父母将不再为子女做出牺牲，而是寻求夫妻生活的人生乐趣。业余时间的增加，使夫妻在一起的时间增加了，夫妻关系加强了。由于妇女走向社会，男人们的意识也发生了变化，开始重视个人的生活方式，孩子在成人之前负责抚养，但在此之后由其自立。同时，也不指望子女的回报和老后的援助。这就形成了亲子关系被割裂的状况。

另一方面是认为亲子关系会比现在进一步加强的意见。通常情况下母子关系较父子关系更为密切，在父亲不在的家庭里更是如此。这种情况被认为是日本家庭的特点之一。从明治、大正时代始，父亲对子女的教育就不负责任，父亲只是一种可怕的形象，所以只当是父亲不在。可是，由于同母亲的过分亲密，在孩子的成长过程中也出现了异常现象，即使已经长大仍离不开母亲的孩子增加了，甚至成为一种社会问题。

认为家族关系会削弱的意见总的来讲是悲观的。日本人是重视体面的民族，即使表面看起来是很好的夫妻，也有已近乎离婚状态的。现在能够调解家庭内部矛盾的人没有了，家族关系只能向削弱的方向发展。

这种关系被削弱的原因是社会上对家庭作用的期待消失了，现在的家庭已成为单纯的消费单位。父子之间仅有生理上的关系，没有精神上的交流，一些还没成人的父母也开始养育孩子，而他们更多的是追求自身的欢乐。

当然，也有意见认为，到 2000 年之前，还有可能出现恢复家族关系的局面，对家族结合的希求感、重建家庭的强烈愿望有可能增加，出现了一些更为认真地探讨家族问题的人。这将使对子女的过分保护或过度放任的两极现象减少。21 世纪的父子关系将会改善。此外，小家庭化倾向将进一步发展。在日常生活中，虽然成人子女要同父母分住，但不会使家庭关系崩溃。相反，分开过日子会使亲子之间的关系加强。在不安定的社会中，要求亲子、夫妻建立更为亲密的关系。

## 第四节　家族的外部环境

### 一、经济活动

**作为从属变数的家族**

家族由经济所决定。家庭是经济的从属变数，持这种观点的人占多数。还有一种看法认为家族自己并不变化，它具有在没有外部影响情况下可以维持其原有状态的性质。与其说它是从属的，倒不如称其是自立的。但是，不管是哪种看法，经济的变动都必然对家族产生影响，并使家族的形态、构造、机能等出现变化，这些是不容混淆的事实。在现代化的历史进程中，日本的家族状况曾几度受到大的经济变动的影响，而且今天仍在继续受到巨大影响。1955 年开始的经济高速增长使产业结构发生了很大的变化，出现了大量的人口移动，同时也动摇了家族的形态及结构，“核心家庭[①]”的发展正是在这一时期开始的。

经济增长使国民收入提高，以至于国民的 90%具有所谓中流意识。在经济景气时期，单身生活者增加了，但它给家族带来的更大问题是孩子数量的减少。每个家庭孩子的平均数量从 3 人减到 2 人，又减到 1 人。

富裕可以加强家庭关系，但也可以使其受到削弱。孩子数量的减少具有增强小家庭团结和增进感情的效果，特别可以使母子关系得到异常的加强。据说日本的家族关系中不是以夫妻关系，而是以父子关

① 以夫妻为中心的小家庭。——译者注

系为中心的。然而，母子关系的紧密程度也令人吃惊。另一方面，“核心家庭”化的发展，使其同父辈、兄弟及其他亲戚的关系受到削弱。而且还产生了单身自立人数增多的效果，家族正在分化。

“核心家庭”一词是指第二代小家庭，但“核心家庭化”还具有另一种含义。就是说，自 1955 年开始的核心家庭化的发展意味着生活方式和形态的城市化和社会化，有从古典传统的农村共同体中摆脱出来，从三代同堂中解放出来，享受现代生活等内容。此外，从传统的家族观念看，核心家庭化是家族的分散现象，它是家族经过长期发展而维持下来的机能正在发生质变和崩溃的代名词。换句话说，核心家庭化对某些人来说是外部经济，对另一些人来说是外部不经济。

**景气变动**

今后日本经济的发展对家族将产生什么样的影响完全取决于经济状况。有人认为，如果经济没有很大的变化，家族就不会受到影响，而将维持现状。

然而，不能说经济的影响就如此之小，在经济发展停滞，产业结构发生变化过程中，家族必然要受到影响并随之变化。

首先，夫妻共同劳动、共同收入的家庭增加了。妻子走上社会强调了妻子自立的一个侧面，其内涵则是对经济的要求。仅靠丈夫一人的收入已不能维持以往的中等生活水平，所以妻子不得不外出劳动。在贫困时期，全家都出去劳动的经验法则又重新加以活用，这也是显示阶层分化的重要指标之一。

以单身赴任为代表的新的生活形态产生了。这主要是丈夫的事，但也有妻子单身赴任的。这种情况超过了经济高速增长时期各地单身赴任者的增加幅度。对经济活动来说，直接必要的东西不是家庭而是劳动力。良好的劳动力在必要时能够确保必要的数量就可以了，要贯彻这一法则家庭就不需要了。调动、单身赴任等就是其典型事例，但问题是家庭对这种情况能容忍到什么程度。

产业结构的变化，在各地产生了真正的失业者，从第一次产业产生的失业者及转职者经过长时间之后，才能被第二、第三次产业所吸收，而且这些产业也渐渐失去吸收能力，一部分也出现了自己的失业者。失业给家庭带来了很大变化。丧失了保存家庭的共同愿望，产生了家庭内的摩擦和矛盾，并同家庭的离散现象相联系。

经济发展缓慢使一个人单独生活日益困难，单身生活者也许会重新回到家庭中去。家庭成员的共同劳动也许反而会加强家庭团结，通过劳动也许会提高妻子和孩子的自立心。作为父亲、作为丈夫的权威和作用可能会下降。这种经济变动对家庭的形态、生活方式及关系都将产生巨大影响，在经济增长缓慢的情况下提高效率性的结果，必然使家庭生活受到震动，并发生质变。

## 二、技术进步

在考虑家庭与技术的关系时，需要从五个方面进行分析。

生活中必要的传统技术，主要是向孩子传授的技术知识，以家务劳动省力化、生活舒适化为目的的技术，以计算机为代表的有关情报技术，以及有关医疗、健康、福利、生命技术等。要使这些技术进步停止下来是极为困难的，因为，技术在需要的部门被开发，对已开发的技术又产生了需要。

对技术进步给家庭带来的影响有不同看法。认为技术进步对家庭来说是件好事的人指出，技术的发展可以使家庭扩大选择的自由，而且，由于技术进步，会使人们更加注意和珍视人类心理及情感上的东西。还能促进个人自立发展。自由支配的时间将会增加，它使人们在余暇时间恢复人的本性。此外，一部分人也许能在家里进行工作。提出技术进步对家庭不是好事的人则认为，家务劳动自动化、医疗技术的进步会使家庭关系从有机体变为无感情的机械性东西，家庭自动化的普及使家务劳动日益简单化，家庭关系日益个人化，尤其对老人来说更不是好事，将会变成难以居住的社会。技术型的社会对人类来说是不自然的社会，越是被人工雕琢越使人感到压抑和紧张。

也许上述两者所说的效果会相互抵消，也许优点和缺点各占一半。自由时间的增加可能会加强家庭关系。家庭在各种外部压力下表现出各种不同的适应能力，对每个变化着的事物加以评价，反而会对将来做出错误的估计。这大概是对家族吸收力和消化力强度的评价。

家庭内部的计算机化已相当发展，但是要预测计算机化的前景的确是相当困难的事。技术进步和变化十分显著，它能适应家庭生活的哪一部分却很难预测。所以，虽说计算机化在发展，但对此有不同的看法。

对于家庭内计算机单机是否将普及的意见是消极的。有人预测电脑打字机将会普及，运用计算机的电信设备也将普及。

为了普及计算机的单机，必须有成熟的软件，但家庭用软件的开发普及还相当落后，主妇通过简单操作，就能在家务劳动中发挥作用的还很少。

体外受精也许会稍有普及。因为已有若干成功事例的存在，认为这是禁忌的看法已不存在，但也很少有人认为这项技术会相当普及或者说任何人都能进行。这大概是因为有必要进行体外受精的人还很少，而且，即使是想要孩子，也不会马上都希望体外受精。

认为体外受精不会普及的人主要基于日本人的血统观念考虑。相反，养子也许会增加。也有人认为这是由于家庭意识和血统观念受到削弱的结果。根据日本经济新闻社的调查显示，认为到 2010 年可能会有选择地生男生女的日本人达 77%，美国 88%，加拿大 90%，英国 89%，法国 91%，澳大利亚 90%，都是高水平的。可以预测，有选择地生男生女是可能的。

在专家当中，认为 2000 年会普及选择生男生女技术的人远远超过认为同现在不会有什么变化的人，但在普及的程度上则有不同的预测。似乎选择生男生女在私下进行已有相当长的历史了，所以在技术上是完全可能的。然而，一旦普及了，真心希望进行选择的人又会有多少呢？当今的时代同那种受传统价值观念束缚、受到来自丈夫和公婆方面的压力的时代相比，已发生了巨大变化。当然，如果生男生女完全自由选择的话，会出现什么情况呢？也许会出现比中国“一胎化”政策更糟的局面，在男女比例失调时又该如何应付呢？

体外受精、选择生男生女等有关生孩子的技术，并非所有人都认为有必要发展。但对脏器移植则是所有人都赞成的。因为它不是针对将来出生的孩子，而是针对现在活着的人们本身以及所爱的对象——家庭的缘故，人们强烈希望能实现这种技术。

最近的调查表明，希望脏器移植十分普及的人超过半数。就技术问题而言，只要能克服异体反应，就可能迅速提高普及程度，剩下的问题就取决于愿意提供脏器者的人数了。

## 三、自然环境

人是生物，必然需要自然环境，并同其共同生存。但同时，人类为了自己的生存又污染了自然环境，使其变质。这是利用自然环境的结果。

在日本，经济高速发展时期一度曾有相当严重的环境污染和破坏，今天这种情况已被制止，不少人认为污染和破坏已经停止。还有人认为将来不会再出现。但也有人认为污染还在发展，还有人对积累下来的污染感到不安。

对自然环境的污染和变质感到担心的原因大致分两个方面，一个是对健康的影响，另一个是担心对人性的影响。

对健康的影响主要是有关食物的顾虑。担心食物中积蓄的大量有害物质，饮食后不仅对自己，而且对子女的身体也会产生不良影响，不光是得病，甚至担心生下畸形儿，所以产生了对生孩子的不安。

对人性的影响，主要是对有关绿地和净水不足的担心。在城市生活中，失去了绿地，水源也遭到污染，人们在不知不觉中失去了身心美好和丰富的情感，并将最终破坏人本身。紧张程度的增强，也影响到人与人的关系。很多人希望恢复身心健康，回到自然中去。有些人去找绿地丰富的地方，有的则利用业余时间寻求自然，还有的开始搬迁。人们对郊外、农村、故乡的渴望在增多，甚至想移居外国的人也出现了。

另一方面，也有不少人对自然漠不关心，并认为自然与己无关，他们从不考虑自然环境同家庭的关系，有的干脆与自然完全隔绝，这种想法上的两极分化大概将持续下去。

## 四、家庭的国际化

**国际人口流动**

来日本的外国人中大致分为 90 天以下的短期停留者（观光、路过等）和长期居住者，两者在这 20 年间都在不断增加，特别是近 10 年间的增加更为显著。

一方面，从短期停留者看，亚洲人的比例年年增加，居住时间也有长期化的倾向。另一方面，有登记义务的外国人长期居住者近年来也增加很多，主要是从事贸易事业、留学进修、日本人的配偶（从 1983 年开始有长住资格）、定居等。为提供高技术而来日本的人这五年有减少的趋势。

从定居者选择的地方看，东京的吸引力最大。作为国际信息情报城市，东京不仅对亚洲，而且对世界各国的人士来说都是有魅力的城市。

1985 年住在日本的外国人大约有 85 万。多数人认为到 2000 年居住日本的外国人数字也只在 100 万以下，只有少数人认为今后外国人会以比以往更快的速度增加。

一般说来，很难预测有关人口移动的问题。日本人在究竟是否有必要接受外国劳动力的问题上有很大分歧。过去，日本为了谋求国内雇佣市场的稳定，对海外移民或外国来赚钱的人采取“门户闭锁”政策。然而，近年来一部分企业和工种逐渐向外国人开放了。问题主要在于接受工人移民，尤其是来自亚洲的工人移民。作为经济大国的日本正受到外来的压力，必然要接受百分之几的移民劳动力。同时，从亚洲各国劳动力移动状况看，可以说很大程度上集中在向日本的移动。1980 年以后，由于来日本人数的增加以及强制要求其回国的命令，移民劳动力被送返本国的情况明显增加，这也反映了劳动力向日本移动倾向的发展状况。

还有，在日本国内存在的问题。随着人口高龄化的发展，年轻劳动人口有减少的趋势，在富裕的社会中成长起来的日本年轻人存在着不愿从事脏累工作的问题，这种现象在新加坡也表现出来。

日本国民的封闭性和对异民族的强烈的差别意识是必须指出的问题。当然，外国人在日本生活时所感到的不自由及差别对待问题有许多正在得到解决。但在制度方面，外国人登记问题、外国人子女受教育的权利问题等值得研究的课题还很多。

1985 年日本人出国的人数为 495 万人，同 1964 年自由赴海外旅行刚开始时相比，增加了 39 倍。1971 年以后，出访的日本人一直比来访的外国人多，去外国的大多数日本人（81.3%，1985 年）是以短期观光旅游为目的的，其中 20 多岁的女性和 60 岁以上的高龄者的比重在增加。

在海外长住者的比例也在大幅度增加，其中派驻海外的民间企业人员增长显著。此外，留学生也增加了。与此同时，移居外国的人数、比例有减少的趋势。

常驻在和移居者在地区分布上有明显的偏向，即常驻者以北美、亚洲、西欧为多。移居者则集中在南美和北美（主要是美国西部和夏威夷州）。在常驻人员中，在北美和西欧的留学生占 90%以上，这说明日本逐渐开始适应长期外出的情况。的确，以民间企业常驻人员为中心的常驻海外人员增长迅速，但这是以最终回日本为前提的，移居形式的人数并没有多少增加。日本人在海外生活时的生活方式，有同当地生活习惯相融合的，也有继续保持日本固有风俗的。例如在巴西生活的日本移民在当地的生活方式就属于后者的典型。

随着企业向海外的发展，“单身赴任”的问题也将日益引人注目。在出现海外教育子女难的今天，去海外单身赴任的人数增加了。今后是否继续增加，或是否发展到一定程度后便会停滞，尚难定论。

接受去海外留学和海外短期语言研修的青年日益增多了。在留学国定居的人也许会增加，这样可能会由于习惯的差异出现误解和摩擦，最近报纸就曾介绍过若干这种事例。

在日本人当中，由于缺乏“人与人之间相互存在差异”的认识，所以当遇到不同种类的人时，并不努力谋求对方的理解。但无论是站在接受外国人的立场，还是站在被迫接受的立场，都应该具备这种基本素质。

**国际婚姻**

日本人同外国人结婚的情况增加了。在日本，大部分国民是同本民族的人通婚的。所谓国际结婚是指不同国籍人之间的结婚而言的。

在日本，国际结婚一词被普遍使用是从 1960 年前后开始的，日本作为现代国家的国际结婚历史，可以追溯到 1873 年明治政府解除“内外人结婚法”之时。自此以后，所谓内外人婚姻、国际婚姻、战争新娘等随着时代的变化而演变至今。

在 1984 年日本登记结婚件数是 739991 件，其中不同国籍的夫妇有 10508 件，这只占全部婚姻件数的 1.4%，即使这样也比 1965 年的数字多 2.5 倍，是那时的 3.5 倍。

日本妇女找外国男人做丈夫的情况和日本男人找外国女人做妻子的情况相比，后者有明显增加，而前者则没有多大变化。

从外国人的国别看，上述两种情况中都是同亚洲人（特别是朝鲜、韩国及中国人）结婚的最多，在 1984 年的国际结婚中占 70%。在海外结婚并建立家庭的人数也有相当大的增加。在女性方面，去海外结婚的人的比率很高。

还有必要分析一下不以国籍分类，而以各族间联姻的状况。在一个国家中，当有多种民族同时存在时，自然以民族来分类，但这种分类是极其困难的。

各民族间的融合，尤其是历史上征服者和被征服者之间有很多。在拉丁美洲，混血人种（白人和土著印第安人）就是其代表。以和平手段将这些不同种族的人加以融合是比较新近的事。生活习惯和文化的差别，社会偏见等问题不会轻易被消除。据统计，不同人种的通婚（白人与黑人、或白人同黄种人）甚至在被称为多民族国家的美国所占的比例也很低。

在日本的国际结婚中，约七成是同朝鲜、韩国及中国人的婚姻。而且，他们中的大部分是在日侨民的第二代、第三代，他们在国籍上同日本人没有差别，习惯于日本的生活，可以说是已在日本扎下根，并不是外国人。在整个结婚件数中，这些人的比例比 1965 年也有增加。

国际婚姻的增长已是一个不可抑制的潮流，但到 2000 年以前，大概不会占到整个结婚件数的 10%。

日本人同亚洲人结婚的情况今后仍将占相当的比例。一是同以往的朝鲜、韩国及中国人结婚，再就是同亚洲其他国家的人结婚。特别是后者，在这五年中来日本长期居住的人增加，结婚件数无疑也会增加。

**子女的权利**

所谓结婚是由于原来生活习惯等不同的男女共同生活产生的。对男女双方来说都会有各种各样的困难。尤其是国际婚姻的情况，由于各自受本国法律的约束，面临着很多单靠个人努力尚难解决的问题。到最近为止，因日本实行父系血统主义，同外国男人结婚的日本女性所生的孩子不得取得日本国籍，这已成为一个大的问题。其结果，孩子虽然生长在日本，但被作为外国人看待，得不到日本国民具有的权利和保护。更有甚者，在冲绳的日本女人和美军男性所生的孩子中，无国籍者为数很多。

日本于 1980 年签署了《哥本哈根废除歧视妇女条约》，1984 年 5 月，又把《国籍法》中的父系血统主义修改为父母两系主义，并于翌年的1985年1月开始实施。根据修改后的《国籍法》规定：①双亲的任何一方是日本人的，其子女就是日本国籍。②同日本人结婚的外国人加入日本国籍的条件中也修改了男女差别条款。③根据同时修改的《户籍法》，国际结婚的日本人及其子女（外国配偶者不能入籍）的外国姓氏可以设立户籍。

这样，孩子成为双重国籍者，据法务省估计，这样的人每年约有1万人。关于双重国籍者是由于在实行出生地主义各国（美国、南美）由日本人生的孩子而产生的。这次修正规定了尽可能减少双重国籍者的义务。

这次修改仍是以血统主义为大前提，对此似乎并没有引起什么议论，在日本国内长期居住的外国人，特别是因战前日本统治下被迫来日本的人们仍然没有受到考虑。

国际结婚今后将会增加，相互不同的生活习惯和背景，各自的文化传统被子女所继承是一笔无价之宝。这一财富对于社会发展，增进国际间理解和友谊，探讨国籍法或各项制度，使其向国际化发展，都是重要的。

**文化的共同性**

美国的影响："二战"后，美国在各个方面都给日本以很大的影响。战后一提到外国，很多人脑子里的形象就是美国，而且在美国出现的情况，5年后或10年后肯定会在日本发生。

在美国出现了"家庭崩溃"后很久，以往那种典型的美国家庭形象已经消失，家族中小家庭所占的比例日益下降。

这首先是由于离婚率的上升。人们期望更美好的婚姻而离婚，又再婚。这里也反映了美国人对结婚生活的期待很高。在其背景中，可以看到以夫妻为中心的配偶型社会、独立的自我以及多样化的社会传统。

近年来，日本家庭也出现了同样的情况，其发展方向已成为人们议论的中心之一。诚然，教育水平的提高必然使人们对自我或实现自我的欲望也会相应提高，这种情况在女性中更为明显，表现形式是离婚，这也许是由于传统观念基础的崩溃而造成的。当然，在日本出现的情况究竟和美国出现的是否同质、或是十分近似，是值得研究的。就日本社会体系而言，日本人能否承受这样严峻的现实还不得而知。

在提高妇女地位方面，日本从美国学到了很多东西。在美国兴起的一系列男女同权运动经过若干时间后，也在日本以多种形式扎下了根。

美国同欧洲相比是一个年轻的国家，美国的文化也可以说是年轻人的文化，认为美的东西就是善的，它是把价值观念置于金钱和物质之上的文化。同时，它对丑陋的东西、毫无价值的东西无情地加以排斥。在社会上，这种冷酷无情是针对老人、有生理缺陷的人的。现在日本也有类似情况。

欧洲的影响：欧洲对日本来说是很难理解的地区。的确，近代日本社会体制有很多都学自欧洲。但在此之后的历史中，我们并没有直接接触欧洲，只是把那些接触到的美国的东西同其来源的欧洲社会相联系。

使欧洲独具特色的东西是宗教（特别是基督教）和彻底的自我意识。

过去，家庭被看做是形成社会的第一性集团，即使在出现家庭崩溃的美国，也表现出努力重建其家庭的姿态。但在欧洲一些国家中，不选择以往家庭形态的人在增加，他们当中同居、分住同居、独身生活、私生子或单亲家庭（只有父母一方）及不生孩子的人日益增多，这种倾向远远超过美国。欧洲家庭经历了"从制度向友爱"的变化过程。

在日本，近年来希望不依靠婚姻制度而生活的人也在增加。不过还不清楚它同在欧洲出现的动向是否是同一个趋势。欧洲出现的是同自身严重对立而出现的否定制度的动向，而日本的情况则只是稍有一些要回避制度、按照自己的人生哲学而生存的趋势，其继续发展并非易事。

在欧洲出现这种家庭观念巨大变化的是60年代。这一方面是由于基督教价值观念的衰落，另一方面则被认为是由于妇女生活周期发生变化造成的。

日本文化的特殊性　国际化的发展使文化上的距离接近了。现在我们分析的日本式的、美国式的、欧洲式的都可以说是相对的东西。例如，在这次调查中所指出的，今后日本家庭主要是把日本式文化与美国式文化相结合的中间产物，或者说也许是美国文化变成日本式的东西，也可能既不是欧美的，也不是日本传统的，而是与两者完全不同的新东西。

但问题的关键是，日本究竟能否把别人及其文化很好地加以利用，使其融合于日本文化之中。

例如，就家庭关系而言，表面上的确是美国式、欧洲式倾向有发展，但认为基础部分今后也不会变化的观点仍占很大比例。今后将是一种不合理但有紧密亲子关系、集团利益优先于个人发展的社会，是一种人缘优先于制度的社会。

然而，在日本的文化和传统中，对共同体、亲族、祭祀等观念也出现了部分变化，过分强调日本人不喜欢太大变化的习惯的特殊性是危险的，还是让我们经过较长时间的反复摸索，走向开放的社会吧！

# 第 25 章 青年人的思维方式与行为

**研究成员**

皮亚公司董事长 **矢内广**
皮亚公司营销室室长 **元村贤刚**
皮亚公司原常务董事 **松井隼**
需求研究所研究指导 **山本真人**
（还有其他公司外人士）

**秘书处**

皮亚公司营销室
**伊藤隆夫**

## 第一节 青少年的审美意识

现在的年轻人大多都把自己的审美意识当做一件大事。他们的审美意识因人而异、千差万别，不了解他们这种审美意识就无从考察青年文化。因此，我们从调查过的对象当中选出几个人，看一下他们之间迥然不同的审美观。

$T_o$（男，1966 年生）想当一名军人，憧憬恐怖分子和纳粹，认为暴力和野蛮有迷人的魅力。在音乐方面喜欢多尔斯的音乐，初中一年级看电影《地狱启示录》，第一次听到了多尔斯的插曲，觉得很刺激，便买了多尔斯的电影插曲唱片。从此喜欢上了摇滚乐。

$T_o$君的这种审美情趣使他与黑颜色结下了不解之缘，正像他自己所说的那样，“我向往纳粹的黑色制服”，“仿效多尔斯穿黑夹克和皮裤”。

他上高中以前，在学业上并不算努力，可学习成绩还不错。但是进了高中以后，学习成绩下降了，最后被“考试战争”所淘汰，他开始自暴自弃。这好像就是他憧憬野蛮和暴力的原因。

$T_o$君也有讲究时髦的一面，他说：“我的宗旨是不想丢掉荒诞和机敏。”还说筒井康隆的小说、蛭子能收的漫画与他的宗旨相符。

$H_g$（女，1968 年生）是一名高中生，现在一个剧团帮忙。$H_g$平时接触许多音乐、电影、文学、绘画、漫画作品。她总是把对作品的形象与对自己居住过的环境的印象联系到一起。

$H_g$说她喜欢两种极端的作品，一种是“无味的、枯燥的”，另一种是“感情思念类型的”。她把前者与自己幼年时住过的高岛平住宅区、仓库等废墟的景象联系在一起。$H_g$说与这废墟景象相关联的文艺作品是石井聪互的电影、村上龙的小说和海保廷的音乐；她还认为感情思念类的文艺作品的代表人物是寺山修司，与其相近的有铃木顺清和三岛由纪夫。

她还把与寺山修司和东京大傀儡剧团联系到一起，这个剧团在$H_g$这种年龄的少女剧迷当中是很受欢迎的。在她心目当中把东京大傀儡剧团与漫画家丸尾末广画等号，因为它上演的剧目与丸尾的漫画描写的意境非常相近，是破坏性的美学世界。

$K_h$（女，1964 年生）平时在一家信托公司做事务工作，一到周末就涌现创作灵感，进行作曲创作活动。在她的生活当中既有普遍性（随大流的一面），又有特殊性的一面。她说作曲可以给她带来梦想，而这些梦想比现实更使她感到实在。我们在与 $K_h$ 的接触当中发现她有强烈的创作欲望，这种欲望与她这种较深的内心世界是有着密切的关系的。

$K_h$ 在高中时读了安部公房的小说，觉得小说里所描写的正是“自己所向往的世界”。她从安部的小说当中感受到了具有破坏性和极端性的内容。

她在音乐方面喜欢英狄斯的歌；在衣着上非常偏爱黑色，她说高中毕业后，除上班时间外，其他时间所穿的衣服都是黑色。

$K_h$ 从小学过花道，现在仍认为插花是一件令人愉快的事情。这种情趣和粗暴的破坏性在 $K_h$ 的内心世界并存。

$N_o$（女，1962 年生）在一个又演奏乐曲又演戏的剧团里当演员，可她的话却不多，不像个演员。据说她所在的剧团并不要求演员具有演某一类角色的演技。

$N_o$ 说自己“喜欢一个人坐在那里发呆，所以总闲着也不犯愁”。看来她似乎喜欢把自己置身于梦幻世界之中。她从高中时起就经常去看画展，喜欢波尔迪尔博的幻想作品和巴特斯的作品。她还喜欢古玩。

$N_o$ 还是个电影迷，在上大学期间看了 300 多部。对于她来说，情节和内容并不重要，“只要有一个场面好就行”。

$N_o$ 说她之所以加入这个剧团，并不是因为这个剧团的戏多么好，而是剧团重视音乐这点吸引了她。这个剧团的戏不令人狂热，而使人觉得宁静和清爽。最近许多剧团都在上演以泉镜花文学作品为题材的剧目，大多数剧团同类节目的基调都压抑、沉闷，而这个剧团的演出却比较明快。

$H_y$（男，1967 年生）是个喜欢热闹又很滑稽的青年，听说他参加中学修学旅行时在新干线列车里高声大唱，最后连话都讲不出来了，高中时还曾是迪斯科舞厅里的佼佼者，他的舞姿使许多人羡慕。高中毕业后他打过许多种短工，如送货上门的搬运工，方便商店的售货员，散发广告单，土木建筑工，迪斯科舞厅播音员等。在打短工的过程当中结识了许多性格爽朗的朋友。

$H_y$ 在小学四年级时看了卓别林的电影，很受感动，从此便成了电影迷，并立志要像卓别林那样拍自己主演、作曲、编剧、导演的电影。他想主演喜剧作品，当然是想发挥自己滑稽的性格特点，此外他对卓别林的讽刺精神之所以产生共鸣，似乎更出于以下原因：他虽出生于上等家庭，但兄弟姐妹中唯他学习不好，读中学时老师也瞧不起他，曾讽刺过他就是认真学习，成绩也好不了。他逐渐开始对社会持否定态度。

$H_y$ 一家都有观世流的能乐素养，$H_y$ 自己也认为能乐是一种最高级的戏剧形式，“能使人看到平时看不到的，听到平时听不到的东西”。

$K_n$（男，1965 年生）是一个不甘心失败的青年，上小学时就争强好胜，打架从未输过。考高中时，他想上一家学校，老师说他能考上这家高中的可能性只有 10%，让他换一家学校，可他还是坚持报考了这家高中，没怎么用功准备却考取了。

上高中以后，开始一段时间还是比较用功的，后来考取了摩托车驾驶证，就把学业丢在了一边。对于他来说，摩托车“是能把自己引入想象未知世界的机器”，骑上摩托可以到从未想象过的遥远的地方去游览，“未知的土地和美丽的景色不断地使人感到惊讶和赞叹”。他还说骑着摩托快速转弯时的紧张感往往使他产生一种错觉，“在飞速疾驰的时候，似乎能明白自己在追求什么”。

但是，他说上了大学以后就改乘汽车，对于摩托车的兴趣也就随之消失了。

$K_m$（男，1969 年生）是个高中生，他不仅觉得学习没劲头，而且没有能谈得来的朋友，因为在他的同学当中粗野和以我为中心的人居多。他曾几次想中途退学。

$K_m$ 有理工方面的才能，小时候就喜欢自己动手做点木工活儿，经常拆卸钟表，一画起汽车来就没完没了。

$K_m$ 热衷于时装，对于他来说学校无聊之极。读中学时，为显示自己与众不同曾一度把头发染成茶色，服装喜欢穿学生蓝。现在 $K_m$ 经常模仿歌星的打扮，看上去也比较洒脱。

他喜欢的颜色种类比较多，包括灰色、茶色、白色、黑色、蓝色、紫色、银色。

$K_m$ 一有时间就到原宿、涉谷的商店街转转，服装的价钱贵买不起，每去一次经常买双袜子或其他小装饰品。

$T_k$（男，1969 年生）父母双亡，又因与监护人——自己的阿姨吵架，高中没读完就退学了，现在靠到餐厅和大众酒吧打短工度日。

在打短工的伙伴当中，有的人将来想当美容师，有的当演员，还有的想做一名拳击手，$T_k$ 的目标是做模特儿。

读中学时，$T_k$ 在同年级的女生当中人缘很好。$T_k$ 生长于不幸的家庭，看上去有些孤独，同时又比较漂亮、温和。也许女学生们把这样的 $T_k$ 视为少女连环画中的主人公了，她们曾动员 $T_k$ 以后做一名模特儿。这也就是 $T_k$ 想当模特儿的缘故。

$T_k$ 本人也是少女连环画的忠实读者，喜欢处境艰难的主人公。

$T_k$ 认为照片可以充分显示模特儿的个性，服装并不十分重要。但是由于自己目前处于准备阶段，所以在时装上花费较多，平均每月要买三件新衣服，工资的五分之四要用到时装上，为此不得不在饮食方面多节约一些。

$A_y$（女，1961 年生）从小时起就喜欢读少女连环画，可以说她在成长过程中一直受少女连环画的影响。小学毕业后，考入了青山学院附属中学，这下就不用为考大学犯愁了，此后便一心做自己想做的事情。

中学和大学期间加入漫画俱乐部，一有空闲就画。高中时期和几个女同学一起组成了一个小乐队，起了个奇怪的名字叫“火灾是人灾，防范在于你”，并且参加了雅马哈公司举办的音乐大奖赛。

上了大学以后，$A_y$ 对连环画画家的喜好发生了变化，由山岸凉子、荻尾望都等人的少女连环画转移到坂田靖子、森雅之、高野文子等人绘的富于感情色彩的作品及新潮作品之上。森雅之的作品的笔法与一般连环画不同，很注意诗情画意，高野文子的作品也敏锐，充满了文学的意境。

读大学时，$A_y$ 与班里的同学一起印发小型杂志，她还写诗。就是从这时起，$A_y$ 开始读清水哲男和田村隆一等人的诗。也就是说，$A_y$ 在少女连环画的影响下长大，通过连环画这一媒介开始对文学产生兴趣。

看一下 $A_y$ 在大学时期所画的连环画就可发现，森雅之对她的影响很大，作品也较有诗意，主人公是以第一人称出现的少年。$A_y$ 从小就希望自己是个男孩，她说这是因为少女连环画里的男孩大多漂亮能干，觉得自己如果是个男孩也一定什么事情都能做到。

$K_k$（女，1960 年生）是个女强人，现在东急集团公司下属的一家公司工作，繁忙的业务使她充满了活力。但是高中毕业以前她在长冈市的生活却悠闲自得，与现在的生活节奏正好相反，她回忆说，读高中时觉得“时间过得很慢”。

$K_k$ 出生于长冈市的一家饮食业家庭，她是在随时都能听到三弦琴声的环境中长大的。在她家附近有一位兴趣广泛并有许多藏书的独身阿姨，$K_k$ 及她的姐姐都受到了这位阿姨的影响。在这位阿姨的关照下，她们得到了许多关于陶瓷、插花、茶道等方面的知识，逐渐养成了这方面的审美情趣。高中时期，$K_k$ 的兴趣完全是少女的兴趣，在绘画方面喜爱玛丽罗兰森和莫迪里阿尼的作品，并对儿童文学有浓厚的兴趣，还曾想过自己出连环画册。

$K_k$ 为一种“闲寂”、“孤寂”的日本文学美所吸引，大学时期为研究芭蕉和世阿弥而专攻日本文学。

当然，$K_k$ 的兴趣不仅限于日本一些传统的东西，她也听爵士乐，穿新式时装，但对日本传统文化的偏爱似乎是她审美情趣的基调。

在这家公司，工作热心的人还搞自己所负责的商品的设计和开发，$K_k$ 也曾开发过自己的商品，如防火垫等。她说今后也要继续开发能表达自己审美意识的商品。

$S_s$（男，1960 年生）为学习唱片的录制技术到柏林艺术大学留学。在柏林的大学里，以音乐为基础，从头学起，晚上与那些从事音乐活动的人交往。

$S_s$ 是在心理上还没有完全成熟的情况下留学的，当他留学结束回到日本时，身上充满在外国养成的生活习性，起初他并没有意识到欧洲与日本的差距，但他开始音乐界的工作后，马上陷入了精神危机。

$S_s$ 与日本音乐界人们的交往是天真的，后来他发现人们是因为他熟悉欧洲音乐情况而想利用他，于是他感到人是那么不可信。

他离开了音乐界，精神上也脱离了窘境。在这个过程中，他感到了欧洲的生活习性与日本的差距之大，并且认识到问题的关键是自己从 19~24 岁在德国生活了几年，重要的是要反省这段生活的体验。

现在 $S_s$ 在一家设计事务所工作，对建筑充满兴趣，这是因为通过建筑可以了解欧洲各种文化之间的关系。他还说这也是因为自己对充满动感的音乐感到疲倦，而被凝固的艺术——建筑所吸引的结果。他所喜爱的建筑家之一是高松伸，这位建筑家的风格很接近德国的建筑风格。

$S_s$ 说，如果东京与柏林相比较，东京像一口可以把面包和酱汤放在一起煮的锅，而欧洲的城市则做不到，这是东京独特的一面。但是从人的素质上来说，欧洲人是顽强的，像东京这样的地方是不会养育出这种人的。

$A_s$（男，1971 年生）是一名中学生，父亲是广播剧作家，母亲做编辑工作，他们算是披头士的同代人，心灵年轻而开放，所以家里常常成为朋友们聚会的场所。

$A_s$ 读小学时就喜欢看电影，经常一个人走进电影院。上中学以后，由于篮球俱乐部的训练紧张，没有太多时间到电影院看电影，就在家看电视台播放的电影，还有时把这些电影用录像机录制下来。

在 $A_s$ 珍藏的物品当中有披头士的唱片和连环画。连环画是高桥留美子等人画的，单行本有 235 册。披头士的唱片有 9 张，还转录了 13 张唱片上的歌曲。$A_s$ 喜欢披头士的起因是由于听了父母所有的披头士的唱片，可以说他是披头士歌迷的第二代。

$A_s$ 说自己是披头士的崇拜者，但并“不想达到狂热的程度”。在 $A_s$ 的朋友中间有人对西方音乐的情况十分了解，也不知他们是从哪里得来的信息，这些人一说起西方音乐就非常得意。$A_s$ 说他听到这种狂热歌迷们高谈阔论就很生气，觉得这些人的话使人听了不舒服。$A_s$ 的这种审美意识是在家庭的影响下形成的，他是在轻松愉快的气氛中长大的。

如上所述，50~60 年代出生的年轻人的审美意识是多种多样的。但需要指出的是，从青年文化的主流来看，我们这里所列举的人都是不属于主流文化的人，青年文化的主流是协调意识较强的大学“同好会文化”。

也就是说，大多数年轻人协调意识较强，自我主张不明确，不愿有别于周围的人，总想顺应时代的潮流。在这些人看来，脱离主流，向各自不同方向发展的人，是具有明确的自我和审美意识的、激进的局外人。

从数量上看，青年文化主流的人多，但由于他们主要是追随杂志或电视所宣传的流行时装或主题，所以不具备创造新文化的功能。一般来说，流行的风俗及青年文化的主题大多是在分散的激进小群体的相互作用下产生的，所以尽管激进的局外人从数量上说是少数，但他们却对青年文化起着推动作用。

人们在研究青年文化时，总是盯住大学校园里的动态，强调稳定意向和协调意向。如果注意一下脱离了大多数人的主流文化的年轻人，就可以发现他们的审美意识千差万别、各具特色。

我们这里所列举的年轻人的审美意识各不相同，但也有相似的倾向特征。

第一，像 $T_o$、$H_y$、$K_h$ 那样把郁闷、昏暗的情感作为审美意识基调之一的人多。

第二，像 $H_g$、$K_h$、$A_y$、$K_k$ 那样把日本传统审美意识作为自己审美基础之一的人多。

第一种的郁闷情感与管理化了的学校社会中的压抑感有着密切的关系。感情色彩昏暗的人对大学校园里日渐增多的新贵族意向和肯定现体制的倾向极为反感。

# 第二节　青年文化及其背景

## 一、荒废的学校社会

1980 年前后，中学、高中的校内暴力事件开始剧增，在这次事例调查的对象当中，1965 年以后出生的人大多在中学或高中时期有过这种体验。

表 25–1 表示的是从 1965 年以后出生的人当中选出的几个人在中学、高中时的生活，他们是好逞英雄的大学生 $K_n$、将来想制作电影的 $H_y$、喜爱时装的高中生 $K_m$、热衷于计算机通信的 $M_o$，其中 $K_n$、$H_y$、$K_m$ 都有在学校荒废生活过的经历。

从他们三人的谈话中可以强烈地感到，学校社会充满了暴力气氛。$K_n$ 说他所在的中学“许多老师都是独裁主义者，学生不听话就动手打”。$K_m$ 在中学时差点加入耀武扬威的小团体，这是因为学校的老师和学生都充满了暴力的气氛，他也想让大家认为“自己不好惹”。教师想用暴力制服学生，学生之间也靠暴力来决定主从关系，这样一来，连 $K_m$ 这样没力气的学生也想显示“自己不好惹”。

$H_y$ 说，他读中学时是“不轨”这句话最流行的时期，校园里到处可见偷窃、吸毒、恐吓……外校生闯来与本校生殴斗。$H_y$ 还说行为不轨的学生就是“想干件惊人的事，哪怕一次也行”。

学生爆发暴力的背景之一，是“中学根据一次性的成绩评价，机械地分配升学学校”。现在日本几乎所有的初中毕业生都可以升入高中，在这种情况下，教师只注意分配升学学校，而不能多方面地看学生们发展的可能性。这样一来，学习成绩不好的学生就会感到老师瞧不起自己。$H_y$ 在中学时期考试作弊、偷试题，他说之所以干这些事，是因为老师说“就是他认真学习，成绩也不会好”，因老师也瞧不起，才逐渐发展到对教育制度的反感。

$K_n$ 的体育成绩经常是 5 分，有一次体育课上进行柔道练习，$K_n$ 的对手受了伤，体育老师因在处理这件事上有些失误而受到责难，这位老师感到气愤，便把 $K_n$ 的体育成绩打成 2 分。$K_n$ 发现老师可以任意打分，便对所有考试成绩都不相信了。

以后，$K_n$ 又经历了几次不同的事情，更加深了对教师的不信任。考高中时，他想报考一家学校，可班主任老师却说他考上这家学校的可能性只有 10%，让他换一家别的学校，他没听，跟班主任吵了一架，最后还是考了这家学校，而且考取了。

这些事例说明，中学机械地分配升学学校会引起学生对学校制度的不满。当这种不满以暴力的形式爆发时，学校就以违反校规和加强对学生指导管理的名义，由有力气的教师以体罚的形式对学生进行镇压。其结果就使校园内充满暴力的气氛，师生之间、同学之间的信赖关系崩溃了。

高中招生由社会上教育产业搞的学力测试一元化考试成绩评价所决定，逐步分升学型学校，就业型学校。层次的不同，存在的问题也不同。在层次较低的高中，也与初中一样，暴力充斥校园。

随着学校这个小社会的荒废，觉得学校无聊的学生越来越多。$H_y$ 说他所在的高中“校规极为严格，是个不许看、不许说、不许听的世界”，他曾“几次想到退学”，还“希望能早日毕业，去学电影创作”。

$K_m$ 也说读高中时基本上没有合得来的朋友，“高二以后越发觉得学校无聊，不知多少次想退学”。

当然，由于各学校情况的不同，师生关系、同学关系也不尽相同，上述情况也并不是在所有学校都发生过。

如表 25-1 中的 $M_o$，出生于 1970 年，他就没有在荒废了的中学里生活的经历，他所在学校的气氛是比较轻松自由的。

**表 25-1　中学、高中时的学校生活**

| | $K_n$（1965 年生） | $H_y$（1967 年生） | $K_m$（1969 年生） | $M_o$（1970 年生） |
|---|---|---|---|---|
| 1977 年 | • 上中学。并没有像小学同学们所想的那样成为不轨少年。 | | | |
| 1978 年 | • 学校里的许多老师是独裁主义者，学生不听话就动手打。 | | | |
| 1979 年 | • 体育课的成绩经常是 5 分，但因上柔道课的事件，只得了 2 分，从此便不信学习成绩。 | • 上中学。此时是“不轨”这句话最流行的时期。学校里到处都是偷窃、吸毒、恐吓。外校生闯入学校殴斗。 | | |
| 1980 年 | • 没听老师的劝阻，报考了只有 10%可能性的高中，结果被录取。 | • 中学二年级，认为自己努力学习成绩不好也会被老师瞧不起，感到学校体系的矛盾。 | | |
| 1981 年 | • 进入与自己学习实力不相称的高中。开始还用功，后来迷上摩托，置学业于不顾。 | • 成为考试作弊的行家，偷试题。但没成为不轨少年。 | | |
| 1982 年 | • 高中二年，经常旷课。 | • 讨厌学习，曾不想上高中，但最后被推荐上了 H 学园。 | • 中学一年级时转学。这所学校的教师和学生都充满了暴力的气氛。为了“显示自己有能耐”与学校耀武扬威的小团伙结为朋友。出于好奇心经常偷窃摩托车。 | |
| 1983 年 | • 高中三年，因上课中途溜号到茶店吸烟，受到三次停学处分。 | • 学校规则严厉，是不许看、不许说、不许听的世界。多次想退学，渴望能早一天毕业好去学电影创作。 | • 把头发染成茶色。喜欢学生蓝 | • 上区立中学，不想当学生会的委员，做了选举管理委员。 |
| 1984 年 | • 不知自己想干什么。集中学习，报考大学，被录取。周围的人对此都很吃惊。 | | • 感到“这样下去不行”，不再与不好学生来往，戒了烟。 | • 中学二、三年级时到一家人数不多的私塾。这里的教学一直教到使学生明白，比学校有趣。同时同这里的老师成为朋友。 |
| 1985 年 | | • 曾想过毕业后上专科学校，又觉得这是白费钱，最后决定到社会参加工作，为了解电影的“敌人”，到一家录像公司工作。 | • 上了高中，想做一名顺从的学生，又觉得这样太傻，便开始以前的生活，常常通宵达旦地玩，春假期间基本没回家。 | • 考入一家比较自由的高中。 |
| 1986 年 | | | • 高中二年后，更觉得学校无聊，不知有多少次想过退学。 | • 学习成绩一般，学校里性格开朗的同学很多，大家有各自的性格和爱好。 |

$M_o$ 考高中时，从自己的学习成绩可以录取的学校中，选择了一家自由度较高的学校，报考时只报了这一家，并且考取了。进入高中后，他参加了广播俱乐部。这个俱乐部的活动非常活跃，经常和毕业生一起制作滑稽电影和录像片，对于喜欢广播和节目制作的 $M_o$ 来说，这种环境是很合适的，他可以随心所欲地做自己想做的事情。

$M_o$ 在中学二年级至三年级期间曾上过补习学校。这家补习学校的学生并不很多，教学方法也不是应付考试式的，而是使学生对功课彻底明白。所以 $M_o$ 觉得这里比学校有意思，而且和这里的老师的关系也很好。也就是说，$M_o$ 在读中学时，对学校的归属意识并不很强。进入高中以后，$M_o$ 虽感到高中生活很愉快，但在他的心目中，由计算机通信所打开的校外世界所占的比重要比校内生活的比重大。

与 $M_o$ 一样，一些对文艺、体育等深感兴趣的人，也大多在中学或高中阶段脱离学校及班级里的同辈小团体，而被校外世界所吸引。

如 $K_n$ 上了高中后就被摩托迷住了，把学业丢在一旁；$H_y$ 从中学起每月去影院看 10 次电影；$K_m$ 从中学时起，放学就去影视中心，高二时自己制作的短片被比亚游艺中心举办的电影节选中。

对文体等有兴趣的人大多分散游离于学校同辈小团体之外，成为学校社会的局外人。

## 二、作为娱乐场的大学

具有开放意识的年轻人，无论自己的学习成绩如何，大多都不上大学，而选择追求我行我素的道路。如在高中时自己的作品曾被电影节选中的 $K_m$，就没有上大学，他一边打零工，一边组建了小乐队，开展音乐活动；以创作电影为目标的 $H_y$ 也曾想过上专业学校，但又觉得上学也可能是白花钱，于是便决定还是参加实际工作，为了了解电影的竞争对手，现在一家与录像有关的公司就职。

大学校园里集中了在升学竞争中取胜的、适应能力很强的人，因此，大学的校园文化缺乏激励和追求，肯定现体制的色彩较强。另外考入大学的人，都得从小学四五年级起拼命学习，而这时正是他们需要多玩、多活动的时期，也许因这些人要补回孩提时的游乐时间，大学对于他们成了娱乐场。

也有的人上大学是为了寻求不同从前的某种刺激，但他们进入大学以后，最初是感到失望，以后便受周围环境的影响，身不由己地被一般大学生的生活所同化。

例如，横滨国立大学的三年级学生 $K_t$，读高中时是新闻俱乐部的成员，读过粉川哲夫和伊万·伊里奇等人的著作，对社会持批评态度，可上了大学以后，发现学校教学及校园文化当中没有一点这方面的刺激，感到很失望。校园里有无数供结交玩乐朋友的“同好会”，其中以“网球同好会”居多，$K_t$ 对那些拿着球拍到处转的人很反感。一二年级时他没有参加任何“同好会”。但是进入三年级以后，他开始觉得“供自己玩乐的世界就在身边，不玩太吃亏”，于是他也成了“网球同好会”的成员。虽说是加入了“网球同好会”，但由于三年级以后的讨论课比较紧张，所以他很少参加网球训练，大多时候只是等大家训练结束后，一起到咖啡店里去聊天。

$I_w$ 在中学和高中都打过乒乓球，没有拼死拼活地学习，考入一桥大学经济系后，参加了“网球同好会”。这个“同好会”除平时打网球外，冬天还去滑雪，大学节庆祝活动时开设爵士乐演奏茶座，只要是有趣的事情，什么都干。$I_w$ 住在家里，不是住公寓，但他在大学一二年级的时候，经常到寄宿在大学附近的“同好会”参加者——自己朋友那里去住，每天晚上不是喝酒就是打麻将。

当然，无论在哪个大学校园，都有局外文化。如青山学院大学的 $A_y$，她和同学一起刊行内容包括诗、连环画、随笔等的小型杂志，将来想成为一名漫画家，到了大学四年级也不考虑就业问题；和光大学的 $H_s$，专攻现代艺术，在周围人们的影响下，参加过表演节，并对自制唱片活动有同种爱好。可以说她们都是反抗“同好会型校园文化的”例外文化事例。

但是与脱离了升学道路的人相比，大学校园内的局外文化的开放意识和追求精神还略显不够。

## 三、新贵族意向

60 年代末 70 年代初是在第一次人口出生率高峰中出生的人上大学的时期，这一时期的大学生对“丰裕社会”有较强的反抗意识，如同他们身上的牛仔裤所象征的，他们喜欢朴素和不修边幅，此时的校园文化具有很强的反主流文化色彩。1945~1950 年期间出生的人，是在日本由穷变富的过程中长大的，他们对“丰裕社会”持怀疑态度。而 50 年代和 60 年代出生的人是在富裕的社会环境当中长大的，对于他们来说，经济的富有是当然的，是既得的利益。

在 50 年代后期和 60 年代前期出生的人升入大学的 1975 年前后，大学的校园文化逐渐变为一种奢侈文化，大学生所关心的是服装、汽车、饮食、体育等。

从日本的经济看，这一时期是重新设计石油危机后经济发展轨道的时期，是生产消费资料的厂家迷失方向，在黑暗中摸索道路的时期。最后得出的结论是，由于收入增长率较低，人们的消费倾向逐渐由买便宜货向“即使贵一点，也要好一点”，追求高质量产品的方面转移。可以说，当时的日本，尽管收入增长率较低，但收入水平已相当高，所以在经济低速发展的情况下，上述消费倾向日渐增大。

从时间上看，这种购买高质量商品的消费倾向与以大学生为中心的青年人所推崇的新型奢侈倾向及不愿丢失既得利益——富有的保守思想倾向出现于同一时期。1975 年前后时装方面的“新传统时装热”，就是年轻人奢侈意向的一种反映。

“新传统时装”是东京、横滨、神户等地中产阶级小姐模样的大学生创造出来的，本来并没有很大影响。但以 1975 年创刊的杂志《JJ》为契机，“新传统时装”在女办事员和女大学生当中广为流行，成为最有影响的时装。

时装杂志称这种“新传统时装”是“能得到男朋友的母亲赏识的服装”，它的特点是把中产阶级小姐的高雅和轻便融为一体。这种中产阶级的时装在年轻妇女当中广为流行，最后成为一种标准时装。这也表明了石油危机后日本社会意识的方向性变化。

从某种意义上讲，“新传统服装”与“同好会型的校园文化”相吻合。“新传统服装”的特点之一就是轻便，与网球、高尔夫球等运动时装相近，而大学生的“同好会”大抵把网球、滑雪、冲浪、高尔夫球等作为主要活动内容。

另外，1975 年前后受女大学青睐的西式糕点店和意大利餐馆不断增多，这些场所既是大学生“同好会”聚会的地方，又符合《JJ》经常介绍的新传统派的口味。

那时大学生们和情人或朋友上街或到海边游泳，就要有与之相称的交通工具。也就是说，“新传统时装”及其气氛浸透到校园文化之中，男学生要和女学生交朋友就必须有辆漂亮的汽车。

从 50 年代后半期开始，对于年轻人来说，汽车是最大的憧憬，但在很长一段时间里，他们最关心的是汽车的速度。然而，在 1975 年左右“新传统时装热”兴起以后，大学校园的“同好会文化”也随之发生了变化，大学生开始向往与自己讲究漂亮的心理相称的汽车。当时在大学生当中，联邦德国的国民牌汽车和奔驰牌汽车是很受欢迎的。

1980 年开始出售的“家庭式 XG”型汽车之所以能在年轻人当中找到市场，就是因为它与国民牌汽车一样，是前轮驱动棚车。1986 年由丰田汽车公司推出的豪华型汽车“索尔拉”，尽管价格较贵，但仍有许多年轻人购买。

总之，1975 年以后，以大学生为首的青年人讲排场的倾向日渐明显，甚至在他们中间形成了一种由豪华汽车作为象征的新的阶层意识。

## 四、东京时装的出现与发展

1965 年以后，三宅一生、高田贤三、山本宽斋等第二代服装设计师在国际上亮相，从此时起，日本人设计的服装也逐渐进入市场，并受到一小部分向往当服装设计师的年轻人的喜爱。但是服装设计师们设计的时装直到 1975 年“新传统时装”流行时才在年轻女性当中获得市场。因为它与“新传统时装”有一个强烈对比。也就是说穿“新传统时装”给人一种东京地区中产阶级小姐的印象，而设计师搞的“商标服装”都具有较强艺术色彩，比较激进。

为搞清这两种不同类型的时装在 1975 年后的变化，我们从调查对象当中选出了 1959~1969 年出生的 5 个人，表 25–2 所表明的是反映在这 5 个人身上的时装变迁。

**表 25–2　时装的变迁**

| | $M_a$（1969 年生） | $H_s$（1964 年生） | $N_o$（1962 年生） | $K_k$（1960 年生） | $U_R$（1959 年生） |
|---|---|---|---|---|---|
| 1978 年 | | • 中学时不愿与周围的人穿着一样，经常穿紧身裤、木屐，剪短发，戴棒球帽。 | | | • 进学习院大学，和前辈女校友一样采购新传统时装 |
| 1979 年 | | • 一个人到原宿和涉谷去买东西。 | • 在水户上高中，喜欢新潮激进服装。 | • 来到东京度过一年补习生活。 | • 夏天打扮得像冲浪者。 |
| 1980 年 | | • 进了吉祥寺的一家私立高中。周围的同学大多穿正统服装，她喜欢设计商标服装。 | • 比她大三岁的姐姐喜欢 JJ 时装，俩人在这方面合不来。 | • 考入成蹊大学，进入高尔夫球俱乐部。开始一半的时间穿横滨式传统时装。 | • 二三年级时流行运动秋衣，她也成了横滨式传统时装当中的一员。 |
| 1981 年 | • 听了电影音乐后，开始喜欢 50 年代的音乐。 | | • 进入迹见女子大学，周围的同学都穿新传统时装，她和另外两个同学喜欢穿激进的黑色服装 | | • 三四年级时经常买外国厂商的服装。 |
| 1982 年 | • 中学时一到星期天就到原宿的步行天国，身穿摇滚歌手的衣着跳舞。 | • 高中三年时，在同学当中有人打扮得像橱窗里的模特儿，她便把兴趣转向民族式服装和传统式服装。 | | • 后来是传统式。 | • 大学毕业后，回到福山的父母身边就业，在穿着方面也不讲究了。 |
| 1983 年 | • 商店里不卖这种服装，自己做了 20 多套，其中包括为别人做的。 | • 考入和光大学，对街道和时装失去兴趣。 | | • 参加工作时，主要穿行动方便的 T 恤衫和牛仔裤。 | |
| 1984 年 | | • 但如果有设计商标服装的处理销售，还是去买很多。 | | • 工作后曾有一段时间喜欢旧衣服，如英国海军的大衣等，穿在身上也不干净。 | |
| 1985 年 | • 上高中，开始对时装感兴趣。《橄榄》杂志每期必买。 | • 身边留着许多可心的服装，可以互相配穿。 | | • 后来穿宽松的、黑色的设计商标服装。 | |
| 1986 年 | • 打零工挣钱买时装。<br>• 觉得橄榄时装更可爱。 | • 称心的服装是传统式时装和山本耀司的设计商标服装。 | • 最近开始不追随时装的流行趋势，根据自己的心情随意穿着。 | | |

如表中所述，$U_R$ 升入学习院大学的 1978 年是新传统时装的鼎盛时期，$U_R$ 一入校就买齐了。在一二年级时，她使用的手提包虽是外国厂商的制品，服装却是国产的，但是到三四年级，百货商店开始出售外国厂商生产的传统式时装，$U_R$ 便开始选购外国厂商生产的服装。

$N_o$ 升入大学的时间比 $U_R$ 晚 3 年，是在 1981 年进入了迹见女子大学的。她周围的同学大都喜爱横滨式传统服装或 JJ 时装，可她却和另外两个同学喜爱具有艺术色彩和比较激进的“设计商标服装”，经常穿这类的黑色服装。

$H_s$ 说自己讨厌和周围的人穿一样的衣服，中学时经常穿紧身裤和木屐，剪短发，戴棒球帽。1980 年升入吉祥寺的一家私立高中后，周围的人大多穿正统服装，她开始喜爱比基等“设计商标服装”。

可见，从 1980 年左右开始，“设计商标服装”逐渐在一部分属于激进类型的高中生和大学生当中流行。但是，像 $H_s$ 这样“不愿与他人打扮一样”、“自我意识强烈的人，在“设计商标服装”广为流行时，他们便脱离了这种流行。$H_s$ 上高中三年级时，因为在同一年级中有人打扮得像橱窗里的模特儿，她便对“设计商标服装”感到厌烦，开始喜好民族式服装和旧服装。

不同类型时装的位置关系是不断发生变化的。1983年又出现了一种面向高中生的橄榄式商标服装，这种服装既吸收了设计商标服装的艺术性，又表现了少女的可爱。之所以叫这个名称，是因为同一时期杂志《橄榄树》的影响逐渐扩大，"橄榄少女"受到关注，这种少女往往穿橄榄时装。

$M_A$出生于1969年，中学时热衷于菲弗蒂斯的音乐，一到星期天就穿上摇滚歌手的服装到原宿去跳舞。她上高中以后也成了橄榄少女，经常买斯克普和大西厚木设计的服装。她说，比起大人们的设计商标服装，这种"橄榄式商标服装"更有个性、更可爱。

这种"橄榄时装"，本来是1965年以后出生的年轻人根据自己的爱好把设计商标服装改制成的街头时装，后来杂志和厂商把它吸收了。它却具有很大的影响力，在"新传统服装"和"设计商标服装"这一时装主流当中又加入了一个类型——橄榄时装。它虽以高中生为中心，但也影响了高中生以上的年轻人，在20岁至30岁的年轻人中间，具有橄榄时装特色的时装也开始流行。

## 五、技术与青年文化

在这次采访对象当中，高中生$M_o$和中学生$I_s$两人在搞计算机通信。

计算机通信与计算机游戏的最大不同是，它面向外部世界，目前参加计算机通信网络的人大多年龄都在大学生以上。这对于中学生和高中生来说，参与其中能体验用其他媒介体验不到的、富有刺激性的生活，他们可以和大人们对等地交谈，平等地交换信息。

因为参加计算机通信网络的有从事各行各业的专业人员，所以如果有人对报纸登载的新产品信息不甚明了，便可把自己的疑点写到电子显示板上，这样，第二天就可从电子显示板上看到专家们的解答。这种快速的双向信息传递是计算机通信的魅力。

$I_s$在微机通信当中，通过看别人写在电子显示板上的信息，扩展了自己的兴趣，现在喜爱上了摩托车和音响，这些是他以前不太关心的。他准备上了高中就买摩托，然后带着计算机去旅行，途中通过公共电话把所见情景传送到通信网络。

计算机通信对于中学生和高中生来说，是扩大与外部世界接触的媒介，所以$M_o$和$I_s$都说，计算机通信比学校更重要。$I_s$说，他在学校和同学之间，只不过是不得要领地谈论电视明星之类的话题，相比之下，计算机通信的交流使人感到充实。

与此相比，中学时代就热衷于计算机游戏，并充满激情地表示上高中后自己编制游戏程序的$A_n$，上了高中以后便失去了对计算机的兴趣，把关心的热点转向了摩托和成立小乐队。看来"微机少年"只靠玩游戏并不能长久地存在下去，如果不参加计算机通信就会对计算机感到厌倦。

计算机通信具有促进年轻人与外部世界进行接触的作用。同时，各个领域的技术革新日新月异，它又促进了青少年对各个领域的参与。比如音乐领域的电子琴及其带来的效果就是一个典型的例证。

但是，对于以表演活动为目标的人来说，这种飞速发展的技术革新也动摇了他们的根基。比如自己组建了小乐队的$K_n$，他从小就弹钢琴，上高中时组建了小乐队，以后便有了电子琴。他说，以后人们可以用电子乐器轻而易举地进行演奏，而这些演奏是我们费了很多气力才掌握的，对此我感到难以接受。他还认为，在这种情况下，得出这样教训"如果今后无论要干什么新的事情，都不能无视技术发展"。

## 六、同类型人交流

从许多领域中可以发现，1965年以来，在青年文化当中，有一种可称为同类型人交流的现象。

一般说来，同类型人交流有以下三个方面：

(1) 制作一方与接受一方是志趣相投的同好者的对话与交流。

（2）业余爱好者自己创作作品（上映或上演），销售作品，他们以这个过程为乐趣，达到自娱目的。

（3）是对有志成为专业人员的青年的训练过程。

同类型人交流，与以前文学同人杂志等传播有共同之处，但在目前青年有可能参与社会各个领域的情况下，有些领域出现了游戏化现象，这是文学同人杂志时代不可能出现的。

**漫画市场**

同类型人交流游戏化现象中最显著的是漫画同人杂志。在漫画领域，战后出现过几次同人杂志热，现在活跃在第一线的漫画家当中，许多人都是通过同人杂志成长起来的。特别是在第二次同人杂志热的1956 年左右，发生了革新，同人杂志当中出现了“连环画”。第三次同人杂志热（1966 年）当中，“COM”等同人杂志也培育出了许多年轻的漫画家。

但是，随着漫画读者量的增加和质的深化，自己画漫画的人数越来越多，许多中学、高中、大学的漫画俱乐部也刊印同人杂志。这样一来，同人杂志的数量也无法统计，漫画市场成了展销这无数同人杂志的场所。

所谓漫画市场是指始于 1975 年左右的漫画展销会。起初，这个展销会只是同人杂志交流的一个场所，但在举办的过程中，参加的组织和人员越来越多，办得越来越热闹，似乎成了集中销售所有中学、高中、大学的漫画俱乐部作品的学园节。

从各个俱乐部的参展作品来看，很少有人想画出有独创性的作品，大多是对已有漫画家作品的模仿。也就是说，参加展销会的大多数人，是以轻松愉快的心情体验自己刊印、销售同人杂志这个行为过程，达到自娱目的。

对这种低层次漫画市场的发展方向，传统的漫画同人杂志的成员都认为不足道，但在探讨今后同类型人交流形态时，它的确能给人以许多启示。这种漫画市场得以发展的背景是，漫画的读者层扩大，自己想画一画的人日益增多，同时，由于印刷技术的进步，可以用低成本进行胶印，即使不能销售很多，也能收回印刷费用。正是因为有了这种条件，不用费大的气力就可以尝试到印刷、销售同人杂志的乐趣，所以同类型人交流才出现了像漫画市场这样的大规模的游戏化现象。

可以说，漫画市场所集中的同类型人交流基本不具备上述同类型人交流三个方面中的成为专业画家这一方面，而大多是属于自娱，这是因为有了技术的进步和漫画市场这样的条件。

**“比亚”电影节**

从同类型人传播的角度看，在电影领域可以与漫画同人杂志进行比较的就是自制电影。漫画同人杂志有漫画市场，自制电影有比亚游艺中心举办的自制电影展。

“比亚自制电影展”自 1978 年首次举办以来，想自己制作电影的青年人急速增加，电影协会和有关企业也看到了自制电影的可行性。

从第三次（1979 年）电影展开始，高中生制作的好的作品显露头角，制作者向低年龄化方向发展。

到第五次（1982 年）电影展，参加作品显著增多，但大多都缺乏独创性，只不过是在玩制作电影这个“电影游戏”。也就是说，尽管自制电影并不像漫画同人杂志那么极端，但它也是把重点放在自娱上，即业余爱好者以作品创作、作品上演本身为乐趣，因此，许多作品是一种游戏，不属原有传统电影的范围之内。

**自制唱片、录音带**

在音乐领域里可称为同类型人传播的就是自制唱片、录音带活动。由青年组成的业余小乐队本来就不少，但能自制唱片、录音带小乐队的特点是，他们不仅在音乐茶座等场所演奏，而且还自己录制、销售唱片和录音带。

出生于 50 年代后期和 60 年代的年轻人是在各种音乐的熏陶下长大的，他们当中的许多人有独自的音乐爱好，也有不少的人想创作和演奏自己喜爱的曲目，同时，由于以电子琴为代表的乐器电子化的进展，使得年轻人可以较容易地进行作曲和演奏的尝试。

另外，由于录音技术的提高，可以用低成本录制高音质的原声带，即使销售数量不多也能收回制作费，如果达到一定的销售量就能得到利润。由于有这种技术条件，所以出现了许多鲜为人知的小型乐队，它们都拥有为数不多的热心的支持者，形成同类型人交流。

自制唱片、录音带活动之所以形成的另一个条件是，在听众当中越来越多的人不喜欢大家都熟悉的音乐，而偏爱鲜为人知的、适合自己口味的音乐。

自制唱片、录音带活动包括了同类型人交流的三个方面，目前还没有出现像漫画同人杂志那样只重视自己创作作品、销售作品并以此自娱自乐的倾向，但是如果业余小乐队自制唱片活动普及开来，将来也可能出现像漫画市场那种游戏化现象。

**计算机通信网络**

计算机通信是最适于进行同类人型交流的信息交流媒介。在大众传播当中，传送信息一方和接受信息一方是截然分开的，与此相比，计算机通信的最大特点是，参加者既是信息接受者同时又是信息传送者。

目前在人们的兴趣爱好日益广泛的情况下，计算机通信可以使具有相同兴趣的人们互相交换信息和意见。

计算机通信因为具有上述特点，将来可能有很大的发展，但从目前的情况看，要参加计算机通信就必须要有自己的计算机，而对于一般人来说，要熟练地操作终端机并不容易。由于这种制约，所以现在参加计算机通信的人大多是计算机爱好者。因此，计算机通信参加者之间在计算机硬件、软件及其他机械产品方面可以进行深入的意见交换或信息交流。在其他领域，除了电视明星、潜水爱好者提供信息或潜水员之间交换信息外，现在关于电视节目等文艺界的通信最为活跃，源于流行话题的信息交流最多。

## 七、政治意识

$S_s$读大学时到柏林留学，养成了欧洲生活习惯后回到日本。他说，刚刚回国的一段时间曾因不适应日本的生活而苦恼，但在努力适应日本生活的过程当中却有一点发现，那就是与自己谈得来能产生对话交流的大多是 35 岁以上的人，而很少有同龄人。

$S_s$说，之所以发生这种情况，原因之一就是与他同年龄的日本人都讨厌带有政治色彩的事情，但柏林的生活却充满了政治色彩，他本人也形成了这种思维方式，所以与同年龄的日本人在感情上合不来。$S_s$还说，他留学时的柏林正是朋克活动的鼎盛时期，联邦德国青年要继续这种激烈的音乐活动就要与社会发生各种冲突，朋克活动也就自然染上了政治色彩。但这朋克活动传入日本以后，却变成了毫无政治性的一种时髦或风俗。

但是我们在这次采访的过程中发现，并不是所有的人都对政治不关心。例如向往纳粹和恐怖分子的$T_o$就说，他从高中二年级时开始关心政治，这种兴趣是由柬埔寨问题引起的。他读了许多关于时事问题的书，由于对强制收容所的印象不好，所以感情上是反共的。我们问他如何理解民主主义这句话，他说，民主主义的好处在于可以使人们“和平、幸福”，而所谓民主主义也就是支持多数派。

正如他对民主主义肤浅的理解所反映的那样，在日本，即使像$T_o$这种关心政治的青年也很少能通过对各种问题多次进行讨论进而产生决定，很少有能根据自己的意志来选择政治的基本政治体验。因此他对政治的基本概念并不是经过亲身体验而得到的。

这一点不仅表现在$T_o$身上，而且是这次采访对象的大多数人所共有的通病。例如专攻现代美术的大学生$H_s$，在谈话的过程当中经常说资本主义如何如何，但我们问她对民主主义这句话应如何理解时，她似乎把民主主义理解为是和自由主义相同的一种体制。

## 八、工作意识

考入大学的大多数人顺应了高考竞争的潮流，并没有特别的兴趣爱好，因此，他们对自己的将来很茫然，大多数人与选择报考大学时一样，根据外在标准来选择职业。

与此相反，在自我主题明确、脱离了高考竞争的人当中，许多人都把自己本来想干的和暂时为了糊口而聊以为之的工作区别开来。他们认为，上大学或上专业学校还不如一边工作，一边做自己想干的事情，同时为自己想干的事业做些准备。

△$H_y$ 的目标是电影创作，他说他也曾想过上专业学校，但又觉得这是“白费钱”，所以决定到社会上去工作。他“为了了解敌人”到一家录像公司就职，因为录像是电影的竞争对手。但是他现在正努力学习，准备明年报考日本大学的艺术系。

△$K_s$ 读高中时就热衷于电影创作，他也没有考大学，现在一边打零工，一边从事灌制唱片的小乐队活动。他打零工的公司与广播电视方面有关，与他所喜爱的音乐也关系密切，所以对他来说，这个零工又有趣又能挣钱。他好像很快活。

△$K_h$ 在读高中时就组建了自己的小乐队，她认为作曲、演出等活动与混饭吃的工作是不同的。为了找到能糊口的职业，她高中毕业后上了短期大学，得到了保育员资格，出校以后做了一段保育员工作，后来她辞去了这个工作，到一家信托公司当女办事员。她说，就是为了创作活动，从周一到周五也最好与普通人一样生活。

△高中生 $H_g$ 在一家剧团帮忙，她好像也不想上大学。她认为虽然靠演戏和靠其他自己想干的事很难维持生活，但还是一边打零工一边干自己想干的事情好。

在考入大学的人当中也有现代青年主流文化的局外人，他们中间也有人边打零工、边做自己愿意做的事情。

△$A_y$ 从小就想成为一个漫画家，她大学毕业时没有找职业，出校以后或者给 SM 杂志写些稿件、或者在书店打零工。

△在一个剧团当演员的 $N_o$ 是 1962 年出生的，她说大学里还有她的学籍。她也不太愿意打零工，似乎主要生活费用靠父母资助。

在局外者类型的大学生中，也有人不愿做大公司里女办事员，而在为能得到担任专业职务的资格而学习。

△在和光大学专攻现代美术的 $H_s$，不想干自己讨厌的工作。她想成为一名室内装饰设计师，因为这不是她十分讨厌的工作，为了具有这个资格，目前就读于专科学校。她说，从现在起开始攒钱，将来开一家盒饭店，她要把这个饭店设计成一个各种人都能信步而入的聚集场所。

在大学生当中也有一种人想毕业以后成立自己的公司。

△$K_n$ 在中学和高中时期经常与老师发生冲突，在不知道自己想干什么的情况下就考入了大学。他说他讨厌集体生活，读大学时也从未加入同好会之类的组织。谈到就业，他觉得“靠大学牌子进不了好公司”，想自己成立公司，从事为别人做计划的工作。

自己想干的事情与谋生职业一致的最好事例就是 $K_k$。

△$K_k$ 在大学三年级时，遇到一个偶然的机会，到东急企业集团的一家公司打零工。她感到了涣散的学校生活与紧张的公司工作的差距，并开始热衷于这种工作，毕业后就在这家公司就职了。这家公司的职员不仅要销售商品，而且采购和作计划也要由自己承担，所以工作既紧张又有乐趣。$K_k$ 把休息日也用于与工作有关的人的交往上，对于她来说，自己的兴趣和工作是一致的。

△现在进行计算机通信的高中生 $M_o$，属于自我意识强烈类型的年轻人，他今后可能上大学，然后

找到与自己兴趣有关的职业。他似乎并不喜欢计算机本身，而对广播节目制作等新闻媒介领域充满了兴趣。他现在觉得关于计算机方面的新闻记者界也很有趣。

△喜欢时装的高中生 $K_m$，不喜欢学习却喜欢汽车，热衷于画各种小汽车。他说他到汽车展览会拍各种汽车的照片时，高兴得几乎流出眼泪来。他想上大学，以后当一名汽车造型设计师或工业产品设计师。

另一方面，在升学竞争中获胜进入名牌大学、享受同好会型校园文化的大学生，许多人不具备自发的动力，而是按外在的标准寻找自己的职业。

△一桥大学的 $I_w$，一二年级与网球同好会的朋友一起度过，三年级时参加学校的讨论课，搞得很紧张，四年级开始为找职业奔忙，最后决定到一家金融机构工作。他说，在学校俱乐部和讨论会中有许多接触前辈校友的机会，通过与他们的接触可以习惯同上一代人的对话，这对就业是有利的，而且与这些校友的交往也是就业的重要信息来源。可见，与他人进行比较，$I_w$ 在就职上偏重于依赖外在基准。

△横滨国立大学的 $K_t$ 认为，“任自己玩乐的世界就在身边，不玩太吃亏”，三年级时加入了网球同好会。但是到了三年级讨论课开始后便紧张起来，并增多了与前辈校友的交谈，为就业做准备。横滨国立大学经济系的毕业生大多能进入一流大企业，但在大企业当中，与东京大学和京都大学的毕业生相比却不能出人头地。因此，有人说到中小企业工作更好，但对中小企业的情况却不了解。还有人说县公署到 5 点钟就下班，这一点较好，但到那去工作却容易使人产生惰性。$K_t$ 说，大家怎么讲的都有，结果我不知怎么办才好。

## 第三节　朝 90 年代迈进的青年文化的课题

### 一、青年人之间交流结构的变化

我们这个项目从个人调查和各领域分析两个方面，探讨了 70 年代至 80 年代中期学校及青年文化在各个领域的变化，并且通过这种分析，找出了各种相关联的因素。

首先，让我们来看看“同时代年轻人之间交流结构的变化”。我们在与 60 年代出生的人的交谈中强烈地感到，与 40 年代后期出生的人的同龄时期相比，在他们身上很难发现相同的青年文化主题和问题。正如我们在第一节所讲过的那样，这些年轻人的兴趣和审美意识各不相同，而在学校的班级等同龄人的集团之中，缺乏不同爱好的人相互争论、相互影响的关系。

现在年轻人作为个人或小团体，为各种文艺、体育等领域所吸引，他们之间可能互相交换信息，但却很难进行以相互理解为目的的交流。

用一个比喻的说法，在学校的班级等同龄人的集团当中，很难形成产生具有紧密关系的向心力，而在来自外面的离心力的作用下，青年人的兴趣在朝各自不同的方向发展。

在这种情况下，如第一节谈到的那种按自己的意志摸索生活道路的人，就难免遭受一些失败，品尝孤独的滋味。

### 二、接触各个领域机会的增多

为什么年轻人之间的交流结构呈分散状态，而不能以相互理解为目的呢？原因之一就是“年轻人接触各种文化艺能领域的机会增多了。”换句话说，也就是社会文化各个方面对学校的班级等年轻人同龄集团的离心力增大了。

比如，在充斥时髦商品的街道、时髦店铺这一领域，70 年代以后发生了很大变化，分化出原宿、涉谷、青山、吉祥寺、元町等许多各具特色的街道，在这些地方存在着时装店、西餐厅、迪斯科舞厅等场所，为青年人提供了各种综合信息。

原宿，吸引着来自首都地区大范围（包括近郊各县）的小学高年级学生和中学生。由此可见，低龄青少年的活动范围增大了。

70 年代以来的另一个明显倾向是，城市信息杂志和以商品信息为中心的时装杂志不断创刊，杂志文化高速发展。

当然，这种信息杂志和商品介绍型杂志，是随着电影、戏剧、演唱会、时装、饮食等大城市年轻人的精神享受和物质享受方式的多样化、细分化而产生的，同时这些媒介的迅速发展又增大了年轻人接触文艺、体育等各领域的机会。

另外，在文艺领域出现了新型文化产业，例如由 60 年代后期的民歌运动当中派生出来的新音乐活动家，进入 70 年代后开创了不同于传统文艺界的商业音乐（音乐事务所、唱片公司），出版社参与电影制作，展开电影与出版物相呼应的宣传运动。这种文艺作品成批生产的商业化也加大了文艺各领域对年轻人的吸引力。

特别是 70 年代以来，由于技术的进步，年轻人参与文艺各领域的可能性增大了，他们可以轻而易举地自己创作和上演作品。随着印刷技术的进步，年轻人可以容易地发行漫画同人杂志；随着电子合成乐器的发展和廉价化，他们可以不费力气地演奏和作曲；随着摄像机的廉价化，对于中学生和高中生来说，制作影视作品也变得毫不神秘。

在年轻人对文艺各领域的参与可能性大大提高了的情况下，年轻人同辈集团内交流方式所发生的结构性变化。也就是说，在城市文化区和传播媒介没有高度发达、年轻人对文艺、技能各领域的参与可能性较低的时期，如图 25-1（a）所示，年轻人对各领域接近的可能性随着年龄的增长而加大。同时，年轻人同辈集团的兴趣、爱好的分化也分阶段进行。因此，容易形成同辈集团内部交流的共同场所。

与此相比，在城市文化区和传播媒介高度发达、技术显著进步的今天，年轻人在向成人过渡的过程中，可以较早地参与文艺各领域。所以，如图 25-1（b）所示，学校班级等同辈集团被置于来自各领域的离心力的作用之下，个人及小集团容易被各领域所吸引。并且，个人由于可以接近的精神与物质环境范围太大，所以很难做到对几个领域都具有详细的知识和信息，进而产生“A 君精通微机”、“B 君熟悉时装和汽车”类捕捉信息的倾向。同时有些人还会产生另一种倾向：为不被同辈集团甩下，通过杂志及其他媒介广泛收集关于各个领域的肤浅知识，即吸收商品广告式的知识和信息。也就是说，在这种条件下，同代人之间很难进行思想疏通。

## 三、学校社会的荒废

使同辈群体的交流结构产生离心倾向的另一个重要原因，就是学校社会的荒废。从 70 年代到 80 年代，学校的荒废日渐显著，师生之间、同学之间的信赖关系因此而破裂，思想疏通的基础因此而崩溃。

这种荒废在初中和高中尤为显著。在学校社会的荒废进程中有几个阶段，最大的背景原因就是初中根据一元化的成绩对学生筛选，机械地分配升学学校。目前，由初中升入高中的升学率显著提高，几乎谁都能上高中，上高中成了理所当然的事情。在这种情况下，老师和家长都希望自己的学生或子女考上好高中，于是入学考试制度、推荐制度以及把老师评语和初中与高中之间的协调集于一身的、巧妙地分配学生的组织便应运而生。在这个过程当中，中学的教师往往只注意给学生分配升学学校，而不能从多方面看学生所具有的潜在能力。

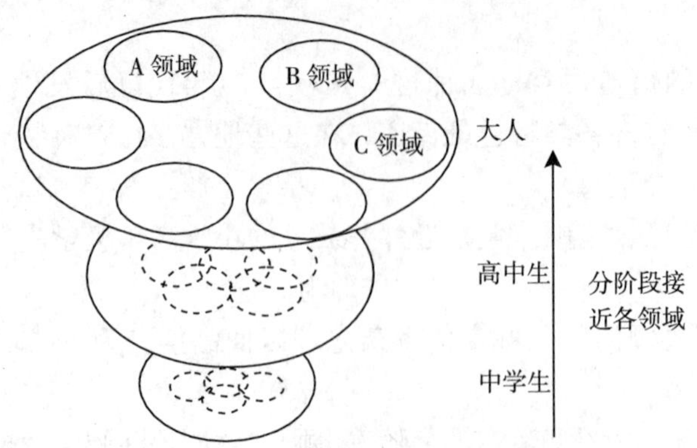


(a) 对文化、艺能各领域接近可能性低的时代

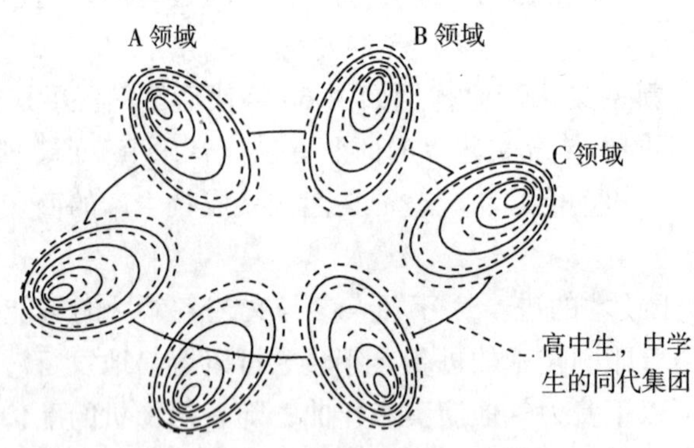


(b) 接近各领域可能性高的时代

**图 25–1　青年人同辈集团内的交流结构**

这种升学学校的分配一般由校外教育产业搞偏差值测试，只根据一次考试成绩老师就对学生讲："你只能考上×校"，这种半机械的筛选形式，使成绩不好的学生感到受到老师的轻视。他们把对学校这种制度的不满积蓄起来，反抗以"机械地分配升学学校"为代表的学校秩序，形成不轨团伙。

学生的这种不满情绪一旦以暴力的形式爆发，学校方面就不得不以加强管理甚至体罚来镇压，以身强力壮的教师为核心组成"学生指导"小组，迫使学生遵守校内秩序。这样一来，师生之间的信赖关系就完全崩溃了。

可以说，这种学校社会的荒废，极大地降低了学校、班级等同辈集团的凝聚力，促成了同代人之间难以疏通思想的交流结构。

那么上述"青年人接触文艺各领域机会的增多"与学校社会的关系如何呢？从教师这方面看，因为他们总想引导学生参加升学竞争，把学生作为管理的对象，所以他们认为学生对青年文化各领域接近是把学生的兴趣和行为引向校外，使学校难以管理的重要因素，因此，教师担心学生的行为和所关心的领域过宽，校方难以控制，故而往往用校规束缚学生的行动，通过俱乐部活动把学生吸引在校内进行活动。

但是，"青年人接触文化艺能各领域机会的增多"是社会体系变化的一种必然趋势，并且青年人同这些领域的接触，很可能成为他们开发自己的兴趣和能力的契机。因此，人们看问题如果能从总想管理学生的教师角度中解脱出来，那么对青年人接触各个领域是可以做出不同以往的积极评价的。

另外，产业社会也发生了变化，客观上社会所需要的不再是根据一元价值标准行动的人，而是能根据多元标准进行判断和行动的人。但是，目前学校仍然是以考试的综合分数来评价人，这种一元的价值基准仍占统治地位。从这点上也可看出，学校体系与时代的要求有很大的差距。

现在的学校社会没有顺应社会变化的趋势和时代的要求，而很可能成为与这些相对立的"反动的"

体系。

## 四、作为产业社会变化先兆的青年文化

以上我们论述了青年人接触文艺各领域机会的增多，学校班级等同辈集团中的个人和小团体，在外界离心力的作用下，被各自不同的领域所吸引。可以认为，这种现象是伴随信息化社会而发生的，是信息化社会在年轻人身上的反映。

现代青年，在目前所处的状态之中，与同代人之间或与上一代人之间都不容易做到相互理解，因此也很难确定自己的发展方向。但许多人通过与文艺等各领域的接触，找到了自己的事业。当然，在他们当中企图以自己感兴趣的工作谋生或认为能以此谋生的人并不是很多，更多的人只是想在喜爱的领域中寻找自己的事业，而不管它是否能足以维持生计。

也就是说，随着技术的进步和收入的增加，青年以自己作品创作、作品上演的形式对各文化领域积极参与变得很容易了，因此人们在很年轻的时期就具有这种体验，这样的人也越来越多。从这些人中可能产生专业艺术家和文艺界人士，更多的人即使不能以此为生，也可能继续自己的活动。

在接触文艺等领域的机会很多的环境中成长的年轻人成为大人时，与工业化进程当中的社会相比，生活中文化艺术影响的比重将更大。可以说，未来社会将是文艺作品多品种、少量生产的时代。

如果只是文化、艺能的多品种、少量生产，并不算什么新生事物。在传播媒介还不发达的近代化以前的社会，各地区一直保持着具有独特的文化、艺能。从这一点来看，当时的日本列岛就曾是多品种、少量生产文化。

另外，一般来说，与近代工业社会相比较，前近代社会更重视祭事和艺能。而在近代工业化社会，重点在于物质生产的资源分配，随着传播媒介的发展，源于大量生产的追求高效率原理也深深地浸透于文化、艺能等领域。战后日本高速发展时期的就是这种原理发挥作用的时代，效益极高的传播媒介——电视能够具有那么高的视听率就是一个典型事例。

从这个意义上说，70 年代开始的后工业化过程，可算是意味着对这种近代工业化社会的轨道大刀阔斧的修正。

产生于后工业化过程中的文化、艺能的多品种、少批量与前近代社会的多品种、少批量不同，其区别在于形式的多样化上。在近代化以前的社会，文化、艺能的多样性主要是由于地区之间的不同，在同一地区内难以有丰富的文化，艺能只是同种文化世代相传，而现在文化、艺能的多品种、少批量却发生在媒介和交通十分发达的大城市。

因此，在近代化以前的社会，同一地区内的同辈集团具有共同吸收本地区文化、艺能的体验；而在现代城市中成长的同辈集团，不仅在接触文艺作品上具有多种多样的可能性，而且在自己创作文艺作品、上演作品方面也有很大的参与可能，高度发达的媒介和交通把他们和各领域连在一起。因此，与近代化以前的社会不同，现代社会同辈集团内的交流，在离心力的作用下容易呈扩散状态。

由于上述原因，与学校班级等同辈集团的成员一样，生长在现代城市的青年人之间也很难进行思想疏通。在日本社会近代化的过程中，学校、企业、军队等集团都为形成社会凝聚力发挥过很大的作用，它们本身也都以相知甚深的同龄小集团为基础单位。从这一角度来考虑，目前这种事态的发生有着重要的意义。

## 五、学校社会价值标准的多元化

上面我们谈到，现在的学校社会可能成为与社会的变化趋势及时代的要求相对立的“反动的”体

系。那么学校社会要解决什么样的课题才能摆脱这种状态呢?

首先要做的就是否定“不上学不好、无论如何也该去学校”这种对学校的迷信，在此基础上重新探讨学校应有的形式。从不同角度研究学校病理的佐佐木贤和井上敏明都指出了这一点。

井上敏明指出:“实际上，除了高考学习气氛浓厚的学校以外，在高中，教师做的事和学生请老师做的事，从某种意义上说都是些流于形式的空虚的内容。也许有人说我过于偏激，但我还是想说，现在的高中只具有‘每天代管青少年，目的是不使他们成为不轨少年’这种机能。”的确，大多情况下，学校只具有消极的机能。

针对目前许多学生对学校的授课内容不感兴趣这一现状，常常有人提出让对学识型授课不感兴趣的学生上实业课这种双轨教育论。但是，在以一元的成绩评价给学生划等级这种做法占统治地位的情况下，立足于学识和实业这两点论上的复线教育论几乎不具有积极的意义。学校社会要摆脱荒废状态，就必须打破现在占统治地位的、一元的价值基准，实施使价值基准多元化的战略。

作为这个战略的一环，可以考虑尝试的方法并不是以往的那种实业学校，而是设立具有引导学生参与城市型职业和城市型商业机能的高中，使学生在这里受到与自己兴趣相关的学识型及技能型的高水平教育。

也就是说，现在有许多学生对学校的授课不感兴趣，但却极为关心艺术、艺能等领域，向往这些领域的职业；同时在学习成绩好的学生当中也有许多人希望能找到有关电影、戏剧、音乐、设计、漫画等方面的工作。所以，要给他们提供条件，让他们具体地了解各领域商业的机制及今后的发展方向，认识到这些领域工作需要的素质、教养、训练，在此基础上让青年考虑自己将来发展的可能性；同时在学识型的学习课程安排上也要下工夫开创与不同兴趣爱好相适应的各种途径。

届时，也可考虑以 CAL（计算机辅助学习）为辅助体系。

在设立这种高中，综合引导学生参与城市型商业、职业过程当中，不仅需要艺术、艺能领域的内容，还需要教授西餐厅等饮食服务商业与零售业等商业流通领域的内容，使学生认识到自己在这些领域发展的可能性。

其他为打破现在占统治地位的一元的价值基准的尝试也应同时进行。

## 六、创造不同类型人们交流的机会

90 年代青年文化的另外一个重要课题是，在上述同辈集团内个人的兴趣呈分散状态的情况下，如何形成可以使集团内成员达到相互理解的向心力。如何在这种扩散状态下不致形成一种一盘散沙的状况，否则尽管年轻人具有接近各种领域的可能性，但他们却会丧失主体，不知自己该向哪个方向发展。

在这次事例调查中我们发现，虽然也有关心音乐的人参加高中的艺术研究会（由对文学、音乐、美术等不同领域感兴趣的人组成的研究会）、读现代文学作品的事例，但与学校内部相比，社会上的电影资料馆、音乐茶座、漫画出租店、微型调频电台等领域却聚集着更多的、具有不同爱好和兴趣的年轻人，这些场所发挥了很大的凝聚力。要使 90 年代的青年文化充满活力的重要条件之一，就是要让城市里存在无数个供不同类型的人交流的场所，并通过人与人之间的联系使其网络化。

在网络化方面，计算机通信等电子媒介的网络化具有较大发展的可能性。计算机通信可以使具有相同兴趣的人超越年龄和地区的不同，来进行高密度的信息交流。在个人兴趣呈扩散状态的情况下，对难以找到知己的年轻人来说，计算机通信是很有魅力的媒介。

问题是，从现状来看，要参加计算机通信网络就必须要有自己的计算机，同时不熟悉操作就不能自如地送出信息，因此，目前的参加者基本是计算机爱好者，他们所关心的领域也过于集中。但是一旦这种制约消除，参加者的范围增大了，计算机通信也许会成为活跃 90 年代青年文化的重要因素。

在离心扩散倾向十分严重的情况下，形成与之抗衡的凝聚力的又一关键，是年轻人当中能否涌现出能力很强的协调人。要在各个领域开展创造性的工作。不同类型人们的相互启发和通力协作非常重要，而这种关系确立的关键取决于有没有具有对话精神的协调人。

只有在别人及其作品对自己产生了影响的前提下，这种对话精神才能产生。问题是如何创造出使青年人受到影响的条件。

当然，这种启迪性的经验往往是偶然发生的，它超越了人为的制约。但对在东京等离心扩散倾向严重的大城市里长大的年轻人来说，接触不同文化和风土是理解他人的开始。

要在离心扩散状况下创造出向心的场所，需要一种可以使不同因素相互接触的开放的哲学，换句话说，也就是需要一种不把混浊状态只看做是消极的，而能从中发现多种意义和潜在可能的哲学。

另外，在青年人参与各领域机会增多的条件下，各种形式的同类型人交流日渐增多。

在此，再重复一下第二节中已谈到的，同类型人交流有三个方面：

(1) 制作一方与接受一方是志趣相投的同好者的对话与交流。

(2) 业余爱好者自己创作作品（上映或上演），销售作品，他们以这个过程为乐趣，达到自娱目的。

(3) 是对有志成为专业人员的青年的训练过程。

在有些领域，接受信息一方的范围不断扩大，同时又都可以参与制作，这些领域的同类型人交流就具备了 (1)、(2)、(3) 三个方面的特点。但如漫画领域所反映的只重视自娱的同类型人交流现象则更普遍。

这种同类型人交流不注意互相批评和创造性，参加者只是以娱乐的心情欣赏自己创作的作品及其销售作品这个过程。在展望 90 年代的青年文化时，这一点应引起充分的注意。

青年文化要活跃起来，重要的是不仅要活跃这种游戏化的同类型人交流，将(1)、(2)、(3) 三种交流特点集大成的同类型人交流也应充满生气。如漫画同人杂志的 COM 时代一样，某文化领域开始进入产业发展时期时，集 (1)、(2)、(3)于一身的同类型人交流是最能发挥创造性作用的。

但另一方面，即使集 (1)、(2)、(3) 于一身的同类型人交流一时活跃起来，如果其领域的文化产业体系不具备革新性和发展性，不能给新的人才提供发展的可能条件，为其提供活动的方便，那么同类型人交流不久也将失去活力。传播媒介与销售途径要创造出一种竞争的、革新的气氛，尽量把各领域中新的信息传送者和接受一方联系到一起。这一点对文化、艺能各领域的活跃十分重要。

因此，同时具有 (1)、(2)、(3) 三种特征的同类型人交流与具有革新性、发展性的产业体系之间完美地配合起来，对青年文化的活跃和持续发展是极其重要的。